自貢年鑑

2015

ZIGONGYEARBOOK

《自贡年鉴》编辑委员会　编

方志出版社
Publishing House of Local Records

图书在版编目（CIP）数据

自贡年鉴. 2015 / 《自贡年鉴》编辑委员会编. —北京：方志出版社，2015.10
ISBN 978-7-5144-1741-8

Ⅰ. ①自…　Ⅱ. ①自…　Ⅲ. ①自贡市-2015-年鉴
Ⅳ. ①Z527.13

中国版本图书馆 CIP 数据核字（2015）第 245689 号

自贡年鉴（2015）

编　　者：《自贡年鉴》编辑委员会
责任编辑：罗　滔
出 版 人：冀祥德
出 版 者：方志出版社
地址　北京市朝阳区潘家园东里 9 号（国家方志馆四层）
邮编　100021
网址　http://www.fzph.org
发　　行：方志出版社发行中心
（010）67110500
经　　销：各地新华书店
印　　刷：成都勤德印务有限公司
开　　本：889×1194　1/16
印　　张：37
字　　数：1104 千
版　　次：2015 年 10 月第 1 版　2015 年 10 月第 1 次印刷
印　　数：0001~1000 册

ISBN 978-7-5144-1741-8　定价：218.00 元

自贡市标准地名图

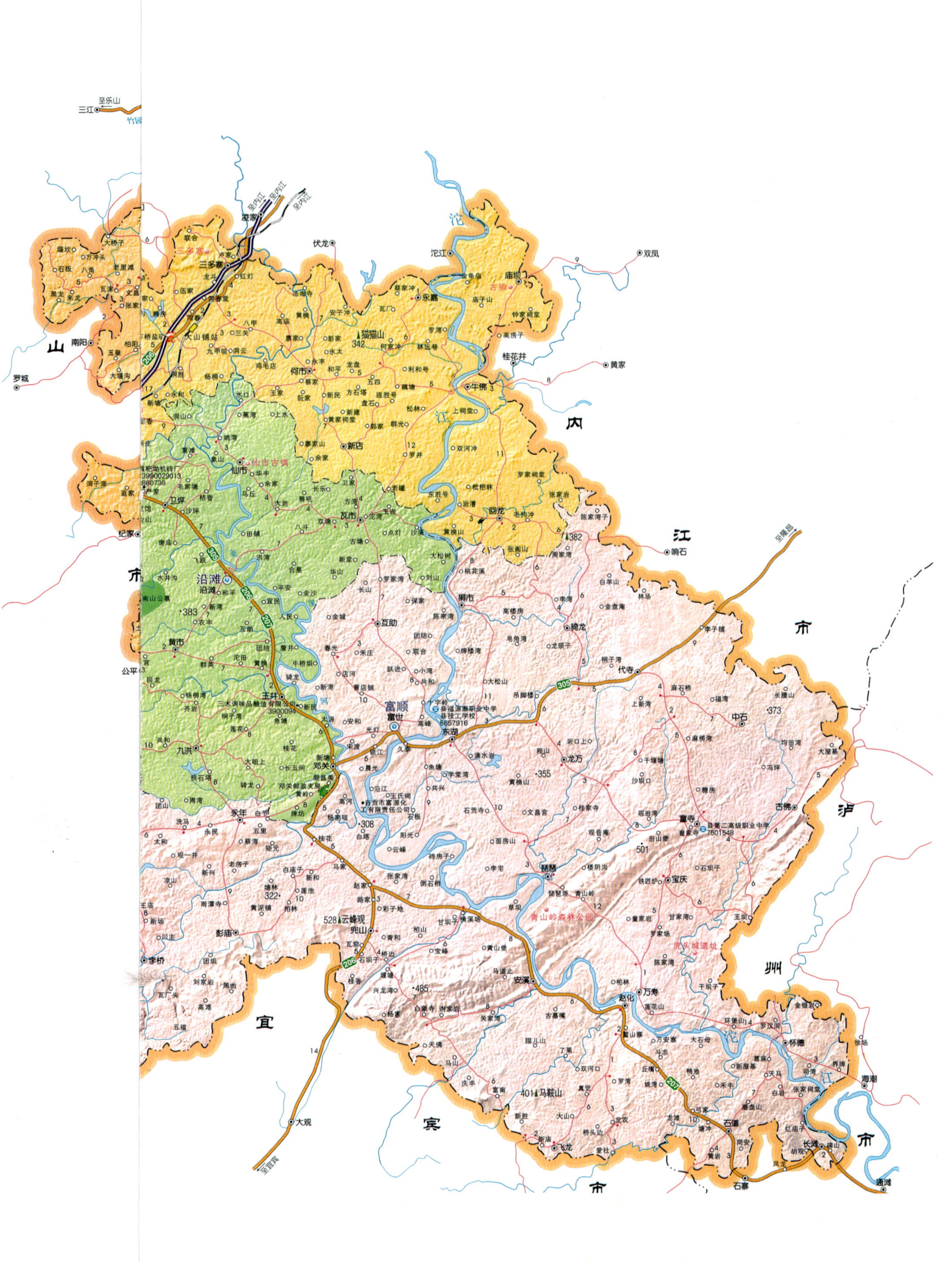

高滩
至乐山
三江
山
南阳
罗城
市
公平
宜
宾
市
内
江
市
泸
州
市
至内江
至隆昌
伏龙
沱江
双凤
三多寨
永嘉
庙坝
大山铺站
猫猫山
342
何市
桂花井
黄家
牛佛
新店
仙市古镇
仙市
卫坪
瓦市
回龙
382
响石
沿滩
狮市
互助
骑龙
黄市
代寺
中石
373
富顺
富世
东湖
玉环
九洪
邓关
龙万
355
永年
古佛
童寺
501
琵琶
宝庆
青山岭森林公园
李桥
彭庙
云峰观
528
兜山
安溪
虎头城遗址
万寿
赵化
485
怀德
401
马鞍山
石道
海潮
长滩
石寨
大观
至宜宾
通滩

图

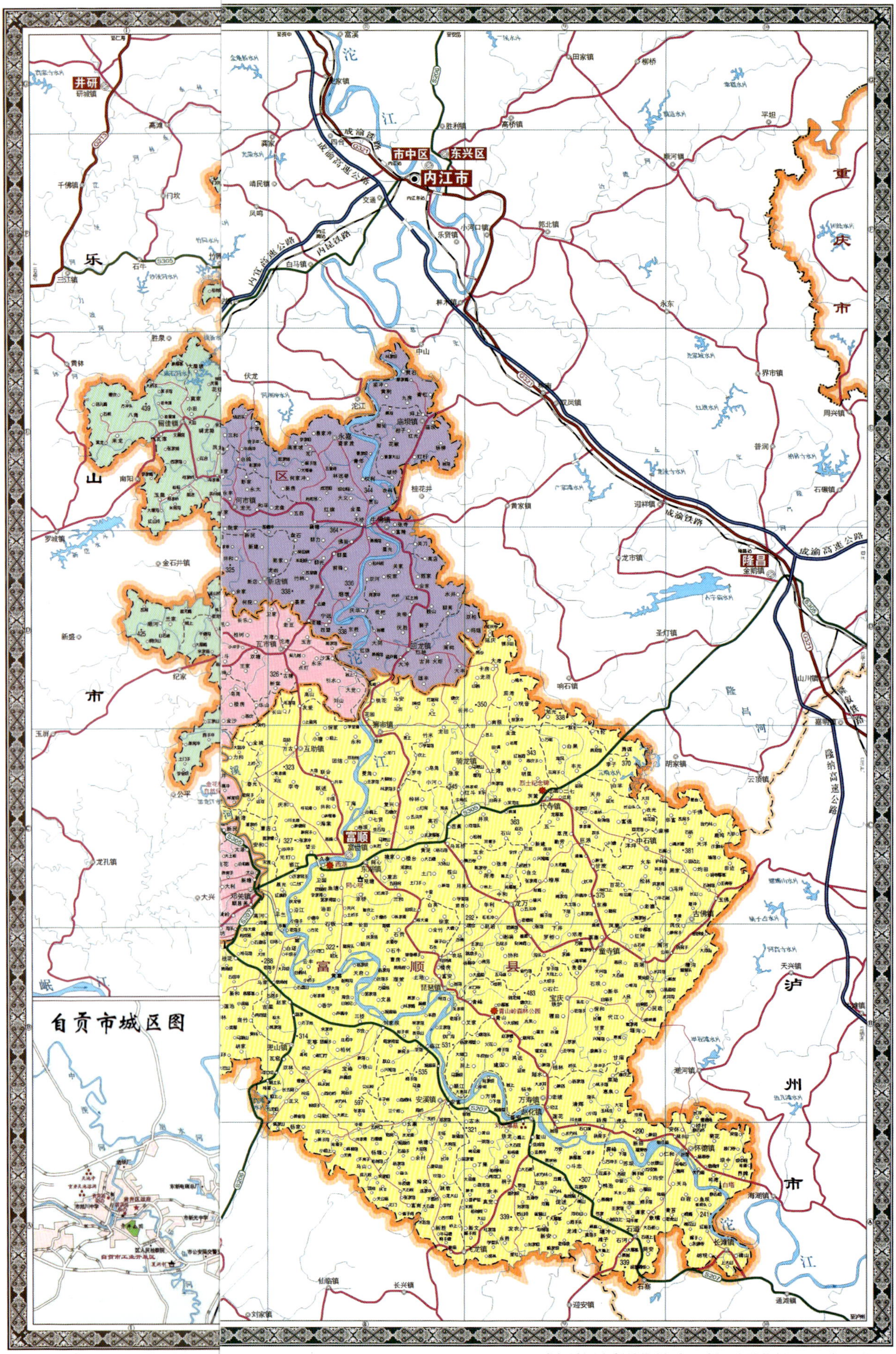

成都地图出版社

自贡市行政区划

成都地图出版社编制 自贡市民政局监制 2009 年 3 月

LING DAO
GUAN HUAI

1 领导关怀

5月16日，中共中央总书记、国家主席、中央军委主席习近平在会见第五次全国自强模范暨助残先进集体和个人表彰大会受表彰代表时，亲切拥抱和鼓励自贡无臂书画家胡林

省委书记王东明出席自贡市政府与中航工业集团公司战略合作协议签订仪式

6月29日，省委副书记、省长魏宏莅市调研

9月11日，省委常委、省总工会主席李登菊考察调研自贡中天胜
材料科技有限公司

9月12日，省委常委、组织部部长范锐平莅市调研

8月19日，省委常委、政法委书记刘玉顺莅市调研政法工作和
会治理工作

3月20日，省委常委、宣传部部长吴靖平莅市调研

6月19日，全国人大法工委副主任阚珂（前排右二）考察自贡中天胜新材料科技有限公司

2月20日，副省长王宁到能投华西发电厂考察调研

1月29日，副省长陈文华莅市检查食品安全

4月24日，副省长刘捷考察浙江大学自贡创新中心

12月24日，副省长曲木史哈莅市出席全省深化现代畜牧业发展现场会

2月28日，成都军区司令员李作成到自贡军分区检查调研

8月11日，武警四川总队司令员唐大淮率队莅市检查调研

2 ZHONG YAO HUI YI

重要会议

4月11日，中共自贡市委十一届九次全体（扩大）会议召开

2月11日，市第十六届人民代表大会第五次会议开幕

2月9日，市政协十四届三次会议开幕

1月27日，中共自贡市第十一届纪律检查委员会第四次全体会议召开

11月6日，召开全市落实“两个责任”暨领导干部廉政谈话会

10月24日至26日，川盐古道与区域发展学术研讨会在自贡举行

8月5日，全市召开食品药品安全委员会第一次全体（扩大）会议

11月27日，市文联第八次代表大会召开

3

CHENG XIANG
JIAN SHE

城乡建设

南湖新区

汇东公园

建设中的内威荣高速公路路基工程

9月，南湖生态城汇南路全线竣工通车

新区高楼

东盐都大道

南湖立交桥

S305贡井段新貌

安装了路侧护栏的伍富路

七星湖农业主题公园

荣县新农村建设

7月31日，小井沟水库大坝封顶

改造后的市客运总站站内全景

贡井新城

1月13日，马踏飞燕搬迁至东盐都大道

建设中的狸狐洞冰库导流洞

贡井燃气储配站建成投用

4 JING JI JIAN SHE

经济建设

7月26日，市政府与中航工业集团公司在成都签订战略合作协议

1月21日，举行第二十届自贡国际恐龙灯会经贸交易会暨“自贡造 · 订货月”高新区工业投资与产品购销签约活动

2月20日，川南城际铁路建设合作协议签字仪式在自贡举行

3月10日，市委书记雷洪金率队到中航集团开展项目对接工作

3月17日，捷克总统顾问、前副总理兼外长科胡特率队莅市考察

4月14日，香港客商莅市考察

5月12日，德国企业家莅市考察

5月底，市委、市政府主要领导率队到成都与省级金融机构主要负责人商谈发展合作事宜

7月9日，川南城际铁路投资公司在自贡成立

10月，乔治海茵茨（中国）飞机制造集团有限公司与自贡签订投资意向协议书

10月，自贡代表团参加第15届西博会

10月24日，葵花集团与自贡签订全面合作框架协议

12月15日，捷克共和国轻型飞机协会副主席福瑞驰一行莅市考察

建设中的西南无水港油脂加工项目

12月11日，荣县留佳镇日产6万立方米页岩气井投产

海川公司生产车间

四川德马新能源科技有限公司生产车间

板仓工业园区

舒坪工业园区

煜峰鞋业

焊接车间

节能环保产业

8月7日，浙江大学自贡技术转移中心正式揭牌

高标准农田

格田整理+护坡+田埂硬化+便民路

水稻机插秧现场

荣县茶农采新茶

高粱规范化移栽现场

高粱+再生高粱种植基地

荣新林业造林基地

生猪规模养殖

特种禽畜（火鸡）养殖

肉鸭养殖

川南家居城二期施工现场

盐卤浴接待中心

5月17日，第十届乡村旅游节在建设镇举行

6月21日，第二届自贡·九洪西瓜节开幕

建设中的川南音乐文化广场

10月1日，仙市古镇金秋旅游节开幕

《舌尖上的中国》栏目组拍摄火边子牛肉制作过程

游客参观恐龙博物馆

游客参观燊海井

5 WEN HUA JIAN SHE

文化建设

第20届自贡国际恐龙灯会

2014年新春音乐会

2月22日，自贡杂技《倒立飞砖》获第七届西班牙国际马戏节最高奖——金奖和特别奖

4月23日，2014年“文化自贡·书香盐都”全民阅读活动启动仪式在东方广场举行

5月22日，纪念毛泽东同志《在延安文艺座谈会上的讲话》发表72周年座谈会在汇东大酒店举行

11月18日，杂技《扛定车》到瑞士交流演出

12月11日至17日，川剧《还我河山》正式展演

歌剧《盐井传奇》获全省第十三届精神文明建设“五个一工程”奖优秀作品奖（戏剧类）

12月，自贡彩灯布展比利时安德卫普中国花灯展

品牌活动“中秋诗会”

市十四届文化艺术节大安专场

SHE HUI
JIAN SHE

6 社会建设

2014夏令营市级主营开营仪式

在全市教师工作暨庆祝第30个教师节大会上表彰的先进集体和个人

3月27日，四川卫生康复职业学院正式挂牌

“六一”儿童节文艺演出

2014“践行核心价值观·争做‘四爱’青少年”夏令营活动

全国自强模范胡林为自贡六中师生作励志报告

2014年全市教育系统党风廉政建设暨中小学招生工作会

“情暖盐都”关爱留守学生暖冬行动

老少同书同画活动

市一医院病员服务中心建成投入使用

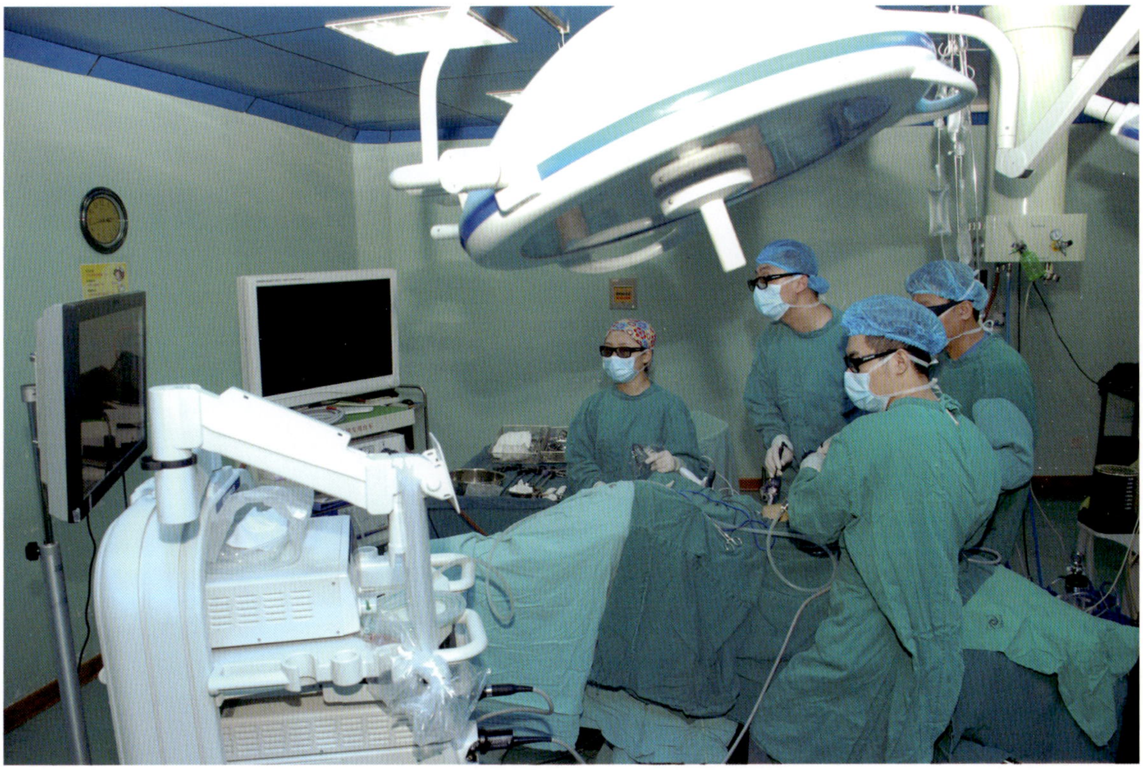

市四医院在全市率先开展3D腹腔镜手术

“百场义诊义检·百场健康教育下基层”活动

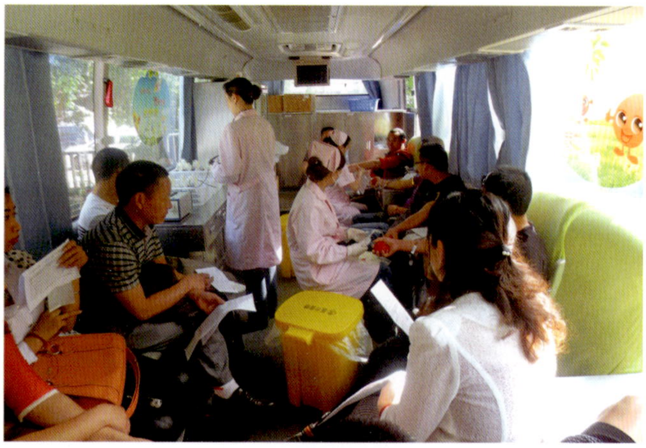

4月30日，卫坪镇群众参加爱心献血活动

开展优质护理活动

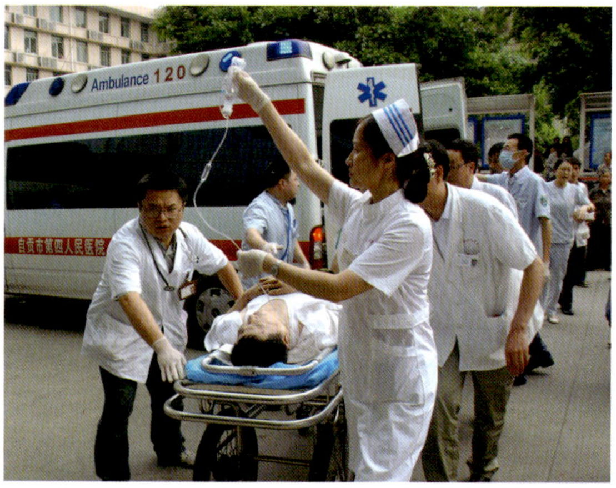

伤员救治

新建成的标准化村卫生室——大安区福禄村卫生室药房

8月16日，自贡代表团参加第十二届省运会开幕式

10月10日，市第九届老年人运动会开幕式在檀木林体育馆举行

8月4日至10日，全市开展首届“体彩杯”全民健身周活动

三联三服务活动

社会保险工作专题讲座

社会保险扩面宣传

工会就业援助月活动

7月19日，正润方冲社区居家养老服务中心开业

“关爱老人　快乐中秋”活动

3月7日，举行女职工关爱行动救助发放仪式

10月18日，全市举行首届快递业务技能竞赛

东锅公司获全国职工教育培训基地示范点

市人大视察全市社区矫正工作

5月21日，全市举行旅游行业综合安全知识培训暨演练活动

自贡市公安局出入境管理支队荣获“全国公安机关爱民模范集体”称号

1月6日，市公安局监管中心正式启用

火车站春运执勤

全市首批幸福家庭

劳模报告会

12月22日，举行劳模工作室授牌仪式

慰问道德模范

东方公司石胜获全国“五一劳动奖章”

市商行汇东支行获全国“工人先锋号”

4月4日，全市依法治市现场集中宣传万人签名活动在春华广场举行

5月13日，省总工会党组成员、副主席武晓鹏慰问环卫工人

5月23日，全市首个“儿童之家”在核桃湾社区正式挂牌

7月，四川省美德少年夏令营在江姐小学开展活动

全省“十佳五老”宋淑芳辅导学生

“青春公益 你我同行”学雷锋主题日活动

盐义仓“暖冬送汤”活动

青年志愿服务活动

志愿者植树活动

农村志愿者开展邻里互助活动

7 QU XIAN JIAN SHE

区县建设

自流井区
ZI LIU JING QU

农团乡新建的村民集中居住区

12月，自流井区创建为川南首个省级劳动合同制度实施示范区

五星街东方广场美食城

9月29日，东街社区卫生服务中心获全国第三届“群众满意的社区卫生服务机构”称号

荣边镇葡萄园

贡井区
GONG JING QU

艾叶盐运古道第一滩（四川省自然与文化遗产）

艾叶横街街巷

建设镇农家庭院

龙潭镇中坝新村

龙潭镇大棚蔬菜

高新区
GAO XIN QU

建设中的燊海森林

1月24日，佳木斯健身舞迎春展演

6月29日，西南静脉产业园奠基

9月26日，高新区国学诵读比赛

12月6日，“自贡高新”杯群众广场舞大赛

12月12日，高新区首届中小学生运动会

QUAN SHI
DANG DE QUN ZHONG LU XIAN
JIAO YU SHI JIAN HUO DONG

8 全市党的群众路线教育实践活动

2月17日，自贡市党的群众路线教育实践活动动员大会

10月15日，全市党的群众路线教育实践活动总结大会

3月25日，市政府及市政府办公室召开征求意见座谈会

1月20日，政法系统研讨群众路线教育实践活动

2月25日，贡井召开党的群众路线教育实践活动动员部署会

2月27日，市文广新局召开全系统党的群众路线教育实践活动动员大会

2月28日，高新区召开党的群众路线教育实践活动动员大会

3月7日，市政府办公室举行党的群众路线教育实践活动主题辅导报告会

6月15日，中央巡回督导组成员、中组部干部局副巡视员葛瑛（前排中）到黄市镇水井沟村调研群众路线教育实践活动开展情况

5月21日，省委常委、省总工会主席李登菊检查指导全市公安机关党的群众路线教育实践活动

3月11日，省委督导组视察自流井区农团乡农民集中居住区建设

3月14日，市委书记雷洪金到自流井区五星街磨子井社区召开院坝会

5月9日，市委副书记、市长刘永湘到荣县度佳镇灯坡村召开院坝会

5月5日，市人大常委会主任陈华到荣县调研指导集体林权制度改革工作

4月2日，市政协主席潘泽金到贡井区白庙镇建设村开院坝会

3月11日，市委副书记谭豹到大安区沙鱼坝社区开院坝会

市委常委、市委宣传部部长向华全主持召开宣传文化系统专项整改工作推进会

3月18日，市委常委、常务副市长陈吉明召开分管领域机关干部调研座谈会

8月4日，市委常委、市总工会主席王猛慰问建筑工人

5月13日，市委常委，市纪委书记李清到自流井区荣边镇尖山村调研

3月19日，市委常委、市委秘书长吴丕在自流井区荣边镇干塘村召开院坝会

1月15日，市委常委、军分区司令员黄承伟到荣县慰问困难群众

5月29日，市委常委，高新区管委会主任刘任远到莲花镇余家村院坝会

3月21日，市委常委、组织部部长李国贵到沿滩镇飞跃村召开院坝会

3月18日，市委常委、政法委书记刘笑禹到沿滩镇跃进村洪沟社区听取群众意见

5月13日，市委常委杜彦坤到古文、乐德等镇听取群众意见

《自贡年鉴》编辑委员会

编辑说明

一、《自贡年鉴》于1994年创刊，是自贡市人民政府主持编纂的综合性、权威性年度资料性文献，内容包括政治、经济、文化、社会、生态等方面的发展全貌。

二、《自贡年鉴》立足客观记述史实、反映市情，为党政领导机关和各部门、各单位决策提供依据；为各级、各部门、各单位开展爱国主义和社会主义教育提供教材；为续编志书和研究地方发展历史提供翔实可靠的资料。

三、《自贡年鉴》采用分类编纂法，由类目、分目、条目组成，条目为记述主体。《自贡年鉴（2015）》设市情概览、大事记、党的群众路线教育实践活动专辑、特载、市委、人大、政府、政协、民主党派·工商联、群众团体、法治、军事、环境保护、国土资源、城乡建设和管理、交通运输、水务、邮政·信息化、综合经济管理、工业、农业、商贸、对外贸易与经济合作、旅游、财政·税务、金融·保险·证券、科技与知识产权、教育、文化、卫生·计生、体育、人力资源和社会保障、民政·居民生活、民族·宗教、区县概况、人物、附录及建设成就图照等类目，反映2014年各方面的主要情况。

四、《自贡年鉴》中的“市情概览”概略介绍自贡地理位置、建置沿革、地形地貌、政区、人口、自然资源、气候、经济和社会发展等方面的情况；“大事记”为2014年度各方面的大事纪要，以日期为序；“党的群众路线教育实践活动专辑”重点刊载自贡市党的群众路线教育实践活动实施意见、领导讲话等相关文献资料；“特载”主要刊载市委、市人大、市政府、市政协的重要报告；“人物”主要刊载国家级、省级和市委市政府表彰的优秀单位、先进人物；“附录”主要刊载2014年度市委、市政府的重要文件目录及文件选辑；彩版主要刊载建设成就等方面的图照。

五、《自贡年鉴》条目中的数据由有关业务主管部门、区县提供，与统计资料不一致的，以市统计局的统计资料为准。

目　　录

市情概览

大事记

人　大

政　府

政 协

纪检 监察

民主党派 · 工商联

群众团体

法　治

军 事

环境保护

国土资源管理

城乡建设和管理

交通运输

水　务

邮政·信息化

综合经济管理

工　业

农　业

商　贸

对外贸易与经济合作

旅　游

财政·税务

金融·保险·证券

科技与知识产权

教　育

文　化

卫生·计生

体　育

人力资源和社会保障

民政·居民生活

民族·宗教

区县概况

人 物

附 录

索 引

SHI QING GAI LAN

市情概览

地理位置

自贡市地处四川盆地南部，位于北纬28°55′37″—29°38′25″、东经104°02′57″—105°16′11″之间。东邻隆昌、泸县，南界江安、南溪、宜宾，西与犍为、井研毗邻，北靠威远、内江。辖区面积4381平方公里。

建置沿革

自贡市建市前，境域分属荣县、富顺县。秦代，富顺和荣县地区分属巴郡、蜀郡。汉代置犍为郡，富顺地区属犍为郡江阳县，荣县则属犍为郡南安县。东汉章帝时，自贡地区即生产井盐，著名的盐井有富世井、大公井。北周武帝时，因盐置县设镇。以富世井为名置富世县，唐代改名为富义县，明代易名富顺县；以大公井为名设公井镇，唐代升公井镇为公井县，隶荣州，宋代废公井县入荣德县，明代降荣州为县。明代嘉靖年间，富顺盐业生产中心西移，新开自流等井。富顺县自流井盐区与荣县贡井盐区相距5公里，产、运、销联系十分密切，名曰富义"。富义厂是构成今日自贡城市框架的雏形。清咸丰年间，太平军建都南京，淮盐不能上运，清廷饬令川盐济楚。富义厂盐业生产步入鼎盛时期，年产量占全川的一半以上，年征税银占全川盐税收入的40%，自贡成为四川井盐业的中心，被誉为“富庶甲于蜀中”的“川省精华之地”“盐都”。抗日战争时期，沿海沦陷，川盐再次济楚，但两县分治的弊端却阻碍自贡盐业的进一步发展。为适应经济发展的需要和战时军需、民食及支援抗战，国民政府决定设市。民国28年（1939年）8月，经四川省政府批准，划出富顺县第五区和荣县第二区的产盐区，取自流井和贡井第一字合称自贡市。同年9月1日，自贡市政府成立，隶属四川省政府。1949年12月5日，自贡市解放，隶属川南行政公署。1952年，川南行署被撤销，隶属四川省人民政府。1978年4月，荣县全部以及富顺县何市区6个公社划归自贡市管辖。1983年3月，富顺县全部划归自贡市管辖。至2014年无变化。

地形地貌

自贡大地构造系杨子淮地四川台坳、川中台拱、自贡凹陷。北与威远—龙女寺台穹相邻，东南为赤水凹陷，南与泸州凸起相接，西南与凉山褶断带相邻。境内构造简单、岩层产状平缓。东南部褶皱紧密，构造狭长；西北部构造相对宽缓。地形西北部地势高、东南部地势低。西北部是全市低山集中分布区，山岭海拔一般在500米—800米。最高点在荣县丁家山主峰，海拔为901米。东南部海拔一般在300米—400米左右，多为300米（±50米），最低点在沱江出富顺境处水面，海拔为241米。最大相对高差为661米，一般地形相对高差小于50米。地貌类型属低山丘陵，由低山地貌、丘陵地貌、平坝地貌和沟谷地貌组成。低山呈条带状，分布在西北和东南，分布面积广，沟谷纵横交错，穿插在丘间。地形以丘陵为主，平坝地形十分狭小、分布零星，一般多为沿河阶地、丘陵间之平地。全市低山面积占7.1%，丘陵占83.7%，缓丘平坝占9.2%。此外，尚有各类沟谷，分为冲谷、冲沟、侵蚀沟以及喀斯特槽谷和盆地、河谷。各类沟谷密度为每平方公里2.85公里。

政　区

自贡设市后，政区先后多次调整。2014年年末，自贡市辖自流井、贡井、大安、沿滩四区和荣县、富顺县，辖区面积4381平方公里。其中：自流井区辖6街3镇4乡，面积154平方公里；贡井区辖2街9镇2乡，面积410平方公里；大安区辖4街9镇3乡，面积401平方公里；沿滩区辖11镇2乡，面积469平方公里；荣县辖21镇6乡，面积1605平方公里；富顺县辖22镇4乡，面积1342平方公里。

人　口

【数量与分布】　截至2014年年底，全市共有人口1078420户，其中，市辖区520109户（自流井区84628户、贡井区103577户、大安区162739户、沿滩区123855户、汇东45310户）、荣县234831户、富顺县323480户。全市总人口3300151人，其中市辖区1512672人（自流井区241478人、贡井区297023人、大安区457720人、沿滩区392843人、汇东123608人）、荣县691791人、富顺县1095688人。全市年末常住人口274.58万人，比2013年年末增加0.75万人，增长0.3%。常住人口中，城镇人口128.01万人，乡村人口146.57万人，城镇化率46.62%，比2013年提高1.1个百分点。

【构成】　2014年年末，全市总人口中，非农业人口1131830人、农业人口2168321人；男性1680856人、女性1619295人，男女性别比为1.038∶1；18岁以下的588072人、18～35岁的715319人、35～60岁的1321759人、60岁以上的675001人。

【变迁】　2014年，全市共出生35872人，出生率10.87‰；死亡22827人，死亡率6.92‰；自然增长13045人，人口自然增长率3.95‰。全市迁入9277人，迁出19699人。

（市公安局、市统计局）

自然资源

【土地资源】　全市土壤在特定气候、地形、母质、生物和人为综合作用下，形成5个土类，9个亚类，25个土属，70个土种。高产土壤占32.72%，中产土壤占41.41%，低产土壤占25.87%，紫色土占土壤总面积的50.08%，水稻土占土壤总面积的34.59%，新积土占土壤总面积的0.89%，黄壤土占土壤总面积的13.73%，黑褐土占土壤总面积的0.71%。

（曾荣耀）

【矿产资源】　自贡属矿产资源贫乏地区，矿产资源种类有：岩盐、煤、石灰岩、石英砂岩、膨润土、陶瓷土、高岭土、砖用页岩、矿泉水等14种。主要矿种为盐和煤。其中，岩盐资源集中分布在荣县西侧的长山镇一带，是著名的“威西岩盐体”的1/3；煤炭资源集中分布在北西部的荣县和南东侧的富顺县；石灰岩矿分布在荣县、富顺县、贡井区、大安区境内；石英砂岩主要分布在荣县、富顺县、沿滩区、自流井区；膨润土主要分布在荣县双石镇、贡井区龙潭镇；高岭土集中分布在荣县西北侧的于佳、双古、铁厂镇一带；普通建材类矿产资源、砖瓦页岩广泛分布于全市各区、县境内。已探明的岩盐资源储量79.3亿吨；煤炭资源储1.7亿吨；高岭土矿资源储量891万吨；石灰岩矿资源储量1.07亿吨。

（梁仁勇）

【水资源】　自贡市境内河流分属岷江、沱江两大河流水系。西部越溪河、茫溪河属岷江水系，境内流域面积1207平方公里，其余河流属沱江水系，沱江水系在市境内有一级支流釜溪河、二级支流旭水河、威远河、长滩河、镇溪河等重要河流。全市流域面积在5平方公里以上的河流有142条，其中流域面积在50平方公里以上的河流为17条，河流形状多为羽毛状或树枝形。自贡水资源极度匮乏，水资源总量约为16亿立方米，是全国50个最严重缺水城市之一。全市人均水资源量585立方米、亩均水资源量868立方米，仅为四川省人均、亩均水资源量的18.84%、23.5%。特别是人口稠密、厂矿集中、商贸繁荣的城市中心区，缺水问题尤为突出，人均水资源量仅为307立方米，占四川省人均水资源量的9.7%。

（李　弘）

【野生动物资源】　自贡市有野生动物46科300余种，以蛇、蛙、鸟类等有益的野生动物种群数量居多，主要分布在森林较多的丘陵地区。全市有属国家二级保护的野生动物17种：水獭、大灵猫、小灵猫、金猫、鸢、苍鹰、雀鹰、红角鸮、领角鸮、雕鸮、鹰鸮、斑头鸺鹠、长耳鸮、短耳鸮、黄喉貂、大鲵、胭脂鱼，其中常见的有水獭、小灵猫、金猫、鸢、苍鹰、雀鹰、红角鸮、领角鸮、雕鸮、长耳鸮、短耳鸮、胭脂鱼、大鲵13种；有省重点保护的野生动物12种：香鼬、豹猫、赤狐、普通夜鹰、小白腰雨燕、红翅凤头鹃、鹰鹃、小鹏鹛、宜宾龙蜥、中白鹭、董鸡、岩原鲤，其中常见的有香鼬、豹猫、赤狐、小白腰雨燕、红翅凤头鹃、鹰鹃、小䴙䴘、中白鹭、董鸡、岩原鲤10种。1990年以来，全市境内鹭鸟数量急剧增加，2014年已达数万只。

表1　　自贡市国家重点保护野生动物名录

中文名	拉丁文名	保护级别
鸢	*Milvus migrans*	Ⅱ
苍　鹰	*Accipiter gentiles*	Ⅱ
雀　鹰	*Accipiter nisus*	Ⅱ
红角鸮	*Otus scops*	Ⅱ
领角鸮	*Otus bakkamoena*	Ⅱ
雕　鸮	*Bubo bubo*	Ⅱ
鹰　鸮	*Ninox scutulata*	Ⅱ
斑头鸺鹠	*Glaucidium cuculoides*	Ⅱ
长耳鸮	*Asio otus*	Ⅱ
短耳鸮	*Asio flammeus*	Ⅱ
黄喉貂	*Martes flavigula*	Ⅱ
水　獭	*Lutra lutra*	Ⅱ
大灵猫	*Viverra zibethe*	Ⅱ
小灵猫	*Viverricula indica*	Ⅱ
金　猫	*Flis temminckj*	Ⅱ
胭脂鱼	*Myxocyprinus asiaticus*	Ⅱ
大　鲵	*Andrias davidianus*	Ⅱ

表2　　自贡市省重点保护野生动物名录

中文名	拉丁文名
香　鼬	*Mustela altaica*
豹　猫	*Felis bengalensis*
赤　狐	*Vulpes hoole*
红翅凤头鹃	*Clamator coromandus*
鹰　鹃	*Cuculus sparverioides*
普通夜鹰	*Caprimulgus indicus*
小白腰雨燕	*Apus affinis*
小䴙䴘	*Tachybaptus rusicollis*
宜宾龙蜥	*Japalura grahami*
中白鹭	*Egretta intermedia*
董　鸡	*Gallicrex cinereacinerea*
岩原鲤	*Procypris rabaudi*

【植物资源】　自贡市已知有高等植物71科163属314种，其中乔木48科129种、灌木23科79种、藤本21种、竹类13种、蕨类30种、草本42种。森林以人工松林为主，部分区域有成片针阔混交林。植被类型属川东盆地偏湿性常绿阔叶林。自然植被由亚热带常绿阔叶林、低山常绿针叶林、竹林组成。国家重点保护的野生植物有桫椤、银杏、楠木、油樟、香樟、苏铁、红豆树、厚朴、任豆、红椿、川黄檗、水杉等18种，其中桫椤面积49公顷，达1.3万余株。

表3　　自贡市国家重点保护野生植物名录

中文名	拉丁文名	保护级别
苏铁属（所有种）	*Cycas spp*	Ⅰ
银　杏	*Cinkgo biloba*	Ⅰ
桫椤科（所有种）	*Cyatheaceae spp*	Ⅱ
翠　柏	*Calocedrus macrolepis*	Ⅱ
台湾格（秃杉）	*Taiwania cryptomerioides*	Ⅱ
樟　树（香樟）	*Cinnamomum camphora*	Ⅱ
润　楠	*Machilus nanmu*	Ⅱ
楠　木	*Phoebe zhennan*	Ⅱ
油　樟	*Cinnamomum longepaniculatum*	Ⅱ
红豆树	*Ormosia hosier*	Ⅱ
紫檀（青龙）	*Pterocarpus indicus*	Ⅱ
鹅掌楸	*Liriodendron chinense*	Ⅱ
厚　朴	*Mognolia officinalis*	Ⅱ
任豆（任木）	*Zenia insignis*	Ⅱ
红　椿	*Toona ciliata*	Ⅱ
喜　树	*Camptotheca acuminata*	Ⅱ
川黄檗（黄皮树）	*Phellodendron chinense*	Ⅱ
水　杉	*Metasequoia glyptostroboides*	Ⅱ
地方树种		
杨叶木江子（溪木）	*Neolitsea wushanica*	
灯台树	*Cornus controuersa*	

（隋宝强）

气　候

【概况】　2014年，全市平均气温18.0℃，比常年偏高0.2℃；年平均降水量1054.4毫米，较常年偏多74.5毫米，偏多8%。年初出现冬干，5月全市出现轻度到中度夏旱，6月出现阴雨寡照天气，7月—8月部分地方出现不同程度伏旱，高温日数和强度接近常年，汛期暴雨天气频繁发生，局部出现雷暴、大风天气，但整体范围小、强度小，汛期洪涝偏轻。经综合分析评估，2014年全市气候年景为略偏好年份。

【气温】 2014年，荣县、市区、富顺县年平均气温分别为17.6℃、18.3℃、18.2℃，与多年平均值比较，荣县持平，市区和富顺县分别偏高0.4℃、0.2℃；荣县、市区、富顺县年极端最高气温分别为37.1℃、38.2℃、38.1℃，极端最低气温分别为0.6℃、2.5℃、2.2℃，均在常年波动范围内。日最高气温≥35℃的天数，荣县、市区、富顺县分别为6天、18天、18天。冬季（2013年12月—2014年2月），全市平均气温8.6℃，较常年同期偏低0.1℃。其中2013年12月平均气温为8.8℃，偏低0.1℃；2014年1月平均气温为8.3℃，偏高0.8℃；2月平均气温为8.8℃，偏低1.0℃。春季（3月—5月），全市平均气温18.8℃，较常年同期偏高0.5℃。其中3月平均气温为14.5℃，偏高0.9℃；4月平均气温为20.2℃，偏高1.6℃；5月平均气温为21.8℃，偏低0.8℃。夏季（6月—8月），全市平均气温26.0℃，与常年持平。其中6月平均气温为23.8℃，偏低0.8℃；7月平均气温为27.8℃，偏高1.0℃；8月平均气温为26.3℃，偏低0.3℃。秋季（9月—11月），全市平均气温18.8℃，较常年同期偏高0.4℃。其中9月平均气温为23.2℃，偏高0.3℃；10月平均气温为19.4℃，偏高1.2℃；11月平均气温为13.8℃，偏低0.2℃。

【降水】 2014年，荣县、市区、富顺县年总降水量分别为982.3毫米、1142.6毫米、1038.3毫米，分别较多年平均值偏多5%、15%、2%。年内≥0.1毫米的降雨日数，荣县、市区、富顺县分别为147天、145天、154天；≥25毫米的降雨日数分别为10天、12天、7天；≥50毫米的降雨日数分别为2天、4天、2天；≥100毫米的降雨日数分别为1天、0天、0天。荣县、市区、富顺县日最大降水量分别为100.0毫米、70.0毫米、88.2毫米。冬季（2013年12月—2014年2月），全市平均降水量36.7毫米，较常年同期偏少15%。其中2013年12月降雨量为13.3毫米，偏多8%；2014年1月降雨量仅有0.9毫米，异常偏少93%；2月降雨量为23.1毫米，偏多28%。春季（3月—5月），全市平均降水量180.1毫米，较常年同期偏少6%。其中3月降雨量为71.5毫米，异常偏多130%；4月降雨量为45.6毫米，偏少25%；5月降雨量为72.4毫米，偏少28%。夏季（6月—8月），全市平均降水量507.3毫米，较常年同期偏少8%。其中6月降雨量为212.0毫米，偏多26%；7月降雨量为104.5毫米，偏少47%；8月降雨量为189.8毫米，偏多1%。秋季（9月—11月），全市平均降水量332.4毫米，较常年同期偏多73%，位列历史同期第3高位。其中9月降雨量为210.9毫米，异常偏多88%；10月降雨量为91.8毫米，显著偏多76%；11月降雨量为29.7毫米，偏多9%。

【冬干】 1月中旬开始，全市各地先后出现冬干，至2月4日冬干范围最广、强度最强。在全市73个监测站中有72站出现冬干，其中轻旱37站、中旱26站、重旱9站，重旱区主要分布在贡井区、大安区西部、荣县东北部和西部的部分地方。

【夏旱】 5月上旬后期开始到6月初，全市各地降水量持续偏少，全市73个监测站全部出现夏旱，其中轻旱38站，中旱35站。

【伏旱】 7月上旬开始到8月初，全市各地降水量持续偏少，全市73个监测站中42站出现伏旱，其中轻旱22站、中旱7站、重旱13站。

【低温雨雪】 2月5日开始，全市出现持续降温降雨雪天气过程。日平均气温从前期的12.4℃—12.7℃下降到2月10日的3.5℃—3.7℃，下降8.6℃—9.0℃；2月10日最低气温仅2.8℃，荣县高石梯最低气温达零下1.0℃。降温期间日平均气温维持在4℃左右，较常年同期偏低5℃—6℃。伴随降温过程，全市出现连续降雨，荣县高石梯等山区出现降雪。

【初夏阴雨寡照】 6月初开始，全市出现长时间的阴雨天气，6月≥0.1毫米的降雨日数长达22天—23天，较多年同期平均值偏多6天—7天，其中富顺县降雨日数位列历史同期第1多位，荣县位列历史同期第2多位。月内西部地区呈现雨日偏多且雨量偏少的特点，中部和东部地区呈现雨日偏多且雨量偏多的特点。与此同时，全市日照时数明显偏少，富顺县日照时数位列历史同期第3低位。

【盛夏高温】 7月下旬到8月上旬，全市出现一段高温天气。荣县、市区、富顺县35℃以上高温天数分别为6天、16天、17天，极端最高气温分别达37.1℃、38.2℃、38.1℃，此间日平均气温分别为28.8℃、30.1℃、30.0℃，较历年同期偏高1.5℃—2.3℃。

【汛期暴雨】 2014年，全市境内出现11次局部或区域暴雨天气过程，其中6月2次、8月6次、9月3次。其中，9月17日早上—18日白天，全市遭遇入汛以来最大范围暴雨天气过程，降雨连续不断下36个小时，除荣县部分地方为大雨外，全市其余地方均出现暴雨，富顺县的大部分地方出现大暴雨。在全市105个监测站中，过程降雨在50毫米以上的站点有90个，100毫米以上的站点有32个，最大雨量为220.1毫米，出现在富顺县安溪镇刘家坝村。

【荣县冰雹】 4月19日凌晨1时许，荣县东兴镇遭遇大风、冰雹、大雨袭击，过程降水量达31.1毫米，冰雹直径约10毫米，风力8级。这次冰雹大风天气造成东兴镇983户2992人受灾，房屋受损1451间，水稻秧苗损失48.33公顷、油菜损失84.20公顷、玉米苗损失120公顷、其他农作物损失16.8公顷、树子折断2721根，直接经济损失105.6万元。

【雷雨大风】 8月4日18时—19时，全市出现短时分散性阵雨并伴随雷雨大风，最大雨量出现在富顺县安溪镇，为45.9毫米，汇东新区瞬时最大风速达20.1米/秒（8级）。汇东新区高峰乡有27间民房受损，农作物受灾面积11.7公顷，受灾人口430人。该乡部分居民屋顶被掀翻，铝合金窗户被吹落，椅子被吹走，街上停水停电，居民生活受到影响。

【秋绵雨】 9月，全市雨日多，日照少，连阴雨天气明显。全月近2/3的天数有降水，无日照天数达12天—20天。其中11日—19日，连续9天日降雨量大于等于0.1毫米，13日—19日，连续7天无日照。11月上旬末到中旬末，全市出现一段秋绵雨天气。

（段修荣）

经济和社会发展

【概况】 2014年，全市实现地区生产总值（GDP）1073.40亿元，按可比价格计算，比2013年增长7.6%。其中，第一产业增加值123.20亿元，增长4.1%；第二产业增加值639.00亿元，增长7.9%；第三产业增加值311.20亿元，增长8.1%。三次产业对经济增长的贡献率分别为5.4%、64.8%和29.8%。人均地区生产总值3.91万元，按可比价格计算增长6.9%。三次产业结构由2013年的11.9∶59.8∶28.3调整为11.5∶59.5∶29.0。全年非公有制经济实现增加值608.82亿元，按可比价格计算增长8.6%，占GDP的比重为56.7%，对GDP增长的贡献率为64.0%。其中，第一产业增加值38.86亿元，增长4.0%；第二产业增加值387.75亿元，增长8.3%；第三产业增加值182.21亿元，增长10.0%。

图1 2010—2014年自贡地区生产总值和增长速度

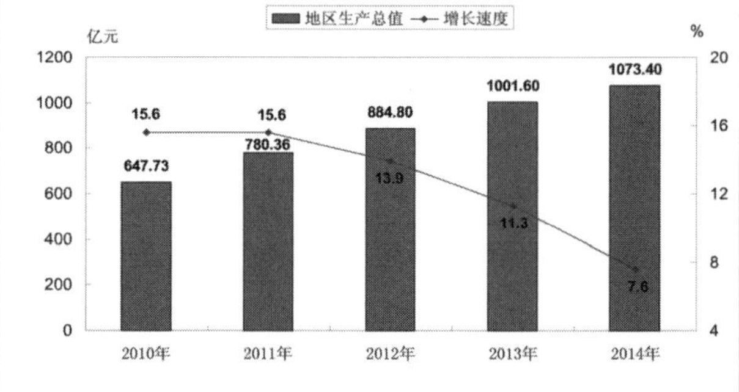

【农业】 2014年，全市粮食种植面积21.52万公顷，比2013年增加944公顷；油料种植面积2.75万公顷，增加1111公顷；蔬菜种植面积5.55万公顷，增加1608公顷。全年粮食产量127.78万吨，比2013年增产0.3%；油料产量5.86万吨，增产8.7%；蔬菜产量190.54万吨，增产4.7%。全年肉类总产量27.73万吨，比2013年增长3.3%。其中，猪牛羊肉产量16.12万吨，增长2.9%；生猪出栏232.63万头，增长2.0%；肉牛出栏4.04万头，增长9.9%，肉羊出栏106.36万只，增长 3.3%，家禽出栏 2572.43 万羽，增长 1.6%。全年水产养殖面积 7833 公顷，比 2013 年增加 66 公顷；水产品产量 6.18 万吨，增长 5.0%。全年完成人工造林面积 3306.67 公顷。其中，造林补贴项目 733.33 公顷。完成低产低效林改造面积 3226.67；森林抚育总面积 2786.67 公顷；“四旁植树”954.8 万株。全市森林覆盖率 32.7%，比 2013 年提高 1.2 个百分点。年末农业机械总动力 111.65 万千瓦，增长 7.5%。

图2　2010—2014年自贡粮食产量

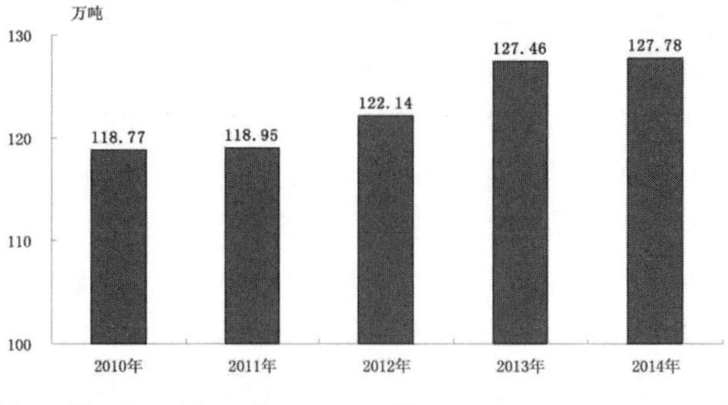

【工业和建筑业】　2014 年，实现全部工业增加值 580.68 亿元，比 2013 年增长 7.7%，对经济增长的贡献率达 57.4%。规模以上工业企业（年主营业务收入 2000 万元以上）实现增加值 480.24 亿元，增长 7.8%。年末规模以上工业企业户数为 562 户，实现出口交货值 41.54 亿元，下降 7.2%。工业产品销售率为 99.1%。实现主营业务收入 1625.56 亿元，增长 6.1%；盈亏相抵后实现利润总额 70.89 亿元，增长 3.7%；实现利税 142.95 亿元，增长 3.5%。规模以上工业增加值分轻重工业看，轻工业增长 7.3%，重工业增长 7.9%，轻重工业的比为 21.8∶78.2。分行业看：煤炭开采和洗选业增长 3.9%，采盐业下降 1.9%，农副食品加工业增长 2.2%，食品制造业增长 6.1%，化学原料及化学制品制造业增长 9.1%，医药制造业增长 22.2%，化学纤维制造业增长 5.2%，塑料制品业增长 15.9%，非金属矿物制品业增长 3.8%，黑色金属冶炼及延压工业增长 19.5%，有色金属冶炼及延压工业增长 0.8%，金属制品业增长 12.9%，通用设备制造业增长 5.1%，专用设备制造业增长 3.3%，电气机械及器材制造业增长 22.6%，电力热力的生产和供应业增长 12.3%。在纳入统计的规模工业产品中，原盐 108.6 万吨，下降 34.8%；饲料 55.9 万吨，下降 1.4%；纱 2.54 万吨，下降 25.1%；碳酸钠（纯碱）8.9 万吨，下降 82.9%；合成氨 3.87 万吨，下降 79.1%；平板玻璃 69.8 万重量箱，下降 84.1%；电站锅炉 11.8 蒸发量万吨，增长 10.7%；金属切削机床 0.4 万台，增长 7.8%。2014 年，实现建筑业增加值 58.32 亿元，比 2013 年增长 10.5%。全市建筑业企业有 245 户，其中，纳入“四上”统计的建筑业企业 129 户，完成总产值 175.05 亿元，增长 12.0%；房屋建筑施工面积 1689.31 万平方米，增长 26.3%。

图3 2010—2014 年自贡规模以上工业增加值和增长速度

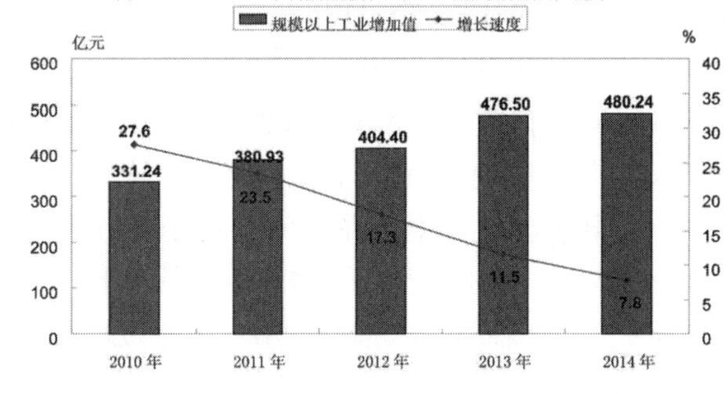

2014 年主要工业产品产量

产品名称	单位	绝对数	比上年增长（%）
原盐	万吨	108.60	-34.8
饲料	万吨	55.90	-1.4
纱	万吨	2.54	-25.1
碳酸钠（纯碱）	万吨	8.90	-82.9
合成氨	万吨	3.87	-79.1
平板玻璃	万重量箱	69.8	-84.1
电站锅炉	蒸发量万吨	11.80	10.7
金属切削机床	万台	0.40	7.8

图4　2010—2014年自贡建筑业总产值和增长速度

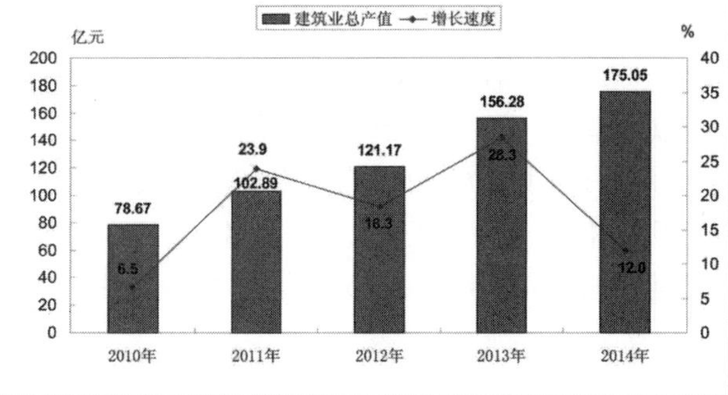

【固定资产投资】 2014年，全社会固定资产投资完成597.61亿元，比2013年增长12.4%。其中，民间投资410.64亿元，增长20.1%。分产业看，第一产业完成投资47.43亿元、增长49.0%；第二产业完成投资149.28亿元、增长0.3%，其中工业投资147.59亿元、下降0.6%；第三产业完成投资400.89亿元、增长14.2%。全年房地产开发投资完成101.23亿元，比2013年增长30.2%。商品房屋施工面积844.89万平方米、增长12.8%，其中住宅施工面积614.36万平方米、增长7.2%。商品房新开工面积304.19万平方米、增长15.4%，其中住宅新开工面积214.13万平方米、增长22.6%。商品房竣工面积116.55万平方米、下降45.9%，其中住宅竣工面积97.92万平方米、下降49.5%。商品房销售面积168.56万平方米、下降29.4%，其中住宅销售面积159.41万平方米、下降29.6%。商品房待售面积44.31万平方米、下降12.8%，其中住宅待售26.87万平方米、下降23.2%。

【国内外贸易】 2014年，实现社会消费品零售总额427.65亿元，比2013年增长12.5%。按经营地分，城镇消费品零售额341.93亿元，增长12.7%；乡村消费品零售额85.71亿元，增长11.7%。按行业分，批发业零售额44.85亿元，增长14.0%；零售业零售额325.94亿元，增长12.6%；住宿业零售额2.08亿元，增长8.8%；餐饮业零售额54.78亿元，增长10.8%。在限额以上批发和零售业零售额中，食品、饮料、烟酒类增长14.7%，服装、鞋帽、针纺织品类增长18.3%，化妆品类增长14.4%，金银珠宝类下降9.4%，日用品类增长8.5%，书报杂志类下降11.2%，汽车类增长14.0%，中西药类增长4.5%，石油及石油制品增长11.4%，建筑及装潢材料类增长16.5%，体育、娱乐用品类增长8.8%，家用电器和音像器材类增长9.6%，通信器材类下降3.7%，文化办公用品类增长2.0%。全年进出口总额6.72亿美元，下降33.5%。其中，出口额3.09亿美元，下降49.8%，进口额3.62亿美元，下降11.4%。

图5 2010—2014年自贡社会消费品零售总额和增长速度

【交通和邮电】 2014年末，全市公路通车里程6457公里。其中，高速公路185公里，一级公路102公里，二级公路189公里，三级公路311公里，四级公路4396公里，等外级公路1274公里。全年完成公路客运量6000万人，旅客周转量18.34亿人公里；完成公路货运量4538万吨，货物周转量54.15亿吨公里。水路客运量104万人，旅客周转量645万人公里；水路货运量239万吨，货物周转量4210万吨公里。全市共有汽车13.72万辆，增长15.0%。其中，营运车辆1.91万辆，增长3.2%；非营运车辆11.80万辆，增长17.2%；非营运小型车辆10.36万辆，增长20.9%。是年，完成邮电业务总量25.33亿元，比2013年增长18.9%。其中，邮政业务总量2.67亿元，增长22.6%；电信业务总量22.66亿元，增长17.8%。全年光缆线路长度3.60万皮长公里，增长15.5%；新增互联网用户5.44万户，累计达到35.46万户。年末固定电话用户42.81万户，年末移动电话207.42万户。

【财政和金融】 2014年，全市财政总收入126.59亿元，比2013年下降20.6%。其中，公共财政预算收入42.41亿元，增长10.6%。公共财政预算支出147.31亿元，增长5.3%。全市实现税收收入68.39亿元，比2013年增长7.7%。其中，国税税收收入26.66亿元，下降5.5%；地税税收收入41.73亿元，增长18.3%。年末金融机构人民币存款余额1075.20亿元，比2013年末增长10.3%。其中，企业存款余额213.77亿元，增长16.5%；居民储蓄存款余额714.22亿元，增长12.6%。金融机构人民币贷款余额520.81亿元，增长15.9%。其中，中长期贷款265.24亿元，增长28.7%；短期贷款239.72亿元，增长3.0%。全年保费收入

21.63亿元，增长3.1%。其中，财产险收入7.50亿元，增长16.9%；人身险收入14.13亿元，下降3.0%。全年处理各种赔案支付额10.46亿元，增长31.4%。其中，财产险赔付金额3.94亿元，增长15.0%；人身险赔付金额6.52亿元，增长43.8%。截至2014年年底，全市有效证券账户20.73万户，其中新开户6461户；证券交易额988.79亿元，比2013年增加364.13亿元。

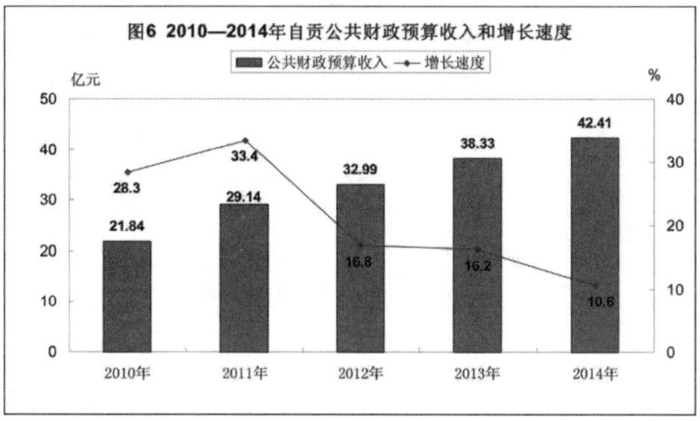

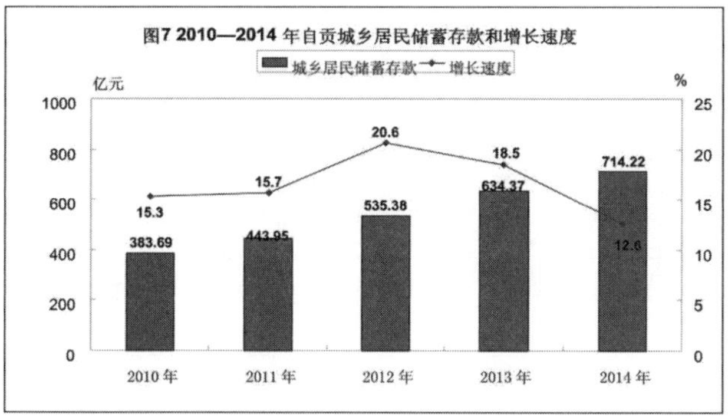

【教育和科技】 2014年年末，全市有各类学校333所，在校学生32.43万人，专任教师1.78万人。有高等院校3所（四川理工学院、自贡电大、四川卫生康复职业学院），在校生人数4.40万人。全市普通小学170所，招生2.98万人，在校生人数17.34万人；小学学龄人口入学率100%。普通中学138所，招生3.94万人，在校生人数11.92万人；中等职业学校18所，招生1.30万人，在校生人数3.06万人。高中阶段毛入学率为86.1%。全年实施国家、省重点科技项目95项，实施市以上重点科技项目137项，其中科技攻关项目75个。全市高新技术企业58户，高新技术产业产值达580亿元。全年共申请专利1424件，比2013年增长18.8%。授权专利995项，比2013年增长46.1%。全年技术交易合同201个，登记合同金额3.45亿元。

【文化 卫生 体育】 2014年年末，全市有专业艺术表演团体3个，演出435场次。全市有博物馆4个，文化馆7个，文化站96个，文物保护单位165个。是年，全市出版图书种类7种，出版量2.1万册；出版报纸种类3种，出版量2114万份；出版期刊种类4种，出版量5.8万册。全市有公共图书馆7个，图书总藏量49.12万册。全市广播电视台3座，调频转播发射台4座，电视转播发射台5座。广播电视综合覆盖率98.6%。全市有卫生计生机构2409个。其中，村卫生室（站）1611个，医院、卫生院164个，等级医院50个。有疾病预防控制机构7个，妇幼保健机构7个，乡镇卫生院96个。床位1.64万张，人员2.16万人。其中，医院、卫生院技术人员1.24万人；其中执业医师（助理）6399人，注册护师、护士6744人。医院门诊人次为498.58万人次。是年，全市法定传染病报告发病率为296.86/10万，孕产妇死亡率为7.75/10万，婴儿死亡率为4.88‰，五岁以下儿童死亡率为8.18‰。全市现有体育馆8座，全民健身路径190条，新增124条。全年举办体育竞赛表演16场次。全市经常参加体育活动人数110万人。全年获省级以上奖牌101块，其中省级金牌30块。

【环境保护和安全生产】 2014年，完成19户工业企业污染治理任务，环评项目117个。加大市污水处理厂和贡井污水处理厂的污水处理量，日处理量分别达12.05（一期+二期）万吨和1.82万吨，全市城区生活污水集中处理量为6099万吨，城市饮用水源达标率100%。城区生活垃圾无害化处理率93.0%；环境空气质量达标率63.8%；全年区域环境噪声平均等效声级57.4分贝。全年各类安全事故死亡41人，比2013年减少8人，下降16.3%。未发生较大及以上生产安全事故。全市亿元GDP生产安全事故死亡人数为0.04人，下降26.4%。

【人民生活和社会保障】 2014年，城镇居民人均可支配收入2.36万元，比2013年增长9.6%。人均消费性支出1.74万元，增长15.1%。农民人均纯收入9974元，比2013年增长11.3%。人均消费性支出6521元，增长15.1%。全年下岗失业人员再就业0.97万人，比2013年下降14.6%。失业保险参保单位数2491个，参保人数12.61万人。

年末城镇登记失业人员数2.37万人，城镇登记失业率4.3%。全市城镇基本养老保险参保人数64.56万人，比2013年增加2.10万人，增长3.4%。其中个体参保人数34.10万人，增长5.2%；参加基本养老保险的职工数30.46万人，增长1.4%。全年养老保险费征缴率达92.7%，比2013年同期回落2.4个百分点。工伤保险参保人数16.80万人，增长0.6%，生育保险参保人数12.66万人，下降0.2%。全市城镇基本医疗保险参保人数86.85万人，比2013年增加2.32万人，增长2.7%。其中，个体参保人数3.97万人，增长6.9%；参加基本医疗保险的职工数36.47万人，增长0.3%。新型农村合作医疗保险参保人数209.31万人，比2013年增加1.82万人，增长0.9%。全市保障性住房本年完成投资5.45亿元，下降36.9%，其中公共租赁住房完成投资4.75亿元。保障性住房施工面积28.05万平方米，下降55.1%，其中公共租赁住房施工面积28.05万平方米。保障性住房竣工面积35.63万平方米，下降6.2%，其中公共租赁住房竣工面积4.81万平方米。

图8 2010—2014年自贡城镇居民人均可支配收入和增长速度

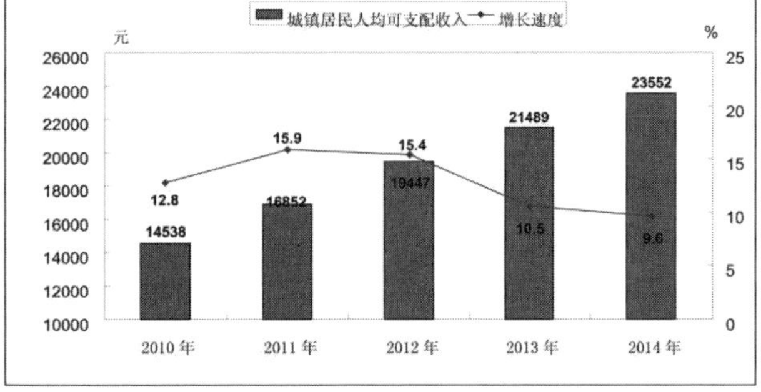

图9 2010—2014年自贡农民人均纯收入和增长速度

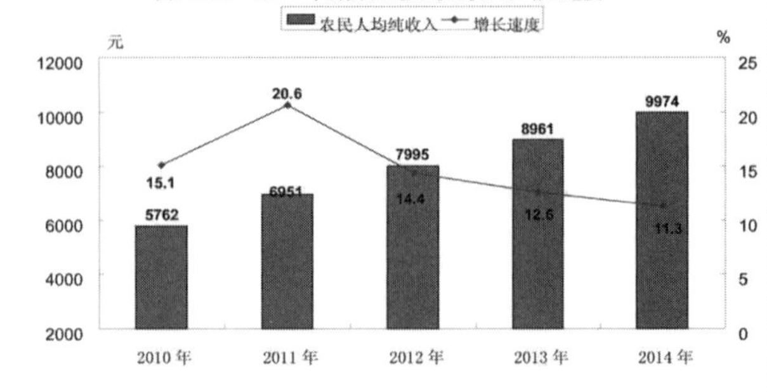

【物价】 2014年，居民消费价格比2013年上涨1.9%。其中，食品价格上涨2.4%，非食品价格上涨1.6%；服务项目价格上涨3.6%。工业生产者出厂价格下降1.2%，工业生产者购进价格下降0.1%。

图10 2010—2014年自贡居民消费价格涨跌幅度

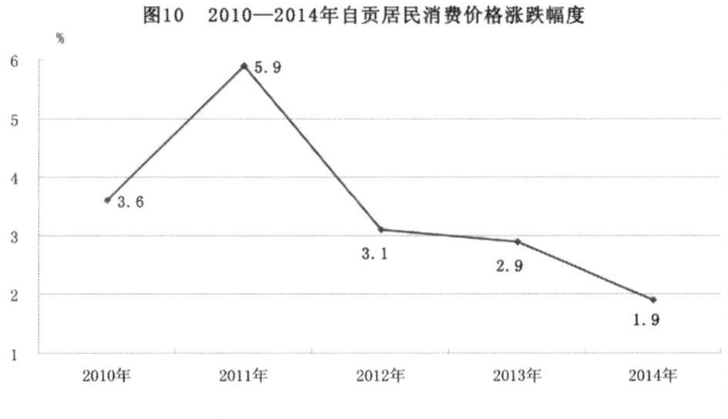

（市统计局）

DA SHI JI

大事记

1月

1日

▲“中国移动4G杯”自贡市迎春健身跑活动在檀木林体育场举行，全市99支代表队1万余人参加活动。市委书记雷洪金，市委副书记、市长刘永湘等市委、市政府、市人大、市政协、自贡军分区领导出席开幕仪式并参加长跑活动。

▲《自贡市城乡居民大病保险实施办法》正式施行。该保险的保障对象为城镇居民医保和新农合的参保（合）人，起付标准为0.75万元。支付比例为：按基本医疗保险政策报销后累计个人自付合规医疗费用0.75万元至2万元的部分按50%支付，2万元（含2万元）至5万元的部分按60%支付，5万元及以上的部分按70%支付，报销不封顶。

▲G348王井收费站正式建成开始收费，原沙坪收费站被撤销并停止收费。王井收费站为双向6车道，设6个收费工作亭。

▲《自贡手机报》正式上线运行。主要设自贡新闻、区县视窗、纵览天下、生活百科、盐都视点、釜溪茶话等栏目，周一至周五每天上午9时和下午5时各发送1次，周末及节假日每天上午11时发送1次。

▲东盐都大道正式通车。

2日

▲乐自高速公路开始试收车辆通行费，试收费期限为3年。该高速公路是四川高速公路东西横线汉源至自贡的一段，起于乐山市安谷镇，与乐宜高速相接，止于自贡市永安镇，与内宜高速相接，全长113.2公里，设计速度80公里/小时，概算投资69.8亿元。工程于2010年7月19日开工，2013年12月30日建成通车。

6日

▲自贡市与丹巴县旅游战略合作协议签订仪式在汇东大酒店举行。川旅丹巴旅游投资公司与自贡市汽车摩托车商会、自贡春秋旅行社签订《自贡市丹巴县旅游战略合作协议》，双方就开放繁荣两地旅游达成共识。

▲自贡市公安局新监管中心正式启用。该监管中心位于沿滩区永安镇，集看守所、戒毒所、拘留所于一体。

7日

▲小井沟水利工程排洪渠隧洞贯通。

7日至8日

▲第二十届自贡国际恐龙灯会暨自贡－荥经旅游推介会在成渝两地举行。由市外事侨务和旅游局、市灯贸委、恐龙馆、荣县大佛等重点景区和康辉、春秋、光大等6家旅行社，以及自贡电视台、自贡日报社组成的自贡市旅游促销团，向成渝两地的旅行商和新闻媒体推介自贡独特的旅游资源和丰富的人文景观。同时，邀请自贡对口援建的地震灾区雅安荥经县政府和旅游局参加推介会，推介荥经县的旅游项目。

8日

▲自贡市首例遗体捐献仪式在四川卫生康复职业学院举行。遗体捐献者李超是自贡人，21岁，因患“进行性肌营养不良”疾病于7日凌晨去世，生前自愿捐献遗体用于医学和教学研究。

▲总投资3.24亿元的“凯茨阀门工业园”项目正式签约落户自贡国家高新技术产业开发区。该项目占地10公顷，将新建球阀、通用阀、特种阀门生产线，智能模锻及撬装设备生产线，阀门质量检测中心和研发中心。

9日

▲自贡市首次设置的两条公交车专用道正式开通。两条公交专用道分别位于簸米湾自海关路口至解放桥桥头，约600米长；水涯居大桥桥头至东兴寺立交桥下，约500米长。

10日

▲中共自贡市委十一届八次全体（扩大）会议召开。会议传达贯彻党的十八大、十八届三中全会和中央、省委经济工作会议精神，总结回顾2013年工作，安排部署2014年工作。会议表决通过《中共自贡市委2014年工作要点（送审稿）》。市委书记雷洪金、市委副书记刘永湘等出席会议。

▲自贡市华刚硬质合金新材料有限公司与世界500强企业苏尔寿美科公司合资成立的“自贡华鑫硬面材料有限公司”“自贡华鑫特种合金有限公司”在贡井工业园区正式挂牌。自贡华鑫硬面材料公司主要生产钨基硬面材料，自贡华鑫特种合金公

司主要生产特喷涂材料，总投资1.25亿元，年生产能力800吨。

▲自贡市汽车客运总站新售票窗口正式启用。购票厅与候车大厅实行有效分隔，新售票窗口共16个，位于二楼进站入口右侧，其中15号售票窗口为超长班线售票点，16号售票窗口为无障碍售票窗口。原一楼候车大厅内的13个旧售票窗口停用，腾出的空间将改造为母婴候车室和重点旅客候车室。

11日至16日

▲中央电视台旅游卫视频道到自贡拍摄《灯耀四海》宣传片。宣传片分上下两集，主要介绍自贡灯会渊源、发展以及灯会与盐帮菜、盐商会馆关系等。

13日

▲由自贡市人民政府、四川省旅游局共同主办的第20届自贡国际恐龙灯会经贸交易会在自贡彩灯公园开幕。本届灯会共展出119组大中型灯组，期间将组织16项重大经贸文体活动和10多项互动娱乐项目。灯会票价分为三类：农历正月初一至十五节日门票每张100元，周五、周六、周日门票每张50元，其余时段为普通门票，每张30元。

▲自贡“中国优秀旅游城市”标志“马踏飞燕”雕塑搬迁至东盐都大道。

▲中共自贡市委常委会决定：将原自贡卫校人员和资产整体划入四川卫生康复职业学院，市一医院、市四医院为四川卫生康复学院附属医院。

14日

▲自贡被住建部正式命名为“国家园林城市”。在此次公布的37个“2013年国家园林城市”名单中，自贡综合评审分位列第一。

▲由四川省投资促进局、自贡市人民政府主办，市投资促进局、市经信委承办的第四届“携手灯城·龙聚盐都”招商推介会在英祥锦江国际大酒店举行。推荐会吸引了霍尼韦尔、西门子、飞利浦、江森自控、富士康科技集团、林德气体等世界500强企业和中航工业集团、中港国际投资集团、重庆东恩工业投资集团、日东电工、北京华联集团等国内外知名企业参加。市委书记雷洪金，市委副书记、市长刘永湘等出席推荐会。

15日

▲自贡龙井公园正式开园。公园地处自贡交通路、市委东侧，占地10余公顷；有8个景观节点，建有坐凳、公厕、管理房、路灯照明等服务配套设施，安装有健身器材；4个入口分别位于交通路（市委下大门旁）、自流井交警大队斜对面、仁和路（龙井菜市场）、市委北苑小区旁。

▲中国摄影家协会副主席王文澜、李舸以及国内摄影大师一行15人到自贡开展为期2天的“大师走基层聚焦新自贡中国摄影家协会灯城行系列活动”。活动包括“采风自贡灯会”“关注民风民俗”“聚焦南国灯城”等。

16日至17日

▲江西省政协原副主席刘上洋率队的中央第七督导组到市，调研自贡国家高新技术产业开发区板仓工业园和东方锅炉股份有限公司。

17日

▲自贡垃圾焚烧发电项目2号汽轮发电机组并网成功发电。自贡垃圾焚烧发电项目总投资3.5亿元，年处理垃圾量26.67万吨，装机容量2×12兆瓦，年发电量1.92亿千瓦时，年供电量1.504亿千瓦时，是能投集团成立后第一个建成并投运的项目。该项目自2012年9月10日正式开工，2013年11月19日1号汽轮发电机组一次并网成功发电。至此，自贡垃圾焚烧发电项目整套装置建成投运。

▲自贡至乐山高速直达班车正式开通。直达班车每天12个班次，全程运行时间将从以前的3个半小时缩短为1小时40分钟。

18日

▲由市政府主办、市商务局、市旅游局、市灯会指挥部、市工商联承办的首届“中国川南品牌促销会”在南湖体育中心启动。促销会是第二十届自贡国际恐龙灯会经贸交易会期间的重大经贸活动之一，首次采用“主会场＋分会场”同步展销的方式，主会场设在南湖体育中心外场，分会场的“年货节”设在檀木林体育场。品种涉及地产、汽车、名优特产、旅游商品、家电、家具、农副产品、服装服饰及年货等17个大类。

20日

▲市统计局发布数据，2013年，自贡市实现地区生产总值（GDP）1001.6亿元，成为四川第12

个“千亿俱乐部”成员。按可比价格计算同比增长11.3%，比全省平均水平高1.3个百分点，增速列全省第2位。其中，第一产业实现增加值119.42亿元，增长3.8%；第二产业实现增加值598.62亿元，增长12.6%；第三产业实现增加值283.57亿元，增长11.5%。

▲北环路（遂筠路至隆雅路自贡连接线）改造一期工程完工，全线恢复通车。工程起于一桥（桩号K4+258）经高硐、沙鱼坝、观音滩、雷公滩、谢家坝、李家祠堂，止于艾叶镇草学堂连接S305线（桩号K17+988.825），全长13.73公里。

▲川南首家奢侈品时尚购物广场普润之星开业。广场位于自贡汇东新区丹桂大街，总投资1亿元，营业面积3000平方米，奢侈品涵盖Gucci（古琦）、Bottega Veneta（葆蝶家）、PRADA（普拉达）、MIU MIU（缪缪）、Zegna（杰尼亚）、Armani（阿玛尼）、Dior（迪奥）、Burberry（巴宝莉）、Max Mara（麦丝玛拉）、Tod's（托德斯）、Ferragamo（菲拉格慕）、VALENTINO（华伦天奴）等数十个国际顶级一线品牌。

20日至26日

▲中国国际电视总公司到自贡拍摄《热点问题启示录》。《热点问题启示录》选取自贡一普通家庭的一天生活和一家彩灯制作企业创业人进行拍摄，表现城市规划建设、百姓民生、企业创业等内容。

21日

▲第二十届自贡国际恐龙灯会经贸交易会暨“自贡造·订货月”高新区工业投资与产品购销签约活动在高新区举行。省内外13位投资客商和华西能源、川润股份、四川运机集团、川力实业等20多户市内重点企业代表应邀参会。活动共签订项目68个，金额22.6亿元。其中投资项目9个，签约金额11.1亿元；产品购销合同59个，签约金额11.5亿元。

22日

▲市政府第十六届四次全体（扩大）会议在市委会议厅举行。会议讨论《政府工作报告》，市委副书记、市长刘永湘主持会议并总结2013年政府工作，部署2014年任务。

23日

▲《自贡市志（1991—2005）》正式出版发行。该志由市政府主持编修、市地方志编纂委员会负责编纂、方志出版社出版，历时7年完成。全书设正志43篇，篇前设总述、大事记，篇后设附录，近200万字，全面、真实、系统地记述1991年至2005年全市行政区域内自然、政治、经济、文化和社会等各方面的发展变化。

▲自贡檀木林城市名人酒店举行五星级旅游酒店授牌仪式。该酒店是自贡市首家五星级酒店，前身是川南首批星级涉外饭店檀木林国宾馆，素有“花园宾馆”的美誉，曾先后接待过吴玉章、董必武、朱德、贺龙、邓小平、彭真、胡耀邦等党和国家领导人及30多个国家使节。

▲由市委宣传部、市文化广播影视新闻出版局指导，市广播电视台主办的2014自贡春节联欢晚会在四川理工学院体育馆举行。晚会时长3小时，分“幸福中国年”“魅力盐都”“和谐家园”三个篇章，21个节目涵盖舞蹈、小品、魔术、音乐情景剧、戏曲等表演门类。

26日

▲首个“恐龙邮局”在自贡恐龙博物馆广场投入使用。“恐龙邮局”依托恐龙博物馆，以恐龙文化为主题，拥有全球唯一的专用日戳四川自贡恐龙邮局日戳，为游客提供个性化服务。

27日

▲中共自贡市第十一届纪律检查委员会第四次全体会议在市委大礼堂召开。出席会议的市纪委委员25人，列席316人。会议学习贯彻十八届中央纪委三次全会和省纪委十届三次全会精神，总结部署全市党风廉政建设工作。市委书记雷洪金，市委副书记、市长刘永湘，市人大常委会主任陈华，市政协主席潘泽金等出席会议。

▲省委常委、省总工会主席李登菊率队在富顺县东湖镇山林村开展四川省工青妇“走基层、迎新春、惠民生”活动。活动分为文艺演出和志愿者服务两部分，由省总工会、团省委、省妇联主办，自贡市总工会、团市委、市妇联和富顺县委、县政府协办。

▲贡井区五宝镇发生一起重大凶杀案，造成4死1伤。该案犯罪嫌疑人兰家能在出逃33小时后

被公安机关抓获，由于抓获前已服毒，嫌犯经医院抢救无效于29日晚死亡。

28日

▲省经信委、省财政厅联合发布《2013年度四川省重大技术装备首台（套）产品公告》，东方电气集团东方锅炉股份有限公司、长征机床集团等8家企业研制的11个装备产品被认定为2013年度四川省重大技术装备首台（套）产品，占全省认定总数的17.2%。11个装备产品是：600兆瓦等级超临界“W”型火焰锅炉、600兆瓦机组海水烟气脱硫装置、五坐标横梁移动龙门加工中心、磷石膏输送长距离管状带式输送机、100兆瓦等级高炉煤气锅炉、隧道窑辐射换热式余热锅炉、ZWX式1500蒸发循环泵、超（超）临界火电机组储水罐水位控制阀、往复走丝线切割精密加工机床、超（超）临界火电机组高加给水液动三通阀（入口/出口）、超（超）临界火电机组电动高加入口三通阀。

▲自贡盐税史陈列馆正式开展。展厅位于自贡盐业历史博物馆西大厅，面积150平方米，为全国地市级首例税史陈列。展厅采用3D打印、高清喷绘、树脂发光图表、P4LED等设备和技术，通过盐税史话、封建社会时期、民国时期、新中国时期四大部分的展示，再现盐税历史脉络，体现“盐业、盐税、城市”的展示主题。

29日

▲副省长陈文华率队检查自贡市食品安全工作。检查组先后到市食品生产加工厂、零售店、酒店等场所，对食品流通的各个环节进行检查。市委副书记、市长刘永湘等陪同检查。

31日

▲盐都植物园（原西山公园）局部开放。该园总面积53公顷，全部建成后将形成“两带六区十三园”的格局。“两带”即恐龙伴生植物带和花海带；“六区”即恐龙伴生植物观赏区、盐生植物观赏区、花田生态体验区、镜湖水生植物观赏区、森林生态体验区和乡土植物观赏区；“十三园”则包括樟树（市树）园、紫薇（市花）园、竹园等。建成后的盐都植物园，将成为集植物科研、科普教育、休闲健身功能于一体的市内首个综合性植物园。

是月

▲市城乡规划建设和住房保障局与市房地产管理局、市农牧业局与市畜牧局实质性整合。

▲荣县被农业部批准为“全国绿色食品原料标准化生产基地”。

▲雅安市荥经县委书记高福强率四家班子组成的党政代表团到自贡考察学习。其间，市委书记雷洪金，市委副书记、市长刘永湘等先后会见荥经县党政代表团一行。

▲徐工川南随车吊生产组装基地项目正式动工。该项目位于板仓工业集中区，总投资1.3亿元，占地面积3.33公顷，其中固定资产投资8000万元，主要建筑物面积2.04万平方米。

▲贡井区“川龙潭”牌蔬菜商标、富顺县“蜀佳”牌香辣酱调味品商标和四川中润石化有限公司“润博士”商标被认定为“四川省著名商标”。

▲“自贡焊接高新技术产业化基地”获批为第三批省级特色高新技术产业化基地。该基地是自贡市委、市政府重点打造的特色产业化基地之一，是自贡市工业经济带的重要组成部分和全市产业升级换代的重点区域。

▲由市生产力促进中心牵头，四区两县生产力促进中心、四川绿食佳农业有限公司共同发起组建的“自贡市农村产业技术服务中心”正式成立。该中心是民办非企业法人单位，重点围绕加快推进自贡市农业科技创新和成果转化，增强科技对农村经济发展的支撑能力，广泛聚集和利用社会涉农科技资源，面向涉农组织与个人提供技术咨询、技术培训、知识产权获取及应用、成果转化等综合技术服务。

▲乐自高速荣县城区连接线竣工通车。该连接线全长2.03公里，是荣县城区连接乐自高速、305省道的城市主干道。该工程设计车速为40公里/小时，道路路面宽50米，双向6车道，道路两旁建有各15米宽的绿化带。

2月

1日

▲自贡网启用新域名：www.zgm.cn。

▲自贡市食品药品投诉举报中心挂牌运行、“12331”食品药品举报投诉平台投入试运行。主要

受理生产、流通、消费环节食品安全和药品、医疗器械、保健食品以及化妆品在研制、生产、流通、使用环节违法行为的投诉举报。

3 日

▲中央电视台新闻频道（CCTV－13）在16时至16时30分和18时至18时30分分别以《花灯蕴含好彩头》和《群马贺岁，寓意吉祥》为题，首次以现场直播的方式介绍第二十届自贡国际恐龙灯会。

7 日

▲全市教育改革工作推进会在市教育局召开。会议围绕有效推进全市中小学课堂教学改革、高中招生制度改革、中小学办学水平综合评估等工作进行部署。

10 日至 12 日

▲市政协十四届三次会议在市委大礼堂召开，出席委员357名，列席人员170名。会议听取和审议政协第十四届自贡市委员会常务委员会工作报告；听取和审议政协第十四届自贡市委员会常务委员会关于十四届一次会议以来提案工作情况的报告；补选政协第十四届自贡市委员会常务委员会委员；通过政协第十四届自贡市委员会提案委员会关于十四届二次会议提案审查情况的报告；通过政协第十四届自贡市委员会第二次会议决议。

11 日至 13 日

▲市第十六届人民代表大会第五次会议在市委大礼堂召开。会议听取和审查自贡市人民政府工作报告；审查和批准自贡市2013年国民经济和社会发展计划执行情况及2014年国民经济和社会发展计划草案的报告，批准2014年国民经济和社会发展计划；审查和批准自贡市2013年财政预算执行情况及2014年财政预算草案的报告，批准2014年市本级财政预算；听取和审查自贡市第十六届人大常委会工作报告；听取和审查自贡市中级人民法院工作报告；听取和审查自贡市人民检察院工作报告；选举省十二届人大代表；补选自贡市人民检察院检察长和市人大常务委员会委员。

13 日

▲“自贡冷吃兔”被国家质检总局批准为国家地理标志保护产品，成为继“自流井”牌自贡精制盐（原产地标记注册证）、富顺香辣酱、自贡火边子牛肉、富顺豆花蘸水、太源井晒醋、五宝花生、新桥枇杷之后的全市第八个国家地理标识保护产品。

16 日至 18 日

▲香港世界地质公园到自贡世界地质公园开展交流访问，就地质公园管理建设、科普推广普及、古生物化石知识研究等内容进行探讨。

17 日

▲自贡市党的群众路线教育实践活动动员大会在市委大礼堂召开。会议以电视现场直播的方式进行，在主会场参会的有市级党员领导干部、区县党政和市级单位主要负责人，各市级民主党派、市工商联主要负责人和无党派人士应邀在主会场参加会议；各级各单位设分会场，分别组织党员干部收看。

▲市地税局“12366”纳税服务热线四川地税自贡分中心建成投入使用。

18 日

▲自贡市“工会就业援助月”活动专场招聘会在市劳动保障大楼一楼举行。招聘会为农村转移劳动力、下岗失业人员、普通高校和职业院校毕业生等就业群体提供岗位4340个，分技术类（车工、钳工、焊工等）、销售类、服务类等工种。华西能源、自贡运输机械集团、汇东大酒店等144家企业参加现场招聘，入场求职人数近5000人，入场企业收到求职报名表840余份，初步达成意愿331人。

▲意大利首席兔业专家乔治美利坚到荣县考察肉兔产业。乔治美利坚先后参观自贡市品山兔业有限公司肉兔加工生产线和乐德种兔繁育基地，听取肉兔产业发展情况介绍。

19 日

▲自贡被正式命名为第三届“四川省文明城市”。在省委办公厅、省政府办公厅命名表彰的第三届四川省文明城市、文明村镇（社区）、文明单位名单中，自贡创建第三届四川省文明城市综合测评成绩名列地级市第四位，成功跨入四川省文明城市行列。

▲大安区牛佛镇、贡井区艾叶镇获“中国历史文化名镇”称号。此次评选由住建部和国家文物局共同组织，是国家组织的第六批中国历史文化名镇

（村）评选。至此，包括仙市镇、赵化镇在内，全市获此称号的乡镇增至4个。

20日

▲川南城际铁路推进工作会在自贡汇东大酒店举行。会上，四川省铁投集团、四川路桥集团与自贡、泸州、内江、宜宾四市正式签订协议，启动组建川南城际铁路有限责任公司，推进内自宜城际铁路和内泸城际铁路建设。副省长王宁，市委副书记、市长刘永湘出席签约仪式。

▲副省长王宁先后到四川省能投华西物质开发有限公司垃圾发电厂、自贡中天胜新材料科技公司年产1万吨特种聚酰亚胺产业化项目生产现场，调研新能源和新兴战略产业发展情况。市委副书记、市长刘永湘等陪同调研。

22日

▲市杂技团演艺有限公司选派的两个杂技参加西班牙第七届国际马戏节首获大奖。其中，《倒立飞砖》获唯一的金奖和金奖特别奖，《三人柔术》获最具价值特别表演奖。该赛事由西班牙文化部主办，是与蒙特卡罗、法国巴黎、中国吴桥齐名的四大国际马戏节之一。比赛设立1个金奖，1个银奖，1个铜奖及其他奖项。获奖的《倒立飞砖》由省歌舞剧院何川编导，市杂技团徐宏亮担纲主演。

24日

▲自贡市全媒体资讯中心挂牌成立。

25日

▲市邮政局更名发布会、四川省邮政公司自贡市分公司揭牌仪式举行。自贡市邮政局更名为四川省邮政公司自贡市分公司后，其经营范围、项目不变，继续依法经营邮政专营业务，承担邮政普遍服务义务，受政府委托提供邮政特殊服务，对竞争性邮政业务实行商业化运营。

▲自贡市快递行业联合工会正式成立。

26日

▲富顺县南部新城基础设施建设项目协议签订。该项目由四川天恒泰投资有限责任公司投资20亿元，在东湖镇久泰村、鱼塘村、卫国村实施土地整理和基础设施建设项目，包括266.67公顷土地整理、市政基础设施及配套设施建设（道路、桥梁、管网、河堤、湿地公园等）、返安房建设以及东街红旗大桥以下基础设施建设等项目，实施跨江发展，打造一个新的南部新城。

27日

▲省委常委、省总工会主席李登菊到富顺县农村、社区、企业、机关，调研第二批党的群众路线教育实践活动开展情况。李登菊强调，要认真贯彻中央和省委要求，突出问题导向和整风精神，突出改革发展和教育实践活动并重，突出领导带头和群众参与，确保取得群众满意实效。市委书记雷洪金，省委督导组第二组组长林海云等参加调研。

▲自贡与内江、泸州、乐山、宜宾四市签署开展松材线虫病联防联控合作协议。五市共商建立信息通报、区域联防、执法合作、防控技术合作交流观摩等7项工作机制，保护川南森林资源和生态安全。

▲自贡网微信公众号开通上线。

27日至28日

▲由市投促局与雅安市荥经县政府共同承办的“荥经县灾后重建自贡投资对接会”在荥经县举行。自贡政企代表团按工业组、农业食品组、商贸物流和房地产业组开展针对性对接交流，先后考察荥经县蔬菜旧城片区、砂器一条街、烈太循环经济产业集聚区、塔山茶业等。会上，四川友华科技、自贡市新隆农牧分别与荥经县政府签订“现代工业中心项目”和“10万只有机肉羊项目”合作框架协议。

28日

▲自贡“95081”家政服务网络中心正式上线运行。该中心在家政企业、从业人员和客户三方搭建起网络链接服务平台，主要提供小时工、钟点工、陪护、保洁、月嫂、育儿嫂、保姆、管道疏通、维修和家庭管家十类家政服务产品。

是月

▲富顺县东湖镇麻竹笋基地和荣县双古镇油茶基地获“四川省森林食品基地”称号。

3月

1日

▲全市各级工商行政管理机关正式实施企业注册资本登记制度改革，实现“1元”注册资本注册公司。

4 日

▲富顺县人民政府与明君集团科技有限公司举行县城北部片区市政基础设施项目框架合作协议签约仪式。该项目总投资约 20 亿元，项目建设内容主要包括：太源井大桥（约 40 米宽）、自隆高速公路连接线（长约 4.2 公里，宽 50 米）、S305 北线工程（长约 7.8 公里，宽 40 米）、丁海路（长约 1.04 公里，宽 40 米）、丁海大桥及沿路管线、市政基础设施、返安房建设等。

5 日

▲省委宣传部、省文明办举行“身边雷锋　时代榜样 2013 年度感动四川十大人物”颁奖仪式，富顺县富和乡长石村村民陈苏富被评为 2013 年度感动四川十大人物。

6 日

▲2014 年四川花卉（果类）生态旅游节分会场暨自贡第十五届飞龙峡桃花生态旅游节在自流井区飞龙峡景区尖山文体广场开幕。旅游节于 4 月 20 日结束。

▲四川省妇联“幸福家庭”启动仪式暨自贡市“新家园、新女性、新生活”活动在沿滩区卫坪镇板仓社区举行。

10 日

▲自贡市企业家“创新驱动与转型发展”高级研修班在浙江大学开班。全市 60 多名企业家和各区县政府工业战线负责人参加培训。

▲富顺县创建为 2013 年度“四川省绿化模范县”。该县北湖实验学校被评为“四川省绿化模范单位”、琵琶镇金竹村被评为“四川省绿化模范示范村”。

16 日

▲北环路雷公滩至高硐方向 1 公里处发生一起特大道路交通事故。一辆川 K 牌照的水泥罐车失控后侧翻，压住路边一辆停放的川 C 牌照白色轿车，造成 3 死 2 伤。

▲全市首个同乡共荣发展平台四川乡情投资有限公司在回龙镇挂牌成立。该公司注册资金 1200 万元，所有股东都是回龙籍的乡亲，由原回龙同乡会会长陶楠升等人发起。公司将选择回龙乡的优质项目进行共同投资，并从利润中抽取一部分用于家乡敬老、助学、扶贫帮困等公益事业。是日，公司向全镇 10 名品学兼优、家庭条件困难的学生捐赠 10000 元助学金。

18 日

▲川南皮革城二期项目开工。项目投资 4 亿元，占地约 5.53 公顷，总建筑面积约 7.5 万平方米，建设周期 1 年，拟建成国内品牌纺织服装专业市场。建成后，预计年交易额 8.3 亿元，实现年税收 1000 万元，解决就业 300 人以上。

18 日至 20 日

▲自贡市武术协会代表队在第 12 届香港国际武术节上获 10 金 11 银 4 铜。本届武术节在香港新界沙田马鞍山体育馆举行，吸引中国、美国、俄罗斯、法国、意大利、日本、伊朗、德国等 50 多个国家和地区的近 4500 名选手参赛。自贡 15 名参赛选手获奖。

19 日

▲市人大常委会预算审查咨询专家库建立。

▲美吉特家居建材科技博览城在荣县开工。该项目总投资 12 亿元，规划占地约 30 万平方米，分两期建设。项目竣工后可解决当地 4000 人以上就业，辐射至威远、宜宾、内江等城市。

20 日

▲省委常委、宣传部部长吴靖平到自贡市调研。吴靖平先后对市文化展示馆、市群众文化活动馆、方冲社区、自贡报业大楼、四川理工学院、自贡盐业历史博物馆、板仓工业园区等进行调研，了解文化场馆、企业社区、新闻媒体的宣传思想文化等工作情况。市委书记雷洪金等陪同调研。

26 日

▲自贡命名首批“最美村庄”和“最美民居”。“最美村庄”分别是：沿滩区仙市镇箭口村、贡井区建设镇固胜村、自流井区荣边镇叶合村、富顺县宝庆乡石仁村、大安区大山铺镇江姐村；“最美民居”分别是：富顺县兜山镇三桥村共赢、沿滩区仙市镇马丘村下马丘、荣县乐德镇回龙殿村黄莲湾。

▲全市所有乡镇和街道计生办开始现场受理“单独两孩”申请。

27 日

▲四川卫生康复职业学院正式挂牌。该学院前身系 1918 年加拿大基督教会创办的仁济护士学校，

2003年9月与市第一人民医院实质性合并组建市仁济医学中心，2012年2月经省人民政府批准建立四川卫生康复职业学院。学院是全国唯一一所实施康复医学教育的公办普通高职院校，拥有市第一人民医院和市第四人民医院两所附属医院。市委书记雷洪金出席成立大会并对学院工作提出要求，市委副书记、市长刘永湘为学院授牌。

30日

▲自贡市第30届中小学生“三好杯”“萌芽杯”田径运动会在南湖体育中心开幕。运动会为期4天，分别进行高中男子组、女子组，初中男子组、女子组及小学男女组的跳高、跳远、铅球、标枪等16个项目，比赛吸引来自全市各中小学的1300多名运动员共47支代表队参加。

31日

▲国家发改委公布《关于做好城区老工业区搬迁改造试点工作的通知》，正式确定鸿鹤坝老工业区为全国21个城区老工业区搬迁改造试点区之一，自贡成为四川省唯一一个入选的城市。鸿鹤坝老工业区东至和平乡，西至火井沱，南至大岩洞，北至黄桷坪，占地面积约5.8平方公里，其中工业用地约4平方公里。工业区内有昊华鸿鹤化工、久大盐业集团、中橡炭黑工业研究院、四川精细化工研究设计院、四川运输机械集团、自贡工业泵厂等一批“三线建设”时期内迁的国有大中型企业及众多自主建设老工业企业，多为二、三类污染企业，且都位于城市中心区域，结构型、布局型问题较为突出，对城市总体发展和功能完善形成严重制约。国家将实行针对性政策措施，并设立城区老工业区搬迁改造试点投资专项资金专门支持试点工作。

是月

▲“荣县油茶”成功注册为中国国家地理标志证明商标，实现全市地理标志证明商标“零”的突破。荣县是“四川油茶之乡”，拥有国家级油茶示范基地6666.67公顷，是全国100个油茶基地示范县之一。

▲自贡市第十次按规定调整企业退休人员基本养老金。具体办法是：每人每月增加120元；对于缴费年限超过15年的，再按每超过1年增加5元调整。在此基础上，对企业高龄退休人员、企业退休军转干部等群体再分别给予适当倾斜。此次调整涉及全市28.6万名企业退休人员，月人均增加基本养老金173.62元。

▲自贡市宇峰绿色农业综合示范园项目开工建设。该项目位于沿滩区刘山乡云丰村，总投资2.5亿元，占地100公顷，分两期建设。项目内容包括：平整土地、修筑主干道和生产道、铺设用水管网、建设智能蔬菜大棚、提灌站和休闲观光栝楼棚架等。

4月

3日

▲自贡发放首张“单独两孩”生育证。生育证由贡井区人口与计划生育局发给家住贡井区桥头镇玉麒村的刘世奇、邓春梅夫妇，这是全市“单独两孩”政策正式实施后的首例领证户。

4日

▲自贡市赛艇运动员滕添宇入选国家队正式队员。

9日

▲“中外知名企业四川行活动自贡市招商推介会”在成都世纪城国际会议中心举行。会议由市委副书记、市长刘永湘主持，省委常委、省总工会主席李登菊，市委书记雷洪金出席会议并讲话。推介会签约项目34个，总投资额385亿元。其中，工业类项目18个、农业项目1个、商贸服务业项目15个；10亿元以上的项目16个。总投资50亿元的上海从中自贡川南公路物流信息港项目、总投资17亿元的重庆广怀铁塔集团（自贡）铁塔、塔杆生产项目等8个重点项目参加集中签约。

10日

▲邓关大桥正式亮灯，结束20多年无路灯历史。

▲全市首个乡镇书画院富顺县狮市沱江书画院在狮市古镇成立。市美术家协会、市书法家协会、市国画院、四川理工学院艺术学院、西部书画院、市硬笔书法家协会等40余名专家、学者参加成立大会。

11日

▲中共自贡市委十一届九次全体（扩大）会议

在市委大礼堂召开。会议学习贯彻党的十八届三中全会、省委十届四次全会精神，审议通过《中共自贡市委关于贯彻落实党的十八届三中全会精神全面深化改革的决定》，安排部署自贡市的全面深化改革工作。市委书记雷洪金，市委副书记、市长刘永湘等领导出席会议。

14 日

▲香港中小企业总商会暨香港国际华商会组织25户香港企业及行业协会代表到自贡考察。考察团参观高新区孵化中心、川南科技成果交易中心，实地考察华西能源、卧龙湖国际旅游度假区、南湖生态公园。

16 日

▲省科技厅印发《四川省战略性新兴产品2014年度培育发展实施计划》，自贡有8个战略性新兴产品列入其中。入选的产品分别是："600兆瓦超临界'W'火焰锅炉""自动挡变速器机油泵""硬质合金复合粉""高含氟量氟橡胶""偏钨酸铵""聚酰亚胺树脂""连参止痢颗粒""缠绕式换热器"。

▲省商务厅在自贡举办首期"走出去"市州培训会。培训会邀请省商务厅、欧华律师事务所、傲明集团、越南铃中加工出口区等相关领导、专家和企业负责人进行授课。成都、自贡、遂宁、乐山、宜宾、泸州等6市商务主管部门负责人及76家企业代表，共110余人参加培训。

17 日

▲全省人大教科文卫工作座谈会在自贡召开。会议总结全省人大教科文卫委员会2013年工作，通报2014年重点工作，自贡、成都、遂宁、南充、广安、雅安等市作交流发言。省人大常委会副主任黄润秋、市人大常委会主任陈华等出席会议。

18 日至 20 日

▲2014四川自贡第五届川南"现代生活·时尚汽车展"在檀木林体育馆举行。活动组织有关品牌汽车4S店现场签售，参展汽车品牌近40个，参展商21个，参展汽车230多辆。3天时间，有14万人逛车展，车辆成交近500台，成交额近8000万元。

19 日至 21 日

▲自贡农产品参展第五届中国国际现代农业博览会2014北京国际优质农产品展示交易会。远大美乐、百味斋、戎春酒业、弘鑫农业、蜀佳味业5户农产品加工企业作为"川货全国行·北京站"活动筛选的优势骨干农产品企业获得独立展位参展。

22 日

▲自贡市首届政府质量奖公布。中昊晨光化工研究院有限公司、东方电气集团东方锅炉股份有限公司、华西能源工业股份有限公司、四川自贡汇东大酒店有限公司获评自贡市首届政府质量奖。该奖由市政府设立，每两年评定1次，表彰在产品质量、服务质量、经营质量、自主创新能力和市场竞争力等在全省同行业处于领先水平或接近国内外领先水平的企业。

▲由省政协原副主席曾清华率队的省政协调研组到自贡市调研《食品安全法》贯彻实施情况。调研组一行实地考察四川绿茗春茶业有限公司、荣县旭水人家茶餐厅，察看生产经营环境、工作监管流程，听取自贡《食品安全法》的贯彻情况汇报并进行座谈。

▲华西能源公司"日处理400吨垃圾焚烧CFB锅炉"项目通过专家鉴定。由中国工程院院士秦裕琨、岳光溪等专家学者组成的鉴定委员会，通过考察项目现场，听取华西能源公司汇报，查看有关资料和质询讨论，一致认为该项目污染物排放指标全部优于国家标准，总体达到国际先进水平，具有推广应用价值。

23 日

▲川南经济区发展协调小组暨川南经济区联席会第一次会议在宜宾召开。会上，自贡、泸州、内江、宜宾四市签订《川南经济区合作发展协议》，内容包括加强规划政策衔接、推进基础设施一体化建设、联动推进产业优化升级、构建统一市场体系、推进公共服务对接共享、加强生态环境共建共治、合力提升对外开放水平、开展改革创新合作、完善区域合作机制等9项内容。省委常委、省总工会主席、川南经济区发展协调小组组长李登菊，副省长、川南经济区发展协调小组副组长刘捷出席会议并作重要讲话。市委书记雷洪金代表自贡作大会发言，市委副书记、市长刘永湘参加会议。

▲2014"文化自贡书香盐都"全民阅读活动启动仪式在东方广场举行。

23 日至 24 日

▲省人民检察院检察长邓川到自贡市考察调研。邓川先后调研自流井区检察院、釜溪河复合绿道、运机公司、东兴寺棚户区改造项目、富顺红谷皮具公司、中昊晨光院公司和富顺县检察院，考察市检察院工作，听取城市发展规划汇报和市检察院工作汇报。市委书记雷洪金，市委副书记、市长刘永湘等陪同调研。

24 日

▲副省长刘捷率队到自贡市调研工业经济。刘捷先后到海川公司、四川大西洋焊接材料股份有限公司、自贡能投华西环保发电有限公司、浙江大学自贡创新中心等开展调研，并召开座谈会听取东锅、硬质合金、晨光化工院、久大、华西能源等 10 家公司一季度运营情况汇报。市委书记雷洪金，市委副书记、市长刘永湘等陪同调研。

▲自流井区丹阳街南延线实现通车。

25 日

▲市政府召开第一季度经济形势分析会，分析一季度全市经济运行情况及走势，研究部署下阶段工作。2014 年一季度，全市实现生产总值 230.5 亿元，同比增长 8.5%，增速回落 2.8 个百分点，回落幅度超过全国、全省 2.5 和 0.7 个百分点，经济面临较大下行压力。

26 日

▲自贡市首届足协杯足球联赛在檀木林体育场开幕。该赛事由市足球协会主办，保险、金融、电力、水务、盐业、公安、文广新等 10 个单位组队报名参赛，球员均为各单位在册正式职工。联赛历时 35 天，每周六和周日进行比赛，冠军争夺赛于 6 月 1 日进行。

27 日

▲自贡市警方公布首张官方反扒地图。1 月至 4 月中旬，全市共发扒窃案 486 起。其中，自流井、汇东为扒窃案的高发区域，占总发案的 72.99%，发案时段多集中在上午 10 点至下午 6 点。

28 日

▲自贡、宜宾片区 2014 年高新技术企业认定培训会在自贡举行。培训会由省科技厅组织，两地 105 家高新技术企业负责人参加培训。

▲自贡市首个“留守儿童文化之家”在沿滩镇团结小学正式揭牌。“留守儿童文化之家”由市文广新局、市图书馆、市文化艺术学校、沿滩区文体广新局、沿滩区图书馆、沿滩区逸夫小学和沿滩区团结小学共同创建，主要利用课余时间开展文学、体育、书画、歌舞、声乐等方面的辅助教学培训活动。

▲全市首个驻镇（村）巡回审判联系点落户荣县双石镇金台村并举行授牌仪式。

▲沿滩区仙市镇百胜新村被命名为省级园林式新村，成为全省七个省级园林式新村之一。

29 日

▲“大师走基层聚焦新自贡中国摄影家协会灯城行摄影作品展”在自贡南湖体育中心文化展厅开展。摄影展由自贡国际恐龙灯会指挥部和市文联主办，作品由中国摄影家协会副主席王文澜、李舸，《中国摄影报》副社长方焕然，《光明日报》首席摄影记者程伟光，《北京晨报》摄影部主任、自贡籍在京摄影家程玉杨等 10 位摄影大师在第二十届自贡国际恐龙灯会期间拍摄。

▲2014 年四川省青少年排球重点布局单位调赛在自贡市体育中心开幕。比赛为期 3 天，全省 12 支队伍参赛。

30 日

▲市委全面深化改革领导小组第一次会议召开。会议总结前阶段全市的改革工作，审议《贯彻落实市委十一届九次全会重要部署责任分工方案》和《市委全面深化改革领导小组 2014 年工作要点》，安排部署下阶段全面深化改革工作。市委书记、市委全面深化改革领导小组组长雷洪金，市长、市委全面深化改革领导小组副组长刘永湘等出席会议。

▲小井沟水利工程取水隧洞全线贯通。

是月

▲全市首条自动水稻育秧播种流水线在乐德镇南华村高标准农田示范基地投入使用。

▲《水涯居大桥建桥赋》碑文及相关石壁景观建成。该赋由市知名规划师刘亮晖创作，碑文由市知名书法家黄宗壤书写，内容包括自贡的由来、釜溪河桥梁情况、修建水涯居的原因及规划、建设时间、过程以及大桥详情等。

▲泰国自然资源和环境部常任部长 Chote Trachu一行到自贡访问。访问期间，部长一行考察自贡恐龙博物馆，就科技等合作进行交流，签订《中华人民共和国自贡恐龙博物馆与泰王国自然资源和环境部PHUWIANG研究中心及恐龙博物馆会谈纪要》。

▲全市首个乡镇湿地公园沿滩区黄市镇凤凰湿地公园建成。该公园总面积8.67公顷，总投资1100万余元，由一个污水处理厂、一个服务中心、一条500多米长的水上廊桥栈道、两个休闲亭、一个观景走廊、湿地湖面及环湖景观绿地等组成，是全省首个生态农业公园。

5月

1日

▲“最美中国·荣县大佛篇”大型户外综艺节目在荣县举行。活动由旅游卫视《最美中国》栏目策划推出，并邀请蔡依林、费翔、纪敏佳、甘萍、旺姆、容中尔甲、巴蜀笑星廖健、香巴拉组合等现场演出。

▲调整后的《自贡市住房公积金贷款管理实施细则》正式施行。该《细则》将全市住房公积金最高贷款额度将从25万元提高到40万元，在全省属最高贷款额。《细则》实行单双职工贷款额度差别化政策，即：双职工（夫妻双方缴存住房公积金的职工）最高贷款金额40万元，单职工（单方缴存住房公积金的职工）最高贷款金额30万元。

▲“四川籍近现代100名已故书画家遗作展”在自贡盐业历史博物馆举行。展出包括张大千、张善子、谢无量、赵熙、宋育仁等10位川籍名家作品。

2日

▲沿滩新城至市区新增801路公交线。新的公交线路发车时间为7时至19时，发车间隔时间约为10分钟，票价为每人1元。该线路分上行线路和下行线路，贯通沿滩新城、南湖新城和自流井老城区。

4日

▲省政府正式批准实施《自贡市城市总体规划（2011—2030）》。

▲富顺开通晚自习公交专线。该公交专线由县交通运输局、县交管所与县交警队、县工商局、县城管局、县公安局及客运企业联合制定方案，开行线路11条，投入公交车14辆，分别在富顺一中、富顺二中和城关中学发车，解决3所中学近千名师生晚自习后回家难的问题。

7日

▲四川省第一届警察体育运动会乒乓球比赛自贡赛区开幕式在东锅公司体育馆举行。比赛分3天进行，省公安厅机关、省消防总队、市公安局、四川警察学院等七支代表队共210名选手参赛，最终决出团体前两名、男女个人前四名。胜出的优秀选手参加9月在成都举行的总决赛。

8日

▲自贡市首个彩灯制造出口基地东方彩灯制造出口基地正式在板仓工业园开工建设。该基地由自贡灯贸有限公司投资建设，总投资3500万元，占地近2公顷，主要开展彩灯产业高新技术的研发与应用，生产无线音频控制、智能变光控制、精细化传动控制等彩灯控制核心元件和彩灯创意产品、城市景观亮化、道路照明、高新圣诞产品、微缩工艺品及仿真动物等彩灯文化延伸产品。

9日

▲省委常委、常务副省长钟勉，省委常委、组织部部长范锐平带领全省县域经济工作会第三考察组到自贡市考察。考察组到富顺县晨光科技园区，参观晨光化工研究院和红谷公司，听取关于县域经济发展的情况汇报。市委书记雷洪金陪同考察。

▲自贡市页岩气开发项目启动。项目由市政府与省能投集团按照《自贡市人民政府与四川省能源投资集团有限责任公司关于页岩气资源开发合作协议》进行。

10日

▲德国Leymann Punktum GmbH主管经理Lars Leymann、德国德美高工贸科技发展有限公司总经理赵凯文（Kevin zhao）、总经理助理肖冉（Sharon Xiao）一行到自贡进行为期一周的考察，实地考察自贡的精密铸造、机械装备制造、汽车零配件制造等产业。市委副书记、市长刘永湘等在汇东大酒店会见Lars Leymann一行。

12 日

▲在商务部、中宣部、财政部、文化部、国家新闻出版广电总局发布的《2013—2014 年度国家文化出口重点企业和重点项目目录》中，自贡灯会展出有限公司、自贡灯贸有限公司、四川天域景观艺术有限公司和自贡亘古龙腾科技有限公司4家企业名列其中，数量居全省第一，占全省入选企业数的36.4%。

▲10户家庭获自贡市首批“最美家庭”称号。10户“最美家庭”在寻找“最美家庭”特别行动中评选产生，分别是来自大安区的刘子开家庭、杨荣峰家庭，荣县的朱世开家庭、谭淑芬家庭、邹凤琼家庭，富顺县的宋淑芳家庭，自流井区的朱建平家庭、朱淑华家庭、王立宗家庭及高新区的胡永峥家庭。其中，大安区的刘子开家庭获全国“最美家庭”提名，被全国妇联授予“全国五好文明家庭”荣誉称号。

13 日

▲中航工业集团公司董事长、党组书记林左鸣率队到自贡市考察。林左鸣一行到板仓工业园区，听取高新区千亿园区发展工作汇报，参观硬合公司、东碳公司、中天胜公司、中昊晨光院等企业生产的新材料产品展示，实地考察华西能源公司、长征机床公司、贡井区成佳镇中航川南通用航空产业园、海川实业公司、贡井区艾叶古镇、老街河街及釜溪河复合绿道示范段等。市委书记雷洪金，市委副书记、市长刘永湘等陪同考察。

▲格尔木市副市长眭晓波率昆仑山国家地质公园考察团到自贡世界地质公园考察。自贡世界地质公园管理处与格尔木市国土资源局分别代表两个公园签订“姊妹公园”合作协议书，双方约定在地质遗迹保护、地学科普研究、社区活动参与及地学旅游推广等方面开展互动合作，促进西部地质公园发展建设。

13 日至 14 日

▲全市40余户企业组成的参展团参加“第四届中国（西部）高新技术产业与金融资本对接推进会”。其中，参加重大科技成果转化推介项目2户、高新技术企业路演项目3户、重大科技成果转化展示项目2户，并举办自贡高新区科技金融对接专场推介会。

14 日

▲自贡日报社成为四川大学锦城学院文学与传媒系首个省内城市党报教学实习基地。授牌仪式在自贡报业大楼举行。

14 日至 15 日

▲省政协副主席罗布江村率省政协文史资料和学习委员会人员到自贡市调研。罗布江村一行围绕自贡市政协工作和经济社会发展、民生改善、文化旅游资源保护等重大问题开展调研，听取市政协主席潘泽金的工作汇报，慰问驻市的省政协委员。

14 日至 18 日

▲自贡组团参加第十届中国（深圳）文化产业博览交易会。

15 日

▲自贡市城区大气污染综合治理专项行动大会在市委会议室召开。会议部署《城区大气污染综合治理专项行动方案》，并对全市专项行动的目标和重点任务进行安排。会上，市政府与各区县签订目标责任书。市委副书记、市长刘永湘等出席会议。

16 日

▲全市县域经济工作会议在市委大礼堂召开。会议贯彻落实全省县域经济工作会议精神，研究部署全市的县域经济发展工作。会议由市委副书记、市长刘永湘主持，市委书记雷洪金在会上讲话。市人大常委会主任陈华、市政协主席潘泽金等出席会议。

▲首届“走出川南、投资海外”论坛暨中港国际投资集团项目推介会在汇东大酒店举行。自贡、宜宾、内江、泸州以及海内外200多名企业家参加推介会。

▲自贡获国家知识产权局2013年度国家知识产权试点城市考核优秀等次。

▲自贡籍残奥会射击冠军董超和无臂口书画家胡林被人力资源和社会保障部、中国残疾人联合会授予“全国自强模范”称号。作为受表彰的全国自强模范代表，两人到北京参加在人民大会堂举行的表彰大会并受到中共中央总书记习近平等中央领导人的接见。

▲自贡盐帮菜在央视一套和央视纪录频道《舌尖上的中国2》之《相逢》中播出。节目以大安区燊海井为主要拍摄场地，反映自贡市两千年的井盐

生产和由此衍生的传统盐帮菜美食。

▲自贡首届名企名品文化博览会暨2014海峡两岸美食文化交流活动在檀木林体育场开幕。活动共举办10天。

16日至18日

▲自贡市2014年社区文化艺术展演活动在汇东春华广场举行。活动以“百姓大舞台、幸福盐都梦”为主题，1000余名文化艺术爱好者参加展演活动，近万名市民观看。

17日

▲自贡市首批全国青年创业就业信息技能培训项目启动仪式在四川省盐业学校举行。该项目由共青团中央与微软公司联合实施，项目总投入1000万元。共青团自贡市委作为全省3个承办单位之一，围绕信息化相关宏观问题、信息产业重点热点问题、软件实用技能、基础IT知识、云端智能城市等五方面内容，拟在3年时间内培训包括团干部、青年骨干、农村及进城务工青年等1500名。

▲自贡市纪念“5·19”中国旅游日暨第十届乡村旅游活动在自贡乡村旅游发源地贡井区建设镇固胜村开幕。活动围绕“休闲乡村游·美在七星湖”举办民间民俗文艺表演、特色农产品展销、垂钓比赛、枇杷采摘、健身暴走等9项活动。

18日

▲《自贡晚报》小记者团成立暨《小螺号》周刊创刊仪式在自贡报业大楼举行。全市8所学校10个校区共50名小记者代表参加仪式。

19日

▲广西北部湾国际港务集团董事长周小溪、总经理张海率团到自贡考察。考察团一行参观高新区板仓工业园，听取自贡城市规划和高新区发展建设情况介绍；实地考察西南（自贡）无水港高新保税物流园和舒坪物流园规划建设情况。市委副书记、市长刘永湘向考察团介绍自贡市基本情况和西南（自贡）无水港项目进展情况。

21日

▲省委常委、省总工会主席李登菊到自贡市调研。李登菊先后到市公安局交警支队、市第一人民医院、大安区三多寨镇徐家村、大安街马草山社区等调研指导党的群众路线教育实践活动开展情况。市委书记雷洪金，省委第二批教育实践活动督导组第二组组长林海云等陪同调研。

22日

▲自贡市开展党的群众路线教育实践活动推进会在富顺县会务中心举行。会上，市委书记雷洪金代表市委作全市党的群众路线教育实践活动工作汇报；富顺县委、大安区委、市地税局、沿滩区富全镇党委作交流发言。省委常委、省总工会主席李登菊，省委督导组第二组组长林海云等省市领导出席会议。

▲纪念毛泽东同志《在延安文艺座谈会上的讲话》发表72周年座谈会和文艺演出分别在汇东大酒店、市川剧艺术中心举行。各区县文联、市属各文艺家协会及全市文艺家代表参加活动。

23日

▲省委常委、常务副省长钟勉到自贡市调研。围绕稳定财政税收与就业以及棚户区改造工作，钟勉一行到东兴寺棚户区实地调研，听取全市经济社会发展情况工作汇报。市委书记雷洪金，市委副书记、市长刘永湘等陪同。

▲全市深化行政审批制度改革工作座谈会在市委会议厅举行。会议听取对《自贡市深化行政审批制度改革实施方案（讨论稿）》的意见建议，并形成细化和完善方案的指导性意见。市委书记雷洪金主持会议并讲话，市委副书记、市长刘永湘等出席座谈会。

▲市政府与中国移动四川公司共建自贡“智慧城市”建设战略合作协议签约仪式在成都举行。协议约定，中国移动四川公司将自贡作为主要战略合作地市和业务发展的重点支持区域，双方共同统筹谋划、协调资源、创新“智慧城市”应用，提升“智慧城市”影响力，共同打造“智慧城市”自贡品牌。

23日至25日

▲自贡市第十届房地产展示交易会在南湖体育场中心广场举行。房交会吸引全市24家开发企业、2家经纪机构和32个楼盘参展，接待观展群众4.5万人次，现场预定商品房352套；实现商品房网上签约74套，销售面积6966平方米，总成交额3445万元。其中，住宅网上签约68套，销售面积6443平方米，销售金额3227万元。

26 日

▲省重点办印发《四川省 2014 年 100 个重点支持项目》，自贡 5 个项目列入其中。入选项目分别是：西南（自贡）无水港、大山铺铁路物流园区铁路专用线、自贡旧城改造、省道 305 线富顺段绕城改线、自贡城区高速公路连接线工程。

▲自贡市职业培训学院（自贡市高级技工学校）升级为国家级高技能人才培训基地。在省人力资源和社会保障厅及省财政厅公布的《四川省 2014 年国家级高技能人才培训基地和国家技能大师工作室名单》中，该学院被认定为 2014 年国家级高技能人才培训基地，成为全省 3 个入选学校之一。根据有关政策，学院将一次性获得中央财政 500 万元资金补助。

▲富顺远达合唱团在第四届中国老年文化艺术节“2014 全国合唱大赛”中获铜奖。比赛由全国老龄委办公室主办，富顺远达合唱团是四川省唯一参赛团队。

▲自贡市家政协会成立。

27 日

▲全市组织工作暨党的群众路线教育实践活动推进会在市委会议厅举行。会议学习贯彻全国、全省组织工作和组织部长会议精神，研究部署当前和今后一个时期全市组织工作；学习贯彻落实中共中央总书记习近平系列重要指示精神和中央、省委对第二批教育实践活动的最新要求，部署全市教育实践活动第二环节工作。市委书记雷洪金，省委党的群众路线教育实践活动督导组第二组组长林海云等领导出席会议。

▲全市 2014 年年轻干部实践锻炼工作部署会在市委会议厅召开。会上，对选派到市级部门、乡镇和企业挂职或服务的 123 名干部进行培训和安排。

28 日

▲全省首批、自贡首个农村金融综合服务点挂牌仪式在富顺县永年镇白塔村 6 组举行。该服务点功能主要有：银行卡小额现金支取、转账结算、余额查询和代理缴费等银行卡助农取款服务；农村反假货币服务；小面额人民币兑换，农户信用信息采集和农户贷款需求信息收集等农户金融服务以及金融知识宣传等。

30 日

▲四川理工学院获准设立省第三批院士（专家）工作站。该工作站作为全省首个高校工作站，成功引进中国科学院院士李小文团队、中国白酒界泰斗沈怡方团队、酿酒界知名教授徐岩团队，就“江河流域生态环境的集成感知与应用”和“固态酿造关键技术研究”两个项目开展合作，推动产学研合作和科技成果转化。

31 日

▲贡井燃气储配站工程建设项目主体竣工。该工程投资 7950 万元，建有 2 台 5000 立方米储气球罐及配套设施等。

是月

▲“南国灯城”商标注册完毕。经国家商标局核定，“南国灯城”商标共 45 类，已全部成功注册并颁发“商标注册证”。

▲自贡东方锅炉股份有限公司等 5 户企业入选全省 100 户重点进出口企业名单。其余 4 户企业分别是：四川泰丰集团有限公司、自贡硬质合金进出口贸易有限公司、华西能源工业股份有限公司、四川汇维仕化纤有限公司。全市入选企业数占川南 4 市总数的 38.5%，列川南 4 市第一。

▲“年产 3.7 万台（套）高低压配电柜、配电箱、变压器生产线项目”在沿滩工业园区开工建设。该项目由自贡釜溪电力设备制造有限公司投资建设，总投资 1.2 亿元，占地 4.93 公顷，拟新建生产车间、办公综合楼等 1.9 万平方米。

▲自贡 2 个家庭入选首届全国“书香之家”。该评选活动于 2013 年 3 月启动，由国家新闻出版广电总局组织开展。2 个入选家庭分别是：荣县旭阳镇宋家冲村杨德怀家庭、富顺县富世镇元宝小区潘宇家庭。

▲市汽车客运总站站前广场升级改造竣工。该工程包括广场景观改造和汽车客运总站外观改造。广场改造涉及面积 7000 余平方米，设置有出租车发车点、社会车辆停靠区、站内办公车辆停靠区等功能区域。

▲全市最大燃气民生工程——贡井燃气储配站建设工程投入试运行。该工程总投资 7950 万元，总储气量 10 万立方米，主要解决贡井、汇东片区气压低及全市供气不足等问题。

6月

2日

▲自贡首届招生说明会在东方广场举行。蜀光中学、自贡一中、旭川中学、自贡市职业技术学校、自贡市旅游职业高级中学、省盐业学校等10家学校参加说明会。

3日至5日

▲全省法院系统第十六届学术讨论会在自贡召开。自贡两级法院共12篇论文获奖，市中级人民法院获“组织工作先进奖”。

6日至9日

▲自贡组队参加东盟华商大会。大会期间，发放自贡城市旅游宣传资料300余份，发放自贡重点项目、旅游项目资料150余份，重点推介自贡化工、装备制造、节能环保、旅游等项目。

7日

▲自贡市2014年全国普通高校招生统一考试开考。高考在10个考点508个考场举行，全市15275名考生参考。其中，报考普通高校的考生14612人（文科考生7642人、理科考生6970人），报考对口招生的职教师资和高职班的考生663人。全市公安（武警）、纪检、保密人员和教师共2300多人参与考务工作。

8日

▲在云南省安宁市执行扑火任务牺牲的自贡籍战士袁异波烈士骨灰安放仪式在市烈士陵园举行。市民政局、市双拥办、沿滩区相关负责人及烈士生前亲属好友、市民群众代表共200多人参加仪式。

9日

▲自贡龚扇竹编工艺厂被评为四川省第一批非物质文化遗产传习基地。

10日

▲省政协副主席晏永和率队到自贡调研川南城市群建设。晏永和一行围绕“促进川南城市群发展”，实地察看华西垃圾焚烧发电厂、高新区孵化园、釜溪河复合绿道及道路互联互通建设情况，并听取自贡市情况汇报。市政协主席潘泽金等陪同调研。

▲全市落实“两个责任”推进正风肃纪工作会召开。会上，省纪委副书记邓顺贵对省委《关于落实党风廉政建设党委主体责任和纪委监督责任的意见（试行）》进行解读，对落实“两个责任”、推进党风廉政建设提出要求。市委书记雷洪金在会上讲话。市委副书记、市长刘永湘主持会议。

11日

▲自贡市2014年初中毕业生学业考试开考。全市设37个考点、850个考场，共25065人报名参考，4000余名公安（武警）、纪检、保密干部、教师等人员参加考务工作。

▲全市召开打击非法集资专题会议。

▲全市老旧弃管小区供配电设施改造工程正式启动。该工程由国网自贡供电公司负责实施，主要针对供配电设施无人管理的小区，解决线路设备老化、用电故障频发等问题，首批试点工作在四区范围内展开。

11日至12日

▲省委常委、总工会主席李登菊到第二批群众路线教育实践活动联系点富顺县，全程参加并指导县委常委班子专题民主生活会。

12日

▲自贡市与成都地区金融机构座谈会在成都世纪城天堂洲际酒店举行。人民银行成都分行、省银监局领导及20家驻成都地区的股份制金融机构、城市商业银行负责人与自贡市党政领导进行交流。市委书记雷洪金就全市经济社会发展和金融运行情况进行介绍，市委副书记、市长刘永湘等出席会议。

12日至13日

▲省委、省政府决策咨询委员会主任甘道明率队考察自贡市“百镇建设试点行动”工作情况，并慰问所联系的贫困户。市委副书记、市长刘永湘，市人大常委会主任陈华等陪同考察。

16日

▲自贡1县城4乡镇45村获评四川省2013年度“环境优美示范城镇”和“美丽乡村”。在省城乡环境综合治理工作领导小组办公室公布的拟命名名单中，富顺县入围20个“环境优美示范县城”，大安区三多寨镇、自流井区漆树乡、富顺县代寺镇、荣县来牟镇入围100个“环境优美示范乡

（镇）”，自流井区舒坪镇白果村等45个村入围1000个“美丽乡村”。

▲“中国川南商贸城浙商招商说明会”在汇东大酒店举行。浙江永康中国科技五金城、义乌小商品市场550余名商家出席说明会。

17日至18日

▲自贡中考阅卷首次实行网上阅卷。参加评卷的教师涉及全市四区两县、9个学科、376名教师。首次网上阅卷按照先扫描储存后网上批阅的程序进行，实现客观题自动阅卷、主观题网上评卷。

18日

▲四川省能源投资集团有限责任公司董事长郭勇一行到自贡市与市政府商谈金融合作事宜。能投集团拟筹建以自贡为川南区域中心的金融服务中心，主要开展小额贷款、融资担保、租赁服务、产业发展基金和保险销售等业务。市委副书记、市长刘永湘等出席座谈会。

18日至19日

▲广东省清远市侨商考察交流团到自贡市投资考察。考察团先后到盐业历史博物馆、恐龙博物馆、沿滩工业园区、板仓工业园区孵化中心、华西能源公司、凯茨阀门制造公司实地考察，并举办清远侨商投资考察洽谈会。

18日至19日

▲第三届川南诗会暨李加建文学创作之路研讨会在富顺县举行。诗会由省作家协会主办，《星星》诗刊、自贡市作家协会、富顺县委宣传部承办，活动包括“诗在当下”讨论会、诗歌晚会、李加建文学创作之路研讨和诗歌品鉴会，宜宾、泸州、内江、资阳、自贡五市和省作协、《星星》诗刊的诗人参加活动。

19日

▲省委副书记、省长魏宏到自贡市调研棚户区改造工作。魏宏一行先后考察久大集团舒坪制盐基地、大安旧城棚户区改造项目和铸钢家园保障房建设情况。市委书记雷洪金，市委副书记、市长刘永湘等陪同调研。

▲全国人大常委会法制工作委员会副主任阚珂率队调研自贡市县乡人大工作和人大建设情况。市人大常委会主任陈华等陪同调研。

▲自贡8支舞蹈队获2014年第三届中国（康定）老年国际文化旅游节文艺展示比赛金银铜奖。活动由甘孜州人民政府、中国老年旅游联合体共同主办，于4月在康定县启动。自流井区老体协源泉队、群英队分获三个金奖中的两个金奖；富顺县富州花园社区、方冲社区紫荆花队、丹桂社区心丽之心队、大安区老体协久大阳光艺术团分获银奖；自流井区老体协红霞队、海韵队分获铜奖。

20日

▲市委常委会审议通过《自贡市市属事业单位分类指导目录》。

20日至22日

▲自贡代表队在2014省幼儿体操比赛中包揽前三名。比赛在达州市体育馆举行，檀木林幼儿园、贡井育才幼儿园、自流井区第一幼儿园分获前三名。

21日

▲“市民大舞台传承优秀文化”系列活动在汇东春华广场举行。活动以自贡市2014年“文化遗产日”非物质文化遗产宣传展示活动为主，33项市级以上非遗项目和部分区县保护项目参加活动。龚扇、扎染、剪纸、秸秆画、乌木雕刻技艺、赵氏核雕等非遗项目进行现场技艺展示；资阳河川剧艺术、贡井草粑龙、童寺唢呐、富顺汉灯、荣县花船、沿滩柳棍等非遗项目进行舞台表演；久大盐业系列盐产品、太源井晒醋、牛佛烘肘、火鞭子牛肉、富顺豆花等非遗项目进行现场产品展销。

21日至29日

▲第二届“自贡·九洪西瓜节”在沿滩区九洪乡举行。活动期间，开展主题日文艺演出、第二届西瓜王评比、吃西瓜比赛及采摘西瓜、香瓜等活动，共接待游客1.5万人次，销售西瓜1580吨、销售收入632万元。

22日至29日

▲2014首届自贡市徐氏农民版画展在沿滩区九洪乡举行。版画展主要展出徐氏光华彩灯、西瓜雕刻作品、“非遗”徐氏雕刻艺术作品，有农民版画、石刻、核雕、骨雕、彩灯等作品共计2000多件。

23日至27日

▲自贡市现代服务业创新管理与发展专题培训班在浙江大学举办。

24 日至 26 日

▲中央电视台科教节目制作中心《盐之国命》剧组到自贡采景。剧组实地了解自贡井盐生产史、盐商故事、盐工生产活动、盐文化对自贡影响等情况，先后到盐业历史博物馆、燊海井、三多寨、江姐村、久大舒坪制盐基地、贡井艾叶滩、平桥瀑布、贡井老街、东源井、吉成井、富顺等处采景。

25 日

▲省政协副主席高烽率队视察自贡工业开发区和红色旅游项目。高烽一行实地参观江姐故居、高新开发区孵化中心和釜溪河复合绿道，并听取情况汇报。市政协主席潘泽金等陪同视察。

▲川南首个农村产权交易平台自贡市农村产权交易中心正式挂牌成立。该中心是集“产权交易、资产处置、行为鉴证”等为一体的综合性农村产权流转交易服务平台，为农村集体建设用地使用权、村镇房屋所有权、农村土地承包经营权、林权等农村产权的流转提供平台设施、信息发布、组织交易、政策咨询、交易鉴证等相关服务，规范农村产权交易行为。

29 日

▲“西南静脉产业园”项目一期工程在板仓工业集中区开工建设。项目占地 13.87 公顷，总投资 3.4 亿元，包括模具修复、激光再制造和资源再生三大模块，分两期建设。一期工程包括模具修护中心、表面处理中心、激光再制造中心和资源再生中心。

30 日

▲自贡市庆祝中国共产党建党 93 周年文艺晚会在汇东春华广场举行。

▲全市 2013 年度农网改造升级工程全面完工。该工程累计完成农网投资 4.4 亿元，建设线路 3578.6 公里，新增变压器 810 台，完成计划 100%。

是月

▲全市清理规范民间融资中介机构行动正式启动。市工商局、市公安局、自贡银监分局和人行市中心支行等部门和各区县、高新区管委会组建 19 个联合执法检查组，对全市 509 户民间融资中介机构进行逐户清理和规范，其中包括非融资性担保公司 27 家，企业名称含有“理财”字样的公司 19 家，企业名称含“融资咨询”字样的公司 5 家，企业名称含“投资”字样的公司 458 家。

▲釜溪河复合绿道重滩商业广场建成投用。该广场位于釜溪河复合绿道“花海”入口处，建筑面积约 2700 平方米，修建商铺 42 个，主要经营休闲饮食。

▲“盐都说吧”在汇东人人乐广场和东方广场建成并投入使用。“说吧”开放时间为每天 9：00 至 23：00，内设一套录音设备、一套摄像设备和一套数据传输设备，主要为市民提供一个发表意见、宣泄情感、表达心声的场所，自贡网络广播电视台和自贡电视台将选取部分视频进行播放。

7 月

1 日

▲全市上调最低工资标准。最低工资标准从每月 1140 元上调为 1250 元（每日 57.5 元），上调幅度为 9.65%；非全日制用工小时最低工资标准执行每小时 13.2 元。该标准包含个人应缴纳的社会保险费和住房公积金。

▲全市失业保险金发放标准调整为每人每月 875 元，其他失业保险待遇按规定相应调整。

▲自贡物业服务收费新政正式施行。按规定，全市城区普通商品住宅（不含别墅等高档住宅）前期物业服务和保障性住房物业服务收费实行分级定价，其他物业服务收费实行市场调节价。

▲自贡景区电子联票平台建成上线。该平台由 UU163 旅行在线设计开发，电子联票包括自贡恐龙博物馆、燊海井、荣县大佛、盐业历史博物馆四大景区。

▲自贡网全新改版后正式上线。改版后的自贡网融合文字、图片、视频等新闻素材于一体，实现报纸、网络、手机等全媒体发布。

3 日

▲自贡首支“城管义工中队”成立大会在丹桂街道办事处举行。该义工队由丹桂街城管中队与自贡市灵犀义工联合会合作成立，由 30 名城管队员组成，主要围绕“奉献社会、倡导文明”开展活动。

4 日

▲自贡火车站直达呼和浩特列车正式开行。该趟列车线路全程2178公里，运行时间29小时23分钟。

5 日

▲S305沿滩区王井镇三星桥路段发生一起特大交通事故。一辆客运金杯车被一辆运载碎石的货车追尾撞向前方运猪皮的货车，造成4死6伤。

7 日

▲省政府公布第11届四川名牌产品名单，自贡新增13个四川名牌。新确认的名牌产品分别是：四川天护线缆有限责任公司的天护牌电线电缆、自贡市大西南电力器材制造有限公司的川金牌电力金具、自贡市俊鸿鞋业有限公司的华锦春牌男女装皮鞋、四川中润石化有限公司的润博士牌液压油、富顺县蜀佳味业有限公司的蜀佳牌香辣酱和豆花蘸水、四川巴尔农牧集团有限公司的巴尔牌猪肉系列、四川省自贡工业泵有限责任公司的高峰牌工业泵、自贡东方通用压缩机有限公司的东方通用牌天然气压缩机、自贡市第二中压阀门厂的YL牌阀门、富顺戎春酒业有限公司的戎春牌白酒、自贡市贝尔吉教学仪器设备有限公司的贝尔吉牌教学仪器、华西能源工业股份有限公司的特种锅炉、自贡市天花井食品有限公司的长明牌冷吃兔。

▲全省民族宗教系统“法律七进”活动在贡井区天池寺启动。参加活动的有全省性宗教团体负责人，自贡、乐山、宜宾等6市民宗局负责人以及自贡的全市性宗教团体成员200余人。

▲攀枝花市委书记刘成鸣率党政代表团到自贡市参观考察。刘成鸣一行到富顺县实地考察中昊晨光化工研究院和红谷皮具有限公司，参观富顺县特色农副产品展示厅和企业生产车间，听取富顺县县域经济发展、新型工业化推进、晨光科技园区和发展“归雁经济”情况介绍。市委书记雷洪金、市人大常委会主任陈华等陪同考察。

▲大安区凤凰乡黄家山片区正式开通304路公交车。304路属环形线路，从川玻公司家属区发车，出五星街口经同兴路、沙湾至檀木林大街返回。

9 日

▲川南城际铁路有限责任公司成立大会在自贡召开。会上，省铁投集团公司、四川路桥集团公司、自泸内宜四市政府签订《推进川南城际铁路建设合作协议书》。

▲省委常委、省总工会主席李登菊到富顺县东湖镇山林村调研产业和民生建设。

▲川南四市县乡两级人大工作座谈会在自贡召开。会上，自贡、泸州、内江和宜宾四市就《四川省县、乡两级人大工作的探索与思考》进行讨论。省人大常委会副主任兼秘书长曾省权出席会议。

▲自贡首票“多点申报、多点放行”货物完成通关。首票通关货物为出口澳大利亚墨尔本的皮靴，出口口岸为双流机场。在“多点申报、多点放行”的一体化通关模式下，完成自贡申报、机场验放的通关手续。

▲全市4名学生获第十一届“宋庆龄奖学金”。该奖学金由教育部、中国福利会、中国宋庆龄基金会共同设立，每两年颁发一次。第十一届“宋庆龄奖学金”在全国共评出获奖学生1543名，其中四川省82名，自贡获奖学生分别是：大安小学郭钰佳、解放路中学钟玉婷、塘坎上小学王雪蕊、富顺一中倪小凤。

9 日至 10 日

▲市委常委班子党的群众路线教育实践活动专题民主生活会在市委小会议厅召开。省委常委、省总工会主席李登菊，省委第二督导组组长林海云等出席会议。

10 日

▲自贡市第二批院士（专家）工作站授牌仪式在市委会议厅举行。四川理工学院、四川省自贡运输机械公司分别被授予第二批市级院士（专家）工作站。中国科学院院士李小文、太原科技大学机械工程学院院长孟文俊等出席授牌仪式。

▲全国和省人大代表对自贡现代服务业发展情况开展专题调研。调研组实地考察普润之星、浙大自贡创新中心、普润产业博览城、西南（自贡）无水港、川南汽贸产业园、自贡海天文化传播公司等现代服务业发展项目，并听取市政府关于全市2014年上半年国民经济和社会发展计划执行情况、全市现代服务业发展情况的报告。省人大常委会副主任、秘书长曾省权，市人大常委会主任陈华等20余名代表参加活动。

▲自贡开通“12328”交通运输服务监督电话。

该服务专线实行24小时接线，采取统一受理、专业分流、及时处置、跟踪督办、信息反馈的业务流程，受理全市有关运输行业的服务监督、投诉举报、咨询服务等。

14日

▲广安市委书记侯晓春率党政代表团到自贡市考察交流。侯晓春一行就纪念邓小平诞辰110周年相关事宜与市党政领导开展座谈交流，并实地考察板仓工业园和南湖生态公园。市委书记雷洪金，市委副书记、市长刘永湘等陪同考察并出席座谈会。

14日至17日

▲“美德少年四川行”主题夏令营活动在自贡举行。全省10个市州的20名“美德少年”和10余名大学生志愿者，先后参观燊海井、盐业历史博物馆、恐龙博物馆、江姐故居、渣滓洞影视拍摄基地、吴玉章故居、荣县大佛景区等，并与江姐小学“乡村学校少年宫”学生代表开展互动交流、义务植树等活动。

15日

▲省政协副主席陈放率队到自贡市视察产业园区知识产权发展工作。陈放一行先后到自贡国家高新区板仓孵化园、浙江大学自贡创新中心，以及川润公司、长城硬面材料有限公司、运机公司等实地察看，并听取自贡产业园区知识产权发展情况汇报。市政协主席潘泽金等陪同视察并出席座谈会。

16日至17日

▲“侨资企业西部行”考察团到自贡市开展投资考察。考察团先后实地考察沿滩工业园、高新技术开发区、华西能源公司、釜溪河复合绿道、恐龙博物馆、盐业历史博物馆等，并举行“侨资企业西部行”自贡投资考察座谈会。

16日至18日

▲全省旅游统计工作运行分析暨双轨制报送专项培训会在汇东大酒店召开。自贡、南充等7市旅游部门主要负责人及全省21个市州旅游统计工作人员参加会议。会后，与会人员实地考察盐卤浴和中华彩灯大世界等重大旅游项目建设情况。

17日

▲自贡首届“十大名中医”颁奖大会在市卫生局会议厅举行。获奖的“十大名中医”分别是：市一医院车德亚，市中医院何爱国、李成秀、张洪德、杨正春、高冰、崔治国，市精神卫生中心曾伶，荣县人民医院黄福发，荣县中医院邹家林。

18日

▲自贡恐龙在中国首届城市科学节上参展。科学节在北京展览馆举行，历时17天。自贡恐龙博物馆打造的“探秘侏罗纪——恐龙去哪儿了”大型科幻互动展设3个展馆，包括与恐龙对话、恐龙错觉艺术、恐龙标本展示、恐龙画展、“恐龙灭绝之谜”投票、恐龙拓片、装架表演、“把恐龙带回家”模型制作、化石修复、化石挖掘、恐龙骑行、科幻恐龙儿童剧等29个展项。

21日

▲住房和城乡建设部等7部委共同公布全国重点镇名单，自贡11个镇名列其中。11个镇分别是：自流井区仲权镇，贡井区成佳镇、五宝镇，大安区牛佛镇，沿滩区邓关镇，荣县旭阳镇、双石镇、长山镇，富顺县富世镇、代寺镇、赵化镇。

▲全市境内10条省道纳入全省普通省道网布局规划。根据省政府批准的《四川省普通省道网布局规划（2014—2030）》，全市10条普通省道分别为：南北纵线4条（S210、S212、S213、S214）；东西横线3条（S308、S309、S310）；联络线3条（S427、S436、S437）。

▲市政府召开2014年上半年经济形势分析会，分析上半年全市经济运行情况及走势，研究部署下半年工作。上半年，全市实现地区生产总值（GDP）511.24亿元，同比增长8.3%，其中：第一产业实现增加值42.96亿元、增长3.9%，第二产业实现增加值321.53亿元、增长8.3%，第三产业实现增加值146.75亿元、增长9.2%；全社会固定资产投资292.36亿元、增长9.4%；居民消费价格（CPI）上涨2.5%，其中：城市上涨2.3%，农村上涨2.7%。

▲市城乡规划建设和住房保障局与中国人民大学公共管理学院举行学生实习基地共建协议签约仪式。中国人民大学副校长洪大用、市委书记雷洪金等出席签约仪式。

▲第四期“非洲国家艾滋病防治官员研修班”成员到自贡市参观学习。

22日

▲“乡土曲艺进深圳”采风团到自贡采风考

察。采风团一行到贡井区老街陈家祠堂欣赏和拍摄传统折子戏，并采访省级“非遗”传承人、国家一级演员杨先才。

24 日

▲全市第一家公共文化服务中心暨群团组织社会服务中心在荣县长山镇成立。该中心整合宣传、文化、群团等资源，主要承担信息共享、帮扶救助、公益活动等功能，涵盖综合文化活动服务中心、农民工文化驿站、群团社会服务中心、职工书屋、妇女之家、留守儿童之家等服务平台，并提供免费服务。

26 日

▲中航工业集团公司与市政府在成都锦江宾馆签订战略合作协议，共建川南通用航空产业园，打造中航工业川西南产业集聚区。根据协议，中航工业集团和自贡市将在通用航空运营及服务、文化旅游、医疗健康养老产业等方面开展合作。重点项目包括：通用航空产业、爱飞客综合体、文化创意产业、爱飞客文化旅游新区、健康休闲养老产业、房车野营基地及新能源汽车充电设施、新型业态旅游度假区、航空装备制造等。省委书记、省人大常委会主任王东明，中航工业集团公司董事长林左鸣，省委常委、秘书长陈光志，副省长甘霖，中航工业集团公司副总经理吴献东，省政府副秘书长吴显奎，市委书记雷洪金，市委副书记、市长刘永湘等出席签约仪式。

▲成都五金机电商家考察团到川南商贸城投资考察。考察团由成都机电行业商会和成都民生五金机电俱乐部的商家代表组成，共150余人，主要考察自贡五金机电产业现状、专业市场运作情况及行业发展。

28 日

▲川南城际铁路有限责任公司在高新区办理税务登记，正式入驻高新区。该公司总注册资本5亿元，将推进包括自宜、内泸铁路在内的川南城际铁路建设。

29 日

▲市政府第十六届五次全体（扩大）会议在市委会议厅举行。会议分析总结上半年经济形势，对下半年工作进行部署。市委副书记、市长刘永湘等出席会议。

▲荣县命名20名“首届优秀专家”。该县优秀专家评选实行动态管理，每2年评选一次，在党政人才、企业经营管理人才、专业技术人才、高技能人才、社会管理人才、农村实用人才中评选产生，在管理期限内每人每月发放津贴400元。

30 日

▲四川网络广电公司自贡分公司与中国移动四川自贡分公司签订“三网融合”战略合作协议，打造全市手机、电视、电脑“三屏合一”新模式。

31 日

▲小井沟水库大坝成功封顶。大坝设计高程429.4米（海拔高度）、最大高度87.6米、坝底宽284米、坝顶宽8米、坝长255米，从2013年1月开始填筑施工，共填筑土石方144万立方米。

▲荣县古文镇被认定为“全国一村一品示范镇”。该镇在规模种植大头菜和辣椒的基础上，成立以大头菜加工为主的农产品加工企业“忆天香”公司，形成“忆天香”大头菜品牌并带动毗邻乡镇菜农种植增收。

▲2014年自贡市首届军歌大比拼决赛在汇东春华广场举行。

是月

▲四川理工学院获批成为四川省知识产权教育培训基地。该基地依托四川理工学院法学院知识产权研究中心筹建，是全省除成都市外在市州设立的首个知识产权教育培训基地。基地主要承担国家、省、市下达的知识产权培训和课题研究任务，开展理工科和知识产权专业双学位教育和复合型人才培养，并面向社会开展培训。

▲全市首个居家养老服务中心在方冲社区建立。该中心占地300平方米，集生活照料、普通家政、老年病咨询等服务为一体。

▲釜溪河复合绿道综合管理办公室正式成立。该办公室负责绿道景区内外的日常管理、巡查和交通秩序维护等综合管理工作。

▲自流井区光凤片区棚户区改造工程全面启动。该片区棚改计划总投资21.18亿元，改造面积44.23公顷，涉及居民、企业4474户。片区内规划建设光凤路、大同路西二段、伍云路、东光路等市政道路约3公里，配套建设农贸市场和凤凰坝公园。工程预计2016年10月前完成。

▲自贡10户企业获评全省2013年实施卓越绩效模式先进企业。10户企业分别是：四川大西洋焊接材料股份有限公司、华西能源工业股份有限公司、四川中润石化有限公司、自贡市海川实业有限公司、四川省远达集团富顺县美乐食品有限公司、四川绿茗春茶叶有限公司、自贡华鑫硬面材料有限公司、四川省德利塑胶集团有限公司、四川阿郎食品有限公司、自贡市贝尔吉教学仪器设备有限公司。

▲富顺县首个私立农村养老院——骑龙万寿老年公寓建成。该养老院位于富顺县骑龙镇南极村，占地面积2000平方米，可入住50余名老人，由该村村民万晓红投资200万余元建成。

8月

1日

▲全市四城区涉税业务“同城通办”正式上线。实行“同城通办”后，纳税人可在自流井区（含高新区）、贡井区、大安区、沿滩区范围内就近办理税务登记、纳税申报、发票领购和代开、有奖发票兑奖、开具税收完税证明等5大类涉税业务，不再受属地管辖限制。

4日

▲四川省山地救援总队自贡救援通信支队到“8·03”鲁甸地震震中龙头山镇光明村开展救援。该救援队是自贡首支到达灾区的专业搜救队伍，主要开展搜救被困人员、救助伤者、搬运分发救灾物资等工作。

▲2014年全国青少年保龄球夏令营在自贡开营。该活动由国家体育总局小球管理中心、中国保龄球协会联合举办，自贡成为西部地区除成都外的唯一基地。

▲自贡首次举行四川省体育舞蹈（国标舞）级位考试。考试级别从一级到八级，包括拉丁舞、摩登舞，有5所培训学校的621人参加考试。

4日至10日

▲首届“体彩杯”全民健身周活动在全市开展。活动以“全民健身促健康，同心共筑中国梦”为主题，在体育场馆、公园、广场、社区、农民健身工程和全民健身路径等场地开展72项体育竞赛和健身活动。

5日

▲超级稻“德香优403”产业示范现场观摩会在荣县召开。“德香优403”在荣县推广近1.33万公顷，采用订单生产，主要在雷音、金花、东佳、新桥、正紫、度佳、河口等乡镇示范种植。省农业厅、省农科院及省内11个市州的相关代表近150人参加会议。

6日

▲市政府召开全市农村土地承包经营权确权登记工作推进会，部署全市农村土地承包经营权确权登记工作。市农村土地确权登记工作领导小组成员单位负责人、各区县分管领导和农业局局长参加会议。

▲飞龙峡景区入选第二批“2014四川消夏避暑十大好去处”。

7日

▲浙江大学自贡技术转移中心成立。该中心作为浙大自贡创新中心配套机构，由浙江大学批准设立，主要开展科技成果转化和技术转移服务，是浙江大学在四川成立的首家技术转移中心。

8日

▲副省长陈文华率队到自贡市调研水污染防治工作，并召开自贡市、内江市釜溪河—威远河流域水污染防治工作座谈会。

▲自贡首支公益团队到“8·03”鲁甸地震灾区灾民集中安置点开展“盐义仓儿童驿站”志愿服务。该团队由幼儿教师、心理咨询师等组成，主要对地震灾区儿童进行心理疏导和陪护。

11日至15日

▲自贡演员在四川省第二届青年川剧演员比赛中获奖。市川剧艺术中心7位演员参赛，其中，曾宇以折子戏《三祭江》获A组一等奖，在省青年川剧演员比赛中实现一等奖零的突破；魏昭龙以折子戏《肖方杀船》获A组二等奖；辜玉辉、刘晓宇、张曲林分别以折子戏《打神》《张明下书》《劝夫》获A组三等奖；闵舒琪、袁明柳分别以折子戏《打饼》《活捉三郎》获B组三等奖。

13日

▲央视中文国际频道《国宝档案》栏目组到自

贡开展文化遗产专题片拍摄工作。该专题片分5集，其中3集介绍自贡盐文化历史，1集介绍恐龙文化，1集介绍彩灯文化。拍摄地点包括盐业历史博物馆、恐龙博物馆、彩灯博物馆、燊海井、仙市古镇等。

▲荣县与四川省服务业促进会签订战略合作协议。双方就招商宣传、行业指导、合作机制等方面达成合作协议。省政协原副主席、省服务业促进会会长曾清华等出席签约仪式。

15日

▲自贡电子政务网上办理试点工作在全省率先启动。首批纳入网上办理工作的有市商务局、发改委、文广新局、民政局、司法局、经信委、安监局、气象局等8个单位10个服务事项，其主要功能包括在线咨询、网上申请、查询、投诉四个方面。

▲金鑫照明与三星LED战略合作签约暨金鑫照明—电子科技大学联合实验室授牌仪式在檀木林城市名人酒店举行。金鑫照明是一家研发设计与生产销售城市景观照明、道路照明、场馆照明和LED系列照明产品的国内照明领域知名企业，在自贡板仓工业园建有金鑫灯饰制造基地。市委副书记、市长刘永湘等参加签约仪式。

16日至23日

▲自贡组建体育代表团参加在遂宁举行的四川省第十二届运动会。自贡代表团共派出32支代表队、511名运动员参加21个大项、656个小项比赛，获30枚金牌、34枚银牌、37枚铜牌，总分3096分，列重点项目总分第二名、重点项目金牌数第五名、团体总分第六名、总金牌数第九名、总奖牌数第九名，并获体育道德风尚奖和优秀运动员输送奖。

19日

▲省委常委、省委政法委书记刘玉顺到自贡市调研政法工作和社会治理工作。刘玉顺先后调研市监管中心、荣县医疗纠纷人民调委会、荣县交通事故处理中心、荣县旭阳镇南街社区、贡井区成佳派出所和贡井区人民法院等。市委书记雷洪金等陪同调研。

▲装修改造后的市图书馆多功能阅读厅正式向读者开放。该多功能阅读厅含期刊阅览室、盲人阅览室、休闲书吧、自休室、网络阅览室五个功能区，总面积约1000平方米，可容纳约400人阅读休闲。同时，市图书馆还提供错时延时服务和办证、引导、解说、上网、茶水、休息等服务。

▲自贡市2014年“栋梁工程·家乡助你上大学”捐助仪式在市委会议厅举行。活动筹集资金263万元，资助家庭经济困难的大学新生1058人，其中现场向180名贫困大学新生每人发放资助金2000—5000元。

20日

▲自贡市商业银行股份有限公司与四川久大盐业（集团）公司战略合作签字仪式在汇东大酒店举行。市商业银行为四川久大（集团）公司授信4亿元，支持该公司项目投资、生产经营和融资需求。

21日

▲自贡两县四镇入围“省民间文化艺术之乡”。根据省文化厅公布的《2014—2016年度“四川省民间文化艺术之乡”拟命名名单》，富顺县（文庙祭祀民俗）、荣县（农民漫画）、大安区牛佛镇（龙舟赛民俗）、富顺县童寺镇（唢呐）、富顺县长滩镇（连箫）、荣县长山镇（锣鼓）入围。

▲自贡市“春天的故事——为小平而歌音乐会”在檀木林体育馆举行。音乐会以“春天的故事”为主线，共12首歌曲，分别以独唱、合唱、器乐合奏等形式演出。

21日至22日

▲省人大常委会副主任彭渝率队调研自贡市重大产业项目推进情况，并视察富顺县东湖镇山林村新农村建设。市人大常委会主任陈华等出席调研汇报会。

22日

▲中国（自贡）彩灯文化产业园签约仪式在自贡报业大楼举行。项目计划投资8亿元，选址自流井区仲全镇，核心区占地约200公顷，规划建设“一湖一镇两园五区”（“一湖”即金星湖；“一镇”即富义古镇；“两园”即彩灯文创园、彩灯艺术园；“五区”即康体运动区、养老度假区、教育培训区、休闲农业区、生态人居区）。项目建设工期6年，首批建设彩灯文创园、彩灯艺术园和彩灯古镇。

▲在首届“巴蜀慈善奖”表彰会上，自贡市灵犀义工联合会和远达集团董事长张远平分别获“十

佳慈善组织奖”和“十佳爱心捐赠个人奖”。“巴蜀慈善奖”由省民政厅、省国资委和省工商联联合设立，每两年评选一次，设“十佳爱心捐赠个人”“十佳爱心捐赠企业”“十佳爱心慈善楷模”“十佳慈善项目”“十佳慈善组织”五类表彰项目，表彰名额50个。

▲圆通速递川南转运中心在自贡正式成立。该中心场地操作面积1200平方米，成为继顺丰、汇通、申通后在自贡设立的第4家转运中心。

26日

▲四川省青春健康教育师资培训在自贡开班。培训班开设“青春期与性教育”“性别、刻板印象及性的多元化”“心理辅导”等专题讲座以及讨论活动，全省近20个市州的105名教师、计生工作者参加培训。

28日

▲省委书记王东明到自贡调研节能环保装备产业发展。王东明先后到富顺县、沿滩区和自流井区，实地考察中昊晨光化工研究院、能投华西环保发电公司、大业高压容器公司，了解企业技术研发、产品生产、市场订单和人才培养引进等情况，询问企业生产经营中的困难和问题，研究解决措施。市委书记雷洪金等陪同调研。

▲富顺县入围四川省第六批中央财政小型农田水利重点县。在省财政厅、省水利厅公示的四川省第六批中央财政小型农田水利重点县和2014年省级重点县名单中，富顺县是“2013年粮食产量6亿斤以上（含）的县（市、区）”。

▲自贡籍运动员邹鑫艺、包颖在卡塔尔举行的2014年国际泳联短池游泳世界杯系列赛多哈站男女混合4×50米自由泳决赛中获亚军。由汤嘉为、邹鑫艺、包颖和史腾飞组成的中国队，比赛成绩为1分36秒43。

30日

▲在2014第五届“C21四川城市发展圆桌对话”上，自贡国家高新区与阿里巴巴和华西都市报签约，成为西南电商基地首批战略合作伙伴。

是月

▲四川省环保厅发布企业污染源地图，四川久大盐业（集团）公司、中昊晨光化工研究院有限公司、昊华鸿鹤化工有限责任公司等被列入重污染企业。

▲自贡市反保险欺诈工作站成立。工作站由市公安局经侦支队、交警支队、市保险行业协会联合建立，主要受理市辖区内发生的重大保险金诈骗、非法经营保险业务和保险合同诈骗等类型的违法犯罪案件。

▲南湖生态城汇南路全线建成通车。该道路总投资2.24亿元，长4450米、宽30米，双向6车道。

▲自贡首次公布区县空气质量排名。7月份空气质量监测数据结果是：高新区、自流井区、富顺县达标天数为100%，荣县、大安区、贡井区达标天数为80.00%—96.43%，沿滩区达标天数为70.37%。超标污染物为细颗粒物（PM2.5）、可吸入颗粒物（PM10）和臭氧。以后全市将每月、半年、年末公布一次区县环境空气质量排名，内容包括环境空气质量总体状况、污染物超标情况、环境空气质量综合指数评价。

▲西山路改造工程开工。该工程总投资5000万元，改造道路全长1827米，设计宽度24米，双向4车道。

▲荣县法院首次进行网上庭审直播。该直播通过现场视频、音频、证据展台等设备配合使用，在县法院网站上全程展现整个庭审过程，并在其官方微博上进行同步图文转发。

▲富顺县境内公路建设史上最长路面改造工程——泸富路、童踏路通过验收交付使用。该工程涉及琵琶、万寿、童寺、宝庆、怀德等镇乡，全长43.2千米，采取BT方式，由富顺县总商会昆明商会投资1.12亿元建成。

▲全市规范城区治丧活动。治丧活动按照“一好，三禁止”进行规范，即：加强宣传教育引导，初步形成自觉文明办丧事的好氛围；禁止占用广场、道路、街巷通道、小区、家属院等公共场所搭设灵堂（棚）、停放遗体、抛洒纸钱，治丧活动仅限在家庭内，也可到市殡仪馆开展治丧活动，在家庭内开展治丧活动，也不得影响邻居的正常生活；禁止在夜间（21：00—8：00）和午休时间（12：00—14：00）燃放鞭炮、播放哀乐、念经做道场等治丧活动；禁止在城区范围内组织游街送葬或沿途燃放烟花爆竹、焚烧和抛撒迷信用品。

9 月

1 日

▲富顺籍烈士肖孝泽入选全国首批 300 名著名抗日英烈名录。肖孝泽生于 1902 年，富顺县原琵杜乡人、国民党陆军少将军衔。历任川军邓锡侯部排长、连长、副营长，河南保安司令部军训团中队长、大队长，河南禹县自卫团司令，豫西（师管区）第四补充兵团副团长，许昌国民兵团团长，第 36 集团军总司令部高级参谋兼参谋处长等职，1944 年牺牲于河南陕县抗日前线。

▲自贡获批在全省先期启动地下综合管廊建设试点。根据省政府第 57 次常务会议审议通过的《关于加强城镇地下管线建设管理的意见》，自贡与成都、绵阳、南充等四市先期试点地下综合管廊建设，将供水、排水、燃气、通信等各类市政管线实行综合管理和规划建设。

▲全市四川名牌企业受市政府表彰奖励。四川大西洋焊接材料股份有限公司等 57 户企业 74 个产品被确认为四川名牌，市政府以自府函〔2014〕91 号文对获奖企业通报表扬，并对新确认为四川名牌产品的四川天护线缆有限责任公司等 13 户企业各给予 5 万元奖励。

▲富台山隧道安全隐患整治工程开工。工程主要包括对隧道结构安全隐患、排（渗）水、路面破损等进行整治，工程至 2015 年 12 月 30 日结束。

▲全市退休异地安置和长期异地居住人员异地就医即时结算工作在全省率先启动。

2 日

▲自贡汽车客运总站自动售取票机投入使用。乘客在网上订票后，可通过自动售取票机提供身份证和验证码两种方式取票。

3 日

▲自贡盐运古道考古调查在东源井古盐场正式启动。考古调查考察线路包括 4 条陆路和 1 条水路，总行程 800 公里，考察点 50 个，主要调查盐运古道线路分布、盐道现状、自贡盐运古道文化遗产，并拍摄纪录片。考古调查团由中国社科院、中国人民大学、北京大学、中国国家博物馆、故宫博物院等考古学、古建筑、交通史、盐业史方面的国内专家组成。

▲自贡市就业服务中心正式投入使用。该中心大厅设五个服务环岛，分一台六区（总服务台、职业指导服务区、就业失业管理服务区、综合服务区、创业服务区、自助服务区、信息展示发布区），面向服务对象提供就业、创业、失业保险等“一站式”服务。

▲全市第一个村邮站在大安区大山铺镇江姐村挂牌开业。

4 日

▲高新区与川南城际铁路有限责任公司签订“川南城际铁路有限责任公司总部基地”项目招商引资协议。

▲全市银龄意外伤害保险试点工作在荣县启动。该保险的参保对象为 60 周岁以上，身体健康、无精神类疾病或智能障碍的老年人，交费标准为 60 ~79 周岁的 60 元/年、80 ~ 89 周岁的 30 元/年、90 ~ 99 周岁的 18 元/年。其中，政府为年满 80 岁（含）以上老人补贴 30 元/人，保险公司对 90 岁以上老人补贴 12 元/人。保险公司对不同年龄段老人分意外身故、意外住院医疗、疾病身故三种情况进行赔付，最高赔付额 12000 元。

5 日

▲召开全市开发利用页岩气资源专题报告会。报告会邀请国土资源部矿产资源储量评审中心主任、研究员张大伟，研究员、博士李玉喜作专题报告。张大伟、李玉喜分别围绕“国内外页岩气发展态势和我国管理政策”“自贡市页岩气资源潜力和勘探开发”作报告。市委副书记、市长刘永湘等出席报告会。

6 日

▲自贡首次派学生代表访问香港地质公园。该活动由自贡、香港两家世界地质公园组织，学生代表是参加第三届“紫荆杯”两岸四地青少年书画大赛的 4 名获奖者。

6 日至 7 日

▲川南首届越野车大赛在华商·国际城项目所在地举行。比赛为计时赛，分为 3.0 升以上排量组、3.0 升以下排量组和巾帼组，重庆、成都和川南地区共 80 余名车手参加比赛。

9 日

▲自贡市“新农村建设”专题研修班在浙江大学继续教育学院工商管理培训中心开班。研修班学员共72人，由涉农市级部门负责人，区县党委或政府分管领导，部分区县部门、乡镇、龙头企业负责人组成，主要开展为期5天的农业现代化融资渠道建设等专题讲座和现场案例学习。

10 日至 11 日

▲省委常委、省总工会主席李登菊到自贡市考察调研。考察调研期间，李登菊到富顺县调研党的群众路线教育实践活动开展情况和村级大群团服务中心建设情况；到中天胜新材料公司、浙大自贡创新中心等单位和大西洋焊接中心基建工地、华西能源公司节能环保循环锅炉项目、明君汽车有限公司轻型卡车、皮卡车项目实地考察企业科技创新和项目推进情况；传达贯彻省委“两个意见”精神，督导群众路线教育实践活动整改落实和建章立制工作。

11 日

▲省委常委、组织部部长范锐平率队到自贡市调研。范锐平一行先后到荣县和富顺县，实地考察四川驰宇盐品有限公司、旭阳镇南街社区、旭阳药业集团、吴玉章故居、琵琶镇徐家村、富顺豆花村、辉腾科技公司等，了解经济社会发展、群众路线教育实践活动以及组织工作情况。

▲“互联网思维下的营销变革——2014 两化融合暨百度翔计划培训会”在城市名人酒店举行。会议以工业化与信息化融合、借助互联网开展企业营销为主题，100 多名企业家代表参加会议。

11 日至 12 日

▲全省机关党的建设研讨会在自贡举行。研讨会以“强化机关党组织对权力运行制约和监督研究”为主题，省政协办公厅、省气象局以及自贡、南充、遂宁市直机关工委等在研讨会上发言。研讨会期间，与会人员实地参观自贡文化展示馆、沿滩新城、板仓工业园区、华西能源公司和釜溪河复合绿道。

12 日

▲2014 年四川省老年人健身腰鼓和排舞比赛在荣县开赛。全省各市、州的 24 支代表队 400 余人参加比赛。

16 日

▲自贡火车站正式开通零散货物快运业务。该业务依托“西南货物快运”列车，敞开承运零散货物，列车按客车化模式每日开行，货主可在自贡火车站办理承运业务和领取货物。

▲红星美凯龙环球家居（电商）博览中心入驻签约仪式在自流井区政府举行。该项目计划总投资10亿元，占地 7.33 公顷，项目建设期限为 3 年，分两期完成，一期于 2015 年开工建设，2016 年主体投入运营。

16 日至 17 日

▲省政协副主席赵振铣率队到自贡市视察。赵振铣一行围绕“加强教师队伍建设，促进义务教育均衡发展”工作，先后到沿滩第二小学、沿滩团结小学和沿滩中学视察，并召开领导、教师代表座谈会，听取自贡市工作汇报。市政协主席潘泽金等陪同视察并参加座谈会。

17 日至 19 日

▲自贡版权作品参加在成都举行的第五届中国国际版权博览会。该展会设国际展区、国内展区、产业展区三大主题展区，意大利、法国、西班牙、美国等国家和国际组织以及全省相关机构、企业共170 多家单位参展。自贡展品包括具有自主版权的天车模型 2 件、机器恐龙 1 具、彩灯 4 组以及版画、漫画、出版物等。

18 日至 22 日

▲自贡世界地质公园参加在加拿大石锤地质公园举办的第六届世界地质公园大会。会上，自贡世界地质公园代表以“筑梦童年——自贡恐龙博物馆科普纪实”为题作报告，向各国代表介绍自贡世界地质公园恐龙博物馆开展科学传播普及情况。会议期间，自贡世界地质公园与联合国教科文组织官员及各国专家开展互动交流，向参会嘉宾发放宣传资料和影碟，展示近年地质遗迹保护利用和发展建设成果。

19 日至 21 日

▲自贡组团参加在成都举行的第十届中国食品博览会。该展会由综合食品展区、肉食水产展区、酒饮展区、粮油展区、食品原料及配料展区、食品餐饮设备及第三方服务展区 6 大展区组成，百味斋、刀刀爽、巴人治灶、牧天食品、东源井等 25

户食品及食品加工骨干企业和100余种名优特新产品在“自贡馆”展出，涉及展位42个。

22日

▲自贡公共招聘网正式上线。网站由市就业服务管理部门主办，免费为用人单位和求职者提供公共招聘和求职信息等就业服务，可通过Web网页、手机客户端、微信三种方式登录。

23日

▲川南乡村旅游电子商务平台启动仪式在自贡举行。该平台由UU163旅行在线打造，采用“多渠道营销、数据统一控管、产品自由组合、一体化流程”的电商新模式，首批有自贡、乐山、宜宾、内江、泸州的12家乡村旅游景点入驻。

24日

▲全市“2014年我最喜爱的十大盐都交警”评选结果正式揭晓。该活动由市公安局交警支队主办，于7月启动，经网站、电台、微博、微信、邮件推荐和网络投票，推选程锐、朱波、李忠俐、倪伟、方达、蔡璞、仝继军、陈翠微、曾超、李杰为“2014年我最喜爱的十大盐都交警”。

25日

▲副省长甘霖率队到自贡市调研。甘霖一行先后到华西能源公司、自贡中成村镇银行实地调研，并听取市委、市政府关于深化农村金融改革工作汇报及自贡中成村镇银行、市农业融资担保公司、大安区三绿农村资金互助合作社、市阳光农业发展公司、瑞鑫牧业公司等负责人的汇报。市委书记雷洪金等陪同调研。

▲首届四川旅博会旅行商莅市考察。考察团由加拿大、美国及中国香港地区等国内外的21位参会旅行商组成，先后到恐龙博物馆、燊海井、盐业历史博物馆、彩灯博物馆和荣县大佛等地，主要考察“盐龙灯”三大旅游品牌和佛儒文化。

26日

▲全省川南片区科技局长培训会在自贡举行。培训会围绕科技项目的申报与管理、统筹城乡科技行动、科技项目资金管理、高新技术产业和科普工作管理进行讲解，成都、自贡、泸州、内江、南充、宜宾、资阳的科技局长及相关负责人参加培训。

▲川南汽车配件商业中心全国汽车行业招商推介会在英祥锦江国际大酒店举行。上海、广东等省市的60余家汽车厂家代表和经销商参加推介会，并就中心规划建设、业态培育等展开讨论、寻求合作。

26日至27日

▲中央电视台百集大型纪录片《记住乡愁》在大安区三多寨镇三多寨村取景拍摄。该纪录片主要以人物故事为线索，讲述三多古寨的历史变迁和民间习俗等寨堡文化。在全国拍摄的100个村落中，三多寨村是全省推选的11个村落之一，也是川南地区推选的两个候选点之一。

27日

▲全市划定高污染燃料禁燃区。根据市政府发布的《关于划定高污染燃料禁燃区的通告》，规定东至东环线、南至S305线、西至南环线、北至北环线的99.85平方公里和沿滩区建成区2.6平方公里范围禁止使用原煤等高污染燃料。

▲自贡组团参加在峨眉山市举行的首届四川国际旅游交易博览会。全市组织37家涉旅企业参展，并向各地买家、游客提供一年旅游消费优惠政策，推出“恐龙王国游乐园”和“燊海井盐文化博览园”两个重大旅游招商引资项目。

28日

▲富顺县在富顺文庙举行2014年秋季“开笔礼”纪念孔子诞辰2565周年。该仪式包括沐身洁面、着汉服正衣冠、朱砂启智、启蒙描红、击鼓鸣志、礼拜先师、感恩鞠躬、诵读经典等活动，富顺县城南小学数百名一年级学生参加。

29日

▲全市深化农村改革推进会在市委会议厅召开。会议传达学习全省深化农村改革推进会精神、观看省深化农村改革推进会25个单位交流发言的录像片；市级部门、部分区县、乡镇、村、龙头企业、专合社等33家单位作大会发言或书面交流。市委书记雷洪金，市委副书记、市长刘永湘等出席会议。

▲长城硬面材料有限公司德国专家安德烈亚斯·卡尔斯滕获2014中国政府“友谊奖”，并受邀到北京人民大会堂接受国务院副总理马凯颁奖。卡尔斯滕作为自贡第2位获此荣誉的外国专家，于2009年被引进为长城硬面公司技术专家，主要负责

开展热喷涂材料及应用技术的研究、指导建立分析检测体系、帮助开拓国际市场等。

30 日

▲全市在首个烈士纪念日举行公祭活动。市委书记雷洪金，市副书记、市长刘永湘，市人大常委会主任陈华，市政协主席潘泽金等参加公祭活动。

▲《自贡烈士英名录》正式发布。该名录收录烈士 1800 余名，其中自流井区 74 人、贡井区 166 人、大安区 175 人、沿滩区 163 人、荣县 472 人、富顺县 727 人。

▲第二届中国彩灯创意设计作品展在南湖体育文化中心开展。活动共展出 132 件作品。

是月

▲唐家坝至火车站新开 601 路公交线。该线路配置 7 台中、小型公交车，每天发车时间为 7：00 至 18：30，全程分上行线路和下行线路，共设置 15 个站点。

▲东方广场提升改造工程竣工。工程改造涉及东方广场 3、4 号区域，改造面积近 2000 平方米，投资 200 万余元。其中，3 号广场铺设大理石地面后安装简易钢架棚，设置为摊贩区；4 号广场拆除危房后，改建成停车场。

▲自贡 3 户企业入选 2014 年四川外资企业百强名单。该名单由省商务厅和省外商投资企业协会联合发布，按外资企业的营业收入、进出口总额、纳税总额和吸收就业人数分为四类。其中，四川汇维仕化纤有限公司入选外商投资企业营业收入和外商投资企业进出口总额双百强；自贡塞迪维尔钢化玻璃绝缘子有限公司入选外商投资企业进出口总额百强；四川久大制盐有限责任公司入选外商投资企业从业人数百强。

▲由华西能源工业股份有限公司承制的中塔两国重大合作项目——杜尚别 2 号热电厂核心部分（电站装备）完工。

▲开展庆祝新中国成立 65 周年、自贡设市 75 周年系列文化活动。21 日，“颂歌献祖国　同圆中国梦”——“东锅杯”自贡市第九届职工歌手大赛在东锅体育馆举行，23 名职工代表参加比赛；25 日，自贡市庆祝新中国成立 65 周年音乐会在四川理工学院举行，音乐会选取 10 余首经典曲目，分新中国成立、社会主义建设、改革开放、中国梦 4 个篇章，节目形式有声乐、器乐等；29 日，自贡市庆祝新中国成立 65 周年合唱比赛在四川理工学院举行，市直机关、自贡军分区、四川理工学院等 17 支代表队参加比赛。

▲市政府出台《自贡市深化城乡建设用地增减挂钩试点实施办法》。该办法拟通过优化挂钩项目设置与管理，探索农民自愿有偿退出宅基地的实现路径，激活农村土地要素潜能，充分调动农民参与挂钩项目试点和进城安居落户的积极性，加速转移人口市民化进程，促进新农村建设和新型城镇化发展。

▲中共自贡市委常委、常务副市长陈吉明赴资阳任资阳市委副书记，拟提名为资阳市政府市长人选。

▲全市 8 个农民专业合作社评为国家级示范社。其中，农业类有：自贡市旭水河玉米专业合作社、富顺县世英农牧专业合作社、荣县兴隆畜禽养殖专业合作社、自贡市贡井桥头土鸡专业合作社、富顺县舒适水产专业合作社；林业类有：荣县荣林油茶种植专业合作社；供销类有：自贡市四海养鸡专业合作社、自贡市大安三绿水产专业合作社。

▲荣县页岩天然气试采成功。该页岩天然气井属川西南坳陷威远构造南西斜坡，位于荣县留佳镇瓦滓村，井深 4623 米、水平段长 1160 米，预计日产天然气 6 万至 8 万立方米。

10 月

1 日

▲全市启动实施分级诊疗制度。根据制度规定，常见病、多发病在基层医疗机构治疗，疑难病、危重病在大医院治疗，并严格实行双向转诊制度，除急诊外未履行转院手续的越级诊治原则上不予报销。

▲全市分别取消和调整 2 项行政事业性收费。取消交通部门收取的“车辆营运证工本费”及“道路运输经营许可证工本费”2 项行政事业性收费；将教育部门收取的“高中学业水平考试费”及“城市义务教育阶段住宿费”分别合并至国家教育“考试考务费”及“住宿费”项目中。

1 日至 7 日

▲盐业历史博物馆首次向游客延时开放。在此期间，闭馆时间从 17 时 30 分延至 20 时 30 分，并邀请 8 名自贡文物保护协会的志愿者和 4 名盐工现场讲解。

2 日

▲蜀光中学举行建校九十周年庆典活动。中科院院士、著名信号信息处理和芯片技术专家侯朝焕，空军少将、原空军副参谋长徐心德，水利专家、原清华大学副校长张思敬，中国地质科学院地质研究所所长易明初，南开中学副校长马健等校友，市委副书记、市长刘永湘等领导出席庆典活动。

2 日至 3 日

▲2014 四川省首届川南地区体育舞蹈（国标舞）邀请赛暨自贡市第一届体育舞蹈锦标赛在檀木林体育馆举行。该比赛由市体育总会主办，市体育舞蹈协会承办，项目有标准舞、拉丁舞、集体舞、健身交谊舞等，自贡、泸州、宜宾、内江四市共 24 支参赛队、600 余名选手参加比赛。

5 日

▲江姐中学女子足球队在绵阳举行的 2014 年四川省青少年足球锦标赛上获冠军。代表自贡参赛的江姐中学女子足球队先后战胜南充代表队、成都代表队、达州代表队和绵阳代表队夺冠，并获得最佳教练、最佳射手、最佳守门员等荣誉。

8 日

▲自贡 8 个收费站开通 ETC 电子收费系统。渝昆高速内宜段自贡收费站、大山铺收费站，成自泸赤高速自贡东收费站、富顺收费站，乐自高速贡井收费站、荣县南收费站、荣县西收费站、长山收费站等 8 个收费站均在进、出站口分别设置 ETC 专用通道。

▲全市第一批专职规划员正式派驻部分乡镇。专职规划员在派驻乡镇负责规划监管和参与规划管理，涉及第一批乡镇分别是：自流井区仲权镇、荣边镇、农团乡，贡井区成佳镇、五宝镇，大安区团结镇、新民镇、牛佛镇和沿滩区仙市镇、邓关镇等 10 个乡镇。

9 日

▲中航工业成都发动机（集团）有限公司董事长陈锦莅市考察。陈锦先后实地考察长征机床公司、海川实业公司及川南通用机场建设现场，并在市委会议厅作“航空及燃机产业发展”专题讲座。市委书记雷洪金，市委副书记、市长刘永湘等陪同考察。

10 日

▲省政协原主席、省老体协主席秦玉琴考察南湖体育中心群众文化展览馆及南湖生态公园。市委书记雷洪金、市政协主席潘泽金等陪同考察。

▲自贡市第九届老年人运动会在檀木林体育馆开幕。比赛设门球、网球、乒乓球、羽毛球、柔力球、桥牌、象棋、佳木斯快乐舞步健身操、武术、钓鱼、健身球操、健身秧歌等 12 个项目，全市 15 个代表队 1500 余名老年运动员参赛。省政协原主席、省老体协主席秦玉琴，省政协原副主席、省老体协执行主席肖光成，省人大常委会原副主任、省老体协副主席李洪仁，市委副书记、市长刘永湘，市政协主席潘泽金等出席开幕式。

▲国企监事主席部风涛、中国昊华化工集团股份有限公司董事长胡冬晨等到富顺县考察调研。部风涛一行先后实地参观晨光院展厅、年产 4000 吨氟橡胶装置、氟化三厂及新产品展厅，并听取情况汇报。

11 日

▲自贡 5 户企业参展第十届泛珠三角区域合作与发展论坛经贸洽谈会暨第十一届中国中小企业博览会。5 户企业分别是：自贡百味斋食品有限公司、自贡市刀刀爽食品有限公司、美乐食品有限公司、绿茗春茶业有限公司、国名食品有限公司。

▲全市新增 3 户旅游标准化示范企业。根据省旅游局《关于确定第三批“四川省旅游标准化示范单位”的通知》，檀木林城市名人酒店、康辉旅行社有限公司、七星湖凯基度假酒店等 3 户企业被评为“四川省旅游标准化示范企业”。

12 日

▲“定格岁月——2014 自贡文化遗产摄影作品展”在自贡盐业历史博物馆开展。展览围绕“定格岁月，经典再现”主题，共展出作品 100 件，主要反映古建筑、文物、非物质文化遗产的风貌和现状。

13 日

▲川南片区煤矿安全工作座谈会在自贡召开。会议以"依法办矿、依法治矿"为主题，川南 20 家煤矿负责人参加座谈会，10 家煤矿负责人在会上发言。

14 日

▲申通快递川南转运中心新场地在普润产业城正式投入运营。该中心总面积 8000 多平方米，操作区面积 3000 多平方米，操作人员 100 余名，配备皮带传送系统、安检机等专业分拣设备，集快件处理、分拨、转运等功能于一体，具备日处理进出港快件 20 万余票的能力，业务涵盖自贡、宜宾、内江、泸州等川南城市，并辐射云南水富、贵州赤水等节点城市。

15 日

▲自贡市党的群众路线教育实践活动总结大会在市委大礼堂举行。会议学习贯彻中央和省委教育实践活动总结大会精神，总结全市教育实践活动开展情况，对进一步巩固教育实践活动成果、加强作风建设等工作进行部署。省委第二督导组组长林海云，市委书记、市委教育实践活动领导小组组长雷洪金，市委副书记、市长刘永湘，市人大常委会主任陈华，市政协主席潘泽金等出席会议。

▲自贡籍网络作家周小平受邀参加在北京召开的文艺工作座谈会并获中共中央总书记习近平点名关注。

16 日

▲乔治海茵茨（中国）飞机制造集团有限公司与高新区在英祥锦江大酒店签订投资意向协议书。该公司拟在自贡设立西南区总部，建设轻型飞机制造生产基地，总注册资本金 2 亿元，总投资 20 亿元。

▲中国民俗摄影协会蜀南影像采访分队成立暨采访基地授牌仪式在富顺县"中国豆花村"举行。

16 日至 18 日

▲自贡组团参加第二届中国（绵阳）科技城国际科技博览会。其中，自贡中天胜新材料科技有限公司等 8 户企业在川南经济区节能环保机装备、新材料、生物医药、特色产品 4 个展区参展；四川理工学院等 4 个企事业单位参加全国非职务发明专利展；四川能之星燃料科技有限公司等 3 户企业参加科技金融会议。会展期间，市委书记雷洪金等到展区参观指导。

17 日

▲四川省高校水彩画作品展在南湖艺术中心展览馆开展。画展由四川美术家协会主办，共展出四川大学、西南交通大学、西南民族大学、四川师范大学、西华大学、成都大学等省内 19 所高校选送的 150 余件作品。

18 日

▲2014 年川南跆拳道精英邀请赛在檀木林体育馆举行。自贡、眉山、内江、乐山、遂宁、宜宾等市的 100 多名选手参赛。

20 日

▲市政府召开前三季度经济运行分析会，分析前三季度全市经济运行态势，研究部署四季度工作并谋划 2015 年工作。1 月至 9 月，全市经济运行与全国、全省基本一致，总体基本正常，但增速持续放缓，经济下行压力进一步加大，GDP 预计增长 8.1%，比上半年回落 0.2 个百分点，低于全省 0.4 个百分点。

20 日至 24 日

▲央视中文国际频道《国宝档案》栏目在每天 18 时 45 分连续播出《千年盐都——深井下的宝藏》《千年盐都——盐井边的繁华》《千年盐都——富贵甲全川》《千年盐都——巧修西秦会馆》《千年盐都——探秘"恐龙公墓"》，每集时长 15 分钟。

21 日

▲副省长陈文华率队到自贡市调研主要污染物总量减排工作。陈文华一行先后实地调研富顺县污水处理厂（Ⅱ期）施工现场和贡井污水处理厂（Ⅱ期）施工现场，并召开调研座谈会。市委副书记、市长刘永湘等参加调研座谈会。

▲全市一线执勤执法交警正式实行配枪上岗。根据规定，在遇到放火、爆炸等严重危害公共安全的；实施凶杀、劫持人质等暴力行为，危及公民生命安全的；结伙抢劫或者持械抢劫公私财物等 12 种紧急情形下，经警告无效的，配枪交警可以使用枪械。

▲澳大利亚昆士兰恐龙博物馆专家 Scott Hocknull 率队考察自贡恐龙博物馆。考察期间，Scott

Hocknull 一行与自贡恐龙博物馆的专家就恐龙外展等专业问题进行交流。

22 日

▲德国北威州商务团到自贡市考察。考察团一行实地考察高新区孵化园和板仓工业园，了解城市总体规划及高新区打造产业发展区、科技新区、宜居生活区、旅游度假区的远景目标，并在汇东大酒店召开商务考察洽谈会。市委副书记、市长刘永湘等会见北威州商务考察团一行，并介绍自贡经济社会发展情况。

▲自贡市社会主义学院在市委党校挂牌并正式开班。该学院是民主党派和无党派人士的联合党校，是统一战线人才培养基地、理论研究基地和党的路线方针政策宣传基地。市政协副主席、民革自贡市委主委叶智英任院长。

▲四川理工学院举行“节能环保装备产业技术研究院”和“食品产业技术研究院”揭牌仪式。其中，“节能环保装备产业技术研究院”由四川理工学院与华西能源工业股份有限公司联合组建；“食品产业技术研究院”由四川理工学院与四川太源井醋业有限公司、四川绿食佳农业有限公司联合组建。两个产业技术研究院将围绕应用创新研究、产业技术研发、分析监测服务、人才培养等开展工作。

23 日

▲自贡明君汽车首批新车发布会在第十五届西博会汽车展示区举行。现场共发布轻卡和皮卡两款车型，同属“一汽华凯”子品牌，其中轻卡净重 1.8 吨、皮卡净重 0.85 吨，两款汽车定于 11 月初正式对外销售。市委副书记、市长刘永湘，市人大常委会主任陈华等为明君汽车新车发布揭幕。

▲自贡金鑫照明在第十五届西博会上首次推广“智慧城市照明系统”。该系统由自贡金鑫照明公司与电子科大合作研发，集节能、智能于一体，通过安装在灯泡表面的传感器获取实时流量监测，灯泡亮度与人流量、车流量成正比关系，实现 62% 节能，维护费节省 95%。

▲浙江大学继续教育学院自贡教育培训中心揭牌成立。培训中心依托浙江大学的知识资源和人才资源，为党政机关、企事业单位和个人提供培训服务。

23 日至 11 月 3 日

▲自贡组团参加在成都举行的第十五届西博会。该届西博会首次按工业品、消费品分两个时段举办，自贡代表团在科技精品馆、装备制造馆、农业产业馆、电子信息馆重点展示新能源汽车、新材料产业、航空与燃机装备及节能环保装备等高新技术产品。代表团由市委书记雷洪金任团长，市委副书记、市长刘永湘任常务副团长。

24 日

▲自贡在第十五届西博会成功签约 29 个项目，投资总金额 252.09 亿元。在 29 个项目中，10 亿元以上的项目 11 个，工业类项目 9 个。其中，总投资 15 亿元的“川南汽车后市场中心”项目选址贡井川南汽贸产业园，占地约 10 公顷，主要布局汽车会展、汽车百货、汽车主题酒店、汽车主题影院、新车发布中心、电子交易体验中心、汽车改装中心、高端二手车展示、汽车博物馆等内容。

▲“中国梦·盐都情”——周俊 2014 水墨乡情自贡画展正式开展。画展共展出川籍旅欧画家周俊 70 余幅水墨画作品，分为山水、人物、花鸟系列，包括自贡天车井架、富顺文庙、荣县大佛等 15 幅自贡系列画。

24 日至 26 日

▲“川盐古道与区域发展”学术研讨会在自贡举行。研讨会由市盐业历史博物馆、四川省文物考古研究院、重庆市文化遗产研究院、中国盐文化研究中心举办，中国社会科学院、北京大学、中国人民大学等单位的专家学者以及川、滇、黔、渝、鄂、湘等地方文管部门负责人 116 人参会，收到论文 55 篇。与会代表以川盐古道线路、川盐古道与文化线路、川盐运销与流域开发、川盐古道与区域社会变迁等议题开展研讨，并实地考察市盐业历史博物馆、燊海井、艾叶古镇、平桥堰闸、张家花园等。

26 日

▲自贡代表队获 2014 全国全健排舞大赛一等奖。该比赛在浙江省桐乡市举行，全国 20 多个省市的 70 支代表队参赛，自贡代表队获排舞团体开放 A 组一等奖和趣味排舞娱乐组二等奖。

27 日

▲自贡市电子商务平台暨市民卡商圈建设战略合作签约仪式在成都举行。根据协议，通联支付网

络服务股份有限公司四川分公司与自贡盐都一卡通信息化有限责任公司合作，为全市“一卡通”工程提供综合支付应用解决方案，推动自贡电子商务服务业发展。

▲川南锻造中心研发基地项目建成投产。该项目位于沿滩工业园区，2013年9月开工建设，主要生产各种锻件、压延件，产品覆盖电站锅炉、压力容器、中高压阀门，普通机械制造等领域。

28日

▲全省肉牛生态养殖培训暨观摩会在自贡召开。会议就肉牛和奶牛养殖开展专题培训并进行学术交流，全省各市州的畜牧兽医专家、技术人员、畜牧管理人员、部分肉牛养殖龙头企业负责人150余人参加会议。

▲2014年度川东协作区震情趋势会商暨震情跟踪工作交流会议在自贡召开。会上，省地震局和市防震减灾局分别就川东地区和自贡地区的地震作专题报告，对震情形势进行分析会商与研判。省地震局监测预报处、预报研究中心、成都地震基准台、西昌地震中心站和成都、自贡等20个市（州）的防震减灾局领导及专家约100人参加会议。

▲市公安局出入境管理支队获“全国公安机关爱民模范集体”称号，支队长梁林作为“全国公安机关爱民模范集体”代表在人民大会堂受到中共中央总书记、国家主席、中央军委主席习近平接见。

28日至29日

▲全省地税文化建设现场会在自贡召开。省地税局、全省各市（州）地税局的分管领导和相关人员70余人参加会议。会议期间，与会人员现场观摩自贡盐税史陈列展厅、市地税局廉政文化厅等地税文化建设阵地。

29日

▲“变革救亡用生命唤醒国人——甲午战争120周年刘光第研讨会”在富顺县赵化镇举行。成都、重庆、自贡、泸州等地的专家学者及刘光第后人共80余人参加研讨会，就刘光第的事迹、精神、诗词、书法等进行研讨，并开展向刘光第陈列室捐赠书法作品、参观刘光第故居等活动。

31日

▲全市3单位成为“全国和谐社区建设示范单位”。根据民政部公布的第二批“全国和谐社区建设示范单位”名单，高新区丹桂街道被命名为“全国和谐社区建设示范街道”，贡井区筱溪街道青杠林社区和高新区丹桂街道方冲社区被命名为“全国和谐社区建设示范社区”。

▲国家粮食局副局长徐鸣率队到自贡市调研西南粮食物流园区。徐鸣一行到自流井区综合物流中心，实地考察园区首期西南（自贡）无水港油脂项目、粮油交易市场项目建设情况。

是月

▲四川理工学院航模队获2014年科研类全国航空航天模型锦标赛双冠。该赛事由科技部、教育部、国家体育总局在山东胶州举办，四川理工学院航模队获“太阳能模型飞机设计飞行”比赛一等奖和“遥控电动模型滑翔机竞技”比赛一等奖等9个奖项。

▲南湖公园幼儿园开园。该幼儿园位于南湖生态城通达街南延线与汇南路东段交叉口西北侧，占地面积约1.26万平方米，建筑面积约0.92万平方米，总投资约4700万元。该幼儿园引进金苹果品牌教育机构，定位为精英教育，设15个班，其中：国际班6个、双语班9个，可满足450名学生入园。

▲荣成蚕丝被、绿茗春茶叶、富顺美乐香辣酱获第十二届中国国际农产品交易会金奖。

▲全市首批户外电子阅报栏建成投用。首批电子阅报栏共35座，是四川省公共文化体系建设试点项目，设置地点选取部分区县街道、车站、广场、社区等人员密集的公共场所，其功能主要是开展公益宣传、发布简明新闻和张挂《自贡日报》等。

▲市交警支队检测站正式移交自贡公交集团公司。根据机动车检验新规，公安机关与车辆检测机构脱钩，由自贡公交集团公司成立自贡市安信机动车检测有限责任公司，负责市交警支队检测站接收工作和机动车检测经营业务。

11月

3日

▲全市“宽带乡村”试点工程启动仪式在大安

区牛佛镇农科村举行。该工程采用政府补贴和电信投资方式建设，重点建设乡镇到行政村光缆，首批试点建设在大安区和沿滩区进行。启动仪式上，市政府与中国电信四川公司签署“宽带乡村”试点工程建设合作协议。市委副书记、市长刘永湘，中国电信四川公司总经理赵麦庆等出席启动仪式。

▲自贡世界地质公园徽标评选结果揭晓。该徽标以汉字“自”（自贡）为主体结构，融入恐龙、井架（天车）符号，体现自贡世界地质公园的主要特色。

5日

▲首届盐帮菜名菜、名厨、名店评选活动启动。该活动至2015年2月结束，最终将评选出名菜10道、名店10家、名厨10名。活动期间，将开展盐帮菜标识有奖征集、“我心中的美食记忆”有奖征文、“舌尖上的自贡”摄影作品征集、盐都最美服务员大赛、表彰晚会等活动。

6日

▲中航资本副总经理张予安率队莅市考察。张予安一行到中航自贡航空产业园，了解产业园规划发展等情况，并召开融资洽谈会。中航保险、中航证券、中航信托、中航租赁等负责人随同考察。

7日

▲成都自贡商会与富顺县福善镇政府签订产业合作协议，推进新农村项目及相关产业建设。根据协议，成都自贡商会拟先期投资15亿元，推进2000公顷油茶种植及深加工、特色农业产业园及农产品精深加工、土特产品开发等生态农业产业项目；参与建设富顺县福善场镇基础设施建设、棚户区改造、新农村农民集中居住点建设等相关农业产业项目；开发建设“五条沟风景区”“红岩寺”及养老地产、旅游地产等相关旅游项目。

▲第三届“紫荆杯”两岸四地青少年书画大赛获奖作品展在自贡开展。在参展作品中，三等奖以上作品54幅、特别地区奖6幅、四川选送的优秀作品（优异奖、入围奖）31幅共91幅，涵盖国画、书法、西画等品类，其中自贡12幅。

7日至8日

▲全市组团到成都参加校园招聘会和全省大学生中高端人才现场招聘会。招聘会分别在四川大学、西南交通大学、川大华西医学院、四川师范大学和成都信息工程学院航空港校区举行，全市60余家单位参加，有2000余名硕士、博士及高校毕业生应聘咨询，近100人达成就业意向。

10日

▲全市优秀年轻干部和人才递进培养计划第二期培训班在四川大学开班。该培训班由56名学员组成，培训期为1个月。

▲全市6个学校17个项目在第三届四川“美境行动”中获奖。其中，富顺县华英实验学校的“‘三节一减一拒绝’实践活动”和市蜀光绿盛实验学校的“自贡城区‘塑料袋’使用现状的重调查对比研究”两个项目获一等奖。

13日

▲全市4家企业入围“2014四川企业100强”。其中，自贡硬质合金有限责任公司列第59位、华西能源工业股份有限公司列第71位、四川大西洋集团有限责任公司列第81位、中昊晨光化工研究院有限公司列第97位。

▲环保部西南督查中心督察组莅市开展环保执法监督工作。

14日

▲全省电大书记校长工作会议在自贡召开。会议的主题是新形势下加强全省电大系统建设，探讨推进开放大学建设的思路和举措。各市州电大系统50余人参加会议，其中绵阳、宜宾、自贡等8个市州电大在会上作经验交流。

▲全市首台白蚁防治专用工程车正式投用。该车具有微电脑自动灌装及双通道加强型搅拌系统，实现进药、配药全自动化。

▲荣县在全市率先试点推出“农村家宴乡厨保险”。该保险由荣县食品药品监督管理局和中华联合保险公司联合推行，其基准保费为600元、1200元、2000元，累计赔偿限额20万元，每人赔偿限额分别是1万元、2万元、5万元。

14日至16日

▲自贡组团参加在上海新国际博览中心举行的2014中国国际旅游交易会。旅交会上，自贡代表团就第二十一届自贡国际恐龙灯会和川南旅游环线自贡特色进行重点宣传，并接受途乐网旅游专访和各类媒体采访。

16 日

▲陕西省委宣传部联合中央电视台推出的大型系列专题片《大秦商》摄制组到自贡拍摄。摄制组一行先后到西秦会馆、燊海井等处取景拍摄，并专访市盐史专家宋良曦。

17 日

▲自贡高新技术产业开发区、富顺晨光工业园区被省经信委、省知识产权局批准为“四川省创建知识产权示范园区”，成为全省首批开展知识产权示范创建的园区。全省列入首批开展知识产权示范创建的园区共 11 个，示范创建为期 3 年，将按照《百亿园区知识产权示范工作实施方案》争创省示范园区。

▲白俄罗斯明斯克市警察局副局长伊奥希金·亚历山大等一行 10 人到自贡考察交通管理。伊奥希金·亚历山大一行先后实地考察市交警支队指挥中心、高新交警大队及丹桂大街、汇南路口、汇兴路口的道路交通安全管理设施设备建设使用情况，并就指挥监控系统的规划布局、设备运行等进行交流。

18 日

▲自贡市电子商务商（协）会举行成立大会。会议审议并通过相关章程及管理办法，选举产生商会会长、副会长、执委等。全市电子商务行业 50 余人参加会议。

▲富顺县宋淑芳老人和自流井区王翠萍老人分别获第二届四川关爱明天“十佳五老”称号和“十佳五老”提名奖。其中，宋淑芳老人受邀到成都参加颁奖仪式并受到省关工委执行主任张中伟等领导会见。

▲市政府印发《自贡市医疗纠纷预防与处置办法》。该办法有效期 5 年，经市政府第 67 次常务会议审议通过。该办法要求区县政府及卫生、司法行政、公安、民政等部门依法履行在医疗纠纷预防与处置工作中的相关职责，共同促进医疗纠纷及时、妥善化解，同时要求医患双方所在地的乡镇（街道）、村（社区）和患方所在单位参与、配合，做好医疗纠纷处置工作。

19 日

▲省人大代表、省委省政府决策咨询委员会主任甘道明率队视察荣县双溪水库竹雅斋等三处旅游设施搬迁及 20 公顷经济林改造工程、荣县污水处理厂二期工程推进情况，并召开相关工作座谈会。省人大代表、市人大常委会主任陈华等 22 名全国、省人大代表参加视察。

▲市政府《关于促进房地产业平稳健康发展的意见》出台。该意见从加大房地产信贷支持服务力度、实施购房财政补贴、鼓励房地产项目按期开工、鼓励收购商品房作为保障房和棚户区改造安置房、科学完善土地供应机制、发展住房公积金个人住房贷款业务、加强管理和服务等七个方面提出促进房地产平稳健康发展的具体措施。

▲全省肉羊标准化生产基地县技术培训会在富顺县召开。培训会围绕肉羊标准化生产和产业基地建设开展技术培训，富顺县农牧业局、屏山县畜牧兽医局、昭觉县畜牧局在会上作交流发言，全省 25 个市、县、区农牧部门负责人和技术人员参加培训会。其间，与会人员实地参观考察代寺镇旭光村、天井村、明星村的标准化、规模化家庭养羊农场。

20 日

▲全市工商、质监系统行政管理体制正式调整移交。根据国务院关于地方政府职能转变和机构改革精神和《四川省人民政府职能转变和机构改革方案》，工商、质监机构由省级以下垂直管理调整为由各级政府分级管理，并作为同级政府的工作部门，业务接受上级工商和质监主管部门的指导和监督。

▲全市政策性生猪价格指数保险试点签约仪式在汇东大酒店举行。保险的对象为规模化养猪场（户）、养殖大户和散养户养殖的断奶仔猪或育肥猪，品种为良种二元或外三元杂交猪。保险期内，当省农业厅官方网站发布的月度出栏猪肉平均价格低于保险价格时，保险人可根据保险合同约定进行赔偿。

▲市青少年体育活动中心暨檀木林体育场改造工程竣工开放。工程总投资 200 万余元，项目涉及檀木林体育场塑胶跑道维修改造、篮球场地面维修、人工草坪维护及垃圾清除、综合训练房改造、体育场看台美化、市体操馆改造等，并新建 1 个五人制笼式足球场、2 个露天羽毛球场、1 个露天乒乓球场以及群众健身路径和相关配套健身设施。

▲全市地震信息快速发布平台建成。该平台的

MAS 信息服务器与省地震信息快报系统连接，地震信息发布覆盖市、县、乡三级，发布时间由地震发生后 8—10 分钟缩短到地震发生后 2 分钟内，为掌握震情、开展应急处置工作提供保障。

21 日

▲全市政府职能转变和机构改革动员大会在市委会议厅召开。根据大会通报的《自贡市人民政府职能转变和机构改革方案》及《自贡市人民政府机构改革方案的实施意见》，将撤销政府工作部门 7 个、组建政府工作部门 4 个、接收省垂直管理部门 2 个；撤销政府部门挂牌机构 5 个、新增 5 个、调整 1 个；调整部门管理机构 2 个、参公管理事业单位 6 个。调整后，市政府工作部门设置为 32 个，部门挂牌机构 10 个。市委副书记、市长刘永湘出席会议并讲话。

▲“核心价值观百场讲坛”第九场专题讲座在荣县举行。讲座由中宣部指导，光明日报社、中国人民大学、中国伦理学会主办，光明网、市委宣传部、荣县县委承办。中国人民大学法学院副院长胡锦光作题为“法治与核心价值观的关系”的讲座，并与现场观众和网友进行互动。全市近 500 人参加讲座，光明网、自贡网对讲座进行现场视频直播。

▲全市 8 项地方志成果获四川省第十六次地方志优秀成果奖。8 项获奖项目分别是：《自贡市志（1991—2005）》和《自贡市贡井区志（1986—2005）》获志书类一等奖，《自流井区志（1986—2005）》和《自贡市沿滩区志（1986—2005）》获志书类二等奖，《自贡年鉴（2013）》《富顺年鉴（2012）》《荣县年鉴（2013）》分别获年鉴类二等奖、三等奖和优秀奖，《富顺县志（清・乾隆版）》（上中下）获旧志整理类优秀奖。

21 日至 23 日

▲自贡市第十一届房地产展示交易会在南湖体育中心广场举行。房交会以“以城筑城・幸福优居”为主题，22 家房地产企业和 27 个楼盘参展，接待观展群众 7.3 万人次，现场预订房屋 628 套（间），面积约 55200 平方米，成交金额约 2.59 亿元。

22 日

▲釜溪河复合绿道示范段工程获“中国风景园林学会优秀园林工程奖”最高奖项——大金奖，成为 2014 年度西部地区唯一获此奖的项目。

22 日至 23 日

▲自贡市中小学生棋类比赛暨川南地区中小学生棋类邀请赛在市棋类文化活动中心举行。比赛设象棋、围棋、国际象棋和国际跳棋四个项目，分高中、初中、小学、幼儿组进行，共 575 名小棋手参赛。

25 日

▲全市 3 个村落入选第三批中国传统村落名录。根据住建部、文化部、国家文物局、财政部、国土资源部、农业部、国家旅游局等 7 部局公布的第三批中国传统村落名录，富顺县狮市镇狮子滩社区、富顺县赵化镇培村社区、富顺县长滩镇长滩坝社区入选。

▲全市首批“名师工作坊”成立暨授牌仪式在汇东实验学校南湖校区举行。首批“名师工作坊”共 19 个，其中省级 9 个、市级 10 个，其主要任务是通过名师引领骨干教师进行研修，打造信息技术环境下的教师学习共同体，将集中活动与网络研修相结合，线上学习与线下实践相结合，探索建立骨干教师常态化培训模式。

▲全市展演及彩灯行业的首家股份有限公司——自贡灯贸股份有限公司正式组建。该公司由自贡灯贸有限公司在引入四川迈泰科技有限公司的基础上变更组建，以“东方彩灯”为注册商标。

26 日

▲全市 2 个志愿服务项目和 1 个志愿服务组织获评全省“十佳”。其中，市“盐义仓”社区互助微公益志愿服务项目和市妇联“紫薇花”家庭微公益项目被评为“十佳志愿服务项目”，丹桂街明珠社区志愿服务组织被评为“十佳社区志愿服务组织”。

▲全省首批、全市首笔财政农业补贴资金担保贷款在富顺县信用联社成功发放。

27 日

▲省人大常委会副主任、秘书长曾省权莅市调研。调研期间，曾省权到大安区凤凰乡永胜村，走访慰问省人大代表、永胜村党总支书记贺光玉，实地调研村、组经济社会发展情况并征询村民对《四川省〈中华人民共和国村民委员会组织法〉实施办法（修订草案）》的意见建议。

▲省艺术品文化研究会自贡分会在釜溪步行街正式成立。省人大常委会原副主任杨志文、市委书记雷洪金等出席成立仪式。

28 日

▲自贡国际恐龙灯会获 2014“中国节庆旅游奖”。该奖项由《时尚旅游》杂志颁发，自贡国际恐龙灯会因震撼大气、特色突出等特点以及强大的影响力和游客效应获奖，成为国内六个获奖节庆之一。

▲2014 年川南片区农业科技园区产学研对接会在英祥锦江国际大酒店举行。会议围绕肉牛、蔬菜、中药材、食品加工等川南农业科技园区优势特色产业和农村饮水安全、面源污染治理等进行成果发布、供需对接与交流接洽，并建立川南片区农业科技协同服务联盟。自贡、泸州、内江、宜宾、乐山五市的农村产业技术服务中心负责人、农业科技园区负责人、相关龙头企业代表和科技局相关负责人参加会议。

▲全市首家新型农村合作金融组织——大安区三绿农村资金互助合作社在三多寨镇八甲村正式成立。该资金互助合作社由大安区三绿水产专业合作社（国家级示范社）及其社员自愿出资发起成立，业务范围包括向社员发放贷款，为社员从银行融资提供担保等。合作社有社员 159 人，注册资本金 700 万元。

▲全市庸懒散浮拖问题专项整治工作正式启动。专项整治分为学习讨论，查摆问题；集中整改，从严问责；巩固提升，建章立制 3 个阶段，重点围绕“治庸提能、治懒正气、治散聚力、治浮定神、治拖增效”5 个方面，查找梳理庸懒散浮拖的具体表现，形成问题整改清单，实施精准整治。

30 日

▲“四川地税统一纳税服务平台”在自贡试点运行。该平台具备网上申报、财务报表采集、发票查询、办税辅助服务等功能，可为纳税人和税务人员提供涉税信息服务，首批选取自贡电信、市东方物业等 41 户企业进行试点。

是月

▲自贡灯会在第五届中国民族节庆峰会上被评为“最具国际影响力节庆”。

▲市政府官方政务微信“微自贡”正式开通运行。公众可用手机扫描“微自贡”政务微信二维码或在腾讯微信平台搜索微信号“zg－zwwx”添加关注，获取市政府官方发布的各类权威政务信息。

▲川南大气污染防治工作联席会议办公室在自贡设立。全省在成都市及周边、川南、川东北地区建立三个“大气联防”重点区域，自贡市政府作为川南地区“大气联防”召集人单位，将与泸州市政府、内江市政府、宜宾市政府三个成员单位共同开展川南地区大气污染联防联控工作，办公室负责协调地区大气污染防治的日常工作。

▲自贡首艘新型航道疏浚船建成入水。该船总长 23 米、型宽 4.60 米、型深 1.50 米，双机功率 180 千瓦，主要用于沱江航道自贡段的维护疏浚，提高航道通行能力。

▲汇南路建成通车。汇南路位于南湖生态公园南侧，是南湖生态城主干道之一，于 2010 年 8 月开工建设，东起两湖大桥，西至大湾社区西区安置点，道路全长 4785 米，宽 30 米，双向 6 车道，并试点建成长 4.5 千米、高 4.4 米、宽 3.8 米的城市地下综合管廊。

▲自贡在全省率先解决乡村医生养老保障。根据《关于解决乡村医生养老保障有关问题的指导意见》，全市所有在村卫生室连续工作满 3 年及以上的在岗乡村医生、执业（助理）医师和护士，以及符合条件的离岗老年乡村医生全部纳入养老保障对象。具体补助标准：工作年限 3 至 6 年的，每年补助 180 元/人；工作年限 7 至 15 年的，每年补助 240 元/人；工作年限 16 至 25 年的，每年补助 300 元/人；工作年限 26 年及以上的，每年补助 360 元/人。

▲《自贡市医疗救助实施办法》正式出台。该办法从救助职责、救助对象、病种范围及救助方式等方面明确全市医疗救助的实施细则。

▲歌剧《盐井传奇》获省第十三届精神文明建设“五个一工程”优秀作品奖（戏剧类）。该歌剧原名《盐都传奇》，2012 年首次推出，以盐都自贡为背景，以盐商女儿盐妹子和盐场工人梅泽郎的爱情为主线，以歌舞形式展现盐场工人的故事。

▲自贡诺诚足球队获“谁是球王”四川总决赛社会组冠军。该赛事由中央电视台、国家体育总局、教育部联合主办。代表自贡参赛的自贡诺诚足

球队先后以4:2和2:0战胜成都队和绵阳队夺冠，并获得代表四川参加西南大区赛资格。

▲自贡两人因见义勇为获省政府奖励。两人分别是：富顺县万寿镇张平沙石厂沙石船船工王立阶和自流井区郭家坳街道核桃湾社区居民王森典。

12 月

1 日

▲《自贡市城乡居民基本养老保险实施办法》出台。该办法打破城乡户籍差异，将新农保和城居保合并为城乡居民基本养老保险，对基金筹集、养老保险待遇、转移接续与制度衔接、基金管理、经办管理服务与信息化建设等进行规范。

▲自贡海关加入长江经济带区域通关一体化改革。按照相关政策，通关一体化后，全市350家海关注册企业可自由选择货物申报、纳税、放行地点，无需用海关监管运输工具转关，实现“一地注册、全域报关”，为企业减少审批手续和通关环节，并降低物流成本。

▲“自贡市人才工作专题培训班”在浙江大学开班。培训班为期5天，由46名学员组成。

1 日至 3 日

▲全市县域经济工作推进会召开。会议期间，与会人员对各区县的县域经济推进情况和高新区项目建设情况进行现场实地考察。推进会对全市县域经济发展进行部署，各区县和高新区在会上分别就区域经济发展的具体情况作总结交流。市委书记雷洪金，市委副书记、市长刘永湘，市人大常委会主任陈华、市政协主席潘泽金等出席会议。

2 日

▲市精神卫生中心创建为省精神区域中心，业务覆盖自贡、泸州、宜宾、内江。

4 日

▲市政府常务会决定：调整城乡居民最低生活保障标准。其中，城市最低生活保障标准从314元/人·月提高到330元/人·月，农村最低生活保障标准从1800元/人·年提高到1980元/人·年。

▲全市首个国家宪法日暨全国法制宣传日集中宣传活动在春华广场举行。活动通过市领导宣讲宪法、发放宣传资料、开展现场咨询、悬挂横幅等形式宣传宪法，全市党政机关、政法系统、区县干部、群众代表400余人参加活动。

5 日

▲川南创业投资峰会在荣县举行。香港中文大学讲座教授、著名经济学家郎咸平在峰会上作题为“创业机遇与投资风险”的讲座，就新政策环境下的宏观经济走势进行分析，并与现场各界人士交流互动。

7 日

▲自流井区光凤片区棚户区改造工程6个区域签约率均达95%，模拟征收转为正式征收，模拟征收补偿协议转为正式征收补偿协议，棚户区改造进入房屋拆迁和安置房建设启动阶段。

8 日至 9 日

▲省关工委常务副主任、省政府原副省长徐世群率队到自贡市调研。围绕创建六好关工委活动、开展“五失”青少年工作及学校关工委工作等专题，徐世群一行先后到沿滩区仙市镇箭口村、华丰村和荣县旭阳镇西街小学、南街社区、观音铺村等实地调研，并召开座谈会。市委书记雷洪金，市委副书记、市长刘永湘等分别陪同调研并出席座谈会。

9 日

▲2014年西南财经大学——自贡市金融知识专题培训班开班。西南财经大学经济管理学院院长甘犁等7位专家为培训班授课。市、区（县）金融办和经济主管部门及86家小微企业相关负责人共120余人参加培训。

10 日

▲市灯贸委与北京黉门科技有限公司签署合作协议，启动“网络自贡灯贸会”平台建设。该平台可帮助游客实现网上预定旅店住宿、灯会门票和查阅灯会会场附近停车点位及观看自贡灯会全景直播。

11 日

▲农发行自贡市分行与市水务局举行战略合作协议签字仪式，授信20亿元用于全市供排水、水源建设、农村饮水安全、城市防洪堤、污水处理、节水处理、中水回用等水务基础设施项目建设，重点投向向家坝灌区、中型水库、西部水厂、大安区东北部新城污水处理厂等工程。

13 日

▲大型原创川剧《还我河山》在市川剧艺术中心正式公演。该剧策划、创作、研讨、排练历时3年，由自贡本土作家、国家一级编剧廖时香担任编剧，著名导演、国家一级演员任庭芳担任导演，国家一级作曲廖忠荣担任作曲，以“盐都献金甲天下”这一重大历史事件为背景，再现抗日战争期间全市社会各界献金的历史。

▲全市最大酿酒基地——四川万寿酒业有限公司酿酒基地在富顺酒业产业园区建成投产。该基地占地10余公顷，建有标准化酿酒车间8个、窖池1200口，产能1万吨。

15 日

▲捷克共和国轻型飞机协会副主席福瑞驰率队到自贡市投资考察。福瑞驰一行先后参观考察板仓工业园区和川南通用航空产业基地，并参加投资考察座谈会，就提供通用航空全方位解决方案、引进捷克轻型飞机零部件组装飞机生产线等与市政府达成合作意向。市委副书记、市长刘永湘会见福瑞驰一行。

▲方言剧《文化站长》获全省第三届文华奖剧目奖。该剧以富顺县富世镇文化站站长、党的十八大代表王文华的先进事迹为素材创作，其主要演员缪德龙、崔晓获单项奖中的表演奖。

16 日

▲浙江大学自贡创新中心首届校企对接暨新技术新产品推介会在板仓工业园举行。会上，浙江大学的专家教授和浙商企业高管，就装备制造、清洁能源利用、工业自动化及其应用、汽车零部件检测技术、适合于中国民营企业的“PLM”解决方案、PTC自限温加热材料、绿色环保新型墙体材料、农产品加工先进工艺及装备等领域的12项新科研成果或项目进行发布与推介。76家企业的高管、项目主管、技术主管参加会议，其中四川凯茨阀门制造有限公司、自贡工业泵有限公司与浙江大学自贡创新中心签署2项合作协议。

17 日

▲省通信行业协会自贡分会和省通信工程质量监督中心自贡通信工程质量监督站成立。分会的主要任务是围绕加快实施“宽带中国”战略、普及光纤用户、建设第四代移动通信（4G）和推进三网融合及培育信息消费等；质监站的主要任务是监督全市通信工程质量。市委副书记、市长刘永湘等参加成立揭牌仪式。

18 日

▲富顺县文体广电和新闻出版局在五年一次的“三先”（全国文化先进单位、全国文化系统先进集体、先进工作者和劳动模范）表彰活动中被评为“全国文化系统先进集体”，成为全省两个获此荣誉的县级单位之一。

19 日

▲市丰圣生态农业综合开发有限责任公司在上海股权托管交易中心正式挂牌，成为全市首家在上海股权托管交易中心挂牌的农业企业。该公司在富顺县福善镇、板桥镇、安溪镇等乡镇有1053.33公顷林地，是一家从事油茶种植、加工、销售以及五条沟旅游观光和特种养殖的现代农业综合开发企业。公司挂牌后，可通过定向增发、股权质押、股份流转等途径进行融资。

▲侦办走私案中牺牲的自贡籍昆明海关缉私警察李顺麒烈士骨灰安葬仪式在市烈士陵园举行。昆明海关、成都海关驻自贡办事处、市民政局、大安区委、区政府等单位领导及烈士生前亲属好友、领导、市民群众等参加仪式。

▲全市首个社区党校在自流井区东街毛家坝社区揭牌成立。该党校依托社区，服务社区，为社区党员搭建学习交流和教育培训的新平台。

▲富顺首家公交公司正式成立。该公司取名富顺华龙公交运输有限公司，由富顺县华茂运输有限公司、富顺县吉祥道路运输有限责任公司、富顺县邓井关运输站三家运输企业以股份制方式出资组建，注册资本1000万元。

20 日

▲全市首批69个试点村邮站正式揭牌运营。

22 日

▲省委常委、省总工会主席李登菊到富顺县东湖镇山林村调研。李登菊先后实地调研该村农民集中居住点和水产养殖基地，了解民生建设和产业发展，并看望慰问特困户及村民。市委副书记、市长刘永湘等陪同调研。

▲自贡世界地质公园与内蒙古自治区巴彦淖尔国家地质公园签订合作协议。根据协议，两地质公

园就恐龙化石科学研究、地质遗迹资源保护、地球科学知识普及、科技文化交流、相互推广旅游资源等开展合作与交流。

24 日

▲全省深化现代畜牧业发展现场会在自贡召开。会议期间，与会人员到荣县参观自贡农投生态农业科技有限公司黑山羊养殖场、四川清淞湖养殖科技有限公司望佳种牛场、四川巴尔农牧集团鼎新种猪场、华鑫养兔专业合作社种兔场并听取现代畜牧生产发展的情况汇报。资阳市、荣县、射洪县、广元市昭化区、南江县在会上作经验交流发言。省委副书记、省长魏宏，省委常委、省农工委主任李昌平，副省长曲木史哈，市委书记雷洪金，市委副书记、市长刘永湘，各市州政府分管领导、农（牧）业局主要负责人、全省第二轮现代畜牧业建设重点县政府主要负责人和省直有关部门负责人参加会议。

▲四川省肢残协会六届三次全委会暨市州主席会在自贡召开。会上，省肢协传达学习中国肢协六届三次全委会精神，总结2014年工作和部署2015年工作。各市州肢协在会上作交流发言，并现场投票评选成都、自贡、广元、凉山、南充、遂宁为“2014年度工作先进协会”。全省21个市、州肢协主席（副主席）和部分委员近40人参加会议，省肢协老同志代表和全市各区（县）肢协主席列席会议。

25 日

▲富顺县与北京首创股份有限公司就县城污水处理TOT项目特许经营权签订正式协议，成为全市首个正式落户的PPP项目。根据协议，北京首创股份有限公司支付6600万元获得富顺县城市污水处理项目25年的特许经营权。

▲市婚庆行业协会成立暨授牌仪式在东方广场举行。该协会由51家团体会员和50名从事主持、摄影、化妆、发型工作的个人会员组成，主要职能是对行业进行协调、指导和管理。

▲全省唯一的县级农民创作分会——荣县作家协会农民创作分会在荣县双石镇成立。该分会在荣县双石镇文学创作组基础上建立，有农民会员20多人，在省、市级刊物发表文学作品20多篇。农民作家吴锡昭当选首届理事会会长。

26 日

▲中国铁塔股份有限公司自贡分公司成立揭牌暨战略合作框架协议签约仪式在汇东大酒店举行。该公司由中国移动、中国联通和中国电信三家基础电信企业共同出资设立，主要经营范围包括通信铁塔建设、维护、运营；移动通信基站机房、电源、空调配套设施和室内分布系统建设、维护、运营及基站设备维护，并通过资产注入和收购工作对信息基础设施建设实行统一规划、统一建设和统一整合。市委副书记、市长刘永湘等参加仪式。

▲省知识产权教育培训（四川理工学院）基地举行揭牌仪式。该基地2014年7月获批成为省知识产权教育培训基地，是川南首个知识产权教育培训基地。市委副书记、市长刘永湘等出席揭牌仪式。

▲“自贡科技大广场”综合服务平台启动。该平台整合自贡技术转移中心、自贡科技金融服务中心、自贡大型科研设备服务平台、自贡科伟专利经营公司等服务机构，配备有路演大厅、洽谈室和视频音频系统，集创新研讨、科技咨询、成果转化、科技金融、知识产权、中小企业沙龙等为一体。首场论坛上，市嘉特数控机械制造有限公司“电加工技术研发中心”等11个研发机构被授予首批“自贡市中小企业研发机构”，并获5万元的研发资金资助。

▲2015盐都新年音乐会在四川理工学院举行。音乐会上，比利时弗拉斯卡蒂交响乐团先后演奏《蓝色多瑙河》《蝙蝠序曲》《饮酒歌》等16首世界名曲和《我爱你中国》《茉莉花》《春节序曲》等中国名曲。

29 日

▲沿滩区两名学生分别获“中国少年科学院小院士”和“中国少年科学院预备小院士”称号。在北京举行的第十届“中国少年科学院小院士”评选暨课题答辩活动中，经过能力测试、研究课题阐述及专家提问等环节，王鑫泓的论文《珍惜粮食，从我做起》获一等奖，郑茂熹的论文《自贡仙市古镇旅游资源现状调查研究报告》获二等奖。

30 日

▲全市2座中型水库——楼房湾水库和大坡上水库正式开工建设。其中，楼房湾水库（青龙水库扩建）选址大安区大山铺镇，工程总投资约5.4亿

元，建成后可控灌大安区三多寨镇、大山铺镇、何市镇、新店镇、牛佛镇和永嘉乡等6个乡镇3740公顷灌面，解决9.61万人供水，并作为市区应急备用水源；大坡上水库选址富顺县龙万乡，工程总投资约4.3亿元，建成后可控灌富顺县龙万乡、琵琶镇、童寺镇、东湖镇等4个乡镇3666.67公顷灌面，远期保障灌区农村5.91万人和县城20万余人供水。

▲四川省加快推进新型城镇化工作领导小组办公室公布第三批"百镇建设行动"（2015年度）名单，贡井区艾叶镇、富顺县永年镇、沿滩区邓关镇、富顺县赵化镇等4个小城镇入选。至此，全市省级"百镇建设试点"小城镇累计达12个。

▲首届盐帮菜"十大名菜"评选结果揭晓。该活动由市食品药品安委会、市食品药品监管局、市商务局、市餐饮美食协会等主办，于11月启动，经网络投票和现场评判打分，评选出自贡冷吃兔、富顺豆花、大安烧牛肉、牛佛蒸笼、火边子牛肉、盐帮鲜锅兔、水煮牛肉、牛佛烘肘、家常田鸡、鱼香茄子为首届盐帮菜"十大名菜"。

▲市第九届中小学生艺术节启动仪式暨"拥抱新年、唱响校园"全市中小学生合唱比赛在蜀光中学举行。艺术节以"阳光下成长"为主题，为期8个月，涵盖4大类10项活动，分学校、区县展演，市级展演，送评省级展演三个阶段，优秀节目、作品及论文将参加省第八届中小学生艺术节和全国第五届中小学生艺术节。

是月

▲台北市自然发酵养生协会组团莅市参观考察并开展文化经贸活动。考察团实地参观市文联南湖艺术展厅，现场与自贡书法家开展书艺交流；实地考察四川理工学院生物工程学院、市海天文化传播有限公司、四川旭水（集团）酒业有限公司、四川红茅烧酒业有限公司和四川富顺戎春酒业有限公司，并签订酒业合作意向书。

▲富顺县创建成为全省首个省级地理标志产品保护示范区。

▲全市首笔土地经营权抵押贷款正式发放。位于贡井区成佳镇杨柳村的自贡市泰福农副产品加工厂，以土地流转经营权作抵押，获自贡中新信用联社授信贷款200万元。

▲全市5家农庄获评首批省级示范休闲农庄。根据省农业厅《关于公布省级示范休闲农庄名单的通知》，沿滩区高佳庄、沿滩区杜浦渔家、贡井区百花苑度假山庄、大安区江姐故里生态山庄、富顺县中国豆花村5家农庄被评为首批省级示范休闲农庄。

是年

▲自流井区仲权镇、贡井区成佳镇、荣县双石镇、富顺县代寺镇等4个小城镇入选省第二批"百镇建设试点"名单。

▲自贡在全省率先启动存量房交易资金监管。该模式对存量房交易中的资金提供自愿、免费的监管原则，买方按照合同约定将购房资金存入"客户交易资金专用账户"（由第三方交易保证机构在监管银行开设），交易完成后，由监管银行向卖方当事人支付应得交易资金。

▲富顺县龙贯山的恐龙足迹化石研究获重大发现。由自贡恐龙博物馆研究员彭光照、叶勇等组成的研究团队，2009年开始对富顺县龙贯山的"犀牛脚印"开展考察研究，并撰写出学术报告发表在2014年的国际性学术刊物——《波兰古生物学报》上。报告认为，该"犀牛脚印"系蜥脚形类恐龙足迹化石，保存时代为三叠纪晚期，距今约2亿年，这一发现对研究这一时期的恐龙动物群面貌、古地理、古环境、古生态具有重要意义。

▲高峰乡、五宝镇、和平乡、团结镇、新民镇、望佳镇、彭庙镇等7个乡镇邮政局（所）补建工作完成，全市96个乡镇邮政局（所）实现全覆盖，成为全省第四个实现"双百"（100%移交、100%运营）任务的市州。

▲"银发无忧"老年人意外伤害保险试点在荣县率先启动。该保险60周岁以上老年人均可投保，在自愿投保原则基础上，通过政府购买服务、保险公司让利等方式组织实施，并对高龄和经济困难的老年人实行特殊优惠政策。

DANG DE QUN ZHONG LU XIAN JIAO YU
SHI JIAN HUO DONG ZHUAN JI

党的群众路线教育实践活动专辑

中共自贡市委关于深入开展党的群众路线教育实践活动的实施意见

（自委发〔2014〕3号）

各区县委，市委各部委，市级各部门党组（党委），各人民团体党组，市属各企、事业单位党委：

根据《中共中央关于在全党深入开展党的群众路线教育实践活动的意见》《中共中央办公厅印发〈关于开展第二批党的群众路线教育实践活动的指导意见〉的通知》和《中共四川省委关于深入开展党的群众路线教育实践活动的实施意见》（川委发〔2013〕14号）、省委党的群众路线教育实践活动领导小组《关于印发〈四川省深入开展党的群众路线教育实践活动第二批实施方案〉的通知》（川委群组发〔2014〕3号）要求，现就全市集中开展党的群众路线教育实践活动提出如下实施意见。

一、把握指导思想

深入开展党的群众路线教育实践活动，是我们党在新形势下坚持党要管党、从严治党和顺应群众期盼、建设学习型服务型创新型马克思主义执政党的重大决策部署，也是全市凝心聚力、攻坚破难，为实现同步全面建成小康社会、奋力谱写中国梦四川自贡篇章奠定坚实基础的重大机遇。全市各级党组织和广大党员、干部要深刻认识开展教育实践活动的重要意义，高举中国特色社会主义伟大旗帜，坚持以马列主义、毛泽东思想、邓小平理论、“三个代表”重要思想、科学发展观为指导，紧紧围绕保持党的先进性和纯洁性，深入学习贯彻党的十八大、十八届三中全会和习近平总书记系列重要讲话精神，以为民务实清廉为主题，认真落实中央八项规定、省委省政府十项规定、市委市政府十一项规定精神和《党政机关厉行节约反对浪费条例》，突出作风建设，贯彻整风精神，坚决反对形式主义、官僚主义、享乐主义和奢靡之风，着力解决人民群众反映强烈的突出问题，提高做好新形势下群众工作的能力，使党员、干部思想进一步提高，作风进一步转变，党群干群关系进一步密切，为民务实清廉形象进一步树立，基层基础进一步夯实，凝聚起建设区域中心城市、全面建成小康社会的强大正能量，切实让教育实践活动成为正风气、惠民生、强基础、促发展的教育工程、民心工程、保障工程和动力工程。

要将“照镜子、正衣冠、洗洗澡、治治病”的总要求贯穿全过程，通过教育实践活动补精神之“钙”、除“四风”之害、祛行为之垢、立为民之制，让人民群众看到教育实践活动带来的新变化、新气象、新面貌。“照镜子”，主要是对照理论理想、党章党纪、民心民声、先辈先进，查找宗旨意识、工作作风、廉洁自律方面的差距。“正衣冠”，主要是按照为民务实清廉的要求，严明党的纪律特别是政治纪律，正视矛盾和问题，从自己做起，从现在改起，从小处抓起，端正行为，维护良好形象。“洗洗澡”，主要是以整风精神开展批评和自我批评，深入分析出现形式主义、官僚主义、享乐主义和奢靡之风的原因，坚持自我净化、自我完善、自我革新、自我提高，既要解决实际问题，更要解决思想问题。“治治病”，主要是坚持惩前毖后、治病救人方针，区别情况、对症下药，对作风方面存在问题的党员、干部进行教育提醒，对问题严重的进行查处，对与民争利、损害群众利益的不正之风和突出问题进行专项治理。

二、明确基本要求

教育实践活动涉及的单位和人员范围广、领域宽、数量大，与群众联系直接、紧密，涉及的矛盾和问题具体复杂，群众期望值高，工作任务艰巨。要突出学习教育、突出问题导向、突出服务群众、突出领导示范，切实把握好以下要求：

（一）基本原则。发扬认真精神，坚持正面教育为主，坚持开展批评和自我批评，坚持讲求实效；注重领导带头、层层示范，注重聚焦“四风”、解决问题，注重敞开大门、群众参与，注重分类指导、有序推进，注重上下协力、衔接带动，注重严格要求、真督实导，确保教育实践活动不虚、不空、不偏、不走过场。

（二）活动范围和重点对象。教育实践活动在全市各级党组织和全体党员中开展。参加单位主要是：市、区县机关及其直属单位和企事业单位，乡镇（街道）和村（社区），非公有制经济组织、社会组织和未参加第一批教育实践活动的高等学校等其他基层组织。要坚持以市、区县领导机关、领导班子和领导干部为重点，突出抓好直接联系服务群众的执法监管部门和窗口单位、服务行业的教育实践活动。同时，注重抓好乡镇（街道）和村（社区）等与群众联系密切的基层组织的教育实践活动，让广大党员、干部普遍受到一次深刻的马克思主义群众观点和党的群众路线教育。非中共党员领导干部可参加活动，在活动中注意听取非中共党员领导干部意见建议，发挥其作用。

（三）时间安排。全市教育实践活动大体安排8个月时间，到2014年9月基本结束。具体到每个单位，开展教育实践活动的时间一般不少于3个月。采取统一部署、梯次开展、压茬进行的办法，市、区县领导机关2月底前启动，教育系统单位3月初启动，乡镇（街道）和村（社区）及其他基层组织3月底前启动。坚持时间服从质量，各单位可结合实际，统筹协调、灵活安排时间进度。

三、突出重点任务

教育实践活动的主要任务是抓住反对“四风”这个重点不放，集中解决市、区县领导机关、领导班子和领导干部“四风”方面存在的突出问题，对作风之弊、行为之垢来一次大排查、大检修、大扫除。同时，要回应群众关切，维护群众利益，注重解决实际问题，解决群众身边的不正之风，把改进作风的要求真正落实到基层、让群众受益。要重点抓好以下任务。

（一）着力解决“四风”突出问题。市、区县领导班子和领导干部重点解决政绩观不正确，不敢担当，不愿负责，当“太平官”“逍遥官”，搞“形象工程”“政绩工程”，换一任领导、变一套思路、提一套口号，只顾眼前不顾长远，好大喜功、虚报浮夸，有令不行、有禁不止，搞“一言堂”、听不得不同意见，心气浮躁，“上有政策、下有对策”，文山会海、不求实效，疏远群众、脱离基层，民主集中制坚持不好，选人用人上的不正之风，超标配备公车、多占办公用房、公款吃喝、公款送礼等问题。市、区县机关及直属单位重点解决庸懒散拖、推诿扯皮，浑浑噩噩混日子，作风漂浮、工作不落实、服务不主动、调研不深入，衙门作风严重、部门利益至上，特权思想严重、“中梗阻”、不给好处不办事，热衷检查评比、“创建达标”等问题。执法监管部门和窗口单位、服务行业重点解决门难进、脸难看、事难办，折腾人、乱收费、乱罚款、乱摊派，不作为、慢作为、乱作为，滥用职权、吃拿卡要、霸王条款，借权营生、利益寻租、执法不公、态度生硬等问题。乡镇（街道）领导班子和领导干部重点解决“机关化”现象严重，疏远群众、不关心群众冷暖，责任心不强、不坚持原则，落实惠民政策缩水走样，得过且过、遇到矛盾往上交或绕道走，工作方式简单粗暴，弄虚作假，欺上瞒下等问题；村（社区）等基层组织主要解决软弱无力，服务群众意识和能力不强，办事不公、优亲厚友、暗箱操作、侵害群众利益，法制意识淡薄、民主公开不够等问题。各级机关及其直属单位和基层组织都要注重解决组织涣散、纪律松弛、干部“走读”的问题。

（二）着力解决关系群众切身利益问题。本着尽力而为、量力而行原则，切实落实各项民生政策。从履行自身岗位职责入手，从群众普遍关心的城市交通、小区管理、社会养老等热难点问题入手，解决群众在教育、就业、社会保障、医疗、住房、饮水、用电、出行等方面的基本需求问题，解决生态环境、食品药品安全、安全生产、社会治安、执法司法、征地拆迁等方面损害群众利益的问题，解决空巢老人、留守儿童、残障人员、孤寡老人、低收入家庭等困难群众生产生活的问题。从整治群众身边的不正之风入手，坚决抵制侵占群众利益、克扣群众财物、拖欠群众钱款等问题。畅通群众诉求表达渠道，加强与群众真诚沟通，做好矛盾纠纷排查化解工作，让群众办事更加便利、得到更多实惠，增强安全感、提高满意度，切实感受到社会公平正义。

（三）着力解决联系服务群众“最后一公里”问题。围绕服务发展、服务民生、服务群众，以加强基层服务型党组织建设为抓手，扩大党的组织覆盖和工作覆盖，建设守信念、讲奉献、重品行的基层党组织书记队伍，组织带领广大党员、干部为群众提供更多更好的服务。针对组织设置不规范、班子配备不齐、能力素质不强的问题，进一步规范组织设置，完善组织构架，选好配强班子；针对一些领域党建基础薄弱、党员长期不起作用甚至起负作用的问题，建立完善稳定的基层组织运转和基本公共服务经费保障制度，及时处置不合格党员，保持党员队伍的纯洁性。其中，乡镇（街道）要重点解决班子活力激发不够、编制人员空缺、权责不对等、服务手段单一、经费保障不到位、驻村干部和大学生村官管理不够严格等问题；村（社区）要重点解决工作软弱、干部年龄老化、活动阵地不规范、集体经济薄弱等问题；“两新”组织要重点解决工作经费无保障、组织有效覆盖率不高、作用发挥不好等问题。健全乡镇（街道）和村（社区）便民服务体系，引导人、财、物向基层倾斜，落实关爱基层干部政策，充分调动服务群众的积极性，建设服务意识强、服务能力强、服务作风好的干部队伍，让群众话有地方说、事有地方办，困难有人帮、问题有人管。

（四）着力解决发展软环境问题。注重从深化改革、制约发展、影响民生的工作实践中查找、解决作风方面的问题，通过大力创建学习型组织，实施机关管理服务标准化建设，深化“效能问责”、“盐都问政”等，解决干部队伍理念、能力、工作不适应的问题，解决产业意识不强、创新意识不强、发展思路不清、攻坚克难勇气不足问题，解决行政审批、企业服务、政策落实等方面存在的问题，把软环境建设贯穿于教育实践活动的始终，融入到产业发展、改善民生、服务基层的全过程。

四、注重方法步骤

坚持问题导向，坚持教育实践并重，坚持边学边查边改，把学习教育贯穿始终，把解决问题贯穿始终，充分调动领导干部和广大群众两个积极性，打牢学习教育和查摆问题两个基础，抓住整改落实和建章立制两个关键，使教育实践活动各个环节的工作互相衔接、贯通起来。

（一）学习教育、听取意见

1. 精心组织学习教育。在逐级进行动员部署的基础上，围绕强化思想理论武装，深入开展马克思主义群众观点和党的群众路线专题学习讨论，坚持向群众学习、拜群众为师，使党的群众路线在全体党员、干部中深深扎根，使践行党的根本宗旨成为党员、干部的普遍自觉，着力增强广大党员、干部的理想信念、宗旨意识、群众观点，解决世界观、人生观、价值观“总开关”问题，解决“入党为什么、当干部做什么、为后人留下什么”的问题，解决权力观、地位观、利益观的问题，解决“为了谁、依靠谁、我是谁”的问题。在学习内容上，要组织党员、干部认真学习习近平总书记系列重要讲话精神，学习党章、党的十八届三中全会精神、党的光辉历史和优良传统，学习《论群众路线——重要论述摘编》《党的群众路线教育实践活动学习文件选编》《厉行节约、反对浪费——重要论述摘编》等规定内容。同时，要以兰辉等先进典型为榜样，结合不同领域、不同行业党员干部实际，有针对性地开展理想信念、党性党风党纪和职业道德品行、新时期群众工作方式方法等方面的学习培训，开展理论宣讲教育、典型引导教育、实践课堂教育、反面警示教育等“四项专题”教育和“群众路线·怎么走”“改进作风·怎么办”“深化改革·怎么抓”“五好干部·怎么做”四个专题讨论，全市将在专题学习和讨论成果中评选一批好点子、好经验、好做法。在学习载体上，要充分利用市、区县党校、远教站点、党建网站、教育基地、手机短信等平台，通过领导干部讲党课、专家作辅导报告、观看专题片、专题研讨、实地参观、典型引导、个人自学等多种方式，认真开展“五学五看”活动（学党章，看履行义务好不好；学理论，看群众观点牢不牢；学党史，看政治信仰强不强；学政策，看发展思路活不活；学业务，看工作效率高不高），妥善处理工学矛盾，切实增强学习效果。市、区县机关及其直属单位和企事业单位，乡镇（街道）要组织集中学习、专题讨论。其他基层党组织要运用灵活多样、务实管用的方式抓好学习教育工作。

2. 深入群众听取意见。结合开展“走基层、解难题、办实事、惠民生”活动，把“面对面”与“背靠背”结合起来，把“个别听”和“集体谈”结合起来，把“走进群众听”与“组织群众评”结合起来，把聚焦“四风”问题与查找制约发展、影响民生的问题结合起来，直接到群众中去听取意见，特别要听取工作对象和服务对象的意见。运用“开门评风”“百姓听音”“基层问症”等途径，发挥政务服务中心、信访接待中心、党员群众服务中心等平台作用，探索网络、第三方调查等办法，重视来信、来访等送上门的意见，统筹做好征求群众意见工作，防止相互征求意见“函来函往”“公文旅行”，防止“一窝蜂”下基层、重复征求意见。

3. 坚持边学边查边改。要紧密结合工作实际，边学习、边查找、边改进。对调查研究和征求意见中查找出来的问题，要制定整改措施，建立整改台账，从现在做起、从我做起、从领导带头做起，以立行立改的实际行动取信于民。要把征求意见与帮助解决群众实际困难结合起来，让群众从一开始就感受到教育实践活动带来的新变化新气象。

（二）查摆问题、开展批评

1. 找准抓住突出问题。坚持为民务实清廉要求，学习和对照党章、对照廉政准则、对照改进作风要求、对照群众期盼、对照先进典型，采取群众提、自己找、上级点、互相帮、集体议等方式，联系领导班子、班子成员和党员干部个人实际，查找“四风”问题具体表现，注重从关系群众切身利益的问题中查找“四风”问题，各级机关和企事业单位要对照《党政机关厉行节约反对浪费条例》以及有关规定进行检查，乡镇、村还要对照《农村基层干部廉洁履行职责若干规定（试行）》进行检查。市、区县机关及其直属单位和企事业单位，乡镇（街道）领导班子要形成“四风”问题具体表现材料。

2. 认真撰写对照检查材料。市、区县机关及其直属单位和企事业单位领导班子、班子成员，乡镇（街道）领导班子、班子成员要撰写对照检查材料。对照检查材料要逐项列出“四风”问题的具体表现、典型事例，对“三公”经费支出、职务消费、人情消费、公务用车、办公用房和住房、家属子女从业等情况要作出说明；从理想信念、宗旨意识、党性修养、政治纪律等方面剖析根源；明确努力方向和整改措施。主要负责同志要主持起草领导班子对照检查材料，并在一定范围征求意见。班子成员要自己动手撰写个人对照检查材料。上级党组织、党委（党组）负责同志和督导组要分级分类审核把关。领导班子和党委（党组）主要负责同志的对照检查材料，要报上一级党委教育实践活动领导小组办公室审查和备案。党员领导干部的对照检查材料，还要按照干部管理权限上报。

3. 开好专题民主生活会和组织生活会。市、区县机关及其直属单位和企事业单位领导班子，乡镇（街道）领导班子要召开专题民主生活会。会前，要普遍开展谈心交心；会上，要以整风精神开展严肃认真的批评和自我批评，既揭短亮丑、动真碰硬，又实事求是、出以公心，不发泄私愤，不搞无原则纠纷；会后，要在一定范围通报民主生活会情况。上级纪检机关和组织部门要派员参加会议，督导组组长要对开展批评和自我批评的情况进行点评。其他基层单位的党组织要召开专题组织生活会，开展民主评议党员和处置不合格党员工作，针对存在问题提出改进措施和办法。对问题矛盾比较集中、反映问题较多的基层单位，上级党组织要专门派人进行指导。上级机关分管联系的党员领导干部要参加下级单位领导班子的专题民主生活会，党员领导干部要以普通党员身份参加所在党支部的组织生活会。

（三）整改落实、建章立制

1. 务实制定整改方案或措施。市、区县机关及其直属单位和企事业单位领导班子，乡镇（街道）领导班子要针对“四风”问题和群众反映强烈的突出问题制定整改方案，明确任务书、责任人、时间表；领导班子成员要制定个人整改措施。村（社区）和非公有制经济组织、社会组织等其他基层党组织可列出问题清单，明确整改措施。党员干部结合实际确定整改事项。

2. 上下联动抓整改。围绕群众反映强烈的突出问题，一开始就改起来，从具体事抓起、从身边事做起、从群众最不满意的事改起，即知即改，立行立改。要发挥行业系统指导作用，政法、教育、卫生、交通、民政、社保、国土资源、环境保护、住房和城乡建设、农业、工商、安全生产监督管理、食品药品监督管理等关系群众切身利益的部门，要上下联动开展专项整治，切实纠正不正之风，着力解决服务群众"最后一公里"问题。要实行开门整改，向群众作出整改承诺，及时公布整改情况，请群众评价和监督，确保整改成效让群众看得见、感受得到、大多数人满意。

3. 深入开展专项整治。不折不扣地落实中央和省、市委确定的专项整治任务，对文山会海、检查评比泛滥，行政审批改革不到位，门难进、脸难看、事难办，违反财经纪律，公款送礼、公款吃喝、奢侈浪费，超标配备公车、多占办公用房、新建滥建楼堂馆所，党政机关、事业单位人员超编和超职数配备，"三公"经费开支过大，侵害群众利益行为，干部"走读"，基层活力不足、保障不够等问题，下猛药、出重拳，一项一项整治。同时，各区县、市级各部门各单位要结合履行职能职责和作风建设实际，确定专项整治重点，尤其要把解决群众反映强烈的面上突出问题、整治侵害群众利益行为作为重中之重，不达目的不罢休。

4. 强化正风肃纪。坚持严的标准、严的措施、严的纪律，坚决查处发生在群众身边的不正之风和腐败问题，坚决整治特权病、冷漠病、懒散病、享乐病、挥霍病。对有问题不整改、大问题小整改、边整改边再犯的，要严肃批评教育，必要时采取组织措施和纪律措施。要加强领导班子建设和严格教育管理干部，对软、懒、散、庸的领导班子进行整顿；对存在一般作风问题的干部，要立足于教育提高，促其改正；对群众意见大、不能认真查摆问题、没有明显改进的干部，要进行组织调整。对在活动中发现的重大违纪违法问题，要及时移交纪检监察机关或有关方面严肃查处。加强基层党组织建设和党员教育管理，对软弱涣散的基层党组织，进行集中整顿；对长期不起作用甚至起负作用的党员，进行严肃教育，对不合格的要严肃党纪、给予组织处理。

5. 加强和改进群众工作。认真贯彻执行中央办公厅、国务院办公厅《关于创新群众工作方法解决信访突出问题的意见》（中办发〔2013〕27号）和中共四川省委《关于进一步转变作风加强党的群众工作的意见》（川委发〔2013〕22号），建立健全市、区县领导联系指导基层工作制度，广泛开展争创基层服务型党组织和争当为民务实清廉型党员干部"双争"活动，深入推进"盐都先锋行动"、"盐都群众工作月"活动、机关干部"走基层、解难题、办实事、惠民生"活动、在职党员到社区报到开展志愿服务、党代表联系群众和党员创先争优活动、大学生村官"扎根新农村、建设新盐都"主题活动，健全党员干部服务群众承诺践诺制度，改进窗口单位直接面向群众的服务方式，大力推广"文建明工作法"和中江县建立民生诉求、困难群众、稳定"三本台账""为民底线工作法""一线工作法"等经验做法，普遍开展新形势下群众工作能力大培训，努力提高带着责任和感情做好群众工作的能力。对那些与群众有感情、为群众办实事、得到群众拥护的干部，要及时提拔使用，树立正确用人导向。

6. 健全落实制度规定。按照于法周延、于事简便的原则，围绕解决"四风"方面突出问题和规范资源分配权、财政资金管理权和人事权，区分"废、改、立"三种类型，建立健全行得通、指导力强、能长期管用的制度规定，构建群众合法权益保障机制、党员干部直接联系服务群众机制、干部作风状况考核评价机制，推动改进作风、密切联系群众常态化长效化。要承接好、贯彻好第一批教育实践活动中中央、省委省政府、省直各部门以及市委市政府已出台的制度和办法，强化制度执行，增强党员干部依法依章依纪办事意识，强化制度执行情况的督促检查，坚决纠正有令不行、有禁不止、无视制度的问题。

教育实践活动结束前，各区县、市级各部门各单位要对整改情况进行测评，认真开展"回头看"并进行工作总结。总结的主要内容包括：开展活动的基本做法、基本成效、基本经验、意见和建议等。

五、加强组织领导

各级党组织要把开展教育实践活动作为一项重大政治任务，周密部署安排，精心组织实施。各级党员领导干部要带头学习调研、带头征求意见、带头对照检查、带头开展批评、带头整改落实、带头真抓实干，充分发挥模范带动作用。

（一）建立健全领导和工作机构。教育实践活动的领导关系，原则上按干部管理权限确定。全市教育实践活动在市委常委会领导下开展。市委成立教育实践活动领导小组，下设办公室负责日常工作。各区县委、市级各部门各单位党委（党组）要成立相应的领导机构和工作机构，具体负责教育实践活动，领导机构由党委（党组）主要负责同志负责。

（二）落实领导责任。各区县委、市级各部门各单位党委（党组）是抓好本区县、本部门本单位教育实践活动的责任主体，对本区县、本部门本单位教育实践活动承担直接责任，在抓好本级班子教育实践活动的同时，加强研究谋划和系统设计，加强领导和指导推动，抓好本区县、本部门本单位的教育实践活动。乡镇、街道党（工）委主要抓好班子自身的教育实践活动，负责组织村、社区等基层党组织和党员的教育实践活动。基层党组织要积极发挥作用，认真搞好本单位的教育实践活动。各级党委（党组）主要负责同志要承担起第一责任人的责任，把教育实践活动紧紧抓在手上，发挥示范推动作用。特别要重视制定好活动方案、落实好工作保障，对需要着重解决的问题，做到心中有数；对可能发生的情况和问题，进行分析预判，提出有效的预防和解决对策。对党组织设置不健全、党组织书记配备不到位的，要先进行调整配备。对在教育实践活动中走过场的，要追究一把手的责任。分管领导为直接责任人，其他班子成员要认真履行“一岗双责”，加强对分管部门（单位）的工作指导。要用好的作风组织开展教育实践活动，防止文山会海，力戒形式主义。

（三）注重分类实施。要针对参加单位类型多，党组织情况差异较大，党员数量多，行业分布、职业构成多样等特点，坚持从实际出发，根据不同层级、不同领域、不同对象提出不同目标要求，什么问题突出就解决什么问题，有针对性地加强指导，鼓励探索创新，给基层留出空间，把规定动作做到位，使自选动作有特色。要分类制定实施方案，明确具体任务和推进措施。县以上领导机关、领导班子和领导干部要紧紧扭住解决“四风”问题不走神、不散光，在找准和解决突出问题上下功夫、见实效。县以下单位要突出服务群众这个着力点，在增强服务群众意识、提高服务群众能力上下功夫，运用驻村联户、结对帮扶、在职党员到社区报到开展志愿服务等有效载体，把联系服务群众工作做扎实，在直接联系服务群众中受教育、转作风。非公有制经济组织、社会组织党组织要注重采取小型、业余、分散的方式开展活动。流动党员参加教育实践活动以流入地党组织为主、流出地党组织为辅。可采取送学上门等方式，组织离退休职工党员及年老体弱党员参加学习教育。

（四）加强指导督查。市、区县委常委和政府党员副职要建立联系点，并结合各自分工，对分管联系单位开展教育实践活动进行指导，重点指导联系点和联系分管单位做好征求意见工作，参加领导班子专题民主生活会，审阅领导班子及其主要负责同志的对照检查材料、整改方案和整改措施，督促搞好整改落实特别是专项整治工作。市、区县委派出督导组全程督导和巡回指导。市委督导组重点对区县人大、政府、政协和法院、检察院领导班子，市级机关及直属县级单位和市上垂直管理的县级机关单位进行督导；协助省委督导组做好区县委、省上垂直管理的市级机关单位的督导工作。区县委督导组重点对乡镇（街道），区县机关及其直属单位进行督导。督导组要认真审阅活动实施方案、对照检查材料、整改方案等，全程参与专题民主生活会并进行点评，督促抓好每个环节各项工作落实。要沉下去面对面开展工作，及时发现和解决问题，有效传导压力。要督促开展“回头看”，坚持标准、确保质量，防止降格以求。

（五）强化宣传引导。充分运用传统媒体和新兴媒体，宣传中央和省、市委精神，宣传活动成效，宣传基层好做法、好经验，广泛宣传先进典型，及时曝光反面典型。把握好舆论引导的时机、力度和效果，发挥言论、评论引导作用，营造良好舆论氛围。

（六）坚持统筹兼顾。要坚持围绕中心、服务大局，按照省委“五个结合”的要求，把开展教育实践活动与深入贯彻党的十八届三中全会精神和中央、省市委一系列重要会议精神与重大决策部署结合起来，与实施“十大民生工程”紧密结合起来，与重大工程项目建设紧密结合起来，与推动全面深化改革、做好当前各项工作紧密结合起来，坚持稳中求进、进中求好，做到“两手抓、两不误、两促进”，用改革发展的实际成果检验教育实践活动成效。

市委教育实践活动领导小组办公室要分类制定指导意见。各区县、市级各部门各单位党委（党组）根据中央、省委部署要求和本实施意见、相关指导意见，结合实际制定活动方案，并报市委教育实践活动办公室备案。

在全市党的群众路线教育实践活动动员大会上的讲话

雷洪金

（2014 年 2 月 17 日）

同志们：

去年 7 月，全党自上而下启动了以“为民务实清廉”为主题的党的群众路线教育实践活动。按照统一部署，我市 5800 多个党组织、14 万多名党员参加第二批教育实践活动。春节前，中央、省委分别召开教育实践活动第一批总结暨第二批部署会议，习近平总书记作了重要讲话，王东明书记对全省第二批活动作了动员部署。今天，市委召开会议，主要任务是学习贯彻中央、省委会议精神，在前期围绕“四个先行”预热升温的基础上，对我市教育实践活动进行全面动员部署。省委对我市的教育实践活动十分重视，省委督导组第二组专门到会指导，林海云组长将作重要讲话，我们要认真学习，抓好贯彻落实。

下面，我讲三点意见：

一、深化思想认识，自觉坚定开展教育实践活动

群众观点是马克思主义的基本观点，群众路线是党的生命线和根本工作路线。开展党的群众路线教育实践活动，是新形势下党要管党、从严治党的重大决策，是加强学习型服务型创新型马克思主义政党建设的重大部署，是增强自我净化、自我完善、自我革新、自我提高能力的重大举措，充分体现了我们党正视和解决自身问题的政治勇气，彰显了加强作风建设、密切联系群众的坚定决心。我们要深刻领会习近平总书记“三个必然要求”的重要论述（实现党的十八大确定的奋斗目标的必然要求，保持党的先进性和纯洁性、巩固党的执政基础和执政地位的必然要求，解决群众反映强烈的突出问题的必然要求），切实把开展教育实践活动作为贯彻落实中央、省委决策部署的重大政治任务，作为改进作风、改善民生、推动发展的重大历史机遇。全市各级党组织和广大党员要以高度的自觉性和责任感投身教育实践活动，使之成为正风气的教育工程、惠民生的民心工程、促发展的动力工程、强基础的保障工程。

（一）要从加强党的建设、巩固执政基础的政治高度，充分认识开展教育实践活动的极端重要性。保持党的先进性和纯洁性，是党的建设的根本问题和时代课题；人民群众的拥护和支持，是党执政最牢固的根基。客观地讲，现在有个别的党员干部宗旨意识淡薄，一副官老爷做派，不知道“我是谁”；习惯于颐指气使，不知道“依靠谁”；忽视民计民生，不知道“为了谁”，在思想上、情感上、工作上和群众越走越远。虽然这不是主流，但造成很坏的社会影响，引起群众的极大反感，这些问题不解决，脱离群众这个最大危险就可能动摇我们党的执政根基。中央明确要求，这次教育实践活动要紧紧围绕保持党的先进性和纯洁性来开展，目标明确、切中要害。我们要从强化宗旨意识、谋求民生福祉做起，从群众不满意的地方改起，解决好教育、医疗、社会保障、就业、住房、环境等关系群众切身利益的问题，解决好联系服务群众“最后一公里”的问题，使每个党组织成为坚强战斗堡垒，使党始终成为团结带领群众的主心骨和领导核心。

（二）要从全面深化改革、推动科学发展的全局高度，充分认识开展教育实践活动的现实必要性。当前，我市正处于新型工业化、新型城镇化“双加速”，发展速度、产业结构“双调整”的关键时期，面临着改革和发展的双重历史任务。党的十八届三中全会、省委十届四次全会作出了全面深化改革的决策部署，这是我们赢得改革红利的重大机遇，也是对能力作风的重大考验；在全省的发展格局中，我们既面临次级突破、加快崛起的机遇挑战，也肩负着推动川南经济区实现“两个率先”的重要责任，可以说发展任务非常艰巨、改革任务异常繁重。特别是老工业城市的历史和现实，更决定了我们每前进一步都要付出比别人更多的艰辛和努力。肩负起这样的责任和担当，必须紧紧依靠群众，从群众中汲取智慧和力量，才能开创同心协力促改革、谋发展、奔小康的良好局面。开展教育实践活动，就是要锤炼广大党员干部的思想和作风，进一步凝心聚力，更好地团结带领人民群众把改革发展的宏伟蓝图变成现实。

（三）要从整治四风顽疾、切实改进作风的战略高度，充分认识开展教育实践活动的特殊针对性。党风正，则作风实；作风实，则人心齐。这次教育实践活动主要是聚焦作风建设，集中解决形式主义、官僚主义、享乐主义和奢靡之风的“四风”问题。总体上看，我市各级党组织和广大党员在作风上的主流是好的，是完全可以信赖的。特别是通过前段时间的先行整改，进一步端正了思想，改进了作风。但是，我们必须清醒地看到作风问题具有顽固性、反复性、变异性和传染性，习近平总书记、王东明书记在两次大会上指出的“四风”问题，在我市部分党组织和党员、干部身上不同程度地存在，有的还比较突出。

从市、县（区）领导班子和领导干部看，有的政绩观不正确，换一任领导、变一套思路、提一套口号；有的心浮气躁，打基础、谋长远的意识不强；有的不敢担当，不愿负责，当“梭边边的甩手干部”；有的好大喜功、虚报浮夸；有的有令不行、有禁不止，搞上有政策、下有对策；有的民主集中制坚持不好，习惯“一言堂”，听不得不同意见；有的大话空话假话多、不求实效，疏远群众、脱离基层；有的干部政策和人事制度执行不严格，干部监督管理失之于宽、失之于软；有的超标配备公车、多占办公用房、公款吃喝、公款送礼，等等。

从市、县（区）机关和直属单位看，有的庸懒散拖、推诿扯皮、浑浑噩噩，“当一天和尚撞一天钟”，甚至连钟也不撞；有的心浮气躁，不爱学习、不懂政策、不通业务，工作不落实、服务不主动、调研不深入；有的上班聊 QQ、忙网购、炒股票；有的喜欢拉关系、结圈子、找靠山；有的任务重了就喊黄、工作多了就懈怠、待遇差了就抱怨；有的衙门作风严重、部门利益至上、特权思想严重，工作“中梗阻”；有的热衷于搞检查评比、“创建达标”；有的权力运行不规范、不透明、随意性大，甚至以权谋私，搞暗箱操作，打招呼批条子、干扰插手工程项目建设，等等。

从执法监管部门和窗口单位、服务行业看，有的有法不依、执法不严、执法不公，办人情案、金钱案、利益案；有的不重视群众诉求，有案不立、立案不实、小案不办，案件久拖不结、久拖不执行；有的警容风纪不整，警车管理使用不规范、开“霸王车”；有的以罚代管，乱收费、乱罚款、乱摊派，甚至收回扣、拿红包；有的“脸难看、事难办、折腾人、耽误事”，口号喊得响当当、服务却是冷冰冰，打了招呼好办事、不打招呼不办事，等等。

从乡镇、街道和村、社区等基层组织看，有的联系群众不积极、服务群众不主动、关心群众不到位，用上网代替上门、用电话代替见面、用管理代替服务，见到上级笑嘻嘻、见到群众绕道走；有的上午无所事事，中午酒醉麻汤，下午“走读”回城；有的基层组织软弱，服务群众能力不足、思路不宽、办法不多，工作方式简单粗暴；有的落实惠民政策缩水走样，办事不公、优亲厚友、与民争利，好山好塘优先包，低保福利优先用；有的吃拿卡要，丧葬费、计生抚养费管理不规范，“死人活人”的钱都要吃，等等。

这些问题其本质是违背党的性质和宗旨，根子在背离群众路线，归根到底是理想信念不纯。如果不有效遏制，就会像一座无形的墙，把党和人民群众隔开；就会像一把无形的刀，割断党和人民群众的血肉联系。开展教育实践活动，就是要贯彻党要管党、从严治党方针，自觉坚持“为民务实清廉”的价值追求，对作风之弊、行为之垢来一次大排查、大检修、大扫除，切实解决人民群众反映强烈的突出问题。

二、把握活动要求，高质量推进教育实践活动

第二批教育实践活动有三个显著特点：一是面宽量大，涉及的单位和党员众多；二是直接面对群众，涉及的矛盾和问题具体尖锐；三是群众期望值高，任务更加艰巨。为切实抓好这次教育实践活动，根据中央和省委精神，市委在广泛听取意见的基础上，制定了“1+9”工作方案，明确了整个教育实践活动的指导思想、总体要求、重点任务、方法步骤和分类指导意见。我们一定要不折不扣地抓好落实，高质量推进教育实践活动。

（一）准确把握目标要求。中央明确指出，开展这次活动要认真贯彻“照镜子、正衣冠、洗洗澡、治治病”的总要求。“照镜子”主要是对照理论理想、党章党纪、民心民声、先辈先进“四面镜子”，查找不足；“正衣冠”主要是正视矛盾和问题，端正行为，维护形象；“洗洗澡”主要是清除尘垢，保持本色；“治治病”主要是对症下药、治病救人。这4句话、12个字简洁明了、一针见血，既是相互联系的有机整体，又是开展活动、确保质量的重要遵循。全市各级党组织和广大党员干部要深刻领会、全面把握，切实把总要求落实到活动的各个环节，以扎实有效的活动，补精神之“钙”、除“四风”之害、祛行为之垢、立为民之制，推动党员干部思想进一步提高，作风进一步转变，群众工作能力进一步提升，党群干群关系进一步密切，为民务实清廉形象进一步树立，基层基础进一步夯实。

（二）准确把握三个环节。学习教育、听取意见，查找问题、开展批评，整改落实、建章立制是教育实践活动的三个环节。学习教育、听取意见是活动的基础，就是要掌握思想武器，找准改进提高的参照物；查找问题、开展批评和自我批评是活动的关键，就是要把问题找准、把方向搞明；整改落实、建章立制是活动的根本，就是要把问题解决到位、把成果巩固下来。这次活动统一部署、梯次展开、压茬进行，不分阶段、不搞转段，目的就是要把这三个环节的要求相互衔接、贯通起来。

（三）准确把握重点对象和重点领域。这次教育实践活动在全市各级党组织和全体党员中开展，重点对象是市、县（区）领导机关、领导班子和领导干部，重点领域是直接联系服务群众的执法监管部门和窗口单位、服务行业。同时，注重抓好乡镇（街道）、村（社区）等与群众联系密切的基层组织。确定这些重点对象，就是考虑到领导机关、领导班子和领导干部是作风建设的表率，上面差一尺、下面差一丈，必须起好带头示范作用；确定这样的重点领域，就是考虑到这些单位面对面和群众打交道，是贯彻群众路线的“神经末梢”，其不良作风直接损害群众利益，伤害群众感情，必须从严整治到位。

落实好这些部署，实现好活动目标，必须做到“五个贯穿始终”：

第一，必须把整风精神贯穿始终。整风是我们党解决自身问题的一大创举。毛泽东同志说：“凡是人民内部的事情、党内的事情，都要用整风的方法，用批评和自我批评的方法来解决。”中央强调，整个教育实践活动要贯穿整风精神。我们要深入学习习近平总书记系列重要讲话精神，克服模糊认识和思想障碍，切实解决好世界观、人生观、价值观这个“总开关”问题。要拿起批评与自我批评这个武器，突出“认真”二字，敢于揭短亮丑，认真撰写对照检查材料，召开高质量的民主生活会和组织生活会，进行积极健康的思想斗争，真正做到红红脸、出出汗、排排毒。开展自我批评，要敢于抛开面子、放下架子，以触动灵魂的态度，深入查找理想信念、宗旨意识、工作作风、廉洁自律等方面的问题，防止避重就轻。开展相互批评，要敢于指出问题、真诚帮助提高，努力取得“团结－批评－团结”的效果。尤其要克服应付心态、“闯关”思想，专题民主生活会和组织生活会质量不高的，要及时“回炉”、坚决“补课”。

第二，必须把开门搞活动贯穿始终。党员干部身上的问题，群众看得最清楚；问题得没得到解决，群众感受最真切。第二批教育实践活动是在群众家门口开展，同群众贴得更近，关系更直接，必须坚持开门搞活动。要真开门、开大门、全过程开门，每个环节、每项工作都要让群众参与、受群众监督、请群众评判。要运用“开门评风”“百姓听音”“基层问症”等方式，广泛听取各方面意见，分门别类列出问题清单、建立整改台账。特别是问题的梳理、意见的反馈、整改的计划和结果等，要在一定范围公布，把群众满意不满意作为检验活动成效的重要标准。

第三，必须把解决问题贯穿始终。群众评判教育实践活动的成效，不是看表了多少态、开了多少会、写了多少材料，而是看在多大程度上解决了问题。要坚持问题导向，始终抓住解决问题这个根本，广泛深入开展“走基层、解难题、办实事、惠民生”活动，把党员干部的“四风”问题、群众关注的民生问题、制约自贡改革发展的关键问题作为“靶子”，以自我净化、自我革新的决心向这些问题宣战。

要深入开展专项整治，不折不扣地落实中央、省委确定的专项整治任务，对文山会海、检查评比泛滥，行政审批改革不到位，门难进、脸难看、事难办，违反财经纪律，公款送礼、公款吃喝、奢侈浪费，超标配备公车、多占办公用房、新建滥建楼堂馆所，党政机关、事业单位人员超编和超职数配备，“三公”经费开支过大，侵害群众利益行为，干部“走读”等问题，下猛药、出重拳，一项一项整治到位。

各县区、各单位要在抓好专项整治的基础上，结合各自实际，围绕群众反映强烈的突出问题，采取重点督办、挂牌整改等方式，进行针对性地整改解决。在解决问题当中，还可能涉及一些具体利益和深层次问题，对这些问题要引起重视，不能借口与活动无关，推得一干二净，对能够解决而没有解决的，要组织力量抓紧解决；对需要经过一番努力才能够解决的，要创造条件逐步解决；对暂时解决不了的，要耐心细致地做好解释工作，争取群众的理解和支持。

要强化正风肃纪，严格执行党的政治纪律、组织纪律、财经纪律，坚决查处发生在群众身边的不正之风和腐败问题，坚决整治特权病、冷漠病、懒散病、享乐病、挥霍病。对有问题不整改、大问题小整改、边改边犯的，要严肃批评教育，必要时采取组织措施和纪律措施。要严格教育管理干部，对存在一般性作风问题的，要立足于批评教育、促其改进；对群众意见大，不能认真查摆问题，没有明显改进的，要进行组织调整；对顶风违纪的，要严肃处理。对软懒散的班子、软弱涣散的基层党组织，要进行整顿；对长期不起作用甚至起负作用的党员，要进行严肃教育，不合格的要严肃党纪、给予组织处理。同时，对那些与群众有感情、为群众办实事、得到群众拥护的干部，要加大选用力度，树立正确用人导向。

第四，必须把领导带头贯穿始终。从中央做起、从省委做起，自上而下、上率下行，是这次教育实践活动采取的重要方法。全市各级领导机关、领导班子、领导干部既是组织者、推动者，更是参与者、示范者，必须把自己摆进去，从自己做起，做到认识高一层、学习深一步、实践先一着、剖析解决问题好一筹。要强化示范引领，做到上级带下级、主要领导带班子成员、领导干部带一般干部、干部党员带普通党员。各级领导干部要带头学习调研、带头征求意见、带头对照检查、带头立查立改、带头正风肃纪。市委常委、市政府党员副市长每人至少要牵头负责一个突出问题的整改，给全市各级党员干部作出表率。

第五，必须把制度建设贯穿始终。改进作风，推动发展，根本要靠制度、靠规矩。制度不在于多而在于管用，现在各方面的制度比较多，但没有得到执行的也有不少，有些制度看似完善，但实践下来效果却不好。要善于运用法治思维和法治方式，结合机关管理服务标准化，切实加强制度建设，增强制度的针对性、操作性、权威性。一是要梳理完善已有制度。通过实践检验行之有效、群众认可的制度，要继续坚持；不适应新形势新任务新要求的制度，要抓紧修订完善，不适用的要坚决废止。二是要研究制定新的制度。结合中央要求和实际需要，注重总结实践中的好经验好做法，及时上升为规章制度，规定要非常细致，标准要具体量化，办法要可操作、可执行、可检查。三是要深化各方面体制机制改革。要大力弘扬改革创新精神，加强对权力运行的制约监督，用好的体制机制管人、管事、管权，把权力关进制度的笼子，从源头上防止不正之风。要坚决纠正无视制度、执行制度有例外的问题，用严明的制度、严格的执行、严密的监督，推动改进作风和密切联系群众常态化、长效化。

三、加强组织领导，确保教育实践活动取得实效

抓好教育实践活动，是当前我市政治生活中的头等大事。全市上下要精心组织、周密部署、严格要求，让全市人民从一开始就看到活动带来的新变化、新气象、新面貌，确保教育实践活动善始善终、善做善成。

（一）强化责任落实。责任到位，活动才有保证。市委成立了由我任组长的教育实践活动领导小组。领导小组成员要认真履职尽责，纪检机关要狠抓正风肃纪工作，组织部门要做好沟通协调，宣传部门要强化宣传引导，各行业主管部门要做好工作指导，形成强大合力。各级党委（党组）要建立领导和工作机构，主要负责同志要认真履行第一责任人的职责，始终把活动抓在手上、把责任扛在肩上，既要当好指挥员，又要当好战斗员。发现教育实践活动走过场的，要追究主要领导责任。市、县（区）党委常委、政府党员副职要认真落实“一岗双责”，指导分管联系单位和联系点开展好活动。

（二）强化分类指导。活动过程中，各县区、各单位既要把握好原则性，坚持基本环节不能少、不变通，扎扎实实做好“规定动作”；又要立足不同层级、不同领域、不同对象的特点，有针对性地确定目标任务和“自选动作”，防止一锅煮、一刀切。要坚持时间服从质量，结合实际统筹安排，把握工作节奏，确保活动质量。

（三）强化宣传引导。教育实践活动，全党关心，社会关注，群众期待，做好宣传舆论工作十分重要。要大力宣传活动的重大意义，宣传活动的经验成效，引导广大党员干部群众把思想和行动统一到中央和省、市委精神上来。要发挥典型作用，既要宣传正面典型、发挥示范作用，又要剖析反面典型、发挥警示作用。要创新舆论引导的方式方法，主动回应社会关切，正面引导网上舆论，营造良好氛围。

（四）强化督促检查。市委派出15个督导组，对活动进行全程督导和巡回指导。各县（区）也要建立督导组开展工作。督导组要认真履行职责，紧紧依靠督导单位党委（党组）开展工作，特别是要加强对一把手的督导，做到尽职不越位、督导不包办。要坚持严字当头，沉下去“面对面”开展工作，敢于“唱黑脸”“不打让手”，有效传导压力，防止降格以求。要带头遵守各项纪律规定，以优良作风抓督导。

（五）强化统筹兼顾。开展活动的根本目的是通过转变作风，更好地服务群众、促进发展。今年，我们面临艰巨繁重的任务，要确保经济快速健康发展、全面深化改革有序推进、教育实践活动取得实效，必须坚持系统思维、辩证思维，做到统筹兼顾。要深入贯彻落实党的十八届三中全会精神和中央、省、市委一系列重大决策部署，把开展教育实践活动与全面深化改革紧密结合起来，与推动自贡科学发展、加快发展紧密结合起来，与维护社会公平正义、增进民生福祉紧密结合起来，把活动中激发出来的热情转化为做好工作的动力，切实做到两手抓、两不误、两促进。

同志们，深入开展党的群众路线教育实践活动，责任重大、使命光荣。我们一定要警觉起来、紧张起来、行动起来，以更加高昂的政治热情、更加有力的工作举措、更加务实的工作作风，圆满完成好教育实践活动各项任务，为加快构建区域中心城市、全面建成小康社会提供坚强保障！

在全市党的群众路线教育实践活动总结大会上的讲话

雷洪金

（2014 年 10 月 15 日，根据录音整理）

同志们：

今天，我们召开全市党的群众路线教育实践活动总结大会，主要任务是学习贯彻中央和省委教育实践活动总结大会精神，对全市教育实践活动进行总结，对深入贯彻群众路线，坚持从严治党、加强作风建设进行部署。省委第二督导组专门到会指导，海云组长将作重要讲话，大家要认真贯彻落实。

按照统一部署，从今年 2 月份开始，全市 5500 多个党组织、13.8 万名党员参加了第二批党的群众路线教育实践活动。这次教育实践活动是党的十八大作出的重大战略决策，中央和省委自始至终高度重视，严格要求，精心指导，有力推动。中央第四巡回督导组到我市巡回指导，与党员干部和基层群众进行面对面交流，对市县两级常委班子及有关同志的对照检查材料进行专题指导。省委对自贡的工作十分重视，东明书记到自贡视察农村土地改革、川南经济区发展的时候，对开展好教育实践活动作出了重要指示；登菊常委作为联系自贡的省委领导，多次深入我市区县、乡村、企事业单位进行调研指导，全程参加了市委和富顺县委常委班子的专题民主生活会；锐平常委专程到我市开展调研，对善始善终抓好教育实践活动提出明确要求；省委教育实践活动领导小组及办公室全面加强领导和指导，省委第二督导组全程督导活动开展，有力推动了我市教育实践活动顺利进行。在省委的坚强领导下，市委高度重视，把教育实践活动作为一项重大政治任务，作为正风气的教育工程、惠民生的民心工程、促发展的动力工程、强基础的保障工程，以坚决的态度领导推动活动扎实开展。全市各级党组织紧紧围绕“为民务实清廉”主题，严格按照“照镜子、正衣冠、洗洗澡、治治病”的总要求，坚持把领导带头、整风精神、开门搞活动、解决问题和制度建设贯穿始终，整个教育实践活动达到了预期目的，取得了重要成果，兑现了对群众的承诺。

一是以触及灵魂的深度抓思想教育，坚定了党员干部为民务实清廉的价值追求。紧紧围绕解决世界观、人生观、价值观这个“总开关”问题，深入学习党章党纪、习近平总书记系列重要讲话精神，通过专题讨论学、对标先进学、强化警示学、换位体验学，在深学热议中深受教育，坚定了理想信念。组织党员干部学习焦裕禄、兰辉、王文华等先辈先进和身边典型的优秀事迹，起到了“点亮一盏灯、照亮一大片”的效果；以狮市镇“母子同岁”案例和全市近年的腐败案件为反面教材，进行深刻反思，让党员干部受到“猛击一掌”的警醒；广泛开展随访体验、窗口体验、入户体验、蹲点体验活动，在换位中受到了深刻教育，增进了群众感情。通过深入的思想教育，广大党员干部补了“钙”、充了“电”、提了“神”，找回了群众观点，强化了宗旨意识，进一步坚定了为民务实清廉的价值追求。

二是以猛药去疴的力度整治“四风”问题，促进了党风政风持续好转。始终坚持问题导向，深入开展“9+2”正风肃纪专项治理，以“零容忍”的态度，坚决整治“四风”突出问题。坚持上下联动，集中清理超标超配公车、超标占用办公用房；大力整治政绩观不正确、执行不力、庸懒散奢、干部“走读”等突出问题；狠刹公款送礼、公款吃喝、乱发钱物等不正之风；严肃查处利用婚丧喜庆借机敛财、“吃空饷”、收红包及购物卡、吃拿卡要等违规问题和侵害群众切身利益的行为。活动开展以来，全市立案查处“四风”方面典型案件58起、处理76人，通报曝光典型案件48件，起到了震慑和警示作用。通过一系列动真碰硬的整改措施，刹住了“四风”蔓延势头，党风、政风、社会风气为之一新。党员干部普遍反映，反“四风”治好了自己的“懒散病、冷漠病、焦虑病”，从迎来送往、接待应酬中解脱了出来，心情更舒畅了，干事的精力更集中了。群众普遍感到机关服务变好了、办事效率提高了。

三是以整风精神的高度开展批评和自我批评，普遍经受了一次严格的党内生活锻炼。把开好专题民主生活会和组织生活会作为关键环节来抓，引导党员干部倾听民声、交心谈心，深入查摆、深刻剖析，做到见人见事见思想。在专题民主生活会上，大家开诚布公、坦诚相见，自我批评真刀真枪、见筋见骨，相互批评不留情面、辣味十足，起到了红脸出汗、加油鼓劲、增进团结的作用。党员干部普遍反映，对照检查材料数易其稿，越写越深入、越写越冒汗，每次修改都是一次对标、一次提升；自己经历了一次思想上的震撼洗礼，受到了一次严格的党性锻炼，这是多年来最长记性、最受触动的一次党内生活，让人终生难忘。

四是以一心为民的态度联系服务群众，进一步密切了党群干群关系。坚持以群众满意为根本标准，全程开门开放，让群众参与，请群众监督；对接民生需求，为群众解难事，让群众得实惠。从群众反映强烈的问题中，梳理筛选了农村危房改造、低保办理优亲厚友等31个突出问题，由市委常委和党员副市长领办整改，各区县、部门也确定了一批突出问题，由班子成员领办整改，做到不完成不销账。把“走基层”贯穿始终，务实开展“四会一访”“三联三服务”等活动，各级党员干部深入车间、院坝和田间地头，访贫问苦、问政问需、化解矛盾；一批年轻干部下派基层，接受乡镇工作锻炼，推动项目建设和企业发展；1.8万名机关和企事业单位党员到社区“双报到”，提供志愿服务。活动开展以来，全市党员干部累计走访群众8.6万户，为群众办实事1.2万件，整顿软弱涣散基层党组织247个，联系服务群众“最后一公里”问题得到有效解决。广大党员干部用脚步缩短距离，用行动展示作风，融洽了党群干群关系，赢得了群众信任，为党的威信和形象加了分。

五是从务实管用的角度建章立制，构建了一批作风建设的长效机制。各级党组织既注重“就事论事、就事改事”，立竿见影解决问题，又注重“举一反三、标本兼治”，破立并举建章立制，用制度确保问题不反复。结合自贡实际，紧密对接中省各项作风规定抓配套细化，在联系服务群众、深入调查研究、改进文风会风、反对铺张浪费等方面形成了一批制度成果；建立完善重大事项科学民主依法决策、加强党内政治生活等制度，扎紧了制度的“笼子”，强化了刚性约束，规范了权力运行和从政行为。围绕简化办事程序、提高工作效能，推行机关管理服务标准化建设，使人人有责任、事事有标准、件件有考核。党员干部按规矩办事用权的意识显著增强，越界犯规行为明显减少，工作效率和服务水平不断提升。

六是以统筹兼顾的方法推动实践，有力地促进了改革发展稳定。贯彻落实省委“五个结合”要求，把教育实践活动融入当前工作，统筹推动发展、深化改革、改善民生和党的建设。广大党员干部努力克服为官不为、廉而不勤等消极思想，着力解决理念不适应、能力不适应、作风不适应的问题，弘扬一心为民、干在实处的优良作风，焕发出昂扬向上、奋发有为的精神风貌。在宏观经济形势严峻，改革任务异常的背景下，高端成长型产业加快发展，经济结构进一步优化，全市经济保持了平稳较快增长的态势；全面深化改革积极稳妥推进，一批重点领域改革迈出了实质性步伐；各项民生持续改善，和谐稳定的社会局面进一步巩固。

我市的教育实践活动，受到了各方面的好评，中央第四巡回督导组，省委登菊常委、锐平常委，省委第二督导组多次给予肯定，全市党员干部和广大群众充分认同，在省委督导组开展的测评中，群众对活动开展情况总体评价为“好”的占98.93%、解决“四风”问题总体评价为“好”的占98.66%。这些成绩的取得，是中央、省委正确决策和坚强领导的结果，是全市各级党组织和广大党员干部群众积极参与、共同努力的结果，是省委第二督导组和市、县（区）教育实践活动领导小组及督导组悉心指导、严格把关的结果。特别是省委第二督导组在林海云、左小川同志的带领下，以对党和人民高度负责的政治态度，带着对自贡干部群众的深厚感情，带着认真务实从严的工作作风，对活动每个环节的工作严格把关，深入基层精心指导，做了大量富有成效的工作，倾注了大量的心血。市领导切实做到“六个带头”，多次深入联系点和分管联系单位，指导教育实践活动开展。市委15个督导组全身心投入，对各个环节工作真督实导，有效传导了压力，确保了各项部署要求落到实处。在这里，我代表市委，向省委第二督导组各位领导和同志们表示感谢和敬意！向全市参加活动组织和督导工作的各位同志表示问候和敬意！

开展教育实践活动是我们党为进行具有许多新的历史特点的伟大斗争，所作的一次思想上、组织上和作风上的重要准备；是在新的时代条件下，弘扬党的光荣传统和优良作风，贯彻党的群众路线的一次生动实践。回顾这次教育实践活动，我们始终注重将中央和省委要求与自贡实际相结合，既坚决坚定抓贯彻，不折不扣完成规定动作，又紧密结合优化发展软环境等实际问题，有针对性地开展活动，确保了方向不偏、内容不空、效果不虚。始终注重教育与实践相结合，坚持知行合一，既从深化认识切入，舆论引导推动，坚定了党员干部的理想信念、强化了宗旨意识，又在实践中贯彻群众路线，体现了优良作风，解决了一大批实际问题。始终注重领导带头与上下联动相结合，以上率下查问题、转作风，既注重领导示范带头，又充分发动广大党员干部，全市上下协调配合整改突出问题，做到了承接贯通、不留死角。始终注重自我教育与群众参与相结合，充分调动党员干部和群众两个方面的积极性，既坚持党内从严整风、动真碰硬、自我净化；又强化外力推动，真开门、开大门，请群众参与，接受群众的监督和评判。始终注重思想教育与制度建设相结合，突出同向发力，同时发力，既通过教育来打扫思想上的灰尘，提升内在的动力；又通过建立健全一批制度规定来管人管事管权，强化外部的约束。始终注重作风建设与改革发展相结合，坚持人的问题和事的问题一起解决，统筹推进教育实践活动、全面深化改革、推动加快发展“三项关键任务”，既解决党员干部的“四风”突出问题，促进了作风转变；又加快了改革进程，促进了民生改善，保持了经济社会平稳较快发展。这些有益探索，为我们今后推进党的建设，尤其是作风建设，积累了宝贵经验，提供了重要启示。

这次教育实践活动取得了重要成果，但在永不停息的作风建设道路上，这只是一个良好的开端，我们既要肯定成绩，也要清醒地看到存在的问题和不足。比如，个别单位和领导干部抓作风、反“四风”的态度不够坚决，有的突出问题还没有整改到位，一些深层次问题还没有从根本上得到破解；有的基层工作仍然比较薄弱，一些地方对群众反映的问题回应不够、解决不到位，贯彻群众路线到不了末端；有的成果是在高压态势下取得的，基础还不稳固，个别干部甚至盼着教育实践活动赶快结束，认为只要“这阵风吹过去了”，从严从实的“紧日子”就到头了。对于这些问题和错误认识，我们一定要高度重视，切实加以解决。

同志们，践行党的群众路线没有休止符，集中教育实践活动的结束，标志着践行群众路线在更高起点上新的开始。中央和省委先后召开了总结大会，充分肯定了教育实践活动取得的重大成果，深刻总结了成功经验，对新形势下坚持从严治党作出全面部署。习总书记的重要讲话充分表明了中央坚持党要管党、从严治党的鲜明态度，体现了我们党顺应时代要求，保持党的先进性、纯洁性的高度自觉，具有很强的思想性、指导性、针对性，是将作风建设不断引向深入的再部署，为全面提高党的建设科学化水平提供了重要遵循。东明书记围绕贯彻落实中央会议精神，对坚定自觉践行群众路线，推进作风建设常态化长效化，奋力谱写中国梦四川篇章提出了要求。全市各级党组织和党员干部要认真传达学习，深刻领会精神实质，准确把握“一心一意谋发展，聚精会神抓党建”的核心要求，深入贯彻中央和省委关于从严治党的工作部署，结合自贡实际具体化，一项一项抓好落实。

下面，我代表市委，对下一步的工作重点讲四个方面：

一、牢固树立群众观点，更加自觉地把群众路线融入全部工作实践

群众观点是马克思主义的基本观点，群众路线是党的生命线和根本工作路线。在这次教育实践活动当中，我们深切体会到，只有从内心尊重群众、紧紧依靠群众、真诚服务群众，党群干群关系才能真正融洽，我们的工作才能赢得更多支持、彰显更大价值。要始终把解决“总开关”问题放在首要位置，把群众路线融入全部工作实践，切实做到以知促行、以行促知、知行合一。

第一，始终站稳群众立场，摆正公仆位置。立场稳不稳，位置正不正，决定了我们说什么话、做什么事，这是践行群众路线最根本的问题。要把党的宗旨教育作为一项长期任务，从灵魂深处树立群众观点，让党员干部真正明白“为了谁、依靠谁、我是谁”。广大党员干部任何时候、任何情况下都要弄清楚自己的身份，坚决纠正“当官做老爷”的封建习气，摆正同人民群众的主仆关系，站在群众的立场上立身、处世、从政，把解决群众的问题放在一切工作的首位，把群众满意作为第一标准，全心全意地为人民群众服务。

第二，密切党和群众的血肉联系，不断提高群众工作水平。密切联系群众是我们党最大的政治优势，脱离群众是最大的危险。通过教育实践活动，我们进一步畅通了联系服务群众的渠道，打通了“最后一公里”，和群众在一起的时候多了，听到的心里话多了，彼此之间的感情加深了。这样的良好态势要延续下去，切实防止“冷热病”。要坚持把好的机制固化下来，推进“走基层”“三联三服务”“双报到”等工作常态化，让好的作风、好的形象常留基层；进一步完善调查研究、“六下访”“三本台账”等工作机制，畅通诉求表达渠道，化解突出问题。群众工作是一门科学，要进一步加强对群众工作规律的认识和把握，不断提高依靠群众、发动群众，接受群众监督的工作水平，更加广泛地凝聚群众的智慧和力量。

第三，真诚为民办实事谋实惠，努力增进群众福祉。群众之所以对这次教育实践活动满意，关键在于我们从群众最期盼的具体事情做起，办了一批实事好事，解决了一批涉及群众切身利益的现实问题，群众看到了变化、得到了实惠。各级各部门、党员干部要始终坚持以人民为中心的工作导向，每一个决策都站在群众立场来考虑，每一项工作都围绕维护群众利益、增进群众福祉来展开。把民生工程作为惠及群众的“民心工程”，每年办好一批民生实事，从就业、社会保障、社会事业、棚户区改造、生活环境改善等方面入手，切实保障和改善民生。从群众身边的小事做起，从琐碎的事情抓起，解决好事关群众衣食住行、油盐柴米等涉及居家生活的具体问题，把工作做到群众的心坎上。市委决定，今后每年都要梳理一批关系群众切身利益的问题，由市领导牵头立项整改，形成制度，形成常态。党员干部要真正认识到，为群众排忧解难是本分和责任，不是发善心，更不是施恩惠，要始终抱着一种拖不起、坐不住的态度，用心办好群众的事情。

二、突出严字当头，把党要管党、从严治党的要求落到实处

当前，自贡正处在一个重要而关键的阶段，适应新常态、解决新问题，必须以更大的力度管党治党，加强党的建设。明白这个道理并不难，难的是把思想变成行动，从每一级党组织抓起，从每一名党员干部抓起，认认真真地管、实实在在地严，让“严”成为管党治党的新常态。

第一，责任落实要严。坚持党要管党、从严治党，首先要解决责任问题。在管党治党上，各级党委（党组）负有主体责任，如果在党建工作上“走了神”，不抓党、不管党、不强党，那就是失职。地方党委对党建工作负总责，人大、政府、政协“三个党组”要履行好各自的职责，党委的“几个口子”要切实承担好抓党建的具体任务。各级党委（党组）要树立正确政绩观，从巩固党的执政地位的大局出发，把抓好党建作为最大的政绩，坚持党建工作和中心工作一起谋划、一起部署、一起考核，坚决防止“一手硬一手软”。抓党建是党的书记的“主业”，选拔各级党委（党组）书记要把抓党建的能力作为硬杠杠，考核书记要把党建工作作为硬指标。坚持开展党委（党组）书记抓党建工作专项述职。按照中央要求，这次活动结束后，普遍开展县乡党委书记基层党建工作述职评议考核工作。

第二，党内政治生活要严。党内政治生活是教育管理党员和进行党性锻炼的主要平台。这次教育实践活动，大家普遍感到经历了多年来最严格的党内政治生活，接受了一次最严格的党性锻炼。要继续扩大成果，坚持严字当头，使党内政治生活更好发挥作用。从严开展党内政治生活贵在经常，推动党内政治生活常态化，把教育实践活动中的有效措施办法固化下来，融入党的建设经常性工作之中。重在认真，严格落实民主集中制，以整风精神开好民主生活会和组织生活会，深入开展交心谈心，用好批评和自我批评的武器，使之成为一种习惯、一种自觉、一种责任。要在细节，结合每一名党员干部的特点，针对性地开展积极健康的思想斗争，帮助党员干部分清是非、修正错误、统一思想、增进团结。

第三，干部管理要严。总结这次教育实践活动，一些地方出现问题，一个重要原因就是对干部管理失之于宽、失之于软，解决问题的根本办法就是从严要求干部、从严管理干部。最近，省委出台了《关于认真贯彻“三严三实”要求，进一步加强党员干部教育监督管理的意见》，市委的意见也即将出台，要认真抓好贯彻落实。从严管理干部，总的要求是坚定理想信念，加强道德养成，规范权力行使，培育优良作风，自觉履行党章赋予的各项职责，严格按党的原则和规矩办事；关键是按照“三严三实”要求，落实严格的标准，以严厉的措施管理干部，以严明的纪律约束干部，使党员干部心有所畏、言有所戒、行有所止。

当前，为官不易、为官不为问题，引起社会关注。随着各项规定的严格实施，各级党员干部的法治、规范、防范意识在增强，但也存在不敢担当、不愿担当的现象，甚至以各种借口逃避责任、懈怠工作，为了不出事，宁愿不做事。作为党员干部特别是领导干部，做事不能只为做官，做官必须做事，无论在哪个岗位都要尽那份责任，要有肝胆、有担当、有良心，对得起组织和群众的信任，维护自己的尊严。特别是在作风建设的新常态下，要自觉端正心态、摆正位置、主动适应，习惯在遵章守纪中做好工作。要对“为官不为”现象开展专项整治，该纠正处理的坚决采取措施；要树立正确的用人导向，真正把有思想、有本事、有状态、有担当的干部用起来，让能干者有舞台、老实人不吃亏、实干者受重用。

第四，改进作风要严。作风建设是攻坚战，也是持久战。这么多年，作风问题我们一直在抓，特别是近年来，我市大力开展了以治理庸懒散奢、实施效能问责为主要内容的作风效能建设行动，取得了显著成效。习总书记强调作风建设永远在路上，我们要始终绷紧作风建设这根弦，敬终如始，一鼓作气，把各项重点整治任务落实到位，防止前紧后松、短期效应，绝不能出现烂尾工程。把思想建党和制度治党结合起来，按照省委《关于建立健全作风建设长效机制的意见》的要求，加强源头治理，着力建立健全作风建设长效机制。制度不在多，在于务实管用、可持续，突出制度建设的针对性和指导性，紧扣存在的问题，建实实在在、长期管用的制度。通过制度的完善，加强对权力的约束、资金的监管、干部的监督，特别是抓好对“一把手”的监督管理，构建有权必有责、用权受监督、违法违纪受追究的制度体系。在于执行到位，坚决维护制度的严肃性和权威性，做到在制度面前人人平等、没有例外。对已经出台的各项制度，要落实到人到事，出台一个就落实好一个，不能让制度成了“稻草人”。

第五，纪律约束要严。既然是纪律，就是一种硬约束，带有强制性。党组织必须严格执行和维护党的纪律，党员必须自觉接受党的纪律约束，这是最基本的要求。一是强化纪律意识。各级党员干部要认真学习党的政治纪律、组织纪律、工作纪律、财经纪律，把这些纪律转化为自己的行为规范，自觉维护、遵守党的纪律。各级党组织要积极探索纪律教育经常化、制度化的途径，多做提领子、扯袖子的工作，使党员干部时刻保持思想上的警醒，防微杜渐、规正行为。二是推动正风肃纪工作长效化、常态化。深入推进“9+2”突出问题专项治理，问题不解决绝不放手、群众不满意绝不罢休。坚持每年组织专题调研，综合分析群众信访、社会评价、巡视、监督检查等情况，明确正风肃纪的工作重点，对查找出的突出问题，每年集中力量、集中时间开展专项整治。持续加强机关管理服务标准化建设，使标准化成为正风肃纪的重要基础。三是深入开展反腐败斗争。认真落实党风廉政建设党委负主体责任、纪委负监督责任的要求，始终保持查办案件的力度和惩治腐败的高压态势，着力构建不想腐、不敢腐、不能腐的制度环境，对触犯党纪国法的，一查到底、坚决惩处。

三、夯实基层基础，提高基层党组织服务水平

在全省的总结会上，东明书记和维庆组长都对加强基层党组织建设提出了要求。我们要切实看到，通过这次教育实践活动，我市党的基层组织建设得到了加强，服务能力得到了提升，但一些领域仍然比较薄弱，一些为民举措还没有真正落实到末端。要进一步巩固活动成果，按照基层服务型党组织建设要求，着力提高基层党组织服务水平，切实解决好联系服务群众“最后一公里”问题。

第一，建强骨干队伍。提高基层党组织的服务水平，关键是有一批政治坚定、能力过硬、作风优良、奋发有为的骨干力量。首要的问题是选好配强“一把手”。加大选拔培养机制创新力度，采取上级选派、跟踪培养、群众推荐等方式，把党性强、能力强、改革意识强、服务意识强的党员选拔到书记位置上，更好地抓班子、带队伍、推动工作。针对软弱涣散基层党组织和贫困村党组织实际情况，选派一批得力的党员干部担任书记或第一书记，帮助这些党组织变貌升位（这种形式既锻炼了机关干部，又服务了基层）。紧迫的任务是提高能力素质。一些干部抓不住本质问题，只看热闹看不出门道，一些干部不敢直面矛盾，不敢迎难而上，很大程度上是能力缺乏，没有底气。要把培训教育作为提高能力素质的有效手段，采取分级负责、分类培训的方式，用2至3年的时间，把各领域基层党组织书记轮训一遍，实现党务工作者、新党员、大学生村干部的培训工作全覆盖。

第二，强化工作保障。教育实践活动中，我们采取下派干部定点帮扶、推行农村公共服务运行维护示范项目、提高办公经费标准等措施，解决了许多基层自身难以解决的问题。但总的来看，对基层的投入还不够，一些村、社区还存在阵地不健全、人手不足、经费保障不够等问题。要从“有条件办事”上着手，坚持重心下移、资源下沉，建立稳定的经费保障制度，把村、社区党组织工作经费纳入财政预算；全面落实基层党组织书记、专职党务工作者报酬待遇和社会保障待遇；加大基层党组织活动场所、服务设施建设支持力度，为基层党组织开展工作、服务群众创造良好条件。

第三，推进工作创新。前不久，省委锐平常委到我市调研，对我市下派干部抓后进村整顿、组建村居企联合党组织促发展等创新做法给予了肯定，这些举措是我们推进基层服务型党组织建设的有益探索。下一步，要更加注重从基础性、系统性、全局性的角度思考谋划基层党建工作，着力推进组织设置、服务体系、服务方式等方面的创新，探索建立“产业型”“基地型”等不同类型党组织；健全党员能进能出长效机制；推行逢场天村干部集中办公、社区延时错时服务、工作台账制、代办制等制度，不断紧密党员干部与基层群众的感情联系、工作联系，提升服务群众、促进发展的水平。

四、牢牢把握第一要务，推进各项事业加快发展

推动发展是贯彻群众路线、改进作风的最终目的，也是从严治党、加强党的建设的重要使命。要紧紧围绕全市工作大局，直面严峻复杂的宏观形势，始终做到一心一意谋发展，把教育实践活动形成的思想共识、政治优势、组织优势转化为发展优势，以强烈的责任担当、过硬的工作作风，不断开创自贡科学发展、加快发展新局面。

第一，始终保持专注发展定力。各级党组织、广大党员干部要牢记发展是硬道理，始终坚持与全省同步全面建成小康社会不动摇，始终坚持建设五个自贡、构建区域中心城市不动摇，牢牢把握发展方向，确保一个相对稳定、合理较快的增长速度，为各项事业发展打牢基础。巩固投资对经济增长的关键支撑作用，紧紧围绕竣工投产一批、加快进度一批、尽快开工一批，全力推进各领域项目建设。增强转方式、调结构的自觉性，以更大力度推进节能环保装备、航空与燃机、页岩气、新材料、新能源汽车及零部件五大高端成长型产业发展，培育新的增长点和竞争力。强化抓实体经济的责任感，坚持三次产业总体谋划、系统推进，加大对实体经济的支持和服务力度，一个产业一个产业地集中攻坚，一个企业一个企业地跟踪服务。把新型城镇化作为扩内需、促升级的重要抓手，统筹推进新区建设、旧城改造、小城镇发展等重点工作，不断提高城镇化质量。

第二，加快释放改革红利。按照中央和省、市委的改革部署，从发展最需要、群众最期盼的地方改起，突破重点，带动全局。要坚持以经济体制改革为牵引，统筹推进农村改革、国企国资改革、社会体制改革、文化体制改革、民主法制领域改革、生态体制改革和党的建设制度改革，努力在重点领域、关键环节取得突破。最近，省、市委相继召开了深化农村改革推进会，对全面深化农村改革进行了再动员再部署，各区县和有关部门要紧紧围绕放活土地经营权这个重点，加快农村产业制度改革，创新农业经营体系，推进农村金融制度创新，建设幸福美丽新村，推动我市农村改革取得突破性进展。全面深化改革必然涉及到利益格局的调整，必然涉及到放权给基层、给市场，各级各部门要服从大局，不能这也不行那也不行，全面落实好改革要求。

第三，全面提升社会治理水平。社会治理既要靠政府，也要靠政府发动和引导社会组织、个人。要加强服务型政府建设，健全完善政务服务体系，进一步提高服务能力；加强法治政府建设，健全完善诉求表达、矛盾调处、利益保障、安全稳定等方面的体制机制，进一步提升依法治理、构建和谐社会的能力。更加重视社会组织在发展社会事业、提供公共服务等方面的作用，加大社区建设力度，把社区建成功能完善的服务平台，形成政府、市场、社会“共治”的治理格局。党的十八届四中全会即将召开，将对依法治国作重大部署，大家要有高度的敏锐性，不断强化法治理念和思维，落实和推进好各项任务，不断提升依法治市水平。

同志们，教育实践活动有期限，作风建设无尽期。让我们在中央、省委的坚强领导下，一心一意谋发展，聚精会神抓党建，持之以恒地践行群众路线，以更加优良的作风和精神状态，为与全省同步全面建成小康社会而不懈努力。

在全市党的群众路线教育实践活动总结大会上的讲话

省委第二督导组组长　林海云

（2014 年 10 月 15 日）

同志们：

8 个月紧张的群教活动就要结束了。在这 8 个月中，大家共同经历了学习教育、查摆问题、对照检查、总结提高，都对了镜子、正了衣冠、洗了澡、治了病，还红了脸、出了汗、排了毒、补了钙，从政治上凝聚了党员意志，思想上强化了宗旨意识，作风上遏制了“四风”蔓延，组织上严格了党内生活，行动上拉近了群众距离，制度上规范了从政行为，实践上推动了改革发展。刚才，洪金书记代表市委，对全市开展教育实践活动进行了全面总结，对巩固活动成果、深化作风建设、全面落实从严治党要求进行了再动员再部署。洪金书记的讲话客观全面，符合中央和省委要求，更符合自贡实际，希望大家认真贯彻好落实好。下面，我代表省委第二督导组，就学习贯彻中央、省委会议精神，进一步巩固和拓展教育实践活动成果，讲两点意见。

一、充分肯定自贡市教育实践活动取得的显著成效

通过 8 个月的督导工作，我们深刻的感到，自贡市在以洪金书记为班长的市委领导下，认真贯彻中央和省委部署要求，主动把教育实践活动作为解决自身问题的重大历史机遇，整个活动坚持高起点布局、高标准开展、高质量推进，部署周密，措施扎实，达到了预期目标，取得了重要成果。一大批“四风”突出问题得到了有力整治，群众反映强烈的问题得到了有效解决，转作风改作风的制度体系日益完善，党风政风为之一新，精神面貌为之一振，党群干群关系更加密切，党的执政基础更加巩固。活动取得的显著成效，得到了中央第四巡回督导组和李登菊、范锐平等省委领导同志的充分肯定，得到了社会各界的广泛认可。从我们督导组调研走访、征求意见和开展民意测评的情况看，广大干部群众一致给予肯定评价，认为活动开展的力度超出了预期，活动取得的效果超出了预期。能够取得这样好的效果，确实来之不易，倍加值得珍惜。我们感到，活动主要有以下几个特点。

一是领导带头示范好。洪金书记始终把活动放在心上、抓在手上，坚持重要部署亲自谋划、关键节点亲自部署、重点领域亲自督查，高标准履行第一责任人职责。多次主持召开市委常委会议、市委中心组会议、领导小组会议研究部署工作，先后30多次走基层、听意见、解难题。市级常委一班人公开作出“六个带头”承诺，坚持学在前行在先，充分发挥示范带动作用，推动形成了以上带下、层层落实的工作格局。

二是规定动作标准高。从活动一开始，就树立更高标准、更严要求、更实措施，系统谋划了全市教育实践活动“1+9”工作方案，既做到规定动作不走样、标准要求不降低，又在重点任务、活动载体等方面突出自贡特点，从源头上树立高标准、体现严要求。在活动的每个环节，坚持做到抓牢活动标准决不降格以求，落实规定动作决不偷工减料，始终保证活动高标准开展、高质量推进。

三是自选动作有特色。在不折不扣做好规定动作的同时，坚持立足自贡市情，结合实际开展活动，先后推出了“四会一访”听取意见、聘请千名作风监督员、组织编辑乡土漫画、下派干部担任软弱涣散村党组织书记等一批有盐有味、有力有效的新举措、新方法，让教育实践活动真正落地生根，接了自贡地气，体现了自贡特色。

四是立行立改效果实。始终将发现问题、解决问题摆在活动的突出位置，全市上下紧紧盯住“四风”问题、关系群众切身利益问题、联系服务群众“最后一公里”问题，坚持边学边改、立行立改，列出清单、建立台账，解决一个、销号一个，实打实、硬碰硬推进问题解决。市委常委和党员副市长领办整改低保办理优亲厚友、医院就医“三长一短”等31个关系群众切身利益的突出问题，全市累计走访群众8.6万户，为群众办实事1.2万件，整顿软弱涣散基层党组织247个，让群众实实在在看到了变化、得到了实惠。

五是两手并进力度大。将教育、改革、发展并列为三大关键任务，认真贯彻落实省委“五个结合”要求，坚持两手抓、两促进，在经济下行压力加大、改革任务异常繁重的情况下，实现了活动开展扎实有序，经济保持平稳较快增长，全面深化改革积极稳妥推进，各项工作保持平稳、持续、健康发展的良好态势。

通过全市各级党组织的扎实作为和各级督导组的严督实导，自贡市教育实践活动取得了干部受教育、问题得解决、作风大改善、群众得实惠的显著成效，取得了一批具有自贡特色的思想成果、实践成果和制度成果，创造了许多具有自贡特点的宝贵经验。当然，在肯定成绩的同时，我们也要清醒地看到，活动取得的成果还是初步的，基础还不稳固，稍有松懈就可能反复反弹；作风建设中的一些深层次问题，还没有得到根本破解；有的地方和单位对群众反映强烈的突出问题回应不及时、解决不到位；为官不为的懒政情绪在部分干部中客观存在等等。这些问题都需要在今后的工作中，加大力度常抓不懈，切实加以解决。

二、全面落实从严治党要求推动建设作风新常态

当前，改进作风到了节骨眼上，进则保持作风好转的良好态势，从治标向治本发力；退则“四风”反弹、“涛声依旧”，最终严重损害党的形象和公信。要坚决贯彻习总书记在中央活动总结大会上提出的党要管党从严治党的“八项要求”，认真汲取以往作风建设的经验教训，抓住当前作风好转、制度完善的有利契机，乘势而上，乘胜前进，推动作风建设走出“抓一抓就好转，松一松就反弹”的怪圈，形成作风建设新常态。

（一）要坚定践行群众路线。实践表明，群众路线是永不褪色的生命线，是永不过时的传家宝，过去管用，现在管用，将来同样管用。要深刻认识践行群众路线的极端重要性和现实紧迫性，从根本上解决“为了谁、依靠谁、我是谁”的问题，真正把党的根本工作路线始终不渝地坚持好、一以贯之地落实好。要充分运用教育实践活动积累的宝贵经验，坚持把群众利益作为一切工作的出发点和落脚点，自觉把群众路线贯彻到工作的全部实践，真正做到权为民所用、情为民所系、利为民所谋。

（二）要坚决兑现整改承诺。今天对教育实践活动进行了总结，但是整改工作并没有结束。如果认为开了总结大会就算“收了工、散了场”，那么这次教育实践活动就会变成典型的“走过场”，就是最大的“形式主义”，最终要被群众戳背脊骨。要坚定不移地抓好整改落实，始终保持目标不偏、力度不减，严明责任、兑现承诺。对已经整改的要巩固成果、防止反弹，正在整改的要加大力度抓紧落实，尚未整改的要尽快整改落实到位，决不能虎头蛇尾、功亏一篑，决不能失信于群众。

（三）要建立完善长效机制。整治“四风”，最终要靠科学的制度来约束，靠刚性的法律来保障，靠严格的执行来落实。要认真总结教育实践活动的成功经验和有效措施，堵塞制度漏洞，建立健全改进作风、密切联系群众的长效机制，特别是要运用法治的思维和法治的方法，健全权力运行和制约监督体系。这些年，我们讲建立长效机制讲了不少，但要使制度真正长效起来，关键要抓住两点：一是制度建设要科学。制度不在多而在精，重在抓住要害、务实管用，真正把权力关在笼子里。二是制度执行要严肃。制度面前没有特权，制度约束没有例外，决不能让制度成为纸老虎、稻草人，成为中看不中用的摆设。

（四）要严肃党内政治生活。党要管党，从严治党，必须严肃党内政治生活。任何党组织，不论职级高低、行业领域，都必须严格坚持党内政治生活制度；任何党员，不论职务大小、资历深浅，都必须自觉遵守党内政治生活准则。要认真总结、提升、固化这次活动贯彻整风精神的成功做法，坚持和发扬民主集中制、开展批评和自我批评等优良传统，经常性地开展积极、向上、健康的思想斗争，切实提高党内政治生活的政治性、原则性、战斗性，提高领导班子、领导干部发现和解决自身问题的能力，推动党内政治生活正常化、经常化、规范化。

（五）要着力优化从政环境。良好的从政生态产生好干部，恶劣的从政环境则易滋生“害人虫”。各级党组织要切实履行从严管党治党的主体责任，牢固树立正确政绩观，坚持把抓好党的建设作为最大的政绩，始终保持从严治党的高压态势，下大力气优化从政环境，推动党员干部在良好的政治生态中干事创业。要坚持正确的用人导向、政策导向和舆论导向，树立明规则，打破潜规则，刹不为之风，用敢为之将，使敢担当、能干事、善作为的干部，受到重用和奖励，让太平官、混事官、逍遥官没有市场。

同志们，在8个月的督导工作中，我们督导组七名成员从自贡广大干部群众身上学到了很多好思想、好品格、好作风，也和同志们结下了深厚友谊。工作中，我们得到了洪金书记、永湘市长、谭豹副书记、李清书记、国贵部长等领导同志的鼎力支持，得到了市委、市人大、市政府、市政协的密切协作，得到了市委活动办、市委督导组以及各县区、各单位的积极配合。在此，我代表省委第二督导组，向大家的关心、支持、帮助和配合，表示衷心的感谢和崇高的敬意！虽然我们在自贡的工作即将进入尾声，但我们会继续关心、关注和支持自贡的发展，衷心祝愿自贡的明天更加美好！

中共自贡市委党的群众路线教育实践活动领导小组文件目录

自委群组发〔2014〕1号　关于印发《关于在党的群众路线教育实践活动中开展“会所中的歪风”专项整治工作方案》的通知

自委群组发〔2014〕2号　关于印发《自贡市

市、县（区）领导班子开展党的群众路线教育实践活动实施方案》的通知

自委群组发〔2014〕3号　关于印发《自贡市市、县（区）机关及其直属单位开展党的群众路线教育实践活动指导意见》等8个指导意见的通知

自委群组发〔2014〕4号　关于印发《中共自贡市委党的群众路线教育实践活动领导小组工作规则》的通知

自委群组发〔2014〕5号　关于设立市委党的群众路线教育实践活动领导小组办公室工作机构的通知

自委群组发〔2014〕6号　关于市领导联系点及分工负责党的群众路线教育实践活动的通知

自委群组发〔2014〕7号　关于组建市委党的群众路线教育实践活动督导组的通知

自委群组发〔2014〕8号　关于印发《雷洪金、林海云同志在市委督导组组长会议上的讲话》的通知

自委群组发〔2014〕9号　关于印发《雷洪金同志在市委中心组党的群众路线教育实践活动第一次专题学习会上的讲话》的通知

自委群组发〔2014〕10号　关于印发《李登菊、林海云同志到联系点调研指导教育实践活动时讲话》的通知

自委群组发〔2014〕11号　关于做好教育实践活动市领导联系点工作的通知

自委群组发〔2014〕12号　关于聘请党的群众路线教育实践活动监督员的通知

自委群组发〔2014〕13号　关于转发中央党的群众路线教育实践活动领导小组《关于认真学习贯彻习近平总书记在河南省兰考县调研指导党的群众路线教育实践活动时讲话的通知》的通知

自委群组发〔2014〕14号　关于转发中央党的群众路线教育实践活动领导小组《关于做好第二批教育实践活动学习教育、听取意见工作的通知》的通知

自委群组发〔2014〕15号　关于印发《市委常委、党员副市长领办解决突出问题立项表》的通知

自委群组发〔2014〕16号　关于在教育实践活动中学习弘扬焦裕禄精神践行“三严三实”要求的通知

自委群组发〔2014〕17号　关于印发《自贡市党的群众路线教育实践活动深化正风肃纪工作切实解决“四风”突出问题实施方案》的通知

自委群组发〔2014〕18号　关于印发《雷洪金同志在市委常委专题学习会上的讲话》的通知

自委群组发〔2014〕19号　关于转发《关于认真学习贯彻习近平总书记重要批示精神确保第二批教育实践活动取得实效的通知》的通知

自委群组发〔2014〕20号　关于转发《刘云山同志在党的群众路线教育实践活动视频会议上的讲话》的通知

自委群组发〔2014〕21号　关于做好教育实践活动查摆问题、开展批评工作的通知

自委群组发〔2014〕22号　关于印发《李登菊调研指导教育实践活动时的讲话》的通知

自委群组发〔2014〕23号　关于转发《关于加强和改进教育实践活动督导工作的通知》的通知

自委群组发〔2014〕24号　关于认真学习贯彻王东明、张维庆同志在中江县委常委班子专题民主生活会上的重要讲话的通知

自委群组发〔2014〕25号　关于转发《中央政治局常委同志第二批教育实践活动联系点县委常委班子专题民主生活会情况报告》的通知

自委群组发〔2014〕26号　关于印发《李登菊、林海云在市委常委班子专题民主生活会上的讲话》的通知

自委群组发〔2014〕27号　关于转发《关于认真学习贯彻习近平总书记重要讲话精神深入推进教育实践活动的通知》的通知

自委群组发〔2014〕28号　关于印发《雷洪金同志在市委常委班子党的群众路线教育实践活动专题民主生活会情况通报会上的讲话》的通知

自委群组发〔2014〕29号　关于以“学先进、转作风、抓落实”为主题深入扎实开展“走基层”活动的通知

自委群组发〔2014〕30号　关于做好教育实践活动整改落实、建章立制工作的通知

自委群组发〔2014〕31号　关于转发《刘云山同志在部分省区市教育实践活动工作座谈会上的讲话》的通知

自委群组发〔2014〕32 号　关于转发《关于在党的群众路线教育实践活动中全面清理整治奢华浪费建设的通知》的通知

自委群组发〔2014〕33 号　关于转发《王东明同志在省委党的群众路线教育实践活动领导小组会议上的讲话》的通知

自委群组发〔2014〕34 号　关于转发《关于认真学习贯彻川委发〔2014〕13 号、14 号文件精神深入推进教育实践活动的通知》的通知

自委群组发〔2014〕35 号　关于印发《李登菊、林海云同志调研指导我市教育实践活动第三环节工作时讲话》的通知

自委群组发〔2014〕36 号　关于转发《关于认真学习贯彻习近平总书记在听取兰考县委和河南省委党的群众路教育实践活动情况汇报时重要讲话的通知》的通知

自委群组发〔2014〕37 号　关于转发中央党的群众路线教育实践活动领导小组《关于第二批教育实践活动基层党组织专题组织生活会和民主评议党员工作情况报告》的通知

自委群组发〔2014〕38 号　关于转发《关于认真学习贯彻习近平总书记在党的群众路线教育实践活动总结大会上的重要讲话的通知》的通知

自委群组发〔2014〕39 号　关于集中开展新一轮“走基层、解难题、办实事、惠民生”活动的通知

中共自贡市委党的群众路线教育实践活动领导小组办公室文件目录

自委群办发〔2014〕1 号　关于印发《李国贵同志在全市党的群众路线教育实践活动督导组工作暨骨干培训会上的讲话》的通知

自委群办发〔2014〕2 号　关于做好教育实践活动学习教育、听取意见环节工作的通知

自委群办发〔2014〕3 号　关于转发中共四川省委党的群众路线教育实践活动领导小组办公室《关于在第二批教育实践活动中组织观看〈焦裕禄〉等 8 部影片的通知》的通知

自委群办发〔2014〕4 号　关于扎实做好流动党员参加教育实践活动有关事项的通知

自委群办发〔2014〕5 号　关于非公有制经济组织和社会组织开展教育实践活动要把握的有关事项通知

自委群办发〔2014〕6 号　关于社区开展教育实践活动要把握的有关事项通知

自委群办发〔2014〕7 号　关于印发《自贡市党的群众路线教育实践活动约谈制度》的通知

自委群办发〔2014〕8 号　关于转发《赵乐际同志在中央巡回督导组组长座谈会上的讲话》的通知

自委群办发〔2014〕9 号　关于转发《范锐平同志在全省第二批党的群众路线教育实践活动推进会上的讲话》的通知

自委群办发〔2014〕10 号　关于转发《赵乐际同志在学习中央政治局常委同志联系点经验座谈会上的讲话》的通知

自委群办发〔2014〕11 号　关于转发《关于认真抓好中央巡回督导组反馈意见整改落实的通知》的通知

自委群办发〔2014〕12 号　关于转发《关于中江县委专题民主生活会情况的通报》的通知

自委群办发〔2014〕13 号　关于在第二批党的群众路线教育实践活动中基层党组织召开专题组织生活会并开展民主评议党员工作的通知

自委群办发〔2014〕14 号　关于广泛开展向全国优秀共产党员王胜、于海河、毕世祥、文朝荣同志学习活动的通知

自委群办发〔2014〕15 号　关于转发《关于开展民主评议党员工作有关问题的答复意见》的通知

自委群办发〔2014〕16 号　关于转发《关于在教育实践活动中认真解决党政机关党建方面有关问题的通知》的通知

自委群办发〔2014〕17 号　关于印发《谭豹同志在全市党的群众路线教育实践活动工作推进会上的讲话》的通知

自委群办发〔2014〕18 号　关于认真做好教育实践活动总结等工作的通知

自委群办发〔2014〕19 号　关于扎实做好教育实践活动群众测评工作的通知

自委群办发〔2014〕20 号　关于转发《关于贯彻落实习近平总书记重要批示精神在整改中进一步抓好清理整顿培训中心工作的通知》的通知

自委群办发〔2014〕21 号　关于转发《刘云山同志在中央党的群众路线教育实践活动领导小组第十六次会议上的讲话》的通知

自委群办发〔2014〕22 号　关于转发《关于对教育实践活动整改落实情况进行“回头看”的通知》的通知

TE ZAI

特　　载

中国共产党自贡市委员会
2015年工作要点

（2015年1月13日中共自贡市委第十一届十次全体扩大会议通过）

中共自贡市委十一届十次全体（扩大）会议根据中央、省委决策部署，结合自贡实际，提出2015年工作要点。

2015年是全面深化改革的关键之年，是全面推进依法治市的开局之年，是“十二五”规划实施的收官之年。市委工作总体思路是：全面贯彻党的十八大、十八届三中、四中全会和中央、省委经济工作会、省委十届五次全会精神，主动适应新常态，牢牢把握“稳中求进”工作总基调，牢牢把握“从严从实”新要求，着力稳增长促转型、全面深化改革、全面推进依法治市、全面推进从严治党，促进经济平稳健康发展、社会和谐稳定、民生持续改善，为建设五个自贡、构建区域中心城市、全面建成小康社会奠定坚实基础。

主要工作目标是：全年地区生产总值增长8%左右；全社会固定资产投资增长11%；地方公共财政预算收入增长8%左右；单位地区生产总值能耗下降完成省下达目标；城镇登记失业率控制在4.5%以内；城镇居民人均可支配收入和农民人均纯收入分别增长9%、10%。

做好2015年工作，必须把中央、省委决策部署与自贡实际紧密结合，主动适应经济发展新常态，努力完成“十二五”各项任务，谋划好“十三五”发展。坚持发展第一要务，加强和改善党对经济工作的领导，深入实施“产业促进年”，强化创新驱动，着力稳增长、防风险、调结构、促转型，保持经济运行在合理区间，不断提高经济发展质量和效益。坚持把全面深化改革作为最大动力，牢牢把握改革主动权，着力改革攻坚，统筹推进各领域改革，不断增强经济社会发展动力和活力。坚持法治导向，牢固树立法治思维和理念，扎实推进依法执政、依法行政、公正司法、全民守法，为经济社会发展提供坚强的法治保障。坚持民生优先，统筹各项社会事业发展，不断提升公共服务能力，切实解决涉及群众切身利益的突出问题，不断增进群众福祉。坚持把抓好党建作为最大政绩，落实从严治党要求，强化管党治党责任，着力思想建党和制度治党，不断提高党的领导能力和执政能力。

一、坚持发展第一要务，推动经济平稳健康发展

1. 着力稳定经济增长。巩固投资对经济增长的关键作用，着力优化投资结构，保持合理投资规模。积极对接国家、省项目资金投向，拓展产业发展、基础建设、社会民生等投资空间，形成新的投资增长点。持续推进市级领导联系重大项目制度，强化项目推进三级责任制，推动通用航空产业园、特种聚酰亚胺树脂及复合材料产业化等重大项目建设取得突破。发挥消费稳增长的基础作用，认真落实促进消费政策，扩大住房、汽车、家电等大宗消费。挖掘传统消费潜力，培育健康养老、体育健身、家政服务、文化娱乐等个性化、多样化消费热点。着力稳定经济运行，继续采取各项稳增长政策措施，对经营困难企业实施对口帮扶，指导帮助企业解决实际问题、稳定生产经营。拓宽融资渠道，充分发挥银行金融机构、非银行金融机构在地方经济发展中的积极作用，支持自贡商业银行做强做大。加强企业融资、民间融资等方面的风险防范，妥善化解经济运行中的各种风险。

2. 加快工业转型升级。加快老工业基地调整改造步伐，大力培育发展节能环保装备、航空与燃机、新材料、新能源汽车及零部件、页岩气五大高端成长型产业，用高新技术和先进适用技术改造提升盐及盐化工、机械制造等传统产业，积极发展食品加工、生物医药、新一代电子信息等产业。强化自贡国家高新区核心引擎作用，扎实推进园区特色化发展，提高园区综合效益。加大企业培育力度，持续实施大企业大集团成长计划和中小企业倍增计划。加大扶持民营经济力度，实施“个转企”[(1)]，扶助小微企业，促进民营企业加快发展。实施品牌战略，不断提高企业竞争力。加强企业家队伍建设，引导企业加快建立现代企业制度，提高企业经营管理水平。

3. 加快发展现代服务业。统筹发展生产性、生活性服务业，推进省级现代服务业综合改革试点。着力培育发展电子商务、现代物流、现代金融、科技服务、健康养老等新兴先导型服务业，发展信息技术服务、服务外包等新兴业态。加快省级电子商务示范基地和川南快递分拨中心建设，运用电商信息化手段改造提升传统服务业。积极发展网销网购，健全快递网络体系，支持鼓励自贡产品多渠道销售。加快商贸物流业集聚发展，推进东北部生活资料、西南部生产资料集聚区建设，促进川南汽贸城、川南家居城等已建成专业市场繁荣发展。提升发展文化旅游业，打造精品旅游路线，做优做强现代旅游业，办好第二十一届自贡国际恐龙灯会。引导合理住房需求，促进房地产业健康发展。

4. 稳步发展现代农业。加强农田水利基本建设，稳定粮食生产。加快农业“三类园区”建设，建成西南（自贡）无水港粮油及物流产业园，提高国家现代农业示范区建设水平。完善新型农业经营体系，鼓励工商企业建立现代农业基地，支持龙头企业发展壮大，扶持专合组织、家庭农场、种养大户发展，推进农业适度规模经营。健全农业标准化生产体系，加强农业品牌建设，保障农产品质量安全。强化农业科技创新和新技术集成推广，完善现代农业服务体系。

二、加强城乡建设，推进城镇化健康发展

5. 加快构建现代城镇体系。积极推进东部新城建设，统筹推进东北部新城、沿滩新城等功能区建设，有序推进富顺、荣县新区建设。大力实施旧城改造，加大东兴寺、西山路、光凤片区、大安旧城等棚户区改造力度。加强小城镇建设，提高产业集聚能力和综合管理水平，抓好省级试点镇建设。积极推进幸福美丽新村建设，统筹建设一批新农村综合体、新村聚居点、新农家大院，加快省级新农村成片推进示范县建设。提升城市品位，注重文脉传承，加强历史文化名镇、街区和传统村落保护。

6. 推动县域经济发展。加大政策支持和激励力度，制定配套措施，加强用地保障、强化金融服务、做好人才支持、增强财政能力。发挥自流井、贡井、大安、沿滩区要素聚集、交通便捷等比较优势，推动错位发展、优势互补、良性互动，提升产业发展水平和城区建设水平。落实扩权强县推进扩权强镇工作，壮大县域优势特色产业，推动富顺、荣县加速建成全省丘陵经济强县。加快自贡国家高新区建设步伐，提升经济总量和发展水平，推动建成全市经济发展的核心增长极。

7. 完善城乡基础设施。启动建设内自宜城际铁路。全面建成自隆、内威荣高速公路自贡段，加快建设一批高速公路连接线，积极推进国省干线公路改造，大力推进农村公路建设。启动综合客运枢纽规划建设。开展城市轨道交通项目前期工作，完成朝土路、西山路、汇园路等骨干道路建设，优化城市重要交通节点，提升城市内部交通承载力。推进小井沟、狸狐洞、楼房湾、大坡上等水利工程和城乡饮水工程建设，完善城乡电网、气管网等设施，提高资源能源保障能力。强化精细化管理，提升城镇综合管理水平。推进智慧城市建设，建立市政综合管理信息化系统，完善4G通信网络，实施“宽带乡村”试点。

8. 加强生态文明建设。大力实施园林绿化工程，建成卧龙湖湿地公园一期，完成釜溪河复合绿道城区连接段，推进道路、社区广场、城市节点景观绿化。加强饮用水源地保护，深入实施小井沟和双溪水库饮用水源地生态功能区保护建设控制规划，加强林地、湿地及生态脆弱区保护修复，推进生态村、生态镇和生态区县建设。深化城乡环境综合治理，强化环境监测，持续推进环保专项行动，突出开展釜溪河流域综合治理，加大水污染、空气污染、噪音扰民等问题治理力度。加快城乡污水处理设施建设，提高污水集中处理能力。全面推进总量减排项目建设，淘汰一批落后产能。

三、推进全面深化改革，不断增强发展动力和活力

9. 积极稳妥推进各领域改革。编制重要改革举措实施规划，制定出台一批专项改革方案。加大已出台改革事项的实施力度，确保取得实效。进一步深化行政体制改革，加速推进简政放权，向社会推出行政权力清单、政府责任清单和市场准入负面清单。改革完善政府预算体系，继续推进营改增等税制改革。深化事业单位分类改革，创新事业单位管理机制。稳步推进人事制度和工资收入分配制度改革。推进工商登记制度改革，支持非公有制企业进入特许经营领域。探索政府和社会资本合作模式（PPP），组建自贡农商行。积极探索资源要素价格改革。做好公交公司、大西洋公司混合所有制改革工作，启动川玻公司重组，做好企业破产终结工作。开展农村产权“多权同确”试点，推进农村产权依法规范交易，继续有序推进深化城乡建设用地增减挂钩改革试点，推进农村集体资产股份权能改革试点。稳步推进文化、教育、卫生等领域改革。推进民主法治领域改革，创新完善协商民主机制，完善代表、委员联络制度，推进依法处理涉诉涉法信访制度创新，深化社会治理“网格化”管理服务机制创新。推进生态文明体制改革，健全区域联防联控机制，建立源头保护制度。积极推进党的建设制度改革和纪律检查体制改革。

10. 强化科技创新。大力推进国家知识产权试点市和国家技术创新工程试点示范市建设，不断完善技术创新体系。加强产学研协同创新，巩固发展科技创新联盟，充分发挥浙江大学自贡创新中心等各类创新平台作用，推进与四川理工学院的全面合作。加大科技攻关和成果转化力度，健全科技金融协同创新机制，完善科技成果转化扶持政策，加大高新技术产业培育力度，提升自主创新能力。

11. 提升开放型经济发展水平。积极融入长江经济带和成渝经济区，主动承接天府新区的辐射带动，加强与川南各城市交流合作。围绕五大高端成长型产业和新兴先导型服务业，开展定向招商、以商招商和活动招商，充分发挥行业协会、商会的招商引资纽带作用，组织和参与各类推介会、投资促进会等招商活动，重点引进和培育航空产业集群。加强对外贸易、外商投资和对外经济技术合作，启动高新综合保税区建设，深化外贸出口基地建设，发展壮大出口支柱产业。

四、全面推进依法治市，不断加强民主政治建设

12. 着力构建法治良序。推进依法执政，不断完善党委依法决策机制，建立健全重大决策法律咨询、法律支持、合法性审查制度。健全法律顾问制度，深化重大政策、重大改革措施、重大项目、重大活动社会稳定风险评估机制，加强党内规范性文件备案审查。推进依法行政，完善公共资源交易服务平台，深化行政权力依法规范公开运行系统建设，规范行政执法行为和自由裁量权。强化审计监督，保障依法独立行使审计监督权。推进公正司法，深化司法体制改革，健全司法为民机制，加强执行活动法律监督力度，完善执行协作联动机制，推进司法程序透明公开。深入开展“六五普法”，扎实推进“法律七进”(2)等活动，健全领导干部带头学法制度，加强执法司法公职人员法治能力培训，不断增强全民尊法守法意识。扎实推进基层法治建设示范创建和社会法治工作。

13. 提高民主政治建设水平。更加重视和支持人大、政协工作，积极支持人大及其常委会依法行使职权，强化法律监督和工作监督实效，加强和改进人大代表工作，密切代表与人民群众的联系；积极支持政协履行政治协商、民主监督、参政议政职能，充分发挥人民政协作为协商民主重要渠道作用。加强新时期爱国统一战线工作，支持各民主党派、工商联和无党派人士参政议政，强化党外代表人士队伍建设，加强民族、宗教、外事、侨务、对台和新阶层工作。探索构建“大群团”工作格局，进一步发挥工会、共青团、妇联等群团组织作用。加强村、居民自治组织建设，完善政务、厂务、村（居）务公开。加强国防动员能力和后备力量建设。

14. 加强社会治理。强化系统治理、依法治理、综合治理、源头治理，推进社会治理创新，维护社会和谐稳定。积极引导公益性、行业性等社会组织发展，充分发挥社会组织的社会治理作用。完善“大调解”工作体系，深化领导干部接访下访制度，畅通和拓宽群众诉求表达渠道；推进信访法治化建设，依法规范信访秩序。完善法律服务体系，健全社区矫正和法律援助制度。大力推进社会治安防控“六张网”(3)建设，加强反恐防暴工作，严厉打击各类违法犯罪活动。建立健全“党政同责、一岗双责、齐抓共管”的安全生产责任体系，加大重点领域、重点行业安全隐患整治力度。加强食品药品安全监管。

五、统筹推进文化和社会事业发展，切实保障改善民生

15. 促进文化繁荣发展。培育践行社会主义核心价值观，发扬优秀传统文化，弘扬自贡精神。加强未成年人思想道德建设，广泛开展志愿服务活动。深入开展“城市因我而文明”主题实践活动，推进全国文明城市提名城市创建工作。加强新闻媒体建设，加大对外宣传力度。着力完善公共文化服务体系，加快推进市文化艺术中心等项目建设，推进幸福美丽新村（社区）文化院坝建设。有序开展“文明新盐都·快乐自贡人”系列文化活动，丰富群众文化生活。研究制定扶持文化产业发展的配套措施，加快文化产业项目建设，培育壮大文化产业骨干企业，支持盐、龙、灯等特色文化走出去。完善群众体育场地设施，有计划免费开放体育场馆，广泛开展全民健身运动。

16. 加快社会事业发展。深化教育领域综合改革，持续推进义务教育均衡发展，促进农民工、流动人口子女在城区学校平等接受义务教育。深化校企合作，促进职业教育集团发展；加快四川卫生康复职业学院新校区建设，提升办学水平。支持四川理工学院发展。强化师德师风，建设“四有”教师(4)队伍。继续实施“名医、名科、名院”工程，支持医疗卫生院士工作站建设，打造优质医疗卫生品牌。加快推进卧龙湖康疗中心等一批医疗卫生项目建设。加强疾病防控和卫生应急工作，规范实施基本公共卫生服务项目。加强医德医风建设和医疗卫生服务监管，提升医疗服务质量。落实计划生育基本国策，促进人口均衡发展。扎实开展档案、人防、防震减灾、妇女儿童、老龄、残疾人等工作。

17. 加大社会保障力度。完善社会保障体系，统筹城乡社会保险制度，实施全民参保登记计划，推进社会保险“五险合一”统一征收，扩大社会保险覆盖面，提高社会保障统筹层次和质量。促进民营企业、城镇灵活就业人员、农民工和非城镇户籍人员有序参保，推进机关事业单位养老保险制度改革。落实农民工与城镇职工统一的失业保险政策。深化基本医疗保险制度改革，扩大异地住院医疗费用即时结算。统筹推进城乡养老机构和服务体系建设，积极发展社会福利和慈善事业。整合救助资源，建立健全救急难制度。推进精准扶贫，实施“五大扶贫工程”(5)，继续抓好水库建设移民工作。健全住房保障体系，加快农村廉租房等保障性住房建设。进一步提高住房公积金管理服务水平。

18. 不断提高群众生活水平。建立经济发展与扩大就业联动机制，统筹推进高校毕业生、农村转移劳动力、城镇困难人员、退役军人、城镇低收入人员等群体就业服务，多渠道增加就业岗位。落实鼓励创业政策，建立完善创业服务体系，搭建多层次创业平台。健全工资正常增长机制，适时调整最低工资标准，推进企业工资集体协商制度全覆盖。积极落实各项惠民政策和收入分配政策，多渠道促进城乡居民增收。加强劳动监察执法，开展和谐劳动关系创建活动。加强价格监管，维持物价总体平稳。

六、全面推进从严治党，不断提高管党治党水平

19. 加强思想政治建设。坚持用中国特色社会主义理论体系武装头脑，深入学习贯彻党的十八大、十八届三中、四中全会和习近平总书记系列重要讲话精神，深入开展中国梦主题教育活动，强化党性锤炼和法纪意识，引导广大党员干部始终坚定正确的政治立场和政治方向。推动媒体融合发展，管好用好互联网，把握正确舆论导向，巩固发展健康向上的主流舆论。深化学习型党组织建设，推进学习型城市建设，坚持市委常委会集体学习制度，加强和改进各级党委中心组学习；紧紧围绕全市中心工作和重大现实问题开展理论研究，推进新型智库建设；发挥“盐都大讲堂”等学习平台作用，不断提高各级党员干部的理论水平和综合素养。

20. 深化作风建设。巩固拓展教育实践活动成果，持之以恒整治“四风”。深入贯彻落实中央八项规定精神和省、市各项作风规定，健全作风建设长效机制。持续推进正风肃纪，巩固“9+2”专项治理和“五项专项治理”成果，重点查处顶风违纪行为。着力抓好重点问题整改，市级领导牵头领办一批群众反映强烈的突出问题，健全循环压茬整改机制，确保整改实效。深入推进机关管理服务标准化建设，强化效能问责，进一步提升工作效率和服务水平。密切联系服务群众，常态化开展“走基层”“三联三服务”“双报到”等活动，以持续改进作风的实际成效取信于民。

21. 加强领导班子和干部队伍建设。发挥好市委全委会、常委会及其成员作用。扎实开展领导班子和班子成员综合分析研判，改进综合考核评价办法。坚持好干部标准和“一讲四重”(6)导向，健全科学有效的选人用人机制，选优配强各级领导班子。进一步打破干部部门化，改进公开选拔和竞争上岗方式，加强干部跨条块跨领域交流。制定加强年轻干部队伍建设系列措施，继续实施“壮苗”培养计划。注重培养选拔女干部、少数民族干部和党外干部。关心爱护干部，创造更好的环境条件，激发干部职工工作积极性，发挥好各年龄段干部作用。切实加强和做好老干部工作。加大干部培训统筹力度，大规模开展干部培训。健全完善“五位一体”干部选任监督体系(7)，推动从严干部监督管理常态化。抓好高层次人才培养引进“双千计划”和十项重点人才计划，构建多层次人才体系。

22. 深入推进基层服务型党组织建设。全面落实基层党建工作责任制，深化党组织书记领办项目、“三级联述联评联考”。制定基层服务型党组织建设实施意见，分领域探索创评体系，继续抓好软弱涣散基层党组织整顿转化。深化非公党建“三融入三增强”和“国企带民企、大企带小企”等活动，扎实推进园区党建工作。加强“两新”组织书记和基层党务干部培训工作，建立基层党组织书记正常退出机制。进一步完善大学生村官管理、培养、使用机制，抓好满两个聘期大学生村官分流工作。抓好党员发展教育管理，建立完善处置不合格党员机制。加大基层党建工作保障力度，健全基层干部报酬待遇稳定增长机制，推进村级组织活动场所标准化建设。扩大党内基层民主，严肃党内组织生活，深化党务公开，拓宽党员参与党内事务讨论和决策的渠道。

23. 加强党风廉政建设。坚持从严治党、依规管党，严格执行党的纪律，坚决维护纪律的严肃性。分层分类细化“两个责任”，建立完善责任体系，落实签字背书、廉政谈话、述责述廉等制度，推进纪委加强对同级党委及常委会成员监督试点，坚持“一案双查”，确保“两个责任”落地生根。持续推进党风政风行风建设，深化党风廉政建设社会评价，开展问政、问事、问效、问责工作，解决群众反映的突出问题，提升群众满意度。始终保持惩治腐败高压态势，以零容忍态度严肃查处违纪违法行为，建立健全发现和揭露腐败问题的机制、“惩防衔接、一体联动”工作机制，创新反腐倡廉教育和廉政文化建设，着力构建“不敢腐、不能腐、不想腐”的制度机制。全力支持纪检监察机关履行监督执纪问责职能，深化纪律检查体制改革，强化纪检监察派驻工作，推进区县纪检监察机关“三转”(8)和机构改革，加强纪检监察队伍建设。

名词解释

1. 个转企：指个体工商户以现有生产经营条件为基础，按照《公司法》《合伙企业法》《个人独资企业法》等法律法规，申请登记为私营企业，包括有限责任公司、个人独资企业、合伙企业的组织形式的转换。

2. 法律七进：指法律进机关、进学校、进乡村、进社区、进企业、进单位、进宗教活动场所。

3. 社会治安防控“六张网”：指加强对街面、社区（村）、单位和行业场所、区域边际、网络社会、线（路）等六个方面的社会治安防控。

4. “四有”教师：指有理想信念、有道德情操、有扎实知识、有仁爱之心的老师。

5. 五大扶贫工程：指基础扶贫工程、产业扶贫工程、新村扶贫工程、能力扶贫工程和生态扶贫工程。

6. 一讲四重：指讲政治、重品行、重实绩、重民意、重基层。

7. “五位一体”干部选任监督体系：指构建干部选任工作有关事项报告、干部选任纪实、“一报告两评议”、离任检查和专项检查、失察失误责任倒查五个方面为一体的干部选任监督体系。

8. 纪检监察机关“三转”：指纪检监察机关根据党章赋予的职责，转职能、转方式、转作风。

自贡市人民代表大会常务委员会工作报告

（2015 年 2 月 11 日在自贡市第十六届人民代表大会第六次会议上）

自贡市人大常委会主任　陈　华

各位代表：

我受自贡市第十六届人民代表大会常务委员会委托，向大会报告工作，请予审查。

2014 年工作回顾

2014 年是全面深化改革的开局之年，是实施“十二五”规划的关键之年。一年来，在中共自贡市委坚强领导下，市人大常委会认真贯彻落实党的十八大、十八届三中、四中全会精神和省、市委决策部署，紧紧围绕全市改革发展稳定大局，切实履行宪法和法律赋予的职责，各项工作取得新成效，圆满完成了市十六届人大五次会议确定的各项任务。全年，共召开常委会会议 9 次，作出决议决定 12 项；依法补选了市人民检察院检察长、省十二届人大代表 1 名、市十六届人大常委会委员 2 名，依法任免国家机关工作人员 41 人次（任命 26 人次，免职 15 人次）；开展视察、执法检查 30 次，形成审议意见 16 份；召开主任会议 16 次，形成意见交办函 7 份；开展调研 26 项，形成调研报告 16 份，为促进全市改革发展、民生改善和社会和谐稳定，做出了积极贡献。主要做了以下工作：

一、贯彻市委决策，强化工作监督，服务改革发展取得新成效

着眼科学发展，依法决定重大事项。坚持人大决定与市委决策的有机统一。着眼贯彻落实省委关于建设法治四川和市委关于建设法治自贡的决策部署，市人大常委会及时作出了深入推进依法治市的决议；着眼科学发展，围绕改革发展中带全局性、长远性、根本性的重大事项，听取和审议了市政府关于国民经济和社会发展计划执行情况、财政预算执行和其他财政收支审计情况、财政决算及预算执行和调整情况、2013 年城市维护费执行情况和 2014 年计划安排的报告；围绕群众关注的热点问题，审查批准了市政府关于加快实施双溪小井沟饮用水源地生态功能区保护和建设控制规划议案办理实施方案、全面推进我市棚户区改造议案办理实施方案。并及时作出了一系列决议决定，既促进了市委决策的贯彻实施，对推动全市改革发展、促进法治自贡建设发挥了重要作用，又及时将重大民生关切通过法定程序纳入了政府应着力加强的工作，发挥了市人大常委会依法决定重大事项对全市工作大局的促进作用。

着眼转型升级，力促稳增长提质效。紧紧围绕市委“产业促进年”决策部署，聚焦产业发展，推动产业转型升级、提质增效。先后对工业经济运行、新型农业经营主体发展、农产品产销对接、春耕备耕、彩灯文化、西南（自贡）无水港物流园项目建设、现代服务业发展工作开展了专题视察和调研，听取和审议了市政府相关工作报告。针对经济下行压力增大等不利因素，提出了保持专注发展定力，强化产业支撑、要素保障和发展环境改善，把稳增长、促转型作为当务之急，确保工业稳增止滑的建议和要求。市政府高度重视，认真办理，迅速出台了《自贡市促进当前经济稳增长的十七条措施》，及时制定了加快五大高端成长型产业和六大新兴先导型服务业发展的工作方案，促进了全市经济发展适应新常态、保持好趋势。

着眼增强后劲，力促抓项目增投入。围绕抓项目增投入，常委会组成了7个视察组，由班子成员分别带队，对全市续建、计划开工和计划竣工的253个重大项目逐一进行实地视察，对政府投资项目资金使用绩效进行深入调研，听取和审议了市政府关于重大项目建设情况的报告。提出了围绕国家重点投向抓增量，把项目建设作为转方式、调结构、增投入、强后劲的重要抓手，强化目标责任、优化工作措施、搞好“四个协调服务”和正确处理好“三个关系”，狠抓工作落实，加大重大项目建设推进力度的要求。在推进项目建设、稳定投资增长、夯实发展后劲方面收到了较好的监督实效。

着眼统筹城乡，力促城镇化一体化。坚持把新型城镇化与城乡发展一体化，作为全面建成小康社会的必由路径。组织开展了对农业转移人口市民化、统筹城乡发展和城乡建设用地增减挂钩改革试点工作的专项视察，听取和审议了市政府相关工作报告。要求政府及相关部门立足改革创新，着眼人的城镇化和城乡一体化，用好政策机遇，优化改革举措，把农村转移人口市民化和城乡建设用地增减挂钩改革试点与新城开发、小城镇建设、园区建设、新村建设相结合，以统筹城乡的理念和规划推进新型城镇化、城乡一体化和农业转移人口市民化，着力构建基础设施配套、公共服务均等、产城一体的城乡空间形态。市政府高度重视，积极作为，新型城镇化在统筹城乡释放的发展动力中扎实推进。

着眼增强活力，力促谋改革抓创新。紧紧围绕市委关于突出“四个重点”领域深化改革的决策部署，组织开展了对行政审批制度改革、集体林权制度改革、金融工作及金融部门服务中小企业、农村信用社服务“三农”、国家技术创新工程四川省试点示范市建设的实地视察和专题调研。着眼处理好政府与市场的关系、社会效益与经济效益的关系、经济发展与环境保护的关系和加快实施科技创新“八大工程”、完善科技成果转化机制，提出了切实可行的意见建议，力促政府职能转变，力促发展环境改善，力促发展动力转型和活力增强。促进了全面深化改革实现良好开局、创新驱动战略务实实施。

二、突出着力重点，强化法律监督，民主法治建设呈现新进展

监督法律实施，着力促进依法行政。把加强执法检查作为促进依法行政的重要手段。组织开展了对食品安全法、农产品质量安全法、消费者权益保护法的执法检查，听取和审议了市政府工作报告，提出10余条工作建议；认真学习贯彻新修订的预算法，力促推行全口径预算管理和监督；对贯彻防震减灾法、修改后的刑事诉讼法、民事诉讼法等8部法律法规的情况开展了执法调研，力促相关法律法规在我市贯彻实施。配合全国人大和省人大对我市贯彻实施未成年人保护法以及县乡人大工作情况开展了专题调研；对省人大下发征求意见的10余部法律法规（草案），组织座谈讨论，提出修改建议30余条，为制定相关法律法规提供了参考。依法对市政府、区县人大常委会报送的32件规范性文件进行备案审查，着力维护法治统一。通过监督法律法规贯彻实施，从源头上促进了政府依法行政。

监督司法公信，着力促进公平正义。把提升司法公信力作为法律监督重点。听取和审议了市中级人民法院审判执行、市检察院查办和预防职务犯罪等工作报告。对强化审判执行、优化审判执行机制、加强审判执行能力建设、强化检察机关查办和预防职务犯罪职能、保持惩治腐败高压态势、加强自侦案件的内部监督等方面，分别向审判机关和检察机关提出了明确要求。在推动审判信息公开、执行信息公开、解决“执行难”问题、加强查办和预防职务犯罪等方面收到了较好的监督实效，促进了司法公正。

监督任后履职，着力增强法治意识。在依法行使选举权和任免权的同时，常委会切实加强了对干部的任后监督。依法对市司法局、市水务局、市外事侨务旅游局、市安监局开展了工作评议。评议前，采取走访座谈、查阅资料、问卷调查、评议热线电话等方式，广泛征求各方面意见建议；评议中，注重事实，坚持客观公正，既肯定成绩，又指出不足；评议后，进行满意度测评，督促被评议部门制定整改方案，狠抓整改落实。同时，对市政府秘书长和政府组成部门主要负责人、市中级人民法院副院长、市人民检察院副检察长开展了年度履职情况测评。通过加强任后监督，有效增强了被任命人员和政府部门的责任意识、公仆意识、法治意识。

监督信访办理，着力促进和谐稳定。牢固树立以群众工作统揽信访工作的理念，发挥人大特有优势，注重听民声、察民情，着力畅通群众信访诉求渠道，强化初信初访的交办和督办，加大涉法涉诉信访办理的监督力度，全年共受理群众来信来访471件次。落实常委会领导包案责任制，常委会领导负责包案化解的7宗信访积案均化解结案。通过认真做好信访工作，依法监督信访办理，既维护了人民群众的合法权益，又促进了社会和谐稳定。

三、关注民生诉求，强化为民履职，增进民生福祉展现新作为

聚焦基本民生，着力增进群众福祉。把促进基本民生改善作为为民履职的首要任务。紧紧围绕九大民生工程的实施、十七件惠民实事的办理，组织开展了对全面推进棚户区改造、就业优先发展战略实施、义务教育均衡发展、大型体育场馆综合利用工作的专题视察和调研，听取和审议了市政府相关工作报告，提出了加强和改进相关工作的意见和要求。督促和支持市政府及相关部门对棚户区改造、就业再就业、食品药品安全、义务教育均衡发展、群众性体育活动开展等事关基本民生改善的实事好事加大投入力度，加大政策支持力度，加大执法监管力度，加大抓推进、抓落实的督导力度，努力增进民生福祉，收到了较好的监督实效，促进了民生投入稳定增长和九大民生工程、十七件惠民实事如期完成。

聚焦环境民生，着力回应群众关切。把保护和改善民生环境、加强生态自贡建设作为常委会依法履职的民意指向。组织开展了对双溪小井沟水库饮用水源地生态功能区保护、城乡环境综合治理、节能减排、农业废弃物综合利用、城市饮用水现状的专题视察和调研。着眼保障饮水安全、改善空气质量、优化人居环境，督促和支持市政府启动实施双溪小井沟饮用水源地生态功能区保护和建设控制规划；深化釜溪河流域综合治理；开展污染源排查整治；加强面源污染治理和环卫设施、绿色工程建设；着力构建双溪小井沟饮用水源地生态功能区保护和建设资金保障机制、自贡眉山内江宜宾四市小井沟流域保护跨区域协调长效机制，把改善民生环境作为履职重点，务实作为、持续作为，着力彰显生态自贡建设的民意追求。

聚焦平安民生，着力谋实群众期盼。把促进平安自贡建设作为常委会为民履职的重点工作。组织开展了对天网工程建设、社区矫正工作的专题视察。要求市政府及其相关部门着眼预防和减少重新犯罪，切实加强和创新社区矫正工作；着眼智慧城市建设，努力扩展“天网”和其他专业网络覆盖范围；着眼提高视频监控质量和综合利用水平，整合网络和视频资源，建立有利于平安自贡建设和管理的公共服务平台，支持市政府制定并启动实施了《自贡市智慧视频防控体系建设规划（2014—2016）》，有效促进了我市治安防控能力建设和社会管理创新，增强了人民群众的安全保障。

四、改进工作方式，强化代表工作，激励代表履职探索新路径

支持代表履职，强化代表主体地位。高度重视代表议案建议办理，完善制度、细化措施，明确承办单位法定职责，强化人大各专委会督办责任，建立议案办理情况代表测评制度。既重视会议期间代表所提议案建议的督办，也重视代表在闭会期间、主任接待日、代表小组活动中所提建议的督办。不仅重视代表对办理工作的满意率，更加注重代表所建议问题的解决率。经过积极努力，去年人代会确定的双溪小井沟饮用水源地保护、全面推进我市棚户区改造两件议案得到积极办理和推进；90件代表建议已全部办结，解决率达92.22%，代表满意和基本满意率100%。代表在闭会期间和主任接待日所提建议32件已全部办结，代表满意和基本满意率100%。

服务代表履职，增强代表履职能力。常委会高度重视代表履职能力建设。加强代表履职信息服务，为代表免费订送“一报三刊”等学习资料；编印发送《要情动态》，向代表提供“一府两院”工作和全市经济社会发展动态的有关资料，通报市委决策和市人大工作情况，为代表履职提供知情知政服务。同时，着力加强代表履职培训。采取自学与培训、“走出去”与“请进来”相结合的方式，提升代表的履职能力。除组织了对市人大代表的以会代训外，还组织我市7名省人大代表、41名市、区县、乡镇人大代表参加全国人大和省人大培训中心的履职培训。在新修订的预算法实施前，邀请有关专家对常委会组成人员、市人大代表、市级有关部门负责人等进行了专题培训，着力提升代表和政府职能部门依法履职能力。

组织代表履职，拓宽代表履职平台。积极探索闭会期间组织代表履职的新路径。除指导区县人大常委会精心组织市人大代表小组开展专题调研、集中视察活动外；还邀请50名市人大代表列席常委会会议，组织300余名各级人大代表参加常委会视察、调研、执法检查以及主任接待日、《盐都问政》、信访接待等履职活动。同时，高度重视发挥人大代表联系、服务群众的特有优势，深入扎实地开展了“走基层，人大代表在行动”和“三联系”主题活动，全市人大代表走访联系群众34000余人次，收集意见建议2900余条，帮助解决具体问题1700余项。去年6月，部分代表发现上游建设的焦化项目将严重污染水质，即主动履职、及时反映，在省政府及相关部门多方协调督促下，停建了污染项目，消除了一个水质安全隐患。

五、抓实群教活动，强化作风治理，机关自身建设形成新局面

强化问题导向，群教活动成效明显。根据中央和省、市委关于开展群教活动的部署，常委会班子和常委会机关按照“照镜子、正衣冠、洗洗澡、治治病”总要求，坚持为民务实清廉的主题，紧密联系人大工作、人大班子和干部队伍建设的实际，坚持教育先行、思想引领；坚持自上而下、以上带下；坚持开门搞活动，突出问题导向；坚持聚焦“四风”，严抓正风肃纪；坚持以群众满意为标准，严抓整改；坚持联系群众走基层，服务群众办实事；坚持与人大履职相结合，两手抓两不误。通过深入扎实地开展群教活动，人大班子和干部队伍贯彻执行党的群众路线的自觉性、坚定性明显增强，“四风”方面的突出问题得到了有效整治，作风建设取得明显成效。

强化理论武装，思想建设不断加强。通过坚持常委会党组、常委会办公室党组、机关各党支部定期学习制度和人大机关的“人大讲堂”制度，加强理论学习，以中国特色社会主义理论体系武装头脑，增强“三个自信”，坚定理想信念，坚持人大工作的正确政治方向；深入学习习近平总书记系列重要讲话精神，加深对“四个全面”的准确理解和把握，增强贯彻落实“三严三实”新要求的政治自觉，增强坚持中国特色政治发展道路的政治定力；学习党和国家的路线方针政策、省市委重大决策部署，增强贯彻执行的思想自觉和行动自觉；学习新修订的预算法等法律法规，努力增强为民履职、依法履职的能力。通过加强思想政治建设，弘扬了人大机关的新风正气，增强了人大班子和干部队伍的凝聚力、战斗力和创造力。

强化制度建设，工作创新与时俱进。常委会牢牢把握“推动人民代表大会制度与时俱进”总要求，在完善制度、健全机制上积极探索、务实创新。坚持科学、可行、管用的原则，着眼强化监督工作，增强监督实效；提高三查（察）、三会质效，规范权力运行；密切联系群众，发挥人大代表主体作用；加强干部教育管理和党风廉政建设，构建作风建设常态化、长效化机制，修订了“三会”议事规则、任免国家工作人员办法；建立了“三查（察）”工作制度、专题询问办法、跟踪督办办法和处理审议意见的规定、激励和保障人大代表履职暂行办法等25项制度规定。通过加强制度建设，推动人大自身建设和人大工作迈开了创新发展的新步伐。

强化人大宣传，着力营造良好氛围。始终高度重视人大宣传在推进人民代表大会制度建设中的先导作用。着力以人大刊物、要情动态、公报、网络报纸专版为重点，全方位强化人大宣传的载体建设；多形式多角度宣传人民代表大会制度、改革发展成就、民主法制建设进程、人大工作亮点和代表风采，努力营造全市人大工作和民主法治建设良好氛围。人大宣传稿件先后在国家和省市级媒体刊播400余篇（条），多篇作品在省人大好新闻评审中获奖，信息工作在全省21个市州中名列前茅，获得省人大通报表彰。

各位代表，过去的一年，市人大工作取得了新进展。这些成绩的取得是市委坚强领导的结果；是全体市人大代表、常委会组成人员、市人大各专门委员会和常委会办事工作机构辛勤努力的结果；是市人民政府及相关部门、市中级人民法院、市人民检察院密切配合、协同工作的结果；也是区（县）

人大、社会各界和全市人民大力支持的结果。在此，我谨代表市人大常委会表示衷心感谢！

肯定成绩的同时，我们清醒地认识到，常委会工作还存在一些问题和不足：一是面对新常态、新任务、新要求，常委会的履职能力建设还需着力加强；二是人大代表的履职能力建设和联系服务群众的机制建设还需着力加强；三是人大的自身建设和人大工作的与时俱进还需着力改革创新；四是在加强区（县）、乡（镇）人大工作的纵向互动、横向联动机制建设方面仍需探索路径、谋求突破。

2015 年主要工作任务

2015 年是全面深化改革的关键之年，是全面推进依法治国的开局之年，也是“十二五”规划的收官之年。常委会工作的总体要求是：全面贯彻落实党的十八大、十八届三中、四中全会精神和省、市委决策部署，坚持党的领导、人民当家作主、依法治国有机统一，着眼人民代表大会制度与时俱进，着眼服务“稳中求进”工作大局，主动适应新常态，认真贯彻“从严从实”新要求，紧紧围绕稳增长调结构、全面深化改革、全面推进依法治市，认真履行法定职责，为建设五个自贡、构建区域中心城市、全面建成小康社会做出新贡献。

一、把握新要求，在坚持正确政治方向上坚定作为

准确把握党的十八大、十八届三中、四中全会提出的新要求，深刻领会加强和改进人大工作的新部署，坚定不移地把人大工作置于党的领导之下。紧紧围绕省市委重大决策部署，准确把握人大角色定位，找准人大工作的切入点和结合点。坚持和完善人民代表大会制度，充分凝聚广大人民群众的智慧和力量，使人大工作更加符合人民意愿，更加贴近自贡实际。坚持中国特色社会主义法治道路，把推进依法治市作为根本任务，继往开来，努力开创依法治市和人大工作新局面，确保人大工作始终沿着正确的政治方向前行。

二、适应新常态，在服务全市改革发展上倾力作为

坚持以提高发展质量和效益为中心，主动适应经济发展新常态，推动全市经济社会平稳健康发展。围绕国民经济和社会发展计划执行情况、财政预算执行和其他财政收支的审计情况、财政决算及预算执行和调整情况、“十二五”规划完成情况及“十三五”规划编制情况、2014 年城市维护费执行情况和 2015 年计划安排、高端成长型产业发展及重大产业项目推进、交通基础设施项目建设、社会事业重大项目建设、节能减排、宽带乡村工程、培育发展农业产业化经营龙头企业、农村土地承包经营权确权登记颁证等重大事项和重点工作组织开展专题视察，听取和审议相关工作报告，及时就有关重大事项作出决议决定。围绕政府性债务、科技专项资金管理使用、财政支农资金执行、金融服务“三农”、住房维修资金归集和使用管理、城市维护费管理办法修订、春耕生产、退耕还林、气象灾害应对准备认证、市公安局监管中心建设运行等工作进行专题调研。依法对全面推进棚户区改造开展专题询问，对市中级人民法院、市教育局、市林业局、市城乡管理执法局、市国资委进行工作评议，全力支持“一府两院”工作，继续抓好决议决定和审议意见的跟踪问效。

三、回应新期待，在推动惠民利民工作上真情作为

坚持以人为本、民生优先，推动和谐自贡建设。围绕社会建设“五有”基本要求，及时准确了解群众所思、所盼、所忧、所急，督促市政府进一步加大民生投入，着力促进事关民生的十八件实事和九大民生工程的实施，服务民生改善。聚焦人民群众关注的热点难点问题，听取和审议市政府关于双溪小井沟饮用水源地生态功能区保护和建设控制规划实施、社会化养老服务体系建设、公立医院改革、城乡环境综合治理设施建设等专项工作报告，提出意见建议；围绕基层食品药品安全监管体系建设、乡镇集中供水、全民健身行动计划、医疗纠纷调解等开展专项调研，及时提出工作要求和建议，力促把承诺为民的实事办好。加强和改进人大信访工作，积极回应民生诉求，维护群众合法权益，促进社会和谐稳定。

四、落实新举措，在推进民主法治建设上能动作为

坚持依法治国基本方略，用法治思维和法治方式着力推进依法治市。按照党的十八届四中全会关于“依法赋予设区的市地方立法权”的重大部署，本着统一步调、适时启动、稳步开展的原则，积极做好地方立法准备工作，为全面推进依法治市创造更为有利的条件。对新修订的预算法、环境保护法、传染病防治法、文物保护法、代表法、种子法及四川省农作物种子管理条例等法律法规实施情况开展执法检查和专题调研，力促法律法规的贯彻实施。听取和审议市中级人民法院民商事审判工作、市人民检察院诉讼监督工作专项报告，提出意见建议，力促公正司法、公平裁判。积极配合省人大组织的执法检查、立法调研，督促政府加强普法宣传教育和法治文化建设，确保法律法规在我市正确贯彻实施。依法搞好人事任免，实行选举和任命人员向宪法宣誓的制度，并进一步加强和改进任后监督工作。加强规范性文件备案审查，切实维护法治统一。

五、探索新路径，在增强代表工作实效上创新作为

坚持锐意创新、优化服务，着力加强代表工作。围绕提高代表履职水平，继续加强代表履职培训，丰富培训内容和方式；探索构建代表履职监督机制，通过代表履职情况公示，代表向选区述职，通报代表出席人代会和代表小组活动情况等方式，督促代表更好地履行职务；注重发挥代表在闭会期间的作用，邀请代表列席常委会会议，参加常委会视察、调研和执法检查，增强代表投身我市改革发展和法治自贡建设的积极性、主动性和创造性；完善议案建议提出、交办和办理工作机制，全面推行代表建议提交、办理和督办网上操作，提高办理工作信息化水平；继续开展“走基层，人大代表在行动”主题实践活动，完善代表联系群众制度，充分发挥代表主体作用。

六、着眼新形势，在加强人大自身建设上务实作为

围绕巩固和深化群教活动成果加强自身建设。强化学习制度，加强思想政治建设。深入学习贯彻党的十八大、十八届三中、四中全会和习近平总书记系列重要讲话精神；深入学习贯彻省委十届五次和市委十一届十次全会精神；加强宪法和法律法规学习，通过抓实学习，加强理论武装，强化法治自觉，增强运用法治思维和法治方式推动改革发展、促进民生改善、维护社会和谐稳定的能力。增强“三化”意识，加强制度建设。探索建立司法监督办法、预算审查监督联席会议制度、修订预算审查监督暂行办法和规范性文件备案审查规定，进一步完善议事程序和工作规范。增强纪律意识，加强作风建设。着力践行为民务实清廉的宗旨和“三严三实”新要求，落实“两个责任”，持续抓好正风肃纪和“庸懒散浮拖”专项治理，健全和完善执行中央“八项规定”，解决“四风”突出问题的长效机制。增强服务基层、服务代表意识，加强老干部工作。继续深化“三联三服务”和“走基层”活动；密切与各地人大的联系和交流；加强市区（县）乡（镇）三级人大工作联动机制建设，着力提高全市人大工作整体水平。

各位代表，全面建成小康社会、全面深化改革、全面依法治国、全面从严治党的新征程，对充分发挥地方国家权力机关的作用提出了新要求，提供了新机遇。让我们紧密团结在以习近平同志为总书记的党中央周围，在中共自贡市委的坚强领导下，团结动员全市人民，开拓创新，锐意进取，凝心聚力，攻坚克难，为建设“五个自贡”、构建区域中心城市、全面建成小康社会而努力奋斗！

有关用语说明

自贡市促进当前经济稳增长的十七条措施：指加大项目投资力度；开展在建工业项目进度清理检查；推进“百万安居工程建设行动”；落实工业稳增长措施；支持中小微企业创新发展；努力开拓消费市场；推进服务业集聚区建设；鼓励企业“走出去”；加快发展电子商务；组织本地知名企业参加国内外知名展会活动，对参加国内外知名专业展会、构建境外营销网络的市内企业给予资金支持；做好市内产品采购工作；加强财政支出预算管理；加大信贷投放力度；加强重点领域用地保障；用活用好电价政策；落实相关收费政策；减轻企业负担。

五大高端成长型产业：指我市确定的页岩气、节能环保装备、航空与燃机、新材料、新能源汽车五大产业。

六大新兴先导型服务业：指电子商务、现代物流、现代金融、科技服务、养老服务业、健康服务业六大服务业。

四个协调服务：指要素配置协调服务、设施配套协调服务、政务监管协调服务和政策落实协调服务。

三个关系：指着眼可持续协调发展，切实处理好加快发展与保护环境的关系；着眼促进社会和谐，切实处理好推进项目建设与做好拆迁安置工作的关系；着眼协调协力，切实处理好推进项目建设与调动两个积极性的关系。

四个重点领域深化改革：指行政管理体制改革、统筹城乡改革、国有企业改革、社会事业改革。

科技创新八大工程：指科技创新平台提升工程、重大关键技术攻关工程、科技成果转化促进工程、高新技术产业壮大工程、知识产权战略推进工程、科技创新人才培育工程、科技金融结合示范工程和科技服务体系完善工程。

九大民生工程：指就业促进工程、扶贫解困工程、教育助学工程、社会保障工程、医疗卫生工程、百姓安居工程、民生基础设施工程、生态环境工程、文化体育工程。

2014 年十七件惠民实事：指免除义务教育阶段学生作业本费；免除家庭经济困难高中学生学费；建设公办幼儿园，减免贫困家庭幼儿保教费；全面取消县级公立医院药品加成；实行免费婚前体检；提高城乡居民基本医疗保险水平；提高城乡居民社会养老保险水平；新建改造养老床位，推进社会养老服务建设；资助重度残疾人护理费用；给予高校毕业生创业补贴；建设城镇保障性住房，实施危旧房棚户区改造；30%公租房定向出租给农民工；实施农村危房改造；解决农村人口和学校师生饮水安全问题；改善乡村公路；建设公路安全护栏；实施村公共服务设施运行维护补助。

一报三刊：一报指《人民权力报》；三刊指《中国人大》《民主法制建设》《自贡人大》。

三联系活动：指市人大常委会主任、副主任、秘书长联系市人大常委会委员，市人大常委会组成人员联系市人大代表，市人大代表联系人民群众。

群教活动：党的群众路线教育实践活动的简称。指紧紧围绕保持和发展党的先进性和纯洁性，以“为民、务实、清廉”为主题，按照“照镜子、正衣冠、洗洗澡、治治病”的总要求，自上而下在全党分批次深入开展的一项教育实践活动。

四风：指形式主义、官僚主义、享乐主义和奢靡之风。

四个全面：指全面建成小康社会、全面深化改革、全面推进依法治国、全面从严治党。

三严三实：习近平总书记在十二届全国人大二次会议安徽代表团参加审议时，关于推进作风建设的讲话中，提到“既严以修身、严以用权、严以律己，又谋事要实、创业要实、做人要实”的重要论述。

三查（察）：指视察、执法检查、调查研究。

三会：指市人民代表大会、市人大常委会会议、市人大常委会主任会议。

五有：指学有所教、劳有所得、病有所医、老有所养、住有所居。

2015 年十八件民生实事：改造通乡公路 200 公里、建成通村公路 150 公里；解决 24 万农村人口及学校师生饮水安全问题；为 5.5 万名困难家庭失能老人和 80 岁以上高龄老人提供居家养老服务；实施棚户区改造 17385 户、农村危旧房改造 19472 户；建设农村教师周转房 8600 平方米；对所有村级公共服务设施运行维护给予补助；建设 4 个区县残疾人服务中心；将市本级义务教育地方财政保障标准由年生均 40 元提高到 360 元；将城区 3—5 所学校体育设施在规定时段向公众开放；建设 50 个标准化乡镇（街道）便民服务中心、200 个村（社区）标准化便民服务室；实施城市老旧燃气管网改造 18 公里；综合整治背街小巷 100 条；新建和改造标准化农贸市场 10 个；对全市 65 岁以上的老人免费体检一次；改造 111 个城区老旧居民小区供配电设施；将城乡居民医疗保险政策内报销水平分别提高到 82%、72%；投放城区高级公交车 100 辆；增加城区公共停车位 1000 个。

三化：指制度化、规范化、程序化。

中央八项规定：指中央政治局关于改进工作作风、密切联系群众的八项规定。包括：改进调查研究、切实改进会风、切实改进文风、规范出访活动、改进警卫工作、改进新闻报道、严格文稿发表、厉行勤俭节约八项内容的规定。

三联三服务：指市级领导、市级部门（单位）联系区县、联系乡镇（街道）、联系村（社区）和服务发展、服务基层、服务群众。

两个责任：指落实党风廉政建设责任制，党委负主体责任，纪委负监督责任。

政府工作报告

（2015年2月10日在自贡市第十六届人民代表大会第六次会议上）

自贡市人民政府市长　刘永湘

各位代表：

我代表市政府向大会报告工作，请予审查，并请各位政协委员和其他列席人员提出意见。

2014年工作回顾

过去的一年，宏观经济形势严峻复杂，经济下行压力持续加大，改革发展任务异常繁重艰巨。市政府在省委、省政府和市委的坚强领导下，在市人大、市政协的监督支持下，团结带领全市人民，始终保持定力、专注发展、积极作为，统筹做好稳增长、调结构、促改革、惠民生、防风险各项工作，持续推进“五个自贡”建设，全市经济基本面稳定向好，各项事业取得新的成绩，社会保持和谐稳定。全市地区生产总值实现1073.4亿元、增长7.6%，地方一般公共预算收入完成42.41亿元、同口径增长9.6%，城镇居民人均可支配收入达到23552元、增长9.6%，农民人均纯收入达到9974元、增长11.3%，居民消费价格总指数上涨1.9%。

经济总体平稳增长。认真落实中央和省稳增长决策部署，及时研究制定稳增长系列政策，通过设立企业应急周转金、减轻企业负担、加强要素协调等措施支持实体经济；针对部分企业债务危机，实施依法分类处置，努力帮助企业渡过难关；针对金融运行形势，加强对上协调争取，扎实开展“两类公司”[1]、投融资中介机构清理规范，着力打造良好金融生态，促进经济稳定增长。坚持主抓投资，强化项目推进责任，力促重大项目加快建设，海川燃机配件制造二期、一汽商用汽车整车生产线等59个项目竣工或部分投产，川南家居城二期等29个项目主体完工，重大项目完成投资334亿元，全社会固定资产投资完成597.61亿元、增长12.4%。积极引导居民消费，出台促进房地产业健康发展的政策措施，组织开展汽车、家电、家具展销和房交会等促销活动，城乡消费保持较快增长，社会消费品零售总额实现427.65亿元、增长12.5%。

结构调整取得积极进展。大力实施产业促进年，着力优化产业结构，三次产业协调发展，规模以上工业增加值实现480.24亿元、增长7.8%；服务业增加值实现311.2亿元、增长8.1%，占经济总量比重提高0.7个百分点；农业增加值实现123.2亿元、增长4.1%。工业转型升级稳步推进，着力培育五大高端成长型产业[2]，节能环保装备、新材料产业平稳发展。航空及燃机产业培育迈出实质步伐，川南通用航空产业园建设全面启动，我市被确定为全省3个通用航空产业集聚区之一。页岩气勘探开采实现重大突破。生物医药等战略性新兴产业增加值占比提高到28.5%。工业园区新增承载能力5平方公里，新入驻产业项目37个，园区主营业务收入突破1000亿元。现代服务业加快发展，商贸物流业提档升级，普润产业博览城一期、瑞祥商贸城、恒大商贸城建成运行，川南五金城一期、川南皮革城二期、华商国际城一期主体竣工，川南IT数码电器城、荣县美吉特家居城开工建设。川南汽贸产业园集聚发展，奔驰、宝马、奥迪4S店相继入驻。电子商务、文化娱乐、健康养老等新兴服务业快速发展。旅游业加快发展，盐卤浴项目主体完工，第20届自贡国际恐龙灯会观灯人数和门票收入再创新高，乡村旅游蓬勃发展，全年旅游综合收入达到200亿元、增长25%。现代农业稳步发展，粮食产量达到127.8万吨，创建国家现代农业示范区步伐加快，建成5个万亩核心区，农业规模化、标准化、品牌化水平稳步提升；新投产农产品加工项目10个，新增国家重点龙头企业1户、省级重点龙头企业3户，荣县农副产品加工园区入驻企业18户。创新驱动不断强化，浙江大学自贡创新中心全面建成，新建省级创新平台3个、中小企业研发机构11个、企业技术中心15个，专利申请量突破1200件，获中国专利优秀奖1项，新增中国驰名商标1件、四川省著名商标6件、四川名牌产品13个，8个产品入选省战略性新兴产品培育计划，18项重点成果转化项目顺利实施，高新技术产业增加值占比达25%。

新型城镇化稳步推进。重大基础设施建设不断加强，自隆、内威荣高速公路完成路基工程，自流井、大安、沿滩高速公路连接线开工建设，自贡汽车客运总站提升改造工程竣工，火车南站二货场建成投用，舒坪汽车货运站、川南公路物流港主体完工。小井沟水利工程完成大坝填筑，实施移民安置对接1930户，狸狐洞水库建设进展顺利，楼房湾和大坡上水库开工建设；南湖110千伏等输变电工程和4G通信网络建成运行，“宽带乡村”试点工程(3)全面启动。城镇建设稳步推进，《城市总体规划（2011—2030）》获省政府批准，中心城区建设有序实施，卧龙湖旅游度假区“一纵一横”(4)骨干路网加速建设，南岸科技新区“一环二纵三横”(5)骨干路网基本形成，汇南路全线完工；旧城更新积极推进，东兴寺、西山路、光凤片区等14个棚户区改造项目全面实施，启动居民房屋改造25510户。荣县、富顺县城综合承载能力不断增强。8个省级试点镇基础建设投资完成3.9亿元。城镇化率达到46.62%。坚持产村相融成片推进新农村建设，建成幸福美丽新村50个、新村聚居点58个、新农家大院72个，农村面貌持续改善。城乡环境综合治理深入开展，汇东公园、龙湖公园建成开放，盐都植物园、卧龙湖湿地公园一期加快建设，建成区绿化覆盖率达39.7%，人均公园绿地面积达11.2平方米，全市森林覆盖率达32.7%。持续开展流域水环境综合治理，双溪、小井沟水库饮用水源地生态功能区保护建设控制规划启动实施，釜溪河流域水环境质量得到改善。大气污染防治积极推进，城区空气质量达标天数增加87天。节能减排持续推进，关闭污染企业8户，单位工业增加值能耗下降22%，荣县、富顺县和贡井生活污水处理厂二期主体工程基本完工，城市生活污水收集处理能力居全省前列，66个乡镇生活污水处理设施如期建成，城乡生活垃圾无害化处理率分别达到93%和70%。

改革开放增添新活力。积极稳妥推进经济、行政、社会事业等重点领域改革，出台了19个专项改革方案，一批重点改革事项实质性推进，全面深化改革实现良好开局。新一轮政府机构改革基本完成，市级事业单位分类改革扎实开展，扩权强县强镇试点稳步推进，市级行政审批事项取消23项，7项事权下放到区县，14个领域112项事权下放到试点镇。投资项目审批流程进一步优化，审批提速77%。财税体制改革稳步推进，“营改增”试点、预算绩效管理等改革取得新进展。国企改革继续深化，聚酯公司等29户企业改革后续工作有序推进，纺织公司等10户企业实现破产终结。投融资改革力度加大，市商业银行成功转型，自贡农商银行筹建有序推进，全市首家农村资金互助合作社挂牌营业，市国投公司15亿元中期票据、高投公司10亿元公司债券成功发行。完善支持民营经济发展壮大的措施，加快商事制度改革，落实注册资本认缴制。统筹城乡综合配套改革加快推进，新一轮土地承包经营权确权登记全面开展，探索建立了财政资金量化入股(6)新机制，深化城乡建设用地增减挂钩试点启动实施，市农村产权交易中心挂牌运行。社会事业领域改革稳步推进，义务教育均衡发展、高中招生、新课堂教学模式等改革全面实施；荣县、富顺县级公立医院综合改革启动试点，全市县级公立医院全面取消药品加成，分级诊疗制度有序实施；文艺院团改革继续深化。生态文明体制改革稳步开展。招商引资和区域合作取得新成效，川南城际铁路公司落户自贡，与中航工业集团签订战略合作协议，全年到位市外项目资金662亿元，新签约5亿元以上项目45个。

民生事业全面发展。始终坚持民生优先，千方百计保障民生投入，全年民生资金支出95亿元，占地方一般公共预算支出的65%。九大民生工程的99项量化考核指标全面完成，17件民生实事全部办结。积极拓宽就业渠道，强化高校毕业生等重点群体就业帮扶，城镇新增就业3.65万人，城镇登记失业率为4.3%，市高级技工学校成为国家级高技能人才培训基地。推进社会保险扩面征缴，建立了城乡统一的居民基本养老保险制度，企业退休职工养老金调整政策全面落实，城乡居民大病医疗保险全面实施，率先在全省启动异地居住人员住院医疗费用即时结算。全市最低工资标准提高到1250元，城乡低保月人均补助达233元和116元，帮助3.46万名困难家庭失能老人和80周岁以上高龄老人提供居家养老服务。新建公租房4697套、安置房69.62万平方米，向农民工提供公租房1200套，改造农村危房16856户；住房公积金建制扩面加快推进，新增归集公积金12.4亿元，为职工住房消费提供资金支持12.5亿元。改造和新建标准化农贸市场6个，整治背街小巷153条，城区老旧小区电力设施改造惠及居民2700多户。农村生产生活条件稳步改善，新建和改造农村公路405公里，完成公路护栏建设468公里，建成高标准农田2.23万亩，土地整理新增耕地1.14万亩，开展乡镇集中饮用水源专项整治，实施农村集中供水工程6处，新解决10万农村人口安全饮水问题。扶贫开发深入推进，帮助5万贫困农民实现脱贫。社会事业协调发展，新一轮学前教育三年行动计划启动实施，新建和改建公办幼儿园12所，完成义务教育学校标准化建设40所，大安区义务教育基本均衡发展通过国家认定，教育信息化建设全面推进，教育教学质量稳步提升；市四医院住院大楼等卫生项目有序推进，基层医疗卫生机构标准化率居全省前列；四级公共文化服务体系进一步健全，市文化艺术中心文化馆项目主体完工，市图书馆改建和城区广播电视网络双向化改造全面完成，一批优秀文艺作品在国内外参演获得殊荣，全民健身活动蓬勃开展。计划生育单独二孩政策启动实施。第三次全国经济普查圆满完成。外事、档案、防震减灾、地方志、气象、人防、民族、宗教、侨务、对台、邮政、妇女儿童、老龄和残疾人工作取得新成绩。

社会治理不断强化。基层治理体系建设得到加强，社区网格化服务管理全面推行，“三分离”自治机制[7]和“三委两站一会”[8]管理服务模式逐步健全，建成农村社区143个，基层治理能力进一步增强。畅通群众诉求表达渠道，拓展网上信访受理办理，严格落实诉访分离，推行依法逐级信访，深入开展大调解和接访下访，落实重要信访包案制，一批信访突出问题得到解决。加强“平安自贡”建设，严厉打击各类违法犯罪，社会保持和谐稳定。强化安全生产监管，深入开展重点领域专项整治，安全生产形势稳定向好，事故总量明显下降，全年未发生一起重大安全事故。食品药品安全稳定可控。“双拥”共建、国防建设和民兵预备役工作得到加强。

自身建设不断强化。扎实开展党的群众路线教育实践活动，大力推进正风肃纪，深入开展“五项专项整治”[9]，“四风”突出问题得到有力解决，政府机关作风明显好转。自觉接受市人大法律监督、工作监督和市政协民主监督，认真听取民主党派、工商联、无党派代表人士的意见，人大议案、代表建议和政协提案办理满意和基本满意率为100%。加强政府信息公开，行政权力依法规范公开运行平台全面建成，市级部门预算和“三公”经费预算全面公开。实行重大决策第三方评估，行政决策更加科学民主。加强土地出让、工程招投标、政府采购等重点领域制度建设，强化行政监察和审计监督，全面规范公务接待、财政资金管理，开展公务用车、办公用房清理整治，维护了廉洁政府的良好形象。

各位代表，回顾过去的一年，宏观经济形势之严峻复杂近年少有，经济下行压力之大近年少有，发展过程中困难矛盾之多近年少有，完成任务的难度之艰巨近年少有，但是通过全市上下的艰苦努力，我们基本完成了十六届人大五次会议确定的工作任务。每一项成绩的取得，得益于市委的坚强领导，得益于市人大、市政协的监督支持，归功于全市各级干部的奋发有为和全市人民的辛勤劳动。在此，我谨代表市人民政府，向各位代表、政协委员，向全市广大干部群众、政法干警、驻市解放军和武警、消防官兵，向各民主党派、工商联、人民团体和各界人士，向所有关心支持自贡发展的老领导和各界朋友，表示衷心的感谢并致以崇高的敬意！

在肯定成绩的同时，我们不能不清醒地看到，一方面，由于宏观经济下行的重大影响，地区生产总值、规模以上工业增加值、全社会固定资产投资等指标未能完成计划。另一方面，经济社会发展和政府工作中还存在一些突出的矛盾和问题：一是稳增长面临更大压力。重大项目特别是重大产业项目支撑不足，投资持续高速增长难度加大，工业经济运行受“三期叠加”[10]影响面临更多困难。二是结构调整亟待更大突破。企业自主创新能力不强，传统优势产业转型升级步伐缓慢，新兴支柱产业还没有培育形成。三是经济运行潜在风险增多。财政收支矛盾突出，部分企业资金更加紧张，债务风险尚未根本消除，房地产市场面临更多不确定因素。四是政府执行力有待更大增强。庸懒散浮拖现象在少数干部身上仍然存在，联系服务群众还不够到位，一些决策部署和工作措施还没有完全落到实处。这些问题，我们必将高度重视，并在今后工作中采取有力措施，努力加以解决。

2015 年工作安排

2015 年是全面深化改革的关键之年，是全面推进依法治市的开局之年，是实施“十二五”规划的收官之年。综合研判，宏观经济形势仍然错综复杂，市场需求复苏依然疲弱，结构调整阵痛仍将持续显现，经济下行压力可能进一步加大。但我们也面临着不少有利条件和因素，国家继续实施积极的财政政策和稳健的货币政策，财政投入力度大于去年，并将在铁路、水利、棚户区改造等方面给予西部地区更多倾斜支持；省委、省政府大力实施“三大发展战略”，推进川南经济区一体化发展，加大高端成长型产业和新兴先导性服务业培育发展力度，有利于我们赢得更多的支持和发展机会；我市具有较好的发展基础和潜力，新型城镇化蕴含着巨大的投资和消费需求，航空与燃机等新兴产业正在孕育形成，有利于培育形成新的经济增长点，随着一批重大交通基础设施的建成，将更加凸显自贡的区位优势。只要我们始终专注发展、保持定力，善于趋利避害，就能因势利导、顺势而为，只要我们振奋精神、攻坚克难、砥砺前行，就一定能开创新常态下经济社会发展的崭新局面。

政府工作的总体要求是：全面贯彻落实党的十八大、十八届三中四中全会和中央、省委经济工作会议精神，坚持稳中求进工作总基调，以提高经济发展质量和效益为中心，以改革创新为动力，以调整优化经济结构为方向，着力强化产业支撑，着力增强内需拉动，着力加快新型城镇化，着力防范化解风险，着力保障改善民生，促进经济平稳健康发展和社会和谐稳定，为建设“五个自贡”、构建区域中心城市、全面建成小康社会奠定坚实基础。

综合考虑新常态要求、宏观经济形势和我市发展实际，今年主要预期目标安排为：地区生产总值增长 8% 左右；规模以上工业增加值增长 8% 左右；全社会固定资产投资增长 11%；社会消费品零售总额增长 11.6% 左右；地方一般公共预算收入增长 8% 左右；单位地区生产总值能耗下降完成省下目标；城镇登记失业率控制在 4.5% 以内；城镇居民人均可支配收入增长 9%；农民人均纯收入增长 10%。需要报告和说明的是：在社会主义市场经济条件下，经济增长目标是预期性的弹性指标，而不是约束性的刚性指标，且主要依靠市场主体自主行为去实现，用左右这样的概念是表明一个区间值，实际运行高一些、低一些都是可能的。

一、全力促进投资消费，力保经济平稳增长

坚持狠抓投资不动摇，着力培育投资消费新增长点，进一步发挥需求拉动经济增长的重要作用。

保持投资较快增长。聚力主抓重大项目，健全项目工作机制，强化项目推进三级责任和重大项目联系制度，建立项目进度台账和网络管理平台，每月督查通报和定期分析，及时协调解决突出问题，凝聚大抓项目、抓大项目的工作合力。力促海川燃机配件制造三期等 143 个续建项目按计划推进、凯茨阀门工业园等 91 个项目如期开工，确保全年重大项目投资完成 335 亿元。着力拓展投资空间，把握国家、省政策导向，围绕提升基础保障能力，谋划推进一批铁路、高速公路、水利项目，力促成自泸铁路纳入省铁路网规划，加快向家坝灌区、自泸大件公路等项目前期工作；围绕传统产业转型和新兴产业培育，谋划推进一批产业链延伸项目和新兴产业项目；围绕新型城镇化发展，加快一批城镇基础设施项目建设，推进卫生康复职业学院新校区、自贡一中新校区、东部新城康疗中心等项目前期工作；围绕改善民生，谋划推进一批安置房、生态环保、农贸市场改造等民生项目。加强要素协调保障，把激活社会资本作为重点，建立政府和社会资本合作（PPP模式）[11]机制，鼓励社会资本参与政府性公共服务项目、基础设施项目的建设和运营，为社会资本打开投资新通道。发挥产业发展资金导向作用，支持企业加大新技术、新产品、新业态投入。完善金融投放激励机制，引导金融资本投向实体经济，给予重大项目、中小微企业更多信贷支持。积极争取省重点项目、保障性住房和双挂钩专项用地指标，推行工业用地弹性出让年限管理试点。加大征地拆迁力度，保障重大项目用地。切实优化投资环境，落实重大项目三级并联审批和流程整合机制，进一步提高项目审批时效；规范行政事业性收费，坚决查处乱收费行为，为投资者提供良好的环境。

积极引导居民消费。认真落实促销政策，扩大汽车、家电等大宗商品消费。组织开展节庆促销、旅游促销等活动，探索实行市内旅游景点“一票通”，挖掘传统消费潜力。适应消费升级发展趋势，加快培育健康养老、体育健身、家政服务、文化娱乐等消费新热点。引导支持企业拓展自贡特色产品网络销售渠道，依靠创新开发个性化、特色化新产品和新服务，开拓消费新市场。加强城市形象品牌宣传，努力吸引外来消费。引导居民合理住房需求，力促房地产市场平稳健康发展。

二、深入实施创新驱动，加快产业转型升级

继续实施产业促进年，强化三次产业联动，进一步优化存量、做大增量、提升质量，全面增强产业竞争力。

做大做强工业支撑。大力培育五大高端成长型产业，分类制订产业发展规划，完善推进机制和扶持政策，强化项目储备和实施，推动高端成长型产业率先取得实质突破，形成集群效应。大力发展航空与燃机产业，全面推进与中航工业集团的战略合作，力争引进世界先进通用飞机机型组装生产线，加快海川公司发动机整体叶轮叶盘、高温合金涡轮盘和机匣生产线、兆强公司直升机螺旋桨轴承密封件等项目建设。积极培育新能源汽车产业，规划建设汽车产业园，着力引进零部件配套企业，力促一汽商用汽车整车项目实现量产。发展壮大节能环保装备产业，积极对接省产业扶持政策，抢抓省重点扶持机遇，加快低排放余热高效节能锅炉、环保型成套输送装备产业化等项目建设；整合交投及相关企业资产，组建信融能源投资公司，做大做强清洁能源装备制造业，打造国家节能环保装备产业示范基地。加快发展新材料产业，重点实施晨光氟硅新材料产业园、中天胜聚酰亚胺泡沫产业化等项目，打造国家新材料产业化基地。积极培育页岩气产业，加大开采力度，增强配套能力，推进就地转化利用。巩固提升传统优势产业，引导盐及盐化工龙头企业把握盐业体制改革机遇，大力开拓市场，努力做大做强。支持食品药品、纺织化纤等产业特色化、品牌化发展，加快技术改造和新产品开发，推进现代中药产业园、美乐香辣酱迁建等项目，做大产业规模。加大企业培育力度，实施大企业大集团倍增和中小微企业成长计划，全力帮助企业协调资金、拓展市场，千方百计稳定生产；新培育主营业务收入30亿元以上企业1户、10亿元以上企业2户、规模以上企业20户。加强企业家队伍建设，引导企业建立现代企业制度。持续推进园区建设，围绕园区产业定位，强化项目引进，加快入园项目建设进度，促进产业集中集群集约发展，提高园区产出能力、就业能力和纳税能力。全年园区新增承载能力5平方公里，新入驻项目25个，主营业务收入突破1100亿元。培育壮大建筑业。第二产业增加值增长8%左右。

大力发展现代服务业。培育发展新兴先导型服务业，推进电子商务发展，实施全民触网行动、全企入网工程，构建一批区域电商平台，引进培育100家电商服务企业；推动现代物流、现代金融业发展壮大，积极培育科技服务、养老健康、体育休闲、文化创意等新兴服务业，促进服务业优化升级。加快服务业集聚区建设，重点培育大山铺商贸集聚区、自流井综合物流园、川南汽贸产业园，着力推进西南（自贡）无水港、普润产业博览城二期、汽车配件市场等项目建设，加快华商国际城等城市综合体和自流井老街等特色街区打造，增强区域集聚辐射力。提升发展文化旅游业。加快彩灯产业集群发展，办好第21届自贡国际恐龙灯会，推进彩灯文化产业园建设；实施自贡世界地质公园旅游综合服务工程，谋划恐龙王国主题公园建设；加快卧龙湖旅游度假区建设，全面建成盐卤浴项目；积极推进川南通用航空产业园建设，建成通用机场跑道和航站楼，完成航空小镇规划编制，力争开工航空展示中心和航空博物馆建设，组建“爱飞客”航空俱乐部；办好特色会节活动，提高乡村旅游发展水平；加大旅游营销力度，合作推出“川南环线游”精品旅游线路，推动区域旅游一体化。全年新增规模以上服务业企业100家，服务业增加值增长9%左右。

积极发展现代农业。加快农业产业化发展，继续创建国家现代农业示范区，区县各建成1个“万亩亿元”现代农业示范园区；积极发展节粮型草食畜禽，着力打造生猪、黑山羊、肉兔等特色畜牧业基地，实施富顺100万头生猪循环养殖及加工项目；实施龙头企业技改扩能项目20个，建成西南粮油及农副产品物流加工产业园，力争开工建设富顺、沿滩和自流井农副产品加工园。积极培育新型农业经营主体，鼓励工商资本投入现代种养业，扶持发展种养大户、家庭农场、农民合作组织，引导发展适度规模经营。健全农业标准化体系，支持创建绿色食品、有机产品和地理标志保护产品，保障农产品质量安全。加强农田水利基本建设，完成12座病险水库除险加固，新增灌溉面积2.2万亩，实施土地整治、高标准粮田、小农水等项目建设，增强农业抗御自然风险能力。全年粮食产量稳定在130万吨左右，农业增加值增长3.8%左右。

着力强化创新驱动。深入推进国家知识产权试点市和国家技术创新工程试点示范市建设，加快完善技术创新体系，新创省级企业创新平台1个，培育市级企业研发机构5个，组建技术创新联盟1个，加快南岸科技新区孵化中心建设。加强与四川理工学院、浙大自贡创新中心等高校和研发机构的合作，推进产学研协同创新，重点突破长距离大运量管带式输送机研制及应用等产业关键技术。落实科技成果转化政策，健全科技金融协同创新机制，大力支持大学生和科技人员创业创新，推动科技成果产业化，高新技术产业产值突破500亿元。加强知识产权保护，落实企业研发费用税前加计扣除等政策，引导企业探索建立科技成果股权及分红激励机制，对贡献突出的科技人员给予奖励，营造崇尚创新、全民创新的良好环境。

三、全面深化各项改革，努力提升开放实效

坚持问题导向，强化各领域改革制度设计和实施，深化对外开放和区域合作，不断为经济社会发展增添新活力。

加快重点领域改革步伐。开展农村“七权同确”[12]试点，推进产权依法规范流转和交易，发展农民股份合作，继续实施深化城乡建设用地增减挂钩试点，开展农村集体经营性建设用地入市试点。全面启动公交公司、大西洋公司混合所有制改革，推进川玻公司重组，做好新华印刷厂等5户企业破产终结工作。推进商事制度改革，放宽企业住所、经营场所登记条件。完善金融服务体系，组建自贡农商银行，新发展一批新型金融机构。支持企业拓展直接融资渠道，帮助运机公司等企业做好上市工作。深化财税体制改革，强化全口径预算管理，全面实施“营改增”改革，加强政府性债务管理，建立财政性资金存放与信贷挂钩机制。推进行政权力公开透明运行，建立行政许可项目目录和前置事项、中介前置事项两个清单，全面取消非行政许可审批事项，加大网上审批服务办理力度。深化事业单位改革，创新事业单位管理机制。推进社会事业领域改革，鼓励社会力量以多种形式办学，力争引进1所民办高中；全面实施县级公立医院综合改革，建立完善基本药物制度和基层医疗卫生机构运行机制；做好文艺院团改制后续工作；加大政府购买公共服务力度。深化机关事业单位工资收入分配制度改革，落实基层公务员职务与职级并行制度，实施国有企业负责人薪酬制度改革。深化生态文明体制改革，健全区域联防联控机制，建立源头保护制度。抓好资源环境价格改革，探索实行居民自来水、天然气阶梯价格制度。

加大招商引智力度。突出产业招商，重点围绕培育五大高端成长型产业和新兴先导型服务业，加强与中航集团、中石油等央企的对接洽谈，争取签约一批重大项目。建立招商引资统筹决策机制，科学规划布局招商项目。积极创新招商方式，开展定向招商、以商招商和活动招商，加大与行业协会、商会的交流合作，进一步挖掘招商信息，全年引进到位市外项目资金500亿元以上。强化签约项目的跟踪督促，力促签约项目落地建设。深入实施高层次人才“双千”计划，加快引进培育一批行业领军人才和创新创业团队。

深入推进开放合作。积极融入丝绸之路经济带、长江经济带、成渝经济区，加强交流合作，借势借力发展。推动川南一体化发展，加快基础设施互联互通，强化经济、文化、旅游发展等领域合作，提升区域合作水平和实效。实施对外贸易、外资引进、对外经济技术合作联动发展，鼓励企业拓展境外业务，启动高新综合保税区建设，支持节能环保装备、新材料、彩灯产业重点企业拓展海外市场。

四、着力统筹城乡发展，加快新型城镇化步伐

坚持走形态适宜、产城融合、城乡一体、集约高效的新型城镇化道路，增强城镇综合承载能力，提高城镇化质量水平。

加快重大基础设施建设。建成自隆、内威荣高速公路，完成乐自高速自流井连接线主体工程，开工建设自隆高速富顺连接线，加快建设成自泸赤高速公路大安、沿滩连接线。推进国省干线公路和北环路、王贡路改造。开工建设川南城际铁路、大山铺铁路物流园专用线和火车南站三货场扩建工程。加强水利基础建设，确保小井沟水库下闸蓄水，加快狸狐洞等3个中型水库建设，做好移民安置工作。抓好能源、通讯、信息基础建设，开工建设琵琶220千伏等输变电工程，完善4G通信网络，扩大光纤网络覆盖面，推进“宽带乡村”试点，不断增强基础保障能力。

加快新区建设和旧城改造。按照“东拓西调、南优北控”城市空间发展策略，维系组团式发展格局，统筹推进东北部新城、沿滩组团、南湖-卧龙湖组团、成佳组团、舒坪组团开发，建成西苑街南延线、汇园路等10条道路，新开工卧龙大道二期等11条主干道路，建成南湖公园西大门跨线桥修筑及下沉式广场；启动东部新城起步区“一纵二横”(13)道路建设，建成南岸科技新区“一环二纵三横”道路路网。大力推进旧城棚户区改造，力争完成东兴寺、西山路、光凤片区房屋征收，实施安置房主体工程建设，完成西山路道路改造，启动大安旧城房屋征收。推进“海绵城市”(14)建设，实施生态保护和恢复。强化城市地下空间开发利用，建设地下综合管廊。建立大数据运营中心，提高城市建设、管理和服务信息化水平，建设智慧城市。推进荣县、富顺县城开发，加快国道348线（原省道305线）富顺绕城改线工程、内威荣高速公路荣县连接线建设，完善城市基础设施和服务功能，增强县城集聚能力。

推进城镇和新农村建设。立足资源禀赋、基础条件等培育特色产业，着力打造一批工业商贸强镇、文化旅游名镇，重点抓好12个省级试点镇建设。围绕“业兴、家富、人和、村美”标准推进新村建设，重点建设100个幸福美丽新村，建成6个新农村综合体、30个新村聚居点、50个新农家大院，加强村落民居环境整治和风貌保护，建设好“微田园”。加快荣县、沿滩省级新农村成片推进示范县建设，实现“三年大变样”目标。

五、协调发展社会事业，不断增进民生福祉

紧贴民生需求，大力实施九大民生工程，切实解决群众最关心、最直接、最现实的民生问题。

办好18件民生实事。1. 新建和改造农村公路500公里。2. 解决24万农村人口及学校师生饮水安全问题。3. 为5.5万名困难家庭失能老人和80岁以上高龄老人提供居家养老服务。4. 实施棚户区改造17385户、农村危旧房改造19472户。5. 建设农村教师周转房8600平方米。6. 对所有行政村给予公共服务经费补助，村均5万元。7. 建设4个区县残疾人服务中心。8. 将市本级义务教育地方财政保障标准由年生均40元提高到360元。9. 将城区3—5所学校体育设施在规定时段向公众开放。10. 建设50个标准化乡镇（街道）便民服务中心、200个标准化村（社区）便民服务室。11. 实施城市老旧燃气管网改造18公里。12. 综合整治背街小巷100条。13. 新建和改造标准化农贸市场10个。14. 对全市65岁以上老人免费体检一次。15. 改造111个城区老旧居民小区供配电设施。16. 城乡居民基本医疗保险政策内报销水平分别达到72%和75%。17. 投放城区高级公交车100辆。18. 增加城区公共停车位1000个。

大力实施民生工程。完善覆盖城乡的就业创业服务体系，落实创业扶持政策，积极开发就业岗位，强化职业技能培训，加强高校毕业生、就业困难人员等群体就业援助，全年新增城镇就业3万人以上。扎实实施“五大扶贫工程”(15)，强化精准扶贫，全面完成年度减贫任务。扩大企业工资集体协商制度覆盖面，健全企业工资决定和正常增长机制，稳定劳务输出规模，开展农村产权抵押融资试点，努力增加群众财产性、工资性、经营性收入。提高社会保险统筹层次和质量，健全养老保险多缴多得、长缴多得的激励机制。推进基本医疗保险制度城乡统筹，扩大异地住院医疗费用即时结算范围。完善社会救助和养老服务体系，稳步提高低保补助水平，鼓励社会力量兴办养老服务机构。健全住房保障体系，加大住房公积金保障力度，新开工保障性住房5000套，推进农村廉租房建设。

协调发展各项事业。推进义务教育均衡发展，确保沿滩区通过国家认定、自流井区通过省级验收；开工建设汇东、绿盛实验学校南湖校区二期和富顺西区九年制义务教育学校，加快推进富顺二中改扩建。推动校企合作，发展现代职业教育。支持四川理工学院和四川卫生康复职业学院发展。加强教师队伍建设，稳步提高教育教学质量。建成市四医院住院大楼及消毒中心综合楼，完成富顺县医院迁建，力争开工建设卧龙湖康疗中心、市一医院儿科住院大楼；继续实施名医名科名院工程，力争市三医院创建三甲综合医院；加强公共卫生服务，做好疾病防控工作，推进区县疾控中心标准化建设。加强先进文化引领，广泛开展精神文明创建活动，践行社会主义核心价值观，启动全国文明城市创建工作。加强现代公共文化服务体系建设，建成市文化艺术中心文化馆和富顺文体中心，推进区县图书馆建设；加强文艺精品创作，办好第5届川南文化艺术节和市第15届艺术节，组织开展抗日战争胜利70周年纪念活动，推动群众文化体育活动蓬勃开展。加强文化遗产保护利用，开展古村落乡土建筑整体保护利用试点。加强统计、档案、防震减灾、人防、气象、邮政、地方志、外事、民族、宗教、侨务、对台等工作。

六、依法加强社会治理，推动社会和谐发展

强化系统治理、依法治理、综合治理、源头治理，有效化解矛盾纠纷，坚持打击违法犯罪，维护社会和谐稳定。

切实保障公共安全。加强治安防控体系建设，实施智慧天网工程，提高治安防控能力，严厉打击各类违法犯罪，不断增强群众安全感。全面落实安全生产政府领导责任、部门监管责任和企业主体责任，强化隐患排查和治理，深入开展煤矿、非煤矿山、道路交通、建筑施工、危化品等重点领域专项整治，有效防范重特大事故。完善食品药品监管机制，严厉惩处制假售假行为，切实保障食品药品安全。加强应急指挥平台建设，提高突发事件应急处置能力。

不断创新社会治理。健全基层治理体系，创新治理机制，推动以“还权、归位、赋能”为重点的社区自治，深化社区网格化管理、社会化服务，增强基层组织管理服务功能。积极引导公益性、行业性等社会组织发展，充分发挥社会组织、人民团体在社会治理中的作用。畅通群众诉求表达渠道，深入开展接访下访，落实重要信访包案制度，健全人民调解、行政调解、司法调解协调联动体系，有效化解一批信访积案；依法规范信访秩序，严格诉访分离，引导群众通过诉讼、仲裁等途径解决合理诉求，依法处置非访缠访行为，推动形成办事依法、遇事找法、解决问题用法、化解矛盾靠法的法治良序。强化经济运行风险防范，依法处置企业债务危机，严厉打击非法集资、高利贷行为。

着力加强民主法治。强化基层民主管理和自治建设，推动落实村（居）务公开、厂务公开，保障群众民主权利。推进全民普法和守法，深入开展法律“七进”[(16)]活动，完善公共法律服务体系，提高全民法治意识。加强社会诚信建设，推动建立全市统一的信用征集查询平台，完善失信惩戒机制。

七、切实强化环境保护，积极促进生态文明

统筹经济发展与环境保护，推动绿色发展、低碳消费，强化污染源头防控、标本兼治，持续改善环境质量。

推进全域绿化美化。实施城区绿化覆盖工程，完成釜溪河复合绿道城区连接段建设，建成卧龙湖湿地公园一期和盐都植物园二期工程，开工建设高峰公园、狮子山公园二期工程，新建一批绿化小广场，实施西山路、朝土路、北环路、卧龙大道等道路绿化和城市节点景观绿化，城市绿化覆盖率提高到40%。继续实施“天保”工程和退耕还林，森林覆盖率提高1个百分点。持续开展“五乱”治理，推进省级环境优美示范创建工作。

加强环境保护和治理。扎实开展大气污染防

治，加大建筑和道路扬尘、汽车尾气治理力度，加强城区空气质量监测，不断改善环境空气质量。加强双溪水库、小井沟水库和乡镇集中式饮用水源地生态功能保护，继续实施釜溪河流域水环境综合整治，持续改善水环境质量。强化节能减排，严格企业污染物排放监管，严查环境违法案件，关闭5个小煤矿，淘汰16户企业落后产能，加快沿滩、长山镇污水处理厂一期工程建设，全面完成“十二五”主要污染物总量减排任务。

八、持续推进作风转变，建设人民满意政府

作风建设永远在路上。我们必须适应形势和环境变化，坚持不懈转变作风，努力建设人民满意的服务型政府和法治政府。

坚持解放思想，与时俱进。面对经济发展新常态，我们要切实增强转型发展意识、改革创新意识，科学谋划新常态下的改革发展工作，高质量编制好“十三五”规划。按照服务型政府建设要求，加快推动政府工作从管理到服务的根本转变。大兴学习之风，不断提高运用新观念、新知识、新方法做好政府工作的能力。

坚持践行宗旨，勤政为民。面对民生改善新期待，我们要了解群众诉求，听取群众呼声，使政府工作更好体现群众需求和群众意愿。扎实开展“走基层”活动，深入察民情、解民忧，建好民生诉求、群众困难、稳定工作“三本台账”，健全问题交办、督查督办、考核问责机制，以解决问题的实际成效增进与群众的血肉联系。

坚持求真务实，勇于担当。面对改革发展新任务，我们要大力弘扬实干作风和担当精神，对决策部署落实、重大项目推进盯住不放、一抓到底，对突出矛盾问题集中攻坚、力求突破，切实增强工作实效。深入贯彻落实中央“八项规定”和省、市委转变作风规定，持续开展庸懒散浮拖专项整治行动，全面提升行政效能和政府执行力。

坚持依法行政，厉行法治。面对依法治理新形势，我们要认真贯彻落实市委全面推进依法治市的决定，忠实践行法治精神，自觉接受市人大及其常委会法律监督、工作监督和市政协民主监督，广泛听取民主党派、工商联、无党派代表人士的意见建议，认真做好人大议案、代表建议和政协提案办理工作。深化政务公开，及时公开重大决策、重大项目、公共资源配置等信息，扩大部门预决算和“三公”经费预决算公开范围。完善重大行政决策程序，探索建立重大行政决策失误责任追究制，推进依法科学民主决策。规范权力行使，促进公正文明执法。

坚持廉洁从政，提升公信。面对从严治党新要求，我们要认真贯彻落实市委全面推进从严治党的决定，切实加强廉政建设，强化廉洁从政教育，引导公务人员时刻保持法纪敬畏、养成廉洁操守。继续完善土地出让、工程招投标、政府采购等公共资源交易的制度设计，开展突出问题专项整治，坚决查处和纠正不正之风。加强财政资金管理，大力压缩一般性支出，推进公务用车改革，切实降低行政成本。强化行政监察、审计监督，严肃查处各类违纪违法行为，不断提升政府的公信力。

各位代表，当前自贡发展正处在转型突破的紧要关头，责任重大，不容我们丝毫懈怠；使命崇高，激励我们砥砺奋进。让我们在市委的坚强领导下，万众一心、拼搏实干，只争朝夕、锐意开拓，向着全面建成小康社会的宏伟目标奋勇前进！

名词注释

1. 两类公司：指小额贷款公司和融资性担保公司。

2. 五大高端成长型产业：指我市确定的页岩气、节能环保装备、航空与燃机、新材料、新能源汽车五大产业。

3. 宽带乡村试点工程：指通过三年的建设，使行政村光缆通达率达到100%，入户带宽速率达到20M以上。

4. 卧龙湖旅游度假区一纵一横：一纵指龙汇街南延线延伸段；一横指卧龙大道。

5. 南岸科技新区一环二纵三横：一环指外环线；二纵指新华路北延线和东一路北延线；三横指纬一路、纬二路、纬三路。

6. 财政资金量化入股：指对投入到村、农民合作社、农田水利设施中形成的资产，采取农村集体经济组织成员自主参与的方式进行股权量化，所得收益原则上以计价的形式平均量化到试点组织成员。

7. 三分离自治机制：指社区居民代表会议决策、社区居民委员会执行、社区居务监督委员会监督相分离的社区自治机制。

8. 三委两站一会：指社区党支部委员会、居民委员会、居务监督委员会、公共服务站、综合治理工作站、居民代表大会。

9. 五项专项整治：指省委提出的领导干部收受红包礼

金、滥发奖金工资津补贴、违规购置和使用车辆、庸懒散浮拖、选人用人问题5个方面的专项整治。

10. 三期叠加：指经济增长速度换挡期、结构调整阵痛期、前期刺激政策消化期相互叠加。

11. PPP模式：指政府为增强公共产品和服务供给能力、提高供给效率，通过特许经营、购买服务、股权合作等方式，与社会资本建立的利益共享、风险分担及长期合作关系。

12. 七权同确：农村土地承包经营权、林权、农村集体土地所有权、农村集体建设用地使用权、农村房屋所有权、农村小型水利工程使用权、农牧业设施使用权确权工作同步推进。

13. 东部新城起步区一纵二横：一纵指和平大街；二横指北一路和北二路。

14. 海绵城市：指城市能够像海绵一样，在适应环境变化和应对自然灾害等方面具有良好的“弹性”，下雨时吸水、蓄水、渗水、净水，需要时将蓄存的水“释放”并加以利用。

15. 五大扶贫工程：指基础扶贫工程、产业扶贫工程、新村扶贫工程、能力扶贫工程和生态扶贫工程。

16. 法律七进：指法律进机关、进学校、进乡村、进社区、进寺庙、进企业、进单位。

中国人民政治协商会议
自贡市第十四届委员会常务委员会工作报告

（2015 年 2 月 9 日在市政协十四届四次会议上）

自贡市政协主席　潘泽金

各位委员，同志们：

我代表中国人民政治协商会议自贡市第十四届委员会常务委员会，向大会报告工作，请各位委员审议，请同志们提出意见。

2014 年工作回顾

2014 年是发展环境极其复杂、发展任务极其繁重的一年。一年来，在中共自贡市委的坚强领导和省政协的指导下，在各方面大力支持下，市政协高举中国特色社会主义伟大旗帜，以邓小平理论、“三个代表”重要思想、科学发展观为指导，深入学习贯彻中共十八大，十八届三中、四中全会和习近平总书记系列重要讲话精神，坚持团结、民主主题，紧紧围绕全市工作大局，认真履行职能，务实开拓进取，为更高水平建设五个自贡、加快构建区域中心城市、全面建成小康社会做出了积极贡献。

一、着力提高政治把握能力，加强学习交流，增进思想共识

坚持把学习作为人民政协的重要任务，通过主席会、常委会、常委学习日活动和专题报告会，推动各级政协组织、各参加单位和广大委员深入学习领会中共十八大和十八届三中、四中全会的新思想、新论断、新举措，学习领会习近平总书记系列重要讲话精神，学习领会省委十届四次全会、市委十一届九次全会精神，努力把中央和省委、市委精神传达到各级政协组织和广大政协委员，自觉把思想行动统一到中央、省委和市委的决策部署上来，坚定了走中国特色社会主义道路的思想政治基础，坚定了中国共产党领导的多党合作和政治协商制度的信心决心。

深入学习贯彻习近平总书记在庆祝中国人民政治协商会议成立 65 周年大会上的重要讲话，认真学习领会中共中央关于做好人民政协工作、推进社会主义协商民主的任务要求，增强了做好政协工作的责任感、使命感，促进了政协工作水平提升。举行了纪念邓小平同志诞辰 110 周年书画展，缅怀邓小平同志为新时期人民政协事业发展做出的杰出贡献，号召和激励大家以继往开来、与时俱进的精神深入推进政协事业发展。以推进协商民主广泛多层制度化发展为主题，召开了市政协理论与实践专题研讨会，收集论文 27 篇，在思想交流、理论研讨和共识达成上做出了努力。

二、着力提高调查研究能力，坚持问题导向，紧扣改革发展献计出力

协商议政，共谋发展大计。在市委领导下，成功召开了市政协十四届三次会议。会议期间，委员们认真协商政府工作报告、法院和检察院工作报告、计划和财政报告，委员代表与市领导专题座谈会富有成效，会议整理、转交和反馈委员意见建议 61 条，全会整体协商质量进一步提高。常委会坚持紧扣全市工作大局确定协商主题，围绕主题深入开展调查研究、举行会议发言和进行分组协商，常委会专题协商更加深入。主席会坚持围绕全市改革发展的重大事项进行协商，重点协商讨论了市委年度工作总结和工作要点、市政府半年工作、重大招商引资项目等。提案办理协商、专委会对口协商常态化开展。

关注企业，助推平稳发展。为应对经济下行压力大、稳增长困难的形势，市政协集中在7至8月开展了“关注企业，助推发展”调研服务活动。活动期间，两次召开经济界委员代表座谈会，分析经济形势，了解委员所在企业的生产经营状况，共商促进经济和企业发展的对策；主席会成员带队集中走访了14户委员所在的企业，了解企业生产经营情况，听取企业意见建议，帮助协调解决存在的问题；以“关注企业生产经营情况、更高水平推进产业自贡建设”为主题，举行了2014年市政协学习会，围绕经济企稳回升和转型升级等问题进行了深入研讨；开展了金融机构服务地方经济发展情况专项视察，与金融机构共同探讨如何更好支持和服务地方经济发展，共商对策建议。调研服务活动结束后，及时向市委、市政府报送了活动情况报告，积极帮助企业化解困难，受到了委员和企业的好评。

资政建言，促进改革创新。围绕发展现代服务业，十四届八次常委会以“助推服务业发展”为主题，组织各党派、界别和工商联等各方面，就商贸流通、交通运输、餐饮服务等传统服务业改造升级，新兴产业项目引进等进行了探讨，积极建言献策。围绕深化改革，十四届九次常委会以“全面深化改革”为主题，对民间资本进入现代金融市场、县域经济发展、城乡一体化建设、农村产权改革、盐业遗址保护、涉法涉诉信访改革等问题进行了交流探讨。坚持按每年围绕一个主题召开资政会的思路，组织召开了助推创新自贡建设专题资政会，重点围绕企业经营管理创新、科技创新、文化、教育等领域的改革进行资政建言。坚持围绕重点工作开展调研视察，组织开展了营业税改增值税试点、乡村旅游发展、招商引资企业发展、台资台属企业发展、异地商会发展、海关工作等专题调研和视察，深入实际了解情况，分析原因，提出建议，努力推动各方面工作开展。

三、着力提高联系群众能力，创新群众工作方法，促进群众生活改善

切实改进作风，密切联系群众。按照中央和省委、市委部署，深入开展党的群众路线教育实践活动，在落实中央八项规定和省委、市委有关规定，加强和改进调研视察方法，改进文风会风和工作作风，密切与各界群众的联系等方面做出了努力、取得了成效。活动中，坚持按照学深学透、触动思想的要求狠抓学习，加深了对党的群众路线内涵的理解把握，筑牢了群众观点，增进了群众感情；采取走出去、请进来的方式听取了民主党派、工商联、区县政协的意见建议，高质量召开了专题民主生活会，得到了省委督导组肯定；坚持统筹规划、立查立改的思路抓整改和建章立制，以实际行动落实群众路线要求，在“三联三服务”活动中帮助联系的乡镇和村协调解决农村灌溉渠管、村组道路、文化大院建设等所需的资金230多万元；建立完善了政协委员联系群众等制度，努力把转变作风、联系群众纳入制度化、规范化、常态化轨道。

加强民主监督，畅通意见表达。充分发挥民主评议肯定成绩、发现问题、改进工作的积极作用，组织对市环境保护局工作进行了民主评议，收集整理并向市环境保护局反馈意见建议35条，专题向市委、市政府报送了民主评议情况报告，市环境保护局针对评议意见进行了切实整改。组织开展了2013年民主评议市交通运输局工作“回头看”，促进民主评议整改工作落到实处。坚持以视察促落实，有重点地组织对小井沟水利工程、机关效能建设、法官队伍建设进行了视察。注重发挥委员主体作用加强民主监督，通过推荐委员担任相关部门和单位的特约监督员、行风评议员、警风监督员，组织委员参与作风评议、电视问政等，加强民主监督，推动工作开展，促进公平正义。

积极履职建言，努力为民办事。十四届十次常委会以“着力保障和改善民生，促进社会和谐稳定”为主题，围绕提高居民收入、完善保障体系、提升生活质量水平等进行专题建言献策，努力为推进幸福自贡建设贡献力量。积极关注群众的切身利益，组织开展了棚户区改造、贯彻执行劳动合同法、企业工资集体协商、群众体育设施建设、幸福家庭建设、物业管理、社区卫生服务能力建设、职业技术教育发展等专题调研和视察，助推民生幸福。市政协牵头，各部门各方面大力支持，联合举办了“栋梁工程、捐资助学”活动，筹集资金43.9万元，捐助贫困学生350名。

加强提案办理，帮促化解难题。高度重视提案工作，积极引导委员深入基层、深入群众了解呼声要求，有针对性地提出提案。坚持把协商贯穿于提案提出、办理、反馈各环节，进一步优化提案征集、审查流程，加大网上征集、办理和回复的力度，提案工作信息化水平进一步提升。加大对“老话题”提案、重点提案的督办力度，促成了一些重难点问题的解决。坚持常委会民主评议重点提案办理情况和专题听取承办提案较多部门的工作汇报制度，提案办理质量进一步提高。

反映社情民意，畅通群众诉求。坚持把反映社情民意作为履职的重要任务来抓，专题组织召开了反映社情民意信息工作会，加强与市级各民主党派、工商联和区县政协的联系，调动广大委员积极性反映社情民意；着眼资政建言，努力扩大信息渠道，改进报送反馈方式，提高信息质量。首次对社情民意信息办理情况进行视察，助推了群众关注问题的解决和部门工作改进，提高了委员履职积极性。反映的社情民意信息，得到了省政协和市委、市政府领导的批示肯定，帮助推动了群众关注热点难点问题的解决。

四、着力提高合作共事能力，弘扬团结民主主题，汇聚各族各界力量

加强团结合作，支持党派团体参政议政。充分发挥人民政协作为中国共产党领导的多党合作和政治协商重要机构的作用，支持各民主党派、工商联、无党派人士及各人民团体参与全市重大决策的协商讨论，支持各党派界别开展活动、履行职责。坚持主席恳谈会制度、专委会与民主党派和工商联联合开展调研视察等制度。一年来，市级各民主党派、工商联提交集体提案22件，在政协会议作大会发言18次，与政协专委会联合开展调研视察5次，报送社情民意信息85条，作用得到了充分发挥。

积极搭建平台，支持委员发挥作用。重视把委员的个体优势转化为政协的整体优势，创造条件支持委员知情出力，组织委员参加学习讨论、调研视察、资政建言、民主监督等活动。完善了委员履职管理和考核等办法，实名通报委员年度参加会议、提交提案、反映社情民意、参加调研视察等履职情况，编印《委员履职实例》，规范委员履职行为，激励委员积极主动履行职能。继续探索按照界别特点开展活动的形式和方法，建立政协领导和专委会联系界别制度，落实界别活动经费保障，支持界别独立开展活动，坚持在界别中开展了“五个一”活动。注重发挥专委会的专业优势和联络优势，组织委员参与调研视察、民主评议，确保委员每年至少参加1次专委会组织的调研视察。

广泛联系各族各界，努力凝聚各方力量。切实加强与各族各界的联系、沟通，努力发挥民族宗教和港澳台侨界代表人士在政协中的作用，助推民族宗教、港澳台侨和外事工作的开展。积极关注不同阶层利益诉求，团结和鼓励各阶层人士共同致力于自贡的改革发展事业。加强涉及自贡改革发展、政协事业和人文地理中的文史资料的收集整理，编印《自贡文史》2期，发挥了存史资政、团结育人的积极作用。坚持隆重、节俭原则举办各界人士新年茶话会，努力凝聚各方力量。坚持向省内外55个政协组织寄送交流资料，组织参加了全国9省（区）29城市政协横向联系会，组织对异地商会进行了视察，交流探讨工作，宣传展示自贡。

切实加强与省、市和区县政协协同联动。积极主动争取省政协指导，配合省政协开展了川南城市群建设、食品安全等调研，开展了产业园区知识产权保护、教育均衡发展、工业开发区和红色旅游项目江姐故居等工作视察。组织驻市省政协委员深入调研制约改革发展、民生改善的重难点问题，在省政协十一届二次会议上提交了尽快开工建设内自宜城际铁路、规划建设自贡至成都新机场城际铁路、继续支持自贡老工业基地改造、支持自贡市服务业综合改革试点工作等提案和社情民意信息30件（条）。组织驻市省政协委员视察了成自泸、乐自隆高速公路建设情况。加强对区县政协工作的指导，努力发挥市和区县政协秘书长联系会、专委会对口联系会的作用推动工作。大力支持区县政协通过市政协全会、常委会会议发言，通过提出提案和与市政协专委会开展联合调研视察，共同为全市发展建言出力。

五、着力提高创新发展能力，提升服务保障水平，增强政协工作活力

积极推进改革，提升履职“三化”水平。为推进协商民主广泛多层制度化发展，按照中共自贡市委十一届九次全会的部署和市委全面深化改革领导小组的安排，市政协牵头就推进协商民主广泛多层制度化发展进行了调研和研讨，重点在推进协商民主、履职成果转化落实和反馈机制、委员产生退出机制等方面提出了深化改革的意见建议，供市委决策参考。建立完善了主席会成员联系委员、委员联系群众制度，加强委员管理服务，确保委员作用发挥。

加强宣传引导，营造良好氛围。高度重视政协新闻宣传工作，完善了政协宣传“四同步”工作机制，在中央和省市主流媒体刊发新闻稿件400多篇，在《自贡日报》刊发政协专栏4期，自贡政协网站刊发信息近750条，编印《自贡政协》（内刊）4期，多层面、多角度宣传人民政协性质、地位和作用，展示广大委员履职风采，增进社会各界对政协组织的认知认同。市政协被评为全省政协新闻宣传工作先进集体。

加强自身建设，提升工作水平。切实推进学习型、服务型、效能型、和谐型机关建设，突出特色加强机关文化建设，党员、干部凝聚力、战斗力进一步增强。坚持“好干部”标准选人用人，切实加强专委会干部选配调整，大力加强政协机关干部教育、培训和实践锻炼，进一步提升机关干部综合能力素质。坚持从严要求，认真贯彻落实“两个责任”，切实加强党风廉政建设，建立健全并严格执行了会务活动、公务接待等制度，努力营造风清气正的生态。

一年来，市政协召开了4次常委会议，15次主席会议；开展专题调研10次，重点视察19次，向市委市政府报送调研报告10份；举行专题资政、民主评议、为民办实事活动各1次；提案立案280件，收集社情民意信息278条，整理转送市政协委员意见建议330多条。

各位委员，同志们，一年来市政协工作的成绩，是中共自贡市委坚强领导的结果，是全市各级党委、人大、政府和社会各方面大力支持的结果，是政协各级组织、各参加单位和广大委员团结奋斗的结果。在此，我代表市政协常委会向大家表示衷心的感谢！

同时，我们也清醒地认识到，与发展的新要求和广大政协委员及人民群众的期望相比，一些工作还存在不足。比如，有的协商议政活动实效性还不强，民主监督方式需要进一步丰富、监督实效有待进一步提高，管理服务委员的办法还需完善和加强等，这些都需要我们高度重视，认真研究，并逐步加以改进完善。

2015年工作意见

2015年，是全面深化改革的关键之年，是全面推进依法治市的开局之年，是“十二五”规划实施的收官之年。市政协工作总体要求是：高举中国特色社会主义伟大旗帜，深入学习贯彻党的十八大、十八届三中、四中全会精神，在中共自贡市委的坚强领导下，坚持团结民主主题，发挥人民政协作为协商民主重要渠道作用，主动适应新常态，坚持改革创新，紧紧围绕全面深化改革、全面推进依法治市、持续建设五个自贡履行职能，努力使各项工作更加契合中心任务、更加符合决策需要、更加体现人民心声，为推动全市经济社会发展和政协事业进步做出新的更大贡献。

一、深化学习凝聚共识，坚定信心共克时艰

坚持把学习贯彻党的十八大、十八届三中四中全会精神和习近平总书记系列重要讲话作为一项重要政治任务来抓，引导政协各级组织、各参加单位和广大政协委员深刻认识全面深化改革、全面推进依法治国、全面推进从严治党的重要性、必要性，增强政治定力，坚定不移地走中国特色社会主义道路，自觉做到与中央、省委和市委保持高度一致。坚持把政治理论学习、协商民主理论学习研讨与履行政协职能的实践相结合，主动适应新常态，积极引导各党派界别把思想和行动统一到中央、省委和市委的决策部署上来，坚定信心、同心同德、共克时艰。

二、围绕中心履职尽责，积极助推改革发展

坚持围绕全面建设小康社会、全面深化改革、全面推进依法治市履行职能，发挥政协智力密集、联系广泛、渠道畅通的优势，务实建言，精诚出力。排除干扰，专注定力，重点围绕转方式调结构、促进工业经济稳定增长、推进农业和农村经济发展、加快现代服务业发展、扩大消费需求、发展民营经济、提升城镇化质量、全方位开放合作、着力保障和改善民生等方面的重大问题，深入开展调研视察、协商议政，努力提出针对性、可行性强的意见建议。组织召开好“助推文化自贡建设”专题资政会。坚持每年围绕一个方面选取一个部门开展民主评议，加强民主监督；充分发挥各级政协组织和委员联系广泛的优势，关注和反映不同阶层利益诉求，切实提出提案，积极反映社情民意，努力促进民生改善，维护公平正义。

三、结合实际探索创新，务实推进协商民主

认真学习贯彻中共中央《关于加强社会主义协商民主建设的意见》和习近平总书记在庆祝人民政协成立65周年大会上的重要讲话精神，切实推进人民政协协商民主制度化、规范化、程序化发展。坚持在市委领导下，按照中央、省委要求，结合实际进一步规范协商内容形式、程序办法；认真组织实施年度协商计划，围绕贯彻落实市委十一届十次全会精神、年度工作要点、重大决策部署、一府两院报告和未来五年发展规划等议题开展全会协商、专题协商、对口协商、界别协商、提案办理协商，不断提升协商议政的实效。支持各党派界别发挥主动性参政议政，支持各种意见无障碍交流沟通，培育团结民主、包容和谐的协商民主文化，努力提高协商水平。

四、坚持从严从实要求，切实加强自身建设

深入践行“三严三实”要求，认真贯彻执行中央八项规定，巩固和扩大党的群众路线教育实践活动成果，持续推进作风建设。发挥政协党组在政协组织中的领导核心作用，努力把党委的重大决策部署贯彻到政协工作之中。继续深化党派合作，进一步密切与民主党派、工商联和无党派代表人士的联系，创新发挥界别作用的措施办法，充分发挥各党派界别和工商联的作用参政议政。完善委员联络制度，健全委员联络机构，探索试行定期召开委员代表座谈会制度，发挥委员的主体作用促发展。进一步调整完善专委会职责，加强专委会建设与管理，发挥专委会的基础性作用。积极主动争取省政协的支持，进一步加强与区县政协的联动协同。组织开展纪念抗战胜利70周年、市政协成立60周年活动，回顾历史，增进团结，凝聚力量。进一步完善政协提案办理、调研视察、社情民意、文史资料、新闻宣传、信息化建设、后勤保障等工作机制，不断提升政协工作科学化水平。

各位委员，同志们，自贡发展前景催人奋进，人民政协工作大有可为。让我们紧密团结在以习近平同志为总书记的中共中央周围，高举中国特色社会主义伟大旗帜，在中共自贡市委的坚强领导下，凝聚共识，务实进取，开拓创新，为建设五个自贡、构建区域中心城市、全面建成小康社会而团结奋斗！

SHI WEI

市　委

重大决策

【第十一届 91 次常委会议】 1 月 13 日，召开中共自贡市委十一届第 91 次常委会议。会议研究审议市政府党组《关于报请审定行政审批事项清理结果的请示》，听取市委常委、常务副市长陈吉明的汇报。会议决定：同意行政审批事项清理结果。会议要求：要对照国务院行政审批改革的有关要求，及时清理全市行政审批事项。要将开展行政审批事项清理工作作为党的群众路线主题教育实践活动的一项内容，推动机关作风转变、效率提高。由陈吉明召集相关部门，学习借鉴广州市行政审批改革的成功做法，进一步深化全市行政审批改革。会议研究审议市委编委会《关于四川卫生康复职业学院体制及领导职数有关问题的请示》，听取市委副书记谭豹的汇报。会议决定：同意四川卫生康复职业学院体制及领导职数有关问题的请示。（一）四川卫生康复职业学院是由市政府主办的专科层次普通高等学校，业务上受省教育厅的指导和管理，主要实施专科层次的高等职业教育。将原自贡卫校人员和资产整体划入四川卫生康复职业学院，市一医院、市四医院作为四川卫生康复职业学院的附属医院。建立中共四川卫生康复职业学院委员会，直属市委领导和管理；建立中共四川卫生康复职业学院纪律检查委员会。撤销中共自贡市仁济医学中心委员会、纪律检查委员会，建立中共自贡市第一人民医院委员会、纪律检查委员会。市一医院党委、市四医院党委直属中共四川卫生康复职业学院委员会。四川卫生康复职业学院日常行政事务、业务工作由市政府委托市教育局、市卫生局管理。市一医院（市传染病医院）、市四医院（市急救中心）业务工作由市卫生局管理，两所医院仍保留独立的法人资格，原有经费形式不变，独立核算，对外名称不变。四川卫生康复职业学院实行党委领导下的院长负责制。（二）四川卫生康复职业学院设领导职数 9 名，其中党、政正职各 1 名；设置非领导职数（副厅级调研员或正县级调研员）3 名。本着精简高效的原则，四川卫生康复职业学院设置党委办公室（含组织、宣传、统战、武装工作）、纪委办公室（监审处）、学生工作部（学生管理处）、工会、团委等党群部门 5 个；设置行政办公室、教务处、科研处、人事外事处、计划财务处、招生就业处、后勤保障处、基建处、保卫处、信息处（中心）、继续教育培训处（中心）、图书馆等行政部门 12 个；设置护理系、特殊教育系、康复系、医学影像系、医学检验系、药学系、外语系、人文社科部、基础医学部等系部 9 个。（三）市一医院（市传染病医院）、市四医院（市急救中心）领导职数分别设置 7 名（含总会计师 1 名），内设机构暂不作调整。会议要求：要高度重视四川卫生康复职业学院对自贡教育卫生事业和城市发展的重要影响，积极支持四川卫生康复职业学院的发展；要选好配强四川卫生康复职业学院领导班子，积极引进专业管理人才，不断提升学院办学水平，增强其对自贡经济社会发展的带动和辐射能力。

【第十一届 93 次常委会议】 2 月 8 日，召开中共自贡市委十一届第 93 次常委会议。会议研究审议市政府党组报请审定《中共自贡市委自贡市人民政府关于加强偏远农村教育工作的意见（代拟稿）的请示》，听取副市长石岷嘉的汇报。会议决定：原则同意《中共自贡市委自贡市人民政府关于加强偏远农村教育工作的意见（代拟稿）》，以市委、市政府名义印发；由市教育局会同相关部门根据市委常委会议精神，对《意见（代拟稿）》涉及的偏远农村学校教师工租房建设、农村教师职称评聘、农村教师待遇和农村学生职业技术教育等相关问题进行研究，完善相关政策措施，切实解决当前偏远农村教育存在的突出问题。

【第十一届 94 次常委会议】 2 月 26 日，召开中共自贡市委十一届第 94 次常委会议。会议研究审议市依法治市领导小组《关于提请审议〈中共自贡市委关于深入推进依法治市的意见（送审稿）〉的请示》，听取市委副书记谭豹的汇报。会议决定：原则同意《中共自贡市委关于深入推进依法治市的意见（送审稿）》。会议要求：将《意见》修改完善后在全市推进依法治市工作会上再次征求意见；市人大常委会、市政府、市政协、市法院、市检察院、市公安局、市司法局要组织对《意见》进行讨论，市依法治市领导小组办公室将《意见》征求法律专家、学者的意见，在充分听取意见的基础上进一步修改完善，并于3月上旬印发正式文件。

【第十一届96次常委会议】 3月21日，召开中共自贡市委十一届第96次常委会议。会议研究审议市目督办《关于审定〈自贡市2014年九项民生工程及17件民生实事实施方案（送审稿）〉的请示》，听取副市长石岷嘉的汇报。会议决定：原则同意市目督办《自贡市2014年九项民生工程及17件民生实事实施方案（送审稿）》，以市委办公室、市政府办公室名义印发。会议要求：2014年全市民生工程要与党的群众路线教育实践活动相结合，把省上下达任务与全市实际相结合，增强针对性，把群众特别关心的民生工程做细、做实、做好，要加强对孤寡、残疾、因病致贫群众的关心帮扶，有针对性地研究解决的办法。

【第十一届99次常委会议】 4月4日，召开中共自贡市委十一届第99次常委会议。会议听取市委党的群众路线教育实践活动领导小组办公室《关于全市党的群众路线教育实践活动进展情况报告》，听取市委常委、组织部部长、市委党的群众路线教育实践活动领导小组副组长、办公室主任李国贵的汇报。会议认为：开展以“为民务实清廉”为主题的党的群众路线教育实践活动，是中央作出的重大决策部署，抓好第二批教育实践活动是各级党委的政治责任，是发展民需、是民生所需、是解决干部“四风”问题所需，是群众的期盼。全市开展党的群众路线教育实践活动以来，各级党组织高度重视、活动开展总体扎实有序有效，但还存在活动开展不平衡、有的单位认识存在差距等问题。会议要求：各级各部门务必高度重视，筑牢“学习教育、查摆问题”两个基础，抓住“立查立改、建章立制”两个关键。一是要深入学习，深化认识。围绕“为民务实清廉”的主题，采取务实有效的办法，深化学习、深刻理解、深入讨论，将活动的开展与工作作风、工作方法的转变紧密结合，解决好世界观、人生观、价值观，牢固树立宗旨意识、群众观点，站稳群众立场。二是要在直接听取群众意见上下功夫。要坚持开门搞活动，开门听取意见，要主动到基层搜集意见，领导干部要结合分管工作到部门、基层中去，查找问题、面对问题、解决问题。要坚决防止以工作问题代替作风问题、以集体问题代替个人问题。要坚持问题立项，立查立改，对查找出的问题，能改的要立即整改。三是要特别注意统筹，把教育实践活动与解决突出问题相结合。要统筹好发展、改革、教育实践活动三大任务。要把党的群众路线教育实践活动与推动全市经济社会发展、全面深化改革、解决民生问题和抓好当前经济工作相结合，要通过解决干部“四风”问题，以更加务实的作风推动发展改革、改善民生、服务群众，做到相互促进，坚决防止“两张皮”。四是要突出作风建设，以好的作风推进教育实践活动。强化正风肃纪，通过先进典型示范、反面警示教育，树立正气，通过集中解决“四风”问题，提升干部在群众中的形象。五是要坚持分类指导，加强督导工作。坚持从实际出发，提出不同的办法措施，探索务实管用的活动载体，注重分类分层分级督导，及时发现并帮助解决苗头性、倾向性、潜在性问题，统筹协调，密切配合，形成工作合力。通过扎实有效的工作，确保全市教育实践活动取得实效。

【第十一届100次常委会议】 4月11日，召开中共自贡市委十一届第100次常委会议。会议听取中共自贡市委十一届九次全体（扩大）会议各小组关于讨论《中共自贡市委关于贯彻落实党的十八届三中全会精神全面深化改革的决定（送审稿）》的情况汇报，第一组召集人唐宏、第二组召集人荣全、第三组召集人龙腾鑫、第四组召集人鲜光鹏、第五组召集人陈洪、第六组召集人詹勇、第七组召集人曾健、第八组召集人杨立平分别作汇报。会议认为：各小组对《决定》进行充分讨论，一致认为《决定》思想明确、内容全面清晰、重点突出、目标实事求是，符合中央、省委精神，也符合自贡市市情，提出的改革发展新方向、新思路、新举措符合全市经济社会发展的实际情况，提出的改革具有针对性，大家均对《决定》内容表示赞同，也提出很多有价值的建议意见。会议要求：起草组要对各小组讨论提出的建议意见进行认真梳理，充分吸纳，进一步修改完善《中共自贡市委关于贯彻落实党的十八届三中全会精神全面深化改革的决定》；市委全面深化改革领导小组专项小组要尽快对各专项工作进行部署，在深入研究，具体分析的基础上，制定出完善的专项工作方案。

【第十一届101次常委会议】 4月15日，召开中共自贡市委十一届第101次常委会议。会议研究审议市人大常委会党组《关于〈自贡市人民代表大会常务委员会关于决定授予自贡市荣誉市民称号的规定（草案）〉的请示》，听取市人大常委会党组副书记、副主任王建威的汇报。会议决定：同意《自贡市人民代表大会常务委员会关于决定授予自贡市荣誉市民称号的规定（草案）》。会议研究审议市委办公室《关于报请审定〈自贡市党内规范性文件备案办法〉（送审稿）的请示》，会议听取市委常委、秘书长吴丕的汇报。会议决定：同意《自贡市党内规范性文件备案办法》，2014年7月1日起开展对各区县委、市委部门党内规范性文件备案工作。会议要求：要高度重视党内规范性文件备案工作，搞好统筹规划，有计划地抓好党内法规工作，完善相关体系。市委办公室要做好区县、部门党内规范性文件备案审查工作。会议研究审议市委组织部《关于报请审议〈中共自贡市委关于进一步加强领导班子和干部队伍建设的意见〉等4个文件（送审稿）的请示》，听取市委常委、组织部部长李国贵的汇报。会议决定：原则同意《中共自贡市委关于进一步加强领导班子和干部队伍建设的意见》《关于落实从严要求加强干部监督管理的实施意见》，由市委组织部根据市委常委会议精神，对文字、内容进行完善后按程序行文；《关于切实发挥市管退出领导岗位干部作用的意见》由市委组织部再广泛征求各方意见、深入调查研究，修改完善后报市委审定；在《自贡市干部谈心谈话工作办法》中增加新任职干部和退出领导岗位干部谈心谈话的内容和规范，征求市委常委意见后印发。会议研究审议市委组织部、市人力资源和社会保障局《关于提请审议〈中共自贡市委、自贡市人民政府关于加快建设区域人才集聚地的意见〉及配套文件（送审稿）的请示》，听取市委常委、组织部部长李国贵的汇报。会议决定：原则同意《中共自贡市委、自贡市人民政府关于加快建设区域人才集聚地的意见》及配套文件，《意见》由市委组织部根据市委常委会议精神，进一步修改完善后，以市委、市政府名义印发。《自贡市高层次人才培养千人计划实施办法》《自贡市高层次人才引进千人计划实施办法》要严格规范有关评选引进程序、支持政策，要突出产业人才重点。会议要求：市人才办要学习借鉴外地的好经验、好做法，在深入调查研究的基础上，不断完善人才工作的各项政策、措施，加快培养引进全市经济社会发展急需的紧缺适用人才，生产、经营、管理一线工作的各类人才；要通过分类研究，细化出各系统、各行业内的引进和培育人才办法，并在实践中不断完善；要加强软硬环境建设，为人才发展营造良好环境。

【第十一届102次常委会议】 4月22日，召开中共自贡市委十一届第102次常委会议。会议研究审议市政府党组《报请审定关于增加村（社区）干部基本报酬办公经费补助标准的请示》，听取副市长马宏的汇报。会议决定：原则同意请示事项。会议研究审议市政府党组《关于报请审定自贡市2014年一季度经济运行情况及下一步工作建议的报告的请示》，听取副市长唐杰的汇报。会议认为：2014年以来，各级各部门不断加大工作力度，一季度全市经济运行与全省基本一致，呈现稳中放缓态势。目前宏观经济形势复杂严峻，全市经济运行中还存在较多的问题和困难，稳增长压力较大。会议要求：一要准确把握宏观经济形势，加强对当前形势的研判分析，深入分析经济发展中出现的新问题、新特征，要加大政策、项目、资金等方面对上争取力度；二要透彻分析当前经济运行中存在的问题，特别要针对产业发展、重大项目推进中的问题进行逐个研究；三要采取有针对性的措施稳增长，尤其是要力促工业经济稳步增长，加强企业指导服务，优化企业发展软环境，切实为企业解决问题，市委、市政府领导要对分管工作专题研究、分析形势、制定措施、抓好落实；四要坚定经济发展信心，把握发展机遇，要通过开展党的群众路线教育实践活动，进一步转变作风，凝心聚力，促进经济社会平稳发展。

【第十一届105次常委会议】 6月6日，召开中共自贡市委十一届第105次常委会议。会议听取市委党的群众路线教育实践活动领导小组办公室关于《全省第二批教育实践活动推进会主要精神汇报》，听取市委常委、组织部部长，市委党的群众路线教育实践活动领导小组副组长、办公室主任李国贵的汇报。会议要求：要迅速传达会议精神，抓好贯彻落实，严格标准，扎实做好查摆问题、开展批评等环节的相关工作。会议审议《中共自贡市委常委班子党的群众路线教育实践活动专题民主生活会对照检查材料（讨论稿）》，听取市委副书记谭豹的汇报。会议要求：要对照好中央、省委有关要求，全面、深刻、实事求是地查找和剖析市委常委班子作风建设方面存在的问题及原因，研究好今后的努力方向和改进措施。起草组要对市委常委提出的建议意见进行认真梳理，充分吸纳，进一步修改完善，征求市委委员和下级党组织的意见后按程序报审。

【第十一届106次常委会议】 6月6日，召开中共自贡市委十一届第106次常委会议。会议研究审议市国资委党委《关于〈自贡市商业银行股份有限公司领导人员管理办法（送审稿）〉的请示》，听取市委常委、市国资委党委书记、市总工会主席王猛的汇报。会议决定：同意请示事项。会议要求：要做好商业银行领导班子和员工的工作，确保过渡期间正常经营和员工队伍稳定，实现工作交接平稳过渡；要建立现代企业制度，完善法人治理结构，规范管理，加强风险防控和业务经营，增强经济实力和市场竞争能力，努力实现改革既定目标；发挥商业银行在促进自贡经济社会发展中的积极作用，在保产业、保企业、保发展，尤其要在支持工业发展上积极作为。会议听取市纪委《关于传达贯彻中央领导同志关于正风肃纪重要批示和省委督查组检查我市正风肃纪工作情况及问题整改建议的报告》，听取市委常委、纪委书记李清的汇报。会议要求：一是要高度重视正风肃纪工作，对检查组检查中发现的问题要端正态度、立即整改；二是要举一反三、触类旁通，加强内部通报和警示，对明显违规但带有共性问题的整改要以点带面的落实；三是要着眼长远、建章立制，规范管理；四是市纪委要对我市正风肃纪工作中的亮点工作、特色工作进行梳理和提炼，做好对上报送和对内推广等工作。

【第十一届107次常委会议】 6月20日，召开中共自贡市委十一届第107次常委会议。会议研究审议市政府党组《关于报请审定部门预决算和三公经费预决算公开工作建议意见的请示》，听取市委常委、常务副市长陈吉明的汇报。会议决定：同意市政府党组《关于报请审定部门预决算和三公经费预决算公开工作建议意见的请示》。会议要求：市级各部门要认真落实上级要求，规范管理，严格执行财务制度，落实部门预决算和三公经费预决算公开工作；各常委部门要带头开展三公经费公开工作，财政部门要加强工作培训，督促各部门规范财务管理，加强财政资金使用监督。会议研究审议市纪委《关于审议〈自贡市建立健全惩治和预防腐败体系2013—2017年实施方案（送审稿）〉的请示》，听取市委常委、市纪委书记李清的汇报。会议决定：原则同意市纪委《自贡市建立健全惩治和预防腐败体系2013—2017年实施方案（送审稿）》，根据会议讨论意见修改完善，按程序行文。会议研究审议市纪委《关于报请审定〈中共自贡市委、自贡市人民政府关于2014年党风廉政建设和反腐败工作的意见〉的请示》，听取市委常委、市纪委书记李清的汇报。会议决定：原则同意《中共自贡市委、自贡市人民政府关于2014年党风廉政建设和反腐败工作的意见（送审稿）》。会议要求：市委常委、市政府副市长要落实党风廉政建设一岗双责，抓好牵头任务的落实，加强对分管联系部门班子成员、重要岗位人员的教育管理。会议听取市委党的群众路线教育实践活动领导小组办公室《关于中央第四巡回督导组莅市检查指导工作情况的报告》，听取市委常委、组织部部长，市委党的群众路线教育实践活动领导小组副组长、办公室主任李国贵的汇报。会议认为：全市党的群众路线教育实践活动第一环节工作扎实有效，取得初步成效，得到中央第四巡回督导组的充分肯定。会议要求：一是始终坚持问题导向，教育实践活动要着眼于解决“人”的四风问题和当前工作中“事”的问题，服务群众切身利益、畅通群众最后一公里，让群众看到实实在在的成效，市委常委、党员副市长要抓好牵头整改问题的落实。二是教育实践活动进入第二环节，要广泛开展交心谈心，谈通谈透，认真撰写和审核对照检查材料，严格把关，高质量开好专题民主生活会。三是市委党的群众路线教育实践活动办公室要按照中央第四巡回督导组提出的工作要求，抓好落实。会议研究审议市科协党组《关于命名授牌自贡市第二批院士（专家）工作站的请示》，听取副市长、市科协主席石岷嘉的汇报。会议决定：同意市科协党组《关于命名授牌自贡市第二批院士（专家）工作站的请示》。会议要求：要加大宣传、指导、推广等工作，帮助更多企业建设院士（专家）工作站；要注意发挥建站院士（专家）作用，推进产学研结合、提升企业技术创新能力、促进科技成果引进和转化、培养创新团队，为地方经济和社会发展做出贡献。

【第十一届109次常委会议】 7月25日，召开中共自贡市委十一届第109次常委会议。会议听取市政府党组《关于2014年上半年全市经济运行情况的报告》，听取副市长未也的汇报。会议认为：上半年，面对严峻的宏观形势，全市上下积极应对，采取有力措施，GDP实现8.3%的增长速度，经济运行总体基本正常，结果来之不易。当前宏观经济形势仍较复杂，经济下行压力较大。要加强形势分析，积极应对，抓好已出台措施的落实。会议要求：下半年，全市各级各部门要坚定信心，始终抓住发展这个第一要务，紧紧扭住“稳增长”这个中心任务，主动作为，奋发有为，分析存在的问题，采取有效措施，抓好各项工作任务的落实。一是要保工业。市委常委、市总工会主席王猛，副市长唐杰并市经济和信息化委加强企业的分析研究，提出针对性措施、分类指导，各级各部门要积极主动服务企业，解决具体问题。要力争使竣工项目的产能充分发挥，在建项目加快投产，成熟项目尽快开工，对停产的企业要尽快复产。同时，要抓好农业、服务业发展。二是要保投资。要更加有力发挥政府投资的引领作用，增强社会投资信心。在建项目要全力加快进度，有条件开工的项目要千方百计争取，加快棚户区改造、道路、水利基础设施建设；要研究房地产业发展中的新情况，促进房地产业健康稳定发展；对有附加条件的房地产项目要严格管理，按合同约定执行，确保约定项目的实施。三是要保资金。加强对金融机构的协调，进一步争取信贷支持，已批贷款要全力协调快速到位；对接好“定向调控”政策，符合支持条件的企业、项目要全力争取；发挥好应急临时周转金作用，缓解企业资金问题。加强政府性资金的清理，科学调度和安排，提高政府性资金的使用绩效。四是强服务、促改革，抓落实。各级各部门要强化服务意识，深化行政审批改革，提高审批服务效率；扎实推进全面深化改革，通过改革释放活力，营造良好环境，注入发展新动力。各区县各部门要对涉及投资、产业、行业作分类专题研究，确定目标，采取针对性措施，以更加集中的精力、更加务实的作风抓好落实。会议研究审议市政府党组《报请审定关于加快我市农村困难群众危房改造的实施意见的请示》，听取副市长未也的汇报。会议认为：加快农村困难群众危房改造是一项重要的民生工程，是推进农村基本住房保障体系建设和实现全面小康的现实需要。会议决定：原则同意市政府党组《报请审定关于加快我市农村困难群众危房改造的实施意见的请示》。由市委副书记谭豹，市委常委、高新区管委会主任刘任远，副市长张邦举并市城乡建设住房保障局，研究工作的推进机制，制定相关实施办法，规范操作程序，确保公开公平公正，确保2016年全面完成目标任务。会议要求：各区县要高度重视，制定工作计划，加快推进；市级相关部门要积极支持配合，切实把党委政府对农村困难群众的关心关爱落到实处。要落实区县主体责任，明确分管领导、乡镇干部、经办人员责任，要确保客观公正实施，让真正的农村困难群众得到实惠。对实施中的违纪违法行为要坚决查处，追究责任。

【第十一届110次常委会议】 8月22日，召开中共自贡市委十一届第110次常委会议。会议研究审议市政府党组《关于报请审定自贡市深化城乡建设用地增减挂钩试点实施办法（代拟稿）的请示》，听取副市长杨征宇的汇报。会议决定：原则同意《实施办法（代拟稿）》，由市委副书记、市长刘永湘牵头，市委副书记谭豹，市委常委、高新区管委会主任刘任远，副市长张邦举及市国土资源局等相关部门参与，根据市委常委会议精神，对《实施办法》再作修改完善，文件最迟于2014年9月出台。会议审议市政府党组《关于报请审定市本级2014年“三公”经费预算公开工作有关事项的请示》，听取副市长杨征宇的汇报。会议决定：同意《请示》。会议要求：严格按照中央、省有关要求，做好“三公”经费公开工作，把握好公开的方式、方法和时间；财政部门要加强对部门财务人员的培训、指导，强化对财政资金使用的监管，降低行政成本，提高财政资金的使用绩效；财政、审计部门要严格预算把关、支出把关，落实部门“三公”经费控制数管理，在严格执行“只减不增”的前提下，做到留有调控余地。

【第十一届111次常委会议】 8月25日，召开中共自贡市委十一届第111次常委会议。会议研究审议市委编委会《关于报请审定〈自贡市人民政府职能转变和机构改革方案〉及〈自贡市人民政府机构改革方案的实施意见〉的请示》，听取市委副书记谭豹的汇报。会议决定：原则同意《请示》，以市委、市政府名义抓紧上报省委、省政府，争取尽快批复实施。会议要求：涉及的部门在机构改革期间要严格执行相关工作纪律和保密纪律要求，确保改革平稳顺利推进，确保2014年年底基本完成改革工作。

【第十一届112次常委会议】 9月4日，召开中共自贡市委十一届第112次常委会议。会议审议市纪委《关于报请审定〈自贡市关于落实党委党风廉政建设党委主体责任和纪委监督责任的实施意见〉的请示》，听取市委常委、纪委书记李清的汇报。会议决定：同意《请示》。会议要求：市纪委要抓紧完善市级班子、市级部门、区县领导干部履行党风廉政建设责任每年的具体工作任务，细化党委主体责任和纪委监督责任的具体内容，形成制度，确保工作实效。

【第十一届115次常委会议】 10月11日，召开中共自贡市委十一届第115次常委会议。会议审议市政府党组《关于报请审定〈自贡市深化投资项目行政审批制度改革实施方案〉的请示》，听取副市长唐杰的汇报。会议决定：同意请示事项。会议认为：深化投资项目行政审批制度改革是行政审批制度改革的重要内容，对一个地区投资环境的优化，投资活力的激发意义重大。会议要求：第一阶段清理前置、减少环节在2014年10月底前完成，第二阶段整合职能、再造流程在2014年11月底前完成。市发改委、市城乡建设住房保障局、市国土资源局要牵头做好相关工作，其他责任单位要全力配合。市目督办要加强对深化投资项目行政审批制度改革工作的督促检查。会议审议市委群办《关于审议〈中共自贡市委常委班子教育实践活动制度建设工作计划（送审稿）〉的请示》，听取市委常委、组织部部长、市群众路线教育实践活动领导小组副组长、办公室主任李国贵的汇报。会议决定：原则同意《中共自贡市委常委班子教育实践活动制度建设工作计划（送审稿）》；陈吉明牵头的任务由谭豹负责。会议要求：一要加强制度建设。按照制度建设计划，抓紧建立健全相关制度，要突出制度的针对性和可操作性。二要抓好制度执行。各级领导干部、特别是市级领导和四大班子办公室要带头遵守。三要做好评估完善。要加强制度执行跟踪评估，对出现的新情况、新问题要及时研究总结，适时修订完善，让制度更合理、更科学。

【第十一届118次常委会议】 10月27日，召开中共自贡市委十一届第118次常委会议。会议审议市政府党组《关于报请审定自贡市2014年前三季度经济运行情况及下一步工作建议的请示》，听取副市长石岷嘉的汇报。会议决定：同意市政府党组关于下一步工作的建议。会议认为：在严峻复杂的宏观环境下，各级各部门采取一系列措施，有效应对和处理发展中出现的各类问题，经济基本面没有出现重大波动，经济运行态势与全国、全省形势一致，总体基本正常，保持经济发展、社会稳定。但是全市各级各部门也要清醒看到全市主要经济指标较上半年有所回落，宏观形势仍旧严峻复杂，经济下行压力大，稳增长难度大。会议要求：一要最大限度争取预期目标完成。各级各部门要抓紧研究应对措施，切实解决发展中出现的新问题、新情况。要狠抓投资，在可持续、财政风险可控、资金链安全的情况下，抓紧启动一批项目，要切实解决项目、投资工作中不到位的问题，拓宽思路引进社会资本进行项目建设。二要突出重点细化措施抓好产业发展。工业要围绕新材料、节能环保装备制造、盐化工、汽车及零部件、航空燃机产业及页岩气的发展，制定完善的产业发展规划并落实到项目和企业上，要继续抓好园区承载能力和生产能力建设；服务业要抓紧梳理并确定出全市的发展重点，围绕省委、省政府确定的五大新兴先导型服务业，积极谋划电子商务、科技服务、金融、养老健康等方面的新项目，抓好建成专业市场的培育；要高度关注房地产业发展走势，市政府要进行专题研究，促进房地产业健康稳定发展；要防范财政风险，抓好财税工作，提高财政资金使用效率。三要谋划2015年各项工作。既要分析存在的问题，又要研究好各领域在经济发展“新常态”下的新机遇，谋划2015年的工作思路和重点，抓紧做好2015年项目的梳理和前期工作。会议审议市委组织部《关于报请审定〈中共自贡市委关于认真贯彻“三严三实”要求进一步加强党员干部教育管理监督的实施意见（送审稿）〉和〈责任分工方案（送审稿）〉的请示》，听取市委常委、组织部部长李国贵的汇报。会议决定：原则同意请示事项，由市委组织部按市委常委会议精神进行修改完善，《实施意见》以市委名义行文，《责任分工方案》以市委办公室名义行文。

【第十一届121次常委会议】 11月25日，召开中共自贡市委十一届第121次常委会议。会议审议市纪委《关于报请审定〈关于建立健全作风建设长效机制的实施意见〉和〈贯彻落实关于建立健全作风建设长效机制的实施意见责任分工方案〉的请示》，听取市委常委、市纪委书记李清的汇报。会议决定：原则同意请示事项。会议要求：一是由李清牵头，根据会议讨论意见进行修改完善；二是各牵头领导、牵头部门、责任部门要按照责任分工，抓好任务分解落实；三是由谭豹主持召开一次专题会议，安排部署贯彻落实市委“两个意见”。会议审议中共自贡市委办公室《关于报请审定〈自贡市落实中央第九巡视组巡视全省情况反馈意见整改工作方案〉的请示》，听取市委副书记谭豹的汇报。会议决定：同意请示事项。会议要求：各级各部门要重视中央第九巡视组巡视四川情况反馈意见的整改工作，注意与省上安排部署衔接，从解决当前突出问题入手，抓好整改；要抓好领导干部收受红包礼金等五个问题的专项整治；要在自查整改的同时，举一反三，建章立制，完善相关制度，防止类似问题的出现。会议审议市依法治市领导小组《关于建立市委法律顾问团的请示》，听取市委副书记、市依法治市领导小组副组长谭豹的汇报。会议决定：一是同意聘请陈仿初、侯家齐、帅刚三位律师为市委法律顾问，暂不成立市委法律顾问团；二是由市委办公室牵头将《市委法律顾问团管理办法》修改为《市委法律顾问管理办法》，并由市委办法规工作机构负责法律顾问的管理服务工作和法律咨询服务的具体衔接工作；三是由市委政法委牵头，抓好机关单位法律顾问制度的建立和管理办法的研究制定，强化各单位的法律意识，提高依法行政的能力。

【第十一届122次常委会议】 12月11日，召开中共自贡市委十一届第122次常委会议。会议听取市委组织部《关于全省“走基层、解难题、办实事、惠民生”活动座谈会精神的报告》，审议《关于集中开展新一轮“走基层、解难题、办实事、惠民生”活动的通知（送审稿）》，听取市委副书记谭豹的汇报。会议决定：同意以市委组织部名义印发《关于集中开展新一轮“走基层、解难题、办实事、惠民生”活动的通知》。会议要求：要贯彻落实好全省“走基层、解难题、办实事、惠民生”活动座谈会精神，根据省委统一部署，结合全市工作实际，开展好新一轮“走基层”活动。会议审议市总工会党组《关于2015年元旦春节困难职工送温暖活动资金筹集有关问题的请示》。会议决定：同意请示事项。会议要求：一是要搞好结合。元旦春节困难职工送温暖活动要与其他慰问活动相结合，与“走基层”活动相结合，与深化群众路线教育实践活动相结合。二是要做好统筹。市委群工局要对全市各类慰问活动进行统筹协调，确保慰问对象不遗漏、不重复，慰问工作有序开展。

重大活动

【王东明一行到自贡市调研】 8月28日，省委书记王东明一行到自贡市实地考察调研节能环保装备产业发展情况，研究部署有关工作。王东明一行先后到富顺县、沿滩区、自流井区，深入中昊晨光化工研究院、能投华西环保发电公司、大业高压容器公司，了解企业技术研发、产品生产、市场订单和人才培养引进等情况，现场询问企业生产经营中的困难和问题，研究解决措施，并主持召开推动节能环保装备产业发展座谈会，听取企业工作汇报。省委常委、成都市委书记黄新初，省委常委、秘书长陈光志，副省长王宁，成都市政府、自贡市政府和省直有关部门负责人陪同调研。

【魏宏一行到自贡市调研】 6月19日，省委副书记、省长魏宏到自贡市调研经济运行情况，实地考察四川久大制盐有限责任公司舒坪制盐基地及大安区洞口井大安老街、铸钢家园等多个旧城棚户区改造项目建设现场，了解企业生产经营状况，督促检查重大项目推进进度，并主持召开部分中小企业和部分市县负责人座谈会，听取部分区县经济运行情况汇报。省直有关部门负责人参加调研，市委书记雷洪金，市委副书记、市长刘永湘，市政府副市长唐杰、张邦举及秘书长曾嵘陪同调研。

【李登菊到自贡市考察调研指导工作】 1月27日，省委常委、省总工会主席李登菊率省总工会、团省委、省妇联负责人，到富顺县东湖镇山林村开展“走基层、迎新春、惠民生、同欢乐”系列慰问活动。市委常委、市国资委党委书记、市总工会主席王猛陪同参加慰问活动。2月27日，李登菊调研富顺县农村、社区、企业、机关，指导第二批党的群众路线教育实践活动开展情况，并听取全市开展教育实践活动的工作汇报。省委督导组第二组组长林海云，市委书记雷洪金，市委常委、组织部部长李国贵陪同调研。5月21日至22日，李登菊先后到市公安局交警支队、市第一人民医院、大安区三多寨镇徐家村和大安街马草山社区，调研指导开展党的群众路线教育实践活动。市委常委、组织部部长李国贵，副市长马宏陪同调研。6月11日至12日，李登菊到第二批群众路线教育实践活动联系点富顺县，全程参加并指导县委常委班子专题民主生活会，听取富顺县委常委班子的对照检查情况。7月9日至10日，李登菊出席市委常委班子党的群众路线教育实践活动专题民主生活会并讲话，省委督导组第二组组长林海云就市委常委班子专题民主生活会情况作点评。省委副秘书长、政研室主任、省委教育实践活动领导小组成员冯键，省委组织部副部长沈晓玲，省纪委监察厅副厅级纪检监察员邓治平，省委督导组第二组副组长左小川等出席会议，市委常委参加会议，市人大常委会、市政协主要负责人列席会议。9月10日至11日，李登菊到自贡传达贯彻省委“两个意见”精神，督导教育实践活动整改落实和建章立制工作。其间，李登菊到富顺县调研党的群众路线教育实践活动开展情况和村级大群团服务中心建设情况，到自贡市中天胜新材料公司、浙大自贡创新中心等单位调研，实地了解企业科技创新和项目推进情况。省委督导组第二组组长林海云，市委副书记、市长刘永湘，市委常委、市国资委党委书记、市总工会主席王猛，市委常委、高新区管委会主任刘任远等陪同调研。12月22日，李登菊到富顺县东湖镇山林村调研产业发展和民生工作。市委副书记、市长刘永湘，市委常委、市国资委党委书记、市总工会主席王猛陪同调研。

【钟勉一行到自贡市调研】 5月23日，省委常委、常务副省长钟勉到自贡市调研稳定财政税收与就业及棚户区改造工作，并在市政府组织召开座谈会，听取全市经济社会发展情况汇报。省财政厅厅长王一宏、省国土资源厅厅长杨冬生、省政府督查室副主任陈竹随同调研。市委书记雷洪金，市委副书记、市长刘永湘，常务副市长陈吉明，副市长张邦举陪同调研或参加座谈会。

【范锐平到自贡市调研】 9月11日，省委常委、组织部部长范锐平实地调研荣县驰宇盐品有限公司、旭阳镇南街社区、富顺县琵琶镇徐家村等，了解经济社会发展、群众路线教育实践活动及组织工作情况。市委常委、组织部部长李国贵陪同调研。

【刘玉顺一行到自贡市调研】 8月19日，省委常委、政法委书记刘玉顺到市监管中心和基层医疗纠纷调委会、交通事故处理中心、派出所、法院等地，调研政法和社会治理工作。省委政法委副书记、省法学会副会长孔祥俊参加调研。市委书记雷洪金，市委常委、政法委书记刘笑禹，市政府副市长、市公安局局长马宏，市中级人民法院院长马泽波陪同调研。

【吴靖平一行到自贡市调研】 3月20日，省委常委、宣传部部长吴靖平到自贡市南湖体育文化中心、方冲社区、自贡日报社、四川理工学院等地，调研宣传思想文化建设等工作。市委书记雷洪金，市委常委、宣传部部长向华全，市委常委、秘书长吴丕，市委常委、高新区管委会主任刘任远陪同调研。

【林左鸣率队到自贡市考察】 5月13日，中共第十八届中央委员、中航工业集团公司董事长、党组书记林左鸣率队到高新区板仓工业园区、中航川南通用航空产业园，对全市产业发展状况及中航川南通用航空产业园项目推进情况进行考察，听取高新区千亿园区发展工作和中航川南通用航空产业园项目进展情况介绍。中航工业集团公司董事、总经济师陈元先，中航工业集团公司总经理助理谭卫东，中航四川航空工业局局长刘平等参加考察。市委书记雷洪金，市委副书记、市长刘永湘，市委常委、高新区管委会主任刘任远陪同考察。

【徐鸣到自贡市调研】 10月31日，国家粮食局副局长徐鸣到自流井区综合物流中心，调研在建的西南粮食物流园区项目，听取项目建设情况汇报。市委常委杜彦坤陪同调研。

【市外党政代表团到自贡市参观考察】 7月7日，攀枝花市委书记刘成鸣率党政代表团到富顺县，考察中昊晨光化工研究院有限公司和红谷皮具有限公司，听取富顺县县域经济发展、新型工业化推进和发展归雁经济情况介绍。市委书记雷洪金，市人大常委会主任陈华，市委常委、常务副市长陈吉明，市政协副主席肖光俊陪同考察。7月14日，广安市委书记侯晓春，市委副书记、市长罗增斌率党政代表团到自贡市考察，并就共同推动开展“感恩小平·我为小平家乡发展做贡献”主题活动进行交流。市委书记雷洪金，市委副书记、市长刘永湘，市委常委、宣传部部长向华全，市委常委、常务副市长陈吉明，市委常委、秘书长吴丕陪同考察并参加会谈。

【中国航空工业集团公司与市政府举行战略合作协议签约仪式】 7月26日，中国航空工业集团公司与市政府在成都签订关于开发自贡通用航空文化旅游项目的战略合作协议。双方议定将共建川南通用航空产业园，打造中航工业川西南产业集聚区，寻求航空与旅游产业等方面新的合作机遇，实现互惠互利、共同发展。省委书记王东明，中共第十八届中央委员、中航工业集团公司董事长、党组书记林左鸣，省经济和信息化委员会、省国土资源厅、省商务厅、省文化厅、省旅游局、省投资促进局主要负责人，市委书记雷洪金，市委副书记、市长刘永湘，市委常委、高新区管委会主任刘任远，副市长未也出席签约仪式。

【深化现代畜牧业发展现场会在自贡召开】 12月24日，全省深化现代畜牧业发展现场会议在自贡举行。省委副书记、省长魏宏出席会议并讲话，强调要贯彻落实中央经济工作会议、中央农村工作会议和省委经济工作会议精神，主动适应经济新常态，推进畜牧产业结构优化升级和经营体系创新，加快转变畜牧业发展方式，加快推进全省由畜牧大省向现代畜牧经济强省跨越。省委常委、省委农工委主任李昌平主持会议，并通报全省现代畜牧业重点县建设情况。副省长曲木史哈出席会议。资阳市、荣县、射洪县、广元市昭化区、南江县作大会交流发言。各市州和40个现代畜牧业建设重点县负责人，省级有关部门负责人参加会议。与会代表会前现场参观兴旭农业科技有限公司黑山羊养殖场、巴尔农牧集团鼎新种猪场等现代畜牧业企业。

重要会议

【中共自贡市委十一届八次全体（扩大）会议】 会议于1月10日在市委大礼堂召开。会议书面传达中央、省委经济工作暨城镇化工作会议精神；市委书记雷洪金代表市委常委会向全委会作工作报告，安排部署2014年工作；市委副书记、市长刘永湘安排部署2014年经济工作和推进城镇化工作；市委副书记谭豹就起草《中共自贡市委2014年工作要点（送审稿）》作说明；审议通过《中国共产党自贡市委员会2014年工作要点》。市委常委向华全、陈吉明、王猛、吴丕、刘任远、李国贵、杜彦坤、刘笑禹参加会议。

【中共自贡市委十一届九次全体（扩大）会议】 会议于4月11日在市委大礼堂召开。会议学习贯彻党的十八届三中全会、省委十届四次全会精神，审议通过《中共自贡市委关于贯彻落实党的十八届三中全会精神全面深化改革的决定》，安排部署全市的全面深化改革工作。市委书记雷洪金主持大会，并受市委常委会委托作讲话。市委副书记、市长刘永湘，市委副书记谭豹，市委常委向华全、王猛、李清、吴丕、黄承伟、刘任远、李国贵、杜彦坤参加会议。

市委办公室工作

【文稿工作】 2014年，完善对口联系智力服务机制，构建“综合二室－市委副秘书长－市委常委”服务格局。实施文稿服务项目小组制和重要文稿联审、会审制和集体会审制度，不断提高文稿服务质量。全年累计起草、审改各类文稿200余篇。

【辅政工作】 2014年，健全常委会议题定期收集机制，探索议题月计划、周安排，主动研究、策划市委常委会议题；全面推行常委会议题联合预审、合法性前置审查机制，规范议题审查程序，严把上会议题文字、格式、政策、法规、政治关口，做到议题不成熟不上会，提高服务市委科学决策的能力。

【信息工作】 2014年，向基层一线延伸信息收集渠道，定期开展信息选题策划，提高信息耳目作用，“报省信息、每日要情、社情民意”三大信息服务工作取得新突破。全年，刊发民生信息500余条，被市委领导批示57条；报省信息分数超全年目标任务50.4%，省委书记王东明在《自贡市多举措打造法治社区》上作出肯定性批示。

【调研工作】 2014年，围绕市委重点工作及经济社会发展的热点、难点问题，到基层开展调研，形成关于页岩气发展现状、化工企业生产经营重难点问题、投融资体制改革情况等一批有价值的调研报告。

【办文工作】 2014年，制定出台《自贡市党内规范性文件备案办法》《市委规范性文件制定办法》《中央、省市委文件管理规范》和《进一步精简规范文件会议切实提高办文办会效率质量的通知》，文件定密、传阅、起草、审核等各环节运转更加规范、合法，全市文风进一步好转。全年向省委报送市委规范性文件37件并全部通过审核备案，安全高效办理中省文件702个、市内文件536个。

【督查机制】 2014年，建立“年初部署、季度研判、每月分析、每周跟进”的工作机制，围绕市委工作重点，组织开展“七个决定”、市级领导联系重点项目和重点培育企业等工作的协调服务，确保市委重大工作部署有序推进。发挥党委办统筹协调作用，加强与市人大常委会、市政府、市政协办公室、区县党委办公室、市级部门办公室的沟通联系，坚持每周一次市委秘书长班子碰头会，协调落实中央、省委、市委重大决策部署。

【督查方法】 2014年，理顺市委重要会议、主要领导批交办事项办理跟踪落实机制，探索建立由市委领导、各区县与市级各部门、市委办各职能处室、市目督办、市委特邀督查员、新闻媒体“六位一体”的大督查工作格局，采取定期督查与跟踪督查相结合、单独督查与联合督查相结合、面上督查与重点督查相结合等方式，推动中央和省、市委的各项决策部署落到实处。省委专项督查件的按时办结率达100%，实现“件件有着落、事事有回音”；全年开展重要工作、重大项目、重点工程现场督查，现场督查520余次，提出解决问题的建议430余条，办理市委主要领导批交办事项77件，市委、市政府领导对督查工作作出批示61次，其中市委主要领导批示17次。

【目标考核体系】 2014年，重新制定区县目标绩效管理办法和市级部门目标绩效管理办法，加大资源消耗、环境损害、生态效益、产能过剩、科技创新、安全生产等指标的权重，考核体系突出发展的速度与质量、效益和可持续性统一；实施“发展保障目标+绩效评估+‘七个决定’综合推进”的三位一体综合考评体系，注重精简量化指标、分类差异考核和考核结果的综合运用。

【统筹协调】 2014年，主动加强重要会议、重大活动、重点工作谋划，统筹安排各类会议活动，确保全市工作有序开展，步调一致。全年组织协调市委全体（扩大）会、团拜会、全市领导干部大会等市委重大会议活动52次，协调省部级领导莅市调研活动21批次，统筹市委主要领导调研工作40余次。编辑《市委常委活动预安排》240期、《秘书长班子工作安排》和《市四大班子一周工作预安排》50期，承办领导干部请假报备540余人次。

【机关管理】 2014年，深化“大部制”工作机制，持续推行“模块化”管理、AB岗工作制，“链条式”工作推进机制等，机关管理创新不断深入。推进机关标准化建设，重点重构以管理保障标准、服务提供标准、岗位标准为主的标准化体系，编制通用标准6项，管理保障标准、服务提供标准、岗位工作标准125项，实现“处处有标准规范，人人按标准履职”的目标，促进机关管理服务的标准化、规范化、精细化。

【后勤保障】 2014年，将后勤办、保卫科以及机关大院内各单位后勤部门进行资源、人员整合，细化“大后勤”工作责任体系，探索建立行政后勤工作订单式管理、安全保卫工作网格式管理、固定资产台账式管理模式。完成市委会议厅LED显示屏建设、市委小会议厅视频会议系统改造、市委机关食堂维修改造、市委机关大院停车场建设以及道路维修工作，完成机关办公用房清理工作。加强安保工作规范化、标准化建设，规范各岗点交接班点验制度，对安保实行每天6次集体定期巡逻和每小时一次电子巡更，持续使用视频监控及红外报警等设备加强对重点部位和重要节点的监控，有效提高安全保障水平。推行会务工作规范化、标准化、模块化管理，完成830场次各类会议的会务保障工作。

【应急管理】 2014年，坚持24小时值班制度和“零报告”制度，实行责任追究制，加强值班紧急信息报送，全年协调处置84起突发事件，编发应急值班快报、信息综述各26期，市委领导批示17条，做到上情下达及时、下情反馈迅速。

【对台交流】 2014年，加大两岸商贸和文化交流力度，与台湾地区工商建设研究会等协会、机构开展交流合作，主动开展对台招商，促进自贡高新区管委会与台湾相关工业同业工会及制造类企业对接交流；完成特色彩灯赴台展出先期工作、促成自贡海峡两岸美食文化交流活动。市台办被省台办评为“2014年度四川对台交流工作先进单位”。

【党的群众路线教育实践活动】 2014年，按照市委部署，开展党的群众路线教育实践活动，市委秘书长、办公室领导班子查摆具体问题45个，制定整改方案，落实47项整改措施，截至2014年底，各项整改任务落实到位。特别是基层群众反映强烈的文风会风问题，在中央和省委发文同比增幅较大的情况下（中央增加105%、省委增加28%），以市委、市委办名义发文88件，同比增加21%；以市委名义办会32次，同比减少6.3%，文风会风问题治理成效明显。在开展“走基层”活动中，通过“三联三服务”“双报到”等载体，帮助大安区新店镇两个村协调农口项目资金200万余元，帮助龙井街红茗地社区协调解决便民服务大厅配套设施问题，对富顺县童寺镇10名贫困学生开展助学帮扶。

【干部队伍建设】 2014年，完善市委秘书长办公会、办公室主任办公会决策机制，规范议事规则和决策程序，保证决策科学化、民主化、制度化。拓宽干部培养渠道，通过提拔、上挂、下派、轮岗等形式交流干部38人，优化干部队伍结构。建立干部常态化培训机制，全年选派63人次参加各类政策学习及业务培训，提升干部职工的能力素质和服务水平。强化“看齐意识”，把“五个坚持”的要求贯穿于办公室各项工作中，制定《“六要六防止”纪律规定》《工作人员行为规范》《文明礼貌用语》3个制度，规范干部职工言行，树立机关良好形象。落实党风廉政建设“两个责任”，建立“主要领导负总责，分管领导具体负责，牵头部门具体承办”的责任体系，完成党风廉政建设各项任务，保持风清气正的干事创业环境。

（市委办公室）

组织工作

【概况】 2014年年末，全市共有党员14.9万人，其中：1949年9月及以前入党的159人；35岁以下的年轻党员3.05万人；女党员4.01万人。全市发展党员2968人。全市党政机关干部1.21万人，其中：市厅级干部39人，县级干部1186人；市级党政群机关干部2856人。

【党的群众路线教育实践活动】 2014年，组织全市5500多个基层党组织、13.8万多名党员，围绕“为民务实清廉”主题，按照“照镜子、正衣冠、洗洗澡、治治病”的总要求，系统谋划“1+9”实施方案，分类推进教育实践活动。选配15个督导组，建立抽查、暗访、约谈、通报等系列制度，从严督导确保实效。开展“四学三讲三议”，选树王文华等24名“身边最美党员”，组织创作主题漫画730余幅，开展“户口纠错挺头疼”警示教育1300多场，组织县级党员领导干部1200多人次到一线换位体验，推动真学深学入心入行。“四会一访”和“四个体验”活动、聘请千名群众监督员、开播《盐都问政》、五方恳谈、乡土漫画、定制服务等一系列创新举措取得实效。坚持问题导向，持续推进中央“7+4”、省市委“9+2”问题专项整治，立案查处“四风”典型案件58起、处理76人，通报曝光48件。推进“走基层、解难题、办实事、惠民生”活动，实施“九大行动”，各级领导干部参与走基层5.7万人次，走访群众8.6万余户，办实事1.2万件。1.5万名在职党员参与“双报到”“结亲入户”，认领社区服务岗位

1.8 万个，结对帮扶 1.3 万困难户。组建 293 个各级监督检查组和 11 个媒体暗访组，专项整治“庸懒散浮拖”问题。全市教育批评 125 人，诫勉谈话 19 人，通报批评 31 人，纪律处分 1 人，媒体曝光典型 3 个。出台《自贡市效能问责办法》，细化 22 种问责情形及 12 种问责方式。梳理立项“低保办理优亲厚友”等 31 个群众反映强烈的突出问题，由市级领导领办整改。全市共解决群众反映强烈的教育、社会保障等突出问题 2.86 万个。废除制度 1126 项，修改制度 1337 项，新建制度 768 项。

【选人用人专项整治】 2014 年，开展“三超两乱”集中整治、“裸官”清理、“带病提拔”倒查、“买官卖官”清查和党政领导干部在企业兼（任）职等专项整治。清理出超职数配备干部 624 人并制定分批消化计划，对在企业兼（任）职的 55 名干部进行规范。集中两个月，在全市开展违规破格提拔干部等“5+1”专项整治，列出 38 条整改措施，逐一整改落实到位。加大干部选任、推优中举报查核力度，查核涉及厅、县级干部的举报共 7 件。

【党的建设制度改革】 2014 年，深化党的自身建设制度改革，规范领导班子民主生活会、基层党组织生活会和民主评议党员等制度。深化领导班子和干部队伍建设制度改革，出台《市管领导班子和领导干部综合分析研判办法（试行）》《关于加强年轻干部选拔培养工作的意见（试行）》《关于落实从严要求加强干部监督管理的实施意见》等制度。深化党的基层组织制度改革，出台《三联三服务工作制度》《关于机关党组织和在职党员到社区报到开展志愿服务的通知》和《关于加强新形势下党建带工建、团建、妇建工作的实施意见》。深化人才体制机制改革，出台《关于加快建设区域人才集聚地的实施意见》《关于实施自贡市高层次人才“双千计划”的通知》《自贡市市级人才开发专项资金管理办法》。

【领导班子建设】 2014 年，对 54 个市管领导班子进行基础性研判，对 2013 年调研中运行较差和近年有调整的 23 个市管领导班子运行情况开展针对性调研。围绕破解“唯票、唯分、唯 GDP、唯年龄”等难题，制定《关于进一步加强领导班子和干部队伍建设的意见》及加强年轻干部选拔培养、改进领导班子和领导干部综合考核评价办法等系列配套文件。

【干部队伍建设】 2014 年，开展非定向推荐县级领导干部工作，在 69 个市管单位推荐副县级领导干部拟提拔使用人选 171 人。坚持好干部标准，明确“一讲四重”用人导向，大力选拔基层工作经验丰富、勇于创新突破、敢于攻坚克难、善于做群众工作的优秀干部充实各级领导班子，优化班子结构。全年新提拔县级领导干部 62 人，其中从区县和事业单位等基层一线提拔 26 人。坚持公开、公平、公正原则，统筹开展 33 名选调生、377 名公务员、65 名法检系统公务员招录工作。

【干部监督管理】 2014 年，围绕规范干部选任工作，研究制定《拟提拔干部任前公示期间信访举报处理程序》《特殊原因超职数配备干部的报批流程》等制度文件。完善新提拔干部任职承诺制度、干部个人有关事项报告及抽查核实联系工作机制，将“三严三实”要求落实到干部教育管理监督全过程。全覆盖开展干部谈心谈话，加强提醒谈话、函询、诫勉等预防性监督。接受并登记 1070 名市管干部个人重大事项报告。经济责任审计 3 名“一把手”，函询 1 名领导干部。59 名县级干部集体签订《任职承诺书》。审批（备案）77 名市管干部出国（境）。审批办理 1187 人次省管及市管干部的工资晋升。注重德才表现，对 1228 名市管干部开展年度考核工作。

【“壮苗”计划】 2014 年，采用公开遴选、下派、上挂、外派、向企业选派、一线实践锻炼等“六个一批”方式，有计划有针对性地选拔培养优秀年轻干部，建设高素质执政骨干队伍。推荐 21 名县处级以上领导干部参加省委组织部公开遴选，10 人被列为培养对象。市级层面分两批公开遴选 101 名县级年轻干部递进培养对象，区县遴选 255 名乡科级年轻干部递进培养对象。40 名市级机关干部脱产到乡镇挂职 2 年，33 名区县机关干部脱产到市级部门挂职 1 年，51 名领导干部担任重点企业（项目）联络员，34 名机关干部到工业园区、拆迁一线等顶岗锻炼，33 名干部到荥经县、松潘县开展援助服务。

【干部培训】 2014 年，制定干部调训程序规范、干部培训经费使用管理办法，规范和完善干部培养长效机制。围绕党的十八届三中、四中全会精神和习近平系列讲话精神开展集中轮训，依托市、县（区）党校，培训干部9300余人次。围绕解决党员干部思想、能力、作风“三个不适应”问题，依托北京大学等知名高校实施系列“精品化”专题培训，送培干部1000余人次。采取“党校培训+高校培训+实践锻炼”方式，举办优秀年轻干部人才递进培养计划培训班2期，培训学员125名。举办“盐都大讲堂”及分讲堂8期，培训干部4000余人次，形成精品班、主体班、盐都大讲堂“三位一体”的干部培训格局。

【基层组织和党员队伍】 2014年，突出全面进步全面过硬要求，倒排出247个后进党组织，针对班子不强、发展缺思路等问题，综合施策分类整治软弱涣散党组织。建立市县领导联系点121个，市县部门联村帮扶、下派“第一书记”150人，选派67名科级后备干部到后进村脱产担任书记，转化软弱涣散党组织。富顺县下派50名科级后备干部“全脱产任书记”整顿后进村做法，受到省委常委、组织部长范锐平肯定。

【村（社区）党组织换届】 2014年，全面完成村（社区）党组织换届选举，换届后党组织书记平均年龄下降3.8周岁，大专以上学历占57.7%，村（社区）党组织班子整体结构进一步改善。分级分批对109名乡镇（街道）党（工）委书记、1116名村党组织书记、280名社区党组织书记开展全覆盖培训。评选表彰64名优秀乡村党组织书记。大学生村官管理规范有序。

【发展党员“四项计划”】 2014年，实施产业工人党员发展计划、优秀农民“双向培养”计划、高层次人才党员培养计划、优秀流动人员党员培养计划，开展“违规发展党员”案例警示教育，严把“入口”、畅通“出口”，全市新发展党员2968名，处置不合格党员602人，党员队伍结构不断优化。制播“盐都先锋”电视栏目26期。市、县两级投入党内帮扶专项资金320万余元，关爱帮扶困难党员群众9400多人次。开展流动党员“服务三乡”活动，发挥流动党员作用。

【落实党建责任】 2014年，组织开展市委书记抓党建工作述职测评，全面部署2014年度县乡党委书记、市级部门党组（党委）书记抓党建工作述职评议工作，逐级落实书记抓党建工作责任制，增强书记抓党建的主业意识。全面推行基层党组织书记领办项目制度，办结项目5600余个。建立健全基层党建工作经费保障机制，村（社区）党组织工作经费平均达3万元，提前实现省定目标。投入1300万余元用于63个村（社区）扩建活动阵地。组建区域性党组织500多个，12个街道推行大工委制，248个社区推行大党委制。深化“国企带民企、大企带小企”活动，结成73对帮带对子促进党建同步发展，《中国组织人事报》专版作报道。

【人才工作】 2014年，出台《加快建设区域人才集聚地的实施意见》，研究制定“双千计划”配套办法。实施高层次人才培养引进“双千计划”、十类人才重点培育计划。开展“院士专家自贡行”“博士服务团成员自贡行”“海外留学人才自贡行”“博士硕士自贡行”等活动。引进紧缺急需人才2300多人，先后柔性引进两院院士3人、高层次专家7人、海外专家23人。中天胜公司创新团队入选四川省2014年度“千人计划”优秀创新团队名单，实现全市在全省“千人计划”中零的突破。出台《市级人才开发专项资金管理办法》，强化人才资金保障力度和使用效益。市本级全年支出人才专项资金800万元，较2013年新增300万元。对推动核心、关键技术突破，推动自贡产业转型升级的优秀创业创新团队分类给予200万元、100万元、50万元的政府资助，对入选的领军人才和优秀专家发放10万元、5万元不等的生活补助。推行“一事一议”机制，对特别有发展潜力的人才项目实行特殊资助。细化优秀人才的资金资助、事业扶持、创业平台、子女入学等配套措施。市领导带队走访慰问优秀人才代表400余人，发放优秀专家津贴14万余元，发放慰问金20万余元。组织1000余名在职的中高级人才进行健康体检。发放硕士博士津贴70万余元。院士（专家）工作站、博士后工作站、技能大师工作室和浙江大学自贡创新中心建设不断加强。

（市委组织部）

宣传工作

【理论学习与研究】 2014年，市委宣传部把学习贯彻习近平系列重要讲话精神作为市委中心组和全市各级党委（党组）中心组理论学习重点，开展党的群众路线教育实践活动、依法治市等主题理论学习共10次，并获省2013年度市（州）党委中心组理论学习组织工作先进单位。组织宣讲队开展党的十八届三中、四中全会、省委十届四次全会精神、党的群众路线教育实践活动等各类宣讲活动3000余场，听众30万余人次；改版《中心组理论学习》，并在自贡网开辟“理论学习”栏目；编印、发放《习近平总书记系列重要讲话读本》《十八届三中全会决定辅导读本》资料5万余册（本）。组织动员社科界及全市各区县、各部门、各单位围绕全市中心工作和全局性、战略性、前瞻性问题及具体工作实践开展调研，形成调研和理论文章70余篇；发挥社科评奖和社科规划项目的导向作用，开展第十五次社科优秀成果评奖，自贡市哲学社会科学重点课题研究项目立项31项；建立市委常委学习制度，开展述学评学工作和学习·调研·创新活动，全市各区县、各单位开展集中学习3700余次、参加集中学习人数达15万余人次；对全市各类报告会、讲座进行综合管理，整合资源打造“盐都大讲堂”学习培训品牌，举办8场，培训干部1600余人次。

【新闻外宣】 2014年，围绕全市中心工作，整合市级媒体新闻宣传资源，采取提前策划、集中宣传等形式，开设群教活动、深化改革、依法治市、经济建设、民生工程等专栏专题50余个，刊播新闻稿件2900余篇（条）。以第二十届灯贸会为契机策划一系列大型外宣活动，央视新闻频道第一次现场直播自贡灯会，央视旅游卫视制作两集专题片《幸福自贡之灯耀四海》，央视国际频道播放五集专题片《国宝档案·自贡文化遗产》。开展城市形象专题片拍摄制作及城市形象语征集提炼，设计制作《建设五个自贡——2013年图鉴》画册。接待《人民日报》《光明日报》、中央电视台、新华社、《四川日报》等采访报道18批次，组织参加西博会、旅博会、科博会等12次对外宣传工作，在中、省媒体上用稿3566条，同比增长12.7%。《自贡工业上演“速度与激情”》获省第十六届“宣传四川好新闻”三等奖。

【网络管理】 2014年，建立健全互联网管理体制机制，成立市委网络安全和信息化领导小组，制定管理和运行机制。上线运行全媒体资讯中心，创办自贡手机报，改版自贡网，开通自贡文艺网，开通上线微信公众号“自贡网”“ZGBCTV”，建成市级政务微博34个、区县级政务微博41个、各级政务微信公众号20个，形成大网络大舆情全媒体工作格局。广播电视台创新思路，强化管理，经营走出低谷。

【舆情管理】 2014年，坚持正面宣传和舆论监管“两手抓”，刊载群教活动、深化改革、依法治市等相关报道2.80万篇（条），编辑报送《网络舆情专报》105期、舆情信息214条、市委领导批示24条，向省委宣传部报送网络舆情信息3500余条，被中宣部采用38条、约稿1条。

【公共文化服务】 2014年，初步建成市县（区）乡村三级基层公共文化服务网络，市文化艺术中心一期工程进入收尾；全新打造并开放市图书馆一楼多功能阅读厅，数字图书馆待与省图书馆并网后投入使用，推进县区级图书馆、文化馆和美术馆改扩建工程；有线电视网络数字化改造工程基本完成，建成35个新式户外电子多功能阅报栏、100个留守儿童文化之家、10个农民工文化驿站、470个行政村广播“村村响”工程。统筹布局幸福美丽新村文化院坝示范点，按照项目化创建的方式确定全市10个村、1个社区作为示范点，并探索运行机制；免费开放“三馆一站”，制订全部公共空间设施场馆管理办法；推动错时、延时服务；放映城市社区公益电影177场、农村公益电影1.36万场；实现社区书屋全覆盖；开展舞蹈、声乐、摄影等社区文化骨干培训100余场次、1万余人次。

【文艺精品创作】 2014年，以“中国梦·盐都情”为主题开展艺术创作，重点创作川剧《还我河山》、方言剧《文化站长》、美术作品《李冰父子与都江堰》等，小说《我是乡下爷》改编成电影投入拍摄，出版图书12部；文艺作品获省级以上奖项14件，书法入国展9人，美术入国展3人、省展12人，杂技《倒立飞砖》获第七届西班牙国际马戏节最高奖——金奖和特别奖，取得首获国际大奖的历史性突破；集体舞《老两口的菜地》获第十届中国艺术节群星奖。

【文化惠民活动】 2014年，以“文明新盐都·快乐自贡人”为主题，开展新年音乐会、自贡春晚、社区文化艺术展演活动、自贡市庆祝建国65周年合唱比赛等12类、65项文化惠民活动。一区（县）一品牌特色文化活动逐步形成，相继开展尖山飞龙峡桃花会、“天池文明杯”系列文化活动、“江姐故里红梅赞”系列文化活动、“自贡·仙市古镇民俗风情”文化旅游活动、荣县大佛文化旅游节、富顺豆花文化节、“高新之光”系列文化活动等。是年，举办各类群众文化活动1000余场，组织各文艺家协会和专业团体到基层演出304场、开展群众性展示活动100余场、免费培训406场、送文化下乡430余场。

【文化对外交流】 2014年，以“盐、龙、灯”三大特色为主，引导演艺团体与特色文化商品打捆走出国门，彩灯、仿真恐龙展览展会等服务贸易收入226万美元，同比增长12.4%。4个赴境外灯展项目获文化部批准，上报2015年对外及对港澳台外派文化活动项目13个，占全省35%。组织参加第三届“紫荆杯”两岸四地青少年书画大赛和展览、“乡里乡亲——乡土曲艺进深圳”大型展演活动、全省首届农民艺术节暨民间艺术节、第四届川南文化交流展示活动。

【文化产业】 2014年，重点骨干企业快速成长，4家文化企业获“2013—2014年度国家文化出口重点企业”称号，2家各获10万元的2014年省级文化发展专项资金补助，中国（自贡）彩灯文化产业园、富顺豆花文化产业园、荣县大佛文化产业园、川南音乐文化广场等文化产业项目和文化产业园区建设稳步推进。

【特色城市文化建设】 2014年，推进自贡世界地质公园和网上地质公园建设，面向全球开展标徽、吉祥物征集活动，中标作品已公开发布并投入使用。实行恐龙馆、盐史馆、燊海井、荣县大佛四景区电子套票。开展以“盐的故事科普展”“恐龙复活节”等为主题的科普教育活动60余次，受教育观众6万人次。完成自贡市《历史文化名城保护规划》修编工作，开展自贡盐运古道考察、“寻访川盐古道”大型学术研讨和学术交流活动。开展第四次“非遗”普查，全市国家级“非遗”保护项目4个，省级“非遗”保护项目9个，市级“非遗”保护项目20个，另有100余个民间民俗技艺和项目纳入区县级保护项目。启动梳理自贡文化符号工作，初步形成征集活动策划方案。在棚户区改造中注重文物文貌保护。

【培育践行核心价值观】 2014年，向市委提出“自贡精神”建议方案。以“八大活动”为载体，将社会主义核心价值观融入经济发展和社会治理各领域，融入国民教育和精神文明建设全过程，开展“社会主义核心价值观——百场讲坛走进荣县”活动，在光明网、自贡网上直播，全国455万名网友收看节目，41.8万名网友通过微博、论坛参与交流互动。采取媒体、网络、社会宣传等多种形式，利用墙报、板报、LED、文艺作品、短信、邮政牌匾等，在城市社区、村镇宣传普及社会主义核心价值观内容，共制作发放张贴画和宣传单10万余张、邮政牌匾3000块，编印读本5万册，播放系列漫画公益广告1.8万余次，制作大型公益广告180余幅。在全省推进社会主义核心价值观工作及培训会上，自贡市作为四个市州代表之一作经验交流。

【思想道德建设】 2014年，开展第三届道德模范、身边好人、最美家庭和好人榜评选活动，评选出“身边好人”60余人，推荐评选各类典型123名，1人入选“身边雷锋　时代榜样”——2013年度感动四川十大人物，3人入选全省第三届道德模范；开展学雷锋志愿者服务活动，注册志愿者总人数27.6万余人，占全市城市常住人口的25%，方冲社区“小老人帮扶老老人”志愿服务经验受到省委领导充分肯定并在全省推广，市文明办获省2014年度志愿服务宣传工作组织奖；开展“我们的节日”传统文化活动，清理登记全市各类烈士纪念设施，组织全市党员干部、学生到爱国主义教育基地接受爱国主义教育28万人次；开展2014年全市慰问月暨“三下乡”活动和“百城万店无假货”活动，命名最佳示范单位5家、示范单位17家、示范街4条；建成机关、企业、行业、学校、社区、村镇、新市民等“七大类”道德讲堂100多所，现场受众1万余人次，基本实现全覆盖。加强和改进未成年人思想道德建设工作，签订责任书，近十年累计获省表彰先进区县1个、先进集体4个、先进个人4名，命名市先进区县3个、先进集体50个、先进个人100名。开展清明节祭奠英烈、“童心向党”歌咏活动等教育实践活动，编印《为了盐都孩子们健康成长——2004年以来自贡市未成年人思想道德建设工作巡礼》；开展校园及周边环境专项治理和暑期社会文化环境净化工作；市未成年人心理成长指导中心建设筹备工作有序进行；12所市级“乡村学校少年宫”成功建成中央专项彩票公益金支持的“乡村学校少年宫”项目学校，自贡市“乡村学校少年宫”建设工作在2014年全省“乡村学校少年宫”项目培训班上作经验交流。

【文明城市创建】　2014年，成功创建省级文明城市，取得全省排名第四位的成绩。向省文明委提出创建全国文明城市提名资格城市申请，创建工作有序推进。推进“城市因我而文明”创建活动常态化，开展城市公共文明指数测评工作，将测评内容纳入区（县）委年度保证目标，推进文明细胞创建。是年，新创省级最佳文明单位4个、文明单位8个、文明村4个、文明社区2个；市级最佳文明单位15个、文明单位19个、文明村镇18个、文明社区13个、文明行业1个；推进农村精神文明建设，新命名市级文明村镇18个。

【人才队伍建设】　2014年，配齐配强宣传文化部门领导班子，探索新闻媒体领导班子绩效评价和管理考核办法，修改印发《自贡市新闻媒体领导班子综合考核评价办法（修订）》。建立健全《宣传文化系统干部队伍建设管理办法》《加强机关党支部建设的意见》等8项制度，推进领导班子建设的制度化规范化。加强宣传文化队伍建设，完成市文联换届工作。制定《2014—2018年自贡市宣传干部教育培训规划》，举办宣传文化干部、“乡村学校少年宫”项目学校辅导员等培训班，培训554人。组织选派57人次参加中央、省、市级各类培训；出台《关于加强县（区）和城乡基层宣传文化队伍建设的实施意见》，对人员配备和管理进行明确。设立魏明伦、吴树伦、宋良曦3个文化名人工作室。是年，市委宣传部机关新提拔副县级领导干部3名，非定向推荐副县级领导干部拟提拔使用人选4名，选派1名干部到乡镇挂职锻炼、1名干部联系服务企业、2名干部联系服务村、社区。开展企业思想政治工作人员专业技术职务和新闻专业技术职务评审工作，推报32人参加四川省高级政工师评审；转评政工师4人、助理政工师11人；组织政工职称中初级理论考试，25人考试合格；申报副高级以上新闻技术职务4人、中初级新闻技术职务1人；市委宣传部获2013年度省宣传文化系统督查工作先进单位。

（刘俊材）

统战工作

【推进“凝心聚力”行动】　2014年，学习贯彻党的十八届三中、四中全会精神，重点学习贯彻习近平关于新时期统一战线系列重要论述，开展统一战线成员社会主义核心价值体系教育活动，引导统战成员与党同心同德、同心同向、同心同行。协助指导各民主党派开展坚持和发展中国特色社会主义学习实践活动，将学习实践活动与党的群众路线教育实践活动结合，与人才强党派、发挥成员主观能动性结合，与正确履行基本职能、服务社会结合，提升各级党派组织参政议政能力水平。组织开展非公有制经济人士党的群众路线教育实践活动，重点开展理想信念教育活动，通过座谈报告、辅导宣讲、成果展示、现场推进会，借助《盐都商界》、“盐都商人网”和QQ群等媒介，开展各种宣传20余次，活动面达600余人次。在统一战线机关干部中深入开展党的群众路线教育实践活动，以“五抓五强化”为举措，做到规定动作不走样，自选动作有特色，促进统一战线干部职工转作风、办实事、惠民生、树形象。加强统战文化建设，以开展“中国梦·盐都情”为主题的全市统一战线第二届文化艺术节为载体，举办征文比赛、诗歌朗诵和文艺汇演等系列活动，文化艺术节为期6个多月，市级各民主党派、市工商联、各区县委统战部等全市统一战线成员单位共计500余人参加活动，发挥统战文化凝聚人心、汇聚力量的独特价值功能。

【推进“助推发展”行动】　2014年，组织统一战线成员围绕重大决策、重大民生、重点项目和重点园区建设等，开展调查研究，建言献策，组织召开行政审批制度改革、外经贸发展等党外人士情况通报会、座谈会、咨询会10余次，提出一批有价值意见建议。开展非公有制企业“大走访、大调研”活动，先后对20多家民营企业进行走访调研，收集情况、反映诉求，引导转型升级，协助解决发展中的问题。设立全省首家青年商会、电子商务协会，发挥总商会、行业协会、异地商会等作用，搭建平台，扩大经贸交流，先后举办“走出川南、投资海外”论坛暨中港国际投资集团项目推介会，第五届、六届川南汽车时尚生活展，100名民企自贡旅游项目推介会等系列活动，近500家省内外民营企业参加。第五、六届川南汽车时尚生活展览，组织40个品牌汽车4S店现场签售，销售各型汽车845台，成交额1.2亿元，创历史新高。打造“归雁经济”品牌，发挥在外成功人士在改革开放、创新发展中的作用，探索推进“返乡兴业农业园”建设，自贡返乡兴业园入驻企业12户。开展各民主党派市委与区县新一轮对口合作，以“盟沿合作”“建安合作”和“九贡合作”等为载体，发挥各民主党派组织人才、智力、项目、资金等优势，助推县域经济发展。

【推进“促进和谐”行动】 2014年，拓展统一战线“四百工程”为“五百工程”，在2012年开展的百企帮百村、百企助百学、百企帮三老、百名民主党派成员帮助百名困难群众的基础上，引导百名宗教爱心人士帮助百名困难儿童，为群众办好事、实事。依托“同心·自贡专家志愿者服务团”，开展进园区、进企业、进学校、进社区、进农村“五进活动”，组织各个分团到基层开展义诊、法律咨询、科技咨询、税务咨询等公益活动。开展“民族团结进步创建”“和谐寺观教堂创建”活动，全省民宗系统“法律七进”活动启动仪式在自贡举行。开展光彩事业等公益活动，全市141户民营企业与115个村进行结对帮扶；“栋梁工程—家乡助你上大学”帮助800余名贫困大学新生入学；世臻集团捐资600万元用于富顺县琵琶镇农村九年制义务学校建设。

【推进“区域协作”行动】 2014年，加强川南七市统战机关工作的交流合作，建立长效工作机制，促进区域统战工作发展。支持各民主党派加强与川南、省内外交流协作，争取中央、省对全市经济社会发展支持。指导市工商联（总商会）加强与川南工商联（总商会）战略合作，加快川南总商会一体化建设。以市知联会、市统研会、市海联会等统战社团为平台，围绕川南经济区建设等重大课题进行调研、交流、协作，推动川南区域一体化发展。

【推进“强基固本”行动】 2014年，贯彻落实中央、省市委关于党外代表人士队伍建设文件精神，制定实施《贯彻落实市委关于加强新形势下党外代表人士队伍建设重要措施分工方案》，加强党外代表人士队伍建设。加强无党派人士队伍建设，在无党派人士中开展坚持和发展中国特色社会主义学习实践活动，召开市知联会二届一次理事会，重点做好新阶层、新社会组织中无党派人士的发现、培养及后备人才队伍建设。加强统一战线成员的教育培养工作，采取调训、下派、上挂等方式，培养锻炼90余人次。市社会主义学院正式挂牌运行，领导班子、运行机制进一步健全完善。加强统战机关学习型、创新型和服务型“三型”组织建设，加强市知联会、市统研会、市光促会等统战团体建设，探索社区统战工作等基层组织建设，逐步完善工作网络。

【召开征求党外人士意见会】 1月3日，市委2013年工作总结及2014年工作要点征求党外人士意见会在市委统战部召开。市委副书记谭豹出席会议并讲话。市委办负责人，各民主党派市委、市工商联秘书长以上负责人，无党派代表人士和市委统战部相关领导30余人参加会议。会议由市政协副主席、市委统战部部长肖光俊主持。

【召开党外人士新春座谈会】 1月28日，市委召开党外人士新春座谈会，听取党外人士对市委、市政府工作的意见建议。市委书记雷洪金，市委副书记、市长刘永湘，市人大常委会主任陈华，市政协主席潘泽金，市委副书记谭豹，市委常委、常务副市长陈吉明，市委常委、市委秘书长吴丕，市委常委、组织部部长李国贵，市政协副主席、市委统战部部长肖光俊，市委办、市委统战部负责人出席会议。民革市委主委叶智英、民盟市委主委石岷嘉、民建市委主委牟玉昆、九三学社市委主委罗毅平、市工商联主席王孝谦、农工党市委副主委邓昭红、无党派代表人士丁立东参加座谈会。

【举行自贡籍在外工作人士座谈会】 2月7日，2014年自贡籍在外工作人士座谈会在市委会议厅举行。市委书记雷洪金，市委副书记、市长刘永湘，市人大常委会主任陈华，市政协主席潘泽金，市委副书记谭豹，市委常委、常务副市长陈吉明，市委常委、秘书长吴丕，市委常委、高新区管委会主任刘任远，副市长未也，市政协副主席、市委统战部部长肖光俊，市政协副主席、市工商联主席、总商会会长王孝谦等与39名自贡籍在外工作人士参加座谈会。

【召开党的群众路线教育实践活动动员大会】 3月3日，市政协副主席、市委统战部部长肖光俊主持召开市委统战部党的群众路线教育实践活动动员大会。各民主党派市委机关、区县统战部、理工学院统战部、全市统战工作会议部分单位、部分党外代表人士及部机关干部职工60余人参加动员会。

【召开全市全面深化改革的决定征求党外人士意见会】 3月21日，市委组织召开全市全面深化改革的决定征求党外人士意见会。市委副书记谭豹出席会议并讲话。市政协副主席、市委统战部部长肖光俊，市委办、市委统战部负责人，民革市委主委叶智英，民盟市委主委石岷嘉，农工党市委主委徐武斌，九三学社市委主委罗毅平，市工商联主席王孝谦，民建市委副主委张义恒和无党派代表人士丁立东参加会议。

【召开2014年全市统战工作会议】 3月25日，2014年全市统战工作会议在市委统战部召开。市委副书记谭豹，各区县党委、统战部负责人，市级有关部门、部分国有大型企业、高校、科研院所负责人，特邀市级民主党派、市工商联负责人和无党派代表人士等80余人参加会议。市政协副主席、市委统战部部长肖光俊作工作报告，传达全省统战部长会议精神，总结2013年工作，安排部署2014年任务。

【召开全市卫生工作情况党外人士通报会】 3月31日，市委统战部组织召开全市卫生工作情况党外人士通报会。市级各民主党派、市工商联负责人，无党派代表人士和市委统战部、市卫生局有关领导参加会议。副市长石岷嘉出席会议并讲话。市政协副主席、市委统战部部长肖光俊主持会议。

【召开全市外经贸工作情况党外人士通报会】 5月27日，召开全市外经贸工作情况党外人士通报会，向各民主党派、工商联通报全市外经贸工作情况并听取意见和建议。副市长未也出席会议并讲话。市级各民主党派市委、市工商联秘书长以上负责人和市委统战部、市商务局有关领导参加通报会。会议由市政协副主席、市委统战部部长肖光俊主持。

【举行全市统一战线第二届文化艺术节开幕式暨朗诵比赛】 6月27日，由市委统战部主办，市光促会、海联会、知联会和统研会承办，四川省远达集团公司协办的“远达杯”自贡市统一战线“中国梦·盐都情”第二届文化艺术节开幕式暨朗诵比赛在市政协401会议室举行。市政协副主席、市委统战部部长肖光俊，民革市委主委、市政协副主席叶智英，民建市委主委、市政协副主席牟玉昆，九三学社市委主委、市人大常委会副主任罗毅平，市委副秘书长郑向东等领导出席开幕式并为艺术节揭幕。肖光俊为开幕式致辞，全市统一战线18支参赛队进行朗诵比赛，并评选出一等奖3名、二等奖6名、三等奖9名。

【承办全省民宗系统“法律七进”活动启动仪式】 7月7日，市委统战部联合市委宣传部、市民宗局在贡井区天池寺承办全省民宗系统“法律七进”活动启动仪式，省委民宗工委、省民宗委主任姚斌，副主任杨伯明，市委副书记谭豹，副市长石岷嘉出席启动仪式。

【举办盐都大讲堂“宗教与社会秩序”专题报告会】 7月7日，市委统战部联合市民宗局在市委大礼堂举办盐都大讲堂“宗教与社会秩序”专题报告会，省民宗委副主任杨伯明为全市党政领导、宗教工作干部授课。

【召开党外人士通报会】 8月5日，召开2014上半年经济社会发展情况党外人士通报会，市委常委、常务副市长陈吉明通报有关情况并讲话。各民主党派、工商联负责人，无党派代表人士及市委统战部有关领导参加通报会。会议由市政协副主席、市委统战部部长肖光俊主持。

【召开全市党外知识分子联谊会二届一次理事会】 9月11日，全市党外知识分子联谊会二届一次理事会在雄飞锦绣花园酒店召开，会议选举产生新一届市知联会领导班子。会议选举无党派代表人士丁立东为市知联会会长、市委统战部副部长李弘明为市知联会常务副会长。市政协副主席、市委统战部部长肖光俊出席会议。市知联会二届一次会理事66人参加会议。

（张　丽）

政策研究

【调查研究工作】　2014年，围绕全市发展大局，成立3个重点课题组，开展重点课题调研，形成《自贡市清洁汽车产业发展情况调查》《关于合理利用机关事业单位用房的几点建议》《自贡农村信用社筹建农商银行的调查报告》3篇调研报告。围绕全市战略性、综合性、热点性、难点性课题，开展系列课题调研，形成《自贡民办养老机构发展思考》《高硐社区存在的问题亟待解决》《促进中小企业发展的建议》《四川理工学院运用科研成果促进地方经济发展情况调查》《自贡市城市生活垃圾分类》《国有企业维稳工作情况调查》《服务业专业市场发展情况调研》《农业龙头企业的情况调查》《自贡市学前教育情况的调查》典型调研课题报告9篇。

【调研工作载体】　2014年，以改革工作、群众路线教育实践活动为主线，集中反映全市经济社会发展情况和改革工作推进情况，增设群众路线教育实践活动专栏和专刊，全年刊发《学习与调研》12期。继续办好《调查研究》，围绕全市重点工作，刊发重点、热点调研课题和调研报告，内容涵盖交通运输状况、次级突破、职业教育、电子商务等内容，全年刊发《调查研究》9期。

【推动调研工作】　2014年，加强对市级部门调研工作的指导、协调，组织市纪委、市委组织部、市发改委、市财政局等24个单位开展重点课题调研，形成涉及党建、党风廉政建设、经济、社会等内容的重点课题33篇，并将形成的调研成果汇编成册，供市委、市政府领导决策参考使用。在形成的12篇调研报告中，《自贡市清洁汽车产业发展情况调查》《自贡民办养老机构发展思考》《促进中小企业发展的建议》《自贡市城市生活垃圾分类》《国有企业维稳工作情况调查》5篇调研报告被市委信息室专题采用。

【建立全面深化改革组织领导体系】　2014年，组建市委书记任组长的全面深化改革领导小组，市委常委牵头负责9个改革专项小组工作，在市委政研室设立全面深化改革领导小组办公室。各区县和市级相关部门分别成立改革领导机构，构建起“1+9+1+X”工作体系。

【制定全面深化改革总体框架】　4月11日，召开市委十一届九次全会，审议通过《中共自贡市委关于贯彻落实党的十八届三中全会精神全面深化改革的决定》，全面部署自贡市到2020年的全面深化改革工作，提出13个方面、53项重大改革任务。4月30日，召开市委全面深化改革领导小组第一次会议，审议通过《贯彻落实市委十一届九次全会重要部署责任分工方案》，明确全市214项改革任务。

【推进全面深化改革各项工作】　2014年，先后召开3次领导小组会议，审议通过19个专项改革方案。7月18日，召开市委全面深化改革领导小组第二次会议，审议通过《自贡市投融资体制改革实施方案》《自贡市深化投资项目行政审批制度改革实施方案》《自贡市城乡居民基本养老保险实施办法》《关于全面加快推进农村土地承包经营权确权登记工作的意见》《创新美丽乡村幸福家园建设机制专项改革方案》《关于开展增加农民财产性收入改革试点工作的实施意见》《自贡农村商业银行股份有限公司筹建工作方案》《自贡市全面深化生态文明体制改革方案》8个专项改革方案。10月22日，召开市委全面深化改革领导小组第三次会议，审议通过《自贡市城乡居民大病医疗保险实施办法》《自贡市深化医药卫生体制改革2014年主要工作安排》《关于开展医疗保险异地就医即时结算工作的实施方案》《自贡市医疗纠纷预防与处置办法》《关于解决乡村医生养老保障有关问题的指导意见》《健全住房保障和供应体系专项改革方案》《自贡市培育企业创新主体专项改革方案》《自贡市完善科技创新激励机制专项改革方案》《关于深化国资国企改革促进经济发展的实施意见》《关于推进经营性国有资产统一监管实施方案》《关于进一步完善本级国有资本经营预算工作的实施意见》11个专项改革方案。专项改革方案中确定的各项任务，均实现了按进度推进，建立审批项目动态调整工作机制、医疗保险异地就医即时结算、统一整合城乡居民基本养老保险、创建50个“美丽乡村幸福家园示范村”等工作在年内完成。

（余　洋）

群众和信访工作

【概况】 2014年，市、区（县）两级信访总量2.02万件（人）次，比2013年上升11.2%。其中：来信总量932件次，上升10.3%；来访总量1.75万人次，上升9.7%，其中：集体访695批1.09万人次，批次下降4.7%，人次上升12.9%；到市委、市政府机关“非访”110批3212人次，批次上升15.8%，人次上升69.1%；网上信访共2499件次，上升21.5%。到省上访144批366人次，批次下降5.2%、人次上升79.4%；其中集体访9批164人次，批次上升80%、人次上升556%。进京上访63人208人次，人数下降21.2%、人次上升73.3%；进京“非访”53人136人次，人数上升194%、人次上升547%。

【畅通群众诉求表达渠道】 2014年，市领导带头批阅群众来信145件，其中市委、市政府主要领导批阅112件，占市领导阅批群众来信的77.7%；办理省委督导组批示信169件，办理市委群教办批示信75件。市委办公室印发《关于进一步加强和完善各级领导干部定期接待群众来访制度的通知》，从4月开始，每周五市领导接待日坚持由市级四大班子领导接访。是年，市委书记雷洪金、市人大常委会主任陈华、市长刘永湘、市政协主席潘泽金等领导共参加领导接待49次，接待来访群众109批1181人次，其中5人以上集体访50批1059人次。市纪委、市国资委、市民政局、市人力资源社会保障局、市城乡建设住房保障局等部门入驻中心联合接访，绝大多数问题通过现场解释、疏导、处理得到及时化解。全年，市本级和中、省转办的网上信访总量2499件次，同比上升21.5%。其中受理人民网留言455条，省长信箱1129件，省委书记信箱25件，省投诉受理中心17件，市委书记、市长信箱796件，中、省直转国投办网上信访件76件，其中纳入满意度评价件12件次。按期办结答复率均达100%，自贡市被人民网评为“2014年度全国网民留言办理工作先进单位”。市、区县信访部门全部应用全国信访信息系统办理业务，应用率达100%；市、区县两级信访数据平均录入率达100%。市便民呼叫中心共接听群众来电2.15万件次，同比上升17.9%。其中有效信访诉求7074件次，有效诉求仅占总来电量的32.9%。市便民呼叫中心工作人员通过直接答复、转接、电话、网上交办等方式共办理群众有效诉求7072件次，办结归档7072件次，办结率100%。各级领导干部下访1.88万次，参与干部5.08万人次，解决信访问题8719个。全市各区县共选聘信访代理员1452名，代理信访事项4642件次，解决信访问题2744件次。

【信访工作制度改革】 2014年，全市贯彻落实全国信访工作制度改革新闻发布会议精神，推进信访工作制度改革。通过印发贯彻执行诉访分离的细化意见、加强诉访分离改革工作宣传、坚持接待工作中对涉法涉诉事项“不受理、不交办、不协调”原则、坚持做好诉访分离过程中对来访人正面引导等工作，提高社会层面对涉法涉诉改革工作的知晓度，涉法涉诉信访老户在市内层面初步实现归口上访。全市政法类问题在行政信访渠道反映量的登记数从2013年同期的1038件（人）次、占信访总量的6.2%、突出问题排名第5位，下降到717件（人）次、占信访总量的3.6%、突出问题排名第8位。转发《国家信访局关于进一步规范信访事项受理办理程序引导来访人依法逐级走访的办法》，在全市以信访系统为依托开展依法逐级走访宣传工作，引导社会公众依法、合规信访，对各区县和市级相关部门进行多层次业务培训，提升行政机关信访工作责任意识、程序观念和业务水平。在驻京信访工作中，全市始终坚持“统一指挥、属地为主，诉访分离、依法处置”原则，遵守“两个一律、四个不准”的纪律要求，对欲借进京上访向地方政府施压的行为和不合理诉求，坚守政策底线，树立政府公信，不轻易承诺表态、不突破政策办事，打消和破除信访人不切实际的错误观念和想法，为后期化解留足空间，推动信访秩序不断规范。

【化解信访突出问题】 2014年，以领导包案制度和矛盾纠纷排查化解机制为抓手，推进各类突出信访问题和矛盾纠纷化解。市信联办通过摸排梳理，筛选出34件具有化解价值的信访积案，市委办、市政府办印发《关于开展2014年信访积案化解领导包案活动的通知》，逐案明确市、区县包案领导及化解、教育管理责任单位、责任人，截至12月底，34件市领导包案，化解30件，化解率88.2%。是年，省联办分两批向自贡市交办29件信访积案难案，市信联办逐一落实领导包案，截至12月底，结案率100%。全市各区（县）坚持每月开展矛盾纠纷排查，全年共排查各类矛盾纠纷1429件，化解892件，化解率62.4%。开展元旦、春节和市、省、全国“两会”及党的十八届四中全会、十五届西博会、APEC会议期间敏感期专项排查，摸清和掌握重点人员情况，有针对性地做好敏感期教育管理和稳控工作，确保社会稳定。

【联系服务群众】 2014年，协调推进实施九大民生工程和17件民生实事，民生工程投入资金50.1亿元，占资金安排计划总额的121.29%，比2013年增长2.89%，其中17件民生实事（除“对初次创业并吸收3名以上劳动者就业的高校毕业生一次性给予每人1万元创业补贴”省上暂未下达目标任务外）总投资32.78亿元。继续开展元旦春节“情暖盐都”走基层送温暖慰问月活动和“践行群众路线·真情服务基层”群众工作月活动，组织党员干部到基层帮助群众解决实际困难和具体问题。

（冉康林）

机构编制工作

【政府机构改革】 2014年，坚持“四个结合”，推进政府机构改革，即与事业单位分类改革相结合、与创新行政管理体制相结合、与解决历史遗留问题相结合、与适应本地经济社会发展相结合。机构改革撤销政府工作部门7个、组建政府工作部门4个、接收省垂管部门2个；撤销政府部门挂牌机构5个、新增5个、调整1个；调整部门管理机构2个、参公管理事业单位6个。调整后，市政府工作部门设置为32个，部门挂牌机构10个。

【扩权强镇改革】 2014年，拟制《自贡市深化扩权强镇改革加快镇域经济发展的实施意见》，从扩大试点范围、扩大行政管理权限、优化机构设置、创新人事管理制度、增强财力支持力度、加大产业发展保障力度等6个方面探索深化改革试点。加大对扩权强镇工作总结推广、检查考核力度，扩权强镇工作取得成效，全市扩权强镇改革工作在全省“百镇建设”体制机制创新工作推进会上作经验交流。

【事业单位分类改革】 2014年，印发《自贡市市属事业单位分类指导目录》，市本级166个事业单位完成分类，各县（区）事业单位的分类改革同步有序推进。市委编办牵头协调川南五市事业单位分类改革工作，确保五市事业单位分类改革工作有序进行。全市事业单位分类改革和创新管理的经验做法，在成都、西昌召开的全省市州事业单位分类改革和创新管理座谈会上作交流。

【重点行业领域体制改革】 2014年，推进事业单位登记管理制度改革，取消事业单位年检，推行事业单位法人报告制度。加大教育、卫生等重点领域体制改革力度，新建高新区基础教育研究中心等机构，为汇东实验学校、蜀光绿盛实验学校增加编制115名。加大对教育、卫生等系统年度用编计划力度，全年共确定用编计划351名，占市级事业单位年度用编计划的60%左右。按照中央、省市要求，完成机动车安全技术检验检测机构与主管部门脱钩的改革工作。

【调整机构编制】 2014年，结合政府机构改革、事业单位分类改革和理顺职责关系的需要，按照职能变化和事业发展，对部门和单位的机构编制进行动态调整，共调整51个行政事业机构的设置。制定《自贡市控编减编工作方案》，并按规定程序及时核销市总工会等3个单位离退人员或协会编制7名，为市委政研室（深改办）增加行政编制8名，核销21个单位501名事业编制用于预留调控，确保社会事业发展需要。

【机构编制管理】 2014年，首次将机构编制工作纳入市委、市政府对各县（区）党委、政府的目标绩效考核。开展机构编制核查，对297个单位在机构设置、人员编制核定、领导职数核配、在编实有人员情况、编外使用人员情况等5个方面的核查信息进行审核，并及时更新实名制数据库。全面清理规范市级机关单位领导职数和非领导职数，对2001年以后各部门、各单位的领导职数进行全面清理，涉及市级正处级领导职数98名、副处级领导职数488名，正副科级领导职数1736名。印发《关于市级机关单位调研员（副调研员）非领导职务设置的通知》，对86个副县级以上党政群机关、行政执法机构、参公管理事业单位核定调研员和副调研员非领导职数163名，规范各单位非领导职务设置。从严控制年度用编计划，确定2014年市级党政群机关和参公管理单位用编计划211名，比2013年减少34名；市属事业单位用编计划602名，比2013年减少214名。

【加强机构编制调查研究】 2014年，针对机构编制管理中存在的热点、难点问题和2014年重点改革任务，到基层一线开展调查研究，完成省委编办交办的《部门履职评估与编制调控机制的思考》《部门职能与现有存量编制的数量关系》两个中央编办下达的调研课题，形成《关于推行交通行政综合执法改革的思考》《关于我市乡镇卫生院现状的调研报告》等8篇调研文章，为推进改革提供第一手资料。

(丁 松 袁正平)

老干部工作

【老干部工作机制】 2014年，市委常委会研究老干部工作2次，政府常务会研究老干部工作2次。市委领导多次参加老干部活动，市委书记雷洪金坚持走访慰问老干部，市委副书记、市长刘永湘为老干部作形势报告会，市委常委、组织部部长李国贵与老干部共庆重阳、国庆。领导小组协调解决“提高老干部春节慰问费标准”“调整走访慰问异地安置离休干部时间”和“组织老干部外出参观考察”等问题。

【落实老干部待遇】 2014年，市四大班子领导带队看望慰问老干部130余人，发放慰问金18.8万元，同比增长24%。健全特殊困难帮扶机制，帮扶特殊困难老干部15人，发放特殊困难补助3万元。按照中央和省有关要求，29名符合条件的离休干部提高工资及医疗待遇，447名离休干部享受护理费每人每月增长400—1000元的政策。研究出台《关于对市直单位建国初期参加革命工作的部分退休干部给予适当医疗照顾的通知》，全市922名新中国成立初期参加革命工作的退休干部享受政策照顾。解决久大、川玻等企业因经营困难拖欠老干部待遇的问题，从2015年起川玻的2名离休干部划归企管中心管理，津贴和医疗待遇由市级财政安排解决，拖欠的2014年及以前的费用，在2015年国有资本经营预算中解决；久大的离休干部和新中国成立初期参加革命工作的部分退休干部从2015年起所需费用由市财政负担，减免40余名困难企业离休干部医疗费统筹金人均6.7万元。

【“两项建设”工作】 2014年，将老干部的学习活动与学习中国特色社会主义核心价值观结合，将抓好离退休干部思想政治建设与党的群众路线教育实践活动结合，以党的十八届三中全会、习近平系列讲话和中央、省、市委重要会议精神作为重点组织开展老干部日常学习活动。将县级离退休干部轮训和离退休党支部书记培训相结合，邀请市委党校教授王国文就“群众路线是党的生命线和根本工作路线”向老干部们作解析，全市200余名离退休干部参加培训。是年，老干部活动中心规范化建设被省委组织部、省委老干部局评为示范单位。

【老干部活动】 2014年，先后组织老领导参观视察自流井区、富顺县经济社会发展建设情况和全市民政事业发展情况，并形成《关于市老领导视察调研自流井区经济社会发展有关情况的反映》《完善我市社会福利机构的建议意见》等调研成果，向市委、市政府作专题汇报。组织老干部观灯、钓鱼比赛、桥牌比赛、“庆国庆·迎中秋”老干部联欢和保健知识讲座等活动。10月，分部门组织市级班子老领导赴省外参观考察，感受改革发展新变化。

【老干部志愿服务活动】 2014年，全市老干部以老干部志愿服务活动为载体，通过形式多样的主题活动，充分发挥自身作用，传递正能量。在群众路线教育实践活动中，15位老干部被聘为市委督导组组长，指导各单位深入开展党的群众路线教育实践活动。活动中，各级老干部坚持问题导向，向市委班子提出建议意见，并形成《关于征求老领导对市委常委班子及成员加强作风建设建议意见的情况汇报》报送市委，得到市委领导的高度评价。开展“我为稳增长献一策”主题活动，通过召开座谈会、学习会，开展专题调研等形式建言献策，全市600余名离退休老干部共提出意见建议200余条，涉及工业、农业、第三产业和社会事业。围绕市委、市政府工作实际以及当前社会的需要，全市12个中队全年开展扶贫帮困活动、关爱服务活动、医疗服务活动和文化服务活动，帮助4000多户农户脱贫致富，户均增收400余元，与5000多名“失足、失学、失业、失管、失亲”儿童结对帮扶，关心关爱孤寡老人。

（市委老干部局）

保密工作

【召开保密工作会议】 5月19日，市委保密委组织召开自贡市2014年保密工作会议，贯彻落实中央、省委保密委员会会议精神，总结2013年全市保密工作，部署2014年全年工作任务。

【制定保密工作计划】 5月，印发《自贡市2014年保密工作要点》《2014年度目标绩效考核保密工作目标考评细则》，就保密法制、监督管理、宣传教育、保密技术等方面的工作进行部署。

【保密宣传教育】 4月4日，市保密局在春华广场组织开展《中华人民共和国保守国家秘密法》现场集中宣传教育活动，采取分发宣传资料、现场解答法律问题等形式，对市民进行保密普法宣传。活动期间，分发《中华人民共和国保守国家秘密法》《保密提醒20条》《主要的失、泄密因素有哪些?》等保密法制宣传资料1000余份。10月21日，市委第118次常委会议上，市保密局围绕《手机使用保密管理规定》，从手机信息安全现状、重点注意事项、贯彻执行要求等3个方面作专题汇报。是年，按照中央保密办《关于切实做好保密委员会主任讲保密专题党课工作的通知》要求，全市363个部门和涉密单位，4886人参加保密专题党课活动。成立由市委副秘书长任组长，市委保密办、市人社局有关领导为成员的省保密工作先进集体和先进个人自贡市推荐工作领导小组，先后推荐市委办公室等4个全省保密工作先进集体参评单位和张红兵等4名先进个人参评人选。

【党政机关保密管理】 2014年，市保密局根据全市机关管理服务标准化建设要求，起草《自贡市机关保密工作管理规范》，在人员管理、载体管理等11个方面进行详细规定，制发标准化表格21个。9月15日至19日，市国家保密局、市委机要局和市委办文书科组成保密工作联合检查组，对四区两县及市委办、市政府办等18个部门单位进行保密工作专项抽查。共检查计算机146台、机房4个、移动存储介质11个，涉密纸质文件资料300余份，提出整改建议30余条。

【军工企业保密管理】 2014年，市保密局先后对自贡xx装备制造公司、自贡xx电器公司、xx新材料公司等3家企业申请军工科研生产保密资格进行材料初审、对相关情况进行核实，提出整改建议，并形成申报意见，报送省军工保密资格认证办。截至2014年年底，3家单位均通过军工保密资格认证。

【国家教育考试保密管理】 2014年，全市保密行政部门上下联动，与教育、公安、招生等部门联合建立考试保密工作突发事件应急处置机制，加强对“两考”、研究生考试、国家司法考试、成人高考、自学考试、专业技术职称考试等各类考试的保密管理。做到提前介入，配合考试主管部门，强化考试安全保密措施，确保国家教育统一考试保密工作万无一失。

（市委保密局）

党史工作

【制定党史规划】 1月8日，根据省委党史研究室的统一部署，印发《〈中国共产党自贡历史（1978—2002)〉（第三卷）编纂方案的通知》。1月22日，根据全省党史工作会议要求，制定《中共自贡市委党史研究室2014年工作要点》，并发文至各区县委。

【党史编纂】 11月，完成《中国共产党自贡历史（第三卷)》编纂工作，12月正式出版发行。该书分为4章、19节，37万字，48幅照片，真实记述1978—2002年期间，中共自贡市委带领全市人民改革开放、开拓创新、攻坚克难、勇往直前的奋斗历程，发挥以史鉴今，以史资政，以史育人的作用。11月，完成《中国共产党自贡执政实录（2013年卷)》编纂工作，该书分为执政综述、领导讲话、重要文件、重要会议、区县实践、大事记、附录等7个篇章，展示2013年全市各级党组织在市委领导下所取得的成就，体现党史“存真”“求实”“资政”“育人”和服务现实的作用。

【载体建设】 2014年，完成《自贡党史》期刊4期，设特别报道、本期专稿、专题研究、三线建设、党史故事、信息短波、工作指南等栏目，向机关、企事业单位及学校发放刊物6000余册。

【党史宣传教育】 8月，全面改版自贡党政网党史网页，在网页上设立工作动态、党史人物、历史回声、历史遗迹、党史研究、领导视察、大事记、历次党代会等12个栏目。组织和参与全省纪念邓小平诞辰110周年征文活动、第二届全国党史文化论坛征文活动及全省纪念三线建设50周年学术研讨会征文活动，共送征文22篇，其中有3篇入选。

【加强区县业务指导】 2014年，指导区县党史部门完成2014年工作要点、党史基本著作编纂工作、《中国共产党自贡执政实录（2013年卷）》区县综述及每月党史信息报送工作。

（陈 静）

党校工作

【学员培训】 2014年，完成“优秀年轻干部和人才递进培养计划”培训班、党外中青班、公务员培训班、乡镇党委书记培训班等各类班次23期，培训学员2608人次。

【开设新专题】 2014年，围绕中心和干部需求举办专题班和开设专题。在学习“党的十八届三中全会和习近平总书记系列讲话精神，贯彻市委重大决策部署县级领导干部”专题培训班中，按照“五位一体”和党的建设6个方面，分成政治和党的建设、经济和生态建设、文化和社会建设3个类别设置专题，侧重培训与专题密切相关的干部，培训针对性增强，指向性更明确。全年，共开设专题114个，其中新专题55个，占专题数的48%。

【创新教学形式】 2014年，采取课堂教学与现场教学相结合、专题讲座与座谈讨论相结合、理论学习与实际工作相结合的方式，丰富培训教学方式的多样性。在“优秀年轻干部和人才递进培养计划”培训班中开展3天的准军事化训练和2天的户外拓展培训，开设入学教育与入学摸底考评等创新形式。

【推进在职研究生教育】 2014年，采取措施，完成2014年级省委党校在职研究生招生工作，注册45人，注册率100%。加强在职研究生日常管理工作，严格考勤，严肃考试纪律。

【教学管理】 2014年，首次实行“全程跟踪+严格考核+自我管理”相结合的管理模式，明确2名跟班考察员，全程跟踪考核考察学员，并依据教学计划形成学习考核记录、日常管理记录。培训班实行定人定座，安排专人对缺课、迟到、早退的学员进行记录，及时反馈出勤情况，促进相互监督。明确要求学员培训期间不得相互宴请，不得饮酒，不得违反学员管理的要求，促进形成良好的校风学风。

【课题研究】 2014年，完成科研成果98项，其中，调研报告（课题）32项。在报刊或论文集发表论文及调研报告61篇（公开报刊19篇，内刊42篇），参加研讨会交流5篇。组织申报并立项省委党校课题、市社科规划课题、全市党校系统年度调研课题、市思想政治研究会课题共计45项；结项2013年度省委党校招标课题1项，2013—2014年度市社科规划课题5项，其余课题处于结项申报中。

【思想库建设】 2014年，利用《盐都论坛》《重要研究成果专报》平台，发挥思想库作用。全年编辑出版《盐都论坛》4期，发表文章83篇；编辑《重要研究成果专报》4期，送有关领导及部门参阅；4名教研人员受聘担任市第十五届社科评委。是年，获各类各级成果奖15项，20篇文章（人次）参加各级各类征文和理论研讨活动。

【队伍建设】 2014年，采取下派挂职、顶岗锻炼、送培等方式培养干部，下派挂职2人，顶岗锻炼4人，送培12人；提拔副县级领导干部1名和副县级调研员1名，引进硕士研究生1名；完成专业技术人员第三轮竞聘上岗，职员、工勤岗位竞聘上岗和工作人员双向选择工作。市社会主义学院在学校正式挂牌，并举办第一期党外中青班。

【活动载体创新】 2014年，组织开展义务植树、清明节缅怀革命先烈、“庆国庆·生态自贡徒步走计时赛”等活动。加强党纪、党风教育、党风廉政宣传工作，组织全体党员干部职工参观市廉政警示教育基地，接受法纪警示教育。开展“三联三服务”活动，组织联系荣县新桥镇镇村干部和自流井区东街解放桥社区电脑技能初级培训，送镇村社区电脑5台，组织慰问贫困党员、新农村建设调研、座谈及有关教育活动4次，帮扶困难党员群众18人。

【加强区县业务指导】 2014年，开展“走基层”基层党校调研；采取多种形式开展师资培训，培训100余人次；召开全市党校系统办公室工作座谈会暨信息培训；举办全市党校系统计算机办公自动化技能培训；完成区县党校2名教师高级职称申报。

（刘珉洁）

接待工作

【概况】 2014年，接待到市客人200批，2578人次，其中部省级领导52批。完成中央委员、中国航空工业集团董事长林左鸣，全国人大法工委副主任阚珂，省委书记王东明，省长魏宏以及全省深化现代畜牧业发展现场会等重要接待任务。2014年，市接待办公室获“四川省政务接待优秀集体”和“自贡市公务接待工作先进单位”荣誉称号。

【完成第二十届自贡国际恐龙灯会接待任务】

1月13日，第二十届自贡国际恐龙灯会开幕，民革中央原副主席朱相远和省级部门领导、市州嘉宾、外宾、客商、记者共359人出席开幕式。1月13日至3月11日，第二十届自贡国际恐龙灯会历时57天，共接待到市客人33批，其中部省级领导7批。

【完成省委群众路线教育实践活动督导组接待任务】 2月17日至11月14日，省人大城乡建设委咨询委员林海云任组长的省委群众路线教育实践活动督导组莅市开展9个月的群众路线教育实践活动督导工作。该接待任务时间长、人数多、范围广、任务重、要求严，市接待办制定督导组接待方案，细化食、宿、行安排，成立接待专门小组，建立接待值班制度，增添硬件设施，加强酒店餐食指导和酒店接待人员的培训工作。

【王宁出席川南城际铁路推进工作会和川南城际铁路建设合作协议签字仪式】 2月20日，副省长王宁莅市，出席川南城际铁路推进工作会和川南城际铁路建设合作协议签字仪式，调研自贡垃圾焚烧发电厂、沿滩工业集中区中天胜新材料公司。

【阚柯到自贡市调研】 6月19日，全国人大常委会法工委副主任阚柯到自贡市调研沿滩区王井镇基层人大工作和中天胜新材料公司建设情况，并与市领导和基层代表进行座谈。

【魏宏到自贡市调研】 6月19日，省长魏宏到自贡市调研久大集团舒平制盐基地、大安旧城棚户区改造项目和铸钢家园保障房建设情况。

【李登菊出席市委常委班子专题民主生活会】

7月9日，省委常委、总工会主席李登菊到自贡市听取省委第二督导组关于自贡市群众路线教育实践活动情况汇报，分别与市级相关领导谈心。10日，出席市委常委班子专题民主生活会。

【中国航空工业集团公司与市政府签约】 7月26日，“中国航空工业集团公司、自贡市人民政府战略合作协议签约仪式”在成都锦江宾馆举行。省委书记、省人大常委会主任王东明，省委常委、秘书长陈光志，副省长甘霖，中航工业集团党组书记、董事长林左鸣及中航工业集团相关负责人，市委书记雷洪金，市委副书记、市长刘永湘出席签约仪式。

【王东明到自贡市调研】 8月28日，省委书记、省人大常委会主任王东明到自贡市调研中昊晨光化工研究院有限公司、自贡市生活垃圾焚烧发电项目、大业高压容器有限公司。省委常委、秘书长陈光志，副省长王宁，市委书记雷洪金，市委副书记、市长刘永湘等陪同调研。

【蜀光中学举行90周年校庆】 10月2日，蜀光中学举行90周年校庆。中科院院士侯朝焕、空军原副参谋长徐心德、清华大学原副校长张思敬、中国地质科学院研究员易明初等蜀光中学校友出席校庆活动。

【全省深化现代畜牧业发展现场会在自贡召开】

12月24日，全省深化现代畜牧业发展现场会在自贡召开，省委副书记、省长魏宏，省委常委、省委农工委主任李昌平，副省长曲木史哈及省政府副秘书长赵学谦等150人出席会议。会议代表考察自贡农投生态农业科技有限公司黑山羊养殖场、四川清淞湖养殖科技有限公司望佳种牛场、四川巴尔农牧集团新种猪场及华鑫养兔专业合作社种兔场。

【开展党的群众路线教育实践活动】 2014年，按照党的群众路线教育实践活动要求，市接待办成立教育实践活动领导小组，建立“一把手”工作责任制，制定《教育实践活动实施方案》。先后开展学习教育、听取意见、查摆问题活动，从单位内部、区县接待办、服务对象、工作对象、考察点企业、帮扶联系社区（村）等6个层面收集意见64条，在“四风”方面梳理突出问题26条，在正风肃纪“9+2”专项整治方面梳理突出问题4个。新订和修订机关内部制度22个，起草《自贡市党政机关国内公务接待管理办法》，市委办公室、市政府办公室印发《自贡市党政机关国内公务接待管理办法》，市接待办公室印发了配套文件《关于进一步做好党政机关国内公务接待工作的通知》。

【机构改革】 2014年，市接待办公室由市政府办公室管理调整为市委办公室管理。《自贡市党政机关国内公务接待管理办法》明确：市接待办公室为全市公务接待管理部门，负责管理市级党政机关国内公务接待工作，指导协调各区县国内公务接待工作。

（李　响）

REN DA

人　大

代表大会

【十六届人大五次会议】 2月10日至13日召开。会议听取和审查自贡市人民政府工作报告；审查和批准自贡市2013年国民经济和社会发展计划执行情况及2014年国民经济和社会发展计划草案的报告；审查自贡市2013年财政预算执行情况及2014年财政预算草案的报告，批准2014年市本级财政预算；听取和审查自贡市人大常委会工作报告；听取和审查自贡市中级人民法院工作报告；听取和审查自贡市人民检察院工作报告；选举刘永湘为自贡市出席四川省第十二届人民代表大会代表；补选田丰为市人民检察院检察长；补选罗川、罗庆全为自贡市第十六届人民代表大会常务委员会委员。会议作出关于政府工作报告的决议、关于自贡市2013年国民经济和社会发展计划执行情况与2014年计划的决议、关于自贡市2013年财政预算执行情况和2014年财政预算的决议、关于市人大常委会工作报告的决议、关于市中级人民法院工作报告的决议、关于市人民检察院工作报告的决议。

常委会会议

【市十六届人大常委会第十七次会议】 1月26日召开。会议审议通过自贡市人大常委会工作报告（草案）、自贡市人大常委会2014年工作要点（草案）、市人大常委会代表资格审查委员会关于自贡市第十六届人民代表大会个别代表的代表资格审查报告、市人大常委会关于接受辞职的决定（草案）；通过有关人事任免事项。书面听取市人大常委会评议办公室关于2013年工作评议总结的情况汇报，书面传达省十二届人大二次会议主要精神和市委十一届八次全体（扩大）会议精神。

【市十六届人大常委会第十八次会议】 2月10日召开。会议审议通过市人大常委会代表资格审查委员会关于自贡市第十六届人民代表大会个别代表的代表资格审查报告。

【市十六届人大常委会第十九次会议】 2月28日召开。会议听取和审议市政府关于全市就业优先战略实施的情况汇报、关于全市天网工程建设的情况汇报，通过有关任免事项。

【市十六届人大常委会第二十次会议】 4月25日召开。会议听取和审议市政府关于自贡市城市维护费2013年收支执行情况和2014年收支计划安排的情况报告、自贡市贯彻实施《食品安全法》和《农产品质量安全法》的情况报告；审议市人大常委会主任会议提请的《自贡市人大常委会关于决定授予自贡市荣誉市民称号的规定（草案）》的议案；传达十二届全国人大二次会议精神以及省人大常委会第八次会议精神；审查通过个别代表的代表资格；通过有关任免事项。

【市十六届人大常委会第二十一次会议】 6月26日召开。会议听取和审议市政府关于自贡市重大项目推进情况的汇报、关于小井沟、双溪饮用水源地生态功能区保护和建设控制规划实施情况的汇报；审查批准关于加快实施小井沟、双溪饮用水源地生态功能区保护和建设控制规划的议案办理实施方案、关于全面推进自贡市棚户区改造的议案办理实施方案；审议通过市人大常委会关于深入推进依法治市的决议案和任免国家机关工作人员办法的修正案；通过有关人事任免事项，书面传达省十二届人大常委会第九次会议精神。

【市十六届人大常委会第二十二次会议】 8月26日召开。会议听取和审议市政府关于自贡市2014年上半年国民经济和社会发展计划执行情况的报告、2013年财政预算执行和其他财政收支审计情况的报告、2013年财政决算情况和2014年上半年财政预算执行情况的报告、开展农业转移人口市民化情况的报告、城乡建设用地增减挂钩改革试点推进情况的报告，就2013年市本级财政决算作出决议；书面听取市政府关于市十六届人大常委会第二十一次会议关于加快实施双溪、小井沟饮用水源地生态功能区保护和建设控制规划的议案办理实施方案所提问题的补充汇报，书面传达省十二届人大常委会第十次会议精神；审议通过市政府关于提请审议授予张文华“自贡市荣誉市民”称号的议案、市人大常委会主任会议关于《市人大常委会专题询问办法》《市人大常委会跟踪督办办法（修订案）》《市人大常委会处理审议意见的规定（修订案）》

《市人大常委会会议议事规则（修正案）》《市人大常委会主任会议议事规则（修正案）》《出列席市人大常委会会议规定（修正案）》和市人大常委会代表资格审查委员会关于自贡市第十六届人民代表大会个别代表的代表资格审查报告；表决通过有关人事任免议案；印发市人大常委会主任会议关于《市人大常委会关于规范性文件备案审查的规定》的实施细则。

【市十六届人大常委会第二十三次会议】 10月28日至29日召开。会议听取和审议市政府关于自贡市行政审批制度改革、棚户区改造、2014年市本级财政预算调整、贯彻实施《消费者权益保护法》和市中级人民法院关于全市法院审判执行情况的汇报；作出关于批准自贡市2014年市本级财政预算调整方案的决议；审议通过市人大常委会关于视察的规定、关于执法检查的规定、关于调查研究的规定、关于激励和保障市人大代表履职的暂行办法（草案）的议案和关于提请自贡市人民代表大会审议《自贡市人民代表大会议事规则（修订草案）》的决定；审议通过关于接受辞职的决定（草案）、关于市第十六届人民代表大会个别代表的代表资格审查报告和有关人事任免事项；书面印发市十六届人大常委会第二十二次会议常委会组成人员对自贡市2014年上半年国民经济和社会发展计划及财政预算执行情况、农业转移人口市民化推进情况、城乡建设用地增减挂钩改革试点推进情况的审议意见处理结果报告；书面传达省十二届人大常委会第十二次会议精神。会议专题对换届以来市司法局、市水务局、市外事侨务旅游局、市安监局工作进行评议。

【市十六届人大常委会第二十四次会议】 11月20日召开。会议通过关于接受朱江辞去自贡市第十六届人民代表大会常务委员会委员职务请求的决定；任命项晓峰为自贡市人民政府副市长。

【市十六届人大常委会第二十五次会议】 12月25日召开。会议听取和审议市政府关于自贡市2014年节能工作、推进义务教育均衡发展、2013年财政预算执行和其他财政收支审计工作报告中指出问题的纠正情况和处理结果、市十六届人大五次会议关于加快实施双溪小井沟饮用水源地生态功能区保护和建设控制规划以及全面推进自贡市棚户区改造的议案办理、市十六届人大五次会议代表建议批评意见办理情况的报告，并对节能工作和推进义务教育均衡发展情况进行测评；审议通过市人大常委会代表资格审查委员会关于自贡市第十六届人民代表大会个别代表的代表资格审查报告；对市人大常委会任命的市政府秘书长及政府组成部门主要负责人、市中级人民法院副院长、市人民检察院副检察长个人年度工作情况进行测评；书面听取市政府关于市十六届人大常委会第二十二次会议对自贡市农业转移人口市民化推进情况和城乡建设用地增减挂钩改革试点推进情况专项工作报告审议意见的办理情况报告，并进行表决测评；书面听取市人大常委会相关委室关于市十六届人大五次会议代表建议批评意见的督办情况报告、加快实施双溪小井沟饮用水源地生态功能区保护和建设控制规划以及全面推进自贡市棚户区改造议案的督办情况报告、2014年市人大常委会开展规范性文件备案审查工作情况的报告；书面印发市人大常委会第二十三次会议常委会组成人员对全市法院审判执行、行政审批制度改革、贯彻实施《消费者权益保护法》和棚户区改造推进情况的审议意见处理结果的报告；书面传达省十二届人大常委会第十三次会议精神；会议通过有关人事任免事项；2014年新任命人员进行集体宣誓。

主任会议

【市十六届人大常委会第三十次主任会议】 1月15日召开。会议听取市人大常委会人代工委关于2013年度工作评议有关情况的汇报、有关接受辞职的情况汇报、有关人事任免的情况汇报和关于自贡市第十六届人民代表大会个别代表的代表资格的情况说明；听取市人大常委会办公室关于市第十六届人大常委会第十七次会议时间及日程安排建议情况的汇报；传达学习市委十一届八次全体（扩大）会议精神。

【市十六届人大常委会第三十一次主任会议】 1月26日召开。会议听取关于提请审议决定田丰为自贡市人民检察院代理检察长的议案、关于提请审议接受黄平等2人辞去职务请求的议案；听取自贡市人大常委会关于接受黄平辞去职务请求的决定（草案）、关于接受李剑辞去职务请求的决定（草案）、关于接受陈明仲辞去职务请求的决定（草案）。

【市十六届人大常委会第三十二次主任会议】

2月10日召开。会议听取大会秘书处关于各代表团推选团长、副团长，代表小组组长、副组长的情况汇报、关于各代表团讨论大会议程（草案）的情况汇报、关于各代表团酝酿大会主席团和秘书长名单（草案）的情况汇报；通过主席台就座人员名单（草案）。

【市十六届人大常委会第三十三次主任会议】

2月24日召开。会议听取市政府关于2013年城维费超收资金安排情况的汇报；听取市人大内司委关于自贡市天网工程建设情况的视察报告；听取市人大财经委关于自贡市就业优先战略实施情况的视察报告；听取市人大常委会研究室关于《自贡市荣誉市民称号授予规定》的汇报；听取市人大常委会预算工委关于预算审查咨询专家库人选初审情况的汇报；研究确定市人大常委会2014年相关工作计划；听取市人大常委会人代工委关于市人大各专门委员会、常委会办事机构督办人大议案及代表建议、批评和意见情况测评结果的汇报、有关人事任免议案的情况汇报；听取市人大常委会办公室关于市十六届人大常委会十九次会议时间及日程安排建议情况的汇报。

【市十六届人大常委会第三十四次主任会议】

3月26日召开。会议听取自贡市社会保险基金2013年预算执行和2014年预算编制情况的汇报；听取市人大城环资委关于自贡市城市维护费2013年收支计划执行情况和2014年收支计划安排的审查报告及关于批准自贡市城市维护费2014年收支计划决定（草案）的汇报；听取市人大内司委关于2014年规范性文件备案审查计划的报告；听取市人大常委会评议办公室关于工作评议有关情况的汇报；听取市人大常委会人代工委关于市十六届人大五次会议议案、代表建议督办任务分解的情况汇报；听取市人大常委会办公室关于市十六届人大常委会二十次会议时间及议程安排建议情况的汇报。

【市十六届人大常委会第三十五次主任会议】

4月21日召开。会议听取市人大教科文卫委关于自贡市贯彻实施《食品安全法》《农产品质量安全法》情况的视察报告；听取市人大常委会人代工委关于自贡市第十六届人民代表大会个别代表的代表资格的情况汇报、有关人事任免的情况汇报；听取市人大常委会办公室关于市十六届人大常委会二十次会议时间及日程安排建议情况的汇报。

【市十六届人大常委会第三十六次主任会议】

5月23日召开。会议听取自贡市集体林权制度改革工作情况的汇报；听取市人大常委会办公室关于市人大常委会集中视察全市重大项目推进情况方案的汇报、关于市十六届人大常委会第二十一次会议时间及议程安排建议情况的汇报。

【市十六届人大常委会第三十七次主任会议】

6月16日召开，会议听取有关人事任免议案的汇报；听取自贡市政府债务情况的汇报；听取市人大财经委关于自贡市重大项目推进情况的视察报告；听取市人大农委关于小井沟、双溪饮用水源地生态功能区保护和建设控制规划实施情况的视察报告和关于《自贡市人大常委会关于批准〈关于加快实施小井沟、双溪饮用水源地生态功能区保护和建设控制规划的议案办理实施方案〉的决定（草案）》的汇报；听取市人大城环资委关于《自贡市人大常委会关于批准〈关于全面推进自贡市棚户区改造的议案办理实施方案〉的决定（草案）》的汇报；听取市人大内司委关于《自贡市人大常委会关于深入推进依法治市的决议（草案）》的汇报；听取市人大常委会人代工委关于《自贡市人大常委会任免国家机关工作人员办法》的修订说明；听取市人大常委会办公室关于市十六届人大常委会二十一次会议时间及日程安排建议情况的汇报。

【市十六届人大常委会第三十八次主任会议】

7月24日召开。会议听取关于自贡市2014年地方政府债券资金安排使用情况的报告；听取市人大常委会预算工委关于2013年市级部门决算集中审查情况的报告；听取市人大常委会办公室关于市十六届人大常委会二十二次会议时间及议程安排建议情况的汇报；听取市人大常委会相关制度、规定的制定、修正情况的汇报。

【市十六届人大常委会第三十九次主任会议】

8月18日召开。会议听取市政府关于提请审议授予张文华“自贡市荣誉市民”称号的议案和关于双溪、小井沟饮用水源地生态功能区保护和建设控制规划议案办理方案审议意见完善和近期方案实施情况的汇报；听取关于自贡市社区矫正工作情况的汇报；听取市人大财经委关于自贡市2014年上半年国民经济和社会发展计划及财政预算执行情况的视察报告、关于自贡市2013年财政决算的审查结果报告和关于批准自贡市2013年市本级财政决算的决议（草案）；听取市人大农委关于自贡市农业转移人口市民化情况的视察报告；听取市人大城环资委关于自贡市城乡建设用地增减挂钩改革试点推进情况的视察报告；听取市人大常委会人代工委关于自贡市第十六届人民代表大会个别代表的代表资格审查报告；听取市人大常委会办公室关于市十六届人大常委会二十二次会议时间及日程安排建议情况的汇报；书面听取市人大财经委关于自贡市金融工作及金融部门服务中小企业情况的调研报告。

【市十六届人大常委会第四十次主任会议】 8月25日召开。会议听取市人民检察院关于提请审议任命涂然为市人民检察院副检察长的议案；听取市人大常委会人代工委关于提请审议免去张纪延市十六届人民代表大会教育科学文化卫生委员会副主任委员职务的议案。

【市十六届人大常委会第四十一次主任会议】

8月26日召开。会议听取市人民检察院关于提请审议任命涂然为市人民检察院检察员、检察委员会委员的议案。

【市十六届人大常委会第四十二次主任会议】

9月15日下午、9月22日召开。会议听取自贡彩灯文化产业推进情况的汇报；听取市人大常委会办公室关于市人大常委会视察的规定（草案）、执法检查的规定（草案）、调查研究的规定（草案）和关于市人民代表大会议事规则（草案）的汇报；听取市人大常委会办公室关于市十六届人大常委会二十三次会议时间及议程安排建议情况的汇报；听取市人大财经委关于自贡市2014年上半年国民经济和社会发展计划及财政预算执行情况的审议意见的汇报；听取市人大农委关于自贡市农业转移人口市民化推进情况的审议意见的汇报；听取市人大城环资委关于自贡市城乡建设用地增减挂钩改革试点推进情况的审议意见的汇报；书面听取市人大内务司法委员会关于对刑事诉讼法、民事诉讼法修改后在自贡市的贯彻实施情况的调研报告；书面听取市人大常委会预算工委关于自贡市政府投资项目资金使用绩效调研情况的汇报。

【市十六届人大常委会第四十三次主任会议】

10月17日召开。会议听取有关人事任免议案的情况汇报；听取自贡市城乡环境综合治理及釜溪河流域治理情况的汇报；听取市人大城环资委关于自贡市棚户区改造推进情况的视察报告；听取市人大内司委关于全市法院审判执行情况的视察报告；听取市人大财经委关于自贡市贯彻实施《消费者权益保护法》的执法检查报告、关于自贡市行政审批制度改革情况的视察报告、关于自贡市2014年市本级财政预算调整情况的审查结果报告以及自贡市人大常委会关于批准自贡市2014年市本级财政预算调整方案的决议（草案）的汇报；听取市人大常委会人代工委关于《自贡市人大常委会关于激励和保障市人大代表履职的暂行办法（草案）》的起草说明、关于自贡市第十六届人民代表大会个别代表的代表资格审查报告、关于市人大常委会接受辞职决定的情况汇报；听取市人大常委会评议工作情况汇报；听取市人大常委会办公室关于市十六届人大常委会二十三次会议时间及日程安排建议情况的汇报；书面听取市人大常委会人代工委关于乡镇街道人大工作的调研报告。

【市十六届人大常委会第四十四次主任会议】

11月14日、11月20日召开。会议听取自贡市预防和查办职务犯罪工作情况报告；听取关于项晓峰任职的议案；听取市人大内司委关于全市法院审判执行情况审议意见的汇报；听取市人大财经委关于自贡市行政审批制度改革情况审议意见的汇报、关于自贡市贯彻实施《消费者权益保护法》情况审议意见的汇报；听取市人大城环资委关于自贡市棚户区改造推进情况审议意见的汇报；听取市人大常委会人代工委关于工作评议测评结果的情况报告；听取市人大常委会办公室关于市十六届人大常委会二十四次会议时间及议程安排建议情况的汇报；书面听取市人大农委关于自贡市新型农业经营主体发展情况的调研报告；书面听取市人大城环资委关于自贡市主城区供水情况的调研报告；书面听取市人大常委会预算工委关于第四次全省人大预算审查监督工作座谈会的情况汇报。

【市十六届人大常委会第四十五次主任会议】 12月11日、12月24日上午召开。会议听取市人大内司委关于2014年自贡市人大常委会开展规范性文件备案审查工作情况的汇报；听取市人大财经委关于自贡市2014年节能工作情况的视察报告、关于自贡市2013年财政预算执行和其他财政收支的审计工作报告中指出问题的纠正情况和处理结果的视察报告；听取市人大教科文卫委关于自贡市推进义务教育均衡发展情况的视察报告；听取市人大农委关于市十六届人大五次会议《关于加快实施双溪小井沟饮用水源地生态功能区保护和建设控制规划的议案》办理情况的督办报告；听取市人大城环资委关于市十六届人大五次会议《关于全面推进自贡市棚户区改造的议案》办理情况的督办报告；听取市人大常委会人代工委关于市十六届人大五次会议建议、批评和意见办理情况的督办报告；听取市人大常委会预算工委关于深入学习贯彻新《预算法》进一步加强预算审查监督工作方案的汇报；听取市人大常委会人代工委关于自贡市第十六届人民代表大会个别代表的代表资格审查报告和有关人事任免议案的汇报；听取市人大常委会办公室关于市十六届人大常委会二十五次会议时间及日程安排建议情况的汇报；分别书面听取市司法局、市水务局、市外事侨务旅游局、市安监局关于市人大常委会工作评议意见整改方案的报告；书面听取市人大常委会预算工委关于自贡市市本级主要副食品价格调节基金预算执行情况的调研报告；书面听取市人大城环资委关于自贡市小城镇建设情况的调研报告、关于省人大城乡建设环境资源保护工作座谈会情况汇报；听取市政府机构改革有关人事任免议案。

常委会主要工作

【概况】 2014年，召开常委会会议9次，作出决议决定12项；依法补选市人民检察院检察长、省十二届人大代表1名、市十六届人大常委会委员2名，依法任免国家机关工作人员41人次（任命26人次，免职15人次）；开展视察、执法检查30次，形成审议意见16份；召开主任会议16次，形成意见交办函7份；开展调研26项，形成调研报告16份。受理群众来信来访471件次，常委会领导包案化解7件信访疑难案件。备案审查规范性文件32件。

【依法决定重大事项】 2014年，作出深入推进依法治市的决议；听取和审议市政府关于国民经济和社会发展计划执行情况、财政预算执行和其他财政收支审计情况、财政决算及预算执行和调整情况、2013年城市维护费执行情况和2014年计划安排的报告；审查批准市政府关于加快实施双溪小井沟饮用水源地生态功能区保护和建设控制规划议案办理实施方案、全面推进全市棚户区改造议案办理实施方案，并依法作出决议决定。

【工作监督】 2014年，围绕市委“产业促进年”决策部署，开展对工业经济运行、新型农业经营主体发展、农产品产销对接、春耕备耕、彩灯文化、西南（自贡）无水港物流园项目建设、现代服务业发展工作的监督；围绕抓项目增投入，开展对全市续建、计划开工和计划竣工的253个重大项目的监督；围绕统筹城乡发展，开展对农业转移人口市民化、统筹城乡发展和城乡建设用地增减挂钩改革试点工作的监督；围绕市委关于突出“四个重点”领域深化改革的决策部署，开展对行政审批制度改革、集体林权制度改革、金融工作及金融部门服务中小企业、农村信用社服务“三农”、国家技术创新工程四川省试点示范市建设的监督，力促全市经济发展适应新常态、保持好趋势。

【法律监督】 2014年，对食品安全法、农产品质量安全法、消费者权益保护法开展执法检查；学习贯彻新修订的预算法，力促推行全口径预算管理和监督；对贯彻防震减灾法、修改后的刑事诉讼法、民事诉讼法等8部法律法规的情况开展执法调研，力促相关法律法规在全市贯彻实施。加强对市中级人民法院审判执行、市检察院查办和预防职务犯罪开展监督，促进司法公正。

【民生和社会事业发展监督】 2014年，开展对全面推进棚户区改造、就业优先发展战略实施、义务教育均衡发展、大型体育场馆综合利用工作、双溪小井沟水库饮用水源地生态功能区保护、城乡环境综合治理、节能减排、农业废弃物综合利用、城市饮用水现状、天网工程建设、社区矫正工作的监督，促进民生改善，增进民生福祉。

【工作评议】 2014年，依法对市司法局、市水务局、市外事侨务旅游局、市安监局等4个政府部门开展工作评议。对市政府秘书长和政府组成部门主要负责人、市中级人民法院副院长、市人民检察院副检察长开展履职测评，增强被任命人员和政府部门的责任意识、公仆意识和法治意识。

【代表工作】 2014年，加强代表履职信息服务，组织代表培训，为代表免费订送“一报三刊”等学习资料；编印发送《要情动态》，向代表提供“一府两院”工作和全市经济社会发展动态的有关资料，通报市委决策和市人大工作情况，为代表履职提供知情知政服务。开展“走基层，人大代表在行动”和“三联系”主题活动，全年各级人大代表走访联系群众3.40万余人次，收集意见建议2900余条，帮助解决具体问题1700余项。全年，共有50名市人大代表列席常委会会议，组织300余名各级人大代表参加常委会视察、调研、执法检查以及主任接待日、《盐都问政》、信访接待等履职活动。

【议案和人大代表建议办理】 2014年，办理完成市十六届人大五次会议确定的双溪小井沟饮用水源地保护、全面推进自贡市棚户区改造两件议案和90件代表建议，解决率达92.22%，代表满意和基本满意率100%。代表在闭会期间和主任接待日所提建议32件全部办结，代表满意和基本满意率100%。

（罗常明　周　曼）

ZHENG FU

政　府

重大决策

【第 49 次常务会议】 1 月 14 日，市政府第 49 次常务会议审查通过《自贡市深化城乡建设用地增减挂钩试点项目节余挂钩周转指标交易管理办法》《关于调整我市企业军转干部部分解困政策标准的请示》《关于解决自贡市国有企业办中小学退休教师待遇补差资金的请示》《关于提请审定行政审批事项清理结果的请示》；审议同意《自贡市深化城乡建设用地增减挂钩试点实施办法》《关于审议同意自贡市商业银行股份有限公司章程（修订稿）的请示》，报市委审定。

【第 50 次常务会议】 1 月 16 日，市政府第 50 次常务会议审查通过《2014 年市政府工作报告》《关于自贡市 2013 年国民经济和社会发展计划执行情况与 2014 年计划草案的报告》《关于自贡市 2013 年财政预算执行情况和 2014 年财政预算草案的报告》，提交市政府全体会议讨论。会议对春节送温暖、安全生产、社会稳定工作提出要求。

【第 51 次常务会议】 3 月 4 日，市政府第 51 次常务会议审查通过《2014 年市政府提请市人大常委会讨论决定重大事项计划》，以市政府名义向市人大常委会报告；同意《关于自流井区张家沱片区宗地遗留问题处置建议意见的请示》《关于自流井火井沱老街地块规划调整相关事项的请示》《关于自贡建国汽车销售服务有限公司项目用地性质和容积率调整的请示》《关于提请市政府表彰奖励 2012—2013 年度见义勇为个人（群体）的请示》《关于自贡市国有资产经营投资有限责任公司为四川长征机床集团有限公司提供 9000 万元银行贷款担保的请示》。

【第 52 次常务会议】 3 月 12 日，市政府第 52 次常务会议审查通过《中共自贡市委自贡市人民政府关于深化农村改革加快发展现代农业的意见》《自贡市 2014 年九项民生工程及 17 件民生实事实施方案》《关于 2014 年全市机关和参公管理事业单位及市属事业单位编制使用计划的请示》，报市委审定；同意《关于报请审定市政府 2014 年度规范性文件计划（草案）的请示》《关于中港·燊海森林项目交地违约金处置的请示》《关于调整四川卫生康复职业学院财政经费预算方式的请示》《关于调整市本级公务员医疗补助标准等有关问题的请示》《关于承办 2014 年人大议案代表建议及政协提案情况的报告》；同意聘任蒲小川为市政府经济顾问。

【第 53 次常务会议】 3 月 24 日，市政府第 53 次常务会议审查通过《关于提请审议〈中共自贡市委、自贡市人民政府关于加快建设区域人才集聚地的意见〉及 2 个配套文件的请示》《关于引进“35 万吨/年战略性高精铜材产业化基地”项目的请示》，报市委审定；同意《关于对 2013 年主营业务收入首次上台阶工业企业实行奖励的请示》《关于西南（自贡）无水港项目有关支持政策的请示》《关于四川卫生康复职业学院利用世亚银行贷款有关问题的请示》《关于滨河小区侧地块棚改项目有关政策的请示》《关于向阳街棚改项目有关政策的请示》《关于广华片区 1 号地块棚改项目有关政策的请示》《关于糍粑坳棚改项目有关政策的请示》；批准《自贡市大山铺组团控制性详细规划》和《自贡市沿滩组团城区控制性详细规划》。

【第 55 次常务会议】 4 月 29 日，市政府第 55 次常务会议审查通过《关于设立四川自贡节能环保装备制造创业投资基金（有限合伙）的请示》《关于审批 2014 年度自贡市科学技术进步奖拟奖项目的请示》《关于 2013 年应用技术研究与开发专项资金收支计划执行情况和 2014 年应用技术研究与开发专项资金收支计划的请示》《关于 2013 年农业专项资金收支计划执行情况及 2014 年农业专项资金收支计划安排的请示》。

【第 56 次常务会议】 5 月 21 日，市政府第 56 次常务会议审查通过《关于被征地农民享受失业保险待遇审批办理有关事项的请示》《关于自贡市大塘山锅炉产业园区相关事项的请示》《关于贡井南环路北侧贡舒片区宗地相关事项的请示》《2014 年城区国有建设用地供应计划》《关于部门预决算和三公经费预决算公开工作的请示》《关于建立新增支出事项筹资市级财政分担政策的请示》；同意《关于报请审定〈2013 年度自贡市各区县、市政府部门和单位目标绩效考评情况的报告〉和〈自贡市各区县、市政府部门和单位 2014 年目标绩效综合考评方案〉的请示》《自贡市市级机关差旅费管理办法》，报市委审定；会议审查同意市教育、卫生、文化、人才、垃圾处理、污水处理费、重大项目前期经费等专项经费的收支计划请示。

【第57次常务会议】　6月5日，市政府第57次常务会议审查通过《关于同意将自贡市西山路片区棚户区改造工程项目委托代建资金和代建管理费列入市财政年度预算的请示》，同意实际资金拨付按市政府审定的西山路片区棚户区改造实施方案执行，以市政府党组名义报市委审定后，依法提请市人大常委会审议。

【第58次常务会议】　6月9日，市政府第58次常务会议审议通过《中共自贡市委自贡市人民政府关于2014年党风廉政建设和反腐败工作的意见》《关于对市直单位建国初期参加革命工作的部分退休干部给予适当医疗照顾的通知》《关于命名授牌自贡市第二批院士（专家）工作站的请示》《自贡市市属事业单位分类指导目录》《中共自贡市委办公室自贡市人民政府办公室关于加快我市农村困难群众危房改造的实施意见》《关于自贡市国有资产经营投资有限责任公司发行中期票据相关事项的请示》，报市委审定；决定同意《2014年自贡市城镇安居工程实施方案》；会议审查同意主要副食品价格调节基金、残疾人就业保障金、体育彩票公益金专项资金2013年收支计划执行及2014年收支计划的请示。

【第59次常务会议】　6月23日，市政府第59次常务会议审查通过《关于加快实施双溪小井沟饮用水源地生态功能区保护和建设控制规划议案办理实施方案》《自贡市全面推进棚户区改造的议案办理实施方案》《关于吉成井棚改项目有关政策的请示》《关于光大街—凤凰坝片区棚户区改造有关事项的请示》《自贡市人民政府关于加快推进养老服务体系建设的实施意见》《自贡市户外广告和牌匾标识设置管理办法》《自贡市生活必需品市场供应应急预案》《关于完善自贡市社会救助和保障标准与物价上涨挂钩联动机制的意见》；会议审查同意2013年市本级成品油价格和税费改革转移支付专项资金收支计划执行及2014年收支计划和2013年福利彩票公益金专项资金收支计划执行及2014年收支计划。

【第60次常务会议】　7月9日，市政府第60次常务会议审查通过《中国航空工业集团公司自贡市人民政府战略合作框架协议》，报市委审定；同意《关于西南（自贡）无水港项目有关问题的请示》《关于调整我市最低工资标准的请示》《关于报审第七批全国重点文物保护单位（点）和第八批省级文物保护单位保护范围和建设控制地带划定方案的请示》；通报市政府拟出台的《关于深化投融资体制改革工作的通知》和《自贡市促进当前经济稳增长的十七条措施的通知》，要求各位副市长按职责分工，抓好细化落实，确保各项目标任务完成，实现稳增长目标。

【第61次常务会议】　7月24日，市政府第61次常务会议审查同意《关于对3户国企负责人2013年度经营业绩考核与奖励有关事项的请示》《自贡市国有企业负责人经营业绩考核办法》《关于做好2013年退役士兵安置工作有关问题的请示》《关于审批自贡市政府质量奖的请示》；同意《关于市本级2014年“三公”经费预算公开工作有关事项的请示》和《关于安排2014年省补助促发展资金的请示》，报市委审定；同意《关于2014年地方政府债券资金安排的请示》，报市委审定后依法提请市人大常委会审议；会议审查同意2013年市本级工业发展专项资金收支计划执行及2014年收支计划、2013年地方水利建设基金和农田水利建设资金收支执行情况及2014年收支计划。

【第62次常务会议】　8月12日，市政府第62次常务会议审查通过《关于报请审定“四川省学术和技术带头人后备人选”及“享受政府特殊津贴人员”推荐人选的请示》《关于报请审定“四川省学术和技术带头人”及“四川省有突出贡献的优秀专家”推荐人选的请示》《自贡市2013年财政决算及2014年1—6月财政预算执行情况的报告》《关于2013年度市级财政预算执行及其他财政收支的审计工作报告》，报市委审定；同意《关于自贡市广播电视台向交通银行续贷的请示》《关于申请四川卫生康复职业学院“9+3”学生宿舍改造专项补助资金的请示》《关于自贡市第一人民医院关于利用德国促进贷款进行儿科住院楼和全科医生临床培养基地配套土建、购置通用设备及专业医疗设备的请示》。

【第63次常务会议】 8月19日，市政府第63次常务会议审查通过《自贡市深化投资项目行政审批制度改革实施方案》《关于报请审定我市第五届四川省“人民满意的公务员”和“人民满意的公务员集体”拟推荐对象的请示》《关于表扬自贡市优秀教师、优秀班主任和优秀校长的请示》，报市委审定；同意《自贡市安全生产目标管理考核办法（试行）》及《自贡市安全生产目标管理奖励暂行办法》；同意2013年市本级排污费专项资金收支计划执行及2014年收支计划；审议《关于2014年1—7月金融工作情况的报告》，要求认真研究制定符合全市实际的金融工作措施并抓好落实，维护金融市场稳定。

【第64次常务会议】 9月15日，市政府第64次常务会议审查通过《关于大力支持民营经济发展壮大的政策措施的请示》《自贡市人民政府关于划定高污染燃料禁燃区的通告》《关于报请审定〈自贡市城乡居民大病医疗保险实施办法〉的请示》《关于邓关镇片区棚改项目有关政策的请示》；同意《关于命名市级最佳文明单位、文明单位、文明村镇、文明社区、文明行业的请示》《自贡市市级单位外宾接待经费管理办法》《自贡市市级机关会议费管理办法》，报市委审定；审议《关于报请审定市政府文件清理结果的请示》，要求通过市政府门户网站向社会公布。

【第65次常务会议】 9月28日，市政府第65次常务会议决定同意《关于报送第十届“自贡市青少年科技创新市长奖”建议名单的请示》《关于将大气污染物排放许可权委托市环保局代行的请示》《关于减免川南建材市场升级改造项目行政事业性收费的请示》《关于自贡市城市生活污水处理厂一期提标改造工程有关事项的请示》《关于报请审定城市公交高级车票价听证方案的请示》《关于“十三五”规划编制工作情况的报告》；审查通过《自贡市市级工业发展专项资金管理暂行办法》，按程序报省政府和市人大常委会备案；同意《关于提请审定行政审批事项清理结果的请示》，以市政府名义向社会公布。

【第66次常务会议】 10月21日，市政府第66次常务会议审查通过《自贡市深化城乡建设用地增减挂钩试点规划（2013—2017年）》；决定同意《关于2014年度市本级国有资本经营预算收支草案的请示》和《关于自贡市2014年市本级财政预算调整方案的报告》，报市委审定后依法提请市人大常委会审议。

【第67次常务会议】 11月3日，市政府第67次常务会议审查通过《自贡市城乡居民基本养老保险实施办法》《自贡市医疗纠纷预防与处置办法》《关于借款解决四川玻璃股份有限公司职工生活费问题的请示》；同意《关于安排市委宣传部纪念小平同志诞辰110周年援建广安项目资金的请示》，报市委审定。

【第68次常务会议】 11月17日，市政府第68次常务会议审查通过《关于分立组建自贡市电子政务外网运营有限责任公司的请示》《自贡市人民政府关于加快服务业发展的指导意见》《关于促进房地产业平稳健康发展的意见》。

【第69次常务会议】 12月4日，市政府第69次常务会议审查通过《转发省政府关于进一步规范国家投资工程建设项目招标投标工作意见的通知》《关于切实加强财政资金管理的规定》《关于进一步加强政府采购监管工作的通知》；同意《关于贯彻执行进一步加强土地出让管理规定有关问题的请示》《关于安排解决市本级成品油价格和税费改革转移支付缺口资金的请示》《关于提高城乡居民最低生活保障标准的请示》《关于自贡市保安服务总公司进行改制的请示》；通过《自贡市公共租赁住房管理办法（草案）》，按程序报省政府和市人大常委会备案；同意《关于自贡市大安旧城棚户区改造项目一期工程项目委托代建资金和代建管理费列入市财政年度预算的请示》，报市委审定后依法提请市人大常委会审议；原则同意《市政府领导分工》。会议要求对照全年目标，全力冲刺，力促完成；要加强对上争取，谋划2015年工作。

【第70次常务会议】 12月23日，市政府第70次常务会议审查通过《自贡市市级机关培训费管理办法》《自贡市城市公交高级车票价实施方案》；同意《自贡市市、区（县）人民政府任免工作人员办法》，报市委审定。会议传达省委经济工作会议精神，要求学习贯彻省委经济工作会议精神，结合自贡实际，科学合理确定2015年经济发展目标，明确重点工作任务，起草修改好《2015

年政府工作报告》，并做好2015年开局工作。

重大活动

【钟勉到自贡市调研财税与棚户区改造工作】 5月23日，省委常委、常务副省长钟勉到自贡市调研稳定财政税收与就业及棚户区改造工作。省财政厅厅长王一宏、省国土资源厅厅长杨冬生、省政府督查室副主任陈竹参加调研。市委书记雷洪金，市委副书记、市长刘永湘，市委常委、常务副市长陈吉明，副市长张邦举分别陪同调研。

【陈文华到自贡市调研主要污染物总量减排工作】 10月21日，副省长陈文华到自贡市调研主要污染物总量减排工作。调研组先后到富顺县污水处理厂（Ⅱ期）和贡井污水处理厂（Ⅱ期）施工现场实地察看，并召开调研座谈会。市委副书记、市长刘永湘参加调研座谈。

【甘霖到自贡市调研深化农村金融改革情况】 9月25日，副省长甘霖到自贡市调研深化农村金融改革，贯彻落实省委深化农村改革推进会精神，督导国家关于深化农村金融改革和金融支持“三农”指导意见执行情况。甘霖一行先后到华西能源公司、自贡中成村镇银行开展调研，听取关于深化农村金融改革的工作情况以及部分企业和金融机构的运行情况汇报。省政府金融办主任王川红，省信用联社理事长王华随同调研。市委书记雷洪金，市委常委、常务副市长陈吉明陪同调研。

【川南城际铁路建设合作协议签订】 2月20日，川南城际铁路推进工作会在自贡召开。会上，省铁投集团、四川路桥公司与自贡、泸州、内江、宜宾四市签订推进川南城际铁路建设合作协议书，副省长王宁出席，市委副书记、市长刘永湘出席签约仪式并代表自贡签约。

【四川卫生康复职业学院挂牌成立】 3月26日，四川卫生康复职业学院正式挂牌成立，市一医院、四医院将作为学院的附属医院，填补国内尚无专业康复医学教育院校的空白。市委书记雷洪金，市委副书记、市长刘永湘出席授牌仪式。

【召开中外知名企业四川行活动自贡推介会】 4月9日，市政府和省投资促进局共同主办的“中外知名企业四川行活动自贡市招商推介会”在成都市世纪城国际会议中心举行。省委常委、省总工会主席李登菊，省委副秘书长杨天宗，省投资促进局副局长戴绍泉，中航工业集团资产管理部总经理孙继光，中航工业四川航空工业局局长刘平，市委书记雷洪金，市委副书记、市长刘永湘，市委常委、高新区管委会主任刘任远，副市长未也等出席推介会，国内外企业界100余位客商参加会议。

【召开川南经济区第一次联席会议】 4月23日，省川南经济区发展协调小组暨川南经济区联席会议第一次会议在宜宾市南溪区举行。会上，川南（自、泸、内、宜）四市签订合作发展协议，省委常委、省总工会主席李登菊，副省长刘捷出席会议，市委书记雷洪金，市委副书记、市长刘永湘参加会议。

【举行与成都地区金融机构座谈会】 6月12日，自贡市与成都地区金融机构座谈会在成都举行。人民银行成都分行副行长李铀，省银监局副局长阚超及驻成都地区的12家股份制商业银行、8家省外城市商业银行股份制金融机构负责人参加座谈，就金融合作事项进行对接。市委书记雷洪金，市委副书记、市长刘永湘，市委常委、常务副市长陈吉明，市委常委杜彦坤参加会议。

【与中航工业集团签订战略合作协议】 7月26日，中国航空工业集团公司与市政府在成都签订战略合作协议，共建川南通用航空产业园，打造中航工业川西南产业集聚区。省委书记王东明，中航集团董事长林左鸣，省委常委、秘书长陈光志，副省长甘霖，中航集团副总经理吴献东，省政府副秘书长吴显奎，省经信委主任王海林，省国土资源厅厅长杨冬生，省旅游局局长郝康理，省发改委副主任邵小龙，省商务厅副厅长刘祥超，省文化厅副厅长窦维平，省投资促进局副局长戴绍泉等出席签约仪式。市委书记雷洪金，市委副书记、市长刘永湘，市委常委、高新区管委会主任刘任远，副市长未也等参加签约仪式。

【举行全市公祭活动】 9月30日，全市在市烈士陵园举行公祭活动。市委书记雷洪金，市委副书记、市长刘永湘，市人大常委会主任陈华，市政协主席潘泽金，市委常委、宣传部部长向华全，市委常委、自贡军分区司令员黄承伟，副市长马宏等与各界群众代表参加公祭活动。荣县、富顺县的烈士公祭活动分别在两县烈士陵园同时举行。

【全市“宽带乡村”试点工程启动实施】 11月3日，全市“宽带乡村”试点工程启动仪式在大安区牛佛镇农科村举行。该工程采用政府补贴和电信投资方式建设，重点建设乡镇到行政村光缆。启动仪式上，市政府与中国电信四川公司签署“宽带乡村”试点工程建设合作协议。市委副书记、市长刘永湘，中国电信四川公司总经理赵麦庆出席启动仪式。

【全市首个PPP项目落户富顺】 12月25日，富顺县与北京首创股份有限公司就县城污水处理TOT项目特许经营权签订正式协议，成为全市首个正式落户的PPP项目。根据协议，北京首创公司支付6600万元获得富顺县城市污水处理项目25年的物许经营权。

【楼房湾和大坡上水库正式开工建设】 12月30日，全市2座中型水库——楼房湾和大坡上水库正式开工建设。建成后的楼房湾水库可控灌大安区6个乡镇3740公顷灌面，解决9.61万人供水，并作为市区应急备用水源；建成后的大坡上水库可控灌富顺4个乡镇3666.67公顷灌面，远期保障灌区5.91万人和县城20万余人供水。

重要会议

【召开第十六届人民政府第四次全体（扩大）会议】 1月22日，市第十六届人民政府召开第四次全体（扩大）会议，总结2013年政府工作，部署2014年任务。会议指出：要围绕市委十一届八次全会提出的“稳中求进、进中求好”要求，确保经济换挡不“失速”、动力不减弱、质量效益有提升。常务副市长陈吉明，副市长石岷嘉、杨征宇、唐杰、未也、张邦举，市政府资政刘国庆，秘书长曾嵘出席会议；市委常委、市委秘书长吴丕，市人大常委会副主任王建威，市政协副主席牟玉昆应邀出席会议；市政府各组成部门、直属机构、办事机构、各区县政府、省市双重领导单位的主要负责人参加会议。

【召开第十六届人民政府第五次全体（扩大）会议】 7月29日，市第十六届人民政府召开第五次全体（扩大）会议，分析总结上半年经济形势，部署下半年工作。会议指出：要扭住稳增长这一当务之急，抓牢抓实经济发展这个重中之重，咬定全年工作目标任务，全力推动经济企稳回升，抓好全面深化改革，更好地促进民生发展。常务副市长陈吉明，副市长石岷嘉、杨征宇、唐杰、未也、张邦举，秘书长曾嵘出席会议；市委常委王猛、市人大常委会副主任赵兴明、市政协副主席常玉华应邀出席会议；市政府各组成部门、直属机构、办事机构、各区县政府、省市双重领导单位的主要负责人参加会议。

【召开一季度经济形势分析会议】 4月25日，市委副书记、市长刘永湘主持召开第一季度经济形势分析会，分析一季度全市经济运行状况及发展趋势，部署下一步工作。常务副市长陈吉明，副市长杨征宇、唐杰、未也，资政刘国庆等出席会议。

【召开上半年经济形势分析会议】 7月21日，市委副书记、市长刘永湘主持召开2014年上半年经济形势分析会。市委常委、常务副市长陈吉明在会上作情况通报，副市长石岷嘉、杨征宇、未也、张邦举，市政府资政刘国庆出席会议。

【召开三季度经济形势分析会议】 10月20日，市委副书记、市长刘永湘主持召开三季度经济形势分析会议，分析前三季度经济运行情况，研究部署四季度工作并谋划2015年工作。常务副市长陈吉明，副市长杨征宇、唐杰、未也、张邦举等出席会议。

【召开市政府党组党的群众路线教育实践活动动员会议】 3月3日，市委副书记、市长刘永湘主持召开市政府党组党的群众路线教育实践活动动员大会，强调从严要求、以身作则、走在前列，高质量推进教育实践活动，为全市政府系统作出表率。常务副市长陈吉明，副市长杨征宇、马宏、唐杰、未也、张邦举，党组成员、秘书长曾嵘参加会议。

【召开全市投资促进工作会议】 3月7日，召开全市投资促进工作会。会议强调：要贯彻落实全省投资促进工作电视电话会议精神，抢抓发展机遇，进一步深化改革，扩大开放，强化投资促进工作，以招商引资新突破推动全市经济社会发展新跨越。市委副书记、市长刘永湘主持会议，市委书记雷洪金出席会议并讲话。

【召开工业发展暨银企对接会议】 3月25日，召开全市工业发展暨银企对接会，总结2013年工业经济工作发展情况，研究部署2014年工作。会议强调：全市上下要统一思想、迎难而上，真抓实干，坚定不移抓好工业发展不动摇，以项目为依托，把促进工业平稳运行止滑回升作为当前经济工作的重中之重，采取有力措施，力促工业经济平稳运行。市委副书记、市长刘永湘，市委常委、市总工会主席王猛，市委常委杜彦坤，市人大常委会副主任何卫平，副市长唐杰，市政协副主席常玉华出席会议。

【召开市政府党组党的群众路线教育实践活动专题民主生活会】 7月17日，市政府党组召开党的群众路线教育实践活动专题民主生活会。市委副书记、市长刘永湘主持会议，并代表市政府党组班子作对照检查发言和表态发言。市政府党组班子成员分别开展批评与自我批评。省委第二督导组组长林海云到会讲话，副组长左小川到会指导。非中共党员副市长石岷嘉，市纪委、市监察局及市委群教办负责人列席会议。

【召开市政府党组党的群众路线教育实践活动总结会议】 10月16日，市政府党组召开党的群众路线教育实践活动总结大会，强调要善始善终地抓好教育活动、更加自觉地践行群众路线、更加主动地履行党建责任、更加务实地推进改革发展，努力把教育活动中形成的良好作风、良好精神状态，转化为推动自贡次级突破、全面建成小康社会的强大力量。市委副书记、市长刘永湘，市委常委、常务副市长陈吉明，副市长杨征宇、马宏、唐杰、未也、张邦举，党组成员、秘书长曾嵘参加会议。

【召开政府职能转变和机构改革动员大会】 11月21日，召开全市政府职能转变和机构改革动员大会，会议通报《自贡市人民政府职能转变和机构改革方案》及《自贡市人民政府机构改革方案的实施意见》，根据方案规定，调整后市政府工作部门设置为32个，部门挂牌机构10个。市委副书记、市长刘永湘出席会议并讲话。

【召开全市县域经济工作推进会议】 12月1日至3日，全市县域经济工作推进会议召开。会议期间，与会人员对各区县的县域经济推进情况和高新区项目建设情况进行实地考察，总结交流各区县县域经济发展情况。市委书记雷洪金，市委副书记、市长刘永湘，市人大常委会主任陈华，市政协主席潘泽金等出席会议。

【全省深化现代畜牧业发展现场会在自贡召开】 12月24日，全省深化现代畜牧业发展现场会在自贡召开。与会人员到荣县参观黑山羊养殖场、望佳种牛场、鼎新种猪场和华鑫养兔合作社种兔场等，部分市州和区县作交流发言，省委副书记、省长魏宏，省委常委、省农工委主任李昌平，副省长曲木史哈出席会议，各市州分管领导、农（牧）业局主要负责人，全省第二轮现代畜牧业建设重点县政府主要负责人和省直有关部门负责人参加会议。市委书记雷洪金，市委副书记、市长刘永湘等参加会议。

市政府办公室工作

【提升政务运行效率】 2014年，出台《关于精减文件会议提高调研质量等有关事项的通知》，完善每月公文办理情况报告制度、存在分歧意见公文先行报告制度、拟办意见领导采纳情况登记通报制度、公文办理质量考核制度，明确拟办要求和办理答复的方式、时限、管理等要求，进一步提升公文办理时效。全年共收到各类请示性文件1743件，拟办意见领导采纳率98.7%，审核1个工作日内回复率100%，12天办结率92.5%，做到件件有着落、事事有结果；起草并审核以市政府和市政府办公室名义制发的各类文件共801件，比2013年压缩13%，未发生政策性失误和重大文字差错。同时，对2003—2007年以市政府和市政府办公室名义印发的558件文件进行清理，继续有效169件、修订62件、废止和失效269件。严格会议审核，强化会议组织，提高会务质量，全年共承办市政府全体（扩大）会2次、市政府党组会10次、市政府常务会21次；承办地方政府性债务清理、规范土地出让手续等专题会议1500余次；做好国务院安委会综合督查组、国家发改委稽查组到自贡市调研检查等活动100余次，全年以市政府或市政府办公室召开的会议压缩20%、会议时间压缩25%。

【创新绩效管理方式方法】 2014年，制订《自贡市区县目标绩效管理办法》和《自贡市市级部门目标绩效管理办法》，注重分类差异考核、过程监控和结果综合运用，突出民生导向性，实施区县、市级党群部门、市级政府部门指标体系分类设置和考核，邀请人大代表、政协委员参与指标设置和考核。设置“行政业绩”“行政效能”和“满意度评估”等3项二级指标，对区县和部门差别化设置三级指标，解决考核指标相对繁琐、难以量化考核等问题。加强对省政府下达的经济发展指标、民生任务、市委市政府年度重点工作、工作效能和行政成本等主要目标的过程监控，实施月报、季评与预测分析相结合的综合管理办法，促进目标任务、重点工作均衡推进。

【加强重点工作督查】 2014年，开展贯彻落实省上稳增长十六条措施、深化行政审批制度改革、清理办公业务用房等工作情况的专项督查，推动省政府各项重要决策和重大工作贯彻落实。开展对全市大气污染防治、消防安全、棚户区改造、乡村环境综合治理等市委、市政府部署的主要工作的专项督查。实施《市政府工作报告》重点任务和主要经济指标按月督查，加强对工业经济、社会消费品零售总额和服务业增加值、财税收入、固定资产投资等主要经济指标实行全程跟踪督查，按月、按季通报进展情况，确保目标进度。采取定期通报、明查暗访、“发点球”等多种方式，对253个市级重大项目、9项民生工程和17件民生实事情况进行专项督查，促进工作落实到位。全年开展现场督查240余次，形成督查通知、通报和专报200余期，提出合理化建议300余条，为领导科学决策提供重要依据。全年组织办理人大议案2件、代表建议89件、政协提案253件，满意率和基本满意100%。

【广辟政府信息公开渠道】 2014年，建立重点领域信息公开工作季报制度，重点加强行政审批、公共资源交易等十大重点领域政府信息公开工作，全年累计公开审批事项办理过程和结果信息1187万余条。建立9项民生工程和17件民生实事进展情况公示制度，按月公开民生工程和民生实事推进情况；全年通过市政府门户网站依法主动公开市政府常务会议22次，公开政府信息1万余条，市政府官方微博、微信及时发布重要政务信息1000余条，与新闻媒体联办《政务要情》29期，发布信息100余条。拓宽信息公开渠道，与电视台、广播电台联办《盐都问政》栏目6期，问政6个部门（单位），督促解决侵害群众切身利益的突出问题112个；联办《行风热线》栏目41期，解决群众诉求547个；联办“一路好心情”栏目300期，在黄金时间为市民提供实时路况和交通政策法规解读。修订完善《自贡市政府信息依申请公开办法》，对政府信息公开各个环节的制度进行规范，全年监督办理依申请公开申请10件，办结率100%。

【规范政务信息工作】 2014年，制定《自贡市政府系统政务信息工作管理规范》《特约政务信息员管理规范》和《政务信息绩效考评办法》，健全政务信息采用通报制度、领导批示信息交办制、政务信息工作片区会制度等一系列工作机制，政务信息工作更加科学规范。强化信息来源管理，通过书面约稿、热点命题等方式，针对全省重点工作和热点问题，指导性拓展信息来源，挖掘信息深度，全年向部门及区县约稿60余条，采编40条、采编率66.7%。完善信息工作约谈制度，对季度或半年信息工作进度滞后的单位进行警示约谈，力促工作进度。开展片区政务信息对口联络和培训工作，加强对基层工作指导和业务培训，提升政务信息质量。全年共采编政务信息3000余条，舆情信息90余条。

【加强电子政务运营管理】 2014年，推进行政权力依法规范公开运行“一目录、一厅、两平台”建设工作，开展行政权力事项清理和动态调整工作，全年共调整和审核行政权力2.4万项；建成区县两级电子政务大厅，向社会公开“晾晒”全部行政权力清单近2.8万项，试运行办件数量4503件。规范新建政务信息化系统建设标准，落实《电子政务技术指南》，完成全市电子政务数据存储、交换中心建设；参与“金宏二期”、信访系统、房屋权属登记系统、农村土地确权系统等电子政务建设项目联合审核，核减建设投资近300万元，暂缓项目建设2个，有效遏制各自为政、重复建设现象。开展政府网站绩效评估和专项整治，促进政府网站安全平稳运行，市政府门户网站访问量近300万人次、页面浏览量突破870万人次。

【突出重点调研和成果转化】　2014年，围绕政府工作重点和国家宏观政策调整，组织开展一系列重点课题调研活动，形成《自贡推进创新驱动战略的思考》《自贡市推进农业转移人口市民化的实践与思考》等调研报告20余篇，为市政府决策提供重要参考。针对经济下行压力加大的严峻形势，通过广泛调研，找准当前制约自贡经济发展的突出问题，牵头发改、财政等部门制定《自贡市促进当前经济稳增长的十七条措施》《自贡市加强服务稳定工业发展的八条措施》《自贡市金融支持实体经济十项措施》等政策措施，促进全市经济平稳较快增长。围绕市委、市政府中心工作，抓好综合文稿起草，完成汇报材料40余篇，起草审核市政府领导全体会讲话、党的群众路线教育实践活动动员讲话、总结讲话等文稿130多篇。

【提升综合应急能力】　2014年，细化出台自贡市应急值守规则、应急管理专家组工作规则和气象灾害应急准备认证办法，健全突发事件应急预案管理办法和区域应急联动机制，从制度层面规范应急管理工作、提升管理能力和水平；编纂《自贡市应急管理制度汇编》，整理收集制度规范36个，加强对各级各部门的指导性；启动气象灾害应急准备认证工作，50个乡镇通过认证。加强应急硬件设施建设，市政府应急移动指挥平台完成装备配备工作，市政府应急指挥中心竣工投入使用。强化应急队伍能力建设，在加强应急管理知识和业务技能培训的基础上，全年开展森林防火应急演练等各类应急演练873次。成功处置“3·16大安区凤凰乡道路交通事故”“7·5沿滩区王井镇道路交通事故”等各类突发事件共240起。云南省昭通市鲁甸县地震后，调集山地救援通信支队6名队员到灾区救援，抢险救援工作受到好评。

（市政府办公室）

外事工作

【因公出国管理】　2014年，制定《自贡市因公临时出国经费管理办法》，严格执行因公出国（境）审核报批规定。全市因公出国（境）20批36人，党政机关（公务员及参公管理单位）因公出国（境）11批18人，总人数和党政干部人数分别比2013年下降51.4%和50%。党政干部因公出国（境）人数仅占省上下达指标的36%，节约经费66.2%。

【涉外管理与服务】　2014年，服务四川大西洋集团公司赴美打开北美焊接材料市场，推动川南通用航空产业园引进美国通用航空俱乐部运营模式，打造中航自贡·千年盐都航空文化旅游区。为自贡世界地质公园代表团赴加拿大宣传自贡世界地质公园的资源特色等外事活动提供服务，为自贡灯贸公司和自贡杂技演艺股份有限公司赴美进行文化交流提供签证联系服务。推动澳大利亚南海文化传媒有限公司考察自贡3家灯会制作公司，商谈自贡灯会于2015年春节赴澳展出，与韩国固城郡达成2016年自贡灯会、恐龙化石赴韩展出意向。

【友好交流】　2014年，邀请美国、澳大利亚、泰国驻成都领事以及在自贡工作、留学和居住的30多名外籍人士出席灯会开幕式。推动自贡教师在文莱延长任教，接待固城郡两名公务员到自贡市研修。

侨务工作

【侨务招商】　2014年，组织广东省清远市侨商会侨商24人到自贡投资考察。组织“侨资企业西部行”自贡投资考察活动，加拿大、美国、巴西、印尼、柬埔寨等7个国家及浙江温州、乐清籍侨商侨领共15人到市进行投资考察。参加第十二届东盟华商投资洽谈会，接待海内外侨商咨询500多人次，发放自贡城市旅游宣传资料300多份，发放自贡重点项目、旅游项目资料150多份，推介自贡化工、装备制造、节能环保、旅游等项目100多个，与来自美国、新加坡等国的侨商进行对接洽谈。

【侨务惠民】　2014年，协助香港福慧基金助学金发放工作，资助贫困学生200多名。完成全市“三侨生”享受高考加分审核报批办理工作。

【企业调研】　2014年，到贡井区和富顺县侨务部门及自贡鸿山建材公司、富顺县大生堂医院、自贡市龙泰科技实业有限公司等侨资企业调研，听取侨务工作建议，加强侨资企业服务。

（市外事侨务旅游局）

气象工作

【概况】 2014年，市气象局深入开展党的群众路线教育实践活动，深化改革创新，加快气象现代化建设，增强气象业务服务能力，为"五个自贡"发展、加快构建区域中心城市、全面建成小康社会提供优质气象服务。是年，自贡气象工作获全省气象部门综合目标考评第三名，被评为特别优秀达标单位。

【公共气象服务】 2014年，进一步完善气象灾害预警信息发布和应急联动机制，实现气象灾害监测预警服务与各部门防灾减灾工作有效衔接。是年，印发《自贡市气象灾害应急准备工作认证管理办法和实施细则》，完成51个乡镇气象灾害应急准备认证工作。结合探索气象服务群众"最后一公里"问题，提供一周天气预报并在市政府官方政务微信"微自贡"上正式传播；市气象局与市安监局联合发文，加强气象防灾减灾预警信息发布；市气象局与市农牧业局联合发文，开展对285户农村种养大户、专业合作社的气象直通式服务；市气象局与市文广新局共建气象灾害预警信息发布绿色通道；市气象局与市疾控中心签订战略合作协议，开展气象与公众健康服务等方面合作；为全市各级政府和应急抢险救灾、农口等决策部门及电力、保险等专业服务对象共建立154个公共气象服务平台。年内，发布暴雨重要天气警报及地质灾害预报6期，暴雨、雷电和大雾等预警信号39期，气象信息快报、专题报告、雨情现报69期。开展决策短信服务3.3万人次，手机气象服务用户23.6万户，声讯电话服务85万次。为"两会"、春运、灯会、高考等社会重大活动提供气象保障服务。围绕全市"积极发展现代农业"的目标，在大春田间管理、农业防汛抗旱、大春收晒、晚秋生产等关键时期及时开展针对性服务，发布气象专题报告、农业气象情报等73期，所提供的材料受到各级领导和有关部门重视和肯定，被直接引用20次。强化资源性人工增雨作业，充实人影应急队伍和装备。重点围绕双溪水库蓄水和抗旱减灾开展资源性人工增雨作业，双溪水库蓄水达到预期目标，确保市区、荣县城区和部分乡镇饮用水源安全。

【气象业务现代化建设】 2014年，开展"气象基础业务质量建设年活动"，全市基础业务工作运转有序，质量稳定提高。是年，准确预报"9·17"唯一一次区域性暴雨天气过程，24小时时效06/20综合质量最高气温质量名次位居全省第1名，最低气温质量名次稳居全省第2名，晴雨预报质量名次上升到第2名，预报质量实现四年增。制定《自贡市气象站网布局方案》。依托山洪泥石流防治非工程措施、山洪气象保障工程、"三农"专项等项目，新建或改建气象多要素站21个、能见度观测仪3套，全市自动站125套，一体化监测网覆盖全市。完成省气象局重点科研课题《精细化降水多模式释用预报系统》的研发和试运行。推进14项局立课题的开发。完善气温综合预报系统、物理量定点降水综合预报、乡镇气温降水预报等软件平台。推进新版SWAN1.6的本地化工作，建立短临预报模型。市气象局与市环保局联合开展环境气象预报服务，制作发布空气污染气象条件、空气质量等预报产品，并开展重污染天气应急联动工作。

【综合改革】 2014年，市政府成立自贡市推进气象现代化建设领导小组。市气象局党组成立全面深化自贡气象改革领导小组。编报《自贡市全面推进气象现代化建设实施方案》《自贡市气象局县级业务人员分级管理模式方案》和《首席业务岗管理办法》，并逐步推进试点工作。推进地方气象事业单位分类改革，市编委正式发文将市人工影响天气中心归为公益一类事业单位，将市防雷中心归为公益二类事业单位。

（丁灵红　杨　华）

防震减灾工作

【概况】 2014年，贯彻落实国家、省、市防震减灾工作部署，围绕全市重点工作，坚持"防震减灾与经济社会融合发展"方式，加强防震减灾三大体系建设，提升地震灾害综合防御能力。市防震减灾局获全省防震减灾综合质量评比优秀奖、全省市州地震监测预报工作、应急救援工作先进单位称号和全省防震减灾系统公文质量评比三等奖。

【项目建设】　2014年，推进富顺县童寺和荣县长山2个地震综合观测台站建设，新增钻孔应变、井水位水温等前兆观测，富顺童寺台完成钻井施工，正式开展基建项目，荣县长山台完成政府审批和方案编制，全年完成台站建设投资60万元以上。在自流井区、沿滩区新增建设2个地震预警和烈度速报试验台。完成自贡遥测地震台网记录中心优化升级改造工作，安装运行广东测震分析软件，投资17万元更换中心记录设备，提高地震监测数据分析处理能力。安装MAS信息服务器，建立地震信息快速发布平台，将地震快报和速报信息发送范围扩大到乡镇一级，地震信息发布速度提升近4倍。投入专项资金43万元，完成地震应急指挥中心优化改造工作。

【地震监测】　2014年，加强地震监测设施运行管理，自贡遥测地震台网仪器设备正常运转率98.1%，监测数据中断率1.9%，无漏记行政区内2.0级以上地震。全年，监测记录全市行政区域内地震187次，其中：0—0.9级地震71次，1.0—1.9级地震95次，2.0—2.9级地震19次，3.0—3.9级地震2次，主要分布在大安区大山铺镇、富顺县隆昌县交界、荣县西北一带，最大地震是7月11日21时01分发生在大安区大山铺的ML3.6级地震。编写地震观测报告12期，台网运行月报12期，向省地震局速报地震128次，向市委、市政府快报地震9次、发送地震信息手机快报36条，及时通报市内2.5级以上、省内5级以上地震信息。

【地震分析预报】　2014年，制定和实施《自贡市2014年震情跟踪方案》，加强震情短临跟踪，建立震情预警机制，撰写《自贡市地震预警指标研究报告》，配备4套流动地震观测设备，强化全市中小地震活动跟踪监视工作。召开震情趋势分析周、单月、双月、年度、紧急会商会议52次，收集整理地震目录1340条，分析处理前兆数据745万余条，调查核实地震宏观异常8次，编写上报震情分析意见36篇和地震趋势研究报告3份。开展自贡地震发生机理研究，与万桥盐矿建立协作关系，布设2套流动仪器用于盐矿注水诱发地震监测，开展采盐采气注水诱发地震资料收集和分析研究工作，形成《自贡市工业注采诱发地震实例分析及原因探讨》专题报告。加强区域协作联防联测工作，牵头制定《川东十市震情监视跟踪工作协作区工作规则》，明确片区震情跟踪工作职责任务和震情会商、信息共享、应急联动等工作制度。10月27日至29日，在自贡召开川东协作区2014年度震情趋势会商暨震情跟踪工作研讨会议，省地震局6个直属单位和川东协作区10个成员单位及周边10个市州代表共100人参加会议。

【震害防御】　2014年，贯彻实施《防震减灾法》和《四川省防震减灾条例》，制定和落实全市防震减灾系统《2014年度推进依法行政工作和普法依法工作要点》，推进防震减灾工作规范化、制度化、法制化建设进程。坚持依法行政，清理防震减灾行政权力31项，完成行政权力依法规范公开运行系统、行政执法廉政风险防控系统平台数据录入。落实“两集中、两到位”，实现授权率100%，接件率、办结率和群众满意率达100%。加强抗震设防要求监管，依法完成3个重大项目地震安全性评价监控工作。

【防震减灾宣传教育】　2014年，制定和实施《2014年度防震减灾宣传计划》，以“践行党的群众路线·防震减灾知识进万家”为主题，开展“防震减灾知识进社区、进学校、进农村，地震防护教育，防震减灾·服务城镇发展·服务群众”等系列活动18场次，举办知识讲座5期，参与人数3000余人，发放宣传资料12种16万余份，设立主题展板1500余张，接受群众咨询近1.80万人，投入宣传工作经费近8万元。联合市教育局组织全市中小学校师生和家长参加“赛思特杯”第二届防震减灾知识暨四川省第四届中小学校安全知识网络有奖竞赛，全市参赛总人数51.99万人，参赛率达83.1%，居全省第二名。加强宣传阵地建设，高新区明珠社区被命名为“国家级地震安全示范社区”，贡井老街子社区获“省级防震减灾科普示范社区”称号。

【地震应急救援】　2014年，组织开展全市地震应急预案新一轮修订、备案工作，将市、区县政府和市抗震救灾指挥部成员单位等56个重点部门的地震应急预案约700万字汇编成100册，印发相关部门执行。加强市地震应急救援分队建设，投入10万元专项资金，补充购置地震流动监测、个人现场应急工作装备，加强地震应急救援培训和实战演练，开展地震应急演练5场次，参演人数近4000余人。坚持“一岗双责”，加强地震应急管理工作，强化震情应急值班，做好地震应急准备工作。妥善处置“7·11”自贡大安ML3.6级强有感地震事件，强化震情跟踪和地震活动趋势研判，做好震情信息报告工作，加强网络舆情跟踪，及时澄清不实报道和传闻，安定民心，维护社会稳定。

【党的群众路线教育实践活动】 在活动中，收集整理四大类意见19项，建立整改台账，整改落实19项，建立健全长效机制，建立完善制度18项。改进调研之风，领导干部带头到基层调研20次，形成调研报告5篇，基层调研人次同比增加54%。密切联系服务群众，制定和实施《三联三服务活动方案》，全年累计投入慰问帮扶资金3.8万元，为贾石村小学添置体育设施，帮助农户发展种牛和黑山羊养殖业。加强自身建设，完成正风肃纪、选人用人、部门行政审批、乱发钱物整治、小金库治理、会所中的歪风、办公用房清理、会员卡专项清退活动、领导干部吃空饷清理等近20项重点事项专项自查清理工作。

（许　艳）

ZHENG XIE

政　　协

全体会议

【十四届三次会议】 2月9日至12日，市政协十四届三次会议在市委大礼堂召开，出席委员360人，列席171人。会议听取并审议政协第十四届自贡市委员会常务委员会工作报告；听取并审议政协第十四届自贡市委员会常务委员会关于十四届二次会议以来提案工作情况的报告；列席自贡市第十六届人民代表大会第五次会议，听取并讨论市政府工作报告，讨论计划报告、财政报告；听取并讨论市中级人民法院、市人民检察院工作报告；通过政协第十四届自贡市委员会提案委员会关于十四届三次会议提案审查情况的报告；通过政协第十四届自贡市委员会第三次会议决议；补选徐武斌为政协第十四届自贡市委员会副主席，李世超等4人为常务委员。听取中共自贡市委书记雷洪金的讲话；8名委员代表不同界别和单位作大会发言。

常委会议

【十四届八次常委会议】 3月28日，市政协十四届八次常委会议在市委会议厅举行。会议围绕“助推现代服务业发展”主题建言献策。7个单位、部门作大会发言。

【十四届九次常委会议】 6月24日，市政协十四届九次常委会议在市委会议厅举行。会议审议通过《关于推进我市企业上市培育工作情况的调研报告》《关于我市涉法涉诉信访改革的调研报告》《关于我市工业污染治理情况的调研报告》；审议通过《关于设立十四届市政协农业委员会的决定》。对2013年度优秀提案和提案工作先进单位及先进个人予以通报表扬。9个单位、部门围绕“全面深化改革、更高水平推进五个自贡建设”作大会发言。

【十四届十次常委会议】 9月26日，市政协十四届十次常委会议在市委会议厅举行。会议听取市政府通报全市1—8月经济社会发展情况；审议通过《关于我市职业教育发展情况的调研报告》；听取市政协十四届三次会议1号提案办理情况和市交通运输局提案办理情况的汇报；市政协十四届三次会议1号提案单位及委员代表就提案办理工作进行大会发言；民主测评1号提案办理情况；9个单位、部门围绕“着力保障和改善民生，促进社会和谐稳定”作大会发言。

【十四届十一次常委会议】 12月18日，市政协十四届十一次常委会议在市委会议厅举行。会议听取市政府通报办理市政协十四届三次会议提案工作情况；市纪委（市监察局）通报2014年全市党风廉政建设和反腐败工作情况；审议通过《关于我市招商引资企业落地发展情况的调研报告》；市政协各专门委员会书面总结2014年工作情况。

主席会议

【十四届二十六次主席会议】 1月3日，市政协十四届二十六次主席会议召开。专题协商市委2013年工作总结和2014年工作要点。

【十四届二十七次主席会议】 1月7日，市政协十四届二十七次主席会议召开。专题协商《自贡市2013年国民经济和社会发展计划执行情况与2014年计划草案报告》和《自贡市2013年财政执行情况和2014年财政预算草案的报告》。

【十四届二十八次主席会议】 1月24日，市政协十四届二十八次主席会议召开。传达学习习近平系列讲话精神、省政协十一届二次会议精神、全省党的群众路线教育实践活动第一批总结暨第二批部署会议精神、市委十一届八次全体（扩大）会议精神。

【十四届二十九次主席会议】 2月10日，市政协十四届二十九次主席会议召开。审议《补选十四届市政协副主席、常务委员候选人建议名单》《市政协十四届三次会议选举办法（草案）》《总监票员、监票员、总计票员建议名单》《市政协提案委员会关于十四届三次会议提案审查情况的报告（草案）》《政协第十四届自贡市委员会第三次会议决议（草案）》。

【十四届三十次主席会议】 2月11日，市政协十四届三十次主席会议召开。听取关于委员小组讨论情况的汇报；审议通过《补选十四届市政协副主席、常务委员候选人名单》《市政协十四届三次会议选举办法（草案）》《总监票员、监票员、总计票员建议名单》《市政协提案委员会关于十四届三次会议提案审查情况的报告（草案）》《政协第十四届自贡市委员会第三次会议决议（草案）》。

【十四届三十一次主席会议】 2月19日，市政协十四届三十一次主席会议召开，专题协商关于引进“35万吨/年战略性高精铜材产业化基地”项目的情况。

【十四届三十二次主席会议】 3月13日，市政协十四届三十二次主席会议召开。学习《中华人民共和国消费者权益保护法》；审议通过市政协十四届八次常委会议方案；审议通过关于2013年度优秀调研视察报告及反映社情民意、宣传人民政协好新闻有关工作情况；审议通过民主评议市环境保护局工作实施方案；审议通过关于调整市政协专门委员会特邀成员名单。

【十四届三十三次主席会议】 4月24日，市政协十四届三十三次主席会议召开。审议通过《关于徐武斌副主席工作分工的意见》《关于设置十四届市政协农业委员会的决定（草案）》《关于表扬2013年度优秀提案等有关事项的建议》《关于2014年市领导督办重要提案的建议》；传达学习市委十一届九次全体（扩大）会议精神、中共中央及省委《关于贯彻执行中央八项规定情况报告》、市委书记雷洪金在党的群众路线教育实践活动工作会议上的讲话精神。

【十四届三十四次主席会议】 6月9日，市政协十四届三十四次主席会议召开。学习《四川省党政机关国内公务接待管理办法》；审议通过市政协十四届九次常委会议方案；审议通过调整十四届市政协专门委员会特邀成员、十四届市政协常务委员、委员的相关事项；传达省政协十一届六次常委会议、川南七市政协工作联系会议第二十五次会议精神。

【十四届三十五次主席会议】 6月18日，市政协十四届三十五次主席会议召开。学习习近平就确保第二批教育实践活动取得实效的重要批示精神、省委办公厅印发的《关于落实党风廉政建设党委主体责任和纪委监督责任的意见（试行）》通知、整改落实省委正风肃纪督查组反馈问题有关要求的通知、中共中央组织部《关于进一步加强领导干部出国（境）管理监督的通知》、市委组织部印发的《中、省调训自贡干部工作流程》通知；审议《关于推进我市企业上市培育工作情况的调研报告》《关于我市涉法涉诉信访改革的调研报告》《关于我市工业污染治理情况的调研报告》。

【十四届三十六次主席会议】 7月28日，市政协十四届三十六次主席会议召开。会议听取市政府通报全市上半年经济发展情况。

【十四届三十七次主席会议】 9月11日，市政协十四届三十七次主席会议召开。学习《中华人民共和国环境保护法》；审议通过市政协领导联系委员和委员联系群众的两项制度；审议通过市政协十四届十次常委会议方案、议程（草案）、日程；审议通过《关于我市职业教育发展情况的调研报告》《关于我市社区卫生服务能力建设情况的调研报告》《关于我市乡村旅游发展情况的调研报告》《关于我市城乡绿化社会造林情况的调研报告》；传达全国9省（区）25城市政协横向联系会议第30次会议、省政协2014年学习会精神。

【十四届三十八次主席会议】 10月27日，市政协十四届三十八次主席会议召开，专题学习党的十八届四中全会精神。

【十四届三十九次主席会议】 12月12日，市政协十四届三十九次主席会议召开。学习新修订的《中华人民共和国安全生产法》；审议通过市政协十四届十一次常委会议议程（草案）、日程；审议通过《政协自贡市委员会大会发言工作规则》；审议通过《关于我市贯彻执行〈劳动合同法〉情况的调研报告》《关于我市招商引资企业落地发展情况的调研报告》；通报市政协2015年元旦春节期间重要会议活动安排；书面听取市政协专门委员会2014年工作情况的汇报；传达2014年全省政协新闻宣传工作会议精神、2014年全省政协反映社情民意信息工作会议精神、全省政协经济委员会工作会议精神。

【十四届四十次主席会议】 12月18日，市政协十四届四十次主席会议召开。听取市政协各专门委员会2014年工作情况的汇报；研究2015年市政协主要工作项目。

主要工作

【提案工作】 2014年，向党政部门征集提案选题，听取各方面意见，协商确定《提案参考目录》。共收集提案291件，立案280件，其中：市级各民主党派、工商联、各人民团体和市政协专门委员会集体提案27件，委员个人或联名提案253件。按照分级负责、归口办理原则，市政协将立案提案送交市委、市政府所属的44个部门（单位）办理。截至2014年年底，立案提案全部办结。其中，所提问题已经解决或采纳的（A类提案）245件，占87.5%；列入计划逐步解决的（B类提案）27件，占9.64%；留作参考的（C类提案）8件，占2.86%。提案者表示满意的267件，占95.36%；基本满意的13件，占4.64%。组织开展提高提案质量的专题研讨活动，帮助委员提升建言献策水平。狠抓提案督办工作，深化重点提案协商督办，坚持市领导督办和部门负责人领办重要提案制度，召开重点提案办理协商会议，开展对1号提案办理情况的民主评议。召开提案协商和提案督办会议，会同市政府办公室、市人大常委会人代工委联合督办提案工作。召开区县政协秘书长提案工作联系会，就如何提高驻区县的市政协委员2015年提案质量作出安排部署。对2013年优秀提案、提案工作先进单位及先进个人进行表扬，编印《优秀提案汇编》。

【政治协商】 2014年，协商政府工作报告、"两院"工作报告、计划和财政报告，做好委员意见建议的整理、转交和反馈，提高全会整体协商质量。改进常委会内容和形式，紧扣全市发展大局和工作中心确定会议主题，围绕主题开展调研，举行会议发言，进行分组协商建言。坚持主席会对事关全市改革发展重大事项进行重点协商，分别就市委年度工作总结和工作要点、市政府半年工作、重大招商引资项目等进行协商。加强和改进专委会对口协商、提案办理协商，推进政治协商常态化。探索委员小组讨论界别协商，丰富政治协商形式。

【调研工作】 2014年，组织开展专题调研10项，形成调研报告10份。围绕全市经济社会发展，选定重点课题，对全市企业上市培育、涉法涉诉信访改革、工业污染治理、职业教育发展、招商引资企业落地、社区卫生服务能力建设、乡村旅游发展、城乡绿化社会造林、农村土地承包经营权确权、贯彻执行《劳动合同法》等进行调研，形成《关于推进我市企业上市培育工作情况的调研报告》《关于我市涉法涉诉信访改革的调研报告》《关于我市工业污染治理情况的调研报告》《关于我市职业教育发展情况的调研报告》《关于我市招商引资企业落地发展情况的调研报告》《关于我市社区卫生服务能力建设情况的调研报告》《关于我市乡村旅游发展情况的调研报告》《关于我市城乡绿化社会造林情况的调研报告》《关于我市农村土地承包经营权确权工作情况的调研报告》《关于我市贯彻执行〈劳动合同法〉情况的调研报告》。

【视察工作】 2014年，组织开展专题视察19项。围绕全市经济社会发展重点，对农业科技园区、法官队伍、金融机构服务地方经济发展、小井沟水利工程实施及移民安置、海关工作、营业税改增值税试点、文化市场、机关行政效能建设、幸福家庭创建、物业管理、群众体育设施、企业工资集体协商、棚户区改造、异地商会、台资台属企业、气象探测环境及气象设施保护、现代服务业综合改革试点、就业工作以及提案办理情况等进行视察。

【开展党的群众路线教育实践活动】 2月25日，市政协召开党的群众路线教育实践活动动员大会。2月至6月，市政协多次召开党的群众路线教育实践活动专题学习会。学习《中国共产党章程》《中央八项规定》《省委省政府十项规定》《中共自贡市委自贡市人民政府关于改进工作作风、密切联系群众的规定》《厉行节约　反对浪费——重要论述摘编》等文件；组织学习习近平在河南省兰考县调研指导党的群众路线教育实践活动时的讲话精神、关于反腐倡廉系列讲话及文件精神、"三严三实"讲话精神；组织学习中共自贡市委书记雷洪金在市委常委专题学习会上的讲话、在全市党的群众路线教育实践活动深化正风肃纪工作推进会上的讲话；组织观看《周恩来的四个昼夜》《苏共亡党亡国20年祭》、反腐倡廉警示教育片、焦裕禄精神等先进事迹影视片；围绕"为民务实清廉"等主题，开展分组讨论，谈心得体会。省委第二督导组多次对市政协党的群众路线教育实践活动开展情况进行督导。3 月，市政协集中开展“走出去、请进来”活动，听取意见建议。通过召开党的群众路线教育实践活动座谈会和走访市级各民主党派、工商联以及各区县政协调研座谈，分别听取民主党派、区县政协、政协委员以及机关职工代表对市政协“四风”问题的意见建议。7 月 18 日，市政协党组召开党的群众路线教育实践活动专题民主生活会，围绕“为民务实清廉”主题，重点对照检查遵守党的政治纪律和贯彻中央八项规定精神，反对“四风”、联系服务群众等情况，省委第二督导组到会指导。8 月 1 日上午，市政协召开党的群众路线教育实践活动专题民主生活会情况通报会。10 月 16 日下午，市政协召开党的群众路线教育实践活动总结大会。市政协党组书记、主席、市政协党的群众路线教育实践活动领导小组组长潘泽金总结市政协党的群众路线教育实践活动工作，并对下一步抓好活动成果巩固和政协履职工作提出要求。

【学习活动】　2014 年，围绕“关注企业生产经营情况、更高水平推进产业自贡建设”主题，听取市政府通报上半年全市工业经济运行情况，并进行自主学习和交流讨论。邀请中共自贡市委党校基础理论专家就《新一届中央领导集体治国理政的总体思路》作专题辅导报告。以“依法治国、建设社会主义法治国家”为主题，学习四中全会精神。围绕《中共中央关于全面推进依法治国若干重大问题的决定》的具体内容，从推进依法治国的重要性、必要性、指导思想、总目标及科学立法、严格执法、公正司法和队伍建设等方面进行解读。

【文史工作】　2014 年，发挥政协文史资料“存史、资政、团结、育人”功能，加大文史工作力度，编辑出版 2 期《自贡文史》。发挥市政协书画研究院作用，举行纪念邓小平诞辰 110 周年书画展，展出书画作品 89 幅。

【民主评议】　2014 年，发挥民主评议在履行民主监督职能中的作用，开展对市环保局的民主评议工作。4 月至 11 月，通过召开动员大会、意见反馈会、评议大会等形式，对市环保局工作进行评议。组织开展民主评议市交通局工作“回头看”，促进民主评议整改工作落到实处。

【资政会议】　11 月 5 日，市政协助推创新自贡建设资政会议在市委小会议厅召开。19 位政协委员、界别代表在会上分别就助推企业发展、生态文明建设、科技与经济创新、农村经营管理、社会文化及教育改革等方面作大会发言或书面发言。市委、市政府主要领导出席会议，现场听取委员们的意见建议。

【社情民意】　2014 年，重视反映社情民意信息工作，调动委员积极性，着眼资政建言，扩大信息渠道，改进报送反馈方式，提高信息质量。全年共收集社情民意信息 282 篇，报送省政协 28 篇、市委市政府 25 篇。4 月 15 日，召开 2014 年反映社情民意信息选题策划会，邀请部分市级民主党派、政府有关部门、区县政协等有关负责人，围绕全市经济社会发展、民生改善等课题进行研讨，收集信息。12 月 16 日，首次开展社情民意信息办理情况视察，内容涉及 4 个政府承办单位的 8 条社情民意信息。市政协社情民意信息工作获全省政协系统二等奖。

【自身建设】　2014 年，组织委员参加学习讨论、调研视察、资政建言、民主监督等活动。完善委员履职管理和考核等办法，新建和修订《政协委员联系群众制度的实施意见》，实名通报委员年度参加会议、提交提案、反映社情民意、参加调研视察等履职情况，编印《委员履职实例》。探索按照界别特点开展活动的形式和方法，印发界别工作年度工作意见，组织召开界别工作座谈会，建立政协领导及专委会联系界别制度，支持界别独立开展活动。以推进协商民主广泛多层制度化发展为主题，召开自贡市人民政协理论与实践研究会一届二次会员大会暨第二次理论研讨会，通报表扬 15 篇政协理论研究优秀论文，并作大会交流发言。向全国政协、省政协理论研究会推荐理论研讨文章，参加省政协理论与实践研究会专题研讨会议，反映政协工作建议。完善政协宣传工作“四同步”工作机制，坚持开展宣传政协好新闻评选活动，编印《自贡政协》（内刊）4 期，《自贡日报》刊发政协专栏 4 期，中央和省、市主流媒体刊发新闻稿件 400 多篇，自贡政协网站刊发信息 747 条。市政协被评为全省政协新闻宣传工作先进单位。推进“学习型、服务型、效能型、和谐型”机关创建活动，加强党风廉政建设，严格执行“两个责任”，切实推动

“庸懒散浮拖”问题等专项整治工作，提升机关工作效能。建立健全并严格执行会务活动、公务接待、公文处理等制度，推进信息化建设。开展机关职工书画摄影展等活动，组织机关干部参加各级各类培训，举办机关“学习讲坛”10期。

其他工作

【驻市省政协委员赴蓉参加省政协十一届二次会议】 1月15日下午，市政协举行座谈会，欢送驻市的28名省政协委员赴蓉参加省政协十一届二次会议。1月16日至20日，驻市的省政协委员参加省政协十一届二次会议。委员们围绕全省和自贡经济社会发展大局，向省政协全会提交提案29件、反映社情民意信息2条，其中多项提案被大会立案督办。

【秘书长联系会议】 6月5日和11日，市政协分别组织召开市级民主党派、工商联秘书长联系会议和市区县政协秘书长联系会议，围绕“推进协商民主广泛多层制度化发展”进行交流座谈。11月20日至21日，市政协分别召开市区县政协秘书长联系会议和市级民主党派、工商联秘书长联系会议，围绕如何进一步加强反映社情民意信息工作进行交流讨论。

【驻市省政协委员视察重点交通工程建设】 11月4日，驻市省政协委员对重大区域交通工程——成自泸赤和自隆高速公路建设运行情况进行视察。视察组一行先后对自隆高速公路公司、自隆高速沿滩服务区、釜溪河大桥的规划建设情况和成自泸赤（自贡至赤水段）高速公路的管理营运情况进行视察，并听取情况汇报。

【2014年全市政协新闻宣传暨反映社情民意信息工作会议】 3月20日上午，召开2014年全市政协新闻宣传暨反映社情民意信息工作会，传达贯彻全省政协新闻工作联系会议精神和四川省政协系统反映社情民意工作座谈会议精神；表彰2013年度优秀调研视察报告、“华西能源杯”2013年度宣传人民政协好新闻、2013年度全市政协新闻宣传工作先进单位和个人、2013年度全市政协反映社情民意信息工作先进单位和个人。

【联系服务基层】 3月至6月，市政协主席潘泽金、秘书长徐玉华率队，多次到市政协“三联三服务”联系点——贡井区白庙镇，开展“走基层、听意见”活动，结对联系帮扶37名基层群众和14名困难学生，并与镇村干部、党员代表和村民们举行“院坝会”，座谈听取基层群众意见建议，帮助协调解决水利、道路、文化大院建设等问题，改善村办公条件，并赠送慰问品。

【关心企业发展】 7月至8月，市政协集中开展“关注企业，助推发展”调研服务活动。召开经济界委员代表座谈会2次，分析经济形势，了解委员所在企业的生产经营状况、面临的主要问题和困难，共商促进全市经济和企业发展良策。市政协主席会成员带队集中走访14户政协委员所在企业，了解企业生产经营情况，听取企业意见建议，向市委、市政府报送活动情况报告，提出建议意见帮助企业协调解决存在的突出困难和问题。

【开展捐资助学活动】 8月15日，市政协对“三联系三服务”结对联系的贡井区白庙镇建设村、旭东村、白庙子社区开展捐资助学活动，向14名贫困学生发放助学金。8月18日上午，市政协联合市委统战部、市教育局、市关工委、市工商联、市侨联、省扶贫基金会自贡市分会等单位，开展以“援助明日栋梁，培养民族精英”为主题的“栋梁工程、捐资助学”活动，共筹集资金43.9万元，资助学生350名。

【举行2015年自贡市各界人士新年茶话会】 12月31日，2015年全市各界人士新年茶话会在市委大礼堂举行。市政协主席潘泽金主持会议。市委书记雷洪金出席并致辞。副市长、民盟自贡市委主委石岷嘉代表市级各民主党派、工商联、无党派人士发言；荣县天主教爱国会主任、市政协委员程金容代表“三胞三属”、民族宗教界人士发言。

【组织政协委员代表参加“盐都问政”活动】 2014年，市政协组织部分驻市省政协委员及市政协委员共75人次，参加《盐都问政》电视节目录制，分别围绕“问政环保”“问政燃气”“问政城管”“问政教育”“问政民政”主题，反映群众关注的热点难点问题。

【省政协领导到自贡市调研考察】 4月22日，省政协原副主席曾清华一行，对贯彻实施《食品安全法》、加强地方监管、保障食品安全等情况进行调研指导。5 月 14 日至 15 日，省政协副主席罗布江村一行，就全市政协工作和经济社会发展、民生改善、文化旅游资源保护等情况进行调研。6 月 10 日，省政协副主席晏永和率队到自贡市调研川南城市群建设情况，并听取自贡、内江两市的情况汇报。6 月 25 日，省政协副主席高烽率队视察工业开发区和红色旅游项目。7 月 15 日，全国政协委员、省政协副主席陈放率调研组到自贡市调研，考察产业园区知识产权发展情况。9 月 16 日至 17 日，省政协副主席赵振铣到自贡市就“加强教师队伍建设，促进义务教育均衡发展”情况进行调研。

【外出参会】　5 月 27 日，市政协主席潘泽金率队赴宜宾市参加川南七市政协工作联系会第 25 次会议。8 月 20 日至 22 日，市政协副主席肖光俊率队赴新疆昌吉州昌吉市参加全国 9 省（区）25 城市政协横向联系会第 30 次会议。

（曾　彪）

JI JIAN JIAN CHA

纪检　监察

工作部署

【中共自贡市第十一届纪律检查委员会第四次全体会议】 会议于1月27日召开。会议学习贯彻十八届中央纪委三次全会和省纪委十届三次全会精神，总结部署全市党风廉政建设工作。市委书记雷洪金出席会议并讲话，市委副书记、市长刘永湘，市人大常委会主任陈华，市政协主席潘泽金等出席会议。会议采取电视电话会议形式召开。市委常委，市人大常委会、市政府、市政协领导，市法院院长、市检察院代理检察长，市纪委委员，各区县、市直各部门和部分企事业单位主要负责人等在主会场参加会议。

【正风肃纪工作推进会议】 会议于4月24日召开。会议学习贯彻习近平系列重要讲话精神及中央教育实践活动领导小组工作要求，传达省委正风肃纪工作会议精神，通报全市关于涉及“四风”问题典型案件，对前一阶段正风肃纪工作成效进行总结，并安排部署下一阶段工作。

【全市纪检监察工作会议】 会议于5月29日召开。会议传达近期全省纪检监察工作视频会议精神，并对全市正风肃纪、党风廉政建设社会评价、推进纪律检查体制改革、纪检监察查办案件和纪检监察机关自身建设等工作进行安排和部署。

【落实“两个责任”暨领导干部廉政谈话会】 11月6日，落实“两个责任”暨领导干部廉政谈话会召开。市委副书记、市长刘永湘主持会议。市委常委、市纪委书记李清通报违纪违法典型案件并提出要求，市委书记雷洪金在会上讲话。

【贯彻落实“两个意见”工作推进会】 12月22日，全市召开贯彻落实“两个意见”工作推进会。市委副书记谭豹主持会议，对抓好“两个意见”的贯彻落实作再动员、再部署；市委常委、市纪委书记李清，市委常委、组织部部长李国贵分别就《关于建立健全作风建设长效机制的实施意见》和责任分工、《市委关于认真贯彻“三严三实”要求进一步加强党员干部教育管理监督的实施意见》和责任分工作说明。

督促检查

【省委正风肃纪检查组到自贡市检查】 5月12日至16日，省委正风肃纪检查组到自贡市对市委贯彻落实中央“八项规定”、省委“十项规定”和正风肃纪工作进行监督检查。

【处分执行情况检查】 8月25日至28日，市纪委、市委组织部、市监察局、市人社局相关人员组成检查组，对2013年度全市机关事业单位中受纪律处分人员的处分执行情况进行检查。

【郑东风到自贡市调研】 3月13日至14日，省纪委副书记郑东风一行到自贡市开展党风廉政建设重点工作专题调研，对抓好正风肃纪和纪律检查体制改革工作进行检查指导。

【邓顺贵到自贡市宣讲“两个责任”】 6月10日，由省纪委副书记邓顺贵率队的省纪委宣讲组一行到自贡市对落实“两个责任”、推进党风廉政建设工作进行督促检查和宣讲指导。市委书记雷洪金，市委副书记、市长刘永湘等参加宣讲会。

【邓波到自贡市调研】 7月24日至25日，省纪委预防腐败局专职副局长邓波到自贡市调研惩防体系建设，针对积极预防、系统治理工作机制和行政权力依法规范公开运行平台建设工作进行专题调研。

【黄昌明到自贡市调研】 12月3日至4日，省纪委副书记、监察厅厅长、省预防腐败局局长黄昌明率队到自贡市调研。黄昌明一行先后到荣县度佳镇、荣县旭阳镇南街社区、市廉政警示教育基地、大安区团结镇、大安区委、区政府等实地了解察看，并召开座谈会听取全市落实“两个责任”、推进党风廉政建设和反腐败情况汇报以及做好下一步工作的建议意见。市委书记雷洪金，市委常委、市纪委书记李清参加调研座谈。

纪检体制改革

【推进纪律检查体制改革领导小组第一次全体会议】 5月8日，市纪委召开推进纪律检查体制改革领导小组第一次全体会议。会上，领导小组各成员及各专项负责人对《中共自贡市纪委关于推进纪律检查体制改革的工作方案（初稿）》进行讨论。改革领导小组全体成员、各专项组负责人参加会议。

【纪律检查体制改革任务推进工作会】 8月4日，市纪委召开会议，专题研究纪律检查体制改革任务推进工作，各改革任务的责任领导和牵头工作室通报纪律检查体制改革近段时间工作开展情况，各改革专项小组分别就牵头任务的推进情况进行汇报，并对下步工作提出意见建议。

工作交流

【党外人士情况通报会】 1月14日，向党外人士通报全市2013年党风廉政建设和反腐败工作情况，并与与会代表进行座谈讨论。民革市委主委叶智英、民建市委主委牟玉昆、市工商联主席王孝谦等出席会议。

【全市纪检监察工作座谈会】 7月17日，市纪委、监察局召开全市纪检监察工作座谈会，传达近期全省纪检监察工作会议精神，研究部署下半年全市纪检监察工作。会上，四区两县、高新区的纪委（纪工委）书记和市发改委、市民政局、市国资委等市级部门纪检组织主要负责人对推进当前纪检监察重点工作进行交流，提出意见建议。

【“两深”周末课堂】 8月1日，市纪委、市监察局“两深”周末课堂正式开课。周末课堂主要在星期五（周末）下午半天开课，为期一个月，设市纪委、监察局主课堂和各区县分课堂，以近年新任纪检监察干部为主，以视频方式进行授课。

【业务学习培训会】 5月21日，市纪委召开“四风”类案件审理业务学习培训会，对前期梳理收集的155件中纪委通报的“四风”类典型案件和全市2013年以来查处的75件“四风”类案件进行分类学习，并对当前审理“四风”类案件中存在的范围界定、处分依据引用、定性量纪等方面的问题进行讨论，形成对策措施。

【党的群众路线教育实践活动总结大会】 10月16日，市纪委、市监察局召开党的群众路线教育实践活动总结大会，总结教育实践活动开展情况，对巩固深化教育实践活动成果提出要求。市委群众路线教育实践活动第三督导组成员、委局领导及全体干部职工出席会议。

【纪检监察学会第六次会员代表大会】 会议于12月30日召开，全市109个会员单位的代表参加会议。会议审议通过学会第五届理事会工作报告、财务收支报告和《章程》（修改稿草案），选举产生学会第六届领导班子，安排部署新一届学会工作。会议推举市委常委、市纪委书记李清为第六届理事会名誉会长，选举市纪委副书记、市监察局局长毛碧为第六届理事会会长。

【西宁市纪委领导到自贡市考察】 3月6日，西宁市纪委副书记王重斌一行到自贡市实地考察市地方税务局廉政文化厅和市廉政警示教育基地及廉政文化“八进”活动的开展情况。

【中山市纪委领导一行到自贡市考察】 11月13日，广东省中山市纪委副书记、监察局（预防腐败局）局长蔡宏率队到自贡市学习考察，交流特邀监察员工作及纪检监察重点工作做法。

（胡　丽）

MIN ZHU DANG PAI GONG SHANG LIAN

民主党派·工商联

民革自贡市委

【概况】 2014年，民革自贡市委有支部19个，其中总支部3个。有党员430名，其中有各级人大代表28人次（包括交叉任职的）、各级政协委员91人次（包括交叉任职的）。在人大代表中，有省人大代表1人，市人大常委2人，区、县人大常委8人；在政协委员中，有省政协委员3人，市政协常委8人，区、县政协常委19人，特邀市政协委员4人。

【召开纪念抗战胜利69周年座谈会】 9月2日，民革自贡市委在市政协三楼会议室召开纪念抗日战争胜利69周年座谈会。与会人员共同回顾抗战历史，并围绕历史展开交流。民革市委主委叶智英出席座谈会并作主题发言。

【召开七届十次全委（扩大）会议】 11月5日，民革自贡市委在中共自贡市委统战部七楼会议室召开七届十次全委（扩大）会议。民革市委委员、支部主委及部分党员代表参加会议，中共自贡市委统战部、民革四川省委负责人出席会议。会议学习中共中央十八届四中全会、中共中央总书记习近平在庆祝中国人民政治协商会议成立65周年大会上的重要讲话及民革省委相关文件精神，就学习十八届四中全会精神和依法治国交流心得体会。民革自贡市委主委叶智英出席会议。

【召开2014年度理论研讨会】 11月5日，民革自贡市委在中共市委统战部七楼会议室召开2014年度理论研讨会，市委委员、支部主委、理论政策学习研究工作委员会成员及论文作者近40人参加会议。会议表彰2014年度理论研讨优秀论文，其中一等奖论文《自贡市城市社区建设的问题及对策研究》和二等奖论文《关于保护与开发燊海井的建议》作大会交流。

【参政议政】 2014年，围绕中共自贡市委、市政府的工作重点和民生问题，提交市政协集体提案4件，个人意见建议和提案等119件，共计123件。其中，1件集体提案、2件个人提案被列为市政协重点督办案。荣县支部1件集体提案被列为县政协重点提案。在市政协十四届三次全会上，民革自贡市委作《关于加强我市数字化城市管理的建议意见》的大会发言，并就《我市农产品质量安全存在的问题和对策建议》在市领导与市政协委员座谈会上作发言。在市政协对2013年优秀提案、提案工作单位及先进个人表彰大会上，民革自贡市委的1件集体提案、3名党员的3件个人提案被评为优秀提案，占优秀提案1/7；民革自贡市委被评为提案工作先进单位，4名党员被评为先进个人，占受表彰个人1/3。富顺支部1件集体提案和4件个人提案被县政协评为优秀提案。是年，民革自贡市委主要领导参加《政府工作情况通报会》等各种协商会、通报会30人次，提出意见、建议40余条，多数被中共市委、市政府采纳；党员中有26人被聘为各级各类特约员、监督员，分别参加有关部门组织的民主监督、行风评议、正风肃纪和庸懒散浮拖专项整治等工作，提出意见、建议70余条。

【调研调查】 2014年，民革自贡市委围绕中共自贡市委、市政府重点工作，完成《关于我市生产性服务业发展情况的调研》；在2014年市政协十四届八次、十次常委会上分别作《用创新的理念促推自贡第三产业发展》《关于促进城市畅通工程建设的建议》的大会发言；在市政协“关于全面深化改革推进创新自贡建设”专题资政会上作《创建“自贡特色山水园林城市”的战略思考》的大会发言。

【宣传工作】 2014年，民革自贡市委向民革中央、民革省委、市政协、中共自贡市委统战部等有关方面上报信息170余条，被民革中央、民革省委和中共自贡市委统战部采用40条，被民革省委和市政协网站采用80条。上报社情民意12条，采用3条。其中《关于完善粮食直补政策的建议意见》被省政协采用。

【参加全市统一战线第二届文化艺术节】 2014年，民革自贡市委参加市委统战部组织的全市统一战线第二届文化艺术节取得优异成绩。其中，在“中国梦·盐都情”朗诵比赛中获三等奖；在“中国梦·盐都情”献良策征文比赛等各项理论研讨活动中，获一等奖2篇、二等奖5篇、三等奖2篇；民革市委获本届艺术节组织奖。

【捐赠活动】 11月29日，民革自贡市委联合自贡民革党员创办的成龙文体用品有限公司，对大安区杰克森关爱中心开展“用爱点燃希望”主题捐赠活动，为杰克森关爱中心的100名孤儿捐赠个人生活、学习用品100份，足球、篮球、乒乓桌、乒乓球、羽毛球柱、羽毛球等公共体育用品及大米100公斤、面粉60公斤、食用油8桶、猪肉25公斤，总价值1万余元。自贡电视台、《自贡日报》、《自贡晚报》3家媒体对该活动进行报道。

【协助民革省委开展调研活动】 5月21日至22日，民革自贡市委协助民革省委三农委员会调研组，在自贡市开展农村粮食直补情况调研。调研组一行在大安区农牧林业局召开座谈会，就农村粮食直补的执行情况、在基层实施中存在的问题、基层对落实粮食直补的建议意见等问题进行交流。市政协副主席、民革自贡市委主委叶智英等陪同调研。

【组织发展】 2014年，民革自贡市委新发展党员23人。年末党员总数达430人。在职党员中，有副厅级1人，正县级1人，副县级13人，正科级15人，副科级23人。

【社会服务活动】 2014年，民革自贡市委及各支部开展义诊咨询、送文化科技卫生“三下乡”、送教下乡等活动。其中，民革自贡市委的“自贡同心·专家志愿者服务团”社会法律分团开展法律进社区、进课堂活动；大安总支开展“民革走基层惠民生”主题活动；富顺支部连续19年开展春节前“三下乡”活动。全年累计开展义诊、咨询服务6500人次，发放资料2200余份；开展送科技下乡，发放宣传资料1.20万余份；送文化下乡，捐赠年画1500余幅、春联1000余幅。

【捐资助困活动】 2014年，民革自贡市委开展基层支部和党员对口帮扶困难群众的活动。部分支部组织党员慰问抗战远征军老兵。全年累计帮扶困难群众320余人，资助金额220万余元。

【办学成果】 2014年，民革自贡市委主办的市中山学校开办大专、本科班26个，学生748人；开办各类短期培训班（包括小升初、初升高、会计从业培训班、成人高考补习班等）15个，学生809人。在4月14日市教育局公布的2013年度市直属民办教育机构年检结果中，市中山学校获优秀等级。

（袁惠明）

民盟自贡市委

【概况】 2014年，民盟自贡市委按照三个《纪要》的精神，推进组织发展工作，全市共发展新盟员27人，平均年龄38.9岁，其中具有硕士以上学位的2人，具有高级职称的8人。至2014年底，全市共有盟员635人，平均年龄54.2岁，具有高级职称的盟员296人、占46.6%，中上层人士627人、占98.7%。自贡民盟下属29个基层组织，其中：1个基层委员会，4个总支委员会，24个支部委员会。盟员中有：全国人大代表1人，省人大代表1人，市人大代表9人；省政协委员1人，市政协委员28人；担任县处级领导职务的盟员15人，担任科级领导职务的29人。

【召开十三届五次全委（扩大）会议】 1月16日，民盟自贡市委召开十三届五次全委（扩大）会议，主副委、秘书长、市委委员、各支部主委、专委会正副主任（部长）、“同心教育专家服务团”成员70余人参加会议。会议听取题为《凝心聚力兴盟业　同心共筑中国梦》的工作报告，宣读民盟自贡市委《关于表彰参政议政工作先进集体、先进个人的决定》表彰文件，通报民盟自贡市委2013年审批新盟员名单，通报民盟自贡市委各基层支部、专委会目标完成情况，传达民盟自贡市委学习贯彻中共中央十八届三中全会精神的要求。会上，向民盟自贡市委“同心教育专家服务团”授旗并颁发聘书。

【民盟沿滩区支部召开成立30周年座谈会】 4月10日，民盟沿滩区支部召开成立30周年座谈会，民盟四川省委副主委、民盟自贡市委主委、副市长石岷嘉等领导及30余名盟员出席座谈会。民盟沿滩区支部作《风雨同舟兴伟业　凝心聚力铸辉煌》的工作报告，印发纪念画册《同向同行，共荣共辱》。

【参加全市统一战线第二届文化艺术节】 在全市统一战线第二届文化艺术节中，盟员代表参加朗诵比赛获二等奖，各基层盟员分别代表区（县）统战部参赛分获一、二、三等奖，《怎样改变众说纷纭的自贡高中教育——办好自贡蜀光中学的建议》获献良策征文一等奖，文艺支部在文艺汇演上表演《美丽中国》。民盟自贡市委获中共自贡市委统战部“中国梦·盐都情”第二届文化艺术节“优秀组织奖”。

【田继万到自贡调研】 7月1日，民盟四川省委专职副主委、省政协常委兼副秘书长田继万率领民盟四川省委调研组一行7人到自贡市开展基层组织建设、坚持和发展中国特色社会主义学习实践活动、机关建设等专题调研。民盟四川省委副主委、民盟自贡市委主委、副市长石岷嘉，民盟宜宾市委主委、宜宾市人大常委会副主任张乃富陪同调研。市政协副主席、中共自贡市委统战部部长肖光俊参加调研会议。

【举办侨属庆中秋活动】 9月3日，民盟自贡市委组织有港澳台、海外亲属的侨眷侨属盟员实地考察釜溪河复合绿道整体规划和建设情况，并建言“五个自贡”建设。

【交流学习活动】 9月25日至29日，民盟四川省委副主委、民盟自贡市委、副市长石岷嘉率民盟自贡市委班子成员及部分市委委员赴民盟湖北省宜昌市委进行学习交流。双方对三峡大坝建成以后的利弊、党派市委机关建设、参政议政、社会服务、基层组织建设等问题进行交流，对盟务工作中出现的新情况新问题进行探讨。民盟宜昌市委主委、宜昌市人大常委会副主任、三峡大学副校长陈和春出席学习交流会。

【骨干盟员培训】 9月25日至30日，组织2名盟员参加民盟四川省委联合中央社会主义学院举办的“四川民盟基层组织主委进修班”学习。10月8日至14日，1名盟员参加中央社会主义学院举办的“民盟基层组织负责人培训班”学习。10月22日至11月4日，11名支部主委、科级干部参加市社会主义学院举办的“自贡市第一期党派中青年干部培训班”学习，2名盟员到省社会主义学院参加民盟四川省委举办的从政人员研修班学习。1名盟员作为全市首批党外优秀年轻干部挂职锻炼，选送乡镇任职；3名盟员交流到市外任职。

【参加民盟四川省组织成立70周年纪念大会及四川民盟基层组织工作会】 11月9日，民盟四川省组织成立70周年纪念大会及四川民盟基层组织工作会在成都召开。会上，民盟四川理工学院委员会被民盟中央表彰为先进基层组织，民盟自贡市委在四川民盟基层组织工作上作交流发言。民盟富顺县总支、民盟文艺支部。民盟荣县三支部获四川民盟先进基层组织称号。

【爱心帮教行动】 4月2日，民盟四川省委副主委、民盟自贡市委主委、副市长石岷嘉带队到“中国民主同盟四川省帮教基地”——四川省绵阳监狱考察调研“黄丝带爱心帮教”工作。12月29日，民盟自贡市委、市司法局、自贡监狱联合开展“黄丝带帮教行动”启动仪式及法律援助活动在自贡监狱举行，民盟四川省委副主委、民盟自贡市委主委、副市长石岷嘉等参加启动仪式。启动仪式后，民盟自贡市委组织6名法律志愿者为自贡监狱服刑人员进行法律讲座和专家咨询活动。

【参政议政】 2014年，完成中共自贡市委调研课题，形成《关于我市健康养老产业发展情况的调研》的调研报告，并中标民盟四川省委招标课题。全年各基层组织撰写调研报告30篇，撰写理论文章10篇。盟员中的各级人大代表、政协委员提交议案、提案等150余件。全国人大代表、民盟四川省委副主委、民盟自贡市委主委、副市长石岷嘉参加第十二届全国人民代表大会第二次会议，提出“关于充分论证人口老龄化带来的深刻影响完善社会保障体系的建议”等9条建议。在市政协十四届三次会议上，民盟自贡市委提交“关于加快我市保障性住房建设的建议”的大会发言，提交“关于加强乡村道路运输安全整治的建议”“关于加快我市保障性住房建设的建议”“关于优先向农村配置教育资源，促进城乡义务教育均衡发展的建议”3条集体提案。在市政协常委会、咨政会上作题为《民间资本进入现代金融服务业的监管建议》等3次大会发言。是年，参加全市情况通报会20余次，提出意见建议50余条，撰写社情民意信息74条，其中省政协采用2条、民盟四川省委采用6条、市政协采用1条。社情民意信息《完善教育对口支援制度的建议》被民盟四川省委采用，并作为民盟四川省委的集体提案提交四川省政协十一届二次会议。全盟担任特约监察员、检察员、审计员、教育督导员、党的群众路线监督员等职务的盟员，参加问政城管、问政环保、问政教育、问政民政和问政燃气等“盐都问政”电视节目录制。

【"盟沿合作"】 年初，制定《2014年盟沿合作实施方案》，帮扶九洪乡石塔山村完善村级阵地建设，新建文体广场工程已动工。1月23日，对对口帮扶的沿滩区九洪乡23户贫困户进行慰问。4月26日，"民盟同心教育专家服务团"与沿滩区教育局联合举办沿滩区教师培训活动。5月29日，民盟自贡市委和市体育局到沿滩区九洪乡中心校开展留守儿童慰问活动，联合为九洪乡中心校捐赠价值3000元的体育用品，民盟沿滩区支部为5名品学兼优的贫困学生发放500元奖学金。3月和6月，民盟自贡市委组织沿滩区九洪乡石塔山村的7名白内障患者免费做康复手术。

【基层组织建设】 2014年，下发《民盟自贡市委关于开展基层组织建设年活动的通知》《民盟自贡市委基层组织规范化建设量化考核办法》。5月9日，民盟四川理工学院委员会与民盟四川师范大学委员会在四川理工学院开展盟务交流活动。6月4日，民盟四川理工学院委员会和民盟宜宾学院总支在宜宾学院就盟务工作进行交流。11月1日，民盟富顺县总支和民盟宜宾市南溪区支部在富顺县进行交流联谊。10月21日，民盟大安总支及三个支部召开换届大会，选举出民盟大安区总支及三个支部第三届委员会。10月16日，民盟中专支部举行换届大会，选举出民盟中专支部第七届委员会。12月1日，民盟汇东支部举行换届大会，选举出民盟汇东支部第三届委员会。12月18日，新成立民盟自流井支部，选举产生第一届委员会。12月22日，民盟教科所支部举行换届大会，选举出民盟教科所支部第五届委员会。

【社会服务】 1月24日，民盟贡井支部组织盟员到贡井区成佳镇开展送文化、送医疗下乡活动。3月12日，民盟自贡职业技术学校支部组织盟员开展"绿化校园，从我做起"义务植树活动。3月28日，"民盟同心教育专家服务团"到自流井区小桥井社区广场为居民就招生、入学、家庭教育、专业选择开展咨询活动。4月10日，民盟大安总支在大安区何市镇开展家庭教育宣传活动。6月7日，民盟荣县三支部到荣县社会救助服务中心开展义诊活动。9月2日，民盟江姐中学支部开展"黄丝带"帮扶行动，慰问在押服刑人员子女并发放1000元慰问金。民盟富顺县水务局支部为富顺县兜山镇卫生院医务人员及全镇乡村医生开展医疗讲座，赠送价值1万元的《新农村健康手册》及医疗保险知识宣传图册。9月22日，民盟富顺县总支到富顺县赵化中学开展支教活动。

（黎　明）

民建自贡市委

【概况】 至2014年年底，民建自贡市委辖1个基层委员会、3个总支、16个支部。全年共发展会员32人，发展率5.24%，净增率5.07%。共有会员603人，其中，经济界会员占91.3%，担任各种经济实体业主、高管人员123人，

【宣传工作】 2014年，以市委会的组织生活和会内网站、会刊《自贡民讯》为主要阵地，全年编发《自贡民讯》4期，民建市委网站发布稿件184篇；民建中央、省委网站采用稿件68篇。全年在市级以上各类媒体发表反映全市各级组织活动的稿件300余篇（次），其中省级以上126篇（次），在四川政协网站上发表的《推进协商民主制度化建设》和在人民政协网站上发表的《民建自贡市委开展农业产业化专题调研》两篇文章获市政协宣传人民政协好新闻三等奖和优秀奖。

【参政议政】 2014年，民建自贡市委在市政协十四届八次、九次常委会和专题资政会上作大会发言3次。围绕区域经济发展、做大做强战略性新兴产业、培育壮大农产品品牌、加快小井沟水源保护、大力发展金融产业、夯实底部基础加快县域经济发展、加快创新驱动促进企业转型升级等7个方面进行建言献策。召开参政议政工作会，对"两会"人员提出"五个一"要求。在市政协十四届三次全会上，市委会作题为《抢抓机遇、主动融入，共推川南经济区加快发展》大会发言，提出集体提案3件。4名会员分别在政协全会、常委会和助推创新自贡建设专题资政会上作大会发言。民建界别委员在政协全会中提交个人、联名提案37件，提案总数比2013年增加11件，3件集体提案和4件个人提案被列为重点提案。其中集体提案《关于加快推进小井沟水库水源保护工程确保饮水安全的建议》《关于做大做强战略性新兴产业推进我市次

级突破的建议》被列为市领导督办的重点提案。集体提案《加快培育壮大节能环保装备产业全力打造国家级节能环保装备研发制造基地》和6件个人提案被市政协表彰为优秀提案。

【专题调研】 2014年，围绕产业自贡建设和实现次级突破目标，与市政协经济委组成联合调研组，向市委市政府提交《关于我市上市企业培育工作情况的调研报告》。全年形成《以金融业作为发展自贡市现代服务业的突破口》《关于全面深化改革进一步夯实我市底部基础加快县域经济发展的建议》等3篇调研文章和20余篇建言材料。调研成果《关于培育壮大农产品品牌促进农业产业发展情况的调研报告》和《关于推进内自同城化引领川南一体化发展的调研报告》被市政协评为调研成果二等奖。

【理论研究】 2014年，会员撰写理论文章10余篇，向民建省委报送研究成果1篇，其中《搭建平台创新载体推进协商民主》获市政协第二次理论与实践研究会论文评选二等奖。组织对全市“两支队伍”建设情况和开展协商民主情况进行调研，形成《加强会员企业家队伍建设，彰显特色优势》和《民主党派如何在协商民主中发挥作用》2篇理论实践调研成果。其中《加强会员企业家队伍建设，彰显特色优势》在全国市级组织建设工作研讨会上，被民建中央指定为大会交流发言。这是市委会首次在全国性会议上作交流发言。

【反映社情民意】 2014年，多渠道了解民生民情，并重点结合群众路线教育实践活动中群众反映的热点、难点、焦点问题进行收集采编报送。全年共收集涉及医改、交通、物业等信息19条，编发《社情民意》13期，被有关单位采用3篇，其中被民建中央采用2篇。

【组织建设】 2014年，对近两年发展的56名新会员开展培训，邀请中共自贡市委党校教授作新时期政党理论知识讲座，驻会副主委作“如何做好一名民建会员”辅导。先后选送25名干部到民建中央、省委会、省社会主义学院、上海市社会主义学院和市社会主义学院参加培训学习。与市委统战部联合举办2014年自贡市党外中青年干部培训班。全年参加民建和统战、组织系统集中培训的各级干部93人次，支委以上会员受训面达25%。完成市级领导干部后备人才民主推荐工作。推荐1名会员递补为市政协委员；推荐8名会员担任市级“特约四员”和党的群众路线实践教育活动监督员。至是年底，在市、县（区）人大、政府、政协领导班子以及政府部门和司法机关任职的会员有35人，担任各级“特约四员”18人。贯彻落实民建全国基层建设研讨会议精神，在全市各基层组织中学习推广优秀基层组织的好经验、好做法。荣县支部、贡井总支学习借鉴沿滩支部经验，在统战部的支持下，落实固定办公场所，添置必备的办公设备，选配专（兼）职工作人员，解决基层组织“三无”问题。继续实施会内关爱温暖工程，对24名老龄会员、困难会员进行资助慰问。

【基层组织换届】 2014年，完成机关支部、自流井区基层委员会及所属自井一支部、二支部、三支部、金融支部、东锅支部、鸿化支部等基层组织换届，29名年轻会员进入新班子。

【召开民主生活会】 12月30日，召开领导班子民主生活会，民建四川省委副主委王元勇、省委会监督委员会委员、民建眉山市委主委祝明洪参加会议。会上，主委牟玉昆代表民建自贡市委第11届委员会汇报市委会近年工作开展情况，对市委会在思想建设、组织建设、参政议政、机关建设、与省委会的沟通对接、会内监督机制等六个方面存在的17个问题进行对照检查，剖析问题产生的根源，提出整改措施。市委会领导班子成员结合自身的工作情况和思想状况，开展批评和自我批评，剖析自身存在的不足和问题，并就如何进一步加强市委会的工作提出建议。

【社会公益服务】 2014年，集中开展捐资助学活动，向42名贫困大学新生发放助学金8.4万余元。争取并实施“思源·扬帆计划”等公益性项目，向全市31所受助学校捐赠图书1.06万余册，体育用品20余件，航模20余件；向22名特困特优学生争取爱心一对一助学金2.6万元。推进“建安合作”，加大对大安区大山铺镇盐井村的定点帮扶力度，帮助落实第二轮水利基础设施建设资金25万元。组织企业家俱乐部对市儿童福利院和自流井区漆树乡敬老院开展捐赠，帮扶残疾儿童118人、孤寡老人44人，捐赠价值3万余元的奶粉、电风扇、彩电、皮鞋、毛毯等生活用品。全年会员企业在支持新农村建设和扶贫济困、捐资助学等慈善公益中累计投入资金1230万余元。

【服务非公有制经济】 2014年，市委会主要领导带队并协调区县党委政府和统战部主要领导参与，对全市会员企业集中开展两次“走访周”活动。先后到荣县、大安片区和云南对绿食佳农业公司、绿茗春茶叶有限公司、东联锅炉公司、华壹商业公司、华燃燃气公司、韦业集团等26户会员企业进行调研，收集整理出涉及企业融资、用电、用地、搬迁选址、厂区道路、外部环境等诉求和困难共18条（个），及时与区县政府和市级相关部门对接联系，13件突出问题得到解决落实和答复。

【开展银企合作】 2014年，组织与大安区农村信用合作联社银企对接活动，加大与乐山商行自贡分行、沿滩信用联社、自贡国投融资担保公司、自贡中小企业融资担保公司等战略合作伙伴的融资需求对接，促成41户会员企业获得授信贷款、融资担保达5.29亿元。加强与沿滩工业园区战略合作，推进民建企业产业园发展。截至2014年年底，入驻会员企业8户，占地60.6公顷，总投资10.8亿元。组织会员企业家到云南，与昆明民建市委和民建企业家开展对接交流，为在云南发展的企业寻求商机。联合市工商联、西南交大、人寿自贡分公司等单位举办“中华高管论坛”“财富论坛”，邀请知名专家学者开讲座，80多名会员和企业家参加。

【对外交流】 2014年，雅安、泸州、广安、眉山、乌海等省内外民建市、区（县）组织先后到自贡举行交流。市委会到云南、宁夏、内蒙古，与民建昆明市委、银川市委、乌海市委开展工作衔接、经验交流，并且与昆明、乌海市委会建立友好民建组织结对关系。

【获奖情况】 2014年，在民建四川省委各项评比中，民建自贡市委获会务工作以及组织工作、宣传工作、调研工作、社会服务工作等先进集体。对外宣传工作获一等奖。反映社情民意工作获二等奖。市委会的提案工作、反映社情民意信息工作和新闻宣传工作被市政协评为先进集体和先进单位。

【召开十一届六次全委（扩大）会】 1月10日，在民建市委会议室召开。会议传达学习中共十八届三中全会精神、民建省委八届五次常委会议和八届三次全会精神；审议民建市委2013年工作报告；安排布置2014年参政议政工作；审议通过民建自贡市委老龄会员工作委员会主任人选；通报企业家俱乐部2013年工作情况；表彰民建市委2013年度信息宣传工作、社情民意工作先进个人和先进集体。民建市委委员、基层组织主委、各专委会主任及市委会机关各部室负责人参加会议。

【召开十一届七次全委会】 7月8日，在民建市委会议室召开。会议传达学习民建中央全国组织工作会议精神；学习《中共自贡市委关于贯彻落实党的十八届三中全会精神全面深化改革的决定》；总结市委会半年工作、提出下半年工作意见；推荐下届班子组成人员建议人选。民建市委委员，基层组织主委，机关部室负责人及参加下届班子人选推荐的会员参加会议。

（古若愚）

农工党自贡市委

【概况】 截至2014年年底，农工党市委辖县级委员会1个，基层组织20个，包括18个基层支部和2个总支委员会。有党员474人，其中中高级以上职称412人，占86.92%。从界别划分：医药卫生界247人，占53%；人口资源和环保36人，占7.59%；科学技术界65人，占13.71%；教育界57人，占12.02%；文体艺术界4人，占0.84%。有省、市、县人大代表、政协委员104人，7人次担任市级特约检察员、监察员、审计员和行风监督员，在各级政府部门担任副县级以上职务3人。

【参政议政】 2014年，向省政协提交2件集体提案，其中《加快川南一体化建设的建议》被省政协确定为重点督办提案；向市政协提交集体提案3件、个人提案19件；向市人大提交建议13件，向省、市提交社情民意34篇次，调研报告8篇次。在市政协十四届三次会议作主题为《全域规划建设飞龙峡景区，打造自贡休闲旅游品牌》的大会发言；集体提案《加强基层环保能力建设，提升我市生态文明水平》和《全域规划建设飞龙峡景区，打造自贡休闲旅游品牌》被确定为市领导督办和部门负责人领办的重要提案；3件个人提案被确定为部门负责人领办的重要提案。参加党委政府的情况通报会及市级部门群众路线教育实践活动征求意见会11次，共提建议30余件。围绕“美丽自贡”和“健康自贡”主题，以生态文明制度建设、环境保护、食品安全、专科名院建设、健康产业集聚发展、卫生计生综合执法等重点，确立8个专题调研课题组。其中，《关于全面落实独生子女父母奖励金的建议》《高层住宅电梯最低参数亟需细化》《关于完善省政协委员联络制度的几点思考》3篇社情民意被省政协和市委统战部采用，《对我市医疗废物处置收费的建议》被市政协采用，《关于加快推进盐业体制改革的建议》《关于细化能容急救担架电梯最低参数，优化高层住宅“生命通道”的建议》《关于完善省政协委员联络制度的几点思考》《关于加强青少年暑期防范溺水事故的建议》《关于公务卡使用率偏低的原因分析及建议》《关于生活垃圾焚烧发电的建议》6篇社情民意被农工党四川省委会采用。

【社会服务】 2014年，市委会及各基层组织在“三八节”“中国环境与健康宣传周”“国际科学与和平周”等重大活动和节日期间开展义诊咨询服务活动6次，发放价值1000余元的健康药品；开展股骨头坏死病例筛查，并将筛查出的14例符合手术治疗康复条件的登记造册，择期组织手术；组织专家到行动不便的残疾病人家中会诊，帮助解决就医不便的难题；对富顺县李桥镇卫生院医护人员和乡村医生开展“失血性休克急诊处置”“眩晕症的防治”“小儿常用药物的应用和注意事项”3项专题培训；市委会机关组织重阳节关爱老党员义诊咨询服务活动。在“百名民主党派干部帮扶百名困难群众”活动中，市委会、富顺县委会、自流井总支、贡井总支、大安支部、沿滩支部及各基层支部和党员在春节、端午、重阳节期间分别到所联系的困难群众家中慰问，帮助协调解决生产生活中的难题，并为送价值2万余元的大米、植物油等物品及慰问金；富顺县委会“六一”节到李桥镇梨子嘴小学开展关爱留守儿童活动，为10名留守儿童捐赠价值3000余元的文具、书籍及1000元慰问金。农工党员向富顺县沙湾小学10名留守儿童累计捐资生活费3万元、衣服60套、文具60余套；向特困群众捐资医疗费1万元。

【思想建设】 2014年，围绕农工党中央制定的“农工党30条”，市各级农工组织以“三个结合、四个专题、六个实践”为重点，开展学习实践活动，确保活动有目标、有载体、有实效。“三个结合”即：与中共开展的群众路线教育实践活动紧密结合，与人才强党、发挥成员主观能动性紧密结合，与正确履行参政议政民主监督基本职能、服务社会紧密结合；“四个专题”即：开展“全面深化改革、群众路线”“领导班子建设、基层组织建设”“新党员培训”“党务工作、履职工作”四个方面的专题学习；“六个实践”即：开展系列专题调查研究活动、交心谈心活动、自贡市统一战线第二届“文化艺术节”活动、“中国梦·农工情”演讲征文活动、系列纪念活动、系列社会服务活动。在开展的集中学习、视察调研、交心谈心、演讲征文、理论研究等活动中，向省委会提交的3篇征文中有2篇被农工党中央网站刊登、2篇被农工党四川省委网站刊登；向市委统战部提交的22篇征文中，有2篇获三等奖；向市政协提交2篇理论研究文章；1名农工党员获农工党四川省委“中国梦·农工情”演讲比赛优秀奖；市委会获农工省委“中国梦·农工情”系列活动优秀组织奖、获自贡市统一战线“中国梦·盐都情”朗诵比赛二等奖、自贡市统一战线文化艺术节“优秀组织奖”。

【组织建设】 2014年，发展新党员23人，党员发展率5.03%；中上层人士20人，占86.96%；平均年龄36.28岁。其中：医卫界13人，教育界1人，人资环界2人；高级职称2人，中级职称12人。举办市级新党员培训班，45名党员参加培训；10名党员参加自贡市社会主义学院培训；1人参加自贡市县级干部培训班；推荐骨干成员21人次参加省级以上各类培训；6人参加农工党四川省委提案工作和社情民意信息工作专题培训班；3人次参加省委党校“学习贯彻党的十八届三中全会精神和习近平总书记重要讲话精神培训班”、省社院110期党外厅级干部培训班、浙江大学——四川省自贡市现代服务业创新管理与发展专题培训班。3人参加农工党四川省委举办的农工党骨干党员培训班，3人参加农工党四川省委基层组织负责人培训班。推荐1名拟任副县级领导干部人选，推荐下届市委会领导班子后备干部人选；加强组织档案管理、骨干成员分类梳理、新党员联系制度、老党员带新党员等工作。

【节日座谈会】 2014年，在“三八”节、中秋节和重阳节，分别召开女党员代表、“三胞”眷属代表、退休农工党员代表座谈会，通报市委会工作，听取与会人员对自贡经济社会发展建设的建议意见。

【宣传报道】 2014年，刊发稿件141篇次，其中在中央一级媒体上刊登信息7篇，农工党四川省委网站刊登稿件39篇，农工党中央网站、《四川统一战线》、省政协网站刊登稿件21篇。

【获奖情况】 2014年，被农工党四川省委评为年度综合先进市委会，机关建设、组织建设、组织管理、社会宣传、社情民意信息等5项工作获先进表彰。被市政协评为2013年度政协系统调研视察组织奖、反映社情民意信息工作先进单位、新闻宣传工作先进单位。

（张智敏）

九三学社自贡市委

【组织建设】 2014年，按照新时期统战工作要求，实施“人才强社”发展战略，加强自身建设工作。重点考察10名入社积极分子，批准10名新社员，其中：博士1人、学士7人，副高级职称7人。是年末，全市有社员435人。社市委被推荐为社中央组织工作先进集体。加强对基层组织工作的指导，对基层组织班子进行充实调整，贡井区支社增补支委和副主委，完成届中班子调整工作。加强对社员的关心工作，争取到全市第一个获得社中央“王选关怀基金”3万元资助，帮助大安区支社社员金荣言克服困难。

【学习实践活动】 2014年，开展坚持和发展中国特色社会主义学习实践活动，织调研组到基层了解社员对中国特色社会主义的认识情况。在调研基础上，制定《九三学社自贡市委关于在全市开展坚持和发展中国特色社会主义学习实践活动的实施方案》，建立学习实践活动领导班子。召开学习实践活动动员暨培训大会，会议部署学习实践活动工作。

【理论研讨】 2014年，报送社省委成立30周年征文活动征文3篇。报送社省委“全面深化改革与共同体意识研讨会”征文4篇，其中《浅谈我所认识的中国特色社会主义和中国梦之关系》论文被社省委推荐唯一参加社中央“九三学社坚持和发展中国特色社会主义专题论坛”作交流发言。在9月24日召开的市政协理论与实践研究会第二次理论研讨会上，有5篇论文入选论文汇编，其中《建立保障机制，促进履职成果转化》论文获一等奖，《协商民主演进的中国逻辑》论文获三等奖。参加中共自贡市委统战部征文比赛，提交论文12篇，其中获一等奖1篇、二等奖2篇、三等奖3篇。

【推进“九贡合作”】 2014年，社市委继续加强与贡井区经济合作，在贡井区牛尾乡、莲花乡、成佳镇吴家伺村等地开展农业知识讲座及培训工作。全年共举办讲座、培训班7次，培训人员450人次。开展实施合作项目8次，协助落实畜牧产业化项目资金220万元。

【参政议政】 2014年，在省政协会上提交议案3件。1月17日，参加省政协十一届二次会议的陈张铭委员做客“华西都市报两会会客厅”，就《关于加快我省医疗保险改革的建议》提案接受记者专访。在市人大十六届二次会议上，5名代表提出建议意见6件。在市政协十四届二次会议上，21名委员共提交提案46件，占全部提案280件的16%。其中：集体提案5件，个人和联名提案41件。市政协表彰2013年提案工作先进，其中：优秀提案2件和提案工作先进3个。推进资政工作，在全市资政会议上提交《用产业转型的杠杆撬动民生巨石》报告。

【主题调研】 2014年，围绕《关于加快在自贡设立“川南综合保税区”》调研主题，社市委成立课题组，完成对全国海关特殊监管区域的最新动态资料的收集和归纳整理工作，展开一系列调研工作。8月11日，社市委一行6人到大安区实地调研民营企业参与新农村建设情况，该调研内容是九三学社在市政协第十四届委员会第三次会议上提出的《关于鼓励支持民营企业参与新农村建设的建议》提案的重要延伸。调研组先后实地察看四川通达昌林业有限公司、自贡希宇园林有限公司和自贡市中业林业有限公司在何市镇建设珍稀苗木基地、水产养殖基地和水生植物园的情况，听取企业负责人关于参与新农村建设、近远期规划以及企业面临问题的汇报。8 月 20 日，社市委主委罗毅平带队到高新区管委会调研设立自贡市综合保税区的工作进展情况，参观保税区建设现场，走访建设业主并开展专题座谈。

【社员荣誉】 2014 年，市政府《关于授予 2014 年度自贡市科学技术进步奖的决定》中，7 名社员参与的 6 项科研项目受到表彰奖励，其中：一等奖 2 项，二等奖 3 项，三等奖 1 项。东锅支社社员杨志忠获中华国际科学交流基金会“杰出工程师奖”。

【举办航空科普知识宣传周活动】 11 月 5 日至 7 日，由九三学社自贡市委同心专家志愿者服务团主办，四川理工学院航模协会协办的航空科普知识宣传周活动在贡井区育才小学进行。活动进行航模表演、航空发展历程科普知识讲座、制作纸飞机比赛。四川电视台、自贡电视台、《自贡晚报》等媒体进行宣传报道。

【推进帮扶工作】 2014 年，以“百名专家进乡村入学堂活动”为载体，派出“自贡市同心专家服务团·科技服务分团”成员开展服务工作，共开展讲座、座谈、研讨会 4 次，听讲人数 350 人次；开展服务 2 场，咨询人数 800 人次；扶贫济困资金 1.5 万元，招商引资项目对接 2 个 220 万元。

（余 敏 肖 堃）

市工商联

【教育活动】 2014 年，以现场经验交流会、民营企业座谈会、“追寻长征足迹传承红色精神”活动等形式，传达学习省委、省政府大力发展民营经济精神，宣传市委、市政府“加强服务稳定工业发展的八条措施”“金融支持实体经济十项措施”“促进当前经济稳增长的十七条措施”等政策措施，引导企业积极应对困难挑战，保生存谋发展，增强非公有制人士“四信”。

【召开第十二届四次执委会暨第五次常委会】 2 月26 日，召开第十二届四次执委会暨第五次常委会，增补黄熙、刘洋为市总商会副会长，增补陈氢翔、韦洪波、李微微、周敬坚、王家清、陈家兴 6 人为执委；表彰远达、久大、川润等 10 户企业为第三届“十佳会员企业”，华西能源、明君集团、熙盛集团等 46 户企业为“优秀会员企业”。

【参政议政】 2014 年，到区县工商联、基层商会、民营企业、社区、村镇开展大走访、大调研活动 40 余次。积极建言献策，撰写《民营中小企业技术创新》《返乡兴业抱团发展共促五个自贡建设》等调研报告。2 件调研成果被省工商联评为全省优秀调研成果三等奖。向市政协十四届三次会议提交集体提案 3 件，其中《关于维护和提升自贡灯会品牌形象促进灯会经济综合效益持续增长的建议》被列为 2014 年市政协一号提案。全年向市政协反映社情民意 12 期，其中《关于青杠林居民出行困难》受到市委书记雷洪金批示；《关于工业集中区企业建设手续及产权证办理的情况反映》受到市委、市政府主要领导批示。围绕全市中心工作，向市高层协商会、市政协常委会等积极建言。完成全国工商联、省工商联开展的“中小微企业监测体系建设”工作任务，搭建中小微企业优质服务平台。

【组织队伍建设】 1 月 15 日，市工商联直属会员企业商会召开第一次会员大会暨商会成立大会。四川熙盛集团有限公司董事长黄熙当选为首届直属商会会长。4 月 25 日，召开全市工商联系统组织工作会。是年，围绕“五好”要求，推动县级工商联建设，浙江景宁商会完成换届；古玩珠宝收藏商会完成商会更名和换届工作。11 月，市电子商务商会成立。是年底，全市会员总数为 3291 个（人），其中企业会员、团体会员为 1629 个，占会员总数的 49.5%。共有各类商会 61 个，其中：乡镇、街道商会 31 个，异地商会 13 个，各类行业商会 14 个，异籍商会 3 个。商贸流通、装饰材料、建材等商会筹备组成立。

【宣传工作】 2014 年，借助《盐都商界》杂志、网站等媒介，向非公有制经济人士宣传贯彻十八届三中、四中全会、省市重要会议精神和两个活动精神，宣扬会员风采，持续集中宣传党的群众路线教育实践活动开展情况。全年出版会刊《盐都商界》3 期。各种宣传媒介报道工商联工作和会员企业情况 150 余篇次。12 月 4 日，《中华工商时报》

商会周刊头版刊登“探索商会合作新途径助推长江经济带川南经济区发展”稿件。参加市政协2013年度“华西能源杯”宣传人民政协好新闻评选，宣传工商联的2件作品分别获二等奖、三等奖。完成年度民营企业党报党刊的征订工作。

【企业文化建设】 12月，以“弘扬盐商精神·助推文化自贡”为主题举办全市民营企业文化成果展，展出持续12天，有30余个单位参展。全年先后组织久大公司、华西能源公司等参加“远达杯”市统一战线“中国梦·盐都情”第二届文化艺术节朗诵、文艺比赛。

【服务非公有制经济发展】 2014年，先后举办“走出川南、投资海外”论坛暨中港国际投资集团项目推介会、第五届川南汽车时尚生活展览，承办首届“中国·川南品牌促销会”等活动。组织企业各类投资项目推介会。参与泰丰集团、富源化工、凯基化工等企业帮扶工作。组织举办民企转型与创新讲座暨北京大学总裁班、中华高管论坛、川南民营企业“走出去”专题培训会等。保障企业合法权益，全年参与工业园区、南湖俊景超市项目、汽车商会、会员企业等10余次维权和纠纷协调。

【实施“三百工程”】 5月，组织召开“世臻集团回报家乡光彩事业行动暨自贡市‘三百工程’现场会”。8月20日，由市工商联发起的“2014自贡市民企助学活动”在荣县正式启动，现场向26名贫困学子捐赠8万元助学金。全市共有141户民营企业与115个村进行结对帮扶。130余户会员企业与100名“老党员、老劳模、老干部”建立结对帮扶。全市约1000名企业会员开展“光彩行动”民企助学活动，帮扶约1000名贫困学生。市工商联为联系村和社区配置社区宣传栏，为村捐电脑，修建一口山坪塘，帮助20名贫困大学生上大学。

【服务全市经济发展】 2014年，自贡上海商会在上海自贸区为自贡外向型企业设立平台公司及股权投资基金等方式，助推自贡经济转型升级。7月21日，市国有资产经营投资公司与义禧资本签订《四川自贡市节能环保装备制造业投资基金》合作设立框架协议，并引进节能环保基金7亿元，扶持节能环保企业，培育壮大装备制造优势产业。借助商会平台，为市委中心组作题为《自贡区域经济与地方金融》的专题报告。

（王朝阳）

QUN ZHONG TUAN TI

群众团体

市总工会

【职工竞赛活动】 2014年，围绕市委加快“五个自贡”建设和“产业促进年”，推进“中国梦、劳动美、争跨越”“促发展、稳增长、调结构”主题劳动竞赛，全市开展劳动竞赛的单位达3487个，开展竞赛项目479个，参加职工22.49万人次，创经济效益2.62亿元，规模企业参与面95%以上。开展以“比创新、比技能、比管理、降能耗和排放”的10万名职工竞赛活动，企业参与面达90%以上。围绕全市10万名职工“大培训、大练兵、大比武”活动，推进企业、区（县）、市级3个大赛，抓好第十一届市职工技能大赛。全市三级职工技能大赛涉及15个行业、121个工种项目，参加职工达22万人次。市级决赛举办项目48个，评选市技术能手和服务明星48个，晋升技师52人，高级工492人。

【“劳模工作室”活动】 2014年，实施“创新驱动”战略，按照“高、实、亮”的要求，突出发挥已建5个市级劳模创新工作室功能作用，完成4项重大项目研发，开发新产品6个，培训技能人才1.57万人次，攻克技术难题107项，取得技术革新、技术创新、技术成果15项，获专利64项，师带徒67对，创经济价值20亿元。是年，新完成5个市级劳模创新工作室的授牌工作，东锅孔建伟劳模创新工作室被全国总工会授予国家级劳模创新工作室；张华民、陈宏劳模创新工作室成为省级劳模创新工作室。

【劳模工作】 2014年，弘扬劳模精神，组织开展2014年劳模关爱周活动，全市工会走访慰问各级劳模2000余名，发放春节慰问金117万余元，召开劳模座谈会42场次，举行劳模事迹报告会8场次，为劳模解决实际困难和问题求诉69次。全市各级工会开展劳模宣传月活动，召开劳模座谈会4个，举行劳模事迹报告会5个，新闻宣传劳模47次。开展全市省部级以上劳模免费体检工作，为全国、省、市556名劳模进行免费体检。组织90名市级劳模参加市级劳模短期疗休养活动。

【权益维护】 2014年，参与涉及职工切身利益等政策法规的制定和修改，在全面深化改革、新型城镇化建设过程中，充分反映职工群众利益诉求。配合市政协做好企业工资集体协商的专项视察。开展职业病防治情况调查、劳务派遣用工情况调查、《劳动合同法》和《社会保险法》实施情况的调查等调研活动，向市人大、市政府和市政协提交相关报告、建议、议案4篇，推进法律实施。强化源头参与，完善工会与政府联席会议制度和劳动关系三方协商、最低工资标准三方协商机制。强化律师团规范化建设，推动各区县总工会建立完善职工维权律师团，帮助指导区县工会建立法律顾问委派制度，市、区县总工会向152户企业工会委派法律顾问。联合市司法局、市律师协会开展“自贡市维护职工权益十佳律师”评选表彰活动。开展“走基层、送法律、惠民生”三百行动，市、县两级总工会送法下基层举办讲座、法律咨询107场（次），收集侵害职工权益线索121条，为职工免费维权113件（次），涉及职工达2.65万人。联合市级相关部门开展职工劳动法律监督、安全生产执法检查6次。开展维护劳动者权益活动，全市共受理劳动争议案件343件、标的1793万元，审限内结案率100%。加强女职工权益保护，开展《女职工劳动保护特别规定》暨女职工健康知识讲座35场次。开展“女职工关爱行动”，为2889名建档困难女职工购买女职工大病互助保险。是年末全市有1.76万名女职工参保，参保2.03万份；全年赔付78人，赔付金额96万元。

【推进民主管理】 2014年，开展“公开解难题、民主促发展”厂务公开活动。组织职工代表提案3821件、职工合理化建议3.95万条。命名市燃气有限责任公司、市中医医院等18家单位为全市厂务公开民主管理示范单位。加强宣传力度，印发《实施细则》手册1万份和宣传挂图1000份。全市建立工会组织的国有、集体及其控股企业中96%推行职工代表大会制度，基本实现全覆盖；已建立工会组织的事业单位推行民主管理制度达90%；已建工会组织的规模以上非公有制企业推行民主管理制度的占85%；公司制企业职工董事、职工监事建制率达92%；全市已建工会企业签订（含续签）工资集体协商合同2577份，区域性、行业性合同243份，总覆盖企业（含个体工商户）1.06万户，总覆盖职工人数34万余人，已建会企业工资集体协商建制率达94.6%，全市工资集体协商的实效性和履约率得到增强。

【普法宣传】 2014年，开展“六五”普法活动，投入资金20万余元，编印《职工维权知识问答》和《劳动法律法规和政策（选编）》3万册，免费赠送职工群众，增强职工法制意识。到社区、车站、劳动力市场、招聘会现场和利用“12·4”法制宣传日发放普法宣传品，解答职工咨询，发放资料1.50万余份，解答咨询250人次，接待法律咨询310人次。开展法律“七进”（即进机关、乡村、社区、学校、企业、单位、寺院）活动，帮助指导10余户企业制定开展法律宣传教育实施意见，推进依法治企，保障职工民主权利。

【社会治理工作】 2014年，建立完善乡镇（街道）、工业园区及企业劳动争议调解组织和劳动法律监督组织，全市3899个企事业基层工会建立劳动法律监督组织，占企事业基层工会的95.17%；3508个企事业基层工会建立劳动争议调解组织，占企事业基层工会的85.62%。市本级工会职工法律援助中心接待到访、电话咨询的职工700多人次、涉及职工3000余人。受理职工信访5件、处理回复5件，接待处置职工群体上访4件次，调解处理劳资纠纷6起。联合有关部门协调处置贡井玻纤公司、自贡山川公司职工群体性上访。

【帮扶网络建设】 2014年，推动乡镇（街道）帮扶站规范化建设，建成17个市级示范站、24个市级达标站，112个乡镇（街道）规范化帮扶站，指导4个基层群团组织社会化服务中心建设试点任务，形成以乡镇（街道）便民服务中心为依托，以职工帮扶服务站为平台，工会帮扶与政府部门政策性帮扶联动，为职工提供一站式帮扶救助的模式。推进企业工会帮扶站建设，川润股份公司、久大盐业集团公司等5户企业帮扶站获评省总工会非公企业帮扶站示范点。做好帮扶中心日常管理工作，共接待职工群众8680人次，做到有困必帮、应助尽助。

【开展“四季送”活动】 “春送岗位”：开展“工会就业援助月”“春风行动”“民营企业招聘周”等就业服务活动，开展专场招聘会29场，职业技能培训4335人次，创业培训3211人次，送岗位到基层7次，提供政策咨询和就业指导8721人次，发放宣传资料5.36万份，成功介绍就业1284人，提供劳动维权服务和法律援助107人。“夏送清凉”：全市各级工会组织筹资230多万元，走访慰问一线职工12万余人次；市总工会本级安排专项资金30万元，购买清凉药品，由班子成员带队走访慰问60户企业、6000多名一线职工。“金秋助学”：筹资204.83万元，资助912名建档困难职工大学生子女入学，完成目标任务的130.29%；对2011年—2013年追踪帮扶的60名在校贫困大学生开展“金秋助学”回访活动，召开座谈会并组织参观板仓工业园区，发放补助12万元。“冬送温暖”：市本级共筹集送温暖资金385万元，带动全市各级工会共筹集资金710万余元，在“两节”期间，对1.66万户、3.43万名建档困难职工开展送温暖慰问活动，完成“全覆盖，不遗漏”目标任务，资金筹集总额、慰问标准为历年最高。

【拓展帮扶工作项目】 2014年，按省总工会关于帮扶工作实施项目化的要求，以项目制的方式获省总工会立项14个、各类专项资金657.7万元。其中，对昊华鸿鹤公司和川玻公司两户企业开展“点对点”精准帮扶，争取到省总工会帮扶专项资金86万元、市总工会匹配资金25万元。开展困难职工健康体检项目，筹资75万元，为2500名建档市属企业困难职工免费开展健康体检。继续实施爱心卡项目，集中发放70.23万元的乘车卡、电力卡和粮油卡4786张。开展惠民帮扶进社区活动，联合市政务服务中心，每季度开展一次活动，累计服务社区群众2855人次，为基层群众提供就业岗位1441个，慰问困难群众240人，发放慰问金及慰问品4.50万元，解决实际困难问题10余件。实施家政服务工程项目，指导市职工校举办家政服务培训班3期，培训250人并全部实现就业。实施创业扶持项目，继续实施工会创业贴息小额贷款，推荐对象52名，发放贷款200万元，为18个创业项目发放贴息金额9.30万元，带动就业890人。通过项目制争取到省总工会创业扶持资金12.2万元。开展技能培训，举办市总工会下岗失业人员（农民工）技能培训班10期、400人。实施扶贫解困工程。接待职工8680人次，为64名困难劳模、丧劳特困职工发放定期生活补助15.22万元，为3124

名符合条件的困难职工发放医疗救助、生活救助资金 261.35 万元。开展企业一线职工收入监测工作，指导全市 10 户省监测点开展监测工作。

【推进职工文化建设】 2014 年，推进“职工书屋”创建工作，东锅公司被命名为全国职工教育培训示范点，华西能源工业股份有限公司工会、沿滩新城区龙湖远达社区工会被命名为全国职工书屋示范点。开展职工喜闻乐见的文体活动，在“五一”期间，组织市职工艺术团，到市起重运输机械有限公司车间和富顺县东湖镇山林村，慰问生产一线职工、农民工和留守群众。举办市第十二届职工“盐都杯”桥牌比赛，举办全市职工游泳比赛、市直机关羽毛球比赛。选送代表队参加全国全健排舞大赛，取得好成绩。

【组织建设】 2014 年，狠抓重点领域建会，注重拓宽建会渠道，在全省率先成立市快递行业工会联合会。开展企业开工 1 年或企业职工 25 人以上非公有制企业集中建会行动，实现工会组织再次覆盖。推进劳务公司工会组建工作，促成自贡劳务派遣公司独立建会。抓好开发区、工业园区建会，全市 7 个开发区、工业园区均全部建立工会组织。

【基层规范化建设】 2014 年，推评 49 家“自贡市示范工会”，推荐 9 家基层工会为省级示范工会。向区县总工会下拨“小三级”工会专项补助经费 141.48 万元，其中转拨省总工会补助 62.88 万元、市总工会匹配资金 78.6 万元，推动基层工会健康运转。

（苟　芳）

团市委

【概况】 2014 年年末，全市 14 岁至 28 岁青年 43.88 万人，团员 14.72 万人，团青比 33.54%；团委 766 个，团支部 4489 个，团总支 275 个；团干部 4899 人，其中专职 75 人，兼职 4824 人。

【青春建功行动】 2014 年，组织“三型”青工培训 1.5 万人次；组织振兴杯青工技能赛，2 名选手在省比赛中进入前六名；为 530 名青年农民提供实用技能培训；推进“逐梦计划”，提供实习岗位 400 个。实施微软青年创业就业信息技能培训项目，成功创建首批全国青年创业就业信息技能培训中心；为 302 名创业青年提供青年小额贷款 719 万元，组织“青春创业大讲堂”17 场，共有 6148 名青年参加；全市 2 名农村青年企业家被推荐为“全国农村青年致富带头人”候选人。开展“三亮三比”优质服务月和十佳青年文明号评选活动；开展青年安全生产示范岗活动，中昊晨光化工研究院有限公司氟化三厂 2500t/a 特种聚合班创建为“全国青年安全生产示范岗”。

【青春筑绿行动】 2014 年，强化在校学生的生态文明教育，在全市大中专院校和中小学校开展以“生态自贡我先行”“绿色环保手拉手”为主题的团队活动。组织青年志愿者走进社区，以发放宣传单、组织讲座等形式向群众开展生态文明宣传，提倡健康环保的生活方式。推进“保护母亲河行动”，以釜溪河和沱江为重点，在“3·12”期间，组织全市广大青少年开展植树造林种草、治理污染、保护水资源等系列活动 230 余场次，参与人数 4.5 万余人。

【青春育人行动】 2014 年，以宣传贯彻十八届三中、四中全会精神为主线，引导青少年培育和践行社会主义核心价值观，树立干事兴业、成长成才、敬业奉献的“青春梦”。利用“3·5”“5·4”“6·1”等节点，以扶老助弱、环境洁美、社区关爱为主要内容，组织全市青少年参与“学雷锋志愿服务”“今天我入队、争当好队员”等青少年实践教育活动。坚持“公益立宫、活动强宫、培训兴宫”的理念，发挥团属青少年宫在青少年校外教育中的主阵地作用；强化以自贡共青团网站为骨干，官方微博、微信公众平台、QQ 群、微信群为延伸的共青团网络文化阵地，增强对不同类别青少年群体的覆盖、辐射和影响。是年，团市委被评为全市未成年人思想道德建设工作先进集体。

【青春激智行动】 2014 年，发挥优秀青年典型示范引领作用，市第一中学校高 2015 届 6 班获全国五四红旗团支部，市公交集团朱红获省五四奖章；评选表彰市级“优秀共青团员”60 人，“优秀共青团干部”49 人，“优秀共青团组织”38 个；招募西部计划志愿者 86 人，完成目标任务 200%，荣县西部计划项目办获全国优秀项目办称号。组织开展青年创新创业创富大赛，2 名青年创业者获全省青年创富大赛二等奖。“我的低碳生活”科技创意大赛活动获评2014年全国中学生科技创新竞赛项目，得到中国青少年科技创新奖励基金支持。省盐校《民族特色及旅行社经营店》获全国职业学校创新创效创业大赛中职组创业计划竞赛类三等奖。在收集青少年意见建议、服务“五个自贡”建设的基础上，做好“人大支教团”服务工作（中国人民大学支教团全国仅有两支），协调中国人民大学与市城乡建设和住房保障局签订学生实习基地共建协议，首批21名人大公共管理学院的学生到自贡实践锻炼。

【青春爱心行动】 2014年，创建星级留守学生之家80所，开展暖冬行动、“快乐学校”“第三课堂”等关爱活动，促成申能集团与富顺县互助镇申能希望小学助学项目签约。实施“阳光助学”公益项目，累计资助贫困学生74名；组织开展“快乐200—2014宝洁希望小学艺术年”“三星梦想课堂”等公益活动，申报2014年“希望工程激励行动”公益项目7个。加强12355青少年服务台建设，开展“轻松备考12355与你同行”阳光行动线下活动；履行未成年人保护和预防青少年犯罪工作职责，参与完成省人大《未成年人保护法》执法检查工作。

【推进群团组织社会服务中心建设】 2014年，履行群团组织社会服务中心协调小组办公室职责，整合群团资源，试点建立11个群团组织社会服务中心。归纳整理24个群团组织提供的服务项目，建立基层群团组织社会服务中心项目库，并下发到11个基层试点中心，由各试点中心根据不同区域和服务对象做加减法。建立服务对象、服务队伍、活动计划3本台账，分别解决“为了谁”“依靠谁”和“干什么”的问题。11个试点中心共入驻164个社会组织，开展活动828场次，收集群众各类诉求873件，惠及群众10万余人次。先后建立项目开发、需求申报、全面保障、交流培训、群众监督5项机制，共筹措试点中心建设经费220万余元，用于群团服务中心的硬件软件和日常运行支出。

【“盐义仓”获首届中国青年志愿服务项目大赛银奖】 “盐义仓”社区互助微公益项目自2012年启动以后，成为自贡市的一大公益品牌和特色，社会影响和品牌价值与日俱增，2014年累计受到中央电视台、四川日报等中、省、市各级媒体关注报道约100次。11月，“盐义仓”获批全省首个公益类省级服务业标准化试点项目，并先后获省十佳志愿服务项目、第三届中国公益慈善项目大赛百强项目。在团中央、民政部等单位联合举办的首届中国青年志愿服务项目大赛上，获大赛银奖。

【市青年企业家协会工作】 2014年，市青企协坚持“服务大局、服务社会、服务会员”的工作取向，组织金融形势报告会、银企对接会、新IT讲座等，在经济发展新常态下为会员搭建平台、协调资源。组织开展创二代联谊会、红酒品鉴会、创富者沙龙等活动，推荐1名会员成为新一届中国青企协会员。在团中央、农业部等单位联合举办的全国青年涉农产业创业创富大赛中，协会会员、川椒种业公司青年陈肖肖获全国涉农产业创业创富大赛创业初创组冠军，获15万元奖金、邮储银行2000万元授信及1000万元风投。

【留守学生关爱工作】 2014年，按照“广覆盖、经常化、可持续”的工作思路，采取公益营销理念，策划关爱留守学生和“阳光助学”公益项目，吸引一批关爱志愿队伍和爱心人士，常态化、点对点对留守学生和贫困学生进行帮扶。全年累计整合款物500万余元，让11万余名留守学生欢度佳节，圆660余名留守学生电影梦，助51名留守学生实现大学梦想，伴1100余名留守儿童平安快乐过暑假。《四川日报》以《购买服务 探索关爱留守娃新模式》为题，对自贡市开展留守学生关爱工作进行报道。

【青少年校外教育】 2014年，市、县两级4个团属青少年教育阵地（市青少年宫、市青少年科迪城、富顺县和沿滩区青少年宫）创新发展，全年累计开展素质培训3万余人次，开展留守学生、贫困学生等特殊弱势青少年免费培训5000余人次，开展“红领巾相约中国梦”庆“六一”游园活动等大型公益活动26场，10万余名青少年免费参加活动。在全省团属青少年校外教育阵地中，开展公益活动和校外教育规模仅次于成都。

（团市委）

市妇联

【组建群团组织社会服务中心】 2014年，在老街子社区、板仓社区、狮湾村组建3个群团组织社会服务中心。在以“老市民”为主的老街子社区，开展“紫薇花”家庭微公益项目，促进社会和谐；在以“新市民”为主的板仓社区开展“新家园、新女性、新生活”项目，促进农村转移人口市民化；在以“新农民”为主的狮湾村，开展“新农村、新女性、新生活”项目，促进“新农村”建设。服务中心结合项目针对性地提供引导服务，带动家庭参与城乡村社治理、基层公共事务和公益事业中，解决妇联服务不同区域妇女群众“最后一公里”问题。

【实施“紫薇花”家庭微公益项目】 该项目是全国首创以家庭为单位实施公益行为的项目。3月，在贡井区老街子社区启动，并在全市5个社区推广。项目以家庭为元素，通过“带着孩子做公益”全家总动员的志愿服务模式，招募“志愿者家庭”201户共507人，安排出动志愿者1223人次，开展活动222次，服务3087人次。项目以《紫薇家风录》为纽带，通过“五助”（助老人、助儿童、助妇女、助家庭、助社区）建立“五坊”（吾老暖心坊、儿童希望坊、巾帼手工坊、家风读书坊、社区公益坊），形成“五助五坊”活动模式，开展兼职辣妈、母亲艺术、四点课堂、追梦空间、矍铄义诊、叩响心门、家风讲堂、童心万卷、我爱社区、公益源泉等10个帮扶困难群体、助推社区管理、倡导社会新风的公益活动，对创新社会治理和改善社区风气起到明显提升作用。《中国妇运》2014年第11期和《四川妇女》2014年第3期对此进行宣传报道。12月5日，在“四川志愿·携手圆梦”2014年度四川省志愿服务评选交流活动上，该项目获“四川省十佳志愿服务项目”；项目信息被省委办公厅《每日要情》第233期采用。

【“新家园、新女性、新生活”项目】 3月，在沿滩区板仓社区试点实施“新家园、新女性、新生活”项目。项目通过搭建“党政机关—专家联盟—公益组织—基层妇联”四位一体的服务平台，围绕“转移人、提升人、服务人”的总体目标，开展“换好脑子”活动，实现思想意识上提升，做创新思维的新女性；开展“当好学子”活动，实现素质修养上提升，做秀外慧中的新女性；开展“谋好路子”活动，实现才能发展上提升，做自强自立的新女性；开展“教好孩子”活动，实现家庭教育上提升，做引领家庭的新女性；开展“过好日子”活动，实现生活品质上提升，做幸福生活的新女性等“五子、五提升”活动，提升“女新市民”的综合素质，推进农村转移人口“市民化”。此活动受到全国妇联副主席焦扬肯定。《自贡改革专报》13期、《自贡改革动态》24期对此进行报道。

【“新农村、新女性、新生活”项目】 在2014年，以“新农村”“新农民”为主的自流井区狮湾村，开展以“新农村、新女性、新生活”项目为特色服务的“五比五看”活动，促进“新农村”建设：比庭院整洁，看美丽新农村；比邻里和谐，看文明新风尚；比教子有方，看最美小家庭；比致富能手，看创业女能人；比生活品质，看农村新女性。是年，狮湾村基层群团组织社会服务中心开展“五比五看”特色活动30余次，服务群众1000余人次。

【开展妇联主体活动】 2014年，开展“巾帼建功”“双学双比”“巾帼文明岗”“巾帼文明示范村”等主体活动，引领广大城镇妇女立足岗位争创一流、农村妇女创业就业勤劳致富。全年新创建全国巾帼文明岗3个，命名授牌市级“巾帼文明岗”30个，“巾帼文明示范村”13个，巾帼创业就业示范基地13个。截至12月，全市累计创建全国巾帼文明岗17个，市妇联对2009年以后创建的8个全国“巾帼文明岗”进行自查。

【基层组织建设】 2014年，通过建设“五型”（发展型、孵化型、网格型、特色型、服务型）特色基层妇女组织，增强基层妇联组织在妇女群众中的“五力”（创业原动力、公益引导力、治理影响力、枢纽辐射力、素质提升力）影响。通过夯实妇联基层组织细胞，实现“强基固本”，形成组织共建、资源共享、工作共赢的妇女基层组织工作新格局。

【建设枢纽型妇联组织】 2014年，以枢纽型妇联组织建设为重点，对社会组织采取“引导、整合、孵化”等不同方式，共谋发展。引导各类女性社团参与社会公益事务，女企业家协会被评为省“关爱留守儿童先进集体”，女摄影家协会被评为“四川省优秀摄影团队”。整合社会组织力量有序参与社会管理，通过购买服务，由社会组织承办的方式来推动妇联工作转型发展。培育孵化服务妇女儿童的社会组织，重点培育发展公益慈善类、城乡社区服务类等社会组织来承接事务，推动发展。成功孵化以村、社区公益服务为主要服务范围的“自贡市紫薇家园社会服务中心”，以开展家庭教育为主要服务范围的“‘爱满家’家庭教育服务中心”。

【妇女干部队伍建设】 2014 年，不断充实女领导干部人才库，推荐正、副县（处）级和正科级优秀女干部 40 名上报省妇联。

【关爱留守儿童】 3 月，举办“让爱回家、守护成长——援助留守儿童父母返乡创业就业”招聘会，并在援助留守儿童父母回乡创业就业的同时帮助留守儿童父母掌握科学的家庭教育方法，对留守儿童父母开展创业就业培训和家庭教育技能培训。全年，市、区妇联共举办专场招聘会 12 次，为留守儿童父母提供就业岗位 3000 余个，发放宣传资料 1.53 万份，成功介绍女性就业人数 942 人，其中农村妇女 577 人。组织参加职业技能培训 917 人，为 977 名女性提供劳动维权服务和法律援助。在全国未成年人思想道德建设工作电视电话会上，省委常委、省委宣传部部长吴靖平在大会交流发言中就自贡市开展“让爱回家、守护成长——援助留守儿童父母返乡创业就业”工作进行交流。

【推动实施新“两纲”】 2014 年，市政府将“两纲”工作纳入全市目标绩效综合考评内容，涉及市级部门 10 个、妇女指标 6 大项、儿童指标 4 大项。4 月 22 日，市政府妇儿工委办、市统计局联合召开 2014 年“两纲”监测统计工作会，安排部署 2014 年“两纲”监测统计工作。全市各区县妇儿工委办负责人、区县统计局分管领导及工作人员、市级“两纲”监测统计成员单位统计人员等 30 余人参加会议。

【寻找“最美家庭”行动】 2014 年，组织开展“向幸福出发”寻找“最美家庭”特别行动，印发宣传资料 5 万余份，开展活动的妇女之家 1209 个，共开展宣传评选推荐活动 645 次，并召开“最美家庭”代表座谈会。市妇联被省委宣传部、省妇联评为寻找“最美家庭”优秀组织奖。

【家庭教育工作】 5 月 12 日，在自流井区会议中心举办盐都巾帼讲堂之“女性·阅读·人生”专题讲座，邀请省妇联兼职副主席、国家一级注册心理咨询师吴兆华主讲，全市女领导干部、女企业家、妇联干部、女性社团会员近 300 人参加讲座。12 月 17 日，在市妇联七楼会议室举行“自贡市家庭教育研究会会员代表大会暨家庭教育讲师团成立仪式”，选举产生市家庭教育研究会第七届理事会，成立有 10 名本土家庭教育指导专家的讲师团。全市共建示范家长学校 5 所、社区家庭教育示范站 6 个。开展“家庭教育大讲堂”58 场，培训家长 1 万名。2014 年，市教育局、市妇联和自流井区光大街小学被评为全省家庭教育先进集体；宋淑芳、欧大可和吕治康被评为全省家庭教育先进个人。

【关爱困难群体】 2014 年，筹集资金 186.68 万元，用于关爱特殊困难群体、服务妇女儿童，在元旦、春节等节日期间开展系列慰问活动，慰问社区、村的贫困母亲、贫困党员、计划生育“三结合”户等 249 次，服务妇女儿童 4.25 万人次，赠送毛毯、被套等床上用品以及价值 2200 余元的种兔、鸡苗、化肥等生产物资。落实“两癌”贫困母亲专项慰问资金 19 万元，慰问“两癌”贫困母亲 19 人，每人 1 万元。

【庆“三八”系列活动】 3 月 3 日至 10 日，在南湖体育馆举办“和谐之韵”盐都庆“三八”女性书画手艺术作品展销会，共展出书法美术、摄影作品 386 幅。3 月 3 日，在沿滩区联络镇举行“三八”维权周启动仪式，发放宣传资料 1 万余份，接待群众咨询、义诊 500 余人次。是年，组织开展“妇女维权社区行”活动，在各区县举办 7 场“关爱妇女儿童”普法送法专题讲座。组织“巾帼维权月”宣传活动，举办 13 场法制讲座。

【信访工作】 2014 年，共接待信访 151 件，结案率 100%。接待婚姻家庭及心理咨询 30 多件，为 12 名妇女协调提供法律援助。全年，妇联系统共接待信访 327 件，处理率 100%。

【开展读书活动】 2014 年，开展读书活动“进机关、进家庭、进社团”，并在市“4·23”世界读书日活动上进行交流发言。依托村、社区“妇女之家”开展“书香飘进我家”读书分享活动，赠送实用书籍600余册。在市女企业家协会、女摄影家协会开展“以书会友”读书沙龙交流会，为每名会员赠送《正能量》等书籍；市妇联机关创建“职工书屋”，收藏政治制度、世界名著、国学文化、素质提升、家庭教育、电脑办公、摄影、养生保健等各类书籍684本、杂志刊物300余册，供干部职工阅读、学习。

【农村女童安全救助行动】 2014年，组织推动农村女童安全救助工作，在全省首创实施“农村女童安全救助行动”，建立“教育、预防、打击、管理”为一体的“农村女童安全保护”群防群治长效机制，按照试点、推广、规范“三步骤”筑牢农村女童安全防护网络。规范档案资料，制定专项经费使用管理办法。是年，市妇联获省平安家庭工作先进集体。《自贡市妇联筑牢农村女童安全防护网》一文被中共中央办公厅《妇工要情》第59期采用；关爱女童安全工作信息被国务院妇女儿童工作委员会网站采用；《家庭与生活报》以《留守女孩，请让我来保护你》为题进行报道。9月，市妇联在全国妇女儿童维权工作会议上作交流发言。10月，关爱女童安全工作信息被省委办公厅《每日要情》第207期采用。

【关爱孤残儿童】 2014年，实施“编织梦想，共筑幸福——让孤残儿童温暖过冬”行动。从恒源祥集团募集到价值20万元的纯毛毛线600公斤，并在全市招募610名“爱心妈妈”，为孤儿及部分贫困残障儿童量身编织纯毛“心愿毛衣”；筹集社会资金10万元，让孤残儿童温暖过冬。该活动多次被省、市电视台及其他媒体报道，受到省妇联主席吴旭、市委常委王猛肯定。9月22日，此项目在中国儿童基金会召开的“恒爱行动”总结会上作交流发言。

【组织妇幼健康技能竞赛】 8月8日，在《中华人民共和国母婴保健法》颁布20周年之际，市卫生局、市人口计生委、市总工会、市妇联联合举办“自贡市妇幼健康技能竞赛”，竞赛设“围产保健”“儿童保健”“妇女保健”“计划生育技术服务”4个竞赛项目，12支代表队72名专业技术人员参赛。4个竞赛项目分别评出一等奖2名、二等奖2名、三等奖2名；4个竞赛项目的第一名由市委组织部、市人力资源和社会保障局、市总工会及相关部门授予“自贡市技术能手”或“服务明星”称号，并评选出组织奖3名。

（张　燕）

市科协

【第29届青少年科技创新大赛】 2月，开展自贡市29届青少年科技创新大赛，全市75所学校的12.6万多名学生参加，收到作品1168件，比2013年增加42%。市本级共评出等级奖354项，择优上报参加全省和全国比赛，获全国一等奖1项，全省一等奖5项、全省二等奖22项、全省三等奖37项。评出“自贡市第十届青少年科技创新市长奖”9项，并组织参加全省“争当小实验家”活动，获等级奖168个，与2013年相比，增幅达62%。

【“科技之春”科普宣传月活动】 3月，市科协与市科技局等单位在大安区何市镇、沿滩区仙市镇联合开展“科技服务农村发展”为主题的“科技之春”科普宣传月活动。市医学会等20多个单位共发放各类宣传单、科普知识小册子和科普宣传挂图3500余份，接待群众咨询1300多人次。

【学术交流活动】 5月，市科协所属团体围绕“五个自贡”建设，结合全市社会经济发展中的热点难点问题和行业、单位的重点科技工作，开展学术活动共100余次。确立《物联网技术及应用研讨会》等23个重点学术活动，年末评选出14个优秀活动予以表彰奖补。

【“金桥工程”与“四技”服务】 7月，对《汽轮机集装润滑装置》等14个“金桥工程”项目给予立项支持，年末对《大型全断面隧道掘进机（TBM）液压润滑系统研制》等9个项目予以表彰奖补。是年，上报省级项目14项，均被省科协立项，《全熔融新型高塔风冷造粒复合肥产业化》等2个项目获省级优秀金桥工程项目。全年全市学会和企事业科协完成“四技服务”签订技术合同18份，登记金额50.3万元。

【院士（专家）工作站建设】 7月，举办全市第二批院士（专家）工作站授牌仪式。市科协与市人才办联合推进全市第三批院士（专家）工作站建设工作。自贡市江阳磁材有限责任公司等4家单位建成全市第三批院士（专家）工作站，引进宋国立等12名专家。

【“讲理想、比贡献”活动】 12月，开展“节能减排”主题活动，全市82个企事业单位，6000余名科技人员参加活动，提出合理化建议3025条，被采纳1814条。经市科协推荐，东方锅炉股份有限公司等2家单位获全国“讲比”活动先进集体和创新团队称号，大西洋焊接材料股份有限公司等5家单位被评为全省“讲比”活动先进集体和创新团队，高建等3人被评为全省“讲比”活动创新标兵，刘伟等2人被评为全省“讲比”活动优秀组织者。

【项目资金争取工作】 2014年，争取到中科协和省科协“基层科普行动计划”项目15个，奖补资金202万元；争取到省科普工作项目20个，奖补资金216万元。对2015年的项目储备库及项目申报工作进行现场指导，对已开展的项目进行追踪问效。与市邮储银行开展银会合作，签订协议，为全市农技协落实贷款5400万元。全市农技协达457个，带动农户30多万户，年创产值30多亿元。

【全国科普日活动启动仪式】 9月，以“创新发展 全民行动”为主题，在市恐龙博物馆广场举行自贡市2014年全国科普日活动启动仪式。仪式上，市科普艺术团表演科普文艺节目，恐龙馆、盐业历史博物馆、燊海井和挚诚科技公司举办科普展览，恐龙馆、盐业历史博物馆、燊海井开展科普免费开放日活动。活动期间，全市共举办科普日活动启动仪式7场，召开培训会9场，送科技下乡10场次，社区举办环境保护、食品安全宣传活动13场，受益群众达11.8万人次。

【推进《全民科学素质行动计划纲要》组织实施】 8月、12月，先后两次召开《全民科学素质行动计划纲要》工作会议，交流、总结和安排工作，及时通报上级精神，推动全市《全民科学素质行动计划纲要》工作实施。

【参加博士专家论坛】 9月，市科协组织科技人员参加第七届四川省博士专家论坛。东方锅炉股份有限公司的《9Cr钢+不锈钢接头热影响区铁素体产生原因及对性能影响的分析研》等6篇论文获奖，自贡市轻工业设计研究院有限责任公司符宇航获“全国优秀科技工作者”称号。

（杨　洋）

市文联

【文艺创作载体搭建】 2014年，召开“本土原创音乐创作研讨会”；邀请《人民文学》副主编宁小龄出席市作家协会“迎新春文学恳谈会”；举行市文学艺术界“2014年迎春茶话会”；与遵义师范学院音乐与舞蹈学院举行“‘中国梦·盐都行’采风活动研讨会”；举行大型川剧“还我河山研讨会”“蜀南文学2014年笔会”；邀请省书协副主席刘新德到自贡参加第四届中国西部书法篆刻作品展创作看稿会；组织省美协副主席张国忠到自贡参加12届美术作品国展创作看稿会；组织“变革救亡用生命唤醒国人——甲午战争120周年刘光第研讨会”等。

【组织重点作品创作】 2014年，组织对全国、全省重大题材美术作品《李冰父子与都江堰》《辛亥革命·荣县首义》《抗战中的盐都》《川盐古道中国画创作工程》等进行深度打磨，组织创作川剧《还我河山》、方言剧《文化站长》、杂技《扛定车》、音乐《自贡盐工号子及民间音乐收集整理创作》、舞蹈《金蛇狂舞》《菜板交响曲》等。作家李利根据基层农村体验创作的小说《我是乡下爷》由本人改编成电影投入拍摄。作家赵应的自贡盐文化历史题材小说《盐马帮》由中国言实出版社出版。《自贡文联60周年文集》（“中篇小说卷”“短篇小说卷”“散文卷”）由中国文联出版社出版，该文集共收录139位自贡籍作家作者的226篇作品，近200万字。李开杰长篇小说《放声歌唱》由中国少儿出版社出版，已发行2万册。

【组织文艺作品参加展演】 2014年，有2件作品获国际大奖，4件作品获国家级奖励，16件作品入选全国美术展、书法篆刻展，24件作品及10人次获省级奖励，出版文学专著12部。其中，杂技《倒立飞砖》《三人柔术》获第七届西班牙国际马戏节金奖和“特别表演奖”。金德富《湖边的百灵》《中国梦·祖国情》获第十五届“家国之春·

中国民族歌曲创作大赛”中国民歌精品金奖、铜奖。李开杰短篇小说《三月艳阳天》获全国少儿短篇小说直通罗马大奖赛铜奖。张玉兰等3人获中国·武陵“德孝廉”小小说全国征文比赛一等奖。周涛的版画《版纳风情》、黄锋的版画《船》、谭青龙的国画《竹荫清凉好读书》入选第十二届全国美展。陈林强的书法，周弋寒、杨懿的篆刻作品入展第四届中国西部书法篆刻作品展。12件书法作品获2014第三届“紫荆杯”两岸四地青少年书画大赛奖励。硬笔书法家协会唐宏、鲁焕君、左小龙、曾红梅、黄信明、曾华贵、兰英、康清楷等8位作者的书法作品入选全国第二届硬笔书法册页手卷艺术大展。歌剧《盐井传奇》获省第十三届精神文明建设“五个一工程”优秀作品奖。方言话剧《文化站长》获省庆祝新中国成立65周年“我们的中国梦·优秀新剧目演出季”暨第三届文华奖剧目奖。双人舞《和你在一起》获省首届青年舞蹈比赛优秀组织奖、编导二等奖、表演三等奖。在省第二届青年川剧演员比赛中，戏剧家协会选送的川剧折子戏《三祭江》获一等奖；《肖方杀船》获二等奖；《打神》《打饼》《张明下书》《劝夫》《活捉三郎》5个剧目获三等奖。

【主题文艺展演】 2014年，围绕“文化自贡”建设，举办“纪念毛泽东诞辰120周年·四川版画提名展”“翰墨缘·自贡情”第六届全国中国画名家作品邀请展、“纪念毛泽东诞辰120周年书画展”“画梦雕龙·富顺县首届版画作品展”“龙乡风情·大安政协书画展”“自贡市新闻摄影学会迎新春大型摄影展”“放飞梦想，舒展巾帼风采·庆三八女性艺术作品精品展”“大师走基层聚焦新自贡·中国摄影家协会灯城行摄影作品展”“纪念知识青年上山下乡50周年知青文化展”“自贡市第二届书法篆刻新人新作展” “书香机关·文化自贡”书画摄影作品展、“李其尔师生书画作品展”“第二届彩灯创意设计作品展”“‘荷之韵’情系盐都·石美鼎画展”“我眼中的乡情·李泽民摄影作品展”等大型展览28次，共展出作品4000余幅，观众累计10万余人。市文联与市灯贸委联合开展“自贡市首届彩灯创意设计作品展”征集活动，与市广播电视台联合举办“2014中秋诗会暨首届诗歌散文朗诵大赛”活动，与内江、宜宾、泸州联合举办“川南艺术节”系列活动，与省作家协会、《星星》诗刊举办“第三届川南诗会暨李加建文学创作之路研讨会”等活动。组织杂技赴日本、土耳其、欧洲等国家和中国香港地区演出，与北京杂技团联合组团赴欧洲巡回演出40余场。

【文艺品牌打造】 2014年，邀请10位中国当代摄影名家开展“大师走基层 聚焦新自贡”活动，并举办由中国摄影家协会副主席、《人民日报》摄影部主任李舸主讲的当代摄影艺术讲座。邀请《人民文学》副主编宁小龄出席市作家协会迎新春文学恳谈会，宁小龄作题为《文学的意识与能力》的主题演讲。邀请人民文学出版社编审、《当代》编委、《中华文学选刊》主编谢欣，《十月》副主编陈东捷出席市作家协会迎新春文学讲座。邀请著名诗人、画家车前子，画家刘明孝到自贡市开展文化讲坛讲座。文化艺术讲坛全年共举办15期讲座，涵盖文学、音乐、美术、小说、诗词、摄影、民俗文化、自贡历史文化等类别，听众达2500余人。

【文化惠民活动】 2014年，组织艺术家在重大节庆和纪念日，开展主题文化活动，先后开展“‘中国梦·盐都情’纪念毛泽东《在延安文艺座谈会上的讲话》72周年文艺演出”“新中国成立65周年音乐会”和“第三届本土原创音乐会”等大型演出活动。三是开展丰富多彩的文化惠民活动，为基层群众送书法、送绘画、送春联、送摄影、送演出。春节期间，市文联在大安区牛佛镇开展“三下乡”送春联活动，共送出春联1000余幅；在自流井丹桂社区开展“暖冬行、爱传递”文化志愿进社区活动，共送出春联、字画600余幅。市杂技家协会、市戏剧家协会、市曲艺家协会、市舞蹈家协会坚持开展“送戏下乡惠民活动”，演出200余场。市民间文艺家协会在贡井区龙潭镇万平村等村镇、敬老院、学校开展“下基层、送文化、献爱心”活动，送出衣物900余件。市书协在蜀光中学、四川理工学院、汇东实验学校开展“书法名家进校园”活动6次；到戒毒所、沿滩消防大队等开展献书画活动；在南湖举办黄宗壤《书法字外修养》、刘蕴瑜《镜头中的诗情画意》等讲座。摄影家协会到丹桂社区，贡井区建设镇、白庙镇、五宝镇、龙潭镇幸福村、陈家祠堂，富顺代寺镇、富世镇海棠村为群众免费拍摄全家福；到南湖举办摄影讲座，到自贡监狱、工商银行、荣县文体局等单位举办专题讲座。民间文艺家协会举办知识青年上山下乡五十周年大型纪念活动，推出《难忘岁月》《知青史料略览》，举办“知青文化展”和“岁月如歌”大型文艺晚会，参加群众近万人。

【文艺队伍建设】 2014 年，选送 9 名优秀文艺人才到省文化厅、省文联参加书法、美术、音乐创作培训班，8 名文联系统领导干部到省文联进行业务培训，2 名文艺人才到省文联参加传统村落立档培训。向省文史馆推荐文史馆员 1 人，并成功入选，1 人当选“第三届全国硬笔书法家十杰百强”，2 人当选“2014 年度四川硬笔书法界最具影响力人物”。《蜀南文学》发现培育文学新人，并设立《蜀南文学》中短篇小说奖，在全省市州一级刊物中首创。成立音乐影视制作基地，开展拍摄制作 MTV、微电影、原创歌曲制作和培训。市文联累计举办 20 届音乐考级、和 11 届书法考级工作，参考合格人数达 2 万余人，书法考级合格 2000 余人。2014 年，新增国家级会员 5 人、省级会员 17 人。全市累计有市级会员 2761 人，省级会员 697 人，国家级会员 136 人。市文联与广播电视台、《自贡日报》《自贡晚报》联合出台《关于加强互动合作的办法》，推动自贡文化文艺与媒体发展合作，促进自贡经济社会发展和文化繁荣。建设并开通“自贡文艺网”、市文联政务微博、微信，适时反映文艺界文化惠民、展厅展览、文化讲坛和品牌活动等工作动态。加强信息简报采写报送工作，反映文联动态，传播自贡文化影响力。全年共编发简报 75 期，省委宣传部报道 2 条，省文艺报报道 22 条，省文艺网报道 56 条，《自贡日报》采用 45 条、市委办《每日要情》采用 8 条。

【获奖情况】 2014 年，在省人社厅、省文联首次联合表彰的“四川省文联系统先进集体、先进个人”中，市文化艺术院、市音协、富顺县文联获“先进集体”称号，荣县文联主席唐圣勇、文联办公室工作人员罗先荣获“先进个人”称号。

（郭凤雅）

市社科联

【理论研究】 2014 年，宣传贯彻落实党的十八大精神，对推进两化互动、统筹城乡发展、建设“五个自贡”、构建区域中心面临的重大理论和重大实践问题，开展调查研究，组织系列专题课题研究，推出一批有较强针对性和实际运用价值的理论成果。

【重点课题研究】 年初，围绕市委“多点多级支撑”“两化互动城乡统筹”“创新驱动”三大发展战略和全市全面深化改革的重大理论和实际问题，制订《自贡市哲学社会科学研究 2014 年规划课题指南》。6 月，向全市发出《关于开展自贡市 2014 年哲学社会科学规划课题申报工作的通知》，共申报课题 69 项。经过专家评审、论证，确定 10 个重大课题和 20 个重点课题进行立项研究，市社科联给予每个课题组 1000—4000 元的经费资助。《川南经济一体化发展研究报告》《自贡市基于“四化联动”的城乡一体化支持体系构建研究》等 8 项成果在公开刊物上发表。《自贡优势传统产业（CNG 产业）升级可行性及路径研究》《构建白酒行业核心价值体系势在必行》等成果分别得到市委、市政府领导批示。是年，各区县、各学会开展重点课题研究近 200 项。

【科研成果转化】 2014 年，在哲学社会科学重大规划项目的立项中，采取倾斜政策，对应用性较强、转化率较高的申报课题优先考虑。抓好《重要成果专报》工作，及时发现、推荐和宣传重要的社科研究成果，全年报送《重要成果专报》8 期。

【科普宣传】 3 月初，印发《关于组织开展 2014 年“科技之春”社科普及月活动的通知》，对全市社科界开展 2014 年“科技之春”社科普及活动主题、活动内容、活动时间、活动安排、活动要求作出统一部署。是年，各学会共开展培训 50 多次；组织科普知识报告会 21 场；开展科普活动 270 多次，参加活动的社科工作者 3000 多人，发送科技资料 31 万多份，服务群众 10 万人次。

【科普咨询服务】 2014 年，以“科技之春”科普月活动为重点，组织开展全市性的社科知识普及活动。3 月 21 日，组织省盐文化普及基地、市计划生育协会、市卫生经济学会等 12 个单位和学术团体的有关专家、学者、社科工作者、学会工作者 34 人，到自流井区仲全镇开展以“情满盐都科技支撑农业发展”为主题的咨询服务活动，发送科技资料和书籍2.04万份（本），发送卫生物品2000件，展出展板10幅，免费义诊100多人次，接待咨询群众100多人次。

【《科普条例》宣传】 2014年，在会刊《社科天地》和自贡社科网站上刊登修订后的《科普条例》相关内容。将新的《科普条例》印发到各学会和各区县社科联，提高公众认知度。

【办好学术刊物《社科天地》】 2014年，优化《社科天地》栏目设计，全年出刊6期，除开设“重点课题选登”“工作研究”“学术交流”“领导讲话”“企业建设”“热点聚焦”“区县经济研究”“区县社科工作”“科普知识”等栏目外，适时开设“学习宣传贯彻党的十八大精神”“‘五个自贡’建设”“理论前沿”“热点聚焦”“纪念邓小平同志诞辰110周年”等栏目。共刊发文章60篇，社科信息、社会观察、科普知识20余则，共40多万字。

【加强基层指导管理服务】 2014年，对学会年检、成立、换届、注销进行初审，对社科类学会的思想建设、政治建设、业务建设进行指导和管理，提供咨询和服务，确保学会管理工作依法健康有序进行。先后组织各区县社科联参加全省区县社科联片区工作会和省社科专家库录入培训工作会。

【社科组织建设】 2014年，帮助、指导四川卫生康复职业学院建立社科联，实现全市高校和区县社科联全覆盖。

（李　兰）

市侨联

【2014年迎春座谈会】 1月16日，召开全市侨界迎春座谈会，传达学习第九次全国归侨侨眷代表大会精神，通报2013年全市侨务工作，部署2014年侨务工作。各区外事侨务和旅游局局长、分管侨务工作副局长，区县侨联、东锅侨联、四川理工学院侨联负责人，市归侨、侨眷、港澳同胞及眷属代表，自贡侨商会、温州商会理事单位，市人大城环资委、市政协外联委、市委统战部、民革自贡市委、市台办相关领导，市委、市人大、市政府、市政协分管侨务、侨联工作的领导约40人参加座谈会。

【召开六届十次常委扩大会议】 5月30日，市侨联在市委统战部七楼会议室召开六届十次常委扩大会议。会议学习中共中央办公厅《关于加强和改进新形势下侨联工作的意见》，传达省侨联七届三次常委会议精神，研究贯彻措施。市人大城环资委、市政协外联委、市委统战部、市台办、市侨办和市民革相关负责人，市侨联常委，区县侨联、东锅侨联、四川理工学院侨联负责人参加会议。

【全市侨商协会第二届六次理事会暨侨界端午联谊会】 端午节前夕，举行自贡市侨商协会第二届六次理事会暨侨界端午联谊会。全市侨界代表和商会成员40余人参加会议。

【召开六届十次全委会暨中秋国庆联谊会】 中秋节前夕，召开自贡市侨联六届十次全委会暨中秋国庆联谊会。市县侨联、市外事侨务和旅游局、市侨商会等相关负责人共50余人参加会议。

【服务工作】 2014年，市侨联帮助自贡侨商会对会员企业开展调研，听取侨企意见，收集相关资料，借助社会力量为企业发展排忧解难。协会依靠市侨联加强与相关部门的联系和沟通，邀请综合部门的领导参加协会活动，为企业提供信息和帮助企业解决困难。通过省侨联向瑞典华侨联合会推荐自贡彩灯文化，争取到瑞典展出彩灯。3月中旬，省华商会秘书长考察调研市内重点侨资企业，帮助企业做好参加“西博会”中国侨商馆经贸活动的准备工作。6月上旬，邀请自贡籍旅美华人张涛和她的丈夫约瑟夫·H.弗莱西蒂（Joseph H. Flaherty）教授（美国圣路易斯大学老年病医学专家、美国最佳医生）到市精神病中心考察参观、指导交流，并聘任为“自贡市老年病治疗中心医疗顾问”。

【参政议政】 2014年自贡“两会”前，市侨联组织召开侨界人大代表和政协委员动员会，提前做好议案和提案准备工作。在市“两会”期间作“发挥侨联侨商作用　惠民生　促发展”的发言；在市、区政协会上分别提出组建社区养老机构和区县建立侨联组织的提案。

【扶贫助困工作】 8月18日，在市委会议厅举行的爱心资助活动上，马来西亚星州媒体集团捐款11.9万元，资助贫困中小学生达170名；侨资企业捐助6万元，资助30名困难高中学生上大学。9月，旅美华侨黄大清出资邀请美国芝加哥退休教授琳达女士到荣县中学上课1个月。2014年，向省群团组织社会服务中心申报5个“社会服务需求公益项目”，申报金额达700万余元，项目包括“栋梁工程”助贫困学生圆大学梦、“圆梦”贫困留守学生免费夏令营活动、老年服务项目及青少年服务项目。

【侨益维护】 2014年，共接待到自贡市交流、投资考察、探亲访友的工作对象16次，群众来访4次。3月，市侨联多次到市房地产交易中心等单位协调，协助旅美侨胞甘一飞售房成功。

【送医下乡义诊活动】 9月17日，富顺县侨联、侨办组织并邀请富顺大生堂医院、富顺侨兴医院的医生到富顺县童寺镇举行送医下乡义诊活动，义务体检和义诊达240余人次。

【参加华人学生作文大赛】 2014年，富顺县侨联组织部分学校参加第十五届世界华人学生作文大赛征稿活动，参赛稿件35篇，获奖作文入选第十五届世界华人学生作文大赛《花开的声音》一书。

（市侨联）

市残联

【概况】 2014年，残联工作以残疾人“两个体系”建设为主线，在残疾人康复、教育、就业、扶贫等民生保障、文化体育、服务手段、组织、基础和自身建设等方面取得显著成绩，实现年初提出的“突破、升位、惠民、发展”的总体工作目标，得到省残联党组肯定，并获全省残联绩效考核一等奖。在第二批党的群众路线教育实践活动中，突出抓好以“‘量体裁衣’零距离服务残疾人”为主题的“万户残疾家庭大走访行动”，为残疾人谋福祉。是年，全市向中残联和省残联争取残疾人康复、教育、就业等各类资金共1277.94万元，较2013年增长45.22%。在“量服”平台上注册的助残志愿者有1.2万名，占任务的100%。11月，市残联被市委、市政府命名为市级文明单位。

【残疾人民生工程】 2014年，全市共帮助4053万名城乡残疾人实现居家灵活就业，帮助5.06万名农村贫困残疾人改善生产生活条件，为1.21万名贫困残疾人适配辅助器具，救助272名贫困家庭脑瘫儿童，居家托养智力、精神和重度残疾人1109人，为576户有需求的残疾人家庭实施无障碍改造，救助贫困家庭重度听力残疾儿童90人，资助全市1.54万名重度残疾人护理费用。

【“量服”工作】 2014年，全市录入残疾人11.93万人，超出任务0.84个百分点；残疾人需求覆盖率和落实覆盖率均为104.44%；持证落实残疾人7.62万人，覆盖率99.89%，超出任务4.89个百分点；质量抽查合格率99.8%，超出任务9.8个百分点。开展“量服”工作，深化常态入户调研机制，掌握11.76万名残疾人准确信息；深化以需求为导向的“一人一策”的多元服务机制，落实服务83.20万项次；深化以互联网为依托的信息化管理机制和实据、量化决策机制，推动残联“管理”现代化；深化以每个残疾人直接监督为主的新型群众监督机制，残疾人满意率达99.81%。“量服”构建的以每个残疾人直接监督为主，网络监督、社会监督与组织监督一体化融合的全民监督模式，得到较好落实。全年全市残疾人直接签字评价率达100%，满意度达99.81%。

【两名残疾人当选全国自强模范】 5月16日，在北京召开的第五次全国自强模范暨助残先进表彰大会上，2012年伦敦残奥会射击金牌获得者董超和无双臂口书画家胡林当选全国自强模范，并受到习近平等党和国家领导人接见。

【残疾人养老新政】 12月，市政府出台的《印发自贡市城乡居民基本养老保险实施办法》。该办法规定，凡全市享受低保且已办理“中华人民共和国残疾人证”（二代）的三、四级残疾人，由当地政府按个人缴费最低档次为其代缴养老保险费，缴费标准为100元/年，并由政府全额补贴。自贡成为继绵阳和德阳实施该政策的第三个市州，走在全省前列。

【残保金征收】 2013年12月，市政府第48次常务会议决定启动全市机关、事业单位残保金征收工作，成为从2000年开始征收残疾人就业保障金后取得的又一历史性突破。截至12月底，已征收市级机关、事业单位残保金649.37万元。

【残疾人康复工作】 2014年，探索政府购买服务发展残疾人事业的创新举措，“自贡市花园家特教特训康复中心”挂牌成立，该中心是全市首家专门为残障儿童提供康复训练的社工组织。“七彩梦行动计划”康复项目顺利实施。残疾人事业专项彩票公益金康复项目为486名残疾人提供康复救助。

【残疾人教育】 2014年，开展6—15岁义务阶段未入学残疾儿童（少年）调查工作并制定落实帮扶计划；协助做好2014年高考残疾学生录取工作，全市共资助28名残疾大学新生8.45万元，帮助其顺利入学。

【残疾人就业援助】 2014年，开展就业援助月活动，共入户家访1020户，登记失业残疾人951人，帮助残疾人实现就业259人。举办残疾人专场招聘会，为残疾人就业提供平台，全年共举办残疾人专场招聘会8场，有170多户企业参加，帮助215名残疾人实现就业。

【残疾人扶贫】 2014年，开展四川省残疾人就业创业示范基地（户）创建工作，评选出黄氏正脊按摩院等8个残疾人就业创业示范基地，黄桷村小超市、花卉场种植基地等19个残疾人就业创业示范户。开展农村贫困残疾人实用技术培训项目843人。

【举办专场文艺演出】 5月18日（第24个“全国助残日”），邀请四川省残疾人艺术团在四川理工学院科学会堂举办专场文艺演出。

【参加体育比赛】 2014年，由62名运动员组成的代表团参加省第八届残疾人运动会暨省第三届特奥会。其中，在省残运会上获10金7银7铜，在特奥会上获9金16银16铜。沿滩籍运动员董超、贡井籍运动员张玉、富顺籍运动员陈德平在射击射箭项目上成绩突出。

【残疾人信访工作】 截至2014年年底，全市办理残疾人来信来访478人次，其中市本级办理残疾人来信来访238人次，区县级办理残疾人来信来访240人次，信访案件办结率100%。未发生残疾人赴京集体上访事件。

【视障阅览室投入使用】 6月，市图书馆投资40万余元，建成40余平方米的视障阅览室。该阅览室规划万册盲人图书，配备智能阅读器、带盲文点选器的电脑、手持电子助视器、远近两用电子助视器、盲人刻印机和听书机等仪器设备，可同时容纳20多人阅读。

（何兴春）

市红十字会

【救灾募捐】 8月3日，云南省昭通市鲁甸县发生6.5级地震。地震发生后，市红十字会立即向全市人民发出《心手相牵　昭通加油——致自贡市民募捐呼吁书》，全市各机关事业单位、爱心企业及广大市民积极募捐，累计收到捐赠款物24.59万元。其中：资金19.84万元，物资价值4.75万元。10月7日，云南省普洱市景谷傣族彝族自治县发生6.6级地震，市红十字会派出四川山地救援总队自贡通信支队第一时间响应救援，精挑细选7名队员，带上物资和装备于10月8日奔赴灾区，为灾区人民发放生活物资和药品，搭建临时帐篷，为伤员包扎伤口，受到当地政府和群众好评。

【博爱家园项目建设】 2014年，在富顺县山林村居民新区实施红十字博爱家园项目，红十字文化广场硬件建设竣工投入使用，软件建设基本完成。3月12日，市红十字会为村民举办健康知识讲座及应急救护培训，培养村民的健康意识和自救互救意识，增进邻里感情交流。

【红十字备灾救灾中心建设】 2014年，市红十字会备灾救灾中心建设项目通过中国红十字会总会和省红十字会批准，变更为购置方式进行建设。经市政府领导协调，市红十字会与高新区管委会及所辖的汇东股份有限公司达成意向性协议，以项目资金450万元（含装修费用）购买自贡市汇东股份有限公司现成仓储用房二、三楼，面积1760平方米，装修后正式投入使用。

【卫生救护培训】 2014年，发动西秦义工、灵犀义工、四川山地救援总队自贡通信支队3支红十字志愿者队伍力量及急救师资，在全市社区、学校、机关事业单位开展应急救护培训工作。12月19日，四川山地救援总队自贡通信支队，在檀木林小学举办野外救援知识及应急救护培训，檀木林小学1900余名师生及180余名家长代表参加培训活动。在沿滩区九洪中学成功建立救护培训实验基地，开创救护培训与中学课堂教育相结合的先例。

全年，培训市民及学生3500余人。

【“三献”工作】 2014年，开展骨髓捐献、器官捐献、遗体捐献及相关知识宣传，完成自愿无偿血1.87万人次、580万毫升，造血干细胞采集入库218人；器官及遗体捐献工作取得突破性进展，人体器官及遗体捐献注册登记50人，成功捐献遗体2例，成功捐献眼角膜1例。

【博爱送万家活动】 在“2014年度博爱送万家活动”中，省红十字会下拨物资20万余元，市红十字会筹集资金2万余元，购买日常生活用品发放到贫困家庭，全市1040户贫困家庭受益。

【关爱弱势群体】 2014年，开展弱势群体关爱工作，协助大病儿童向中国红十字基金会递交白血病患儿救助申请10人、心脏病患儿救助申请5人、唇腭裂患儿救助申请1人。其中，获批准救助的白血病患儿3人、心脏病患儿2人。全年救助帮助贫困家庭18户，资金3.6万元。与爱心人士、华西都市报和爱心企业一起，帮助瓦市镇古湾村肝病患者游军到成都肝病医院就医，并帮其一家3口解决最低生活保障。

【红十字志愿者】 2014年，依靠西秦义工、灵犀义工、四川山地救援总队自贡通信支队3支红十字志愿者队伍，开展市民应急救护培训，组织街头艾滋病、义务献血和红十字知识宣传、募集捐款，到敬老院和社区为老人表演节目，照料他们的日常生活，建立“1对1防护关爱网”等活动，发挥红十字会在政府人道救助领域的助手作用。

【红十字青少年工作】 2014年，市红十字会与教育部门配合，组织开展红十字会校园活动，新发展志愿者210人，成人会员25人，青少年会员530人。在中、小学中开展“红十字宣传月”、无偿献血宣传、卫生救护知识培训、预防艾滋病讲座等活动，开展红十字人道主义和爱国主义教育，传播红十字知识，对青少年从小树立“人道、博爱、奉献”的红十字理念。

（张年友　张忠阳）

市消费者协会

【贯彻落实“新消法”】 2014年，以学习、宣传和贯彻落实新修订的《中华人民共和国消费者权益保护法》为重点，精心组织“3·15”系列纪念活动，开展培训、知识竞赛、金融消费体验等主题活动，提升社会关注度和影响力。

【消费维权】 2014年，受理消费者各类咨询2.59万件、投诉2478件、举报71件，有效调解投诉2454件，为消费者挽回经济损失233万元。市消协组织运用新修订的《中华人民共和国消费者权益保护法》调处的两个消费维权案例在全省消委系统消费纠纷调处评选会中分获二等奖、鼓励奖。

（罗育新）

市关工委

【育人铸魂活动】 2014年，各级关工委坚持与宣传、教育、团委等部门联合开展十八大和十八届三中、四中全会精神、“社会主义核心价值观”“中国梦”、法制教育、家庭教育、健康知识等内容的宣讲报告，全年开展各类报告近700场，青少年受到教育10万余人次。市、区县关工委与教育局、文明办、团委开展的夏令营活动围绕“践行核心价值观·争做‘四爱’青少年”主题，全市1600多名青少年参与活动。各级关工委利用重点时节，开展春节关爱留守儿童的暖冬行动、清明扫墓祭奠先烈活动、“六一”文艺慰问活动及义诊体检活动等，引领青少年讲好中国故事，弘扬中国精神，传播中国声音，践行核心价值观。

【“五失”帮扶工作】 年初，将“五失”青少年关爱帮扶工作作为关工委2014年的重点工作向市委常委会汇报，并进行全面部署。在沿滩区13个乡镇开展调研，并形成调查报告上报省关工委。9月上旬，召集全市区县和市级部门关工委负责人开专题会再次部署，要求对全市“五失”青少年建档造册，结对帮扶落实到人。10—11月，到各区县基层村、社区实地开展“五失”专项调研，了解全市“五失”青少年的基本情况。根据调研情况，下发《加强关爱帮扶“五失”青少年工作的意见》，明确总体目标和三年努力目标，确定工作重点和工作要求，指导基层进一步开展“五失”青少年关爱帮扶工作。年底，市关工委召开全市关爱帮扶“五失”青少年工作推进会，总结交流经验，强调抓住摸清底数、落实责任、帮扶有力、形成合力的四个关键环节。至年底，全市建立起一支由基层党政干部、公安民警、村（社区）工作者、青年和“五老”志愿者、社会爱心人士等组成的关爱队伍1.8万余人，与全市5383名“五失”青少年开展结对帮扶工作。

【“六好、四好”创建活动】 2014年，专题研究开展新一轮创建活动，提出打造创建活动“升级版”的工作目标。市委办、市政府两办转发《自贡市关工委关于深入开展创建“六好”基层关工委组织、“四好”五老志愿者活动的意见的通知》，对创建活动提出“加强领导、落实经费保障、改善工作条件、建立考评机制”的具体要求。各区县委、政府两办结合实际制订下发创建活动意见。在创建活动中，全市各级关工委加强领导班子建设，特别注重选配好“一号老头”，并配合相关部门开展各类关爱活动，发挥为青少年办实事、解难事、做好事的优势作用。全年全市67%以上的基层关工委组织达到“六好”关工委组织，涌现一批“四好”五老志愿者典型。

【社会治理创新】 2014年，全市有1326个社区（村）实现“五无两有”目标，占全市社区（村）的71%。由关心下一代公益联盟15个成员单位开展的2014暖冬行动举办各类关爱活动144次，发出价值103.21万元的爱心礼包，惠及留守学生5.84万人。市关工委与市政协、省扶贫基金会自贡分会、市委统战部、市教育局、市工商联、市侨联等联合举办的“栋梁工程·捐资助学”“民企捐资助学”活动共筹集资金315.15万元，捐助1504名贫困学生。市关心下一代关爱资金各成员单位2014年筹措资金263万元，关爱1058名青少年。市关工委、市残联、自流井区关工委、大安区关工委联合举办2场全国自强模范无臂书画家胡林大型励志报告会，近1万名学生参加活动。富顺县关工委建立扶贫助学机制已13年，筹措250万余元帮助1000余名优秀贫困生圆大学梦；荣县公益联盟2014年为边远乡镇小学开展免费体检；自流井区关工委制作“五老”网吧监督《工作集锦》，指导网吧监督工作；沿滩区开展失地农民订单培训，促进就业成功；大安区关工委加大“十个一”活动力度；贡井区开展青少年心理关爱行动；高新区关工委开展社区青少年教育活动。

【自身建设】 2014年，举办专题学习培训会，培训全市各级关工委骨干200余人。各区县关工委举办各种培训，培训关工委干部2000余人，增强“五老”开展关爱工作的本领。年底，市关工委对各区县及高新区关工委、市级有关部门及有关企事业单位关工委开展调研检查。全市基层组织网络进一步健全，有的延伸到楼院居民小组、村组，组织数由2013年的4250个增加到2014年的4310个，参与关工委组织的“五老”志愿者由8.43万人增加到8.65万人。2.59万名“五老”与1.91万名青少年结成对子，开展各类关爱帮扶活动，各级关工委“七有”建设得到加强。

【宣传工作】 2014年，市关工委与市委宣传部、自贡日报社、自贡广播电视台等召开工作联席会，联合下发2014年关心下一代宣传工作计划。自贡电台、电视台滚动播放由市关工委制作的《同心共筑中国梦》MTV，《自贡日报》《自贡晚报》等新闻媒体对表彰的“六好、四好”先进组织、十佳“五老”和获得第二届省关爱明天十佳“五老”的宋淑芳、王翠萍进行专版报道和宣传。成立《关爱明天》杂志自贡通联站，组成自贡通联站队伍。是年，中央、省、市各类媒体报道全市关工委各类信息274篇，较2013年增加95篇，增幅53%；基层上报信息597篇，比2013年增加237篇，增幅65.8%；《关爱明天》杂志订阅近2000份，比2013年翻一番，在全省市州中排名第一，获2014年度《关爱明天》杂志宣传发行工作先进单位称号。

（邱海燕）

FA ZHI

法　治

政法委及综治工作

【保障和服务经济发展】 2014年，多次召开市委政法委全委会，专题分析研究全市经济金融形势，研判各种问题的趋势和走向，采取措施应对复杂局面。对全市金融机构和投融资理财公司等进行“拉网式”排查，防控各类潜在风险。依法打击“鹏润、汇鑫公司非法吸收公众存款案”等一批在全市有重大影响的涉众型经济犯罪案件，维护金融秩序。加强警示宣传教育，引导公众远离非法集资，从源头上规范民间融资行为。全市公安机关在全省率先成立“反金融诈骗工作站”，得到省长魏宏肯定。审慎立案，慎用扣押、冻结等强制措施，加大司法调解力度，妥善化解鸿化、川玻、泰丰等一批重点企业涉诉的法律风险和可能引发的次生危机，为企业发展营造良好环境。

【维护社会稳定】 2014年，以统筹抓好社会面稳定为主线，突出抓好反恐防暴和政治安全两个重点。通过强化反恐防暴措施、加强装备和力量建设、开展专项打击活动等一系列举措，初步完善反恐防控体系，提升应急处置能力，全市反恐防暴工作进入常态化模式，并构建起“情报、打击、防范、应急”四位一体的实战化机制。是年，全市未发生一起暴力恐怖事件。开展惩治邪教违法犯罪活动“百日会战”，打掉邪教活动窝点7个，破获省上督办的“1402”“法轮功”邪教组织专案。健全和运行重要敏感时段维稳工作机制，确保全国全省“两会”、西博会、APEC会议等重要敏感时段和“6·4”“7·15”“9·18”等敏感节点社会大局稳定。

【平安建设工作】 2014年，在省内率先建立第三方社会稳定风险评估工作机制，全市开展社会稳定风险评估176件，评估后决定暂缓实施或不实施11件；推进网格化服务管理体系建设，实现城乡社区全覆盖，全市录入各类基础信息360万余条，累计办结各类事件5.4万余件。深化“大调解”工作，全年矛盾纠纷调处成功率达98%，开展“大下访、大化解”行动和市级领导包案信访积案，成功化解一批“钉子案”“骨头案”。持续开展打击“两抢两盗”“禁毒会战”等专项行动和“打黑除恶”专项斗争，全市破获命案20件，打掉恶势力团伙37个。健全立体化治安防控体系，加强“平安细胞”建设，确保社会安定有序。创新流动人口和特殊人群服务管理，促进社会和谐。

【依法治市工作】 2014年，深入实施“法律七进”，编印《案例漫画专辑》等法制宣传资料30万余册，培养“法律明白人”6000余人，提升公众学法守法用法尊法意识。推进执法司法公开，运用网上执法办案平台，形成公开新常态。推进涉法涉诉信访改革，将其纳入法治化轨道解决，信访总量同比下降15%，省上挂牌的16件重点积案，全部依法化解。完善司法救助制度，加大司法救助力度，彰显公平正义。加强执法司法规范化建设，全市组织评查案件2.3万余件，同比上升36.6%，协调督办18件重点个案，通过评查和督办，纠正执法司法偏差，促进执法司法规范。

【加强队伍建设】 2014年，开展党的群众路线教育实践活动、“转变作风、司法为民”和学习习近平重要讲话和省委书记王东明讲话精神“大学习、大讨论”等专题教育活动，加强政治建警、作风兴警，整顿一批群众反映强烈的突出问题，推出“万警进万家”“巡回审判联系点”等一系列执法司法便民新举措，涌现出一批先进典型。市检察院、贡井区法院各有1名干警被省委、省政府记“一等功公务员”。全年共查处干警违法违纪案件16起20人。组织开展北京大学“自贡市社会治理能力提升专题研修班”“盐都政法大讲堂”等系列专题示范性培训和技能练兵活动。全市政法系统有8名县级以上领导干部通过遴选，参加全省优秀人才递进班培训。坚持从制度管理、阵地建设、习惯养成和开展文化活动等方面入手，开展政法系统书画摄影优秀作品展、“法治·使命”主题读书演讲比赛等系列活动，推进政法文化建设，以文化人，提升干警的人文素养和精神追求。

【获奖情况】 2014年，市委政法委被评为全省党委政法委先进集体、全省政法宣传工作先进单位，市中院被省法院记集体三等功，全市信访工作获全省2014年度信访工作一等奖，市公安局出入境管理支队被评为全国公安机关爱民模范集体，市检察院驻监检察室被评为全国一级规范化检察室，市国安局获全省2014年度情报信息工作奖，贡井区法院政治处获全国法院先进集体，自流井区司法局、富顺县医疗纠纷调解委员会被评为全省人民调解工作先进集体。

（杜来花）

法治政府建设

【开展创建法治政府活动】 2014年，市政府办公室印发《自贡市人民政府2014年度推进依法行政工作安排》，提出依法行政的重点工作和其他工作，对各项工作进行细化、分解，明确责任单位。根据市依法治市领导小组《关于普遍建立法律顾问制度的实施意见》，在全市建立法律顾问制度，进一步推进依法行政，加快建设法治政府，建立与经济社会发展和公众法律服务需求相适应的法律服务体系。组织开展2014年度法制系统先进单位和个人评选活动，全市获省政府法制系统先进集体2个，先进个人3人。

【强化规范性文件管理监督】 2014年，按法定权限和程序制定规范性文件，建立规范性文件备案的统一登记、统一编号、统一发布制度，主动接受社会监督，重要规范性文件提请同级人大常委会审议通过。严格执行规范性文件有效期制度，强化规范性文件备案审查制度，做到有案必备、有备必审、有错必纠。

【规范行政执法行为】 2014年，坚持行政执法人员必须通过培训、考试合格才能取得执法资格，行政执法人员从事行政执法工作持证上岗、亮证执法，行政处罚案件从立案、调查收集证据、告知、听证、作出处理决定、送达、执行等规定，在内部审批程序上严把审核关、审批关。统一行政执法文书格式，完善执法文书内容，规范执法文书制作。规范行政处罚自由裁量权，完善网上办理行政执法证件机制，网上审核、办理行政执法证件1480件。采取培训会、研讨会、外出交流等方式，加强行政执法人员培训，全年累计培训各类执法人员1600余人次。

【加强依法行政监督检查】 2014年，成立市推行行政权力公开透明运行工作领导小组，建立由市政府办公室牵头的工作协调机制，明确各部门职责，印发行政权力依法规范公开运行工作方案，建立工作通报制度，强化督导，将工作推进情况纳入各相关部门综合目标考核，确保工作有序推进。加强行政职权目录动态调整，印发《自贡市市级行政职权目录动态调整管理办法（试行）》，建立行政职权目录依法动态调整机制。市级清理确认的5502项行政权力事项（不含行政审批事项）全部录入行政权力依法规范公开运行平台。

【办理行政复议案件】 2014年，落实《四川省县级以上人民政府行政复议规范化建设实施方案》要求，及时作出计划安排，并召开区县政府法制办主任会议进行部署。推进行政复议规范化建设，建立落实行政复议责任追究制度，加大宣传，营造良好的复议工作氛围，创新行政复议案件办理方式，有效化解社会矛盾。全市行政复议机关新收行政复议申请44件。经审查，符合法定条件予以受理35件，不予受理5件，申请人申请后又明确表示撤回复议申请10件。对所有收到的行政复议案件进行及时和妥善有效处理。

【健全行政调解工作机制】 2014年，根据《自贡市人民政府办公室关于加强行政调解工作的实施意见》，将行政调解工作纳入行政执法责任制目标考核内容。各区县、市级相关行政部门受理行政调解案件244件，成功调处案件237件，调解成功率97%。

（市政府法制办）

公 安

【概况】 2014年，全市共破刑事案件5198起，抓获各类违法犯罪嫌疑人4463人；查处治安案件6661起，查处违法人员4798人。

【维稳工作】 2014年，完成“两会”等敏感期维稳工作；完成96场次大型群体性活动监管工作和40余次警卫、146次保卫任务。破获各类邪教案件12起，查获邪教违法人员48人，查缴邪教宣传品6.59万件。调解各类纠纷1232件，调解成功率98%。受理公安信访事项430件，办结率98.6%，上级机关交办50件全部按期办结。开展武装巡控，加强安全监管，对全市重点单位和重点人员开展“拉网式”排查，防止暴恐事件发生。争取公招25名特警指标和反恐专项经费400万元，组织开展全市公安特警特战技能比武活动和应急分队演练，在2014全省特警特战技能比武活动中获团体第七名。

【打击防范工作】 2014年，破命案20件，破案率100%，全省排名第一。打掉恶势力团伙37个，破案118件，全省排名第五。破获群众最为关注的侵财类案件4391件，打掉犯罪团伙46个，抓获作案成员994人，追缴赃款赃物5612.5万元，90%以上城区街面“两抢”案件被侦破。破获“黄赌”案件129件，抓获288人。开展禁毒严打整治，破获毒品案件128件，抓获作案成员156人，缴获各类毒品8.38千克。推进巡控专业化，各区公安分局和两县公安局成立巡控大队，9个城区派出所成立治安巡逻队；将城区划分为187个巡逻网格，推进网格化巡防；构建“六张防控网”，推进全市“天网”标清探头改造、升级，建设完善覆盖整个社会面技防网络。加强道路交通、消防、民爆危化物品及公安监所安全监督管理工作，交通事故“四项”指数继续实现“零增长”，消防管理连续15年无较大以上火灾，公安监所管理安全有序。

【基层基础建设】 2014年，累计投资3.8亿元的“三大中心”全部建成并投入使用。推进“一标三实”工作，全市共采集标准地址146.57万个，实有房屋103.70万套，实有单位7.65万家，实有人口175.33万人，服务实战成效494件，“一标三实”工作年度综合考评名列全省第二名。完成市应急联动指挥中心大楼主要技术环境建设任务，各派出所350兆基地台的测试、采购、安装工作，机动车稽查布控平台、“动中通”地面站的建设任务。推进市级PGIS、视综平台、两条图像边界接入等项目；提高基层公安机关和所队信息化单警装备水平；信息化科技创新获批公安部立项项目1个、省公安厅2个、基层技术革新2个。

【公安改革】 2014年，完成省公安厅下达的12项改革任务和市委下达的6项改革任务，在服务群众、治安管理、打击犯罪等领域推出系列改革措施。推进全市派出所“五位一体”建设、大安公安分局整合力量联勤值班、经侦和刑侦部门小案侦破机制、市公安局机关和交警支队内务规范等改革。

【作风建设】 2014年，以开展党的群众路线教育和“万警进万家”亲民助民活动为载体，深入践行群众路线，领导带头走进基层群众和一线民警，收集涉及“四风”的意见和建议6大类223条，立查立改具体问题81个，制定、修订制度规范44项，形成5方面41项长效机制。提升作风效能，开展转作风、走基层暨五项专项整治工作，兑现服务群众“42条举措”。开通网上公安机关、微博、微信服务平台，实现公安业务网上办。出台户政、交通、出入境管理系列便民惠民措施。市公安局出入境支队被公安部评为“全国公安机关爱民模范集体”称号，支队负责人在北京受到总书记习近平接见。严格执行中央“八项规定”和省、市相关规定，加强和改进作风，以市局党委和市公安局名义印发的文件同比分别减少27.4%和17.2%；压缩“三公”经费，制定机关日常管理工作规定和问责办法，规范机关日常管理和民警日常养成。

【队伍建设】 2014年，组织开展“习近平总书记重要讲话精神”“走基层、解难题、办实事、惠民生”等“大学习、大讨论、大实践”活动202场次，集中学习规定科目120余场次。开展集中培训35期2335人，封闭式轮训10期611人，培训工作排名全省前列。依托各类论坛、讲堂开展专题讲座40余次，下派3批156名民警到基层所队锻炼。开展刑事案件评查、“一标三实”基础信息采集、警务实战等教学比武竞赛30余场次。开展“正风肃纪”和队伍突出问题集中整治，立案查处民警职工违纪案件13起17人。落实各项从优待警措施，123个集体和1239人受到表彰。推进机关文化建设，开展文体活动，举办群众路线先进典型事迹报告会，编播《自贡警方》《盐都卫士》栏目，在中央、省、市媒体发稿3460余篇，召开新闻通气会19次，开展深度、专题报道38次。

【服务经济建设】 2014年，开展非法集资情况专项调研，对全市重点企业和金融机构、融资担保公司、投资理财咨询公司及房地产中介机构等500余家公司进行风险排查，及时掌握并提前预警相关领域、行业出现的非法集资、资金链断裂、破产倒闭等情况。破经济案件157件，抓获作案成员162人，挽回经济损失1332.6万元。先后侦破“吴国超刁薇集资诈骗案”“荣县鹏润融资理财咨询有限公司涉嫌非法吸收公众存款案”“自贡市汇鑫投资咨询服务有限公司涉嫌非法吸收公众存款案”等大要案件。坚持分类处置原则，对没有实体经济载体，空对空甚至肆意挥霍的，坚决予以打击；对实体企业由于转贷、投资经营失败等原因导致资金紧张，形成债务危机，党委政府经过评估决定予以帮扶的，利用公安职能优势，主动采取合法合理措施，帮助企业化解债务危机。帮助新星源破产重整，帮助东容、红光压减债务，帮助久大、泰丰等多家陷困企业重新投入生产。

【市公安局监管中心投入运行】 1月6日，市看守所、强制隔离戒毒所近500名在押人员和戒毒学员搬迁至位于沿滩区永安镇的新建监管中心。搬迁转移工作出动警力700余人，动用大型客车18辆、警车18辆，耗时近4小时。

【全市公安工作总结表彰会召开】 1月17日，市公安局召开全市公安工作总结表彰会。会议传达贯彻落实党的十八届三中全会，中央、全省政法工作会议和全国公安厅（局）长、全省公安局（处）长会议精神，总结2013年工作，表彰先进，部署2014年工作。

【全市反恐防暴工作会议召开】 3月4日，全市反恐防暴工作会议在市公安召开。会议部署近期全市反恐防暴工作；传达中央、省、市领导关于反恐防暴工作指示、批示和有关反恐防暴工作会议精神。

【专项整治行动】 3月4日、9日，全市公安机关组织开展两次专项整治行动，防止发生暴力恐怖案件。行动中，共检查出租房屋4851户，旅馆饭店831家，娱乐场所919处，发现治安隐患45处，整改治安隐患45处，签订安全责任书108家；检查涉枪涉爆单位69家，发现隐患5起，落实整改5家；设置治安卡点31个，盘查可疑人员1937人，可疑车辆1299辆；排查高危人群188人，其中涉疆人员52人；收缴雷管20枚，枪支3支，管制刀具3把；查破治安案件15起，刑事案件4起，其他案件31起，查获违法犯罪团伙19个；治安处罚39人，刑事拘留14人。

【全市公安工作暨信息化建设会召开】 3月20日下午，市公安局召开全市公安工作暨信息化建设会。会议表彰2013年度在信息化建设应用及“两节、两会、灯会”安保工作中表现突出的集体和个人；总结和2013年信息化建设工作，安排部署2014年信息化建设工作。

【应急拉动演练】 5月22日，市公安局在南湖体育中心开展应急处突预备队伍拉动演练。市公安局特巡警支队、各区县应急处突分队共500人参加。

【技能比武活动】 11月19日、20日，市公安局组织全市公安特警特战技能比武活动。7个分县局公安特警代表队300余人分别参加长短枪互换射击、综合体技能项目及三公里武装越野3个项目，产生个人单项奖24个，单项团体奖9个，综合团体奖3个。

【破获“1·27”故意杀人案】 1月27日9时许，贡井区发生一起故意杀人案，致4死1伤，市公安局于28日17时许，在宜宾县古罗镇万山村大路组将犯罪嫌疑人兰某某（男，47岁，贡井区五宝镇保证村人）抓获。

【破获一起涉众特大诈骗案】 4月4日，高新区公安分局抓获犯罪嫌疑人幸某某（男，38岁，自贡人），破获一起涉众特大诈骗案，涉案金额达600万余元。经查，自贡幸福木业经营部的打工人员幸某某因迷恋赌博，为凑集赌资，对外宣称其是自贡幸福木业老板，通过以高息为诱饵，诈骗多家小额贷款公司及20名受害人。

【破获一起非法制造枪支案】 4月23日，富顺县公安局将涉嫌非法制造枪支的犯罪嫌疑人徐某某（男，26岁，重庆市大足县人），收缴用于制造枪支的工具一套、无缝钢管6根、空包弹600发、钢珠7464颗、成品半成品枪支各1支。经查，2013年开始，徐某某非法购买007型射钉枪、无缝钢管、弹药、钢珠等工具制造枪支10余支，并以500元以上的价格销售给他人，从中牟利。

【破获一起杀人碎尸案】 5月29日，市公安局破获“3·17”省公安厅挂牌督办杀人碎尸案，抓获犯罪嫌疑人程某某（男，36岁，荣县人）及其情妇刘某某（女，47岁，贡井区人）。经查，2014年2月5日晚，程某某与受害人刘某某在贡井区贡井大桥附近一小旅馆房间内，因酒后言语发生冲突，程某某用随身携带的水果刀将刘某某当场刺死。然后，程某某将受害人肢解，并在情妇刘某某的协助下，将受害人人头埋于贡井排污工程堤坝内，再用摩托车将受害人躯干、四肢抛在荣县双石镇七〇水库。

【破获一起重大贩毒案】 9月7日，市公安局在荣县新城澳门花园小区抓获犯罪嫌疑人范某某、陈某某等7人，并当场收缴吸毒工具两套、毒品102.8克（冰毒93.7克、麻古9.1克）、管制刀具4把、钢珠枪1把。

【破获系列持刀抢劫案】 9月28日，市公安局通过侦查，走访摸排，研判分析，打掉一持刀抢劫团伙，抓获犯罪嫌疑人何某某（男，19岁，贡井区人）、谢某某（男，19岁，贡井区人）、练某某（男，18岁，贡井区人）、陈某某（男，17岁，贡井区人），破获抢劫案件16件。

（市公安局）

检　察

【服务经济社会发展】 2014年，围绕全省“三大发展战略”和全市经济社会发展大局，制定《充分发挥检察职能服务和保障自贡全面深化改革的意见》，提出35条具体措施。加强对全市经济社会发展面临困难和问题的分析研判，出台5项举措保障经济持续健康发展。自流井区检察院制定《服务民营经济发展八条意见》，与20余家知名企业建立检企共建制度，搭建法律咨询、调解服务平台，服务民营企业发展。

【优化发展环境】 2014年，围绕全面深化改革、“五个自贡”建设等重点工作，查办工程建设、征地拆迁等领域职务犯罪嫌疑人31人，查办商业贿赂犯罪嫌疑人3人。查办路政系统10人滥用职权、受贿，违规放行超载超限车辆，造成国家重大经济损失系列窝串案。发挥预防职务犯罪职能，对全市14个新开工的重大建设项目开展全程跟踪预防服务。召集37个重点单位成立预防职务犯罪协调小组，促进检察预防与行政监管、行业自律衔接。健全行贿犯罪档案查询管理体系，开展工程招投标等领域行贿犯罪档案查询415件（次），发现犯罪记录3件，限制有犯罪记录的单位、个人参与市场竞争。

【维护市场秩序】 2014年，突出打击破坏社会主义市场经济秩序犯罪，批捕犯罪嫌疑人44人，起诉63人。加大知识产权司法保护力度，批捕制假售假等犯罪嫌疑人9人，起诉7人。妥善处理涉及民间融资机构、实体经济和小微企业案件，依法惩治合同诈骗、非法吸收公众存款等涉众型经济犯罪，批捕15人，起诉15人。依法妥善办理全市有重大社会影响的“6·26”华尊融资担保有限公司骗取贷款案、荣县鹏润融资理财咨询有限公司非法吸收公众存款案，涉案金额达3亿元。畅通信访渠道，做好对被害人的释法说理工作，维护社会稳定。

【惩治刑事犯罪】 2014年，履行审查逮捕、审查起诉职能，共批准逮捕各类犯罪嫌疑人1183人，提起公诉2162人。参与反恐防爆、扫黄打非、电信诈骗等专项行动，突出打击严重影响人民群众安全感的犯罪。依法批捕杀人、绑架、强奸等严重暴力犯罪嫌疑人117人，起诉130人；批捕盗窃、抢夺、抢劫、诈骗等多发性侵财犯罪嫌疑人499人，起诉618人；批捕毒品犯罪嫌疑人161人，起诉215人，参与禁毒社会化工作，组织开展“禁毒宣传周”活动。关注食品药品安全问题，起诉制售有毒有害食品、假药劣药等犯罪4人。

【化解社会矛盾】 2014年，贯彻落实宽严相济刑事政策，最大限度化解社会矛盾。对无逮捕必要的不捕348人，对犯罪情节轻微的不诉175人；促成民事、刑事和解10件，达成调解金额65万余元；开展检察环节司法救助工作，受理司法救助40人，发放救助金14.7万元；推进“法律七进”，结合办案开展犯罪预防和普法宣传90余场（次）。完善来信、来访、电话、网络“四位一体”机制，解决群众反映问题，接待信访496件，依法办结息诉罢访352件，对不符合受理条件的，做好释法说理工作。大安区检察院开通“邮政绿色通道”，为群众控告申诉、举报案件提供信函免付邮资、优先送达等便捷服务。荣县、富顺县检察院被评为全国检察机关“文明接待室”“文明接待示范窗口”。

【加强司法人权保障】 2014年，转变执法理念和执法方式，注重保护当事人诉讼权利。加强对证据的审查核实，主动排除非法证据21份，要求侦查机关补正瑕疵证据130份。对捕后无羁押必要的27人提出释放或变更强制措施建议。规范职务犯罪侦查工作，细化讯问全程同步录音录像规定，规范搜查、扣押程序，完善涉案款物扣押管理制度。依法保障律师执业权利，建立网上律师预约平台，在全省检察机关率先向律师提供电子卷宗光盘，为律师执业提供便捷服务。

【查办职务犯罪】　2014年，立案侦查贪污贿赂犯罪案件58件80人，渎职侵权犯罪案件18件26人，立案人数同比分别上升5.3%、8.3%。其中，查办大案72件、县处级以上要案8人，大要案同比上升3.9%。立案查办贡井区政协原副主席欧某某、李某某受贿、贪污案等一系列有影响的案件。经省检察院指定管辖，立案查办双流县原县委书记高某某等6人涉嫌巨额行贿、受贿窝串案，其中原县委书记高某某涉嫌受贿5000万余元，县政府原党组成员周某涉嫌行贿50万余元、受贿920万余元，县交通局原局长王某涉嫌行贿180万余元、受贿1300万余元，县城乡建设局原局长孙某某涉嫌行贿50万余元、受贿2700万余元。该案涉及县级干部2人，涉案金额上亿元，追缴赃款赃物价值上亿元，是近年全市检察机关查办案值和追赃挽损最大的案件。

【查办涉及民生职务犯罪】　2014年，开展查办和预防发生在群众身边、损害群众利益职务犯罪专项工作，立案查办损害民生民利职务犯罪77人，占立案总人数的72.6%，为群众挽回经济损失2000万余元。立案查办荣县留佳镇原党委书记董某某挪用征地补偿款1300万余元、受贿7.8万元等一批侵害民生民利的案件，董某某被判处有期徒刑十二年。查办涉农职务犯罪，立案查办发生在农村基础设施建设、涉农惠民资金管理使用等环节职务犯罪20人。富顺县检察院建立健全惩治和预防村组干部腐败机制，构建预防村组干部腐败防线。

【加强职务犯罪预防】　2014年，融入党委领导下的预防工作格局，两级检察院与国家电网自贡分公司等18个单位新建预防职务犯罪工作机制。结合办案同步开展预防调查12件，提供预防咨询34件，发出预防建议6件。创新工作方式，打造廉政警示教育基地、预防职务犯罪“五进”宣讲、预防职务犯罪微文化等三大预防职务犯罪宣传品牌。设在自流井区检察院的“全国百优警示教育基地”接待参观人员194批次1.7万余人次，被确定为“自贡市法治教育基地”。两级检察院到机关、企业、乡村、社区、学校开展预防职务犯罪巡回宣讲72场。制作廉政公益短片、微电影10部，通过电视台、网络、微信微博等媒体展映，加强预防职务犯罪公共宣传。两部廉政微电影获全省检察机关二、三等奖。完善惩治和预防职务犯罪年度报告制度，自流井区检察院报告获评“全国检察机关十佳年度报告”，是全省检察机关唯一获奖报告。

【创新社会治理】　2014年，发挥派驻基层检察室作用，从中发现案件线索11件，化解矛盾纠纷23件。加快推进行政执法与刑事司法衔接机制建设、信息共享平台建设及应用，建议移送案件33件，公安机关已立案25件。保障未成年人合法权益，两级检察院成立专门办案机构，完善合适成年人参与讯问、犯罪记录封存、法律援助等制度，加强对涉罪未成年人的教育、感化和帮教，不捕未成年犯罪嫌疑人22人，不诉17人，封存犯罪记录158份。加强检察环节社会治安综合治理工作，对赌博、毒品犯罪、传销引发的犯罪等执法办案中发现的突出问题进行分析，向有关部门提出对策建议。

【加强民生权益司法保护】　2014年，开展“破坏环境资源和危害食品药品安全犯罪专项立案监督活动”，建议移送案件5件，公安机关全部立案。加大对特殊群体的法律服务力度，对侵害幼女、留守儿童、孤寡老人权益的犯罪，从重从快惩处，起诉11人。组织开展“清理拖欠农民工工资专项行动”，通过支持起诉、执行监督等方式为19名农民工追回劳务费80万余元。沿滩区检察院与有关部门联合制定《关于建立支持农民工依法维权机制的实施意见》，建立维权“绿色通道”，维护农民工合法权益。

【强化诉讼活动法律监督】　2014年，强化监督执法不严、司法不公等突出问题，共监督纠正应当立案而不立案30件，不当立案18件；追捕24人，追诉66人；提出刑事抗诉14件；纠正刑罚执行和监管活动中各类违法87人；纠正社区矫正活动中的违法情形187件；对刑事诉讼活动中的违法行为提出纠正75件。开展“减、假、暂”专项检察活动，重点纠正“三类罪犯”违法减刑、假释、暂予监外执行问题，组织9名因病暂予监外执行罪犯重新体检，成功监督7名罪犯收监执行。开展专项活动的经验做法受到最高人民检察院副检察长批示肯定。强化民事和行政诉讼法律监督，提请省检察院抗诉7件，提出抗诉、再审检察建议36件；监督民事执行案件23件；办理支持起诉案件13件。与市中院会签《民事诉讼立案监督实施办法》，办理民事立案监督案件20件，受到省检察院推广。坚决惩治执法不严、司法不公背后的职务犯罪，立案查办行政执法人员15人，司法工作人员6人。立案查办2名公安民警刑讯逼供案及全省首例私放在押人员案。

【接受人大监督】 2014年，规范向人大及其常委会报告工作、重要法律文书报备等工作制度。两级检察院向同级人大及其常委会报告工作20次，市检察院专题向市人大常委会报告2012年后查办和预防职务犯罪工作情况。15件刑事、民事抗诉法律文书报同级人大常委会备案。在官方网站设立专栏、开通手机短信平台等方式加强与代表联络，邀请代表视察、参与听庭评议等活动63次，办结代表意见建议50余条，及时反馈办理结果。

【接受政协监督与社会监督】 2014年，向政协通报工作，诚恳听取意见建议，办结政协委员意见建议30余条并及时反馈办理结果。加强与各民主党派、工商联、无党派人士沟通联络，接受社会各界监督。应对涉检网络舆情，推进新闻发布常态化。深化人民监督员工作，坚持异地交叉监督“七种情形”案件20件25人。推进涉法涉诉信访机制改革，推动建立公检法及群工部门定期联席会议制度和联合甄别机制，对18件刑事申诉案件实行公开审查听证。

【完善内部监督机制】 2014年，健全以办案质量为中心的绩效管理考评机制，科学定员定岗定责。强化案件管理，所有案件办理均在全国统一业务应用软件系统上进行，做到案件动态管理、办案质量全程控制。案件管理工作经验受到最高人民检察院推广。深化廉政风险防控机制建设，制定落实党风廉政建设“两个责任”实施意见。完善检务督察工作机制，开展治理“庸懒散浮拖”等专项督察9次。加大正风肃纪力度，及时通报检察人员违法违纪典型案件，强化警示教育。贡井区检察院采取“三早措施”防控“五小情形”加强内部监督管理，受到省检察院推广。

【检务公开改革试点工作】 2014年，以群众需求为导向，开通官方网站、检察微信微博、设立检务公开大厅及便民查询窗口，同步接入全国检察机关“案件信息公开网”，通过各种途径公开执法办案信息近万条，公开法律文书589份。通过网上举报平台，受理举报线索42件，立案侦查职务犯罪案件3件。搭建公众参与检察工作平台，两级检察院在市政务中心设立案件查询触摸系统、设立乡镇检务公开专栏、开通网站、微博“检察开放日”互动参与专栏，提高公众参与度。检务公开工作经验受到最高人民检察院推广。

【开展党的群众路线教育实践活动】 2014年，始终坚持问题导向，开门纳谏，开展“三进”“三会” “三个一”活动，查摆全市检察机关在“四风”和执法方面存在的问题，听取社会各界意见建议。针对执法办案、队伍建设中的不足和问题，建立健全44项措施和制度，抓好整改落实，推动作风持续好转。开展群众路线教育实践活动受到省委督导组高度肯定。

【班子队伍建设】 2014年，配齐配强两级检察院班子成员，完善领导班子建设监督管理机制。加大对年轻、后备干部培养选拔和管理力度，组织10名干警到最高人民检察院、省检察院、基层检察院挂职锻炼，15名干警开展“1+X”多岗锻炼。开展岗位练兵、技能培训30余场（次），6名干警在全国、全省检察机关技能竞赛中被评为“十佳”或“优秀”办案能手。巩固全国检察文化建设示范院成果，两级检察院全部建成检察官文联，出版《检察文艺报》6期，干警出版个人诗集2部，30余篇检察文学艺术作品获省级以上奖项。

【基层基础工作】 2014年，推进基层检察院“八化”建设。坚持领导干部联系基层、业务部门对口指导等制度，坚持人财物向基层倾斜。全市检察机关在全省检察系统中第一个获市级“文明行业”称号。强化经费保障和管理力度，提升检务保障水平。实施科技强检，推进网上办公办案、侦查信息化、监所信息联网和司法鉴定实验室建设。

（市检察院）

法　院

【概况】　2014年，全市法院办结各类案件3.11万件，53个集体、86人受到市级以上表彰；在全省法院争创“两个一流”中，市中院作为全省唯一中级人民法院，被省高级人民法院记集体三等功；在省统计局社情民意调查中心开展的群众满意度第三方综合测评中，全市法院测评得分排名全省法院前五。

【惩治刑事犯罪】　2014年，审结刑事案件1503件，判处犯罪分子2283人。其中，五年以上有期徒刑、无期徒刑、死刑81人。审结杀人、抢劫、绑架和盗窃、抢夺、诈骗等严重暴力犯罪和多发性犯罪案件697件1148人，食品药品、集资诈骗、非法吸收公众存款等经济犯罪案件32件71人，贪污贿赂、渎职等职务犯罪案件54件83人，制造、贩卖毒品等毒品犯罪案件153件216人，对未成年罪犯判处非监禁刑39人。审理社会关注的“水岸豪庭”杀人案，对贩卖、运输毒品麻古近6千克、罪行极其严重的被告人判处死刑。

【审理民商事案件】　2014年，审结民商事案件2.05万件，涉案标的额88.13亿元。审结买卖、物流、加工承揽等合同纠纷1.22万件，土地使用权转让、重大工程建设、商品房销售等房地产纠纷案件256件，民间借贷、金融借款案件4421件。开展知识产权审判“三合一”试点。荣县新星源公司实施破产重整，确保当事人权益和社会稳定。四川泰丰集团受宏观经济形势影响，企业运转遭遇困难，市中级人民法院提出法律建议，向省高级人民法院反映重大疑难法律问题，得到省高级人民法院关注和支持。

【促进依法行政】　2014年，审结行政案件117件，审查行政非诉案件3573件。探索行政案件管辖改革，加大指定管辖和基层法院交叉管辖力度。加强与行政机关沟通协调，化解土地征用、劳动保障等群体性行政纠纷。召开行政诉讼与依法行政联系工作会，加强对行政机关培训指导，向行政机关发出司法建议51条，采纳33条，《关于规范政府信息公开行为的司法建议》获评全省法院优秀司法建议一等奖，二审行政案件行政机关负责人出庭率100%。

【完善执行机制】　2014年，执结案件4142件，执结率97.21%，执行到位标的额5.52亿元。完善执行联动机制，加强与公安机关、金融机构、房管部门合作，健全“点对点”网络查控系统，实现对被执行人房产车辆、资金存款实时查询。完善反规避执行机制，2827人被强制申报财产，41人被纳入“失信被执行人名单”，41人被限制高消费，33人被司法拘留。在《自贡日报》刊登、自贡广播电台滚动播出88名拒不履行义务的被执行人信息。完善执行管理机制，规范资产处置和案款收支。市中级人民法院获全省“点对点”网络查控机制建设成绩突出法院。

【审判管理】　2014年，构建院庭长、合议庭、主审法官各负其责的审判管理体系，实现审判管理常态化。突出案件质量评查，对案件庭审和裁判文书实行常规评查，对发回重审和改判案件实行重点评查，对申诉信访案件实行专项评查，促进审判质效整体提升。健全审委会议事规程，强化审委会统一法律适用和对案件质量的指导把关作用。强化重大典型司法问题研讨，规范法官自由裁量权，统一裁判标准尺度。全年案件服判息诉率95.43%，审判质效和审判管理工作继续保持在全省法院前列。

【司法公开】　2014年，推进司法公开“三大平台”建设，确保司法在阳光下运行。推进裁判文书公开，客观公开案件事实和判决理由，在互联网公布裁判文书1.28万份，占应上网生效案件的100%。推进执行信息公开，设立执行事务窗口，建成执行公开外网，构建多渠道、立体化的执行公开平台，确保当事人实时掌握执行进展。推进审判流程公开，以互联网为基础平台，完善科技法庭、电子触摸屏等技术手段，建设案件流程查询系统，方便当事人即时查阅案件节点信息。开展减刑假释工作改革，对所有假释案件和“涉黑、金融、职务犯罪”三类减刑案件全部开庭审理，对减刑假释信息网上公示，确保减刑假释公开透明。运用门户网站和微博、微信等新媒体，公开重大案件庭审、重要审判动态。拓展群众有序参与司法渠道，全市人民陪审员369人，提前完成人民陪审员“倍增计划”，人民陪审员参审案件2582件，占一审普通程序案件的92.34%。

【信访改革】 2014年，推进诉、访分离，规范处置程序。对确有错误的案件，导入法律程序及时依法纠正；对诉讼权利已充分行使、司法救济已终结程序的案件，开展帮扶救助，沟通协调，促进息诉罢访。强化审判质量终身责任制，从源头上预防信访。加大积案化解力度，提升信访工作的综合能力。全年共接待群众来信来访2731人次，同比下降29.5%，一批信访老案、难案得到妥善化解，实现维护司法权威和维护群众合法权益统一。

【教育实践活动】 2014年，按照“照镜子、正衣冠、洗洗澡、治治病”的总要求，开展第二批党的群众路线教育实践活动。市中级人民法院针对查找出的25项“四风”突出问题，逐项整改、边查边改、立行立改。结合审判实际，重点整治群众反映强烈的年底立案难、庭审不规范等问题。通过“法庭审判零距离”“法律服务在身边”“我是一名‘当事人’”等活动，实现教育实践活动与审判工作对接。

【化解民生纠纷】 2014年，审结民事案件8216件，其中：审结婚姻家庭、抚养继承等案件2832件，人身损害、劳动就业、教育医疗等案件2415件，土地承包经营权流转、农产品加工、拖欠农民工工资等涉农案件457件。开展“涉民生案件专项执行”活动，为当事人兑现工资款、赔偿金等1749万元。加大司法救助力度，为当事人减免诉讼费396万元，向特困刑事被害人、申请执行人、涉诉信访人发放司法救助金111万余元。

【调解工作】 2014年，完善“诉非衔接”工作平台，深化司法调解，突出对交通事故、劳动争议、医疗纠纷等多发案件的类型化调解。正确处理调判关系，对发生在家庭社区、乡村邻里的传统民事纠纷，优先以调解方式化解，促进社会和谐；对合同交易、保险买卖等商事案件，注重通过司法裁判提供规则指引，规范市场交易。全年共调撤案件1.34万件，民商事案件调撤率73.36%；刑事附带民事诉讼案件调撤率81%，为被害人兑现赔偿款416.5万元。强化与行政部门、仲裁组织、行业协会衔接配合。全年诉前调解、立案调解和确认调解协议案3112件。

【便民服务】 2014年，以推进巡回审判为重点，解决联系服务群众“最后一公里”问题。在深化“背包法庭”“院坝法庭”“社区法庭”等工作的基础上，创设符合审判规律、便民利民的巡回审判方式。设立87个巡回审判联系点，实现巡回审判联系点在全市乡镇“全覆盖”。全年巡回办案5900余件，巡回审判工作受到省高级人民法院表彰。完善诉讼服务中心功能，发挥服务群众“第一窗口”作用；适用简易程序、小额诉讼、督促程序办理案件，降低当事人诉讼成本；推行立案手续限时办结、案件进展即时查询、人民法庭文书电子签章等制度，从立案、审判、执行等各环节消除群众诉讼障碍，延伸服务触角，优化服务水平。

【司法能力建设】 2014年，市中级人民法院与西南政法大学、重庆大学、四川理工学院开展院校合作，加大中青年法官培养选任力度，完善年轻干部“传帮带”机制。全年招录工作人员38人，培训干警839人次。健全制度管理体系，完善对基层法院、中院部门和干警的业绩考核。市中级人民法院在首届“治蜀兴川”法治论坛征文中获一等奖；全市法院有6件案例入选《中国审判案例要览》和《中国法院年度案例》；《人民法院报》先后5次，对全市法院提升案件质效、强化巡回审判、服务经济发展等工作专版报道。贡井法院政治处获全国法院先进集体，大安法院刘萍获全国优秀法官，贡井法院尹红梅获省委省政府记一等功公务员。

【司法廉洁建设】 2014年，落实“两个责任”要求，健全廉政防控体系，建立常态化、全方位的廉洁教育机制。围绕查封扣押、评估拍卖、诉讼费管理等环节，加强对司法权运行的全程、实时、动态监督。围绕审判执行等重点部门，落实廉政监督卡制度和非因履行职责过问案件全程留痕制度，规范法官与当事人、代理人、辩护人和涉案关系人的关系，确保法官清正、法院清廉、司法清明。

【接受人大、政协和社会各界监督】 2014年，定期、及时向人大及其常委会报告，向政协通报重大决策部署、重要工作进展；接受市人大常委会对审判执行工作，新修《中华人民共和国刑事诉讼法》《中华人民共和国民事诉讼法》贯彻实施情况和市政协对法官队伍建设情况的专项视察，办理人大代表建议和政协委员提案；开展“开门迎监督”“一对一”联络代表、委员等专项活动，邀请代表、委员旁听庭审、参加座谈、征求意见720余人次。依法接受检察机关法律监督，加强抗诉案件和检察建议办理。尊重和发挥律师作用，听取辩护代理意见。重视新闻舆论和公众监督，回应社会关切，增强司法公信。

（李 胜 龚梦香）

司法行政

【法治宣传教育】 2014年，开展法律进机关、进学校、进乡村、进社区、进寺庙、进企业、进单位等“法律七进”工作，落实“会前学法”“定期学法日”、法律知识培训考试、法律顾问等制度，市司法局牵头制定《自贡市法律进社区三年行动实施方案》《关于开展市级法治示范区（县）、法治示范乡镇（街道）、学法用法示范机关（单位）创建活动三年实施方案（2014—2016年）》，编印《案例漫画专辑》《中国梦·自贡普法在行动》《自贡市典型案例选编》等宣传折页、挂图30万册。推广义务法制宣传员、学法中心户、普法三字经、普法漫画、普法宣传扇、“订单式”法制宣传等法治教育新载体，全市现有“六五”普法讲师团17个、法制宣传小分队68支，培育打造法治广场9个、青少年法制教育基地7个、“法律七进”示范单位86个，已申报省级学法用法示范机关（单位）4个、市级25个。2014年，全市开展集中送法下基层42次，印发法制宣传资料67万份，提供法律咨询和服务56万人次；培养“法律明白人”6100人，开展送法进村（社区）入户4.1万户。市司法局编辑上报的法治社区建设专题信息获省、市委主要领导批示。

【民间纠纷调解】 2014年，开展民间纠纷“大排查、大调解”“人民调解化纠纷促和谐”等活动，在春节、“两会”等重要节点，集中开展纠纷排查2225次，预防各类纠纷1394件。落实分级分类培训，市、区县司法局、基层司法所开展人民调解员法律政策、调解技能等相关业务培训405场1.38万人次。强化以医疗纠纷为重点的行业性、专业性人民调解组织建设，全市共受理医疗纠纷人民调解案件82件，调解成功66件（成功率80.5%），涉及赔偿诉求1541.45万元，调解后实际赔付376.9万元，预防化解“医闹”1件。是年，全市各类人民调解组织受理民间纠纷7040件，调解成功6960件（成功率98.9%），防止民间纠纷引起的自杀2件2人次，防止民转刑案件10件21人次，防止群体性上访33件407人次，制止群体性械斗1件12人次。

【刑释人员安置帮教】 2014年，落实刑释人员“必接必送”、重新违法犯罪风险评估、预警分析报告等制度，加强刑释人员信息管理系统（网络版）管理使用，全市重点帮教对象接送率达100%，一般帮教对象接送率达51.4%。开展“亲情帮教大走访”“服刑人员未成年子女关爱”等活动，共走访服刑、强制戒毒、社区服刑人员亲属5614人次，回访假释、保外、刑释人员1485人次，动员亲属、群众参与亲情帮教、社会帮教7338人次，帮教服刑、戒毒、社区服刑人员8087人次。为刑释人员落实最低生活保障95人次，落实住房救助11人次，落实临时救助227人次，开展技能培训131人次，推荐和介绍就业72人次。9月30日，与宜宾监狱就服刑人员、刑满释放人员教育转化、安置帮教等工作签订共建协议。是年，全市共接收刑释人员2324（同比增加30.7%），过渡性安置2282人（安置率98.2%），帮教2305人（帮教率99.2%），重新犯罪1人（重新违法犯罪率0.04%）。

【社区矫正执法工作】 2014年，贯彻落实《社区矫正实施办法》《四川省社区矫正实施细则》，研究制定社区服刑人员社会调查评估、接收、教育管理、考核奖惩、解除矫正等制度，坚持定期、结对、节日、配合、进狱“五走访”，严格社区服刑人员外出请假审批，防止脱管。加强与有关部门协作配合，开展执法检查与工作调研，规范社区矫正执法活动。完善市、区（县）、乡镇（街道）、村（社区）四级社区矫正工作组织网络，社区矫正组织机构共117个，在村、社区建立矫正工作小组1639个，建立社区矫正“警示教育基地”“社区服务基地”“技能培训基地”共149个；有社区矫正工作人员344人，社会工作者279人，社会志愿者3104人。推进政府购买社区矫正服务，筹备建立全市社区矫正信息管理系统。8月，市人大常委会主任陈华、副主任胡开洪率视察组对全市社区矫正工作进行视察，市人大常委会主任会议听取并审议社区矫正工作情况汇报。是年，全市新接收社区服刑人员1236人，同比增加41.4%（不含2013年公安机关清理移交人员），期满解除矫正1062人，仍在矫正的1639人，矫正期间再犯罪10人（再犯罪率0.25%）。

【法律援助民生工程】 2014年，坚持将法律援助纳入政府民生工程，督促指导各区县落实政策、完善管理、确保目标进度。加强市、区（县）法律援助中心平台建设，强化惠民帮扶中心法律援助窗口建设，健全完善1个市中心、6个区县中心、107个乡镇街道法律援助工作站、564个基层法律援助联络点的法律援助便民、利民网络，建成规范化法律援助接待受理厅大厅5个、乡镇规范化法律援助工作站7个（其中2014年新建规范化法律援助接待受理大厅1个、规范化工作站2个），在市看守所设立法律援助工作站，巩固“1小时法律援助服务圈”成果。集中举办新颁布《四川省法律援助条例》专题培训，接受全省法律援助交叉检查并受到好评，完成法律援助专项调研及《自贡市法律援助案例选编》工作，开展法律援助进乡村（社区）、建筑工地、学校、监狱等活动。是年，全市办理法律援助案件2073件，提供法律援助服务1.96万人次，同比增加8.7%，完成年度法律援助民生工程目标任务的130.67%；共争取到中央和省财政法律援助专项资金133万元，市法律援助中心获“四川省‘平安家庭’创建工作先进集体”称号。

【律师管理】 2014年，坚持指派律师参与领导信访接待、信访案件听证等，深化政府法律顾问工作，有6家律师事务所受聘全市首批社会稳定风险评估“第三方”中介机构，1名律师作为全省维护职工权益杰出律师被授予“四川省五一劳动奖章”，1名律师获“四川省消费维权十佳律师”称号，10名律师获“自贡市职工维权十佳律师”称号，13名律师获“自贡市服务信访工作先进法律工作者”称号，3名律师作为“四川省从事专职律师工作30年律师”受到省律师协会命名表彰。印发《关于加强法律服务稳定工业发展实施意见》，开展“律师走访工业企业”“法律七进”等活动，为全市825个行政村（社区）配备法律顾问，培训乡镇（街道）、村组（社区）干部3500余人次，市司法局以“积极开展‘法律七进’，狠抓律师队伍教育管理”为题在全省律师管理工作会议上进行大会交流发言。是年，全市律师担任法律顾问896家（同比增加52.9%），提供律师法律服务4120件。

【公证管理】 2014年，开展“送公证进企业”活动，畅通公证服务“绿色通道”，组织各公证机构为企业、重大工程项目提供专项法律服务281件次，深入社区、群众办理上门公证448件、服务群众1426人次，减免公证服务费118.82万元。强化公证电子办证系统应用，完成公证遗嘱备案信息录入工作，开展公证案件质量评查、有案不受理专项治理行动，重点解决无正当理由拒绝受理公证申请以及公证机构、公证员服务群众意识不强，不作为、慢作为、乱作为等问题。2014年，全市办理公证案件1.88万件。

【司法鉴定管理】 2014年，开展为期6个月的司法鉴定行风建设专项活动，组织全市司法鉴定文书质量评比，督促机构落实司法鉴定“八公开”，建立服务评价和诚信承诺制度，6月接受省司法厅司法鉴定行风建设工作检查组专项检查获好评。坚持做好司法鉴定机构资质认定常态化工作，有3个机构通过省级资质认定复评审，1个机构通过机动车资质认定现场评审，司法鉴定机构内部管理更加规范，连续十三年实现案件数稳步增长。是年，全市接受委托鉴定案件2979件。

【基层法律服务管理】 2014年，加强市场管理，修订完善《自贡市基层法律服务行业诚信自律公约》，严格执业准入、执业监督，推动基层法律服务机构和从业人员规范诚信执业，实现行业零投诉。是年，全市基层法律服务工作者担任法律顾问191家，提供基层法律服务3094件。

【国家司法考试】 2014年，规范实施2014年国家司法考试自贡考区组考工作，全市613名考生报名参加国家司法考试。市司法局被省司法厅表彰为“四川省2013年国家司法考试工作先进单位”，并以《以规范化建设实现国家司法考试工作

“零差错”》为题在全省国家司法考试工作会上作大会经验交流。

【开展党的群众路线教育实践活动】 2014年，坚持以市司法局机关、领导班子和领导干部为重点，开展以“为民、务实、清廉”为主题的党的群众路线教育实践活动，集中解决干部的“四风”问题、群众关注的民生问题和服务自贡发展的关键问题，突出抓好局机关和直接联系服务群众的窗口部门、法律服务行业的教育实践活动，局机关、市律协党总支共有14个党支部、165名党员参加教育活动。突出阶段重点、问题导向，市司法局班子查找问题5大类18条，班子个人查找问题98条，制定整改方案和台账，落实整改措施，公示整改进度，建立完善相关制度23个。

【班子队伍建设】 2014年，采用托管方式在高新区新设司法所2个、配备司法助理员专项编制4名，争取省上新增司法助理员政法专项编制10名，精简市司法局11个机动编制一并安排到各区（县）司法局，充实基层司法助理员编制。是年，市司法局机关转任公务员2人，推荐提拔副县级调研员1人，推荐副县级后备干部1人，接收、选派科级干部挂职锻炼各1人，全系统公开招录司法助理员35人。深化学习型机关创建活动，落实学习奖励政策，保障局机关每人每年400元的学习专项基金，选派干部职工参加各级各类培训800余人次。

【转变机关工作作风】 2014年，深化党风廉政建设，全面落实正风肃纪各项任务，开展“三联三服务”、党员“双报到”等活动。启动行政审批服务事项网上办理试点工作，开展省、市、县三级联动审批首次试点（是全市唯一一个试点窗口），全年办结行政审批和行政管理服务事项132件，同比增加43.4%，按时办结率、现场办结率、群众评议满意率均为100%，市司法局行政审批服务窗口、市国泰公证处成功创建市级“文明服务示范窗口”。

【基层基础保障】 2014年，抓好司法行政基层基础设施项目实施工作，市司法局、荣县司法局业务用房建设项目到位中央和省财政资金共1121万元，其中市司法局业务用房建设项目主体基本建成。强化宣传保障，搭建报刊、广播、电视、网络等新闻媒体宣传平台，利用司法行政互联网门户网站，宣传司法行政系统涌现的优秀典型和工作成果。是年，《自贡司法行政》出刊52期，市司法局互联网官方网站刊载各类信息630则，媒体刊发司法行政相关新闻宣传报道164篇（其中中央媒体9篇、省级媒体66篇，市级媒体89篇）。

【接受市人大常委会工作评议】 4月，市人大常委会决定对市司法局等5个部门开展工作评议。8月22日，市人大常委会召开评议市司法局工作动员大会。9月25日，市人大常委会副主任王建威、胡开洪率市人大常委会工作评议调查组就市司法局2012年换届以来工作情况开展评议调查。10月29日，市人大常委会第23次会议对市司法局进行工作评议，评议结果：综合测评满意率为89.59%、基本满意率为10.41%，在被评议的4个政府组成部门中名列第一。

（陈俊敏）

仲　裁

【学习培训】 10月，组织市仲裁委全体工作人员学习《中共中央关于全面推进依法治国若干重大问题的决定》，并就贯彻实施作出相应部署。11月14日，全国仲裁工作年会在江苏省常州市举行，市仲裁委组织人员参加，并围绕新形势下仲裁工作案件受理多样化、纠纷处理多元化“两化”试点工作及加强仲裁员队伍建设等问题与参会人员展开交流。

【提高仲裁服务质量】 2014年，围绕全市改革、发展、稳定大局，推进仲裁“案件受理多样化、纠纷处理多元化”试点，实现仲裁案件受理从传统领域向新领域延伸，为经济平稳健康发展提供仲裁法律保障。创新工作理念和办案方式，化解民商事经济纠纷，加强调解和解工作，提高仲裁公信力、办案质量和效率。

【仲裁案件】 2014年，共受理仲裁案件60起，涉案标的额5800万余元。案件的调解和解率、快速结案率和自动履行率分别为72.8%、98.5%和79.8%，均高于2013年。

（马昌泉　熊　娟）

JUN SHI

军　事

自贡军分区

【思想政治建设】 2014年，围绕学习贯彻习近平系列重要讲话精神、十八届四中全会精神及全军政治工作会议精神，军分区党委常委先后6次集体学习，完成4个专题理论学习，编印2期学习资料，组织2次学习交流。开展“牢记强军目标、献身强军实践”主题教育，开展向干休所医师江伟学习活动，举办“中国梦强军梦我的梦”读书演讲系列活动，按要求完成军营政治文化环境建设。大安区人武部和荣县人武部派员参加省军区网络政工比武竞赛分别获计算机标图个人二等奖和三等奖。强化新闻报道工作，在各级媒体上稿1000余篇，政工网上刊稿名列省军区第一。沿滩区人武部被省军区表彰为新闻报道先进单位。

【军事斗争准备】 2014年，坚持党委议训，严格训风考风。按照打仗的标准抓战备，修订完善各级各类预案，狠抓作战值班和应急指挥通信系统建设，先后投入110万余元配齐配强应急物资器材装备，率先在省军区完成“一网四系统”和集中文印室建设任务。狠抓首长机关共同基础训练，强化战术标图、作战文书、轻武器操作等课目训练。参加省军区“天府使命—2014”实兵演习，组织500余名民兵开展野外驻训和拉动演练，举办7期参谋业务、专武干部和民兵骨干集训，安全完成实弹投掷和射击训练，超额完成民兵训练任务，接受省军区交叉考核成绩良好。开展国防动员潜力调查，推进民兵转型建设，完成年度民兵整组任务。狠抓征兵工作，完成士官选改和新兵征集任务。完成要讯、军事年鉴编纂等工作，司令部参谋李强被省军区表彰为要讯工作先进个人。

【党组织和干部队伍建设】 2014年，开展群众路线教育实践活动，坚持以上率下、严字当头、纠建并举，纠治作风上的顽固积弊、惯性思维。开展学习弘扬焦裕禄精神专题教育、“三清理、三整治”活动，肃清徐才厚等违纪违法案对部队带来的影响。围绕“四风”突出问题，开展七项清理整治，对6台车辆进行停驶封存、报废处理。归还地方赠送的两幅车牌；清房4套、整改超面积办公室14间；清理令位不符干部4人；坚决纠治“三超”等问题，行政性消耗、接待费开支同比大幅下降，清退各类违规补助，对1名违纪的干部进行党纪处理。加强干部教育管理，严格干部讲评制度，组织述职述廉，主动接受监督。落实干部选拔任用程序，调整使用干部10人。妥善安置6名转业干部，超额完成3名退休干部移交安置任务。干休所精细化服务保障工作受到两级军区首长及工作组肯定和老干部好评，江伟被表彰为全军先进老干部工作者，干休所被表彰为成都军区先进干休所。

【正规化和基层建设】 2014年，巩固正规化达标建设成果，狠抓基层武装部规范化建设，指导全区3/4乡镇武装部完成达标建设任务。突出正规“四个秩序”，坚持机关早操和体能训练制度。重视士兵教育管理，为勤务队增配1名政治指导员。以“人车枪弹院密财”为重点，突出营院环境整治、军车专项治理、私存枪支弹药清缴、安全保密清查等工作，狠抓安全隐患排查，保持部队安全稳定。落实常委帮带联系基层机制，坚持深入基层调研指导，促进基层全面发展。自流井区人武部和贾正春分别被省军区表彰为践行强军目标先进人武部和优秀人武部主官，贡井区人武部被省军区表彰为依法从严治军先进单位。

【后勤装备综合保障】 2014年，修订完善后勤保障预案，配齐战备物资器材，加强野外驻训后勤保障工作。坚持党委理财，严格财经管理，开展财务检查。接受省军区经济责任审计，狠抓问题整改，提升经费使用效益，确保经费使用安全。加强营院建设，投入50万余元对机关办公楼、士兵楼和武器仓库等基础生活设施进行维修整治，新建分区图书阅览室。指导富顺县人武部完成新营院整体迁建，筹措140万余元对干休所老干部住房瓦屋面进行翻修建设。加强空闲房屋管理，规范租赁项目。坚持车场日制度，开展驾驶员复训，严格车辆派遣，确保车辆安全。开展官兵职工健康体检工作。

【参建参治工作】 2014年，协调军地完成省级双拥模范城“五连冠”创建和迎检工作。总结推广荣县、自流井区经验做法，全市义务兵优待金足额兑现，大学生入伍一次性补助百分之百落实。开展国防教育“三进”校园试点活动，推动国防教育从娃娃抓起。开展“三联三服”“一帮一”捐资助学活动，协调地方为12名军人子女落实入学优惠政策，为90余名随军家属发放生活补助，妥善安置3名军嫂，帮助15名军烈属处理涉军事宜。先后组织2万余人次，完成应急维稳、环境绿化、山林灭火等急难险重任务。开展各类捐赠20万余元。

【民兵整组业务培训】 2月14日，通过电视电话会议系统组织民兵整组业务培训，部署年度民兵整组及基层武装部规范化建设任务，集中学习民兵工作相关法规政策、培训民兵整组业务知识、统一各类队伍建设标准。各区（县）人武部军事科干部、职工及基层武装部专武部长、干事共242人参加。

【召开市国动委办公会】 2月20日，自贡市国动委综合办组织召开办公会，安排一季度国防动员工作，部署国防动员潜力调查任务。会议要求各专业办召开本部门本系统协调会，部署专业潜力数据采集任务，协调各区县国动委专业办与综合办衔接，调动优势资源为数据采集提供支撑，确保调查内容不重不漏。

【召开大学生征集宣传动员部署会】 3月3日，市征兵办召开大学生征集宣传动员部署会，总结分析2013年大学生征集工作，安排部署2014年宣传动员任务，制定加强全领域国防教育、拓展宣传手段、扩大宣传范围，特别突出优惠政策吸引与激发爱国热情双重并举的宣传思路。市教育局和四川理工学院、四川卫生康复职业学院分管负责学生工作、征兵工作的负责人和相关人员参加会议。

【组织基层专武干部集训】 5月4日至9日，组织基层专武干部集训。区（县）乡镇和街道办事处的专武干部和部分机关干部共70人参加集训。集训围绕贯彻落实习近平“能打仗、打胜仗”要求，采取理论辅导、实际操作、参观见学、经验交流、考核讲评等方法，学习《四川省人民武装基层建设纲要》、基层武装工作业务知识等内容。

【组织紧急拉动和野外驻训】 5月26日至28日，组织首长机关带应急民兵紧急拉动和野外驻训。军分区首长机关带6个县（区）人武部及所属应急民兵共500人参训。驻训采取“考、比、拉”的形式，开展野战条件下军分区首长机关和应急民兵分队集结机动、指挥所开设、反恐维稳演练等训（演）练活动；组织轻武器操作、三公里武装越野、手榴弹投掷、军歌赛和战地野炊等科目的比武竞赛。

【袁异波烈士入葬自贡烈士陵园】 6月8日，在市烈士陵园为在云南安宁执行扑火任务中英勇牺牲的沿滩籍战士袁异波举行入葬悼念活动。沿滩区委、区政府、区武装部、区民政局及袁异波生前的好友和同学参加活动。

【召开军事年鉴编纂业务工作会】 6月12日，召开军事年鉴编纂业务工作会。会议总结讲评前期军事年鉴编纂工作，明确年度编纂任务。军分区机关各部、区（县）人武部、驻军部队及市级有关单位负责人参会。

【召开专题议征会议】 7月23日，召开专题议征会议，重点分析全市征兵工作现状和存在的问题，讨论研究解决的办法和措施，安排部署近期工作任务，并对强力推进基层工作落实、逐一核实网上报名青年自愿应征底数、有针对性地加强返乡大学生宣传发动、全程狠抓规范征兵和廉洁征兵等问题提出要求。区县人武部部长、政委、副部长等25人参加会议，军分区司令员黄承伟主持、政委补鹤龄、参谋长白路出席会议。

【召开党的群众路线教育实践活动总结大会】 10月27日，召开党的群众路线教育实践活动总结大会。会议贯彻落实全党、全军和两级军区教育实践活动总结大会精神，对军分区开展教育实践活动情况进行全面总结回顾，对巩固教育实践活动成果、在新的起点上全面贯彻从严治党要求、深入推进作风建设进行安排部署。人武部、干休所全体官兵职工通过电视会议系统参加会议。

（自贡军分区）

武警自贡市支队

【概况】 2014年，支队各级按照总队、支队党委的总体部署，坚持以习近平建军治军系列重要思想为指导，以强军目标为统领，围绕建设全面过硬一流总队，科学谋发展，用力打基础，反复抓落实，部队全面建设取得丰硕成果，支队被总队表彰为“基层建设先进支队”和“连续18年预防事故案件工作先进单位”，连续32年实现执勤无事故和连续18年实现“三无”目标。

【思想政治建设】 2014年，坚持用习近平系列重要讲话精神统领部队建设方向、统一官兵思想，肃清徐才厚案件影响，筑牢官兵“三个绝对”思想根基。抓好主题教育，开展战斗力标准大讨论、“强军战歌”歌咏比赛、“强军目标引领我成长”演讲比赛、“强军风采”体育竞赛等活动。开展“深知兵、真爱兵、育好兵、带好兵”活动，做好一人一事思想工作，官兵思想稳定。

【多样化任务】 2014 年，开展特勤排、应急班对抗训练，组织网上军事训练会操、机关带机动中队实兵演练、军事训练比武竞赛和新兵拉练等系列活动，提升官兵打胜仗能力。发挥支队值班室核心管控作用，开展专勤专训，组织勤训轮换，提升官兵执勤能力，确保执勤目标绝对安全。落实战备制度，开展战法研究演练和人装结合训练，完成灯会安保、“1·27”恶性杀人案件追捕、城市武装巡逻等各类临时勤务。

【正规化建设】 2014 年，贯彻总部依法从严治警集训精神，开展“条令学习日”和“学法规、用法规、守法规”活动，召开精细化管理工作推进会，提升部队规范化水平。贯穿全年开展群众性创安活动，开展“八查八治”、安全倒计时、安全隐患大排查等系列活动，投入资金整治各类隐患，部队实现安全发展。支队被总队表彰为“安全工作先进单位”。

【基层建设】 2014 年，采取蹲点帮、选送学、集中训、岗位练等方式狠抓培养帮带工作，提升各级干部履职能力。修订完善《日、周、月、季、年工作规范》等 12 个，落实督查办每周查、支队每季度考、包队常委和挂钩股室随时纠等制度，经常性工作注重在抓定型固化上下功夫，夯实部队建设基础。三中队、沿滩区中队、荣县中队被总队表彰为“基层建设先进中队”。

【后勤综合保障】 2014 年，落实财经管理新规定，支队被总队推荐为优秀财经管理参评单位。组织驾驶员、炊事员、军械员、卫生员和司务长培训，开展“一组五队”训练，提升后勤队伍综合素质。推进硬件设施建设，二中队搬入新营房，完成二、三中队配套设施建设和机关公寓房规划设计，富顺县中队新营房建设进展顺利，官兵住用条件得到改善。

【作风建设】 2014 年，组织开展党的群众路线教育实践活动，从严落实上级加强作风建设系列规定措施，整改办公室用房，投入资金解决基层官兵反映的实际问题，制定《支队党委机关解决“四风”问题措施》，受到全军督导组高度评价，支队《深查细照触及灵魂》在《人民武警报》头版头条报道。

【拥政爱民活动】 2014 年，按照精神文明建设要走在社会前列的要求，注重发挥部队优势，做好拥政爱民工作，参加创建文明卫生城市、全国优秀旅游城市、双拥模范城等创建活动，组织官兵义务献血 2000 多毫升，义务植树 600 多棵，举办国防知识讲座 5 场，军训学生 500 多人次，向地震灾区捐款 3 万元，到街道社区开展便民活动 4 次，清运垃圾 10 余吨。全市部队自觉接受地方党委政府的领导，官兵遵守部队纪律和群众纪律，没有发生警民纠纷问题。

【“1·27”武装追捕勤务】 1 月 27 日上午 8 时许，贡井区五宝镇发生一起入室杀人案，造成四死一重伤，犯罪嫌疑人兰某作案后潜逃。28 日 2 时 30 分，支队负责人率一中队 30 余名特战队员，携带武器装备赶赴事发地，协助公安干警进行设卡堵截和搜捕。28 日 17 时 05 分，官兵协助公安干警将犯罪嫌疑人抓获。

【精细化管理工作推进会】 4 月 8 日，支队在二中队召开精细化管理工作推进会。支队部门以上领导、全体机关干部、各大（中）队主官和各基层文书兼器材保管员参加会议。与会人员重点观摩队列动作常见问题及纠正、首长检查时的组织程序、值班执勤中存在问题及纠正、子弹箱开启程序、起居作息规范常见问题及纠正、印章和手机管理使用程序规范、食物验收和留验的组织与实施等动作演示，并参观二中队 28 类库室场。

【军委督导组检查指导】 6 月 8 日至 9 日，由解放军总后勤部基建营房部副部长杜连英带队的全军党的群众路线教育实践活动督导组一行 5 人，莅临支队检查指导党的群众路线教育实践活动开展情况。

【考核竞赛】 9 月 29 日，支队在教导队举办 2014 年度特勤排、应急班考核竞赛，7 个基层代表队共 90 名官兵参加基础知识、教学法、擒敌、射击、战术、防暴器材使用、体能、五公里武装越野 8 个课目比赛。

【安全保卫任务】　1月13日至3月8日，担负第二十届灯会安保任务。1月23日，担负荣县新星源食品有限公司召开第二次债权人大会期间机动备勤任务。2月1日至25日，担负自贡火车站春运执勤任务。2月9日至13日，担负全市“两会”期间安全保卫勤务。5月1日，担负荣县“大佛文化旅游节”开幕式现场要点警戒和场外机动备勤任务。8月28日，担负省委书记王东明莅市检查调研时的驻地警卫勤务。

【上级领导检查指导工作】　1月31日，总队副司令员李俊国率工作组到支队检查指导工作。8月11日，总队司令员唐大淮率工作组到支队检查调研。8月14日，总队副司令员严德辉率工作组莅临支队进行安全大检查。9月15日至17日，总队政委高凯率工作组莅临支队检查考核。

【荣誉】　2014年，支队被总队表彰为正规化执勤优秀单位；支队司令部被表彰为先进情报侦察司令部；支队政治处被表彰为先进政治处；三中队被表彰为十大执勤先进中队，支队长黄学范、副政治委员黄长城获三等功；警务股股长陈端华被表彰为优秀参谋；一中队中队长王鹏被表彰为优秀教练员。

（何永刚　孙继峰）

人民防空

【人防工程建设】　2014年，完成汇西广场人防工程项目地勘、施工图设计、场内拆迁等工作。贡井张家花园人防工程完成地面3000平方米人防疏散广场建设。富顺县釜江广场人防工程完成一期工程人行过街道主体工程建设。富顺文化体育中心人防工程完成可行性研究报告编制。其余4个项目启动前期工作。

【平战结合建设】　2014年，全年开发利用各类人防工事，为社会提供就业岗位600余个，提供车位1870个，实现产值3500万余元，实现利润25万余元。

【通信警报建设】　2014年，全市新建、更新警报器23台，迁建旧警报器1台，手动警报器加装遥控设备24台；完成九一八警报试鸣工作，警报器按规定信号准时统一鸣响，鸣响率达100%。是年末，全市累计有警报器127台，其中车载警报6台，实现城镇人口万人乡镇警报器全覆盖。

【应急指挥建设】　2014年，完成市办卫星地面站项目建设并通过验收，参与全市2014年森林防火应急救援演练，完成视频信号传输保障工作。5月12日，联合贡井区住建局和旭川中学，组织全校3400多名师生开展2014年度防空防灾应急疏散演练。编制完成《参与抗震救灾应急预案》。

【专业队伍建设】　2014年，参与省军区组织的“2014天府使命”实兵实弹实装军事演习，完成演习通信保障任务，被省人防办评为先进集体，3人被评为先进个人。区县人防专业队伍结合民兵点验，整组整训人防专业队伍940人，市人防机动应急通信支队参与沿滩区人防专业队伍整组整训，完成汇报表演并提供通信保障。

【行政审批工作】　2014年，办理防空地下室建设方案、施工图、竣工备案11件，新建民用建筑修建防空地下室易地建设8件，全市收取人防易地建设费1.05亿元，其中市级收取5529万元、两县收取4978万元，现场办结率、承诺时限办结率、群众满意率达100%。

【安全工作】　2014年，全市各级人防部门按照省人防办和消防部门统一部署要求，层层签订安全生产目标责任书，开展隐患排查整治和“百日安全”专项检查活动，投入资金147.14万元对南华宫人防工程、大安干道人防工程等12个早期人防工程进行加固改造。全年未发生安全责任事故。

【宣传教育】　2014年，开展防空防灾知识进党校、社区、乡村、学校、企业“五进”活动，完成人防宣传教育长廊展板内容更新。利用“3·1”国际民防日、九一八警报试鸣日，开展系列宣传活动，展出防空防灾知识展板200多块，悬挂条幅24幅，并利用LED大屏播放人防宣传视频，向群众发放人防（民防）知识宣传单1.6万份，发放《防空防灾宣传手册》《人民防空法》等宣传资料3000余册，接受群众咨询1000余人次。

（周小婕）

消　防

【思想政治建设】　2014年，开展中心组学习

12次，举办“盐都消防大讲堂”3场，班子成员赴联系点开展蹲点调研15天，撰写调研文章12篇。统筹开展强军目标主题教育和尊干爱兵、遵纪守法等基础教育。开展教育实践活动“回头看”和“万警进万家”活动，走访机关、企事业单位和学校80余家（次）、群众900余户，收集意见、建议280余条，工作经验在省公安厅、省消防总队活动专栏刊载。举办“5·10”（我要廉）倡廉月活动，开展廉政教育、赴监狱参观见学、观看警示教育片96次。构建风险预防机制，明确党风廉政建设和反腐败工作责任分工，开展向社会公开述职述廉，接受总队级廉政监督员，市人大、政协代表，企事业单位及受处罚对象等280余人现场监督，征集意见建议56条，民主测评满意率98%以上。全年15名营职干部、19名队长助理、42名士官通过竞争选拔产生，1个党组织、1名党务工作者、3名党员获总队“两优一先”表彰，1个大队党委获部局先进基层党组织表彰。

【部队管理】 2014年，落实网格化管理，推行支队党委委员包大队，大队党委成员包班组，中队支部成员包个人的“三级包干”管控机制，定期分析讲评队伍管理教育形势。设立10块电子安全计时牌，投入10万余元为所有车辆安装行车记录仪，投入48万余元新增监控点位51个。组织“内攻避险”训练30余次，对全市危险建筑以图文形式登记造册，人手一份。加强部队明察暗访，对发现的问题限期整改、逗硬奖惩，保持部队高度稳定。

【综合训演】 2014年，推动战训改革，提高部队战斗力，把战训工作纳入党委重点工作内容，全年议训4次。制定战训工作检查考评标准及奖惩办法，强化日常检查督导，落实10万余元奖励战训先进单位和个人，纠治“练为看、练为演”等问题。把全市划分为“4个作战片区”，举办4次跨战区多部门联合实战演练，对全市6支企业、政府专职队开展业务培训、加强联动演习。狠抓“13项基本功、11项基础体能和7项合成应用”训练，指导基层开展实战演练、“六熟悉”5000余次，修订预案1250份。落实“饭前小体能、中队月考核、支队季会操”制度，考核情况作为评先评优依据，部队完成芦山地震援建、国际恐龙灯会消防安保、“7·5”王井重大车祸抢险救援等急难险重任务。举办战训大讲堂、研讨战例10次，组织指挥员、攻坚组队员实战化培训40天，推动马蜂毒杀装置、静滑轮三节拉梯、内攻灭火操等器材操法革新。组织基层党委（支部）书记、指挥员、装备技师、财务等培训班12期，培训官兵300余人次，选送72名干部参加总队各类培训班，防火监督执法培训考核获全省团体第一，5名干部公选至总队机关工作。

【后勤保障】 2014年，业务经费预算同比增长18.38%，其中基本业务经费同比增长13.65%，支队机关本级经费预算同比增长24.8%。是年，先后投入600万余元用于业务集训保障、信息化建设、慰问部队和公寓房装饰装修等；贯彻落实党政机关厉行节约反对浪费条例，全面落实事前审批制度，无特殊情况公务接待全部安排在内部食堂，招标确定车辆维修定点单位，对超标车（船）票、住宿票、烟酒票一律不予报销，“三公”经费同比下降93%。成立援助基金帮扶贫困官兵26人，22套交流干部和单身干部公寓房投入使用，帮助11名官兵解决转业安置、随军家属就业、工作调动和子女入学、入托等实际困难。官兵休假率、体检率达100%，为退役士兵发放医疗补助3万余元。市政府出台《多种形式消防队伍经费基本保障标准》，支队机关文员工资纳入市财政预算，完成新增政府专职队员50人、消防文员10人建设任务。

【队站建设】 2014年，推进贡井、大安消防站建设。投入215万元完成汇东路中队维修改造工程，为7个基层单位更新配备生活训练设施。完成总队车辆购置任务基础上，投资168万元购置1台20米举高喷射消防车，投入18.8万元用于空呼气填充泵建设，围绕“实战化”要求改造训练塔5座。报请总队同意将年度目标任务中购买1辆城市主战消防车调整为购买小型水罐消防车。

【信息化建设】 2014年，把强化指挥、通信、队伍等多方保障作为提高部队战斗力的助推器，健全支队、大队、中队三级全勤指挥部，投入466.8万元率先完成音视频综合集成二期建设、接处警系统升级改造，购置配备3G单兵图传、350M多模便携式差转台、海事卫星等通信设备。成立应急通信保障分队并开展2次培训、3次跨区域演练，实现远程和可视化指挥。

【消防安全责任制】 3月13日，政府召开消防工作会，逐级签订消防工作责任书，出台全市消防工作考核办法，考核结果纳入市委组织部对相关干部考评和市政府目标绩效考核内容。落实“谁主管、谁负责”消防工作机制，联合工商、质监完成消防产品监督任务。协调市公安局将重大消防保卫及消防专项行动等纳入全年重要工作内容，联合治安、督察等警种开展督察6次，督促各警种落实法定职责，定期对派出所开展培训、考试，提升派出所消防执法水平，形成全警消防的工作局面。集中约谈全市539个重点单位、90余家人员密集场所和5家劳动密集型企业负责人，通过签订承诺书、座谈分析省内外重大火灾事故教训、工作落实情况报消防部门备案等措施，推动单位责任有效落实。

【消防专项整治】 2014年，全市“网格化”“户籍化”建设达标，依托网格责任人全面排查1135个消防网格，市消安委每季度发布1次火灾形势分析，确保火灾隐患底数清、情况明。开展清剿火患战役、消防产品、重大火灾隐患、劳动密集型企业等9项专项整治，检查单位场所3297家，督促整改火患1382处，临时查封、责令“三停”68家，罚款146万余元，拘留11人。提请各级政府挂牌22起重大火灾隐患，整改销案率92%，全市连续15年无较大以上火灾。持续开展消防宣传“五进”工作，市政府表彰命名7个消防安全示范小区，创建经验被四川电视台专题播报。全年中央电视台、四川电视台分别用稿15条次、72条次，“119消防宣传”获全省先进，消防宣传排名居全省前列。

【执法监督】 2014年，与大队签订执法责任状、廉政承诺书，落实执法质量考评一票否决及谈话诫勉等措施。推进建设工程消防设计审核技术审查与行政审批分离制度，开展两级会审评查，实现消防监督执法源头预防。以防火工作联点督导为切入点，设立7名执法监督员，承担所联系单位的案件审核、办案指导和执法培训，全程跟踪案件办理进程，及时纠正执法偏差，严把质量关；建立落实“周、月、季度”三级执法考评机制，每周开展随机抽查，每月开展网上执法质量考评，每季度开展执法案卷评查，考评结果与个人评先评优、晋级晋职和经济利益挂钩，全年未收到反映执法单位或执法干部违法违纪违规问题。

【获奖情况】 2014年，举办“唱响强军战歌”歌咏比赛，编排2个文艺节目参加市首届军歌大比拼活动获团体、个人一等奖及最佳组织奖，并推荐参加总队新训团“青春正红”国庆文艺晚会。5名官兵代表总队参加第一届全省警运会，以主力身份参加篮球决赛获冠军，获田径项目3项冠军。继续保持省级文明单位、省“五四”红旗团委称号，获2014年度全省消防部队“先进纪委”称号，监督执法培训考核获全省团体第一，1个党组织、1名党务工作者、3名党员获总队“两优一先”表彰，1个大队党委获部局先进基层党组织表彰。7个大队获市级文明单位称号，1个大队评为市级“最佳文明服务示范窗口”，1名士官入围自贡市第三届十大道德模范候选人，1名干部获部局优秀基层政治教员授课优秀奖。全市连续15年无较大以上火灾；全年15名官兵被总队记三等功、嘉奖。

（市消防支队）

HUAN JING BAO HU

环境保护

概　述

2014年，城区环境空气质量达标233天，比2013年增加87天，达标率63.8%；主要污染物PM10平均值下降9.3%。釜溪河水质有所改善，干流水质与2013年相比，劣V类断面减少9个。邓关出口断面氨氮浓度由2011年5.5毫克/升下降至2014年2.2毫克/升，浓度降低3.3毫克/升，下降59.7%。

大气环境保护

【大气环境保护机制】　2014年，出台《自贡市大气污染防治行动实施方案》及年度实施计划，建立由分管市长为召集人、相关部门为成员的大气污染防治联席会议，统一组织协调全市大气污染防治工作。市政府与各区县政府、高新区管委会签订《大气污染防治目标责任书》，区县与乡镇、街道签订《大气污染防治目标责任书》，层层分解下达目标任务，提出工作目标和重点，形成相关部门配合，市、县（区）、乡（街道）上下联动，整体推进大气污染治理的工作格局。

【建立完善工作制度】　2014年，市大气办每周五定期收集各区县、市级相关部门工作推进情况，汇总整理形成工作台账并进行通报，及时向省大气办报送自贡市大气污染防治工作计划实施情况；成立现场督查组，落实专人对城区及周边扬尘控制措施落实情况进行督促检查。全年累计发出督查通报45期，对现场发现的问题进行全市通报并提出整改要求。多次组织区县政府和公安、住建、交通、农牧、环保、城管等部门针对建筑施工、道路扬尘治理及秸秆垃圾禁烧等问题开展专项督查。每周对环境空气质量监测数据进行分析，找出主要污染物及可能的主要污染源，提出大气污染防治对策措施。7月开始，按月对各区县区域环境空气质量综合指数进行排名并通报。

【扬尘防治】　2014年，采取拉网式检查、重点区域反复多次检查的办法，对全市在建项目逐一排查，建立整改台账。对达到条件的119个在建工程现场安装视频监控系统，对施工现场的基本情况、工程形象进度、现场文明施工及扬尘情况、工程质量安全等进行实时监控。是年，全市商品混凝土的推广使用达95%以上，预拌砂浆达70%以上。修复硬化城区道路4.9公里，改造交通节点工程3个，整治背街小巷153条。城区主要街道、地段每天坚持两次大扫，全天保洁至晚上10时，部分主要街道、地段实行24小时保洁，主干道每日洒水降尘3次，重要时段增加至4次，其余街道1次，城区机械化清扫率保持55%以上。

【机动车污染防治】　2014年，建立3个环保检测点、12条检测线，开展在用车辆环保检测。在市车管所设置环保窗口，新车环保标志发放率100%，在用车辆尾气检测及环保标志发放率80%。

【专项治理行动】　2014年，先后组织开展淘汰燃煤小锅炉、淘汰工业企业落后产能、垃圾和秸秆禁烧、餐饮油烟治理、油品升级和油气回收等专项治理行动。

声环境保护

【城市交通干线噪声治理】　2014年，继续实行城区通行证管理制度，部分路段禁止大型车辆和小型货运车辆在交通高峰期通行，对已划定的檀木林等9条道路15.10千米范围实施禁鸣交通管制。

【城市功能区噪声治理】　2014年，开展建筑工地噪声治理专项行动3次，开展低噪声设备检查24次。禁止在市区内使用高音喇叭等进行宣传或从事商业经营活动，对40多家小区内开设家庭麻将馆的商家进行治理，受理各类商业噪声830件，受理坝坝舞等生活噪声70件，处置率95%以上。

【“两考禁噪”专项行动】　2014年，继续开展高考和中考期间“禁噪”专项行动，对交通、建筑、文娱、商业、社区麻将、夜宵等存在较大影响的噪声源，进行集中治理和管控，发放“两考”禁噪宣传资料3万余份。

水环境保护

【饮用水源保护】 2014 年，加强城市饮用水源保护，组织开展集中式饮用水源地专项执法检查。开展2013 年度集中式饮用水水源环境状况评估，全年城市集中式饮水水源达标率 100%。加强乡镇集中式饮用水源保护，组织开展乡镇集中式饮用水源污染调查，召开全市乡镇集中式饮用水水源专项整治工作会，开展乡镇集中式饮用水水源地专项整治。

【工业废水污染治理】 2014 年，完成荣县宏业肉类有限公司、自贡市三生缘纺织有限公司、四川久大制盐有限公司和自贡仁吉制粉有限公司等 4 户企业的废水治理项目。完成板仓工业集中区污水处理厂集中污水处理设施建设项目；启动贡井工业集中区成佳工业园污水处理设施、富顺县晨光工业园区污水处理厂建设工作。对张家坝渣场进行废渣分析和渗滤液监测，组织编制整治方案。

【生活废水污染治理】 2014 年，市生活污水处理厂、贡井区、荣县和富顺县生活污水处理厂（一期）正常运行并稳定达标排放。富顺县生活污水处理厂（二期）、荣县生活污水处理厂（二期）和贡井生活污水处理厂（二期）等 3 个城镇污水处理厂主体工程完工。市污水处理厂一期深度处理工程启动，富顺县污水处理厂一期深度处理工程厂区主体施工，贡井污水处理厂一期深度处理工程获得环评批复。是年年末，全市建成乡镇生活污水处理设施 56 个，在建 17 个。

【畜禽养殖污染治理】 2014 年，巩固釜溪河流域、饮用水源 200 米范围内规模化畜禽养殖取缔成果，全年全市完成 68 户规模化畜禽养殖场的污染治理。

自然生态保护

【生态保护】 2014 年，持续开展生态自贡建设，推进釜溪河流域水污染综合治理。全市累计推广测土配方施肥技术 21.99 万公顷；完成绿色防控技术 3.67 万公顷；完成秸秆还田 4.17 万公顷；高标准农田建设 4993.33 公顷，累计完成水土流失综合治理 110.5 平方公里；实施城市、乡村、水系、道路绿化工程，新增城市绿地 150.7 公顷、公园绿地 36 公顷，新增造林 6266.67 公顷，完成河流绿化 20.7 公里、道路绿化 205.5 公里。

【生态乡镇创建】 2014 年，创建市级生态村 76 个，建成双石镇、望佳镇、仲权镇、五宝镇、成佳镇、龙潭镇等 6 个省级生态乡镇。指导全市 15 个乡镇开展省级生态乡镇创建工作。自流井区、贡井区、荣县等 3 个区县正在按省环保厅生态处领导及专家现场核查意见开展生态区县创建的前期准备工作，其中，自流井区生态区建设规划已通过自流井区人大常委会审查。

环境管理

【日常监管巡查】 2014 年，对 8 户重点污染源分别制定巡查方案，对污染源实施现场巡查 1490 次。在国庆、春节、“两会”、汛期等主要节假日和环境安全事故高发期，提前部署环境风险排查工作，组织开展专项检查，安排节假日期间对重点污染源进行专项检查。实施现场巡查电子档案制度，按月对巡查工作开展统计、分析和督查。

【远程在线实时监控】 2014 年，对 18 户安装自动监控系统的企业 34 台（套）设备和 10 台视频监控设备进行每日在线监控，明确专人负责，落实“日调阅、周分析、月通报”等制度，对发现的传输异常情况和超标情况进行通报。完成四川久大制盐有限责任公司舒坪制盐中心 COD 在线监控设备、富源化工有限公司 COD 在线监控设备的安装及验收工作；自贡金星化工有限公司和自贡能投华西环保发电有限公司新增的烟气在线监控设备完成调式和联通工作，进入试运行阶段。

【环保专项行动】 2014 年，组织开展预防环境风险隐患“回头看”、大气污染防治专项检查以及集中式饮用水源地、矿山建设项目、规模化畜禽养殖场、核与辐射环境安全、污染物总量减排等专项行动，全市共出动执法人员 4716 人次，检查工业企业 2350 户，建筑施工单位 257 户，餐饮企业

306户，其他73户；处理信访投诉157件，查处建筑施工单位1家，道路运输扬尘个人1户，立案调查21起，发出责令整改违法行为决定书61份，发出责令整改违法行为通知书63份，实施断电停产13户。

【环境信访】 2014年，全市共受理12369电话投诉105件，信访投诉26件，来访31件，12319热线转办件及网上投诉16件。制定《自贡市环境信访办法》，及时、妥善处置“网络舆情”反映的各类问题。

【环保执法】 2014年，以“十大环保行动”“百日环境执法专项行动”和“环保执法检查年”活动等为载体，开展大气污染物排查、饮用水源地周边企业检查等专项执法行动。采取明查暗访、定期和不定期检查，重点抽查、夜间突查等方法，加大执法检查力度。建立信息互通、部门联动机制，提高环境执法的影响力和执行力，打击各类环境违法行为。是年，立案查处环境违法行为58起，对217起违法违规问题做出限期改正、责令停止生产等行政命令。

【核与辐射安全监管】 2014年，严格实施核与辐射行政许可，开展核技术辐射安全综合检查专项行动，共出动280余人次，120余车次，现场检查178家核与辐射技术利用单位（含乡镇医疗卫生机构）。重点检查东方电气集团东方锅炉股份有限公司、华西能源工业集团有限公司、鸿鹤化工股份有限公司、中昊晨光化工研究院、自贡东安金厦电站设备制造有限公司、四川众信燃气设备有限公司等6家从事工业探伤并在省环保厅已办理野外（室外）探伤环评报批手续的企业。做出33起使用Ⅲ类射线装置行政许可决定书，核发21起使用Ⅲ类射线装置医辐射安全许可证，出具中国移动通信集团自贡分公司2013年第三批次基站项目等10起核技术应用项目初审意见。

【环境应急管理】 2014年，完成21户企业的应急预案备案工作。组织开展3次突发环境事件应急演练，制作完善环境应急“三张图”和工业企业监管巡查方案，建立环境风险隐患排查常态管理制度。修订《自贡市突发环境事件应急预案》和《自贡市环境保护局突发环境事件应急预案》。与乐山、宜宾等周边城市和市交通局签订应急联动机制协议。妥善处置2起一般性突发环境事件。

【重点减排项目管理】 2014年，加大督查督办力度，推进荣县、富顺县、贡井区污水处理厂（Ⅱ期）等总量减排项目建设。对污染治理设施运行较差的自贡金龙水泥有限公司进行约谈，提出整改要求。2014年，上报总量减排项目145个，其中工业减排项目12个、污水处理厂减排项目52个、规模化畜禽养殖减排项目59个、全口径统计和目标责任书项目22个。

【污染物排放许可证核发】 5月开始，按照《四川省排污许可证管理暂行办法》，对污染物排放许可证申报资料进行审核，并发放污染物排放许可证。受理污染物排放许可申报98件，审核发放排污许可证23个。

【建设项目环境影响评价审批】 2014年，市本级审批建设项目117个，其中编制报告书项目35个，编制报告表项目38个，编制登记表项目44个，新建项目总投资约46亿元，其中环保投资约1亿元。对四川友麒双金属复合材料有限公司新建双金属复合材料生产线建设项目等29个重大项目进行技术指导和环评服务。无新建高污染、高耗能、严重破坏环境的项目。采取备案制度、定期召开座谈会、对环评报告编制质量不高的环评中介机构约见谈话等形式，加强11家环评中介机构的日常监管。

【城市环境管理】 2014年，加大城乡环境综合整治力度，健全城市环境管理机制，加大环保投入，完善城市环境基础设施，强化环境监督管理，增强城市污染治理力度，城市环境质量持续改善。开展2013年度自贡市城市环境综合整治定量考核工作，完成区县考核和市级自查。完成民用建筑、校安工程、城镇基础设施等40个项目的节能评估审查，推广财政补贴高效照明产品9.12万只，预计每年可节约用电499万千瓦时，折标准煤2018吨，可减少二氧化碳排放5032吨，减少二氧化硫排放150吨。

【农村环境管理】 2014年，实施留佳、观山、双古、来牟、于佳、保华、复兴、旭阳、长山、桥头、李桥、永年等12个乡镇农村环境连片治理项目，包括生活污水收集处理设施、生物隔离带、垃圾分类收集池、沼气池、水源保护警示牌

（桩）等建设。

环境监测

【监测能力建设】 2014 年，贡井区环境监测站通过标准化建设验收。建成大安区空气自动监测站，升级改造荣县、富顺县空气自动站，实现空气自动监测区县全覆盖。投入资金 240 万余元，实施“数字环保”建设。建成釜溪河流域跨界断面处水质自动监测站，荣县叶家滩水质自动站通过验收，自流井区、贡井区、大安区水质自动监测站移交市环境监测中心站统一管理。

【空气质量监测】 2014 年，按照环境空气质量新标准要求，利用空气自动监测系统对全市范围进行二氧化硫（SO_2）、二氧化氮（NO_2）、可吸入颗粒物（PM10）、细颗粒物（PM2.5）、臭氧（O_3）、一氧化碳（CO）6 项指标每天 24 小时连续监测，监测数据进行日报、周报、月报、季报、年报制度。

【酸雨监测】 2014 年，按照《酸沉降监测技术规范》（HJ/T165－2004）有关要求，对 pH、电导率、降雨量、硫酸根离子、硝酸根离子 5 项必测项目及氟、氯、铵、钙、镁、钠、钾 7 项选测项目进行分析，并实行行月报、季报、年报制度。全市四个降水测点共采集 176 个样品，总雨量为 3038.2 毫米，降水 pH 平均值 5.21，酸雨量为 897.7 毫米，酸雨率 35.2%，酸雨 pH 平均值 4.70。

【地表水水质监测】 2014 年，每月对沱江、釜溪河、旭水河、威远河的 13 个国、省、市控断面进行取样分析监测。沱江自贡段脚仙村、釜沱口前、李家湾、怀德渡口四个监测断面实测水质均为中度污染（Ⅳ类），均未达标，与 2013 年水质相比四个断面水质均变差；釜溪河水系七个断面达标率 14.3%，水质为中度污染，其中：轻度污染水质（Ⅳ类）占 14.3%，中度污染水质（Ⅴ类）占 57.1%，重度污染水质（劣Ⅴ类）占 28.6%。是年，釜溪河各断面中廖家堰、雷公滩、双河口、入沱把口断面水质类别优于 2013 年，其余三个断面水质与 2013 年水质相比无变化，主要污染物浓度均降低。越溪河自贡段黄龙桥断面水质为中度污染（Ⅴ类），与 2013 年水质相比无变化，主要污染物为化学需氧量、氨氮、生化需氧量。两河口两断面水质为良好（Ⅲ类），与 2013 年水质相比无变化。

【城市集中式生活饮用水源地水质监测】 2014 年，每月对 2 个集中式生活饮用水源地水质进行监测，每季度对县（区）所在地集中式生活饮用水源地水质进行监测，每半年对乡镇饮用水水源地水质进行监测。监测数据显示，全市乡镇集中式生活饮用水源地水质达标率低，市级、县（区）级集中式生活饮用水源地水质能够达到《地表水环境质量标准》（GB3838—2002）规定的Ⅲ类水质要求。

【噪声监测】 2014 年，每季度对城市功能区噪声进行监测（8 个监测点）、全年两次对城市区域噪声进行监测（210 个监测点）、两次对交通干线噪声进行监测（41 个监测点），功能区噪声整体情况较好，全市平均等效声级为 53.4 dB（A）[2013 年 54.7 dB（A）]；一类区昼间达标率 100%，夜间达标率 100%；二类区昼间达标率 93.8%，夜间达标率 93.8%；三类区昼间达标率 100%，夜间达标率 100%；四类区昼间达标率 100%，夜间达标率 50.0%。全市昼间达标率 96.9%，夜间达标率 84.4%。数据显示，全市昼间平均等效声级为 57.4dB（A），处于 55.1—60.0 之间，全市区域声环境质量等级为三级，声环境质量一般。与 2013 年相比，全市昼间平均等效声级有所上升。全市昼间区域环境噪声达标率 75.2%，超标因素主要由出租车、摩托车流动频繁以及人群社会活动造成。全市交通噪声平均等效声级为 69.1dB（A），声环境质量等级为二级（较好）。是年，全市 42 个测点中昼间有 19 个测点等效声级超标，超标路段比例为 39.3%，超标主要原因为车流量较大、多条路段仍有汽车鸣笛声、道路质量差和路窄。与 2013 年相比，昼间交通噪声等效声级加权平均值有所上升；超标路段比例上升 28.4 百分点。

【重点工业污染源监督性监测】 2014 年，各级环境监测站对影响自贡环境质量的国控、省控、市控污染源进行监督性监测，对已安装在线监控设备的企业进行比对监测，为环境管理和污染防治提供科学依据。在 12 家国控、省控重点污染源中，主要污染物化学需氧量、氨氮、颗粒物、二氧化硫达标率均为100%。个别企业非主要污染物长期存在超标现象，如四川久大制盐有限公司贡井分公司2014年4个季度氯化物均超标。对市控重点污染源（包括废气排放重点污染源企业37家，废水排放重点污染源企业56家），要求各污染源单位主动完善监测条件，安排定期监测及自行监测，做好排污口的规范和检测装置的管理，保持正常运行状态，并随时接受各级监测站的监督性监测。是年，市控污染源监测整体完成情况较好，监测结果达标率为80%左右。

（张入银）

GUO TU ZI YUAN GUAN LI

国土资源管理

国土资源规划

【综合规划】 2014年，完成中心城区17个乡镇规划局部调整，并报省政府批准开展12次局部调规，面积678.19公顷。争取重点推进、重点支持项目省匹配计划及保障房省单列计划，全年报批土地1051公顷。争取新增建设用地计划962公顷，占省下达全市计划550公顷的175%。完成自流井区荣边镇雨潭村等13个挂钩项目省级验收，归还挂钩周转指标221.15公顷。完成荣县双石镇项目市级初验。

【专项规划】 2014年，完成《自贡市深化城乡建设用地增减挂钩试点规划》，并报省国土资源厅备案。全市规划整理农村建设用地约7176.65公顷，规划建成农民集中居住区981个，用地面积1819.98公顷，全部实施后可获得用于城镇建新区的挂钩周转指标5322.89公顷。

土地资源管理

【建设用地】 2014年，经省政府依法批准农用地转用土地征收项目47宗，总面积1224.71公顷，其中：耕地796.30公顷。保障自隆高速公路、自贡国家高新区创新孵化及大西洋焊材整体迁建工程、中航航空产业园、西南（自贡）无水港项目、东部新城等省市重大项目用地。开展《自贡市新一轮征地统一年产值标准》的修订工作并经省政府批复，全市征地年产值标准由1450—1580元/亩提高为2040元/亩。

【耕地保护】 2014年，通过落实最严格的耕地保护制度和基本农田保护制度，确保全市耕地保有量18.91万公顷和基本农田保有量15.89万公顷不减少。在自流井区漆树乡、富顺县赵化镇开展耕地保护经济补偿机制试点准备工作，拟在试点区域开展耕地保护补偿机制改革，建立健全约束与激励并行的耕地保护长效机制。

【土地市场】 2014年，全市依法公开招拍挂出让工业、商业及住宅用地，注重把握用地供应的规模、节奏和时序，顺应房地产市场低迷的趋势，遵循节约集约用地原则，适当减少用地供应总量。全年共完成土地出让48宗，面积175.43公顷，实现土地出让总收入25.34亿元。其中市本级完成土地出让15宗，面积93.40公顷，实现土地出让总收入11.67亿元。

地籍管理

【调查统计】 2014年，完成616个遥感监测图斑，变更面积965.87公顷。查清全市2013年底农用地面积为36.86万公顷（其中，耕地面积为21.62万公顷）、建设用地面积为5.72万公顷、未利用地1.14万公顷。

【确权登记】 2014年，全市农村集体土地建设用地使用权证依申请发证率达100%，农村宅基地使用权证依申请发证率达100%，农村集体土地所有权证依申请发证率达100%。全年共办理国有土地登记使用证4.03万宗，完成土地抵押登记441宗，抵押面积1481.90公顷，抵押金额94.50亿元。

【权属管理】 2014年，印发《规范土地登记审批工作程序明确土地登记审批责任的通知》，规范土地登记行为。

地质矿产资源管理

【资源勘查】 2014年，完成2012—2013年两批省级地勘基金（3483万元）的《四川省自贡市荣县威远背斜南东翼煤炭资源普查》任务，9月25日通过省国土资源厅储量评审中心组织的专家评审，共探获泡炭、大白炭、小白炭、上元炭四煤层333+334煤炭资源量1.35亿吨，其中333资源量7562.7万吨、334资源量5934.4万吨。中石油、中石化分别在其勘查区内部署钻探邓探1井、自201井、自202井和金页1HF井等多口页岩气勘探井，并钻遇工业页岩气流。

【开发管理】 2014年，完成四区两县《矿山矿业权设置方案（非34种矿）》和《四川省自贡市威西岩盐矿区矿业权设置方案》编制、修编工作，并获省国土资源厅批复。依法注销30个过期、关闭煤矿和盐矿采矿许可证。大安区盐卤矿山地质环境综合治理示范工程进入招投标环节。印发《关于印发〈进一步深化矿产资源市场化配置改革实施方案〉的通知》，规范矿产资源市场化配置，是年共出让采矿权12宗，采矿权价款794.15万元（拍卖3宗，采矿权价款564万元；协议出让9宗，采矿权价款230.15万元）。全市矿产资源补偿费征收入库共计91.80万元。

地质环境管理

【地质灾害防治】 2014年，投入地灾防治资金1039.39万元，整治42处地质灾害隐患，完成99户群众防灾避险搬迁安置任务，连续实现地灾防治“零伤亡”目标。

【矿山地质环境】 2014年，投入资金1261.8万元（其中省级下达经费1196.8万元、企业投入65万元）用于矿山地质环境恢复治理，实现土地垦复、矿山植绿。

【地质遗迹与地质公园】 2014年，全市有1处地质公园，即四川自贡世界地质公园，总占地面积3793公顷，累计完成建设投资4.81亿元。是年，申报资金204万元用于四川自贡世界地质公园恐龙园区—恐龙博物馆和盐业园区—盐业历史博物馆的场馆改造和地质遗迹保护。

执法与监察

【执法】 2014年，以动态巡查与卫片执法为抓手，严查国土资源违法行为，共查处违法用地用矿案件61件，涉及土地面积52.26公顷。违法占用耕地面积比例为6.32%，被省国土资源厅确定为自查验收地区。

【监察】 2014年，畅通行政复议与行政诉讼渠道，共受理国土资源复议、应诉案件9件，均依法办结。完善行政权力基础平台和监察平台建设工作，管控风险，依法运行。

（梁仁勇）

CHENG XIANG JIAN SHE HE GUAN LI

城乡建设和管理

概　述

2014年，城乡建设工作围绕市委、市政府作出的总体部署，推进城建系统全面深化改革，加快推进全市新型城镇化发展和“五个自贡”建设，统筹推进城乡规划、建设、管理和住房保障各项工作，城乡建设事业保持健康发展的良好势头，为全市经济社会平稳较快发展发挥基础性作用。

加大全面深化改革力度。构建全域规划体系，《自贡市城市总体规划（2011—2030）》获省政府批准实施，完成140平方公里中心城区控规覆盖，编制完成牛佛等小城镇规划和艾叶镇李家桥社区等四个国家级传统村落保护规划，以及54个新村综合体规划，城乡统筹、多规合一的全域规划体系基本形成，全域规划数据信息平台初步构建。在旧城改造和东部新城启动实施“一控规、两导则”管理，启动南岸科技新区纬三路、新华路北延线和纬一路地下综合管廊建设，自贡市成为全省地下综合管廊建设试点城市。

推动建设事业健康发展。拓宽投融资渠道，发挥市城投公司投融资平台作用和市代建中心的代建功能，争取上级补助资金和银行贷款，引导社会资本进入，确保城市建设投入。2014年争取到上级补助资金4.98亿元；以城投公司作为平台为西山光凤片区综合改造项目争取贷款24.4亿元，大安旧城项目18亿元贷款已经通过国开行省分行评审，城投公司累计融资约60亿元。全年完成城乡建设固定资产投资185.81亿元，同比增长15.91%，再创历史新高。房地产开发完成投资101.23亿元，同比增长30.2%。建筑业完成总产值175亿元，同比增长12%。

城乡环境建设取得进展。成功创建国家园林城市。优化城乡人居环境，统筹推进“三个空间”园林绿化建设，政府主导“公共空间”绿化，建成汇东公园、龙井公园，加快建设卧龙湖湿地公园、高峰公园、狮子山公园等；发动机关、企事业单位绿化“准公共空间”，建成一批园林式单位、小区；动员社区居民实施庭院、阳台、屋顶、墙面、室内绿化，打造绿色“私人空间”。全年建成区绿地率达35.2%，绿化覆盖率39.7%，人均公园绿地面积11.2平方米。

城市品质形象较大幅度提升。整体保护历史文化遗产，划定八大历史文化保护街区，牛佛、艾叶分别以全省第二、第三名的成绩申报国家历史文化名镇，三多寨镇成功申报为省级历史文化名镇。整体规划城市棚户区改造，理性推进旧城有机更新，东兴寺片区、西山路片区综合改造全面启动。整体设计CIS城市形象系统，打造完成交通路、贡井老街、龙汇街、开元路等一批特色风貌示范街，建成一批较高品质的绿化景观、建筑作品、城市雕塑和居住小区。

居民住房保障水平稳步提高。调整城乡建设工作重心，由以往注重城市空间拓展、城市综合功能的大项目向更加注重群众“居家民生”转变，提高居民生活便捷度、舒适度、安全度、和谐度。推进棚户区改造，2014年全市棚户区改造规划的28个项目启动实施14个，共启动棚户区居民房屋改造2.55万户，占规划改造量的68.82%。新建公共租赁住房4697套，续建廉租房2327套、公租房8278套、经济适用房741套、限价商品房300套；向农民工定向提供公共租赁住房1200套。加大农村危旧房改造力度，制定《关于加快自贡市农村困难群众危房改造的实施意见》，计划三年实施5.40万户农村困难群众危房改造，全年完成1.69万户改造。

城乡建设投资持续增长。2014年，城镇公共设施和房地产开发固定资产投资完成185.81亿元，同比增长15.91%。其中：城市基础设施37.57亿元，同比减少24.72%；村镇建设完成投资24.17亿元，同比增长2.33%；房地产开发完成投资101.23亿元，同比增长30.2%；保障性安居工程完成投资19.09亿元，同比增长112.11%。

建设行业管理实现新的突破。建立圈层管控制度，配备乡镇专职规划员，搭建统一数据信息平台，规划管理实现全域覆盖。强化项目建设全过程、全方位监督，在所有建筑工地安装视频监控系统，确保工程质量和安全。着力体制、机制和制度创新，市政设施、园林绿化维护管理走向专业化，房屋征收、物业管理走向规范化，机关管理服务走向标准化。

城乡规划

【城市总体规划修编】 5月4日，省政府发文批准实施《自贡市城市总体规划（2011—2030)》。该规划对自贡城市性质、城市职能、城市发展目标、城市人口与用地规模、市域城镇空间结构、市域公路系统、中心城区空间结构、中心城区用地布局、中心城区绿地系统等进行规划，引导和调控自贡市新时期的城市发展和各项建设。

【控制性详细规划拼合】 2014年，依据《自贡市城市总体规划（2011—2030)》确定的城市发展规模，对中心城区137平方公里范围内控制详细规划进行梳理整合，查漏补缺，实现控规全面覆盖，控规拼合成果于9月30日经市规划委员会审议通过。

【健全全域规划体系】 2014年，统筹谋划市域城镇、产业、基础设施、公共服务、文化、生态和安全“七大体系”，编制完成牛佛等小城镇规划和艾叶镇李家桥社区等四个国家级传统村落保护规划，以及54个新村综合体规划，形成城乡统筹的全域规划体系。

【推进全域规划数字信息平台】 2014年，启动自贡全域规划数字信息平台建设。推进数据入库标准化处理、系统开发、数据录入等工作，完成系统平台的订制研发、调试运行，以城市控制性详细规划为核心的城市规划数据完成标准化处理和入库运行。

【完善规划管理体制】 2014年，健全市、区县、乡镇三级规划管理体制，提高乡镇规划建设管理水平，延伸规划管理触角，强化规划落实，对自流井区仲权镇等10个乡镇派驻第一批专职规划员，完善三级规划管理体制。

【创新规划管理模式】 2014年，引入“一控规两导则”管理理念，用城市设计引导地块条件下达，实现规划管理模式由“二维”向“三维”转变。根据《自贡市棚户区改造规划》，开展棚户区28个地块修建性详细规划编制及城市设计工作，下达9个含城市设计的新版规划条件。

【规划进社区】 2014年，落实“以人为本”的规划原则，启动规划进社区项目。以汇东新区为试点，走访调查丹桂街道、学苑街道和红旗乡南湖片区内32个社区，系统梳理群众反映的社区问题，完成规划进社区调研文章初稿，为下步规划提供科学依据。

【创新开展规划编制】 2014年，在全省率先编制《生态基础设施规划》《城市非建设用地规划》《生态控制线规划》，其中《生态控制线规划》通过对生态要素控制，加强对生态控制区、生态通道、关键节点等管制，维持市域健康、稳定的城市生态系统，该规划2014年在省住建厅组织评审，获一致认可。

【开展创新规划课题研究】 2014年，围绕东部新城规划的前瞻性和科学性，成立“东部新城创新规划课题研究领导小组”，就土地经济价值、城市形态、低碳生态系统及地下空间和基础设施四方面展开深入分析，形成研究报告。

【加强与国内外高校合作】 2014年，配合新加坡国立大学教授陈德钦团队，编制完成西山公园—水涯居大桥段绿道规划设计；深化“校市合作”，中国人民大学公共管理学院城市规划与管理系21名学生在市城乡规划建设和住房保障局、市城市规划设计研究院等单位开展集中专业学习，市城乡规划建设和住房保障局与中国人民大学公共管理学院签署学生实习基地共建协议。

【推进规划编制及审查工作】 2014年，组织开展《自贡市棚户区改造安置总体规划及图集》等规划编制工作；组织召开《自贡市龙都海洋馆工程项目规划选址报告》《自流井区农团乡总体规划(2013—2030)》《富台山汇柴口概念设计》《自贡市养老服务机构布局规划（2013—2030）等专家论证会、咨询会；审查《自流井区仲权镇总体规划(2012—2020)》《大安区牛佛镇总体规划（2013—2030)》《沿滩区邓关镇总体规划（2013—2030)》《自流井区区域新村建设总体规划》《贡井区区域新村建设总体规划》《大安区区域新村建设总体规划》《自贡市文化艺术中心规划及建筑方案设计》《自贡市沿滩新城组团（二期）控制性详细规划》等规划；《关于自流井火井沱老街地块规划调整相关事项的请示》《板仓三期控规》等规划提交市政府常务会审议。

市政建设

【基础设施建设】 2014 年，城市基础设施完成投资 37.6 亿元。结合西山光凤片区、东兴寺片区、大安旧城等老城区综合改造以及南湖新城、沿滩新城、贡井西城、东部新城、东北部新城的新区建设，实施城市基础设施建设。启动西山路、朝土路绿化工程、曦景公园、汇鑫路、东兴寺大桥改造、北湖公园、白塔山公园、高峰公园、乘犀路二期基础设施工程等项目；继续实施汇园路、南岸科技新区“一环两纵三横”路网、汇东公园、盐都植物园、马桑沟道路、贡井新城七条道路、古盐路东段、时代大道东段、锦城大道、园湖路、翠竹路、板南大道延伸段、洪沟大道 A 段、14 中半岛东段、犀牛口大桥等一批市政基础设施项目；建成朝土路、北环路皮革城至家私城道路绿化、西湖休闲广场、北湖北路、钟秀路、富洲大道西延线、卧龙湖湿地公园一期、盐都植物园一期、龙湖公园、旭水河南岸防洪堤工程等工程。

【重点工程推进】 2014 年，推进“一水、一线、两新城”十大工程项目。东兴寺片区改造房屋征收工作完成 80%，并启动部分地块拆迁工作，完成安置房建设区域道路、东兴寺路的施工图设计，完成滨河绿地景观改造示范段设计方案。西山路片区综合改造工程项目签订拆迁安置补偿协议 340 余户，启动西山路道路建设，汇园路加紧施工，盐都植物园一期建设完成。“一环两横三纵”路网基本形成土路床，综合管廊建设完成工程量的 70%。卧龙湖湿地公园一期完工，全市棚户区改造项目按照年度计划全部启动。推进文化艺术中心、釜溪复合绿道城区连接段、全市保障性安居工程、大安旧城改造、汇柴口古盐道保护改造项目。

【市政建设项目规划管理】 2014 年，抓好城镇道路、工程杆管线、停车场（点）等市政基础配套设施建设项目的选址、定线（点）工作。核发“一书两证”，按时完成市政工程设计方案和规划设计方案的审查和施工图的行政审查工作。全年共接建设项目报建 76 件，其中：完成方案审批 25 件，杆管线定线（点）17 件，选址意见书 42 件，用地规划许可证 18 件，工程规划许可证 3 件，规划竣工验收 2 件。完成排水设施普查招投标（238 万元），并开展排水设施普查工作；草拟《关于进一步加强城市地下管线建设管理的实施意见（送审稿）》，完成自贡市地下综合管线普查（二期）及管理信息系统建设的相关前期准备工作。强化建设项目后续管理工作，建设项目审批后现场跟踪服务到位率高、协调力度大。

【市政设施维护管理】 春节期间，对城区涉及 43 公里、27 条街道的主要观灯线路进行灯饰美化亮化，对全市主城区观灯线路临街楼宇进行景观照明亮化。完成滨河广场的海洋鱼、解放桥立交桥灯组恢复和花园灯饰美化等亮化工程目标任务。2014 年共计办理临时挖掘占用审批手续 9 件，移交涉嫌违法挖掘、占用城市道路行为 2 件。年初及 9 月中旬组织两次对全市 54 座市政桥梁进行专项检查，印发《关于对全市市政桥梁安全检查的情况通报》和《关于开展汛前城市市政基础设施安全检查的通知》，下达《关于富台山隧道安全隐患整治任务的通知》的整治任务。

【市政设施改造建设】 2014 年，完成十字口交叉口、一医院交叉口、东方广场交叉口交通节点改造工程；市区道路累计完成修复人行道约 2.64 万平方米；道路沥青路面中修约 7032 平方米；更换水窗板、沟盖板 1300 余块；更换下水道井盖 250 余块；疏通下水道 500 余处；新安设五星街、交通路等地段人行道休闲座椅 12 座；对市区以及十字口、公园口、东方广场道路标线进行重新施划，施划面积约 7700 平方米；维修路灯 6572 余盏，维修和更换被盗电缆 1.33 万米。市政设施完好率 96% 以上，道路完好率 98% 以上，路灯完好率 98% 以上，亮灯率 99% 以上。

【精细化管理水平提高】 2014 年，起草《自贡市市政设施管理办法》（代拟稿），并多次征求各区县人民政府、市级各部门、各杆管线单位意见，在收集采纳多数意见后修改完善，着力规范自贡市临时占道、挖掘城市道路设施等行为，促进自贡市城乡建设又好又快发展。印发《自贡市市政设施管理巡查制度》，确保市政设施完好率和正常使用功能，及时掌握市政设施的现况，督促各区、县搞好市政设施管理和正常维修养护工作。

村镇建设

【统筹编制镇村规划】 2014年，按照全省“百镇建设行动”工作要求，完成荣县长山镇（重点镇）、贡井区五宝镇、大安区牛佛镇、沿滩区仙市镇、富顺县代寺镇、贡井区成佳镇、自流井区仲权镇、荣县双石镇等8个“百镇建设行动”试点镇总规和控规编制工作。落实省委、省政府农村工作会议精神，全市4区2县共编制完成自流井区东升村、叶合村，贡井区固胜村、旭东村，大安区江姐村，沿滩区百胜村、红旗村，荣县品山村、金台村和富顺县洗马村、柑竹湾村等50个幸福美丽新村建设规划。按照国家传统村落保护工作要求，编制完成贡井区艾叶镇李家桥社区、大安区牛佛镇王爷庙社区、沿滩区仙市镇仙滩社区等3个国家级传统村落的保护发展规划。完成贡井区艾叶镇、大安区牛佛镇和富顺县狮市镇历史文化名镇保护规划，并通过省住建厅专家评审会通过。

【整体推进村镇建设】 2014年，在省级试点镇建设的辐射带动下，各区县加大村镇市政基础设施建设投入，对场镇道路、地下管网、人行道铺设、绿化、亮化、垃圾处理、污水处理、新村聚居点基础设施建设等工程进行改造建设。是年，全市共完成小城镇基础设施建设投资5.69亿元，村庄基础设施建设投资5.37亿元，其中，荣县长山镇（重点镇）等8个全省“百镇建设行动”试点镇，共完成市政基础设施投资3.88亿元，就地就近转移农业人口8481人。

【申报文化名镇村落】 2014年，贡井区艾叶镇和大安区牛佛镇获住建部和国家文物局批复，成功创建国家级历史文化名镇。富顺县长滩镇长滩坝社区、赵化镇培村社区、狮市镇狮子滩社区等3个传统村落成功申报列入国家传统村落保护名录。

【农村住房保障建设】 2014年，各区县实施新农村综合体建设、新村聚居点建设、农家大院改造、农村危房改造等项目，共完成2.57万户农村住房建设，其中通过中央、省、市、区（县）各级财政配套资金约1.5亿元实施1.69万户农村危房改造，并完成网络信息录入工作。

房地产开发

【概况】 2014年，房地产投资额完成101.23亿元，同比增长30.2%，比全省平均水平高16.5个百分点。投资额增长拉动土地市场、建筑业、建材、家居装饰、金融担保、营销设计、家用电器等多个行业发展，带动全市GDP增长。全年商品房销售面积168.56万平方米，销售收入80.63亿元，分别下降29.4%、21.8%；全市商品房网签销售面积250.85万平方米，同比下降5.1%。全市商品房统计销售均价4783元/平方米，同比上涨10.8%，其中，住宅统计销售均价4429元/平方米，同比上涨8.4%。全年全市房地产市场新开工面积304.19万平方米，同比增长15.4%；竣工面积116.55万平方米，同比下降45.9%；房屋施工面积844.89万平方米，同比下降12.8%。

【举办房交会】 5月，举办“低碳生活、绿色家园”为主题的第十届房地产展示交易会，全市24家开发企业、银行及经纪机构和数十个精品楼盘参展。商品房网上签约共74套，成交金额3445.22万元。11月，举办“以诚筑成、幸福优居”为主题的第十一届房地产展示交易会，全市22家开发企业、银行及经纪机构和27个精品楼盘参展。预订商品房628套，成交金额约2.59亿元。

房地产管理

【房地产市场管理】 2014年，针对房地产开发建设、交易和房地产中介机构违法违规行为开展为期三个月的房地产市场秩序专项检查。8月，正式实施《自贡市存量房交易资金监管办法》，满足全市居民房屋交易登记需求，并确保存量房交易网络服务平台顺利开展。

【房地产企业及从业人员管理】 2014年年末，四城区（含高新区）有86家房地产开发企业，其中：一级资质5家，二级资质11家，三级资质34家，四级资质3家，暂定二级资质1家，暂定三级资质30家，暂定四级资质2家。备案的房地产中介机构共33家，其中：经纪机构（含分支机构）23家，评估机构10家。对房地产中介从业人员执业资格考试、初始注册、变更、发证等进行引导。是年，全市报名参加经纪人考试的考生30人、房地产经纪人协理考试报名151人、评估师考试报名19人；房地产经纪从业人员初始注册、变更工作37人次，评估师延期1人次，初始注册2人次。

建筑业

【建筑业产值】 2014年，全市完成建筑业总产值175亿元，同比增长12%；实现增加值58.3亿元，同比增长10.5%；完成地税收入11.02亿元，同比增长50.9%。

【资质管理】 2014年，新办建筑企业资质20件、增项13件、延续12件。是年年末，全市现有建筑业企业245家，其中总承包企业106家，专业承包75家，劳务企业64家。总、专包企业中，一级企业5家，二级企业61家，三级企业115家。建筑业从业人员12.3万余人，拥有注册建造师1843人，各类岗位管理人员4000余人，生产操作持证人员1.10万余人。

【工程质量治理】 2014年，打击“三包一挂”，维护建筑市场秩序，促进行业健康发展。全年共检查工程项目16个，发出行政处罚书1份，实施信用惩戒3起，发出各类书面整改通知81份。动态核查企业14家，对企业市场行为和资质情况进行抽查，限期整改企业1家。预防和制止拖欠工程款和民工工资行为，协调解决拖欠工程款1.01亿元，涉及民工工资5200万元，涉及6100人。

【施工现场管理】 2014年，加强建筑工程文明施工管理和建筑扬尘治理，推行标准化管理。在全市43个在建项目现场安装视频监控系统，对违反文明施工管理相关规定，产生建筑扬尘污染的12个项目发出限期整改通知。将建筑工地食堂管理纳入文明施工管理内容，保证农民工食品卫生安全。

园林绿化

【创建国家园林城市】 2014年，突出“灵秀山水、精致盐都”创建主题，坚持共创共建、生态打底、文化传承、功能升级、人文关怀，举全市之力建设宜业宜居宜品的“生态自贡”，保护城市自然生态机理，推进城市“三个空间”建设。1月14日，自贡市以位列全国37个申报城市之首的成绩，被住建部正式命名为“国家园林城市”。

【推进园林绿化项目建设】 2014年，坚持以园林绿化项目为抓手，加大园林建设资金投入，全年争取到省住建厅园林绿化项目资金300万余元，共完成园林绿化项目投资4.23亿元，新增城市绿地150.9公顷，城市建成区绿地率达35.2%，绿化覆盖率达39.7%，人均公园绿地面积达11.2平方米，釜溪河复合绿道（示范段）工程获风景园林学会2014年度“优秀园林绿化工程奖”大金奖。推进全市“三个空间”建设，完成龙湖公园、龙井公园项目工程建设，推进汇东公园二期、卧龙湖湿地公园一期、盐都植物园二期建设，启动高峰公园、狮子山公园建设。推进朝土路、北一路东段、东三路、卧龙大道（一期）、旭水河绿道（南岸）等绿化景观建设，启动釜溪河复合绿道城区连接段等绿地项目建设。完成仙市镇华丰社区、王井镇社区、五星街珍珠寺社区、檀木林社区、艾叶镇李家桥社区、长土镇胜利路社区、白庙镇社区、沿滩镇升平街社区8个绿化小广场建设。完成丹桂大街与汇东路交叉口东北节点（即泰丰大厦节点）、龙乡大道与荣川路交叉口节点、汇东路西段部分交叉口节点的绿化提品改造。完成全市外墙立体绿化示范工程项目植物补栽和鲜花上墙，探索立体绿化新模式。推动第十届中国（武汉）国际园林博览会“自贡展园”建设工作，并于12月正式开工建设。

【园林规划设计】 2014年，坚持以品质为根本，引入国内外知名设计团队和设计大师参与园林绿化设计，整体提升园林绿化设计水平。委托市城市规划设计院编制自流井—恐龙风景名胜区总体规划，委托西南大学完成釜溪河复合绿道城区连接段方案设计；完成百胜村、龙湖公园二期等景观方案设计工作，并进行现场技术指导；完成第十届中国（武汉）国际园林博览会“自贡展园”方案及施工图设计；组织编制盐都植物园游乐项目和儿童体验馆方案设计；完成住建局楼道盆景摆放方案和摆放工作，办公楼立体绿化方案，东盐都大道、水涯居大桥、滨江路3条道路的雕塑摆放方案；完成2014年社区小广场方案、施工图设计和造价预算。

【园林绿化管理】 2014年，完善绿化（地）管护标准、规范，开展城区绿地养护等级划分工作。制定《东环线道路绿化养护管理规定（暂行）》，起草《自贡市公园管理办法》等规范性制度文件。累计印发绿地管护等各类文件、资料30余份；指导、督办“12319数字化城管”案件、部件10余个；收集基层意见建议26条，并进行细化分解落实。依法办理临时占用绿地审批7件和树木移植审批13件；办理园林绿化规划设计方案审查8件；办理园林企业资质初审11件；办理绿化用地选址2件；完善外地园林绿化企业入市登记资料；完成庆“五一”、庆中秋和国庆等重大活动、节日的鲜花摆放，共计在城市主次干道、重要节点摆放鲜花322万余盆。开展园林式单位（小区、新村）创建工作。组织发动符合条件的村级组织申报园林新村，全市累计向省住建厅报送11个村申报资料。推行城市园林绿化的管理体制和运行机制市场化运作。将东环线道路绿化工程的管护作为标准化、规范化、市场化试点，按照《东环线园林绿化养护管理暂行规定》进行检查考核，考核结果与养护费用拨发挂钩。

（陈　皓）

环境卫生

【环卫基础设施】 2014年，坚持服务大众、科学适用、依规施建原则，推进环卫项目建设。全年建成垃圾库20座、公厕40座。富顺县兜山镇等3个边远乡镇小型垃圾填埋场建成投用。新建垃圾池1300个，建成建筑垃圾消纳场2个。推进城区垃圾压缩中转站建设项目和莲花垃圾厂封场一期工程。

【环卫基础作业】 2014年，治理主要河流沿河两岸环境卫生，城市生活垃圾日产日清，主街大道实现机械化清扫，部分路段实施24小时保洁，落实城乡接合部、背街小巷、乡镇村庄等属地责任。环卫设施日常管护到位，规范公厕免费后续管理。城乡垃圾处置规范运行，垃圾焚烧发电、渗滤液处理和餐厨垃圾处理运行正常，拓展延伸医疗废弃物收运处理范围。全年处理城市生活垃圾23.42万吨（含挖运垃圾焚烧4.03万吨）、餐厨垃圾1.26万吨、渗滤液15.67万吨（含应急转运量11.54万吨）、医疗废弃物668.52吨，城市、农村生活垃圾无害化处理率分别达93%、70%，餐厨垃圾处理率30%以上，医疗废弃物无害化处理率达97%。机械化清扫率达57.2%。

【环卫运行机制】 2014年，深化城市生活垃圾分类试点，启动“政府主导、企业主体、社会参与”的市场化运作模式。推进环卫作业市场化，贡井区、荣县实施环卫清扫保洁、生活垃圾清运实现市场化，富顺县部分城区道路清扫保洁市场化正式实施，完成大安区、自流井区环卫作业市场化方案。健全城市管理部门联动机制，涉及环卫基础设施规划、建设、验收“三同时”联动机制，夜宵摊点联管、联治机制，渣土运输企业及车辆联管、联治、联巡机制等。

城乡管理

【数字城管】 2014年，加强数字城管中心平台建设，执法信息子系统完成开发并进入运行，荣县数字化城管中心建成投入运行，城市管理实现精细化、网格化，“大城管”模式逐步呈现。全年受理案件18万余件，处理率96%以上；投入资金近14万元，购置配备150个执法记录仪，运用于执法活动，执法装备得到充实和补充。

【综合治理】 2014年，组织开展占道经营、环卫设施建设管理、户外广告和店招、油烟扬尘污染等专项治理行动。控制主街大道占道经营，规范占道经营摊点3万余个、取缔1200余个；对2007年后应建未建的环卫基础设施进行清理并分类整改；对各类户外广告和未经许可违规设置的门楣LED和电子显示屏进行清理，共拆除户外广告1000余（幅）。巩固扬尘、夜市摊点、油烟和噪声污染、违法建设等治理成果。城区渣土运输实现全密闭，四区两县城区夜市摊点全部实行“五统一”，大型餐饮企业安装和使用油烟净化设施设备达100%，处理噪声扰民1000余件（次）。受理各类违法违章案件3419件，处罚3321件，处罚率97%。

【制度建设】 2014年，以开展党的群众路线教育实践活动为契机，修订和完善一批务实管用的制度。制定和完善重大决策部署法律顾问制度、重要文件出台前廉洁性审查制度、民主生活会和组织生活会制度、案件审理制度。行政权力网上规范公开运行启动并运转正常，完成行政权力风险点及防控点设置，制定出台行政行为自由裁量权标准。探索实行放发市民建议卡、温馨提示卡、法规宣传卡及工作日志，与商家签订承诺书、建立商家小档案等，不断创新工作举措。

【效能履职】 2014年，落实党建及党风廉政建设责任制、领导干部“一岗双责”，提升干部认识、发现、解决问题的能力，提高机关服务意识、质量、效率水平，全年收集到基层及群众反映的52个问题全部办结。办理人大建议和政协提案11件，满意率100%。受理、办理信访件253件，其中领导交办4件、省长信箱3件。处理媒体曝光问题8个、社情民意反映问题1件、网络舆情1件，整改率100%，办结率100%。

【审批服务】 2014年，《自贡市户外广告牌匾标识设置管理办法》修订出台，启动并实施完成户外广告设施年度安全检测，并形成制度化。整合系统审批管理与监管执法，实行审批事务抄告公示制度。规范城乡生活垃圾处理准入和退出管理，完成29个单位和企业资质审查和准入许可。

【队伍建设】 2014年，组织全市城乡管理执法系统534人分5期开展为期3天以业务培训、心理辅导、执法行为礼仪培训、军训和拓展培训为主要内容的封闭式训练。统一执法服装和标识，实行对执法人员定期不定期的检查通报，坚持行风监督员监督制度，提升队伍形象。

【监督考核】 2014年，建立“市容环卫、村镇环境、数字城管、城乡环境综合治理”即“四考合一”的全新考核机制，实现从时点和节点考核向日常考核转变，定性考核向定量与定性考核相结合的转变。是年，通报排名8次，发专项督查通报8期，督促整改落实问题100个，约谈区县1个。

【示范创建】 2014年，全市4个乡镇、45个村成功创建为2013年度省级环境优美示范单位，45个村通过2014年度省级“美丽乡村”创建验收。完成18个重点乡镇品质提升打造和15条街道牌匾标识提档升级。

（蒋　平）

JIAO TONG YUN SHU

交通运输

概　述

2014年，全市交通运输系统围绕构建区域次级综合交通枢纽的总体目标，坚持科学发展、加快发展，深化改革创新，系统推进、重点突破，交通运输发展取得新成效，为全市经济社会发展提供坚强保障。

交通建设保持强劲势头。全年完成交通固定资产投资48.23亿元，交通固定资产投资连续三年保持在40亿元以上。高速公路、干线公路、农村公路、客货运输场站等建设全面或超额完成既定目标任务。

路网规划进一步完善。宜宾至荣县至仁寿、南溪至富顺至内江高速公路纳入省高速公路网规划，611公里的10条普通省道纳入省道网规划。全市以高速公路为骨架、普通国省干线为支撑、农村公路为基础的公路网基本形成。

交通运输服务水平全面提升。交通基础设施条件持续改善，全市公路总里程达6455公里，其中等级公路5135公里，同比增加3.6%。道路运输保障能力明显增强，完成黄金周、春运等运输任务，道路客货运量稳步增长，货物周转量增幅名列全省第8名；运力结构明显优化，中高级客车比重占51%、同比上升5%，重型货车同比增长6%。运输服务质量大幅提升，农村客运线路公交化改造稳步推进，城区公交覆盖面不断提高、车辆档次进一步提升；自贡汽车客运站提升改造工程完成，服务功能增强。

交通运输行业管理持续加强。安全监管不断强化，道路运输、水上运输和交通重点工程施工安全生产形势总体稳定；信访、维稳工作扎实、有效，交通运输行业保持总体平稳；建设管理进一步规范，交通工程质量总体可控。

交通运输行业形象稳步提升。贡草路路面破损严重等一批人民群众反映强烈的问题得到解决；行业精神文明建设成效显著，涌现朱红等3名基层工作典型。

基础设施建设

【概况】 截至2014年年底，全市公路总里程6457.30公里，其中：高速公路184.5公里、一级公路102.16公里、二级公路189.28公里、三级公路311.42公里、四级公路4396.39公里、等外公路1273.55公里。公路密度：按国土面积计算为每百平方公里147.66公里，按人口计算为每万人20.18公里。通达程度：通公路的乡镇96个，占乡镇100%；通公路的村1135个，占村100%。全市共有汽车客运站147个，其中：一级站1个、二级站8个、四级及以下站138个。全市通航里程560.45公里，其中：五级航道81.8公里、六级航道44.65公里、七级航道434公里；有码头96个。

【高速公路建设】 2014年，全市在建高速公路2条。自隆高速完成投资12.18亿元，完成路基土石方100%，桥梁下部结构100%，上部结构100%，涵洞100%，防护70%，路面单位完成全部驻地建设，正在备料。内威荣高速公路完成投资2.02亿元，征地拆迁协议签订，完成路基工程98%，桥梁下部结构98%，桥梁上部结构85%。

【干线公路建设】 2014年，乐自高速自流井连接线互通立交跨线桥完成主跨线桥施工和1道匝道建设，平整路基4公里。成自泸赤高速沿滩连接线完成6公里路基建设，正在进行路面施工。S305富顺绕城线B、C段建设加快推进，S206邓关段大中修工程完成。贡草路路面改造工程启动建设。

【民生工程建设】 2014年，建成农村公路405.1公里，其中通乡油路（水泥路）和农村公路改善248.1公里、通村公路157公里。国省干线公路路面使用性能指数达到87.2，完成公路路侧护栏建设约468公里，均超额完成民生工程目标任务。完成公益性渡口码头建设11座，候船亭31处，渡改人行桥建设10座，渡改公路桥18座，完成危桥改造8座。

【客货站点建设】 2014年，完成自贡汽车客运站提升改造工程，舒坪汽车货运站、川南公路物流港主体完工，推进大山铺汽车货运站、荣州现代物流园区、富顺县客运中心东城货运站等站场建设。

【重点项目前期工作】 2014年，联合泸州市推进自贡至泸州大件公路前期工作，编制完成项目可行性研究报告（送审稿）；在省交通运输厅统筹协调下，配合开展沱江（自贡至泸州段）航道升级工程前期工作，编制完成项目预可行性研究报告。

客货运输

【概况】 2014年，全市道路旅客运输业户14个，营业性载客汽车1414辆、客位数3.69万个，同比分别减少0.63%、2.53%，；全市道路货物运输业户9386个，营业性载货汽车1.74万辆、吨位总计达9.06万吨，同比分别增长11.73%、23.78%。全市有营运船舶432艘，其中：客船96艘、3805座，货船336艘、31631吨。

【运输保障能力】 2014年，全市道路运输完成客运量5999.84万人、同比增长7%，完成旅客周转量18.34亿人公里、同比下降13%；完成货运量4538.06万吨、同比增长15%，完成货物周转量54.15亿吨公里、同比增长22%，货物周转量增幅名列全省市州第8名。水路运输完成客运量103.76万人、旅客周转量645万人公里，货运量239万吨、货物周转量4210万吨公里，总体保持平稳。完成“春运”“十一”等关键时段重点物资和旅客运输任务。

【运输辅助业】 2014年，全市机动车维修业户790个，同比增长5.3%；维修量50.46万辆次，同比增长2.1%。全市5个汽车综合性能监测站，完成检测4.1万辆次，同比增长29%。全市机动车驾驶员培训机构10户，与2013年持平；教练场新增13.33公顷，达69.67公顷；教练员新增510人，达1735人；教练车新增223辆，达1003辆；培训机动车驾驶员6.5万人次、同比增加0.2万人次，培训合格6.5万人次、同比增加1.6万人次。4761名从业人员参加从业资格培训，1.46万名道路运输驾驶员参加继续教育。

【道路运输服务】 2014年，开通“12328”交通运输服务监督电话，加大运政“96515”投诉处理力度，共受理投诉3249件，回复率100%，处理率99%。发挥客运站服务功能，市公交集团公司、大安运管所整体搬迁到大山铺汽车客运枢纽站，将原在自贡汽车客运总站始发的8条班线27台超长客运班车、自贡与外省对开的6条班线15台超长客运车辆调整至枢纽站始发，将原在自贡汽车客运总站配载的4条班线14台超长客运车辆调整至枢纽站配载，增强大山铺汽车客运枢纽站服务功能。省汽运自贡集团公司建成联网售票系统，自贡至江北机场高速客运精品线推出专线咨询、车载WiFi、车站自助换登机牌机等优质服务。推进“阳光维修”进广场、进社区、进乡镇、进企业等现场服务活动；贯彻落实机动车驾驶员培训新国标，强化驾驶员继续教育培训，确保从源头上提升运输服务水平。

【农村客运】 2014年，统筹编制区县城市20公里内农村客运线路逐步推进公交化改造的初步方案，完成唐家坝至长堰塘、大安至永胜等两条农村客运线路的公交化改造。新增市际客运班线8条、县内客运班线5条，客运班线总数达399条，新增或更新客运班车57辆，投入95万元整治355台营运客车车容车貌，改善城乡居民出行条件。荣县华益运业有限公司在乐德等乡镇采用收购、兼并重组等方式整合和配置原有的农村客运资源，实行公司化、片区化联营，解决农村客运矛盾协调难、黑车查处难、安全隐患多、村民出行难等突出问题。

【城市客运】 2014年，以城市优先发展公共交通和公交都市建设理念为总揽，编制完成《自贡市城市公共交通发展规划（2014—2030）（送审稿）》。开展创建国家级城市公共交通服务综合标准化试点工作，在四城区和荣县6条公交线路上开展公交精品线创建活动，提高城市客运服务的标准化、规范化程度，更新或新增公交车86辆，首次投放8辆高级车开通两条区域支线小公交，新增公交线路6条。是年，全市公交企业8户，公交运营线路158条、总长度1732公里。公交车944辆，公交从业人员3073人，全年完成客运量2亿人次。富顺华龙公交运输公司注册成立，结束富顺县城没有正规城市公交的历史。宣传贯彻《出租汽车运营服务规范》，四城区出租汽车实行3G视频动态监控，首次开展出租汽车驾驶员从业资格证换证和注册管理，加强出租汽车驾驶员服务质量信誉考核管理，持续开展出租汽车“爱心车队”公益服务活动，持续加大非法营运打击力度，促进出租汽车服务水平稳步提升。全市23户出租汽车公司共有出租汽车1436辆、出租汽车从业人员4312人，完成客运量6203万人次。

行业管理

【公路养护管理】 2014年，围绕“打造绿色通道，创建生态交通”理念，实施交通园林绿化“三个空间”建设，公路绿化200.42公里。推进公路日常养护和病害治理，挖补泥结碎石路面3万多平方米，修补沥青路面坑凼1万多平方米，国省干线公路PQI为87.2，实现国省干线通行顺畅。制定《自贡市农村公路养护管理办法》，进一步理顺和完善农村公路养护管理体制、机制，落实农村公路养护管理责任，明确农村公路养护管理的事权、人权和财权。加大公路巡查力度和对侵损公路路产路权的各类违法行为的查处力度，保障公路桥梁安全。

【航务海事管理】 2014年，开展水上交通安全宣传教育活动，举行水上交通安全知识进校园主题活动和弃船逃生、救生应急演练。提高航道通行保障能力，自贡首艘新型航道疏浚船在长江泸州航道局航标器材维修中心完成主体和装机检查，顺利入水进行内部装饰及平衡测试。

【政务服务】 2014年，落实“两集中，两到位”要求，继续抓好行政审批一清理三减少，共清理18项非行政权力审批事项。全年，共办理行政审批和管理服务事项1.66万件，及时办结率、承诺办结率和群众评议率、满意率均100%。

【交通行政执法】 2014年，开展“六打六治”打非治违专项行动，全年累计出动运政执法人员近2万人次，查处违章、非法运营车辆3270辆，道路运输市场得到净化；出动路政执法人员4373人次，检测货运车辆34.6万余辆，其中超限车辆1.37万辆，卸载6197辆，超限率3.96%，控制在省控指标之内；严把高速公路入口货车超限超载整治关口，对全市8个高速公路入站口实行24小时昼夜管控，派驻路政执法人员3760人次，通过车辆24.13万辆次，劝返货运车辆1.22万辆次。

【交通建设管理】 2014年，加强招投标管理，未发生工程招标违纪违法事件。加强工程造价管理，强化重点项目造价监督检查。对各项目采用“差别化”管理方式，实施重点管控，确保质量管理水平不断提高，保证工程质量。

【高速公路ETC系统开通】 2014年，全省高速公路ETC不停车电子收费系统开通试运行，渝昆高速内宜段自贡收费站、大山铺收费站，成自泸赤高速自贡东收费站、富顺收费站，乐自高速贡井、荣县南、荣县西、长山收费站同步开通ETC业务，开通ETC专用通道16条。

【安全维稳管控】 2014年，落实行业监管责任，按照“党政同责、一岗双责、齐抓共管”要求，规范安全监管模式和规范操作行为，编制《自贡市交通运输局安全生监管网络图》《自贡市交通运输企业安全生产标准化达标考评工作规范》等制度。狠抓以“汛期”“安全生产月”“隐患排查治理”“打非治违”等专项行动为载体的安全生产大检查活动。全年，共发生道路运输交通事故6起，死亡9人，死亡人数占市政府控制考核指标（30人）的30%，未发生道路运输源头管理责任事故，水上交通未发生安全事故，交通建设工程施工和公路养护未发生安全事故，交通运输行业其他领域未发生安全事故。落实领导包案制度，抓好党的十八届四中全会期间和重大节假日等重要时段的不稳定因素排查化解和稳控工作。是年，共办理来信来访件124件，办结121件，办结率97.58%。成功化解出租汽车罢运和市领导挂牌督办的省汽运自贡集团交通贸易公司一对山市场114户商铺拆迁矛盾纠纷问题。

【交通队伍建设】 2014年，开展党的群众路线教育实践活动，推进问题整改落实和建章立制，解决一批群众反映强烈的突出问题。召开“七一”表彰会，树立3名基层工作先进典型，启动系统各级党组织换届工作。落实党风廉政责任制，按照“一岗双责”要求，把党风廉政建设责任制任务层层分解，细化责任和分工，对交通运输系统的102名科级及以上领导干部建立廉政档案，建立行政权事廉政风险点和监察点电子监察平台，设立监察点6309个、廉政风险点5156个，开展廉政警示教育。加强班子队伍建设，完成市运管处、市地方海事局和市路政支队领导班子3名领导干部选任工作，引进人才11名。

（市交通运输局）

SHUI WU

水　务

水利工程

【小井沟水利工程】 2014年，小井沟水利工程主要开展大坝枢纽、输水干渠、溢洪道等工程施工，大坝填筑至设计高程，累计完成投资1.73亿元，占年度5.94亿元投资计划的29.1%。其中工程资金1.19亿元，移民资金0.54亿元。1月7日，小井沟水利工程排洪渠隧洞贯通。4月30日，小井沟水利工程取水隧洞全线贯通。5月30日，市人大视察加快实施双溪小井沟饮用水源地生态功能区保护和建设控制规划情况。

【向家坝灌区工程】 7月底，市发展改革委对一期工程项目建议书进行项目咨询，项目建议书正修改完善。

【中型水利工程建设】 2014年，自流井狸狐洞水库进行道路施工，管理用房完工，导流洞已贯通正进行砼衬砌施工，累计完成投资1.2亿元。大安楼房湾、富顺大坡上两中型水库于12月30日正式开工建设。6月23日，楼房湾水库可研报告获省发改委立项批复。7月30日，省发改委批复大坡上水库工程可行性研究报告。9月19日，省水利厅批复楼房湾水库工程初步设计报告。

【城镇防洪堤工程】 2014年，贡井区桥头镇旭水河段和伍家坡段、大安区何市镇长滩河段、荣县新桥镇越溪河段、河口镇沙溪河段全面完工，富顺县福善镇观乐场镇溪河段和李桥镇镇溪河段在施工中，工程综合治理河道14.82公里。

城乡供水

【城市供水】 2014年，全市总供水量和售水量分别达7900万吨和5566万吨。3万吨/日的沿滩自来水厂施工建设中。新建DN75以上管道16.2公里（其中主城区5.7公里），改造DN75以上管道9.6公里（其中主城区6.9公里），新建加压站2座。

【农村供水】 2014年，投资5000万元，建成6处集中供水工程，解决10万名农村居民饮水安全问题。1月8日，南郊一期输水管线老房村段临时改线工程完工并正式投入运行。6月9日，水利部农村人饮分片督导小组、省农水局局长王华等一行到大安区联系督导检查农村安全饮水工作。

水务管理

【水生态修复】 2014年，实施釜溪河流域综合治理清水行动，全方位、全流域治污，全年完成釜溪河河面漂浮物打捞4.4万吨，综合治理水土流失面积100平方公里，流域水质明显改善。

【水务执法】 2014年，围绕中心工作开展水行政执法，全年共开展涉水涉渔集中执法检查行动413次，查处水事违法行为4件，纠正各类违法行为9件，取缔各类违规渔具70余副。

【釜溪河治理】 6月4日，釜溪河堰闸管理处对釜溪河6座堰闸工程安全评价工程完成验收付款。6月26日，完成拟定《关于加快实施双溪小井沟饮用水源地生态功能区保护和建设控制规划的议案办理实施方案》，并通过市政府第59次常务会议审议和市人大常委会第21次会议审议批准。

水土保持

【水保预防监督】 2014年，坚持水土保持预防监督和水土流失综合治理两手抓，加强水保行政服务，全市共审批水土保持方案121个，征收水保规费519万元，开展水保设施验收18个。开展2011年后市级审批的生产建设项目集中检查行动，组织各区县开展水保监督检查97项次。坚持开展水保宣传教育活动，加大水保法规宣传力度，散发水保宣传资料1000余份，发送公益短信5万余条。

【水土流失综合治理】 2014年，全市完成水土流失治理任务111.25平方公里，是省下达治理100平方公里目标任务的111%。加强对辖区内河流及重点库区规划范围内现有林地的管护，完成水系绿化20.7千米的建设任务。

防汛抗旱

【工作布置】　3月上旬，市委副书记谭豹主持召开2014年自然灾害趋势会商会议，对全年自然灾害进行会商分析，对全年防灾减灾工作进行安排部署。3月底，省防汛指挥部对全市防汛工作开展汛前检查。4月30日，召开全市防汛工作会议，对全年的防汛工作进行安排部署。

【工作措施】　2014年，对防汛指挥系统各站点进行日常维护，出现问题及时派人到现场维修。汛前，市防汛办督促区县和相关部门储备落实防汛抢险船68只、冲锋舟10只、草袋0.55万条、麻袋4.54万条、编织袋16.6万条、防洪砂石料0.893万立方米、救生衣3908件、救生圈938只。落实抢险队伍224支、抢险人员0.81万人。4月20日到9月30日，组织开展24小时防汛值班，监视水、雨情，传递信息及时准确，确保全年汛情安全和政令畅通。在强降雨天气出现后，对江河洪水进行预测分析，及时预警、预报，组织开展抗洪抢险救灾工作，全年未出现重大汛情。

（李　弘）

YOU ZHENG XIN XI HUA

邮政·信息化

邮政管理

【概况】 2014年年末，全市邮政营业网点172个，其中支局29个；报刊图书销售点69处，其中报刊零售亭68个；集邮品销售点5处；邮政信筒信箱360个。是年，全市取得快递经营许可证企业10家，备案分支机构58家，涵盖24个品牌，从业人数1000余人；邮政行业业务总量累计完成2.67亿元，同比增长22.61%，其中：快递业务收入0.53亿元，同比增长13.36%。

【机构更名】 2月25日，市邮政局正式更名为四川省邮政公司自贡市分公司。

【信报箱建设】 2014年，办理市第十六届人民代表大会第五次会议代表建议，与市城乡规划建设和住房保障局及富顺县、荣县城乡规划建设和住房保障局建立自贡市住宅信报箱建设信息通报制度，规定部门之间要定期通报住宅信报箱建设信息，信息范围涵盖新开工、在建、新竣工的住宅建设项目；信息内容包括项目基本情况、建设单位和施工单位、信报箱建设检查情况及竣工验收情况。

【乡镇邮政所补建】 2014年，全市共有7个乡镇邮政所补建任务。截至2014年年底，全市7个乡镇邮政所补建实现100%移交、100%运营，成为全省第四个实现“双百”任务的市州，实现全市96个乡镇邮政所全覆盖。

【村邮站建设】 2014年，市邮政管理局根据市委、市政府《关于深化农村改革加快发展现代农业的意见》，提出村邮站建设“三步走”战略，在2014年试点的基础上分三年完成全市所有1131个行政村村邮站建设。先后印发《关于加强村邮站建设工作的意见》和《关于进一步推进村邮站建设工作的通知》，确定第一批69个先行村。9月3日，大安区大山铺镇江姐村村邮站挂牌开业，成为全市第一个村邮站，也是首个示范村邮站。按照“政府主导、邮政企业配合、村委会管理”的原则，是年全市完成69个村邮站挂牌，超额完成“建成49个行政村村邮站”的试点建设任务，推进邮政普遍服务均等化进程。

【快递园区建设】 2014年，全市有9家企业分别进驻板仓工业园区、三辰公路物流港、英祥钢材物流园区、普润产业物流园区4个物流（工业）园区，总建筑面积近1.50万平方米。

【快递分拨中心建设】 2014年，申通、圆通、顺丰、汇通在自贡设立川南转运中心，共提供就业岗位500余个，业务涵盖自贡、宜宾、内江、泸州等川南城市，并辐射云南水富、贵州赤水等节点城市。

【行业队伍建设】 2014年，市邮政管理局与市快递行业协会举办自贡市邮政快递业首届应急演练。是年，快递业务员职业鉴定考试4次在自贡设立考点，自贡、泸州、宜宾、内江的快递业务员233人参加考试。市邮政管理局与市国安局、市公安局、市食药监局、市文广新局、市烟草专卖局等共同举办全市邮政快递行业寄递渠道安全知识暨技能培训。举办自贡市首届快递业务员技能竞赛，成为省内第一家、全国第三家举办快递业务员技能竞赛的城市。2月25日，市快递行业联合工会正式成立，自贡成为全省首个成立快递行业联合工会的市州。

【市场主体监管】 2014年，完成32家快递企业及分支机构的快递业务经营许可核查，受理用户申诉25件，协调处理25件。对全市存在问题的31家快递企业下达责令整改通知书，对未安装监控设备以及监控录像保存期限不达标的4家企业进行行政处罚，完成61家快递营业网点的专项调查统计工作。制定快递面单集中销毁制度，并组织开展各快递企业保存期满的快递面单集中销毁活动，2014年共销毁圆通、申通、中通、汇通等快递企业约700万份快递面单。

【年度荣誉】 2014年，市邮政管理局局长黄贵明获2014年度省“扫黄打非”工作先进个人称号；市邮政管理局获“2014年自贡市服务业工作先进集体”称号；市邮政管理局党支部2014年度“全体干部职工轮流讲学”活动，被市直机关工委评为“优秀党组织生活”。

（文志雪）

邮政业务

【概况】 2014年，全市邮政围绕“加快实现创新驱动发展战略、加快落实‘一体两翼’经营发展战略、加快构建电子商务服务体系、加快完善科学规范的管理体系”四个加快的战略，为基层邮政企业发展指明方向，助推着自贡经济、社会的发展。推动群教活动，开展“走基层”和“四个一”活动。强化党建，开展学习工作，提升全员政治素养。贯彻落实党风廉政责任制，开展各类专项整治活动。12 月在全市开展庸懒散浮拖等靠赖专项整治工作。

【业务发展】 2014 年，全市邮政业务收入 2.19 亿元，比 2013 年增长 9.46%，完成进度全省排名第 5 位，并获省年度经营管理一等奖、省绩效考核一等奖。其中，邮务类业务实现收入 4157 万元，完成省邮政公司预算目标 100.26%，进度排名第 11 位；代理金融业务实现收入 1.65 亿元，规模列全省第 9 位，完成省邮政公司预算目标 101.52%，同比增幅 12.04%；新增储蓄余额持续三个月同比突破历史三年记录，其中 9 月增幅达 206%；代理速递物流业务全口径收入规模列全省第 13 位，完成省公司预算目标 72.09%，进度列全省第 12 位。

【内控管理】 2014 年，调整成本结构，控制非生产性成本费用支出，严格财务收支两条线，针对企业财务管理基础薄弱的问题，加大力度开展规范财务管理专项整治工作。完善用工管理制度，实施用工结构优化调整，打造灵活高效的用工机制，实现人力资源配置效益最大化。全年开展非法集资专项排查、现金业务专项排查、代理金融网点风险等级评价、代理金融案件排查等专项检查共计 6 项，确保全市金融资金票款安全。

【基础建设】 2014 年，升级改造金融网点 34 个，建设便民服务站 650 个，开通邮政便民服务站 430 个。电子商务平台建设全省领先，自贡 E 邮局、自贡邮政微信平台等邮政电子平台投入使用。储蓄逻辑大集中系统正式切换上线，开发完成自贡恐龙馆电子门票系统、邮政保险到期兑付查询系统、邮政客户管理系统、MAS 系统。优化县下邮路组织，邮路数量从 3 条增加到 4 条，邮运线路覆盖全县 67 个网点。

【特色活动】 2014 年，自贡邮政恐龙主题邮局开业运营，成为全球第一个以恐龙为主题设立的邮局，全年以自贡地方文化为载体开发 2 类集邮产品和 6 类函件产品。市邮政分公司与市工商局联合主办“诚信邮局、和谐消费”联合宣传活动；与市委扶贫办联合举办“小包裹、大爱心”爱心助学行；举办“2014 年集邮文化走进百年檀小”“公益讲座”以及关注子女成长专题讲座；利用“邮乐”四川平台，将荣县、富顺县土特产商品招商到“邮乐”平台上，并向商家提供电子商务一揽子服务。

（龚剑梅）

信息化建设

【信息基础设施建设】 2014 年，全市信息化基础设施建设投资完成 3.4 亿元，比 2013 年同期增长 61.9%，新建光纤（光缆）4200 皮长公里。完成改、扩建基站 1462 个，其中建成 4G 基站 1068 个，1 月 28 日全市 4G 通信成功上线。是年，全市实现规模以上企业管理系统信息化率 60%。

【推进“智慧城市”建设】 2014 年，按照市委市政府的总体安排和部署，成立智慧城市建设领导小组和领导小组办公室，开展自贡智慧城市顶层设计，启动大数据中心和运营管理中心建设前期准备工作。市政府与中国移动四川有限公司签订“共建自贡智慧城市及信息化战略合作协议”。

【企业“两化融合”项目建设】 2014 年，加强四川大西洋焊接材料股份有限公司焊接材料产业信息化综合集成与业务协同平台、四川普润控股集团有限公司智慧产业公共服务平台等重点信息化项目建设的推进工作。组织开展全市 2014 年两化融合管理体系贯标试点企业和服务机构申报推荐工作，推荐贯标试点企业 17 家，贯标服务机构 4 家，东方电气集团东方锅炉股份有限公司 5 月份被工业和信息化部评为两化融合贯标试点企业（全省 10 家）。组织市内企业开展 2014 年度省级财政创新驱动发展专项资金项目（信息化与工业化融合专项）的申报工作，争取省上资金 500 万元。

【推进“信息惠民”工程建设】 2014 年，推进百镇千村信息化建设，实施自然村通电话和行政村通宽带工作。全市新开通 68 个自然村通电话，占年度目标任务的 113%；新开通 43 个行政村通宽带，占年度目标任务的187%。

【信息安全管理】 2014年，开展通信运营企业通信网络安全管理，保障通信网络的畅通与安全，做好重要会议、重大活动的通信保障工作。组织通信企业制定中考、高考通信保障预案，对各考点、招办、考生食宿地通信设施和监控设施进行检查维护，确保通信畅通与安全。开展重要部门、重点领域信息安全管理，强化信息安全检查工作，确保信息网络安全。组织通信运营企业加强对互联网的接入管理，清理查处非法网站、违规网站的接入情况。

（马博强）

电　信

【民生工程建设】 2014年，全市“自然村通电话”和“行政村通宽带”项目共投入3140万元，新实现25个自然村通电话，超目标任务25%；实现28个行政村新开通宽带，超目标任务22%。

【“智慧城市”建设】 2014年，“智慧城市，光网自贡”累计投资6.3亿元，包括智慧政务、智慧产业、智慧民生三大工程16个子项建设。完成智慧天网系统建设、自贡市网格化服务管理体系建设、网络发票项目建设、数字工地监管系统建设、运管物流车辆管理系统建设、阳光厨房监管系统建设、计生信息采集管理系统建设、网络安全认证系统建设、金保工程信息化建设、环保信息化系统建设等项目。智慧产业完成智慧园区、翼支付、数字企业、天虎云商、智慧电力、智慧石油等项目，其中翼支付实现刷公交、优惠加油、影院购票等应用；完成全市7个智慧园区数字化基础运营平台建设。全市基础网络覆盖及平安医院、智慧交通、智慧校园、智慧小区等信息化项目，完成30个信息化小区建设，20个中小校园信息化建设。多次组织召开行业应用产品巡展、本地信息化活动推介会及细分客户信息化建设工作交流活动。完成智慧城市大讲堂、智慧城市信息化建设工作调研，通过推广社会治安综合管理系统、平安医院、交通物流客运E通、企业“两化融合”互动工程系统、智慧天网、天虎云商、环保监控等应用，支持“智慧自贡”建设。

【“宽带乡村”建设】 2014年，贯彻落实国务院《关于印发“宽带中国”战略及实施方案的通知》精神，推动“宽带乡村”建设。市和区县政府负责人到成都与中国电信四川公司就“宽带乡村”建设、智慧城市及大数据相关投资项目进行衔接。8月，在成都召开的四川省“宽带乡村”试点工程启动会上，大安区政府与中国电信四川公司现场签订“宽带乡村”合作协议；11月，市政府与中国电信四川公司在大安区牛佛镇农科村签订《“宽带乡村”试点工程合作协议》；配合各区县政府按计划召开“宽带乡村”启动会。是年，自贡电信投资“宽带乡村”建设资金1.21亿元，比2013年同期增长300%。全市建设端口5万个，建设宽带乡村527个，建成光纤（光缆）5560皮长公里。IPTV、高清影视、4K等光纤宽带技术在农村实现普及和应用，为农村用户提供高速上网、看高清电视、网上购物、网上销售等信息化服务。

【网络优化】 2014年，投资电信信息传输基础设施项目建设2.01亿元。3G覆盖率城区达100%以上，农村达98%以上，光网全面覆盖全市所有城市和乡镇。

（电信自贡分公司）

移动通信

【网络建设】 2014年，推动第四代移动通信发展，拓展互联网承载及宽带建设能力，协同推进“宽带乡村、村通工程”等项目建设，助推自贡市信息化建设。推进网络转型，累计投资近3亿元，部署八大重点工程，推进4G网络、光纤入户、网络升级改造等项目。是年，实现TD－LTE网络覆盖超越3G覆盖，成为全市最大的4G网络，并逐步扩大农村地区覆盖范围，实现全市绝大部分乡镇全覆盖、重点村落有效覆盖。

【“智慧城市”建设】 5月23日，市政府与四川移动签订《共建自贡“智慧城市”及信息化战略合作协议》。自贡移动分公司围绕“政府倡导，社会关注，群众需要”，累计投资2亿元，从智慧政务、智慧城管、智慧民生、智慧交通、智慧校园、智慧旅游、智慧环保七个方面，推动智慧城市建设，重点启动和推进数字城管、大安环保监控、智慧乡村、“和聚蜀商”本地电商平台、十户联防等多个信息化应用项目。

（曾　平）

联合通信

【主营业务】　2014年，联合通信主营业务收入累计完成2.06亿元，完成收入预算93.5%，同比增幅3.04%，综合绩效全省排名第1位，占全市通信市场收入份额15.4%，全省排名第4位。全年完成大客户项目179个，新增3G基站134个，覆盖市区、高速公路、县城、乡镇。累计建设3G基站718个。新增4G站点63个，新建光缆525公里、1.45万芯公里。新增分组设备190套。完善市区深度覆盖，解决投诉热点区域覆盖。

【机制体制转型】　2014年，推进组织体系优化，打造专业化管理体系，整合一线业务单元，提升把握市场的能力。实施支撑人员复用，并开展虚拟团队和专家库试点工作，提升人员使用效率。整合各部门职能，网络公司综合财务部人员与主体人员实行复用。优化后公司一级部门为13个。提高关键岗位员工工作的主观能动性和创造力，动员优秀员工到一线岗位做贡献。优化组织结构、再造工作流程，建立员工业绩评估考核体系，打破大锅饭式陈旧制度。对人工成本按照岗位的业绩考核结果及实际贡献进行二次分配，树立人人争先的良好氛围。

【客户服务】　2014年，实施“用户办结＋管理”双办结，准确反映客户诉求，以用户投诉驱动内部管理，促进公司经营、网络、管理、服务水平提升。根据投诉问题对客户的影响程度、影响范围、存在的潜在风险等因素，实施分类分级管理，重大、紧急类投诉问题优先处理解决，以缩短处理时限提升投诉闭单标准，促进“管理办结”优化和改进。建立网络攻坚、服务（热线）攻坚、互联网攻坚、计费攻坚、营业攻坚六大攻坚组，制定攻坚内容和目标值。12月底，服务KPI指标得分为10分，全省排名第三位（并列）。投诉工单按时完结率实际完成值98.06%，渠道服务满意率月均值为89.47%，申诉量共认定5件，各项指标全部达标。

【“智慧城市”建设】　2014年，聚焦三大市场，以“智慧城市”和行业应用为牵引，规划的八大智慧领域有六大领域取得突破，实现省公司目标智慧应用项目本地签约12个，名列同类分公司第一位。签订交警移动执法、公交移动WiFi、邮政WiFi、出租车3GVPDN、法院移动OA等战略性标杆项目。推动智慧城市的规划建设、运营服务和创新发展。

【通信能力保障】　2014年，以市场为导向，聚焦3G和宽带业务，建设“安全高效、创新领先”的精品网络，构建以“光”为基础的宽带化、IP化、智能化、面向未来的信息网络。对用户投诉TOP区域，有针对性地对重点投诉问题的开展分析并制定解决方案。持续坚持前后台机业联席会，围绕市场需求开展运维工作；强化集团客户支撑服务，建立专家库维护团队，支撑业务发展和客户服务。夯实基础力量，网络主要指标改善明显，整治后光缆中断次数由26次/月下降到10.4次/月；公众用户的投诉率比整治前降低15%；固网（集客）的投诉率比整治前降低2.2%。加强网络资源与市场及网络建设与资源整体效能协同性，推进光网改造。开展LTE规划和布局工作，持续提升网络运行质量，完善3G网络深度覆盖，拓展乡镇、交通干线广域覆盖。

（王　玮）

ZONG HE JING JI GUAN LI

综合经济管理

经济发展综述

【概况】 2014年，全市实现地区生产总值（GDP）1073.40亿元，按可比价格计算，比2013年增长7.6%。其中，第一产业增加值123.20亿元，增长4.1%；第二产业增加值639.00亿元，增长7.9%；第三产业增加值311.20亿元，增长8.1%。

【农业基本稳定】 2014年，全市粮食和油料产量稳定。其中，粮食产量127.78万吨，比2013年增产0.3%；油料产量5.86万吨，增长8.7%。主要畜产品产量保持增长。生猪出栏232.63万头，增长2.0%；肉牛出栏4.04万头，增长9.9%；肉羊出栏106.36万只，增长3.3%。

【工业增长趋稳】 2014年，规模以上工业增加值480.24亿元，比2013年增长7.8%。分轻重工业看，轻工业增加值104.77亿元，增长7.3%；重工业增加值375.47亿元，增长7.9%。分登记注册类型看，国有控股企业增加值比2013年下降10.8%；集体企业下降72.2%；股份制企业增长9.4%；外商及港澳台商投资企业下降16.1%。规模以上工业销售产值1652.16亿元，比2013年增长7.6%。

【投资规模扩大】 2014年，完成全社会固定资产投资597.61亿元，比2013年增长12.4%。分产业看，第一产业投资47.43亿元，增长49.0%；第二产业投资149.28亿元，增长0.3%，其中工业投资147.59亿元，下降0.6%；第三产业投资400.89亿元，增长14.2%。从房地产市场看，全年完成房地产开发投资101.23亿元，比2013年增长30.2%。商品房施工面积844.89万平方米，增长12.8%；商品房竣工面积116.55万平方米，下降45.9%；商品房销售面积168.56万平方米，下降29.4%。

【市场消费平稳】 2014年，社会消费品零售总额427.65亿元，比2013年增长12.5%。分城乡看，城镇消费品零售额341.93亿元，增长12.7%；乡村消费品零售额85.71亿元，增长11.7%。分行业看，批发行业零售额44.85亿元，增长14.0%；零售行业零售额325.94亿元，增长12.6%；住宿行业零售额2.08亿元，增长8.8%；餐饮行业零售额54.78亿元，增长10.8%。

【财税收入增长】 2014年，地方公共财政预算收入42.41亿元，比2013年增长10.6%；公共财政预算支出147.31亿元，比2013年增长5.3%。全年税收收入总计68.39亿元，增长7.7%。其中，国税税收收入26.66亿元，下降5.5%；地税税收收入41.73亿元，增长18.3%。

【居民收入增加】 2014年，城镇居民人均可支配收入2.36万元，比2013年增长9.6%。农民人均纯收入9974元，比2013年增长11.3%。

【价格水平涨幅较低】 2014年，居民消费价格总指数（CPI）上涨1.9%。其中，城市上涨1.7%，农村上涨2.2%。分类别看，消费品价格指数上涨1.3%，服务项目价格指数上涨3.6%；食品价格指数上涨2.4%，非食品价格指数上涨1.6%。全年工业生产者出厂价格指数下降1.2%，工业生产者购进价格指数下降0.1%。

（市统计局）

发展和改革

【概况】 2014年，面对异常严峻复杂的经济形势和持续加大的经济下行压力，全市坚持稳中求进、进中求好的工作基调，深入实施“三大发展战略”和“五个自贡”建设，保持发展定力，积极主动作为，着力解决经济运行中的突出问题和矛盾风险，有效稳定社会预期，保持经济社会发展总体平稳与和谐稳定。全市地区生产总值完成1073.4亿元、增长7.6%，比计划低2.4个百分点。其中农业增加值完成123.2亿元、增长4.1%，比计划高0.6个百分点；规模以上工业增加值完成480.2亿元、增长7.8%，比计划低2.7个百分点；服务业增加值完成311.2亿元、增长8.1%，比计划低2.9个百分点；地方一般公共预算收入完成42.4亿元、增长9.6%，比计划低1.4个百分点；社会消费品零售总额427.7亿元、增长12.5%，比计划高0.5个百分点；进出口总额6.7亿美元、下降33.7%。

【重大项目建设】 2014年，实施市级领导联系重大项目等推进机制，全市253个重大项目完成投资334亿元。加快重大项目推进，楼房湾水库等63个项目实现开工建设，万欣水电设备等60个项目竣工投产投用；省独立考核的中天胜特种聚酰亚胺等20个省重点项目完成投资84亿元。强化项目规划储备，编制《2014—2018年重大项目规划储备库》，储备重大项目1000个，总投资5000亿元。

【规划编制和经济研究】 2014年，启动“十三五”规划编制工作，成立领导小组，制定工作方案，对整个规划工作进行整体统部署。重视课题研究，完成2013年度《自贡市未来五年投资增长分析》《内自一体化发展研究》《地方铁路建设投融资模式研究》等12篇课题评审验收，围绕市委、市政府工作重点，提炼出《“十三五”规划基本思路研究》《产业发展支撑研究》《循环发展的重要领域及对策研究》《促进区县经济发展对策研究》等15个2014年度重点研究课题，组织相关课题人员对投融资体制改革、产业发展支撑等14个重点领域进行研究。

【全面深化改革】 2014年，开展统筹城乡综合配套改革，实施深化城乡建设用地增减挂钩改革试点，组建市农村产权交易中心，开展农村土地承包经营权确权登记。推进扩权强县强镇，14个领域112项事权下放试点镇，增强县域经济发展活力。国有企业改革加快实施，公交公司、大西洋公司探索建立混合所有制，聚酯公司等29户企业改革后续工作有序推进，纺织公司等10户企业实现破产终结。推进财税体制改革，“营改增”试点、预算绩效管理等改革取得新进展。投融资改革力度加大，市商业银行成功转型，自贡农商银行筹建有序推进，全市首家农村资金互助合作社挂牌营业，市国投公司15亿元中期票据、高投公司10亿元公司债券成功发行。医疗卫生改革进展顺利，县级公立医院综合改革启动试点，全市县级公立医院取消药品加价，分级诊疗制度全面实施。新一轮政府机构改革基本完成，推进市级事业单位分类改革。

【节能减排】 2014年，《自贡市人民政府关于划定高污染燃料禁燃区的通告》通过第十六届人民政府第64次常务会议。该通告明确主城区东至东环线，南至S305线，西至南环线，北至北环线的99.85平方公里和沿滩区建成区2.6平方公里范围内不得新建、改建、扩建使用高污染燃料的项目。是年，全市单位GDP综合能耗降幅连续第四年保持良好势头，2011年到2014年能耗下降率分别为4%、7.32%、5.42%、6.55%，全市单位GDP能耗指标值从2010年的1.052吨标准煤/万元下降到2014年的0.827吨标准煤/万元，累计下降21.36%，提前一年完成“十二五”下降16%的目标。

（刘庭会　施嘉懿　余　雅）

国有资产监管

【概况】 截至2014年年末，全市纳入市国资委企业国有资产统计报表汇编范围企业为50户，资产总额为308.6亿元，负债总额为121.6亿元，归属于母公司所有者权益总额为172.7亿元。是年，实现工业总产值28.6亿元，实现营业总收入为40.1亿元，利润总额2.5亿元，归属于母公司所有者的净利润为1.6亿元，上缴税金为2.2亿元。其中市国资委监管企业5户（大西洋公司、公交公司、燃气公司、国投公司、高投公司）资产总额为283.6亿元，占总量的91.9%，同比增长14.6%；所有者权益总额为178.6亿元，同比增长11.6%；负债总额为105.0亿元，同比增长20.1%。市国资委非监管和区县监管企业资产总额为25.0亿元，同比增长127.3%；所有者权益总额为8.4亿元，同比增长140.0%；负债总额为16.6亿元，同比增长115.6%。是年年末，国有资产总量为171.7亿元，国有资本保值增值率为101.1%。

【完善产权管理制度体系】 2014年，制定出台《自贡市国有企业担保管理》《自贡市市属企业投资监督管理实施细则》《市属企业报废固定资产转让办法》等3个规范性文件，使产权管理工作逐步制度化、程序化、规范化。按照《公司法》《国资法》要求，指导市公交集团公司、市高新投资公司、自贡硬质合金有限公司等3户企业修订《公司章程》，规范公司行为。

【产权管理基础工作】 2014年，办理监管企业担保备案13项，担保额度2.3亿元；办理国有破产企业资产处置评估备案15项，评估资产总额2.97亿元；通过产权市场挂牌国有产权交易项目17项，成交总额1580.04万元，在评估价基础上增值4.4%；监管企业及其全资、控股、参股企业共62户企业产权重新登记工作完成。

【产权结构调整】 2014年，指导市国投公司收储15户破产企业财产2.24亿元，其中：地面及其附着物9776.3万元、土地权益1.27亿元。推动汇东发展股份公司实施增资扩股，完善法人治理结构。引进中钨高新材料股份有限公司，为自贡硬质合金有限责任公司引资2.21亿元完成增资扩股全部工作，增强企业的发展实力。妥善、平稳处置公路运输总公司13台出租车移交工作。

【投融资工作】 2014年，各企业注重运用债券市场进行融资，为企业提供资金保障。高投公司向交通银行申报发行短期融资券不超过15亿元，报省发改委通过，已上报国家发改委备案。市国投公司申请全国银行间债券市场机构投资者注册发行总额15亿元的中期票据，4月27日获全国银行间交易商协会批复，分三期在两年内完成。依法合规办理监管企业担保备案12项，担保额度共1.31亿元。

【国有资本经营预算工作】 2014年，编制2014年市级国有企业国有资本经营预算收入草案，经市人大和市委、市政府批准同意。监管企业2014年上缴2013年国有资本经营收益为494.1万元，其中：市国投公司32.9万元，市燃气公司115.2万元，大西洋集团公司346万元，公交公司未实现利润无国有资本收益。

【强化国有企业监管】 2014年，对大西洋集团公司等3户派出监事会企业进行年度监督检查，对大西洋焊接产业园等重大投资项目实施全过程监督，对企业负责人加强审计监督。

【健全国企负责人薪酬考核机制】 2014年，对国有企业负责人2013年度经营业绩和2011—2013年任期经营业绩进行考核，对《国有企业负责人经营业绩考核暂行办法》进行修订。

【重大产业项目建设】 9月25日，大西洋焊接产业园项目主体工程正式开工，截至2014年12月，大西洋焊接产业园年内完成投资2.30亿元，累计完成投资7.60亿元。公交车辆购置完成投资3580万元。燃气公司贡井储配站建设和管网改造完成投资3420万元，储配站建成正式投入运行。

【经济运行状况】 2014年年末，全市统计范围内的国有及国有控股工业企业共计16户，占全市562户入统企业的2.85%。是年，全市国有及国有控股工业企业累计完成工业总产值214.47亿元，同比下降11.06%，占全市完成工业总产值1666.71亿元的12.87%。实现主营业务收入210.97亿元，同比下降11.93%，占全市实现主营业务收入1625.56亿元的12.98%。实现利润总额3.05亿元，同比下降49.23%，占全市实现利润总额70.89亿元的4.3%。

（张亨校　高建红　李　莉　汪桂林）

统　计

【统计调查工作】 2014年，完成国民经济综合统计、核算、工业统计、农经统计、投资统计、贸经统计、人口统计、能源统计、社会和科技统计、服务业统计、县级经济统计、城乡区划代码和城乡属性代码划分、城镇化和就业失业监测、文化产业监测等23项统计调查工作，市统计局配合自贡调查队做好农村住户调查统计工作。全市多数统计监测业务工作在省统计局的年度考核中排位比2013年有所提高，95%以上的统计监测业务工作获省统计局三等奖以上表彰，在全省市州统计工作综合考核中获第8名，比2013年提升1位。

【经济运行预警预测和统计分析】 2014年，围绕市委市政府重大决策及年度工作目标，组织撰写GDP、投资、工业等《统计预警预报》专刊5期、统计分析58篇、统计简明信息218条，开展与川南5市（州）等城市的综合比较，靠前分析、研判和把握全市经济发展趋势，组织撰写的工业、农业、消费及全年经济运行走势等多篇分析得到市领导的肯定性批示。按季度召开全市区县统计局局长经济形势分析会，开展基层服务月活动，与部门开展联合调研，对全市及区县经济情况进行分析研究，帮助指导区县做好相关工作，提出工作建议，解决制约发展因素。建立季度新闻发布制度，及时发布《自贡市2013年国民经济和社会发展统计公报》，继续编印《自贡统计年鉴》《自贡统计信息月刊》，编辑提供《自贡服务业发展动态》《自贡新型工业化进程监测》《产业自贡进程监测》等期刊数据。

【开展全面小康进程监测】 2014年，根据《四川省全面建设小康社会统计监测方案》，收集汇总2000年后全市全面建设小康社会的指标数据，对全市全面建设小康社会进展情况进行测算和分析，撰写《自贡市全面建设小康社会统计监测报告（2013）》。

【特色统计监测】 2014年，修改完善《自贡市全社会能源统计监测方案》，推进“两化”互动、“五个自贡”建设统计监测、市级领导联系的重点企业和特重大项目统计监测，开展战略性新兴产业、新材料产业、农业产业化等统计调查工作，为市委市政府领导决策提供科学依据。

【社情民意调查工作】 2014年，先后开展2013年度全市目标绩效考核社会评价调查、2014年度市级部门政风行风和乡镇街道党风廉政建设社会评价、公安系统政风行风党风廉政建设调查和卫生系统政风行风调查等，涉及调查样本近2万个，并撰写调查报告，为市委、市政府考评提供决策参考。

【统计改革】 2014年，按照市委、市政府和省统计局统计改革总体要求，成立统计改革领导小组，推进各项改革工作。按照省统计局的统一部署，实施经济核算制度改革，开展新型服务业态增加值核算；在沿滩区开展投资统计改革试点；做好城镇化和就业失业监测准备工作；推进城乡住户调查一体化。

【县级统计机构规范化建设】 2014年，自流井区统计局、大安区统计局县级统计机构规范化建设通过省统计局评审验收。截至2014年年底，全市所有区县统计局规范化建设全部达到国家标准。

【经济普查工作】 2014年，完成第三次全国经济普查入户登记、审核验收、数据评审、质量抽查等阶段性工作。普查中强化政府行为和组织领导，坚持依法普查，严格执行方案，规范业务流程，广泛宣传动员，加强审核评估，确保普查质量。市统计局获省级“第三次全国经济普查先进集体”荣誉称号。

【一套表和联网直报工作】 2014年，执行《自贡市统计局联网直报平台日志监管制度》，落实《自贡市联网直报平台日志监管台账》，核实“一址多企”、严控内网报送、严禁代报行为，密切监控数据修改痕迹和异动数据。全市主要统计专业均建立数据质量评估制度、随机抽查推算制度和查询说明制度，开展三经普执法检查、重点企业核查、异动数据检查等数据抽查工作，开展联网直报专项整治。

【统计法制建设】 2014年，开展送法进基层、万人签名暨现场集中宣传教育、法律知识竞赛、第五届统计开放日、“12·4”国家宪法日、“12·8”统计法律法规颁布日等宣传活动，向统计系统、基层单位、社会公众宣传统计法律法规、“一套表”联网直报工作。开展三经普执法检查、重点企业核查、异动数据检查、联网直报专项治理等工作，抽取建筑、房地产、贸经、工业等专业的非联网直报单位进行执法检查。

【统计信息化建设】 2014年，全市各区县（含高新区）开展街乡信息系统试点工作，每个区县选择1—2个街道或者乡镇，有条件的区县，系统拓展到社区（村）。在机房安全方面，重新铺设防静电地板，采用电源和网络线路架设更合理的图腾机柜，安装自动灭火装置；在数据安全方面，购买IBM×3630m专用存储服务器，购买艾默生UPS电源；在服务器承载能力方面，购买2台IBM3650m4服务器；在网络安全方面，建立完善《自贡市统计局网络涉密保密管理制度》《自贡市统计局公共信息网络发布信息保密管理制度》《自贡市统计局涉密计算机保密管理制度》等制度，并推行岗位责任制；市、县两级统计工作用机安装国产防病毒系统，并确定专人对其安全客户端进行管理和维护。

（市统计局）

价　格

【概况】 2014年，全市物价工作坚持以“稳物价、推改革、强监管、安民生”为主线，物价总水平保持基本稳定，居民消费者价格总指数（CPI）

累计上涨1.9%，有效控制在省、市调控目标以内。

【价格监测】 2014年，按《四川省重要商品和服务价格监测报告制度》要求，加强监测分析，定期召开物价形势分析预测会议，编辑印发各类简报、分析资料66期；完善监测网络体系，确定44个价格监测网点，形成市、区（县）两级价格监测网络体系；加强价格调查分析和预警预测工作，编写月度分析12期，向国家和省报送各类监测报表117期，为全市价格宏观调控和各级领导价格决策提供参考。

【宏观调控】 2014年，按照国家和省统一安排，提高2014年粮食最低收购价格，每50公斤早籼稻（三等，下同）、中晚籼稻和粳稻最低收购价格分别提高到135元、138元和155元，比2013年分别提高3元、3元和5元。针对生猪价格持续走低，可能对生猪养殖造成较大冲击的实际情况，制定《自贡市缓解生猪市场价格周期性波动调控预案实施办法》，启动防止生猪价格过度下跌一级响应机制，实施2014年市级冻猪肉936吨的储备任务，落实补贴资金103.6万元。安排天然气价格专项调节基金4800万余元，对老年人免费乘车、城市低保燃气补贴等进行专项补贴。

【价格调节基金征收管理和使用】 2014年，按照《自贡市主要副食品价格调节基金征管规定》，做好基金征收、管理和使用，完善农业生产补贴项目的申报条件、资金下达、检查验收等审批审核程序。加强天然气价格调节金征收管理，拟定加强基金征收工作会议纪要，加强对征收工作指导和拖欠款催缴。全年共征收主要副食品价格调节基金5072.9万元，较2013年增加1098.9万元，天然气价格专项调节基金实现征收入库3600万元。价格调节基金使用向民生倾斜，共安排各类价格补贴资金7200万余元。

【资源环境价格改革】 2014年，按国家和省统一部署，15次调整成品油价格，并4次联动调整辖区内道路旅客运输价格；推进资源环境价格改革，部署全市车用柴油质量升级和价格调整工作，做好全市城市供水价格和天然气价格改革的前期准备工作；开展全市水利工程供水价格摸底、城镇污水处理费情况、燊海井牌颗粒泡菜盐成本和价格情况等调研工作，实施2014年丰水期富余电量消纳政策，上调全市非水力发电类水资源费征收标准，调整全市非居民用天然气销售价格、车用压缩天然气转供和销售价格，取消天然气价格专项调节金征收。

【规范收费管理】 2014年，开展"收费许可证"年审和换证工作，年审"收费许可证"93个，年审行政事业性收费金额6.2亿元，年审市本级行政事业性收费金额2.1亿元。按规定取消、停收和免收涉及交通、卫生、水利、教育、农业等部门的42项行政事业性收费，加强教育收费管理，规范公办教育和学前教育收费行为。规范机动车停车场（点）收费，制定印发《进一步规范城区停车场点收费管理的意见》及《关于自贡市机动车停车场点指导性收费标准的通知》。推进医疗服务价格改革，完成9360个新旧医疗服务项目清理、对接和平移，放开非公立医疗机构医疗服务价格，实行市场调节。规范城市物业收费管理，出台全市前期物业服务收费和保障性住房的物业服务收费的指导价标准。

【成本调查和监审服务】 2014年，建立健全成本约束机制，强化成本监审，对沿滩区经济适用房定价成本、市中医医院自制药剂定价成本、市高级公交车客运定价成本、市医疗废弃物处理定价成本进行监审，为提高政府制定价格科学性提供成本依据。开展粮食、生猪、农业生产资料等农产品成本调查工作，服务农村经济发展。加强价格认证工作指导，开展涉案价格鉴定工作，全市共受理刑事涉案价格鉴定454件，涉案金额739.4万元。

【价格监督检查】 2014年，全市价格监督检查工作围绕保持价格总水平基本稳定的首要任务，突出检查重点，注重规范价格行为，深入推进价格诚信，维护正常市场秩序，促进公平竞争和市场价格水平稳定。全年共查处各类价格违法案件15件，涉嫌价格违纪金额541.6万元；受理群众价格投诉、咨询115件，经济制裁14.1万元，退还消费者13.8万元，罚款0.35万元，办结回复率100%。

（市发改委）

工商行政管理

【推进商事制度改革】 2014年，落实登记制度改革实施方案，推行“全能性登记服务”窗口，推动实施“企业信息公示制度”后续监管，构建部门联动响应机制。围绕融资信贷、资质评定、工程招投标等重点，对违法失信主体实行联合惩戒，形成“一处违法，处处受限”局面。推进工商注册便利化，市场主体登记量大幅增长，产业结构进一步优化，市场活力进一步释放。是年，新登记各类企业2697户，个体工商户1.6万户，农民专业合作社167个，分别同比增长58.5%、36.88%、19.28%；发展新型市场主体家庭农场101户。全市累计登记各类企业2.26万户，注册资本706.4亿元，分别同比增长12%、15.9%。是年末，全市有个体工商户7.37万户，注册资金24.61亿元，分别同比增长14%、40.83%；有私营企业1.67万户（含分支机构数），注册资金456.23亿元，分别同比增长17%、311%。

【招商引资】 2014年，完成工商系统招商引资企业2户，招商引资金额2800万元。其中，省外资金1000万元，市外资金1800万元。包装项目2个，提供项目线索8个。

【服务企业融资】 2014年，以股权出质、动产抵押、商标质押、邮政储蓄小额贷款、巾帼创业贴息贷款等融资服务举措，帮助市场主体融资120.54亿元，同比增长53.86%。

【商标战略】 2014年，围绕全市节能环保装备等支柱产业，实施“个十百千”工程和商标战略进园区工作，出台《自贡市商标战略进园区工作方案》，确定商标战略示范园区1个、重点培育园区2个，并在自贡高新技术产业园区设立商标战略工作指导站。是年，培育驰名商标3件、著名商标13件。其中，“久大及图”商标被认定为中国驰名商标。至2014年底，全市拥有行政认定驰名商标7件，著名商标46件，知名商标131件，地理标志证明商标2件。

【流通领域商品质量监管】 2014年，商品质量抽检132个批次，下柜、退市不合格商品货值108万元；发布各类消费警示28条、消费提示21条。

【市场秩序监管】 2014年，以“红盾春雷2014”行动为契机，查处一批社会影响大、案件类型新的大要案件。受理争议调解25件，调解格式条款争议案件7件，备案格式条款文本129件，审查格式条款478条，修改条款51条；向市级有关部门、单位推送2000余条企业信用信息，向社会各界提供查询3500余次；监测广告1.1万条/次，发出责令整改25条，责令停止发布28条；驱散传销人员200余人次，捣毁传销窝点11个，解救误入传销人员22人，处理传（直）销投诉8起。共查处各类违法违章案件6663件。其中，立案查处案件481件，案值4615万元。

【工商体制调整】 11月20日，省工商局副局长杨跃代表省工商局到自贡参加全市工商质监体制调整移交工作对接会，对全市工商部门系统人员档案花名册、资产明细等资料进行交接，签署移交备忘录。结束16年的工商垂管体制，重启为分级管理体制。

（罗育新）

质量技术监督

【质量管理】 2014年，出台《自贡市贯彻实施质量发展纲要暨自贡市质量发展“十二五”规划2014年行动计划》和《自贡市人民政府关于贯彻落实〈四川省计量发展规划〉的意见》。完成首届市政府质量奖评选，沿滩区获批创建全省首批“四川省质量强市示范城市（镇）”。面对区县政府、基层部门和企业开展质量大讲堂，争创国家级中小学质量教育实践基地。推进质量信用体系建设，首次将质量信用纳入金融信用体系，提高信贷资金使用效益。是年，全市工业产品监督抽查合格率98.44%，连续3年稳定在95%以上。

【标准化工作】 2014年，全市企业主导或参与制修订国家标准、行业标准10项，采用国际标准或国外先进标准12项。筹备自贡市彩灯产业联盟，创新推广彩灯产业联盟标准，助力建设彩灯产业集群。全市机关管理服务标准化试点和“盐义仓”社区互助微公益服务标准化试点列入省级服务业标准化项目，自贡恐龙馆博物馆省级服务标准化试点项目通过验收，国家级城市公共交通服务综合标准化试点项目按期推进，对244个标准的标准体系进行制定和完善。启动“农村公共服务运行维护”和“荣县蔬菜种植标准化示范区”2个国家级农业标准化项目建设，完成贡井的血橙、蔬菜、水产和沿滩的花椒4个省级农业标准化示范项目建设与验收。全市已建和在建的国家级农业标准化示范项目10个，省级项目13个。按照《自贡市标准化工作奖励暂行办法》，对2012年—2013年标准化工作突出的区县政府和企业共36户实施奖励，奖励资金124.2万元。

【计量管理】 2014年，在医疗机构、集贸市场等十大领域开展“计量惠民生、诚信促和谐”双十工程，抽查企业128家，乡镇卫生院47个，住宅小区20个，确保全市十大民生领域计量器具受检率100%。开展计量服务进学校、进社区，大力宣传计量与节能减排、计量与环境保护的关系，免费为群众提供血压计、体重秤、眼镜检测服务300人次。对全市39家列入国家“万家节能低碳行动”的单位实施能源计量审查。

【品牌建设】 2014年，全市新创四川名牌产品13个，总数增至74个，全省排名第4，名牌企业对全市工业经济的贡献率达30%。自贡国家高新技术产业开发区获批创建省级知名品牌示范区。新增国家地理标志保护产品1个（自贡冷吃兔），总数达8个，在全省第4个实现区县全覆盖。富顺县获批创建省级地理标志产品保护示范区。制定并发布地标产品区域性地方标准7个，推动特色产业经济发展。

【特种设备安全监管】 2014年，开展特种设备“六打六治”专项行动，推进特种设备使用单位风险评价和分类监管，对45个重大危险源实行重点监控，实施二维码电梯管理试点，举办压力管道泄漏和电梯事故2次应急演练。全年检查特种设备使用单位549家，特种设备1390台套，消除重大安全隐患37起，连续10年未出特种设备重大责任事故。

【检验检测能力建设】 2014年，市质监局与中天胜新材料科技有限公司、四川理工学院签订《高分子材料研发及质量检验检测战略合作框架协议》等5项战略性协议，搭建自贡市高分子材料检验检测平台。《盐及盐化工产品标准体系研究》《CSYB型光栅数显引申计标定仪研制》获自贡市科学技术进步三等奖。“室内空气检测能力提升”项目获批为国家质检总局技改技装项目。是年，全市质监技术机构新投入资金500万余元购置检验仪器183台（套）。

【依法行政】 2014年，规范行政裁量权，杜绝“合法不合理、同案不同罚、同事不同办”等群众反映强烈的突出问题；规范权力使用，坚持行政执法“四分离”“开门审案”，实行“阳光执法”；规范“两法”衔接，推进行政执法与刑事司法衔接，实现信息互联互通，向司法部门移交重大案件1起；规范信息发布，依法公开假冒伪劣和侵权行政处罚案件信息，重大行政处罚上报备案。

【打假治劣】 2014年，开展以农资、建材、日用消费品和食品包装等为主的“质监利剑”和“双打”专项行动，查获违法产品货值金额61万元，打击质量违法和质量侵权行为。开展液化石油气、烟花爆竹质量安全整治，问题整改合格率100%。配合全省道路交通安全整治，严厉打击机动车非法生产销售改装拼装，整治非法改装车辆164台。首次开展CNG汽车专用装置定期检验，增强CNG汽车安全系数。

（袁　媛）

食品药品监管

【体制改革】 3月，市政府办公室印发《关于成立自贡市食品药品安全委员会的通知》，成立以市委常委、常务副市长为主任、6名副市长为副主任、35名部门负责人为成员的市食品药品安委会及其办公室。7月，市食品药品安委会制定《自贡市食品药品安全委员会工作规则》（自食药安委〔2014〕1号），明确市食品药品安委会及其成员单位职责。全市6个区县和高新区管委会印发新组建食品药品监督管理局“三定”规定及其实施意见，组建食品药品监督管理局，确定拟建90个乡镇、街道食品药品监督管理所，建成42个乡镇、街道食品药品监督管理所。接收、整合、行使卫生的市食药安办职能和工商的食品流通、质监的食品生产、商务的酒类流通等部门划转的职能。

【重大活动】 3月19日，自贡市副市长未也率队深入到基层食品药品监管所和药品生产企业实地调研。4月3日和4月22日，市人大常委会主任陈华、省政协原副主席曾清华分别带队视察和调研《食品安全法》贯彻实施情况。4月14日上午，省委督导组第二组组长林海云率队调研指导市食品药品监督管理局群众路线教育实践活动。8月19日，省检察院检察委员会专职委员朱先琼率省破坏环境资源和危害食品药品安全违法犯罪专项监督活动第二督导检查组走访自贡市食品药品监管局。11月19日，国家食品药品监督管理总局规划财务司司长王小岩莅市专题调研了自贡市食品药品监管体制改革及基层食品药品监管所能力建设情况。

【产业发展】 2014年，医药工业总产值、销售收入、利润总额保持30%以上的增长率。旭阳现代中药产业园基本建成，鸿鹤制药的二甲硅油气雾剂取得全市首张军队特许药品批件，四川健能制药有限公司取得氨茶碱口服溶液注册批件。截至年底，年产值两千万元以上的规模食品生产企业80家，拥有四川名牌产品16个，获得地理标志产品保护的品种6个。全市规模以上食品工业企业实现总产值206.99亿元，同比增长7.7%。实现利润9.8亿元，同比增长15.3%。

【专项整治】 2014年，以食品药品安全专项整治“亮剑行动”为主线，开展学校食品安全检查、农村食品市场“四打击四规范”、医疗器械“五整治”、“白酒塑化剂”和“魔爽烟”、铝食品添加剂、“瘦肉精”、生鲜乳违禁物质、畜禽屠宰等专项整治行动，严厉打击违法犯罪行为。全市共检查食品生产经营单位2.53万家次，取缔食品无证生产经营158户，退市下架各类食品4000余公斤；检查药品生产经营使用单位9000家次，捣毁制假售假窝点1个；立案537件，结案390件，移送公安机关案件9件，配合公安机关抓获犯罪嫌疑人1人，提起诉讼1件，刑事拘留1人；查扣物品2000余件，涉案货值金额30万余元，罚没金额112万余元，挽回经济损失26.5万元，没收违法所得8977元，案件数量、罚没金额均比2013年同期增加200%以上。

【抽验工作】 2014年，全市（食品药监、农牧业、水务部门）共监督检验食品2.33万批次（不含风险监测批次），占省下达任务（4批次/千人）的176.86%，出检验报告2.30万批次，合格2.29万批次，合格率99.4%。农残、兽残等禁用药物检验合格率100%；快检食品2.14万批次。抽检药品851批，不合格药品9批次，合格率98.94%。对监督检验发现的问题批次样品进行依法查处。

【小餐饮整顿】 2014年，开展学校食堂、农村自办宴席、景区、施工工地等餐饮食品安全风险源治理。对3500户次小型餐饮和流动餐饮进行规范整治，取缔无证小型餐饮123户、规范小型餐饮单位163户，餐饮环节监督抽检和风险检测抽检335个批次，查处餐饮案件116件，培训指导小型餐饮经营单位1500户次。检查学校食堂600个，发放监督意见书380份、督促学校整改246个，立案查处案件24件。推行量化分级管理，重点区域餐饮单位的量化分级动态评定率达100%，年度评定23家优秀等级的A级餐饮单位，较2013年提高91.67%，限期整改56家问题严重的餐饮单位。成立市小型餐饮整治领导小组，开展小型餐饮食品安全示范街和示范店创建活动，全市建成7条小型餐饮食品安全示范街，158户小型餐饮店建成食品安全示范户；123家小型餐饮单位验收合格达到食品安全示范店优秀等级，130家小型餐饮单位达到食品安全示范店合格等级。

【基层所建设】 2014年，按照市政府《关于我市改革完善市、区县食品药品监督管理体制的实施意见》“2万人以下的乡镇、街道建立单独所，2万人以上的乡镇、街道建立区域所”要求，全市已建立42个食品药品监管所，其中12个单独所、30个区域所。开展基层所规范化建设，按照机构落实、人员落实、办公场所落实、设施设备落实、制度落实、经费落实等“五落实”标准，建成9个规范化所。监管所人员编制采取行政编制加行政执法类事业编制的办法核定。

【重大活动保障】 2014年，完成第20届灯贸会、2014年春节及市人大十六届三次会议和市政协十四届三次会议等重大活动期间的餐饮服务食品安全保障工作任务。

【创新学校食堂监管】 2014年，建立餐饮安全信息化监管指挥中心，实现对学校食堂和直管餐饮单位食品加工的原料库房、粗加工、食品留样、备餐间及餐厨垃圾处理等环节和过程的关键风险点实行全过程、全方位跟踪监管。全市426所学校食堂（含托幼机构食堂）纳入食品安全远程监控系统，实现学校食堂食品安全远程实时监管全覆盖。

【推进GSP、GMP认证实施】 2014年，推进药品生产质量管理规范（GMP）和药品经营质量管理规范（GSP）的组织实施。指导药品生产经营企业新版GMP、GSP升级改造工作，指导四川旭阳药业有限公司扩建工程通过省评审认证中心组织的新版GMP认证现场检查，指导重庆医药自贡有限公司等7家药品批发企业通过省评审认证中心组织的新版GSP现场检查，完成药品零售企业GSP认证检查234家。

【不良反应监测】 2014年，全市共监督涉药单位上报药品不良反应病例报告1470例、药物滥用监测报告286份、医疗器械不良事件监测102例；开展食品安全风险监测1626批次，检出问题样品41个批次，合格率97.47%；发布食品药品安全风险预警4期，防范食品药品安全风险。

【行政审批】 2014年，受办行政许可及服务事项1840件，所有办理事项现场办结率100%，按时办结率100%，实际办理提速100%。

（万绮丽）

审　计

【审计成果】 2014年，共完成各类审计项目38个，审计查出主要问题金额9.70亿元，其中：违规金额6.93亿元，管理不规范金额2.76亿元；审计发现非金额计量问题31个；损益收支不实539万元；审计期间整改金额145万元。审计处理处罚6.33亿元，其中：应上缴财政金额5308万元，应减少财政拨款或补贴6264万元，应归还原渠道4万元，应缴纳其他资金883万元，应调账处理金额5.09亿元。促进整改落实有关问题资金7540万元，其中：为财政增收节支6318万元（上缴财政50万元，减少财政拨款或补贴6264万元，归还原渠道4万元），缴纳其他资金883万元，调账处理金额1222万元；核减政府投资额6271万元。提出审计建议99条，其中：被采纳44条，建议制定修改部门规定3条，被审计单位制定整改措施2项；提交专题报告及信息160篇，其中：重要审计信息2篇；公告审计结果8篇。

【交叉审计工作】 2014年，按照审计署“五统一”原则和交叉审计分工，抽调市、县（区）两级审计机关业务骨干43人到成都、德阳（经开区、绵竹、什邡，其间抽调5人到绵阳）开展为期3个多月的全国土地出让收支和耕地保护交叉审计，按时完成各项审计任务，为当地党委、政府摸清土地出让收支及结余规模、建设用地审批供应和耕地保有量以及分布等情况，揭露和发现一批土地出让收支、管理以及土地审批供应、耕地保护等方面存在的重大违法违纪问题和线索，就土地出让收支监管、土地有效利用、深化土地管理制度改革等方面提出一系列措施和建议。

【审计重大政策落实情况】 2014年，关注中央和省市“稳增长、调结构、促改革、惠民生、防风险”重大政策执行情况，并开展跟踪审计。对中央八项规定、国务院“约法三章”和省市规定的贯彻情况进行配合审计督查，对全市462个预算部门“三公”经费、会议费、公务卡使用和行政审批及行政事业性收费调整等重点事项开展专项审计调查，制止和纠正有令不行、有禁不止的行为，并提出建议和意见，为党委政府决策提供客观依据。根据省审计厅授权，对农信社法人机构进行审计，揭示和反映金融方面的薄弱环节及风险隐患，推动建立完善防范措施。

【政府性投资审计】 2014年，围绕“两化”互动、统筹城乡发展、建设“五个自贡”中的重点资金和重大项目及重要事项，对蜀光中学建设的校园道路土石方工程、自贡卫生康复职业学院教学实验楼工程、成自泸高速公路自贡连接线公路工程等开展结（决）算审计或全过程跟踪审计；对国有企业改制资金、战略性新兴产业发展资金、乡镇生活污水处理设施项目、环城现代农业和新农村示范园区建设与效益等项目开展专项审计调查，促进资金规范管理、提高使用绩效和项目顺利推进。根据灾后恢复重建规划安排，组织审计力量对自贡市对口援建旺苍、荥经的重大建设项目进行监督，促进资金及时高效使用，该工作得到常务副省长钟勉肯定。是年，市政府投资审计中心成立。

【民生资金审计】 2014年，对城镇保障性安居工程实施跟踪审计，重点关注保障性住房分配建设、管理和资金使用效益等情况，促进国家住房保障政策落实到位。对全市部分土地拆迁成本进行专项审核，加强国有建设用地出让收入和支出管理，保障重点项目建设进度。对全市2011—2013年财政教育资金分配使用管理及绩效审计相关情况进行全面摸底、归纳、分析和评价，提出进一步规范财政教育资金分配管理使用、促进教育发展的意见和建议。对残保基金、卫生医疗等有关项目开展专项审计或调查，纠正部分单位侵害群众利益的问题，推动惠民政策贯彻落实和改善保障民生。

【财政审计监督】 2014年，关注预算的完整性和执行的规范性，对财政专项转移支付等进行重点监督检查，提出审计建议，促进提高财政管理水平和绩效，推动深化财政体制改革。

【经济责任审计】 2014年，重点关注审计对象依法理财、依法行政和落实重大政策措施的情况，揭露和查出重大违法违规问题，督促领导干部依法履职、恪尽职守。

【审计成果利用】 2014年，针对在审计中发现的一些具有普遍性、倾向性的问题，加强综合分析，提出具体的操作性强的意见和建议，促进被审计单位整改落实和建章立制，并将相关情况归纳整理，编写上报审计信息，为领导管理决策提供参考。印发《自贡市人民政府办公室印发审计任务整改清单的通知》，督促被审计单位强化责任，落实整改。审计提出的亟待改进和完善市级预算单位办公设施及采购管理、加强残保金、卫生专项资金和住房维修资金管理等一系列建议，得到市委、市政府重视，并已讨论通过多个规范性文件。制定《自贡市审计局公告审计结果办法》，促进审计工作更加透明。

（杨晓东）

安全生产监管

【各类事故基本情况】 2014年，全市发生各类生产安全事故544起，同比下降16.95%；死亡98人，同比下降8.41%；受伤554人，同比下降5.46%；直接经济损失898.1万元，同比下降47.70%。安全生产形势总体平稳，4项统计指标均实现下降。全市考核内安全生产事故死亡41人，同比下降21.15%，占全年控制指标的77.36%，在省下达控制指标之内。其中：生产性道路交通事故死亡28人，占全年控制指标的52.83%，同比上升3.70%；工矿商贸企业事故死亡13人，同比下降48.00%，占全年控制指标的24.53%。全市连续10年未发生重大及以上安全事故，连续2年未发生煤矿安全死亡事故，全市安全生产形势总体平稳。

【安全生产责任体系】 2014年，起草“党政同责”的规定，明确党委、政府在安全生产工作方面的职责；修订完善“一岗双责”措施，明确“管行业必须管安全、管业务必须管安全、管生产经营必须管安全”的工作制度；调整充实市安委会成员单位，由市长刘永湘担任市安委会主任，副市长唐杰担任市安委会常务副主任；建立并执行定期将安全生产责任目标完成情况抄报市委组织部的制度；修订完善《自贡市安全生产目标管理考核办法》及《自贡市安全生产目标管理奖励暂行办法》，建立健全全市安全生产责任体系，基本实现安全生产责任体系“五个全覆盖”。

【安全生产大检查】 7月至9月底，采取“四不两直”方式，相关部门组成联合督查组，对市安委会相关成员单位和部分重点生产经营单位进行督查。大检查期间，共组织检查组890个，出动检查6854余人次，累计检查生产经营单位4015家次，排查安全隐患1156处，整改完毕1156处，整改率达100%。省委、省政府督查组对全市大检查工作给予肯定。

【安全生产专项整治】 2014年，开展以“六打六治”为重点的打非治违、粉尘防爆等专项治理工作。对煤矿、金属与非金属矿山、危险化学品、油气管道、交通运输、建筑施工、消防等重点行业领域实施暗查暗访。全市累计出动检查人员2724人次，打击违规行为315起，关闭非法违法企业1家。9月起，市安监局联合消防、商务等部门对全市商场、市场、宾馆、车站码头等人员密集场所进行专项安全整治，累计检查人员密集场所1498家，发现并督促整改火灾隐患977处，全市人员密集场所整治工作取得阶段性成效。

【综合监管】 2014年，狠抓安全社区建设，全市有2个社区被命名为“四川省安全社区”；有3个社区通过省安办现场评定，启动安全社区建设单位53个，成功备案“四川省安全社区”26个，全国安全社区1个。推进隐患排查治理体系建设，全市有2954家医药制造、轻工、建筑、文化和娱乐业等企业开展隐患排查分类分级统计工作，共排查安全隐患1124项，整改完毕1124项，其中：省政府挂牌督办重大隐患2项，市政府挂牌督办重大隐患6项，均整改完毕。组建非煤矿山、危化品、安全社区等行业领域的安全生产专家库，提高检查的针对性。发挥安委办的综合监管、统筹协调作用，通过加大力度、采取措施，督促、协调安委会各成员单位履行行业监管职责，协调解决工作中遇到的困难和问题。

【重点行业领域安全监管】 矿山方面：按照省政府煤矿整顿关闭和兼并重组的要求，全市关闭4座煤矿，检查煤矿45矿次、非煤矿山企业23矿次，排查隐患321条，查处6个矿次，处罚11万元，责令7家煤矿、1家非煤矿山暂停施工作业。危化品和烟花爆竹方面：加强对液氨、液氯、烟花爆竹等有毒有害、易燃易爆物品开展隐患排查，督促危化企业及烟花爆竹企业实施机械化改造，建立危化、烟花爆竹局级联席会议制度，累计查处烟花爆竹非法生产及经营单位7家，立案处罚违规10起，共计罚款22.1万元，收缴非法烟花爆竹产品5100件并会同公安等部门进行集中销毁。道路交通方面：结合全省道路交通安全综合整治工作，建设完成公路路侧护栏244.8公里（全年300公里），全市未发生因超载超限所引发的安全事故。建筑施工方面：重点强化建筑施工安全监管，打击非法违法行为203起，责令停产、停业违法行为2起，处罚罚款约90.3万元。消防方面：狠抓消防安全整治，排查火灾隐患165项，非法经营26起，违法经营53起，取缔非法经营26户，责令停业整改17户。城镇燃气方面：对各区县城镇燃气行业进行安全生产督查，发现安全隐患当即要求企业进行整改。职业卫生方面：推进职业卫生防治工作，全市有735户企业完成职业危害自行申报，开展职业卫生基础建设活动200户，办理职业卫生“三同时”12项，查处违法行为20个，行政处罚11.5万元。

【安全宣传教育培训】 2014年，制定安全生产宣传教育年度工作计划，明确各阶段的重点任务，全市组建200余人的安全生产通讯员队伍，修订安全生产政务信息工作考评办法。在《自贡日报》开设专栏，宣传安全生产政策法规、工作做法及成效。结合全国“安全生产月”活动，开展安全生产警示教育、集中宣传服务咨询日、应急演练等系列活动。活动期间，全市累计发放宣传资料、用品15万余份，短信10多万条，组织观看警示教育片671场次，观看人员3.08万余人。加强对企业安全管理及从业人员的教育培训，累计培训考核特种作业人员3486人次，安全管理人员2291人次。狠抓新《安全生产法》宣教培训，市安委办分别组织对区县政府、市级部门和全市重点企业的2次专题宣贯培训，对学习重点、修改情况和各单位在安全生产方面所负有的职责等内容进行重点培训，累计培训500余人。

【重点时段和重大活动安全生产工作】 2014年，抓好重大节日、重要时段的安全监督检查，整治各类安全隐患。组织开展春节、“两会”、灯会等重点时段安全生产大检查，督促有关部门和单位制定方案，落实安全防范措施，确保重点时段、特殊时期的安全，维护社会稳定。

【职业卫生监管和安全生产应急救援】 2014年，市安监局新设立职业卫生科和应急救援办公室，新增编制3名，增加中层职数4名，加强经费保障，确保职业卫生、应急救援工作开展。依法开展职业卫生监督检查，全市职业危害企业自行申报735户，开展职业卫生基础建设活动200户，办理职业卫生“三同时”12项，查处违法行为20个，行政处罚11.5万元。加强应急救援专业队伍建设，修订完善“矿山”“危险化学品”等8个安全生产事故应急救援预案，组织开展非煤矿山事故应急演练1次、燃气管道事故应急演练2次，参与单位20余个，参与人员1600人次。

（市安监局）

行政审批管理

【制度改革】 2014年，印发《自贡市深化投资项目行政审批制度改革实施方案》。该方案根据中央、省深化行政审批制度改革要求，借鉴先进地区的改革经验，结合全市实际，提出“整合职能、流程再造、一窗受理、并联审批、资源共享、限时办结”的投资项目行政审批制度改革思路，明确部门责任，强化监管机制；将审批部门的行政审批职能按照投资项目审批流程进行整合重组，集中到立项审批、用地审批、规划建设三个阶段，分别由市发改委、市国土资源局、市住建局牵头并组织实施，三个阶段审批时限共计 34 个工作日，比现行审批时限缩短 114 个工作日，项目行政审批时限提速 77%。制定工作实施细则、落实工作责任，举行三级纵向联动审批培训会，将纳入全省（第一批）34 个大项 19 个小项的审批事项名称、设立依据、办理条件、收费标准等在政务大厅网站公示。省政务服务和公共资源交易服务中心作为全省首个试点窗口，在市司法局驻市政务服务中心窗口启动省、市、县三级纵向联动审批工作试点，将面向社会的司法鉴定人执业核准事项纳入省市县三级纵向联动审批范围办理，时限从 30 个工作日缩减为 10 个工作日，提速 67%。开展走进 100 家企业、协调解决 100 个问题、代办 100 个重大项目的“三百”活动，服务工业企业发展。2014 年，通过现场查看、问卷调查、召开座谈会等形式，与 120 余户企业面对面交流，听取项目业主对项目审批工作的建议意见，梳理问题，实行“一企一策”针对性地提供解决方案。每月选择 1 至 2 个具有代表性的项目，针对其在行政审批中遇到的新情况、新问题，逐一分析，提出解决办法。2014 年分别对高新区板仓工业园区等 72 个项目进行分析，形成《当前制约项目审批难的主要因素及对策建议》的调查报告，分别被市委、市政府办公室专题刊发，得到市委书记雷洪金肯定性批示。

【专项行动】 2014 年，建立行政审批项目动态调整工作机制，市政府印发《自贡市建立行政审批项目动态调整工作的通知》，要求市级各有关部门在省政府公告日起 15 个工作日内完成全市相应的清理调整工作。是年，国务院、省政府下放到市（州）的行政审批事项 64 项承接落实到位，市级审批的 14 项行政审事项全部下放到区县。建立行政审批“清单制”，即编制《自贡市行政许可项目目录》《自贡市行政审批前置项目录清单》和《自贡市行政审批中介前置服务项目清单》。

【标准化建设】 2014 年，按照市委、市政府的统一部署，依据统一的标准编制格式和规则，市政务服务中心在全市率先形成部门标准文件 56 份，正式发布《自贡市人民政府政务服务中心标准化体系》，指导各窗口单位及工作人员按照标准化建设的要求，严格规范行政行为。在政务服务大厅新增休息椅 536 张、工作椅 360 张、标准化移动公示栏 21 个、垃圾箱 20 个、盆栽近 400 盆，瓶插植物 100 株，整个办公、办事环境整齐划一、规范标准。整体进驻市政务服务中心的市房屋权属登记中心被住建部评为全国房地产交易与权属登记规范化管理先进单位，成为全省首个以权属登记中心名义获此荣誉的单位。

【公共资源交易中心建设】 2014 年，建立公共资源交易管理委员会，负责本行政区内公共资源交易的协调、指导、监督和管理，研究解决公共资源交易工作中的重大问题和重要事项，公共资源交易管理委员会办公室设在同级政务服务中心，承担公共资源交易管理委员会日常工作。制定《自贡市国有土地出让交易管理制度》《自贡市矿业权交易管理制度》，严格按照流程管理。是年，完成政府采购项目 294 个，组织采购活动 250 次，执行采购预算 4.16 亿元，节约资金 4271.33 万元，节约率 10.3%；安排项目评标活动 122 场，抽取专家 616 人。工程投资预算金额 41.12 亿元，中标金额 34.03 亿元，节约资金 7.10 亿元，节约资金率 17.25%；发布土地招拍挂公告 7 次，公告国有建设用地使用权 17 宗，成交 13 宗，成交面积 80.04 公顷，总成交价款 6.01 亿元。

【规范中介服务行为】 2014 年，市政府印发《关于进一步加强中介机构监督管理的通知》，明确全市中介机构的类别和各部门的监管职责，从服务行政审批制度改革入手，通过建立中介机构信用信息征询平台、清理行政审批中介服务前置条件、培育综合性中介机构等方式，提高中介机构的服务水平和服务效率。全年，建成自贡市中介机构信用信息征询平台基本框架，共录入 299 家中介机构基本信息。

【健全基层便民服务网络】 2014 年，各区县对行政审批事项进行全面清理，将行政审批事项在法定办理时限的基础上压缩50%。实现行政审批业务系统和视频监察系统两个100%覆盖。印发《关于印发〈加强乡（镇、街道）便民服务中心建设的意见〉的通知》，推行“集中开放式办公”为主的服务模式，引导各乡镇在便民服务大厅设立村干部集中办公区，推行村干部乡机关坐班制度。印发《关于各区（县）乡镇（街道）、村（社区）政务服务体系建设先期调查和情况摸底的通知》《关于征求〈自贡市村（社区）便民服务室建设规范（征求意见稿）〉意见的通知》，将现有村（社区）便民服务代办点，统一升级为便民服务室，其办公场所与村支部委员会和村民委员会办公同址，其窗口人员由村（社区）两委选派，提高便民服务室直接办事的能力。

【惠民帮扶活动】 2014年，市政务服务中心分别到大安区龙井街广华社区等开展惠民帮扶进社区活动。活动在原有基础上增加服务内容，优化服务形式，将医保、社保和房屋交易以及民政、司法、群团等相关30个窗口单位、24家用工单位、3家职业培训机构、6家惠民医院带进社区，现场开展政策咨询、法律服务、就业招聘、免费培训咨询、惠民义诊等政务惠民服务。现场接待群众咨询1000余人次，发放宣传资料2088份，提供就业岗位400余个，达成就业意向102人，开展惠民义诊945人次，慰问社区困难群众127人，发放慰问品和慰问金1.92万元。

【正风肃纪专项整治活动】 2014年，坚持开门搞活动征询意见52条，严格落实整改措施，党组会议次数减少60%以上，以市政务服务中心名义下发的文件数量比2013年减少76件，全年公务接待费大幅度下降，服务群众措施更加精细化。加强窗口规范化管理，搭建考勤系统平台，设置面部和指纹考勤机，每天2次考勤和至少4次以上的政务服务大厅值班巡查制度。每季度定期组织开展“优质服务窗口”和“服务明星”评选，全年评选出6个优质服务窗口和12名服务明星。各窗口开展延时服务64次，休息日预约服务12次，上门服务10次。市政务服务中心31个窗口部门的局长（主任）分别到部门窗口开展服务群众活动，接待办事单位273个，办事群众741人次，办件633件。组织开展《行风热线》活动，就群众关心的政务服务工作接听并解答提问，接听提问13件，并全部办理完毕。

（王姝婧）

市场管理

【资产经营】 2014年，国有农贸市场店面出租率99.2%，摊位出租率96.3%。实现商品服务收入827万元，同比增长3.65%。市场水费、电费、卫生费收支平衡；化解敏感性债务240万元。截至年末，国有农贸市场总资产1.21亿元，总负债2026万元，资产负债率16.7%。

【市场建设】 2014年，实施灯杆坝、五星街和筱溪街农贸市场设施局部改造工程，投入资金68.5万元。实施大高路农贸市场改造工程，新建交易大棚500平方米，新建肉市和蔬菜交易案台46个，投入资金27万元。实施何市农贸市场木材交易区搬迁和设施改造工程，新建交易店面26个、便民超市700平方米，投入资金60万元。实施自流井区灯杆坝—五星街—龙井“一刻钟便民服务圈”和贡井区筱溪街“一刻钟便民服务圈”市场升级改造工程，获省商务厅市场建设资金补助110万元。

【环境整治】 2014年，专项整治灯杆坝、五星街、筱溪街等10个城区重点农贸市场卫生、秩序，组织市场大扫除30次，清扫卫生死角垃圾约10吨，铲除“千脚泥”1吨，冲洗消毒市场面积4.20万平方米，清洗案台1.60万平方米，清淤、疏通阴阳沟1500米，清除“牛皮癣”800张，取缔市场乱摆乱放摊位120个，设置市场菜农直销区400余平方米。

【安全生产】 2014年，对35个国有农贸市场安全状况开展排查，整改安全隐患98处，隐患排查率、监控率、整改率达100%。改造马冲口农贸市场、一对山工业品市场供电线路1000余米，完成一对山工业品市场、富台山隧道商场消防系统维护保养。

【“四风”整改】 2014年，市场服务中心发放书面征求意见表150份，召开专题座谈会2次，走访基层市场26个（次），走访一线职工和市场经营户202人次，开展谈心交心活动24次。班子查找“四风”问题29个，提出整改措施并完成整改24项。班子成员查找“四风”问题61个，提出整改措施并完成整改85项。建章立制废止制度2个，修订完善制度11个，新建制度3个。

【正风肃纪】 2014年，专项治理“庸懒散浮拖”问题，组织检查10次，开展民主测评2次，处理责任单位2个、责任人3人。专项治理“三公经费”问题，规范公车管理，取消领导专车，严禁公车私用；取消部门接待费预算。各级各类会议、调研、交流培训等一律不得安排就餐，禁止公款购买烟酒及礼品。专项治理文风会风问题，精简文件数量，规范文件格式，提高文件质量；减少会议数量，简化会议议程，提高会议实效。专项治理联系服务群众不到位问题，全面更新市场管理人员工作牌和市场公示栏，公开市场管理人员姓名和职责、市场政策法规和管理办法、市场设施招租、市场收费标准、市场违规处理情况，设立举报箱、举报电话、经营户监督岗，自觉接受群众监督。

（杨　勃）

住房公积金管理

【概况】 2014年，规范住房公积金缴存，强化住房公积金建制扩面，加大公积金行政执法力度。全年新建制1.00万人，同比减少20.9%；新增归集公积金12.39亿元，同比增长10.67%。

【公积金贷款管理】 2014年，创新贷款项目风控机制，完善个人贷款管理机制，健全与受委托银行合作机制。全年共为3708户职工家庭发放公积金贷款8.08亿元，公积金贷款拉动住房消费额占全市商品住房销售额的21.5%，住房公积金贷款逾期率为零。

【公积金运营管理】 2014年，完善内控机制，精细高效管理资金，实现资金安全运营和增值收益最大化。全年实现增值收益8889.29万元，同比增长17.14%，资产优良率保持100%。

【提升服务质量】 2014年，加强服务网点规范化建设，优化服务流程，健全服务制度，健全监督体系。开展优质服务竞赛活动，全年评选出优质服务窗口11个，服务明星21人。开展文明行业创建工作，建成“全国巾帼文明岗”，加强省级文明单位创建工作。推进信息化建设，开展贯彻落实住房公积金基础数据化标准工作，成为全国首家在现有系统中通过贯标验收的住房公积金管理中心。

（市住房公积金管理中心）

GONG YE

工　业

综 述

2014年，全市规模以上工业：完成现价总产值1666.71亿元，完成年目标92.6%，同比增长7.2%；完成增加值480.24亿元，同比增长7.8%；完成工业投资147.6亿元，完成年目标84.3%，同比下降0.6%；完成主营业务收入1625.56亿元，完成年目标93.4%，同比增长6.1%；全市工业园区新增承载能力5平方公里；战略性新兴产业完成增加值占全市规模以上工业增加值的比重达28.5%；规模以上工业企业管理系统信息化率达60%。

围绕项目推进，突出项目支撑作用。结合项目申报工作的相关要求，充实完善全市工业项目库，做好对上争取工作，强化项目对接，找准项目与各专项支持领域的结合点。全年从战略性新兴产业发展、技术改造、重大技术装备创新研制和产业化、信息化与工业化融合、产业技术创新、中小企业发展、节能环保等各专项争取到国家、省级资金项目35个，资金9902万元。第二十届自贡国际恐龙灯会经贸交易会期间，组织各区县和市属重点企业，开展以“自贡造·订货月”产品购销签约为主题的购销签约活动17场次，产品购销和投资类项目签约金额71.11亿元。举办第四届“携手灯城·龙聚盐都”招商推介会，以节能环保装备制造、新材料、航空产业制造为主的中航工业集团、中港国际投资集团、富士康科技集团等68个国内外知名企业参会，围绕自贡市工业三大主导产业和农产品精深加工等推出工业招商引资项目48个，总投资285.59亿元。分类、分级管理全市重点工业项目，建立工作目标责任制。市委、市政府确定的特别重大项目，确定联系的市级领导，市经信委落实协助领导、联系责任人，坚持项目推进例会制度，协调解决项目建设中的问题。全年完成工业投资147.6亿元，其中61个工业类重大项目完成投资74.9亿元；全年建成工业重大项目14个，开工工业重大项目24个。

突出园区建设，发挥工业主战场作用。按照“一园一主业”和“促进优势产业集聚发展”的总体要求，完善全市产业发展规划，推进大安工业园区、自贡市农产品加工园区等规划编制工作，推动全市各园区按照规划开展招商引资、项目引进等工作。按照市政府《鼓励城区企业入驻工业园区（集中区）试行办法》，研究并探索城区工业企业退城入园工作的措施办法。按照2014年全市棚户区改造计划安排，将全市今年纳入棚户区改造的所有工业企业进行摸底，为推进城区企业退城入园工作做好前期准备。全年全市工业园区新增承载能力5平方公里，实现主营业务收入1020亿元；基础设施开工项目14个，累计投入建设资金9.8亿元；新开工工业项目35个，累计投入建设资金15亿元。推进成佳航空产业园、大西洋焊接产业园、晨光科技园等特色园区建设。

狠抓企业培育，强化政府服务作用。开展市级机关向企业派驻服务企业联络员工作，从市级机关抽派51名干部作为企业联络员，完善《市级领导联系重点培育工业企业制度》和《市经信委干部定点联系企业制度》，通过领导定点联系企业和向企业派驻联络员了解掌握联系企业生产经营、项目建设的具体情况，帮助企业协调解决发展中存在的问题。建立停产、半停产企业调查月报制度，做好统计分析，落实有效帮扶措施，帮助企业复工复产。依托中小企业服务中心，举办法律知识、金融服务等相关政策法规宣传及服务咨询活动；启动“服务补助券”实施工作，通过实施政府购买服务方式，促进中介服务机构为中小微企业提供服务；整合和利用培训资源，组织全市60余名企业管理人员参加省经信委举办的“企业家大讲堂”等培训学习活动。

注重创新驱动，推动绿色低碳发展。推进国家、省、市三级企业技术中心体系建设。对四川省自贡工业泵有限责任公司等13户省认定企业技术中心开展年度评价工作，推荐旭阳药业公司申报省级企业技术中心认定。制定《自贡市企业技术中心管理办法》，启动市级企业技术中心认定工作，自贡天龙化工有限公司技术中心等15户企业技术中心被认定为自贡市企业技术中心。推动全市公共创新平台建设，推进浙江大学自贡创新中心建设。推动中检集团四川公司、四川久大制盐有限责任公司合作共建川南地区分析检测机构，拟搭建公共检验检测平台，提高地区检验检测设备利用效率和检测能力水平。制定自贡市2014年淘汰落后产能和关小工作计划；关闭自贡市津川化工等8户对环境污染大、工艺装备落后的企业。加强对20户重点用能企业进行节能监察，督促重点用能企业完善能源管理制度，主动填报能源消耗数据；组织符合条件的自贡市童寺化工建材有限公司申报淘汰落后产能中央奖励资金；自贡市吉祥造纸厂等4户企业申报省淘汰落后产能奖励资金；全年万元工业增加值综合能耗同比下降8%，超省下达目标5个百分点。

强化要素保障，不断优化发展环境。定期召开自贡生产要素联系会，协调解决供能中出现的矛盾和问题，确保全市生产要素正常供应。完善生产要素供应情况月汇总制度，动态掌握全市生产要素供需情况，并报送市领导。加强对全市中小企业资金需求的协调工作，开展建立自贡市工业企业应急临时周转金工作并制定《自贡市工业企业应急临时周转金暂行办法》，全年累计为57户企业完成转贷107笔，金额15.57亿元；协调解决中小企业流动资金16.9亿元；全市担保公司为500户中小企业贷款担保额34.1亿元。结合安全生产工作特点和重点，对化工、民爆器材、冶金铸造等行业的企业进行重点检查，全年组织进行各类安全检查100余次，查出200多起事故隐患，现场制止、纠正违章作业人员150多人次，对查出的事故隐患均督促企业全部进行整改。针对安全生产工作，建立市经信系统安全生产专家库，并建立安全生产专家的相关管理制度办法和安全生产专家检查的长效机制，组织专家组对久大公司和晨光公司进行安全生产检查，共查出隐患问题31条，提出整改意见建议37条，并要求企业进行整改，提高企业的安全生产水平。研究制定《加强服务稳定工业发展的八条措施》，在力促项目推进、落实惠企政策、助企开拓市场、加大金融支持等方面落实支持政策措施，为企业发展创造良好宽松的环境，促进工业经济稳定增长。

加快推进“智慧城市”建设，提升城市信息化水平。全年全市信息化基础设施建设投资完成3.4亿元，比2013年同期增长61.9%，新建光纤（光缆）4200皮长公里。完成改、扩建基站1462个，其中建成4G基站1068个，1月28日全市4G通信成功上线。全市实现规模以上企业管理系统信息化率达60%。成立智慧城市建设领导小组和领导小组办公室，做好开展自贡智慧城市顶层设计，启动大数据中心和运营管理中心建设前期准备工作。市政府与中国移动四川有限公司签订“共建自贡智慧城市及信息化战略合作协议”。加快推进信息化与工业化融合，促进工业经济转型升级。加强四川大西洋焊接材料股份有限公司焊接材料产业信息化综合集成与业务协同平台、四川普润控股集团有限公司智慧产业公共服务平台等重点信息化项目建设的推进工作。组织开展全市2014年两化融合管理体系贯标试点企业和服务机构申报推荐工作，推荐贯标试点企业17户，贯标服务机构4户，东方电气集团东方锅炉股份有限公司于5月被工业和信息化部评为两化融合贯标试点企业（全省共10户企业）。组织市内企业开展2014年度省级财政创新驱动发展专项资金项目（信息化与工业化融合专项）的申报工作，争取省上资金500万元。推进百镇千村信息化建设，加快实施自然村通电话和行政村通宽带工作。全市新开通68个自然村通电话，占年度目标任务的113%；新开通43个行政村通宽带，占年度目标任务的187%。对通信运营企业通信网络安全管理进行安排部署，要求通信企业加大投入，落实力量，完善设施，强化措施，保障通信网络畅通与安全，特别做好重要会议、重大活动的通信保障工作。开展重要部门、重点领域信息安全管理工作，安排部署信息安全检查工作，确保信息网络安全。

工业规模及结构

【工业规模】　2014年，全市规模以上工业企业562户，完成现价总产值1666.71亿元，同比增长7.2%。其中：大中型企业106户，占全市18.9%；完成现价总产值736.51亿元，占全市44.2%，同比下降1.8%。小微企业456户，占全市81.1%；完成现价总产值930.20亿元，占全市49.0%，同比增长15.7%。

【轻重结构】　2014年，轻工业完成现价总产值345.57亿元，占全市20.7%，同比增长8.6%。

重工业完成现价总产值 1306.58 亿元，占全市 78.4%，同比增长 7.3%。

【所有制结构】 2014 年，国有企业完成现价总产值 36.24 亿元，占全市 2.2%，同比下降 8.3%。集体企业完成现价总产值 10.5 亿元，占全市 0.6%，同比增长 7.8%。股份合作企业完成现价总产值 22.24 亿元，占全市 1.3%，同比增长 19.4%。股份制企业完成现价总产值 1347.61 亿元，占全市 80.9%，同比增长 9.4%。外商及港澳台商投资企业完成现价总产值 61.39 亿元，占全市 3.7%，同比下降 15%。其他经济类型企业完成现价总产值 188.73 亿元，占全市 11.3%，同比增长 3.1%。

【行业结构】 2014 年，机械工业企业 192 户，占全市 34.7%；完成现价总产值 756.71 亿元，占全市 45.4%，同比增长 8.2%。盐化企业 60 户，占全市 10.8%；完成现价总产值 205.07 亿元，占全市 12.3%，同比增长 1.8%。新材料企业 26 户，占全市 4.7%；完成现价总产值 118.96 亿元，占全市 7.1%，同比下降 4.7%。食品企业 83 户，占全市 15%；完成现价总产值 206.99 亿元，占全市 12.4%，同比增长 7%。有色金属冶炼及压延加工企业 15 户，占全市 2.7%；完成现价总产值 45.53 亿元，占全市 2.7%，同比下降 0.3%。化纤纺织企业 7 户，占全市 1.2%；完成现价总产值 40.55 亿元，占全市 2.4%，同比增长 9.4%。非金属矿物制品业 65 户，占全市 11.6%；完成现价总产值 100.77 亿元，占全市 6%，同比增长 3.4%。

工业投资

【概况】 2014 年，完成工业投资 147.6 亿元，与 2013 年基本持平；完成更新改造投资 136.3 亿元，同比增长 4.5%。是年，有 52 个工业项目竣工投入试生产。

【重大项目】 2014 年，实施工业类重大项目 54 个，总投资 338.6 亿元，计划年内投资 74.4 亿元，实际全年完成投资 77.4 亿元，完成年度计划的 104%。川南通用航空产业基地建设等 24 个项目按照计划陆续开工建设，进入主体施工阶段，开工项目全年完成投资 18.5 亿元。东方电气集团东方锅炉股份有限公司 600 兆瓦超临界循环流化床锅炉自主研制等 30 个续建项目全年完成投资 58.8 亿元，商用车自贡汽车零部件生产基地（一期）等 14 个项目按计划竣工投入试生产（含部分生产线投产），其余 15 个项目按照预期计划加快建设。

【项目管理】 2014 年，继续实施市级领导联系重大项目制度，对市级领导联系重大项目进行相应调整，加大协调力度；建立五大高端成长型产业项目协调推进机制，负责五大高端成长型产业重大项目推进实施的综合协调、动态跟踪和情况汇总，重点研究解决项目建设中的问题；出台力促项目投产达产的普惠政策，对总投资在 3000 万元以上的，年内按计划开工并正常建设的项目和年内按计划竣工投产的项目予以奖励。

【项目申报】 2014 年，加大对上争取力度，强化项目对接，找准优势产业、重大项目与国家、省支持领域的结合点，争取中、省资金支持，全年共争取到各级、各类专项资金 1.01 亿元。

机械装备产业

【概况】 2014 年，全市机械装备规模以上企业实现主营业务收入 748.3 亿元，占全市规模以上工业的 46.0%；实现利润 37.1 亿元，占全市规模以上工业的 52.3%。产业规模、效益、就业人员、资产总额等主要经济指标均排在全市工业各行业之首。节能环保装备产业主营业务收入超过 200 亿元，居全省第一位。

【重点企业】 2014 年，东方电气集团东方锅炉股份有限公司、四川长征机床集团有限公司、华西能源工业股份有限公司、四川省自贡运输机械集团股份有限公司、四川川润股份有限公司等 5 家四川重装重点企业实现主营业务收入 173.92 亿元、比 2013 年下降 5.4%，实现利润 9.64 亿元、下降 14.1%。

【重点项目】 2014 年，在全市实施的 54 个重大续建和新开工产业项目中，属机械装备的 27 个、占总数 50.0%，完成投资 31.08 亿元、超过计划进度 20%。四川万欣水电设备及环保清污设备生产线、四川东方锅炉工业锅炉集团有限公司节能环保锅炉生产线、自贡釜溪电力设备制造有限公司高低压电力成套设备及非晶合金变压器生产项目等15个项目建成投产或部分投产。

【创新建设】 2014年，机械装备企业实施盘南600兆瓦超超临界机组脱硝、潜入式地下自动配粉系统研制、烟化炉余热锅炉（96YG）等省技术创新计划90项，其中万州1000兆瓦高效超超临界机组对冲燃烧锅炉、绿色矿山用往返输送长距离空间转弯输送设备研制、电力设备烟气脱硝密封件研发等66项开发完成；实施的立式加工中心批量配套国产数控系统应用工程列入国家科技重大专项2014年度课题，实施的高炉炉渣综合利用成套技术装备国产化研制等6个项目列入省重大技术装备创新研制和产业化专项。推进国家、省、市三级企业技术中心体系建设。四川省自贡工业泵有限责任公司等9户机械装备企业纳入省认定企业技术中心年度评价。启动市级企业技术中心认定工作，四川凯茨阀门制造有限公司等10户机械装备企业技术中心被认定为自贡市企业技术中心。推动全市公共创新平台建设，推进浙江大学自贡创新中心建设。

盐化产业

【概况】 2014年，全市规模以上盐化企业60户，完成现价工业总产值205.07亿元，同比增长1.8%；实现主营业务收入195.48亿元，同比增长2.4%；实现利润总额2.06亿元，同比下降35.6%。

【优势骨干企业】 2014年，四川久大集团完成现价工业总产值12.38亿元，同比下降12.2%；主营业务收入15.1亿元，同比下降1.3%，实现利润0.38亿元，同比下降16.3%。昊华鸿化公司完成工业总产值1.12亿元，同比下降92%；主营业务收入1.96亿元，同比下降83.5%；利润亏损5.57亿元，增亏0.9%。

【化工新兴产业】 2014年，晨光院5000吨/年特种高品质聚四氟乙烯悬浮树脂生产线、晨光院氟加工制品项目、晨光院企业技术中心、晨光园区集中供热平台建设工程项目及动能公司水厂扩能改造项目加快建设。天龙化工更新多功能电子清洗剂四甲基氢氧化铵、多功能聚胺单体、3-二氨基-4、4-二羟基二苯砜处于配套设施安装、人员培训和设备调试阶段。高性能全氟聚酰亚胺单体及其聚合物的规模化生产项目加快推进。中天胜1万吨/年特种聚酰亚胺树脂及复合材料产业化第一期项目正在建设中。

【产品研发】 2014年，中昊晨光院、久大集团等企业发挥技术中心研发优势，加大盐化工产品深加工开发力度，发展材料化工产品、精细化工产品、含盐日化产品和调味料产品。晨光院加快有机氟材料结构调整，研发出高端含氟聚合物系列和苯基特种有机硅系列，多项获国家专利，填补国内空白。久大集团研发出16个系列、近200个品种，其中新品种绿标盐、品种盐市场前景良好。

【精细化工】 2014年，以晨光院为依托，做大“盐-基础化工-精细化工-硅氟化工-后加工产品”产业链。重点发展有机氟、特种有机硅、重塑工程塑料加工，兼顾发展含氟精细化学品；加快有机氟材料结构调整，做好特种聚四氟乙烯、氟橡胶、特种有机硅、含氟精细化学品、氟树脂、氟橡胶深加工应用；开发国内空白的高端含氟聚合物；加强苯基特种有机硅产品开发，实现规模化生产，打造国内一流的特色氯氟化工基地。

新材料产业

【政策扶持】 9月，市委、市政府出台《关于建立五大高端成长型产业推进机制的通知》，成立市主要领导任组长，市科技局、市发改委、市经济和信息化委等13个部门和各区县政府为成员的新材料产业发展推进小组。10月，市新材料产业发展领导小组办公室起草《关于加快新材料产业发展的意见》初稿。

【产业调查】 2014年，采取调研、走访、发放调查问卷等形式确定高分子合成材料、金属及复合材料、新型碳材料、精细化工材料和环境友好材料五大细分产业的50户新材料产业企业名录；确定111个品种的新材料产品目录；掌握23个新材料产业化建设项目和118亿元的新材料产值等基础数据。

【项目建设】 2014 年，推动大西洋焊接产业园一期迁建项目建设，完成 2.5 万吨药芯焊丝、5000 吨有色金属焊丝、12 万吨普通焊条、5 万吨实心焊丝、2.5 万吨核电军工焊接材料等一期 5 个主体项目建设，完成焊接产业园二期项目规划设计工作，全年完成投资 2.8 亿元。积极协调省、市、区三级管理部门，推动中天胜特种聚酰亚胺树脂及复合材料产业化项目建设，加快生产线软件条件建设，协助企业进行质量管理体系认证、安全保密认证、环保消防验收等，推动企业获取“武器装备科研生产许可证”；督促企业加快硬件建设进度，完善各项工程设施设备建设整改；指导企业加快生产线调试，形成批量生产能力。

【外出交流】 2014 年，组织中天胜、晨光院、大西洋等企业参加第二届绵阳科博会、四川省川南高新技术发展与科技金融对接推进会、深圳第十六届高交会、第三届中国国际新材料产业博览会和十五届西博会等经贸洽谈会，促进企业信息沟通，推动行业技术合作。

【教育培训】 2014 年，邀请新材料 863 专家、浙江大学教授杨辉为全市新材料企业开展专题讲座辅导，系统讲解国际、国内新材料产业发展历史及现状，比较国际、国内新材料产业在政策、人才队伍、产业化方向、技术水平等方面存在的异同和差距，分析需求牵引和技术推动两大类新材料领域的重点核心关键技术，展望“十三五”新材料产业的发展趋势。

战略性新兴产业

【概况】 2014 年，全市战略性新兴产业完成总产值 474.80 亿元，比 2013 年增长 7.97%；完成增加值 136.98 亿元，比 2013 年增长 1.93%；实现主营业务收入 469.66 亿元，比 2013 年增长 10.91%；实现利润 22.35 亿元，实现利税总额 43.41 亿元，全年战略性新兴产业增加值占全部规模以上工业增加值的比重为 28.52%。

【新材料】 2014 年，加快科技创新步伐，形成新型有机高分子材料、新型精细化工材料等 7 大类新材料产品，中天胜公司特种聚酰亚胺树脂等重大新材料产业项目竣工。是年，新材料产业实现总产值 118.96 亿元，增加值 34.50 亿元，主营业务收入 117.88 亿元，利润 2.28 亿元，利税总额 6.34 亿元。

【节能环保】 2014 年，依托东方锅炉、华西能源、川润股份等骨干企业，促进节能环保技术及装备制造能力提升，形成以城市垃圾治理、工业和生活污水治理、大气污染治理、新能源及清洁能源四大门类为主体的节能环保装备产品。是年，节能环保产业实现总产值 240.82 亿元，增加值 69.84 亿元，主营业务收入 240.02 亿元，利润 15.20 亿元，利税总额 43.41 亿元。

【高端装备制造】 2014 年，依托海川公司、长征机床、运机公司等骨干龙头企业，促进海川实业有限公司燃机关键零部件制造等重点项目竣工投产，打造燃气轮机、机床设备、机械制造等优势产品，推进川南通用航空产业园建设，带动全市通用航空产业及配套产业发展。是年，高端装备制造产业实现总产值 71.68 亿元，增加值 20.27 亿元，主营业务收入 69.43 亿元，利润 2.50 亿元，利税总额 5.68 亿元。

【生物医药】 2014 年，重点培育发展安益生物、旭阳药业、旺林堂药业等一批生物制药企业，并在一批关键核心技术上实现突破。加快安益生物科技产业园、旭阳药业现代中药园、旺林堂整体迁建项目建设，促进全市生物医药产业企业集聚发展。是年，生物医药产业实现总产值 43.34 亿元，增加值 12.57 亿元，主营业务收入 42.33 亿元，利润 2.37 亿元，利税总额 4.50 亿元。

农产品加工业

【概况】 2014 年，全市规模以上食品工业企业实现总产值 206.99 亿元，同比增长 7.7%；实现工业增加值 62.1 亿元，同比增长 7.6%；主营业务收入 198.2 亿元，同比增长 7.7%，比全市规模以上工业增速高 1.6 个百分点，占全市规模以上工业比重为 12.19%；实现利润 9.8 亿元，同比增长 15.3%，比全市规模以上工业增速高 11.6 个百分点；占全市规模以上工业比重为13.82%。

【名优产品】　2014年，全市食品工业产品结构向多元化、优质化、功能化方向发展，深加工产品比例上升。以市场为导向，以名优产品为拳头，培育出一批品牌产品。其中，中国驰名商标4件，四川省著名商标18件，四川省名牌产品17个；中国地理标志商标1件（荣县油茶食用油及油茶籽），国家地理标志保护产品9个（富顺再生稻、香辣酱、豆花蘸水，自贡火边子牛肉、太源井晒醋、新桥枇杷、五宝花生、龙都早香柚、自贡冷吃兔）；全国名特优新农产品2个，有机农产品24个，绿色食品45个。

【技术改造】　2014年，列入年度计划的24个食品加工企业重点项目加快建设，10个项目竣工投产。四川盐帮年代食品有限公司新建年产300吨卤制食品生产线、荣县阳光农业发展有限公司新建大米加工厂、自贡市新星源食品有限公司40万吨饲料加工项目、自贡市博晨农业有限公司400吨肉食品精加工基地改扩建项目、四川省富顺锦明笋竹食品有限公司麻竹笋精深加工生产线新建项目等竣工投产。

【龙头企业培训】　2014年，全市有县级以上重点龙头企业191户，比2013年增加41户。其中，市级以上重点龙头企业136户（新确认市级23户、淘汰10户，新增省级3户、达21户，淘汰递补国家级1户）；县级重点龙头企业55户，增加25户。

【市场开拓】　10月11日，组织企业到广州参展第十届泛珠三角区域合作与发展论坛经贸洽谈会暨第十一届中国中小企业博览会，百味斋食品有限公司、刀刀爽食品有限公司、美乐食品有限公司、绿茗春茶业有限公司、国名食品有限公司5户企业组团参会。组织全市茶业生产企业参加第三届中国四川国际茶业博览会、烟台食品博览会、河南驻马店食品博览会，帮助企业了解行业发展态势，宣传产品，拓展市场。

工业园区

【概况】　2014年，园区规模以上工业企业实现工业总产值1061.3亿元，工业增加值310.5亿元，利润总额51.4亿元，实现主营业务收入1033.9亿元，工业园区产值占规模以上工业的比重达63.67%；园区新增承载能力5平方公里，累计建成投产面积达41.62平方公里，新开工工业项目42个，园区入驻规模以上企业259家，就业人数达9.27万人。

【特色园区建设】　2014年，强化特色园区规划建设，完善水、电、气、路、通讯等基础设施，加强各类公共服务平台和园区信息化建设。推进成佳航空产业园、大西洋焊接产业园、晨光科技园、农副食品加工园、华西科技园、电力产业园、晨光科技园等特色园区建设，高新区南岸科科技新区“一环两纵三横”道路骨架基本形成。

【园区格局】　2014年，培育锅炉及容器产业集群、高分子合成材料产业集群、有色金属新材料产业集群、焊接新材料产业集群、食用盐及调味品产业集群，组建运输机械联盟、硬质合金联盟，节能环保高端装备制造基地、国家新材料产业化示范基地、国家新型工业化产业示范基地带动示范效应明显。

【管理体制】　2014年，拟定《关于深化体制机制改革推动自贡市工业园区建设发展向市场主导转变的推进方案（征求意见稿）》，提出转变职能，调整思路，正确处理“政府和市场”的关系，强化战略、规划、标准、监督职能，推动工业园区建设发展向市场主导转变的工作思路。

【资金争取】　2014年，争取到位省上产业园区发展引导资金2200万元，同比增长53%，创历史新高。

（马博强）

电力生产和供应

【电力生产】　2014年，全市发电量约2.7亿千万时，其中：自贡市垃圾焚烧电厂装机容量2.4万千瓦时，全年发电0.7亿千瓦时；四川富益电力股份有限公司辖属的黄葛灏水电站装机容量4×3200千瓦，黄泥滩水电站装机容量3×6000千瓦，设计年发电量合计1.7亿千瓦时，发电2亿千瓦时。

【电力供应】 2014年，全社会用电量34.57亿千瓦时，同比下降19.50%；工业用电量19.50亿千瓦时，同比下降33.84%，扣除鸿化公司、张化公司、久大公司、荣县自力水泥公司和自贡金龙水泥公司等5户企业的用电量影响，工业用电量实际同比下降19.20%。20户主要工业企业主网用电量6.98亿千瓦时，同比下降48.04%。用电量累计同比下降较大的主要工业企业为：鸿化公司、张氯公司、久大公司、荣县自力水泥公司、自贡市富源化工有限公司、川玻公司，其中：鸿化公司同比下降87.93%，张氯公司同比下降92.95%，久大公司同比下降74.38%，荣县自力水泥公司同比下降43.2%，自贡市富源化工有限公司同比下降62.74%，川玻公司同比下降35.66%。硬质合金有限责任公司、汇维仕化纤有限公司、自贡金龙水泥有限公司、中昊晨光化工研究院、自贡金星化工有限公司和自贡纺织厂等6户企业享受丰水期富余电量消纳政策，减少电费支出约110万元；督使晨光院在2014年进入省上直购电试点企业，享受直购电政策，减少电费支出722万元。

【电力建设】 2014年，加速电网建设，开展2014—2018年配网滚动规划修编，推进12个输变电新建及迁改项目前期工作。220千伏琵琶输变电工程列入2015年开工计划。仙市变电站完成四通一平，沙坪和新桥变电站土建完工进入设备安装和线路组塔施工。对存在突出问题的10个城区居民住宅小区的供配电设施进行改造，其中：自流井区2个，贡井区2个，大安区1个，沿滩区1个，高新区管委会4个，总投资约843万元，惠及2702户家庭。

（马博强）

【电网概况】 自贡电网供电范围包括全市四区两县及内江市部分地区，供电覆盖面积约4500平方公里，供电服务人口约400万人。截至2014年年底，自贡电网有220—35千伏变电站45座，主变压器81台，容量为307.7万千伏安。其中：220千伏变电站5座，主变10台，容量141万千伏安；110千伏变电站18座，主变36台，容量144.7万千伏安；35千伏变电站22座，主变35台，容量22万千伏安。另有4座110千伏用户变电站。是年，自贡地区最大负荷78.1万千瓦，最大负荷出现时间为7月30日21时25分，220千伏、110千伏容载比分别为1.83、2.08。

【电网整治】 2014年，打造220千伏舒平、园湾变电站集中检修“自贡样板”。完成110千伏代家坝变电站智能化改造。全年新增和更换刀闸、避雷器等设备960台，整治输配电线路1360公里，绝缘化率增加21%、联络率增长11%，城网故障率下降71%，城市综合电压合格率稳步提升。新增农村配变439台，整治低电压台区407个、10千伏农网线路1080公里。“鼎新镇西堰村五组配电台区”作为全省唯一低压农网工程项目入选国网“农网百佳工程”。

【资金投入】 2014年，完成投资6.20亿元，同比增长77%，其中：大中型电网完成2.82亿元，同比增长43%；城市配网完成6023万元，同比增长26%；农网工程完成2.25亿元，同比增长441%。

【安全生产】 2014年，国网自贡供电公司连续安全生产十周年，创历史新高，并实现全年无事故。首次与高新区开展联合反事故演习，累计开展应急演练18次，完成“灯会”等38项重大保电任务，被省公司评为年度“安全先进单位”。

【经营管理】 2014年，新装增容45.96万千伏安。建立电费催收台账，催收电费旧欠1901万元。创新“票据管理模式”，化解资金风险。开展“量价费损”运营监测，追补电费42.54万元。推进精益项目和管理创新，4个精益项目获省公司奖励或被纳入精益典型案例，8个管理创新项目获奖或授专利权。完成“三集五大”体系建设，争取国家电网公司同意设立城区3个客户服务分中心。打破沿用21年的薪酬制度体系，实施岗位绩效工资制度改革。完成集体企业深化重组、设计院成建制划转等重大改革任务。集体企业营业收入突破7亿元，翔能公司成功开拓甘阿凉等地市场，盛玉拓能电杆投标实现零突破，电力产业园产值增量超1亿元。

【供电服务】 2014年，在全省率先开展老旧弃管小区电力设施改造，完成10个试点小区改造，2702户居民受益，老旧弃管小区电力设施无人维护状况得到彻底解决。拓展服务渠道，创新开发配网抢修工单、停电信息服务“双平台”，发送“客户关怀短信”19万条，开通缴费增值服务“10元应急用电”新功能，企业官方微博听众突破23万。开展10千伏及以下线损精益监控，安装智能电表49万只，采集覆盖率达87.51%，实现变电站和17个非统调电厂采集系统全覆盖、全监控。拓展电费第三方代收渠道，新增代收网点121个、自助终端12台。开展带电作业，不停电作业率提升10%。现场办公解决重大项目、园区企业及群众用电困难2151次。

【政企协作】　2014年，召开全市电力工作推进会，深化政企协作长效机制。市政府出台《自贡市老旧（弃电）小区电力设施改造技术标准》《自贡市老旧（弃电）小区电力设施改造流程图》等文件；市政府与区县政府签订目标责任书，落实各级政府服务电力规划、建设、运维工作责任。解决110千伏海棠、南湖等多个在建输变电工程严重阻工问题，阻工长达3年之久的110千伏乐宋一线复工建成投运。国网自贡供电公司与市检察院深化“检企共建”，与市公安局联合成立“电力警务室”，完善政企联防机制。完成东兴寺片区9家基层单位、205户居民住宅搬迁，推进南岸科技新区集中办公点、居民住宅还建点规划建设，保护企业资产和职工合法权益。

【依法治企】　2014年，对关键环节、风险点实施综合整治，整改问题107项。开展审计自查整改，建立审计监督常态机制，提出整改建议49条，整改率100%。规范“三重一大”决策管理，全面宣传贯彻国网公司通用制度5批次451项，新建、修订管理制度23项。规范劳动用工、薪酬福利、社会保险管理，维护职工合法权益。严格物资管控，规范提报119批次物资需求计划，累计处理物资安装、运行质量问题60个。开展“阳光办案”，促进作风、行风转变。规范“三公”管理，整改办公用房5382平方米，处置超编车辆74台，接待费、会议费同比下降91.94%、11.31%。开展“法治四川”“12·4”法制宣传专项活动，创新法治宣传教育形式，增强员工依法从业意识。

【团队建设】　2014年，国网自贡供电公司开展党的群众路线教育实践活动，整改问题78项，“电亮幸福小区”被列为市群教活动重大民生工程，员工降春雷获市群教活动“爱岗敬业典型”。完成27个基层党组织、19个基层工会组织调整。加强干部队伍建设，交流调整中层干部14人次，提拔中层干部2名。强化员工队伍培训，全年有55人取得职业资格、131人取得专业技术资格、78人取得学历文凭，人才当量密度位居全省电力公司前列。创新“三个一”管理援藏帮扶机制，获四川省电力公司“优秀竞赛帮扶单位”。是年，国网自贡供电公司获省公司“双十佳文明单位”，建成“全国文明单位”。

（黄忠兵）

天然气和成品油供应

【天然气供应】　2014年，全市天然气供应量为2.74亿立方米，同比下降35.39%。用气量累计同比下降较大的主要工业企业为：鸿化公司、自贡市富源化工有限公司、川玻公司，其中：鸿化公司同比下降88.53%，自贡市富源化工有限公司同比下降66.79%，川玻公司同比下降75.59%。是年新发展民用户1.42万户，商业用气发展454户。

【燃气基础设施建设】　2014年，投入资金867.6万元，新建和改造天然气主干管线18.4公里，投资417.5万元改造民用附属设施，完成成栋楼房改造3479户。贡井燃气储配站工程于8月竣工。成佳配气站建设稳步推进。

【成品油供应】　2014年，中石油自贡销售分公司供应成品油22.21万吨，同比增长6.11%，其中：汽油10.30万吨，同比增长22.19%；柴油11.83万吨，同比下降4.31%。开展城区油气回收整治工作，完成18个加油站改造。

（马博强）

【市燃气有限责任公司】　2014年，市燃气有限责任公司天然气销售量为1.45亿立方米，新发展民用户1.42万户，商业用气发展454户。全年投入资金867.6万元，新建和改造天然气主干管线18.4公里，投资417.5万元改造民用附属设施，成栋楼房改造3479户。贡井燃气储配站工程8月正式竣工，经站内各设备的单机和联动调试合格，试运行3个月，通过市级各相关部门的各单项验收和综合验收。全年实现千人负伤率为零，企业内重伤、死亡事故为零，重大设备事故为零，重大安全、火灾事故为零，重大环保事故为零的安全生产目标。

（沈颖倩）

工业节能环保

【关闭高耗能高污染企业】 2014年，关闭自贡中粮机械制造有限公司、自贡市银鑫纸业有限公司、自贡市吉祥造纸厂、自贡市大安区超祥化工厂、自贡市津川化工、富顺县古佛镇玉佛机砖厂、荣县兴隆砖厂、荣县双石镇乾明机砖厂等8户对环境污染大、工艺装备落后的企业，实现节能量2.68万吨标准煤、减排COD（化学需氧量）65.43吨、CO_2（二氧化碳）3.34万吨。

【淘汰落后产能】 2014年，督促列入省淘汰计划中的自贡市亚钛化工科技有限公司、自贡市贡井区万能化工厂、自贡市东升纸业有限公司、自贡市童寺化工建材有限公司等12户企业以及列入2014年市生态工作要点的自贡中粮机械制造有限公司等2户企业，完成淘汰和关闭任务，实现节能量5.26万吨标准煤。

【节能监管】 2014年，市节能监察中心对自贡市海鹰瓷业有限公司等30户重点用能单位进行节能监察；根据省经信委《关于开展高耗能行业高耗能产品能源消费强度调查的通知》要求，对自贡市硬质合金有限公司21户重点用能企业开展能源消费强度调查工作；对板仓等7个工业园区（集中区）内的企业开展能耗水耗调查，共收到138户企业的调查清单，四川大西洋焊接材料股份有限公司等3户企业完成能源审计报告和节能规划报告编写；根据省经信委、省质监局编制的《四川省电机能效提升实施方案（2013—2015年）》要求，对省上确定的25户重点用能工业企业在用电机能效提升实施情况进行专项监察。开展“携手节能低碳，共建碧水蓝天”为主题的节能宣传周活动，6月11日组织东方电气集团东方锅炉股份有限公司等10户重点用能单位到中昊晨光化工研究院学习能源管理体系建设经验。是年，万元工业增加值综合能耗同比下降27.9以上，超目标24.9个百分点。

企业改革

【集体企业改革改制】 2014年，推进企业改革工作，引导企业建立现代制度，维护企业和职工的合法权益，确保企业及社会稳定。完成自贡市防水涂料厂依法破产终结工作，论证昊华鸿化公司所属鸿兴工业化解有限公司改制工作。推动改革企业转供职工、周边居民和村民的水、电、气的“工改民”工作。

【非公有制企业改革改制】 2014年，指导非公有制企业开展改制及职工安置工作，完成自贡市第二机床厂企业档案资料规范管理，实施市水泥公司淘汰落后产能工作和职工安置后续工作，协助实施高阀公司与职工解除劳动关系的相关工作。

（马博强）

【深化国资国企改革制度设计】 2014年，全面深化国资国企改革顶层设计工作全面铺开，拟订《关于深化国资国企改革促进发展的实施意见》，并经市国有企业和科技体制改革专项小组、市深改领导小组审定。拟订《关于推进经营性国有资产统一监管的实施方案》《关于规范国有产权有序流转工作实施方案》《关于鼓励民营企业产权制度创新，支持民营股份制改造的实施方案》《关于积极发展混合所有制经济的工作实施方案》《创新市属国有企业领导人员管理体制实施方案》《关于建立健全国有资本退出机制，促进城市公共事业发展工作实施方案》《关于合理确定并严格规范国有企业管理人员薪酬水平、职务待遇、职务消费、业务消费试点方案》《支持具备条件的国有企业实现整体改制上市或主营业务上市研究大纲》《稳妥改革国有资本授权经营，探索建立国有资本运营公司或国有资本投资公司研究大纲》9个专项方案（大纲），其中《关于推进经营性国有资产统一监管的实施方案》已经国有企业和科技体制改革专项小组、市深改领导小组审定。

【破产企业财产收储收购】 2014年，为加快破产企业财产处置，同时做大市国投公司融资本台，根据市委、市政府部署，开展17户破产企业土地及地上建构筑物等破产财产收储收购工作，由市国资委牵头，各破产管理人和市国投公司密切配合，6月底前完成自贡市双峰电子总公司、自贡市灯泡丝材厂、自贡市特种工程塑料厂、自贡市化学试剂厂、自贡市炭黑厂、自贡市标准件总厂、自贡市光明食品厂、自贡市建筑陶瓷总厂、四川自贡百货集团有限公司、自贡新华印刷厂、自贡市瓷厂、自贡市汽车运输总公司、自贡市公路运输总公司、自贡市电化厂、自贡市机械工业供销总公司等15户破产企业破产财产收储收购工作，实现资产收储收购价值2.24亿元，涉及划拨土地使用权约46.67公顷。自贡市磁性材料总厂和自贡市油毡厂2户企业因债权人提出异议，暂停破产财产收储收购，将召开债权人大会后，再组织实施。上述企业机器设备等零星资产处置工作也全面展开。

【推进破产终结提速】　2014年，强力推进企业改革后续工作，加快企业破产清算步伐，加大工作力度，倒排工作时间表，责任到人，确保破产终结工作顺利推进。截至2014年年底，市中级人民法院相继裁定自贡纺织股份有限公司（〔2008〕自民破字第5-9号）、自贡市糖果厂（〔2011〕自民破字第5-5号）、自贡市机械工业供销总公司（〔2013〕自民破字第4-16号）、自贡空压机总厂（〔2013〕自民破字第9-17号）、自贡化学工业供销公司（〔2010〕自民破字第4-12号）、自贡汽车运输总公司（〔2013〕自民破字第5-17号）、自贡市光明食品厂（〔2011〕自民破字第4-19号）、自贡市灯泡丝材厂（〔2011〕自民破字第7-6号）、自贡市双峰电子总公司（〔2010〕自破字第5-6号）、自贡市瓷厂（〔2008〕自民破字第3-9号等10户企业破产终结，破产终结户数相当于过去两年的总和。

【推进骨干企业改革发展】　2014年，深入推进市商业银行改革，全面完成市商业银行6.5亿股增资扩股工作，选配董事长、监事长，指导完成"两会一层"换届，完善领导人员管理机制。推进大西洋股份公司、燃气公司法人治理结构完善，明晰决策层、经营层的职责。推进大西洋股份公司、汇东股份公司、自贡硬质合金公司实施增资扩股及股权结构调整，提升企业资本实力，大西洋股份公司募集到位资金6.5亿元，有力促进大西洋焊接产业园项目建设。指导公交公司、燃气公司实施组织结构调整，制定所辖子企业探索发展混合所有制经济实施方案。指导、协调、服务高投公司发行短期融资券和市国投公司发行中期票据，总融资规模达25亿元，促进全市经济社会建设。

【支持企业做大做强】　2014年，支持企业投资及部分产业调整，批准四川大西洋焊接材料股份有限公司出资60万元设立大西洋焊接北美销售公司；市国投公司出资5000万元设立自贡市工信企业投资有限公司，出资1.1亿元组建川南城际铁路有限责任公司，持股22%。自贡市高新投资有限公司国资公司注册资本金由1.3亿元增加到1.73亿元、自贡市农业融资担保有限公司国资公司注册资本金由1.11亿元增加到2.00亿元，国资公司资产状况明显改善，国资公司融资能力增强。推动四川自贡市汇东发展股份公司实施增资扩股，指导自贡硬质合金有限责任公司增资扩股，实现融资2.21亿元。

【历史遗留问题处置】　2014年，完成自贡市光明食品厂、自贡市建筑陶瓷总厂等10户改制企业982套职工非成套房移交辖区政府工作。国有企业办退休教师待遇补差工作全面完成，发放资金约550万元，涉及44个单位762人。市树脂厂资产处置有序推进，预计2015年1月完成资产转让。5月5日，自贡粉末冶金有限责任公司经市中级人民法院民事裁定书（〔2014〕自民破字第22号）宣告破产清算。东碳综合开发公司、成都忠苇公司完成人员、债权债务清理和资产处置方案制定等工作。经过深入调研，形成川玻公司改革重组方案。国有企业棚户区改造完成统计上报和任务下达工作。完成国有企业厂办大集体改革前的各项准备工作。

（宗　利　汪桂林）

优势企业

【概况】　2014年，全市主营业务收入超亿元企业298户，其中：100亿元以上企业1户，与2013年持平；30亿元—100亿元企业3户，较2013年增加1户；20亿元—30亿元企业3户，与2013年持平；10亿元—20亿元企业31户，较2013年增加12户；1亿元—10亿元企业260户，较2013年减少12户。

【重点企业培训】 2014年，列入全市大企业集团（主营业务收入10亿元以上企业）培育企业38户，实现主营业务收入685.34亿元，同比增长5.3%，占全市规模以上工业的42.2%；实现利润总额31.92亿元，同比下降3.4%，占全市规模以上工业的45.0%。

【新增优势企业】 2014年，四川自贡起重输送机械制造有限公司、四川省远达集团富顺县美乐食品有限公司等20户列入省“小巨人”培育企业，全市列入省“小巨人”培育计划的企业累计达52户；四川大禹机械密封件制造有限公司、四川金牛重型钢结构股份有限公司等9户企业列入省“成长型”培育中小企业，全市列入省“成长型”培育计划的中小企业累计达53户。

名优特产品

【政策引导】 2014年，通过各种渠道为拥有省级以上名牌产品、中国驰名商标和四川省著名商标的企业争取专项资金，并在生产要素保障上予以重点倾斜，对首次获得四川名牌产品、中国驰名商标和四川省著名商标称号的企业给予奖励，鼓励企业提高产品质量，争创品牌。加强与市级相关部门沟通和合作，达成推进品牌建设、标准化建设等共识。对驰宇盐品公司等19户第十届四川名牌产品企业现场复查，组织企业参加四川省工业企业品牌培育培训会，召开创建著名商标、驰名商标企业负责人座谈会，促进企业发挥四川省著名商标、中国驰名商标的作用，开展四川地方标准立项和市政府质量奖评审工作，推进企业全面质量管理。

【名牌产品】 2014年，组织25户企业的产品申报第十一届四川名牌，新增四川天护线缆有限责任公司“天护牌电线电缆”等13个四川名牌产品，全市累计有74个四川名牌产品。根据《自贡市政府质量管理奖评定办法》，启动市政府质量奖评定工作，东锅公司、华西能源公司和晨光院获得首届市政府质量奖。

表4 **2014年新创四川名牌企业名单**

序号	企业名称	产品名称
1	四川天护线缆有限责任公司	天护牌电线电缆
2	自贡市大西南电力器材制造有限公司	川金牌电力金具
3	自贡市俊鸿鞋业有限公司	华锦春牌男女装皮鞋
4	四川中润石化有限公司	润博士牌液压油
5	富顺县蜀佳味业有限公司	蜀佳牌香辣酱、豆花蘸水
6	四川巴尔农牧集团有限公司	巴尔牌猪肉系列
7	四川省自贡工业泵有限责任公司	高峰牌工业泵
8	自贡东方通用压缩机有限公司	东方通用牌天然气压缩机
9	自贡市第二中压阀门厂	YL牌阀门
10	富顺戎春酒业有限公司	戎春牌白酒
11	自贡市贝尔吉教学仪器设备有限公司	贝尔吉牌教学仪器
12	华西能源工业股份有限公司	特种锅炉
13	自贡市天花井食品有限公司	长明牌冷吃兔

【驰名商标　著名商标】 2014年，四川久大制盐有限责任公司的“久大拼音及图”商标被认定为中国驰名商标，全市累计有9户企业的10件商标被认定为中国驰名商标。四川省远达集团富顺县美乐食品有限公司的“美乐及图形”等6户企业的商标被新认定为省著名商标，全市累计有45户企业的51件商标被认定为四川省著名商标。

表 5　　**2014 年新增驰名商标、著名商标企业名单**

企业名称	“三名商标”类别	商标
四川省远达集团富顺县美乐食品有限公司	四川省著名商标	美乐 Meile
自贡市川力实业有限公司	四川省著名商标	CL
自贡第一高中压阀门有限公司	四川省著名商标	H
自贡兆强密封制品实业有限公司	四川省著名商标	兆强
四川旭阳药业有限责任公司	四川省著名商标	金岁方
四川省自贡工业泵股有限责任公司	四川省著名商标	GAOFENG
四川久大制盐有限责任公司	中国驰名商标	JD 久大 JIU DA

（马博强）

NONG YE

农　业

概　述

经济运行总体良好。积极适应经济新常态，调结构、强投入，农业农村经济运行总体良好。粮食播种面积21.51万公顷、同比增长0.4%，粮食总产127.8万吨、同比增长0.3%，农业增加值123.2亿元、同比增长4.1%，农民人均纯收入9974元、同比增长11.3%。一产业完成固定资产投资47.43亿元、同比增长49%，在三次产业中增长最快。在经济下行的情况下，农业经济起到稳定作用，为全市经济社会发展做出积极贡献。

园区建设着力推进。荣县农副产品加工园区新入驻农产品加工企业4户，西南（自贡）无水港农副产品物流加工产业园加快建设。富顺农产品贸易加工物流园区完成控制性详规，沿滩农副产品加工园区、自流井食品工业园区开展规划选址。创建国家现代农业示范园区，建成5个万亩核心区。区县各建成1个“万亩亿元”现代农业示范园区。

带动主体发展壮大。巴尔农牧集团公司成功承接新星源食品公司并递补为国家重点龙头企业。市农业融资担保有限公司为70户“带动主体”担保贷款2.39亿元。实施技改扩能和农产品物流项目22个，完成投资8.5亿元。省级重点龙头企业新增3户、达22户，市级重点龙头企业新增23户、达136户。农民合作组织达851户，其中省级示范农民合作组织新增7户、达39户，市级示范农民合作组织新增37户、达139户。

品牌建设成效显著。2014年是农业品牌化丰收之年，荣县古文镇成为继贡井区龙潭镇、白庙镇之后全市第3个全国“一村一品”示范镇，52个产品获“三品一标”及名优品牌认定认证，取得的品牌层级明显高于往年、数量明显多于往年，品牌意识及影响力得到增强。

新村建设步伐加快。整合63类项目、共6.12亿元政府性投入，带动13.6亿元社会投入，推进新农村连片建设，打造“美丽乡村、幸福家园”，建成50个幸福美丽新村，扩展建设9个新型小城镇，建成12个新农村综合体、58个新村聚居点、72个新农家大院。9月赴浙江大学举办新农村建设专题研修班，收到良好培训效果。

农村民生加快改善。小井沟水库完成投资3.4亿元，狸狐洞水库完成投资1.2亿元，楼房湾水库、大坡上水库开工建设。解决10万农村居民饮水安全问题。建成乡镇生活污水处理设施58个。完成农村公路建设359.6公里。竣工验收“双挂钩”项目10个。创新扶贫开发机制，对113个贫困村开展干部驻村帮扶，启动精准扶贫，5万农民脱贫。实施农村危房改造1.69万户，启动建设农村廉租房。

农村改革有力推进。对照省专项改革方案，制定美丽乡村幸福家园、新型农业经营体系等5个专项改革方案。结合自贡实际，制定承包经营权确权登记、增加农民财产性收入等4个自选改革方案。改革取得实质性进展，荣县探索的财政资金量化折股新机制在全省推广；沿滩区探索的农村廉租房建设模式得到省上肯定。

（温静姝）

统筹城乡综合配套改革

【概况】　2014年，全市统筹城乡综合配套改革坚持破难题、抓示范、建制度，推进丘区“一路径四突破五统筹”统筹城乡改革。深化城乡建设用地增减挂钩试点、户籍制度改革、异地就医结算、扩权强镇改革走在全省前列，七个试验示范区改革特色鲜明，要素激活实现裂变效应，难点和重点改革进行超前性突破，多点多极试验示范格局初步形成，城乡居民收入比缩小到2.36:1。省第三方专家评审组肯定自贡“一路径四突破五统筹”模式符合丘区实际，具有6条推广价值的经验。

【农村产权制度改革】　2014年，全市土地承包经营权确权登记开展航飞和外业调查工作，自流井区完成两个村“七权同确”试点，市农村产权交易中心正式挂牌成立，开始筹建农村产权信息共享系统，出台农村产权流转交易管理办法，探索建立土地流转保证金、风险金、预付金制度。全市累计流转耕地2.54万公顷，流转率18.3%；林权纠错99宗74.24公顷，流转林地5900公顷，流转率5.7%；农房登记转让600件。

【投融资体制改革】 2014年，财政资金折股量化到户改革在全省推广。出台进一步推进金融服务“三农”工作的实施意见。通过风险金、资产托管等，开展5宗130.07公顷农村土地流转收益保证贷款试点，发放第一笔农村土地承包经营权抵押贷款200万元。涉农担保贷款在保余额8.9亿元，其中市农业融资担保有限公司2.39亿元。全省首家新型农村资金互助合作社——大安区三绿农村资金互助合作社正式运行。百味斋等11家企业在四板市场展示。开展生猪目标价格保险，承保生猪7万余头，规模居全国之首。

【扩权强镇改革】 2014年，乡镇机构由原来的“三办三中心”调整为“一办一所三中心”或者“两办一中心”。19个市级试点镇下放14个领域112项管理权，从原来单一的事权扩展到人、事、财三权，探索法定性、限制性、条件性和制约性四种放权形式，富顺县和自流井区全域推进扩权强镇改革。自贡市扩权强镇改革经验在全省交流。

【城乡建设用地增减挂钩改革】 2014年，承担全国唯一的深化城乡建设用地增减挂钩试点，制定实施办法、操作指南和指标交易管理办法，从项目区设置、项目编制、指标管理模式、简化审批流程、创新安置方式五方面进行改革，自流井区仲权镇和沿滩区九洪乡的两个试点项目，完成拆旧复垦面积100公顷，农民集中居住区基本建成。

【推进农业转移人口市民化】 2014年，开展农业转移人口市民化城镇公共服务成本测算，对54个2010—2014年市级统筹城乡改革发展政策进行梳理。实施零门槛农转非制度，全市农转非1.05万人，新增城镇人口2.21万人，全市城镇化水平达47.26%；为城乡居民提供就业岗位6.5万个，创业带动就业1725人；解决进城务工和外来人口子女统筹入学2.71万人；将城乡居民有序纳入住房保障范围，公租房定向分配给农民工1200套；90%以上农业转移人口农村权益得到保护。

【培育新型农业经营主体】 2014年，全市培育县级以上重点龙头企业191户，农民合作社1138户，种养大户2.73万户，注册家庭农场136户。推广“大园区+小业主”“园区+基地+农户”“新型农业经营主体+基地+农户”“财政资金折股量化到户”和“土地、劳动力双要素入股”等新机制。建设11个农产品加工园区（物流园区和现代农业示范园区），初步建成5个万亩国家现代农业示范区核心区，区县各建成1个“万亩亿元”现代农业示范园区。

【城乡规划管理】 2014年，《自贡市城市总体规划（2011—2030）》获省政府批复，编制完成《自贡市生态控制线规划》及4个小城镇、4个国家级传统村落保护和54个新村规划，向10个乡镇派驻第一批专职规划员。

【城乡基础设施建设】 2014年，完成农村公路建设285公里，建成乡镇集中供水工程24处、乡镇生活污水处理设施66个，新（改）建垃圾收集池（房）1300个、垃圾库（含农村垃圾中转站）20座、公厕42座，建成乡镇小型垃圾填埋场2座，提升改造18个场镇容貌品质。农网改造升级等专项投资3亿元，全省首创开展城区老旧弃管小区电力设施改造惠及居民2702户，新建成村邮站49个。

【均衡配置城乡公共服务】 2014年，建立城乡居民基本养老保险、大病保险、异地就医即时结算制度，出台促进高校毕业生就业创业、解决乡村医生养老保险、深化大中型医疗卫生机构对口支援基层医疗卫生机构、进一步加强边远农村教育、加强农村廉租房建设、全面推进流动人口计划生育基本公共服务均等化等政策措施。城乡养老保险实现并轨和自由转移接续，新农合参合率99.7%，农民工职业技能提升培训3.37万人次，农民危房改造1.51万户，补助1亿元。完成农村偏远地区校点布局调整，建设义务教育标准化学校40所，城镇教师到农村学校支教385人。15家二级以上公立医疗机构对口帮扶110所基层医疗卫生机构，城乡医院对口支援累计派驻医务人员650余人次。建成“1+6”村级公共服务中心20个，农民健身工程71个，社区书屋84个，470个行政村广播实现“村村响”。

【城乡社会治理】 2014年，全面推行“四议两公开一监督”村级决策机制，进一步规范村（居）规民约制度、村（居）民主理财和社区事务参与制度和程序。实行属地化、网格化、信息化管理，推进政府管理职能相对集中和下沉。

【“四级居住”形态建设】 2014年中心城区

面积109平方公里，人口超100万人；两县城面积达36平方公里，人口超37万人；发展4个省级、6个市级试点镇，扩展9个新型小城镇；建成新农村综合体12个、新村聚居点58个、新农家大院（自然村庄改造提升）72个，建成生态村68个。

【试验示范区建设】 2014年，全市设立7个统筹城乡综合配套改革试验示范区，涵盖23个乡镇1个街道办事处203个村1个社区。示范区内农民人均纯收入增长14%，规模经营（合作经营）比例增长12.8%；新发展省级专业合作社2个，市级专业合作社21个，专业协会1个，家庭农场8个，种养大户5个，龙头企业1户。试验示范区承担深化城乡建设用地增减挂钩、村级公共服务运行维护机制标准化2项国家级改革试点，财产性收入、流转收益保证贷款、承包地确权、资金互助社4项省级改革试点，自主开展财政资金折股量化、农村廉租房建设、集体经济组织成员身份认定、扩权强镇、归雁经济、农业转移人口市民化配套改革、户籍制度改革、确权确股、多权同确、生猪价格保险10项市级改革试点。自流井试验示范区突出开展土地利用改革试点，贡井成佳试验示范区突出开展完善小城镇健康发展机制试点，大安三多寨—何市试验示范区突出开展涉农投融资体制改革试点，沿滩金银湖试验示范区突出农村合作经济发展试点，荣县旭水河试验示范区突出开展增加农民财产性收入改革试点，富顺县东环线试验示范区突出开展创新农业经营体系试点，高新试验示范区突出开展户籍一元化改革试点，其中，荣县旭水河试验示范区创造的财政资金折股的经验、富顺县东环线试验示范区引进社会资本建设新农村的经验在全省交流。全市首次评选10个深化统筹城乡改革路径样板区，安排200万元以奖代补资金。

（谭雪梅）

种植业

【种植面积】 2014年，全市粮食种植面积21.52万公顷，比2013年增加944公顷；油料种植面积2.75万公顷，增加1111公顷；蔬菜种植面积5.55万公顷，增加1608公顷。

【产量】 2014年，粮食产量127.78万吨，比2013年增产0.3%；油料产量5.86万吨，增产8.7%；蔬菜产量190.54万吨，增产4.7%。水果总产28.52万吨。

【产值】 2014年，种植业产值95.06亿元，其中经济作物产值62.51亿元，占种植业产值65.75%，连续10年超过50%。

【全省超级稻产业化示范现场观摩会在荣县召开】 8月6日，由省农业厅和省农科院联合举办的全省超级稻“德香4103”产业化示范现场观摩会在荣县召开。省农业厅副厅长牟锦毅、省农科院副院长刘建军等领导专家，遂宁、南充、泸州、达州、德阳等市区县农（牧）业部门负责人及四川大农和农业开发有限公司、中种集团绵阳水稻种业公司、云南美益嘉种业有限公司相关负责人等150余人出席观摩会。与会者参观“德香4103”百里订单生产示范长廊，实地观摩荣县雷音乡“德香4103”中稻再生稻订单生产示范基地，并参观考察四川大农和米业有限公司。

畜牧业

【概况】 2014年，畜牧业重大项目完成投资4.99亿元，占年度目标的101%；全年实现畜牧业（现价）产值85亿元，农民人均畜牧业现金收入达2300元。全年肉类总产量27.73万吨，比2013年增长3.3%。其中，猪牛羊肉产量16.12万吨，增长2.9%；生猪出栏232.63万头，增长2.0%；肉牛出栏4.04万头，增长9.9%，肉羊出栏106.36万只，增长3.3%，家禽出栏2572.43万羽，增长1.6%。

【全省深化现代畜牧业发展现场会在自贡召开】 12月24日，全省深化现代畜牧业发展现场会议在自贡召开。全省21个市州政府分管领导、农业（牧）局主要负责人、第二轮40个现代畜牧业建设重点县政府主要负责人和省直有关部门负责人参加会议。省委副书记、省长魏宏出席会议并讲话，省委常委、省委农工委主任李昌平主持会议，副省长曲木史哈等出席会议。与会人员实地参观荣县现代畜牧业发展现场。

【生猪价格指数保险试点】 2014年，锦泰财险公司在全市开展生猪价格指数保险试点。通过对全省生猪市场多年数据分析，模拟未来12个月的生猪出栏价格走势，并在确保养殖户一定效益的情况下，确定14.8元/千克的生猪目标价格作为全市生猪价格指数保险的初始价格。保险期内，当省农业厅公布的生猪月度平均价格低于14.8元/千克时即触发赔偿。全年全市共承保生猪7.23万头，完成试点任务的128.42%，成为全国最大规模的生猪价格指数保险试点区域。在12月起进入保险生效期后，依据省农业厅官网发布的全省生猪价格12月份生猪市场均价为14.17元/公斤，低于初始保险价格，开始首批次理赔，参保猪赔付53.55元/头，71户参保养猪户共赔付32.29万元。

（曾荣耀）

林 业

【生态建设】 2014年，全市新增造林面积6286.67公顷，森林覆盖率提高1.2个百分点，达32.67%。新增城市绿地150.7公顷，完成河流绿化20.7公里，完成道路绿化205.5公里。结合城乡绿化规划，争取城乡绿化补贴资金408万元，启动城郊植树示范点建设工作，自流井、贡井、大安、沿滩四区完成万亩植树示范点建设任务。巩固退耕还林成果2.06万公顷，完成2013年度巩固退耕还林后续产业建设种植项目3560公顷、养殖项目9.47公顷。

【集体林权制度改革】 2014年，完善集体林权确权颁证工作，将完善集体林权确权颁证工作纳入农村产权制度改革一并安排部署，全市林权纠错99宗，纠错面积72.24公顷。推进集体林权流转，全市流转森林资源272宗，面积1448.98公顷，流转金额2534.94万元。完善森林资源资产评估，推进“量价分离”评估机制，建立森林资源资产抵押登记台账，维护抵押资产安全，全市林权抵押贷款65宗，抵押面积1070.58公顷，贷款金额5995.73万元。完善林木采伐管理制度，涉及采伐指标分配、简化审批程序、采伐过程监管等方面，做到审批木材采伐“便民、透明”，全市办理林木采伐证1674张，采伐蓄积3.70万立方米，出材2242.07立方米。完善政策性森林保险制度，全市森林投保面积3.17万公顷。培育扶持林业新型经营主体，全市共扶持发展林业专业合作组织达50家，注册资金4518万元。

【林业产业】 2014年，建成现代林业产业基地8000公顷，累计达4.02万公顷。全市竹基地面积达3.03万公顷，油茶发展面积达1.22万公顷，花椒基地面积6666.67公顷，木质原料林面积达1.88万公顷，发展桂花、香樟、红香椿等珍稀树木基地1000公顷。实现林业产业总产值36.49亿元，农民人均从林业中获得收入1040元，分别较2013年增长16.6%、16.5%。全年完成林业项目投资1.29亿元。

【森林资源保护】 2014年，有效管护国有林面积3920公顷，完成集体公益林生态效益补偿面积2.05万公顷。巩固林业自然保护区110公顷。加强林地管理，实行林地用途管制。全市共办理占用、征收林地50宗，面积158.38公顷，其中临时占用11宗，面积3.70公顷，为狸狐洞水库、楼房湾水库、川南通用航空产业第二期项目、高新技术产业园区等工程项目提供保障服务。先后组织开展“亮剑行动”“天网行动”“火案查处”专项行动、“禁种铲毒”和跨区域警务合作等行动，全市森林公安机关年度内共立案涉林刑事案件6件，破案6件，查处林业行政案件95件，处理违法人员97人。

【应急管理】 2014年，强化《四川省森林防火条例》宣传，充实完善“五长”责任制，健全应急处置机制，加强防火物质储备，提高扑救火灾能力。全市共发生森林火灾5起，受害森林面积0.68公顷，森林火灾损失率0.007‰，控制在0.1‰以内。组织开展越冬代虫情调查和春季有害生物普查，调查监测面积3.07万公顷，发布各类预报16期。狠抓松材线虫病和疑似松材线虫病疫木除治工作。

（隋宝强）

水产业

【概况】 按照水产示范基地规模化、特色化、生态化发展模式，全市建成无公害养殖基地22个，面积5000余公顷，认证的无公害品种133个。全年水产养殖面积7833公顷，比2013年增加66公顷；全年水产品产量6.18万吨，比2013年增长4.92%；产值13.62亿元，比2013年增长4.13%。生产鱼苗6.48亿尾，新续建4个水产产业化示范基地。在天然水域实施人工增殖放流200万尾。组织协会、专业户外出考察特种水产养殖8次，举办培训班10期1000人次。

【水产养殖基地建设】 2014年，全市投入资金5000万元，建成水产特色养殖基地1个，启动特色养殖基地建设1个；完成休闲观光渔业投资500万元，建设休闲观光渔业基地1个。争取省级财政项目资金300万元，投入水产品健康养殖基地、水产品“菜篮子”项目基地建设。

【水产品质量专项整治】 2014年，完成风险监测123个批次，完成鱼饲料检测5个批次；申报无公害基地4个，产品12个；完成无公害基地复查换证6个、品种21个。9月4日，省水产局副局长孟庆刚率队莅市检查渔业安全生产工作。

【特色优势水产基地建设】 2014年，争取省级财政项目资金300万元，市区（县）级财政资金200万元，业主自筹800万元，分别在自流井区仲权镇和富顺县东湖镇实施优势水产品健康养殖示范项目，在大安区和富顺县实施水产品“菜篮子”项目，4个基地建成或阶段性完成。截至2014年年底，全市有泥鳅养殖户18家，其中安山鳅业科技有限公司和云丰泥鳅繁育有限公司初具规模，摸索出种鳅培育、繁殖、孵化、苗种培育、成鳅养殖等成熟技术，主要养殖品种有本地泥鳅、黄板鳅、大令胡泥鳅、台湾花泥鳅等。全年泥鳅产量128吨，年规模养殖产量占社会统计产量的55.9%。2014年，自流井区仲权镇竹园村动工兴建以泥鳅养殖为核心的健康养殖基地，一期工程建设完成约33.33公顷，完成投资1500万余元。

（曾荣耀　李　弘）

农村经营管理

【概况】 2014年，粮食直补和农资综合补贴资金达2.43亿元，其中：粮食直补资金2311万元，农资综合补贴资金2.20亿元，补贴面积均为12.04万公顷；开展财政奖补村782个，实施项目达1613项次，项目总投资3.92亿元，其中财政奖补资金达1.70亿元，受益农民102.82万人。

【农村土地承包及流转管理工作】 2014年，农村土地承包经营权确权登记首批6个乡镇试点工作完成，完成确权登记面积12.75万公顷。全年农村土地流转面积1420公顷，种养业规模化水平提高。6个区县农村土地承包经营纠纷仲裁项目全部申报成功并实施建设。

【农民专业合作社建设】 2014年，开展农民专业合作社规范化建设，市农牧业局、市发改委、市财政局、市水务局、市国税局、市地税局、市工商局、市林业局、市银监分局、市供销社、市农工办11个部门联合制订《自贡市农民合作社市级示范社评定及监测办法（试行）》。该办法规定每2年评定一次市级示范社。截至2014年年底，经工商注册登记的农民专业合作社总数达1138个，比2013年新增221个，增长24.1%。荣县华鑫养兔专业合作社、沿滩区红丰蜜柚专业合作社、富顺县板桥镇柑竹湾村甜橙专业合作社等5家农民专业合作社被评为省级示范社；四海养鸡专业合作社、旭水河玉米专业合作社、大安三绿水产专业合作社等8个农民专业合作社被评为国家农民合作社示范社。

【家庭农场】 2014年，全市经工商注册登记的家庭农场113家，比2013年增加91家。其中，获省财政资金扶持的家庭农场3家。市农牧业局、市农工办、市财政局、市工商局、市林业局、市水务局、市供销社等7个部门联合制订《自贡市示范家庭农场认定管理办法（试行）》。

农业行政管理

【加强综合执法】 2014年，全市各级农牧部门严格检疫执法，全面启动电子联网出具“动物检疫合格证明”，产地检疫猪67.26万头、牛1.27万头、羊8.92万只、兔137.42万只、禽474.48万羽；屠宰检疫猪70.78万头、牛1.02万头、羊4.74万只、兔110.03万只、禽325.79万羽。严厉打击违法行为，出动执法人员1.34万人次，监督检查相关生产经营场所1.05万个，查处违法案件113件，对检疫不合格的8280头（只）畜禽监督货主按规定进行无害化处理，查获违法产品9947千克，挽回经济损失26.5万元，没收违法所得600元，罚款2.54万元。组织召开市级执法培训7期，培训执法人员679人次。实现"两个确保"（确保不发生区域性重大动物疫病流行和不发生重大动物源性食品安全事件）和"两个提高"（监督执法能力提高、打击违法行为效果提高）的目标。

【强化农产品质量安全监管】　2014年，制定出台《自贡市人民政府办公室关于加强农产品质量安全监管工作的意见》，落实农产品质量安全的政府总体责任、部门监管责任以及生产经营者的主体责任等属地管理责任。开展农药及农药使用、"瘦肉精"、生鲜乳违禁物质、兽用抗菌药、畜禽屠宰、农资打假等农产品质量安全专项整治行动，严防各类农产品质量安全违法违规行为。组织修订《自贡市农产品质量安全突发事件应急预案》。是年，部、省、市抽检全市农产品，总体合格率达98.5%。

【农业行政审批】　2014年，深化审批制度改革，市级农业部门实施的行政审批事项13大项29小项、公共管理服务事项4大项16小项全部实现网上公开、网上和窗口办理、在线监督，杜绝"体外"循环办理。承诺办理时限压缩到法定时限的50%以内，现场办结率、评议率、满意率均达100%。

农业科技

【科技机构】　全市有市农业科学研究所，市、区县农业广播电视学校，市、区县农技、植保植检、种子、土肥、经作、蚕种管理、农机管理、农机化推广、畜牧、兽医、饲草等农业科技机构，分别承担研究、教育、培训、推广等工作。2014年年末，有各类农牧业科技人员1667人，其中：编制内人员1630人、编制外人员37人；高级职称138人、中级职称513人、初级职称729人。

【农业技术】　2014年，开展新品种、新技术研究、引进和示范工作，引进农牧业良种50个、推广技术22项，示范推广农业优质高产生产技术13.33万公顷，发展"畜—沼—果（粮、菜）"循环农业和清洁生产。深化粮油高产高效创建活动，推行"中稻+再生稻""高粱+再生高粱""油（菜）/玉/豆""菜—稻"等高产高效种植模式，推广水稻集中旱育秧、玉米肥团育苗、地膜覆盖栽培等抗旱增产技术措施，建设"中稻+再生稻"产业基地4.85万公顷，酿酒高粱产业基地1.77万公顷，玉米大豆复合种植基地2.83万公顷。发展川南黑山羊、四川白鹅等地方优势、特色品种，实施川南黑山羊高繁系和肥羔系选育，抢救保护濒临灭绝的四川麻鸭，建立保种核心群，为开发利用奠定基础。组织培训新型农民1.32万人、实用技术100.8万人次、基层农技人员576人，分别占目标任务的110%、100.8%、100%。

【优质品种培育】　2014年，圣贡617-2、贡秋豆5104-7（即贡秋豆9号）、贡秋豆702（即贡秋豆10号）参加生产试验，已通过专家鉴定。杂2-086参加重庆2013—2014年区试第一年，7个点平均亩产154.7公斤，比对照南油12增产5.9%。杂3-070参加2014—2015年国家品种比较试验；杂12124-2、杂11079-2、杂4070参加四川省2014—2015年预试；杂2124、杂1470参加重庆2014—2015年区试。2013—2014年油菜品比试验组合52个，有13个组合测产均高于对照德油6号10%以上。杂交组合筛选试验共计137份，初步筛选出产量高于对照德油6号10%的组合有40余份。

名优特产

【"三品一标"】　2014年，完成产地环境监测评价，全市认定无公害产地面积13.07万公顷，占耕地面积的94.5%。全市认证无公害农产品118个，其中：种植业94个，富顺38个、荣县19个、沿滩15个、贡井14个、大安8个；养殖业24个，沿滩1个、贡井4个、自井3个、大安4个、富顺8个、荣县4个。全市获绿色食品证书的产品98个，其中富顺32个、荣县27个、沿滩2个、久大盐业公司37个。获有机产品证书的产品7个，其中荣县2个、贡井3个、自井2个。申报有机产品

11个，其中富顺7个、荣县2个、自井2个。全市获得地理标志产品2个，其中富顺1个、贡井1个。

【名优产品】 2014年，组织美乐、刀刀爽、荣成实业、绿茗春茶业等龙头企业10余家及美乐牌香辣酱、刀刀爽牌火边子牛肉、白雀牌丝绵被、绿茗春茶叶等系列产品30余个，参加在山东青岛举办的第十二届中国国际农产品交易会，美乐牌香辣酱、白雀牌丝绵被、绿茗春茶叶获交易会组委会金奖。经县、市推荐，省复核，农业部审定，荣州椪柑、龙都香茗入选《全国农特优新农产品目录》（2013年版）。

农业机械

【农机装备】 2014年，全市农机装备总动力111.64万千瓦，比2013年增加7.48%；耕种收综合机械化水平达42.1%，比2013年增加9.1%。共组织购机3923台（套），兑现购机补贴352.06万元，带动农民投入资金798.37万元。维修改造机电提灌设备3353台/3.24万千瓦，其中修复电灌设备649台/2.21万千瓦、改造电灌站31处/31台/1579千瓦，新增提灌设备582台/2766千瓦，其中新建提灌站19处/19台/898千瓦。

【农机工作】 2014年，新增控灌面积1.03万公顷，新增机械化节水灌溉520公顷，组织提水6030万立方米，灌溉6.75万公顷次。全年完成机耕作业面积20.58万公顷，机械化育插秧作业面积2713.33公顷，机械化收割作业面积4.83万公顷，首次开展油菜全程机械化示范6.67公顷。全市新增农机专合社5个，获评农民专业合作社市级示范社3个。

农村新能源

【沼气建设】 2014年，全市新增沼气用户2213户，配套实施“一建三改”农户1800户，“三改”率80%以上。配合现代农业产业基地建设和现代畜牧业发展，有效治理农业面源污染，促进生态循环农业产业基地建设，完成省级新村沼气集中供气工程5处，总投资126.44万元。

【沼气利用】 截至2014年年底，全市拥有沼气用户20.04万户，年产气量5960万立方米。农村沼气建设每年为农民节支增收2.7亿元，减少11.3万吨标准煤，减少薪材35.7万吨，减少水土流失41万立方米，减少二氧化碳排放41万余吨，处理畜禽类粪便500万余吨。

（曾荣耀）

SHANG MAO

商　　贸

服务业管理

【概况】 2014 年，全市服务业实现增加值 311.2 亿元，增长 8.1%，高出 GDP 增速 0.5 个百分点；服务业占地区生产总值（GDP）的比重为 29.0%，同比提高 0.7 个百分点；对全市经济增长的贡献率为 29.8%，比 2013 年同期提高 1.4 个百分点，拉动经济增长 2.7 个百分点。服务业固定资产投资占全市固定资产投资的 67.1%，占比提升 1.1 个百分点。全市服务业税收占比 55.86%，同期占比提升 4.75 个百分点。

【服务业综合改革】 2014 年，修改完善服务业发展政策意见、市政府关于加快服务业发展的指导意见、自贡市省级服务业综合改革试点实施方案、自贡市服务业重点产业（重点工作）协调推进机制、自贡市新兴先导型服务业领导小组推进机制。培育社会中介组织和行业协会，先后成立家政服务协会、电子商务协会，推动筹建物流、美容美发等行业协会。

【搭建产业发展平台】 2014 年，自贡川南（大山铺）现代服务业集聚区（商贸流通）成功列入省级服务业集聚区，已入驻和即将入驻项目共 49 个，总投资 355.21 亿元。川南电子商务产业园成功认定为省级电子商务基地，该项目一期电商线下“普润五金机电体验交易中心及电商办公中心”一批次 10 万平方米竣工，400 余家线下商家及电商签约入驻。顺丰、申通、汇通、圆通等 4 家公司的川南分拨中心在自贡落户，顺丰、国通、圆通、韵达、中通、宅急送、速尔等 7 家快递公司入驻物流园区。

商贸网点

【专业市场】 2014 年，川南五金城一期、西南生产资料市场一期完工，川南皮革城二期、川南家居城二期启动建设，西南（自贡）无水港油脂加工项目、华商·国际城、瑞祥商贸物流城二期、美吉特·荣县家居建材科技博览城、川南建材市场升级改造等一批重大商贸项目顺利推进。销售额上 10 亿元的专业市场有 4 个，实现销售额 68 亿元，分别是：川南农副产品批发市场、川南建材市场、川南钢材市场、川南汽贸产业园。

【农贸市场】 2014 年，完成 13 个新建和改造标准化农贸市场。其中：新建贡井区杨家坝农贸市场、沿滩区九洪三河村农贸市场；升级改造完成自流井区漆树乡星星村农贸市场、大安区新店镇农贸市场、荣县观山镇俊先农贸市场、富顺县富和乡农贸市场及灯杆坝、五星街、龙井街、大高路、马冲口、筱溪街、沿滩镇等重点农贸市场。市场增加面积 1 万平方米，市场摊位 660 余个，总投资 1400 万元。

【特色商业街区】 2014 年，牛佛商贸特色（一期）一条街、沿滩楼荫塘商业步行街项目竣工并投入使用。牛佛镇、五宝镇、赵化镇商贸中心建设开工。

（王元森）

【个体经营】 2014 年年末，全市有个体工商户 7.37 万户，比 2013 年同期增长 16.87%；从业人员 10.19 万人，比 2013 年同期增长 5.29%；注册资金 24.61 亿元，比 2013 年同期增长 40.83%；2014 年新发展个体工商户 1.06 万户，同比增长 36.88%；从业人员 2.52 万人，同比增长 134.28%；注册资金 8.33 亿元，同比增长 72.21%。全市累计有私营企业 1.67 万户（含分支机构数），同比增长 17%；注册资金 45.62 亿元，同比增长 311.20%；2014 年新发展私营企业 2873 户，同比增长 85.59%；注册资金 75.49 亿元，同比增长 217.01%。2014 年，全市新发展农民专业合作社 167 个，累计有农民专业合作社 1103 个，同比增长 22.97%。开展 2014 年民营企业“诚信守法企业”示范创建活动，确立 10 户民营企业作为首批“诚信守法企业”示范创建试点企业，带动 30 家民营企业开展创建活动。推进“个改企”工作，全年全市办理“个改企”134 户。

（罗育新）

【川南首家奢侈品时尚购物广场普润之星开业】 1 月20 日，川南首家奢侈品时尚购物广场普润之星开业。广场位于自贡汇东新区丹桂大街，总投资 1 亿元，营业面积 3000 平方米，奢侈品涵盖 Gucci

（古琦）、Bottega Veneta（葆蝶家）、PRADA（普拉达）、MIU MIU（缪缪）、Zegna（杰尼亚）、Armani（阿玛尼）、Dior（迪奥）、Burberry（巴宝莉）、Max Mara（麦丝玛拉）、Tod's（托德斯）、Ferragamo（菲拉格慕）、VALENTINO（华伦天奴）等数十个国际顶级一线品牌。

批发零售贸易业

【概况】　截至2014年年底，全市有限额以上商贸企业单位403户，其中：自流井区126户（含高新），贡井区43户，大安区50户，沿滩区38户，荣县54户，富顺县92户。

【产业经营】　2014年，批发零售额实现社会消费品零售额427.65亿元，同比增长12.5%。其中：批发业实现社会消费品零售额44.85亿元，同比增长14.0%；零售业实现社会消费品零售额325.94亿元，同比增长12.6%。2014年全市批发和零售业实现增加值66.76亿元，同比增长8.1%。

餐饮业

【概况】　2014年，全市餐饮业实现零售额54.78亿元，同比增长10.8%；餐饮业实现增加值28.84亿元，同比增长8.6%。

【美食活动】　2014年，市餐饮美食协会开展“盐帮菜走边关、入军营”活动，到新疆喀什参加“第七届喀交会”，展销自贡特色美食；开展盐帮菜“名菜、名厨、名店”评选活动及第六届盐帮美食节活动，打造“食之府”自贡城市名片，拉动全市消费经济增长。

【首届盐帮菜名菜、名厨、名店评选活动】　11月，开展首届盐帮菜名菜、名厨、名店评选活动。该活动至2015年2月结束，最终评选出名菜10道、名店10家、名厨10名。活动期间，开展盐帮菜标识有奖征集、“我心中的美食记忆”有奖征文、“舌尖上的自贡”摄影作品征集、盐都最美服务员大赛、表彰晚会等活动。

住宿业

【概况】　2014年，全市住宿业实现营业额2.08亿元，同比增长8.8%，实现增加值2.06亿元，同比增长5.0%。

【住宿业管理】　2014年，开展住宿业行业大检查，倡导诚信、守法，规范行业经营秩序。在举办自贡国际恐龙灯会期间，向省内外游客推荐酒店住宿特别推荐单位，对外进行广泛宣传。

（王元森）

供销合作

【概况】　2014年，全市供销社系统实现经营服务总额达68.6亿元，同比增长20%，商品销售总额38.4亿元，同比增长28%；化肥供应达18.5万吨，与2013年同期持平；农副产品购销额29.7亿元以上，比2013年增长30%；汇总赢利3300万元，同比增长10%。

【供销合作社改革工作】　2014年，成立市供销社改革工作领导小组，确定“三创新、一探索”思路，抓好供销社综合改革。全年新建、改造基层社30个，创新服务新机制，提升服务规模化水平，健全农业社会化服务体系，全年培育和发展龙头企业16户，发展高粱、花椒种植基地3886.67公顷，存栏10万羽以上蛋鸡的畜禽养殖基地1个；创新流通新机制，提升流通现代化水平，建立社会化、专业化、系列化的现代物流体系，鼓励企业开展电子商务，有8户企业开展网上交易，1户企业开展期货交易；探索农村合作金融试点改革，培育发展农村合作金融组织，发展农村合作金融业务，有1个专合社开展农村合作金融试点。

【基层组织体系建设】　2014年，采取合作制、股份制、股份合作制等形式，打造以自主经营主体、为农服务载体、合作经济组织联合体为一体的新型基层社标杆社2个。按照农产品行业规范和标准要求，引导合作社规范化管理、标准化生产、品牌化经营，提升运营水平，建成农民合作社示范社17个。坚持经营性服务与公益性服务相结合的原则，建成主体多元、功能完备、便民实用的综合服务社星级社5个。加快构建新型农业经营体系，推进农民合作社之间的“再合作”，组建跨区域、跨行业农民合作社联合社4个。是年，基层供销社实现营业收入5.7亿元，较2013年同期增长14%；实现利润总额1508万元，较2013年同期增长27.42%。

【农产品产销对接体系建设】 2014年，为搭建好产、供、销“三位一体”的农产品直销体系，缩短“菜园子”到“菜篮子”的距离，解决农民卖难和居民买贵问题，推进全市农产品产销对接工作，加大龙头企业培育力度，新培育产销对接龙头企业6户，新培育产销对接专合社18个，新建农产品直销店28个，新建农产品冷库2个。抓好主副食品调控基金补贴直销工作，搞好农产品直销店建设和管理，全年共争取到市政府价调基金补助52万元。

【农村再生资源回收利用体系建设】 2014年，开展以“村收集、乡运输、县处理”模式的农村再生资源回收利用体系建设，新建村级固定回收点40个、流动回收点60个，培训农村基层站点回收人员近100人次，农村回收网点覆盖率达85%。全市共有回收网点1154个（其中固定264个、流动890个），覆盖率达100%。已建固定回收站点存活率100%，全年再生资源回收额达3.16亿元，同比增长28.9%。

【农村社会化服务体系建设】 2014年，发挥供销社各网点的作用，加快构建经营性和公益性并举的新型农村社会化服务体系，保证农业生产生活所需。全年新建农村社区综合服务社40个，庄稼医院20个。全市235个社区综合服务社和327个庄稼医院累计销售日用消费品3.84亿元，购销农产品1.2亿元。以现代流通手段改造传统经营服务网络，构建农资、日用消费品、农产品、再生资源、烟花爆竹五大经营服务网络体系，建成各类配送中心15个、经营服务网点累计达3243个以上，覆盖全市全部乡镇，完成市、县（区）、乡（镇）、村四级为骨干的农村社会化服务体系构建。

（甘鸿艳）

粮 油

【粮油购销】 2014年，全市入统企业社会粮食收购25.23万吨，较2013年增加12.13%；油菜籽收购0.01万吨，较2013年下降83.33%；从市（省）外采购粮油34.11万吨，较2013年增长4.53%；销售粮油39.59万吨，较2013年下降8.18%。

【项目建设】 2014年，各类粮油项目完成固定资产投资4.5亿元，较2013年增长483.87%。西南（自贡）无水港油脂项目主体工程基本完工；自贡地方粮油集中储备库项目已立项，并与城投公司达成一致性合作建设意见；中储粮自贡公司仓容原地扩建工程项目完成拆迁，进入建设阶段。

【服务“三农”】 2014年，落实各项惠农政策，与农户和专合组织签订优质专用粮油订单6万公顷，建立乡村便民粮油连锁店121个，新建农户科学储粮小粮仓6928个，为农户减损粮食346.4吨以上，减少农户储粮损失96.99万余元。9月26日，正式启动2014年中籼稻最低收购价执行预案，到预案执行截止日，全市国有粮食企业按政策收购稻谷5.48万吨，助农增收2190万元以上。

【粮食流通市场监管】 2014年，组织开展节日粮油市场供应、粮油食品安全、大小春粮食收购、民营企业原粮抽样检查等执法检查402次，出动执法人员1007人次，检查经营户和企业624户次，共查处行政处罚案例45例，其中责令整改22例，警告23例。完成全市各区县粮食库存自查工作，对全市11户国有及国有控股粮食企业、2户中央储备粮直属企业的41个库点、储粮仓间301个、粮油23.63万吨进行自查；市重点抽查组对3户企业、85个仓间、粮油10.12万吨进行检查。加强粮食质量监测，全市收获质量调查检测样品329份，监测政策性粮油149批次。

【粮食科技应用】 2014年，全市科学储粮面达99.59%，“一符四无”粮油指标保持100%。

【粮油价格】 2014年，国家公布的小麦（三等）最低收购价格为2.36元/公斤，早籼稻（三等，下同）、中晚籼稻和粳稻最低收购价分别为2.7

元/公斤、2.76 元/公斤、3.1 元/公斤。全市年平均实际中等收购价格：小麦 2.53 元/公斤、稻谷 2.43 元/公斤、玉米 2.34 元/公斤；年平均实际中等销售价格：小麦 2.60 元/公斤、稻谷 2.49 元/公斤、玉米 2.38 元/公斤；年平均实际零售价格：面粉（特一粉）4.59 元/公斤、大米（三级）4.16 元/公斤、菜籽油（四级）16.23 元/公斤。

（兰　玲）

烟草专卖

【卷烟营销】 2014 年，坚持“尊重市场、满足需求、规范经营、强化监管”原则，深化货源分配改革，探索自主品牌培育，调整业务流程、创新服务模式，营销水平稳步提升。全年共销售卷烟 8.15 万箱（5 万支/箱），较 2013 年同期增加 1230.7 箱；实现销售收入 19.67 亿元；实现税利 4.94 亿元，增长 14.1%。

【专卖管理】 2014 年，开展“天府利剑”专项行动，全年共查处涉烟违法案件 2017 起，其中 5 万元以上案件 22 起；查获违规卷烟 1119.1 万支，案值 467.1 万元；罚没款 81.2 万元；捣毁制假窝点 1 个；省烟草专卖局审核通过网络案件 3 起，涉案金额 2156.9 万元；拘留 11 人，逮捕 10 人，判刑 13 人。其中，“11・14”销售假冒卷烟网络案，成为自贡有史以来省烟草专卖局审核通过的最大涉烟违法案件，金额达 1070 万元，受到国家烟草专卖局表彰。

【企业管理】 2014 年，开展党的群众路线教育实践活动，收集各类意见 156 条，归纳“四风”表现 22 条，形成整改措施 53 项，作风转变取得初步成效。坚持“三早”“三抓”深化纪检监察，落实“三转”要求，从全程监督向事后执纪监督问责转变，强化作风建设，筑牢风险防控。开展精益管理、标准化建设，探索绩效改进，推进绩效考评体系建设。梳理健全规章制度，细化工作标准，推进企业管理“流程驱动、开放兼容、精简高效”。

【公益事业】 2014 年，坚持责任奉献社会，打造责任烟草形象，全年累计捐赠 46.6 万元，用于贡井马槽塘社区、富全中堰村定点帮扶、古佛中心小学捐资助学、乐德镇山东村生态建设、江姐村邓萍纪念馆红色文化建设等。

（市烟草专卖局）

DUI WAI MAO YI YU JING JI HE ZUO

对外贸易与经济合作

进出口贸易

【概况】 2014年，全市累计实现对外贸易进出口总额41.3亿元，较2013年下降34.3%，列全省第7位。其中：出口19亿元，下降50.3%，列全省第10位；进口22.3亿元，下降9.8%，列全省第4位。以美元计价，全市对外贸易进出口总额6.72亿美元，同比下降33.75%。其中：出口3.1亿美元，下降49.80%；进口3.62亿美元，下降8.93%。

【贸易方式】 2014年，全市一般贸易方式进出口35.98亿元，下降21.9%，其中：出口16.12亿元、下降37.2%，进口19.86亿元、下降2.8%。以加工贸易方式进出口3.8亿元，下降35.8%，其中：出口1.39亿元、下降16.7%，进口2.42亿元、下降43.23%。以对外承包工程方式出口1.47亿，下降86.5%。

【贸易主体】 2014年，国有企业进出口22.76亿元，增长20.8%，占同期全市外贸进出口总值的55.1%，其中：出口10.18亿元、下降9.6%，进口12.58亿元、增长66%。外商投资企业进出口9.8亿元，下降32.2%，占同期自贡外贸出口总值23.7%，其中：出口3.14亿元、增长10.7%，进口6.67亿元、下降42.7%。私营企业进出口8.69亿元，占同期自贡外贸出口总值21%，下降70.6%，其中：出口5.65亿元、下降76.5%，进口3亿元、下降44.7%。全年有外贸进出口实绩的企业109家，较2013年同期增加22家，其中：进出口超过1000万元的有7家，超过1亿元的有7家，前十位企业集中度从2013年的61.9%提高到83.5%，外贸主体队伍壮大，企业集中度大幅度提升。

【贸易产品】 2014年，全市出口以锅炉、汽轮机部件为代表的机电产品6.5亿元，下降66.9%，占同期全市出口总值的34.2%；出口鞋类等劳动密集型产品8958万元，下降40.5%。同期，进口机电产品6.42亿元，增长43%，其中：进口阀门4.3亿元，同比增长32.5%，进口钢材5.49亿元，同比增长1.08倍。化工产品中进口对苯二甲酸2.89亿元，下降55.3%，乙二醇2.6亿元，下降22.8%。

【贸易市场】 2014年，全市对欧盟双边贸易额11.87亿元，同比增长40.8%，占全市外贸总值的28.7%，其中：出口3.95亿元、下降14.4%，进口7.92亿元、增长1倍。与美国贸易额7.45亿元，增长8%，占18%，其中：出口5.3亿元、下降1.7%，进口2.15亿元、增长42.2%；与东盟贸易额2.81亿元，下降50.7%，占6.8%。

外商投资与对外经济技术合作

【外商投资】 2014年，引进外资企业2户，全市外资企业累计达24户。全年实现合同利用外资1645万美元，同比下降23.5%，总值列全省第14位；实际到位外资2218万美元，同比下降2.6%，总值列全省第17位。

【对外经济技术合作】 2014年，新培育境外工程承包企业1户，3户企业在境外设立分公司。截至2014年年底，全市外经企业累计达18户，其中境外投资企业14户，境外工程承包企业4户。四川泰丰集团境外投资失利，铁矿石开采与红酒开发销售受阻；华西能源境外工程承包无新合同执行，全市仅实现境外工程承包额2500万美元，同比下降80.8%。

（王元森）

招商引资

【概况】 2014年，全市到位市外项目资金661.68亿元，同比增长11.81%。其中，形成市外固定资产投资331.5亿元，完成到位省外项目资金376.47亿元。全市履约项目707个，其中5亿元以上项目75个。全市新签约重大项目116个，总投资574.53亿元。从项目的类别看：农业类项目11个，总投资10.21亿元；工业类项目58个，总投资229.61亿元；服务业类项目47个，总投资334.71亿元。从项目的规模看：1亿元—5亿元（不含5亿元）项目67个，5亿元—10亿元（不含

10亿元）重大项目27个，10亿元以上重大项目18个。

【基础工作】 2014年，加强“六库（项目库、客商库、政策库、节会库、人才库、技术库）”建设，建成区县、市级各部门“上下互动、左右联动”的行业招商体系。收集整理项目131个、总投资额680亿余元，客商资源6500余个，重大节会12个。完善行业招商“八大机制（组织领导机制、信息搜集机制、快速决策机制、项目预审机制、统筹协调机制、定期通报机制、目标管理机制、工作保障机制）”，夯实招商引资基础，为全市招商引资工作开展提供保障。各区县、市级各行业责任部门结合工作实际和区域经济发展定位，开展一系列招商引资工作，贡井区建立“五大机制一流程”工作体系，整合全区招商资源，优化政务环境；高新区实施高新产业引进、知名企业引进、人才带项目引进“三大攻坚战”，在更大范围、更深层次、更高水平推进“全域开放”。完善考核实施细则，实行分类、有梯度考核。注重督查的质量和效果，巩固和创新媒体通报内容，在通报到位资金的基础上，增加新签约项目情况，及时掌握重大项目动态，跟踪督查项目进度，保持考核督查强势，增强全市招商合力。

【招商活动】 2014年，举办第四届“龙聚盐都·携手灯城”招商推介会，获得新项目线索25个，总投资金额约186亿元，其中：工业类项目线索14条，服务业类项目线索11条；推进中航产业配套生产项目等多个重点在谈项目。承办“荥经县灾后产业重建——自贡投资对接会”，全市参会企业17家，会上签订框架合作协议2个。举办中国川南商贸城招商说明会，参会浙商达530人。组织参加“中外知名企业四川行”、厦洽会、珠洽会、西博会等活动。中外知名企业四川行活动上，成功签约项目34个，总投资额384.95亿元。第十五届西博会上，成功签约项目29个，总投资额252.09亿元。

【项目推进】 7月，中航工业集团与自贡签订全面战略合作协议，在西部通用航空枢纽、航空装备制造、中航文化创意产业3大基地14个重点项目领域达成合作共识，总投资额达459亿元，占地约30平方公里，准备构建飞机零部件生产组装、销售、运营、培训、维修、航空科技及文化展示、航空新材料生产运用等全方位立体航空产业链，打造千亿航空产业集群，为全市产业转型升级、加快次级突破注入“强心剂”。围绕航空产业集群，加大与国际通用航空制造企业和大型通用航空组织对接力度，已对接瑞士皮拉图斯飞机工业有限公司、美国中欧飞机有限公司、韩国HIZE航空、厦门林巴贺（德国）飞机发动机制造有限公司等多家航空企业，与中航工业通飞公司、美国西锐飞机设计制造公司达成初步战略合作共识；成功促成美国乔治海因茨飞机制造公司与高新区签订组装轻型飞机的合作协议。

（徐亚莉）

海　关

【改革保障措施】 2014年，成立由办事处主要负责人任组长的业务改革领导小组，建立健全工作组织和工作机制。定期召开专题会议，对照目标任务查漏补缺。强化内部资源整合，成立业务疑难问题处置小组，密切与总关各相关职能部门的联系协作，集中力量群策群力攻坚克难，提升、强化业务改革参与者的内在技能。加强对企业业务人员、货运代理报关人员的专业技能培训，强化试点企业的优质选取和系统测试的全程跟踪，确保各项业务改革顺利推进。与内江出入境检验检疫局就“区域通关一体化”“无纸化通关”和落实“三个一”等内容进行座谈，达成初步共识；与市国家税务局、外汇局、商务局等单位签订自贡市外贸联合监管合作备忘录，就信息共享、联合监管、协同配合等进行约定。

【通关一体化改革】 2014年，推进“属地申报、口岸验放”和“属地申报、属地放行”通关模式，实现内陆海关的口岸功能。从3月1日起，对符合条件的B类生产型及以上类别企业全面推行“属地申报、口岸放行”的通关模式。5月1日起，对符合条件的A类及以上类别企业全面推行“属地申报、属地放行”的通关模式，审批通过“属地申报、属地放行”企业3家。参与“多点申报、多点放行”通关模式，关区内多点申报，多点放行通关模式运行正常。12 月 1 日，参与长江经济带区域通关一体化改革，采取报送信息简报、新闻报道、召开宣讲会、负责人带队上门等形式宣传海关改革举措，帮助引导企业享受政策“红利”。

【创新风险式管理机制】 2014 年，按照企业信用类别高低，实行差别化企业管理模式，优先保障高资信 AA 类别企业的进出口货物通关，对该类企业的进出口货物现场查验率控制在 5% 以内。全年进出口货物查验率 5.75%，查获率 15.39%。其中，进口查验率 6.2%，查获率 28.57%；出口查验率 5.31%。对辖区内两家 AA 类企业的查验率为零。初步实现差别化企业管理的严密监管和高效服务有机统一的既定目标。开展企业稽查 4 家，企业巡查 21 家，办理和移交泸州缉私分局各类违规案件 13 起。

【提升服务质量】 2014 年，助推地方外向型经济重要工作，参与北部湾港务集团项目引进等重大项目招商引资，为特殊监管区申建工作出谋划策。帮助自贡文化产品出口，为自贡灯贸公司打通本地通关路径。及时化解四川汇维仕因常规运输受阻所面临的停产风险，与相关口岸海关联系协调，通过变更运输工具和运输方式，为企业节约 5 天左右的运输时间。支持并采取措施缓解长宏皮具资金困难。加强政策宣讲、措施支持的针对性和务实性，扩大属地报关率，提高自贡进出口规模。落实各项海关优惠政策，全年减免税审批金额达 2448 万美元，减免税款 1309 万元。加工贸易备案金额达 5 亿美元，在辖区外贸形势较为严峻的形势下税收实现历史最好水平。

【提供决策参考】 2014 年，全年撰写统计分析文章 12 篇，为市委、市政府经济决策提供辅助参考；参加各类经贸会议、活动，及时了解、掌握地方经济发展动向，提前介入各项重点建设项目，主动服务。

（曾晓旭）

LU YOU

旅　游

概　述

2014 年，全市旅游工作紧扣市委、市政府“三大发展战略”工作主题，把握“稳中求进、进中求好”的工作基调，推进全面深化改革工作，推动旅游产业健康发展。全市实现旅游综合收入 200.38 亿元，同比增长 25.03%；接待游客 2106 万人次，同比增长 18.3%。

旅游景点

【概况】　自贡是中国历史文化名城、中国优秀旅游城市、世界地质公园，有亿万年恐龙奇观、两千年井盐文化、八百年彩灯风采 3 种旅游资源，自贡恐龙博物馆、盐业历史博物馆、中国彩灯博物馆、燊海古井、自贡灯会等是国家乃至世界级的旅游景观，在海内外享有“千年盐都”“恐龙之乡”“南国灯城”美誉，是一座有盐有味的旅游城市。

【井盐文化】　“井盐之都”是自贡的第一张名片。自贡是世界井盐之都，有近 2000 年的井盐生产史，井盐文化源远流长，井盐文化旅游资源丰富，遍布自贡市的古盐井、古镇古街、行帮会馆建筑等盐史文物代表着中国辉煌的古代文明。

【恐龙化石】　“恐龙之乡”是自贡的第二张名片。自贡是亚洲恐龙王国，自贡地区已发现 170 余处恐龙化石点，其中“大山铺恐龙化石点”是世界上最集中、最完整的恐龙化石遗址，自贡恐龙博物馆是世界三大田野恐龙博物馆之一，也是中国旅游胜地 40 佳之一。

【自贡灯会】　“彩灯之城”是自贡的第三张名片。自贡是中国彩灯之城。自贡灯会有 800 多年的历史，是国家旅游局向海外推出的中国最具影响的大型民俗节庆活动之一，被誉为“天下第一灯”。

【寺庙】　自贡也是有名的佛儒胜地。荣县大佛是中国第一如来佛，世界第二大佛；富顺文庙是中国保存最完好的古文庙之一，是国家重点文物保护单位。

【红色旅游】　自贡是红色旅游之地。江姐故居、仿建的渣滓洞、卢德铭故居、邓萍故居、吴玉章故居、荣县军政府旧址等形成一条红色旅游环线。

旅游项目

【概况】　2014 年，旅游项目固定资产投资总额 10.68 亿元，旅游招商引资到位资金 1 亿元，其中省外资金 7000 万元。

【重大项目建设】　卧龙湖国际盐泉生态城（盐卤浴）项目建设累计投资 24 亿元，工程量完成 75%。魔幻时光旅游综合体项目土地出让、建设用地方案已报市住建局审批，会议中心及配套五星级酒店土地工程建设报批工作有序开展，主题乐园项目用地指标已获批准。双石镇国家级乡村旅游示范区主要业态布局基本成型。仙市镇百胜村慢餐文化园项目建设内容基本完成，项目累计总投资达 3356.4 万元。富顺豆花村生态文化园道路路基基本成型。燊海井文物保护改造项目投资 260 万元完成第一期工程。自流井老街改造项目正式启动。

旅游市场

【灯会旅游宣传】　2014 年，将第二十届自贡国际恐龙灯会纳入四川省 2014 年重点旅游产品宣传计划，协调落实省旅游局作为本届灯会主办单位。在成都、重庆、乐山、泸州等地召开灯会旅游推介会，与当地旅行商签订合作协议。邀请四川电视台直播第二十届自贡灯会及盐帮菜、燊海井等盐文化旅游景区景点，并在优酷网同步推广。

【旅游形象宣传】　2014 年，编印《神奇盐都、魅力自贡》宣传手册和《自贡灯会旅游服务指南》等宣传资料。新制作《神奇自贡》旅游宣传片。与四川新闻网、自贡在线、UU163 旅行在线 3 家网络公司开展“信息发布、社区论坛、旅游电子商务”三位一体的旅游网络营销合作，实施以信息发布、论坛互动和旅游电商整合的营销方案。7 月 1 日，促成全市景区电子联票上线运行。

【开展会展营销】　2014 年，组织全市旅游行业参加首届四川国际旅游交易博览会。在四川馆自贡形象展区，共接待旅行商及公众2万余人，发放各种宣传资料、纪念品、门票赠卷1万多份（册），接受10余家各类媒体采访、回答公众咨询近1000次。在一对一交易馆，市区县旅游局和涉旅企业与30多个国家和地区及国内旅行商200多家开展270多轮洽谈，达成各类意向合作46家，涉及金额3000万余元。联合承办首届川南品牌博览会暨旅游商品展，促成400余商家参加博览会，销售额2亿余元。参加上海国际旅交会、昆明华商会等展会活动，向全国各地游客推介自贡旅游。

旅游活动

【特色旅游】　2014年，市区县联办“幸福自贡、市民家乡游”系列活动，组织举办仙市古镇民俗风情活动、仙市首届金秋旅游节、2014四川花卉（果类）生态旅游节分会场暨自贡第十五届飞龙峡桃花生态旅游节、大佛庙会和第三届大佛文化节、第七届豆花文化旅游节、大安区乡村文化旅游暨第十五届三多寨梨花风筝放飞活动、三台风情梨花会、纪念“5·19”中国旅游日暨自贡市第十届乡村旅游节、龙都香柚采摘和金秋赏桂活动等。组织国庆金秋旅游套餐活动。

【特色活动】　2014年，邀请四川电视台《西部旅游》栏目组到自贡拍摄灯会、恐龙馆、盐史馆、燊海井、尖山风景区。组织举办“2014燊海森林——百车自驾、千人摄影”大型旅游活动，成渝两地及川南五市近百辆车300余人参加活动并感受自贡盐龙灯的独特魅力。

行业管理

【标准化建设】　2014年，檀木林城市名人酒店、康辉旅行社有限公司、七星湖凯基度假酒店等3户企业被评为“四川省旅游标准化示范企业”。

【质量管理】　2014年，完成对檀木林城市名人酒店、汇东大酒店等4家高星级饭店年度复核工作，实施对全市中低星级饭店年度复核。指导星级饭店加强技能培训和人才培养，完成自贡市第11届旅游饭店职工技能竞赛，评选出18名获奖职工、6个团体奖单位和5个组织奖集体，促进旅游饭店行业质量提升。完成2013年度154名导游年审培训工作，其中一次性通过150人。

【规范旅游市场】　2014年，印发《打击非法从事旅游经营行为专项整治工作方案》《关于开展元旦、春节旅游市场及安全检查的通知》《关于开展旅游客运市场专项整治工作方案》等文件。全年组织5次旅游市场联合检查、6次景区暗访检查行动、6次旅行社专项检查，出动旅游执法车辆58台次、执法人员186人次，对全市19家本地旅行社、15家异地旅行社分社、9家星级酒店、7个景区、2家旅游车公司、3家旅游购物商店、54家星级农家乐，开展全覆盖的市场检查，维护全市旅游市场秩序。

【旅游安全检查】　2014年，与全市旅游景区、星级酒店、旅行社等52家涉旅企业签订《2014年旅游安全责任书》，修订《自贡市旅游行业安全应急预案》。组织全市星级酒店、景区和区县旅游局负责人120名参加应急知识培训，并现场开展消防应急演练。指导涉旅企业开展安全应急培训及演练活动19次，行业覆盖面达100%。联合开展4次安全检查，检查酒店消防重点环节、部位和设施设备210余处，景区游船（快艇）28艘，乡村农家乐储藏室、消毒池、后厨等场地110余处，查出各类安全隐患33件。全市旅游行业实现连续9年重大安全责任“零事故”。

【旅游投诉】　2014年，接到旅游咨询和游客举报投诉105件，查处质量举报2起，投诉立案8起，投诉立案件结案率达100%，为游客挽回经济损失共42.83万元。

（市外事侨务旅游局）

CAI ZHENG SHUI WU

财政·税务

财　政

【财政收支】　2014年，全市地方一般公共预算收入完成42.41亿元，增长10.6%。其中：税收收入完成31.08亿元，增长17.87%，占地方一般公共预算收入比重为73.28%；非税收入完成11.33亿元，下降5.34%。全市一般公共预算支出实现147.31亿元，增长5.27%。全市政府性基金预算收入完成43.49亿元，下降45.56%；政府性基金预算支出58.68亿元，下降15.03%。全市国有资本经营预算收入完成998万元；国有资本经营预算支出994万元。全市社会保险基金预算收入完成53.53亿元；社会保险基金预算支出82.18亿元。

【服务经济发展】　2014年，安排财政资金25亿元，支持小井沟水利工程、乐自高速公路自流井连接线、川南城际铁路、保障性住房、通用航空产业园、西南（自贡）无水港等项目建设。落实小微企业税收优惠政策，小微企业共享受税收优惠1352万元。清理规范涉企收费行为，减轻企业负担。推进交通运输业和部分现代服务业及铁路运输、邮政业、电信业"营改增"改革试点，降低企业税负。完善小微企业发展融资财政政策，建立1.5亿元"工业企业应急临时周转金"，帮助企业缓解融资难问题。向上争取支农项目资金6.6亿元，促进全市农业农村经济发展。安排资金3.3亿元支持新农村基础设施建设、新农村示范园区建设项目、扶贫连片开发项目和高标准农田建设项目等；安排资金3.3亿元实施重大水利工程、农村饮水安全工程和病险水库除险加固项目建设等。支持农业融资担保公司对全市农业龙头企业及农民专业合作社等提供担保。安排资金1850万元，支持现代服务业综合改革试点、中心城区商贸功能完善及农贸市场建设改造升级等；兑现支持外向型企业技改研发项目和出口补助政策资金1590万元，鼓励企业开拓国际市场和增强出口能力。

【支持国有企业改制改革】　2014年，推进国企改革，保障国企改制资金，推进32户破产企业清算终结工作。市财政局与市国资委协作，共同完成2013年省级破产改制资金400万元使用情况绩效报告。按照市政府工作安排，配合完成市新星企业经济服务中心等16户破产企业财产的国有划拨土地收储及资产收购工作。安排资金1645万元，支持东碳系企业改制破产清算工作、市模拟屏厂信访积案、原市针织二厂破产前退休职工医保"单建转统账"补差费用、原空压厂"工改民"改造工程、川玻公司停产职工生活费发放等国企改革遗留问题。

【推进重大项目建设】　2014年，强化政府性投资项目基本建设资金管理，全年共支付基建资金5.02亿元，推进城市新区、小井沟水利工程、狸狐洞水库、高标准农田、农村饮水安全、农村危房改造等重大项目建设。争取上级补助资金4.15亿元，涉及水利设施、城乡建设、农林发展、医疗卫生、企业发展、公共安全、节能环保、国土资源、发展改革、文化教育等。

【保障改善民生】　2014年，按照"保基本、守底线"的基本思路，加强资金整合，安排资金41.6亿元，保障"九大民生工程"和17件民生实事资金需要，加大对教育、社会保障、医疗卫生等与人民群众切身利益密切相关的民生事项投入。全年全市一般公共预算民生保障支出95.2亿元，较2013年增加3.2亿元，占一般公共预算支出的比重稳定在65%。

【财税改革】　2014年，推进完善省对市县分税制财政体制改革，将原省市县共享的印花税和契税下划为市县固定收入，建立企业所得税省市县共享机制。深化预算管理制度改革，构建全口径预算管理体系，将市级一般公共预算、政府性基金预算和国有资本经营预算同时提交市人民代表大会审查，并将社保基金预算提交市人大常委会主任会审议。完善部门预算编制改革，划分日常公用经费与通用项目经费的支出边界，细化专用项目支出范围。严格控制一般性支出，对"三公经费"实行总额控制，确保市级部门三公经费不突破总额控制。推进预算信息公开，除涉密部门以外，全市公开部门预算和部门"三公"经费预算的单位266个。清理和规范财政税收优惠政策，对地方自行出台且仍在执行的各类减征、免征、缓缴以及变通税收政策和变相先征后返等政策进行清理。推进财政监督管理改革，制定《关于进一步加强财政监督工作的意见》，强化财政监督工作。出台《自贡市财政局关于政府向社会力量购买服务试点工作的推进方案》，推进政府向社会力量购买服务试点工作。

【财政收入管理】 2014年，全市各级财税部门贯彻中央、省和市委、市政府的决策部署，围绕“稳增长、促改革、调结构、惠民生、防风险”工作主线，落实国家出台的各项税费优惠政策，依靠堵塞漏洞增收、科学管理增收和打击违法增收，确保收入任务完成42.41亿元。出台《自贡市关于进一步做好增收节支工作促进经济平稳发展的意见》，制定夯实财税收入征管的七项举措；编制发布自贡市2013年度纳税前100名纳税人及地方级贡献统计报告，增收效果明显。加强纳税评估和稽查，提高有奖发票布奖比例，在五城区餐饮娱乐行业推行机打发票，在餐饮娱乐及住宿业税收下降12%的形势下，安装税控机的纳税人入库税收同比增长4%；加强出租营业用房税收征管，提高土地增值税预征率，全市土地增值税增收近1亿元。落实国家一系列结构性减税政策，开展财税改革研究、省与市县财政体制调整研究、税式支出测算、税源调查分析，支持社会经济发展。开展非税管理制度研究，完善非税收入征缴措施，加强收入项目动态监控，严格专户收入、代收代管资金审核与拨付管理，完善财政票据管理，挖掘增收潜力。是年，受土地相关基金收入大幅下降45.6%的影响，全市财政总收入完成126.57亿元（不含专户收入2.59亿元），比2013年同期下降20.6%。其中：地方级财政收入完成42.41亿元，增长10.6%，比全省高0.8个百分点；税收占比73.3%，同比提高4.5个百分点。

【政府性债务管理】 2014年，建立规范的举债融资机制，严格按规定程序实施举债审批，规范区县和部门举债权限、方式、用途，制止违规举债担保行为。完善债务信息统计监控，加强债务动态分析。完善地方政府债券管理，将地方政府债券收支全额纳入预算管理。建立债务管理绩效考核机制，将债务率、新增债务率纳入对区县政府的绩效考核指标体系和县域经济发展考核范围。支持申报土地储备融资规模控制卡。开展地方政府存量债务清理甄别。

【财政监督管理】 2014年，贯彻从2013年7月1日起施行的《四川省财政监督条例》，强化依法行政。开展“落实中央八项规定”单位财务执行情况的专项检查，严肃财经纪律，强化单位财务管理。开展会计信息质量检查，堵塞漏洞、防范风险。开展严肃财经纪律和“小金库”专项治理，提高从严执行财经制度与财经纪律的自觉性，规范部门和单位财务管理。开展使用公款赠送红包礼金问题专项督查，规范单位收支行为，从源头上切断使用公款赠送红包礼金来源；开展绩效监督工作，提高资金使用效益。研究制定出台《自贡市财政局关于进一步加强财政监督工作的意见》，促进建立监督长效机制。

【政府采购管理】 2014年，继续扩大政府采购范围和规模，推进政府采购扩面增量，全市完成采购10.37亿元，其中市本级执行6.83亿元，同比增长24.18%，市本级节约采购资金9084万元，资金节约率13.3%。补充完善政府采购制度办法，制定《自贡市人民政府关于进一步加强政府采购监管工作的意见》。狠抓政府采购信息公开，风险防范和宣传培训，确保政府采购工作依法合规。严格落实中央“八项规定”规范市级预算单位办公设备配置，严格政府采购资金审核，提高财政资金使用效益。

【党风廉政建设和反腐败工作落实】 2014年，加强财政系统党风廉政建设，建立党风廉政建设党组负主体责任和纪检监察负监督责任的工作机制。制定《自贡市财政局重大事项议事规则》《自贡市财政局机关财务信息公开管理办法》，出台《自贡市市级机关差旅费管理办法》《关于进一步加强财政监督工作的意见》等规定。开展乱发钱物问题专项清理和使用公款赠送红包礼金问题专项督查，对单位经费财务报销、管理不规范等问题进行纠正。开展廉政文化进机关活动，营造良好的廉政环境和氛围。建立机关副科级以上干部廉政档案，完善财政干部廉洁从政历史记录。建立签字背书、台账管理和述责述廉制度，领导班子和中层以上领导干部分别向市纪委、局党组和纪检组进行述责述廉。开展“庸懒散浮拖”问题专项治理，强化“效能问责”，整改落实存在的问题。开展廉政风险防控，对财政法定行政审批、行政处罚等158项行政权力事项进行清理规范，设置风险防控信息和电子监察点位；建立财政业务流程办理时限在线动态监控系统，加强对机关办理业务流程运行情况实施全程监控，提升业务按时办结率。

（市财政局）

国家税务

【税收收入】 2014年，全市国税系统完成全口径税收收入26.66亿元，收入规模位列全省第13位，其中：中央级收入完成19.15亿元，完成省国税局下达绩效考核计划的100.28%；市、县（区）级地方本级收入完成4.83亿元，同比增长22.01%，超市委、市政府下达目标任务3.01个百分点。发挥出口退税调控作用，全市办理出口退（免）税2.25亿元，支持全市外向型经济发展。

【税收优惠】 2014年，全市国税系统共计办理税收减免2.66亿元，其中：高新技术企业减免1.22亿元，残疾人就业减免3291万元，其他减免1.12亿元。

【依法治税】 2014年，制定《自贡市国家税务局全面推进依法治税工作实施方案》，建立税收执法权力清单制度，清理后的行政权力共60项。开展房地产及建筑安装企业、汽车经销企业、阀门制造企业等重点稽查。全年全市国税稽查系统开展各类检查114户，查补税款、滞纳金、罚款合计6797万元；稽查选案准确率100%，稽查案件到期结案率100%，稽查入库率100%。

【税收改革】 8月，启动征管服务现代化改革。10月，在贡井区国税局进行试点，建立“一室二科三中心”样板局，实现由“管户”向“管事”过渡，建立以风险管理为导向的税收管理体系和以纳税人需求为导向的税收服务体系。编写县级国税机关现代化改革配套制度，为征管服务现代化改革提供制度保障。

【税收征管】 2014年，全市征管质量综合指数得分98.41分。在6大类10项重点指标中，企业增值税征税面、企业所得税征税面、查账征收企业所得税贡献率、查补率等4项指标高于全省平均水平；查补率、商业增值税一般纳税人税负、企业所得税征税面、税务登记增减率、个体工商户征税面和月户平税额等6项指标较2013年同期有较大幅度提升，实现税收收入在困难中提质增效。推行风险管理规范化标准化建设，取消兼并2项涉税文书报表，简化4项征管业务流程。根据机制砖加工行业特点，建立以耗电量和工资为主要测算数据的评估模型和风险应对指引。开展沙石、泵及真空设备制造业的专项风险应对，完成房地产业、地方金融、货物运输及货物运输代理3个产业链和出口退税专项核查、代开增值税专用发票核查、企业所得税专项核查等8项重点风险管理事项。全年完成467户次风险应对任务，移送稽查4户次，查补入库税款及滞纳金4393.83万元，比2013年增加1339.77万元，增长43.87%。实现铁路运输、邮政业和电信业的“营改增”试点工作，三个行业纳税人均实现税制平稳过渡。全年全市“营改增”试点纳税人入库增值税1.14亿元，减税4532.72万元。在分级管理基础上，推行出口退税企业分类管理，保证出口企业退税及时到位。制定《自贡市汽车销售企业增值税管理指南》，全市汽车零售行业入库增值税2171万元，同比增加496.64万元，增长29.66%。巩固强化民政福利企业优惠系统管理，全市民政福利企业退税3288.66万元，比2013年减少1904.72万元。强化小微企业、省内跨市县总分机构企业所得税征管等最新政策落实，加强企业所得税汇算清缴管理，组织企业所得税6.54亿元，增幅8.67%，增收5213万元。对暂未接收到车辆合格证电子信息的纳税人，进行应急处理，为城市公交汽车办理免税提供绿色通道。编制《自贡市国税局列名大企业涉税风险防控指南》（“一户一册”国税电子版），工作经验被《四川日报》刊载报道。强化非居民企业税收管理，入库非居民税收4661.88万元，比2013年的1150万元增加3511.88万元。

【纳税服务】 2014年，推行“便民办税春风行动”，实施“全市通办”和“一窗通办”，落实领导值班制、导税制和首问责任制，推行“免填单”服务，将变更税务登记、注销登记等7项业务纳入“免填单”服务工作范围。抓好《全国县级税务机关纳税服务规范（1.0版）》落地工作。开办自贡市国家税务局纳税人学校和7个区县国税局分校，举办培训59期，培训6000余人次。在《自贡日报》开辟“国税播报”专栏，加强税收宣传和政策服务力度。深化网上办税服务厅建设，丰富和完善12366热线功能。

【队伍建设】 2014年，深化“四好班子”活动，修订党组工作规则，坚持普通党员、一般干部列席党组会议和局长办公会议制度。对富顺县、沿滩区两个基层局开展综合巡视检查，对荣县、自流井区两个基层局进行巡视整改实地检查。建立由6类骨干人才和英语、律师两个团队213名成员组成的全市国税系统骨干人才库。开展会计从业资格和注册税务师考前培训，全系统94人通过会计从业资格考试，合格率54.97%，高于全市平均水平，5人获得注册税务师资格。

【文化建设】 2014年，在全市国税系统开展“寻找最美税务人”活动和“感动国税20年人物”评选活动，激发国税干部干事创业的责任感和使命感。开展“税改20周年”系列纪念活动，市国税局通过全国文明单位和廉政文化进机关示范单位复查验收。

【作风建设】 2014年，贯彻落实“两个责任”，从责任担当、监督制约、作风整治和责任追究四方面明确落实党风廉政建设党组主体责任和纪检组监督责任，严格落实“三报告、两述职”制度。组织开展税收优惠政策落实情况专项清理、值守自贡电台“行风热线”、开展“三不承诺”活动，推动作风转变。2014年，市国税局获市纪委落实党风廉政建设责任制考核“优秀”等次。开展群众路线教育实践活动，全市国税系统共组织集中学3600余人次，举办专题辅导报告40场次，形成心得体会文章456篇；共征求整理各类意见建议234条，查摆出班子“四风”问题123条。制定并实施《干部谈心谈话工作办法》《强化税收宣传阳光整改方案》《车辆管理制度》《公务接待制度》《差旅费管理办法》和《会议费管理实施办法》等20余项制度办法，建立起反“四风”长效机制。集中一个月时间，开展“庸懒散浮拖”专项整治活动，取得迅速治标效果。建立健全绩效管理制度，制定《自贡市国家税务局系统绩效管理实施办法》《自贡市国家税务局机关绩效管理办法》，发布《自贡市国税系统2014年绩效考评指标2.0版》及《自贡市国家税务局机关绩效指标》等制度，明确绩效加减分细则，安排专人负责绩效管理工作，绩效管理制度框架和指标体系初步形成。10月，市区两级绩效管理信息系统成功上线并运用，为绩效管理工作提供技术保障。

（陈婷婷　黎小林）

地方税务

【地税收入】 2014年，完成总收入45.01亿元，增长13.61%，其中：税收收入41.73亿元，增长13.48%（扣除“营改增”因素，可比增长18.29%），为省地税局下达年度任务的102.22%，超任务0.9亿元，税收规模保持全省21个市州中第14位；基金附加收入3.28亿元，增长15.25%。完成地方级税收收入26.24亿元，增长17.09%，为市委市政府下达年度任务的102.71%，超任务0.69亿。地税收入增速位居全省市州第7位（川南5市第2位），较2013年提升3位，近10年来首次排名进入前10，超全省平均增幅6.08个百分点。地税对地方公共财政预算收入贡献率达64.32%，较2013年提高3.3个百分点。2014年地税的宏观税负为3.89%，较2013年提高0.22个百分点；税收弹性系数为1.77，地税收入增长与经济发展总体保持良性协调。土地增值税、企业所得税增幅分别达88.54%、36.87%。房地产和建筑业税收共增收5.7亿元，支撑税收增长。

【建立现代化税收征管体系】 2014年，以“四化建设”为抓手，实行“征管评查”四个环节“闭环运行”的税收征管模式。构建行政执法和行政管理全覆盖的风险管理体系，成立税收风险控制管理中心，试点扁平化组织机构设置和征管流程再造。对核心征管系统中的业务流程进行再造，建立起符合自贡地税实际的新的征管系统。对全市四个重点行业集中开展纳税评估。深化房地产建安专业化管理，对全市253个重大项目实行重点管控。提前开展资源税改革调研，开展大企业税收风险管理专项工作。全面落实煤炭资源税从价计征改革。推进城镇土地使用税“以地控税、以税节地”试点工作。土地增值税依靠强化预征管理、清算审核和项目上线“三轮驱动”，入库税收2.44亿元，同比增长88.54%。加强企业所得税汇算清缴，补缴税款4653万元。受理年所得12万元以上个人所得税自行申报共1057人。从4月起，在四城区1391户餐饮娱乐业纳税人中推广使用网络机打发票。完成铁路运输、邮政服务业和电信业“营改增”扩围工作，移交纳税人1188户。

【纳税服务】 2014年，加强税制改革和综合税政调研工作，谋划顺应改革、壮大地方财力的措施办法，“鼓励大中型制造企业实施主辅分离”等建议写入市委2014年工作要点。重新划分全市办税服务厅功能职责，推行免单、免填单及预填单服务，实现服务靠前、审批前移、管理前移。前移9大类、156项审批业务至办税服务厅，对216项涉税流程及资料进行详细规范。结合《全国县级税务机关纳税服务规范》，出台流程规范化、服务标准化操作指南2.0版。加快推进网络申报，挂牌成立电子办税服务中心。全年全市电子缴税额21亿元、15.8万笔，电子缴款率达97%。建立“网上纳税人学堂”，与实体纳税人学堂双轨并行。8月1日起在四城区（含高新区）范围内实现涉税业务“同城通办”。成功启动网上办税服务厅，41户“先行先试”单位反映良好。建成“‘12366’纳税服务热线”呼叫中心自贡分中心，全年受理各类咨询2166条，纳税人满意度达100%。自助办税终端在二分局、自流井区地税局试点运行成功。开通自贡地税政务微博和微信平台，到自贡人民广播电台“行风热线”直播间宣传税收政策，解答涉税疑问，并与市国税局开展合作。

【依法治税】 2014年，严守组织收入原则和政策底线，规范执法程序和自由裁量权。共清理出市本级行政执法权力81项，非行政许可审批事项128项；开展取消和下放税务行政审批项目工作9项。强化稽查职能作用，抓好税收专项检查和专项整治，实施全员稽查，2014年实现查补入库总收入1.33亿元。

【税收惠民】 2014年，落实西部大开发、高新技术企业、小微企业、节能减排、促进就业等税收优惠政策，全年减免各项税收超过6亿元。其中，营业税纳税人减负1.6亿元，小微企业政策减免惠及5500户个体和800户企业。

【作风建设】 2014年，开展第二批党的群众路线教育实践活动，在全省地税系统和全市群众路线活动推进会上作大会交流发言，省委常委、总工会主席李登菊对市地税局服务对象大走访、深入基层大调研、一线换位大体验“三大活动”给予肯定。巫昀昭被选树为市级机关践行群众路线先进典型，“同城通办”作为典型案例写入省委督导组的总结报告。坚持“转作风、走基层”制度化、常态化，定点帮扶怀德镇菊花村、甘庙村，市地税局被表彰为全市挂包帮先进单位、最美青春建功集体等荣誉称号。

【文化建设】 2014年，塑造“四位一体”的“燊税”文化品牌，提炼出“崇法厚德、燊税富民”核心价值观，开展“一局一品、一科（股）一训、一岗一铭”品牌创建活动，创作《自贡地税之歌》《自贡地税赋》，编印《自贡地税系统工作制度汇编》《文化手册》。10月，全省地税系统文化建设现场会在自贡召开，市地税局和沿滩区地税局被确定为全省地税文化建设示范点。市地税局通过“全国文明单位”检查验收。自贡盐税史陈列馆于春节对外展出，被省地税局命名为全省地税系统税法宣传基地和税收文化基地，被国家文物总局纳入全国72个数字化陈列（精品）改造项目，被省档案局评为“全省档案开发利用创新成果”。

【队伍建设】 2014年，举办首次青年干部表彰大会，健全干部上挂下派交流制度，有13名干部与地方政府及部门进行互派交流。搭建“学习讲坛”“文化论坛”等平台，落实全员讲师制，举办职工技能大赛以考促学，获全市“十佳学习型机关”和“十佳学习标兵”荣誉，市地税局成为全市唯一同时获得两个荣誉的单位。举办和参与各类培训20期、学习讲坛14期，参训人员3000余人次。完善督察督办、首问责任制、着装管理等制度。依托OA系统，在市地税局机关推行无纸化办公。发挥工青妇等群团组织作用，做好离退休干部服务工作。

【基层建设】 2014年，改进完善市地税局班子成员定点联系区县地税局制度，建立完善谈心谈话常态化机制。关心和倾斜基层建设，从2014年起集中三年时间开展服务基层建设年活动，初步建立基层地税机关经费保障机制，对职工食堂进行改造，为27名异地单身职工提供宿舍。

【廉政风险控制】 2014年，明确党风廉政建设年度任务分工，分级签订责任书，推行述责述廉制度，严格责任考核。党组书记、纪检组长分别作落实“两个责任”主体宣讲，实行责任清单化，签订履责“承诺书”，严格“签字背书”。制定惩防体系2013—2017年实施细则，探索构建“征管评查”相互分离制约的征管体系，防范执法风险和廉政风险。坚持“廉政六必谈”，强化重大决策部署贯彻落实的监督，重大事项全部集体研究决定。开展正风肃纪、慵懒散浮拖等专项整治，严格实施“三清三察三审三治”，解决“四风”突出问题。提炼出“公权之上、人民之下”廉政理念，建成具有浓郁自贡地税特色的廉政文化厅和廉政教育基地。

（邓红梅　刘莲莲）

JIN RONG BAO XIAN ZHENG QUAN

金融·保险·证券

综　述

2014年年末，全市除人行市中心支行和自贡银监分局两家金融主管和监管机构外，有：17家银行业金融机构，营业网点487个，从业人员5509人；融资性担保公司17家，从业人员252人；小额贷款公司14家，从业人员257人；保险公司24家，其中产险公司13家，寿险公司11家，同时有保险代理公司4家，营业网点141个，从业人员5830人；证券公司6家，从业人员162人。

2014年，全市金融业运行情况整体平稳，12月末，全市银行业金融机构本外币存贷款余额1600.34亿元，同比增加168.34亿元，增幅11.76%。其中：存款余额1077.39亿元，同比新增99.42亿元，增幅10.17%；贷款余额522.95亿元，同比新增68.92亿元，增幅15.18%。至12月末，实现直接融资51.5亿元，主要包括股票增发8.71亿元、发行公司债10亿元、银行表外业务融资10.08亿元、发行中期票据15亿元、其他融资7.71亿元。12月末，全市有沪深上市公司4家，1—12月资本市场实现增发融资8.71亿元。证券市场交易活跃，证券开户数和交易额持续增长，全年证券开户数14.38万户，同比增加2076户；全市证券累计成交1135.64亿元，同比增加233.58亿元，增幅61.76%。实现保费收入21亿元，同比增加0.1亿元，增幅0.48%，保险赔款和给付支出9.5亿元，同比增长1.5亿元。2014年，新获批1家注册资金3亿元的融资性担保公司，1家国有融资性担保公司增加注册资金1亿元。12月末，全市小贷公司贷款余额13.42亿元，同比减少3.26亿元，降幅19.54%；融资性担保公司在保余额33.13亿元，同比增加3.42亿元，增幅11.51%。全市重大项目完成信贷投放17.99亿元，同比增长47.22%。12月末，全市涉农贷款余额233.57亿元，占全部贷款余额的44.66%，全省首家农村资金互助社——大安三绿农村资金互助社开业，为19户社员提供619万元融资。全市小微企业贷款余额137.13亿元，占全部贷款余额的26.22%，同比增幅21.88%，增幅超全部贷款增幅6.7个百分点。

（市政府金融办）

存贷款

【存款规模】　2014年年末，全市金融机构本外币存款余额1077.39亿元，较年初增长10.17%，全年新增99.41亿元。其中人民币存款余额1075.2亿元，较年初增长10.28%，新增100.23亿元；外币存款余额3572.3万美元，较年初下降27.44%，减少1351万美元。全市金融机构储蓄存款余额714.22亿元，同比增长12.59%，新增79.85亿元。企业存款余额213.77亿元，同比增长16.51%，新增30.29亿元，比2013年同期少增12.75亿元。其中企业定期存款余额97.73亿元，新增48.56亿元，增长98.76%；企业保证金存款余额29.99亿元，减少10.64亿元，降低26.19%。

【贷款规模】　2014年年末，全市金融机构本外币贷款余额522.95亿元，较年初增长15.18%，新增68.92亿元。其中，人民币贷款余额520.81亿元，同比增长15.91%，新增71.49亿元；外币贷款余额3495.14万美元，同比降低54.68%。全市人民币短期贷款余额239.72亿元，较年初增长7.01亿元，增幅3.01%，中长期贷款余额265.24亿元，较年初增长59.21亿元，增幅28.74%，票据融资余额13.6亿元，较年初增长3亿元，增幅28.38%。

【支持实体经济发展】　2014年，在宏观调控"盘活存量、用好增量"的原则下，贷款利率在年初有小幅上涨，但年内相对往年波动幅度更小、走势更加平稳。一至四季度，全市金融机构加权平均贷款利率分别为8.29%、8.28%、8.37%、8.39%，上半年分别低于2013年同期0.63个百分点、0.72个百分点，下半年则高于2013年同期0.05个百分点、0.33个百分点。2014年，信贷增量主要投向个人贷款、制造业、租赁和商务服务、交通运输仓储和邮政业、批发和零售业，以上五类贷款全年共新增64.91亿元（个人贷款37.82亿元、制造业5.16亿元、租赁和商务服务5.6亿元、交通运输仓储和邮政业8.44亿元、批发和零售业7.89亿元），增加额占全部贷款增加额的90.8%。

货　币

【现金投放】 2014年，现金投放同比下降7.69%，回笼同比增长0.16%，收支品迭为净回笼，净回笼同比增长74.21%。

【农村地区反假货币工作】 在辖内两县建成农村三级反假网络基础上，以银行卡助农取款点为载体，配备验钞机、制作宣传栏，拓展反假服务功能。年度内，在辖内无银行网点的行政村建成57个农村金融综合服务点。

【冠字号码记录查询工作】 截至2014年年末，辖内银行业金融机构自助设备实现人民币冠字号码记录查询，柜台冠字号码记录查询实现79.22%。

【小面额人民币供应】 建立管理制度，制定《自贡市银行业金融机构小面额人民币兑换管理办法》，明确第一责任网点、小面额人民币备付等管理规定；规范窗口建设，制作统一的“零钞、残钞兑换”标识牌放置营业窗口，方便公众零钞业务办理；公开服务承诺，制作《自贡市银行业金融机构小面额人民币兑换服务承诺书》张贴营业场所，接受公众监督。

支付结算

【农村支付结算“迅通工程”】 2014年年末，全市已发展助农取款服务点3174个，助农取款服务点覆盖96个乡镇，乡镇覆盖率达100%，覆盖行政村1135个，覆盖率100%。

【改善农村支付服务环境】 荣县、富顺两县城区网点行内系统接入75户，乡镇网点行内系统接入199个；城区网点大小额支付系统接入75户，乡镇网点大小额支付系统接入199个；城区网点支票影像系统接入23户；城区网点农信银和城商行资金清算系统接入26户，乡镇网点农信银和城商行资金清算系统接入79个。

外汇管理

【跨境资金流动监测】 2014年，全市涉外收支（含跨境人民币结算，下同）共计0.89万笔，金额折合8.68亿美元，同比减少1.28亿美元，下降12.85%。其中，涉外收入0.55万笔，金额折合3.9亿美元，同比减少1.72亿美元，降幅30.6%；涉外支出0.34万笔，金额折合4.78亿美元，同比增加0.44亿美元，增幅10.13%；涉外收支逆差0.88亿美元，而2013年顺差1.28亿美元。

【货物贸易外汇管理】 2014年，国家外汇管理局自贡市中心支局受理并办结45家企业名录登记申请、15家企业名录信息变更和2家企业注销。截至2014年年末，全市名录登记企业共计202家。

【外资企业外汇管理】 2014年，全市共办理外商投资企业新设并购登记1笔，金额942.62万美元，外汇变更登记9笔；境外投资企业新设登记2笔，金额350万美元，个人境外特殊目的公司登记2笔；外债签约登记2笔，金额2000万美元，外债转贷款还本付息核准4笔，金额49.01万美元，外债变更登记5笔，外债注销登记2笔。开展外商投资企业外汇年报工作，辖内应参报企业26家，年报参检率、审核通过率均达100%。

金融市场

【货币市场】 2014年，全市同业拆借市场累计交易117笔，其中拆出46笔、拆入71笔；累计交易金额89.7亿元，其中拆出32.5亿元，拆入57.2亿元，分别同比增加2亿元、37.3亿元。辖内法人货币市场成员发生债券回购交易695笔，交易金额706.1亿元，其中正回购566笔，交易金额598.1亿元；逆回购129笔，交易金额108亿元。现券买卖业务321笔，交易金额153.8亿元，现券买入186笔，交易金额86.24亿元，现券卖出135笔，交易金额67.56亿元。

【票据市场】 2014年，全市票据业务累计发生额326.75亿元，同比降低7.5%。其中：银行承兑汇票累计签发246.39亿元，同比增长9.46%。票据贴现累计发生额77.61亿元，同比下降38.85%。再贴现累计发生额2.75亿元，同比增长123.58%。截至2014年年末，票据余额133.3亿元，同比增长4.32%，其中：银行承兑汇票余额120.99亿元，同比增长3.75%，票据贴现余额10.57亿元，同比增长0.01%，再贴现余额1.74亿元，同比增长194.92%。受货币市场利率、票据市场供求变化等因素影响，2014年全市票据市场资金价格呈现稳步增长态势。季度票据贴现利率分别为5.71%、5.60%、5.20%、5.99%。票据贴现利率上升导致全市票据贴现业务量下降。全年金融机构累计办理贴现83.9亿元，较2013年同期减少43.01亿元，降低33.89%。

（人行市中心支行）

金融监管

【管控重点风险】 2014年，以严控区域性、系统性金融风险，促进银行业平稳运行作为监管工作首要任务，对10余户陷入债务违约的企业实施帮扶，涉及银行业融资余额112.38亿元。成立银行业信用风险应急处置领导小组，起草《自贡市企业信用风险应急工作方案》报市政府，推动建立信用风险防范长效机制。推动市政府调动各方资源，建立企业临时应急资金周转池，帮助46家企业转贷107笔，15.57亿元，缓解企业融资难问题。引导银行业机构认识经济金融形势，树立支持实体经济大局观，加强同业沟通协调，避免盲目抽贷、压贷，同时创新服务手段，帮扶企业渡过难关。严厉打击高息民间借贷、非法集资和逃废银行债务等行为。督促严格执行银监会政策，在风险可控的前提下制定风险缓释方案，推动做好债务化解工作。截至2014年年末，全市平台贷款余额50.14亿元。督促开展房地产开发项目融资全口径监测，加强风险排查，关注房地产局部过剩以及资金借道绕道情况，摸清风险底数。持续加强操作风险、流动性风险、声誉风险管控；履行处非办成员工作职责。全年辖区内持续实现零案件和零重大责任事故目标，未出现重大负面网络舆情，未发生支付风险。

【服务实体经济】 督导贯彻落实国家产业结构调整要求，加大有效信贷投放，优化信贷结构，持续推动“三农”、小微、民生保障工程等金融服务工作，加大重点产业支持力度，满足重要基础设施、棚户区改造、保障房项目及高新技术产业、战略性新兴产业的合理信贷需求；督促改进金融服务，缓解融资难、融资贵、融资慢问题。2014年，组织银行业机构200余名客户经理走访辖区内小微企业，达成融资意向16.7亿元；召开银企对接会35场，银企对接签约户数61户，银企签约金额4.65亿元。截至2014年年末，各项贷款余额522.97亿元，重大项目贷款余额29.74亿元。涉农贷款余额233.57亿元，比年初增长22.11%；小微企业贷款余额214.25亿元，比2013年同期增长30.42%。

【推进银行业改革转型】 完成自贡商行公司章程修订审批工作，督导做好主要股东认定、增资扩股后续工作，完成董监事会换届。开展法人机构董（监）事会及高管人员履职评价，督促建立并完善关联交易管理制度，完善公司治理体系；督促村镇银行调整股权结构，加快推进增资扩股和董（监）事会换届工作。督导市商行完善改革发展方案和目标计划，加强部门职能及人力资源整合。督促农村信用社加强精细化管理，优化监管指标，做好改制组建农商行前期准备工作。按照建设“种类齐全、服务全面、布局完整”的金融服务体系构架要求，支持域外银行到自贡新设分支机构，南充市商业银行自贡分行获批筹建，丰富多元化银行服务体系。

（王甘露）

金融服务

【党政领导重视金融工作】 5月至8月，市党政主要领导带队，先后专程到成都，向副省长甘霖专题汇报全市金融工作，拜访人行成都分行、四川银监局和7家国有银行的省级分行，在成都组织召开20余家驻蓉股份制银行和城市商业银行参加的政银座谈会。与四川能投集团合作筹建川南金融中心，与中航资本合作筹建保险、证券、融资租赁等公司，与西南财经大学进行深化校地合作洽谈，全面疏通金融服务实体经济“血脉”。

【完善银政企沟通平台】 市委、市政府先后出台《自贡市加强服务稳定工业发展的八条措施》《印发自贡市2014年金融工作要点的通知》《印发自贡市金融支持实体经济十项措施的通知》，市政府金融办公室印发《全面深化金融改革2014年工作要点》，召开工业企业融资恳谈会、知识产权质押融资银企专题对接会、支持新型农业经营主体座谈会、农村金融创新服务动员会、银行服务“三农”座谈会，搭建银政企沟通平台，营造良好金融环境。对国有背景的市国投融资担保公司和市农业融资担保公司实施增资扩股，资本金分别增加到2亿元；引导社会融资担保公司新增担保能力6亿元，12月末在保余额达33.13亿元。联合西南财经大学，对各区县金融办、经济主管部门及86家小微企业负责人共120余人举办“2014年西南财经大学—自贡市金融办系统专题培训班”；承办四川省2014“送金融走基层”川南片区系列活动。举办多渠道融资专题培训会、两类公司业务交流座谈会、金融机构与企业（项目业主）交流对接会，达成7.6亿元的融资意向。各区县召开不同形式的银政企座谈会、对接会50余场次。

【强化金融招商】 2014年，引进1家银行（南充商行），1家保险公司（农银人寿自贡分公司），1家证券公司（国信证券自贡营业部），1家其他金融机构（成都金控融资租赁公司自贡分公司）。

【拓宽融资渠道】 2014年，实现直接融资51.5亿元。其中：3月，华西能源成功增发8.71亿元股份；4月，市国投公司成功发行15亿元中期票据，首期5亿元中期票据成功募集；10月，高新区10亿元第二期城投债券成功发行；12月，与上海义禧资本合作，建立总额7亿元的四川自贡节能环保装备制造创业投资基金，首期3亿元基金启动募集。加强企业上市培育，市运输机械公司完成股份制改造和上市辅导，并向省证监局报送上市报告，拟通过证监会审核后在主板上市；对华气科技、天成机械两家公司正开展上市辅导，争取在深圳和香港上市；加强新三板、四板市场培训，12月，丰圣农业在上海股权托管交易中心挂牌成功，另有5家企业与券商签订新三板保荐协议，其中嘉特数控、万欣水电、东方热电3家企业进入股改阶段，百味斋等11家企业在四板市场展示。

【建立应急转贷周转金】 6月，市经信委、人民银行市中心支行、自贡银监分局、市财政局、市政府金融办公室联合出台《自贡市工业企业应急临时周转金暂行办法》。该办法规定，对于符合国家产业政策，产品符合自贡市“3+1”产业发展方向且确因资金困难的工业企业，给予不超过20日的应急转贷资金支持。至12月末，共为久大集团、泰丰集团、鸿鹤化工等36户企业提供55笔应急转贷资金，周转总额达10亿元。

【防范债务风险】 建立金融风险预警系统，对可能出现债务危机的企业，及时介入，帮助解决相关困难，防止因债务危机引发债务风险。对全市566户规模以上工业企业全面摸底排查，其中：基本正常类企业518户，占91.5%；关注类企业37户，占6.6%；风险类企业11户，占1.9%。对企业面临的风险进行系统监测和分析，并将根据企业的风险情况制定相应的应急处置预案，并积极化解企业因资金链断裂导致的债务风险。全市工业企业生产经营基本正常，风险总体可控。

【清理整顿金融市场】 2014年，全市先后组织召开6次处置和打击非法集资专题会议安排部署相关工作，印发《2014年打击和处置非法集资工作要点》。通过市内电视、广播和报刊进行持续不间断报道，悬挂宣传横幅，张贴宣传海报，发放宣传单，设立金融机构咨询网点和LED显示屏宣传，电信、移动、联通等运营商转发短信等方式开展防范打击非法集资宣传活动。按照“四个一批”（从重处理一批、市场退出一批、媒体曝光一批、教育引导一批）原则，对全市融资性担保公司、非融资性担保公司、小贷公司、电子商务公司、投融资理财咨询类公司以及典当行等进行拉网式排查，其中，因涉嫌非法集资犯罪被公安机关立案侦查的案件有13件，破案12件，涉案金额12亿元，涉及群众2500余人，抓获犯罪嫌疑人36人；对390户投融资理财咨询类公司清理率达100%，能正常开展经营活动的有106户。

【发展农村普惠金融】 大安区三绿农村资金互助社通过省政府金融办批准，于11月正式开业，成为全省首家开业的农村资金互助社，至12月末，为19户社员提供619万元融资。市政府出台《关于进一步推进金融服务“三农”工作的实施意见》，明确多条金融服务“三农”的具体措施，为指导全市金融支持“三农”发展奠定基础。12月末，全市涉农贷款余额233.57亿元，占全部贷款余额的44.66%。市农工委、市政府金融办、市财政局、市统筹办、人行市中心支行等部门组织到内江市学习农村产权抵押融资试点经验，并研究出台自贡市农村产权抵押试点办法。12月，市中新联社在全市发放总额200万元的首笔土地承包经营抵押贷款。

（市政府金融办）

银行业

【农发行市分行】 2014年，累计投放各项贷款8.5亿元，年末贷款余额突破30亿元，达30.53亿元，较年初增加1.85亿元，创建行以来历史新高。保证粮油收购资金供应，累计投放各类粮油贷款2.26亿元，累计收储、轮换、销售粮油2.14亿公斤，实现销售收入5.10亿元，帮助全市11户国有粮食控股企业全部实现盈利。全年共审批政府平台中长期贷款21亿元，支持项目8个、政府融资平台公司8家，涉及全市四区两县17个乡镇，预计整理、收储土地2206公顷，搬迁安置农户3276户，有效改善乡镇农民集中居住率不高、耕地利用率低的现状，重点支持“自贡东北部新城”建设和四区两县土地收储项目。2014年，投放中长期贷款6.1亿元。全年共投放涉农小企业贷款1730万元，同比增加25.36%，支持企业宰杀畜禽5万头（羽），实现销售收入6770万元，实现利润122万元，增加就业岗位近100个；为小微企业提供票据贴现2000万元，满足企业资金需求，降低企业融资成本。全年实现各项收入2.26亿元，同比增收3186万元，实现账面利润6611万元，同比增加1379万元。贷款利息收入1.81亿元，同比增加1868万元，增幅11.8%，综合收息率100.18%。中间业务收入257.52万元，较2013年同期增加76.25万元。坚持“内外兼修”，全面强化资金计划、信贷、财会、信息、办公、档案、安全运营等基础管理和基层行建设，提高内部精细化管理水平，保证正常高效运转，实现“四无”目标。举办各类培训班21期，组织员工参加培训443人次，超额完成年初计划。

（龙　泷）

【工行自贡分行】 2014年年末，各项存款余额102亿元，各项贷款余额51亿元。全年累计投放项目、中小企业、个人住房贷款等业务融资42亿元，服务包括中小企业、个人客户等在内的全市法人、个人融资需求，支持全市经济发展。加强服务设施建设，全年新建8家自助银行。是年，以“科学发展、转型发展、加快发展”理念为指引，以过程控制为基础，以内控关口前移为突破口，以管控平台、内控评价和网点负责人内控案防履职评估、重点业务审计检查、员工违规积分为手段，以加大整改纠正和问责惩戒力度为重点，强化反洗钱工作，实现案件事故率为零、监管处罚为零的目标。

（工行自贡分行）

【农行自贡分行】 2014年年末，各项存款日均余额158亿元，较年初增长10亿元，在“工农中建交”五大行中，日均存款存量、增量均居首位，占比分别达33.5%和40.77%。其中：储蓄存款122亿元，比年初增加10亿元；对公存款余额36亿元，与年初持平。人民币各项贷款余额92亿元，比年初增加14亿元，贷款存量、增量在全市国有商业银行排名第一，其中法人贷款余额61亿元，比年初增加9亿元；个人贷款余额31亿元，比年初增加5亿元。实现中间业务收入1.2亿元，与2013年持平，全市同业排名保持第一。实现拨备前利润3.8亿元，同比多增2000万元，实现拨备后利润7000元，同比减少2.6亿元。不良贷款余额3.37亿元，较年初增长3.13亿元，不良占比3.64%，较年初上升3.35个百分点。支持县域经济发展，新增涉农贷款4.8亿元，增幅20%。支持龙头企业和新型农业生产经营主体，对全市21户省级以上龙头企业的金融覆盖率达95%，为其中15户企业提供信贷支持5.7亿元。对全市专业大户、家庭农场分布情况进行调查，编制农业集约化经营图谱和农村种养殖大户图谱并制定服务规划，有农户贷款余额9800万元。完善农村支付体系，围绕新农村建设推进金穗“惠农通”工程，在全市设立1577个助农取款点，电子机具行政村覆盖率

72.1%，被人行市中心支行评为“改善农村支付服务环境先进集体”。加大对全市实体经济支持力度，对54户企业新增贷款，支持企业扩大生产。将省、市重大项目名单中的项目作为重点支持，加快授信用信审批效率。其中，支持自贡市高新投资有限公司、四川成自泸高速公路开发有限责任公司等企业的基础设施建设项目14亿元。根据市政府划定的全市重点企业名录，制定和开展“提质扩户”工程，与各主要重点企业建立合作关系。支持企业房地产贷款1.5亿元；支持重点院校贷款6000万元；支持大中型实体经济企业贷款60亿元；小井沟水库银团贷款3亿元获省分行批准。加大对小微企业支持力度，小微企业金融服务中心工作累计新增小微企业贷款客户44户，新增小微企业贷款4.7亿元，年均增幅64%，高于各项贷款平均增幅，达到银监局“两个不低于”监管标准。支持区域民生金融发展，全年搬迁和装修网点4个；新建离行式自助银行5个，累计达26个；新增现金类自助设备12台，累计达180台。个人贷款存量、增量重回五大行第一。推进全面风险管理，提高风险防控水平，全年“上省进京”零上访，实现连续13年无案件的目标。市分行及各县支行均保持“全国农行文明单位”“省级文明单位”“全国精神文明工作创建先进单位”“市州级文明行业示范系统”称号。

（吴　云）

【中行自贡分行】　至2014年11月末，中行自贡分行实现拨备前税费后利润1.18亿元，任务时间进度计划完成率106.06%，同比增幅为13.65%，利润增幅在同组中排名第5位。本外币核心存款较年初增长9.78亿元，增幅13.14%，四大行市场份额提升1.69个百分点。人民币核心存款82.12亿元，增幅9.65%，高于全省平均增幅3.79个百分点，人民币存款系统内贡献度提升0.09个百分点，存款净增额和增幅列小组第四。生息资产收益率3.34%，高于同组平均水平0.05百分点；生息资产收益率较年初提升0.16个百分点，成本收入比29.39%，同比下降1.54个百分点。前三季度，绩效考核指标得分103.18分，在第二考核序列九家行中列第四。建立“条块共管，以块为主”的贷存比管理模式，贷存比控制月月达标，实现贷存比交易和省分行奖励收入142万元。上存平均利率4.89%，高于近期一年期利率0.29个百分点。在人民银行的超额存款准备金控制在1100万元以内，较省辖月标减少1900万元。上存资金收益剔除余额下降因素增幅为26.32%。重点维系财政、社保、国土、交通、华西能源、大西洋、硬质合金、运输机械、内威荣高速公路项目自贡段建设指挥部等重点存款客户，营销二手房监管等新的专户，拓展一批新的中小企业存款客户。在富顺财政社会保障基金财政专户清理中，成功保留该财政账户。坚持信贷、产品、服务相结合的业务模式，加强中小企业中心与个金条线的联动营销和服务工作，提升中高端客户占比和市场份额。资产业务合作开发商、经销商数量进一步增加。对公单位银行结算账户人行口径为2675户，较年初增长314户（基本存款账户为1718户，占比64%，较年初增长219户）。在个人客户上，以发展优质客户为重点，优化中高端客户，20万元以上客户数为5701户，较2013年月日均新增650户，增速为13.64%，列全辖第16名。优化负债结构调整，对活期存款、定期存款创利提成进行差别定价，提高活期存款奖励价格，鼓励吸收活期存款。重视日均存款，加大对日均存款考核占比，提高存款稳定性。拓展行政事业单位存款，先后营销到中央社保资金转移5.7亿元落户中行，分到份额1.8亿元；争取到富顺农村医疗保险资金9600万元到账。成功营销华西能源、大西洋2014年募集资金托管专户，共计5.8亿元。争取到川西南矿区经济适用房集资款项目3500万元。与自贡农商村镇银行、沿滩联社、大安联社、中新联社营销与合作，争揽低成本的金融机构保证金（按单位结算账户存款计息）的沉淀，沉淀金融机构日均存款2亿元。抓大项目营销和投放，与高新、武侯支行联合投放乐自高速1.2亿元、自隆高速2亿元，并营销川南城际铁路公司开立基本账户，取得100亿元贷款牵头行资格。全辖配置ATM机68台，其中离行式ATM机20台，建立自助银行4家，离行式服务点9个。推广网络银行“速赢”项目和支付产品，以中银易商平台建设为基础，重点开展“中银易商E社区”项目的产品推广，与自贡英祥物业管理有限公司、自贡荣光物业务有限公司成功签订《“中银E社区服务平台”三方协议》，“中银易商E社区”项目推广实现零的突破。加大网点硬件改善，投入大额费用对全辖网点进行装修改造，增设低柜、理财室、VIP专用通道等，完善网点服务功能，全辖网点增设柜台近30个。新办公大楼于9月1日搬迁，财富中心装修完工。

（中行自贡分行）

【建行自贡分行】 截至2014年年末，建行自贡分行存贷款经营规模126亿元，一般性存款余额86亿元，各项贷款余额40亿元，比年初增长3亿元。全年投放贷款17.56亿元，其中：公司类贷款9.24亿元，个人类贷款8.32亿元。个人类贷款余额22.29亿元，比年初增加5.22亿元；公司贷款（不含小企业）余额13.29亿元，比年初下降5645万元；小企业非贴现贷款（含保理）余额3.5亿元，比年初下降1.58亿元。贷款质量总体良好，不良贷款余额1865万元，比年初增加1839万元；不良率0.47%，比年初增加0.46个百分点。不良额、不良率均较2013年升高，低于同业水平。分行资产质量总体平稳，风险基本可控。实现中间业务净收入6188万元，市场占比提升1.13%，同比增加911万元，其中：公司类中间业务收入1504万元；个金类中间业务收入4247万元；个贷类中间业务收入436万元。实现经营利润1.57亿元，同比增长4393万元，增速39%，完成计划的102%，居系统内第14位。拓展客户基础，对全省工业龙头企业、500大续建和新建项目、七大优势产业、财政社保、教育卫生等领域客户开展合作。对接各类政府职能部门、社会中介机构，拓宽客户信息渠道。在个人客户方面，围绕支付结算、投资理财、消费金融等市场领域，拓展高收入客户群体。开展市民卡、代发工资、土地拆迁赔偿、个人商户等客户的增、稳、提、促工作。做大增量，优化存量，全年对公、对私全量客户分别新增231户和8.99万户。全年，采取各项措施化解、退出存在风险隐患的小企业信贷客户42户，回收信贷资金1.71亿元，压缩存在风险隐患的小企业信贷客户27户，压缩信贷金额0.84亿元。成功压缩省分行30大重点关注客户自贡鸿鹤化工股份有限公司流动资金贷款2000万元、回收再贷3530万元；压缩存在风险隐患的个人助业贷款1525万元等。

（杨再勇）

【交行自贡分行】 2014年，交行自贡分行狠抓市场营销，拓展新开户，培育存款增长点；营销大项目，促进资产业务上台阶。加强基础建设，优化客户体验，做好客户持续提升工作；强化渠道建设，促进个金业务全面发展。加快构建以综合型旗舰网点为主体、传统型基础网点为依托、特色型和专业化网点为补充的人工网点渠道。扩展市场，零贷业务实现持续增长。加强房地产开发商的拓展营销，相继开发营销多处大型楼盘，为住房贷款业务储备较充足的资源。加强与市住房公积金管理中心合作力度，缩短公积金贷款借款人、开发合作商和公证机关及商品房预登记等相关审核审批流程，提供高效、便捷、规范的业务平台，并联合发行住房公积金联名卡，提升业务综合回报。抓住新型城镇化建设机遇，发展个人商铺贷款、汽车消费信贷、教育类等消费贷款和经营类贷款。

（叶　华）

【省农村信用社联合社自贡办事处】 2014年年末，自贡农村信用社辖1个办事处，5家县级法人联社（荣县、富顺、沿滩、大安、中新联社），180个营业网点，在岗职工1428人。资产总额239.24亿元，存贷规模341.28亿元（存款218.08亿元，贷款123.2亿元），拨备前利润5.27亿元，缴纳税金1.17亿元，存贷款规模居全市各金融机构第一位。坚持“深耕‘三农’、聚焦‘三城’”的核心经营理念，用占全市20.81%的存款资金，发放全市31.05%的涉农贷款和47.64%的小微企业贷款。发放农村土地承包经营权抵押贷款2户300万元，另授信3户550万元；发放农村土地流转收益保证贷款6户1175万元；发放农业产业链封闭贷款19户487万元。全年共投入2000万余元改造42个营业网点，提升网点功能和服务水平。开通手机银行5.13万户、网上银行1.12万户、短信银行6.27万户、新增ATM机116台、新增蜀信卡10.8万张，累计分别达5.18万户、2.36万户、12.57万户、280台、115.16万张，累计实现交易435万笔，交易金额257.09亿元；累计布放EPOS机1931台，实现助农取款39.58万笔，交易金额1.19亿元。开展“2015暖冬行动”，拓展营销农村市场与“关爱留守儿童”活动相结合。大安联社与市福利院、中新联社与农户和中小微客户结成帮扶对子；富顺联社为柑橘产业提供技术学习资金；荣县联社到江浙为外出务工农民送金融知识。荣县联社、富顺联社分别对口帮扶壤塘联社、汶川联社，沿滩、大安、中新三家联社对口帮扶丹巴联社。全年累计向三州联社提供帮扶资金307.5万元。派骨干员工到三州联社交流学习9人次，接收三州联社员工交流学习18人次，到三州联社现场培训员工42人次。2014年，全市农信系统慰问困难党员、困难群众及孤残儿童1000余人，社会捐赠及扶贫助学投入资金约181.6万元，与341人组成帮扶对子184对，帮助社区、村组制定发展规划3项，健全村规民约4项，完善服务制度2项，为6个广场和社区舞蹈队制作舞蹈服4000余件，开展送金融知识下乡活动发放宣传资料20万余份、惠及群众14万人。投入300万余元，免收农户手续费，义务承担各级政府对农户的粮食直补、退耕还林、危房改造等20余项各类惠农补贴资金的代发。

（韩　笑）

【市商行】 2014年年末，全行资产总额261.3亿元、存款余额169.49亿元、贷款余额75.96亿元（含贴现），分别较年初增长63.26%、39.73%、30.19%；资本充足率15.67%，拨备覆盖率224.97%，贷款损失准备充足率169.07%；实现利润3.76亿元，较2013年增长54.13%；上缴税收1.85亿元。5月9日，市商行荣县河东新区支行正式开业；12月10日，市商行富顺富州大道支行正式开业。6月24日，市商行富顺支行迁址后正式营业。由市商行控股组建的金堂汇金村镇银行资产总额11.39亿元、存款余额8.72亿元、贷款余额7.68亿元，分别较年初增长11.02%、8.76%、40.14%。修订《自贡市商业银行股份有限公司章程》，完成董事会、监事会换届工作，并修订股东大会、董事会、监事会等各类议事规则。按照市委、市政府“3年500亿元、5年1000亿元”的发展规划，市商行确定“深化改革、加快转型、防范风险，着力推进银行跨越式发展”的改革转型总体要求和“探索建立大零售体系，实施主动资产管理，加快推进客户经理制度”的业务转型方向，推进市场化模式改革。推进内设机构改革和网点优化调整，探索推行大客户部、事业部制。引进高素质专业人才，完善激励约束机制，实施人才兴行战略。争取人民银行合意贷款指标，加大信贷支持力度，帮扶地方困难企业，信贷投放规模在全市金融机构中保持前三，贷款增量排名全市金融机构首位，占全市贷款增量的24.77%。小微企业贷款余额（含贴现）占全部贷款的60.13%，较年初增加31.9%，增量、增速均高于2013年。

（史孝川　何丽娜）

【自贡中成村镇银行】 2014年年末，全行资产总额9.31亿元，各项贷款余额7.1亿元，各项存款余额5.85亿元，不良贷款余额4957万元，不良率6.98%，拨备覆盖率186%。加大信贷结构的调整优化力度，信守“支农助小”的市场定位。发展个人小额抵押零售业务，压降民营融资性担保公司担保贷款。加大风险排查，强化风险预警和动态监测管理，全年共对1203个授信客户进行五级分类认定，发出23份风险提示；通过分类工作，了解客户风险状况，提前发出风险预警。加强贷款全流程管理和内部控制，严禁信贷资金流入股市、房地产、民间借贷等领域。全年组织召开信审会19次，组织会签项目53次，共对105个授信申请进行审查，金额近4亿元。全年集中业务培训36.5个课时，参训人数达1734人次。根据业务发展需要派员到成都农商银行跟班学习前台业务系统操作、授信审查等业务。组织全行员工参加银行从业人员资格考试，增强专业知识学习，按季对柜面人员开展技能测试。组织员工参加各类竞赛活动。

（戴楚丁）

【乐商行自贡分行】 2014年年末，各项存款余额15.31亿元，各项贷款余额8.05亿元，其中公司类贷款4.72亿元、个人类贷款3.33亿元。银行承兑汇票余额15.19亿元。在金融服务上，设立小微金融部，实现专人、专职、专岗服务，专注“商圈、个体、小微”三大板块，突出小微业务“小、简、灵、新、专、快”特色。开展优质服务并评选优质服务明星，促进员工“比、学、赶、帮、超”。开展“优质服务月”活动，“四大创新”获行总部表扬，并全行推广。以“诚心、细心、耐心”为口号，成功创建市级“青年文明号”。赞助2014年“自贡春晚”决赛和总决赛，与社区联谊并为社区困难户捐赠，金额超过5万元。

（乐山商行自贡分行）

【攀商行自贡分行】 2014年年末，全行存款总合计7.59亿元，较2013年年末增加6.57亿元。授信余额5.5亿元，其中贷款余额5.2亿元（含贴现1.11亿元），贷款余额较2013年末增加4.16亿元。签发银行承兑汇票余额4.96亿元。

（攀枝花商行自贡分行）

保险业

【概况】 2014年，全市有24家保险公司，其中产险13家、寿险11家，另有代理公司4家。此外，16家未在自贡设立机构的产寿险公司通过代理公司销售有业务（此类业务未涵盖在本土保费统计当中）。保险业从业人员5830人（不含代理公司）。141个机构网点分布四区两县。全市保险业保费收入21.63亿元，同比增长3.9%，排位居全省第14名，增速低于全省13.23个百分点。其中，产险业实现保费收入7.5亿元，同比增长16.9%；寿险业实现保费收入14.1亿元，同比下降1.9%。累计处理各种赔（给）付案件31.54万件，支付赔（给）付款10.46亿元。保险深度2.06%，保险密度772.5元。24家保险公司中9家实现盈利，行业合计亏损3.29亿元。此外，上缴营业税金及附加3981.27万元；代收代缴车船税4721.96万元，代收代缴率100%。

【市保险行业协会】 2014年，协会召开7次专题会议，探讨、研究依法合规自律工作。5月13日至14日，协会组织机动车专业委员会对13家产险会员公司开展车险服务调研学习活动。车险专委会分3个小组交叉对各产险公司的车险承保情况进行交流学习，了解承保服务中存在的一些问题。协会向各会员单位发送《自贡市保险行业协会关于车险承保风险的提示函》，提示各公司注重承保风险，提升客户服务品质。每月定期制作《退保情况监测分析报告》报市维稳办、市金融办等相关部门；3月20日，联合自贡银监局举办"新消法"讲座，代理保险公司业务的12家市级银行机构的分管领导、部门负责人和主管、各保险公司分管银行业务的领导和银保部经理等参加讲座。评选出80名2013年度行业诚信明星，并在3月15日的《自贡晚报》上专版刊登表彰。7月18日，协会组织全行业500多名入司半年内的业务人员，在汇东实验学校举办"诚信大讲堂"培训。11月7日，召开反保险欺诈工作站成立大会，各保险公司、公安经侦、公安交警、人民银行自贡分行、市政府金融办等单位相关人员参会。会上，向各保险公司分别授予"自贡市公安局驻各保险机构经侦联系室牌"。在全行业开展"新国十条"学习有奖征文活动，收到征文15篇。2014年，协会共处理群众上门和电话咨询169件。受理信访投诉案件45件，同比增加200%。投诉案件中涉及产险12件，寿险33件。主要为理赔纠纷9件，退保及续保纠纷10件，客户服务投诉11件，业务员内部投诉15件。协会建立和完善保险消费投诉处理工作机制，有效化解信访投诉反映的突出问题，投诉案件处理率100%，80%投诉案有效解决，客户满意率100%。全年共组织考试133场，8513人报名考试，7749人实际参考，4921人通过考试，及格率63.5%。

【人保财险自贡市分公司】 2014年，公司实现保费收入3.03亿元，同比增长13.32%，市场份额40.4%，综合赔付率67.8%，同比上升2.03%；保费规模居全行业第一。车险业务实行销售费用差异化配置，健全和完善考核激励机制，续保率、保全率、单交率等指标大幅提升；成功中标省烟草公司自贡分公司、大安财政、荣县财政等大项业务；非车险实行阶段性激励政策和考核方案，制定全市业务发展计划、按月分解到各经营单位，建立非车险业务销售团队，力促新险业务多方发展；农险业务保费收入6317万元，是全省唯一独家承办农业保险的公司，保费完成率全省排列第三；加强与相关单位联系配合，出台种养殖业实施方案，扭转全市养殖业保险亏损局面；宣传政策性农业保险，加强农村保险服务网络建设，落实"送农网培训下乡活动"，全年共举办培训23次，930人次参加，累计培训30天；新开拓的邮政代理渠道，使银保渠道合作面得到有效拓展。理赔中心从定责、定损和核损等环节狠抓管控，推行首问责任制，坚持理赔"五个一"服务，全年共处理各类赔案6.22万件，加大"打假、防骗、反保险欺诈"工作力度，成功查处骗赔案件74起，成功减损259万元，各种数据指标在全省排名均靠前。出单中心开展绩效考核和技能培训，出单员业务水平提升幅度超过100%。“驾讯通”服务为3647位客户提供增值服务，人保之友客户俱乐部吸纳会员1058人，并为会员提供驾讯通等服务。

【中国人寿自贡市分公司】 2014年，公司实现总保费收入3.56亿元，其中：首年标准保费2194万元，同比增长39.57%；首年期交保费5067万元，同比增长69.23%；10年期及以上首年期交保费3355万元，同比增长98.87%。市场份额25.93%，全市排名第一。代理财产险业务保费929万元，同比增长27.61%。全年累计满期给付1.06万件，给付金额1.65亿元；处理各类赔案4.80万件，赔款金额5066万元；上缴各类税金498万元。竞标成功获2014—2015年全市城镇职工补充医疗保险承办权，中标全市城乡居民大病保险服务采购项目。全年承保城镇职工补充医疗保险33万人，承保大病保险75万人。参与市妇联“春蕾计划”结对助学活动，资助市蜀光中学1名初中学生和富顺二中1名高中学生；参与自贡市2014年黄丝带“爱心送考”公益活动，并为活动志愿者和考生每人投保10万元人身意外伤害保险。参与自贡市第四届四川省文明城市创建工作，被授予“先进集体”称号。1月，公司获全省“质量诚信典范企业”称号。

【太平洋产险自贡中心支公司】 2014年，公司实现保费收入1.04亿元，比2013年增长22.60%，实现利润558.03万元，代扣代缴车船税2.73万辆，实现代征率达100%，保险金额341.84亿元，同比增长19.70%。公司促进电话销售、交叉销售、车商代理、银行代理、专业代理等业务。2014年独家承保非机动车第三者责任险，实现保费收入123.36万元。全年电销业务完成计划的100%，续保率列全省第一名。公司加强赔案过程管控，加快结案速度，全年结案率达92.15%。处理各类赔案1.19万件，全年打假减损金额175.37万元。沿滩区206省道“7·5”重大交通事故造成4死6伤，先行支付医疗费20万元，全程协助沿滩交警大队处理事故善后事宜。

【太平洋寿险自贡中心支公司】 2014年，公司实现保费收入2.08亿元，市场份额12.78%，自贡市场寿险保费排名第四。银邮合作实现保费收入1.10亿元，个人代理业务8372.93万元。其中：新单保费7607.98万元，续期保费1.32亿元。全年开展反洗钱知识、反销售误导、公司制度及法律法规等培训40余次，参训人员1350余人次；开展客户数据真实性清理专项活动，清理客户数据3.43万条。2014年，公司处理各类赔案2.62万件，赔款和给付支出3051.07万元。在荣县推进老龄险试点，覆盖全县28个镇乡、社区，参保2.49万人，提供老龄保险保障2.74亿元，发生理赔案82件，理赔款达8.68万元。全年上缴税费82.35万元，其中代扣代缴个人所得税44.07万元，营业税金及其他附加税金38.28万元。

【平安财险自贡中心支公司】 2014年，公司实现总保费收入1.32亿元，同比增长17.9%，所占市场份额17.57%。公司推出平安车险“快、易、免”再升级服务，车险理赔实现“一袋式服务”。全年缴纳各类利税1824.30万元（含代扣代缴），公司被市国家税务局评为2013—2014年度“A级纳税人”。

【平安寿险自贡中心支公司】 2014年，公司实现总保费收入2.75亿元，其中个人业务保费收入2.35亿元（含2014年新契约保费），银邮业务保费收入4005.8万元，赔款支出1494.7万元。公司推行“主动、简单、及时、方便、可靠”的五星服务，推出现场客服节和网上客户服务节，开展“平安梦想秀”“平安志愿者活动”“记忆中的旋律”“理赔介绍会”“客户联谊会”“VIP客户健康讲座及观影”等活动；推出E行销支持系统、MIT移动展业模式提升员工业务能力，推出客户一账通账户管理系统、万里通等电子商务系统为客户提供自助服务；以平安电话中心“95511”和IT网络为核心，为客户提供全国通赔、定点医院、门店“一柜通”以及足不出户办理理赔等差异化服务，推出多项客户增值服务，如海内外急难援助服务、保单迁移、生命尊严提前给付等。

【泰康人寿自贡中心支公司】 2014年，公司实现保费规模1.86亿元。其中，个险实现标准保费1697万元；银行保险实现规模保费4597万元。全年处理各类赔案708件，累计赔款金额约516万元。公司推出新的服务举措：通过微信平台贵宾服务专区领取贵宾电子卡及贵宾的专属意外赠险，微信保单服务平台上线个险保单贷款还款、万能追加、复效及银保满期等资金交易项目，提升保险售后增值服务品质。全年没有发生20万元以上的重大理赔。

【中华联合财险自贡中心支公司】 2014年，公司实现保费收入7341万元，同比增长7%。市场份额12.4%，同比增长15.89%。全险种累计支付赔案6010件，同比增加937件，支付赔款3622万元，同比增长1.3%，发生有效诉讼案件162件，同比增加23件，其中调解案35件，减损金额685万元。全年上缴各类税收405万元，代收代缴车船税等490万元。2014年，公司理赔考核指标在系统内排名第九。

【大地财险自贡中心支公司】 2014年，公司实现保费收入3716.28万元，较2013年同期增长4.29%，处理各类赔案5954件，支付赔款1937.06万元，结案率98.6%，市场份额占比5%，列第5位。实现利润450.96万元，在大地公司四川分公司系统内市场份额排名第一。

【华安财险自贡中心支公司】 2014年，公司实现保费收入633.9万元，同比增长21.8%，市场占有率0.8%。贯彻落实保监会《关于进一步规范财产保险市场秩序工作方案》精神和行业协会自律规定，开展自查自纠，加大稽核检查力度，把规范经营作为一项必须工作常抓不懈。全年公司未受到一起客户投诉、未受到一起行政处罚。

【永安财险自贡中心支公司】 2014年，公司实现整合转型，保费收入为2033.89万元，较2013年增长13.54万元，增幅0.67%，市场份额2.7%，同比下降0.45个百分点。赔款支出1115.71万元。全年为9.7万存量客户提供风险保障，柜面服务3.5万人次，处理各类赔案2770余件，其中赔付万元以上赔案161件，赔付金额776.46万元。代扣代缴个人所得税18.95万元，代扣代缴车船税314.18万元，上缴营业税金及其他税金计119.76万元。

【天安保险自贡中心支公司】 2014年，公司实现保费收入795.55万元，同比增幅38.17%，其中新单保费648.92万元，续期保费146.63万元。市场份额1.1%，同比增长22.22%。赔款和给付支出353.54万元，同比下降6.46%。全年柜面服务1500人次，处理各类赔案930余件，代收代缴车船税40.26万元。代扣代缴个人所得税14.49万元，上缴营业税金及其他税金共计43.26万元。公司加大与银行合作力度，新增适应市场需求的产品，与银行合作渠道网点新增74个。

【安邦保险自贡中心支公司】 2014年，公司完成保费收入495.72万元，其中：富顺机构完成签单保费实收145.36万元，占全辖区保费收入的29.32%；本级完成签单保费实收350.36万元，占70.68%。代收代缴车船税42.57万元。赔款支出236.73万元。8月，公司银保产品“黄金鼎5号”正式在工行网点上线销售。

【中宏人寿自贡市自流井营销服务部】 2014年，公司实现总保费收入1723.96万元，同比增长32.31%。其中：个险保费1687.03万元，同比增长33.51%；团险保费36.93万元，同比下降6.34%。全年赔款及给付1510件，赔款及给付总额280.75万元，同比增长3.95%。全年上缴税金29.70万元，同比下降4.09%；代收代缴入库税金27.35万元，较2013年增长51.28%。10月18日，公司举办“衣暖童心”公益义卖活动；11月8日，举办二期活动，18家企业捐善款2.07万元，公司员工义卖爱心水杯53个募集善款1864元，活动共募集善款2.25万元。

【民生人寿自贡中心支公司】 2014年，公司实现保费收入185.25万元，同比增加9.6%。全年公司多次举行反洗钱、反销售误导、公司制度及法律法规等培训。民生保险“E行销”系统建立，客户笔记本、平板电脑等终端设备在3G、WiFi、ADSL等网络环境下实现操作。2014年，公司获“最佳社会责任奖”。

【新华保险自贡中心支公司】 2014年，公司实现总保费收入1.64亿元，其中期缴保费1.11亿元。短期险保费收入209.49万元，其中中介渠道保费收入8938.99万元。个险期交保费5295.45万元，银邮渠道保费1.09亿元，团险渠道162.02万元。全年给付理赔款2699.41万元，其中身故赔付206万元，医疗赔付68万元。1月，举行2014年“高端定制、马年吉祥”新春年会暨福享一生产品退市说明会；2月，新华保险四川分公司主管轮训2014年首届川南片区培训班在自贡举行；3月，举行“诚信服务你我他，权益保障为大家”“3·15”

消费者权益活动；9月，在富顺县童寺镇槽沟村召开现场理赔大会，赔付金额8.22万元；11月，在富顺县富世镇跃进村举行理赔宣传会，赔付金额18万元。

【合众人寿自贡中心支公司】 2014年，公司实现保费收入1660万元，与2013年同期持平，市场份额为1.2%，在自贡寿险市场排名第七。一季度保费新增406万元，二季度暂时取消与银邮合作。全年展开反洗钱知识、反销售误导、公司制度及法律法规等培训18次，参训人员300人次。全年处理各类赔案70件，赔款和给付支出23.3万元。上缴税款10.69万元，其中代扣代缴个人所得税9.2万元、营业税金及附加税金1.46万元。

【华泰财险自贡中心支公司】 2014年，公司实现总保费收入723.2万元。其中：车险完成723.00万元，非车险完成0.2万元，赔付率52.81%，综合成本率103.58%，全年实现承保利润负17.56万元。9月12日，第四家EA门店——大安区第一营业部正式开始营业，另有2家试营业门店开始展开业务运营，公司EA门店累计达6家。

【人保寿险自贡中心支公司】 2014年，公司实现保费收入2042.43万元，同比减少18.21%，市场份额为14.5%，自贡市场寿险保费排名第四。银邮合作渠道网点194个，实现保费收入1.71亿元，银邮新单保费市场排名第一，个人代理业务3344.65万元，其中新单保费3033.13万元、续期保费311.52万元。全年开展反洗钱知识、展业技能、公司制度及法律法规等培训34次，参训人员达1171人次。全年处理各类赔案460件，受理理赔1.48万人次，赔款和给付支出1443.12万元。全年为全市36万市民提供补充医疗保险保障，全市年赔1.09万人次，理赔1155.32万元；承保农村小额人身保险1.51万人，实现保费收入54.3万元，已发生理赔案233件，理赔款达78.5万元。全年上缴税费75.02万元，其中代扣代缴个人所得税42.59万元、营业税金及其他附加税金32.43万元。

【太平人寿自贡中心支公司】 2014年，公司实现保费收入1410.80万元，同比增长3.37%，在自贡市场寿险保费排名第九，续收保费241.2万元，续收保单417件。全年共理赔431件，赔付金额26.63万元，年金给付共计421件，给付金额25.57万元；全年上缴营销员个人所得税2.58万元，营业税金及附加0.37万元。全年业务以银行保险业务为主，截至年底，银行代理网点共18个；10月，个人寿险业务开业，全年个人业务保费收入149.08万元。全年进行反洗钱宣传活动2次，反洗钱合规培训4次，接受人行现场走访1次。

【国寿财险自贡中心支公司】 2014年，公司实现保费收入2703万元，较2013年增长26%，在全市财险市场中占3.6%的份额，市场排名第六。实现车险保费2208万元，占比81.7%；实现非车险保费495万元，占比18.3%。全年受理3778起案件，截至年末已决案件3667件，未决案件111件，赔款支出1144万元，赔付率较2013年下降12.96个百分点。全年上缴税费345.11万元，其中营业税金及其他附加税金167.41万元，代扣代缴个人所得税10.32万元，代收车船使用税167.38万元。8月，为客户子女组织主题为“快乐成长、放飞梦想”的青少年夏令营活动。

【锦泰财险自贡中心支公司】 2014年，公司实现保费收入1749.47万元，同比增长139.5%，市场份额为2.3%，在自贡市场名列第八，同比上升1位。受理各类案件1346件，其中已决案件1187件，赔款和给付支出417.05万元，未决赔款363.31万元。全年上缴税费138.56万元，其中代缴个人所得税9.89万元，营业税金及教育附加税金56.23万元。全年开展反洗钱知识、业务技巧技能培训、公司规章制度、法律法规和合规经营等培训共46场，参加人数980多人次。2014年，公司在自贡签出全国首张创新型生猪价格指数保险保单，全市累计承保生猪7.23万头，为71户养殖大户提供1.07亿元的生猪养殖市场风险保障，签单保费642万元，居西南第一，全国第二。

【太平财险自贡中心支公司】 2014年，公司实现保费收入913万元。市场份额为1.2%，在自贡财险市场保费排名第九。全年开展反洗钱知识、公司内控管理制度及合规经营等培训21次，参训人员220人次。全年处理各类赔案650件，受理理赔1500人次，赔款支出390.75万元。全年上缴税费105万元，其中代扣代缴个人所得税8.2万元，营业税金及其他附加税金52万元。云南鲁甸“8·03”地震，公司员工为灾区募捐现金5000元购买灾区急需药品。全年累计献血16人次，献血量5000毫升。

【农银人寿自贡中心支公司】 1月26日，公司正式注册成立。2014年，公司实现保费收入453.13万元。公司现有员工26人，设立总经理室、综合部、银保部、运营部、团险部、续期部和2个营业部。开展“3·15”万人诚信宣传和“7·8”保险公众宣传日活动，组织1次消防知识培训和3次反洗钱知识培训。接受人民银行反洗钱检查。全年发生理赔案件4起，金额10.5万元。

（市保险行业协会）

证券业

【华西证券自贡五星街营业部】 2014年年末，客户资金账户5.59万户，A股、基金、国债交易总额339.45亿元，市场份额在自贡地区证券营业部名列前茅。融资融券业务客户1773户，融资融券总额1.3亿元。代销证券投资基金56只，金融产品销售额5.93亿元。全年共开展投资报告会、网上交易、投资理念等培训教育82场次，参与客户3600多人次。全年对新老客户电话回访达1.35万次，向客户发送风险提示短信达82.85万条。2014年，营业部连续第三年获人民银行自贡中心支行反洗钱“A”级机构以及市国税局纳税信用“A”单位。

（陈洁丽 曾利萍）

【华西证券自贡丹桂街营业部】 2014年，营销团队规模扩大至18人，投资顾问团队规模扩大至7人。截至年底，营业部客户数量2.5万户，其中新增1433户；客户资产11.26亿元，其中新增1.13亿元；融资融券客户1118户，其中新增783户，日均融资融券余额6338万元。全年实现营业收入4913万元，利润3143万元。营业部投资200万余元更新改造营业场所。

（杨长虹）

【中投证券自贡解放路营业部】 2014年，营业部合格账户数为3.80万户，实现代理客户交易量487.26亿元，自贡市场排名第一。制订完善的信息系统安全运行保障制度和信息系统应急预案，全年进行2次专项应急预案演练。营业部对运营设备、监控摄像系统、消防系统、防雷设施定期进行检测，保证设备运行正常。加强日常安全保卫工作，对交易大厅、客户交易区域进行巡逻，全年无一起责任事故发生。全年营业部新开客户、创业板客户回访比例为100%，老客户回访比例不低于10%。通过投资者教育专栏、横幅、宣传折页等形式进行业务宣传和反洗钱、打击非法证券活动等投资者教育工作，注重投资者权益保护。股民学校通过现场授课、视频、走进高校等形式举行讲座，主要内容包括：非法证券活动揭示、反洗钱宣传、月度投资策略、业务交流、证券知识普及、新业务介绍。利用“3·15”投资者维权保护日、反洗钱宣传月、打非宣传月、“12·4”法制宣传日等契机，帮助投资者认识自身权利和义务，维护投资者合法权益，提高专业服务形象。与企业进行对接，组织企业专题交流会和企业拜访，3次邀请公司场外市场部项目经理就“新三板”业务与企业进行宣讲、洽谈。帮助本地企业规范运作，改善管理水平和运营效率，持续提升企业价值，为企业提供完整的上市规划和金融服务，帮助企业转型、做大做强。

（戚巧云）

【海通证券自贡营业部】 截至2014年年末，客户资金账户953户，客户资产7300万元。全年完成收入49.42万元，实现利润负27.77万元。其中：新增双融开户13户，收入4.47万元（息费收入2.18元、信用交易佣金收入2.29万元）；沪港通开户11户；实现网上开户303户，占开户总数31.79%。全年联系5家企业，上门拜访3家。举办“3·15”投资者教育普及活动、反洗钱知识普及活动，发放反洗钱、投资者教育等宣传折页和手册600份，通过短信和邮件向客户发送证监会投资者教育警示词条900人次，新开客户和创业板客户回访比例100%。

（文 凤）

【国都证券自贡营业部】 截至2014年年末，客户资金账户411户，客户资产2300万元。全年完成收入27万元，实现利润负1.2万元。其中：新增双融开户12户，沪港通开户6户。秉持“关注客户需求，与客户共成长”的服务理念，举办多次投资者教育普及活动、反洗钱知识普及活动、沙龙研讨活动。

（王云飞）

KE JI YU ZHI SHI CHAN QUAN

科技与知识产权

概　述

2014年，全市科技与知识产权工作贯彻落实中央、省、市各项政策措施和重大决策部署，围绕“创新驱动、转型升级、支撑引领、全面小康”的全省科技创新总要求和市委、市政府确定的“产业促进年”工作方针，坚持以改革创新为动力，以提高自主创新推进转型升级为目标，实施科技创新“八大工程”，增强科技创新支撑经济转型发展的能力。

科技创新与成果

【创新平台建设】　2014年，自贡硬合公司省级工程技术研究中心、东锅公司四川省粉煤灰重点实验室获批建设省级重点实验室。嘉特数控等11户企业被授予市首批中小企业研发机构称号，15户企业被新认定为市企业技术中心。沿滩工业园区孵化器建设工作稳步推进，四川理工学院建成川南经济区发展战略协同创新中心，浙江大学自贡创新中心全面建成，4个专家团队到位，并结合自贡新材料、节能环保等产业开展相关科技创新研发和产业创新服务工作。

【技术创新成果】　2014年，对接国家、省重点科技项目，争取国、省项目80余项，到位资金4500万元。其中，晨光研究院、东锅公司、华西能源、硬合公司4户企业4项共性关键技术开发纳入全省产业链创新重大支撑计划，26户企业的26项技术攻关开发项目纳入全省重点支撑计划，东方过滤机械公司等企业7个项目纳入国家和省科技型中小企业创新资金计划，其中国家创新基金计划支持4项。年度新增科技成果51项，东锅公司“大型电站锅炉烟气脱硝技术开发及工业应用”等3个项目获省科技进步二等奖，自贡运机公司“磷石膏输送管状带式输送机”等5个项目获三等奖。

【成果转化与应用】　2014年，“芳纶Ⅲ中试技术扩大应用”“全氟烷基乙基丙烯酸酯”“滞止增压节能泵”等18项重点成果转化项目顺利实施，累计完成新增产值21.3亿元。全年共登记科技成果50项，登记技术合同105项，完成技术合同成交额8000万元，其中技术交易额6600万元，帮助企业享受税收减免8000万元。集成果转化、技术转移、科技咨询、项目申报等功能于一体的市科技服务中心建成，并开展5期“科技大讲堂”“技术转移”“科技融资”等社会化科技服务活动，帮助60余家企业开展相应的对接服务工作。

【高新技术产业发展】　2014年，开展产业创新研究，抓产业创新顶层设计，形成《自贡市优势产业（战略性新产业）技术创新现状和急需突破的共性及关键技术调研报告》《600兆瓦及以上超（超）临界参数CFB锅炉关键技术研究开发》《100吨/年特种聚酰亚胺泡沫材料工业化》等7个产业技术创新报告。以优势骨干企业为龙头，组织落实全省产业链重大项目11项，所实施重点项目均围绕产业发展前沿和产业新的领域，并首次将自贡彩灯产业技术集成纳入省级重点项目支持。全年新培育自主创新产品21个，其中，自贡中天胜等企业8个产品纳入全省战略性新兴产品，6个产品纳入全省重点新产品。全年新增高新技术企业3家，高新技术企业总数累计达58家，居全省第三位。

科技活动与科技人才

【科普宣传工作】　2014年，市科技局与市科技干部培训中心组织开展农村实用技术、专利知识、科技管理知识等培训。依托川南科技培训基地组织种养殖专家到大安区、沿滩区和富顺县等地对种养殖户进行蔬菜、水果、黑山羊等方面的农业实用技术培训，培训农村实用技术骨干人数2800人。承办省科技厅在自贡举办的川南科技局长培训班，提高科技管理者的业务素质。利用文化中心等阵地开展“科技进社区”活动，举办科普讲座、科普展览、科普文艺活动，宣传节约资源、保护生态、改善环境、安全生产、健康生活、循环经济等观念和知识，倡导建立资源节约型、环境友好型社区，提高城镇居民科学素质。

【科技合作交流】　2014年，组织全市50户企业参加“中国西部第四届高新技术产业与金融资本对接推进会”“四川省科技型中小企业科技与金融对接推进会”和“四川省川南高新技术发展与科技金融对接推进会”，20余户企业参与重点路演，10户企业得到重点推介和关注。凯茨阀门、高精公司、科达公司等企业通过专利技术实现质押贷款近3000万元，四川辉腾公司与浙江九鼎投资管理公司签订增资扩股及股权转让协议，引进风险资本5000万元，推动企业通过军工配套审查，实现科技融资新突破。

【科技人才培养】 2014年，组织推荐东锅公司、晨光研究院、中橡集团等3家企业申报2014年度国家青年拔尖人才支持计划，制定《自贡市高层次人才“双千计划”实施方案》，大西洋公司高端焊材等6个团队获培养类优秀创业创新团队称号，四川理工学院何庆中等11人获培养类杰出创新人才称号；双龙化工李晓辉获省级科技创新创业人才称号，聂旭建、杨志忠等20余名专家被纳入省科技进步奖励评审专家库，久大公司符宇航劳模创新工作室等5团队被评为市“劳模创新工作室”。在浙江大学举办首期自贡市科技与知识产权人才综合能力提升研修班，企业和基层科技部门的50名科技管理人员参加培训。

【科技服务民生】 2014年，全年重点推广农业新品种12个、新技术8项、发掘并推广新模式2种，实施农村科技计划项目40项，新建富顺香辣酱、荣县油茶等4个农村产业技术服务中心，发起并创建川南农业科技协同服务联盟，为农业科技成果发布、需求对接、合作洽谈提供平台。晨光研究院“1000吨/年特种工程塑料制品加工生产线项目”和威力富戎化工“新建胶状乳化炸药生产线”项目获省军工办资金支持。结合生态自贡建设、清水行动等专项工作，组织开展釜溪河流域水污染试验示范等民生工程，涉及6个项目全部启动。

知识产权创造与保护

【专利申请】 2014年，专利申请总量达1424件，同比增长18.77%，其中发明361件，同比增长22.37%。东锅公司“电站燃煤锅炉烟气脱硝处理用混合装置”专利获中国专利优秀奖，市轻工院、川润集团等企业的4项专利分获省专利奖二、三等奖。累计实施专利技术451项，新增产值47亿元，同比增长10%。

【维权援助】 2014年，开展打击侵犯知识产权和制售假冒伪劣商品专项行动，市级部门、区县联动，形成合力，进行联合执法行动。全市累计出动执法人员86人次，开展执法检查32次，检查商场51家，检查各类商品2.73万余件，查处涉嫌假冒专利产品立案40件，结案40件，结案率100%。成功调解2件专利侵权纠纷案件，保护专利权人的合法权利。

（刘雪莹）

JIAO YU

教　育

概　述

2014年，全市有各级各类学校741所，在校生43.96万人，教职工2.55万人。其中：幼儿园403所（公办园108所，民办园295所），在园幼儿7.02万人；小学170所，在校学生17.34万人；初中117所（含九年制学校79所），在校初中生7.67万人；普通高中21所（其中省一级示范高中4所、省二级示范高中2所），在校学生4.25万人；中等职业学校22所（国家级重点学校6所，省级重点学校3所；全国1000所改革发展示范学校1所；教育部门管辖17所，其他部门管辖4所），在校学生3.25万人；高校3所，在校学生4.33万人；特殊教育学校6所，在校“三残”儿童2125人（含其他随班就读学生）；工读学校1所，在册学生460人。

教育改革

【教育综合改革】　2014年，全市教育领域综合改革遵循省市总体部署，根据基础条件和难易程度分层分类推进各项改革，确定的具体目标是：改革资源配置方式，促进教育公平；改革办学体制，增强服务能力；改革考试招生制度，拓宽成才通道；改革人才培养机制，提高教育质量；改革教育管理体制，激发办学活力。把教育综合改革列为教育系统重点工作和中心工作，建立教育综合改革领导小组及办公室，分设基础教育、资源配置、职业教育及招生考试、体制改革、队伍建设、督导评估、德育工作等7个专项工作组，由领导班子成员牵头推进各项改革工作，组织、聘请所涉改革领域和具体项目的专家和工作人员参与研究、论证、实施和评估。结合省市精神，借鉴其他地区成功经验，针对自贡教育领域突出问题，拟订人才培养机制、城乡教育资源均衡配置、考试招生、办学体制、教育管理体制等5个方面、18项改革事项，在义务教育资源均衡配置和教育信息化建设两方面寻求突破，每一项改革措施分别按推进、试点、研究三个启动类别推进。具备条件的改革事项立即推行；启动试点的改革事项，尽快制定试点方案，明确试点范围、内容、原则和评价标准，抓紧启动；需要深入研究的改革事项，把握国家改革部署的总体方向和原则，及时跟进相关改革动向，搞好调查研究，做好充分准备，为下一步推进创造条件。构建市教育局综改办与各专业小组、各责任单位间的协调联动、情况沟通和定期评估等工作推进机制。实行综改重点工作督查，对年度综改工作安排落实情况进行跟踪检查，督促指导各组和各项改革全力推进，确保各项具体改革举措落实到位。将综改工作纳入分片区教育督导和精细化管理考核范围，通过挂牌督导和年度考核深入推进综改工作。

【教学改革】　2014年，根据《自贡市教育局关于大力推进中小学课堂教学改革的实施意见》要求，开展分层分类试点工作，发挥试点学校、试点年级、试点班级的示范引领作用。确定市级试点学校13所，其中：普通高中学校5所、初中4所、九年制学校2所、小学2所。各区县分别确定试点学校，各学校确定试点年级、试点班，使全市每一所学校在改革第一年至少有一个班级在试点。分学段确定主要推广的课堂教学模式，普通高中段主要推行河北精英中学高效“6+1”模式；初中段主要推行江苏洋思中学“先学后教、当堂训练”课堂教学模式，学校亦可选择昌乐二中“271”模式和山东杜郎口模式；小学段主要推行广东的“生本课堂”模式和“先学后教、当堂训练”模式。总要求是摒弃教师“一言堂”“满堂灌”，组织学生自主学习、小组合作学习，把课堂教学引向学生的能力培养与素质提升，提高教学效率。推进相关配套改革，实行教师集体备课制度、推进教研工作改革、推行教辅资料校本化等。加强督查指导，建立领导小组和研究指导小组，组织开展专项督导考核。2014年全市评选中小学课堂教学改革先进学校10所，给予工作奖补经费150万元，富顺一中、荣县中学、自贡一中、旭川中学等教改成绩突出。将中等职业学校教学质量考核由年度考核调整为学年度考核，举行全市中职学校2013—2014学年度教学质量抽测，公共基础课程全市统一抽测语文、数学，其中数学属首次统一抽测；专业课程每校抽测一门，随机抽取10名学生进行技能测试。全市抽测平均合格率为85.5%。开展全市22所中职学校教学管理和教师教学满意度测评。加强中高职衔接教育，为中职学生搭建升入高校的平台，2014年全市参加对口高职升学考试611人，上本科线198人，专科线277人，上线率77.7%。

【考试招生制度改革】　2014年，制定出台《关于进一步做好小学升入初中免试就近入学工作实施意见的通知》和《关于2014年市属中学初中招生的通知》，坚持实行义务教育阶段免试、就近入学的招生制度，初中新入学择校生不得享受省级示范性普通高中均衡到校招生指标。完善初中毕业生学业考试暨升学考试制度，合理设置考试科目和考试内容，突出考查学生的基础知识和综合运用能力，实行中考网上阅卷。完善学业考试与综合素质评价相结合的高中招生制度，取消省级以上示范性普通高中自主招生和初中外语、艺术、体育特长生学校的招生政策，将省级以上示范性普通高中区域指令性招生计划60%的指标，均衡分配到辖区内的各初中学校。开展以实施素质教育为主要内容的初中学校办学水平综合评估，将评估结果作为均衡指标分配的重要依据。规范中职学校招生行为，加强对招生过程监督，严格遵循招生准入制度，严禁有偿组织生源，严禁侵害学生合法权益。适度调整普职招生比例，促进普职协调发展。

各类教育

【学前教育】　2014年，贯彻国务院、省政府发展学前教育的意见精神和《自贡市人民政府关于当前发展学前教育的实施意见》，巩固学前教育三年行动计划实施成果，落实推进学前教育改革发展的各项政策措施，启动实施第二期学前教育三年行动计划，扩大公办幼儿园规模。发展乡镇公办幼儿园，推进乡镇中心幼儿园规范化建设，新改扩建公办幼儿园20所。执行促进民办幼儿园发展的各项优惠政策，鼓励社会力量以多种形式举办幼儿园，并提供普惠性服务，同时严格幼儿园准入管理，保证办园标准，发展民办幼儿园28所。加强示范性幼儿园建设，新创建省级示范性幼儿园2所，促进各级示范性幼儿园在办园思想、办园理念、办园目标和教育管理、队伍建设、教育教学等方面再上新台阶，发挥示范辐射作用。贯彻《3—6岁儿童学习与发展指南》，开展园长和教师培训，防止和纠正幼儿园“小学化”倾向，促进幼儿园科学保教。

【义务教育】　2014年，制定出台《自贡市教育局关于贯彻落实四川省教育厅转发教育部进一步做好小学升入初中免试就近入学工作实施意见的通知》，坚持就近入学原则，实行划片招生。严格执行免试入学规定，切实规范招生行为。制定出台《自贡市教育局减轻义务教育阶段学生过重课业负担实施办法》，提出减负十项工作措施。落实全市分区县实现县域义务教育基本均衡规划，纳入地方经济社会发展总体规划和目标考核，强化义务教育均衡发展的目标责任。出台《中共自贡市委自贡市人民政府关于加强偏远农村教育工作的意见》，分解任务，落实考核，从校点布局调整、学校基本建设项目安排、教师周转房建设、师资队伍建设、学校交通及食品安全、留守儿童管理、教育质量提升等方面，优先保障偏远农村教育发展所需，促进义务教育学校均衡发展。进一步完善义务教育经费投入保障制度，实施义务教育学校标准化建设，完成标准学校建设40所。狠抓教师队伍建设，加强师德师风建设，继续实施提高教师素质能力“一三一”工程，师资培训重点向农村教师倾斜，提升农村教师整体素质；继续实行城乡教师轮岗交流制度，全市375名城镇教师到农村学校支教。大安区作为国家级“推进县域内义务教育均衡发展改革试点县”，于5月通过国家评估认定；沿滩区作为全市第二个推进县域义务教育基本均衡发展区于6月通过省级评估验收。

【职业技术教育】　1月7日，市政府办出台《关于大力推进校企合作加快技能型人才培养的实施意见》，就推进校企合作加快职业技能人才培养提出工作要求、工作措施、优惠政策和保障措施。3月13日，省委教育工委书记、省教育厅厅长朱世宏率队调研自贡职业技术学校，考察学校数控实训车间、德沃工厂产训车间、汽修实训车间、汽修厂、建设中的运动场等。4月25日，自贡职业技术学校被授予“全国职业教育先进单位”称号。7月14日，“自贡市2014年中等职业学校教师专业技能培训班”在自贡职业技术学校举行。培训班开设机械（车工、钳工）专业、汽车维修专业、学前教育专业3个培训项目，全市各中职学校100名学员参加培训。8月22日，自贡职业技术学校“国示校”通过验收。10月14日至17日，市中等职业学校第七届专业技能竞赛举行，竞赛设12个项目，涉及8个大类专业，全市20余所职业院校400余名选手参加决赛。决赛分类别评出团体一等奖24个、二等奖34个、三等奖46个，个人一等奖57名、二等奖82名、三等奖112名，优秀指导教师奖138名。自贡市代表队参加2014年全省中等职业学校学生技能大赛，获汽车运用与维修二等奖、机械数控技术三等奖、旅游中餐和客房三等奖。四川卫生康复职业学院康复系代表队参加第二届“天瑞杯”全国康复治疗专业学生技能大赛，获高职高专组第一名。12月1日，市教育局确认第一批校企合作专项资金支持的建设项目共7个，其中职教集团建设项目1个（自贡市职业教育集团运行机制建设试点）；特色专业建设项目6个［自贡职业技术学校机械加工专业，市职业培训学院数控加工专业，东锅技校焊接技术专业，富顺县福源灏职业中学建筑工程施工专业，荣县职业高级中学服装制作与生产管理专业，四川卫生康复职业学院护理专业（中职）］。12月12日，“自贡市职业教育服务地方经济现场会”在东锅技校召开，各区县教育局分管领导、全市职业院校校长、有关企业代表50余人参加会议。12月30日，市职业教育集团年度总结研讨会在自贡职业技术学校召开，总结集团成立一年来开展的主要工作、取得的成效和存在的问题以及进行职教集团运行机制建设试点取得的经验，并提出下阶段工作基本思路。院校联盟的代表结合现代职教体系构建、高考制度改革，就加强中高职衔接，提出探索和实践建议；企业代表就加强校企合作，实现校、企、生多方共赢提出意见和建议。2014年，全市有5个学校举办“9+3”免费职业教育，在校生511人，强化“9+3”学生的思想和行为规范教育，开展“三禁两不”和“十不准”教育。

【普通高中教育】 2014年，组织全市普通高中毕业班四次“诊断性”考试，并召开成绩分析会，提高各阶段复习针对性。全年报考普通高校考生1.46万人，比2013年减少306人，考生人数占全省2.55%。本科一次性上线6526人，上线率达44.66%，高于全省平均水平3个百分点。全市重本上线人数在2013年基础上增加59人，为近五年最高。在上线考生人数中，文科上线人数和上线率增幅明显，其中文科重本上线人数为近十年新高。全市有9名学生进入全省万分之一单科优生行列，1名学生被北京大学录取，1名录取为空军飞行员，为近几年仅有。其中，富顺二中的张华英以总分626分获全市文科第一名，荣县中学的龙施羊以总分644分获全市理科第一名。

【高等教育】 2014年，四川理工学院有16个二级学院（部），4个一级学科硕士学位授权点（30个二级学科硕士学位授权点），2个专业学位硕士授予权类型（其中工程硕士具有5个领域），72个本科专业，有全日制本专科学生2.91万人，研究生302人。有专任教师1462人，教授、副教授628人，具有博士、硕士学位教师967人。该学院是国家“中西部高校基础能力建设工程”重点建设高校、省政府授予的“四川省高新技术产业示范科研单位”。四川卫生康复职业学院有在校学生6647人，其中全日制学生5701人、成人大专946人；有基础教学部1个、临床教学部2个，有专任教师410人，其中副高及以上职称106人；博士研究生2人，具有硕士学位64人；“双师型”教师100余人。获得省、市级科研立项11项，结题3项，其中1项科研获2014年国家级教学成果奖二等奖、省第五届普教教学成果奖二等奖、市第六届教学成果特等奖。自贡电大开设中专、专科、本科、研究生教育，全系统有教职工131人，外聘兼职教师203人，其中具有副高以上职称14人，研究生以上学历12人，外聘兼职教师80人。开设本、专科专业50个，与12所全国重点高校有合作办学关系，有各类学历教育在学学生8550人。开展各种短期培训、教师继续教育、社区教育、非学历教育培训。该校加强“四个一建设”，推进广播电视大学向开放大学转型，创建国家开放大学自贡学院。

【特殊教育】 2014年，实施特殊教育三年提升计划（2014—2016年），全市各区县实现特殊教育学校全覆盖。做好残疾儿童少年在普通中小学随班就读工作，落实免学费、免教科书费和寄宿生补助生活费等资助政策。提高特殊教育学生生均公用经费标准，义务教育阶段特殊教育学校生均预算内公用经费达4000元。开展特殊教育师资培训，组织特校校长、教师参加市级培训，提高教师专业化水平，提升特殊教育质量。全市义务教育阶段在校残疾学生达2125人（含其他随班就读学生）。

师资队伍

【概况】 2014年，全市中小学教师2.34万人，其中专任教师2万人，具有大学本科以上学历1.06万人，中、高级职称1.10万人。

【教师队伍建设】 出台《加强教师队伍建设的实施意见》，组织全市教育系统师德报告团巡回演讲，编印《师德师风学习资料汇编》，评选推荐7名全国先进个人和集体，12名省特级教师，100名市优秀教师、优秀班主任和优秀校长，20名“幸福自贡·最美教师”和40名“师德标兵”。实施城乡教师交流，117所学校结成对子，385名优秀教师到偏远农村学校支教，158名教师上挂锻炼，促进教师资源的均衡配置和区域内优质师资共享。深化教育人事制度改革，规范教师招考工作，构建全市教育系统专家库，加强事业单位岗位设置、职称评聘和教师资格认定工作。

基础建设

【项目建设】 2014年，农村学前教育推进工程完成投资7200万元，新建11所和改扩建1所公办幼儿园，全市公办幼儿园增加到104所。投入资金1.10亿元，开工建设农村教师周转房30套和启动645套教师公租房。投入资金3000万余元，完成市蜀光中学老校区改造、自贡一中初中部综合楼建设及高中部校舍加固工程、自贡二十八中综合楼及运动场建设等。区县教育重点工程荣县新城中学、富顺二中新校区建设，完成投资1.45亿元。启动四川卫生康复职业学院和自贡一中迁建的前期工作。编制《2014—2018年全面改善贫困地区义务教育薄弱学校基本办学条件（简称“全面改薄”）规划》，争取到中、省补助资金8175万元。

【教育信息化建设】 2014年，完成教育信息化建设招标项目1.2亿元，其中市本级单位5696.88万元、沿滩区4409.87万元、大安区733万元、荣县1194万元。市云平台数据中心和网络中心全部建成，实现对各区县及各学校教育专网接入服务。大安区和沿滩区完成班班通建设，各教室装备多媒体教学系统，学校实现有线无线网络全覆盖。11月，220个教学点实施数字教育资源全覆盖项目，1500名教师参加全省教师信息技术应用能力提升工程培训。

校园文化

【阳光体育】 2014年，树立“健康第一”的思想，坚持以体育与健康课为中心，按照部颁课程规定开齐开足体育课，深化体育课程教学改革，抓好体育课堂教学，提高体育课教学质量。推进校园足球活动，成立市中小学幼儿园“学、爱、玩”校园足球活动领导小组。开展阳光体育活动，增强学生体质，组织开展全市中小学生田径运动会，“三好杯”“萌芽杯”足球、排球、篮球、乒乓球、游泳比赛等各类活动，以竞技体育引领全市学校体育工作深入开展。抓好大课间活动和课外体育活动，并组织检查评比，确保学生每天一小时校园体育活动。5月上旬，4所高中学校被命名为省级阳光体育示范学校，命名20所市级阳光体育示范学校，市级阳光体育示范学校达45所。确定自流井区为体育改革试点区。

【艺术教育】 2014年，按部颁标准落实学校艺术课程，各学校确保开齐开足艺术教育课程，深化艺术课程教学改革，提高艺术教育教学质量。开展富有特色的艺术教育活动，发挥美育育人功能，组织开展“四川省第十届优秀艺术人才大赛”暨自贡市第九届中小学艺术节、庆祝“六一”国际儿童节文艺节目比赛、“‘三爱’伴成长‘六一’同欢乐”专场演出、全市中等职业学校“文明风采”大赛、全市中小学迎新大合唱比赛等艺术活动，让学生在活动中体验、感悟、成长。确定沿滩区为艺术改革试点区。

【德育】 2014 年，开展德育主题教育活动，推进德育课程化建设，坚持文化阵地建设与文化实践活动相结合，利用课堂主阵地、重大节庆日、纪念日开展一系列主题教育活动。培育兴趣小组、社团、协会等学生组织，开展“校园读书成才”、中华诗文诵读和文艺体育竞赛等活动，以校园网站、广播站、校报校刊、文化宣传栏、学生手抄报等为载体开展德育。开展“理想伴我行，共筑中国梦”社会实践教育活动，全市 10 万余名中小学生参与“我的中国梦”演讲、绘画、书法、主持人、讲故事、征文大赛，4000 余名优秀学生获市级以上表彰。开展“三爱”“三节”以及“四有四不三洁”主题教育活动，提升学生思想境界，规范学生行为。在全市中小学校开展“学习传统文化，传承民族精髓”优秀传统文化教育活动。推进法制进校园进课堂。组织学生向革命烈士扫墓致敬，树立学生美德典型，开展文明礼仪教育。以“六五二”为活动内容，开展中小学生社会实践教育活动，推进学生参加“走进军警营”“走进劳动基地”等社会实践活动，完善青少年校外活动中心。开展校园文化建设工作，评比命名 10 所校园文化建设示范学校，优化德育环境。

【中等职业学校“文明风采”竞赛】 6 月，首次举办全国中等职业学校“文明风采”竞赛市级初赛，举办演讲、舞蹈、声乐器乐三个专场竞赛表演和征文、职业生涯规划、书画、摄影等系列竞赛，全市 22 所中职学校参加。初赛评选出 1 个特等奖、80 个一等奖、110 个二等奖、168 个三等奖。推荐一批获奖作品参加“文明风采”竞赛省级复赛，获 2 个一等奖、3 个二等奖、11 个三等奖，17 名教师获优秀指导教师奖。经省级复赛组委会评选上报全国中等职业学校“文明风采”竞赛组委会评审，富顺职业技术学校的合唱《侗歌向着北京唱》、荣县职教中心的舞蹈《小胖猪爱锻炼》2 件作品在全国决赛中获优秀奖。

教育管理

【后勤服务】 2014 年，突出对学校食堂、公寓监管，春秋开学共检查、暗访 131 所学校，发放学生满意度测评问卷 8000 余份，发现并纠正违规学校 27 所。强化学校食堂建设管理培训，6 月 24 日至 26 日组织培训会 3 场，参训人数 1600 余人次。强化学生作业本和着装管理，制定下发《自贡市教育局关于加强义务教育阶段学校学生作业本管理工作的意见》《自贡市教育局关于切实加强全市中小学生统一着装管理工作的意见》。全市教育系统校方责任保险参保率达 100%，学生“居民医保”和“新农合”投保率达 97.5%，“学生平安保险”参保率达 90.6%。全市教育系统城乡环境综合治理“进学校”活动被省教育厅、市城乡环境综合治理工作领导小组评为“优秀单位”。

【职教科研】 2014 年，四川卫生康复职业学院课题《促进藏区“9+3”学生学习适应的实践研究》获教育部国家级教学成果二等奖、省政府第五届教学成果二等奖。自贡职业技术学校课题《中等职业学校工学结合人才培养模式的实践与研究》获省政府第五届教学成果三等奖。

（吴吉斌）

WEN HUA

文　化

概　述

2014 年，围绕市委深入实施“三大发展战略”、更高水平推进“五个自贡”建设、加快构建区域中心城市、全面建成小康社会的总体部署，将改革精神贯穿文化发展始终，为自贡经济社会发展提供良好的文化氛围和有力的文化支撑。2014 年，全市文艺精品创作成果喜人，剧、节目获省级以上奖励 14 项。市文化广播影视新闻出版局获省“扫黄打非”工作先进集体、2013 年度全省文化文物事业统计工作先进单位、四川省文化行政执法案卷评比优秀奖、第五届国际版权博览会优秀组织奖、省首届农民艺术节暨民间艺术节优秀组织奖，并被团省委评为五四红旗团委。

体制改革

【管理体制改革】　2014 年，全面推进文化体制改革，形成六大机制、20 项规章制度，完成 7 项文化体制改革任务。完成市文广新局与市灯贸委整合，更名为自贡市文化广电新闻出版局（自贡市灯贸管理委员会）。制定《自贡市深化国有文艺院团改革专项方案》，指导院团建立新的收入分配制度。“一中心两公司”进一步完善企业法人治理结构、收入分配制度和内部管理制度。完成市文化艺术学校与市文化馆合并。调整部分直属单位内设机构。

【事业单位分类改革】　2014 年，市盐业历史博物馆、市图书馆、市文化馆（市美术馆、市文化人才培训中心）、自贡世界地质公园管理处、中国彩灯博物馆（自贡彩灯公园管理处）划为公益一类事业单位，歌舞曲艺中心、杂技团演艺中心划为公益二类事业单位，市广播电视服务部划为生产经营类事业单位。

【人员安置】　2014 年，组织实施省有线广播电视网络股份有限公司自贡分公司机关事业人员安置、身份转换及省网公司分配方式转变等工作，制定《33 名乡镇广播站退休人员管理办法》。

文化设施

【重大项目】　2014 年，市文化艺术中心一期工程市文化馆主体基本完工，项目累计完成投资 2900 万元。大安川南音乐文化广场项目累计完成投资 2.9 亿元。自贡灯贸有限公司彩灯（文化产品出口）机电元件及产品制造项目完成投资 3000 万元。四川力拓景观科技公司异地扩建项目投资 1500 万元，3600 平方米厂房及附属办公区域建成并投入试运行。以佛文化为载体的荣县大佛文化产业园三期项目投资 1200 万元，完成拆迁安置。以非遗生产性保护为载体的富顺豆花文化产业园总投资 20 亿元，其中占地 200 公顷的豆花村休闲旅游园完成投资 1 亿元。以灯文化为载体的中国（自贡）彩灯文化产业园签订合作协议，完成项目地生产力空间布局规划、城乡建设规划和用地规划调整以及园区总规和建设性详规初稿。徐氏文化产业园完成投资 300 万元，建成厂房、办公区及 300 平方米徐氏雕刻艺术和农民版画展览馆。

【公共文化服务设施】　2014 年，市图书馆改造可容纳约 400 人的多功能阅读厅，包括期刊阅览室、盲人阅览室、休闲书吧、自休室、网络阅览室五个功能区，数字图书馆与省图书馆实现联网，推出数字图书馆推广工程“网络书香讲坛”在线培训 5 次。实施荣县美术馆改造，面积达 3000 平方米。沿滩区美术馆完成改造升级并免费开放。建成 267 个社区书屋和社区文化活动室，初步构建起市、区（县）、乡（镇）、村（社区）四级公共文化服务网络，完善公共文化服务设施设备管理运行机制，主要公共文化阵地实行错时和延时服务。完成 77 个社区文化活动室、297 个村级文化活动室文化专用设施设备采购配置。完成新型文化阵地建设统筹规划，依托乡镇综合文化站建设 100 个留守儿童文化之家，探索性建设 10 个农民工文化驿站、10 个乡村文化院坝。推动 12 个省级、12 个市级示范乡镇综合文化站的功能使用和示范引领。价值 30 万元的图书配送到农家书屋和社区书屋。投入 125 万元建成 40 个新式户外电子多功能阅报栏，成为户外舆论宣传阵地、应急指挥信息发布平台及城市形象和社会公益宣传阵地。完成253个广播电视“村村通”工程建设任务，超省政府目标任务17.1%，全市地面数字电视用户达3.35万户。建成470个行政村广播“村村响”工程。推进市教育音视频专网和应急广播网等公共文化服务建设项目。

文化活动

【大型文化活动】 2014年，围绕“文明新盐都·快乐自贡人”主题，策划开展19类、70余项文化活动。举办盐都新年音乐会、自贡春晚、“春节团拜会”、自贡市2014年文化惠民汇报演出、第二十届自贡国际恐龙灯会园内外文艺演出、毛泽东在延安文艺座谈会上的讲话发表72周年“中国梦·盐都情”主题文艺演出、“红色梦想”——自贡市庆祝建党93周年主题文艺晚会、“军民一家亲·军歌亮灯城”2014年自贡市首届军歌大比拼、“春天的故事”为小平而歌音乐会、庆祝新中国成立65周年系列文化活动等20余项大型主题文化活动，举办社区文化艺术展演、“情暖盐都”送文化下乡系列文艺演出、荣县大佛文化节、富顺豆花文化节、仙市民俗文化节等10余项特色品牌文化活动。以“百姓大舞台·幸福盐都梦”为主题，举办自贡市2014年社区文化艺术展演，包括广场舞蹈比赛、农民歌手赛、主题漫画展、美术书法摄影精品展、才艺展示等5项活动，全市区县、乡镇、社区的1000余名文化艺术爱好者参加，近1万名群众参与。举行“文化自贡·书香盐都”全民阅读活动，在全市营造多读书、爱读书、读好书氛围。以“我的书屋·我的梦”为主题，组织开展“暑期我当管理员”活动和征文写作阅读活动，6篇征文获省级表彰奖励，2户普通家庭被国家新闻出版广电总局评为首届全国“书香之家”。组织参加第四届川南文化交流展示活动，方言剧《文化站长》专场展演、川南川剧精品折子戏专场、闭幕式文艺晚会等系列文化活动全面展现千年盐都的历史文化底蕴和文化发展状况。组织选送216件音乐、舞蹈、小品、曲艺、美术摄影作品参加四川省首届农民艺术节暨民间艺术节，作品入围“群星奖”决赛并获奖。《书之星火·照亮童心——图书馆服务留守儿童的有效途径探讨》《创新免费开放模式·把图书送到群众身边》《公共文化服务体系中公共图书馆的定位策略》《基层公共图书馆整合模式设想》分获四川省首届农民艺术节暨民间艺术节公共文化论坛征文比赛二、三等奖和优秀奖。专业文艺演出单位坚持在贡井区陈家祠堂定点定时常态化演出25场，观众达5000余人次。探索开辟东方广场、仙市古镇、恐龙博物馆、荣县大佛寺为常态化演出阵地，开展常态化演出50余场。全年组织开展各类演出650余场，其中，送文化下基层225场；组织开展各类群众文化活动1000余场次，举办各类免费培训1465场次（其中：舞蹈394场次、乐队220场次、合唱202场次、声乐147场次、美术108场次、摄影6场次、公益讲座24场次），受益群众约5万人次。

【文化惠民活动】 2014年，以“中国梦·盐都情”为主题，组织广场文艺汇演、新春书画摄影展、趣味游园等各类文化惠民活动157场次，到乡镇、社区、学校开展“情暖新盐都·快乐进万家”送文化下乡活动150场次，观众近5万人次。免费举办精品剧目川剧《夕照祁山》、歌剧《盐井传奇》、方言剧《文化站长》专场惠民展演等系列文化活动，全年各专业团体开展文化下基层演出240余场。利用群众文化活动免费培训成果，组织15支群众文化队伍开展26场送文化下乡活动。完成1.36万场农村公益电影放映，观影人数达50万余人次。完成200场城市社区和农民工文化驿站公益电影放映，观影达2.20万人次。全市“三馆一站”实现全部免费开放和适时更新，服务功能增强。以“我们的中国梦·文化志愿服务基层行”活动为载体，全市建立33支文化志愿者服务队伍，有文化志愿者1137人。是年，开展文化志愿服务培训53场次，组织开展送文化下乡、大型文化活动、关爱留守学生（儿童）、关爱老人等志愿服务活动256场次，服务群众22.2万人次。首支由35名专业院团文艺骨干组成的文化志愿者服务队、自流井区与四川理工学院合作组建的文化志愿者队伍及蜀光中学文化遗产志愿者队伍常年参加各种文化志愿服务与文化遗产保护宣传。

艺术创作

【舞蹈】 2014 年，新创《中国美》《高山情》《万泉河水》《美姑河畔》《出走》等优秀节目。双人舞《和你在一起》获四川省首届青年舞蹈比赛优秀组织奖、编导二等奖、表演三等奖。群舞《菜板交响曲》获四川省首届农民艺术节暨民间艺术节舞蹈类三等奖。

【歌曲】 2014 年，新创《美丽牛佛》《我们的家园》、歌曲联唱《家和万事兴》、器乐《军歌联奏》等。《湖边的百灵》《中国梦・祖国情》分获第十五届“家国之春・中国民族歌曲创作大赛”中国民歌精品金奖和铜奖。《盐巴妹儿》《情洒小山坡》《沱江恋》获四川省首届农民艺术节暨民间艺术节音乐类优秀奖。

【杂技】 2014 年，杂技《倒立飞砖》获第七届西班牙国际马戏节最高奖——金奖和特别奖，成为 60 多年自贡杂技获得的首个国际大奖。杂技《三人柔术》获第七届西班牙国际马戏节特别表演奖。新创精品杂技《扛定车》在瑞士交流演出。

【曲艺】 2014 年，启动“振兴曲艺”工作，创排四川车灯《香香嘴儿》、三人评书《人之初》、清音《千年盐都等你来》、谐剧《弱势群体》《报告会》等曲艺作品。相声《我要恋爱》获四川省首届农民艺术节暨民间艺术节曲艺类三等奖。

【小品】 2014 年，创排小品《请客疯》《彩霞最靓》《打平伙》、音乐快板《幸福海》等作品。演员徐崧在“欢笑在春天”第三届巴蜀笑星擂台赛中获“巴蜀笑星”称号，其编演的小品《宝贝》获“最佳剧本奖”。

【戏剧】 12 月 13 日，以抗日战争期间盐都献金救国运动为题材的大型重点原创剧目——川剧《还我河山》正式展演，省文化厅副厅长窦唯平、市委宣传部部长向华全、省川剧院院长陈智林、著名戏剧家魏明伦等观看演出并给予好评。深度打磨、复排的方言剧《文化站长》参加四川省庆祝新中国成立 65 周年——“我们的中国梦・优秀新剧目演出季”活动展演暨“四川省第三届文华奖”评选，获四川省第三届文华奖剧目奖和表演奖。歌剧《盐井传奇》获四川省第十三届精神文明建设“五个一工程”奖优秀作品奖（戏剧类）。复排戏剧舞蹈《俏花旦》《蜀韵霓裳》和《三祭江》《张明下书》《凤仪亭》《说媒》《受禅台》《肖方杀船》《三娘教子》《重台别》《包公赔情》《劝夫》等 10 余个传统川剧折子戏，7 名演员在四川省第二届青年川剧演员比赛中分获一、二、三等奖，实现历史性突破。《宝贝》和《彩霞最靓》《牛二娃相亲》《搬家》《三十万》获四川省首届农民艺术节暨民间艺术节戏剧类二等奖和优秀奖。

【绘画】 2014 年，国画《走进大西北》、油画《秦时明月汉时关》获“畅想中国梦・展示新四川”全省群星璀璨美术书法摄影作品大赛优秀奖。

文化遗产保护

【文物保护】 2014 年，联合省文物考古研究院，邀请全国行业专家首次对自贡盐业遗址及盐运古道进行考古调查，共考察文物点 95 处，并首次向社会公开征集文化遗产志愿者参与考察活动，组织“文博资源的有效保护和可持续利用——对话考古专家”文化沙龙，市电视台进行录制与播出。组织“寻访川盐古道”大型学术考察，以川盐入黔、入滇、入鄂、入湘运输线路为考察路线，获得大量第一手资料，盐业历史研究取得重大突破，为申报国家级文物保护单位奠定基础。争取到位中、省资金 1408 万元，为目标任务的 281.6%。完成国保、省保单位保护范围及建控地带划定方案和吉成井等三个国保单位的保护规划与维修方案，完成恐龙博物馆等一批重点维修保护项目工程，推进西秦会馆安全消防等一批重大项目，启动燊海井维修二期保护工程。贡井区作为全国 100 个古城保护中文物违法与消防专项督察迎检区域，获省督查组好评。贡井区艾叶镇、大安区牛佛镇创建为国家级历史文化名镇，新增国家级、省级传统村落各 3 个。组织可移动文物普查信息认定和数据采集、登录。以“定格岁月・经典再现”为主题举办全市文化遗产摄影展。蜀光中学教师宋光辉被评为全国第七届“薪火相传—寻找文化遗产守护者”活动年度杰出人物

（全省唯一）。

【自贡世界地质公园】 2014 年，完成公园边界调整及中期评估提出的 11 项整改任务。以“盐的故事科普展”“恐龙复活节”“世界地球日”等为主题，面向社区、学校开展科普活动 60 次，受教育观众 6 万人次。首次组织中小学生实地考察香港世界地质公园及开展实时连线互动的 E－教室科普活动。首次邀请香港狮子会教育基金会专家走进自贡世界地质公园与学校开展科普教育活动，该活动被亚太地质公园网络列为 2014 年特色活动。首次实现与川师大等高校合作并对大学生考察、实习进行指导。作为国内唯一的地质公园参加第六届国际矿业大会并作交流发言，国土资源部确认自贡是将矿山遗迹与地质公园发展结合的典范。成功争取“中国世界地质公园网络十周年巡展”在自贡举行。自贡世界地质公园完成徽标征集与使用。征集选定自贡恐龙吉祥物 6 个。公园四大文化旅游景区实行电子套票，接待游客达 88.8 万人次，旅游收入 2971 万元，分别同比增长 26.9% 和 25.1%。

【博物馆事业】 2014 年，自贡恐龙博物馆开设全球首家“恐龙邮局”，推出“恐龙复活节”“恐龙去哪儿了”系列互动节目，开展首期“小小讲解员培训班”，增设恐龙教室、卡通恐龙巡游等馆内趣味活动，建立青少年体验活动项目库，成功入选“2013 年度优秀全国科普教育基地”，被确定为省级“文化服务标准化试点”合格项目。以“大山铺恐龙化石群遗址”为代表的自贡化石产地正式入选《第一批国家级重点保护古生物化石集中产地名录》。盐业历史博物馆被表彰为首批省级优秀科普基地和科普工作先进集体。成功举办国内首次以盐业史研究为主题的“川盐古道与区域发展”学术研讨会。《盐业史研究》继 1996 年评为四川省社科一级期刊后，又被《CSSCI（2014—2015）来源期刊扩展版收录名单》收录，成为国家级权威社科期刊之一。“自贡盐税史陈列”成功开展，为全国首个以“盐税”为主题的陈列馆。

【非物质文化遗产】 2014 年，在第九个“文化遗产日”之际，组织 33 项市级以上“非遗”项目和部分区县保护项目进行“静态展览展示、动态展演展销”，吸引近万人参与。搜集整理市级以上“非遗”保护项目和民间民俗文化的文字、图片、视频等资料，完成《自贡非遗集成》《自贡民俗集萃之一》等书籍编撰及自贡“非遗”项目专题片拍摄，助推全市“非遗”项目和民间民俗文化保护。完善规范全市“非遗”项目代表性传承人管理，经专家评审认定，26 个市级以上“非遗”项目的 44 名代表性传承人为市级传承人。每月定点在贡井陈家祠堂和西秦会馆开展 2 场川剧折子戏常态化演出。自贡龚扇竹编工艺厂被评为首批四川省非物质文化遗产传习基地。富顺县、荣县和长山镇、童寺镇、长滩镇、牛佛镇被评为 2014—2016 年度“四川省民间文化艺术之乡”，富顺县被评为 2014—2016 年度“中国民间文化艺术之乡”。

文化产业

【项目招商推介】 2014 年，完成与中航集团文化创意产业合作项目策划对接，编制自贡—中航文化创意产业合作项目，推出燊海·吉成古盐井遗址博览园、大公井盐商古城、恐龙王国公园、中国（自贡）彩灯文化博览园等四大盐龙灯特色文化创意产业项目。编印自贡文化产业项目推介册，文化艺术中心、吉成井井盐矿山遗址公园、燊海井盐史文化博览园、中国（自贡）彩灯文化产业园等 13 个文化产业项目进入四川省文化产业对外招商重点项目。组织参加第十届深圳文博会进行招商项目推介。

【文化旅游业】 2014 年，以自贡国际恐龙灯会经贸交易会等为契机，推动改制院团与文化旅游重点景区合作，在恐龙博物馆、盐业历史博物馆和荣县大佛三个 A 级景区实施文艺演出项目，以文艺演出丰富文化旅游产品，探索推进文化旅游与演艺娱乐融合发展。盐业历史博物馆推出自贡盐商家具展、经典折子戏演出、老盐工讲解员等新举措。恐龙博物馆新建珍品展厅，三窝窝状恐龙蛋、大型肉食性恐龙脚印、马门溪龙和剑龙皮肤化石、马门溪龙头骨等展品首次展出；新设趣味恐龙教师、卡通恐龙巡游等互动项目。仙市古镇举办首届“2014 自贡·仙市金秋旅游节”。春节、“五一”、国庆期间，自贡恐龙博物馆、盐业历史博物馆、燊海井、荣县大佛寺、富顺文庙和仙市古镇 6 个文化旅游主要景区接待游客55.9万人次，实现旅游收入3169万元，分别同比增长24%和19%。

【演艺娱乐业】 2014年，加强产业引导，合理市场布局，优化产业结构，推动演艺娱乐业规模化、连锁化发展，发展歌舞娱乐场所12家。加强商业演出审批服务和现场监管，举办“陈奕迅演唱会”“旅游卫视—最美中国—荣县大佛篇美吉特之夜”“左麟右李演唱会”等26场商业演出，观众约7.5万人次，收入约3200万元。

【文化创意设计业】 2014年，加强创意设计业扶持培育，推荐徐氏雕刻艺术、天工扎染、龚扇竹编、自贡彩灯、仿真恐龙等产品申报四川省文化创意特色产品名录。自贡灯会展出有限公司、自贡灯贸有限公司、四川天域景观艺术有限公司、自贡亘古龙腾科技有限公司4户企业获“2013—2014年度国家文化出口重点企业”称号。灯贸公司彩灯（文化产品出口）机电元件及产品制造项目获中央文化产业资金支持文化产业升级补助，四川天域景观艺术有限公司、自贡亘古龙腾科技有限公司获中央文化产业资金出口补助，新亚彩灯文化产业公司、自贡灯贸有限公司获2014年省级文化发展专项资金补助。

【新闻出版业】 2014年，加强印刷企业指导和扶持，发展印刷企业7家。新华文轩教材出版实现销售收入9500万元，位居全省第五。新华文轩增加图书品种、提供书评、好书推荐等服务内容，图书发行实现销售收入1001万元。是年，全市图书、邮政报刊、电子出版物、音像制品等250余家出版物发行单位实现销售总额1748万元；118家印刷企业全年实现工业总产值3.4亿元。自贡兴华印务有限公司完成全市872万册教材印制，实现收入1181万元。

【文化产业统计监测】 2014年，新增文化产业监测企业60家，纳入国、省、市季报监测范围。监测企业涉及文化旅游、创意设计、演艺娱乐、广播影视、新闻出版印刷包装装潢等文化产业门类。是年，69家重点文化企事业单位收入突破5亿元。创意设计企业21家，实现营业收入2.18亿元，其中彩灯企业17家，实现营业收入2.17亿元。广播影视企业9家，实现营业收入1.67亿元。

【文化贸易交流】 2014年，完成《自贡彩灯产业对外贸易发展问题与对策》调研报告。加强对外文化交流项目宣传、推荐和审批服务，5个赴境外灯展项目获省级以上文化部门批准。中艺彩灯公司承办新加坡中秋灯展，灯贸公司投资亚特兰大灯展、新亚彩灯公司投资英国郎利特行宫中国灯笼节于圣诞节开园。以灯展外贸审批为媒，引导市内演艺团体与特色文化商品走出国门，杂技团演艺公司借助灯贸公司展出平台，到美国演出30余场。完成广西、西安等7个恐龙外展项目，接待观众逾500万人次。

文化市场监管

【行政审批】 2014年，完成5类行政审批事项前置条件清理登记。开展行政审批服务事项目录清理，完成市、区县部门（单位）系统内非行政许可审批事项清理，做到审批程序标准化、过程透明化、行为可监督、结果可核查，确保行政审批规范高效。完成全市116家印刷企业年度核验，419家文化企业单位行政许可和备案有效期延续，58家网吧、歌舞娱乐场所及其他出版物印刷企业的设立、变更审批，128家内部资料出版物准印证的审批。全年受理政策业务咨询268人次。

【监管整治】 2014年，组织全国文化市场技术监管与服务平台推广应用，完成市、区县级平台建设。组织开展网吧、娱乐场所、地面卫星电视接收装置、虚假违法广告、“两考禁噪”“宁静行动”等系列专项整治行动。在查处网吧接纳未成年人、擅自设立互联网上网服务经营场所等违规现象的暑期网吧专项整治中，检查网吧312家次，警告86家次，立案查处70家次，取缔黑网吧5家。在打击无证经营、规范经营行为的歌舞娱乐经营场所专项整治中，检查322家，警告54家，立案查处34件。在校园周边环境专项整治中，收缴儿童彩票145张、诅咒卡236张。在“两考禁噪”专项整治中，检查歌舞娱乐场所98家次，责令限期整改35家次、停业整顿5家次。在非法安装和设置卫星电视广播地面接收设施专项检查中，收缴非法设施设备10件。在电影放映企业专项检查中，警告2家。对12家星级宾馆开展境外电视节目接收专项检查。

开展社会艺术考级监管15场次。对4场涉外演出和3场国内大型明星演唱会进行现场监管。在“百日安全”大检查中，对700余家歌舞娱乐、电子游戏、网吧、电影放映等文化重点场所进行拉网式排查，提出整改安全隐患45处，重点整改3家，关闭1家。全年开展日常执法巡查1534次，接听受理“12318”专线举报176起，检查各类经营场所3781家次，办理文化市场执法案件122件，实现市场监管拓展和案件办理数量、质量双提升。3个案件入选2014年四川省文化行政执法优秀案卷，1个案件获2014年度全省文化市场重大案件，实现自贡市优秀重大案件零的突破。

【制度规范】 2014年，建立市公共文化服务体系建设协调机构，制定《自贡市公共文化设施设备管理办法》《自贡市文化志愿者管理办法》等规章制度，实行公共文化场馆错时及延时服务制度。建立精品创作激励机制和文化产业发展协调机制。建立文化市场综合执法联动机制，制定自贡市文化市场联合执法行动方案与综合执法联席会议制度，实现文化、文物、广播影视、新闻出版领域综合执法全覆盖。完善非物质文化遗产保护机制，建立非物质文化遗产保护工作联席会议制度。完善文物安全巡查、隐患排查整治、信息报告和违规处置机制，制订《自贡市文物管理安全巡查工作制度》等4项制度。

广播电影电视

【广播影视业】 2014年，建成覆盖四区两县及高新区的IP网和380公里的有线广播电视城域环网。完成城区有线广播电视网络双向化改造，双向化率97%。推进农村乡镇有线电视双向化改造工程，完成6个乡镇网络双向化改造。建成5个“高清电视宽带信息示范村”和3个标准化营业厅，广电网络基本形成数字电视、宽带、专网等全业务发展格局，实现电视、手机、电脑“三屏合一”。完成企事业单位网络整合，实现“一城一网”。恒大影城和富顺太平洋影城建成投入使用，全市新增银幕12张，座位1889座。是年，全市5家影院票房收入约3000万元，同比增长24.7%，连续三年实现高速增长，位居全省市州城市影院票房收入前列。

【广播影视管理】 2014年，完成全市“接收卫星传送的境内电视节目许可证”年审核证及广播电视播出机构年审换证的初审上报。组织全市广播电视播出机构创作公益广告作品60余件，选送参加全省第三届广播电视公益广告创作大赛。开展虚假违法广告专项整治，查处违规发布虚假违法广告行为，责令停播“华西友好医院”等医药类广告。开展卫星地面接收设施专项治理，规范全市广播电视播出传输秩序。开展每季度一次的播出机构和境外卫星电视节目接收单位检查，开展擅自接收境外卫星电视节目专项检查。加强农村公益电影和城市影院管理指导，开展8次农村公益电影放映现场抽查，对全市5家城市影院开展安全检查。

【安全播出管理】 2014年，完善全市广播电视安全播出指挥体系，落实广播电视安全播出责任制，建立信息交流和联动机制，形成应对突发事件的整体合力。针对“温州有线事件”，组织开展全市广播电视安全播出自查和隐患排查专项行动，确保广播电视播出和有线网络传输机构安全运行。在元旦、春节、全国“两会”、国庆等重要节点、时段和重要敏感日，启动广播电视安全播出应急预案，坚持24小时值班制度和安全播出“零报告”制度，确保全市广播电视零停播、零插播和零事故。

【特色栏目】 2014年，市广播电视台从“接地气”入手，对《自贡新闻》《新闻视线》《直播盐都》等主打栏目进行改版，推出本土栏目剧《有摆有演》及大型政论访谈节目《盐都问政》。7件作品获“2013年度四川省广播电视节目奖（新闻类）评选”优秀奖，8件作品获提名奖，获奖率94%。中央电视台拍摄制作《国宝档案·自贡文化遗产》系列专题节目5期，在海外播出平台——央视中文国际频道连续播出，促进自贡文化遗产和文博旅游的知名度提升。

图书出版发行

【出版印刷管理】 2014年，组织召开全市印刷行业协会第二届年会。组织开展印刷企业管理年活动，促进企业加强文化建设、质量安全、行业创新等工作。组织开展以整治超范围经营、铲除盗版出版物印制源头为重点的专项整治，检查印刷企业、打字复印门店296家次，责令整改78家次，立案查处1件。对车站、地下商场、隧道、音像制品商店等兜售淫秽色情音像制品行为开展专项清缴行动8次，查缴非法出版物6000余盘（册）。组织开展以内部资料准印证办理为重点的医刊专项整治，检查民营医院16家次，警告8家次，立案4起。开展教辅教材专项治理，检查中小学校16家，责令整改3家。开展非法出版物、涉藏、非法政治性出版物查缴行动和“清源2014”“固边2014”“净网2014”“剑网2014”“秋风2014”等系列“扫黄打非”专项行动，查缴非法出版物6.04万册（盘），删除、屏蔽网络有害信息2275条，取缔非法出版物经营摊点35个。是年，办理新闻出版类案件18件。

【版权保护】 2014年，组织具有自主版权的天车模型、机器恐龙、熊猫灯、漫画、版画等作品参加第五届国际版权博览会。提供版权等法律法规方面的咨询服务，办理版权作品登记35件，位居全省第二位。

【图书出版】 2014年，编辑出版《画说恐龙》《盐都故实》《蜀光人物》《巴蜀英杰》等7本书籍2.1万册，展示与宣传文化教育战线成果、千年盐都历史传承和自贡世界地质公园风貌，实现出版收入32.8万元。

【图书阅览】 2014年，市图书馆采购图书6456种，1.03万册（套）。订购报刊452种，人大资料53种，港台刊物6种。收集地方文献83种291册。收到单位或个人赠书107种134册。全年接待读者10.8万人次，网上读者点击率达2.21万人次。

【图书活动】 2014年，以“文化自贡·书香盐都”为主题，开展全民读书活动，历时8个月，先后举办“文化自贡·书香筑梦”读书征文，周末“爱心视频”“爱心图书”征集，庆祝新中国成立65周年书展、经典童话阅读书展，“放飞中国梦·书香传真情”阅读暨中小学生、留守儿童DIY图书书展等5项读书系列文化活动，近5万人次参与。与市二十二中学、市三十四中学、江姐中学、自贡一中开展“文化自贡·书香筑梦”为主题的读书征文活动，推荐自然科学、历史、文学、艺术等书籍2000余册，收到学生撰写读后感200篇，评选出一等奖30篇、二等奖60篇、优秀奖110篇，24名老师获教师指导奖。市图书馆依托数字共享工程资源和公共电子阅览室新配置的高清视频、音频设备，开通同时供20名留守儿童与家长进行亲情沟通和情感交流的周末“爱心视频”，接待留守儿童和家长上百人次。“爱心图书”征集活动中，市图书馆收到捐赠图书1500余册，通过建立“红领巾读书点”和“留守儿童文化之家”形式，将捐赠书籍分别发放到沿滩区余山小学、团结小学，大安区永嘉小学、凉高山社区，并为4个新建“红领巾读书点”“留守儿童文化之家”赠送图书3000余册和价值5000元的文体用品和学习用具，同时把“图书流动车”开进校园。在庆祝新中国成立65周年书展、经典童话阅读书展中，在东方外国语学校、沿滩区图书馆、汽车客运站、红旗乡小学、自贡艺校、市图书馆、余山小学、三十四中、丹桂社区等地举办40场“爱国主义教育影片展播”，观众8000余人。市图书馆举办为期三个月的“新中国成立65周年红色书展”活动，集中展出约500册中国革命题材的书籍和世界名著、经典童话。在“放飞中国梦·书香传真情”阅读暨中小学生、留守儿童DIY图书书展中，收到全市20所学校202册学生自制图书，通过学生、读者投票和专家评审，评选出一等奖15个、二等奖25个、三等奖35个、优秀奖127个，指导老师奖和组织奖15个。举办“留守儿童两馆游”活动，组织50多名留守儿童参观恐龙博物馆、市图书馆，并开通“爱心视频”和举办暑期安全知识讲座；在余山小学、凉高山社区、五宝社区开展“留守儿童移动图书馆公益活动”；为务工人员开展就业知识讲座和技能培训，提供图书借阅400余册；市图书馆将期刊阅览室迁至装修改造后的底楼，为老年读者阅读提供便利；新建残障人士专用安全通道，并专门开设视障阅览室。《华西都市报》《自贡日报》《自贡晚报》和自贡电视台公共频道、综合频道、自贡电台等省、市级新闻媒体开辟专题、专栏，全程对活动进行宣传报道；励志网、四川在线、《华西都市报·电子报》、四川文明网、自贡网、自贡在线、自贡三农网等多家网络媒体及时报道活动动态和全面展示活动成果。

报 刊

【报刊发行】 2014 年，全市公开发行的报纸有3种，即:《自贡日报》《自贡晚报》《四川理工学院院报》；公开发行的期刊4种，即:《中国井矿盐》《盐业史研究》《四川理工学院学报（社科类）》《四川理工学院学报（自然科学类）》。是年，公开报纸发行2114万份，公开期刊发行5.8万册。《自贡日报》期发行数3.36万份，《自贡晚报》期发行数2.9万份。《自贡文化》《自贡人大》《自贡政报》等32家报刊型内部资料出版单位按期出版出刊，反映全市各行各业工作、生产情况。

【报刊活动】 2014 年，《自贡日报》在《跨越千亿·加快崛起》《2014 年稳中求进再出发——区县思路》《贯彻市委十一届八次全会精神——区县委书记访谈》《贯彻市委十一届八次全会精神·2014 自贡发展任务述评》等专栏基础上，配合市委、市政府促进自贡工业经济实现转型升级的中心工作，推出《以加快发展为总基调》《力争重大项目投资突破60亿》等系列报道；针对宏观经济形势的新特点，推出《止滑稳增势、转型提质量》专栏；开设《践行走转改·宣传走基层》《干部走基层群众得实惠》《反对“四风”服务群众·深入开展党的群众路线教育实践活动》等 10 余个专栏，刊发文字、图片 1500 余件，以消息、通讯、专访等形式宣传报道党的群众路线教育实践活动；在做好“走基层·转作风·改文风”及“我在现场”“民情直通车”“镜头写真”“记者走基层”“记者走乡镇”“凯哥跑企业”“老曹走田坎”“乐乐进社区”等“接地气”特色栏目基础上，确定章佳乡、广华社区为宣传联系点，组织采编人员到生产实践和群众生活中，对老百姓关注的热点、难点问题给予重点关注；在《信访视窗》专栏中，刊发《太源村三组用电难问题将得到改善》《机关事业单位人员丧葬费上调》《城镇退休职工去世相关费用补偿标准》等稿件，对反映群众诉求、疏导群众情绪起到引导作用。《自贡晚报》在两会期间推出特别报道“跨越千亿·自贡力量”；结合食盐取消专营，推出“盐业变迁”系列报道；新开“大鹏进社区”栏目，挂牌进驻 16 个小区，重点关注社区人物、社区故事、市民生活、社区建设、爱心传递；与市档案局联合推出《盐都记忆》栏目，解读盐都历史和人文；策划开展“舞林争霸” “读者月活动”“年画宝宝”、闲置物品跳蚤市场等活动，加强与读者互动；与灵犀义工共同发起“阳光助学项目”，收集 132 名贫困儿童资料，资助 76 名困难儿童；与德居地产启动“家乡学子助学计划”，连续三年帮助 30 名学子圆大学梦；5 月，正式成立晚报小记者队伍，有在册小记者 1100 人，覆盖 10 个学校 12 个校区，《小螺号》周刊正式创刊，发行 35 期；专题栏目和新闻稿件获奖篇数和排名居全国晚报前茅，其中：《七彩晚霞》获“中国地市报新闻奖”优秀专栏，“盖碗茶”“摆边鼓”获“中国赵超构新闻奖”优秀栏目，稿件《CT 检查发现颅内出血 患者失踪急煞医护人员 全程紧急动员寻找危重病人》获“中国赵超构新闻奖”特等奖等。

（王 云）

精神文明建设

【开展第三届自贡市道德模范推荐评选活动】 2014 年，市委宣传部、市精神文明建设办公室、市人力资源和社会保障局、市总工会、团市委、市妇联等联合组织开展第三届自贡市道德模范推荐评选活动。经过推荐评选、社会公示、综合审定等程序，在105 名候选人中评选出 10 大道德模范和 15 名提名奖。

【开展道德讲堂建设】 2014 年，各道德讲堂按照指导手册、背景画面、基本流程“三统一”，举行道德讲堂推进会、观摩会及道德讲堂的日常活动，引导道德典范自己讲或讲别人、身边人讲身边道德故事等形式，让现场受众心灵获得净化，境界得到提升。全市建成机关、企业、行业、学校、社区、村镇、新市民等“七大类”道德讲堂 126 所，现场受众 1 万多人次，基本实现各领域、各类社会群体全覆盖。

【传统文化活动】 年初，组织开展“我们的节日·春节”——“追星榜样·关爱模范”暖冬行动。1月下旬，市委常委、宣传部部长、市文明委副主任向华全率队慰问全国道德模范提名奖获得者朱建平和省道德模范袁子明、杨进强、王文华、陈苏富及荣县鼎新镇留守儿童代表。清明节期间，组织开展祭奠革命烈士，开展各类爱国主义教育活动；端午节期间，组织开展以中华经典诵读、献爱心志愿服务、“讲文明、树新风”活动、“文明新盐都·快乐自贡人”等为主题的民俗文化活动；中秋节期间，在市社会福利院举办“关爱老人·快乐中秋”慰问活动，向老人们赠送月饼、药品等物品，50多名老干部志愿者为200多名老人表演节目，赠送20余幅书画作品；国庆节期间，组织慰问全国、省级道德模范。

【文明城市创建工作】 2月19日，在省委办公厅、省政府办公厅印发的《关于表扬第三届省级文明城市、文明村镇（社区）、文明单位的通报》中，自贡取得全省排名第四的成绩，成功创建成省级文明城市。7月22日，市文明委全体会议决定：巩固省级文明城市创建成果，创建全国文明城市提名资格城市。6月底，组织开展全市创建省级文明城市先进集体和先进个人评选活动，推选出100个先进集体、300名先进个人。

【农村精神文明建设】 2014年，以文明村镇创建为龙头，以农村精神文明建设“七个一”工程为抓手，以十星级文明户创建为载体，新命名市级文明村镇18个，拟命名十星级文明户300户。开展幸福美丽新村文化院坝建设，确定全市10个村、1个社区作为示范点，按照项目化方式开展创建，对每个村一次性给予10万元（社区为3万元）文化院坝活动补助经费。

【“乡村学校少年宫”建设】 2014年，荣县乐德镇小学校等12所市级“乡村学校少年宫”成功建成中央专项彩票公益金支持的“乡村学校少年宫”项目学校。9月，在全省“乡村学校少年宫”项目培训班上，富顺县狮市中学被指定作经验交流发言。10月，在市青少年宫举办两期全市“乡村学校少年宫”辅导员专业技能培训班，每期均开设有美术、书法、音乐、舞蹈、棋类、播音主持及解读盐都自贡、教师文明礼仪讲座等课程，54所市级以上“乡村学校少年宫”项目学校的382名辅导员参加培训。11月，对22所“乡村学校少年宫”中央项目学校年度运转情况作实地检查考核。

【志愿服务工作】 2014年，贯彻落实全国、全省志愿服务相关会议精神，出台《关于推进志愿服务制度化的实施方案和任务分工》文件。对全市志愿者再次进行详细登记，并按照省上要求，在四川省志愿服务基金会统一注册。截至年底，全市有志愿者27万余人，比2013年增加1.9万人。

（市精神文明建设办公室）

地方志

【概况】 2014年，以宣传贯彻《地方志工作条例》和新修订的《四川省地方志工作条例》为契机，组织学习中共中央总书记习近平关于地方志的论述及国务院总理李克强、省长魏宏关于地方志工作的批示精神，结合开展党的群众路线教育实践活动，围绕读志用志，狠抓志书发行、年鉴编纂、地情资料开发等重点工作，统筹推进志书“四进”、社区“双报到”等加强与基层群众联系的活动。至年年底，全市第二轮修志规划的8部志书全部完成。

【志书“四进”活动】 9月，市地方志办与市教育局、市民政局等部门联合开展志书“进学校、进社区、进乡镇、进街道”活动，免费向全市所有中小学校、城市社区、乡镇、街道赠阅《自贡市志（1991—2005）》，共赠送1000余本。

【宣传发行工作】 2014年，以宣传贯彻新修订的《四川省地方志工作条例》为契机，强化《自贡市志（1991—2005）》发行工作，营造读志用志的舆论氛围。全年撰写信息11条，分别在《巴蜀史志》、自贡网、《自贡日报》和《自贡手机报》刊发，涵盖《自贡市志》出版发行、建立大事记制度、地方志优秀成果获奖情况等内容，地方志服务经济社会的影响力进一步增强。《自贡市志（1991—2005）》通过征订、赠阅、交换等形式，发行面覆盖市级各部门、各区县和全市所有中小学校、城市社区、乡镇、街道、星级酒店等窗口单位，以及市外的机构和单位，让更多的人了解和认识自贡。

【年鉴创刊20周年】 《自贡年鉴》1994年创刊，是市政府主办的综合性、权威性年度资料性文献，全面、系统、翔实地记载全市自然、政治、经济、文化、社会、生态等方面的年度基本情况。2014年，逢《自贡年鉴》创刊20周年，单设“《自贡年鉴》创刊20周年”纪念专版。

【编辑出版《自贡年鉴（2014）》】 《自贡年鉴（2014）》在保持年鉴框架基本稳定的基础上，将“概况”更改为“市情概览”并进行调整完善，将“特载”置于“专文”之后，将“组织机构及主要负责人”并入“人物”，内容记述规范性、栏目设置科学性及年鉴可读性增强。全鉴围绕2013年全市经济社会发展亮点，设立专文记录，重点记述地区生产总值（GDP）突破千亿元、乐自高速公路建成通车、釜溪河复合绿道示范段建成开放、创建“国家园林城市”等重大事件，反映2013年全市取得的突出成绩，体现年鉴时代特色；围绕2013年全市经济社会发展特点，重点记述全市项目建设、产业发展、环境改善、国企改革、民生工程等方面的内容，突出展现2013年各区县和市级各部门工作的新举措、新成效，客观反映全市经济社会发展的特点和规律，增强年鉴地方特色。全鉴104万字，44个彩页，由方志出版社于9月正式出版发行。

【建立全市大事记工作制度】 6月，根据《四川省地方志工作条例（修订）》要求，着眼于第三轮地方志书续修需要，启动建立全市大事记工作制度。市委办、市政府办印发《关于建立大事记工作制度的通知》，要求市级各部门、各区县建立健全日常的大事记录制度，按季度整理本区域、本部门、本单位大事记，并归档保存。

【《自贡大事记》正式出版发行】 7月开始，根据市委办、市政府办文件要求，由市地方志办负责按季收集、整理、编纂、出版《自贡大事记》。全年编纂出版《自贡大事记（2014年1—6月）》《自贡大事记（2014年7—9月）》和《自贡大事记（2014年10—12月）》。《自贡大事记》主要记载全市范围内发生的具有重要影响的事件，包括自然、地理、政治、经济、文化、社会等各个方面，是全市政治建设、经济建设、文化建设、社会建设和生态文明建设的真实记录，发行覆盖全市各区县、市级各部门和相关企事业单位。

【地情资料开发利用】 1月，完成市委宣传部牵头编写的地情读物——《自贡有盐有味的历史文化名城》之《具有重大意义的化工城建设》资料的编辑定稿，资料分正文（四个部分）和大事记（1956年—1965年），共计1.5万余字。搜集提供自贡盐税陈列馆相关图片和资料。参与自贡抗战纪念碑有关资料的搜集、整理工作。

【建立全市地情资料室】 1月，根据《党政机关办公用房建设标准》清理整合办公区域，腾出50多平方米，建立自贡市地方志地情资料室。地情资料室陈列全市辖区内志书、年鉴、地情资料书籍500多种，省内外各类志鉴书籍、业务指导用书等1000多种，7月正式对外开放。同时争取财政支持，实施地情资料库房改造，落实防水、防潮、防火、防虫等措施。该库房位于市政府大楼底层，面积近80平方米。

【建章立制工作】 2014年，以开展党的群众路线教育实践活动为抓手，狠抓制度建设。在对原有地方志工作制度清理的基础上，开展制度“废、改、立”工作，从工作职责、服务规范、纪律性约束、队伍建设和后勤管理等方面，制订《办公室岗位责任》《市县级志书审查验收办法》《自贡年鉴编辑出版发行工作规范》《大事记编纂工作制度》《绩效考评办法》《公务接待、因公出差和公务用车管理办法》《财务公开制度》《固定资产管理制度》等27项制度，并以《自贡市地方志办公室制度汇编》的形式印发到全市地方志系统。

【强化业务培训指导】 2014年，根据《四川省地方志工作条例（修订）》规定，加强对区县、部门、企业修志工作的业务培训工作。改变以会代训的传统模式，印发《〈自贡年鉴（2014）〉编写规范》，对全市各年鉴供稿单位开展相关理论和业务操作的书面培训；对类目设置不合理、记述不规范的年鉴初稿开展个性化指导，促进条目质量进一步提高。11月，选派9名业务骨干参加省志编委会组织的全省市、县地方志办公室业务人员培训。全年完成《自贡市人大志》审查工作，并提出审查修改意见；完成《自贡一医院志》《电大志》篇目设置的指导和审核。根据《四川省第二轮市县级志书审查验收办法》规定，对《自贡市大安区志（1989—2006）》进行第三次审查，形成验收意见并报请市政府审批。

【交流活动】 2014年，市地方志办与省内市州志办、省外城市志办加强业务交流，交换志鉴近200本，地情资源进一步丰富。泸州市史志办和乐山市地方志办先后到自贡市，围绕志书编纂、年鉴编辑、地情资料开发利用、宣传发行及机构设置等开展交流。

【获奖情况】 11月，省第十六次地方志优秀成果获奖项目公布，全市有8项地方志成果获奖。其中：《自贡市志（1991—2005）》和《自贡市贡井区志（1986—2005）》获志书类一等奖，《自流井区志（1986—2005）》和《自贡市沿滩区志（1986—2005）》获志书类二等奖；《自贡年鉴（2013）》获年鉴类二等奖，《富顺年鉴（2012）》获年鉴类三等奖，《荣县年鉴（2013）》获年鉴类优秀奖；《富顺县志（清·乾隆版）》（上中下）获旧志整理类优秀奖。12月，省第十六次社会科学优秀成果奖获奖项目公布，《自贡市志（1991—2005）》获三等奖，是全省唯一获奖的市州志书。

（市地方志办）

档　案

【概况】 2014年年底，全市档案馆馆藏档案、资料总量131万卷册。是年，共接待档案利用者3.8万余人次，提供利用档案8.6万余卷次；新接收进馆各门类档案6.96万卷，其中市档案馆6549卷，区、县档案馆6.30万卷；完成破产改制企业、下乡知青、土地证、林权证等民生档案数字化189.56万页；举办档案工作业务培训11期，参培受训人员1618人，送培省档案局业务培训42人；开展地方特色文化档案征集工作，开展自贡老照片征集活动，荣县档案馆征集到《蝶痴万钟画集》等珍贵档案资料55册；推进全市档案馆及功能建设，荣县档案馆新馆开工建设。

【法规体系建设】 2014年，市档案局和市委群教办联合发出《关于做好党的群众路线教育实践活动文件材料收集归档工作的通知》。深化“项目档案服务年”活动，制定《自贡市园区档案管理办法》。参与全市机关管理服务标准化建设，起草《自贡市机关档案工作管理规范》和《自贡市机关档案管理人员岗位工作规范》两个政府性法规文件，并经审核通过执行。制定出台《自贡市民生档案管理办法》。

【业务指导】 2014年，市、区（县）共检查指导479个单位档案工作，其中84个单位实现规范化管理认定、复查，15个乡镇创建为四川省新农村建设档案工作示范乡（镇）。档案部门与发改部门联合发文督查并指导小井沟水库、狸狐洞水库、自隆高速等102个重大建设项目档案工作，省级重大建设项目档案登记率达100%。贯彻《全省政府机构改革中档案处置的意见》，加强对机构改革单位档案工作监督、指导。服务全市党的群众路线教育实践活动，对形成的材料归档工作进行现场指导，对整理规范的档案按照省《重大活动管理办法》接收进馆。

【法制工作】 利用6月9日国际档案日、“12·4”法制宣传日、档案教育培训会等，宣传《档案法》及实施办法、《档案违法违纪行为处分规定》《关于加强和改进新形势下档案工作的意见》。对29个机关事业单位、重大建设项目的档案安全保障、档案信息安全开展行政执法检查。

【资源开发】 2014年，以富顺县档案馆收藏的刘光第手稿为基础，省档案局、市档案局和富顺县档案局联合编辑《刘光第手稿与研究》一书。与江苏凤凰出版集团合作编辑《自贡盐业契约精品选》一书，已完成契约收集、题名、扫描等工作。市、区县档案馆依托馆藏发挥爱国主义教育基地作用，组织开展中小学生档案社会实践活动，建立学生档案教育长效机制，全年共有4000余名学生参加活动。与《自贡晚报》合作开设“盐都记忆”专栏，共计10期。在6月9日“国际档案日”开展“档案伴我成长”主题宣传周活动，并举办全市档案系统“走进档案”征文比赛和演讲比赛。

【荣誉】 2014年，市档案局获全省档案工作目标管理先进单位、档案法制建设先进单位、档案工作创新项目奖、档案宣传工作先进单位、档案信息工作先进单位等称号，主编的《自贡历史之最》一书获全省优秀档案编研成果一等奖。

（陈彰兰）

灯 贸

【第二十届自贡国际恐龙灯会经贸交易会】 1月12日开幕，共接待中外观灯游客205万人次，较第十九届增长7.8%。春节黄金周期间，观灯人次突破30万人次，同比增长50%。实现灯会总收入4500万元，同比净增1500万元。观灯人次和灯会收入均创历史新高。灯贸会期间，全市企业与国内外客商签约购销合同金额77亿元、签约投资项目协议金额100亿元。1月至2月，全市实现社会消费品零售总额69.15亿元，同比增长12.8%；餐饮业销售额达10.7亿元，同比增长10.1%；全市星级酒店平均客房出租率达70%。举办4场针对全市困难职工、农村居民、先进劳模、留守儿童等特殊人群的“观灯公益专场”，1场市民答谢专场，共接待观众8万余人，并对残疾人、老年人、儿童、现役军人等7类人群实行免票观灯。

【灯会宣传】 2014年，中外媒体记者500余人到自贡采访灯会，中、省、市各类媒体和网络发布灯会的报道、专访、消息等1000余条（次），自贡灯会官方网站点击率突破9万余次。

【彩灯产业发展】 2014年，开展彩灯专业技术人才培训，培训电工、焊工等1350人。年末，市工商登记注册的彩灯企业达313家，从业人员以及配套服务人员达5万人，彩灯年销售额超过20亿元，形成彩灯创意策划、彩灯设计制作、彩灯景观规划、旅游景区彩灯景点、彩灯工艺品、灯会会展、模型模具、彩灯配套加工服务等多个产业细分门类。市彩灯行业工会联合会开展技能大赛、帮扶慰问、技术交流、乒乓球赛等活动。筹备成立自贡市彩灯行业协会。向国家工商总局申报“自贡灯会”商标，支持自贡彩灯企业申请市知名商标、省著名商标和中国驰名商标，“自贡灯会”商标获省著名商标、自贡市2013—2014年度知名商标。“南国灯城”商标共45类全部成功注册，灯会品牌得到保护，自贡成为国内唯一能合法使用“南国灯城”注册商标的城市。11月，自贡国际恐龙灯会在第五届中国民族节庆峰会上获“最具国际影响力节庆”。自贡灯会展出有限公司、自贡灯贸有限公司、四川天域景观艺术有限公司和自贡亘古龙腾科技有限公司4家彩灯企业入选年度国家文化出口重点企业，累计入选数列全省第一。

【南国灯城建设工作】 2014年灯贸会期间，对城区43公里、27条主街道的观灯线路进行灯饰亮化美化，对临街楼宇实施景观照明布置，展示南国灯城的独特魅力。

【开展“三联三服务”工作】 2014年，建立健全市灯贸委班子成员直接联系服务基层制度，多次到叶合村、尖山村、马草山社区征求群众对帮扶工作的建议意见；多次到浩瀚、腾达、亘古、龙腾、灯贸、汇龙堂等彩灯企业进行实地考察调研，了解彩灯企业参与自贡灯会灯组创意设计情况和产业发展状况；加强人员培训、政策支持、融资协调等服务工作；组成专业指导组，到马草山社区进行工作对接，为社区彩灯制作基地提供产、供、销帮助；到富顺县中石镇开展调研工作，实地走访火车村和麻柳村，对4户特困家庭进行慰问并赠送慰问金。

【彩灯公园园林园貌建设】 2014年，第二十届自贡灯会结束后，投入资金25万元，在彩灯公园新栽种各类植物200余株、地被植物2000余株、草坪8000平方米；对园内卫生环境和卫生死角进行专项整治，共清除各类垃圾20余吨；投入4.9万元，对公园广场路面、水窗板、沿湖塑钢栏杆、护栏、路面、休闲座椅、垃圾桶、路灯等园内设施进行修复；对后山游乐区域环境进行整改，拆除有碍观瞻的烂棚、烂架等，与各经营业主签订安全经营及食品安全责任书。

（朱 旭）

WEI SHENG JI SHENG

卫生·计生

概　述

2014年，全市卫生计生系统围绕加快发展、深化改革和教育实践活动“三大关键任务”，医疗卫生体制改革重点领域实现重大突破，区域医疗卫生高地框架基本成形，计划生育服务管理不断完善，群众对卫生计生事业满意度进一步提升。全市卫生计生工作获省卫生计生委年度绩效管理优秀等次。

卫生计生机构及人员

【卫生计生机构】　2014年年末，全市卫生计生机构总数2409个（含村卫生室1611个，计划生育技术服务机构104个），较2013年减少51个，同比减少2.07%。其中：医院增加6个（民营医院），社区卫生服务机构减少1个，诊所、卫生所、医务室、门诊部减少22个，村卫生室减少34个。

【医疗卫生机构床位】　2014年年末，全市医疗卫生机构床位1.64万张，较2013年增加1172张，增长7.68%。其中：医院床位增加990张，基层医疗卫生机构床位增加130张，专业公共卫生机构增加52张。公立医疗卫生机构1.40万张，占85.00%；非公立医疗卫生机构2465张，占15.00%。医疗卫生机构中：医院床位1.20万张，占73.00%；妇幼保健院（站）481张，占2.93%；乡镇（中心）卫生院床位3490张，占21.24%；社区卫生服务中心（站）床位330张，占2.01%。

【卫生计生人员】　2014年年末，全市卫生计生人员2.16万人，较2013年增长4.69%，其中：卫生技术人员1.63万人，占75.43%；其他技术人员534人，占2.48%；管理人员1198人，占5.55%；工勤人员1871人，占8.67%；乡村医生1591人，占7.38%；卫生员105人，占0.49%。2014年执业（助理）医师6399人（其中执业医师5040人），注册护士6744人。

【人才队伍】　2014年，加大卫生技术人员补充力度，全市各级医疗卫生单位通过公招、签约、引进等方式补充卫生专业技术人员302人，其中研究生43名。完成10名农村订单定向医学生免费培养项目。参加各类评先推优工作，10名中医专家被市政府表彰为“自贡市名中医”，2人被省中医药管理局表彰为拔尖人才，3人被省中医药管理局命名为学术技术带头人和后备人选。是年，全市市、县公立医院每床卫技人员数分别达1.23、1.12。

【医学教育】　2014年，四川卫生康复职业学院共招收全日制新生2528人，专科层次总占比达72.9%，生源地域分布除省内21个市州外，还有重庆、云南、贵州、广东、广西等地。是年，学院调整课程结构，增设《康复心理学》《功能解剖学》《医患沟通》《医学史》等课程，增加实践技能比例，在全过程教学中分段集中植入职业岗位实践和社会实践。加强住院医师规范化培训，全年完成住院医师规范化培训任务28人，全科医师转岗培训任务40人。开展继续医学教育工作，全市有1.5万余名卫生专业技术人员参加继续医学教育，覆盖率达95.2%。

表6　**医疗卫生机构、床位、人员数基本情况表**

指　标	2014年	2013年	同比增减（%）
机构数（个）	2409	2460	-2.07
医院	68	62	9.68
三级医院	6	6	0.00
基层医疗卫生机构	2211	2268	-2.51
社区卫生服务中心（站）	31	32	-3.13
乡镇（中心）卫生院	96	96	0.00
村卫生室	1611	1645	-2.07

续表

指　标	2014 年	2013 年	同比增减（%）
诊所、卫生所、医务室、门诊部	473	495	-4.44
专业公共卫生机构	128	128	0.00
疾病预防控制中心	7	7	0.00
妇幼保健院（所、站）	7	7	0.00
急救中心（站）	1	1	0.00
采供血机构	1	1	0.00
卫生监督支队（大队）	8	8	0.00
计划生育技术服务机构	104	104	0.00
其他卫生机构	2	2	0.00
床位数（张）	16431	15259	7.68
医院	11995	11005	9.00
三级医院	5634	5384	4.64
基层医疗卫生机构	3820	3690	3.52
社区卫生服务中心（站）	330	309	6.80
乡镇（中心）卫生院	3490	3381	3.22
专业公共卫生机构	516	464	11.21
妇幼保健院（所、站）	481	448	7.37
人员数（人）	21570	20604	4.69
卫生技术人员	16271	15394	5.70
执业（助理）医师	6399	6235	2.63
注册护士	6744	6169	9.32
其他技术人员	534	516	3.49
管理人员	1198	1238	-3.23
工勤人员	1871	1699	10.12
乡村医生	1591	1637	-2.81
卫生员	105	120	-12.50

医疗卫生服务

【住院及门诊服务】　2014 年，全市医疗卫生机构总诊疗人次数为 1446.34 万人次，较 2013 年减少 8.91 万人次，下降 0.60%。其中：公立医疗卫生机构 1115.42 万人次，占 77.12%；非公立医疗卫生机构为 330.92 万人次，占 22.88%。全市居民每年到医疗卫生机构平均就诊 5.27 次（以 2014 年底常住人口计算），较 2013 年减少 0.04 次。医院总诊疗人次数 498.38 万人次，较 2013 年增长 7.29%；乡镇（中心）卫生院总诊疗人次数 263.52 万人次，较 2013 年增长 2.02%；妇幼保健院总诊疗人次数 68.29 万人次，较 2013 年增长 12.88%。门急诊人次较 2013 年减少 22.76 万人次，平均每天门急诊人次较 2013 年减少 624 人次。

表7　　医疗卫生机构门诊服务情况

指　标	2014年	2013年	同比增减（%）
总诊疗人次数（万人次）	1446.34	1455.25	-0.60
门急诊人次	1394.69	1417.45	-1.60
门诊人次	1353.12	1378.58	-1.80
急诊人次	41.57	38.87	6.90
观察室留官人次	10.60	11.11	-4.60
健康检查人数	52.96	50.85	4.10
平均每日门急诊人次数	38211.00	38834.00	-1.60
门急诊诊次占总诊次的比例（%）	96.43	97.40	-0.97

2014年，全市医疗卫生机构入院人数57.59万人次，较2013年增长6.20%；出院人数57.28万人次，增长5.90%。医疗卫生机构出院人数中：医院37.55万人次，占65.55%，增加8.10%；乡镇（中心）卫生院16.24万人次，占28.34%，增长1.00%；妇幼保健院2.99万人次，占5.21%，增加6.50%。每百门急诊的入院人数7.1人次（不含诊所、门诊部、村卫生室），增加0.1人。全市居民每万人口入院2103人次，增加117人次。每医师全年平均负担门诊量为1897人次，减少5人次；每医师全年平均负担住院病人1235床日，增加267床日；每注册护士全年平均负担住院病人895床日，增加89床日（不含诊所、村卫生室和疾控中心）。

表8　　医疗卫生机构住院服务表

指　标	2014年	2013年	同比增减（%）
入院人数（人次）	575924	542253	6.20
出院人次数（人次）	572838	540927	5.90
医院	375470	347271	8.10
综合医院	303464	282378	7.50
中医医院	50957	48613	4.80
基层医疗卫生机构	167361	165476	1.10
乡镇（中心）卫生院	162351	160715	1.00
妇幼保健院（所、站）	29857	28030	6.50

【病床使用】　2014年，全市医疗卫生机构病床使用率96.01%，较2013年增长2.60个百分点。其中：医院102.07%，增长3.00个百分点；乡镇（中心）卫生院77.75%，增长0.97个百分点；妇幼保健院95.68%，减少0.08个百分点。出院者平均住院天数为9.3天，增加0.4天。其中：医院为11.2天，乡镇（中心）卫生院为5.7天，妇幼保健院为5.3天。

【基本公共卫生服务】　2014年，深化城乡居民健康档案清理“回头看”工作，居民健康档案真实性和利用率进一步提高。至2014年年底，全市累计建立城乡居民规范化电子健康档案262.82万份，规范化电子建档率95.98%。是年，全市高血压、糖尿病管理人数分别达24.33万人、10.9万人，规范化管理人数分别达22.02万人、9.86万人，健康管理率分别达60.59%、52.62%。累计新增口服叶酸2.26万人；农村孕产妇住院分娩率99.96%，住院分娩补助1.89万人；农村妇女“两癌”筛查人数5.67万人。孕产期艾滋病、梅毒、乙肝筛查率和检测率均为99.98%，乙肝患者所生新生儿乙肝高效免疫球蛋白达99.87%。合计剖宫产率42.38%，新生儿疾病筛查率98.27%，产前筛查率和产前诊断率分别为36.82%、29.02%。

【基层卫生服务】 2014年，全面推进基层医疗机构标准化建设，转变服务模式，完善运行机制，夯实基层卫生服务体系，提升服务能力。全市建成规范化社区卫生服务机构32个、乡镇卫生院95个、村卫生室1699个，规范化建设达标率分别达99%、91%和93%。各基层医疗卫生机构转变服务模式，以老年人、高血压、糖尿病、孕产妇及儿童为重点，推进乡村（社区）医生和居民签约服务工作，实施签约服务、上门服务和重点服务，满足群众多元化健康服务需求，全市城乡签约60.34万户，签约覆盖率达56.45%。基层卫生投入补偿政策逐步健全，在全省率先出台《关于解决乡村医生养老保障有关问题的指导意见》，从2014年7月1日起对离岗老年村医实施生活困难补助，对在岗村医实施养老保险缴费补助，为全市2000余名村医老有所养提供保障。

【新型农村合作医疗】 2014年，全市参合人数209.31万人，参合率达99.72%。人均年筹资标准达390元，其中各级财政年补助320元，较2013年增加40元；参合农民个人年缴费70元，较2013年增加10元。继续实施儿童先心病等20种重大疾病补偿，新增儿童苯丙酮尿症、尿道下裂纳入大病保障范围。是年，共有537.17万人次参合农民受益，受益金额7.91亿元，其中门诊统筹受益323.06万人次，受益金额1.21亿元；住院受益34.02万人次，受益金额6.40亿元，次均住院补偿1879.72元；住院分娩定额补偿等其他补偿180.08万人次，受益金额3098.78万元。全市政策范围内住院费用补偿比为75.90%，实际住院补偿率为65.07%，补助重大疾病906人次，补助金额758.94万元，补偿率为72.2%。实施大病医疗商业保险工作。

【分级诊疗】 2014年，通过调整医保报销比例、提升基层服务能力、完善双向转诊制度等综合措施，全市卫生系统于10月全面实施分级诊疗制度，基层医疗机构100%实现与上级医疗机构双向转诊，大中型医院向下级转诊病人占总病人数的30%，初步形成“小病在基层，大病到医院，康复回社区”的就医格局。

医疗技术及设备

【医疗技术】 2014年，全市卫生计生系统有1项科研成果获市政府科学技术进步奖二等奖，9项科研成果获市政府科学技术进步三等奖。确立市卫生系统科研立项课题20项，其中重点课题10项、一般课题10项；组织开展2013年度引进医学新技术、推广医学新成果项目评审，确立二等奖12项目、三等奖19项目。

【医疗设备】 截至2014年年底，全市医疗卫生机构拥有万元以上设备总价值9.90亿元，共计9334台，较2013年增加13.72%。其中10万元以下7506台，10万元至49万元1562台，50万元至99万元158台，100万元以上108台。

表9 **医疗卫生机构万元以上设备数统计表**

机构分类	万元以上设备总价值（万元）	万元以上设备台数				
		合计	10万元以下	10万元—49万元	50万元—99万元	100万元以上
总　计	98994	9334	7506	1562	158	108
一、医院	83398	7194	5734	1242	125	93
综合医院	74178	6126	4858	1068	115	85
中医医院	7188	847	686	146	8	7
专科医院	2032	221	190	28	2	1
二、基层医疗卫生机构	6679	845	702	120	19	4
社区卫生服务中心（站）	607	64	53	10	0	1

续表

机构分类	万元以上设备总价值（万元）	万元以上设备台数				
		合计	10万元以下	10万元—49万元	50万元—99万元	100万元以上
卫生院	6072	781	649	110	19	3
三、专业公共卫生机构	8791	1284	1063	196	14	11
疾病预防控制中心	905	173	136	35	2	0
妇幼保健院（所、站）	5555	805	671	121	6	7
采供血机构	1153	66	40	20	3	3
卫生监督所（中心）	223	56	56	0	0	0
计划生育技术服务机构	955	184	160	20	3	1
四、其他卫生机构	126	11	7	4	0	0
统计信息中心	126	11	7	4	0	0

医疗管理

【医疗机构能力建设】 2014年，提升医疗机构服务能力，市妇幼保健院“三甲”、市精神卫生中心“三甲”、市三医院“三乙”复评合格；荣县新城医院创建为“二甲”综合医院，为全市首家二级甲等民营医疗机构；4家医疗机构创建为“一甲”综合医院；6家“一甲”综合医院、1家“二乙”综合医院等级复评合格。市一医院、市中医院、市四医院被确定为全国首批住院医师规范化培训基地。新建成省级重点专科1个，省级重点建设专科2个，市级重点专科6个，市级重点建设专科7个。

【医疗服务质量和安全管理】 2014年，规范开展医疗管理专项检查，将医院感染管理、护理质量和优质护理服务、抗菌药物临床应用管理、“四合理”和病历书写质量、院前急诊急救、临床科学合理用血等纳入市卫生计生委集中专项检查内容，帮助医疗机构发现重点领域、重点环节的问题，指导和督促其整改提高。是年，抽查二级及以上医疗机构1320份病历开展“四合理”和病历质量专项检查，抽检12个医疗单位优质护理服务活动情况，对13家市属及市注册医疗机构医院感染管理工作进行暗访检查，对2个区县级医院消毒供应室进行考核验收，对15家医院开展医院感染管理专项检查，对30家医疗机构开展临床安全合理用血专项检查，对33家医疗机构开展救护车管理和急诊急救暗访检查，并对所有专项检查存在的问题进行全市通报，督促医疗机构持续整改。加强社会办医监管力度，开展民营医院管理规范年活动，重点对民营医疗机构设置管理、执业管理、运行管理进行检查，完成对26家民营医院活动开展情况的专项督查，并书面通报。健全专业医疗质量控制体系，在原16个市级医疗质量控制中心基础上新建立16个市级医疗质量控制中心，并对各质量控制中心给予专项工作经费补助。出台《自贡市医疗纠纷预防与处置办法》，为化解医患矛盾、构建和谐医患关系提供制度保障，市卫生计生委与9家市级部门联合开展医院环境整治及维护医疗秩序打击违法犯罪专项行动，净化医疗服务环境，医患纠纷发生数同比下降40%，成功化解率达90%以上。

【血液安全管理】 2014年，加大血液采集力度，采血2.39万人次，采血量8.13吨，供应临床用血4.04万单位，血浆317.88万毫升。强化无偿献血宣传，通过形象大使谭维维、《自贡日报》《自贡晚报》、自贡电台等途径和方式开展无偿献血宣传招募。富顺县建成爱心献血屋，推进荣县、自流井区爱心献血屋建设，机采室添置舒适采血椅，冻库建设试运行。

疾病防治

【重点疾病防控】 2014年，加大重大疾病和传染病防控力度。全市法定传染病报告发病率296.86/10万，较2013年下降3.45%，连续11年低于全省平均水平。完成省政府下达艾滋病防治各项指标，自贡市被确定为全国第三轮艾滋病综合防治城市示范区。推行“三位一体”新型结核病防治服务模式，市疾病预防控制中心与市中医医院探索建立“自贡市结核病防治医疗联合体”，新涂阳肺结核患者治愈率达92.15%。自流井区、贡井区实现消除疟疾目标。

【免疫规划】 2014年，强化免疫规划，全市基础免疫接种率达99.47%，扩大免疫规划疫苗接种率达99.05%。建成儿童预防接种信息化系统，实现全市儿童预防接种信息平台共享。新建成AAA级规范化预防接种门诊9家，数字化门诊1家。荣县、贡井区创建为省级免疫规划示范区。

【慢性疾病防控】 2014年，加大慢性非传染性疾病防控力度，健全慢性病防控体系，巩固慢病示范区建设成果，推进全民健康生活方式行动。加强对基层高血压、糖尿病患者规范管理，全市高血压、糖尿病管理人数分别达24.33万人、10.91万人，健康管理率分别达60.59%、52.62%，规范化管理率分别达90.52%、90.37%。对6000名脑卒中高危人群实施筛查、干预工作。

【精神卫生】 2014年，全市重性精神疾病患者检出率4.67‰；检出患者管理率83.2%，在管患者治疗率58.8%，位居全省前列。自贡市被确定为省级精神卫生综合管理示范区。市精神卫生中心建成全省区域精神卫生中心，业务范围覆盖自贡、泸州、宜宾、内江四市。

【疾控机构能力建设】 2014年，提升疾病预防控制机构服务能力，市疾病预防控制中心先后获实验室国家认可等8项资质，率先建成西部地区地市级唯一PulseNet网络实验室；推进疾控机构标准化建设，5个区县启动疾控机构规范化建设，荣县疾控中心接受“二甲”评审获专家好评，自流井区、大安区疾控中心完成“二乙”评审。

公共卫生

【妇幼保健】 2014年，全市孕产妇、儿童系统管理率分别为98.19%、95.75%（3+1报表），孕产妇死亡率控制在7.75/10万以下，婴儿死亡率控制在4.88‰。开展“妇幼健康服务年”活动，在全市组织开展妇幼健康优质服务创建等10项活动，分别参与和开展省、市妇幼健康技能竞赛，获全省总决赛团体二等奖及儿童保健、妇女保健专项组个人综合比赛三等奖等荣誉。市妇幼保健院启用新业务大楼，通过“三甲”妇幼保健院复评，获全国妇幼健康工作先进集体、省“巾帼文明岗”称号；市卫生计生委、大安区保健院获省妇幼健康服务年先进集体称号；陈玉琼等7名妇幼卫生工作人员获国家和省级妇幼卫生工作先进个人称号。是年，开展全市爱婴医院复核、评估和创建工作。

【卫生监督】 2014年，强化医疗卫生、公共场所卫生、学校卫生、放射卫生、生活饮用水卫生日常监管和专项整治。年内重点开展城区22家游泳场所专项监督监测，对抽检不合格的4家单位，依法给予限期整改和罚款3300元的行政处罚；开展全市清洗消毒服务机构和影剧院3D眼镜专项监督检查；开展全市设计日供水百吨以上水厂专项检查，责令限期整改37家，对水质不合格的5家单位实施行政处罚。对全市农村饮水安全实施专项监督抽检，对抽检不合格的单位下达监督意见书和行政处罚。开展打击非法行医专项行动，查处非法行医行为331起，行政处罚114户，罚款37.26万元，没收药品、器械544件（台）。

【食品风险监测】 2014年，新增市四医院、荣县人民医院、沿滩区人民医院为异常病例监测哨点医院，覆盖全市近70%区县。是年，完成食品安全风险监测21类食品样品，689件样品，5357个项目参数，采样任务完成率100%。

【爱国卫生】 2014年，推进卫生细胞创建工作，新建成省级卫生镇5个，省级卫生村41个，省级卫生单位29个，省级健康示范社区1个；市级卫生镇6个，市级卫生村50个，市级健康示范社区2个。截至2014年年底，全市累计建成省级卫生镇30个、覆盖率31.25%，省级卫生村318个、覆盖率28.01%；市级卫生镇70个、覆盖率72.9%，市级卫生村458个、覆盖率40.3%。大安区大山铺镇、沿滩区仙市镇创建国家卫生镇工作稳步推进。全面完成5000口农村改厕工作任务，全市卫生厕所普及率74.10%，无害化厕所普及率58.10%。编制出版《自贡市卫生地图》，该地图标识全市各医疗机构地址和基本信息，方便广大群众就医查询。组织编写《自贡市市民健康手册（2014年版）》，免费发放市民，提高市民健康素养。

卫生项目与设施

【卫生项目】 2014年，市、县、乡三级医疗卫生机构新、续建项目共170个，建筑总面积4.87万平方米，计划总投资1.68亿元。市四医院住院大楼及消毒中心综合楼项目实现主体封顶；推进卧龙湖康疗中心建设项目第一期工程前期工作，5.33公顷用地报征已获批；推进市一医院儿科住院楼和全科医生临床培养基地建设项目用地范围内居民拆迁工作。川南职业病医院主体工程建设项目的主体施工已完成，完成投资2300万元。四川卫生康复职业学院新校区项目和东部新城医疗康复中心建设项目正在制定项目集约、整合发展的规划和建设方案。2012年度中央投资项目开工率、完工率和投入使用率分别达98.15%、92.59%和85.19%；2013年度中央投资项目开工率、完工率和投入使用率分别达97.47%、93.67%和56.96%，位居全省前列。2014年，卫生项目和专项资金争取连创两年新高，共争取各级财政投入卫生专项资金16.58亿元，同比增长39.8%。

【卫生设施】 截至2014年年底，全市卫生机构总资产45.20亿元，较2013年增加10.70%，其中：负债18.02亿元，净资产27.18亿元。资产负债率39.87%，较2013年下降2.17个百分点。其中：医院总资产34.91亿元，占卫生计生机构总资产77.23%；负债15.63亿元，占卫生机构总负债86.73%；净资产19.28亿元，占卫生机构总净资产70.93%；医院资产负债率44.77%。卫生机构建筑面积131.02万平方米，其中业务用房面积89.60万平方米。

表10 **医疗卫生机构资产与负债表**

指标	2014年	2013年	同比增减（%）
总资产（万元）	451976.7	408236.1	10.70
流动资产	191946.1	180615.3	6.30
非流动资产	260030.6	227620.8	14.20
固定资产	210112.0	163390.3	28.60
在建工程	39397.9	55067.5	-28.50
负债及净资产（万元）	451976.7	408236.1	10.70
负债	180183.5	169983.7	6.00
净资产	271793.2	238252.4	14.10
事业基金	136477.5	124219.2	9.90
专用基金	37300.4	29663.0	25.70

注：不含诊所、村卫生室等

中　医

【中医药服务体系建设】 2014年，全市112个乡镇卫生院和社区卫生服务中心标准化中医科设置率100%，中医药集中诊疗服务区设置率87%。全市村卫生室、社区卫生服务站能够提供中医药服务的比例达79.6%。自流井区创建为“四川省社区中医药工作先进单位”。开展等级创建工作，全市4所县级中医院全部创建为“二甲”中医院。新确定3个省级中医重点建设专科，2个市级重点专科。

【中医人才队伍建设】 2014年，车德亚等10人被市政府命名为“自贡市首届十大名中医”，市中医院杨正春、魏雪飞被省中医药管理局评选为第四批学术和技术带头人，富顺县中医院申仲能、荣县人民医院谷名成被省中医药管理局评选为第二批省拔尖中青年中医师。

【中医预防保健】 2014年，推进市中医院“治未病”项目，各区县中医院均建立治未病科，并将治未病理念渗入临床诊疗，在孕产妇、儿保及老年人保健工作中有针对性地提供健康教育、辨体施养、辨体施膳及辨体施治等综合性干预措施。

卫生信息化建设

【概况】 2014年，卫生信息专网基本建成，覆盖全市所有市级医疗机构、乡镇卫生院及社区卫生服务机构。以市一医院为试点，开展区域一定范围的影像会诊试点工作，覆盖5家基层医疗卫生机构，日诊断70—80人次，累计诊断1777人次。启动居民健康卡建设工作。

【数字化医院建设】 2014年，市三医院、市妇幼保健院建成数字化医院，荣县人民医院、沿滩区人民医院推进医院信息化建设。截至年底，全市5家三级医院、1家二级医院通过省数字化医院评审。

【基层卫生信息化】 2014年，全市所有基层医疗卫生机构统一使用“基层医疗卫生机构信息管理系统”开展公共卫生服务，6家乡镇卫生院使用“基层医疗卫生机构信息管理系统”开展基本医疗服务，富顺县人民医院完成PACS集中阅片系统部署，实现与怀德镇卫生院、赵化镇卫生院试点阅片工作。

（李　询）

医疗卫生体制改革

【医改财政投入】 2014年，全市累计投入医改资金12.05亿元。其中：城镇居民医保和新农合8.39亿元，基本公共卫生项目资金9437万元，国家基本药物制度补助4000万元，乡村医生补助4164.3万元，取消药品加成补助681万元。

【基本医疗保障】 2014年，全市参加城镇基本医疗保险86.85万人，参保率达96%；全市新农合参合人数209.3万人，参合率达99.72%，超额完成省定目标任务。城镇居民医保筹资标准达到人均491.8元，新农合筹资标准达到人均390元。全市城镇职工住院政策范围内支付比例达82%，全市城镇居民住院政策范围内支付比例达72%，全市参合农民政策范围内住院费用报销比例达75.9%，城镇职工、居民医保最高支付限额分别提高到26万元、15万元。全面实施22种重大疾病保障工作，实施大病特殊补偿政策，共补偿重大疾病患者906人次、补助金额758.94万元，补偿率达72.2%。加大城乡医疗救助力度，一般医疗累计救助24.40万人次、支出资金7200.76万元，困难群众重特大疾病医疗救助638人次、实现救助覆盖率55%，支持19.99万名城乡低保对象和五保对象参保参合，医疗救助重型精神病人1870人、支出救助资金541.09万元。

【基本药物制度改革】 2014年，基本药物制度实现政府办基层医疗卫生机构和村卫生室全覆盖，并按照统一要求在省药品集中采购交易监督管理平台上网采购和实行零差率销售。建立健全基本药物源头监管、电子监管、全品种覆盖抽检体系，保障基本药物质量，四区两县共1179家药品零售药店纳入国家药品电子监管体系。全市100%的区县实行基层医疗卫生机构基金计提办法，70%的区县提高奖励性绩效工资比例，全年累计支付绩效工资7100万元。

【基层医疗服务体系建设】 2014年，全市98.96%的乡镇卫生院、90%的社区卫生中心、100%的村卫生室达到标准化建设要求，全市累计培训基层医务人员2493人次。同时在全市开展“家庭医生进社区、健康团队进农户”活动，为城乡居民提供健康教育、预防保健、康复治疗等全方位服务。是年，全市乡村医生已签约48.60万户，覆盖100%的行政村；家庭医生签约11.74万户，基层卫生服务覆盖面进一步扩大。

【基本公共卫生服务均等化】 全市基本公共卫生服务普惠城乡群众，至2014年累计建立城乡居民电子健康档案262.82万份，规范化电子建档率达95.98%。全市高血压、糖尿病管理人数分别达24.33万人、10.9万人，规范化管理人数分别达22.02万人、9.86万人，规范化管理率分别达90.52%、90.37%。规范开展农村孕产妇住院分娩补助、“两癌”筛查等重大公共卫生项目，全市“两癌”筛查人数达5.67万人，新增口服叶酸2.26万人。农村孕产妇住院分娩率达99.96%，对1.89万名农村孕产妇进行住院分娩补助，补助率98.72%；孕产妇死亡率控制在7.75/10万，婴儿死亡率控制在4.88‰。

【公立医院改革】 2014年，通过调整医疗服务价格、改革医保支付方式、建立公益性保障运行机制等措施，全市13家县级公立医院取消药品加成，让利患者3343.42万元，实现“医院收入结构优化、群众用药负担减轻”的双赢目标。

【食品药品安全整治和卫生监督】 2014年，以食品药品安全专项整治“亮剑行动”为主线，结合学校食品安全检查、农村食品市场“四打击四规范”、医疗器械“五整治”等专项整治，严厉打击违法犯罪行为，行政立案606件，结案472件。开展医疗机构日常监督检查，严厉打击非法行医，查处医疗违法行为395起。

（市发改委）

计划生育工作

【计生机构及设施】 至2014年底，全市人口计生系统有行政管理机构共117个，其中市级1个、县级6个、乡镇级108个；三级计划生育技术服务机构104个，其中市级1个、县级6个、乡镇级97个。计划生育技术服务系统有业务用房3.71万平方米，流动服务车9台，床位237张，彩色超声诊断系统、数字化超导可视人流仪、妇科超高频综合治疗系统（LEEP刀）、全自动生化分析仪、输卵管道液诊断治疗仪等设备374台，总价2033.88万元。

【计生帮扶】 2014年，确认国家奖扶对象3.52万人，省奖扶对象4449人，特扶对象3462人。发放奖扶、特扶资金5160.6万元。独生子女父母奖励金全部兑现。完善独生子女伤残死亡家庭的扶助政策，与财政、卫生、民政等6部门联合下发《关于进一步做好独生子女伤残死亡家庭扶助工作的实施意见》，出台给予每户一次性慰问金5000元、提高新农合报销比例等17项具体措施，惠及3462名特殊人群。此项工作在全省计划生育特殊困难家庭扶助关怀暨“三结合”工作会上作经验交流。改善困难计生家庭居住条件，继续实施生育关怀安居工程，全市投入110万元帮助99户独生子女死亡、伤残、特别困难的计生家庭改造危旧房。开展部分特困计生家庭慰问活动，实施生育关怀慰问项目，投入112.5万元对3692户独生子女死亡家庭，患有白血病、先天性心脏病等14种严重疾病的独生子女家庭，其他特别困难的计生家庭和基层计生干部进行慰问扶助。对自愿落实长效避孕节育措施的4000名夫妻给予一次性奖励300元共计120万元。投入资金300万余元统一为30.84万名0—18周岁独生子女购买平安保险。建立部分困难独生子女高考升学奖励制度，有1347名贫困计生家庭大学生受到185万元的奖励。沿滩区为农村0—18周岁独生子女代缴参加农村新型合作医疗保费，住院费用报销比例提高5%。贡井区、大安区设立生育关怀扶助基金，为解决独生子女家庭困难提供资金支持。开展计划生育“三结合”工作，市、县（区）帮扶部门落实计划生育“三结合”帮扶户5118户，其中新增户1802户。新建和巩固帮扶基地132个，新增户人均增收超过当地平均水平的20%以上。

【计生宣传服务】 2014年，加大“单独两孩”政策宣传力度，利用各级政府官方网站、人口计生官网、政务宣传栏、人口文化阵地等平台，结合群众路线“下基层”“学雷锋月”“5·29”“7·11”等计生相关节假日集中宣传，采取户外广告、宣传册（页、单）、集中宣传、入户宣传、院坝会、广播等形式将政策宣传解读到位，办理流程解释到位。市本级制发宣传单6万余份，宣传折页10万余册，宣传CD 200份。丰富群众文化生活，新建成人口文化中心7个、人口文化站12个、人口文化村49个、人口文化农家乐17个、人口文化广场5个。其中沿滩区湿地生态公园人口文化中心、富顺县豆花文化产业园人口文化中心、大安区三多寨镇轿子村人口文化等阵地，结合当地生态特色、文化特色、旅游景点等整体打造，特色鲜明，风格突出，寓教于乐，成为当地群众旅游休闲的好去处。各级党校、干校、人口学校将人口理论学习、形势研讨、政策解读等纳入本级递进人才培训、公务员队伍培训、后备干部培训、科（处）级干部培训等培训班内容，邀请本地人口计生分管领导、行政部门负责人、业务骨干等讲课近20课次，较2013年增长近2倍。强化新闻宣传，在《中国人口报》《人口与计划生育杂志》《四川日报》、四川电视台、《家庭与生活报》等各级主要及行业媒体共刊播计生稿件200余篇。其中国家级主要媒体3篇，国家级行业媒体36篇，省级主要媒体5篇，省级行业媒体79篇，市级主要媒体57篇。四川电视台在自贡拍摄3部专题片在公共频道播出。其中，《谁解丁香结》讲述自流井区仲权镇丁香村计生专干彭长芬做计生工作30年的感人事迹，《我的新房梦》记录全市计生系统践行群众路线实施“安居工程”帮助99户特殊困难计生家庭户新建、改修房屋的事迹，《周守琴的世界》通过孩子的视角，展示市人口计生委扶助困难计生女孩的事迹。省卫生计生宣教中心将彭长芬的人物事迹收录在《四川省人口与生殖健康教育》丛书。四川《家庭与生活报》、四川新闻网、《人口与健康》《自贡日报》《自贡晚报》等媒体先后刊载彭长芬、彭其群、左国明、梁正荣、段培希、林巧阳、龚德芳等计生干部先进事迹。

【计生职业化培训】 2014年，推进人才队伍建设，举办全市人口计生系统依法行政暨信访维稳培训会，市人口计生委机关全体干部职工、市指导所负责人、各区县人口计生局分管领导、政法股长、信访经办人员共40余人参加。举办全员人口信息核查修正工作、信息化建设和统计、单独夫妇信息核查、全员人口信息采集与应用等培训班，各区县计生局分管局长、发规股长、部分乡镇计生办主任、市人口计生委机关中层以上干部113人参加培训。组织开展计划生育技术服务人员继续医学教育培训班4期，受训达806人次。举办免费孕前优生健康检查项目知识培训班，对孕前优生健康检查项目结果解读与运用、孕前优生健康检查档案管理进行培训，各区县承担孕优项目的计生服务站和妇幼保健院技术人员228人参训。选取3名计生技术骨干参加省“六千人才工程”培训。各区县采取公开招考、招聘、借调等办法充实技术人员，全市、区（县）、乡（镇）三级计生技术人员所占比例为85.66%。

（李　询）

TI YU

体　育

概　述

2014年，自贡组团参加省第十二届运动会并取得较好成绩。在群众体育方面，优化公共服务促进全民健身事业开展，全市各项群体活动达120余项；在体育训练方面，强化载体建设促进青少年体育水平提高，全年参与体育竞赛的运动员达892人次；在体育产业方面，坚持依法行政促进体育产业良性互动，全市体育彩票销量达1.09亿元。开展全国第六次场地普查，完成全市200万平方米1911个体育场地的普查工作。

竞技体育

【参加第十二届省运会】　7月至8月，由511名运动员组成的自贡体育代表团参加在遂宁举办的省十二届运动会21个项目的比赛，获重点项目总分第二、金牌第五的成绩，并获道德风尚奖。在第十二届省运会周期内，全市向上输送运动员19名，名列全省第二。

【参加竞技比赛】　2014年，全年安排组织46支队伍、892名运动员，参加全国和省级23个项目比赛；举办市青少年田径、三大球、游泳、“三好杯”“萌芽杯”等各类比赛11次，组织队伍参加2014年全国少年儿童跳水比赛，获金牌2枚、银牌2枚、铜牌3枚；参加西南协作区射击比赛，获男子步枪乙组单项个人和团体3项金牌、男子乙组手枪速射单项个人和团体2枚金牌。

群众体育

【概况】　截至2014年年底，全市拥有市级单项体育协会23个，县级单项体育协会38个；街道体育组织183个，社区健身俱乐部117个，健身站点170个，农村健身组织223个，老年体育组织6个；全年开展万人健身跑、健身气功、武术等市级大型群众体育品牌赛事50多次，开展群众体育健身活动、赛事达120余项，参与人数110万人次以上。

【推进体育社团改革】　2014年，加快“管办分离、政事分开”，出台《加强我市体育社团建设工作的实施意见》，对承担公益体育活动、提供服务和参加重大赛事活动的体育社团给予经费补助和技术支持。坚持市场导向，探索政府向社会“购买公共服务”方式，将可以转移出去的部分公共体育服务与管理职责转给体育社团等非政府组织承接。

【体育协会工作】　2014年，出台《自贡市市属单项体育协会考核奖励办法》，加大对单项体育协会“以奖代补”考核经费投入，全年投入50万元，鼓励体育社团做大做强，增强体育协会工作活力。

【业务培训】　2014年，开展体育骨干和社会体育指导员培训，组织优秀社会体育指导员到乡镇、社区，对群众喜爱的健身舞蹈、健身气功等特色健身项目进行培训指导。全年培训社会体育指导员2000人次，并为150名优秀体育指导员配备装备。

【首届“体彩杯”全民健身周活动】　8月4日至10日，首届“体彩杯”全民健身周活动在全市开展。各区、县及市属单项体育协会围绕“全民健身促健康、同心共筑中国梦”主题开展73项比赛和活动，覆盖全市各乡镇、社区、广场、体育场馆，参与人数近2万人。

【市第九届老年人运动会开幕】　10月10日，市第九届老年人运动会在檀木林体育馆开幕。比赛设门球、网球、乒乓球、羽毛球、柔力球、桥牌、象棋、佳木斯快乐舞步健身操、武术、钓鱼、健身球操、健身秧歌等12个项目，全市15个代表队1500余名老年运动员参赛。省政协原主席、省老体协主席秦玉琴，省政协原副主席、省老体协执行主席肖光成，省人大常委会原副主任、省老体协副主席李洪仁，市委副书记、市长刘永湘，市政协主席潘泽金等出席开幕式。

体育设施

【概况】　至2014年年底，全市拥有体育场地总数量1911个，国家级全民健身中心1个，国家级农民健身工程示范点1个，省级农民健身工程示范点1个、“雪碳工程”2个，健身路径器械1927件，农民健身工程373个，全民健身路径220个，总用地面积200万平方米。

【群众体育健身场地设施建设】 2014年，投入资金310万元，建设完成71个农民健身工程、20条全民健身路径和1个社区多功能运动场，新增44个村级篮球场设施，并为部分街道、社区、乡村学校等基层单位增添体育器材、维护健身设施。

【青少年体育设施建设】 2014年，投入150万元青少年体育训练经费到项目承担的俱乐部、协会、学校和训练机构，争取项目资金200万元用于市青少年体育活动中心升级改造项目，形成市属训练基地、区属业余体校与社会体育组织相互促进、互为补充的完整体系。

体育训练

【赛训结合】 2014年，坚持“以赛促训”，全年安排组织46支队伍、892名运动员，参加全国和省级23个项目的比赛。举办市青少年田径、三大球、游泳、“三好杯”“萌芽杯”等各类比赛11次，达到发现人才，锻炼队伍的目的。

【青少年基地建设】 2014年，引进社会力量办体育，将能普及的运动项目委托给体育协会、俱乐部承担，形成“协会+俱乐部、体育部门、教育部门、学校”四方联动、共同运作的新模式。至2014年年底，市体育中心、市跳水学校被省体育局授予“四川省高水平体育后备人才基地”称号，自流井区檀木林幼儿园、自流井区第一幼儿园、贡井区育才小学附属幼儿园等3所幼儿园被授予“四川省幼儿体育基地”称号，有10所幼儿园被省体操协会授予“四川省快乐体操幼儿园”称号，全市拥有12所省级体育传统项目示范学校和8所国家级青少年体育俱乐部，涵盖足球、排球、游泳、射击等20个专业项目。

体育产业

【场馆检查】 2014年，加强培训，强化干部职工的安全意识，对市属体育场馆进行检查8次，整改安全隐患11处。加强从事高危险性体育项目的安全管理，对全市32个游泳场所进行执法检查，对其中30个游泳场（池）提出整改意见120余条。

【项目引进】 2014年，便民服务店、梦之音艺术培训中心、体彩管理站、钓鱼沙龙、南湖健身中心等11个项目的引进入驻南湖体育中心。

【场馆开发利用】 2014年，提高市级体育场馆综合利用率，全年开放300天以上，利用场馆举办“海峡两岸美食文化交流活动”“自贡第十届房交会”“陈奕迅演唱会”等各类商务会展、文艺演出13次，参与群众超28万人次，创收22.40万元（不含房屋租赁金）。

【体彩网点建设】 2014年，全年新增体彩销售网点37个，销量达1.09亿元，与福彩相比占市场份额为42%，继续排名全省前三。

（李小军）

REN LI ZI YUAN HE SHE HUI BAO ZHANG

人力资源和社会保障

人事人才工作

【人才队伍建设】 2014年，抓住建立“区域人才聚焦地”实施“盐都引才千人计划”。补充高层次人才和急需紧缺专业人才1948人，新增专业技术人才2992人、高技能人才1224人，首次引进海外归国人才5人到市工作，引进外国专家9人，1名外国专家被国务院授予中华人民共和国政府“友谊奖”。引智项目成功获批8项，争取资金支持46万元。加强优秀人才培养力度，推荐省优秀专家、省学术技术带头人和享受国务院政府特殊津贴专家50人，获“第十二届四川省青年科技奖”3人。

【人事人才改革】 2014年，出台《自贡市公务员职位管理实施办法》《自贡市公务员公开遴选工作规范》，完善基层公务员录用管理、市级机关工作人员遴选制度。开展面向优秀工人、农民考录乡镇公务员工作，加大从基层一线考录公务员工作力度，从服务基层项目人员和村（社区）党组织书记中考试录用公务员人数占全年计划的16%。首次启动全市公务员调任工作，为企事业单位优秀人才进入党政机关畅通渠道。推进事业单位分类改革工作。改革职称制度，完善中初级专业技术职务任职资格评价标准、建筑施工类专业技术职称评审标准，首次将白蚁防治纳入建筑施工专业职称评审范围。

【人才公共服务】 2014年，构建集人才招聘、查询、交流、测评、培训、代理、派遣等多功能的一站式人才服务平台，完善“两网、两库、两平台”，即自贡市人才网、自贡市高校毕业生就业服务网、高校毕业生数据库、五支人才数据库、网上双选平台、手机短信平台。开通人才中心公众微信，实时发布相关择业信息，向未就业毕业生提供就业信息服务。

【人事考试】 2014年，健全完善考试安全协作长效机制，强化宏观管理和公共服务，提高法制化、标准化、信息化和科学化水平。推进人事考试指挥中心建设，题库建设和命题阅卷封闭场建设竣工投入使用。全年组织国家、省、市人事考试40次，参考人数5.77万人次，没有发生失、泄密和安全责任事故。

（市人力资源和社会保障局）

就业创业

【概况】 2014年，坚持“劳动者自主就业、市场调节就业、政府促进就业和鼓励创业”的就业方针，突出抓好以产业拉动、自主创业、就业援助、技能培训、公共服务等工作促进就业创业。全市城镇新增就业3.65万人、失业人员再就业9958人、就业困难人员就业0.42万人，分别完成目标任务的114.06%、124.48%、140%；城镇登记失业率为4.28%，控制在4.4%的目标范围内，全市就业局势总体稳定。

【公共就业服务】 2014年，市级人力资源市场及其基础设施维修维护项目竣工并投入使用，形成统一、规范有序的人力资源市场环境，“公共就业创业服务大厅”实现求职登记、用工登记、职业培训、政策咨询等“一站式”服务，每天接待服务对象300人左右，招聘会接待达1000人以上。全市建成14个人力资源市场、1347个基层就业和社会保障服务中心（所、站），形成市、县（区）、乡镇（街道）、村（社区）四级管理服务工作网络。建成并开通自贡公共招聘网，累计访问量超过141万人次，在线人数6000人以上。

【公共就业服务示范场所建设】 2014年，实施公共就业服务场所功能建设，建成面积1200平方米的公共就业服务大厅，并成立“自贡市公共就业创业服务中心”作为管理部门，提供政策咨询、就业指导、职业指导、创业服务、失业保险业务经办、职业培训、农村劳动力管理、信息发布、交流洽谈等“一站式”服务。

【公共就业服务信息数据中心建设】 2014年，建成全省一流就业服务管理信息数据中心，以规范化机房为依托，将就业服务网络延伸到乡镇、街道、社区和相关业务单位。“就业E通”累计完成780个节点覆盖扩面，实现全市乡镇街道社区全覆盖。建成数据传输VPN网络，将公共就业服务相关业务延伸到社区/行政村等基层平台，实现业务经办“市—区县—街道/乡镇—社区/行政村”四级联网。

【就业培训】 2014年，围绕全市重点产业、工业园区、服务业等重点领域和市场需求，组织开展春潮行动、青年劳动者职业技能等各项培训。开展符合市场需求、产业发展和企业需要的技能培训，推行订单、定向、定岗式培训，提高培训质效。全年开展各类培训3.37万人次，新增各类技能人才1.11万人，建立高校毕业生就业见习基地91个。其中：实施职业技能培训1.40万人，结业1.35万人，结业率97%，就业1.06万人，就业率77.98%；青年劳动者技能培训0.65万人，完成目标任务120.85%。市训练中心举办就业再就业培训班8期，培训442人，特种作业安全生产培训628人。开展创业培训，提高高校毕业生、农村劳动力和失业人员的创业意识、创业能力，创业培训2779人，结业2751人，完成省下目标137.55%，结业率98.99%。市高级技工学校成功创建国家级高技能人才培训基地。

【各类群体就业】 2014年，通过搭建平台、组织专项公共就业服务活动、实名制管理、见习基地建设、公益性岗位开发统筹推进各类群体就业。转移从事非农就业农村劳动力人数87.83万人；组织专场招聘会13场，常规招聘会137场，接待用工单位8840个，服务求职者4.65万人次，发布岗位信息5.20万个次；公益性岗位安置就业困难人员3054人；2011级“9+3”藏区学生129人，多渠道安置127人。

【重点群体就业创业】 2014年，出台《关于贯彻〈四川省政府办公厅关于加大力度促进高校毕业生就业创业的意见〉有关问题的通知》。落实高校毕业生等重点群体就业创业扶持政策，兑现创业专项资金824万元，发放创业小额担保贷款613万元，扶持自主创业272人，创业带动就业1725人。开发公益性岗位300个，帮助高校毕业生就业，2011级藏区“9+3”毕业生127人初次就业率达100%。全年组织开展“春风行动”等各类招聘会189场次，为求职者提供就业岗位6.5万个。全市农村劳动力实名制登记入库136.62万人，转移输出农村劳动力87.83万人，实现劳务收入122.17亿元。

【创业带动就业】 2014年，全市高校毕业生创业205人。新增发放小额担保贷款1505万元，直接扶持自主创业人数140人，带动（吸纳）就业434人。全市储存创业项目200多个。3个省级高校毕业生创业园区，创业孵化基地和创业园区吸纳创业高校毕业生27人，带动（吸纳）就业232人。

【就业失业登记监测】 2014年，全市就业登记15.06万人次，失业登记2.5万人次，认定就业援助对象1.59万人。应用四川省就业服务管理信息系统软件，全市业务数据总量达207万条，覆盖所有业务模块和各级就业管理服务机构。每季度对劳动力市场供求状况进行分析，市场分析、报表水平获省就业局质量“四颗星”。

【农村劳动力实名制动态管理】 2014年，强化“两个保障”、夯实“四个基础”、建立“四个制度”，全市农村劳动力系统实名制登记录入136.94万人，其中：务农49.11万人，农村劳动力转移87.83万人，完成省就业局下达目标任务76万人的115.57%。开展入库数据与报表数据比对和分析工作，提升农村劳动力实名制动态管理数据质量。

（刘学忠　乔　亮）

社会保险

【概况】 2014年，全市城镇职工基本养老、城乡居民社会养老、城镇基本医疗、失业、工伤和生育保险参保覆盖人数分别达66.4万人、98.33万人、86.85万人、12.54万人、16.8万人、12.66万人，社会保险费征缴总收入35.94亿元，支付各项社会保险基金72.83亿元，向上争取资金14.59亿元，确保各项社会保险待遇按时、足额发放。

【制度建设】 2014年，出台《自贡市城乡居民基本养老保险制度实施办法》，建立全市统一的城乡居民基本养老保险制度。实施全市企业职工养老保险与城乡居民养老保险关系转移衔接办法，鼓励参保城乡居民向企业职工养老保险转移，适应流动性需要。出台《自贡市城乡居民大病保险实施办法》，有效减轻大病、重病患者的个人负担。出台《关于开展医疗保险异地就医即时结算工作的实施方案》，10月1日起，在全省率先实现异地就医持社保卡即时结算。将民办医疗机构纳入医保定点范围，截至2014年年底已纳入77家。

【信息化建设】 2014年，健全完善《自贡市人力资源和社会保障局信息化建设总体规划》。“金保工程”二期和社会保障卡项目建设实现投资1900万元，市级数据中心机房建设项目竣工，社会保障卡管理系统建成并投入使用，社会保障卡申领、补卡等业务经办向89个银行网点延伸，制发社会保障卡80万余张，其中异地就医社保卡6000余张，异地就医社保卡鉴权成功率97.26%。开发完成医疗保险基金监管信息系统，社保关系转移接续平台、社会保险基金财务大集中、养老工伤定期待遇领取资格协查认证平台通过省上联调测试，完成公安信息联网核查接口开发等工作。推进“五险合一”系统建设项目。

【扩面专项行动】 2014年，围绕规模以上民营企业参保或全员参保，以农民工、城镇个体工商户、自由职业者、灵活就业人员、被征地农转非人员和非城镇户籍人员为重点推进“园区”“乡镇”两个扩面行动。

【社保经办业务下延试点】 2014年，印发《关于推进社会保险经办业务下延的通知》，从9月起在富顺县、自流井区选择部分人口相对集中、辐射带动能力强、管理条件相对较好的乡镇、街道、社区启动社保经办业务下延试点工作。试点区县成立工作推进组，明确试点乡镇、街道、社区下延经办的相应职责，提供人员、经费、设施保障，按照宣传发动、贴近实际、先行试点、渐次推开的原则，启动以个体参保缴费、权益信息查询、城乡养老保险关系与职工养老保险关系转移、个体参保人员未达到领取基本养老金条件死亡的待遇申请、个体参保人员办理养老金待遇申请、退休人员养老金资格认证等7个方面为主要内容的下延业务经办探索。

【提升社保服务水平】 2014年，加强与金融机构协作，通过银行柜台缴费、刷卡缴费、代扣代缴、网上缴费、社保大厅缴费等方式，方便参保群众缴费。投入近60万余元对设施设备进行更换，开发优化业务软件，清理垃圾数据，提高社保系统的稳定性和运行速度。全市经办业务实现100%进驻各级政务服务中心。市、区、县通过补充人员、调整职责、优化“业务大厅”职能、向社保大厅派驻“局长”、优化业务经办流程等措施，提速业务经办。

【社保业务档案建设】 2014年，贯彻落实《社会保险业务档案管理规定（试行）》，对全市社保业务档案管理工作进行检查验收，推进全市社保业务档案管理工作。

【参保人数】 截至2014年年末，全市城镇职工养老保险在职参保人数32.01万人，比上年末增加9949人，全年新参保2.98万人，其中：企业新参保1.41万人，个体新参保1.56万人，离退休人数30.15万人。全市城乡居民养老保险参保人数98.33万人，其中：60岁以上人数41.94万人；缴费人数31.36万人。参加城镇职工医保的单位4168户，人数36.47万人；参加城镇居民医保的人数为50.38万人（成人30.32万人、学生儿童17.23万人、大学生2.83万人）。城镇职工失业保险参保12.54万人。工伤保险参保人数16.80万人，比上年末增长1608人。其中农民工参保人数4.30万人，比上年末增长290人。生育保险参保人数12.66万人，比上年末减少328人。

【基金征缴】 2014年，围绕企业、个体两大征缴重点，加强社保基金预算管理，厘清责任，加大企业缴费的管控力度，增添对个体参（续）保人员缴费措施。是年，全市征收企业职工基本养老保险费25.03亿元，同比增加2.11亿元，增长9.21%，争取上级补助收入14.59亿元。征收城镇基本医疗保险费11.31亿元。其中城镇职工基本医保费收入8.57亿元；城镇居民基本医保费收入2.74亿元。征缴失业保险费1.04亿元，基金累计结余达1.56亿元。工伤保险费征缴达6665万元，同比增加565万元，增加9.25%。生育保险费征缴2798万元，同比增加373万元，增长15.38%。

【社保待遇】 1月1日起，连续第十次上调企业退休人员基本养老金，涉及28.65万人，月人均养老金增长9.27%、达1595.28元。城乡居民社会养老保险基础养老金标准增长9%，从每人每月55元提高到60元，参保缴费财政补贴每档提高10元。城镇职工、城镇居民基本医保政策范围内报销比例达82%和71%，最高支付限额分别达到26万元和15万元，城镇职工补充医保最高限额调高到30万元。7月1日起，全市失业保险金调整为875元/月·人，调整增幅达9.6%，农民工失业后享受与城镇失业人员同等的失业保险待遇。2014年，共为30.15万名离退休人员发放养老金58.18亿元，同比增加9.36亿元，增长19.17%，社会化发放率、按时足额支付率均为100%，其中：为4039人支付丧葬抚恤费1.35亿元，同比增加4052.83万元，增长42.96%。为2797人次支付工伤待遇6172万元，同比减少473万元，下降7.12%。为1965人支付生育待遇1976万元，同比增加358万元，增长22.16%。全市支出城镇基本医疗保险费11.69亿元，其中城镇职工基本医保费支出8.82亿元，当年总结余负2527万元；城镇居民基本医保费支出2.87亿元，当年总结余负1377万元。全年累计为4.49万人次失业人员发放失业保险待遇4975.37万元，为4.45万人次领取失业保险金人员缴纳医保费1210.53万元，失业保险基金累计结余达1.56亿元。

【社保审计稽核】 2014年，对养老、工伤、生育保险参保实地稽核人数分别达9.6万人、6.5万人、5.2万人，完成省目标任务的155%、196%、206%。查出企业分别少缴养老、工伤、生育保险费1545万元、145万元、56万元，已补缴入库。分别对22.5万人、1977人、1186人享受养老、工伤、生育待遇情况进行稽核，查出冒领养老待遇5人。实施内部审计和内部控制，对市、县、区内部社保经办实施稽核检查。开展社保经办业务档案、社保待遇支付"两个"专项检查，事中对8.6万笔经办业务实施适时稽核。

【养老金资格认证】 2014年，结合调整养老金待遇加大宣传、培训力度，通过完善手段、创新措施强化领取养老金资格认证工作，并集中于4月至6月通过上门服务、异地视频认证等措施，对全市29.67万名领取养老金待遇人员进行资格认证工作，系统认证率达98%，累计暂停发放未进行领取资格认证人员1.21万人的养老金。

【医保政策宣传】 2014年，除保留常规的网站、政策指南、告知卡、公告栏等渠道外，参加自贡电视台《盐都问政》、自贡电台《行风热线》节目，并与自贡电视台合作录制《直播盐都》《盐都会客厅》等多期医保专题电视节目。到全市各基层社区宣传医保相关政策，发放政策指南和告知卡，并现场解答群众咨询问题。

【医保服务惠民】 5月起，实现市内就医即时结算"一卡通"，市内住院和门诊均可使用医保卡联网即时结算。在四区两县共17家商业银行网点开通医保缴费服务，分散缴费压力、缩短群众缴费路程。在全省率先启动POS机刷卡缴纳居民医保费业务，在65个社区安装POS刷卡机具，3.60万余人次通过社区POS机缴纳居民医保费。依托银劳系统，从1月1日起实现商业银行"一站式"缴费。简化退休人员异地安置办理经办流程，有5000多人办理异地安置手续。优化特殊病种申报和异地购药报销流程，全年共2129人次成功报销特殊病种异地购药费用，医保支付213.5万元。提高全市城镇职工和居民医保年度统筹基金支付限额，分别达26万元和15万元；城镇职工补充医疗保险年度最高支付限额提高到30万元。完善新生儿医保政策，有1811名新生儿享受补报待遇，报销费用64万余元。完善特殊病种办理规定，每年10月增加一次办理机会，全年4734人特殊病种申请，审核通过4060人。

【异地就医即时结算】 自贡作为全省三个试点市州之一，4月起正式启动异地就医即时结算工作，9月接入全省联网结算平台，10月1日与省上一起同步实现医保异地就医结算工作。截至12月底，全市有158名参保人员持社会保障卡在异地刷卡入院，其中123名参保人员出院并成功办理结算，医疗总费用约258万余元。

【启动城乡居民大病保险】 10月，出台城乡居民大病保险政策，12月初完成招投标工作，与中标单位成功签订协议，12月下旬正式启动城乡居民大病保险，承办保险公司开展费用补报工作。

劳动关系和收入分配

【和谐劳动关系创建】 2014年，开展"构建和谐劳动关系年"活动，提高企业劳动合同签订率。至2014年年底，全市企业劳动合同签订率89.8%，全市创建和谐劳动关系工业园区、乡镇、街道、社区19个，建成基层劳动关系协调工作平台375个，自流井区成功创建省级劳动合同制度实施示范区。

【收入分配协调机制】 2014年，依法调整最低工资标准，从7月1日起，全市执行每月1250元（每日57.5元）的最低工资标准，非全日制用工小时最低工资标准执行每小时13.2元。发布2014年企业工资指导线，加强企业工资集体协商，开展工资集体协商“集中要约月”活动，全市建工会企业工资集体合同覆盖面达94.6%。启动新一轮推进实施集体合同制度三年攻坚计划，全市已建工会企业集体合同签订率达88.6%。

劳动保障执法维权

【机构建设】 2014年，全市劳动保障监察网格化管理实现100%覆盖，全市4区2县建立区县级网格6个、乡镇（街道）级网格112个，共配备劳动监察工作人员319人。推进基层劳动争议调解委员会建立工作，全市企业已建调解委员会888户（其中非公企业178户），109个乡镇（街道）全部建立调解组织，主管部门已建调解组织20个，事业单位已建调解组织32个。

【执法维权】 2014年，组织开展劳务派遣用工专项检查、农民工工资支付情况专项检查等专项执法检查，加大对拖欠工资等违法行为的查处力度。全年受理并依法查处群众举报、投诉案件1014件，为劳动者追回工资9028万元，补缴社保费581万元。全年共受理和处理劳动人事争议仲裁案件1220件，涉案金额3210.8万元，为劳动者挽回损失约2800万元。

（市人力资源和社会保障局）

MIN ZHENG JU MIN SHENG HUO

民政·居民生活

民　政

【城乡基层组织建设】　2014年，完成全市第九届村（居）民委员会换届选举工作，对新任村（居）委会成员进行培训。新建143个农村社区，构建“三分离”自治机制，推行“三委两站一室”管理服务模式，实行网格化管理、“一站式”服务，探索建立社区公共服务准入制度，推进城市新型社区管理服务体系建设。开展示范单位创建活动，高新区丹桂街道、高新区方冲社区和贡井区青杠林社区分别创建为全国和谐社区建设示范街道、全国和谐社区建设示范社区。推进廉政文化进社区和城乡环境综合治理进社区活动。坚持“四议两公开一监督”制度，加强民主议事、决事和监督制度建设，健全完善村（居）务监督委员会，落实村（居）监督委员会审议村（居）务公开制度，建立村（居）务公开和村（居）务监督工作档案管理制度，探索组务公开的形式和方法，在村（居）民小组、小区、楼栋开展民主监督活动。学习推广中江县村规民约制订和运行经验，建立健全村民议事制度，完善村（居）民议事、民情恳谈、社区听证、社区论证、社区评议等制度。深化村务公开和民主管理，推进村（居）民自治，村务公开面达100%、规范率达96%。

【优抚安置】　2014年，落实双拥优抚安置政策，提高义务兵家庭优待金标准，组织开展首个烈士公祭活动，公布自贡烈士英名录，安葬2名烈士。加强烈士纪念建筑物管理，完成零散烈士纪念设施抢救保护工作。接收1393名退役士兵，发放自主就业一次性地方经济补助金，岗位安置32名转业士官，安置率100%。全面解决2011年以前104人的安置遗留问题。加强职业教育和技能培训，1185名有意愿的退役士兵均参加培训。接收安置军休干部1名，富顺县军干所创建为军休服务管理机构规范化建设合格单位。开展双拥创建活动，完成省级双拥模范城（县区）迎检工作。承办第22届川西南片区军休干部门球邀请赛。

【社会救助】　2014年，建立社会救助联席会议制度，完善和规范困难群众重特大疾病医疗救助工作，救助重特大疾病患者638人727.3万元、特困家庭肇事肇祸倾向重型精神病人1870人541.1万元，资助8.4万名城市低保对象参加城市居民基本医疗保险、11.5万名农村低保和五保对象参加农村新型合作医疗保险，参保参合率100%。累计支出城乡医疗救助资金3010.5万元、4190.3万元，政策范围内住院自负费用救助比例达59.7%、59.2%。贯彻落实《国务院关于进一步加强和改进最低生活保障工作的意见》，规范城乡低保管理，强化监督效能，完善城乡低保诚信承诺、民主评议、听证公示制度，开展“关系保、人情保”专项治理，推行城乡低保工作过错责任追究，提高城乡低保补助水平，城乡低保累计保障101.2万人次、115.7万人次，累计支出资金2.36亿元、1.34亿元，月人均补助233.1元、116.1元。规范完善临时生活救助制度，共救助6.1万人次763.9万元。下发《关于加强我市乡镇敬老院管理的实施意见》，加强农村敬老院建设暨五保供养工作，集中供养率达65.1%。在大安区、荣县启动居民家庭经济状况信息核对平台建设工作。

【社会福利和慈善事业】　2014年，出台加快发展养老服务业的意见，支持社会力量举办养老机构，推进医疗卫生与养老服务融合发展。制定养老服务机构布局规划，整合资源建设虚拟养老院，鼓励发展多种形式的居家养老服务模式。加强养老服务设施建设，新增公办机构床位610张、民办机构床位2500张、维修改造公办机构床位1090张，建成城乡社区日间照料中心129个（其中城市社区54个、农村社区75个）、社区养老服务站21个，农村幸福院73个，城乡社区居家养老服务覆盖率分别达100%、47%。通过政府购买服务为3.46万名困难家庭的失能老人和80周岁以上高龄老人提供居家养老服务支持。在荣县启动“银发无忧”老年人意外伤害保险试点。募集到慈善捐款124.42万元，认定孤儿和艾滋病感染儿童432人，设立自流井区、贡井区、富顺县等3个县级儿童福利服务指导中心，发行福利彩票1.4亿元。

【民间组织管理】　2014年，新登记社会组织131个，启动行业协会商会类、科技类、公益慈善类、城乡社区服务类社会组织直接登记工作和社会组织评估工作，直接登记17个，对首批11个行业性社会团体进行等级评估。推动政府部门向社会组织转移职能，草拟《自贡市推进政府职能和工作事项向社会组织转移委托的意见（送审稿）》报送市政府。启动行业协会商会脱钩试点工作，推动行业协会商会在机构、职能、资产、财务、人员等方面与行政机关脱钩。指导社会组织开展第二批党的群众路线教育实践活动，完善社会组织失信惩戒制度，实施《自贡市社会团体内部管理十项制度示范文本》，开展社会组织自律诚信建设活动，提升社会组织诚信服务社会的能力。

【婚姻家庭】 2014年，动员、部署婚姻登记机关等级评定创建活动，荣县和富顺县完成创建3A婚姻登记处准备工作。启动1990年后婚姻登记历史数据补录工作，开通网上预约登记服务，规范婚姻、收养登记，分别办理结婚登记2.58万对、离婚登记8815对、收养登记10个，登记合格率达100%。

【社会事务管理】 2014年，开展区划地名工作，启动第二次全国地名普查工作，开展县级界线联检，完成荣县与威远、贡井区与威远、富顺与南溪区县级行政区域界线联检任务，配合完成富顺与翠屏区、富顺与江安的县级行政区域界线联检任务，成功创建"自流井—大安区"平安边线。贯彻落实中办国办《关于党员干部带头推动殡葬改革的意见》，倡导文明、健康、绿色殡葬，规范城区治丧活动，遏制丧事扰民现象。以"接送流浪孩子回家""流浪孩子回校园"专项行动为载体，完善流浪未成年人救助保护体系。

（欧光胜）

居民生活

【城镇居民收入】 2014年，城镇居民人均可支配收入为2.36万元，较2013年增加2063元，增长9.6%。构成可支配收入的工资性收入为1.42万元，经营净收入为2809元，财产性收入为572元，转移性收入为7402元。

【城镇居民消费】 2014年，城镇居民人均消费性支出为1.74万元，人均增加2282元，增长15.1%。其中食品支出为7107元；衣着支出为1906元；居住支出为1516元；医疗保健支出为1090元；交通和通信支出为1774元；教育文化娱乐服务支出为1664元。城镇居民恩格尔系数为40.8%。

【农民收入】 2014年，农民人均纯收入9974元，比2013年增加1013元，增长11.3%，农村居民收入增速高于城镇居民收入增速。其中，工资性收入5090元，增收1136元，增长28.7%；家庭经营收入3727元，减少178元，下降4.6%。

【农民消费】 2014年，农民人均生活性消费支出6521元，增加349元，增长5.7%，其中，食品支出为2970元；衣着支出为421元；居住支出为836元；家庭设备、用品支出为502元；医疗保健支出为667元；交通和通信支出为669元。农村居民恩格尔系数为45.5%。

【居民住房】 2014年，城镇居民人均住房建筑面积为35.2平方米；农民人均居住住房面积为40.6平方米。

（市统计局）

MIN ZU ZONG JIAO

民族·宗教

民族工作

【概况】 自贡市是一个多民族的城市，同时也是一个典型的少数民族散杂居地区。据第六次全国人口普查数据，全市有彝族、藏族、回族、苗族、土家族等42个少数民族6500余人，少数民族相对集中的村和社区很少，其中农村占70%左右。另有外来少数民族流动人口约1万余人次，近年呈逐年增加趋势，其中以彝族、藏族、回族、苗族、维吾尔族等民族居多，主要来自省内三州和乐山的少数民族地区，其次来自相邻的云、贵、渝地区和西北信仰伊斯兰教的少数民族地区。

【学习培训】 4月30日，召开民族团结进步创建活动领导小组办公室会议，传达贯彻省委宣传部、省委统战部、省民委关于2014年全省民族团结进步创建活动的工作要求，专题研究全市2014年民族团结进步创建活动有关工作。7月16日，召开全市民族经济工作会暨全国民品企业工作培训会，传达贯彻全省民宗委系统经济工作暨业务培训会精神。12月18日，在四川卫生康复职业学院召开民族团结进步创建活动“六进”工作现场会，四川卫生康复职业学院在会上作创建工作经验交流，并现场参观学习该学院的创建成果展，市民宗局对创建活动“六进”工作进行安排部署。组织召开全市民宗干部会议、全国民品企业工作培训会，选送区县民宗干部4批17人次先后参加全省民族宗教工作干部培训班和全省民族事务管理与服务信息系统培训班等培训学习。

【落实政策】 2014年，完善清真饮食补助政策，健全全市清真食品生产供应体系。落实具有清真饮食习俗少数民族人员每人每年100元的清真牛羊肉补贴，首次将户籍不在自贡市的常住流动少数民族和清真“三食”企业纳入清真饮食补助范围。按政策规定为30名符合更改民族成分条件的群众更改民族成分，开具民族身份证明10件次。全市利用春节走访慰问少数民族贫困户、“9+3”贫困学生、少数民族流动人员等70余人，慰问金3万余元。

【加强民族工作调研】 2014年，加强少数民族人才库建设，对全市副高级以上少数民族专业技术干部、副县级以上领导干部进行再次摸底，更新少数民族人才库，提出联系加强少数民族干部建设的相关建议和意见。建立全市民族团结进步创建活动先进事迹库。完善流动少数民族管理的基础性工作，对全市少数民族流动人员有关情况进行全面调查，健全全市少数民族流动人员摆摊设点情况台账。开展城市民族工作情况调查研究，并形成调研报告。

【开展“民族团结进步”创建活动】 2014年，全国民品企业四川自贡百味斋食品股份有限公司、自贡市博宏丝绸有限公司捐资12万元，为全市500余名藏族、彝族“9+3”学生和教师征订2015年《民族》杂志。12月18日，在四川卫生康复职业学院举行捐订增刊仪式。制定民族团结进步创建示范单位规划，印制民族团结进步创建活动“六进”工作和示范单位测评指标资料汇编。完善“民族团结进步先进典型事迹库”，组织评选推报国务院第六次全国民族团结进步表彰大会模范个人，第七次全省民族团结进步表彰大会模范集体、模范个人。自贡职业技术学校教师邓骏获全国民族团结进步模范个人称号，受到国务院表彰和奖励。富顺县政府、四川卫生康复职业学院和荣县职教中心“9+3”教师陈琪、四川自贡百味斋食品股份有限公司董事长甘丘平分别获全省民族团结进步模范集体和模范个人称号，受到省政府表彰奖励。新建自流井区五星街少数民族服务中心。开展全市清真食品生产经营单位依法经营和规范管理执法检查，对相关企业进行合法规范经营生产现场指导，纠正处置一批违规行为，帮助企业解决问题和困难。在调查研究、广泛征求意见的基础上，出台《关于进一步加强清真食品生产供应和经营管理工作的通知》。

【协调处理矛盾纠纷】 2014年，市、区县民宗部门参与协调处理涉及少数民族矛盾纠纷32件，处置率100%。市民宗局被市委评为“2014年度全市维护社会稳定工作优秀单位”，受到通报表扬。

【帮扶改善民生】 2014年，市本级（不含两县）争取省财政厅、省民宗委各项资金63万元，其中，2014年散杂居少数民族发展资金20万元、财政专项扶贫资金（少数民族发展资金）30万元，法规宣传现场活动资金13万元。争取到2014年市级少数民族扶持资金8.5万元，帮扶少数民族发展种养殖业、修房造屋等。办理市政协委员《关于修建自贡市回民公墓基础设施的建议》提案，争取市县政府支持，先后协调资金20万余元，用于年久失修的回民公墓在进口路道、墓地内便道、榻铺房等基础设施建设。

【支持民族企业发展】 2014年，开展调研服务，协调落实有关优惠政策，为少数民族特需商品定点生产企业争取到170多万元的生产贷款贴息资金，为民族贸易网点建设和民族特需商品定点生产企业技术改造争取到专项资金100万元。按要求批复同意自流井区巴人治灶调味品厂和富顺县盐都人家食品有限公司获得生产经营清真食品资格。

宗教工作

【概况】 全国佛教、道教、基督教、天主教、伊斯兰教五大宗教，自贡市均有信教徒，其中佛教信徒29万人，其他各教信徒1万余人。2014年末，自贡市有全市性宗教团体3个：自贡市佛教协会、自贡市基督教三自爱国运动委员会、自贡市天主教爱国会；区县性宗教团体5个：荣县天主教爱国会、荣县基督教三自爱国运动委员会、富顺县佛教协会、富顺县天主教爱国会、贡井区天主教爱国会；有富顺县伊斯兰教民管小组1个，承担全市伊斯兰教的协会工作职责。批准开放宗教活动场所46处，其中：佛教30处，道教1处，天主教5处，基督教9处，伊斯兰教1处；实行教会“以堂带点”管理的基督教聚会点40处。据抽样调查和初步统计，全市有民间信仰设施（含基督教私设聚会点）1200座（处）左右，分散分布，信众大分散、小聚集。经认定备案的宗教教职人员96人，其中：佛教88人、道教1人，伊斯兰教1人、天主教2人、基督教4人。

【学习培训】 3月6日，召开全市民宗系统反恐维稳培训工作会议，传达省、市反恐维稳工作会议精神，就民族、宗教工作涉及反恐维稳和应急处突作专题培训辅导。9月11日，举办宗教活动场所防火、防盗、防邪、防垮塌、防渗透、防暴恐、防毒、防拥堵、防洪、防艾“十防”暨应急工作培训，增强各宗教团体、宗教活动场所“十防”能力。

【部署综合治理及宗教非法违法活动】 2014年，召开全市民宗干部会议对治理宗教非法违法活动进行安排部署，对全市佛道教“两乱”及基督教私设聚会点进行调研。11月7日，召开全市区县分管领导参加的治理宗教两乱和防渗反渗工作专题会议，对全市涉及宗教的非法、违法活动进行通报并研究治理意见。

【制度建设】 2014年，修订完善全市涉及民族、宗教方面群体性、突发公共事件应急预案，指导区县民宗办和各宗教爱国团体修订完善并预演反恐维稳和应急处突预案。制定民宗系统重大事项社会稳定风险评估实施方案（试行）。

【举办全省民宗系统“法律七进”现场启动仪式】 7月7日，举办全省民族宗教系统“法律七进”活动启动仪式，省委民宗工委、省民宗委、市委、市政府领导，全省性五大宗教团体负责人，邻近六地市民宗局负责人以及300多名信众参加活动。

【推进法律进宗教活动场所活动】 2014年，推进法律法规进宗教活动场所活动，邀请司法界专家、律师和民族宗教代表人士组成报告团，针对宗教界人士和民宗干部举办10场专题培训讲座，1000余人参加培训。

【举办专题报告会】 2014年，市民宗局联合市委宣传部、市委统战部，举办盐都大讲堂——“宗教与社会秩序”专题报告会，特邀省民族宗教事务委员会副主任杨伯明到自贡市主讲，市委、市人大、市政府、市政协相关领导，各区县党政领导和市级机关、企事业单位、人民团体等100多个单位负责人及全市民宗干部200多人参加报告会。

【开展宣传教育活动】 2014年，编制《宗教政策法律法规宣传手册》《宗教工作常识手册》《民族工作常识手册》《民族文化知识手册》等一整套宣传手册共计2.50万册，分送全市党政机关、少数民族群众、宗教场所以及宗教界人士。制作民族、宗教知识展板44张，在五区两县（含高新区）、“9+3”学校、省民族团结进步创建活动示范单位等20多个展点进行一个月巡回展出。部署国家宪法日暨全国法制宣传日宣传活动，敦促全市各宗教活动场所落实“三个一”（即有一个法治宣传专栏，挂一副法制宣传标语，整理一套图文并茂的法律进宗教场所的档案）的法宣工作，并联合依法治市办公室进行落实情况抽查。

【依法管理宗教事务】 2014 年，依法批准设立自流井区南华宫作为道教活动场所，解决全市无道教场所的问题。指导各全市性宗教团体通过社会团体年度检查工作。指导贡井区洞云寺、荣县古佛寺举办跨县行政区域宗教活动。开展宗教教职人员的认定备案工作和佛教住持任职备案工作。将天宫寺的行政管理权由沿滩区民宗办移交自流井区民宗办，明确管理职责。对金桥寺民管会进行调整，解决该寺较长时间无住持而产生的问题。

【加强宗教团体自身建设】 2014 年，分别组织开展市佛教协会会长班子成员、常委、理事、会长办公会工作班子成员学习培训，提高市佛协的自身建设水平。指导贡井区天主教爱国会完成换届工作和筹备市天主教爱国会、市基督教三自爱国会中调工作，开展爱国会班子人选的物色工作。提出对清真寺民管组织进行调整的初步方案，理顺富顺县清真寺代行市伊斯兰教协会职能职责的问题。

【服务宗教界】 2014 年，指导清真寺迁建项目申报国家和省支持建设项目，完成规划定点及可研报告论证，帮助清真寺争取寺观教堂维修补助资金 22 万元。通过市政府领导协调排危维修专项资金帮助大安区观音阁进行电线线路整治维修。调研全市宗教活动场所的布局状况，办理市政协委员《关于加强我市宗教活动场所规划布点的建议》的提案。督导市佛教协会规范化开设网站，强化宣传引导，推动佛教界彰显正能量。指导市佛教协会筹备设立慈善功德会，整合资源，规范场所和信众正常开展慈善公益活动，具体指导市佛教协会、市基督教三自爱国会组织全市宗教界人士与市儿童福利院孤残儿童、2014 年新入学贫困大学生和农村养老院孤残老人及特殊学校的残疾学生开展爱心帮扶活动。帮助协调处理市天主教房屋拆迁安置遗留问题取得进展并打赢房屋租赁诉讼官司，解决久拖未决的纠纷，增强天主教的自养能力。

（雷　霞）

QU XIAN GAI KUANG

区县概况

自流井区

概　貌

【位置　面积　人口】　自流井区地处四川省自贡市中心区，是全市政治、经济、文化中心，是市党、政、军机关所在地。位于四川盆地南部浅丘地带，东邻沿滩区卫坪镇、兴隆镇、永安镇，南与沿滩区富全镇、贡井区莲花镇、宜宾市宜宾县接壤，西邻贡井区长土镇、建设镇、桥头镇，北与大安区凤凰乡、和平乡接壤。2014年年末，全区总面积152.94平方公里，辖4个街、3个镇、4个乡、51个村、41个社区；户籍人口36.51万人。

【建置沿革】　自流井区原属富顺县。民国28年（1939年）因盐设市，富顺县第五区全部划归自贡市，其中桐垱、长垢二镇即为今日自流井区。民国31年（1942年），桐垱镇改为自井镇。民国33年（1944年）改镇为区，自井镇改为第一区，长垢镇改为第二区，直至自贡市解放。1950年3月，一、二区合并称一区。1953年命名为自流井区，所辖红旗、永胜、世平、巩固4个乡合并为红旗、永胜两个乡；6月，两乡划郊区管辖，自流井区成为纯城市区。1957年1月，大安区合并于自流井区，1960年两区又分设。1960年6月，和平、凤凰和红旗3个公社先后划归自流井区。1979年7月，和平、凤凰和红旗公社划归大安区，自流井区再次成为纯城市区。2005年8月1日，仲权镇、荣边镇、高峰乡、舒坪镇、农团乡、漆树乡、红旗乡划归自流井区管辖，从此结束纯城市区历史。2005年8月9日，自贡市委、自贡市人民政府决定，在新的行政区划实施后，由自流井区政府将所辖红旗乡成建制委托高新区管委会管理。2006年5月21日，经自贡市人民政府批复同意自流井区设立丹桂街办事处、学苑街办事处，同时明确两街办事处由自流井区人民政府委托高新区管委会管理。2012年12月1日，根据自贡市人民政府决定，自流井区将高峰乡整体托管给高新区管委会管理。

【自然环境】　境内地势西北高，东北低，无大山。属中亚热带湿润季风气候，春早、夏热、秋雨、冬暖，雨量丰富集中，无霜期长，平均达323天，阴天多，湿度大，霜雪少，热量充足，四季分明。2014年境内平均气温18.3℃，比常年偏高0.4℃，年平均降水量1142.6毫米，较常年偏多153.4毫米。2014年自流井区及邻近区县0—0.9级地震71次，1.0—1.9级地震95次，2.0—2.9级地震19次，3.0—3.9级地震2次。旭水河、威远河在区境西北双河口汇合后称釜溪河，河水由西向东蜿蜒流经区内，经沿滩、邓井关到富顺县李家湾入沱江，属沱江水系，全长74公里，河面平均宽60米，平均天然流量为42.25立方米/秒。

【自然资源】　境内自然资源丰富，有大量天然气资源和卤水资源，中国最早进行大规模开采的气田就在境内，卤水资源中除含有大量氯化钠外，还有硼、钾、碘、锂、锶、铷、铯等30多种化学元素，为盐业和化学工业发展提供丰富物质基础。此外，还有岩盐、型砂等可供开采利用。

【旅游资源】　境内有各级文物保护单位及文物点328处。国家级文物保护单位西秦会馆，始建于清乾隆元年（1736年），占地面积3000平方米。省级文物保护单位人称“釜溪第一楼”的王爷庙，是一座精美的清代中期建筑，占地面积1000平方米。全国重点文物保护单位桓侯宫，又名张飞庙、张爷庙，为旧时屠宰行业会馆。市级文物保护单位小桥井，是自贡保留的唯一的清乾隆时期开凿的天然气井，是全国生产时间最长的天然气井。位于石塔上后山坡的彩灯公园，享誉中外的历届“自贡灯会”都在园内举办。境内有地处五十梯的“水涯晓渡”、国家AA级自然生态旅游风景区和国家级水利风景区飞龙峡风景区等旅游景点。

【交通】　自流井区地理位置优越，内昆铁路西线穿境而过，内昆高等级公路连接成渝高速公路和西南出海通道，距成都、重庆200余公里。2014年，自流井区通车里程313.61公里，其中高速公路12公里，省道8公里，县道48.3公里，乡道49.56公里，村道195.75公里。全区有7个客运站，城乡公交线路30条。通客运班车的行政村44个，其中农村客运班线4条，县际农村客运班线过境线路9条。全区通航里程20.6公里，客运渡口3道，码头6个。

【邮电通信】　境内邮政、互联网、有线电视、固定电话、移动电话覆盖全区城乡。邮政营业窗口实现现代化，封发邮件实现机械化，报刊发行实现微机化，电信通信实现交换程控化，信息传输实现数字化，电信、移动、联通联网自动化。城乡有线电视、电话、移动通信、宽带普及率位居全市前列。

【经济社会事业】 2014年，地区生产总值284.4亿元，比2013年（下同）增长5%。其中：第一产业增加值4.1亿元，增长4.4%；第二产业增加值154.7亿元，增长2.5%；第三产业增加值125.6亿元，增长8.5%。区属规模以上工业增加值58.2亿元。非公有制经济增加值125.9亿元，增长3%。社会消费品零售总额162亿元，增长12.5%。区属全社会固定资产投资155.1亿元，增长13.9%。地方级一般预算收入8215万元，增长13.1%；地方公共预算支出1.22亿元，增长34.5%。城镇居民人均可支配收入2.51万元，增1778元；农民人均纯收入1.08万元，增1240元。粮食总产量2.76万吨，蔬菜产量7.5万吨，出栏生猪9.12万头，肉牛0.17万头、山羊1.9万只、家禽121.15万羽。农业增加值4.4亿元，增长4.5%。工业污水规范排放率98%，生活垃圾密闭化运输率100%，工业固体废物处置利用率99%，医疗废物无害化处理率100%，区域环境噪声平均值57.4分贝，区域环境质量等级为二级。直属中小学、幼儿园、特校22所，在校学生1.95万人。新型农村合作医疗参保6.95万人，参保率99.57%。辖区内有各级各类医疗卫生机构177家，病床位897张，卫生技术人员1055人。

政治建设

【区委办公室工作】 2014年，起草文稿250余件，审核办理自井委文件55件、自井委办文件50件。编发区委常委会会议纪要21期，撰写调研报告20件。完成区委第十届代表大会第四次会议筹备、省市领导到区调研等会务工作。完成区委民主生活会、十届区委九次、十次全委会和10余次全区性会议的会务工作。完成重要接待组织、筹划和服务工作9次。新建自流井区目标督查信息网络平台“自流井目标督查网”，定期将全区目标督查工作动态、重要文件资料等事项挂网公开。依托“自流井目标督查网”建立目督“文件资料交换系统”，初步实现督查办理事项“订单式”提醒和“痕迹化”管理；建立督查工作台账，实行“半月一督查、一月一专报、一季一考核”。全年督查“五个自贡”和“三中心一新城”重大项目建设、棚户区改造、城乡环境治理等200余次，督查书记批示、交办事项230余件，编发自井目督、自井目督通、自井目督交办查文件61个，《督查通报》《督查专报》30余期。

【人大工作】 2014年，召开区十七届人大常委会议8次，听取和审议“一府两院”专项工作报告21次，依法作出决议、决定7项。召开主任会议13次，听取和审议“一府两院”工作汇报2次，提出审议意见7条，形成调查报告2篇。根据“一府两院”提请，任免国家机关干部41人次，其中任命33人，免职6人，接收辞职2人；依法补选4名市人大代表。编写《人大工作简报》30期，100余篇稿件被四川新闻网、《自贡日报》、自贡人大“一网一刊”等采用。受理群众来信来访47件（次），办结率100%。区十七届人大三次会议期间提出26件意见、建议，代表对办理工作满意率100%。开展市、区代表小组集中视察活动25次，重点对春耕生产备耕情况、建立和探索农村土地流转平台建设运行情况、农村产权制度改革运转情况、农民专合组织发展运行情况等工作开展调研，形成专题调研报告3篇。组织辖区人大代表集中接待群众4次，协调解决群众反映问题100余件。开展“挂包帮”“党员双报到”和“三联三服务”活动，组织人大机关党员干部到对口帮扶的漆树乡杨柳村、仲权镇永胜村、小桥井社区了解民情，帮助解决社区、村多年未解决的困难和问题10余个。

【政府办公室工作】 2014年，撰写各类会议讲话材料200多次，各类汇报材料80余篇。完成各类调研文章30余篇，编辑《政务信息》46期，报送政务信息100余条。印发各类文件200余件，区政府常务会议、区长办公会会议纪要39期，处理各级来文1600余件，处理各类汇报、通知等上传下达工作4000余次。完成10余次各类大型庆典活动及会务接待工作。办理市人大代表意见建议2件、市政协提案4件；办理区人大代表意见建议26件，区政协提案94件，满意和基本满意率均

100%。通过区政府信息公开报送平台，搜集各部门上报信息1019条，面向社会公开政府信息797条。新增防火墙2台、入侵防御设备1台、光线路保护设备1套、操作系统、网页防篡改系统各1套，完成电子政务外网平台出口100M升级1000M工作。处置医患纠纷、安全事故、民工工资、征地拆迁、釜江贸易企业改制等群体性事件49次。

【政协工作】 2014年，召开全会1次、常委会5次、主席会9次、专委会对口联系会12次，组织大会发言材料18篇，提出意见建议380余条。组织专题协商9次，形成协商专报3期。视察全区重大项目推进、数字化档案、教育课程改革落实等工作情况26次。针对税源流失情况等课题开展调查研究，形成调研报告4篇。各参加单位、政协委员提出意见建议121件，立案118件，提出提案委员171人次。继续对重点提案实行政府领导领办、政协领导督办和政协常委会满意度测评，《关于对农团飞龙峡风景区违规乱搭乱建房屋进行认真清理的建议》等4件重点提案获政协常委会100%满意通过，94件涉区提案全部按时办结。收集社情民意信息80条，编辑《社情民意》24期48条，向市政协报送18条，由市政协转省政协1条。组织推荐6名政协委员参加市政协举办的《盐都问政》访谈节目，为问政环保、城管、教育等传递民声、反映民情。

【纪检监察工作】 2014年，开展监督检查85次，清退违规发放钱物241.9万元，337名党员干部承诺拒收不送红包礼金，查处“四风”案件5件，实施效能问责14人。解决民生问题和落实惠民实事116件，发现并纠正问题50余个，查办侵害群众利益问题案件6起。新建市、区廉政文化示范点32个。现场参与区委常委会干部任免监督14批次，出具党风廉政意见601人次，完善科级领导干部廉政档案332个，实施诫勉谈话3人次。初核检举控告类信访43件，立案22件，涉案22人，其中科级干部4人；结案21件21人，其中移送司法机关4人、开除党籍处分6人、留党察看处分5人，已结案件公开率100%。制作廉政专题片7部，播放廉政公益广告20条，发放廉政宣传画15万份、公开信4万份，编发廉政短信50余条次，张贴廉政标语120余幅，开展廉政图片巡展30余次，编发廉政专刊19期，发布媒体信息500条；举办“廉政教育大讲堂”“会前讲法学纪”600余次；上廉政党课180余次，廉政谈话和约谈351人次；组织3000余人次观看廉政警示教育片、阅读警示书籍、参观廉政警示教育基地等。开展教育专项检查，受理相关信访举报15件，处理教师6人。行政处罚非法行医3起，责令限期整改40家，取缔非法“坐堂行医”3个、黑诊所1家；出动2023人次，检查各类企业、单位6699家次；立案42件，办结30件，当场处罚18件，下发责改通知书85份。

【组织工作】 2014年，全区有党组织605个，其中党委35个、工委6个、党总支43个、党支部527个，党员约1.21万人。选任干部55人，其中提拔正科5人、提拔副科4人，交流科级领导干部22人，机构改革调整干部13人，转正任职6人，免职11人，增选4名市人大代表。培训入党积极分子116名，新发展党员90人，预备党员转正116人。采取登报公告、设置群众意见箱和“群众说事处”“第三方说事”等方式，收集意见建议400余条。通过专项行动、主题活动、“四书”督办、媒体跟踪等方式，解决188项群众反映强烈的突出问题。发放离职村（社区）干部一次性或季度生活补助40万余元。春节、“七一”期间，慰问老党员、困难党员460余人，发放慰问金10万余元。举办各类干部培训班90余次，培训各级各类干部超过1万人次。公开遴选正科级培养对象11人、副科级培养对象30人。选送县级干部37人次、科级领导干部21人次赴北大、浙大、浦东干部学院等高校参加培训，选送25名年轻干部参加西南大学公共管理硕士班学习。组织老干部撰写“我看党的建设”调研活动征文2篇；组织开展“我为稳增长献一策”主题活动，上报建议和意见10条；开展“走基层、听意见、促工作”专题调研活动，收到建议、意见17条，上报老干部工作进社区的实践与思考调研文章1篇；开展棋牌、文艺、书法、钓鱼、健身等兴趣活动80余次；组织60余人次参加市区各类老干部培训班、健康知识讲座、报告会等。

【宣传工作】 2014年，制作公益广告120多幅，宣传海报5000张，在《自流井快讯》手机报开辟专栏，每天连载刊登24字宣传画。开展“我推荐我评议身边好人”活动，探索实施“自流井”好人榜建设工作，推荐上报5名身边好人，其中1名被评为“四川好人”。组织各级党员干部500余人，开展“缅怀革命先烈，重温入党誓词”红色教育系列活动。在中央电视台、中央人民广播电台、人民网、《四川日报》等中央、省主流媒体发稿340余条次，在《自贡日报》、自贡电视台等市级主流媒体发稿2200余条次。制作电视专题片25期，自流井区新闻外宣网站全年发布新闻信息2500余条，更新楼宇等户外视频260余条次，发送手机报《自流井快讯》1100余条次，编发《自流井》内刊5期。开展重大文化活动15场，群众文化活动117场次。新建社区书屋18个、“村村响”15个、留守儿童之家5个、农民工文化驿站1个，试点打造农村文化院坝1个。建成舒坪镇、仲权镇2个省级乡镇综合文化站示范点。针对富台山隧道非法音像制品集散地开展6次专项整治行动，出动执法人员76人次，车辆22台次，收缴非法音像制品7000余张，取缔地摊、游商8家。开展网吧检查40余次，出动执法人员160余人次，检查场所200余家次，行政处罚5家，罚款7500元。在全市率先成立“自流井区石缸井娱乐场所保安巡逻队”，解决石缸井歌城及周边的治安和噪音等群众反映的热点问题。开展“净网2014”“清源2014”“秋风2014”“固边2014”等专项行动33次，出动人员200余人次，检查各类场所230家次，受理举报10余件。组织81名文明交通志愿者，开展文明劝导服务工作。

【统战工作】 2014年，吸纳4名党外领导干部、后备干部成为民主党派成员；通过公选、竞争性选拔、交流提拔等形式，培养领导干部5人。新增补4名党外代表人士作为政协委员，通过遴选、选拔等形式新增党外后备干部8人，交流1名党外女干部到政府部门任副科级领导。通过《政务信息》、政府网站等形式进行广泛宣传，推进民族团结进社区、进乡镇、进学校、进机关、进企事业单位、进部队等活动。完成“和谐寺观教堂”创建活动，全区5个宗教活动场所均达标。促成汇源房地产开发有限公司、中铁瑞城自贡檀木林分公司等十家会员单位组建“自贡自流井区RBD发展协会”；落实彭荫刚先生资助10名农村贫困小学生，发放资助金5000元；帮助台胞、台属咨询、解决问题等20余人次。实行结对帮带，9个村社与区域内“两新”党组织结对，26户企业与企业结对，5名老书记与5名新书记结对。看望慰问3名起义投诚人员，送慰问金2400元；看望慰问5名困难党员，送慰问金1200元。

【政法工作】 2014年，将35个维稳重点单位纳入信息平台建设单位，建立区、乡镇街道和单位两级组织机构，落实分管领导和经办人，采取定期通报形式推动信息平台建设。在城镇社区配备专职网格员126人，兼职3人，农村配置兼职网格员42人。围绕人、事、地、物、情、组织六大社会要素，采集录入人口、房屋等信息12.94万条。受理事件1259件，办结1252件。组织专题辅导6次、集中培训3次，开展课题调研并形成调研文章30余篇，组织政法干警收听收看省、市政法大讲堂20余批次。慰问退休老干部12人次，走访慰问干警及家属6人次，安排机关干部体检1次。在各级媒体发表各类文章565篇，其中中央媒体286篇、省级媒体232篇、市级媒体47篇。政法系统评查案件2786件，全部合格，优秀1件，无一般质量问题案件、较大质量问题和重大质量问题案件。

【维护社会稳定】 2014年，排查受理各类矛盾纠纷3065件，调解成功2529件。其中，调解民间纠纷463件，调解成功450件。列入台账的不稳定因素202件，化解191件。处置突发事件30余件，化解医患纠纷20余件，处置群体性事件3件。安装“天网”监控摄像头183个，建成二级天网监控平台1个，三级监控平台5个；农村推进“平安乡镇”技防网格建设，安装监控探头49个。新接收矫正对象140人，期满解除矫正41人，在矫150人，新接收刑释人员25人，重点对象列管率100%，重新违法犯罪均为零。建立闲散青少年、流浪儿童、服刑人员未成年子女、留守儿童、留守学生档案，组织义工和1000多名志愿者有针对性地开展法制宣传、心理咨询与帮扶。对吸毒人员、肇事肇祸精神病人和其他高危人群建档率、管控率均达100%。定期开展排查，确定治安重点地区和突出问题28个，联合相关部门整治25处。组织16次校园及周边治安、安全专项整治。

【公安工作】 2014年，破获刑事案件992起，打击处理371人。其中：提请逮捕184人，直诉186人。查处涉黄涉赌案件66起，查获违法嫌疑人196人，其中：治安拘留60人，罚款135人，收缴并销毁“大金沙”“捕鱼机”等赌博游戏机79台。检查涉爆单位43家次，收缴各类枪支25支、子弹59发、管制刀具57把。开展“缉枪治爆收刀”行动，捣毁窝点1处，清查收缴枪支7支、仿真枪16支、弩6把、子弹59发、管制刀具751把、黑火药210千克，采取刑事强制措施1人，管控“涉枪重点”人员1人。采集标准地址信息6.02万条，实有人口7.28万人，流入居住人员1.06万人，人户分离1.15万人，实有单位4048条，实有房屋信息4.63万条。

【社会治安管理】 2014年，排查、化解热难点矛盾纠纷36起，处置突发性事件78起。整合巡警队、便衣队、派出所巡逻队和城管执法队、市政设施队、综治治保队6支队伍，推行街面防控“网格化”、社区防控“专群化”、防控形式“多样化”的“六队三化”网格化巡防模式。为群众新增防盗门252扇，加固门、窗141扇，换锁40把。全年发刑事案件2268起，同比下降17.65%，其中：街市面959起，下降20.48%；内部单位180起，下降24.05%；居民区710起，下降13.73%。

【法院工作】 2014年，受理各类案件5040件，审执结4778件，结案率95%。其中，受理刑事案件386件，审结380件，依法决定逮捕8人；受理各类民商事案件3986件，结案3779件；受理行政案件91件，结案91件；受理执行案件577件，结案528件，兑付金额1.6亿元，司法拘留7人。清理涉民生执行案件27件，涉案标的46万余元。立案受理道路交通事故纠纷133件，结案121件。走访企业、机关8家，进社区、学校、乡村15次，组织法制宣传9场次，散发宣传资料2400余份。在无派驻人民法庭的红旗乡、高峰乡、仲权镇、漆树乡、农团乡、荣边镇设立6个巡回审判联系点，着重对赡养纠纷、离婚纠纷、相邻关系纠纷等开展咨询、立案、调解司法服务。

【刑事检察】 2014年，批准逮捕各类刑事犯罪嫌疑人379人，提起公诉636人。立案查办贪污贿赂案件7件14人，查办损害民生民利贪污贿赂犯罪9人。立案查办渎职侵权案件2件4人，其中查办行政工作人员2人，司法工作人员2人。监督侦查机关立案7件，纠正不应当立案而立案2件；纠正漏捕9人、漏诉14人；完善审查逮捕阶段讯问犯罪嫌疑人制度，对侦查活动中的违法情况提出纠正意见9件次。加强对刑事判决、裁定的全面审查，提出抗诉3件、纠正意见6件次。受理审查民事行政申诉案件27件，完成民事诉讼结果监督12件，监督民事执行案件6件。将3名不符合暂予监外执行条件的罪犯收监执行刑罚。对监管场所安全进行专项检察12次，对刑罚执行和监管活动中的违法情况提出纠正意见51件次。《自流井区人民检察院2011—2014惩治和预防职务犯罪年度综合报告》获全国“十佳年度报告”奖；拍摄微电影《一脉单传》，通过电视台等媒介在黄金时段展播，强化预防职务犯罪的公共宣传，并在全省首届职务犯罪预防微电影评选中获三等奖。接待国家机关、企事业单位120余批次6800余人次参观，被市依法治市领导小组办公室授予“自贡市法治教育基地”。

【司法行政】 2014年，受理纠纷587件，调解成功573件，其中调解道交纠纷145件。提供法律援助服务2360人次，提供基层法律服务362件，提供法律咨询和服务4.5万人次。聘请6名基层司法所所长、2名律师和4名优秀基层法律服务工作者担任23所中小学的法制辅导员，开展校园巡回法制讲座10场次，受教育师生3万余人。组建8支“法律服务小分队”到社区、乡村开展各类法律服务、法制宣传和法律援助活动12场次，发放各类法制宣传资料3万余份，发放法律援助卡1500张。受理法律援助案件260件，办结260件，解答法律咨询1000人次，代写法律事务文书380份。宜意律师事务所为城乡居民提供法律咨询服务260人次，为企业提供“法律体检”28件次，办理各类案件180件，办结180件。各基层法律服务所代理民事诉讼337件，担任常年法律顾问25家，主持调解非诉讼纠纷210件，代写法律文书370份。为棚户区改造等重点工程、项目现场办理公证350场次。办理各类公证2633件，接待法律咨询6580人次，代写、修改法律文书1050余件，办理公证法律援助案件2300件，减免公证费用50万余元。对违反规定的7名社区服刑人员给予警告，对脱离监管的4名社区服刑人员实行收监处理。全年接收刑满释放人员58人，期满矫正对象105人，接回163人，帮教119人；接收社区服刑人员120人，解除110人，死亡2人，接回率、帮教率100%，无重新违法犯罪。

【保密工作】 2014年，组织区委保密委员会全体成员及相关涉密单位主要负责人专题学习《中华人民共和国保守国家秘密法实施条例》。开展保密委主任讲保密专题党课工作，全区110余人参会。规范手机及办公自动化设备使用，加强电子政务内网、外网保密管理，组织开展网络核查分类工作，对秘密信息、要害部门和部位，强制配备相应保密设备。按照《国家保密局保密检查工作规定》要求，实行机关单位自查与保密部门检查相结合、定期检查与随机抽查相结合、综合检查与专项检查相结合的保密检查制度，对各单位涉密人员、涉密载体、涉密网络、涉密计算机等监督检查，对检查中发现的不足和隐患实行限期整改。全区未发生一起失泄密事件。

【党史编研】 2014年，完成自流井区全年部门大事记资料收集、归档工作。在《自贡党史》刊物上发表《自流井区群众路线“五个坚持”确保活动善做善成》；上报3篇征文《邓小平与党的群众路线》《三线建设与西部经济》《习近平改革战略思想》，其中《三线建设与西部经济》入选四川党史界纪念三线建设50周年学术研讨会；参与《自贡市委2013年执政实录》一书编纂，收集整理自流井区委2013年执政实录。

【党校工作】 2014年，举办各类培训10期，培训学员2300余人。其中，举办自流井区2014年入党积极分子培训班4期，培训入党积极分子200人。联合举办村“两委”干部和社区“两委”干部任前培训班各1期，共211名村、社区干部参训。协助区委组织部举办自流井区村（社区）干部培训班1期，49人参加培训。组织教师到各行政事业单位和社区进行十八届三中全会精神宣讲和群众路线宣讲授课，700余人参加培训。在毛家坝社区党校举办十八届四中全会精神培训班1期，100余人参训。同区委组织部配合，开展自流井区干部大课堂有关工作，全年培训1000余人次。协助区委组织部开展公开遴选科级培养对象专题培训1期，培训43人，选调生培训班1期，培训10人。完成四川省党校系统2014年度调研课题《关于自贡创新预警和化解社会矛盾机制体制的思考》并顺利结题。完成《对自流井区乡村基层民主建设的调查与思考》《造教育品牌　促全域经济崛起——自流井区教育事业发展思考》《自贡市自流井区社区现状与建设的思考》等5个自贡市党校系统调研课题，并成功结题。

【武装工作】 2014年，对各类战备预案进行修订完善。组织开展首长机关训练，加强军事理论、军事法规、业务技能学习训练。补充完善人武部本级7类185件器材，综合应急连11类585件器材。加强民兵整组工作，对所属乡镇、街道独立应急排进行集中点验。3月24日至4月18日，依托东锅厂组织第一期民兵高抛分队集中训练；4月9日至18日，集中综合应急连、专业救援连250人进行为期10天的军事训练；4月18日，在南湖体育场组织进行综合应急连、专业救援应急连的集中点验和训练成果展示；5月11日至14日，组织100名应急民兵进行训练并代表自贡军分区迎接省军区组织的交叉考核；5月23日至28日，组织综合应急连70名民兵进行为期6天的强化训练和野外驻训；7月3日至7日，组织首长机关和部分民兵参加“天府使命－2014”演习；11月，组织民兵高炮分队进行第二期10天的集中训练。圆满完成新兵征集任务，无一退兵。组织部队和民兵预备役人员1000余人次，完成应急维稳、环境绿化、山林灭火、防汛救灾、城乡环境综合整治等任务。协调地方相关部门为部队8名子女解决入学问题。开展走访慰问和“慈善一日捐”活动，发放慰问钱物和捐款1万余元。

【工会工作】 2014年，组织职工技能培训457人，组织家政服务培训8期，培训学员317人，为考试合格人员颁发职业技能合格证书，开展免费职业介绍并推荐就业。组织乡镇、街道工会干部培训7期165人，企业自主培训达到在岗职工61%。为35名考上大学的建档困难职工（农民工）子女发放助学款8万元。筹集资金54万元，对2000余户、2100余名建档困难职工开展送温暖慰问活动。争取免费职业介绍专项资金9万元，帮助450人实现再就业。开展夏日送清凉活动，为区环卫站、市建三司等19个企业一线职工赠送2万余元的防暑降温物品。为280名特困职工办理爱心乘车卡、爱心电力卡。为自主创业劳模、下岗失业人员、农民工等申请工会创业贴息贷款40万元。对符合条件的417名建档困难职工实施日常帮扶救助，发放救助款27.70万元。办理在职职工“四川省职工住院医疗互助保险”962份，办理医疗赔付1.73万元；新办理女职工大病保险1337份，办理赔付10万元。全区有基层工会408个，会员6.12万人；企业工会207个，联合工会18个，会员2.27万人。已建会非公有制企业新签、续签工资集体合同170份，覆盖职工5106人。续签区域（行业）性工资集体合同14份，涵盖法人单位997个，覆盖职工7593人；新签区域（行业）性工资集体合同2份，涵盖法人单位27个，覆盖职工703人。新组建基层工会17个，新发展会员1213个。组织指导全区300多个企事业单位开展劳动竞赛1000多场次，2.1万余名职工参与竞赛活动。

【共青团工作】 2014年，新发展团员587人。开展各类主题教育活动50余次。在乡镇街道及学校等基层团组织中开展“学雷锋”“清明祭英烈”“我的中国梦——与人生对话”“红领巾相约中国梦”“向国旗敬礼”等主题团日、队日活动。为辖区内创业青年提供青年小额贴息贷款50万元；联合区就业局开展农村青年技能培训50人次。组织青年志愿者2000余人，开展“创建文明城市，自流井青年在行动”“保护母亲河行动”“关爱农民工子女”“亿万农民健康行”“禁毒宣传”“防艾宣传”等主题志愿服务活动。开展“青春情暖 暖冬行动”系列活动，向辖区内113名贫困青少年送温暖、贺新年。组织青年志愿者到荣边、舒坪小学启动“快乐课堂”活动10次，参与志愿者165人次，受帮扶留守学生500人次。

【妇联工作】 2014年，召开自流井区第十一次妇女代表大会，120名妇女代表参会，大会民主选举出区妇联第十一届执委21人、常委7人。在“三八”节组织举办家庭美容护肤知识讲座、知识对抗赛、“以绳会友，毽来毽往”趣味活动，开展“展巾帼风采，做幸福女人”征文活动等。开展妇女维权普法知识系列讲座，邀请专业律师，围绕妇女劳动合同、外出务工纠纷法律维权、如何预防家庭暴力、如何维护青少年合法权益等进行讲解。以全区城市失业妇女、女大学生、进城务工妇女、返乡女农民工等妇女群众为主要服务对象，开展自流井区春风行动妇女专场招聘会。在郭街核桃湾社区正式挂牌成立全市首个“儿童之家”，为0岁至18岁的少年儿童提供游戏、娱乐、课外学习等一体化服务。为167名贫困妇女、200名贫困留守女童、14名孤儿、300名贫困儿童、3名残疾人发放慰问金和慰问品共计15.86万元。开展“贫困母亲”集中和走访慰问活动，慰问贫困母亲50人，发放慰问金1万元。临时救助3名贫困患病妇女、10名困难妇女党员，发放慰问金3200元。协调爱心企业为辖区内500名贫困留守儿童捐赠价值15万元的爱心羽绒服。通过信访途径向妇女群众提供法律咨询和服务100余件次，接待群众来电来访33件，办结率100%。建立农村女童台账和贫困女童资料库，收录176名农村留守女童信息和180名贫困女童信息。开展“杰出职业女性”评选表彰活动，评出10名在各条战线上做出突出贡献的杰出女性。

【工商联工作】 2014年，联合自流井工会、自流井人社局、自流井经信局共同开展工资专项集体合同履约情况督查工作，走访东街、郭街、新街、五星街、舒坪镇及建华房产开发有限公司、自贡市天味食品有限公司、川南复合化肥厂等12个公司。组织非公有制企业代表参与“走出川南，投资海外”论坛暨中港国际集团项目推介会和松潘赴自贡招商引资暨旅游推介会两场大型会议。组织商会会员参加“当前经济金融环境分析与投资策略”专题讲座、“终身有钱，富足人生”财富论坛、“四川省民营经济转型升级创新发展报告会”和“圈层品鉴主题沙龙”。为非公企业负责人、企业高管组织主题为“劳动法与劳动合同法重点法规政策——新形势下用人单位风险控制”的专题培训会，68人次参会。同自流井区就业局举办民营企业专场招聘会，联系80余家用工企业、单位入场，提供1000多个工作岗位。开展“栋梁工程——家乡助你上大学”活动，收到爱心会员企业捐款3.2万元，资助困难学生16人。赠送漆树乡俞冲社区老年养生保健书籍和儿童读物35册。

【政务服务】 2014年，开展政务服务进社区、村组活动4次，发放宣传资料2100余份，咨询620余人次。开展预约服务、延时服务1000余件次。组织政府采购118次，协议供货110次，交易金额2611.72万元。其中，集中采购2513.87万元，协议供货97.85万元。询价采购47次，单一来源采购4次，公开招标4次，竞争性谈判采购63次。公共资源交易中心组织工程交易49次，交易金额2498.15万元。发放救助金380万余元，惠及城乡困难群众1.4万人次；实施法律援助2141人次；职业介绍7716人次，帮助实现就业2891人次；惠民医院就诊4239人次，优惠金额22.13万元；惠民药房购药4754人次，优惠3.54万元。收到各类申请12.77万件，办结12.77万件，其中：行政审批1537件，公共服务12.62万件，按时办结率、现场办结率、提前办结率均为100%。

【群众工作】 2014年，牵头开展“践行群众路线·真情服务基层”群众工作月活动，参与干部2000余人，发放宣传物料18.76万份。开展各类群众性文化活动30场次，参与群众6万人次。开展矛盾纠纷排查15次，排查问题94件，化解78件，化解率82.98%。受理办结初访270批1414人次，初信2件，占全区信访总人次的74.11%。化解、办结省集中交办重点信访案件72件。化解省领导包案信访积案难案2件、市领导包案信访积案3件；办结区信联办自行排查县级领导包案信访突出问题23件，按期办结率100%，息诉息访率100%。市信访联席会议交办4件挂牌重点信访案件，化解2件、办结1件。梳理筛查市信联办转送群众到中央巡视组接待室上访事项25件，移送司法机关11件、不予受理3件、不再受理10件、自办1件，办结率100%。

经济建设

【工业】 至2014年年底，自流井区综合物流中心形成承载能力4.5平方公里，入驻产业项目30个，其中，建成投运项目25个，规模以上工业企业实现主营业务收入40.9亿元，新开工项目3个，新增承载能力36.67公顷。西南（自贡）无水港一期植物油加工项目建设全面展开，罐区、筒仓主体完工，主要车间及办公楼完成基础工程。普润产业博览城项目一期街式市场9万平方米建成投运；15万平方米家居电商体验博览中心完成平场，规划设计方案完成；项目二期定制式卖场（华芝药业配送中心）完成外装；申通快递入驻投运；大西洋焊接产业园项目一期车间办公辅楼主体及外装、厂房钢结构主体完成；川南现代粮食物流中心项目进入平场；伟经物流园完成选址，一期用地报批获准。丹阳街南延线建成通车，乐自高速互通式立交主体竣工，自流井连接线开工建设，丹阳街南延线延伸段、东西干道普润项目段开工建设。水电气及通讯等各类管网迁改敷设配套推进，实施能源、通信管网迁改15公里。1392套在建安置房部分楼栋实现主体封顶，农贸市场地块开发完成初步方案设计。全年报征土地99.33公顷，取得土地批文69.93公顷。

【农村工作】 2014年，开展新农村示范片建设，覆盖4个乡镇20个村，包括53个项目，涉及建设资金8448.6万元。引进自贡市阳光农业发展有限公司、四川百味斋食品有限公司，扶持壮大荣边水果专合社、自流井区杨柳肉兔养殖专合社等，引进资金1.2亿元。流转土地33.33公顷，新建鱼塘30余口、渠道4000米、排水渠道3000米，新建观赏道路5000米，先期投放泥鳅幼苗1500千克30万余尾。沿伍富路新建蜀水阳光13.33公顷花卉苗木基地。在荣边镇干塘村新建优质葡萄基地10公顷；新建叶合村拾翠园生态农业体验基地6.67公顷、黄家村大棚蔬菜种植基地53.33公顷；建成漆树乡玫瑰李种植基地20公顷、塔罗科血橙基地13.33公顷、泥鳅养繁基地6.67公顷、白乌鱼和红菱套种基地3公顷。新发展农团乡东升村红豆杉6.67公顷，在草堂村引进翠冠和圆环2.6万株。启动竹园村优质花卉苗木种植基地13.33公顷基础设施配套建设，新建生产道路1200米，游道铺筑碎石800米。实施优质水产品养殖基地建设33.33公顷，新建观赏道路5000米，金土地整理完成8公顷。投入建设资金600万余元，在仲权镇竹元村、漆树乡星星村和杨柳村开展村民活动广场2250平方米建设，并配套文化、体育活动器材。在仲权镇竹元村和群光村新建村级阵地建设合计800平方米，在漆树乡星星村新建村民文化活动室200平方米。培育省、市、区级农业产业化重点龙头企业15家。发展专业合作社40余个，其中培育发展国家级示范农民专合社1户，省级示范专合社1户，市级示范专合社8户。农民专合组织发展成员1000余个，带动农户1万余户。完成漆树乡4个村、35个村民小组、1722个农户共2.55万个地块的入户调查、外业调绘、内业处理和公示确认工作。颁发宅基地使用权证2.15万户1406.67公顷。累计土地流转面积1000公顷，转让土地11.2公顷，转包土地285.07公顷；互换土地146.6公顷，出租土地436.07公顷，入股合作耕地面积67.93公顷，其他形式流转土地56公顷。开展移民项目政策咨询活动8次，向老百姓宣传政策法规1000人次；开展移民工作培训3次。

【农业】 2014年，农作物播种面积8838公顷，粮食总产量2.76万吨，油料产量0.2万吨，蔬菜产量7.5万吨。推广主导品种15个，主推技术13项，推广面积7333.33公顷。在建立漆树乡建立麦—玉—豆粮油高产高效示范片200公顷，农团食用菌标准化生产示范基地1个。发布植保情报5期，推广绿色防控666.67公顷。全年病虫发生1.21万公顷，防治1.13万公顷，挽回粮食损失0.3万吨。开展无公害农产品标志市场专项检查，涉及蛋、面、米、油、营养粉、酒等共282个产品，未查出违法使用标志的情况。推进农产品市场准入和质量追溯制度，指导川南农贸市场每天抽样送检，协助农业部、省农业厅和市农牧业局对自流井区基地、重点市场和超市进行农产品质量抽检，共抽检农产品约420个样。组织实施农村户用沼气池建设，新建沼气池204口。完成新型农民培训1100人，农民实用技术培训4.1万人。落实粮食直补资金65.2万元、农资综合补贴资金563.84万元，面积2966.67公顷；清理核实水稻、玉米、小麦和油菜良种补贴面积6073.33公顷。开展种子、农药、化肥为重点的农资市场专项检查，打击制售假劣违法行为，净化农资市场。

【畜牧业】 2014年，出栏生猪9.1万头、肉牛0.17万头、肉羊1.9万只、家禽121.15万羽；完成禽蛋产量0.31万吨、牛奶产量0.24万吨、肉类总产量1.05万吨；完成畜牧总产值3.51亿元，畜牧业促进农民人均增收162元以上。依托市动物疫病防控中心，建立荣边镇粮油高产示范基地、经济作物产业示范基地和漆树乡肉兔养殖示范基地3个。全区科技示范户540户，其中：种植业290户，畜牧业250户。组建54名技术队伍指导农牧业科技示范户应用、推广新品种和新技术，提高辐射带动能力。铺设沼液输送管道26.4千米，改扩建沼液储存池35口，辐射荣边镇3个村186.67公顷农用土地。新创建标准化示范场2个，新申报省、市级畜禽标准化示范场各1个。消毒圈舍35.79万平方米，消毒面100%；饲养圈舍、农贸市场、储藏点、运输车辆等消毒面积2.36万平方米，消毒面100%；开展疫情测报，各乡镇共送检牲畜血清246份；免疫小反刍兽疫279只，免疫犬只4395只，免疫率90%以上。开展兽药质量安全专项整治行动，业务培训60人次，全区兽药GSP店共13家，辐射全区7个乡镇，各店均未发现违禁药品。开展瘦肉监测工作，使用检测卡2650条，监测规模养殖场77户，出动执法人员158人次。每月对各类市场检查1—2次，处理经营病死猪肉案件1起。对9个大超市、12个城乡区市场、2个冻库和8个加工场（点）开展防疫条件检查，对不符合的场所责令整改。开展监督执法检疫动物18.57万头，检疫动物产品54.33万公斤，出动执法人员2587人次，依法查处案件7件。

【林业】 2014年年末，全区有3052公顷天然林资源，巩固全区退耕还林面积615.7公顷，管护国有林80公顷；实施退耕还林后续产业建设53.73公顷，营造林面积133.33公顷，其中新造林66.67公顷，以甜橙为主的经济林66.67公顷；补偿集体公益林2095公顷。提高群众森林防火和科学扑火意识，发放宣传年画2000份、防火资料4000份，利用尖山桃花会在门票上印制防火标语8万份，添置标语20幅、墙标18幅、林区警示牌200块。分期分批在农团小学和林区村小上森林防火课3次；配合市、区护林防火指挥部在尖山举行森林防火应急演练。投入资金35万元，购置消防水车、水泵、油锯、锄头、砍刀等工具。全区未发生特重大森林火灾，森林火灾损失率控制在0.1‰内。检疫种苗260万株，对竹木材经营加工单位开展调运检疫，办理木竹材经营加工和种苗产地检疫植物检疫登记证9家，开具森林植物调运检疫证92份。人工防治松褐天牛333.33公顷，防治竹蝗和马尾松毛虫80公顷；安装230套诱捕器，释放20万头肿腿蜂，人工喷施噻虫啉防治333.33公顷，设置700株诱木等措施对松褐天牛开展综合防治，防治作业面1596.33公顷；清除松树中的倒木、枯死木、腐木3685株。规范管理木竹材经营加工单位31家，办理木材运输证98份；全年采伐林木2360立方米；审核上报主管部门批复林地征占用4起，涉及林地2.09公顷。

【旅游】 3月4日，2014四川省花卉（果类）分会场暨自贡第十五届飞龙峡桃花生态旅游节开幕，举办“以绳会友，毽来毽往”“尖山寻福”“歌声飞扬桃花园”现场歌曲接龙比赛、“走在春天里”第五届飞龙峡徒步游活动和第三届骑游活动及自流井区特色旅游商品展销等主题活动。是年，举办第二届“萄李芬芳”采摘活动和金秋旅游系列活动。各类节庆活动期间共接待游客30万人次，综合旅游收入2340万元。全区星级农家乐共15家，年接待游客人数超过40万人次，经营收入200多万元。组织开展法定假日和旅游节庆活动期间旅游安全联合检查8次，出动执法检查人员50余人次，检查农家乐30余家、旅游景区1个。开展困难归侨侨眷帮扶工作，实施“归侨侨眷关爱工程”。争取到马来西亚星洲日报社对自流井区20位贫困学生进行资助，每年资助金额1.4万元。

【商贸流通】 2014年，新增16个限额以上规模企业。全区64个限额以上规模企业包括电子商务，餐饮、酒店、医药、粮油、通信、大型专卖场等超市。服务业增加值122亿元，同比增长9.5%。社会消费品零售总额162亿元，同比增长13.2%。开展元旦、春节、“五一”、端午、中秋、国庆等重要节假日市场运行监测、监管和促进消费工作，全区商场、超市接待游客和消费者40万余人次，实现销售近4亿元。投资500万元打造东方广场名特美食城，引进韩国、日本、德国及中国台湾地区、广东、云南、浙江、成都、重庆等著名小吃。加强定点屠宰企业两证两章及台账的检查监管力度，严格执行生猪12小时静养屠宰制度。送培6人参加肉品检验培训，确保持证上岗。培育发展农超对接项目1个，家政服务公司3个。

【招商引资】 2014年，新签约亿元以上重大项目11个，其中：1亿元—5亿元项目5个，5亿元—10亿元项目5个，10亿元以上项目1个。累积到位市外资金75.46亿元，完成市外固定资产投资48.95亿元。包装3000万元以上重大项目33个，报送各类项目线索28条。参加中外知名企业四川行、第十五届西部国际博览会等招商活动，与北京葵花嘉财商业发展有限公司、中港国际投资集团等50余户企业进行对接洽谈，发放宣传资料800余份，搜集项目线索70余条。其中，在“中外知名企业四川行”活动中，签约协议资金72亿元，在西博会上签约协议资金40亿元。全年接待50多批次、150多人次知名企业、商会和客商到自流井区考察。

【财政工作】 2014年，地方公共财政收入8215万元，比2013年增长13%；基金预算收入997万元，比2013年增长514%。财政总支出18.66亿元，同比增长36.3%。其中：地方公共财政支出12.62亿元，比2013年增长34.4%；基金预算支出6.04亿元，比2013年增长40.4%。财政纳入预算内管理的非税收入5389万元，比2013年增长19%。教育支出2.01亿元，同口径增长11%。减免企业税收8589万元，减收免收行政事业性收费80万元。筹集资金9206万元，支持各项支农、惠农、富农政策。筹措资金1.57亿元，支持医药卫生体制改革，建立疾病应急制度，建立优扶救济、社会福利、社会救助制度。筹措资金7348万元，支持廉租房、棚户区改造、农村危房改造等保障性安居工程建设。筹集资金2540万元，支持文化惠民工程、基层公共文化体系和公共文化服务基础设施建设。筹集资金3678万元，支持开展社会管理综合治理、法律援助、“大调解”等工作。

【国税工作】 2014年，组织税收收入10.82亿元，其中：增值税收入5.94亿元，消费税收入9693.18万元，企业所得税收入3.9亿元，个人所得税收入0.96万元。完成地方级税收收入1048.13万元，比2013年增收283.76万元。办理社会福利企业退税556.92万元，资源综合利用企业退税32.12万元，办理免抵退税324.50万元。专项核查和纳税评估16户企业，查补税款及滞纳金220万元，调增应纳税所得额1700万元。开展各类业务讲学12次，选送45人次参加2014年度基层一线人员更新知识培训，6人次参加省国税局2014年度岗位履职能力提升培训。

【地税工作】 2014年，组织地税收入7.58

亿元，增收1740万元。其中，税收收入6.6亿元，增收809万元；基金附加收入9792万元，增收931万元；省级税收收入1.85亿元，减收1546万元；市本级收入3.62亿元，增收296万元；区级收入2080万元，增收9万元。全区83个重大项目全部建立管理台账，实现从立项到税收管理一体化。纳税评估重点企业92户，查补税费3095.01万元。检查企业42户，查补入库税款、滞纳金和罚款1783万元。举办第23个税收宣传活动，进校园、企业、农村和社区开展税收法制宣传，以“心系蓝丝带”“我与税收同行”主题举办中学生作文比赛，集中培训辅导纳税人2000人次。审批备案减免税1281.69万元，纳税人按政策自行减免6000万元以上。减免税收发票、税务登记证工本费（含资料费）27.78万元。

【科技工作】 2014年，高新技术产业总产值86.4亿元。组织申报实施国家、省、市级项目25项，成功实施17项，争取上级项目资金874万元。组织开展“2014年自贡知识产权宣传周暨世界知识产权日活动”，现场发放专利、商标、版权、技术标准和知识产权保护等相关宣传资料，并接受企事业单位和群众咨询。开展专利执法联合执法1次、综合执法4次，单独开展专利执法3次。全区专利申请量256件，其中发明专利申请量100件、实用新型134件、外观专利22件。组织区企业参加第四届中国西部高新技术产业与金融资本对接推进会，拓宽企业融资渠道。

【发展和改革工作】 2014年，实施重大项目92个，总投资209亿元，年度投资39.15亿元。其中：区级重大项目66个，年度投资11.23亿；市级重大项目26个，年度投资27.92亿元；省级重大项目4个，年度投资15.7亿元。审批政府投资项目58个，备案企业投资项目8个。组织22户符合条件的家庭被申报“2013年自贡市幸福家庭”，1人被评为自贡市“师德标兵”。受理和办理劳动监察案件7件，日常巡查、监察用人单位92户；完成退休职工领取养老金资格认证工作，其中，视频认证7067人。完成136件涉案物品的价格鉴证工作，标的金额305万元。

【统计工作】 统计结果显示：2014年，生产总值完成284.45亿元，同比增长5%；区属规模以上工业增加值完成58.21亿元，同比下降4.1%；区属全社会固定资产投资完成120.44亿元，同比增长10.9%；社会消费品零售总额完成162亿元，同比增长12.5%；城镇居民人均可支配收入2.51万元，增长1778元；农民人均纯收入1.08万元，增长1240元。是年，成立第三次全国普查领导小组，开展第三次全国经济普查宣传、培训、试点、入户登记数据处理等工作。完成限额以下工业企业抽样调查、小型批发零售贸易业、餐饮业抽样调查、劳动力抽样调查。全区参加统计从业资格培训考试79人，参加统计继续教育培训325人。

【审计工作】 2014年，完成审计和审计调查项目131个。其中：固定资产投资审计项目117个、专项审计调查5个、财税审计2个、行政单位财务收支审计2个、预算执行情况审计2个、经济责任审计2个、保障性安居工程跟踪审计1个，配合市审计局实施“上审下”项目3个。完成“自流井区久大制盐基地动迁安置房二期工程”“仲权永胜村金土地整治项目工程”“自流井区乡镇生活污水处理建设项目（一期）工程”等117个政府投资建设项目审计。累计送审金额1.38亿元，审减金额1622万元，审减率11.75%。出具审计决定120份，审计决定执行率100%。开展2013年度财政预算执行和其他财政收支情况审计工作，审计区本级财政预算执行情况、预算平衡情况、区地税局税收征管和机关经费情况，以及区卫生局等14个区级单位的预算执行和其他财政收支情况。对“三中心一新城”建设中送审“大西洋地块16.33公顷土地征地成本”“北部湾油脂公司地块10.87公顷土地征地成本”“普润商贸公司地块17.87公顷土地征地成本”“老街地块拆迁安置成本”进行审核，并出具审核意见。

【工商管理】 2014年，查处各类违法违章案件463件，案值62.9万元。配合公安部门取缔传销窝点7个，遣返传销人员161人。新登记各类企业172户、个体工商户876户；全区累计登记各类企业3218户，累计在册个体工商户7803户。办结消费者申投诉448件，挽回经济损失15万元；办理“诉转案”案件1件。评出守合同重信用企业36户，格式合同备案2份；开展格式合同条款监管工作，把格式条款合同监管纳入基层工商所市场巡查内容，查处合同案件17件。开展对种子、化肥、农药、农机具等农资商品专项检查，在农资市场监管系统录入农资经营户78户。提出商标发展建议10条，提出注册申请6件，培育自贡市第二中压阀门厂的图形商标为著名商标、雪儿化妆品店“雪儿玉言”为知名商标，培育“百味斋+BAIWEIZHAI+图形商标”在美国进行国际商标注册，对“狸狐洞”商标进行保护性注册，向自流井区超平水产养殖农民专业合作社送“畦田”商标1件。全区累计有效注册商标1214件，其中：驰名商标2件，著名商标5件，知名商标21件。广告登记59户，广告监测1008条，查处广告案件19件。查处无照无证经营案件95件，查处未经核准擅自从事互联网服务的黑网吧案件2件。

【质量技术监督工作】　2014年，开展农资、农药、化肥等生产资料计量和医疗卫生行业强检计量器具专项检查，组织定量包装、商品过度包装专项抽查。对商场“3C”认证产品的电器、儿童玩具和辖区3家“3C”认证生产企业进行强制性产品及认证认可有效性监督检查，未发现违法行为。工业产品监督抽查检验合格率92.8%，同比提高0.3%。4户企业获省级采用国际标准和国外先进标准证书；65户企业使用有效产品标准备案。抽检食品包装材料、容器、食品生产经营工具食品企业3家，12批次产品，合格率100%。出动执法人员72人次，车辆36台次，检查食品生产企业36家，发放宣传材料3000余份。邀请专家对彩灯公园、尖山等16家大型游乐设施单位进行培训指导。举办3期特种设备安全培训会，辖区内80余家企业、特种设备管理人员和操作人员210人次参加培训。分别与6家特种设备重点监控单位签订《特种设备安全责任书》，建立目标考核制度。完善辖区内特种设备动态监管体系，建立49家特种设备使用单位台账档案。开展特种设备安全生产大检查“回头看”“日安全生产活动”、长输（油气）管道等排查整治、电梯专项检查、“六打六治”打非治违专项行动整治及特种设备日常监督，共出动执法人员400余人次，出动车辆200余台次，检查特种设备使用单位285家次，发出安全监察指令书32份，完成特种设备安全援救演练6次。

【市场管理和服务】　2014年，区内各市场共有店面646间，出租使用579个，出租率89.6%；摊位823个，出租使用677个，出租率82.3%。组织群众性清洁卫生大扫除90次，清理垃圾1800余吨；清理“牛皮癣”及乱张乱贴2500余处；疏通市场阴阳沟、排洪沟近3500米；铲除“千脚泥”约20吨；拆除乱搭乱建摊点467个；清理私拉乱接的电源、电话线2400余米；清理施工现场卫生死角垃圾50吨；清扫市场屋顶墙面蛛网吊尘4200余平方米。组织对摊点划行归市350余个，取缔流动摊点近700个；新增垃圾箱、果皮箱（桶）20个；统一制作店招牌及区指示牌、警示牌20个；配合整治占道停车乱停乱放300余（车）次。集中投放灭鼠、灭蝇药140次，投放蟑螂药2200包、鼠药5200包。进行安全检查70余次，检查市场160余场次，参加检查人员220余人。整改安全隐患80余处，当场处理60处，限期整改20处。为各市场补充更换消防灭火器20具，消防水带、水枪8套。

【供销工作】　2014年，实现经营服务总额5.46亿元，销售总额完成2.69亿元，消费品零售额1.94亿元，农资供应总额3620万元，农副产品收购总额1.86亿元，利润总额230万元。新增自贡市牧天食品有限公司、自贡市阳光农业发展有限公司为农产品产销对接龙头企业；新增自贡市天野农业开发有限公司为储备农产品产销对接龙头企业；新增荣兴生猪养殖专业合作社、杨柳肉兔养殖专业合作社、鑫源种养殖专业合作社3个产销对接专合社；新建牧天种养殖专合社的盐帮厨子冷吃兔系列成都直销店；新发展荣边养猪专业合作社、杨柳肉兔养殖专业合作社、鑫源种养殖专业合作社3个农民专业合作社；创建星级综合服务社3个，改造基层社3个，新发展行业协会1个，新注册商标2个。

城乡建设

【基础设施建设】　2014年，全区完成建筑业产值83亿元，建设领域服务业增加值增幅8%。投资1370万元，完成灯杆坝市场内涝治理工程和张家沱排水系统改造工程。对辖区内15个社区小广场进行升级改造，新建檀木林及3个社区文化广场。修补辖区内道路坑凼约1600平方米，维修人行护栏及路沿石1100米、人行道板1467平方米，新安及维修隔离墩540个，疏通下水道8100米，维修路灯熄灯1950余盏，处理市区路灯线路短路、断路200余次，维修路灯及亮化地埋电缆4300余米，油漆锈蚀配电箱60余个、锈蚀路灯电杆600余柱；更换东光路灯架空线1500米，新安路灯13盏。

【房地产】 2014年，直管公房大修面积2000平方米，中修面积5000平方米，小修1700户次。清理转租转让5户，调剂安置住房困难户15户。完成五星街半边街14组、20组公房置换安置；完成豆芽湾、东锅油压机、海潮寺、露水湾、新华印刷厂等房屋临时过渡费发放工作。全区累计纳入廉租住房租金补贴家庭2439户4293人，发放补贴资金220万余元。完成廉租住房一期剩余186套8850平方米、二期220套1.1万平方米、三期284套1.48万平方米建设，实现竣工验收。廉租住房五期100套、5000平方米建设实现主体工程封顶。完成釜溪东路南段道路改造项目、龙井公园建设项目、顺龙坝片区改造建设项目签约工作。招投标备案登记1家，前期物业备案登记2家，物业管理企业暂定三级资质备案登记2家，异地物业管理企业管理方案备案登记1家。发出整改通知4份，制止违章装修4起。

【园林绿化】 2014年，清理行道树及花台绿带内干枯枝1000多株次。修整交通路、五星街、火车站、自由路、光大街、檀木林街等路段的行道树3000多株次。补栽60余株死亡行道树，补栽花台绿带内植物6万多株，补栽（播）草坪1600余平方米，补栽解放桥立交桥、十字口大桥等路段花卉5000多盆。对各类花台绿带、广场植物施药治理病虫害10多次。每周修剪花台绿带内的整形植物1次，冲洗临街的花台、绿带、行道树及雕塑2次。对龙井公园、钟云山体育公园、富台山绿色长廊、钟云山社区长廊、人大广场、同兴广场、水涯居盐运船家文化广场、滨河广场绿地等地及主街大道双向近66公里长的6748株行道树的后续养护管理。

【人民防空】 2014年，完成《自流井区防空袭方案》修订和漆树乡人防疏散基地建设。新增仲权镇警报器1台，更新仲权镇政府大楼、省建和东锅3台控制设备；“9·18”警报试鸣参试率100%。完成煤店人防工程堡坎垮塌段抢险治理和新街地下通道维修加固。

【消防工作】 2014年，办理建设工程消防设计备案11个、竣工验收备案2个；下发建设工程消防设计审核意见书5份、验收意见书6份；办理公众聚集场所营业（使用）前消防安全检查合格证55个。钟云山路消防中队接警出动369次，出动车辆583台次，出动官兵3364人次，抢救疏散被困人员50余人，保护财产价值500万余元。检查单位和场所650余个，查出火灾隐患和消防违法行为290余件，填发责令改正通知书180余份。立案查处消防违法行为30起，下发行政处罚决定书33份，其中：罚款27家单位，罚款6人；责令“三停”5家，行政拘留2人，对13个场所实施临时查封；针对2个存在重大火灾隐患的单位报请政府进行挂牌督办，并督促整改完毕。上消防课15次，消防站开放日接待群众800多人，印发消防宣传资料2万余份，受益群众1万余人次。获区级“全优单位”“安全生产先进单位”、市级“文明服务示范窗口”，1人记三等功，2人被评为“优秀共产党员”，4人被评为“年度优秀士兵”。

【城市管理】 2014年，开展大型占道经营整治行动25起，取缔流动摊点2200余处，规范越门经营1400余起，对全区49个报刊亭、信息港经营秩序进行规范。立案查处违规设置广告1起，拆除违章设置和陈旧破损的户外广告、店招店牌等240余副。拆除富台山、自由路、东方尚城、东方广场、仲权镇、舒坪镇等区域违建10起，拆除平安苑群体性和压占天然气管道的历史遗留违建12起，拆除面积1500余平方米。查处车辆乱停放等违规、违法和不文明行为1.38万起，教育行为人3300余人次。清理“牛皮癣”乱张贴、乱喷涂20万余处。组织建筑工地和扬尘专项执法行动8次；督促拆迁工地打围7起；督促15家餐饮店面安装油烟净化装置。开展4次专项执法检查，督促餐饮经营业主整改24起。开展“两考”禁噪、建筑工地、交通、商业、文娱等各类噪声专项治理行动各2次，实施行政处罚1起，确保噪声查处率100%。

【国土资源管理】 2014年，全区耕地保护面积5007公顷，基本农田保护面积3110公顷。在漆树乡4个村和荣边镇尖山村建成高标准基本农田526.4公顷。开展荣边镇3个村和仲权镇3个村土地整理项目建设，两个项目整理总规模1190.13公顷，总投资2809.01万元，建成高标准基本农田943.73公顷，新增耕地125.6公顷。组织开展土地变更调查和卫片执法检查工作，全区共涉及41个卫片图斑，监测面积共49.6公顷，对土地违法案件进行查处。开展执法动态巡查40次，发现违法用地行为18宗，面积26.59公顷，其中：制止15宗，立案查处并结案1宗，责令改正2宗；规划调整城区土地利用面积162.64公顷；对农团乡新国村、草堂村城乡建设用地增减挂钩试点项目城镇建新区实施规划进行调整，调整面积3.15公顷。开展土地利用动态巡查13宗，面积130.77公顷，均已建立相关跟踪信息卡。实现土地出让27.17公顷，其中：商服用地1宗，出让面积10.81公顷；工业用地1宗，出让面积16.36公顷。完成农户搬迁279户，实施拆旧复垦176个地块，复垦面积40.42公顷。完成地质灾害防灾避险搬迁安置农户14户，对全区25处地质灾害隐患点进行逐一排查。

【环境保护】 2014年，城区气化率100%，城区餐馆油烟净化率95%。查处釜溪河非法排污口8处。为荣边镇、仲权镇、漆树乡5个生活污水处理设施安装出口流量计，日处理污水1700吨，污水处理达国标一级B标。完成特驱种养猪场沼液消纳工程、新民天畜禽养殖废水治理工程、惠森生物科技公司畜禽粪便堆肥项目。在第43个世界环境日，开展以“向污染宣战”为主题的宣传活动，收到群众投诉4件，解决环保疑难问题20余件，向群众发放大气污染防治宣传手册、“两高”司法解释宣传手册等宣传资料1000余份。开展世界环境日纪念活动，悬挂标语15条，环保知识展板10块，张贴环保宣传画30幅。举办新《环保法》培训班，200人参训。建成市级生态村6个，建成首个省级生态乡镇1个；建成省级绿色学校4个、市级绿色学校1个、省级生态示范小区2个、市级生态示范小区8个、省级生态示范村2个、市级生态示范村28个；创建国家级绿色社区1个、省级绿色社区1个，省级生态乡镇1个、市级生态乡镇1个。配合市环境监测站监测尖山一库、尖山二库、高峰水库、陡沟子水库、周家冲水库、王岩水库共6个点位，整体达标率80%以上。审批新改扩建项目16个，其中：登记表12个、报告表4个。完成排污申报企业88户，其中：医院38户、小型企业50户，下达核定及缴纳通知单31户，征收超标排污费27.91万元。接受环境信访件67件，完结67件。出动环境监察执法人员668人次，车辆248次，开展环境专项行动，检查企业297家次，对21户企业下发“责令改正违法行为决定书”33份，对5户企业下发“污染源限期整治决定书”5份，行政处罚案件立案3件，结案3件。开展使用Ⅳ、Ⅴ类放射源、Ⅲ类射线装置检查，检查企事业单位56家（医疗机构32家），其中使用Ⅲ类射线装置的共28家，在用X光机38台。督促各单位建立健全辐射安全规章制度，设置警示标志和管理台账，对胶片定显影液按危险废物管理要求交有资质的单位回收处置，严禁擅自排放。

【水务工作】 2014年，新建20余处小型蓄水设施，增加恢复2000公顷灌面。实现水产品产量2835吨，其中名优特产品1300吨。整治成片集中精养鱼池面积5.33公顷、稻田养鱼8公顷，新建特色水产养殖基地16.67公顷。开展“清水行动”，打捞垃圾1370吨。水土保持综合治理完成经济林121.9公顷、水保林153.9公顷、种草47.25公顷、封育治理125.8公顷、保土耕作153.9公顷，完成水系绿化6千米；乡镇污水处理规模为每天1200立方米，达到一级B标排放标准。完善应急抢险预案、加强应急演练和防汛物资储备，实行领导带班责任制，落实专人24小时值班。组织召开全区防汛抗旱工作会，对各防汛成员单位签订安全责任书。在王岩水库、胜利一库、胜利二库、陡沟子水库和周家冲水库放流花鲢、白鲢、草鱼、鲤鱼鱼苗21万余尾。

【交通工作】 2014年，乐自高速公路自流井互通式立交桥项目完成桩基48根、墩身26个，路基挖方13万立方米，填方13万立方米。荣舒路改善工程完成土路基2.34公里，挖方2.8万立方米，借土挖方1.3万立方米，填方3.1万立方米，完成涵管安装4道，盖板涵1道。伍富路中修工程建成7.8米宽水泥路1.6公里，修补七洞桥—八斗丘22公里病害路面。完成通乡油路23.7公里，新建、改建村道16.5公里。修建仲权镇仲权村7组、8组水泥路约1700米，硬化农团乡红岩村1.5公里组道。完成辖区内农村公路县道48.3公里、乡道49.56公里的日常养护和大中修工作。

【海事管理】 2014年，送培行政执法人员培训1人，资格培训学习考试1人。召开各类安全会98次，举办船舶所有人、经营人、船员、签单人员学习班1期。出动检查组30次，检查人员595人次，检查车辆210次，检查各类船舶2905艘；检查客渡码头494道次，播放安全片35次，接受群众咨询400人次。转发各类安全文件347份，发放安全宣传图片、资料1213余张，发放救生浮具40具。船舶报检率100%，报废率100%。发放各类安全文件347份，发放安全画、安全资料及安全传单1231余张、标语300余幅，接受群众咨询400人次；召开各类现场会98余次，发放救生浮具40具。

文化建设

【文化工作】 2014年，开展重大文化活动12场，群众文化活动117场次。新建留守儿童之家5个、社区书屋18个、村村响工程15个、农村院坝1个、农民工文化驿站1个。培育歌舞娱乐场所5家、印刷企业1家、网吧5家。组织大学生志愿者、文学艺术界人士创作小品、舞蹈、声乐、书法、文学等作品120余件（幅）。开展“净网2014”“清源2014”“秋风2014”“固边2014”等专项行动33次，出动人员200余人次，检查各类场所230家次，受理举报10余件。联合举办每年一届区中小学生田径运动会、小学生“体彩杯”“三棋”比赛。举办自流井区羽毛球邀请赛、“四川省全民健身篮球”比赛、尖山飞龙峡桃花会第五届徒步游骑游和自流井区文化产业者“体彩杯”棋牌比赛等群众体育活动。组织、筛选和训练47名运动员，参加省十二届运动会跆拳道、艺术体操和女子足球操等比赛项目，获1枚银牌、1枚铜牌。举办“中国梦·盐都情·幸福自流井”自流井区第二届文化艺术节，开展街道文艺汇演、迎新大合唱比赛、书法美术作品展、青少年阅读活动和文化志愿者活动。组织社区、乡镇文化等各级文艺骨干200余人参加坝坝舞、秧歌、太极拳等培训活动。全年放映农村公益电影540场。

【精神文明建设】 2014年，在区内媒体开设专栏专题，制作公益广告120多幅。开展“追星榜样·关爱模范”暖冬行动，对辖区内的道德模范和全省优秀志愿者等开展关爱慰问活动。组织开展“节俭养德，全民节约”“文明餐桌”及节能利民等活动，印发文明餐饮宣传海报2000份，张贴到全区100多个机关、学校、企业食堂和800多家餐饮店。组织参加“四川志愿·码上学雷锋”、“码上圆梦”主题志愿服务、“传播核心价值，践行雷锋精神”知识竞赛、“光影学雷锋”摄影大赛等系列活动，获全省“光影学雷锋”摄影大赛三等奖。参加“四川志愿·携手圆梦”主题系列活动，为留守儿童捐赠图书3000多册，听读机3套。是年，区国税局办税服务大厅和区消防大队建成市级最佳文明服务示范窗口，区检察院建成市级最佳文明单位，区妇幼保健院建成市级文明单位，荣边镇建成市级文明镇，磨子井社区和龙凤山社区建成市级文明社区。

【档案工作】 2014年，接收区委办、婚姻中心、荣边镇档案105卷及农团乡47卷档案进馆，接收区婚姻中心2005—2013年度婚姻档案2034卷、区统计局1990—2006年文书档案94卷。完成2200卷馆藏婚姻档案扫描工作。提供有关档案资政服务，整合馆藏民生档案资源，建立“一站式”民生档案查阅服务室。重新修订《档案归档制度》《档案接收制度》《档案保密制度》《档案库房管理制度》等相关制度。全区续建、开工建设项目档案管理登记备案率100%，其中省重大建设项目登记率100%。开展区综合档案馆建设规划和馆藏档案整理、编目、保管、抢救保护、开放、利用和国家重点档案抢救保护项目申报工作。全年爱国主义教育基地接待观众800余人次。

【地方志工作】 2014年，完成《四川年鉴（2014）》6000字、《自贡年鉴（2014）》4万字自流井篇的撰稿和上报。选送涉及创新、文化、幸福、生态方面的彩照48幅入编省、市年鉴。正式启动《仲权镇竹元村志》编修，是全市尝试探索编修的第一部村志。与河北、北京、上海、河南、吉林、江苏、江西、福建、广东、山东、贵州、浙江、云南等省市的70多个市、区县进行志书交换，赠送区志120余本。将新中国成立以来出版的志书及近年出版的年鉴，赠送给秋收起义总指挥卢德铭烈士的家乡——仲权镇竹元村。收集文字资料400多万字，编纂完成《自流井年鉴（2014）》，并向全国公开出版发行。征集辖区3000余张照片，编纂完成《自流井图片年鉴（2014）》。全年出版地方综合年鉴1部，图片年鉴1部。

社会建设

【教育工作】 2014年，全区秋季小学招生2246人，初中招生573人，高中招生793人，初中和小学毕业率均为100%，小学在校学生辍学率为0，初中学生辍学率1.2%，高中学生辍学率1%。选拔推荐22中7名教师参加全市首届高中语数外3个学科教师网络晒课比赛。对全区17所小学修业年级科学实验教学质量进行监测，抽测学生170人。组织学生参加自贡市第二十九届中小学生科技创新大赛，获83项奖励。组织中小学、幼儿园学生219人参加省第九届艺术人才大赛，136人获等次奖。举办各类培训，培训干部教师4200人次；组织近1000名教师参加涉及各学段、各学科的“国培项目”远程培训，20多名校级干部参加国家、省、市提高培训；特殊教育教师参加国培、省培等培训19人次。将各校视频监控系统接入教育局网络，实现重点部位全覆盖和安全状况全程监控，开展日常安全和季节安全暗访督查6次。开设安全教育课，出刊安全教育专栏80余期，举办专题讲座150课时和国旗帜下安全演讲100多人次，学生自制安全手抄报5000多份。开展地震应急疏散安全演练1次，各学校开展各类应急演练150余次。联合区公安分局、区文体局、区食品药品安全监督管理局、区卫生局等部门开展全区综合整治3次。举办法律知识讲座、竞赛、征文等140余次，出刊法制教育宣传橱窗、简报等450余期。资助优秀贫困大学新生205人，金额35.3万元。通过市侨办、区工商联，募集资金3.2万元，援助贫困学生16人。签订党风廉政建设、规范办学行为、治理乱收费等工作防控责任书、承诺书3200余份。查处违规补课案件3起，处理教师6人。全年补充教师123人，教师培训7439人次，教师流动184人。全区高考生3254人，其中文科1409人、理科1825人、职教20人。重本录取243人，本科录取1121人，专科录取1724人，对口高职录取4人。初三毕业考生4090人，比2013年增加202人。成人高考考生2159人，其中文科考生674人，理科考生742人，专升本考生743人，高起本考生文科10人，理科21人。自学考试3次，5076人报名。

【卫生工作】 2014年，辖区内有各级各类医疗卫生机构177家，其中乡镇卫生院5家、社区卫生服务中心5个、社区卫生服务站7家、村卫生室41家、门诊部2家、诊所89家、医务室11家。卫生机构实有床位897张，卫生技术人员1055人，执业（含助理）医师492人，注册护士427人，其他专业技术人员109人。完成门诊诊疗64.54万人次，出院病人2.34万人次。法定报告传染病发病率401.04/10万，农村安全饮用水普及率100%。新型农村合作医疗参保人数6.95万人，参保率99.57%；孕产妇死亡率0/十万，婴儿死亡率4.58‰。全区8.11万人次参合农民受益，其中：门诊受益6.92万人次，住院受益1.15万人次。住院分娩定额补偿等其他补偿309人次，受益金额13.96万元。将儿童苯丙酮尿症、尿道下裂纳入重大疾病保障范围，重大疾病现增加到22种。医疗救助先心病患儿5人、重大疾病救助44人。全区校验合格医疗机构183家，变更注册42家，注销3家。接待医患纠纷39起，协调解决医疗纠纷23起，结案21起。开展适龄青年征兵体检480余人次，体检合格167人次。对全区65所托幼机构在园儿童体检1.08万人次；筛查新生儿疾病2243人、新生儿听力1727人；免费婚检5102人，免费孕前优生健康检查1004人，其中农村783人，城市221人；孕产妇艾滋病、梅毒、乙肝表面抗原检测2305人；农村孕产妇住院分娩补助709人。对辖区内4个乡镇水厂、5个二次供水单位开展监督检查，出动卫生监督员90人次，监督30户次。日常监督及专项监督检查公共场所经营单位632户，责令整改单位413户，当场处罚1户，罚款金额800元。检查辖区5所中学、16所小学、24所幼儿园，针对检查中发现的问题发出《卫生监督意见书》90份。受理卫生行政许可235件，经审查合格予以许可135件，予以复核99件；受理卫生行政审批申办件1222件，经审查合格予以许可1222件。

【计划生育工作】 2014 年，全区出生 2980 人，出生率 8.28‰，自然增长率 2.31‰，符合政策生育率 88.62%。发放计生政策法规、避孕节育、生殖保健等知识宣传资料 10 万余份，宣传知识手册 1.5 万册。举办全区计生干部及技术人员开展国家免费孕前优生健康检查培训班 2 次。发放叶酸 160 盒，为育龄妇女咨询 4150 人次，门诊人次 2670 人次，查环 3.51 万人次，查孕 1320 人次，随访 2530 人次，妇女病检查 6530 人次，发放避孕药具 17.8 万盒。新增国家奖励扶助对象 88 人、省奖励扶助对象 59 人、特别扶助对象 165 人。享受计划生育“两项制度”扶助对象 1890 人，兑现奖扶、特扶金 426 万元。独生子女父母奖励对象 1.17 万户。投入 4.7 万元为 111 名基层计生服务员和 4028 名农村和城镇低保家庭 0 至 18 周岁独生子女分别购买意外伤害险和平安保险。发放特别扶助对象慰问金 465 户 195.25 万元。为 1004 名目标人群进行免费孕前优生检查。办理再生育审批 715 件，其中“单独两孩”再生育审批 488 件。接待群众来电 480 件，来信 14 件，来访 503 件，“12356”热线受理 750 件，办结率 100%。多渠道宣传单独二孩生育政策，印发各类宣传资料 7 万余份；开展单独二孩政策计生干部培训班 26 期，培训业务人员 747 人次。

【劳动就业】 2014 年，举办各类招聘会 52 场，登记求职人员 3 万余人，成功介绍 5000 余人。在漆树乡、仲权镇、舒坪镇开展 5 期 250 人送培训下乡活动，帮助农村劳动者掌握专门技术。在四川理工学院和四川卫生康复职业学院开展 7 期创业培训，并与教育局合作开设安保培训班。全年职业技能培训 2500 人，创业培训 450 人，农村劳动力技能培训 1550 人，青年劳动者技能培训 850 人，品牌培训 250 人。城镇新增就业 8115 人，其中城镇失业人员再就业 3581 人，就业困难人员再就业 1244 人，城镇登记失业率 3.9%。创建高校毕业生见习基地 9 个，吸纳 54 名高校毕业生见习，促进高校毕业生实现创业 24 人。发放小额担保贷款 43 万元。带动 115 名下岗失业人员再就业。办理“就失业登记证”1694 本。新开发公益性岗位 855 个，其中区政府直接在社区开发公共服务站协管员、综治站协管员、警务室协管员、基层派出所治安巡逻人员 335 个。农村劳动力实名制登记录入 4.05 万条，其中转移就业 2.02 万人。发放失业保险待遇 2.25 万人次 1857 万元。

【医疗保险】 2014 年年末，城镇职工医疗保险参保 2.24 万人，城镇居民医疗保险参保 14.88 万人，其中大学生参保 2.83 万人。征收城镇职工医疗保险基金 5419 万元，征收城镇居民医疗保险基金 7755 万元。参保职工出院 5485 人次，住院总费用 4381 万元，统筹基金支付 2943 万元。职工全年个人账户支出 1786 万元，城镇职工政策范围内住院报销比例 79%。城镇居民医疗保险参保居民出院 2.55 万人次，总费用 1.36 亿元，统筹基金支付 7643 万元。门诊统筹支付 78 万元，居民政策范围内住院报销比例 70%。开展两次全区特殊门诊特殊疾病的资料收集，经检查鉴定确定门诊特殊疾病患者 252 人，对符合条件的患者核发门诊特殊疾病医疗证。明查暗访“两定点”医疗机构 115 家次。报送市民卡信息 10 万余条，发放市民卡 6.7 万余张。

【社会保险】 2014 年年末，企业职工基本养老保险参保 2.91 万人，新增 2723 人；工伤保险参保 1.51 万人，新增 2399 人；生育保险参保 1.26 万人，新增 2801 人；城乡居民社会养老保险参保 4.2 万人，新增 1018 人。新参保企业 105 家，3123 人参加养老保险、工伤保险和生育保险。城乡居民社会养老保险转入城镇职工养老保险 114 人。清理参保欠费企业并发放限期催缴通知书 67 份，电话催缴 753 个单位，催缴养老保险欠费 1329 万元，工伤保险欠费 3.47 万元，生育保险欠费 2.74 万元。全年征缴养老保险费 1.97 亿元、工伤保险费 275.87 万元、生育保险费 201.52 万元。在乡镇街道开展社会保险政策宣传活动，接待咨询 225 人次，解答问题 25 个，散发宣传资料 3980 份。开展退休人员认证工作，已认证 4.64 万人，认证率 99.6%。全区有企业离退休人员 1.62 万人，享受城乡居保养老金 1.77 万人。

【民政工作】 2014 年，城市低保户 5427 户 9166 人，累计保障 11.48 万人次，发放金额 2630.04 万元；农村低保户 5645 户 6711 人，累计保障 8.03 万人次，发放金额 790.35 万元。临时救助 415 人次，发放临救资金 14.12 万元。救助受灾群众 1 万余人次，发放救助资金 102.3 万元，发放棉被500床、棉衣（裤）100余套。对李仲权烈士墓、卢德铭烈士雕塑和陈列室、蜀光中学烈士纪念碑进行抢救保护，完成蓝致和烈士的调查、公示、录入工作，换发“烈士证明书”17份。接收安置义务兵72人、士官24人，发放一次性地方经济补助金203.6万元，发放各类优抚资金953.4万元。建成城乡社区日间照料中心14个，新建区级养老服务站3个、农村幸福院6个，新增公办养老机构床位70张、民办养老机构床位430张，维修改造公办养老机构床位110张，组织15名养老护理员参加培训并进行技能鉴定。对全区现有16名孤儿发放生活费14.78万元，办理收养登记2件，解除收养登记1件；开展“接送流浪孩子回校园”专项行动和流浪乞讨工作进社区的试点工作，支付流浪乞讨救助资金28.74万元。新登记民办非企业单位6个、社会团体9个、备案社区社会组织8个。规范殡葬执法行为，加强农村公益性公墓管理，发放惠民殡葬资金56人计3.7万元。办理结婚和补办结婚登记3153对、离婚登记146对、补领结婚证1509对、补领离婚证154对、出具婚姻证明5354份，补录婚姻登记历史数据信息1100余条，开通网上预约婚姻登记服务。对全区14名百岁老人进行入户免费体检，发放高龄老人长寿补贴97.45万元。

【食品药品监管】 2014年，辖区有监管服务对象3311家，其中食品生产企业17家、食品流通企业1380家、餐饮服务企业836家、机关医院学校等各类单位食堂92家、药化生产企业4家、药品经营企业163家、医疗机构205家、医疗器械企业34家、化妆品经营企业580家。对包括农村坝坝宴厨师在内的各类食品生产经营户及其主要负责人开展各种培训12次，参训人员850余人；培训药械经营负责人200人次。签订食品药品安全承诺书506份。每月检查农贸市场2次，巡查食品药品经营店、超市1次。审批发放食品流通许可证707家、餐饮许可437家。出动执法人员3928人次、执法车辆843台次，检查各类餐饮服务单位和药品医疗器械生产经营、使用单位5989家次。开展食品抽样检验277批次，药品监督抽验84批次；办理食品药品违法案件82件，其中一般程序案件63件，当场处罚19件，结案76件。

【安全监督工作】 2014年，组织安全培训8期，培训烟花爆竹零售经营人员、“三项岗位”人员、企业法人代表、安全管理人员、乡镇（街道）分管安全领导、经办人员、安全协管人员等776人次。检查各类企业459个次，查处各类安全隐患614件，督促整改614件。开展道路交通、建筑施工、消防、烟花爆竹等行业安全专项整治，责令改正、限期整改和纠正各种违法行为54起，停产整顿1家、关闭取缔1家，罚款2.5万元。组织全区各乡镇、街道和各行业督查组58个，检查人员272人次，督促单位89家，排查各类安全隐患124处。组织全区性危险化学品、人员密集场所、地质灾害、森林防火等应急实战演练4次。

【残联工作】 2014年，为6286名残疾人核发残疾人证，其中新发证2359个。对5个乡镇的500名农村贫困残疾人开展帮扶，给予每人200元资金扶持。为605名残疾人提供辅助器具。对筛查合格的30名儿童免费提供康复救助，其中为2名脑瘫儿童提供手术治疗救助。对100名16至60周岁内的困难三级智力和精神残疾人进行居家托养，给予每人一年600元的资金补助。为102名贫困残疾人家庭进行无障碍设施改造。通过调查摸底、动员和初筛工作，救助3名贫困重度听力残疾儿童，赠送助听器和提供康复训练服务。为26名白内障患者实施免费复明手术；为605名困难残疾人适配辅助器具；为400余名精神病患者提供关爱服务，其中给予医疗救助40人；为1名儿童提供肢体矫治手术筛查。推荐5名残疾人到省“八一”康复中心接受康复协调员培训。筹资8.7万元开展春节“温暖万家行”慰问活动，慰问贫困残疾人493人。为47名残疾人发放机动代步车燃油补贴1.72万元。资助1名残疾人大学新生2000元学费。

乡镇街概况

【舒坪镇】 辖10个村，1个社区，106个村民小组，10个居民小组。户籍人口2.5万人，常住人口2.8万人，其中：农业人口1.8万人，城镇人口7000人。2014年，实现规模以上工业总产值36.4亿元，固定资产投资总额7.9亿元。农业增加值1.25亿元，农民人均收入1.24万元。劳务输出2512人，劳务输出收入6028.8万元。发放城镇低保金1035人252万余元，发放农村低保金1129人115万余元；发放医疗救助金162人39.26万元，办理养老保险431人、医疗保险499人、失业保险334人。

【仲权镇】 辖11个村，1个社区。总人口3.1万人，其中：农业人口7200人，非农业人口2.38万人。耕地面积1086.67公顷。各类中小企业24户、私营企业32户、规模以上企业5个，2014年工业总产值9.6亿元。城镇居民人均可支配收入2.41万元，农民人均纯收入1.11万元。农作物播种面积2605公顷。城镇新增就业1012人。城乡居民社会养老保险参保1.11万人，城镇居民医疗保险参保952人，农村新型合作医疗参合率99.9%。

【荣边镇】 辖12个村，1个社区，104个村民小组。总人口1.62万人，其中：农业人口1.54万人，外出务工人数6612人。耕地985.14公顷，林地812.37公顷。2014年，农业总产值2.83亿元，农业增加值完成7232万元，农民人均纯收入1.02万元。粮食播种面积1900公顷，粮食产量1.01万吨，油料作物产量643吨；出栏肉牛97头，出栏肥猪2.56万头，出栏肉羊5996只，出栏家禽62.31万羽，出栏兔41.74万只。水产品产量1869吨，水果产量1826吨，蔬菜产量1.12万吨。完成全社会固定投产投资6.63亿元；规模以上工业总产值8.33亿元，实现工业利润1.09亿元。城乡居民养老保险参保6515人，农村合作医疗参合1.33万人。

【农团乡】 辖5个村，1个社区。总人口5452人，其中农业人口5224人、社区常住人口228人、常年外出务工人员2600人。耕地149公顷，林地1940公顷，森林蓄积56万立方米，森林覆盖率80%以上。2014年，社会固定资产投资完成4.6亿元，地区生产总值1.38亿元，乡镇企业总产值6840万元，乡镇企业增加值2240万元，农业增加值增幅4.3%，农民人均纯收入1.16万元。粮食产量1399吨，蔬菜产量3060吨，生猪出栏3982头，牛出栏58头，家禽出栏12.87万羽。新型城乡居民社会养老保险参保2709人，新型农村合作医疗参合4725人。

【漆树乡】 辖4个村，1个社区。总人口7067人，其中农业人口6623人。2014年，地区生产总值3.13亿元，农业总产值8628万元，农业增加值增幅7%，农民人均纯收入1.03万元。完成工业固定资产投资5000万元，完成社会固定资产投入1.97亿元，招商引资1.2亿元。粮食播种面积523.33公顷，粮食产量3100吨，蔬菜种植面积13.33公顷；生猪出栏6789头，蛋鸡存栏9万只；水产养殖66.67公顷，泥鳅养殖基地6.67公顷。新型城乡养老保险参保3500人。

【新街】 辖4个社区，86个居民小组。户籍人口2.03万人，常住人口2.86万人。2014年出生人口112人。发放临时救助54人次1.82万元；发放低保1.19万人次244.52万元；发放优抚金12人次3600万元；发放90岁以上老人高龄津贴958人次10.07万元。公益性岗位安置84人，新增就业人员855人，城镇失业率2.62%。全年城乡居民医疗保险新参续保1.01万人，居民养老保险参保314人。

【五星街】 辖6个社区，107个居民小组。居民2.4万户，户籍人口6.5万人。2014年，城镇从业人员2.73万人，再就业4931人，困难人员就业2118人，高校毕业生就业153人。城镇居民社会养老保险新参保46人，续保270人；城镇居民医保新参保530人，续保1.26万人。退休职工社会化管理认证1.13万人。

【东兴寺街】 辖8个社区，户籍人口8.1万人。低保户991户1707人，发放低保金456.27万元。2014年，新增就业993人，其中就业困难对象355人。城镇居民养老保险参保839人，城镇居民医疗保险续保和新参保1.95万人。享受独生子女父母奖励金家庭1117户1600人，发放独生子女费9.19万元。改造背街小巷6条。

【郭家坳街】 辖5个社区，202个居民小组。常住人口4.21万人。2014年，低保户1512户2420人，发放低保金587万元；发放临时救济金47人1.11万元；办理医疗救助219人38.4万元。出生309人，自然增长率7.91‰。

（自流井区地方志办）

贡井区

概貌

【位置　面积　人口】　贡井区系自贡市辖区，位于自贡市中部。辖区面积417平方公里。全区辖：长土、艾叶、建设、成佳、龙潭、五宝、桥头、白庙、莲花9个镇；章佳、牛尾2个乡；筱溪、贡井2个街道；32个社区；149个行政村、1304个村民小组。2014年总人口29.70万人，其中：男性15.10万人、女性14.60万人；非农业人口10.44万人；18周岁以下4.21万人，18至60周岁18.57万人，60周岁以上6.92万人。

【建置沿革】　贡井区历史悠久，原名“公井”，因1400余年前的大公井而闻名，是驰名中外的井矿盐发祥地之一。在唐以前，大公井与富世盐井在四川享有盛名。明嘉靖时期（1522—1566年），大公井所产之盐质纯味美，作为朝廷贡品，故改“公井”为贡井。民国28年（1939年）9月1日，自贡建市，“自贡”之名源于著名盐井自流井和贡井两地合称。贡井地区为三、四、五区，1949年12月5日贡井和平解放。1950年三、四区合并为二区。1953年1月二区改称贡井区。

【自然资源】　贡井区位于川中盆地南部，地处浅丘，属沱江水系的旭水河自西向东横贯全境。亚热带湿润季风气候，年平均气温17.8℃，年积温6539.9℃。常年月平最高温度27.8℃（8月），最低7.5℃（1月）。年平均日照为1238小时。年均降雨量1048.7毫米，气候温和，雨量充沛，相对湿度80%左右，年蒸发量972毫米。全年阴雨天多、雾日多、空气透明度小，日照多集中于夏季，日照时数历年平均为1247.2小时，属全国日照时数偏少的地区之一。辖区主要河道96.79千米。全区水资源总量4.28亿立方米，已开发利用量为1.32亿立方米，占水资源总量的31%。人均水资源量448立方米，亩均水资源量599立方米。

【旅游资源】　贡井区历史悠久，旅游文化特色明显。有源于东汉年间的“大公井”，被誉为世界奇迹的近千米深井东源井，有旭水河艾叶至平桥段的“八里秦淮”古运盐水道；有城中平桥瀑布景观，有贡井人民公园（张家花园）。省级重点文物保护单位夏洞寺，自贡地区佛教文化重要寺庙天池寺及60多座宫、观、庙、寺（祠）等。有南北环路沿线的花卉生产基地、三台梨花、固胜农民新村、七星湖旅游度假新村、莲花竹海、龙潭白鹭群等，形成乡村休闲观光和特色美食旅游、牛尾—莲花—桥头远郊自然生态旅游、欢乐暴走郊游。2011年3月，在牛尾乡石柱村二组发现国家二级保护野生动物金猫。

【交通条件】　贡井区地理位置优越，距成都、重庆200余公里，距宜宾航空港40余公里，均有高速公路和铁路相连。区内有省县乡村公路635公里，形成以省道乐自路、隆雅路（S305）、资泸路（S207）为骨架，县道北环路、资贡路、自犍路、双龙路、高黎路为支撑，乡村道为网络的交通格局。全区有水域通航里程60余公里，渡口2个，客运码头1座；二级客运站1个，乡镇客运站11个。

政治建设

【区委办公室工作】　2014年，审核办理贡井区委文件47件，贡井区委办文件69件，撰写调研报告31篇，编发区委常委会纪要21期、《贡井信息》12期、《贡井信息综合简报》4期，向市委办报送各类信息769条，省委办采用7条信息。完成区委十届十二次全体（扩大）会、党建工作会、专题民主生活会等10余次全区性会议筹备工作。建立区委督促检查工作规定、督促检查与效能问责衔接办法等5项督促检查机制；健全区委主要领导重要批示办理台账，对重要批示每半月形成“领导批示”通报件；全年督查中央和省市委重大决策部署落实情况和“四个贡井”建设情况60余次，对11个单位发出通报。

【人大工作】　2014年，围绕建设“四个贡井”，组织召开常委会议6次，听取和审议“一府两院”专项工作报告14项，开展执法检查3项，作出决议决定6项，审议意见13份交“一府两院”处理。对3个政府部门开展工作评议，开展视察、执法检查14次，开展专题调研7项，形成调研报告7份。组织代表围绕群众关心的热难点问题和重点工作开展视察调研116次，提出建议意见309条，形成调研报告13篇。全区各级人大代表结对联系群众2428人，收集群众建议意见289条，帮助群众解决实际问题232件，提供帮扶资金22万余元。区第十七届人大三次会议期间收到的69件代表建议，代表满意率97.1%、基本满意率2.9%。受理群众来信来访62件69人次，信访办结率100%。

【政府办公室工作】 2014年，收到并传送中央、国务院、省委、省政府、市委、市政府公文1148件，其中机要文件134件。以区政府发文83件，区政府办公室发文41件，上报请示报告类文件51件。印发《督察通报》9期，编辑《贡井政务信息》16期，上报信息700余条，被市政府办公室《每日要情》采用88条。通过区政府信息公开报送平台，收集各乡镇、部门上报信息1542条，面向社会公开政务信息533条。办理市人大代表建议2件，市政协委员提案2件；办理区人大代表建议67件，区政协委员会提案127件。召开区政府常务会议9次，承办区政府全体（扩大）会、经济分析会、工作推进会等大型会议10余次，接待各类视察和检查40余次。开展电子政务及政务公开工作人员专业培训1次。

【政协工作】 2014年，提出提案133件，立案133件，参与撰写提案的委员216人次。问题已经解决或基本解决的（A类提案）97件，占提案总数的72.94%；列入计划逐步解决的（B类提案）20件，占提案总数的15.03%；因条件限制，暂时不能解决的（C类提案）16件，占提案总数的12.03%。

【纪检监察】 2014年，受理检举控告类信访举报56件次，协调处理其他信访问题183件。查办贪污贿赂、失职渎职、“四风”类问题、侵害群众利益案件立案39件，其中重点类案件19件，查处科级领导干部10人，挽回经济损失150万余元。开展监督检查22次，通报10个单位、33人次，发放督办卡18张，查办“四风”类案件21件，点名道姓通报4批7起。对65个科级领导班子、300多名班子成员落实主体责任开展日常监督检查，发放整改卡65张、督办卡8张。对新提拔的16名新任科级领导干部分8个班次开展廉政教育。编辑《“两个责任”解读》，印发《关于进一步健全科级领导干部廉政档案制度的通知》，梳理近3年涉及科级领导干部的廉政谈话、信访、案件、个人有关事项报告。

【组织工作】 2014年，全区有公务员（参公管理人员）654人。基层党组织433个，其中党委（党工委、党总支）25个，二级党委（党总支）8个，党支部400个，党员1.17万人。发展党员169人，对251名入党积极分子进行培训；全年清理出不合格党员202人，其中教育转化166人，清除出党36人。开展党的群众路线教育实践活动，5.6万余人次参加学习教育。全区县、科两级班子及领导干部分别查找出问题2028个、3632个，提出批评意见3890条，撰写领导班子对照检查材料72篇，形成党员领导干部个人对照检查材料362篇。县、科两级班子及领导干部共确定整改事项4095个，其中整改完成3481个。全区科级以上班子共保留制度451项、废止60项、修改完善466项、新建立327项。关爱帮扶困难党员资金45.5万元，慰问1900余人次。制定《贡井区区级人才开发专项资金管理办法》。

【人事人才工作】 2014年，组织开展公务员和专业技术人员全员培训。上半年区级部门、乡镇（街道）机关招录公务员35名，其中选调生5人；组织实施下半年公招11名区级部门公务员的网上报名、资格审查及笔试工作。全年事业单位公开招考补充工作人员72人；签约引进各类专业技术人才20人，其中硕士研究生4人。配合区编办实施事业单位分类改革相关工作。

【宣传工作】 2014年，在中央电台用稿9条，其中《乡土乡情》栏目刊播专题新闻1个；在人民网、新华网、中国经济网刊发新闻稿件50余条（篇）；在市级主流媒体用稿1300余条（篇），其中《自贡日报》头版新闻86条（篇）。在《自贡日报》策划党的群众路线教育实践活动整版宣传1个；制作电视专题片24部，出刊《贡井宣传》4期。开展“改进学风——学习、调研、创新”活动，形成对工作有指导意义的调研文章或理论文章100余篇。创建“贡井发布”政务微博，搭建党委政府与群众交流平台。

【统战工作】 2014年，以“四个贡井”建设开展协商监督，组织召开民主协商会、情况通报会7次，提出建议意见100余条。建立30名党外领导干部、14名党外正副科级后备干部动态信息数据库和69名党外代表人士及后备人选信息数据库。12个部门安排党外科级领导干部14人，占政府工作部门的50%；在区政协配备2名党外副主席，占副主席总数的50%；党外区政协常委20人，占常委总数的74.1%；党外区政协委员100人，占委员总数165名的61%。组织非公有制经济人士参与“三百工程”、光彩事业、社会公益事业活动，捐款捐物累计50万余元；台胞彭荫刚向席草田小学10名贫困学生捐款5000元。

【政法工作】 2014年，全区13个乡镇（街道）、32个社区和149个村，划分网格265个，配备专兼职网格员266人、信息员1299人。采集录入人口信息31.3万条，房屋信息7.3万余条，单位场所2808个，收集处理事项9362件。开展拉网式排查16次，排查出各类不稳定因素107件；召开区信访联席会议8次、专题分析排查会12次，集中研判疑难复杂信访涉稳问题31件次。开展“2014年信访积案化解领导包案活动”，清理突出信访问题及信访积案24件，已化解12件。完善3个应急预案，调整充实5支应急处置队伍和7个专项小组力量；开展综治维稳大调解工作业务培训及应急处突推演，参加人数300余人。处置征地拆迁、企业改革、医患纠纷、土地流转等群体性苗头事件30件次。印发《贡井区社会稳定风险评估工作资料汇编》500余册，对重大决策、重大社会活动、征地拆迁等重大事项实行稳定风险评估21件次。

【法院工作】 2014年，受理各类案件2874件，审结2764件，其中受理刑事案件110件195人，分别较2013年上升22%、49%。受理民商事案件968件，审结845件；受理一审行政案件6件，同比上升50%；审结4件，均为跨区域办案。审查非诉行政执行案件1174件，准予执行1174件。受理各类执行案件173件，结案170件，正常执限内结案率100%，收案标的4454万元。贡井法院政治处被最高法院评为“全国法院先进集体”贡井区法院被省高院评为“全省法院2013年度信息工作考评先进集体”。陈波的《翟树全精神讨论》征文获最高人民法院二等奖；钟鎏被省高院评为“全省法院2013年度信息工作考评先进个人”。

【检察工作】 2014年，立案侦查贪污贿赂、渎职侵权等职务犯罪案件11件12人，其中贪污贿赂案件9件9人、渎职侵权案件2件3人。依法打击各类刑事犯罪，共批准逮捕案件62件96人，提起公诉96件157人。贯彻宽严相济刑事政策，化解社会矛盾，对无逮捕必要的依法不批准逮捕31人，对犯罪情节轻微的不起诉14人。与全区13个社区均建立检民联系卡。在全区各个乡镇、街道、工业集中区设立检察工作点，并聘请联络员，干警驻点12次，带案下访30余次，接受群众法律咨询1600余人次，协助党委、政府化解矛盾纠纷8件。

【司法行政】 2014年，人民调解组织235个，调解人员2276人。排查民间纠纷410件；受理民间纠纷379件。衔接刑释人员120人。承办法律援助案件（事项）253件，提供咨询、代书服务1380人次。区律师事务所担任20家单位法律顾问，办理诉讼案件辩护及代理120件，非诉讼案件办理18件，解答法律咨询200余人次，代书55件。公证处办理各类公证1728件，减免困难群众公证服务费1.12万元。基层法律服务所担任16家单位法律顾问，办理民事诉讼案件代理108件、非诉讼案件办理52件，解答法律咨询700余人次，代书38件，调解纠纷40件。

【公安工作】 2014年，接处警4620起，出动警力2.03万人次、机动车9382车次；收集涉稳信息510条，所涉不稳定因素63件；共立刑事案件1170件，破案418件；受理治安案件1142件，查处985件；刑事拘留248人，提请逮捕117人，直诉181人，强制戒毒22人，治安拘留102人。在“雷霆行动”中捣毁涉赌窝点6个，销毁赌博游戏机17台122座，抓获15人（刑拘8人、治安处罚6人、其他1人），收缴砍刀等利器10把。2月20日，破获由公安部挂牌，涉及全国31个省、市的“20130703特大网络贩婴案”，抓获犯罪嫌疑人周某等4人。贡井区五宝镇发生一起致4人死亡、1人重伤的特大故意杀人案。将100个标清探头升级为高清探头，在城区开放式小区、背街小巷、僻静路段等高发案、多发案部位新增78个探头点位。

贡井独有的“乡镇平安网”扩展为“城镇平安网”。

【信访和群众工作】 2014年，受理信访总量1085件（人）次，其中处理来信件249件（市级236件）；接待来访235件836人次；集体上访50批531人次。办理网上信访226件。其中“全国信访信息系统”74件，已办结72件；“人民网留言”39件，已办结39件；“省长信箱”113件，已办结108件。开展集中排查10次，排查出信访突出问题和不稳定因素77件，已化解64件，其余13件正在化解。召开信访联席会议7次。全区干部下访累计8456次，参加总人数1.43万人次，解决信访问题1047个，收集群众意见1734条，协助处理问题349个，提供技术指导1132次，解决苗头性问题346个，主动下访解决问题367个，督查督办重点信访案件16个，纠查纠正存在的问题18个，落实帮扶资金281.15万元，送物资折合90.34万元。以“民企招聘会”“政、企、校三方联合招聘校园双选会”为载体，发放宣传资料130余份，提供就业工种61个、就业岗位811个，签订意向性协议144人，现场实现就业21人。以“阳光救助暖万家”为主题的帮扶活动，覆盖11个乡镇，共计投入34万元，其中捐赠2667人粮食共计40吨，价值20万元；帮扶家庭困难、身患疾病群众230人，共计14万元。以“大手拉小手”为主题的活动，共慰问留守学生500余人，赠送价值3000余元的文体用品共计160套。林国良被省人社厅、省信访局授予省信访工作先进个人称号。

【政务服务】 2014年，政务服务窗口有工作人员63人，28个区级部门集中办理117项行政审批（许可）和公共服务事项。受理、办结各类政务服务事项24.89万件，区惠民帮扶中心窗口接待群众4685人次，开展民政救助1.30万人次、医疗救助87人次、就业援助271人、就学扶助426人。开展“一清理三减少”行政审批事项，区保留的行政审批项目为54项，承接市级下放行政审批项目1项、取消行政审批项目4项、暂停行政审批项目5项。公共资源交易服务中心工程比选、竞争性谈判、政府采购项目274个，预算金额7341万元，实际成交金额6060万元，节约资金1281万元。

【外事侨务】 2014年，召开贡井区第二次归国华侨、华侨眷属代表大会，完成贡井区归国华侨、华侨眷属联合会换届工作。争取马来西亚星洲媒体集团、香港福慧基金会、香港小平教育基金会等非政府组织资助全区贫困孤残学生，接受捐赠共31.4万余元。全年无涉外事件发生，无违纪因公出国事件。

【机构编制管理】 2014年，完成152个事业单位法人年检、2个单位设立登记、9个单位登记变更。机构总数216个（政务和公益域名注册总量182个），其中行政机构58个（含法院、检察院）、事业单位158个（含残联）、政法类派出机构16个。机关事业单位编制数4273人，其中机关798人、政法系统160人、事业单位3315人（含残联）；机关事业单位在编在职人员总数3479人。印发《贡井区区属事业单位分类指导目录》，第一批明确137个区属事业单位类别，其中行政类1个、公益一类131个、公益二类4个、生产经营类1个；另21个事业单位因职能存在分歧或因省市原因暂缓分类。

【党校工作】 2014年，承办党的十八届三中全会及习近平系列讲话精神专题培训、优秀年轻干部人才递进培养计划培训班、公务员骨干培训三期培训班，集中培训219人，培训考试826人。撰写5篇理论研讨文章《立足帮扶工作　创新社会管理》《加强机关文化共建文化繁荣》《贡井区科级以下退休干部服务管理的问题与对策》《预防腐败之我见》《群众路线的历史发展与现实意义》；完成1个市级调研课题《建设宜居贡井　打造宜居生活》。

【工会工作】 2014年，新建工会2个，新入会会员156人。基层工会组织679个，会员9.43万人，其中农民工会员6.5万人。筹措送温暖资金23.63万元，走访困难职工、特困劳模、特困党员、困难军转干部、困难教师及贫困学生2079人；为97户城镇低保户发出医疗救助或生活救助金9.4万元；开展“金秋助学”活动，争取资金8.8万元资助37名贫困大学生。全年女工大病互助保险667份，投保资金6.67万元，职工住院保险562人投保，为12名因病住院职工申请赔付0.6万元，为6名患乳腺癌疾病的女职工申请赔付。

【共青团工作】 2014年，直属团组织23个，村、社区团组织182个，非公有制企业团组织75个，驻外团工委37个。全区学校团委9个，团总支21个，团支部156个。组织“践行群众路线、展现青春风采”“3·5”学雷锋志愿服务月活动，有20余名志愿者为100余名群众进行“面对面送服务”。引导基层团组织开展“走基层 送温暖”扶贫助困活动14场，参与活动青少年达900余人。开展“清水行动”6次，开展环境保护宣传行动5次，参与行动的志愿者达130余人次。开展“情暖盐都”暖冬慰问活动，向80余名留守学生、贫困青少年送去慰问物资共2万元。推进“盐义仓”社区互助微公益项目，为青少年和孤寡老人提供关爱志愿服务96场，惠及困难群众576人。争取捐资助学资金3.5万元帮助7名农村贫困大学生。创建“星级留守学生之家”6所。

【妇联工作】 2014年，全区14个规模以上企业建立妇联组织，全国妇联命名的基层示范妇女组织4个，区妇联命名的基层示范妇女组织20个。获表彰的全国妇联“三八红旗集体”1个，全国“巾帼文明岗”2个，省级巾帼文明岗1个，市级“巾帼文明示范村”5个，市级“巾帼文明岗”4个。评选“美德家庭”20户、“五好文明家庭”20户、“学习型家庭”20户、“廉洁家庭”20户、“平安家庭”20户、“最美家庭”20户、“绿色家庭”10户、“卫生家庭”10户。开展“春风送岗位”大型招聘会，提供岗位415个，提供就业、创业培训信息11个。在乡镇开展种（养）殖技术培训2期，培训人数200余人。接待信访31件，办结率100%。开展“情暖西城”活动，慰问贫困母亲300人，送出慰问金、生活必需品3.4万余元。实施“春蕾计划”，筹措助学资金4.4万余元，帮助87名贫困学生继续学业。1万余名妇女落实女性保障计划。被省妇联评为省“平安家庭”创建工作先进集体。

【工商联工作】 2014年，有364名会员，其中165名企业会员，196名个人会员，3名团体会员。新发展会员企业6户。在第七届七次执委会上，增补1名常委，3名执委会委员。开展“情暖西城、展民企风采”“栋梁工程——家乡助你上大学”活动，民营企业捐资51万余元，资助51名贫困大学新生完成学业和农村困难群体的生活问题，其中有10万元重点支持育才小学校园文化建设。

【残联工作】 2014年，实施残疾人民生项目10个，投入助残资金162.55万元。为7200名持证残疾人提供个性化服务；为250名贫困残疾人适配辅助器具。重度残疾人实施护理补贴1522人，发放资金109万元。农村残疾人扶贫解困410人，投入资金8.2万元。残疾人居家灵活就业（创业）直补190人，发放资金12.75万元。贫困精神病患者免费服药95人、住院10人、补助资金10万元。发放残疾人三轮车燃油补贴88人，发放补贴3.2万元。贫困残疾人家庭危房改造6户，补助资金3万元。

经济建设

【主要经济指标】 2014年，全区GDP完成112.22亿元；民营经济增加值70.94亿元；工业总产值324.6亿元；区属固定资产投资48.02亿元；社会消费品零售总额39.02亿元；城市居民人均可支配收入2.32万元。

【工业】 2014年，全区有规模以上工业企业80户，龙头企业20户，其中：东方容器公司、家兴科技集团公司、真空过滤、得力饲料公司、华刚新材料、德利塑胶是省“小巨人”企业，川滤设备、威特阀门、高精公司、塞尔阀门、泰福农产品、海维塑胶、鑫旺电力、威特阀门公司、健能制药、山川气体是省成长型企业。完成工业类投资8.78亿元，新增承载能力0.67平方公里。工业集中区规模以上企业完成总产值146亿元；实现销售收入152亿元；实现利润3.6亿元；固定资产投入16.1亿元。全年建设项目24个，其中：续建项目16个，新建项目8个，竣工项目3个。成佳工业园航天大道一期路基工程完工，成静路（安置房段）道路工程可研报告编制完毕；川南五金城继续完成房屋拆迁和主体工程建设；通航城市广场建设项目完成部分主体建设；宝马4S店继续完善手续。完成1户国家规定的年耗标煤5000吨以上企业节能评估报告工作；配合市经信委完成本区6户企业因达不到年耗标煤3000吨规模的调查核对和节能考核工作，申报关闭小企业1户，淘汰落后产能企业

1户，申报市工业节能减排项目3个。组织安全检查18批次，参加检查人员90人次，全系统未发生一起安全死亡事故和轻、重伤事故。自贡市金利纸业包装有限责任公司发生火灾事故1起。举办各类安全培训4批次、培训人员90人次，上街宣传食品安全3次，发放宣传资料3000份，参加宣传人员65人次。

【农业农村工作】 2014年，完成农业增加值14.19亿元，农民人均纯收入1.03万元。建设省级财政专项扶贫项目，总投资2980万元，其中国家资金325万元，改善3451名贫困人口的生产生活条件。国家级现代农业示范园创建区范围扩大148.29平方公里，覆盖63个村619个村民小组2.80万户9.51万人。完成7个新村基础设施建设任务，改造提升3个农家大院，8个幸福美丽新村，新建农民聚居点5个。实施农村基础设施建设项目9个，完成投资3.95亿元。龙潭大桥及通乡油路34.6公里，通村道路13.2公里，路侧护栏32公里，改造村组道路21.3公里；新建渠道41.15公里、整治渠道23.6公里，整治山坪塘198口，新建蓄水池129口，整治石河堰13座、整治泵站9座，高效节水灌溉33.33公顷。解决农村1.6万人饮水安全问题；实施土地综合整治1566.67公顷，新增耕地156.47公顷。全年粮食播种面积2.02万公顷，粮食总产10.81万吨，优质蔬菜66.67公顷，优质水果66.67公顷，花卉苗木40公顷。完成农村户用沼气池建设123口，建高标准农田800公顷。实施测土配方施肥2万公顷次，基层农技推广体系改革与补助建设项目补助资金36万元。农作物机耕作业面积1.96万公顷次，机收作业面积5333.33公顷，机播面积786.67公顷次，机械植保面积1435.33公顷次。开展“春耕打假护农行动”，出动执法检查人员228人次，检查市场75个次，农资经营网点525个次，案件处罚4件，行政调解6件，挽回经济损失10万余元，完成19类农产品例行监测，抽样160个，总体合格率100%。开展农机安全检查25次。发放良种补贴86.08万元，粮食直补268.2万元、农资综合补贴金额2213.22万元，农机购置补贴录入购机协议423台40.84万元，392农户受益。审批林木采伐335份，采伐蓄积量3583立方米，占限额采伐25.46%。完成城区义务植树16公顷，管护市级义务植树100公顷。白庙镇新栽植甜橙经济林66.67公顷，牛尾乡新栽植油樟66.67公顷，森林覆盖率达29.2%。完成1221公顷的天然林管护及928.67公顷退耕还林。完成畜牧业总产值10.12亿元，畜牧业总产值占农业总产值的比重达48%；农民增收中，畜牧业贡献155元。生猪出栏28.65万头，肉牛出栏740头，肉羊出栏11.53万只，肉兔出栏557万只，小家禽出栏352.8万羽，肉类总产量3.30万吨，禽蛋产量6058吨，牛奶产量7281吨。免疫猪瘟15.32万头、猪蓝耳病15.32万头、猪口蹄疫15.32万头、牛口蹄疫1.02万头、羊口蹄疫1.38万只、禽流感147.35万只、鸡新城疫118.44万羽。产地检疫和定点屠宰检疫率达100%。完成血清学监测520头（只）份。出动执法人员378余人次，检查4家饲料生产企业，35家兽药经营户、120家饲料经营户及168个养殖场（户），抽送兽药饲料等投入品样品28个，查获假劣饲料兽药78千克，货值895元；对兽药经营户、规模养殖场开展4次联合监督执法检查；对定点屠宰场、公路报检点、规模养殖场等进行“瘦肉精”监测，专项检测达5492批次；抽样检测牛奶185批次，合格率100%。水产养殖面积934公顷，其中池塘620公顷、水库250公顷、河沟64公顷。稻田养鱼面积2395公顷。水产品产量1.01万吨，产值2.06亿元。建成各类蓄水工程2731处，建成灌溉渠道471.76公里。建成集中供水工程11处，其中城市水厂1处，设计供水能力8万吨/天；乡镇水厂10处，设计供水能力5000吨/天。完成龙潭、桥头、白庙、章佳农村饮水安全项目，解决农村1.8万人饮水安全问题。完成山洪地质灾害防治县级非工程措施建设，新建防洪指挥中心，新建简易监测雨量站40套、自动监测雨量站5套、自动监测水位站2套、自动监测水位雨量站3套、自动监测气象站2套、视频监测站3套。旭水河伍家坡防洪治理工程，总投资1860.13万元，综合治理河道长2.6公里。共开展执法检查8次，出动执法人员48次，缴获渔获物3千克，销毁非法渔具28张。

【商贸】 2014年，商贸固定资产投资完成8.2亿元；服务业增加值完成25.41亿元；社会销售品零售总额完成39.02亿元；进出口总额完成

3450万美元。川南五金产业园一期A、B段开盘销售，川南汽贸产业园核心产业汽车销售布局基本完成，落户汽贸企业37户，经营汽车品牌62个，其中4s店39个，宝马、沃尔沃等高端汽车品牌建设项目陆续开工；凤鸣通用机场、汽车配件市场开工建设，汽车商贸会展中心项目落地。组织自贡盐都印象公司等6户企业参加第十届食品博览会，组织红茅烧酒业公司等5户企业参加西南商品博览会和第十五届中国西部国际博览会，现场成交额89.9万元，意向性协议43个，签约金额15.27万元。举办首届贡井冬季商品暨百姓购物节食品展销会，组织105个商家参展，现场销售额200万余元。开展检查43次，检查企业125户次，出动执法人员185人次。包装储备上报6个项目，五宝商贸示范镇2个项目获国家资金支持，争取项目资金146万元。

【招商引资】 2014年，全区到位市外资金87.51亿元，其中：到位固定资产类资金35.30亿元，到位省外资金54.72亿元。新签约1亿元以上项目17个，涉及项目总投资约67.06亿元，其中：市外5亿元以上项目5个，省外10亿元至30亿元项目3个，开工率100%，资金到位35.42%。组织参加中外知名企业四川行活动签约项目8个，总投资达50亿余元。参加第十五届西博会，签约11个项目，总投资约55.19亿元。

【旅游】 2014年，实现旅游综合收入22.18亿元。举办三台风情梨花节、自贡市第十届乡村旅游活动、自贡市金秋桂花节游园活动、建设镇龙都早香柚采摘活动；推出大公井井盐寻踪、贡井老街民居风俗、艾叶古镇风貌、天池山佛教文化、平桥瀑布休闲、南北环路观光体验、龙潭农业观光游、牛尾莲花生态游、青杠林美食游线路。

【供销工作】 2014年，完成经营服务总额5.91亿元；实现利润总额561万元。新建农民专业合作社23个，累计108个，新培育国家级示范专合社2个、省级示范专合社1个、市级示范专合社7个、区级示范专合社30个。新储备农综项目6个，申报项目2个，协助5个专合社争取财政补助资金620万元，其中：成佳大头菜专合社120万元、龙潭蔬菜专合社235万元、五宝联鑫生猪养殖专合社55万元、桥头土鸡专合社70万元、万鑫奶牛专合社140万元。注册"五宝花生""李必祥""川龙潭""龙都早香柚""盐帮老坛""盐都印象"著名商标和知名商标。区联社筹措20万元资金，对长土供销社部分危破旧房进行改造，新增营业用房面积320平方米。成佳大头菜专合社和桥头土鸡专合社被评为国家级示范专合社。

【粮食宏观调控】 2014年，加强粮食市场供应监测，确保粮食供需平衡；完善2014年粮食应急预案，同17户经营企业签订粮食应急协议；按照《市级储备管理办法》和《仓储管理规范化》要求，开展全区4500吨市级储备粮、400吨市级储备食用油和6000吨代储中央移库玉米、5000吨代储省级储备粮小麦、9622吨保护价收购稻谷等监管工作。实施农户科学储粮小粮仓1788个，投资65万元。

【规划编制与项目管理】 2014年，建立区级《重大项目滚动储备库》，2014—2018年重大项目290个，总投资563.8亿元。编制贡井区2014年重大项目计划表，确定69个区级重点项目，总投资225.6亿元，年度计划投资51.7亿元。争取农村饮水安全、五宝中心卫生院、向阳片区基础设施配套等20个项目，资金4213.64万元。上报2015年储备项目10个，项目总投资2.15亿元，计划争取中央资金1.30亿元，争取省级资金379万元。开展全区69个政府性投资项目检查。

【招标投标管理】 2014年，完善项目评审专家库，规范开展项目立项审批、项目论证评审工作。依法加强招标投标管理，核准项目招标事项50次，审查和备案施工比选公告28个，现场监督招标投标项目随机抽取、评审谈判等活动92次，完成21个工程项目施工合同备案。预算控制价约2958.1万元的55个政府性投资项目为国家节约资金651.27万元。2014年69个重点项目完工19个，开工在建27个，未开工23个；累计完成投资51.99亿元，占年度计划投资的101%。

【财政管理】 2014年，一般预算收入完成1.20亿元，同比增长13.28%；一般公共预算支出实现10.57亿元，同比增长9.37%。行政成本支出1.58亿元，"三公经费"支出1126万元，同比下降9.63%。民生支出7.80亿元，占一般公共预算支出的73.80%，其中：教育支出1.90亿元，增长

3.97%；医疗卫生支出1.34亿元，增长6.92%；农林水支出1.30亿元，增长57.40%；保障性安居工程建设支出6019万元，增长126.88%。全年为企业办理减免退税1464万元，安排区级产业扶持资金和上级专项发展资金2616万元，争取应急周转金2200万元。首次选择20个预算单位，将部门预算和“三公经费”信息在政府门户网站公开。全年评审项目162个，送审金额3.77亿元，审减金额4660万元。对29家投资咨询公司、4家两类公司、非融资性担保公司进行清理和整顿。制定《贡井区差旅费管理办法》和《贡井区人才专项资金管理办法》。

【国税】 2014年，组织税收收入1.27亿元，其中：中央级收入8980万元，省级收入1318万元，市级收入1467万元，区本级收入979万元。以国家税务总局试行《全国县级税务机关纳税服务规范（1.0版）》为契机，规范9大类212小类1120个办税流程，减少纳税人资料报送、办税环节、办税次数、办税时间。成立“一室二科三中心”，采取前端放权，优化服务，后控风险，强化管理的税收管理方式。贡井区国税局举办纳税人学校培训会，129户纳税人的财务人员参加培训。

【地税】 2014年，组织各项收入2.96亿元，其中税收入入库2.74亿元，基金附加入库2218万元。总收入和税收收入增幅连续7月居于全市首位，收入进度连续12月居全市首位。区本级收入入库7631万元，占地方公共财政收入比重为63.58%。落实税收优惠政策，全年减免税金2222万元。成立纳税服务所，将纳税事项前移。“面对面”服务纳税人“同城通办”正式实施，办理“同城通办”业务445笔。强化纳税人CA证书认证和网上申报工作，申报税额达1444.69万元；推广安装网络机打发票105户。立案检查9户、开展自查21户，累计查补税款入库550万元；餐饮企业发票专项检查，共检查发票4569份，发现违法违规使用发票265份。区地税局档案工作达到省档案工作规范化管理一级标准。

【科技工作】 2014年，组织申报科技项目20个，成功立项14项，获上级项目资金345万元。申报专利76项，授权专利118项。新建成市级企业技术研发机构5个；组织申报市级创新团队2个、省级创新团队1个。新引导5户企业与大专院校、科研院所开展“产学研”合作。引进农业技术、新品种、新模式10项。高新技术产业产值达140亿元以上，占规模以上工业产值比重49%以上，科技进步对经济增长的贡献率达54%。组织2014年度区科学技术进步奖评比，区委、区政府授予“发动机叶片柔性制造技术研制”成果为贡井区2012—2014年度科学技术进步奖一等奖；“汽轮机润湿调节稀油站”等5项成果获贡井区2012—2014年度科学技术进步奖二等奖。

【审计工作】 2014年，完成审计项目90个，其中：同级预算执行审计1个；地税征管审计1个；部门预算执行审计1个；乡镇财政决算审计2个；专项审计调查3个；专项资金审计4个；专项跟踪审计2个；政府性投资审计66个；领导干部任期经济责任审计3个；土地成本审核7个。参加全国土地出让金收支及耕地保护情况审计，审计查出管理不规范金额2.13亿元，违纪违规金额2497.97万元，其中处理上缴财政14.9万元，处以罚款0.30万元，归还原渠道资金4万元，核减政府投资1412.96万元，核减土地成本1065.81万元。审计提出建议42条，提交审计信息60条。

【统计工作】 2014年，开展第三次全国经济普查工作，将全区1384个法人、7730户个体经营户资料推送到国家统计局数据采集平台。城乡一体化调查户数156户，其中城镇80户、农村76户。执行《四川省统计局平台日志监管办法》，开展业务指导和调研61次。组织91名统计人员参加学习，其中从业资格认定25人、继续教育66人。开展统计业务培训13次。撰写统计分析20篇、统计预警预报3篇、统计公报1篇、统计快报12期、统计月报11期、统计信息100余条。制定《贡井区乡镇（街道）统计工作规范化建设实施意见》。区统计局获第三次全国经济普查四川省先进集体称号。

【价格监管】 2014年，开展重大节假日前夕市场检查，专项检查和监测教育、涉农、涉企等价格，开展收费许可年审、收费管理、收费公示、犯罪物品价格鉴定工作，规范收费行为。受理群众来访、电话投诉共26件，开展涉案物品价格鉴证，为司法部门及行政执法机关提供价格报告27件，鉴证评估标的36.01万元；争取市副食品价格调节基金171万元。强化价格监测预警并及时上报，发布月报12期、周报52期和节日期间相关商品价格监测表11期。

【质量技术监督】 2014年，纳入监管的特种设备使用单位共189家，注册登记特种设备1.05万台（含气瓶），在用特种设备1.05万台（含气瓶），其中：锅炉27台，压力容器83台，电梯132台，起重机械283台，场（厂）内机动车辆12辆，压力管道825米，气瓶1万只。与112家特种设备使用单位签订特种设备安全使用管理目标责任书。行政执法检查36人次、车辆11台次，检查农用机械、水泵生产企业和经销商11家；对通信设备、金融设备、电信电缆、4S店汽车配件、混凝土输水管等多次强制性产品认证和工业产品生产许可证专项监督检查，出动执法人员26人次，车辆8台次，检查安民电力公司、移动通信、联通通信等8家单位。

【工商行政管理】 2014年，新登记企业157户，其中私营企业153户，新增注册资金1.20亿元。新增个体工商户为576户，新增资金3500万元。新增农民专业合作社33户，新增出资额1.51亿元。截至2014年底，贡井区工商局登记注册企业总户数1237户，注册资金总额13.14亿元，其中：私营企业961户，注册资金总额8.41亿元；个体工商户7651户，资金总额1.52亿元；农民专业合作社118户，出资总额2.30亿元。建立12315联络站7个，消费维权服务站12个。对全区18个消委分会及164个投诉站的工作人员进行新《消费者权益保护法》培训。各类专项行动72次，检查各类经营6220户，出动执法人员1080人次，出动执法车178台次。查处各类经济违章违法案件197件，其中立案处罚34件，当场处罚163件，罚没款30.65万元。

城乡建设

【城乡规划编制】 2014年，围绕构建“一主、一副、多基点”的城乡体系结构开展规划编制工作。开展《自贡市和平路杨家坝控制性详细规划》维护；对《自贡市贡舒片区控制性详细规划》进行局部调修，并经市政府常务会讨论通过；编制并审批通过《贡井区章佳乡总体规划》，实施成佳镇、五宝镇、龙潭镇总体规划维护；启动10个新村规划编制工作；完成《自贡市艾叶历史文化名镇保护规划》编制。

【城市基础建设】 2014年，维修人行道方砖1800平方米；维修路缘石600米；补砼路面140平方米；补沥青砼路面220平方米；换下水窗74套；换检查井28套；维修下水道850米；疏通下水道651米；疏通下水窗913个次；新增路灯232盏；新放和更换架空线1300米；新铺设电缆2800米；恢复S305道路被盗电缆线400米；更换金架具22套；更换微控电脑12个、交流接触器50个、空气开关26个；更换镇流器488套；更换马路弯管80套、节能灯832支。

【房地产开发】 2014年，在建房地产项目11个，开工面积24.8万平方米，竣工面积15.8万平方米，完成投资4.3亿元，比2013年增长161.5%；销售面积11.8万平方米，比2013年下降13.4%；销售金额3.9亿元，比2013年下降27%。

【行政审批】 2014年，办理“建设用地规划许可证”9件、“建设工程规划许可证”14件，发放《选址意见书》12件，发放“乡村建设工程规划许可证”村民建房373件、“施工许可证”11件、“树木砍伐移植许可”6件、“临时挖掘、占道许可”13件。办结率100%。

【公共房屋管理】 2014年，建成公租房一期104套、5857.27平方米，廉租住房160套、面积8715.08平方米；正在建设廉租房四期320套1.53万平方米，公租房二期304套2.03万平方米；新开工建设公共租赁住房三期192套1.15万平方米。发放廉租住房租金补贴2192户，其中低保家庭2165户，低收入家庭27户，新纳入保障87户，发放补贴资金200万元。公房房租收入360万元；安置住房困难群众264户；完成房屋大修2253.77平方米，中修7957.63平方米，小修2782户。

【人防工作】 2014年，开展国际民防日和“九一八”纪念日宣传教育活动，张贴标语16幅，发各种宣传资料2853余份；在西城尚峰、牛尾乡新安装电声警报器，提高警报器覆盖率；投入资金42万元，重点对金鱼路人防工程进行加固改造。

【交通】 2014年，全区境内公路总里程766.12公里。其中高速公路1条13.13公里、省道2条25.56公里、县道11条135.1公里、乡道15条66.20公里、村道271条520.5公里、专用道路4条5.64公里。全区有旭水河、牛尾河水域通航里程60余公里，游乐船11艘，自用船110艘，重点客运码头1座即牛尾乡客运码头，建有二级监控平台。是年，全区开通公交路线16条，投入运营车辆240台，开通农村客运线路47条，投入运营车辆107台，客运量385万人，旅客周转量5532万人次，全区水域通航70公里；全区有货物运输车辆5270台，货运量587万吨，货物周转量8795万吨公里，货物运输周转量位居全市四区第一位。

【国土资源管理】 2014年，办理土地使用权证3091宗，其中：国有土地使用权证共2744宗，面积272.77万平方米；集体土地宅基地发证347宗，面积3.875万平方米。征用集体土地47.25公顷，涉及航产业园、海川二期、海川三期、蓝光贡山一号、西南五金城等，兑现土地补偿、安置补助费1084.2万元，兑现青苗附着物补偿费2055.99万元，实施农房拆迁308户，拆迁面积4.35万平方米，安置293户，安置面积4.39万平方米，办理农转非328人。全年共巡查43次，制止违法用地行为7起；卫片检查疑似违法图斑21个，监测面积9.47公顷，其中耕地面积8.21公顷。经核查合并为10宗地，合法用地9宗，面积9.32公顷；违法用地1宗，面积0.15公顷。

【环境保护】 2014年，实施空气自动检测365天，其中空气优良天数264天，达标率72.32%，比2013年上升4.1%；声环境质量保持稳定，辖区功能区噪声小于56分贝；工业固废综合利用率81.26%，危险废物集中处置率100%。开展“生态自贡”建设，推进“清水、蓝天、绿地、宁静、利废”五大行动，贯彻“河长制”跨界断面水质超标扣缴制度，改善辖区生态环境质量。排查城区3户燃煤企业并发出责令限期改正通知书；对区内5家重点涉气企业开展巡查和专项检查，对1户违法排放废气企业实施行政处罚1万元。贡井污水处理厂共处理污水660.65万余立方米，实现日处理污水1.8万吨以上，出水水质达到《城镇生活污水处理厂污染物排放标准》（GB18918—2002）一级B标。开展监察执法工作共查出原国有破产企业内租赁企业131户，发放责令改正违法行为通知书45份，立案查处3件，其中31户完成环保补办手续、4户完成搬迁；对6个规模化畜禽养殖场开展环境执法检查；对9个乡镇集中式饮用水源保护区内的污水排放口集中排查；对有关企事业单位的化学品环境管理、危险废物处理及管理情况进行清查，共检查9户危废产生企业和17户医疗单位；推进辐射环境安全行动，共出动执法人员60余人次，检查核与辐射利用单位22户。11月17日，贡井区环境监察执法大队通过国家环境监察三级标准建设验收。

【城乡环境综合治理】 2014年，集中开展占道经营整治7次；开展城乡“五乱”治理，深化夜市、噪音专项整治；加强户外广告牌匾管理，完成建材路店牌提档升级。开展城区范围内在建工地管控力度，通过日常巡查和专项督查、严审运渣车辆资质等手段，严查严处违法建设。查处违法建设“两违”行为37件、总面积6128.67平方米，拆除21件、面积3090.65平方米；罚款3.66万元。完成新改建公厕9座、垃圾库3座、垃圾收集池（房）200个。数字化信息系统平台受理各类案件2.87万件，结案2.84万件。

文化建设

【精神文明建设】 2014年，围绕社会主义核心价值体系建设，加强公民思想道德建设。以3月公民道德宣传月和9月公民道德建设教育月为引领，以“四德”教育为基础，推动活动月常态化、规范化。组织评选贡井区第三届道德模范，向市第三届道德模范评选活动领导小组推荐14名优秀候选人。组织申报“四川好人”候选人。开展“贡井精神”“十进”宣传活动。组织评选贡井好人27人，设立贡井区好人榜，设立艾叶镇、建设镇固胜村、筱溪街青杠林社区等示范点5个。上报市级文明单位5个；指导验收区级文明村11个；区级文明服务示范窗口1个。

【文化体育设施建设】 2014年，建成16个城市社区书屋，16个乡镇社区书屋。建成11个乡镇综合文化站和2个街道文化活动中心。新建8个社区文化活动室。争取专项资金167万元完成区图书馆升级改造。投资30万元的乒乓球馆建成并投入使用，新建成室外标准网球场1个、羽毛球场2个、篮球场3个。旭川中学运动场实现节假日对外开放。引进民间资金建设2个比赛用5人制人工草坪足球场。新建全民健身路径3条，争取农民健身工程项目9个。筹措资金12万余元，维修主要文化广场、健身路径的健身设施器材65件。建立乡镇、街道、村社文化体育服务设施台账。

【文艺文化活动】 2014年，开展“走基层送文化下乡进社区”为主题的活动46场次。举办迎春书画展、迎春足球赛、大众文艺游园活动、川剧座唱、陈家祠堂器乐演奏专场、全民阅读活动、庆祝新中国成立65周年文艺演出各类文艺活动60余场次，观众5000余人次。参加自贡市社区艺术节，选派节目获广场坝坝舞蹈一等奖1个、二等奖1个、优秀书画奖5个；组织“我要上春晚”的贡井区海选专场，初入选项目11个；组队参加自贡市庆祝新中国成立65周年合唱比赛活动，获三等奖。以作家协会、诗词协会、书美协会为依托，新创作散文10余篇、诗歌120余首、小说5篇，出版《大公井》文学刊物2期；新创作歌曲1首（《回家过年》）。歌曲《父爱如山》获省精神文明“五个一”工程奖。

【广播电视】 2014年，实施农村公益电影免费放映工程，共放映1788场。新增60个村“村村响”广播。完成65个20户以下自然村收听收看广播电视。

【文化市场监管与文物保护】 2014年，开展市场检查经营场所500余家次，出动人员700余人次，收缴非法出版物80多件，立案处罚8家；开展“扫黄打非”、暑期网吧整治、“清源”“净网”“秋风”“两考禁噪”各类专项整治行动。办理群众举报投诉案件6个，举报受理办结率100%，解决数字城管有关问题10个。完成文化存量、非文化存量数据录入120条。完成龙潭钟氏庄园、南华宫、夏洞寺等抢险排危工程。完成贵州庙保护规划编制。完成张伯卿公馆、东源井古盐场两个国家级重点文保单位保护规划和修护项目申报。成功申报艾叶镇为全国第六批历史文化名镇；与四川美院联合举办“盐谛之境，古意艾叶”——川美师生“重走茶马古盐道”书画创作活动。参与“川盐古道”研讨会，完成“中华盐运古道”贡井段考古挖掘工作。开展贡井区第一次全国可移动文物普查，收集到5个单位可移动文物61个，清朝宗祠牌匾2块，其他59个。完成老街保护项目二期修护工程。协助中航·自贡千年盐都航空文化旅游新区项目编制规划。在育才小学开展“非遗”进课堂、在建设小学开展太极拳剑进校园、在老年大学开展书法、国学进校园活动。开展非物质文化遗产保护与传承，省级“非遗”项目草耙龙参加市“6·25”世界“非遗”节展演活动。

【档案工作】 2014年，完成70个区直单位、2个街道和11个乡镇年度文书档案归档整理工作，归档率98%。接收到期档案2000余卷进档案馆。开展档案查阅利用工作，接待档案利用者139人次，提供利用档案271卷。对25个单位开展档案行政执法检查；完成6个区级机关单位档案规范化管理达省级标准的复查和认定工作；对全区5个省、市重点工程建设项目进行登记备案。建设镇、艾叶镇创建为省新农村建设档案工作示范镇。启动区档案馆数字化工作，对馆藏婚姻档案进行全文数字化加工处理，共计601卷。5月，贡井区档案馆整体搬迁至新建档案馆。

【地方志工作】 2014年，完成与市地方志办合编《自贡年鉴（2014）》贡井篇，共2.8万余字，93个条目，反映贡井区经济建设发展成果照片28张。收集全区68个单位2014年年鉴资料。12月，《自贡市贡井区志（1986—2005）》获四川省第十六次地方志优秀成果志书类一等奖。

社会建设

【教育工作】 2014年，全区有中小学、幼儿园87所，其中普通高中2所、中等职业学校3所（含民办学校2所）、九年一贯制学校8所、单设初中4所、小学14所、特殊教育学校1所、幼儿园54所（含民办幼儿园53所）。在园幼儿6812人，在校小学生1.30万人，282个班（含辅读校）；在校初中生4517人，105个班；在校普高生3293人，53个班；在校职高生1396人，44个班。3—5岁学龄前儿童入园率76%；小学招生2572人；初中招生1430人；普高计划招生1117人；职高计划招生867人；“三残”儿童入学率92.8%。落实资助政策“两免一补”全覆盖，免除1.67万名学生杂费586.72万元、教科书费212.46万元、作业本费元48.5万元；补助734名困难寄宿生生活费58万元，补助933名普通高中贫困学生助学金125.175万元，减免933名普通高中贫困学生学费38.08万元，免除1158名中职生学费233.89万元，补助168名涉农专业和贫困中职学生26.47万元，减免634名幼儿保教费63.4万元。贡井区“栋梁工程——家乡助你上大学”区内募资和对上争取捐助款达35万余元，共资助169名贫困大学新生。110名贡井籍大学生发放生源地学生贷款60万余元。奖励24名品学兼优的普通高中家庭经济困难学生4.8万元，资助9名中小学（含中职）家庭经济特别困难教师9万元，资助3名家庭经济特别困难幼儿教师3万元。推荐参加省第二十九届科技创新大赛，获省三等奖12项，省优秀组织奖1项。其中在省参赛获奖的学校为：旭川中学6项，五宝小学2项，电信职校2项，成佳中学1项，龙潭中学1项。旭川中学获省优秀组织奖。贡井幼儿园办园基本符合“省级示范园”标准，通过验收。育才幼儿园被省教育厅评为“四川省体操特色幼儿园”和“四川省幼儿体育基地”称号。

【卫生工作】 2014年，区属医疗卫生机构16个，村卫生室149个。启动1个省级卫生镇，6个省级卫生村，1个市级卫生镇，8个市级卫生村。农村孕产妇住院分娩1737人，补助1634人，补助金额81.58万元。进行免费婚检1534人，免费孕前检查1832人。孕产妇死亡率76.66/10万，婴儿死亡率5.17‰，5岁以下儿童死亡率7.56‰，无新生儿破伤风发生。建立城乡居民健康档案27.17万份，规范化管理高血压2.21万人；规范化管理糖尿病1.16万人。对3.60万名65岁以上老年人进行登记管理。累计免费为65岁老年人体检2.10万人次。完成本区AA级、A级规范化预防接种门诊等级评审和AAA级规范化预防接种门诊初评工作，成功创建为省免疫规划示范区。全区参加新农合人数为17.41万人，截至11月底，共筹集新农合基金5264.51万元；新合惠及参合农民19.06万人次。新合基金补偿6285.42万元。吴永强被省委组织部、省委统战部、省人社厅表彰为“四川省对口援藏工作先进个人”。

【计划生育】 2014年，共出生人口3097人，人口出生率10.61‰，人口自然增长率2.56‰，符合政策生育率87.54%，综合节育率92.36%。性别比105.78。落实计划生育帮扶户730户。全区享受独生子女父母奖励政策2.09万人，发放奖励125.56万元，出台伤残死亡独生子女家庭扶助工作意见17条，一次性慰问伤残死亡家庭391户、601人，兑现慰问金173.25万元，投入5.2万元为11户计生贫困家庭改造危旧房；帮扶资助165名困难独生子女上学，送现金、文具用品等折合现金共计32万元，向161名考取大学的独生子女家庭发放奖励金14.22万元。全区违法生育立案审批620件，征收社会抚养费777万元，再生育审批595人，申请人民法院强制征收案件2件，执结2件。投资20万余元建成人口文化村12个、人口文化中心1个、人口文化广场1个、人口文化农家乐3个；免费发放8种宣传品40万余份。

【社会保障】 2014年，全区新型农村和城镇居民社会养老保险覆盖人数8.25万人；城镇职工基本养老保险、工伤保险生育保险、失业保险、医疗保险参保人数分别达到4.45万人、0.91万人、0.83万人、0.56万人、6.6万人，为全区重点工程项目建设所涉及的4批440名被征地农民办理养老、医疗、失业保险手续，确保全区各项重点工程项目建设有力推进。制定《2014年公务员医疗补助工作方案》和《自贡市贡井区公务员医疗补助管理暂行办法》。

【就业服务】 2014年，失业保险参保5627人，征收失业保险277.63万元；发放失业保险金、基本医疗保险费、丧葬补助金和抚恤补助金1.09万人共计896.69万元，其中失业保险金发放873.66万元（含被征地农民失业保险金402.89万元）。城镇新增就业3436人，城镇失业人员再就业839人，就业困难人员实现就业458人，城镇登记失业率4.19%。高校毕业生见习基地11个，促进高校毕业生实现创业26人，青年劳动者技能培训508人，创业培训162人。农村劳动力转移就业6.53万人。对62户城乡个体创业人员发放小额担保贷款338万元，带动就业190人；为26名高校毕业生申请创业补贴；对162名城乡创业人员开展GYB创业培训。

【民政工作】 2014年，城市低保累计20.06万人次，发放低保金2530.03万元；农村低保累计8.98万人次，发放低保金926.88万元。城乡医疗救助1.84万人，救助资金574.4万元。办理结婚登记2226对，离婚登记892对。截至12月底有90—99岁老人953人，100周岁老人25人（其中女性19人），发放高龄补贴96.12万元。全区有五保老人2016人，集中供养1382人、分散供养724人。社区办公经费调整到3万元—3.5万元；社区干部基本报酬调整到2000元—2400元。接收退役士兵134人进行就业培训，落实自主就业金361.5万元，退役士兵就业培训率和接收安置率达100%。提高家属优待金标准，从4800元/年提高到7165元/年和8190元/年（2012年入伍义务兵家属优待金为7165元/年，2013年入伍义务兵家属优待金为8190元/年），按新标准发放义务兵家属优待金245户171.8万元。更换残疾军人证132个，更换烈士证22个。被民政部表彰为“全国农村五保供养工作先进单位”。

【食品药品监管】 2014年，食品生产企业26家，食品流通领域企业1179家，餐饮服务企业551家；药品生产企业1家，药品流通领域经营企业161家，医疗器械经营、使用单位237家；保健食品经营企业347家；化妆品经营企业70家。签订食品生产企业“食品安全目标责任书”26份。对重点区域、场所、品种，严厉打击违法违规行为，取缔无证经营7家，下架退市食品60千克，下发整改通知书53份；开展民生领域食品安全突出问题专项治理，查处过期小吃品10千克，过期奶粉6千克，酒水饮料33千克；对全区学校食堂（含托幼机构）进行100%覆盖检查。累计检查学校食堂246次，规避安全隐患37个，发出责令整改通知书21份。全年共查获各类违法违规案件29件，罚没款16.24万元，监督销毁不合格产品500余盒，没收不合格产品约2236千克，发出责令改正通知书186份。受理投诉举报35件，办结35件。

【安全生产管理】 2014年，发生安全事故75件，死亡3人，伤58人，直接经济损失201.02万元；其中火灾事故29件，直接经济损失108.86万元。建筑施工领域发生死亡事故1起，死亡1人，经济损失90万元。开展对道路交通、建筑施工、非煤矿山、烟花爆竹、危险化学品、油气管线、人员密集场所暨企业消防、粉尘防爆等重点领域的专项检查，发出整改指令书145份，打击非法违法行为451起，共处罚金38.55万元。检查各类工矿商贸企业1063户，整治一般性安全隐患116件。修订完善贡井区安全生产隐患排查治理工作制度；开通“12350”和“3315755”安全生产隐患举报电话，受理信访件25件，及时处理25件；整治排查各类安全隐患1528件。

乡镇街概况

【成佳镇】 辖36个村、1个社区、341个村民小组、4个居民小组，总人口5.60万人。2014年工业生产总值3.5亿元、农业生产总值6.86亿元；财政总收入5307.73万元；招商引资4.5亿元；农民人均纯收入1.05万元。被表彰为“全国重点镇”、四川省第二批“百镇建设试点”。

【龙潭镇】 辖18个村、1个社区、162个村民小组，6个居民小组，总人口3.13万人。2014年乡镇生产总值7.82亿元；地方级财政收入21万元；社会消费品零售总额1.04亿元；城镇居民人均可支配收入2.36万元，农民人均纯收入9599元。粮食播种面积5880公顷，产量2.08万吨；蔬菜播种面积2266.67公顷，产量15万吨，产值2.1亿元。

【五宝镇】 辖23个村、1个社区、176个村民小组、6个居民小组，总人口3.17万人，其中农业人口2.91万人。2014年粮食总产量1.57万吨；农民人均纯收入8984元。水产养殖面积620余公顷，总产量3600余吨，总产值3500万元。五宝镇被全国七部委列为全国重点镇；五宝水产专业合作社被评为“第二批省级示范农民合作组织”。

【长土镇】 辖9个村、5个社区、77个村民小组、66个居民小组，总人口2.30万人，其中农业人口1.14万人。2014年农民人均纯收入1.05万元。全镇工业企业84户，商贸企业22户，个体工商户530户。实现乡镇企业总产值52.1亿元，规模以上企业产值47.39亿元，主营业务收入48.9亿元，利润实现3.4亿元，工业增加值14.6亿元。固定资产投资完成2.56亿元，实现招商引资2.8亿元。

【建设镇】 辖11个村、1个社区、98个村民小组、3个居民小组。总人口1.52万人，其中农业人口1.45万人。2014年奶牛存栏928头，产奶量达4500吨。工业总产值62.09亿元，固定资产投资1.92亿元。农民人均纯收入1.06万元。举办“自贡市第十届乡村旅游节”和“第六届龙都早香柚节采摘活动”接待70万人次，实现综合旅游收入3000万余元。被评为省2014年度社会主义新农村建设档案工作示范乡镇。

【艾叶镇】 辖10个村、3个社区、84个村民小组、29个居民小组。总人口2.09万人，其中农村人口1.39万人。2014年农民人均收入9459元。完成地方级财政税收57.78万元。全社会固定资产投资1.52亿元，引进资金2.5亿元。成功申报为第六批中国历史文化名镇，被评为省新农村建设档案工作示范乡。

【桥头镇】 辖7个村、1个社区、82个村民小组、4个居民小组。农村人口1.47万人。2014年农民人均收入8135元。粮食作物播种面积1797公顷，实现粮食总产8796吨，其中：蔬菜9431吨、油料作物578吨。水产品养殖面积266.67公顷，年产鱼3000吨，实现年产值4000万元。获全省2014年度“保护超特高压平安乡镇（街道）创建活动先进集体”；桥头镇新农村示范片创建暨2013年创建国家级现代农业师范园区绩效考核一等次。

【白庙镇】 辖8个村、1个社区、80个村民小组、2个居民小组。总人口1.29万人，其中非农业人口708人。2014年农民人均纯收入9002元。水果面积907公顷，水果产量1.30万吨。血橙获国家“绿色食品”认定。新农村示范片建设暨2013年创建国家级现代农业示范园绩效考核一等次。

【莲花镇】 辖11个村、1个社区、80个村民小组、1个居民小组。总人口1.32万人，其中农业人口1.26万人。2014年农民人均纯收入9190元。实现生猪出栏2.47万头、肉牛1976头、肉兔39.2万只、小家禽55.8万羽。实现禽蛋产量589吨，肉类总产量4028吨。养殖业产值占农业总产值比重上升到58.3%。被省综治委评为“三电”设施保护“先进乡镇”。

【章佳乡】 辖7个村、70个村民小组、1个社区。总人口1.05万人。2014年人均纯收入1.04万元。固定资产投入5105万元，招商引资1亿元。被中国科协、财政部表彰为“全国科普惠农兴村先进单位”；被省政府依法行政工作领导小组表彰为“2013年推进依法行政先进县乡”，被省委、省政府表彰为“全省城乡环境综合治理2013年度环境优美示范乡村”。

【牛尾乡】 辖8个村、1个社区、54个村民小组、1个居民小组。总人口1.05万人。2014年农民人均纯收入8070元。辖区42.8平方公里，森林覆盖面积占总面积的45.3%。全乡外出务工经商人员6000余人，收入9000万元。

【筱溪街】 辖12个社区、312个居民小组。总人口6.2万人。2014年发放城市居民最低生活保障2.10万户次3.32万人次，计634.09万元；救助困难群众228人次23.23万元。办理就业失业登记证605个，发放失业金2950人次，240万余元；新增就业人员1050人。被省委、省政府表彰为第五届四川省“记一等功公务员集体”。

【贡井街】 辖4个社区、78个居民小组、居民7291户。总人口2.04万人。2014年有低保户1356户2750人。发放廉租住房补贴低保户2796户5458人次。实施医疗救助210人次，资助贫困大学生9人1.8万元。10月，完成老街子、盐工新村和垊塘湾3个社区办公场地新建或改扩建并在社区立旗杆挂国旗。

（贡井区地方志办）

大安区

概　貌

【位置　面积　人口】 大安区位于自贡市东北部，是自贡市中心区之一，东南与隆昌、富顺县接壤，东北与内江市东兴区毗邻，西北与威远县相接，西南与贡井、沿滩区相连。辖区面积398.81平方千米。全区辖9镇3乡、4街。2014年年末，总户数16.27万户，总人口45.77万人，其中：男性23.15万人，女性22.62万人，城镇人口17.43

万人、农业人口28.34万人。

【建制沿革】 大安区原属富顺县，1939年划归自贡市管辖。1944年，由新垱镇（大文）改为自贡市第六区。1950年3—6月，由第六、七、九区合并为第三区。1953年，改称大坟堡区。1955年8月，经四川省人民政府批准改称大安区，1957年合入自流井区。1959年成立大安区人民公社（区级），直属自贡市。1961年7月，恢复大安区建制，沿袭至今。1978年4月，划入富顺县何市区所辖何市、群乐、鸳鸯、永和、永嘉、新店等6个公社。1979年7月，划入自流井区3个公社。1984年，公社改称乡。1988年，撤销何市乡建立何市镇。1994年，撤销爱和乡建立大山铺镇。1995年，撤销团结、胜利、群乐、新店乡，建立团结、胜利、三多寨（原群乐乡）、新店镇。2001年4月，由14个乡镇，调整合并为10个乡镇。2005年8月，划入富顺县牛佛镇、庙坝、回龙镇，划出红旗乡归自流井区。2014年，辖：凤凰、和平、永嘉3乡；新民、团结、大山铺、三多寨、何市、新店、牛佛、庙坝、回龙9个镇；大安、龙井、马冲口、凉高山4个街道。

【自然资源】 境内系四川南部丘陵区，群丘起伏连绵，北高南低，多为馒头山，棹状方山，鸡瓜丘，系丘陵地貌类型。气候条件优越，属亚热带湿润气候，四季分明，无霜期长，雨量充足。境内属沱江水系一、二支流。釜溪河流域为沱江水系一级支流，威远河、长滩河、旭水河流域为沱江水系二级支流，沱江河流域面积最大，占36.7%。多年平均流量1.44亿立方米，流域面积147.15平方公里。地下已探明的有岩盐、卤水、天然气、石灰石、石料、型砂、河沙、卵石、沙金、页岩、黏土等200余种，以岩盐、卤水、天然气、石料著称。

【旅游资源】 境内旅游资源有世界三大恐龙自然博物馆之一的自贡恐龙博物馆（“中国旅游胜地40佳”之一，联合国教科文组织批准为世界地质公园），有世界第一口人工开凿的超千米深井——燊海井（国家级文物保护单位），有距今1.6亿年的长山岭硅化木（市级文物保护单位），有全市第一口岩盐井——发源井（市级文物保护单位）。有风光秀丽的燊海公园、青龙湖、神奇的葛仙山、牛王山、盐都植物园等，有集观赏娱乐垂钓为一体的北龙半岛，中国历史文化名镇——牛佛镇，川南古寨堡三多寨及青莲寺、佛子寺、弘发寺、观音阁，有著名红岩英烈江竹筠（江姐）故居、邓萍故居等红色旅游景点。自贡市烈士陵园坐落在大安街长堰塘挖口山。

政治建设

【区委工作】 2014年，确定“求真务实、厚德自强”为大安精神；提拔基层干部34人，遴选61名乡（科）级后备干部，培训干部9000人次，76名新录用公务员全脱产到村（社区）挂职锻炼；实行大村社（组）制、大党委制，建立党员县级领导到村兼任“第一书记”等14项工作制度，整顿后进党组织31个，效能问责干部4人，立案查处违纪违法案件32件，纪律处理党员干部20人。践行党的群众路线活动建立督导组20个、62人，整改出行难、用水难等问题21类、2033个；成立区委改革领导小组，制定改革办法43项、187条；推行“五个一线工作法”“四真群众工作法”，出台公车配备使用、公务接待、差旅费支出、机关事业单位人员调配等管理细则、办法38项，出台《大安区促进工业经济稳增长的十七条措施》，制定《大安区党内规范性文件备案办法》，备案规范性文件8件。

【人大工作】 2014年，召开常委会会议11次，制定规定、意见、办法6个，作出决定、决议10项。听取和审议“一府两院”专项工作报告18个，开展执法检查4次，提出审议意见5件、评议意见3件。作出《批准大安区2013年财政决算、2014年财政预算调整等相应的决议、决定》，作出《同意〈自贡市大安区楼房湾水库工程建设用地补偿和移民安置实施办法〉的决定》《同意区人民政府重新划定乡镇集中式饮用水水源和备用水源的决定》。依法听取和审议《大安区2014年财政暨部门预算编制报告》《大安区2014年上半年国民经济和社会发展计划执行情况的汇报》《大安区2013年财政预算执行情况和其他财政收支审计情况的报告》；审议通过《大安区人大常委会关于深入推进依法治区的决议》。视察西南电线电缆二期、大山铺铁路物流园区、成自泸赤高速自贡北互通连接线、棚户区改造、楼房湾水库、牛佛古镇、沱江防洪治理工程、龙自路、东北部新城建设等重大建设工程和特色种养殖、新村建设、中小河流治理、义务教育均衡发展改革试点、安全生产、社会抚养费征管等工作；依法任免国家机关工作人员37人次，撤职1人，任命人民陪审员14人，补选市区人大代表5人，接受市、区人大代表辞职3人；审查备案规范性文件40件，接收、办理代表建议件，受理群众来信来访33件，化解信访老案、积案3件。述职评议区人大代表25人、区人大常委会委员2人；人大代表陈上和创立牛佛镇“助学基金会”，资助贫困学生12人。

【政府工作】 2014年，召开政府常务会议16次，研究事项84项。清理非行政许可审批事项28项，水政渔业、计划生育等委托乡镇执法，教育系统职称（职务）岗位全员竞聘上岗，建立医疗机构逐级转诊制度，区肿瘤医院引进合作伙伴签订托管协议，县级公立医院和基层医疗机构分级诊疗启动，农村土地承包经营权确权登记颁证在新店镇试点；引进川南电子商务城、川南IT数码电器城、川南国际食品博览城等亿元项目15个，吉成井棚户区改造配套基础设施建设项目确定；中央财政小型农田水利重点县、酿酒高粱万亩基地等项目通过验收；建成8个乡镇卫生院、12个村卫生室，新建社区书屋34个，义务教育均衡发展通过国家认定，“教育信息化云平台”建设启动，解除农村饮用水源水库承包经营合同，水务局回购乡镇水厂；群众路线教育实践活动解决问题814项；牛佛镇获“2014—2016年度四川省民间文化艺术之乡”称号，省级川南现代服务业集聚区授牌。

【政协工作】 1月21日，区政协成立三十周年书画展在南湖体育中心艺术展览厅举办，参展书画作品100幅。2月17日，召开大安区政协八届三次会议，听取和审议《区政协第八届委员会常委会工作报告》《提案工作报告》《区人民法院和人民检察院工作通报》，选举增补政协常委和副主席，接收、办理委员提案103件；制定《区政协主席会议成员联系基层制度》等制度3项，修订《区政协党组议事规则》制度等6项。开展全国第三次经济普查、东北部新城建设、牛佛沱江二桥建设等视察活动25次，提出意见建议100条；开展送法制送健康活动1次，发放健康知识、普法常识、道路安全知识、养老、医保、就业等宣传资料1800份，接受群众咨询150人次，发放常用药品价值1200元，免费体检、义诊群众120人次；帮扶永嘉中心校、马冲口街贫困学生17人，救助马冲口、扇子坝、沙鱼坝等社区困难家庭18户，募捐助学捐赠永嘉小学学习用品8100元；民主评议区环保局、政协教科文委等单位；搜集编写史料文章20篇，在《龙乡文学》“大安文史”专栏刊发10篇，编辑印送《文史资料》专刊2期，撰写《深化食品药品监管体制改革，保障人民群众饮食用药安全》等调研报告5篇，其中：《何市镇新农村建设的调研报告》《我区农机购置补贴政策实施情况的调查》等调研文章在《大安》刊登。区政协被评为“省、市政协新闻宣传工作先进单位”。

【纪检监察】 2014年，受理检举控告类信访件54件次，立案35件，其中重点类案件25件，为20名党员干部澄清是非，挽回经济损失近200万元；监督检查“四风”问题200次，纠正问题80个，清理清退违规发放奖金补助162万元，清理基层组织“白条”资金55万元、干部上交红包礼金9.2万元，行政效能问责77人，查处“四风”典型案件32件，通报曝光典型案件2件，查处侵害群众利益和违反廉洁自律规定行为16起，给予纪律处分16人；新配备乡镇（街道）纪（工）委和区级部门纪委书记、副书记17人，提拔、交流纪检监察干部7人，抽调12名基层纪检监察干部上挂区纪委学习办案，参与区委、区政府议事协调机构调整，108个议事协调机构调减为13个；400名领导干部作出廉政承诺，300名党员领导干部接受廉政谈话，77名党政主要负责人向区纪委全会述责述廉，200名区级部门和乡镇（街道）内设机构及下属单位主要负责人向区各级纪检监察述责述廉；党风政风行风测评和党风廉政建设社会评价区级部门60个、乡镇（街道）16个；出台《关于落实党风廉政建设党委主体责任和纪委监督责任的实施意见》，将党委（党组）主体责任、纪检监察组织监督责任分别细化量化为17项、5项进行考核；建成行政权力依法规范公开运行电子监察系统，督促设置风险点位和监察点位6500个，预警纠错200项；新建市级、区级廉政文化示范单位36个；在各级媒体网站刊播反腐倡廉宣传稿件400篇。

【党组织建设】 2014年，发展党员65人，培养入党积极分子136人，处置不合格党员44人，处置失联党员21人，其中：拟给予限期整改的17人，党内除名4人；提拔干部34人，其中女干部14人，党外干部3人，清理企业兼职干部30人。招聘招商引资雇员2人，从四川大学等全日制普通高校引进医学、环境监测、农林畜牧等专业人才10人，其中：研究生4人、学士本科6人；培训科级后备干部61人，其中，正科级培养对象21人、副科级培养对象40人；举办干部培训班50场次，培训干部9000人次；选派30名干部攻读西南大学“城市规划与土地资源管理”“公共财政与金融管理”等专业硕士研究生学历（学位），其中11人通过研究生入学考试，58名县科级领导干部到省、市委党校（行政院校）培训，76名新录用公务员到村社区挂职锻炼，6名专业型干部到东北部新城管委会等部门挂职锻炼。选树区级服务型基层示范党组织10个，陈泽君、张慧琴等践行群众路线好榜样20人，省市区委表彰党组织书记26人；村（社区）设置党组织120个，公选村（社区）后备干部30人，增配1至3名监委会干部，村办公经费提高到3万元/个·年，社区办公经费提高到4万元/个·年，村（社区）监委会主任报酬纳入财政保障，年新增村（社区）建设费用220万元；“六下访”活动调解矛盾纠纷1895件；群教活动开展产业发展等课题调研13个，收集社情民意832条，查找问题2.7万个，整改“四风”和“好人主义”问题320个，大型会议减少29%、“两办”文件减少49%，立案查处作风问题、侵害群众利益和腐败案件27件、处理党员干部35人。制作视频新闻5部，专题片1部。华大社区被确定为“省级服务型示范社区”。

【宣传工作】 2014年，在仁和半岛广场新建大型公益LED宣传屏幕，建立电子阅报栏4个，制作东北部新城规划建设、科技强县试点工程、义务教育均衡发展、最美家庭刘子开之家等专题宣传片4部，召开党委新闻发布会4次；“大安区五个一线工作法”、大安街马草山社区“四真工作法”、“联系服务群众‘四进家门’”、向不合格党员亮“黄牌”、“棚户区改造尊重群众意愿”等先进经验和先进人物典型事迹被人民网、《四川日报》《自贡日报》等媒体报道；推出最美家庭刘子开家庭、公路养护段庙坝道班班长钟云兴、自贡东大门交警协警员游诚钰、乡村敬老院的大孝子翁富高等先进典型人物。中央电视台《国宝档案》《记住乡愁》《盐之国命》栏目在燊海井、三多寨镇拍摄；《“党员零距离”工程服务外出务工人员》《大安：扎实开展“五个一”服务群众先行》《“舌尖上的中国”走进大安燊海井》《新店镇14名不合格党员领“黄牌”》等9篇稿件被《四川日报》刊载；参加自贡市2014年社区艺术展演，获广场舞比赛一等奖2个、二等奖1个，农民歌手赛二等奖2个、三等奖1个，才艺展演优秀奖1个、表演奖2个。举办“农信知识进万家”迎春文艺汇演、“群众路线惠民生·走进企业促发展”专场演出、庆“五一”职工暨农民歌手大赛、“大安区党的群众路线专场文艺演出”等文艺演出11场次。检查文化经营场所720家（次），取缔违法经营1家、罚款1家、限期整改2家。

【统战工作】 2014年，邀请民主党派、区工商联负责人列席全区重大会议，民建大安总支参加民建省委“坚持和发展中国特色社会主义”知识竞赛。举办“同心共筑中国梦、抱团谱写新篇章”主题沙龙，组织统一战线成员参加“中国梦·盐都情”自贡市统一战线第二届文化艺术节、征文比赛、演讲比赛、文艺演出、大安区职工乒乓球比赛等活动，获自贡市统一战线征文比赛一等奖；民主党派、工商联、无党派人士向大安区委、区政府提出意见建议60条；开展《大安区农村留守女童人身安全的现状与对策》《关于目前民营企业发展情况的调研报告》《完善计生利导机制 让计生家庭优先享受改革发展成果》等6个专题项目调研；推荐2名企业家参加中山大学“全省民营企业高级管理人才专题研修班”学习，推荐15名会员企业参加首届“走出川南，投资海外”论坛暨中港国际集团项目、松潘赴自贡招商引资暨旅游推介会；组建大安同心志愿服务团开展义诊、技术咨询等服务活动10次；参加全市“五百工程”活动，19户企业与学校结对，企业向学校捐款捐物50万元，捐资助学72.46万元，资助学生150人。42户企业与19个村结对，帮扶结对村资金364.59万元。23户企业与23户“三老”结对帮扶。龙翔建材公司免费捐赠危房改建用砖，金典化工公司捐资村道建设12万元，电站锅炉辅机厂、川南皮革城培训企业党员，为社会捐助150万元；15名党外人士参加社会主义学院、中青年干部班学习，抽调2名党外干部到重点工程挂职锻炼，提拔3名党外人士为副科级领导干部。张英被市委统战部推荐为《中国统一战线》“基层统战干部风采录”栏目基层统战干部候选人。

【政法工作】 2014年，全区发生不稳定事件65件次，比2013年下降21.5%；新建人民调解组织16个，设置“乔剑调解室”“童信英调解室”；主城区户籍迁移登记、临时身份证办理进驻区政务服务中心窗口，推行庭审“三同步”和量刑程序、网上办案、裁判文书、流程进度等“四三公开”；评估重大项目建设社会稳定风险21件，预防、化解社会矛盾74件次，调解矛盾纠纷1420件，调解成功1387件，调解成功率97.67%；举办山洪灾害防御、幼儿园“防恐”等应急救援演练2次；处置和平花苑安置房、柳家湾、板房厂、千金榜安置房分配及西南电线电缆项目二期工程恢复施工等涉众型不稳定事件；处置“1·18”K30+740处醉汉上道发疯和K22+700处钢轨断裂重大安全隐患事件2起；公安机关训（告）诫非法信访人员38人次，拘留、拘捕3人；选派12名干部参加全省“突发事件应急管理与社会稳定维护培训班”学习，举办信访维稳、网格化服务管理体系建设、盐都政法大讲堂和四川省政法大讲堂等专题培训24期2500人次，区、乡镇（街道）两级综治办培训干部18次1300人次。

【群众工作】 2014年，受理信访案件1282件次，比2013年增加190件，其中：来访737件次，现场受理594件，上级交办143件次，网上信访252件；到省信访22批51人次，进京“非访”15人38人次；结案省交办信访件3件，东碳厂至北环路道路改造、邹世坤信访、和平乡团结岛两证办理、金胜18组信访等5件信访案件结案息访；化解矛盾纠纷342件，排查出重点人员75人，依法进行告诫和行政拘留进京到省非法上访人员6人；“大下访活动”接待群众4512人次、登记问题474件，现场解答、处理169件、交办305件、办结239件。

【机构编制】 2014年，制定印发《大安区人民政府机构改革方案的实施意见》和《大安区人民政府职能转变和机构改革方案》。拟定区妇幼保健院与区计生服务站、乡镇卫生院与计生服务中心、农林局与畜牧局、住建局与房管局等4个机构整合“三定”方案，将原农林局和畜牧局10个内设机构整合为5个，10名领导职数精简为7名，将产业发展、民生事业等领域涉及7个区级部门的10项执法权和管理权依法授权委托试点乡镇；180个事业单位机构编制、职能实现模拟分类，保留议事协调机构119个，调整议事协调机构21个，区工业园区内设机构调整为5个。乡镇社会管理和公共服务增加编制2个，教师编制由2045名调整为1991名，建立单位人员信息4072条。年检事业单位186个，清理非行政许可审批事项28项。

【党史研究】 2014年，制定党史工作工作重点，完上报市党史研究室信息12条，编写《大安区委2013年执政实录》《2013年中共大安区委大事记》，撰写调研文章2篇。

【政务服务】 2014年，领办代办项目15个；政务服务大厅分设置社会保障、行政审批、惠民帮扶和公共资源交易等4个区域，编制《2014年行政审批事项通用目录》，将城区4个派出所的户籍和身份证办理进驻政务服务中心，新增网络摄像头20个，16个乡镇、街道行政审批和视频监控全覆盖；建立政务服务中心网站，新增电子政务、中介服务版块，实现信息发布、资源共享、报表下载、网上咨询和网上预审。引进文印店，提供打字复印、移动手机充值缴费，代收燃气费、水费、电费、车辆违章罚款，代售飞机票、火车票等业务；安装公用电脑、公用充电台、公用电话和公用传真机、无线WiFi，实现上网、打电话、充电全免费。

【公安工作】 2014年，立刑事案件1465起、破案829起，破案率56.59%，其中“八类严重暴力犯罪”53起，破51起。性侵财犯罪1285起，破案543起；受理并查处行政案件793件，提请逮捕犯罪嫌疑人172人、直诉100人、强制戒毒62人、行政拘留147人；处置“红光输送公司、金通公司、信友公司、凤凰乡刘健等资金借贷”“牛佛沱江防洪堤、西南电线电缆、新民董家安置房等工程建设项目征地拆迁”“成自泸赤高速路、东沿线、恒大名都、恐龙博物馆二期等工程拖欠民工工资”、“莉莉超市、鸿化公司停业破产”、“3·14”中医院医患纠纷、“3·16”北环路重大交通事故、“9·19”新店廖氏兄妹中毒意外死亡等涉稳案件；牛佛、何市地区设立警务“中心所”，高硐、凉高山户籍业务进驻区政务中心，乡镇派出所户籍窗口进驻同级政府便民中心工作；采集标准地址21.04万条、房屋信息14.5万条、人口信息24.81万条、单位信息1万条、单位从业人员信息5.37万条，95个“天网”监控点位“标清”升“高清”。大安公安分局业务技术用房建设项目向上争取资金825万元，8月底主体工程竣工。选拔副科级干部3人，入选省公安厅人才库和教官团1人，1人被聘为西南政法大学刑事侦查学院硕士研究生实务导师；《不要上陌生人的车》《军医与刑警，让他为人民“无缝”服务》获省公安机关2013年度“好新闻”二等奖，《10小时飓风行动、密林救出被绑架娃》获省公安机关2012年度好新闻文字类（通讯）优秀奖，区公安分局获自贡市“反扒安民”第一名、“打击黄赌毒、严打街面违法犯罪”第一名、“夏季攻势”第三名。

【检察工作】 2014年，依法任命检察委员会委员3人、副检察长1人；与市邮政分公司签订“邮政绿色通道”协议，向大安检察院邮寄控告、举报、申诉等信函免付邮资；受理公安机关提请批准逮捕案件120件160人，作出批准逮捕决定110件140人；受理移送审查起诉224件313人，审结228件350人，其中：向法院提起公诉212件324人，决定不起诉16件26人，依法移送他院8件8人，作出有罪判决212件324人；立案查办职务犯罪案件8件11人，立案数比2013年增长28.5%，决定不批准逮捕11人，监督公安机关立案4件，监督撤案1人，发出纠正违法通知书6份，建议追加移送起诉2件2人，追加犯罪事实1起；受理举报类信访6件，控告类信访5件，申诉类信访2件；办理刑事被害人救助案件6件、刑事申诉案件2件；纠正社区矫正违法20件20人，纠正续保罪犯病情不再符合暂予监外执行条件案件2件。向法院建议收监执行4件4人，撤销缓刑收监执行2人；公开检察文书60件，案件办理流程图20幅，编发检察信息、检察调研84期。

【法院工作】 2014年，受理各类案件4243件，结案4153件，结案率97.88%，其中：刑事案件190件，审结190件；民商事案件3251件，结案3178件，结案率97.75%；婚姻家庭、“三农”、劳动争议、“三费”、消费者权益保护等涉民生案件346件。受理食药、国土、城建、房管等领域一审行政案件10件，判决维持行政机关具体行政行为3件，驳回起诉2件，撤诉5件；受理执行案件466件，执结464件，执结率99.6%，执结标的金额1.4亿元；向银行和房管局发起查询函件899条，涉及案件数93件，查询财产案件数86件，涉及被执行人数140人、标的金额300万元；协同相关部门解决案件13件，涉及标的金额832万元；公布失信被执行人11人、企业4户；执行涉及民生、稳定的重大案件156件，涉及标的金额937万元。实现裁判文书上网审批，在立案大厅设置咨询、立案、信访、调解等服务窗口，建立诉讼引导、法律咨询、诉前调解、立案受理、信访接待和法制宣传“一站式”服务平台；邀请人大代表、政协委员、群众代表、行业代表、专家代表参与信访、申诉、执行听证程序；基层法院审判质效考核名列全省第15名、全市第2名。

【司法工作】 2014年，建立法律援助工作站16个，设立人民调解委员会240个，其中：村136个、社区40个、乡镇（街道）16个、企事业单位33个，有人民调解员1403人；成立大安区社区矫正奖惩委员会，承担社区矫正执行决定警告、撤销缓刑、假释等7项审批类职能；开展法制巡回宣讲40场次，送法下基层12场次，印发法制宣传资料7.3万份，提供法律咨询和服务6.7万人次；开展“法制宣传进万家”活动12场次，培养“法律明白人”750人，送法进村（社区）入户0.6万户；调解矛盾纠纷711件，调解成功701件，协议涉及金额544.57万元，防止群体性上访12件92人；办理服务公证200次、案件公证1050件，减免公证费6万元；提供律师法律服务145件，基层法律服务260件，举办村（社区）干部业务培训3期，培训183人次；群教活动帮扶大安街大安社区，帮扶资金7000元，党员帮扶牛佛镇烟墩、罗井村困难党员6人。牛佛司法所、大山铺司法所被评为“市优秀司法所”，何市镇雨山村调解委员会被评为“市优秀人民调解委员会”。

【武装工作】 2014年，圆满完成征兵任务，退兵11人，新兵服装合格率95%；投入100万元资金完成区人武部正规化建设，11个基层武装部规范化建设达标验收；投入资金20万元，购置6大类18种2500件应急应战物资；组织应急民兵660名参加维稳执勤、集中军事训练、野外驻训、民兵机枪分队军事训练，出动民兵1420人次执行抢险救灾、维稳执勤、应急处突等任务；举办专武干部业务培训1期，推荐1名现役干部到西安政治学院学习，选派人员到外国语学校、江姐中学等6所学校上国防教育课；处理辖区籍飞行员曾译牺牲后续事宜，人武部与区人民医院结成双拥共建对子，群教活动整改问题4大类21项；江姐小学列为大安区少年军校，江姐女子民兵排参加市“军民一家亲、军歌亮灯城”军歌大比拼获二等奖，军训学生2500人，区武装部获野战炊事比武自贡军分区第一名。

【民革】 2014年，新发展党员3人，提拔1名党员为副科级；开展林权改革、畜牧业规范化养殖、污水处理、东北部新城、楼房湾水库等建设项目视察20次，参与新农村建设、大安区特色文化发展等专题调研6次，向市、区两代会提出《争取政策扶持，加快江姐故里基础设施建设，打造红色旅游品牌》《注重盐文化打造，提升燊海井品质》《关于规划打造大安“森林公园”，提升城市品位》等建议、提案20件；在何市镇开展“民革走基层惠民生”主题活动，发放医疗卫生宣传资料3000份，开出中医处方62张，接受养殖技术、种植技术等咨询500人次；《大力发展社会主义协商民主促进社会主义民主政治发展》《爱在盐都山水间》在《自贡民革》刊登，“基层科普益民行动计划”申报国家级和省级项目；《超粗晶合金开发》项目累计生产产品120吨，为企业新创产值4200万元。

【民盟】 10月21日，召开总支和三个支部换届大会，完成新总支和支部班子换届选举；发展盟员2人。召开组织生活6次，开展“一支部一调研，一盟员一建议”参政议政、建言献策活动4次，收集社情民意20条，提交集体提案1件、个人提案5件；开展“盟沿合作、烛光行动”，结对帮扶困难群众、学生6人，捐款1800元。“黄丝带行动”帮扶学生2人；盟员创办的正好橡胶工业公司，接纳10名残疾人员就业，安置下岗职工7人。到何市镇开展送教、送法下乡；上报《关于我区社会养老情况的调研报告》《关于我区农村留守儿童安全状况的调研报告》《政府向社会购买社会服务的调研及建议》、“永远跟党走”等调研报告5篇。

【民建】 2014年，新发展会员1人，会员积极分子3人，提拔副处级干部会员1人、正科级干部会员1人。开展“坚持和发展中国特色社会主义学习实践活动”，参加民建省委“坚持和发展中国特色社会主义”学习实践活动知识竞赛；举办中秋节茶话会，开展重阳节慰问活动；王静的署名文章《民主党派基层组织践行群众路线的思考》被《四川统一战线》（2014年第3期）刊登，形成《民主党派基层组织在协商民主中发挥作用的几点思考》等理论实践文章；向市、区“两会”提出《关于加快建设成自泸赤高速公路自贡北互通及连接线的建议》《关于加快改造北环路家居城至一桥的建议》等提案、建议27件（次）；会员参加区政府、区政协组织的教育均衡发展、东北部新城建设、交通基础设施建设、城镇基础设施建设、经济普查、土地利用等专项调研视察，提出建议意见20条；开展自贡东北部新城建设专题调研视察1次，邀请民建自贡市委领导、民建自贡企业家俱乐部开展对区会员企业调研视察1次；四川泰丰集团、民建省委会员企业家向民建省委基金会捐款35万元，四川阿郎食品、四川雷鸣生物等单位捐资1.6万元资助贫困大学新生8人。

【农工党】 2014年，审核、考察发展党员3人。组织视察活动4次，收集意见建议20条；撰写题为《完善计生利导机制　让计生家庭优先享受改革发展成果》调研文章，向市、区“两会”提出《加快推进计生、卫生技术服务机构的有机整合，发挥优势资源作用，更好地为群众服务》《加强私人诊所的监管，保护患者生命安全》等提案10件，报送社情民意12条；组织开展“三下乡”活动2次，义诊群众600人次；开展走访慰问活动20次，帮护困难群众8户，送慰问品、慰问金等折合4000元。

【九三学社】 2014年，发展培养入社积极分子1人，新发展社员2人，推荐评选王妮娜（女）、王自勤（女）、杨大川、苟光耀、陈祖钰等6名社员为2013年度优秀社员；向区政协提出提案8件，其中党派集体提案1件，个人提案7件。提案《关于鼓励支持民营企业参与新农村建设的建议》被区政协确定为重点提案，唐玉民、程全聪提出的《规范政府采购、建立高素质政府采购专业人才队伍》提案被区公共资源交易服务中心采纳。

【工会工作】 2014年，新发展工会组织13户、入会会员1585人，涵盖法人单位25户，发放会员证1435个；37户基层工会召开会员（代表）大会，三多寨镇工会等12家机关、事业单位换届；辖区现有省级劳模21人、市级劳模47人；补助资金32.5万元建成大安街仁和社区、凤凰乡济公村等“示范基层工会”13个、职工维权帮扶服务站9个；实行工资集体协商企业662户，协商签订率98.2%；企业新签劳动合同4户76人，续签78户2596人，签订《职业病防治专项集体合同》6户1000人；聘用工资集体协商专职指导员1人，培训工会干部136人次、企业职工1367人次；新建市级职工书屋2个、区级职工书屋6个；审计12个乡镇、4个街道工会经费；下岗失业人员再就业440人，培训下岗失业人员及农民工750人，转移输出农村劳动力600人；困难职工帮扶救助标准调整为200—3000元/人·次，发放送清凉、助学、冬送温暖、困难职工帮扶、医疗救助等金额30.47万元，惠及6939人；办理在职职工“职工住院互助保险”3000人、“女职工大病互助保险”1393人，发放保险赔付金10.5万元，发放特困职工爱心电力卡280张5.6万元、爱心乘车卡276张3.46万元、大病女职工慰问金30人1.9万元、劳模慰问金10人7万元，资助困难职工子女上大学43人；举办大型文体活动3次，6000名职工参加大安区第六届职工技能大赛；举办职工暨农民歌手大赛、篮球赛、羽毛球赛、乒乓球赛，获市十二届职工演讲比赛、歌手大赛二等奖，市总工会职工游泳比赛团体第一名，市“安康杯”竞赛三等奖；向10户企业工会委派律师5人，受理法律援助案件7件，支付法律援助专项资金1.05万元，建立基层工会劳动法律监督组织489个，清理拖欠农民工工资1896万元，推荐自贡市维护职工权益“十佳律师”2人；职工参提合理化建议2.45万条，采纳2.23万条，节创价值1.39万元，职工创新成果7项，创经济价值215万元。

【共青团工作】 2014年，向省青基会争取“希望工程”项目资金150万元，建成回龙镇大同可口可乐小学、牛佛镇烟墩小学等2所希望小学；创建星级留守学生之家10所，建立凉高山街凉高山社区群团服务中心；出台《大安区大学生西部计划志愿者管理办法》，招募西部计划志愿者25人，培训青年劳动者638人，提供大学生法律、金融、党政综合等岗位30个；向省青基会争取青年就业创业工作经费3万元。关爱留守儿童“暖冬”行动为100名留守儿童送价值2万元的爱心物资；落实“困难群众帮扶计划”，捐赠10名困难群众价值3000元的油、米；开展植绿、护绿、环境洁美志愿者行动25次，参加活动青年350人次，青年志愿者在三多寨卢家村栽种小叶榕30株；团组织开展城乡环境综合治理17次，参与人数455人次；上报信息简报65条、调研文章2篇，被《自贡日报》、四川经济网等媒体采用信息16条；群教活动查摆“四风”和“好人主义”问题17条，整改落实17条；选出“自贡市优秀共青团员”4人、“自贡市优秀共青团干部”2人，广华小学语文教师谭燕舞、凉高山街上田坝社区干部刘杰瑞、龙井社区书记宋袁琴获市“最美青春建功人物”，团区委、凉高山街团委被评为“2014年度自贡市优秀团组织”，区妇幼保健院妇产科被评为“省级青年文明号”，区西部计划项目办被评为“四川省2013年度最佳活动开展服务地”。

【妇女工作】 2014年，新建牛佛镇富隆村红萝卜龙协会，蜀江春餐饮食品公司、自贡盐味源食品有限公司等3个巾帼创业就业示范基地，组建“好嫂子互助队”“五老志愿者队伍”等志愿者队伍50人，三多寨镇建立群团组织社会服务中心；村社区两委干部中女性占59%；举办就业政策、家政服务、实用技术、法律法规等培训12期，培训妇女1200人次，举办“守护明天、让爱回家”外出务工人员就业招聘会3场，新增就业200人，下岗妇女再就业104人；举办“三八”妇女维权、心理辅导、“女人的格局”等讲座3场；开展“寻找最美家庭”活动，举办最美家庭故事会260次，征集“好家风好家训”50条，评选最美家庭10户、“绿色家庭”10户；救助贫困母亲113人、孤儿54人、两癌贫困母亲3人，免费筛查农村妇女两癌1.1万人，筛查出两癌发病妇女49人，发放救助资金、物资4.4万元；“六一”儿童节慰问学校45所，赠送文体用品509件，慰问金2.39万元；慰问“结对”贫困生155人，送慰问品209件；群教活动整改“四风”和“好人主义”问题27条；刘子开家庭获“全国最美家庭提名奖”“第九届全国五好文明家庭”“自贡市最美家庭”等称号，杨荣峰家庭获“四川省最美家庭”“自贡市最美家庭”称号，牛佛镇中心校列为市级“巾帼文明岗”，牛佛镇富隆村列为市级“巾帼文明示范村”。

【关工委工作】 2014年，落实关工委工作经费22.76万元；组建法制纪律、文化技能、理想道德、关爱帮扶等四个关工委工作指导团，川润集团董事长罗丽华在市儿童福利院建立“川润爱心之家”，每年资助3万元；大山铺镇关工委投入5万元，开展水产农业实用技术培训10场，培训1000人次；三多寨镇评选“道德之星”19人，其中“和睦之星”刘子开家获“全国五好文明家庭”称号；“践核心价值观·争做‘四爱’青少年”暑期夏令营参营72人；留守儿童“圆梦计划”发放小学留守学生心愿征集卡，征集心愿100条，实现心愿28个。筹集爱心物资、现金30万元，为1800名贫困留守儿童购买书包文具、羽绒服。义诊检查贫困家庭脑瘫患儿137人；“五老”党员服务队到洞口井、扇子坝、新燕村等村社开展“楼道清扫”“祛除城市牛皮癣”等城乡环境综合治理活动12场；开展网吧专项整治行动1次，检查网吧35个。

经济建设

【工业经济】 2014年，规模以上工业企业97户，“小巨人”企业8户，成长型企业5户，新增高新技术企业7户、新培育科技型企业3户，规模以上工业企业管理系统信息化率52.6%；第二产业增加值135.68亿元，比2013年增长8.5%；规模以上工业总产值424.2亿元，增长8.6%，增加值121.01亿元，增长7.9%；主营业务收入414.5亿元，增长13.4%；实现利润总额20.3亿元，比2013年（下同）下降5.1%；工业类投资32.8亿元，下降3.6%；天花井、嘉特数控、大禹机械、通用能源等47户企业申报技术改造、战略新兴产业技术创新、两化融合等专项奖励资金951.3万元，区财政奖励36户规模企业143.27万元；申请专利181件，授权93件，申报市级知识产权示范企业1户、试点企业3户；新增市级认定企业技术中心3户，培育“三名”商标2个、四川名牌5个。拟在三多寨镇八甲村规划530公顷工业集中区，平整土地34.13公顷，新开工项目3个；永乐砖厂新型环保旋转式节能窑生产线10月竣工投产，西南电线电缆公司耐火阻燃电缆技改项目厂房建成，东方锅炉公司节能环保锅炉生产线、盐味源食品公司盐味源泡菜生产线主体工程竣工，广通碳复合材料公司超导大储能竹碳产业化项目厂房主体完工，东方通用公司扩建项目完成环评、安评、水保、规划设计。

【商贸】 2014年，服务业增加值37.76亿元，比2013年增长8.4%；社会消费品零售总额49.85亿元，增长12.3%；商贸固定资产投资17.11亿元，增长58.97%；新增限上商贸企业3户，规模服务业企业8户；申报川南（大山铺）现代服务业“省级示范园区”获省上“服务业发展促进资金”230万元；兑现外贸企业扶持资金533.1万元；修订《川南现代服务业集聚发展示范区规划》；川南皮革城二期、家居城二期项目主体工程竣工，川南公路物流港一期工程项目征地拆迁和基础设施建设启动，大山铺火车站铁路专用线等项目签订正式投资协议，西南义乌国际小商品城、西南医药城、川南国际文化灯饰城、自贡龙都海洋馆、川南国际食品博览城等项目签订投资框架协议；清理生猪屠宰场（点）10个，屠宰场（点）整合率达97%，执法检查商贸企业38次。

【农村经济】 2014年，农村固定资产投资2.54亿元；争取各类资金6712万元，其中：项目资金4412万元，93个“一事一议”补贴资金1331.98万元；非税收入61.81万元；农业增加值12.95亿元，增长4.1%；农民人均纯收入9611元；粮食总产10.21吨，减少0.4%；肉类产量3.63万吨，增长4.3%；新增蔬菜种植面积301公顷，蔬菜产量22.83万吨。报批林地征用4批次，征收林地15.91公顷，收取资源费97.76万元、退耕还林费用18.36万元；出台《大安区农村集体“三资”规范化管理办法》《大安区村（社区）财务管理办法》《大安区村（社区）干部交通费、误餐费、通讯费发放标准指导意见》等管理办法5个；农村土地承包经营权确权登记试点新店镇9个村、123个组、4882户农户、6.35万个块地、1453.66公顷耕地，确认率99.84%，确权面积比原承包面积多430.52公顷；流转农村土地666.53公顷，其中：产业规模化流转600公顷；调解土地纠纷10起，受理土地纠纷仲裁案件1起；粮食直补和农资综合补贴面积1.36万公顷，受益农户7.82万户，其中：粮食直补资金230.10万元、农资综合补贴资金2093.88万元，粮食直补和农资综合补贴合计每亩112.87元；农作物良种补贴1.86万公顷，补贴资金328.05万元，涉及农户7.32万户；培育种粮大户12户30.13公顷，兑付补贴资金1.81万元；兑现退耕还林直补282.48万元、农机具购置补贴42台、9.33万元；政策性种植业和政策性森林保险投保1.41万公顷；维修整治农业机械240台，其中维修电力提灌站72站、78台；农业灌溉提水750万立方米，灌溉面积3867公顷；新建农村户用沼气池50口、蓄水池800立方米、排灌沟2000米，推广测土配方施肥2.57万公顷、农牧林业新品种48个，举办各种农业新技术培训72场次24.5万人次，发放各类技术资料10.2万份；建立蔬菜基地绿色防控示范区2个，防控面积1.67万公顷；推广秸秆还田面积1.01万公顷，实施森林监测7万公顷。新建“万亩粮油高产项目”水稻示范片2.11万公顷、大豆示范片1.43万公顷、酿酒高粱示范片1.37万公顷；稻谷平均亩产615.03千克，亩增收193.28元；大豆平均亩产135.7千克，亩增收101.9元；酿酒高粱平均亩产739.8千克，亩增收345.2元；建成产业林673.33公顷，其中牧草13.33公顷、森林蔬菜666.67公顷、特色经济作物122.33公顷、工业原料林155公顷、特色经果林176.33公顷；7户农业企业在何市镇和三多寨镇等镇连片流转土地200公顷，发展珍稀苗木546.67公顷；在永嘉乡投资340万元建成“川早2号”优质核桃基地80公顷；牛佛镇、新店镇新栽植塔罗科血橙苗8.4万株，面积133.33公顷；巩固发展花椒1200公顷，巩固退耕还林成果1606.67公顷；绿化沱江河查家湾水系地段3公里，启动朝土路10公里、北环路5公里道路绿化工程，绿化成自泸赤、成渝昆高速公路大安段4.88公里，S206、S207大安段3.21公里，义务植树36万株，新增造林面积533.33公顷，森林覆盖率22.8%，人均公园绿地面积7.9平方米；执法检查农资经营单位118家，整顿农资市场24个次。检查农资、兽药、兽医、养殖场经营企业（单位）314个次；区农林局被评为“四川省绿化模范先进单位”。出栏生猪28.59万头、肉羊9.76万只、肉牛1.82万头、家禽338.47万羽、肉兔646.36万只，存栏蛋鸡83.2万羽；争取“四川省第二轮现代畜牧业重点县”“现代畜牧业循环经济园区”“南方草地现代畜牧业”等项目3个；在庙坝镇、何市镇等乡镇实施圈舍改扩建养殖场（户）55个，建成现代畜牧业（肉牛）循环经济园区3个、国家级标准化肉牛养殖示范场1个。

【新农村建设】 2014年，三多寨镇徐家村、何市镇高庙村新农村综合体竣工，建成农民新居27栋132户；新建和改造提升村民活动场所3450平方米，建成新农家大院6个、村邮站5个、村庄改造提升和传统村落保护560户；新村道路、水、电、天然气、闭路等基础设施入户率90%；何市、三多寨片区珍稀苗木、健康水产、特色蔬菜等3个万亩现代农业产业示范园正在建设；新培育市级龙头农业企业4家、农民合作社14个，新发展家庭农场6个；三多寨镇被评为“四川省环境优美示范乡镇”，新民镇焦家村、牛佛镇藕塘村、团结镇楼房村被评为“四川省美丽乡村”，三多寨镇三多寨村列入国家级“传统村落保护”名录，牛佛镇入选全国重点镇。

【水资源保护】 2014年，争取水利工程项目资金1.3亿元；楼房湾水库新建工程12月30日开工；黄泥沟等8座重点小（2）型病险水库除险加固工程竣工验收，长滩河（何市场镇段）防洪治理工程、沱江防洪堤建设一期工程完工，改建沱江提灌站1座（280千瓦）、渠道5.01公里；瓦高村坡耕地水土流失综合治理试点项目治理坡耕地238.73公顷，新建水系、便民道各7公里，蓄水池22口；建成乡镇生活污水处理厂8个；普查山洪灾害50个，划定危险区50个，确定预警指标50个；建成简易雨量监测点50个、自动雨量监测站3个、自动水位监测站3个，制作危险区警示牌50个；打捞水域垃圾、漂浮物8450吨，取缔饮用水水源肥水养鱼水库21座，5座乡镇水厂转为国有化管理；新民、三多寨、新店等3个乡镇成立农民用水户协会；团结渠春灌放水450万立方米；开展防汛、河道（采砂）、水库、饮用水源地、水厂、渔船及水产食品安全大检查400次，处理渔业纠纷5起，挽回渔业经济损失12万元；检查渔业船舶36艘次，收缴地龙网10个；年审渔船118艘。

【发展和改革】 2014年，地区生产总值186.39亿元、比2013年（下同）增长8.2%；地方公共财政收入1.08亿元、增长13.4%；固定资产投资87.86亿元，增长15.1%；对上争取吉成井棚户区改造配套基础设施、楼房湾水库等建设项目310个，项目资金10.65亿元；引进川南IT数码电器城、川南国际食品博览城等亿元项目15个；72个重大项目完成投资43.3亿元，新开工项目22个，续建项目竣工16个；大山铺铁路物流园区铁路专用线工程建设项目列入四川省100个重点支持项目计划，楼房湾水库工程列入四川全省500个重点项目计划。大山铺铁路物流园区铁路专用线、楼房湾水库、牛佛沱江二桥等3个项目通过省发改委专家评审、立项；编制、修订《川南现代服务业集聚发展示范区规划》《大山铺铁路物流园区控规》《大安旧城修建性城市设计》《66个新农村村庄建设规划》《132个新村聚居点规划》等城乡规划。2014—2017年重大产业项目库储备项目113个，总投资770亿元。

【物价　粮食】 2014年，制定物业服务收费政府指导价，清理整顿临时占道停车场点收费1658个；争取主副食品价调基金、农业生产补贴等补助资金91万元，调价项目9个；开展节庆市场、中小学收费、农资市场、涉农收费、医疗卫生、旅游市场、商品房明码标价等价格检查12次；年审收费许可证正本48个、副本48个，年审行政事业性收费总额3445.67万元；发放“明码标价、禁止价格欺诈”等宣传资料2000份。建成粮油购销便民连锁店15个；收购粮食1.3万吨、油菜籽100吨，对外采购粮食7万吨；销售粮食3.2万吨、食用植物油100吨。开展粮食购销检查40次，出动车辆35次，参加检查人员85人次。

【审计工作】 2014年，完成审计项目145个，查出违规资金1.38亿元、管理不规范资金9.74亿元；审计基建投资项目109个，送审总投资4.26亿元，审减工程投资3638.00万元，审减率8.54%；审计征地项目9个，审定成本6.53亿元；经济责任审计大安区新店镇、大安区妇幼保健院领导任期项目2项，查出管理不规范金额7.97万元；跟踪审计惠民生政策、保障性住房资金；向被审计单位提出建议23条，被采纳建议5条，被审计单位制定整改措施3项；提交综合报告及信息36篇。

【质量技术监督】 2014年，制定、发布机关服务标准15个，采集企业标准1项，编制、发布“自贡火边子牛肉”地理标志保护产品地方标准，CNG压缩天然气充装列入标准化服务示范试点；培育小河帮食品、联合碳素制、佳世特密封制品、盐味源食品、东联锅炉等5户“第十二届四川名牌企业”；建立特种设备使用企业档案150户，登记注册特种设备200台；检查盐都花园、山水名苑、荣光苑3个小区水表、电表、气表计量。安全检查企业93户，检测电梯32台、锅炉2台、压力容器4台、起重机械14台、气瓶2万只、压力管道1千米，发出安全监察意见书7份，排除安全隐患23处，处理无3C认证儿童玩具经销店1家，落实安全整改经费3.1万元；检查各类特种设备使用单位21户，各类特种设备109台，发现隐患5处，下达特种设备安全监察指令书1份；监管生产许可证持证企业45户；举办计量、质量宣传栏4期，悬挂标语1幅，报送信息26条，制作简报26期，上媒体信息8条；质量监督行政权力事项录入四川省行政权力依法规范公开运行平台，自贡市西南电线电缆有限公司评为“四川省省级标准化良好行为示范企业”。

【财政收支】 2014年，全区财政总收入7.61亿元比2013年增长9.56%，其中：地方公共财政收入1.08亿元，增长13.4%；税收性收入6.79亿元，增长10.19%（增值税1012万元，营业税1761万元）。非税收收入5997万元，增长7.07%；地方级非税收入4893万元，增长9.22%，其中：行政性收费收入1680万元，罚没收入840万元，国有资源（资产）有偿使用收益2194万元；基金收入1120万元，增长11.89%；财政总支出15.13亿元，下降7.16%；公共财政支出13.16亿元，增长3.61%，其中：社会保障和就业支出1.99亿元，医疗卫生支出2.11亿元，环境保护支出1501万元，住房保障支出7564万元；基金支出1.97亿元，下降45.21%；拨付企业扶持资金560万元，化解债务5985万元。

【国税】 2014年，国税收入入库3.25亿元，比2013年增长3.07%，其中：入库增值税2.9亿元、消费税1130万元、企业所得税2363.3万元、个人所得税0.6万元。制定出台《大安区国家税务局绩效管理实施办法（试行）》《大安区国税系统2014年绩效考评指标2.0版》。清理行政审批事项49项，其中：市县（区）两级审批权限3项，县（区）审批权限46项。清理县（区）行政处罚权力49项。清理腾退副科级以上领导干部超标准办公用房179.95平方米，压缩“三公”经费4.11万元，其中：公务接待费同期减少3万元，车辆运行费减少1.11万元。自贡市纳税人学校大安区分校成立，举办汇算清缴、网上办税和小微企业优惠政策等培训班6期，培训纳税人750人次。职工参加培训50人次，其中：参加省国税局培训11人，初任培训3人，7人通过会计从业资格考试，1人通过考试获注册税务师资格。纳税评估和风险核查企业67户，查补入库率99.98%，查补税款1141.91万元，加收滞纳金18.13万元，查增应纳所得额79万元；“营改增”试点纳税人入库增值税718.67万元。对砂石开采、机制砖、农产品收购加工等行业分类管理，砂石行业入库税款191万元，增收69万元；机砖行业入库税款92万元，增收52万元；办理8户企业应退增值税328万元，注销民政福利企业资格7户；办理出口退货物免抵退税1.03亿元，增长144.53%，其中：办理退税额4566.8万元，办理免抵税额5687.8万元。减免税收7850万元，其中：高新技术企业减免50万元，免征福利企业减免1300万元，其他减免6500万元。纳税服务科被团市委认定为2014—2016年度“青年文明号”；办税服务厅创建“市级最佳文明示范窗口”；史翔获纳税服务类比赛第一名；邓云尚获“市局税改20年感动国税人物称号”。

【地税】 2014年，地税总收入4.14亿元，比2013年增长15.36%；税收收入3.73亿元，增长16.32%；基金附加收入4123万元，增长7.37%；省级税收收入8119万元，增长1.97%；市及以下地方级税收收入2.4亿元，增长20.87%；补征企所得税244.55万元，入库土地增值税2480万元、耕地占用税1000万元；纳税评估建安、房地产等零申报、低税负企业90户、税款392万元；依法减免税款1378万元；使用机打发票企业200户；举办“纳税人学校”培训8期、1236人次。1人被表彰为省地税系统“青年优秀税官”，2人在自贡总工会“用劳动托起中国梦”主题征文活动中分别获二等奖、三等奖；群教活动整改问题81条，帮扶困难群众14户，发放慰问金1.5万元；大安区地税局被省人力资源和社会保障厅和省地税局评为“先进集体”，征收大厅被市精神文明建设办公室评为“最佳文明服务示范窗口”。

【供销工作】 2014年，新建专合社14个，全区总数达92个，其中国家级示范社1个、中华供销总社示范社2个、省级示范社7个、市级示范社21个；新培育鸳鸯、希宇、通达昌等农业开发公司3户，培育产销对接龙头企业3户，新增产销对接专合社6个，新建专合直销店6个；川南农贸市场建立农产品配送中心，盐帮年代公司参加“四川特色农产品展示展销会”，三绿水产专业合作社被评为“国家级示范社”，大安联成花椒专业合作社被评为“省级示范社”，自贡市艾康农机、自贡市朝天寺林业、自贡市大安杰雨高粱、自贡市双桥子山鸡养殖、自贡市牛佛养蜂等5个专合社被评为“市级示范专业合作社”，自贡市雨露生态农业专业合作社联合社完成工商注册登记；申报“花椒生产基地配套设施建设”“大安区2000亩健康水产养殖基地”“农村资金互助合作社试点”等项目3个；16个项目入库财政项目名录库、中华供销总社项目库；牛佛供销社“两证”过户办理和大山铺综合商店改制启动。

【工商管理】 2014年，区工商行政管理分局调整为由地方政府分级管理，其国有资产划转给区政府管理。3月1日实行注册资本登记制度改革，新登记个体工商户771户、注册资金7311万元，分别比2013年增长14.05%、32.57%，有个体工商户8586户、注册资金3.77亿元；新登记私营企业131户、投资者207人、雇工225人、注册资金7697万元，分别增长25.68%、12.41%、10.57%、63.73%；有私营企业1318户、投资者1943人、雇工6147人、注册资金8.58亿元，其中："一元公司"1家；清理民间融资中介机构36户，融资担保公司、非融资担保公司和小额贷款公司6户；检查广告经营单位56户；取缔无照经营户65户，捣毁传销窝点1个，遣散传销人员33人；查处网络虚假宣传案1件，查办合同案5件，调解合同争议5件，发出无证经营抄告函3份，抄告无证经营户68户；大西洋公司申请商标国际注册1件，盐帮年代公司注册农产品商标1件，培育省著名商标1件、市知名商标1件，团胜蔬菜专业合作社申报"团结生姜"地理标志商标；大安辖区有注册商标482件，其中：驰名商标2件，著名商标7件，知名商标8件，农产品商标48件；办理股权出质登记2件、担保债权金额1000万元，动产抵押登记30件、1.16亿元，为企业融资4843万元，邮储银行为个体私营企业办理贷款795笔、6690万元；辖区有消费者协会分会16个、12315联络站48个、维权服务站13个；发布消费警示8期，受理消费者投诉174件，为消费者挽回经济损失23.46万元。

【科技工作】 2014年，科学技术和知识产权局与科学技术协会合署办公，实行"两块牌子、一套人马"，在职职工9人（含临聘人员1人）。建立区、乡镇（街道）、企业知识产权工作站25个，申报科技项目40个，获立项36个，争取项目资金896万元；申报专利288件，获授权97件，其中：东联泵阀一次获实用新型专利授权6件；同四川正华等4户知识产权服务中介机构签订知识产权战略合作协议，选聘谢伟等9人任知识产权特派员；获"国家级科技富民强县计划专项""省级区域特色优势产业链培育项目"，东联泵阀、德沃机械、大禹机械密封件、金锐硬合等4户企业列入国家级高新技术企业培育计划，红旗密封件、大禹密封等2户企业列入省级创新型企业培育计划，德沃机械、金锐质合、鑫牛农机3户企业列为科技型企业培育对象；1户企业获"自贡市第四批知识产权示范企业"，3户企业获"自贡市第六批知识产权试点企业"；培育农业科技示范村2个、科技示范户100户；新建庙坝、何市、三多寨镇等乡镇农村网络信息服务平台；举办知识产权、农村科技实用技术等培训19场次，培训7700人次，举办蔬菜种植技术培训1次，推荐农业科技新品种2个，参加全国知识产权远程教育培训40人；开展专利执法6次，检查"京都大药房"等营业场所15处、商品670件，纠正专利标示不规范商品3件，查出涉嫌假冒知识产权商品7件，立案查处涉嫌假冒专利商品5件；举办科普宣传活动3次，义诊800人次，发放《农村科普知识》《基本公共卫生服务手册》《健康教育处方》等科普宣传资料2800套（册），赠送家庭常用药、种子等价值3000元，赠送广华山小学知识产权资料1000册，新办《大安科技》信息12期；大安区科普艺术团举办表演活动5次，参演380人次。群教活动赠送新民镇詹家村电脑1台，捐赠困难村民詹友芳2000元，办实事8件。嘉世特数控公司申报在中投证券公司"新三板"上市。

【统计工作】 2014年，制定《大安区乡镇街道城乡一体化住户调查工作考核暂行办法》《大安区城乡一体化住户调查记账户和辅助调查员考核暂行办法》，健全统计抽样调查体系，开展农村、城镇住户调查等抽样调查，监测民营经济增加值、旅游、妇女儿童等相关数据，固定资产投资项目、房地产开发项目、"四上企业"入统实现联网直报；培训统计工作无证从业人员75人；指导各乡镇、街道完成第三次全国经济普查入户登记、数据审核、数据处理、质量验收，推选省级经济普查先进集体1个、先进个人2人、最美普查员2人；印刷出版《大安统计年鉴（2014）》。报送信息33篇，撰写《浅谈基层统计工作规范化建设》《提高政府统计公信力》《践行党的群众路线，着力推进统计事业发展》等调研文章9篇，其中，《浅谈基层统计工作规范化建设》被《大安》杂志采用。党的群众路线教育实践活动整改问题40个。

城乡建设

【规划编制】 2014年，编制、编修《大山铺铁路物流园区控规》《大安旧城修建性城市设计》《牛佛镇古镇保护规划》《何市镇、三多寨镇、新店镇、永嘉乡4个乡镇小城镇建设规划》《66个新农村村庄建设规划》《132个新村聚居点规划》等城乡规划。

【新城建设】 2014年，自贡东北部新城入驻服务业项目7个，总投资投资13亿元；川南家居城二期项目主体工程进入外墙装饰阶段；川南音乐文化广场一期工程1#楼主体封顶，2#楼、3#楼正在主体施工；川南皮革城二期工程主体竣工；川南IT数码城、徐州重工川南营销服务总部、四川达运物流开工建设；东盟—中国贸促会、四川巡天揽胜、浙江前后科技、中航文化、中铁22局等新签约入驻新城工业项目2个、总投资66亿元；正在洽谈的青龙湖开发、恐龙王国公园等旅游项目8个，总投资约85亿元；省级川南现代服务业集聚区授牌，市公交公司总部入驻自贡东门客运站；新开通公交线路2条，长客运线路8条，35路公交线延至东大家居城；川南皮革城实现营业额3亿元，同比增长50%；川南家居城实现营业额5000万元；朝土路路面、北环路景观、北环路木栈道、北环路地下人行通道等市政工程完工。

【城乡基础设施建设】 2014年，大安区工业园区选址三多寨镇。投入1500万元建成三多寨镇新农村聚居小区（徐龙小区）100户；投入350万元风貌塑造三多寨镇龙斗村农房530户；董家村廉租住房二、三期工程竣工，大山铺公共租赁住房主体完工；东北部新城公租房、教师公租房、大山村廉租房三期、董家冲经济适用住房二期等保障性住房正在建设；恒大名都、凤凰新城、山水名城、何市镇兴盛家园等房地产开发项目正在建设；朝土路道路改造、北环路绿化、乡镇污水处理厂、乡镇污水截污管道等市政工程竣工验收，朝土路绿化、盐都大道至化玻厂道路工程启动；建成长滩河流域何市镇段、沱江河流域牛佛镇段205公里防洪堤；徐龙小区配套公路、庙坝镇坪上村新村聚居点二期道路、绿化等基础设施建设完工；安装川南皮革城至家私城道路交通安全设施，改造危房850户，整治放牛山、民建湾、两口塘等背街小巷12条，维修破损道路8.5公里、路灯线路15公里，整治危岩12处；查处在建工程安全质量、安全隐患92处；城区市政设施完好率90%、路灯亮灯率98%、绿化植被成活率98%。

【住房保障】 2014年，租金收入281.57万元，比2013年增长9.77%；投入维修资金80.7万元，维修直管公房8962.71平方米，其中：一般性房屋维修2127户、1.86万平方米；检查房屋安全16万平方米，整改安全隐患68处；发放廉租住房租金补贴1.14万户次、2.1万人次、319.51万元，新增补贴家庭82户114人，清退补贴家庭298户605人。新建、续建保障性住房工程4个，计划修建保障性住房约1379套、9.3万平方米；董家廉租房二期新建廉租住房360套、1.9万平方米主体封顶；董家廉租住房三期新建住房400套、20万平方米，总投资3322.81万元，外部装饰完工；大山村公共租赁住房新建住房206套、1.52万平方米，总投资3055.29万元，外部装饰完工；董家冲经济适用住房二期新建住房413套、3.88万平方米，总投资3760万元，已办理工程建设手续，11月4日开始施工；凤鸣苑保障房、大山铺农贸市场、西山道路改造、芭蕉冲安置房、东兴寺综合改造、大山铺铁路物流园区、北环路拓宽改造、和平乡保障房等8个工程项目征收城市房屋1.2万平方米；现有租住私房户1370户、3028人，国有直管公房5.62万平方米，其中：住宅4.71万平方米，非住宅9071平方米；新成立小区业主委员会3个，“远达花园”“盐都花园”获全市“三位一体”新机制示范小区。

【交通建设】 2014年，获交通基础设施建设项目省级补助资金计划9800万元，比2013年增长3.3%；交通基础设施建设投资2.15亿元，建成农村公路87.3千米，改造道路48.6千米，其中：板牛路（大安段）8.21千米、隆富路（牛佛至回龙段）12.7千米、龙自路（大安段）3.77千米、跃永路6.91千米改造为沥青混凝土路面，挖补整治自华路（水泥厂至盐卡子段1千米、变电站至九道拐2.55千米）、何永路7.3千米、威自路6.2千米，建设村道38.7千米；投入资金792.7万元，新建、改造新民镇高球溪桥44.15米、何市镇三星桥21米、白洞子桥21.1米、庙坝镇富隆桥59.5米、狮象桥44.15米、贾石井桥33.24米；投资450万元渡改人行桥6座，4座公益性渡口码头、16个渡口码头候船亭建设项目招标；投入资金155.6万元，更换县道公路行道树（香樟树）95.19千米，行道树排危408株；投资1653万元，实施新建公路安保路侧护栏66.12千米，整治隆富路庙坝至牛佛段马家湾涵洞安全隐患；查处超限超载车辆2400辆次，检验船舶107艘，实施行政许可21件，培训水上从业人员120人；水上交通安全“三项指标”（事故件数、死亡人数、经济损失）为零。

【国土资源】 2014年，耕地保有量1.99万公顷，基本农田1.55万公顷；辖区小城镇历史批文作废，国土资源部原则同意牛佛镇、何市镇、大山铺镇等3个小城镇约83.33公顷土地可纳入储备利用范围，年度用地指标增加83.33公顷，节约农用地转征税费8300万元；上报土地利用总体规划局部调修2个，规划大山铺铁路物流园、楼房湾水库、沱江二桥等11个重大项目建设用地面积136.27公顷，争取年度用地指标440.11公顷；申报征收农用地13个批次，获取批文7个、面积321.33公顷（其中东部新城约253.33公顷），凤鸣苑二期、IT数码城、西山路片区改造等21个重大项目用地征地补偿安置95.87公顷（含临时用地31.33公顷），拆迁房屋470户、5.95万平方米，农转非800人，立案查处拆迁户4户，大山铺、团结镇实施司法强拆5户；申报金土地项目区4个、高标准基本农田建设项目5个，实施何市镇、永嘉乡、新店镇等3个金土地项目区，新民镇、三多寨镇、新店镇、庙坝镇等高标准基本农田建设项目4个，整理土地3933.33公顷，新增耕地196.01公顷，省市补助资金4431.25万元；回龙镇高标准基本农田建设项目正在招标比选施工单位；签订保护耕地目标责任书1801份，责任落实到户5万户；动态巡查建设用地139次，处置违法用地21起；争取省上盐卤矿山地质环境恢复治理一期工程项目、应急避难场地建设选点及物资采购配送、凤凰乡土地坡滑坡治理等专项资金1142.09万元，到位地矿地灾专项治理资金1154万元。凤凰乡凤凰村魏家坡左侧斜坡应急抢险治理工程完工；牛佛镇牛王山综合治理及西山公园治理项目规划立项；受理信访71件次，化解积案3件，获赠积案群访缠访户“多年遗留问题终解决，践行群众路线见实效”锦旗一副；获省国土资源厅“厅长信箱”工作先进单位。

【环境保护】 2014年，获环保项目资金2000万元；投资105.8万元建成空气质量自动监测站；投资42.5万元新建环保视频监控系统，第一批海滨化工等3户企业建成联网实现在线监控；投资50万元修复釜溪河和平乡段河道、整治马冲口街小桥沟生活废水；投资870万元建成烈士堰饮用水源保护工程；金鱼河排污管网修复、龙玥小区排污管网建设工程完工，新店、永嘉等7个乡镇污水处理厂通过验收；申报登记排污企业104户，征收排污费50万元；录入四川省行政权力依法规范公开运行平台行政权力事项211项，其中行政确认80项，行政征收40项，行政处罚3项；总量减排标准列入环境影响评价审批前置条件，审批建设项目环境影响评价36个，其中环境影响评价报告书3个，环境影响评价报告表1个，环境影响评价登记表23个，三次产业环境影响登记简表9个；启动企业排污许可证核发工作；专项检查工业企业大气污染25户、核技术利用单位4次，发出环境违法行为限期改正通知书20份、责令改正违法行为决定书10份，关闭吉祥纸厂等污染企业2户，依法责令3户企业停产，行政处罚超标排污企业2户，取缔饮用水源保护区违法排污口、肥水养鱼，乡镇饮用水源水质达标率64.28%；检查建设单位36户，补办企业环评手续27户；“12369”环境投诉热线受理信访114件；开展海滨化工环境污染应急演练1次，治理力权生猪养殖场等3户畜禽养殖场环境污染，治理创新制碳、南丰化工制造、好利食品、正大酿造等公司废气污染，建立危险废物联单转移制度；“6·5”世界环境日发放“我低碳 我行动——全民低碳行动手册”等环保宣传资料5000份，接受群众咨询近200人次；群教活动整改问题34个，承办人大代表建议3件，政协委员提案1件。

【城管执法】 2014年，制定《大安区餐厨垃圾集中收运处理实施方案》，制定东北部新城和老城区两个环卫市场化运行方案；乡镇新设置垃圾池145个，创建省级“美丽乡村”示范村庄5个，大山铺、牛佛两镇确定为环境品质打造提升乡镇，新改建公厕5座、垃圾库2座，小型垃圾填埋场2个；设置背街小巷便民摊区6处、临时夜市摊区3处，取缔无店经营游摊1400户、宵摊点3户，规范占道经营5600次，拆除各类乱搭棚伞支架310个，拆除户外广告5幅、店招350幅、软体广告250幅、大型灯箱5个、标识牌10个；城区主街大道洒水3次/天；查处在建和拆迁待建工地19个，立案调查违法建设94件，其中拆除2件，罚款补办手续88件。下达餐饮企业责令整改通知书100份，28家餐饮企业安装油烟净化设施，51家饮食娱乐服行业将燃煤改为天然气、液化气、电等清洁燃料；治理主街大道、广场商业活动20次、营业性文化娱乐场所6次，责令21家音乐茶座整改；受理案件3.91万件，处置率95.5%。

文化建设

【文化设施】 2014年，图书馆、文化馆、美术馆三馆合建项目立项，新建社区书屋40个，补充图书1.7万册；争取公共文化服务体系项目建设资金270万元，到位资金100万元，向24个社区文化活动室配送电脑、音响等基层文化设备24套；创建盐都山水、张家坝、江姐村、仁和社区等“文化体育示范社区”5个，建成文化志愿者队伍1个76人。牛佛川剧音乐文化协会正式成立，大安区作协换届。《龙乡文学》新增“大安十年”“新城走笔”等专栏，长篇小说《灯魂》填补自贡彩灯题材小说创作空白；9月11日老年体协换届，12月14日棋类协会成立，12月19日燊海书画院成立；“三馆一站”免费接待群众5万人次，放映农村公益电影1776场次。新建广播电视村村通工程35个村。何市、回龙、庙坝等3所中心校建成市级乡村学校少年宫，牛佛镇中心校列入中央“乡村学校少年宫”项目。

【文化遗产保护】 2014年，争取文物保护市级资金770万元；燊海井灶房、大车方维修改造、围墙、堡坎堆砌等一期工程完工，王氏牌坊抢险加固维修工程竣工验收，李亨祠堂抢险维修、回龙禹皇宫维修保护等工程省、市补助资金到位；9月5日全国考古专家考查盐运古道大安段；牛佛镇被省文化厅命名为2014—2016年度“四川省民间文化艺术之乡”。

【文化活动】 2014年，相继举办“红梅赞江姐文化艺术节”“农信知识进万家”迎春文艺汇演、正月十五龙腾狮跃闹元宵、第二十届自贡国际恐龙灯会经贸交易会大安专场演出、“心系群众惠民生·走进企业促发展”文艺汇演、实现中国梦．文化进企业”专场演出、庆“五·一”2014年职工暨农民歌手大赛决赛、第五届老年人川牌比赛、庆“八一”首届军歌大赛、职工棋牌比赛等群众文化活动；17幅作品入选美术书法摄影金品展及主题漫画展；获省第十六届“群星奖”项目类“公共文化政府奖”；“体彩杯”四川省全民健身篮球公开赛大安站比赛，大安区获2014“体操大乐透杯”自贡赛区冠军，远达花园、双河口社区选送的《爷爷奶奶和我们》、斑竹林社区选送的《活力健身操》分别获社区艺术展演广场舞大赛一等奖、二等奖，何市镇康先勇、永嘉乡吴双获农民歌手大赛二等奖，龙井街曾天煦获农民歌手大赛三等奖，红茗地社区选送《天津快板》获才艺展演优秀表演奖，和大社区《电钢琴独奏》、王爷庙社区《莲箫》获表演奖；大安区获自贡市庆“八一”军歌大比拼二等奖。大安区选送的舞蹈节目《太阳花》获2014第三届中国（康定）老年国际文化旅游节“银奖”。

【旅游】 2014年，旅游收入30.2亿元，比2013年增长20%；2个三星级农家乐晋升为四星级农家乐，推出江姐故里红色游、燊海井盐文化休闲游、北环农家休闲游、恐龙馆及葛仙山休闲游等4个旅游套餐。

【地方志工作】 2014年，编纂《自贡年鉴（2014）》大安区部分，征集年鉴资料55万字，图片128张，设置概况、经济建设、城乡建设、政治建设、社会发展、乡镇街概况等6个篇章，共2.8万字，图片15幅；编纂《四川年鉴（2014）》大安区部分，并按时上报省志编委；启动《自贡市大安区志（1989—2006）》出版印刷招标。

【档案管理】 2014年，调整、变更大安区机关、事业单位档案管理全宗号，8月份起取消档案查询收费；收集、整理、装订婚姻登记档案7000份，集中统一装订机关文书档案1500卷；配合区民政局数字化录入2009年前婚姻登记表册1.5万对；举办新农村建设、重大项目建设等专业档案管理培训3期，参训120人；启动现存档案信息化录入工作，购置设备扫描仪1台、电脑2台，录入信息1000卷；区防疫站、牛佛中学等14个单位档案规范化管理达省三级标准；大安档案馆建设项目取得国有建设用地使用权。

社会建设

【教育】 2014年，城乡义务教育均衡发展通过国家评估认定；开展职称岗位竞聘第一轮量化考核和第二轮竞聘，晋升职称岗位等级508人，降低岗位等级4人，面向社会公招农村边远学校教师38人，选派城区教师100人到农村学校支援教，选派16名教师支援冕宁县；投入资金5102万元，实施教职工公租房、校舍危改、农村初中、学前教育、运动场地改建等六大工程项目23个，新、改、扩建校舍及运动场地5.63万平方米，新建乡镇中心幼儿园3所，创建市级廉政文化进校园示范校3所、市级阳光体育示范校3所、市级校园文化示范校1所，香炉寺小学改造为大安区特殊教育学校；投资360万元，安装视频监控设备576个，配备公益性岗位校园安保50人；投资1200万元，建成34所学校城域网和校园网、244个班级“班班通”；实施课改“十校百人百班”行动计划，构建管理、教学、评价“三大体系”“六个机制”；发放“两免一补”“三儿资助”普通高中助学金、中等职业教育助学金等惠民资金3134.4万元，发放江姐家乡助你上大学、资助困难留守学生等助困资金450.6万元；在《教育导报》《四川经济日报》《华西都市报》《自贡日报》等报道大安教育工作230篇（则）。永嘉中学被评为省课改校本研修示范校和市课改示范校，江姐中学女足获省青少年足球锦标赛冠军。

【医疗卫生】 2014年，医疗业务总收入9765万元，比2013年（下同）增长16.1%，其中：区人民医院医疗业务总收入2208万元，收支结余107万元，增加278万元；固定资产投资3300万元，对上争取资金2100万元，招商引资1200万元；新增民营医疗机构3家，民营医院诊疗量增长6.34%；大安肿瘤医院实体化签约，牛佛、新民卫生院整体搬迁，三多寨、团结等7个卫生院改扩建项目和12个村卫生室竣工并投入使用；大安街、团结、马吃水等3个医疗卫生机构建成AAA级预防接种门诊，永嘉、牛佛、庙坝、凤凰等15个卫生院建成AA级预防接种门诊，社区卫生服务中心和乡镇卫生院中医诊室设置分别达100%、50%，中医药健康管理目标人群覆盖率53%，乡镇卫生院、村卫生室、社区卫生服务机构标准化率分别提高到98%、80%、100%；区人民医院、区康复医院取消药品加价，落实财政补助资金5430万元，让利患者总额达156万元；启动分级诊疗制度，签订区乡两级医疗机构双向转诊协议；何市中心卫生院与市级“三甲”医疗机构搭建区域医疗诊疗服务共享卫生院；招考卫生事业单位人员50人，居民健康档案建档率95.64%，慢病管理5.5万人，基本公共卫生工作列入地方党委、政府综合绩效目标考核；免费筛查农村妇女“两癌”1.24万人，农村妇女住院分娩率100%，孕产妇死亡率为0；实施行政处罚4起，取缔坐堂行医9家，清理行政权力4大类133条；大山铺镇创建国家级卫生镇，三多寨、何市等16个乡镇创建省、市级卫生镇和卫生村；牛佛、永嘉、三多寨农村无害化改厕1000所；大安区创建为国家级艾滋病综合防治示范区，区妇幼保健院被评为“全省妇幼健康服务工作先进集体”。

【食品药品监督】 2014年，区食品药品监管局下设1个稽查大队和牛佛、凤凰、马冲口、大山铺、大安街、何市等7个食品药品监管所，实有人员39人，其中行政编制22人、行政执法类事业编制16人、工勤编制1人。对上争取资金80万元。现有保健品、化妆品经营单位179家，餐饮单位343家，食品生产、经销企业1683家，药品、医疗器械生产、销售企业185家，医院35家，诊所92家，村卫生室186家。工商局、质监局、商务局等3个单位的“生产、流通、消费环节的食品安全和药品、医疗器械、化妆品安全监管”等职能移交食品药品监管局，承办全市食品安全事故Ⅲ级应急处置演练。建立中药品种档案431个，认证药品批发、零售企业176家，抽检药品80批次、化妆品56户，处理药品过期预警信息4条，处理投诉11起；受理食品流通、餐饮服务许可申请569件；专项检查食品添加剂、食用油、大米、乳制品、肉制品等43次，巡查食品生产企业126户次，检查食品经营户2532户次、集贸市场26个次，责令改正经营户25户；联合民政局、教育局审批幼儿园5所，关停10所，异地办园1所，协调停办3所；检查学校食堂164个次、餐饮服务单位685户次，责令改正16户；政务网站发布信息760条次，直播盐都专题报道4次。培训食品药品从业人员1.21万人次，举办医药商品购销员培训班、中药调剂员各1期。立案食品药品违法违规行为64起，结案61起，罚款20万元，没收违法产品350千克。群教活动整改问题47条，职工捐款1430元，收到锦旗3幅，退回红包礼金1500元，帮扶困难学生3人、4.8万元。龙井街列为小餐饮整规示范一条街，牛佛监管所被确定为省级乡镇食品药品监管标杆所。

【人口与计划生育】 2014年末，全区总人口45.77万人，已婚育龄妇女8.83万人，落实避孕人数7.87万人，流动人口8.57万人，其中流入1364人，流出8.44万人；出生人口4205人，比2013年增长4.19%，人口出生率9.34‰，自然增长率3.02‰，符合政策生育率85.28%。3月20日“单独二孩”新政正式实施，办理“单独二孩”365人。新（改）建生育关怀安居工程和暖心工程13户，在龙井街红茗地社区建立“暖心活动室”。新增节育器具免费自取点和计划生育展示窗口176个，城镇人口纳入免费孕前优生健康检查。落实新增户计划生育“三结合”200户，发放农村计划生育家庭奖励扶助金3516人、337.54万元，特别扶助金573人、224.2万元，手术并发症补助37人、4.68万元，独生子女父母奖励金2.03万户、177.12万元，独生子女伤残死亡家庭慰问金391户、167.5万元，征收社会抚养费1808万元。评选市级“幸福家庭”65户，三多寨镇轿子村刘子开被评为“全国最美家庭”。

【民政工作】 全区辖9镇3乡4街，148个村、42个社区。2014年新登记社会团体8个、民办非企业单位11个，备案社会组织9个；投资270万元维修改造三多寨镇敬老院，新增床位85张；建成凉高山、红茗地、金桂等社区养老服务站3个，建成农村幸福院10个；城乡低保累计保障28.86万人次，发放低保金4935.85万元，城市低保月人均补差212.98元，农村低保月人均定额补助102.17元；为5391名城乡困难对象发放医疗救助金924.48万元，筹集资金231.98万元资助城乡低保、五保对象2.74万人参保参合；发放农村五保供养金826.73万元，五保集中供养率65.5%；发放冬春生活救助资金190.5万元、孤儿生活费35.87万元、自主就业金498.1万元、长寿补贴金170.66万元；发放抚恤补助金2282人、935万元，惠民殡葬救助273人、18.81万元；接收退役士兵179人，救助流浪乞讨人员81人次；办理老年证2505个、结婚登记3835对、离婚登记1340对，年检福利企业29家；龙井街红茗地社区创建省级养老服务社会化示范社区，永胜、凉高山、仁和等列为廉政文化进社区示范点社区；仁和社区、江姐村列为依法治村（社区）示范点；第九届村（居）民委员会换届。

【残疾人事业】 2014年，投入13万元资金帮助2600名残疾人自主创业、就业，征收残疾人就业保障金105万元，企业安置残疾人就业45人，机关安置残疾人就业2人；登记残疾人“两表一卡”1.63万人，发放残疾人救助资金162.1万元，配发残疾人辅助器具438人，医疗救助贫困脑瘫儿童27人，为26名白内障患者免费手术复明，为30户残疾人家庭修建无障碍通道，2203名一、二级残疾人分别享受80元/月、50元/月护理费用补贴，76辆残疾人机动轮椅车享受燃油补贴365元/辆，100名特困三级精神、智力特困残疾人享受“阳光家园”居家托养费600元；38名残疾人参加职业技术培训，5名残疾人参加省第四届残疾人职业技能竞赛获二等奖1人、三等奖3人；累计新办、更换第二代残疾人证1.1万个，受理残疾人信访案件3件。

【劳动就业】 2014年，新增就业5336人，下岗失业人员再就业1206人，就业困难对象就业771人，转移输出农村劳动力10.61万人；开展“就业援助月”“征地失业农民就业援助专场招聘会”“高校毕业生就业创业服务月”等就业服务系列活动30场次，提供就业岗位1500个，帮助就业600人，高校毕业生创业26人，城镇登记失业率控制在3.8%以内；农村劳动力资源实名制登记录入17.5万人；开展青年技能培训879人、品牌培训250人、创业培训280人。

【劳动监察】 2014年，签订企业工资集体协商协议677份、合同143份，覆盖企业1425户、职工4万人，企业劳动合同签订率90%，企业集体合同签订率89%；年审企业98户，涉及劳动者5267人；专项检查农民工工资支付情况4次，查处施工单位36户，为1907名农民工追讨工资2847万元；专项检查劳务派遣、社保缴费等9次，检查劳动用工企业430户7632人，补缴社保费269万元；受理劳动仲裁案件93件，结案84件；处置华峰电子21人经济补偿、顺益机械10人拖欠劳动报酬、红大冶金16人经济补偿等劳动争议纠纷案件3件。

【劳动保障】　2014年，城镇职工养老保险参保5.72万人，工伤保险参保1.21万人，生育保险参保0.81万人，失业保险参保0.66万人，企业职工养老保险增加1200人；城镇职工、城镇居民、新农合医疗保险参保分别为1.63万人、6.22万人、27.13万人，参保率分别达到97.1%、97.2%、99.99%；检查企业60户，补缴社会保险费238万元，涉及职工650人；调整企业退休职工养老金2.22万人，补发养老金1034万元；城镇职工、城镇居民医保支付限额分别由20万元调整为26万元、12万元调整为15万元。认证养老金领取资格4.98万人；查处违规办理退休4起，追回冒领养老金13.93万元。检查定点医疗机构115家次，扣付不合理费用380万元，处罚8家医疗机构违约金22万元。

【安全工作】　2014年，发生各类伤亡事故54起，死亡10人，直接经济损失155.4万元，其中生产经营性伤亡事故3起，死亡5人，直接经济损失134.66万元。16个乡镇（街道）设立交管办，配备专职人员30人，安全生产指标占单位党政综合目标考核权重由2.5分提高到3.5分。安全生产投入2050万元，区审计局对安全生产专项资金进行专项审计。投资1653万元，新建公路护栏64.94公里。151户企业申报职业危害因素。在海滨化工、自贡硬质合金公司、东大家具城开展生产安全事故综合应急演练3次。开展道路交通、建筑施工、消防、烟花爆竹等11个重点行业（领域）安全检查1980户次，检查场所636个，查处违规采矿3起、危化品非法运输1起、客车客船非法营运20起、使用不合格消防器材2起、货车超载超限等15起、边乱建乱挖乱钻2起，整治粉尘爆炸安全隐患44起；检查烟花爆竹经营单位275家（次），收缴烟花爆竹800件，整改隐患139处。处置安全事故3起，追究责任人8人，罚款1.5万元；发放安全生产宣传资料3万份，安全教育培训3万人；省安监局采用安全信息23条，自贡电视台、自贡广播电台、《自贡日报》《自贡晚报》等新闻媒体采用安全信息20条。

乡镇街概况

【凤凰乡】　地处自贡市城郊，内昆铁路、内乐公路、自雅公路横穿境内。辖区面积8.5平方公里，辖3个村、4个社区，户籍人口3.5万人。2014年，固定资产投入4.5亿元，社会商品零售额17.85亿元，比2013年增长12.5%。培育龙头企业2个、专合组织3个、种养殖专业大户56户、农家乐13户，培育水产业基地12.27公顷，年产量270吨，产值188万元。巩固退耕还林41.63公顷。享受农村低保152户、165人、1.57万元/月；共有“五保”户13户、13人，月供养金额3248元。城乡居民养老保险参保2290人，1228名超龄人员领取基础养老金60元/月；城镇居民医疗保险参保6971人，新农合参保5731人。

【和平乡】　辖3个村、4个社区、51个村民小组、9个社区居民小组，辖区面积13.56平方公里，耕地面积1.27万公顷。2014年，总户数9300户，人口1.6万人。规模工业总产值59.36亿元，招商引资6.06亿元。农作物播种面积706.67公顷，粮食总产量1800吨。城镇新增就业268人，就地转移农村劳动力3750人，向外输出劳动力1850人，劳务收入1800万元；城镇居民医疗保险参保4328人，新农合参保缴费1.08万人，新型城乡居民社会养老保险参保人数2833人。

【新民镇】　辖区面积35.28平方公里，其中耕地面积1326.67公顷；辖8个村、123个村民小组、1个社区、4个居民小组，总户数1.23万户，总人口3.19万人，其中农业人口2.35万人。2014年，地区生产总值32.7亿元，比2013年增长13%；固定资产投资7.52亿元，财政收入1.4亿元、增长21.19%，农民人均纯收入1.06万元、增长10%。有城市低保户438户571人，农村低保户643户711人，农村“五保户”139户139人；城镇居民社会养老保险参保9939人，新农合参保2.14万人，居民医保参保4205人。

【团结镇】　位于大安区东北部，辖区面积21.2平方公里，辖9个村、1个社区、92个村民小组，总人口 1.65 万人。2014 年，固定资产投资 8.32 亿元，招商引资到位市外资金 13.99 亿元。工业总产值 41.6 亿元，比 2013 年增长 26%；工业增加值 12.48 亿元，增长 14.8%，其中：规模以上工业增加值 12.24 亿元；主营业务收入 40 亿元，增长 24%，实现利润 1.1 亿元，增长 37.7%；社会消费品零售总额 17.85 亿元，增长 27%；农业增加值 7800 万元，粮食总产量 9859 吨；财税收入 1745 万元，农民人均纯收入 1.23 万元。新型农村养老保险参保 5679 人，城镇居民医疗保险参保 2184 人。

【大山铺镇】 位于自贡市东大门，辖区面积 37.5 平方公里。辖 6 个村、2 个社区，总人口 3.83 万人。2014 年，规模以上工业企业 19 户，规模以上工业增加值 67.1 亿元，总收入 65.22 亿元，增长 16%；固定资产投资 8.68 亿元，增长 17.45%；社会消费品零售总额 1.36 亿元，增长 16%；服务业增加值实现 0.56 亿元，增长 9.8%；旅游收入 0.38 亿元，增长 11%；招商引资 12.85 亿元；财政总收入 1.04 亿元，城镇居民人均可支配收入 2.38 万元，增长 8.5%，农民人均纯收入 1.06 万元，增长 8.5%。粮食总产量 7609 吨，出栏生猪 4258 头、肉牛 253 头、羊 2911 只、禽类 17.16 万羽、肉兔 49.93 万只，禽蛋 3746 吨，牛奶产量 259 吨。新型农村合作医疗参保 2.34 万人，参合率 99.48%；城乡居民医疗保险参保 5783 人。

【三多寨镇】 位于大安区东北部，辖区面积 40.2 平方公里，农用地 2309 公顷；辖 9 个村、115 个组、1 个社区、3 个居民小组，总户 9515 户，总人口 3.18 万人（其中农业户 7914 户、2.95 万人，非农业户 1601 户、2270 人），常年外出务工劳动力 1.02 万人。2014 年，规模企业总产值 3.42 亿元；固定资产投资 3.23 亿元；招商引资 5.51 亿元；财政收入 390 万元；农民人均纯收入 9120 元。粮食产量 1.1 万吨，水果产量 596 吨，蔬菜产量 1.40 万吨。

【何市镇】 镇政府驻地何家场，耕地面积 8660 公顷，18 个村合并为 9 个，205 个村民小组合并为 182 个。2014 年，引进 1 亿元—5 亿元项目 3 个，包装项目 3 个，招商引资到位市外资金 5.06 亿元，其中省外资金 3.04 亿元。固定资产投资 3.13 亿元；规模工业企业总产值 5.35 亿元，增加值 1.56 亿万元，比 2013 年增长 17.4%；社会消费品零售总额增长 15%；财政总收入 820 万元；农民人均纯收入 9047 元，增长 11%。粮食总产量 1.53 万吨，种植蔬菜 1086.67 公顷、珍稀苗木 200 公顷；水产品产量 610 吨；出栏肉牛 2180 头、肉兔 71.7 万只。就地务工农民 1200 人，人均劳务收入 6000 元。“五保”、低保人数 1428 人；新农合参保率 98%，新农保参保 1.4 万人。

【新店镇】 位于大安区东南部，辖区面积 22.9 平方公里，下辖 5 个村、1 个社区。2014 年，固定资产投资 7000 万元，招商引资 8571 万元，财政收入 170.79 万元，农民人均纯收入 9010 元，粮食产量 1 万吨，出栏生猪 1.61 万头、肉牛 461 头、羊 1.14 万只、肉兔 80 万只、小家禽 32.83 万羽。有手套加工户 45 户，从业人员 2000 人。粮食作物播种面积 2360 公顷。有农村低保户 439 户 468 人，城市低保户 38 户 40 人。出生人口 215 人。新型农村合作医疗参保 1.78 万人。新型农村、城镇社会养老保险参保 6726 人。

【永嘉乡】 地处大安区东面远郊，东接庙坝镇、隔沱江相望，南连牛佛镇、西接大安区何市镇、北与内江市沱江乡接壤，辖区面积 21.38 平方公里，耕地面积 866.67 公顷，总人口 1.5 万人。2014 年，固定资产投资 7050 万元，财税收入 25 万元，社会消费品零售总额 600 万元，农民人均纯收入 9020 元；粮食总产 4412 吨。城镇居民医疗保险参保 132 人，新农合参保 15014 人；享受农村低保 410 户 461 人；享受城市低保 29 户 22 人；享受“五保”138 户 138 人。出生人口 175 人，人口自然增长率 3.7‰。

【牛佛镇】 辖区面积 75.65 平方公里，有 18 个村、2 个社区、224 个村小组、5 个居民小组。总户数 2.43 万户，总人口 7.27 万人，其中：农业人口 5.83 万人，非农业人口 1.44 万人。2014 年，地区生产总值 16.9 亿元，比 2013 年增长 12.67%；财政收入 1972 万元，增长 6.6%；社会消费品零售总额 1.61 亿元，增长 15%；市外招商引资 6.5 亿元；固定资产投资 5.5 亿元；农业增加值 1.07 亿元；农民人均纯收入 9335 元，增长 9.1%；粮食总产量 2.09 万吨，油料作物产量 1745 吨，水产品产量 820 吨、蔬菜产量 23.452 吨、水果产量 215 万吨；出栏生猪5.18万头、肉牛939头、肉兔89.94万只、羊1.55万头、小家禽58.5万羽。新型农村合作医疗参保5.78万人，参保率98%，城乡居民医疗保险参保1.65万人，新批城乡低保户117户、147人。被评为“第六批中国历史文化名镇”。

【庙坝镇】 辖区面积34.39平方公里，辖8个村1个社区、81个村民小组、3个居民小组，总户数7483户。2014年，固定资产投资1.05亿元，社会消费品零售总额增长10.1%，招商引资5784万元，财政收入121万元，农民人均纯收入1.02万元。粮食产量8400吨，栽植蔬菜514.93公顷、高粱346.67公顷，水产品产量603吨，出栏肉兔47.8万只，出栏肉牛1.56万头，养牛农户2185户，占农户的29.2%。居民医保参保率100%，新农合参合率99.67%。人口出生率10.37‰，自然增长率3.72‰。

【回龙镇】 地处大安区东南部，东与隆昌县黄家镇相邻，南与富顺县骑龙镇、狮市镇接壤，西与沿滩区瓦市镇隔河相望，北与牛佛镇相连，辖区面积42.73平方公里，耕地面积1686.78公顷，辖9个村、1个社区。总户数1.05万户，总人口3.66万人。2014年，固定资产投资1.1个亿元；社会消费品零售总额增长10%；招商引资1.27亿元，其中：省外资金5985万元；财政收入95万元；农民人均纯收入9350元，粮食产量1.36万吨。城乡居民养老保险参保1.22万人，新型农村合作医疗保险参保3.32万人，参合率99.02%。

【龙井街】 位于大安区政治、经济、文化核心区域，辖区面积2.25平方公里，辖华大、广华、大楻桶、红茗地等4个社区。户籍人口3.2万人。2014年，城镇居民可支配收入2.62万元，固定资产投资1.41亿元，规模以上工业增加值增长10%，社会消费品零售总额增长18%，招商引资到位市外资金1.01亿元，其中，省外资金完成4611万元。出生人口175人。新增低保户30户44人，新增就业902人，失业人员再就业776人。办理城镇居民医保6001人。

【大安街】 位于区政府东侧，辖区面积2.2平方公里。2014年，辖大安街、扇子坝、马草山、仁和、洞口井等5个社区，18个居民小组，总户数1.3万户，总人口3.6万人。2014年，固定资产投资1.4亿元，招商引资到位资金1.1亿元，包装项目2个。新增就业894人，再就业315人。有低保户2002户2861人，发放低保金547.62万元。出生人口157人，出生率6.16‰，死亡人数163人，死亡率6.4‰。

【马冲口街】 辖高硐、沙鱼坝、马冲口3个社区，13个居民小组，总户数1.08万户，总人口3.19万人。2014年，固定资产投资3755万元，招商引资到位市外资金1.1亿元，其中省外资金0.72亿元。城市低保1548户2563人，城市医疗救助46人，救助金额11.94万元。出生人口144人。实现再就业870人。办理城镇居民基本医疗保险4495人。

【凉高山街】 所辖凉高山、上田坝等2个社区、8个居民小组。2014年，规模以上工业现价总产值36.7亿元，规模工业利润总额1.09亿元，规模以上工业增加值增长19%，全社会固定资产投资1.44亿元，招商引资1.18亿元。新增居民养老保险参保306人，新增就业723人、失业人员再就业265人、“4050”人员就业163人。

（大安区地方志办）

沿滩区

概　貌

【位置　面积　人口】 沿滩区位属四川盆地南，沱江支流釜溪河下游，地处自贡市南郊，介于北纬29°23′19″至29°67′53″、东经104°40′42″至105°58′0″之间，东、南与富顺县交界，西与自流井区和宜宾县毗邻，北与大安区接壤。辖区面积468平方公里，年末耕地面积2.09万公顷。2014年人口自然增长率为4.24‰，年末户籍总人口39.28万人，其中农业人口29.69万人、非农业人口9.59万人，年末常住人口28.68万人，其中城镇人口10.8万人。

【建置沿革】 沿滩区原名自贡市郊区，成立于1953年6月15日，其时辖地为今自流井、大安、贡井所辖部分地域的20个行政乡，即红旗、太平、永胜、三台、天池、黄桷、和平、民乐、新燕、爱国、团结、互助、胜利、世平、永安、新胜、建设、水平、新华、固胜。1959年2月，将其分别属于富顺、宜宾两县部分地域划归郊区。1961年7月，将郊区成立之初所划的地域分别划回自流井、大安、贡井3个区。1983年3月，郊区更名为沿滩区，时辖地完全是从富顺、宜宾两县划拨的原部分地域。2005年8月1日起将沿滩区所辖的舒坪、高峰、仲权、农团、漆树5个乡镇划入自流井区，将富顺县所辖的瓦市、仙市2个镇划入沿滩区。2007年7月1日，将四川省自贡个体私营经济发展园区管理委员会划归自贡高新技术产业开发区托管。中共沿滩区委、区政府于1960年5月迁驻沿滩镇。区所辖行政区域或撤或建或并，时有变化。2014年末，辖区内有沿滩、邓关、永安、黄市、联络、富全、王井、卫坪、兴隆、瓦市、仙市等11镇和九洪、刘山等2乡，共计19个社区、170个行政村。

【自然环境与资源】 沿滩境内地势西北高、东南低，海拔多在300—400米之间，属缓坡低丘、缓坡中丘地貌类型，其中绝大部分地区属浅丘地带，无成型山脉，宜耕面积大。全境地处中亚热带季风气候区，属川西夏旱和川东伏旱过渡地带，热量丰富，雨量充沛，四季分明，年均降雨量1032毫米，主要集中在6—9月，年均气温17.8℃，年无霜期323—354天，具有发展农业的天然优势。沱江一级支流釜溪河沿区境东部自北向南蜿蜒而下，过境段长57公里，另有长5公里以上的河流14条，其干支流总长239公里。境内小（一）型水库9座，小（二）型水库40座，总库容5278万立方米；山坪塘3157口、石河堰100道。西南地区第一大变电站（500千伏）——洪沟变电站坐落于瓦市镇。主要矿藏有黄（黑）卤、天然气、砂岩、页岩、石灰石、河沙等。主要旅游资源有金银湖风景区、仙市古镇等。以井盐文化主根系为依托萌生发展的仙市古镇，始建于1400多年前的隋代，1992年被列为四川省历史文化名镇，2007年5月被建设部、国家文物局评选为第三批中国历史文化名镇。

【交通】 境内交通便利，以公路交通为主要形式。2001年实现乡乡通公路。内宜、成自泸赤、自隆、乐自等4条高速公路穿越区境。2014年末，境内公路通车总里程645.95公里，其中：高速公路里程39.6公里，一级公路0.63公里，二至四级公路497.86公里，等外级公路107.86公里；拥有汽车11438辆，其中：营运车辆1519辆，非营运车辆9913辆，校车6辆；拥有客运码头4个、渡口10道。

政治建设

【区委办公室工作】 2014年，牵头起草制定《中共自贡市沿滩区委关于建立健全作风建设长效机制的实施意见》《关于认真贯彻"三严三实"要求进一步加强党员干部教育管理监督的实施意见》等重要文件。全年审核办理区委文件16件、区委办公室文件34件、区委常委会会议纪要25件，编发《沿滩信息》4期、《区情周报》51期、《情况反映》4期；开展专题督查35次，上报《督查专报》5期，下发《督查通报》6期。完成沿滩区2014年经济工作会、区十一次党代会第三次会议、区委十一届九次全会等10次大型会议会务工作。组织召开全区涉密单位工作人员培训会1期。组织开展纪念邓小平诞辰110周年征文活动，部分征文入选全省论文集。组织开展"鹅儿坝剿匪"专题研究。承担依法治区和全面深化改革领导小组办公室工作，牵头起草制定《中共自贡市沿滩区委关于深入推进依法治区的意见》《中共自贡市沿滩区委关于贯彻落实党的十八届三中全会精神全面深化改革的意见》等重要文件，编发《沿滩改革》8期，完成依法治区领导小组会议、全面深化改革领导小组和专项小组联络员会议等会务工作。

【人大工作】 2014年，召开人大常委会会议7次、人大主任会议13次；听取和审议国民经济和社会发展计划执行情况、财政预决算、审计工作、城市维护费执行和计划安排、基层卫生服务体系建设、城镇保障性安居工程建设、农村环境整治、仙市和瓦市片区饮水工程建设、交通基础设施建设、就业促进工作、刑事审判、反贪污贿赂等"一府两院"工作报告27个，提出审议意见11条；依法作出批准城市维护费2014年计划安排、批准2013年财政执行情况审计报告、批准2013年财政决算、批准区人民政府调整2014年主要经济指标预期目标、《关于深入推进依法治区的决议》等决议决定

12个；对区监察局等6个单位开展工作评议；依法任免人大和“一府两院”国家机关工作人员9人次，依法任命人民陪审员26人；围绕农业产业发展、新型农业经营组织运行情况、农村危房改造、城乡环境治理、自来水水质专项治理、城乡低保、维护职工合法权益等工作开展专题视察或调研，提出意见建议156条；对《中华人民共和国义务教育法》《四川省饮用水水源保护管理条例》《中华人民共和国农产品质量安全法》等贯彻实施情况开展执法检查。全年转交督办人大代表议案1件、建议59件，解决或基本解决46件。开展区人大常委会主任接待区、乡（镇）人大代表活动，全年共接待26人次，收集反映问题14个，协调解决10个。加强人大自身建设，探索制定《专题询问办法》《审议意见处理规定》《跟踪督办办法》《规范性文件备案审查规定的实施细则》《改进工作作风密切联系群众的规定》《代表建议、批评和意见处理办法》等制度，修订完善《公务用车管理细则》《视察和调研规定》等制度。

【区政府办公室工作】 2014年，编制《政务信息》42期，刊登信息700余条，上报市政府信息858条、采用81条，完成政府工作报告、领导讲话、情况汇报等重要材料编写70余篇。全年共制发区政府和区政府办各类文件240件，区政府、区政府办发文同比减少17%，简报精简8%，受理省市各类文件1221件，处理各乡镇、部门请示、报告320件。全年开展政务督查68次，接待市政府目督办督查26次，对区政府工作报告中承诺18件实事、10次区政府常务会、12次区长办公会决定事项、市区两级领导所有批示件、督查件进行督查落实。优化完善《沿滩区绩效管理办法》，创新指标设置，新增重点突破性工作目标，绩效管理更科学、公正。全年办理人大代表议案建议60件、政协委员提案82件，办结率分别为78.33%、47.56%，回复率和代表、委员满意率均为100%。全年共承办区政府常务会10次、区长办公会12次、区政府全体（扩大）会议3次、经济形势分析会2次、重点工作专题会90余次，区政府会议同比减少5%。

【政协工作】 2014年，通过政协全委会、政协常委会、政协专委会等途径，重点围绕推进全面深化改革、加快基础设施建设、狠抓重大项目推进、培育优势特色产业、加强生态保护和民生保障等开展协商议政，全年共提出各种意见建议100余条。围绕推进全面深化改革、创新驱动发展、一线经济带建设、工业集中区提质增效等组织委员开展调查、视察20余次，针对“加快促进服务业发展”“高度重视工业集中区生产要素保障”“关注农村土地撂荒问题”“有效解决适度规模禽畜养殖导致的环境污染问题”“城乡低保政策实施情况”“住房公积金管理与使用”等建言献策，提出“沿滩工业集中区要注重引进低碳、环保、科技创新型企业，提升集中区整体水平”“开展失地农民订单式就业培训，为企业提供合格的产业工人，促进失地农民向产业工人转变”“沿滩城区建设要坚持产业兴城、品质立城、商贸活城，以产业发展推动城市建设，以城市建设促进产业发展，实现产城一体，产城共融”“构建新型农业经营体系、加快农村金融改革、增加农民财产性收入”等意见建议。开展民主监督，对区政协第八届三次会议90件提案、5件建议意见全部进行督查办结；对区人力资源和社会保障局、区交通运输局等单位实施民主评议，促进部门工作作风转变；发挥各民主党派、工商联、知联会及政协委员察民情、晓民意作用，全年向市政协和区委、区政府报送社情民意信息20余条，助推民生问题解决和部门作风转变；发挥特邀监督员作用，组织政协委员参与“庸懒散专项整治行动”督查，参与“盐都问政”栏目活动，促使相关部门及时回应和解决基层群众关于环保、城管、民政、教育等方面诉求。支持各民主党派、工商联、无党派人士协商议政，引导他们参与扶贫济困等公益事业，全年区级各民主党派、工商联、无党派人士提交提案24件，参与调研、视察80余人次，提出建议意见50余条，为资助贫困大学生、扶助困难群众、整修乡村道路等捐资捐物500万余元。

【法制工作】 2014年，印发《自贡市沿滩区人民政府工作规则》《自贡市沿滩区行政规范性文件制定和备案规定》等制度文件，建立完善区政府行政决策合法性审查、风险评估以及区政府行政决策监督和责任追究等工作机制。完成全区54个区级部门和13个乡镇共3662项行政权力事项清理，完成行政职权目录、电子政务大厅、行政权力运行基础平台和行政权力运行监督平台建设，实现与省、市行政权力运行平台互联互通。整改民政、计生、人事等依法行政突出问题18个，对整改结果全部进行公示公告。依法办理行政复议和行政应诉案件。富全镇创建为全省依法行政示范乡镇，基层依法行政工作经验在全市交流。区政府法制办获全省法制系统先进单位称号。

【电子政务】 2014年，新建区政府机房，完成“一目录、一厅、两平台”行政权力设备采购、配置、联网。完成区政府门户网站域名转移，加强日常维护和内容更新，全年通过区政府门户网站和区级部门网站公开政府信息4309条；向市政府门户网站报送公开信息555条，采用公开364条。推行电子化办公，新建区人大代表建议政协提案信息管理系统，实现建议提案提交、承办网上操作；全区政府部门启用“自贡市电子公文交换中心”，规范网上收发文。沿滩区在2014年全市电子政务考核中名列区县第一。

【民族宗教工作】 2014年，开展“民族团结五进”活动，向居民发放相关材料300余份；对辖区内40户少数民族贫困户和2名宗教界代表人士进行走访慰问，向16名回族同胞发放春节和民族节日鲜牛肉供应肉价补贴；到四川自贡百味斋食品有限公司和四川自贡红味斋食品有限公司开展清真食品专项执法检查，对检查中所发现问题进行通报和责成整改；组织200余名少数民族参加实用技术培训；完成沿滩镇永发村二组哈尼族村民杨秀英少数民族示范户产业项目和兴隆镇卫星村五组少数民族杨丽华住房改造项目；完成2015年王井镇少数民族种植业项目和联络镇少数民族扶贫项目申报。完成《沿滩区民族、宗教领域突发事件应急预案》编制。全年治理宗教活动场所安全隐患10余处，其中投资20万余元完成仙市金桥寺安全隐患治理。针对“3·01”昆明暴恐事件，组织各乡镇对区域内民族宗教领域矛盾纠纷进行排查化解，全年未发生涉及民族宗教领域不稳定事件。

【应急管理】 2014年，组织开展以应急法规、专题预案、公共安全、应急常识为主要内容的防灾减灾知识“五进”（进机关、进乡镇、进社区、进学校、进企业）活动，将《突发事件应对法》、应急管理基础知识等列入公务员培训内容。全年集中组织开展防灾救灾演练5次，参演单位15个，参演人员600余人次；完善和落实隐患排查整改机制，共整改各类危险源、危险区域等安全隐患24处；完善《沿滩区处置群体事件应急预案》，成立处置大规模暴力恐怖事件指挥部，加强日常巡查，全面提升应对暴恐事件能力。

【武装工作】 2014年，组织1名和8名专武干部分别参加省军区、自贡军分区集训；全年开展各类民兵训练4次，参训民兵728人次；组织100名民兵参加省军区“天府使命2014”联合演习；组织首长机关带部分应急民兵共72人参加自贡军分区野外驻训，获民兵军事比武团体二等奖1个、团体三等奖2个；组织民兵情报信息员培训1期，培训人数28人；组织民兵实弹射击300人次。分层次、分专业组织民兵整组点验，调整民兵组织30余个，配备基干民兵1000多人。开展国防动员潜力调查，圆满完成新兵征集任务。投入20多万元对区人武部实施正规化建设，8个乡镇人武部完成规范化达标建设并通过初步验收。组织民兵1000余人次沿沱江、釜溪河开展防汛巡查；出动民兵800余人次，先后完成九洪垃圾发电厂搬迁安置房开工建设维稳和S305线王井段交通事故现场秩序维护任务；组织民兵100人参加市上战备执勤任务；组织干部职工参加义务植树200余株、无偿献血1500毫升、城乡环境卫生整治路段1000多米；利用元旦、春节、“七一”“八一”等重要节日走访慰问困难军烈属、老退伍军人，发放慰问品和慰问金4000余元；结对帮扶困难学生，为4名学生提供助学金4000多元。

【纪检监察】 2014年，围绕重点工程（重大项目）推进、惠民政策落实、教育医疗收费、政府性采购、经济适用房和廉租住房分配、民生工程建设等领域开展监督检查25次，提出整改建议16条。落实党风廉政建设党委主体责任和纪委监督责任，印发《关于落实党风廉政建设党委主体责任和纪委监督责任的实施意见》及系列配套制度，对3个单位实行党风廉政建设“一票否决”，对42名乡镇和区级部门党政主要负责人采取约谈，83名党政主要负责人向区委全委会述责述廉，57名纪检组织负责人向区纪委全委会述职述廉，试点探索把“双述”对象延伸到乡镇基层站所、村（社区）和区级部门内设股室负责人。开展“两个评价”（党风廉政建设社会评价和政风行风满意度测评），整改省市党风廉政建设社会评价反馈问题84个，委托第三方对63个区级部门开展政风行风满意度测评，强化“两个评价”结果运用。印发《关于建立健全作风建设长效机制的实施意见》《关于认真贯彻“三严三实”要求进一步加强党员干部教育管理监督的实施意见》，开展正风肃纪“9+3”突出问题专项治理，全年组织监督检查360余次，纠正“四风”问题170余个，1519名干部职工作出会员卡零持有报告，清退违规违纪发放钱物259.9万元，实施效能问责5人，查处“四风”案件17件，点名通报15件，实施党纪政纪处分17人。开展中央巡视组反馈意见整改落实“五个专项整治”，541名副科级以上领导干部作出拒收不送红包礼金承诺，收到主动上交红包礼金15.2万元，整改公务用车10辆，腾退办公用房1.7万平方米，清退21名干部违规兼职。全年受理信访举报107件，初核线索41件，立案39件，给予党纪政纪处分40人（其中科级干部5人），监察建议1人，移送司法机关1人。坚持惩防并举，通过探索建立案件公开审理、在案发单位（系统）召开专题民主生活会等形式开展警示教育，为19名党员干部澄清是非；完成行政权力依法规范公开运行监察平台建设，推行党务政务村务组务公开，推进“制度+科技+阳光”廉政风险防控机制建设，建立和推行局乡主要领导不直接分管人事、财务、工程项目建设、大宗物资采购制度；开展第三届廉政文化集中宣传教育月活动，发送廉政提醒短信3.2万条、编印警示教育读本800册、发放正风肃纪监督卡2.6万张、组织纪检监察集中信访下乡4场次、开展“两个责任”（党委主体责任和纪委监督责任）宣讲20场次、对1700余名党员干部进行廉政知识测试，活动中近5万人次受到廉政教育。

【领导班子和干部队伍建设】 2014年，举办副科级领导干部专题培训班1期，涉及党务业务、农业农村、社会治理和新型城镇化4个专题，参训干部190余人；举办全区科级领导干部培养对象递进培养班1期，参训干部65人；完成各级各类调训60人次，其中中央一级13人、省级17人、市级30人。全年培训各级各类干部1500余人次。对全区80多个局乡班子和300余名科级领导干部开展纪实评价，掌握各班子运行和领导干部履职尽责情况；15名新提拔副科级领导干部通过试用期转正考察；采取“笔试+面试”方式，公开遴选科级领导干部培养对象60人；配合市委组织部完成1名正县级、5名副县级非定向民主推荐拟提拔使用人选工作，实现5名区委候补委员递补为区委委员。干部监管机制逐步完善，开展超职数配备干部、干部违规在企业兼职（任职）、离（退）休干部在社会团体兼职（任职）等专项清查和问题整改；建立《科级领导干部因私出国（境）管理暂行办法》《落实从严要求加强干部监督管理的实施意见》《乡镇党委内部运行制度汇编》等制度；落实领导干部个人有关重大事项报告、谈心谈话、班子定期回访等制度，全年谈心谈话对象120余人次，提醒谈话2人次，回访局、乡班子22个。

【党的群众路线教育实践活动】 2014年，全区481个党组织按照中央和省、市、区委统一部署开展党的群众路线教育实践活动。全区教育实践活动以贯彻中央八项规定精神为切入点，以“六大专项治理行动”（文山会海、乡村纠风、城乡环境、城乡低保、乡镇自来水水质、农村危房改造专项治理行动）为抓手，坚持领导带头、突出作风建设、贯彻整风精神，坚决反对“四风”，集中解决突出问题。全区共建立领导联系点15个、督导组8个，组织集中学习10次，开展“好文章、好体会、好典型”评比等活动30余场，编排顺口溜、快板、小品等乡土材料20多个，发放各类学习手册2万余册，组建70支宣讲队开展宣讲270多场（次），组织领导干部到自贡监狱、江姐故居等开展警示教育82场次，树立先进典型134人。开展“擦亮意见箱、点亮测评灯”等活动，走访群众2.25万人次，发放民情直通卡1万余张，征集意见建议7353条，梳理“四风”问题3274个；开展“9+3”（政绩观不正确、执行不力、侵害群众切身利益、行政行为不规范、违规选用干部、纪律不严和工作不在状态、利用婚丧喜庆等事宜敛财、违规经商办企业和违规兼职、本领恐慌与能力不足、变相公款旅游、基层组织、基层单位、基层干部联系服务群众不到位、乱发钱物）正风肃纪专项行动，整改超标公车、“V”字头牌照公车10辆，腾退办公用房1.7万平方米，查处“四风”案件11件，处分11人，清退违规发放资金245万元，清理整改超职数配备干部54人，纠正21名干部违规在企业兼职（任职）行为；集中开展“六大专项行动”，清查停发“人情保、关联保”2957人，S305沿线乡镇、仙市瓦市片区城乡供水实现一体化，成功解决仙市公房“两证”办理、邓关大桥路灯安装等民生问题。全区在群众路线教育实践活动中列入整改事项2561项，整改完成1905项，群众对问题整改满意率达96.7%。全区共废止各类规章制度23个，修订完善制度519个，新建制度335个。

【基层党组织建设】 2014年，创新开展“三联三服务”活动，全面推进服务型党组织建设；开展“三分类三升级”活动，全区28个后进党组织全部转化升级；村级活动阵地建设有序推进，全年新建阵地8个、改建5个、扩建1个。推进重点领域党组织建设，开展非公有制企业现状大清理和园区、片区建党行动、“非公带非公”和“机关带非公”党建活动，新建非公有制企业党组织3个。实施机关党建文化建设项目和廉政文化进机关项目，打造国税、地税等廉政文化进机关示范点5个。组织村（社区）党组织书记培训，采取“公开遴选、集中培训、培养锻炼、择优选用”方式，公开选拔村（社区）主要负责人后备人选40人。全年确定中共党员发展对象153人，并在黄市镇探索竞争性发展党员模式；制定全区处置不合格党员实施方案，探索党员能进能出机制，全年共处置不合格党员29人。通过拍摄制作党建专题片、视频新闻以及利用党员远程教育站点等途径组织党员干部参加十八届三中、四中全会和党的群众路线教育实践活动等学习400余场次，全年培训各级党员干部3.5万人。探索和规范乡村运行机制，全面推广村干部逢场天集中办公、两集中两规范一评议、三大体系九项机制，以及“1+X”考核、突出贡献奖、工作推进奖、村级自立项目等工作做法，健全支部委员会、村民委员会、监督委员会“三委”运行机制。

【老干部工作】 2014年，区老干党支部参加党的群众路线教育实践活动，老干部在活动中撰写回顾、体会、感悟文章40多篇，6名老干部参与区委群众路线教育实践活动督导工作。筹资12万元建立“沿滩区农村学校扶贫助学关爱基金”，开展老干部参与城乡结对共建服务、关爱留守学生、“百村”扶贫解困等活动，全年结对帮扶留守学生200余人，实施农业技术培训16场次。落实老干部各项待遇，清理并审批兑现符合条件的19名建国初期参加工作的退休干部享受医疗照顾，将区工商局1名离退休干部纳入区老干部局直接管理，组织全区70余名老干部进行健康体检，为全体老干部订阅《晚霞报》《晚霞》《自贡日报》等两报一刊。投资20万余元用于区老干部活动中心装修，整合区青少年宫、区美术馆等资源，组建“关爱服务中心”“书画中心”“政治学习中心”，为老干部活动提供阵地支持。

【学习型党组织建设】 2014年，由区委常委和党员副区长带队组成宣讲队，采取领导讲、党员干部讲、专家讲等方式，重点围绕十八届三中、四中全会精神、习近平系列重要讲话开展宣讲，学习人数1.64万人次。以专家讲座、领导讲学、专题讨论、廉政警示教育等形式开展区委中心组学习，把二级党委中心组纳入区委中心组网络平台学习管理。开展学读本、学讲话、学典型等教育活动，举办理论培训班3期。开展“直面问题·解决好思想”作风大讨论活动，通过召开院坝会听取意见建议200余条，各单位走访群众收集意见建议900余条。组织开展经济体制改革、文化教育卫生体制改革等9个专题调研，形成《乐居城市梦》《“三个担当”强化基层宣传思想工作》等20余篇调研文章。以征文、主题演讲比赛、书籍捐赠、知识讲座等形式，组织开展全民读书月六大系列活动，形成心得体会文章510余篇，其中《邓小平第二次复出时期的历史贡献及现实意义》《乡镇干部要有“官”样和“仆”样》等文章被省市采用。

【对外宣传】 2014年，在各级各类媒体上稿3224篇（条），其中，在新华网等中央级媒体上稿100篇（件）、在省级媒体上稿400余篇（件）。组织“仙市民俗风情节”“黄市玫瑰香橙采摘节”“九洪西瓜节”和“仙市古镇2014金秋旅游节”等大型外宣活动4场次，制作大型户外广告60块、展板97张，提升沿滩区知名度和美誉度。

【舆情管理】 2014年，严格执行网络舆情信息监看专人制、全天制和节假日值班制，完善新闻发言人制度，成功处置“联络中学生溺亡”“王井交通事故”等辖区内重大网络舆情8起。开通“微沿滩”官方政务微博，建立政务微博、微信公众号备案登记制度。设立网络评论员84人，组织专题培训3场、近200人次。召开网络舆情处置会10余次，及时预警、上报舆情信息620余条，被市上采用各类网络舆情信息100余条。

【统战工作】 2014年，全区党外人士撰写提案51件，被相关组织全部受理并办结；党外人士撰写献计献策文章12篇，其中3篇被市委统战部评为三等奖。全年组织召开党外人士情况通报会、协商会9次，主动邀请14名党外人士参与全区重点项目和机关作风建设监督。帮助非公有制企业成功申报科技项目8个，获取项目经费316万元；帮助非公有制企业成功申报专利129项，专利实现转化7项；帮助20余户非公有制企业成功调解经济纠纷，涉案金额5000万余元，减少诉讼成本近100万元。引导非公有制经济人士参与社会公益活动，在扶贫济困、公共基础设施建设方面捐款400万元，在新村建设、场镇改造中捐款4000万元。

【政法工作】 2014年，推进基础工作，完善制度机制，为全区和谐稳定提供坚实保障。开展“治安大清查”“案件攻坚”等反恐专项活动，检查涉爆涉危重点单位80家次、重点部位32处，发现整改隐患2起，收缴各类枪支20支、子弹154发；创新发挥“家庭拒绝邪教”和“一墙一窗”阵地建设作用，以农村为重点开展反邪教警示教育；开展社会稳定风险评估14件，提出防范建议80条，从源头预防不稳定因素发生；建立区、镇（乡）、村（社区）三级维稳情报搜集专线，获取有价值情报信息490条，化解不稳定因素55件，化解率92.7%；完善应急处置预案，妥善处置华西能源垃圾发电厂等易发群体性事件120余起；深化“大调解”体系建设，健全完善医疗纠纷、交通事故、劳动争议等15个专业调解委员会，新建各类矛盾纠纷调解室、调解联系点237个，全年共排查调处矛盾纠纷724件，调解成功率99%；完善领导接访、干部“六下访”、积案化解等制度，成功化解国家、省、市挂牌交办和区下达信访突出问题和信访积案58件，化解率同比上升10%；实施“天网”工程改造，新建监控点位14个，实现全区13个乡镇“天网”全覆盖，全年通过监控为侦查部门提供破案线索100余条；推进网格化服务管理体系建设，建成区指挥中心1个、指挥分中心13个、社区工作站174个，落实网格员248人，实现网格化服务管理城乡全覆盖，全年信访总量同比下降20%，基层矛盾纠纷同比下降31.7%；开展“法律七进”活动，营造遵纪守法氛围，全年共举办各类法制宣传活动86场，开展集中送法下基层184次，印发宣传资料7.5万份，悬挂横幅156幅，展出展板46张，接待群众咨询和服务7万多人次，受教育群众达38万人次；开展案件质量评查、落实执法司法人员办案质量终身负责制、通过网上公开裁判文书、采取网络视频直播案件、开展法律援助与司法救助等举措，彰显司法公平公正。

【群众与信访工作】 2014年，修改完善领导接访包案、干部“六下访”、领导接访提醒提示等制度。全年县级领导值班接访221天次，接待群众303人次，受理信访97件223人次；区级部门“六下访”5231人次，为群众解决生产生活难题261件次。开展积案排查化解，全年排查信访突出问题16次共148件，化解119件，化解率80.5%；完成省、市挂牌交办信访突出问题44件（其中省交办2件、市交办42件），区下达领导包案24件（管控类4件、化解类20件），化解或制定方案基本平息18件，化解率90%，配合市级相关部门化解市委市政府下达市级领导包案5件。畅通网上信访、绿色邮政、基层走访等群众信访受理渠道，全年网上信访同比增加66件次，绿色邮政受理信访17件次，下基层受理办结信访问题82件次。规范信访秩序，依法处置非法上访和缠访、闹访行为，全年共对49名重点人员进行告诫，治安拘留5人、警告10人。

【机构与编制管理】 2014年，推进政府职能转变和机构改革，完成工商、质监行政管理体制调整，实现房管和城乡建设住房保障部门、畜牧和农牧林业部门机构整合运行，完成食品药品安全监管机构和职责整合，新设立区国家安全管理机构，对党员干部教育工作机构、船舶检验机构进行更名设置或职责调整；开展事业单位分类改革，拟订《沿滩区行政类事业单位预分类方案》《沿滩区事业单位分类实施方案》和《沿滩区事业单位分类指导目录》，基本完成事业单位类别申报和审核工作。完善全区机构编制管理制度、办法，全年研究审批机构编制事项12件，核批调动使用各类编制61名，公招使用各类编制98名，动态调整教育系统、卫生系统和乡镇事业机构编制63名。组织全区240个机关事业单位开展机构和人员编制核查，共采集和核查机构、编制、实有人员等信息2万余条，公示机构编制实名制信息6000余条。开展事业单位登记和法人年检，全年共办理事业单位变更登记10个，全面完成182个事业单位法人年检，年检合格率100%。

【党校工作】 2014年，以食品药品安全、低保政策、村社区干部职务犯罪的预防与应对、运用法制方式提升村级管理水平等为主要内容，举办全区村（社区）党组织书记培训班1期；按照“控制总量、优化结构、提高质量、发挥作用”要求，对全区192名入党积极分子进行系统培训；以“解决本领恐慌、能力不足”为主题，开设党务知识、农业农村、社会治理、新型城镇化4个专题，举办副科级领导干部专题培训班1期，参训人员185人；举办沿滩区2014年科级领导干部培养对象递进培训班1期，培训学员60人，举办全区村（社区）主要负责人后备人选专题培训班1期，参训人员63人。完成《关于打造未来工业主战场的调查研究》《基层农村思想政治工作调查》《关于加快沿滩区中心场镇发展的调查研究》《创新基层党建工作和夯实党执政的组织基础的调查研究》《“中国梦”主题教育必须有机融入当前农村思想政治工作——沿滩区农村思想政治工作情况调查》等5个调研课题，撰写《农业乡镇如何走新型城镇化建设之路——以自贡市沿滩区黄市镇为例》等论文6篇。

【打击违法犯罪】 2014年，组织开展“反扒安民”“夏季严打整治”“追逃攻坚”等专项行动。全年抓获各类违法犯罪嫌疑人513人，其中提请逮捕74人、刑事拘留165人、直诉102人、取保候审146人、监视居住18人、强制隔离戒毒8人。全年共立刑事案件735件，破案330件，破案率44.9%，立案数同比下降11.2%，破案数同比上升26.7%；受理治安案件438件，查处221件，治安处罚105人，治安拘留92人，同比分别下降27.96%、48.84%、44.15%、49.17%。成功破获17年前的“1997·5·14故意杀人案”等刑事案件，连续十年实现命案全破。

【检察工作】 2014年，集中开展查办和预防发生在群众身边、损害群众利益职务犯罪专项工作，立案查处职务犯罪案件16件20人，其中贪污贿赂案件13件14人、渎职侵权案件3件6人。开展打黑除恶、治爆缉枪、禁毒、打击“两抢一盗”等专项行动，全年受理审查逮捕案件53件75人，经审查批准逮捕43件54人；受理公诉案件75件140人，经审查提起公诉64件82人。坚持宽严相济，依法保护犯罪嫌疑人权益，全年不批准逮捕10件21人，不起诉13件15人。开展检察监督，全年立案监督5件，追捕追诉1件，依法提起抗诉2件2人，建议行政执法机关向公安机关移送涉嫌犯罪案件4件，对侦查机关侦查活动发出《纠正违法通知书》3份，办理民事行政诉讼结果监督案件2件、民事行政审判活动违法监督案件1件、行政执行活动违法监督案件1件，在刑罚执行中约见在押人员58人次、发出纠正违法19件、提出检察建议1件，对130名社区矫正人员开展监督检查。

【法院工作】 2014年，共受理各类案件2419件，同比上升22%，审结2365件，同比上升26%，结案率97.7%。审结各类刑事案件74件，结案率97.4%，判处犯罪人员138人；审结民商事案件1194件，结案率96%，结案标的5.5亿元；审理行政诉讼案件4件，审查行政非诉执行案件336件，审查合法率100%，为行政机关提出司法意见建议24条，其中采纳16条。全年共执行结案案件214件，执行到位标的6207万元。设立乡镇巡回审判点11个，实现巡回审判全覆盖，全年就地审理婚姻家庭纠纷、相邻权益纠纷等案件172件。开展涉及民生案件专项执行活动，集中清理拖欠职工、农民工工资等案件89件，为农民工挽回经济损失401.8万元。实施司法救助，为98名困难当事人依法减、缓、免诉讼费31.2万元，为3起案件共7名困难当事人发放救助资金2.1万元。提升办案质量和效率，全年审结1年以上积案16件，评查裁判文书632件，评查庭审26次，案件服从判决息诉率94.4%，所有上诉案件无发回重审或改判。创新司法公开，推行案件庭审同步录音录像，实现

1243件生效裁判文书全部上网，开通沿滩法院官方微博并实况播报各种信息400余条、图文同步直播案件庭审9件、微博互动交流3000余人次。

【司法行政】 2014年，重点以“法律七进”为载体开展法治宣传教育、法律咨询等活动，全年共举办主题宣传活动89场，集中送法下基层143次，培养“法律明白人”1300余人，印发法制宣传资料8万份，接待群众咨询和服务7.5万人次，受教育群众近34万人。开展“人民调解化纠纷促和谐”活动。全年共排查矛盾纠纷454件，预防纠纷298件，受理各类纠纷968件，调解成功959件，调解率100%，调解成功率99.1%，无民间纠纷因调解处理不当而出现非正常死亡、民转刑、群体性械斗和群体性上访事件。建立和完善衔接、教育、监督、奖惩、解除等社区矫正工作制度，全年累计接收社区服刑人员336人，累计解除197人，在册社区服刑人员139人，无脱管漏管现象和重新违法犯罪发生；健全完善刑释解教人员管理制度，全年共接收刑满释放人员156人，衔接率、安置率、帮教率均为100%，无重新违法犯罪发生。开展法律服务，区内律师事务所和法律服务所全年共代理案件561件（其中民事531件、刑事30件）、为50家企业和机关担任法律顾问、办理法律援助案件41件、解答咨询710件，为当事人挽回经济损失760万余元；办理公证441件，其中：国内民事380件、经济61件，接待群众来访咨询1750人次；全年完成民生法律援助2631人次，受理各类法律援助案件231件，其中：刑事案件52件、民事案件179件，为受援人挽回经济损失550万余元。

【政务服务】 2014年，印发《沿滩区深化行政审批制度改革方案》，取消区政务服务中心窗口行政审批项目2项，暂停行政审批项目1项，下放行政审批项目1项。区政务服务中心受理、办结行政审批服务事项22.8万件，13个乡镇便民服务中心办理14.6万件，按时办结率、群众满意率均为100%。全年开展“局（乡镇）长进大厅”活动10次，办理事项600余件次。全面推行“村干部逢场天集中办公”活动，启动村（社区）便民服务室建设试点，便民、利民举措不断完善。全年组织政府集中采购67件次，采购预算金额4963.4万元，成交金额3831.0万元左右，节约资金1132.4万元，资金节约率22.8%。

【工会工作】 2014年，继续开展主题为“当好主力军、建功‘十二五’”“节能减排、安全和谐、争创工人先锋号”劳动竞赛，参与企业90%以上，参与职工1万人次以上，创造经济价值500万余元。组织开展群众性经济技术创新活动，参与企业90%以上，参与提合理化建议职工256人次，提出建议82条，企业采纳建议48条，实施32条，节约、创造经济价值320万余元；开展技术攻关改造1项，实现经济效益685万元；新技术开发推广2项，实现经济效益382万元。开展节日走访慰问活动，在元旦、春节期间慰问走访困难职工1168户，发送慰问金23.83万元；在“三八”妇女节期间走访慰问20名困难女职工，发送慰问金4000元；在“六一”期间开展“绽放微笑·爱心圆梦”慰问活动，为仙市镇向阳村小和黄桷村小30名学生赠送学习复读机，走访慰问王井镇王井村24名困难家庭孩子并发送慰问金2800元，出资4700元为黄市镇群英村小、山林村小和王井镇太源村小共200名学生购买运动球鞋；在“七一”期间走访慰问10名老党员、困难党员，发送慰问金2000元。开展劳模关爱活动，组织省（部）级劳模免费健康体检，走访慰问省（部）级劳模10人、市劳模45人，发送慰问金1.1万元，慰问劳模实现全覆盖。开展日常帮扶救助，在“夏送清凉”活动中慰问企业生产一线职工1000余人并发放价值3万余元清凉用品，在“金秋助学”活动中资助困难职工子女44人并发放助学金9.65万余元，为57名困难职工发放医疗救助金7.76万元，为219名困难职工发放生活救助金8.96万元，向80户困难职工家庭发送每户200元爱心电力卡，为21名困难职工办理价值2520元爱心乘车卡。2014年，沿滩新城板仓社区工会创建为“四川省示范社区工会”，新城龙湖远达社区工会“职工书屋”创建为全国社区“职工书屋”示范点。

【共青团工作】 2014年，通过实施青春建功、青春筑绿、青春育人、青春激智、青春爱心等六大行动服务青少年，为180名农村青年举办服装制作等技能培训，为48名创业青年发放小额贴息贷款400万余元，在区级机关事业单位、乡镇机关设立大学生暑期实习岗位59个；开展“保护母亲河”“植绿护绿”、城乡环境综合治理等志愿服务活动100余次；创建星级留守学生之家5所；组织开展学习中共十八大精神、团中央十七大精神主题活动20次，覆盖青少年2000余人；开展“红领巾心向党”活动20场，为未成年人举办法制宣传讲座15场次；利用区青少年宫基地培训学员1000余人次，完成团干部调训32人。全年共建立非公有制企业基层团组织8个，成功创建“青年文明号”2个，成立首个“青爱工程四川基地沿滩工作站”，有1人被评为“全国优秀团员”，有5人被评为“市优秀团员”和“市优秀团干部”，有2个团组织被团市委评为“优秀共青团组织”。

【妇联工作】 2014年，以“新家园、新女性、新生活”为主题推进幸福家庭行动，举办提升素质、家庭教育、法律等讲座8场，参训妇女1160人次；开展艺术健身指导2次，举办文艺汇演2次、厨艺大赛1次；组建巾帼志愿者队伍3支共150人，受益妇女2000余人；开展寻找“最美家庭”活动，申报区级“最美家庭”40户、市级“最美家庭”2户。创建巾帼创业就业示范基地3个，举办创业培训班2期，培训妇女160人。开展妇女维权宣传活动5次，发放资料4500余份；举行巾帼维权法律讲座7次，参训妇女1550人；建立妇女维权示范站2个，组建农村留守妇女互助组5个，树立农村女童安全救助示范村6个；开展女童性安全讲座10场，发放性安全宣传册2000余份。开展廉政文化进家庭活动，树立廉政示范家庭43户。全年救助贫困母亲1489人、贫困儿童330人，发放救助物品和资金25万余元；发放农村妇女小额贴息贷款300万元。全年创建市级“妇女之家”示范点1个，区级示范点5个，乡镇示范点13个；创建市级巾帼文明岗2个、市级巾帼文明示范村3个。

【工商联工作】 2014年，新发展企业会员10户，累计达191户。组织会员企业参加各种社会公益事业，在金秋助学活动中为164名大学新生筹集助学金31万元，捐款14万元为全区村级小学安装电风扇、购置保温桶，为永安镇30名贫困大学生捐款5.4万元，为西藏那曲地区尼玛县文部南村学校捐赠150双运动鞋，为仙市镇5名贫困大学生捐款1万元，集资近4万元帮扶1名因车祸瘫痪教师渡过难关。组织50名企业会员参加科技项目包装和申报业务培训，全年区内非公有制企业成功申报科技项目8项，对上争取316万元；成功申报专利129项，专利实施转化7项。借助“涉企法律纠纷调解中心”帮助20余户非公有制企业化解纠纷，涉案金额5000万元，为非公有制企业减少诉讼成本100万余元。

经济建设

【主要经济指标完成情况】 2014年，全区实现地区生产总值110.04亿元，同比增长10%。其中，第一产业增加值15.01亿元，同比增长4.2%，第二产业增加值74.35亿元，同比增长11.8%，实现第三产业增加值20.68亿元，同比增长7.2%。三次产业对经济增长的贡献率分别为5.2%、80.6%、14.2%，三次产业分别拉动经济增长0.5、8.1和1.4个百分点。三次产业结构比由2013年的14.2∶66.9∶18.9调整为13.6∶67.6∶18.8。全年人均地区生产总值3.86万元，按可比价计算，比2013年增长8.3%。实现规模以上工业增加值60.46亿元，同比增长12.9%；实现民营经济增加值68.35亿元，同比增长11%；完成全社会固定资产投资95.74亿元，同比增长18.3%；完成地方公共财政收入1.56亿元，同比增长23.2%，实现地方公共财政支出13.28亿元，同比增长6.1%；实现社会消费品零售总额39.36亿元，同比增长10.3%；实现城镇居民人均可支配收入2.23万元，同比增长9.7%；实现农民人均纯收入9494元，同比增长11.3%。

【工业】 2014年年末，全区拥有规模以上工业企业91户。全年实现规模以上工业企业总产值206.85亿元，同比增长13.5%；实现规模以上工业企业销售产值203.53亿元，同比增长12.9%；规模以上工业企业实现利润总额15.02亿元，同比增长19.7%；实现规模以上工业企业增加值60.46亿元，同比增长12.9%，高于全市增速5.1个百分点，增速在全市6个区县位居第二名；完成工业类投资44.95亿元，同比增长5.1%。全年新履约重大工业项目8个，新签约工业项目12个、协议投资13亿元。工业园区新征土地45.4公顷，新平整场地并具备承载能力46.67公顷，新拆迁房屋119户，新安置房屋拆迁户87户；对上争取园区基础建设扶持资金700万余元，新建成排涵管1500米，昊华连接线2千米道路全面建成通车；完成孵化器主体工程建设，全面完成110千伏变电站场站建设，启动乘犀路二期基础设施工程并完成60%毛基路建设，完成第三期动迁安置房建设工程招标前期准备工作，汇通路主排水沟二期工程进场建设；园区全年新引进项目9个，占年初目标任务300%；新开工项目8个，占年初目标任务160%；新投产项目9个，占年初目标任务180%；园区企业全年完成工业主营业务收入83亿元、同比增长138%，完成国家和地方税收7200万元、占年初目标任务147%，新增就业岗位1000余个。

【农业】 2014年，农作物总播种面积4.43万公顷，比2013年增长1.4%，其中粮食作物播种面积2.84万公顷，同比增长0.4%；油料种植面积0.34万公顷，同比增长5.7%；蔬菜及食用菌种植面积0.94万公顷，同比增长3.1%。全年粮食总产量16.31万吨，比2013年增长0.2%；油料作物总产量0.81万吨，同比增长6.7%；蔬菜及食用菌总产量23.48万吨，同比增长9.4%。完成联络镇农村土地确权登记试点，全面启动其余12个乡镇土地确权登记颁证工作。继续开展粮油高产创建，在富全镇和联络镇建成水稻高产创建示范区1333.33公顷；推广“中稻+再生稻”生产模式，全年中稻种植面积1.09万公顷，蓄留再生稻有收面积7333.33公顷；在联络、九洪等乡镇重点发展“高粱+再生高粱”，全年区内高粱种植面积2733.33公顷，再生高粱蓄留面积1066.67公顷。推进柑桔、花椒基地建设，编制并落实《2014年柑橘、花椒管护方案》，投入资金200万余元对仙市、瓦市、黄市片区共281.27公顷柑橘和33.33公顷花椒进行统一管护，花椒省级标准化示范区通过省级验收。推进优质蔬菜基地建设，巩固提升金银湖片区（包括黄市、刘山、永安3个乡镇部分区域）蔬菜基地186.67公顷，在仙市镇百胜村发展有机蔬菜基地33.33公顷，全区优质蔬菜基地建设总面积发展至220余公顷。推广“千斤粮万元钱、吨粮田五千元”粮经复合种植模式，发展“菜+稻”种植面积466.67公顷，发展“旱地西瓜套小红椒+秋红薯+冬季叶片菜”种植面积1066.67公顷，发展“早春菜玉米+夏玉米套夏大豆+冬春季叶片菜”种植面积533.33公顷。继续推进2013年度测土配方施肥项目，累计推广测土配方施肥面积2万公顷，肥料利用率提高近5个百分点，平均每亩节约成本增加经济效益30元以上；完成沿滩区2013年度巩固退耕还林成果基本口粮田建设项目，在九洪乡和刘山乡新建基本口粮田216.47公顷，其中：坡改梯12公顷、改土培肥101.07公顷、中低产田改造103.4公顷；完成新增沼气用户224户。全年开展农产品样品检测226批次，其中接受省市抽检42批次，农产品质量合格率100%；对农业投入品实施监管，全年共出动执法检查车辆82台次，参与执法人员275人次，整顿市场103个次，检查种子生产经营企业623个次，检查农药生产经营企业738个次，检查肥料经营企业365个次，查处违法案件15起。

【林业】 2014年，编制完成城乡绿化建设面积216.33公顷，开展社会化造林40公顷，发展甜橙经济林600公顷。全年补偿集体公益林1313.33公顷，巩固退耕还林成果2646.67公顷。全年共办理占用征收林地7个批次共28.39公顷，征收植被恢复费168.94万元；清理占用征收使用林地88宗共356.08公顷；办理商品林木采伐许可证24份，储计106.63立方米。全年出动执法检查车辆52台次，参与执法人员195人次，检查木竹材经营加工企业、野生动物驯养繁殖场所、餐馆、市场等256个次，查处违法案件3起。年末全区森林面积0.91万公顷，比2013年增长4.4%；年末森林覆盖率25.6%，比2013年年末提高0.8个百分点。

【畜牧业】 2014年，全区实现肉类总产量2.99万吨，同比增长2.7%。完成在刘山乡、黄市镇、农丰农牧有限公司实施的沿滩区2013年生猪标准化规模养殖场（小区）建设项目，总投资244万元；争取到2014年生猪养殖场（小区）建设项目资金90万元。开展畜牧养殖技术推广服务，组织40名科技人员结对帮扶200个养殖场（户），培育养殖科技示范户70户，建立生猪、蛋鸡、肉羊、肉兔等4类培训观摩示范基地，示范推广DLY肉猪标准化生产技术、优质肉羊生产综合配套技术、四川白獭兔、四川黑猪、川南（自贡）黑山羊等6个主导品种和13项主推技术。完成辖区内14个规模化养殖重点场（企业）污染治理。全年组织免疫猪口蹄疫7.2万头份、牛口蹄疫0.26万头、羊口蹄疫2.1万头、猪瘟7.2万头、猪蓝耳病7.2万头、禽流感270万羽、新城疫200万羽，区内未发生重大动物疫情。全年实施产地检疫生猪7.5万头、牛羊0.5万头只、家禽100万羽，屠宰检疫生猪7.8万头、牛羊0.1万头只、家禽80万羽，产地检疫、屠宰检疫、出入县境申报检疫率均为100%。开展动物卫生执法，全年共出动检查人员32人次，检查活禽经营市场、集贸市场60个（次）、畜禽产品经营户1000户、屠宰场26个（次）、规模化养殖场66个；重点对饲料生产企业、乡镇饲料兽药经营点、养殖环节等实施监管，从源头防范畜产品安全。

【招商引资】 2014年，全区新签约1亿元以上重大招商项目23个，占年度目标任务143.75%；引进到位市外资金96.56亿元，占年度目标任务127.05%，其中省外资金54.05亿元，占年度目标任务135.13%；包装重大项目33个，占年度目标任务165%；省市督办项目履约率、开工率、资金到位率分别为100%、100%、46.85%。借助中外知名企业四川行、第十二届东盟华商会、第三届中国国际新材料产业博览会、第十五届四川西部博览会等重要活动开展招商，全年共接待客商来访83批次，收集项目线索103条，对接洽谈项目83个。以工业集中区为主战场进行招商引资，全年新签约波纹管生产、锻件生产、矿物质水生产、钢桶生产等各产业项目9个，釜溪电力、久龙钢结构二期等3户企业新开工建设，公信检测、中天胜一期等6户企业建成投产。

【企业创新发展】 2014年，实施“数字企业工程”等智慧产业项目，扶持中皓化工等3户规模以上工业企业推进产品数字化、设计智能化、过程自动化、系统集成化、管理信息化和商务电子化建设；依托电信公司“天虎云商”电子商务平台，引导企业建立门户网站，设立“天虎云商”电子商务门店，拓展企业产品销售市场。促成自贡中天胜新材料科技有限公司与四川理工学院达成战略合作协议。全年共培育市级企业技术中心2户，培育四川省A级以上质量信誉企业25户，培育国家高新技术企业1户，培育市级知名商标企业8户、省级著名商标企业4户、国家级驰名商标企业1户；企业申报专利96件（其中发明专利16件），获认证50件（其中发明专利4件）。组建泵阀企业产业联盟、电力企业产业联盟、建材企业产业联盟、东锅配套企业联盟，形成企业“抱团发展”合力，增强企业竞争力。

【水务工作】 2014年，以项目为载体推进基础设施建设，完成九洪片区中央小型农田水利重点县项目和2013年度中央农田水利建设资金维修养护项目，专项项目总投资4100万元，维修整治山坪塘155口、石河堰19处、提灌站20处，新建蓄水池114口，新建（整治）渠道79.6公里，新增有效灌面640公顷、新增节水灌面726.67公顷；完成王井—九洪供水管网建设，实现S305沿线区域供水一体化；完成仙市瓦市供水管网延伸工程和仙市瓦市片区、九洪片区农村学校师生饮水安全项目工程建设，为5.28万农村居民和2.03万农村师生解决饮水安全问题；完成沿滩水厂改造主体工程建设，启动富全镇集中供水工程建设；完成黄市等11个乡镇13处生活污水处理设施建设，实现日污水处理能力6500立方米；完成沱江自贡（沿滩）城区防洪堤主体工程建设，项目总投资2400万元，占地1公顷，坝长1200米。开展水环境治理，对观音坝、碾子滩、高滩、金银桥等饮用水源水库实施重点生态养殖修复并完善管护责任，组织3个打捞组对釜溪河沿滩段水面漂浮物进行重点打捞和日常保洁；对11个乡镇13处生活污水处理设施达标排放实行严格监管。推广水产健康养殖技术和泥鳅、黄颡鱼、斑点叉尾鮰等特色名优新品种养殖；发挥水产健康养殖示范场（基地）带动作用，新创建国家级无公害水产品养殖基地1个，基地面积282公顷，水产养殖品种11个；支持水产龙头企业、水产专业合作社和水产养殖大户进行基础设施改造，推进水产标准化生产。全年实现水产品总产量1.12万吨（名特优水产品产量4500吨），同比增长4.6%。

【发展与改革工作】 2014年，完成投资体制、医药卫生体制等改革任务9项，承接省、市下发项目审批权限11项。针对全区发展重点和难点开展专题调研，完成《沿滩区新型城镇化发展模式研究》《仙市古镇旅游发展路径研究》《沿滩工业园区发展战略研究》《沿滩区乡镇自来水厂生产经营现状分析》等4个调研课题。启动实施“十三五”规划编制，确定重点课题研究20个、专项规划22个、区域规划3个和乡镇规划13个。围绕保障性安居工程、农村民生工程、基础设施、社会事业、生态环保、自主创新和产业结构调整等新包装储备项目96个，总投资25.98亿元。全区对上争取项目200个，争取各类资金6.2亿元，同比增长12.5%，其中：建设投资项目资金1.6亿元，专项补助资金4.6亿元。全年完成审批投资项目60个，投资总额22.47亿元，其中：实行审批制的项目36个，总投资5.49亿元；实行备案制的项目24个，总投资16.98亿元。全年完成26个市重大项目投资22.5亿元，占总投资37%，超年度投资计划63个百分点；完成92个区重大项目投资35亿元，占总投资24%，超年度计划投资2.9个百分点。完成对41个单位收费年审；开展价格鉴定44件，涉及标的51.34万元；受理查处价格违法案件5件。落实稻谷最低收购价政策，全年收购稻谷5000余吨；开展2013年度社会粮油供需平衡调查和2014年度粮食库存检查；完成1500个农户科学储粮小粮仓项目建设；核发粮食收购许可证71户，组织粮食执法检查6次，检查粮食收购、加工企业网点10个。

【财政改革】 2014年，推进预决算信息公开，首批23个预算部门在区政府门户网站公开2014年度部门预算和部门“三公”经费预算。农村公共服务运行维护机制建设在全区49个行政村试点。贯彻执行省与市、市与区调整完善分税制财政体制对接，及时调整印花税、契税、企业所得税库款预算级次，新体制运行顺利。强化财政投资评审，全年评审项目89个，送审金额6.46亿元，审减金额5251万元，审减率8.12%。

【财政收支】 2014年，全区实现财政总收入6.15亿元，占预算的110.4%，同比增长20.55%；实现地方公共财政收入1.58亿元，其中地方一般公共财政预算收入1.56亿元，占预算的107.1%，同比增长23.2%（同口径增长21.4%）；完成税收收入1.28亿元，同比增长35.3%，占公共财政收入的82.12%。全年实现地方财政总支出24.77亿元，占预算的87.8%，同比增长41.61%。地方公共财政支出13.28亿元，同比增长6.1%，其中：教育支出2.4亿元，增长2.8%；节能环保支出2861万元，增长24.6%；文化体育与传媒支出687万元，增长22%；农林水事务支出2.04亿元，增长18.2%；医疗卫生与计划生育支出1.91亿元，增长31.9%；一般公共服务支出1.23亿元，下降8%。全年“三公”经费比2013年下降46%。

【地税工作】 2014年，组织完成地税税收收入4.63亿元，同比增长30.3%，其中实现营业税1.88亿元，同比增长50.3%。完成地方级收入3.99亿元，同比增长39.31%；完成市本级收入1.81亿元，同比增长38.47%；完成区公共财政收入1.17亿元，同比增长39.55%。严格落实税收优惠政策，全年共减免营业税428万元，减免城市维护建设税94.2万元，减免房屋和国土两税45.84万元，为农民建房减免耕地占用税33.71万元，减免契税1886.39万元，减免小微企业所得税14万元。全年稽查立案纳税企业6户，结案6户；稽查组织税收入库1299.32万元，同比增长229.9%。

【国税工作】 2014年，共组织税收收入1.52亿元，同比增长11.32%，其中：实现增值税1.08亿元，同比增长2.3%；第三产业税收完成4240万元，同比增长29.9%。全年完成区级公共财政收入1239万元，同比增长21.23%。全年依法办理各类减免税（含即征即退）5111万元，办理出口退税（含直接退税和免抵调库）1601万元，办理加计扣除研发费用和残疾职工工资323万元，为166户小型微利企业减免所得税17万元。开展纳税评估，辅导纳税人自查补缴税款395万元；成立4个清理欠税小组，全年清缴、抵缴欠税1640万元；组织发票问题专项检查，查处金额77万元。

【商贸】 2014年，全区实现社会消费品零售总额39.36亿元，同比增长10.3%。其中，限额以上商业企业38户，实现社会消费品零售额2.58亿元，同比增长20.2%。全年实现进出口额2290万美元，同比增长25.8%，其中实现出口额2290万美元，同比增长25.8%。组织企业参加“西博会”“夏洽会”“惠民购物全川行”“川货全国行”“万企出国门”等活动，举办“幸福沿滩2014年迎春美食商品博览会”“2014年沿滩区特色农产品迎春展销会”、黄市镇首届“玫瑰香橙”采摘节、第二届自贡·九洪西瓜节等促销活动，促进区内商贸流通与消费。开展生猪定点屠宰资格审核清理，其中获准资质屠宰点 10 个、实行过渡期管理屠宰点 5 个。

【科技和知识产权工作】 2014 年，围绕节能环保装备、化工新材料、特色农产品加工等特色产业培育创新主体，培育科技型企业 2 户，全区科技型企业累计 33 户，其中：国家高新技术企业 10 户、省级创新型企业 9 户、省级知识产权试点企业 3 户、市级知识产权试点企业 9 户。全年组织企业申请专利 185 件，获授权 135 件，实施专利转化 10 项，36 项专利获市专利资助，4 户企业获市专利实施补助。组织包装企业科技项目 22 项，组织申报企业科技项目 21 项（市级项目 13 项，省级项目 8 项），其中“特种聚酰亚胺树脂产业化”“含氟聚酰亚胺单体 2，2－双（3－氨基－4－羟基苯基）六氟丙烷产业化”“多功能橡塑交联剂六亚甲基己二胺氨基甲酸盐产业化”“电力用新型节能金具线夹产品”“九叶青花椒高效技术集成与产业化示范”等 7 个项目获省科技厅立项支持，奖补金额 300 万余元。

【审计工作】 2014 年，完成审计及审计调查项目 121 项，占年计划的 711%，其中：完成财政预算执行审计 7 项、专项资金审计 9 项、领导干部经济责任审计 1 项、政府投资项目审计 96 项、土地成本审计 3 项、专项审计调查 2 项、其他审计项目 3 项。全年区政府投资项目送审金额 11.87 亿元，审减金额 1.57 亿元，审减率 13.24%。

【统计工作】 2014 年，完成沿滩区第三次全国经济普查工作，完成工业、农业、固定资产投资、建筑及房地产、能源、商贸、劳动工资等各类定期统计报表上报，组织开展城镇住户调查、农村住户调查、服务业统计监测、妇女儿童两纲监测、旅游监测、成品油监测等专项统计调查和监测，实现工业、农业、劳动工资、固定资产投资、建筑业及房地产、能源、商贸等统计专业 100 多家企业全部实现联网直报。按季编发《沿滩区统计季报》、按季监测分析经济活动情况、开展统计咨询、发布《沿滩区 2013 年国民经济和社会发展统计公报》，为领导决策和全区经济社会发展提供统计服务。对全区“四上企业”、城乡住户调查员和新从事统计工作的 200 余名人员进行业务培训。多方争取，为乡镇配发统计专用笔记本电脑 13 台，改善乡镇基层统计人员办公条件。组织开展《中华人民共和国统计法》《统计违法违纪行为处分规定》等法律法规学习宣传。全年对 50 多个单位开展统计执法检查，处理违法案件 2 起。

【工商行政管理】 2014 年，推进工商登记制度改革，全年新发展私营企业 114 户、个体工商户 832 户，同比分别增加 223.5%、19.54%；新发展农业专业合作社 13 户，同比增加 18.18%。全年申报市知名商标 1 件（四川丹罗斯机械制造有限公司“丹罗斯”商标），累计 11 件；申报省著名商标 1 件（自贡第一高中压阀门有限公司“环球”商标），累计 4 件；新申请商标注册 6 件（涉农商标 2 件）。全年办理企业动产抵押登记 29 件，实现企业融资贷款 9735 万元；办理登记股权出质登记 17 件，被担保债权 4550 万元。开展“守合同重信用”企业创建活动，全区创建省级守合同重信用企业 5 户、市级 9 户、区级 13 户。全年共登记户外广告 18 户，登记各类广告 108 块（幅），监测广告 1012 条，查处非法广告 19 条。保护消费者权益，全年组织开展流通领域商品质量监测 69 次，检测商品 26 种 49 个批次，依法处理和曝光 15 个批次不合格商品；检查重点监控企业 134 户次，纠正违规行为 15 次，查处违法行为 12 件，处理相关申诉 33 件；指导企业建立快速解决 500 元以下小额消费纠纷暨无障碍退换货机制；受理投诉 156 件，为消费者挽回经济损失 20.65 万元。加强市场监管，组织开展“红盾春雷行动 2014”“春耕护农”、格式条款监督、打击非法集资清理规范民间融资中介机构、暑期“黑网吧”整治、民间投资理财咨询类公司整治等专项行动 16 次，查处各类违法违规案件 690 件，立案查处各类违法违章案件 64 件，结案 63 件。

【质量技术监督】 2014 年，累计出动执法人员近 105 人次，对农资市场、节日市场、强制性认证产品等领域组织开展重点产品质量专项整治活动 4 次，立案查处案件 1 起。开展特种设备监管，对全区 28 台锅炉、26 台压力容器、68 台电梯、142 台起重机械、9616 支气瓶、1 户工业气充装企业、2 户液化气充装企业进行建档管理；全年下达监察指导书 3 份，查处安全隐患 2 起，查处违规使用特种设备企业 3 户，其中行政处罚 1 户、督促整改 2

户。实施农业标准化管理，沿滩区花椒标准化示范区顺利通过省质量技术监督局验收，推进九洪乡西瓜农业标准化示范乡申报工作。加强国家地理标志产品保护，协调解决太源井晒醋产品和工艺地方标准修订和备案。对辖区内13户生产许可证获证企业加强分级分类管理，四川中润石化有限公司“润博士”润滑油获四川省第十一届名牌产品称号。印发《沿滩区推进质量强区实施意见》《沿滩区推进质量强区工作联席会议制度》《沿滩区推进质量强区工作领导小组及下属工作组、成员单位工作职责》《沿滩区政府质量奖评定管理办法》《沿滩区质量强区工作目标绩效考核办法》等文件和制度，争取专项工作经费10万元，推进沿滩区创建“全省质量强市示范城市”工作。

【供销工作】 2014年，全区供销系统实现经营服务收入3.85亿元，其中：消费品零售总额9980万元、农副产品收购总额7400万元、农资供应总额2890万元。加强基层组织体系和农村社会化服务体系建设，全年新建标准化庄稼医院12个、社区综合服务社14个、社区综合服务中心6个，启动升级改造农副产品配送中心1个，新发展群富泥鳅、九台山瓜椒、杨柳溪养殖等农民专业合作社3个，新建农产品直营店3个。完成2013年农业综合开发新型合作示范项目——立丰花椒2万亩九叶青花椒种植基地项目建设并通过上级验收。争取到2014年农村社会化服务体系示范县建设项目资金100万元，主要用于庄稼医院、社区综合服务社、农副产品配送中心建设。

城乡建设

【规划编制】 2014年，《沿滩城区控制性详细规划》通过市政府常务会审查，该规划占地面积935.08公顷。完成仙市、兴隆、永安等3镇建设规划调修，完成邓关镇大力村、牌坊村等15个村庄（包括农民集中居住区或集聚点）规划编制，完成《卧龙湖东区控制规划及城市设计》编制并上报市规划建设局待审。完成《沿滩区新型城镇化发展战略研究》初稿并报区政府待审。

【市政建设】 2014年，投资14.8万元新安装沿滩镇梨园路高杆路灯16盏，更换背街小巷马路弯灯41套、节能灯102支，修复破损景观灯162柱，更换文体广场中杆灯4套，更换沿滩公园庭院灯85柱；新安装S305线道路配电箱14个、更换电缆线725米，更换主街大道电缆线2330米，修复城区箱式变压器8台；修复城区主街道路1600多平方米，疏通排雨（污）下水道755米，修复雨水井18次，更换S305线破损防撞墩150个。完成沿滩开元路、王井镇社区小广场建设，总投资41万元，建设面积3400平方米。

【村镇建设】 2014年，完成农村住房建设2875户，新建面积6.3万平方米，其中农民集中居住区面积5.7万平方米。实施农村危房改造1094户（C级516户、D级578户），投入危改补助资金1067.8万元。完成沿滩镇沿黄路及西街、富全镇俞冲街、刘山乡街等232户店招店牌提升改造，完成沿滩、黄市、刘山、永安、仙市、瓦市等乡镇农村风貌塑造416户，两项总投资829万元。

【园林绿化】 2014年，完成仙市镇百胜村产业绿化9.33公顷，实施工业园区道路绿化3.06公顷，完成沿滩新城区龙湖公园二期绿化1.73公顷、新城区道路绿化1公顷，完成黄市镇湿地公园绿化8.65公顷，王井镇实施立体绿化2公顷，仙市镇实施立体绿化21.33公顷，中胜新材料科技有限公司完成绿化13公顷。全年园林绿化总面积62.98公顷，投资5000多万元。

【建筑业】 2014年年末，全区纳入统计的资质建筑企业15个，具有总承包资质等级建筑业企业12个，其中：二级6个，三级6个；具有专业资质等级建筑业企业1个；具有劳务分包资质等级企业2个。全年资质建筑业实现总产值18.34亿元，同比增长19.1%；全年新签合同额19.53亿元，同比下降6.5%；房屋建筑面积149.61万平方米，同比增长19.8%；建筑安装企业实现总收入19.53亿元，同比增长41.9%。全年共监督建设工程项目10个，监督面积16.5万平方米；检查建设工程项目44个，受检面积110.9万平方米。

【房地产与住房保障】 2014年，商品房屋施工面积107.9万平方米，同比增长33.1%，其中住宅施工面积72.3万平方米，同比增长37.5%；商品房新开工面积56.8万平方米，同比增长26.4%，其中，住宅新开工面积33.6万平方米，同比增长11.3%；商品房竣工面积12.4万平方米，同比下降22%，其中，住宅竣工面积10.8万平方米，同比下降4.2%；商品房销售面积27.7万平方米，同比下降3.6%，其中住宅销售面积26.97万平方米，同比下降6.3%；商品房待售面积3.6万平方米，同比增长471.4%，其中住宅待售面积3.3万平方米，同比下降423.8%。全面完成廉租房第三期148套、公租房第一期98套、经济适用房第三期A标段86套建设任务，完成公租房第二期200套、经济适用房第三期B标段216套主体工程建设。完成棚户区改造1084户、小城镇危旧房改造602户。完成全区经济困难家庭住房租金补贴发放工作。

【交通建设】 2014年，通过编制规划构建现代综合交通运输体系。调整完善沿滩区2013—2017年交通运输重点项目规划，主要包括县乡道路提升改造工程125公里、安保工程85.67公里、国省干线连接线工程27.8公里、渡改公路桥16座2800延米、客运站点建设18个等内容；完成沿滩区2015—2017村组道路规划方案编制，主要包括村组道路520公里、桥梁26座1220延米等内容；启动沿滩区交通运输“十三五”规划编制前期工作；配合省市做好川南城际客运专线、自宜（泸）大件路、G348（原S305）、S206和S213（原自富路）沿滩段规划方案编制。以“四路、四桥、一安保”为重点推进交通基础设施建设。自隆高速公路沿滩段完成路基挖方96%、路基填方95%、涵洞97%、桥梁67%等建设任务；在成自泸赤高速公路瓦市互通沿滩连接线全长13.8公里中，完成沿滩工业园区段1.21公里、沿滩城区段0.71公里建设任务；完成沿仙路（沿滩镇至仙市镇）改扩建工程中的路基建设；投资4100万元，实施永联路、自富路等农村公路改善工程35公里，新建通村公路10公里；计划总投资1.06亿元的犀牛口、黄颠坝、簸箕滩、仙市等4座横跨釜溪河桥梁建设稳步推进，其中犀牛口大桥完成主体工程建设，黄颠坝大桥完成补充设计和财政评估，簸箕滩大桥完成施工设计并与成自泸赤高速公路瓦市互通沿滩连接线瓦市段同步开工建设，仙市大桥开工建设；启动安保工程（公路路侧护栏）57.73公里建设。开展全省“道路交通安全综合整治攻坚年”活动和沿滩区“水上交通安全专项整治”行动，全年投入整治资金190.16万元，完成危桥改造、渡运码头和候船亭建设、冲锋舟购置、水毁抢修及县道公路整治等，沿滩区水上交通连续26年、道路运输连续20年未发生重特大安全事故和责任事故。

【国土资源管理】 2014年，同各乡镇签订耕地保护目标责任书，确保全区耕地保有量不少于2.09万公顷，基本农田保护面积不少于1.53万公顷；完成全区永久性基本农田划定专项规划实际划定，落实保护面积1.54万公顷，设立区、乡（镇）、村三级基本农田保护标志牌25块。全年依法征收土地23.19公顷，拆迁农房42户，保障仙市变电项目、沿滩城区及工业园区项目等用地需求；完成自贡市2014年第3批、第16批、第27批城市、第7批乡镇建设用地报征，面积79.75公顷；完成3宗共10.9公顷国有土地使用权供应，取得土地出让总价款3.39亿元；完成两个批次共约174公顷土地利用总体规划局部调修。开展土地执法监察，全年进行土地巡查51次，出动巡查人员113人次，巡查覆盖率100%，发现违法用地迹象23起，发放责令停止违法行为通知书23份，发现违法行为制止率100%；完成2013年土地矿产卫片执法检查，对227个土地矿产卫片监测图斑进行现场核实。强化地灾预防，印发《沿滩区2014年地质灾害防治方案》，同13个乡镇人民政府签订地质灾害防治责任书，对全区184个地灾隐患点险情进行逐级监测，完成地质灾害“十二五”防治规划编制并通过省级专家组评审，完成4个地质灾害应急避险场所硬件设施建设，编制上报2个省级地质灾害治理点调查报告，完成避险搬迁户10户。推进矿业权规范管理，组织开展11户矿山企业年检，完成2014年矿产资源补偿费征收上报，完成十二五矿业权设置方案编制并通过市级评审。完成2012年度高标准基本农田建设项目，完成仙市、刘山、联络等3个乡镇2013年度高标准基本农田建设项目主体工程。推进增减挂钩项目建设，通过实施永安镇云龙村、仙市镇箭口村等项目为全区城乡发展置换出9.83公顷建设用地指标；通过深化增减挂钩试点项目解决九洪乡“垃圾场”“垃圾焚烧发电厂”周边303户被污染农户房屋搬迁安置问题，拆旧复垦面积约26.67公顷，可置换23.34公顷建设用地指标。全年共登记发放国有土地使用权证4576宗，核发集体土地使用权证872宗，颁发全区13

个乡镇农村集体土地所有权证1836宗。

【城乡环境综合治理】 2014年，全区城市、农村生活垃圾无害化处理率分别为95%、80%，医疗固体废弃物无害化处理率97%，城市主街大道机械化清洁率55%。完善“村组入池、镇乡入库、区运输、市处理”的农村生活垃圾处理机制，全年新建水冲式公厕7座（其中旅游公厕2座），累计56座；新建垃圾库5座（其中双斗垃圾库2座），累计38座；新（改）建垃圾收集池300个，累计3120个；采购果皮箱、垃圾桶400个，洒水车1辆，垃圾转运车2辆；配备乡镇清扫保洁人员160人、村级清扫保洁人员326人、组级清扫保洁人员1765人；建立再生资源回收乡镇13个，村级回收点66个，培育再生资源龙头企业1个。开展城乡环境专项整治行动，利用《自贡日报》、自贡电视台、手机短信等途径宣传106次，设置固定宣传栏15个，悬挂户外宣传标语21幅，发放宣传资料4万余份；规范和新增停车位近2700个；推进美丽乡村建设，规划落实8个美丽乡村示范村建设；以省级新农村建设成片推进区域及20公里新农村示范长廊为重点，实施“庭院收整”1498户，完成道路硬化13.28公里，修建垃圾收集池42个，安装垃圾桶36个，打捞水域漂浮物56次，完成农家大院绿化面积0.87公顷，建成村庄便民道1000米，打造农民集中居住区绿化景观4个，完成民居风貌塑造130户，制作美丽乡村环境卫生公约钢架牌匾12块，完成华西能投垃圾焚烧发电厂周边300米范围内农户搬迁，完成沿滩洪沟、九洪新村、刘山市街、富全俞冲等场镇环境综合打造提升；出动执法人员273人次、车辆64台次，规范占道经营486起、违章占道停车168车次，规范游动商贩278人次，规范农贸市场2个、下岗摊区1个、草药摊区1个，增设箧货摊区1个、木材摊区1个、便民摊区2个、花卉摊点1个、擦皮鞋摊点1个，暂扣违章占道经营物品135件，教育商家12户，规范夜市摊点10家；受理违法建设举报投诉27件，立案调查18件，拆除9件共涉及面积324.48平方米，罚款6件共涉及面积1160.55平方米、涉及金额11.4万元，用简易执法程序拆除临街违章搭建12起。

【环境保护】 2014年，对釜溪河水质、集中式饮用水源、功能区噪声、交通噪声和区域环境噪声等开展定期监测，全年釜溪河沿滩镇段达标次数为2次，达标率18%；乡镇集中式饮用水源未达到GB3838－2002Ⅲ类标准，城市饮用水源达标率95.5%；环境空气质量达标率81.4%；全年区域环境噪声平均等效声级55.7分贝。全年完成污染源监督性监测、委托监测、纠纷监测等共72个，其中，新建项目现状监测16个、验收监测3个、污染纠纷监测9个；完成环评项目20个。开展城区大气污染综合治理，实施“蓝天行动”。印发《自贡市沿滩区大气污染防治行动实施方案》《关于开展城区大气污染综合治理专项行动的通知》，建立城区大气污染综合治理专项行动联席会议制度并将大气污染治理列入区政府单项目标考核内容；重点对沿滩新城区和沿滩城区建筑施工场地扬尘、道路扬尘、油烟煤气、工业废气等进行治理和监管，开展秸秆和垃圾露天禁烧宣传，促进大气环境质量好转。开展水污染综合治理，对釜溪河流域污染源进行清理和排查，督促西蜀电力公司实施无氨工艺技改，监管排水企业达标排放；完成黄市镇和仙市镇由中央农村环保资金支持的村庄连片治理项目，实施自贡高荣养殖场和黄市镇中水回用等污染治理工程，全面完成11个乡镇13处生活污水处理设施工程建设；对全区11个集中式饮用水源地环境状况开展日常巡查，规范设置各饮用水源保护区标志牌、界桩、警示标志，针对饮用水源不达标现状编制“一库一策”整治方案。开展“百日环境执法行动”，对自贡市中皓化工有限公司等3户在建化工项目“三同时”执行情况进行现场检查，对群众反映强烈的自贡能投华西环保发电有限公司环境污染问题进行督察督办，对碾子滩等集中式饮用水源保护区开展现场巡查并及时制止违反饮用水源保护规定的行为，及时纠正凤凰饲料公司和沿滩城区建筑工地违反“两考”禁噪行为；加强日常监管和执法，全年出动740人次对工业企业和饮用水源实施巡查，对7户企业发出限期整改通知书，对自贡市拓地建材有限公司造成严重环境污染行为实施行政处罚。落实环境应急管理制度，指导自贡市天龙化工公司开展环境应急演练，帮助企业建立和完善处置突发环境事件应急预案等相关制度。指导自贡天龙化工有限公司开展环境污染责任保险试点。督促辖区内86个排污单位完成排污和危险废物申报，全年征收排污费115万元。全年共投入环境污染治理资金505万元。

【供电】 截至2014年，国网自贡供电公司沿滩客户服务分中心承担沿滩区、自流井区、富顺县、宜宾南溪部分地区共2150.2平方公里供电任务，累计供电8.85亿千瓦时，累计发展供电用户14.41万户；维护管理10千伏配电线路30条共1536.27千米，维护管理装接容量50.3万千伏安配电变压器2079台，实现连续安全生产4998天。紧跟全区重大项目推进配网建设，完成10千伏沿镇线综合改造项目，绝缘化率达93%以上；完成10千伏沿城线新建工程，改造完成自贡十四中半岛干道西延线10千伏线路1.4千米，组立电杆9基；延伸建设10千伏沿工二线共0.7千米，配合工业园区为入驻企业延伸建设10千伏线路4.6千米。推进农网升级改造和农村线路数据清理，全年共完成农网改造工程项目198个，完成对瓦市镇汪坝村4组、仙市镇马丘村、兜山镇斑竹村农网集中改造；完成供电辖区内10千伏共1097.25千米农网线路数据清理采集，清理登记电杆8307根、台区配变1180台。

【人防地震工作】 2014年，完成《沿滩区防空袭方案》《沿滩镇防空袭方案》编制。开展对全区人防专业队伍重新登记，完成人防抢险、医疗救护等230名专业队员整组训练。在王井镇、九洪乡各建立1个达标人口疏散基地并通过市人防办验收，实现接收人口1.55万人。全年维护防空警报器13台，开发利用人防工事3000平方米。

文化建设

【精神文明建设】 2014年，通过公益广告牌、宣传标语、宣传展板、宣传画、好人榜、道德讲堂等形式宣传社会主义核心价值观。结合党的群众教育路线实践活动，开展道德领域突出问题专项教育和治理活动。推进文明创建活动，区委、区政府授予2013年度区级文明单位2个、区级文明社区2个、区级文明村1个、区级最佳文明单位1个、区级红旗文明单位2个；对2014年新申请创建的11家区文明单位进行创建指导和检查验收，提升文明细胞创建水平。推进乡村学校少年宫建设，全区13个乡镇均实现一（乡）镇一所（宫）。是年，沿滩区被评为全市未成年人思想道德建设工作先进区县。

【文体工程与服务体系建设】 2014年，投资近30万元建成区美术馆，对上争取30万元资金完成10个农民体育健身工程安装，投资近10万元安装健身路径6条。继续完善公共文化服务体系，投资18万元建成6个社区书屋；投资5万元建成1个农民工文化驿站；投资5万元建成1个乡村文化大院；投入8万元建成16个留守儿童之家；投资72.5万元为71个村配送电脑、移动音箱、文件柜等文化专用设备；投资5.95万元为156个农家书屋补充图书5400册；投资49万元为7个社区配送电脑、平板电视、投影仪、组合音响等文化专用设备。

【文体活动】 2014年，组织开展群众文体活动63次，开展送文化下乡活动32场次。成功举办“龙腾狮跃闹元宵”健身操舞展示、自贡·仙市古镇第十五届民俗风情文化旅游活动、第二届自贡·九洪西瓜节等品牌活动。成功举办沿滩区首届中国汉字听写大赛、沿滩区第二届戏曲小品比赛、沿滩区职工羽毛球比赛、秋季职工趣味运动会、职工乒乓球比赛等专项活动。组织开展“4·23”读书日活动、全民读书月活动、沿滩区2014年“大乐透杯”8月8日全民健身日活动展示、秧歌、腰鼓、龙舞等院坝活动400余场次，丰富基层文体活动内容。成功举办沿滩区2014年中小学生田径运动会、小学生跳绳比赛、中小学生乒乓球比赛和中学生篮球比赛；组队参加自贡市2014年中小学生田径运动会，沿滩中学获初中组团体第一名，永安职业高中获职高组团体第一名；组队参加四川省第十二届运动会田径项目，获铜牌一块。

【文艺文学创作与文化遗产保护】 2014年，共创作各类文学艺术作品386件（篇），其中在市级以上各类刊物发表或获奖95件（篇），获市级奖6篇。成功举办沿滩版画展4场次，展出作品160余幅，沿滩版画逐步成为沿滩的特色文化名片。全年共创作舞蹈、小品、三句半、方言等剧（节）目21个，在自贡市社区艺术节中，舞蹈节目《大妈学兵》《好日子的歌儿舞起来》获广场舞比赛表演二等奖，《书法与古筝》获才艺展演优秀表演奖，

15幅美术书法、摄影作品入选社区艺术节美术书法摄影作品展。全年共编辑出版《沿滩文苑》3期。完成《阁乐祠保护修缮工程设计方案》并上报省文物局；编制完成仙市镇仙滩社区传统村落保护发展规划，成功申报仙市镇仙滩社区为国家级传统村落；将徐氏雕刻技艺传承人“徐红梅”纳入市级“非遗”代表性传承人申报计划，成功申报刘山柳棍表演技艺为市级“非遗”保护项目；组织刘山柳棍、黄市牛儿灯、太源井晒醋参加全市“非遗”展演、展销活动。

【广播电影电视】 2014年，投资80万元在7个乡镇80个村实施农村广播“村村响”工程建设。解决35个20户以下自然村收看电视难问题。沿滩区首家城市数字影城——恒大影城在沿滩新城落成并对公众正式开放，全年放映农村公益电影1944场。截至2014年年末，全区有线电视用户4.4万户，地面无线数字电视1.4万户。

【档案工作】 2014年，组织全宗单位业务培训2期，参训单位52个；完成5个单位档案规范化管理达标认定复查；指导卫坪镇、邓关镇成功创建为新农村建设省级示范乡镇；重点对恒大绿洲、区生活污水处理厂及配套管网、工业园区基础设施、昊华动迁安置房、金土地、水土保持等5个省市重大工程项目档案进行指导和规范。全年接收进馆档案1507卷（件）。全年档案查阅利用2111人次共1.2万余卷次，同比增长10%，其中：婚姻、土地、招工、知青等档案查阅利用1095人次共5645卷次；文书档案查阅利用263人次共3505卷次；退伍军人档案查阅利用645人次共1980卷次；图片档案查阅利用10人次共265卷次；其他档案查阅98人次共505卷次。通过人防、物防、技防“三结合”抓安全体系建设，签订保密协议10份，建立完善接收、保护、鉴定、查阅等档案制度15个；更换库房木制档案柜1200多个，购置铁皮档案柜110多个，新添微机3台，新购置空调2台，整改库房内不规范和老化电源线路1000多米，更换节能照明灯160多个，抢救整理不规范档案2415卷；安装电子监控设备12个，新购置档案数字化服务器1套；开展灭火等消防技能演练培训、档案防虫防蛀等知识交流3次。推进数字档案馆建设，印发《关于进一步加强档案信息化建设工作的通知》；争取专项资金79.22万元，对婚姻、知青、户籍、招工、退伍军人、土地证等6大类共1.5万卷民生档案实施数字化建设，截至12月底共完成3000卷（约30万页）全文数字化工作。

【地方志工作】 2014年，组织开展以新修订的《四川省地方志工作条例》为重点的法规学习和宣传，印发《地方志工作法规汇编》200册。完成第二轮修志工作相关资料整理归档；开展《自贡市沿滩区志（1986—2005）》进机关、进村（社区）、进学校活动，发送志书420余本；与省内外20余个区县地方志单位开展志书互赠交流。建立《沿滩区大事记工作制度》，完成2014年全区大事记季度编纂工作；完成《自贡年鉴（2014）》合编及发行任务，完成《四川年鉴（2014）》沿滩部分稿件编写和报送，协助区农工办完成《四川农村年鉴（2014）》沿滩部分相关内容编写工作。

社会建设

【教育】 2014年年末，全区拥有小学58所，小学在校学生1.96万人，同比增长1.3%，拥有小学专任教师1021人，同比增加116人；拥有普通中学12所，普通中学在校学生9450人，同比下降0.1%，拥有普通中学专任教师590人，同比增加27人。全区参加中考学生2417人，其中达到自贡一中录取线247人、达到蜀光中学录取线118人，达到蜀光中学上线人数和上线率连续10年位居全市四区第一；参加普通高考学生561人，一次性达到本科录取线73人，超额完成上级下达任务。全区27项教育微型课题获全市微型课题优秀成果奖，5项课题获自贡市第六届教学成果奖，1项课题获四川省两类专题课题研究成果奖；组队参加全市中小学生田径运动会，获初中组、职高组团体冠军，获小学组、普高组团体亚军；沿滩第二小学获“谁是球王”中国足球民间争霸赛自贡海选赛第二名，自贡第二十一中学获得全市“三好杯”篮球赛第二名；选拔525名学生参加第十届省艺术人才大赛，其中350余人获奖；组织386件学生作品参加省市科技创新大赛，其中7件作品获省级奖、56件作品获市级奖、4件科学影像作品被评为市级“优秀科学影像活动”；逸夫小学2名学生参加第十届中国少年科学院“小院士”课题研究成果全国展示交流活动并获中国少年科学院“小院士”称号。全年投资4000万余元实施乡镇中心幼儿园迁建、学校运动场改造和教学仪器装备提升工程；投资4000万余元进行教育信息化建设，其中新装备电子书包教室22个、班班通多媒体设备510套，为全区所有中小学教师配备办公电脑。全年引进补充教师120名，其中115名教师被定向安排到农村学校；完善《沿滩区中小学教师调配管理规定》《沿滩区教师轮岗交流管理办法》《沿滩区教育局年轻干部选拔培养方案》等制度；投资210万余元培训干部教师9300多人次；评选出区级“师德标兵”10人、区级“最美教师”5人，3名教师被评为“自贡市最美教师”，1名教师被评为“自贡市师德标兵”，3名教师被评为“自贡市优秀班主任”，5名教师被评为“自贡市优秀教师”，2名校（园）长被评为“自贡市优秀校（园）长”，1名教师被评为全国“模范教师”。落实“三免一补”政策，为654名在园幼儿减免保教费，为386名中职学生免除学费，资助普通高中学生435人，资助中职学校学生59人；全年新增“三残”儿童43人，在校就读学生356人；签订大学生生源地信用助学贷款合同268份，发放助学贷款133.6万元；建立留守儿童心理咨询室25个，新建星级“留守学生之家”5个，促进留守儿童健康成长。沿滩区义务教育均衡发展工作通过省政府督导评估。

【医疗卫生】 2014年年末，全区拥有卫生医疗机构（包括医院、卫生院、医疗站、卫生防疫和妇幼保健机构）209个，比2013年年末增加2个；拥有病床863张，同比增加114张；拥有卫生技术人员1080人，同比减少67人。推进医疗卫生基础设施建设，完成12个村卫生室标准化建设；完成瓦市、仙市2个乡镇卫生院改扩建工程并投入使用；启动区疾控中心实验室业务用房和邓关、黄市2个乡镇卫生院改扩建项目申报；引进社会资本5310万元，建筑面积2.4万平方米的自贡高新医院综合楼主体工程基本竣工；推进自贡龙湖医院建设。全年开展基本公共卫生项目培训2次，培训医疗技术人员320人次；开展基层卫生人员培训5次，培训人数480人；完成全科医生转岗培训3人次；通过公招录用和双选引进医疗人员37人。通过推进新农合支付方式改革、强化定点医疗机构管理、探索开展异地就医联网报账服务等举措巩固完善新农合制度，全年新农合参合率99.85%，人均筹资标准390元，实现住院补偿5万多人次，补偿金额近8000万元，执行政策补偿率75.58%。巩固完善基本药物制度，基本实现4个100%（使用基本药物100%、进行网上采购100%、实行药品零加价100%、集中支付100%），群众医药负担有所减轻。推进以规划布局、能力提升、严格控费、分级诊疗、人事薪酬制度为主的区人民医院综合改革。以重大传染病防治为重点提升公共卫生服务，全年法定传染病报告率100%，发病率281.5/10万；孕产妇住院分娩率100%，孕产妇、儿童系统管理率分别为96.11%、97.69%，无孕产妇死亡，5岁以下儿童死亡率10.61‰，婴儿死亡率6.48‰，新生儿死亡率3.54‰；完成自愿免费婚前医学检查1719对；全区居民规范化建档率85.1%，疫苗接种率95%以上，65岁以上老年人管理2.80万人，高血压患者管理率87.1%，糖尿病患者管理率86.2%，精神疾病患者管理率95.1%。启动1个国家级卫生场镇、1个省级卫生场镇、6个省级卫生村、1个市级卫生镇、8个市级卫生村创建活动，建成农村无害化卫生厕所800口，开展无烟医疗单位创建，完成爱心献血1077人次。开展卫生监督执法检查，发出卫生监督指导及整改文书88份，取缔“黑诊所”4家，清理游医摊点20家，实施行政处罚14起，罚款1.99万元。

【民政】 2014年，开展城乡低保专项治理行动，停发城乡低保2405户3287人，占在保总人数的46.6%，新增城乡低保1488户1599人；自1月起，城市最低生活保障月人均补差由314元调整到330元，农村低保月人均定额补助水平由85元调整到95元；全年纳入城乡居民最低生活保障人数1.86万人，发放城乡低保资金2009万元。全年发放城乡医疗救助金914.3万元，救助2.77万人次；发放临时生活救助资金97万元，临时救助2606户5384人；为受灾困难群众发放冬春救助金226万元、棉被2420床、棉衣裤1030套、棉鞋100双，累计救助困难群众2.45万人；为37名孤儿和3名艾滋病病毒感染儿童发放孤儿基本生活费30万余元。全年共发放优抚对象抚恤补助金1023万元，发放义务兵优待金238万元，接收2013年退役士兵151人并发放自主择业金356万元，完成残疾军人证书换发126人、烈士证明书换（补）发39人。推进养老服务体系建设，改扩建敬老院6所，新增公办机构床位100张、维修改造公办机构床位150张，建成社区养老服务站5个、农村幸福院10个，建设城乡社区日间照料中心14个、为3550名困难家庭失能老人和80周岁以上高龄老人提供居家养老服务，办理老年优待证846件，开展第二届“敬老文明号”创建活动和全国第五个“敬老月”活动，组织推荐“全国孝亲敬老之星”2人、“中华孝亲敬老楷模”1人、“全国敬老模范单位”1个、全国“老有所为”先进典型人物1人，为911名90岁以上高龄老人足额发放长寿补贴金。新建规范化农村社区18个，开展全国和谐社区建设示范单位、全国农村社区建设示范单位和全省和谐社区建设示范单位创建活动，率先在全市全面实行组务公开，完成第九届村（居）民委员会换届选举，启动第二次地名普查工作。依法做好社会组织管理，全年新登记社会组织16个，备案社区社会组织6个；完善社会组织年检制度，年检率98%；开展行业协会、商会脱钩试点，推进行业协会、商会在机构、职能、资产、财务、人员等方面与行政机关脱钩；推进创建全国社会组织建设创新示范区活动。全年共办理结婚登记2913对、离婚登记881对，婚姻登记合格率100%；办理收养登记5件，合格率100%。

【人口与计划生育】 2013年10月至2014年9月，全区累计出生人口4425人（一孩3031人，二孩1356人，多孩38人），同比增加8人，人口出生率11.26‰；政策内生育3782人，符合政策生育率85.47%，同比下降1.76个百分点；累计死亡2759人，同比增加876人，人口死亡率7.02‰，同比提高0.68个千分点；人口自然增长1666人，自然增长率4.24‰，同比降低0.75个千分点。贯彻落实“单独二孩”政策，通过移动短信平台、进村入户、召开院坝会和发放宣传资料等多种形式宣传政策，出动宣传车125次、张贴标语32副、发放《单独两孩政策有关知识问答》5万余份、发送短信4.1万余条、举办专题培训30期900余人次；全年受理单独二孩申请294件，办结291件，提供政策咨询625人次。开展计生优质服务，为全区1016对待孕夫妇实施免费孕前优生健康检查，农村计划怀孕夫妇科学知晓率达80%；推进避孕药具“十进”工程，新建37个城市社区避孕药具免费自取点。开展省级计划生育依法行政示范区创建，制定《关于创建省级人口计生依法行政示范区的实施方案》；以“一法三规”为主题开展法制宣传月活动；办理生育证460个，申请备案非诉社会抚养费强制执行案件20件，征收社会抚养费1302万元。推进人口文化阵地建设，新建人口文化村14个、人口文化农家乐4个、人口文化中心2个、人口文化站室2个、人口文化广场1个。推进幸福家庭建设，印发《关于进一步做好独生子女伤残死亡家庭扶助工作的实施意见》，一次性发放慰问金75.75万元；完成2014年奖励扶助申报审核，确认奖扶对象4194人、伤残特扶对象68人、死亡奖扶对象175人；通过计划生育“三结合”规划落实帮扶652户，建立帮扶基地18个；完成65户幸福家庭创建规划。开展生育关怀行动，发放补助资金24.55万元帮助16户计划生育贫困家庭实施危房改造；投资13万元，为全区村级计生干部和独生子女购买“两全”保险。

【就业与再就业】 2014年，依托“就业援助月”“春风行动”“民营企业服务周”等专项活动，提供用工岗位3500个，现场签订意向性用工协议4000余人次。以高校毕业生、零就业家庭、“4050”人员、被征地农民等困难群体为重点开展青年劳动者技能培训660人、品牌培训50人、创业培训372人。在全区开发保洁、保安、交通协管等公益性岗位272个（其中大学生公益性岗位23个），建立高校毕业生就业见习基地20个。开展GYB、SYB创业培训，共促进372名大学生实现就业、促进高校毕业生实现创业20人、带动就业75人。全年实现城镇新增就业3268人，城镇登记失业人数767人，同比增长2.4%，城镇登记失业率3.8%；转移输出劳动力11.96万人，实现劳务收入7.1亿元。

【人事人才工作】 2014年，制定《沿滩区人才引进暂行办法》《关于鼓励机关干部职工提升学历（学位）的通知》等制度。引进大学选调生3人，招录区、乡镇机关公务员33人，招募“三支一扶”志愿者32人，招聘事业单位工作人员和专业技术人员61人，为教育、卫生、农林等系统引进专业人才6人，帮助企业招聘各类人员230人。深化校地合作，与四川理工学院合作举办“沿滩区年轻干部递进培养班”，接收四川理工学院挂职干部1人。落实专业技术人员职称晋升69人，其中：高级职称7人、中级职称15人、初级职称47人。完成全区232个机关事业单位共2882人年度考核工作。开展公务员知识更新培训110人，组织经营管理人才、农业农村人才、技能人才培训3800余人次；发放研究生津补贴3.09万元；组织区内5名全市优秀人才健康体检；指导天龙化工、德玛新能源、云帆等企业完成省人才“双千计划”、市人才“千人计划”创新创业团队、领军人才申报工作，1户企业被评为全省“千人计划”创新团队，1人被评为全市杰出创新人才，1人被评为全市高层次人才“双千计划”领军人才。

【社会保险】 2014年年末，全区参加城乡居民基本养老保险和新型农村社会养老保险14.23万人，参加城镇职工基本养老保险人数3.19万人；参加城镇职工和城镇居民基本医疗保险4.61万人（其中城镇职工1.02万人，城镇居民3.59万人）；参加失业保险4035人，同比增长2.5%；参加工伤保险6443人；参加生育保险5719人。全年城乡居民社会养老保险参保缴费人数6.2万人，征收城镇职工基本养老保险1.11亿元（其中：企业征收2800万元，征收城镇职工基本医疗保险基金2490万元，征收失业保险基金180万元，征收工伤保险基金137.51万元，征收生育保险基金91.06万元）。

【劳动监察与仲裁】 2014年年末，全区企业劳动合同签订率89.58%、企业集体合同签订率88.62%。依法查处群众举报31件，责令补签劳动合同12件，追讨各类拖欠民工工资1172万元；办理劳动人事争议仲裁案件44件，时效内结案率100%，帮助劳动者挽回经济损失136万余元；劳动保障监察“两网化”管理主城区覆盖率100%。

【住房公积金】 2014年，新建制单位6个，同比增长20%；新建制人数766人，同比增加73.69%，净增缴存人数347人。全年归集住房公积金6206.31万元，比2013年增长12.6%。全年共有1661户职工提取公积金2842.43万元，同比增长24.57%，其中住房消费提取2264.21万元，占提取总额的79.66%。全年为155户职工发放公积金贷款3430.2万元，同比减少7.19%。年末，全区住房公积金归集余额1.68亿元，贷款余额1.73亿元，贷出余额比归集余额多500万元，呈资金倒挂趋势。

【惠民帮扶】 2014年，全区惠民门诊共接待惠民对象3.7万余人次，优惠资金35万元；惠民药房接待惠民对象1万余人次，优惠资金4万多元，优惠率近15%；惠民超市接待惠民对象9800余人次，优惠资金约6万元，优惠率12%；惠民职业培训学校累计培训1800人次，帮扶实现就业1300余人，优惠金额9.8万余元。在元旦春节期间开展“送温暖惠民生”帮扶活动，共慰问困难群众2.2万人次，发放慰问金和慰问品共计220万余元。开展“栋梁工程——家乡助你上大学”活动，全区共筹集助学金56.86万元，资助贫困大学新生286人。

【安全生产监管】 2014年，全区共发生各类事故60起，同比下降32.6%；死亡5人，在市政府下达控制指标内；受伤53人，同比下降17.2%；直接经济损失95.43万元；发生较大安全生产事故1起。印发《沿滩区安全生产党政同责规定》，将安全生产纳入干部政绩考核内容，指导、督促企业落实安全生产主体责任。组织开展第13个“全国安全生产月”宣传活动，悬挂安全生产横幅（标语）160多幅，张贴安全生产宣传挂图200多张，发放宣传资料1.2万余份。组织安全生产培训，全年培训烟花爆竹零售网点人员181人，培训职业卫生方面企业负责人和安全管理人员近400人；以新《安全生产法》为主要内容，培训区级部门、乡镇分管领导及安全员120人次。以烟花爆竹、危险化学品、非煤矿山、职业卫生等领域为重点开展安全检查、隐患治理及事故查处，全年检查生产经营单位910家次，下达责令整改通知书410份，立案调查一般生产安全事故4起，受理、转交安全生产举报案件9起，处罚罚款21.7万元，投入安全隐患整改资金94.1万元，完成省政府安委会挂牌督办重大隐患1件、市政府安委会挂牌督办重大隐患1件、区级挂牌督办重大隐患2件。全面落实重大项目安全设施和职业卫生“三同时”工作，完成安全预评价备案审查5项，专篇审查2项，安全现状评价审查9项。指导沿滩镇成功创建为省级安全社区，启动黄市镇安全社区创建活动。

【食品药品监管】 2014年年末，辖区内有药品生产经营单位85家，医疗器械生产经营单位87家，化妆品生产经营单位70余家，食品生产经营企业1047家，餐饮服务单位300余家。建成沿滩、王井、仙市、永安4个基层食品药品监督管理片所，实现监管关口前移和监管重心下移。开展食品安全专项整治“亮剑行动”，检查农贸市场54个次，检查餐饮服务单位（含学校、托幼机构）473家次，检查食品品种194个，抽样送检食品149批。确立餐饮示范街1条，打造小餐饮示范户21户。开展注射用透明质酸钠监督检查、医疗器械“五整治”等5次药品专项检查，监督检查药品经营企业197家次，监督检查村卫生站、诊所及医疗机构235家次，监督检查化妆品经营使用企业80家次，发出责令整改通知书8份。首次与辖区内13家乡镇卫生院、区人民医院、区疾控中心、区内民营医院签订药品、医疗器械安全承诺书。全年完成药品抽样82批。

【残联工作】 2014年，为全区1.4万名残疾人制定“量体裁衣”式个性化服务方案，落实教育就业、康复、社会保障等服务9万余项次。推进残疾人民生工程项目落实，全年投资16万元为6384名残疾人提供居家灵活就业服务，投资4.82万元帮扶4831名农村贫困残疾人发展生产，投资2.4万元为319名贫困残疾人适配基本辅助器具，投资32万元为32名贫困家庭脑瘫患儿提供康复救助，为100名重度残疾人发放“阳光家园计划”护理补贴6万元，投资30万元为110户贫困残疾人家庭实施无障碍设施改造，投资2万元救助12名贫困家庭重度听力残疾儿童，为1533名重度残疾人（一、二级）提供护理费用补贴100万余元。开展残疾人康复服务，投资3.12万元为26名贫困白内障患者实施免费复明手术，为30名白内障患者减免复明手术费2.4万元，配发助视器25例、助听器7例，开展低视力家长训练25例、盲人定向行走训练33人、智残儿童康复训练28例、肢体残疾人社区康复训练44例、聋儿语言训练4例，救助精神病33例。开展残疾人就业援助月活动，组织残疾人参加市、区残疾人专场招聘会各1场，帮助城镇残疾人新增就业46名。为34名下肢残疾人发放机动三轮车燃油补贴资金1.24万元。向未使用残疾人的行政事业单位启动征收残疾人保障金77万元。全年核发第二代残疾人证1545个。

乡镇概况

【沿滩镇】 2014年，全镇实现地区生产总值18.79亿元，同比增长12%；完成国、地两税4421万元，首次突破4000万元大关，同比增长18%；完成全社会固定资产投资3.48亿元，同比增长8.8%；招商引资实现市外到位资金3.38亿元，占全年目标任务307%；农民人均纯收入8970元，同比增长1.4%。全年城乡居民社会养老保险参保5520人，城镇居民基本医疗保险覆盖人数1.28万人；新增城镇就业352人，实现下岗再就业73人，开展各类职业技能培训1027人次，城镇登记失业率控制在4%以内。是年，沿滩镇成功创建“四川省安全社区”。

【邓关镇】 2014年，全镇完成固定资产2.1亿元；实现招商引资1.4亿元；完成国税608.1万元、地税512.6万元；限额以上商贸企业零售总额同比增长24%；农业增加值同比增长4.2%，农民人均纯收入同比增长12%。开展农村和城镇低保对象清理，共清退258户计620人，全镇基本实现“应退尽退，应保尽保”。

【王井镇】 2014年，全镇完成固定资产投资1.6亿元；实现工业总产值13亿元、工业增加值4.5亿元，新培育规模以上工业企业1户；完成国、地两税1800万元；限额以上商贸企业零售总额同比增长20%；农业增加值同比增长4.2%，农民人均纯收入同比增加995元。投资1.45亿元全面完成14万平方米农民集中居住区建设，投资165万元完成太源村“6+1”公共服务中心建设并投入使用，王井场镇污水处理设施建设并投入运行，启动2500平方米王井社区小广场建设。清退低保对象394户652人。

【九洪乡】 2014年，全乡实现地区生产总值3.32亿元；完成国税261.16万元；完成地税237.5万元；完成固定资产投入9370万元；限额以上商贸企业零售总额同比增长14%；吸引社会资本成立

3户注册资金1000万元以上龙头企业；实现招商引资1.3亿元；农业增加值同比增长4.3%，农民人均纯收入8431元，同比增长12%。成功举办“自贡·九洪第二届西瓜节”，活动期间共接待游客4.18万人次、销售西瓜1580吨、实现旅游综合收入932万元。成功申报“九洪西瓜”为国家地名商标。2014年全乡新农合参加人数2.80万人，参保率90.59%。

【黄市镇】 2014年，全镇地区生产总值同比增长14%；完成固定资产投资2亿元；实现国税、地税收入201万元；新签约重大项目4个（其中3亿元以上项目1个），招商引资实际到位市外资金1.8亿元；农业总产值突破1亿元，农民人均纯收入同比增长13.5%。举办“玫瑰香橙”采摘品尝及特色农产品展销活动，接待游客4万余人，销售香橙近40吨。新建成日间照料中心3个和老年活动中心2个，投资32万元对镇敬老院进行改造提升，新接纳入院五保老人15人。

【永安镇】 2014年，全镇完成固定资产投资1.58亿元；完成国、地两税1551.22万元；实现规模以上工业增加值6.2亿元。新发展花椒产业80公顷；全镇泥鳅养殖规模达200公顷。完成平安花园房地产开发建设，项目投资6000万元，建筑面积1.83万平方米；污水处理厂建成并投入运行，项目总投资500万元。全年实现城镇新增就业292人，下岗失业人员再就业41人；农村低保对象583户719人，城镇低保对象266户427人，五保对象238人；新型农村合作医疗参合率100%。

【刘山乡】 2014年，优势特色农业发展迅速。借助龙头企业带动农业发展，自贡市宇峰绿色农业综合示范园实现投资3000万元，共整理土地100公顷，发展菩提种植33.33公顷、黄秋葵种植20公顷；川南樱花基地新增种植面积6.67公顷，种植桂花、樱花等近1万株，建成6.67公顷生态水产休闲垂钓基地及1500米水体休闲观光道路。全镇新型农村合作医疗参合率98%；全年兑现各类惠农资金155万余元；清退农村低保205人，新增农村低保223人。刘山柳棍被列为市级非物质文化遗产。

【联络镇】 2014年，全镇完成固定资产投资1亿元；引进3000万元以上项目2个，到位市外资金8000万元；完成国税收入201.63万元，完成地税收入100.61万元；农民人均纯收入8312元，同比增长19%。在全区率先启动并完成农村土地经营权确权颁证试点工作，确权面积1600公顷。完成中心村农民新居100户1万平方米建设；完成镇中心幼儿园建设，可容纳学生近200人；投资247万元，新修村道10条近13公里。全年新增城镇就业人员81人，城镇失业人员实现再就业21人。

【卫坪镇】 2014年，全镇完成地区生产总值10.34亿元，同比增长16%；完成国家和地方税1974万元；完成全社会固定资产投资1.25亿元，同比增长46.5%；完成规模以上工业增加值3.92亿元；农民人均纯收入8390元。完成沿滩新城二期、魔幻时光B区、弃土场等工程建设用地流转，面积近70公顷。全年出栏商品鹅11万只、实现产值770万余元，带动周边400余农户实现户均增收1800余元。全年实现城镇新增就业370人。全年参加新型城乡居民社会养老保险3414人、城镇居民基本医疗保险3630人、新型农村合作医疗保险7069人、小额人身保险3001人。

【兴隆镇】 2014年，全镇完成国税302万元，地税289万元；完成固定资产投资9652万元；实现工业总产值6.95亿元，同比增长18%，实现工业增加值3.22亿元，同比增长26.89%；限额以上商贸企业零售总额同比增长28%；实现农民人均纯收入9392元，农业增加值同比增长4.1%。全镇累计发展花椒100余公顷、食用黄花2公顷、大棚瓜菜3.33公顷、水产养殖10公顷、山羊养殖场6.33公顷，食用菌鸡腿菇年产300万袋。新建8000平方米农贸市场1个。全年发放城乡低保金114.1万元、“五保”供养金25.92万元。

【富全镇】 2014年，全镇完成固定资产投资1.08亿元；完成地税205万元，占年度目标任务103%，完成国税65万元；农业增加值同比增加4.5%，农民人均纯收入达8325元。全镇共打造优质稻示范工程666.67公顷。发展3000只以上规模养鸡大户150户、标准化肉兔养殖户12户、40万只鹌鹑养殖大户1户。发放低保、“五保”资金126.61万元、自主择业金38.2万元。

【仙市镇】 2014年，全镇固定资产投资1.97亿元；招商引资2.56亿元；限额以上商贸企业完成产值1501万元，同比增加10.6%；完成规模以上工业企业增加值1667万元；完成国、地两税入库390万元；农业增加值同比增长4%，农民人均纯收入同比增长12%。百胜“慢餐文化园区”项目累计完成投资4000多万元。投资3500万元、建筑面积7000余平方米的古镇游客接待中心（又名盐帮客栈）建成投入使用。成功举办“2014仙市古镇第十五届民俗风情节”和“2014自贡仙市首届金秋旅游节”，节日期间累计接待游客16.2万人、实现旅游综合收入1170万元。全年累计发放城市低保金60.32万元、农村低保金111.16万元、农村“五保”供养金57.73万元。

【瓦市镇】 2014年，全镇完成固定资产投资完成1.5亿元；完成国、地两税332万元；招商引资到位市外资金1.53亿元，其中到位省外资金8500万元；限额以上商贸企业3户，限额以上商贸企业零售总额同比增长22%；农业增加值同比增长4.25%，农民人均纯收入同比增长12.6%。完成农村安全饮水工程，彻底解决7个村1个社区约2万人安全饮水问题；完成敬老院扩建工程，新增集中供养床位48个。全年参加城镇居民基本医疗保险3600人；新型农村合作医疗参合率97.31%；参加城乡居民社会养老保险1.89万人。

（沿滩区地方志办）

荣　县

概　貌

【位置　面积　人口】 荣县地处四川盆地南部，东邻威远、贡井，南界宜宾，西连井研、犍为，北接仁寿。辖区面积1609平方千米。2014年年末总户数23.48万户，总人口69.18万人。辖21个镇、6个乡、50个社区、296个村。

【建置】 秦代，县境属蜀郡；汉代，属犍为郡南安县。晋代，分南安东部置冶官县。北周武帝时期，设公井镇。隋代，置大牢县，隶属资阳郡。唐代，划大牢、威远县于公井镇置荣州；升公井镇为公井县，隶荣州。宋代，废公井县入荣德县。明洪武九年（1376年），降荣州为荣县。清宣统三年（1911年）9月，荣县独立，成立军政府。民国元年（1912年）设县公署，隶属嘉定府。次年，隶属上川南道。民国3年（1914年）隶属建昌道。民国24年（1935年）隶属四川省第二行政督察区专员公署，县公署更名县政府。1949年12月6日，荣县解放，隶属川南行政公署资中专区（后名内江专区）。1978年4月，荣县划归自贡市。

【气候】 2014年年平均气温为17.6℃，较常年偏高0.1℃；年总降水量为982.3毫米，比同期平均值偏多5%。；年总日照时数为1212.8小时，较多年平均日照时数偏少12.1小时。年内出现区域性暴雨2次，寒潮3次，连阴雨3次，冬干、夏旱各1次。

【资源】 矿产资源主要有岩盐、卤水、气田水、石灰石、陶土、膨润土、长石石英砂、页岩以及煤、天然气、菱铁等，其中陶土、盐卤与铁的开采始于秦汉。全年耕地3.99万公顷，森林覆盖率39.86%。水资源总量8.3亿立方米。自然保护区1个，文物古迹与风景名胜众多，尤以荣县大佛、辛亥革命军政府旧址、吴玉章故居、高石梯森林公园、双溪湖及桫椤谷著称。荣县大佛为世界第一如来佛、世界第二石刻大佛。荣县是四川省首批公布的省级“旅游兴县”工程项目县。吴玉章故居陈列馆和荣县大佛为全国重点文物保护单位，大佛景区为国家AAAA级景区。

政治建设

【县委工作】 1月5日至6日，召开中国共产党荣县第十三次代表大会第三次会议。参会代表259人，列席人员34人，邀请来宾8人。荣全代表十三届县委作题为《乘势而上谋发展　加速提质强后劲　为实现底部崛起而努力奋斗》的工作报告，傅仕方代表县纪委作《忠诚守责　奉献为民　为实现底部崛起提供有力纪律保障》的工作报告。会议审议并通过关于县委工作报告和县纪委工作报告的决议。召开全委（扩大）会3次，会议审议并通过《中共荣县县委关于贯彻落实党的十八届三中全会精神全面深化改革的实施意见》。通报2014年上半年全县经济社会发展情况，安排部署下半年全县经济发展工作。审议通过县委工作报告（草案）和县纪委工作报告（草案），审议通过终止肖永忠等10

人代表资格和补选党代表的请示，审定代表提出的提案和建议。全年召开常委会24次。完成2013年度绩效管理考核工作，分解下达2014年度目标任务和全市各项目标任务。加强对因私赴台人员的宣传，共接待10起台胞台属反映或咨询有关问题，补充登记台属2人。制定《荣县2014年保密工作目标任务实施细则》。落实上网信息保密审查审批制度和责任制度，在内网发布信息500余条。对全县5个非涉密网络保密工作进行全面检查，未发现违反保密规定及失泄密事件。对全县（除国家层面普查以外）87个单位产生的国家秘密、涉密人员变化等保密管理数据库进行更新，实现信息动态化管理。46个单位确定定密责任人并报县国家保密局备案。对44个单位的涉密中央文件、保密要害部门进行检查，共检查涉密计算机22台、涉密文件300余份，发出整改通知1份。征集党史资料10万余字。完成25万余字的《中国共产党荣县历史》第二卷（1949—1978）书稿编撰工作。向市党史研究室《自贡党史》刊物报送专题文章4篇。

【人大工作】 1月6日至8日，召开荣县第十七届人民代表大会第三次会议。大会应到会代表245人，实到会239人，列席本次大会的人员148人。会议听取和审查荣县人民政府工作报告、荣县2013国民经济和社会发展计划执行情况及2014计划草案报告（书面）、荣县2013财政预算执行情况及2014财政预算草案报告（书面）、荣县人大常委会工作报告、荣县人民法院工作报告、荣县人民检察院工作报告。大会共收到议案31件，代表建议、意见24件。大会主席团第三次会议经过审议，决定：旭阳代表团郝荣芳等12名代表提出的《关于加快东街、附东街、东桥街等棚户区改造的议案》，乐德代表团李应钊等10名代表提出的《尽快解决双溪水库地质滑坡农房受损未解决居住问题的43户农户的住房问题，确保不发生乱修乱建反弹现象》，长山代表团曾平等10名代表提出的《关于加大对小井沟流域生态保护治理和产业转型支持力度的议案》，长山代表团代表张薇珊等10名代表提出的《关于加强我县住宅物业管理的议案》4件议案确定为本次大会的议案办理，将其余27件议案全部转作代表建议、意见办理。是年召开人大常委会5次，召开人大常委会主任会议7次。作出《关于同意荣县国有资产经营投资有限公司担保项目贷款的决议》《批准〈荣县2013年财政决算〉的决议》《关于批准〈荣县2014年地方政府债券预算调整方案〉的决议》《荣县人民代表大会常务委员会关于深入推进依法治县的决议》《关于批准〈调整2014年地方公共财政预算收入〉的决议》。审议通过《荣县人民代表大会常务委员会关于授予荣县荣誉市民称号的规定》。对县生态立县战略实施情况，新一中筹备和迁建移民集中安置房及村“1+6”公共服务设施工程情况，小井沟工程建设情况，人行道建设工程、双石至高山段连乡公路、双溪水库地质滑坡农房受损户安置点选址等进行视察。形成遏制双溪水库周边乱修乱建、县城周边粉尘污染源头治理教育教学改革专项工作情况报告。全年共依法任免国家机关工作人员9人次，任命69名人民陪审员。

【政府工作】 2014年，召开全体（扩大）会议1次，总结上半年各项工作，安排部署下半年重点工作。召开县政府常务会议19次，研究河西新区外环路及相邻支道工程BT模式投资建设、新星源公司依法重组、小井沟水利工程建设、荣县2013年乡镇生活污水处理设施项目BT融资建设总体方案、划定小井沟水库饮用水源保护区等重大问题，讨论通过《荣县公共租赁住房管理暂行办法》《荣县政府性投资评审管理暂行办法》《荣县政府性投资项目工程设计变更和工程量变更管理暂行办法》等规范性文件。围绕实施“工业强县、农业兴县、三产活县、生态立县”战略，政府班子成员共完成调研文章16篇。构建应急平台指挥体系，加强预案编制工作，指导乡镇、部门建立完善预案共60个，建立起基本覆盖全县各行各业的应对突发公共事件预案体系。参加和组织全市突发重大应急演练8次。落实《政府信息公开条例》，开通政务微博、微信平台。全年累计向市政府门户网站填报拟公开的政府信息3020条，采用1086条，通过县本级政府门户网站公开信息2843条，其中公开重点领域政府信息64条。全年共办理行政复议案件22件，受理7件，不予受理15件。全县39个行权单位在行权平台系统内录入行权事项4400余项，运行办件431件，办结414件。对10个行政执法单位开展行政执法案卷评查，查阅案卷120余件。对重大项目、城乡环境整治、依法治县、土地承包经营权流转、正风肃纪等市县重点工作进行督查，撰写督查材料32份，发出督查通报8期，专报2期，实地督查和电话督查共计212次。全年共收到县人大办、县政协办、县党代办转来的“三会”议案、提案、建议共214件。其中县人大议案4件，代表建议意见54件；县政协提案134件，其中提案109件，建议意见25件；县党代表提案22件。承办市政府办转来的市人大代表建议2件，市政协委员提案3件，办结率和满意率均为100%。

【政协工作】 2014年，召开全体会议2次，常委会议4次，主席会议17次。共收到提案138件。其中，委员个人或联名提案126件，提出提案的委员496人次，集体提案12件。对科技创新促产业升级发展工作、食品安全监管、旅游开发与利用发展工作、社会保障、新农村建设成片推进示范县建设、社会治安管理等15个方面进行视察。补充选派14名委员担任县级部门民主监督员，向派驻单位提出口头和书面工作建议意见100余条。开展“发展壮大农村集体经济”“增加农民财产性收入”“加快农业转移人口市民化”“加强城区农贸市场规划建设与管理”等专项调研，形成《发展壮大农村集体经济的调研报告》、《增加农民财产性收入的调研报告》等4个调研报告。编印《社情民意》7期，提出“打造体育前山公园为吴玉章主题纪念公园”“当前荣新农贸市场部分区域转作他用的行为亟待叫停”“自贡市昶达水暖器材公司应尽快搬迁”“刷新交通‘隐身’标示线”“解决荣中巷脏乱差”“打造荣州美食一条街”等57条社情民意。修订完善《政协荣县委员会委员管理办法》，对3名涉嫌违纪违法的委员给予撤销委员资格处理。表彰13名优秀政协常委、24名优秀政协委员、5个优秀委员小组、16件优秀提案。全年组织委员参加学习讨论、资政建言、民主监督等活动40余次。

【组织工作】 2014年，开展“五学三讲六议”各类学习活动1500余次，收集意见建议5000余条，查改问题2300余项，立案查处“四风”典型案件16起，告诫约谈55人次，问责4件9人，清理制度1268项，制发治理庸懒散奢效能问责工作常态化管理办法等5项制度。调整干部94人，其中新提拔科级领导干部18人。非定向推荐产生县级领导干部拟提拔使用人选6人，2人受到市委提拔任用。公开遴选首批“1+5”优秀年轻干部人才32人。实施“双挂双跨”计划，挂职交流干部18人。组织调训县乡干部6000人次。选派127名干部参加清华大学、浦东干部学院等高校培训，选派7名县级领导、56名科级干部参加省委党校（省行政学院）主体班培训。清理超职数配备科级领导干部53人。对11名科级领导干部进行经济责任审计。出台《关于落实从严要求加强干部监督管理的实施意见》《中共荣县县委关于认真贯彻“三严三实”进一步加强党员干部教育管理监督的实施意见》和《荣县县乡机关中层干部管理办法》。制定《关于干部谈心谈话全覆盖的实施意见》。优先选拔任用乡镇、“一城一库三条路”等重点工程一线干部11人，占全年提拔干部总数的61%。开展“争创基层服务型党组织、争当为民务实清廉型党员干部”活动，打造县级基层服务型党组织示范点8个。制定“两新”组织党建工作指南和党建指导员管理办法，选派500名两新党建指导员指导两新党建工作。59个后进党组织转化升级率100%。建立“书记领办项目”长效机制，基层党组织书记共领办项目872个，完成100%。各级党组织召开党员集中学习会2400余场，开展现场实地教学200余场次。全县开展郝修文先进事迹学习宣传活动。拍摄《移民的贴心人》《群众差评促转变》等教育实践活动专题片2部。

【宣传工作】 2014年，制定《县委和各级党委（党组）中心组学习计划》，开展县委中心组学习15次，组织专场报告会3场。撰写理论文章、调研报告或心得体会36篇，县委书记荣全在《廉政瞭望》发表理论文章《荣县同级监督新规发力》。编印《荣县干部理论学习与形势教育读本》5000册。开设“聚焦党的群众路线教育实践活动”“深化改革”“依法治县”“四年建设”“正风肃纪”等专题专栏，刊播相关稿件50余条。中央、省级主流媒体刊播荣县新闻稿件（视频）800余篇（条），《人民日报》头版《让群众签单验收》对东兴镇“五方恳谈”机制进行报道。开通荣县官方微博微信。成立互联网信息管理办公室。更新网络新闻信息2000余篇（条）。制定县委《关于培育和践行社会主义核心价值观的实施意见》，评选“身边的好人”和“荣县首届十佳美德少年”和第三届道德模范，开展“德耀荣州·你我同行”节俭养德全民行动、“微荣州爱心驿站”志愿服务等活动。在旭阳、双石、长山、鼎新四个乡镇试点设立“好人榜”，树立沈洪彬、郝修文、林传政等一批“最美人物”。评选文明乡镇3个，文明村50个，文明服务示范窗口10个，星级文明户300户。双石镇金台村被评为全国文明村、荣县中学被评为市级最佳文明单位，荣新小学和中国移动荣县分公司被评为市级文明单位，来牟镇被评为市级文明镇，来牟镇凉风村和古佳乡河坝湾村被评为市级文明村，旭阳镇桂林街社区被评为市级文明社区。双石金台村和鼎新西堰村被确定为市级幸福美丽新村文化大院建设试点村。完善“乡村学校少年宫”“留守儿童之家”等活动阵地，文化馆、图书馆、社区和农家书屋等公共文化阵地和吴玉章故居、军政府旧址等爱国主义教育基地坚持免费错时开放。举办8期荣县玉章文化讲坛。策划大佛文化旅游、荣州春晚等主题宣传。争取省级公共文化服务体系建设专项资金651万元，县财政配套投入279万元，实施县乡村（社区）公共文化服务体系阵地工程建设，启动城区市民阅报栏建设。推进40个村村通，100个村村响工程，放映农村电影3552场，观影人数12.59万人次。新发展数字电视用户2000余户，整转数字电视用户6000户，向网改造77.7万户。全县共有专兼职群文干部37人，各行政村兼职文化管理员345人，文艺社团10个、文艺家协会7个、二级协会5个，各类文化艺术事业单位的文艺工作者130余人，业余文体活动爱好者1.3万余人。是年，以农民漫画为载体，创编全省首本十八大精神、教育实践活动漫画读本和核心价值观主题年画。以“走基层·送文化”为主题，到金花乡、古佳乡开展十八届三中全会精神进万家文艺演出和“三下乡”活动6场次。启动荣县文化产业发展规划编制工作，基本完成县城文态概念性规划。完成荣县大佛本体保护方案编制和荣县军政府旧址、吕仙崖摩崖造像保护规划编制的招标工作。荣县镇南塔保护规划立项报告已上报国家文物局审批。年底完成大佛文化产业园所有主体工程建设，部分工程交付使用。二期工程梧桐水街项目占地7.33公顷，总建筑面积8.8万平方米。安装全县47处文物保护单位保护标志。完成文博系统内馆藏文物清库工作。做好古籍普查、清理、归类、登记工作，完成2602种1.11万册馆藏古籍初步清理。开展荣县大佛石窟、吴玉章故居、荣县镇南塔《全国重点文物保护单位记录档案》编制工作。

【统战工作】 至2014年，全县有中国国民党革命委员会荣县支部、中国民主同盟荣县总支、中国民主建国会荣县支部3个民主党派机构，成员175人，其中民革党员43人，民盟盟员86人，民建会员46人。是年，培养考察发展民主党派新成员10人。有党外科级干部29人，其中副县级实职干部6人，部门、单位正职负责人9人。培养、推荐、选拔党外干部20人。组织非公有制企业人士参与扶贫救助光彩事业活动，捐资捐物70万元，受助学生300人，与24户新中国成立前入党的老党员、老劳模、老干部建立结对帮扶关系。协助工商联指导成立广东荣县商会。

【政法工作】 2014年，14次组织政法干警参加全省“政法大讲堂”和全市“盐都大讲堂”专题讲座。举办2期网格员工作培训班，举办1期维稳工作专题讲座。对2名干警行政记过处分，对2个基层法庭通报批评，对16名干警通报批评或诫勉谈话。全县政法各部门开通政务网站，对部分生效裁判文书、起诉书、不批准逮捕决定书及交通事故处理过程进行公开。建立健全举报信访平台，开通网络举报和电话举报联系方式，公布举报电话和信访信箱。通过“调阅案卷、调查核实、集体评议、出具结论”，对2013年结案的每一起案件进行评查，并把每起案件的评查结果记入干警执法档案，把整个单位的评查结论记入领导班子和领导干部的业务档案。开展“定点联系、定向服务”活动，开辟服务企业绿色通道。落实“稳定第一责任”，完善县、乡镇、村“三位一体”的维稳工作体系。落实社会稳定风险评估机制，制定《荣县社会稳定风险评估实施办法》，对各类重大活动、项目、特殊事项进行风险评13次。健全县、乡镇、村（社区）、村（居）民小组四级信息员网络，获取信息600余条。修改完善《群体性事件应急处置办法》，解决指挥主体、责任主体、预案启动、队伍准备和预案演练五大难题。6月底前全县社区完成网格化管理，12月底前覆盖所有农村工作。50个城镇社区88个网格配备专（兼）职网格员88人，296个行政村296个网格配备兼职网格员296人。全县网格基础信息录入40万条，网格化服务管理新增事件1704件，办结1696件。滚动排查矛盾纠纷2378件，调解成功2318件。受理医疗纠纷28件，调解成功27件，通过鉴定渠道化解1件。受理道路交通事故962起，行政调解589件，人民调解99件，道交法庭司法调解或判决274件。在6个乡镇法庭设立温馨和解室。组织开展2次规模较大的社会治安整治大清查行动。推进“天网”系统和前端设备升级改造，全县27个乡镇和240余家重点单位、要害部位安装有视频监控360余个；建立3000余人的“红袖标”治安巡防队伍。全县排查重点部位31个，重点地区3个，重点地区全部建立整治工作台账。荣县中学、荣新小学等20所学校创建为“平安学校”，县人民医院等10家医院创建为“平安医院”。县见义勇为个人代俊鹏，见义勇为集体邓小洪、古永水、古永森、童大根获市政府奖励。

【纪检监察工作】 2014年，全县有纪检监察组织68个（不含县纪委监察局），其中，县级部门纪委（纪检组）39个，乡镇纪委27个，设纪律检查员的县直机关2个。在全县27个乡镇试点纪检监察信访举报办理工作公开。举办6期副科级以上领导干部、村基层干部廉政专题培训班，组织全县党员观看廉政教育警示片、学习警示教育读本，把廉政教育列入“三会一课”重要内容。举办党风廉政建设反腐倡廉成果巡展，印发20余万份反腐倡廉宣传画和宣传海报，更新12期党报党刊重要时评文章，向全县党员干部发送廉政短信20次，打造廉政文化示范点22个。开展作风建设年活动，细化“9+2+3”14个专项方案，3次专题召开全县作风建设年推进大会，发放正风肃纪社会监督卡1万余份。腾退超标准办公用房，清退违规发放的各类补贴补助和奖金，全县各级干部职工自查自纠、整改问题8000余个。开展部门政风行风第三方民主评议。每季度举办现场电视问政，跟踪督办解决43个群众关心的实际问题。组建“3+6+10”明查暗访组，查处“四风”案件22件、党纪政纪处分22人，通过中央纪委网站、廉洁四川网站曝光典型案件5件次。建立健全治理党员干部大操大办、加强工程项目和惠民政策公开、落实组务公开、建立健全作风建设长效机制等25个制度。调查处理行政效能投诉11件，对15名违规干部问责，对5个责任单位全县通报批评。全年，共受理纪检监察信访举报245件次，立案81件，查处81人，直接收缴违纪违规资金82万元。

【群众和信访工作】 2014年，排查出矛盾纠纷和突出问题41件，化解27件，其中市挂牌督办5件，市领导包案5件，已化解5件。涉及县民生工程目标任务量化考核的指标有77项，17件民生实事项目中量化考核的指标有21项。召开信访联席会7次，投入资金159.2万元，解决信访突出问题27个。开展“走基层”县级领导集中大接访活动，接待群众咨询、投诉、求助1.2万人次，受理并交办处理433件。实行人民来信“绿色邮政”，人民群众信访免费投递。推进“网上信访”工作，涉及全国信访信息系统120件、省长信箱171件、“市长热线”6件，县长信箱48件、网友留言95条，按期答复率100%，全国信访信息系统应用率和录入率均达100%。

【政务服务】 2014年，旭阳、长山等24个乡镇完成便民中心标准化建设，观山、复兴、东兴3个乡镇完成招标和立项工作。县政务服务中心入驻窗口单位43个，窗口工作人员137人，行政审批和管理服务事项共205项。全县共成立32个行政审批办公室。制订《关于开展政务（便民）服务双向测评工作的通知》，为43个入驻单位窗口印发双向测评表。套表统一编号，办事群众和工作人员对同一办件同时测评。2014年，被省政务服务中心授予“四川省县政务服务标准化建设示范单位”。

【党建工作】 2014年，对机关及下属单位225名党员干部开展学习培训。建立学习工作督查情况台账，开展学习成果交流展示。共收集学习简报信息698条，学习心得文章282篇。5个巡视组定期、不定期抽查机关各单位组织干部职工学习情况46次。对192名入党积极分子进行培训。发展新党员21人，转正预备党员10人，对直属届满6个总支（支部）进行换届选举。推行“党员义工日”社区服务活动，共有38个直属党组织和900余名党员到社区开展结对服务、组团服务和志愿服务，在社区认领58个服务项目，帮助社区贫困户132户，捐款捐物17.84万元，组建“党员突击队”“党员服务队”“党员义工队”61支。对直属总支、支部的4名违规违纪党员进行处罚，其中2人开除党籍，2人警告处分。设立县“三联三服务”工作联席会议制，共有27名县级领导，82个部门（单位）参与帮扶全县50个社区、118个村、236个小组、516户困难户。

【工会工作】 2014，县总工会辖乡镇总工会1个，区域性工会联合会50个，行业工会联合会7个，乡镇工会联合会27个，局工委8个，基层工会1173个，工会会员25.59万人，其中农民工18.97万人，外出务工、农民工会员18.89万人。有机关、企事业单位会员6.7万人，专兼职工会干部3264人。共新建工会组织31个，已建会非公企业达651个，新续签订企业工资集体协议364份，覆盖企业1071个，累计覆盖职工2.77万人。其中企业单独签订314个，累计覆盖职工2.43万人；区域性、行业性合同50份，覆盖企业892个，覆盖职工1.2万人，签订工资集体协商覆盖面达98%。举行县第四届职工技能大赛，全县1000余名选手分别参加工间操比赛、“中国梦·劳动美·我与改革创新主题演讲”、采茶、砌砖等项目。全县已建会和实行厂务公开民主管理的企事业单位72个，建制率100%。全县479个企事业单位，推行职工（代表）大会制度，315个企事业单位推行厂务公开工作。全县有78户企业开展“安康杯”竞赛活动，参加伤亡事故调查处理15次。全县建立调解委员会组织730个，建立劳动法律监督组织743个，县总工会聘任工资协商指导员64人，维权巡视员5人，安全生产监督员350人，全县签订集体合同200个，覆盖全县293个企业，1.83万名职工。表彰首届“最美劳动者”获得者，授予李大有等10位“荣县首届最美劳动者”荣誉称号。开展“送温暖工程”活动，资金31万元。建立贫困职工档案1637个，对120名患重大疾病的困难职工进行医疗救助，发放救助金28万元。实施职工素质工程，全县培训农民工1.5万人，各类培训3万人次，新建立县级职工书屋7个。县地税局和人民医院职工书屋被市总工会命名为“自贡市职工书屋”示范点。组织职工参加省职工住院医疗互助保险，全县有80余个单位，2196人参加职工住院互助保险。开展省女职工大病互助保险，新增2035人参保，赔付12份，赔付金额12万元。累计有1.4万名女职工参加省女职工大病互助保险，累计赔付金额51万元；对身患重症的56名女职工进行救助，共发放救助金10万元。

【妇联工作】 2014年，全县设有27个乡镇妇联，114个机关妇委会（含河西新区妇委会），346个村（社区）妇代会。继续对患病、贫困妇女儿童进行帮扶，帮扶资金3万余元。开展“‘让爱回家　守护成长’——援助留守儿童父母返乡创业就业”项目，帮助4名留守儿童父母实现创业就业。向市妇联争取到“新家园 新生活 新女性”项目，将县双石镇金台村和长冲村的妇女纳入项目的目标人群。成立“微荣州　爱心驿站”。12月26日，在县首义广场启动“德耀荣州．你我同行——微荣州·爱心驿站”慈善捐助仪式，共募集救助金14万余元。开展家政服务培训3期，培训家庭服务员200人；初级美容培训1期，培训初级美容师100人；商业营销1期，培训商业服务员50人。新申创市级巾帼文明岗5个，巾帼文明示范村3个。以全县296个妇女之家为活动阵地，共评选出市级“最美家庭”3户，县级“最美家庭”20户。其中留佳镇朱世开家庭被推荐为全国“五好文明家庭”，朱世开被评为全国“好爸爸”。开展咨询活动6次，发放《妇女权益保障法》《儿童权利公约》《未成年人保护法》等维权知识宣传单1.1万分，现场咨询1500余人。共接待来访事件29件（包含来电6件），来访妇女45人次。来访处理率达99%。

【武装工作】 2014年，全县有基层武装部29个，其中：乡镇武装部27个，企业武装部2个。专兼职武装干部26人，其中转业退伍军人占30%，各乡镇武装部部长兼任副乡（镇）长，全部进入同级党委班子。全县组建1个民兵综合应急连和1个专业救援连，各乡镇分别建立民兵独立应急排。完成水电气抢险、野外急救、森林灭火等科目训练（演练），开展高射炮、擒敌拳及盾棍术训练。圆满完成征兵任务。直招士官3人。共出动应急民兵500余人次。开展各类捐资助学、扶贫帮困活动，全年共捐赠1.3万余元。高山、东兴、望佳等14个乡镇武装部通过自贡军分区规范化达标建设考核验收。

【公安工作】 2014年，与四川警察学院搭建“校局互动”平台，举办6期轮值轮训班，送培民警261人。推进“一标三实”工作，采录标准地址32.27万条、实有人口35.93万人、实有单位1.59万个（从业人员6.54万人）、实有房屋25.61万间，获全省“一标三实”工作先进单位称号。“一标三实”服务实战成效200余条，居全市首位。“110”指挥平台共受理各类报警电话4.41万起，减少2892起。投入100万元，购置应急反恐装备。组建一支由3个梯队共计30名年轻民警构成的反恐快速反应突击队。全年共立刑事案件1977件，增加55件；破获刑事案件687件，抓获违法犯罪案539名，其中提请逮捕225人，起诉415人，抓获网上逃犯238人，追回省外逃犯15人。攻克“3·17省厅挂牌督办杀人碎尸案”“4·14特大涉枪贩毒案”“金碧城系列持刀拦路抢劫案”“某（彝族人）团伙持刀抢劫案”等大要案件30余件，打掉谭某等涉恶团伙4个。破获各类侵财性民生案件459件，追回赃款赃物数300万余元，查破涉“黄赌毒”案件232件，打击处理656人，收缴、销毁赌博游戏机300余台。立案侦查经济案49件，破案47件，打击处理24人，提请逮捕14人，起诉24人，追回网逃犯11人。立毒品案件27件，破毒品犯罪案件27件，抓获涉毒违法犯罪人员115人，刑事拘留36人、逮捕30人、起诉38人、强戒22人、行政拘留52人、行政处罚7人。分别受理、查处治安案件860起、825起、共1528人。对全县30余家涉爆企业和6家公务配枪单位开展安全大检查，整改安全隐患13处，培训从业人员500人，销毁过期报废炸药9476.58千克、雷管1597枚、黑火药烟火剂20.4千克，查破涉枪涉爆违法犯罪案件17件19人。办理居民身份证2.56万件、户口迁入1179件、迁出4049件、出生入户5830件、死亡注销4305件、户口补录153件、户籍删除111件，清理重复户口101个、纠正户口登记项目762个。受理办理出入国境1.72万人次，上升35.3%。

【消防工作】 2014年，开展大型消防宣传活动4次，发放消防宣传手册7000余册，消防宣传传单6000余份，开放消防站12次，接待参观群众2000余人。开展“重大火灾隐患专项整治”“六打六治”“打非治违”等专项治理活动，共检查单位494（次），发现火灾隐患187处，督促整改火灾隐患179处，下发“责令改正通知书”171份，下发“临时查封决定书”4份，下发“行政处罚决定书”31份，责令“三停”单位4家。全年共发生火灾事故63起，直接经济损失73.38万元，未发生重特大火灾事故及群死群伤事故。

【法院工作】 2014年，受理刑事案件329件，审结325件，依法对474人判处刑罚。审理职务犯罪案件9件15人。公开审理非法集资、金融诈骗案件5件6人。受理民事案件3640件，审结3480件，结案标的额8.75亿元。处理各类涉民生案件1289件，审结涉军案件9件。审理经济纠纷案件1078件。受理行政案件1382件，结案1382件。受理执行案件1461件，执结1447件，执结标的2.96亿元。建立与银行、规建等部门的“点对点”查询系统。加强与媒体和金融机构的联系，对拒不履行义务的“老赖”予以公开曝光。建成3个科技法庭，对重大案件全程录音录像并通过门户网站、官方微博全程直播。在中国裁判文书网上公开裁判文书2984份。成立由20名法官组成的“法官走基层法律服务队”，开展宣传和法制讲座33次，提供法律咨询2400余人次，发放宣传单2万余份。为困难当事人减、免、缓交诉讼费120万余元。邀请代表视察法院行政审判和执行工作2次，参加“庭审观摩”“选择中介机构”“法院开放日”等活动12次。邀请20名群众担任法院特邀监督员，对法院干警司法行为进行全方位监督。

【司法工作】 2014年，全县有各级人民调解委员会436个，人民调解员1715人。共受理各类矛盾纠纷2203件，调解成功2158件；受理医患纠纷35件，调解成功33件。有律师事务所3个，注册执业律师49名，代理案件439件。有基层法律服务所6个，注册执业基层法律服务工作者27人，代理案件358件。司法鉴定所注册执业司法鉴定人19人，办理鉴定案件194件；公证机构注册执业公证员5人，办理各类公证2881件。开展返乡农民工专项法制宣传教育、“3·15”消费者权益保护日和“敬老月”等宣传活动，编制“法律明白人手册”5000册，自制法制宣传扇8000把。指导全县培养“法律明白人”700余人。调整充实“荣县‘六五’普法讲师团”成员25人。组织送法下乡活动200余次，集中送法下乡10次，送法到宗教场所2次。累计接收社区服刑人员856人，累计解除社区服刑人员401人，累计办理委托调查评估34件，累计警告社区服刑人员52人，累计提请撤销缓刑8人。是年共受理法律援助案件478件，解答法律咨询5790人次，为当事人避免和挽回经济损失680万元。

【检察工作】 2014年，共批准逮捕刑事犯罪嫌疑人233人，提起公诉472人。批准逮捕严重暴力犯罪案件22件26人，提起公诉22件24人；批准逮捕多发性侵财犯罪案件55件73人，提起公诉69件95人；批准逮捕“黄赌毒”案件29件38人，提起公诉31件39人。对无逮捕必要的不批准逮捕71人，对犯罪情节轻微的嫌疑人不起诉10件16人。受理未成年人刑事犯罪案件24件40人，依法不批准逮捕3件5人，不予起诉和附条件不起诉各1件1人。查办贪污贿赂犯罪8件13人，渎职侵权犯罪2件4人，规劝1名负案潜逃长达15年的职务犯罪嫌疑人投案自首。开展职务犯罪预防讲座22场次。提供行贿犯罪档案查询96次。监督公安机关应当立案而未立案1件1人、不应当立案而立案7件7人；决定追捕3人、追诉13人。对一审判决适用法律错误、量刑畸轻等情形提出抗诉3件8人，提请抗诉1件2人，已改判2件3人。发出再审检察建议3件，办理审判活动中违法情形监督案件2件，对民事执行活动法律监督1件。对刑罚执行和监管活动中的违法情况提出纠正意见5件次，纠正脱管、漏管罪犯4人。累计公开案件580件。开通网上律师预约服务，接待来访律师77人次。司法警察大队在全市建制队考核中名列第一，获省检察院表彰。

经济建设

【主要经济指标】 2014年，实现地区生产总值（GDP）173.43亿元，比2013年增长8.1%。其中，第一产业增加值39.11亿元，增长4.0%；第二产业增加值89.87亿元，增长9.6%；第三产业增加值44.44亿元，增长8.0%。三次产业对经济增长的贡献率分别为9.7%、65.4%、24.9%，三次产业分别拉动经济增长0.8、5.3、2.0个百分点。三次产业结构由2013年的23.6∶51.1∶25.3调整为22.6∶51.8∶25.6。人均生产总值2.94万元，增加1931元。地方公共财政预算收入实现4.87亿元，下降8.8%；地方公共财政预算支出实现24.70亿元；固定资产投资完成71.59亿元，增长9.9%；社会消费品零售总额实现60.83亿元，增长12.4%；城镇居民人均可支配收入2.2万元，增长9.6%；农民人均纯收入9999.77元，增加1011.28元。

【工业】 2014年，全部工业增加值实现78.81亿元，增长9.8%，对经济增长的贡献率为59.0%。其中，规模以上工业企业增加值实现59.06亿元，增长9.1%。年末规模以上工业企业户数92户；规模以上工业企业总产值实现184.69亿元，增长9.7%；工业产品销售率99.0%，下降0.3个百分点。加强园区建设，推进征地拆迁工作，工业园区平整场地66.67公顷，新引进项目5个，建成投产项目5个，新开工项目5个。主营业务收入113.7亿元，总产值120亿元，其中规模以上企业总产值116.98亿元；固定资产投资入库10.59亿元，招商引资项目8.76亿元。引导企业向园区集中度比2013年提高5个百分点。截至12月，建成工业园区核心区3平方公里。

【农业】 2014年年末，耕地面积3.99万公顷，增加46公顷；全年农作物总播种面积10.04万公顷，增加576公顷，其中，粮食作物播种面积7.21万公顷，增加84公顷；粮食总产量40.76万吨，增产620吨。有效灌溉面积3.44万公顷，增长2.4%；农业机械总动力42.56万千瓦，增长5.3%。是年，农作物播种面积10.05万公顷，其中：经济作物8186.67公顷，其他作物2.01万公顷。油料总产1.41万吨，蔬菜总产57.34万吨，茶叶总产1.04万吨，水果总产13.93万吨，蚕茧产量1710吨。农村经济总收入69.43亿元，农民人均所得1.08万元。累计争取中央、省、市各类农牧业项目35个，总投资7343万元。全县持有“四川省种畜禽生产经营许可证”的种猪场1个、种兔场1个、种羊场1个，市级种畜禽生产经营许可证6个，县级种畜禽生产经营许可证1个。新增省级标准化畜禽养殖示范场6个、市级标准化畜禽示范场3个，新建5个生猪标准化规模养殖场（小区）。全年肉类总产量8万吨，增长3.1%。其中，猪肉产量4.97万吨，增长2.6%；牛肉产量845吨，增长11.8%；羊肉产量4226吨，增长3.2%；家禽肉产量9548吨，增长1.5%；兔肉产量1.56万吨，增长5.4%；其他肉类44吨，下降12.0%。年内生猪出栏71.73万头，增长1.7%；年末生猪存栏48.21万头，增长0.1%；牛出栏6929头，增长10.9%；牛存栏2.14万头，增长9.6%；羊出栏30.22万只，下降3.2%；羊存栏21.50万只，增长3.7%；家禽出栏637.93万羽，增长1.5%；家禽存栏282.41万羽，增长9.2%；兔出栏1272.78万只，增长5.4%；兔存栏186.96万只，增长8.6%；禽蛋产量1.23万吨，增长2.2%；蚕茧产量1786吨，增长0.3%；蜂蜜产量50吨。全县营造林面积2260公顷，其中新增造林面积1806.67公顷，新增森林面积2873.33公顷，新增森林蓄积3.25万立方米，全县完成义务植树250万株，森林覆盖率39.86%。新增城市绿地31公顷，新增公园绿地11公顷，城市绿化覆盖率达39.7%，人均公园绿地达到10.5平方米以上；实施道路绿化68公里、水系绿化4公里。135株名木古树登记挂牌。实施国有林管护1742公顷，补偿集体公益林1.24万公顷。完成新造油茶林946.67公顷，“荣县油茶”地理商标获国家工商总局正式注册。共采伐森林面积553.90公顷、采伐蓄积2.77万立方米。办理林地征占用12宗地、面积5.18公顷。办理林权流转109宗地、面积549.05公顷。办理林权抵押贷款10宗、面积288.53公顷。办理活立木移植3183株。固定资产投资1.42亿元，招商引资2000万元，实现林业总产值9.68亿元，农民人均林业收入达1397元。

【商务旅游】 2014年，调整提升商贸服务业，打造特色区域性商贸中心。城乡集市贸易成交活跃，物流业发展，新增限额以上商贸企业和规模以上服务企业17户，电商销售模式不断扩大。是年，服务业增加值44.5亿元，增长8.5%；全社会消费品零售总额61亿元，增长12.6%。实现自营出口额510万美元，增长65.6%。全县限额以上单位47户，个体户12户，限额以上销售额22.88亿元，占全社会消费品零售总额的37.6%，提高3.3个百分点。成功举办“旅游卫视·最美中国·荣县大佛篇”活动，梧桐水街、双石国家级乡村旅游示范区观光园建成投入使用。5月，荣县与峨眉山、乐山、重庆大足、安岳、遂宁一起签订《巴蜀佛教旅游景区联盟战略合作细则》，形成二省五市（县）佛教旅游联盟。全年共接待旅游人数288.36万人次，增长13.1%；实现旅游收入总额41.21亿元，增长18.1%。

【财政 金融 保险】 2014年，全县地方一般公共财政预算收入4.87亿元。税收收入3.63亿元，其中：增值税2450万元，营业税1.10亿元，企业所得税2474万元，个人所得税589万元，资源税979万元，城市维护建设税1303万元，房产税510万元，印花税538万元，城镇土地使用税464万元，土地增值税2127万元，车船税569万元，耕地占用税7425万元，契税5835万元。非税收入1.24亿元，其中：专项收入1633万元，行政事业性收费收入7997万元，罚没收入694万元，国有资源（资产）有偿使用收入543万元，其他收入1556万元。全县一般公共财政预算支出24.7亿元，其中：一般公共服务支出2.00亿元，国防支出24万元，公共安全支出1.05亿元，科学技术支出347万元，教育支出4.20亿元，文化体育与传媒支出3915万元，社会保障和就业支出4.17亿元，医疗卫生与计划生育支出3.94亿元，节能环保支出7816万元，城乡社区支出7149万元，农林水支出4.45亿元，交通运输支出8323万元，资源勘探信息等支出4088万元，商业服务业等支出878万元，金融支出19万元，国土海洋气象等支出1286万元，住房保障支出1.26亿元，粮油物资储备支出873万元，国债还本付息支出537万元，其他支出1081万元。金融机构各项存款余额172.94亿元，增加19.14亿元，增长12.4%。全年保费收入2.9亿元，增长18.5%；各种赔款及给付1.49亿元，增长10.6%。

【统筹城乡】 2014年，全县规模流转土地面积6000余公顷，流转林地面积约4666.67公顷。高山镇试点完成农村土地承包经营权确权登记换证工作。金台村城乡建设增减挂钩项目已完成实施，结余集体建设用地指标20公顷。双石镇大竹林村和度佳镇白坡村等7个项目已报请市国土资源局审批。市农担公司为农民、企业利用“五权”反担保，实现农户信用贷款余额5亿余元。续建、新建来牟镇凉风村移民新村综合体、过水镇夜合村移民移村综合体、旭阳镇柏林村移民安置点、留佳镇五间房村移民新村综合体等9个农民集中居住区（点）。累计建成农民集中居住区10.54万平方米，农民集中居住率35.48%，综合体内规模化种养业比例达37.26%，成立农业专业合作组织9个，4502名农民加入专合组织。投入2960万元，实施项目2529个，解决行路难、饮水难等突出问题。

【科技创新】 2014年，实施科技项目23个，其中，科技兴农项目12个。全年专利申请数45件，专利授权数35件，在授权数中，发明专利14件，实用新型和外观设计21件。全县现有农业科技服务单位124个。

【工商行政管理】 2014年，全县有各类企业4002户，个体工商户1.16万户，农民专业合作社324户，家庭农场55户。共办理企业开业登记333户（含分支机构），农村专业合作社44户，个体工商户1579户，新培育家庭农场52户。开展“红盾春雷行动”，检查经营企业和个体户1548户，结案26件，即时处罚82件，受理和处理消费者申诉和案件28件，挽回经济损失8.5万元。开展打击侵犯知识产权和制售假冒伪劣商品专项行动，涉案金额10万余元。开展流通领域农资市场化肥抽检工作，全年共抽查15个批次，对不合格5个批次进行立案查处。全市首例地理商标“荣县油茶”注册成功。“金岁方”评为省著名商标。免费送商标下乡2件，设立商标指导服务站1个。全年共引导企业和个人注册商标15件。查处商标侵权案7件，罚款5.41万元。全年“12315”共受理消费者投诉208件，调解成功205件，为消费者挽回经济损失32.5万元。

【质量监督】 2014年，星河巴尔集团公司、自贡市俊鸿鞋业有限公司、四川天护线缆有限责任公司等3家企业申报省名牌产品，正式批准通过。开展农村公共服务运行维护标准化试点前期工作，申报确立4个乡镇8个村为标准化试点项目的试点村。启动荣县蔬菜示范区建设工作。建立荣县人民医院、荣县菲美斯酒店等20家特种设备使用单位台账档案。对压力容器、起重机械、电梯、锅炉以及液化气、氧气等180余家特种设备生产、使用、充装单位开展专项安全检查，共出动执法人员190余人次，出动车辆60余台次，发出安全监察指令书19份。组织农资、建材产品、强制认证等多次专项打假活动，出动行政执法人员320人次，车辆97台次，检查生产经营单位90家。对境内高速公路的9台计量器具开展专项检查，规范计量器具管理。对荣县华康医院、新城医院等6家医院强制检定计量器具检查工作。全年完成标准备案5个，审查合格率100%。组织机构代码新办390户，换证960户，变更22户，注销33户，迁出3户，迁入9户，年检1490户。

【审计工作】 2014年，完成审计项目128个，其中：财政审计117个（部门预算执行审计19个，乡镇财政决算审计8个，行政事业及专项资金审计18个，政府投资项目审计72个），领导干部经济责任审计9个，国有企业审计1个，社保基金审计1个。查出主要问题金额10.7亿元，其中：违规金额450万元，管理不规范金额10.66亿元。审计处理处罚金额1.23亿元。其中：应上交财政资金48万元，应减少财政拨款或补贴1107万元，应归还原渠道272万元，应调账处理金额1.09亿元。报送的审计项目《荣县留佳镇人民政府2012年度财政决算审计》获省审计厅优秀审计项目。

【统计工作】 2014年，城镇住户、农村住户调查开始合并为城乡一体化住户调查，在全县15个调查小区2064户居民中进行基本情况摸底，抽取旭阳镇、留佳镇、长山镇、乐德镇、望佳镇、高山镇、鼎新镇、来牟镇、复兴镇9个乡镇，调查点15个，调查户154户，其中城镇住户62户，农村住户92户。是年，在16个乡镇中抽20个调查小区（自然组）开展生猪调出大县监测，由调查员按月逐户上门对生猪存栏、出栏、补栏和出售价格等内容进行调查，统计局审核录入计算机处理后上报；调查户建立生猪监测调查基础台账，县统计局建立规范的调查对象名录库。在旭阳镇等18个乡镇的20个粮食产量抽样调查小区开展县级粮食产量抽样调查工作。开展月度、季度经济形势监测分析，关注农业、工业、投资、消费等敏感指标动向，判断经济走势，提出对策建议。全年共印发统计分析11篇。编发《统计信息》65条，编印《荣县统计月报》，印发《2013年全县国民经济和社会发展统计公报》。加强“四上”企业的名录库建设，定期进行名录库调查。推进“一套表”统计数据采集处理平台建设与应用，在旭阳镇开展乡镇街道信息系统试点工作，完成乡镇街道信息系统指标体系设计。

城乡建设

【城乡规划】 2014 年，县城总规调修方案通过省住建厅专家复审，修改完善后按程序报批。按照“北控东扩南移”城市发展思路，完成控规编制，完善旧城、河东片区控制性详细规划设计方案。启动双溪生态旅游小镇规划，通过与市规建住房局、规划设计单位对接交流，按照县内方案评审及建议意见进一步修改设计方案。结合总规编制城区市政管网规划，正式启动城区市政管网规划编制工作，规划编制范围为总规规划覆盖范围。确定市规划设计研究院为城区市政管网规划编制设计单位。完成长山、双石、留佳 3 个镇规划调修与新村规划编制 10 个。铁厂镇、高山镇、东兴镇、观山镇、金花乡、雷音乡、古佳乡、于佳乡、复兴乡、墨林乡总规编修经规委办审查，按程序报批。长山镇总规划调修程序在报批中，双石镇总体规划通过规委办审查。启动编制村级规划，涉及长山镇得胜村和高松村、双石镇蔡佳堰村、鼎新镇学堂村、铁厂镇山王村、幸福美丽新村。

【市政建设】 2014 年，推进城市公园建设，白塔山公园投资 500 万元，总用地面积 13.33 公顷，一期工程完工；植博园工程投资 1200 万元，总用地 7.33 公顷，项目按规定程序确定施工单位；开工建设星河公园，市星河房地产开发公司投资 3550 万元。创建省级园林县城，开展县城绿化专项规划前期工作。完成乐自高速公路荣县城区连接线和内环路及相邻支道景观绿化工程 15 万平方米、县城梧桐水街绿化面积 1.9 万平方米。

【村镇建设】 2014 年，加强新村基础设施建设，省专项补助 1000 万元。细化安排项目并组织实施全年省下达百镇试点专项资金 1000 万元，其中：城镇风貌改造及绿化 705 万元，垃圾中转站、公厕建设 295 万元。完成人和大道规划设计，采取 BT 模式招标。省下达百镇试点专项资金 500 万元。截至 12 月，编制新建长冲村道路、供水排水管网改造实施方案。

【住房保障】 2014 年，第五期廉租房 250 套续建项目稳步推进，第六期廉租房完成主体施工 200 套，公租房竣工验收 400 套。新开工建设公租房任务 700 套。截至 12 月，古佳、踏紫、留佳 3 个学校确定招标代理机构，其余学校与 2 户企业完成方案评审、初步设计等前期工作，驰宇盐品等进行选址调整。对城镇住房困难家庭实施保障，累计发放住房补贴 17.44 万户次，保障面积 68.8 万平方米，补贴资金 1441.1 万元。是年，按照《荣县廉租房实物配租管理办法》，实施抽签分配，旭阳镇二、三、四期 291 套廉租房于 5 月进行，河西新区管委会二、三、四期 245 套廉租房于 8 月进行。建立保障性住房信息管理系统并投入使用，实行保障性住房电子信息化管理。

【交通　通信】 2014 年，县内有省道 1 条，里程 57.9 公里；县道 13 条，301.09 公里；乡道 16 条，265.63 公里；村道 990 条，2134.08 公里；专用道路 5 条，24.7 公里。有客运站 42 个，其中：二级站 2 个，四级站 4 个，五级站 2 个，简易站 15 个。经营线路 136 条、客车 380 辆、货车 3663 辆、出租汽车 80 辆、客运人力三轮车 80 辆。有公交车线路 5 条。全年公路旅客周转量 4.95 亿人公里，货物周转量 14.08 亿吨公里。有港口 1 个，码头 15 个，渡口 11 个；客船 78 艘，客座 3516 个；货船 56 艘，载重 946 吨。完成水路客运量 6.5 万人，货运量 1.6 万吨；旅客周转量 42 万人公里，货物周转量 9.6 万吨公里。全县邮电业务总量 3.18 亿元，增长 11.3%，其中，电信业务总量 2.64 亿元，增长 11.9%；邮电主营业务收入 3.05 亿元，增长 11.1%，其中，电信主营业务收入 2.32 亿元，增长 4.3%。年末本地固定电话用户 6.09 万户；年末移动电话用户 35.35 万户；国际互联网用户 5.2 万户。

【水利设施】 2014 年，全县水利投资 1644.5 万元，其中中央投资 900 万元、地方配套 27 万元、群众自筹和投劳折资 717.5 万元。完成新建蓄水池 116 口、整治山坪塘 89 口、新建石河堰 3 道、新建提灌站 5 座、整治提灌站 1 座、新建渠道 33.74 公里、整治渠道 8.17 公里等。总投资 3653.21 万元的 26 座中央重点小（二）型水库除险加固项目完成省组织的竣工验收，全部合格。投资 220 万元，对老红光、水打沟、前进、武官等8座水库大坝、放水设施、管理房等进行维修。投资100万元，完成芹菜塘、牛栏口、金竹沟等水库库区道路建设。投资863.95万元，完成战备、更生等13座水库大坝、溢洪道、放水设施、防汛公路建设。投资463.22万元的农村小水电增效扩容改造项目基本完成。对幸福堰等4座水电站进行改造建设，项目完成后将新增装机容量1400千瓦。双龙水库续建项目完成可研报告编制并上报省水利厅。旭水河锁江桥等4座水闸项目完成用地、选址、环评、节能、水保等相关审批手续，初设报告上报省发改委。

【环境保护】 2014年，建成县自来水公司空气自动站，城区环境空气质量达到国家二级标准为305天。组织编制《越溪河（荣县段）污染综合治理总体方案》，双溪水库库周农村环境连片综合整治项目完成验收。推进蓝天、清水、绿地、宁静、利废五大行动，建成双石镇、望佳镇2个省级生态乡镇，完成乐德镇、双古镇、过水镇、来牟镇、鼎新镇、墨林乡、东兴镇7个省级生态乡镇申报工作，建成过水镇刘家庙、夜合、卢家山、回龙殿等市级生态村41个。发出限期改正环境违法行为决定书60余份。依法对4家超标排污行为实施行政处罚，罚金8万元。对城区燃煤企业进行煤改清洁能源10户。停产塑料加工厂9户、蕉藕加工厂4户。完成工业企业减排项目6户、畜禽养殖减排17户、城镇（乡镇）生活废水减排项目13个。

【饮用水保护】 2014年，执行对饮用水源保护区巡查制度，保证监测频次。对乡镇集中式饮用水源地水质状况进行摸底调查，形成乡镇集中式饮用水源评估报告。开展污染隐患排查，整治乐德红光水库、观山金银桥水库、双河水库饮用水源保护区污染源，消除安全隐患。依法搬迁正紫镇反修水库饮用水源保护区生猪养殖场，确保群众饮水安全。推进双溪、小井沟水库饮用水水源地生态功能区保护和建设控制。编制上报《小井沟水库饮用水水源保护区划分技术报告》。协调境外污染防治，停止仁寿华腾焦化项目，督促越溪河上游跨境市县对场镇生活污染、农村面源污染和畜禽养殖污染进行综合治理。推进双溪水库库周农村环境连片整治，制订出43户地质灾害户搬迁方案，落实搬迁安置用地和资金。实施双溪水库一级保护区陆域生态恢复和生物隔离设施工程，即经果林改生态林20公顷，建设生物隔离带5平方公里。完成双溪水库饮用水源保护区规范化建设。双溪水库饮用水源达标率100%，21个乡镇集中式饮用水源达标12个，达标率57.1%，居全市第一。

【国土资源管理】 2014年，审查上报农用地转用土地征收7个批次，总面积71.69公顷，完成征地补偿面积63.32公顷，发布征收土地公告8个，征地补偿安置方案公告47个。办理支付被征地农民的土地补偿费和安置补助费2037.83万元；办理征地农转非1369人的养老保险、医疗保险和失业保险。全年供应国有土地93宗，面积20.12公顷，土地成交价款2.87亿元，出让金入库1.37亿元；办理协议出让75宗，面积3.19公顷，补缴土地出让金入库694.43万元。办理100平方米以下国有土地使用权登记8624宗，补缴土地出让金458.37万元。追缴历年4宗地土地出让金剩余款入库1.55亿元，土地出让违约金入库45.68万元。实现土地出让金总收入2.99亿元。完成5宗地无偿收回工作，面积1.55公顷，已纳入县土地储备库；完成4宗地整体收回（购）工作，面积6.2公顷，整体收购价款1735.56万元，4宗地进入拍卖程序。完成省投资鼎新镇西堰村等3个村土地整理项目省级终验工作，建设规模872.29公顷，投资1500万元，新增耕地91.65公顷。省投资乐德镇桥凼村等4个村土地整理项目竣工待验收，建设规模895.12公顷，投资1500万元，新增耕地98.09公顷。双石镇铁匠村等5个村、双石镇蔡家堰村等5个村、正紫镇窝棚湾村等3个村改造完善高标准基本农田建设项目竣工，3个项目建设高标准农田1659.20公顷，完成投资1542.16万元。鼎新镇鼎新村等4个村、度佳镇砖房村等3个村、旭阳镇李农村等4个村、望佳镇品山村等4个村、河口镇双堰塘村、东兴镇老君坝村、雷音乡华藏寺村改造完善高标准基本农田建设项目年底竣工，7个项目高标准基本农田建设规划2226.07公顷，总投资2337.38元。全年确权登记发放国有土地使用权证书8624本；国有土地他项权抵押登记94宗，面积359.03公顷，融资金额17.63亿元。农村宅基地使用权发证工作完成。编制完成《荣县深化城乡建设用地增减挂钩试点规划（2013年—2017年）》。规划安排24个乡镇有挂钩试点项目，142个安置区涉及农户1.6万户、5.05万人。完成9宗非煤矿山采矿权拍卖工作，出让总价款1000万元，入库价款948.86万元；征收矿山资源补偿费7.67万元。

【小井沟工程】 2014年，大坝填筑至设计高程430.2米，趾板砼浇筑完成，固结灌浆完成，帷幕灌浆完成7000米。溢洪道工程引渠段已开挖至设计高程414米，泄槽段挑流鼻坎尾端石方开挖中；泄洪洞闸室永久道路开挖至设计高程431.78米；泄槽段混凝土衬砌施工中，累计完成总工程量约77%。取水洞进口明挖施工至393.6米高程。7座副坝完成坝基及齿槽石方开挖，4#、7#—10#副坝完成趾板砼浇筑，8#、9#副坝完成齿板基础帷幕灌浆施工。排洪隧洞完成混凝土衬砌施工；完成上游渠道土石方开挖300米；桥梁工程完成1#公路桥、1#机耕桥、3#机耕桥、4#机耕桥、2#公路桥的桥墩砼浇筑施工；输水干渠工程累计完成总工程量94.3%。完成淹没区381.5米以下及大坝枢纽工程区、其他枢纽工程区、输水干渠工程区、复建道路工程区、供水管线工程区及人和场镇新址共600公顷土地的征收工作。完成拆迁安置1930户7286人，分别占规划2207户8037人的87.45%和90.66%，其中：淹没影响区1753户6619人、大坝枢纽工程区17户64人、副坝工程区29户91人、排洪渠工程区6户27人、库周交通复建工程区9户28人、输水干渠工程区116户457人。确定农村移民集中安置点或移民新村17个，其中：度佳镇杨佳、保华镇天宫坝及杨家山、乐德镇桥凼村、新桥镇赶场冲村、留佳镇金子村等6个项目竣工；过水镇夜合村、留佳镇凤龙村和五间房村、鼎新镇鼎新村、双石镇长冲村、来牟镇凉风村等6个项目基本完工；旭阳镇柏林村安置点正在建设；望佳镇插旗村安置点进场施工；留佳镇大大田安置点完成基础设施招标；度佳镇撞钟坝村、过水镇文昌安置点完成规划。度佳镇杨佳安置点的移民全部入住；新桥镇赶场冲村、乐德镇桥凼村、双石镇长冲村、来牟镇凉风村、留佳镇金子村、保华镇红豆树村杨家山及天宫坝安置点的移民陆续入住；全县农村分散安置移民入住260户。完成搬迁安置3450人，占规划搬迁安置人口7331人的47.06%；拆除房屋11.48万平方米，完成28.35%。完成生产安置3370人，占规划生产安置7216人的46.71%。完成长山镇人和安置小区征地范围土地测绘、实物调查，完成基础设施工程施工招标完成输水干渠和工程建设区专项设施迁改、长山盐矿部分设施设备迁建、库周复建道路二、三号线工程建设；库区高压电力专项设施改（复）建工程正在实施，低压电力专项设施改（复）建工程正在组织施工设计。所有专项设施迁建、改建、复建工程均满足工程建设和移民安置进度。完成移民投资12.46亿元，累计到位移民资金8.99亿元。小井沟水利工程核定后期扶持人口指标1.34万人，其中：搬迁人口6695人、不搬迁只进行生产安置人口6700人。已上报核定后期扶持人口3024人。

文化建设

【群众文体活动】 2014年，组织开展元旦万人长跑、全民健身主题活动、球类、棋类、游泳、太极、健身舞等体育活动和比赛50余场，承接单位、社团的趣味活动及体育赛事20余场，承办川西南片区军休干部门球邀请赛、四川老全兴队与荣县国申足球队足球赛、荣县第六届老年人运动会、四川省老年人健身腰鼓和排舞4场重大赛事。实施农民体育健身工程，全年投入9.6万元购置健身器材50件，在城区实现健身设施全覆盖。完成20条农民体育健身工程场地硬化及器材配送工作。

【广播电视】 2014年，广播电视村村通工程完成40个20户以下自然村“盲村”建设任务。100个村村响建设进行技术方案编制工作。实施农村电影放映工程，实现城乡100%数字电影放映，全年放映电影3552场，观影人数12.59万人次。以推动数字电视整转为主线，加快全县双向网改造，推广新业务。新发展用户990户，整转数字电视6054户，安装机顶盒9090台，双向网改造7.35万户，新发展宽带用户980户。

【文化遗产保护开发】 2014年，全县有县及县以上文物保护单位47个，其中国家级3个、省级7个、市级9个、县级28个。有文化馆（站）28个，公共图书馆1个，公共图书馆总藏书量4.19万册。推进文物保护单位“四有”等基础性工作。完成全县范围内47处各级文物保护单位保护标志安装工作。完成第七批“国保”、第八批

“省保”保护范围和建设控制地带初步划定和上报工作。加快“三普”成果转化与应用，建立和完善各级文物保护单位和文物点记录档案，开展荣县大佛石窟、吴玉章故居、荣县镇南塔《全国重点文物保护单位记录档案》编制工作。推进全国第一次可移动文物普查工作。完成文博系统内馆藏文物清库工作，完善馆藏文物相关档案，按照上级普查机构安排部署并结合荣县普查实施方案，在全国可移动文物信息登录平台填报文物信息400件（套），上报300件（套）。开展非物质文化遗产挖掘保护工作，对铁厂镇土陶、古佳乡的民俗节、万钟工笔画、荣县布衣龙等非物质文化遗产进行挖掘和打造，为申报市级非物质文化遗产作准备。完成2602种1.11万册馆藏古籍初步清理工作。

社会建设

【教育事业】 2014年，全县共有公办学校60所，其中：普高5所，职高2所，单设初中4所，九年制19所，纯小学25所，幼儿园3所，电大进修校和特校各1所。学校占地117公顷，校舍面积47公顷。共有学生6.64万人，其中：高中1.23万人，初中1.29万人，小学2.81万人，幼儿1.31万人。有在职教职工3891人，其中：研究生18人，本科2045人，专科1416人；高级683人，中级1919人，初级881人。全县有各类民办教育机构64个，其中民办职业技术学校1所，民办幼儿园62所，其他培训机构1个。

【民政工作】 2014年，向上争取项目资金1.78亿元，增长13.37%。各项民政事业保障资金支出1.98亿元，其中：基层政权和社区建设46万元，城乡低保1.06亿元，城乡医疗救助1952.08万元，优待抚恤2945.65万元，退役安置909.34万元，社会福利401.47万元，其他社会救助543.6万元，防灾救灾553万元，福利彩票公益事业304.5万元，慈善救助145.5万元。改扩建长山镇、东兴镇、古文镇、过水镇、留佳镇及雷音乡敬老院，项目总投资5113万元。11月起，城市低保人均月执行标准由314元提高到330元，农村低保人均年执行标准由1800元提高到1980元。全年救助城市特困群众3400人次，发放救助金598.34万元。城乡困难群众临时生活困难救助1.37万人次，支出519万元。年底，有供养对象5295人，集中供养3442人，供养金月标准为370元；分散供养人员1853人，供养金月标准为260元。全年发放五保供养金1403.67万元。年底登记在册孤儿89人，机构养育金1130元/人·月，散居孤儿养育金678元/人·月，累计发放养育金72.84万元。全年发放优抚对象抚恤补助金2429.92万元。加强殡葬管理和殡葬执法工作，被民政部评为全国殡葬工作先进集体。全年火化遗体5173具，火化率100%。婚前健康检查实行“一站式”服务，办理婚姻登记9928对。全面完成第九届村（居）民委员会换届选举及后续工作。依法选举村（居）民委员会346个，296个村民委员会选举一次成功率99.66%。完成69条街路、1个广场、7个商住小区更命名，配合“一标三实”信息采集工作；成立荣县第二次全国地名普查领导小组，启动地名普查；对荣县—威远县、荣县—贡井区两条县际边界线进行联合检查。

【扶贫移民工作】 2014年，在旭阳镇柏林村，留佳镇莫家村、小田村、瓦滓村，过水镇夜合村、文昌村、黑林村，正紫镇香炉寺村，雷音乡塘咀村、桅杆坳村规划实施扶贫开发项目，项目总投资4188.34万元。新建水泥路14.40公里，新建、整治泥结碎石路9.4公里，新建生产便道17.79公里，新建便民桥1座；新建、整治山坪塘15口，新建、整治蓄水池9口，新建提灌渠4.8公里，新建排水渠1.2公里，新建输水管道0.62公里，新建、整治石河堰2座，砌筑囤水田埂2.75公里；改造危房1户90平方米，改厕818户；扶持发展栽植柑橘9.5公顷，劳务扶贫培训300人。项目建设区受益群众7385户2.29万人，每年增加收益400万元以上，人均增收500元；覆盖贫困农户1630户5050人，覆盖率100%，人均增加收入1264元。共向贫困村、贫困人群提供资金、物资（折合）390万元，帮扶贫困农户3105户，慰问特困职工3000余名，贫困党员1200人，资助贫困妇女1300人，资助贫困学生480人，扶持残疾人800余人。下派118名业务骨干驻村帮扶，为贫困村引进各类项目41个，资金2775万元，开展国家法律、法规、政策咨询、文化卫生下乡等活动专场20余场，开展各类农业实用技术培训136期，培训农户9万余人次，赠送各种图书3万余册、印发各种实用技术资料10万余份。四川巴尔农牧集团继续与双石镇金台村签订《村企合作协议》。按照“在社区居住，在车间养殖，在公司种植”的模式开展土地流转和项目建设。建立移民后期生活补助档案和专门账户，兑现移民后扶直发直补资金197.76万元。争取到位大中型水库移民后期扶持切块资金91万元。整治山坪塘2口、新建蓄水池45口、修建引水渠道608米、新建生产道路116米、生产便道4730米、整治生产道路51米。举办剩余劳动力转移技能培训和现代农业技术培训2次，培训200人。成功处置望佳镇三峡移民土地补偿费遗留问题，帮扶10户因病、因残致贫的移民家庭脱贫。

【卫生工作】 2014年年末，全县现有医疗卫生机构562个，其中：政府举办县级医疗卫生单位5个、乡镇（中心）卫生院（所）28个、社区卫生服务中心1个、非政府举办社区卫生服务站1个、村卫生室432个、民营医院9个、个体诊所84个，另有新型农村合作医疗服务中心，卫生执法监督大队。投入1364万余元新增各种医疗设备65台。2014年新型农村合作医疗参合率99.8%。全县村卫生室全面实施基本药物制度，推进乡村卫生服务一体化管理。全县检查医疗机构459户次，当场处罚1家，批评教育6家。县级公立医院改革全面启动，正式推行基层首诊暨双向转诊工作。11大类43小类基本公共卫生服务工作取得实效，全县规范化电子建档率95.1%。全县法定传染病发病14种1406例，发病率228.35/10万，报告发病数居前五位的病种依次为肺结核、乙肝、手足口病、梅毒、其他感染性腹泻，无甲类传染病报告。荣县成为全市首个“四川省免疫规划示范县”，县疾病预防控制中心创建“二级甲等”区县级疾控机构通过省专家组验收；全县建成数字化门诊1个、AAA级门诊4个、AA级门诊17个、A级门诊5个；在全市率先实现辖区儿童预防接种信息的省级共享，打造全市首家数字化预防接种门诊。荣县被命名为“四川省重性精神疾病综合防控示范县”。推进名中医评选，获“首届自贡市十大名中医”2人、“首届荣县优秀专家”4人。荣县国家第三批中药资源普查试点工作正式启动。

【社会保障】 2014年年末，全县参加城镇职工基本养老保险人数10.08万人，其中：参保在职职工4.57万人；参加农村社会养老保险25.85万人。参加城镇职工基本医疗保险2.97万人；参加城镇居民基本医疗保险10.32万人；参加农村新型合作医疗49.92万人。参加失业保险1.19万人。参加工伤保险2.92万人。参加生育保险9293人。新型农村合作医疗基金累计支出金额1.93亿元，新型农村合作医疗累积受益185.82万人次。全县各种社会福利收养性单位29个，实有床位4090张。城镇居民最低生活保障人数2.36万人，发放城镇居民最低生活保障人均月补差231.03元；农村居民最低生活保障人数2.76万人，发放农村居民最低生活保障人均月定量补助144.34元。农村五保户集中供养率65%。

【残联工作】 2014年，共实施白内障患者免费复明手术450例。为1050名农村贫困残疾人给予帮扶；对遭受灾害或重病的残疾人给予临时性救济。发放残疾人辅助器具20多种，累计为贫困残疾人免费适配辅助器具360例。全县有43名脑瘫残疾儿童实施手术或持续、系统的康复训练。救助贫困家庭重度听力残疾儿童10人。将2013年12月31日前已办理二代证的2984名一、二级残疾人及340名三级精神、智力残疾人纳入重度护理补贴和“阳光家园”发放对象，专项资金约250万元直发到位。对34名贫困残疾大学、大专、高中学生分别给予500—2000元资助。开展关爱行动服务2992人，完成精神病人免费服药256人，住院救助10人。为106名下肢残疾人足额发放机动车燃油补贴，金额3.87万元。完成城乡残疾人居家灵活就业1.49万人。投入38万余元为100户困难残疾人家庭进行无障碍改造。计划新建残疾人托养服务中心综合用房总建筑面积3000平方米并配套完善相关附属设施，项目总投资720万元，其中，中央预算内资金240万元，地方配套480万元。完成2013年残疾人状况监测工作，获省残联通报表扬。征收残保金456万元。3月，荣县被命名为全省残疾人“量体裁衣”个性化服务示范县，于佳乡获全省“量服”示范乡称号。全县“量服”入库数2.93万人，需求数2.93万人，落实数2.93万人，对持证残疾人“量服”服务覆盖率达124.83%，为残疾人提供服务29.85万项次。

【居民生活】 2014年，城市居民家庭人均收入2.39万元，同比增长8.49%，其中：人均可支配收入2.24万元，增长9.61%。人均消费性支出1.72万元，增长9.27%。其中：食品类支出7205.27元，增长6.1%，占消费支出比重33.98%，恩格尔系数下降1.25个百分点；衣着消费1872.82元，增长1.26%，占家庭消费总支出的比重为8.83%；居住消费支出1984.19元，增长72.86%，占消费支出比重9.36%。农民人均纯收入9999.77元，增长11.25%。其中：人均工资性收入3957.97元，增长20.03%，占纯收入的比重为39.58%。农民人均生活消费现金支出5061.22元，增长14.87%。其中：食品消费支出1798.01元，增长7.31%；衣着消费支出323.48元，增长3.12%；居住消费支出665.92元，增长34.57%；家庭设备用品及服务消费支出353.56元，下降41.03%；交通和通信消费支出734.32元，增长40.25%；医疗保健支出704.06元，增长60.22%；文化教育、娱乐消费支出394.55元，增长26.98%。

【食品药品监管】 2014年，全县有药品生产企业2家、药品批发企业2家、零售药店220个，餐饮服务单位1200余家，食品生产企业329家，食品流通经营单位1800户，保化品单位366家。在全县餐饮服务环节开展"透明厨房"视频监控工程建设，完成54家单位视频监控系统安装和调试并正式投入使用。对学校食堂量化分级动态评定达100%、对其他餐饮服务单位进行量化分级动态评定650家，对1600多从业人员进行培训。办理餐饮服务许可证220家。全年检查各类餐馆、农家乐、休闲庄等5200户次；学校食堂460户次；企业、机关食堂48户次；旅游景点56户次，出具监督意见书528份。立案64件、结案55件。上报药品不良反应353例、器械不良反应105例。开展保健食品化妆品示范店创建工作，保健食品示范店创建4家，化妆品示范店创建4家，医疗器械立案21起，结案18起，撤销3起，药品立案21起，结案21起。化妆品立案8起。结案6起，撤销2起。

【安全监察】 2014年，全县发生各类安全事故147起，与2013年相比上升45.5%，死亡25人，下降10.7%；受伤151人，上升30.1%；直接经济损失283.16万元，下降20%。其中：道路交通事故83起，死亡23人，受伤144人，直接经济损失9.79万元；火灾事故63起，受伤7人，直接经济损失73.38万元；建筑事故1起，死亡2人，直接经济损失200万元。对全县1253个生产经营单位开展安全生产执法检查1488次，发现隐患4479项，下达执法文书637份，责令限期整改511处，责令停产停工32矿次。全年事故处罚、事故倒查处罚、安全隐患处罚20万元。煤矿建成二级以上质量标准化示范矿井1对，安全高效示范矿井1对。安全社区建设启动，申报省级安全社区8个、市级安全社区3个。

乡镇概况

【旭阳镇】 面积143.63平方公里，辖12个社区、197个居民小组、26个村、329个村民小组。2014年年末总人口15.8万人，其中非农业人口9.99万人；人口自然增长率1.7‰。耕地面积3688公顷，林地面积4741.2公顷，粮食总产4.22万吨。出栏生猪6.39万头、羊3.12万头、牛7250头、家禽46.7万羽。淡水水面2895平方公里，水产品总产量1320吨，渔业总产值1580万元。招商引资1.6亿元；固定资产投入3.33亿元。社会消费品零售总额43.58亿元。地方公共财政收入实现2.38亿元，比上年增长12.7%。有幼儿园40所，小学10所，初中4所，普通高中2所。各级各类医疗卫生机构2个，其中：镇级卫生院1所，村级卫生室63个，个体诊所53个。全镇享受"五保"供养485人，其中农村分散供养378人。城镇登记失业人员3570人，城镇登记失业率4.1%，城镇居民基本医疗保险3.12万人。新农合参保5.67万人，参合率99.84%。

【留佳镇】 面积82.68平方公里，辖13个村、234个村民小组、2个社区、9个居民小组。2014年年末总人口4.09万人，其中：农业人口3.64万人。农民纯收入1.03万元。实有耕地面积2457公顷，粮食总产量2.48万吨。出栏生猪4.09万头、羊1.39万只、兔63.1万只、牛204头、家禽35.81万羽。水产品总产量1680吨。乡镇企业4户。有县属中学1所，小学2所。医院2所，村卫生室43个。全镇民政定补人员共计2499人，发放民政定补、救助金578.4万余元，医疗救助683人。新型农村合作医疗参合率99.2%。

【双石镇】 面积56.4平方公里，辖12个村、245个村民小组、2个社区、10个居民小组。2014年年末总人口3.85万人，其中非农业人口5152人；人口自然增长率负1.14‰。耕地面积2884公顷，林地面积306公顷。粮食播种面积5535.27公顷，粮食总产3.34万吨。财政收入1544万元，农民人均纯收入1.61万元。乡镇企业94户。启动全国重点镇（全省第二批百镇示范试点镇）建设，投资7000万元解决场镇基础设施、市政设施建设。有城区天然气供气站1个。劳务输出1.2万人，劳务收入2.1亿元。新参和续参城镇居民医保2639人，参合率99%；补充医保2.82万人。

【乐德镇】 面积87.26平方公里，辖17个村、213个村民小组、2个社区。2014年年末总人口3.43万人，其中农业人口3.04万人，自然增长率为负1.49‰。耕地面积2752.13公顷，粮食产量2.75万吨，出栏生猪4.18万头，牛1034头，羊1.27万只，家禽38.07万羽，兔65.46万只。粮食直补572.07万元，良种补贴78.89万元，生猪保险赔偿62.8万元。财政收入1039万元，劳务收入1.36亿元。农民人均纯收入8700元。有中学1所，小学2所，幼儿园3所。各级各类医疗机构21个，其中医院2所、村卫生室19个。纳入城镇低保户334户，保障人数334人，农村低保人数1581人。2.82万人参加新型农村合作医疗保险，参合率99%。

【长山镇】 面积81.2平方公里，辖13个村、99个村民小组、2个社区、12个居民小组。2014年年末总人口3.54万人，其中非农业人口8703人；人口自然增长率负0.51‰。耕地面积1518公顷，粮食总产量1.75万吨。生猪饲养量4.11万头，羊饲养量2.27万只，牛饲养量1700头，家禽饲养量39.74万羽。水产品总产量910吨，渔业总产值1400万元。乡镇企业60户。固定资产投资2100万元，地方一般预算收入580万元，农民人均纯收入1.15万元，增长14.14%。有幼儿园5所，小学2所，初中1所，普通高中1所。各级各类医疗卫生机构31个。城镇最低生活保障户450户，人数687人，城市医疗救助70人次。农村五保户分散供养147人。

【高山镇】 面积69.73平方公里，辖22个村、2个社区、224个村民小组、2个居民小组。2014年年末总人口3.11万人，其中非农业人口1500人。人口出生率5.94‰，人口自然增长率负2.03‰。耕地面积2123.80公顷，其中田1290.59公顷。粮食产量2万吨，出栏生猪3.01万头，羊1.38万只，小家禽25.51万羽。水产品总产量414吨，渔业总产值400万元。民营企业30户。财政总收入1207万元，一般预算收入1203万元，农民人均纯收入1.04万元。有初中1所、小学3所、幼儿园5所。各级各类医疗卫生机构22个，其中：乡级卫生院1所，村卫生室20个，个体诊所1个。农村低保1476人，城镇低保120人，五保317人，优抚、复员等138人。

【双古镇】 面积96.56平方公里，辖18个村、203个村民组、1个社区。2014年年末总人口2.59万人，其中非农业人口2430人；人口出生率24.5‰，人口自然增长率2.3‰。耕地面积1517.66公顷，其中田1163.53公顷。粮食产量1.71万吨；出栏生猪2.88万头、牛520头、山羊1.92万只、兔子43.6万只、家禽28.4万羽。农民人均纯收入1.01万元。有乡镇企业34户，其中：规模以上企业6户。有九年义务教育学校2所，幼儿园3所，其中民办2所。有中心卫生院1个、分院1个，病床30张。城镇最低生活保障户数37户43人，城镇医疗救助80人次。农村“五保”户分散供养204人次，新合参保率99%。

【度佳镇】 面积83.5平方公里，辖11个村、194个村民小组、2个社区、6个居民小组。2014年年末总人口2.76万人，其中非农业人口1873人，人口自然增长率负2.45‰。耕地面积1827公顷，农民人均纯收入8320元。全年粮食总产1.82万吨，水果产量6.9万吨，蔬菜产量2.5万吨。出栏生猪3.8万头、羊2.1万只。水产品总产量718吨，渔业总产值690万元。乡镇企业25户。地方财政一般预算收入1036万元，固定资产投资1.3亿元，社会消费品零售总额2900万元。投资2200万元，年产2000吨规模的度佳古井酒厂经过建设包装，上市销售。有幼儿园3所，小学2所，初中1所。各级各类医疗卫生机构13个，其中：乡级卫生院2所，村卫生室11个，个体诊所7个。农村城镇最低生活保障户人数1307人，发放各类救灾救济资金25万元，医疗救助200余人次。

【来牟镇】 面积55.72平方公里，辖9个村、189个村民小组、2个社区、6个居民小组。2014年年末总人口2.68万人，减少1.2%；人口出生率5.73‰；自然增长率负0.71‰。耕地面积1529.33公顷，粮食产量1.99万吨，茶叶产量3506吨，水果产量3316吨，蔬菜产量9479吨。财政收入211.7万元，农民人均纯收入1.08万元。乡镇企业198户，其中规模以上企业9户。固定资产投入1亿元。低保对象319户319人，“五保”户37户。发放救灾救济资金25.5万元，救济573户，贫困医疗救助209人次，救助金额15.5万元。有初中1所，小学1所，幼儿园1所。有镇医疗卫生机构1个，门诊部（所）1个，9个村实行合作医疗。

【保华镇】 面积66.05平方公里，辖10个村、149个村民小组、2个社区、3个居民小组。2014年年末总人口2.48万人。耕地面积1666公顷，社会固定资产投资2000万元，财政总收入150万元，财政支出892万元。农民人均可支配收入1.05万元。实施小井沟“大坝万亩生态养生观光园”建设，新发展砂仁66.67公顷、优质核桃200公顷、茶叶13.33公顷、油茶66.67公顷。新增农业产业化项目2个，新发展农民合作社2个。有幼儿园4所，小学2所。新增低保278户285人，全镇低保达1126户1337人。

【过水镇】 面积47.58平方公里，辖9个村、163个村民小组、2个社区。2014年年末总人口2.4万人，其中农业人口2.25万人。人口自然增长率负0.68‰。耕地1731公顷，粮食总产1.7万吨。水产品总产量51万吨，渔业总产值513万元。农民人均纯收入1.08万元。规模养殖场46个。乡镇企业8户。招商引资项目3个，到位资金8000万元。地方公共财政收入97.2万元。有乡级卫生院2所、村卫生室19个、个体诊所1个。新农合参保人数2.1万人，参合率99.9%。城镇居民最低生活保障对象159户172人，农村低保1153户1549人。新增“五保”户21人。

【鼎新镇】 面积52.8平方公里，辖11个村、143个村民小组、1个社区、4个居民小组。2014年年末总户数7504户，总人口2.29万人，其中非农业人口2061人；人口自然增长率负2.85‰。耕地面积1666.67公顷，林地面积1200公顷，粮食总产1.8万吨。出栏生猪3.5万头，羊9199只，牛65头，兔57.38万只。水产品总产量1286吨，渔业总产值1761万元。乡镇企业47户。地方财政一般预算收入135万元，农民人均纯收入1.45万元。有幼儿园2所，小学1所，初中1所。乡级卫生院1所，村卫生室22个，个体诊所2个。城镇最低生活保障户数138户146人，城市医疗救助113人次。农村“五保”分散供养178人。参加城镇居民基本医疗保险1530人。

【东佳镇】 面积80.31平方公里，辖8个村、146个村民小组、1个社区、5个居民小组。2014年年末总人口2.12万人，其中非农业人口1201人；人口自然增长率负2‰。农民人均纯收入1.02万元。耕地面积1968公顷，粮食总产1.65万吨，出栏生猪3.4万头，羊1万只，牛300头，家禽25.9万羽。水产品总产量468吨，渔业总产值496万元。有乡镇企业7户。财政收入773.94万元，地方财政一般预算收入35.12万元。有幼儿园3所，小学3所，初中1所。各级各类医疗卫生机构11个，其中乡级卫生院1所、村卫生室10个。城镇最低生活保障户数86户129人，城市医疗救助63人次，农村医疗救助114人次。农村“五保”分散供养147人。年末城镇登记失业人数38人，城镇登记失业率3%，参加城镇居民基本医疗保险670人。

【河口镇】 面积67平方公里，辖8个村、2个社区、162个村民小组。2014年年末总户数7363户，总人口2.15万人，人口自然增长率0.89‰。耕地面积1632.47公顷，粮食总产量1.64万吨。出栏生猪2.78万头，牛171头，羊1.32万只，家禽16.85万羽，兔52万只，农民人均纯收入9066元。公共财政预算收入128万元。招商引资5462万元。完成投资625万元、日处理污水600吨污水处理厂建设。实现就地转移442人，劳务输出9018人，劳务创收2.8亿元。城镇低保对象82人；农村低保对象1036人。“五保”对象224人，其中集中供养38人，分散供养186人，新增25人。农村新型合作医疗参保人数1.64万人，参保率99%。

【望佳镇】 面积31.7平方公里，辖11个村、145个村民小组、1个社区、5个居民小组。2014年年末总人口2.01万人，其中非农业人口1526人；人口自然增长率0.3‰。农民人均纯收入1.38万元。耕地面积1412.5公顷，粮食总产1.5万吨，出栏生猪3.6万头，羊7200只，牛170头，兔70.8万只。水产品总产量393吨，渔业总产值417万元。乡镇私营企业4户。招商引资项目1个，引资9462万元。地方公共财政收入53.39万元。有幼儿园5所，小学2所，初中1所。各级各类医疗卫生机构15个，其中乡级卫生院1所、村卫生室14个。城镇最低生活保障户数101户115人，农村“五保”分散供养191人。年末城镇登记失业人数35人，城镇登记失业率88%，参加城镇居民基本医疗保险1037人。

【观山镇】 面积44.87平方公里，辖18个村、150个村民小组、2个社区、3个居民小组。2014年年末总人口2.01万人。耕地面积1331.57公顷。耕地面积1332.9公顷，粮食总产1.7万吨，农民人均纯收入1.02万元。出栏生猪2.42万头，羊6800只，牛210头，家禽47.2万羽。乡镇企业8个。招商引资到位资金5110万元，全社会固定资产实现5000万元。财政收入113.5万元。有幼儿园4所，小学1所，初中1所。乡级卫生院1所、村卫生室15个、个体诊所1个。新增低保216人、“五保”12人。发放各类民政资金40万余元，发放医疗救助资金23万元。

【新桥镇】 面积51.92平方公里，辖8个村、1个社区、104个村（居）民小组。2014年年末总人口1.97万人，其中非农业人口2517人。人口自然增长率2.17‰。耕地面积1423.2公顷，粮食产量1.4万吨，出栏牛122头，生猪2.46万头、羊9805只、兔54.7万只，农民人均纯收入1.01万元。地方财政公共预算收入328.78万元。有初中1所，小学2所。有市一级甲等医院1所、农村合作医疗5个。优抚对象124人，“五保”对象71人，城镇低保113户167人，农村低保731户829人，发放救助资金201.5万元，发放救济金24.24万元。参加农村新型合作医疗保险1.49万人。

【古文镇】 面积51.18平方公里，辖10个村、2个社区、129个村民小组。2014年年末总人口1.65万人，非农业人口933人。人口自然增长率负2.88‰。耕地面积1193.26公顷，粮食总产量1.37万吨，出栏生猪2.61万头、羊9000只、牛311头，家禽20.89万羽、兔100万只。农民人均纯收入9003元。财政总收入776.05万元，地方财政一般预算收入44.78万元。有九年义务制学校1所，卫生院1所、村卫生室12个。参加农村新型合作医疗1.41万人，民政部门资助参加合作医疗1013人。参加城镇居民基本医疗保险436人，城镇最低生活保障对象77人。

【铁厂镇】 面积59.01平方公里，辖10个村、108个村民小组、1个社区。2014年年末总户数4484户，总人口1.34万人，出生人口96人，人口自然增长率负2.64‰。耕地面积708.13公顷，其中田608.8公顷。全社会固定资产投资5200万元，社会消费品零售总额1210万元。农民人均纯收入9250元。出栏生猪2.2万头、山羊1.1万只、兔30万只、家畜18.6万羽。乡镇企业（私营企业）20户。招商引资6000万元。财政一般预算收入155.7万元，一般预算支出595.2万元。有初中1所、小学1所、幼儿园1所。文化站1个，卫生院1个。发放救灾救济资金20万元，纳入最低生活保障660户926人，其中城镇低保126户212人；农村低保534户714人；“五保”户共132人。

【正紫镇】 面积37.84平方公里，辖8个村、75个村民小组、1个社区。2014年年末总人口1.08万人，其中非农业人口833人；人口出生率8.34‰，人口自然增长率负1.21%。耕地面积799公顷，粮食总产8748吨，出栏生猪1.39万头、羊6700只、兔39.85万只、家禽15.16万羽。水产品总产量182.83吨，渔业总产值637.61万元。财政一般预算税收收入41.84万元，农民人均纯收入8948元。乡镇企业276户，其中私营企业2户。招商引资项目1个，引进资金3300万元。有中学1所，小学1所，幼儿园2所。乡镇卫生院1所。城镇低保49户79人，农村低保411户534人，农村“五保”户96户96人，孤儿6人。农村新合参保8468人，居民医保参保402人。

【古佳乡】 面积38.24平方公里，辖8个村、89个村民小组、1个社区、1个居民小组。2014年年末总人口1.05万人，其中非农业人口421人；

人口自然增长率1.65‰。农民人均纯收入9261元。耕地面积839.7公顷，粮食总产7837吨，出栏生猪1.32万头、羊9100只、牛132头、家禽16.96万羽。水产品总产量119吨，渔业总产值134万元。财政收入513万元，地方财政一般预算收入实现13.56万元。有幼儿园1所，小学1所。各级各类医疗卫生机构11个，其中乡级卫生院1所、村卫生室10个。城乡低保户558户639人，城镇最低生活保障户数69户，农村489户570人，优抚对象101人，医疗救助202人次，金额34.71万元；城市医疗救助300人次，民政部门资助参加合作医疗639人次。农村“五保”分散供养53人。

【复兴乡】 面积21.7平方公里，辖8个村、74个村民小组、1个社区。2014年年末总人口8502人，其中非农业人口436人，人口自然增长率负4.05‰。耕地面积566.13公顷。财政收入445.19万元，农民人均纯收入8569元。粮食产量4799吨。出栏生猪1.09万头，羊6024只，牛346头。民营经济实体198个。有小学1所、幼儿园1所，社会福利机构2个（复兴乡老年协会、复兴乡扶贫协会），敬老院集中供养老人55人，分散供养“五保”80人，农村医疗大病救助50余户，发放城市低保16户18人，农村低保410户462人。

【墨林乡】 面积42.89平方公里，辖7个村、73个村民小组、1个社区、7个居民小组。2014年年末总人口8595人，其中非农业人口403人；人口自然增长率负1.19‰。农民人均纯收入8261元。耕地面积484.33公顷，粮食总产5492万吨。出栏生猪9811头，羊8314只，牛433头，家禽9.86万羽。水产品总产量28吨，渔业总产值103万元。乡镇企业9户。财政总收入462.81万元。招商引资5000万元。有中心校1所。各级各类医疗卫生机构4个，其中乡级卫生院1所、村卫生室3个。敬老院1所，入住供养老人32人。城镇最低生活保障户数316户559人，城市医疗救助36人次，农村医疗救助85人次，民政部门资助参加合作医疗583人次。农村“五保”分散供养34人。

【东兴镇】 面积57.16平方公里，辖6个村、64个村民小组、1个社区。2014年年末总户数2673户，总人口8034人，其中非农业人口458人。人口出生率8.43‰，人口自然增长率8‰。农民人均纯收入9470元。耕地面积551.6公顷。粮食产量5225吨。出栏生猪1.08万头、羊9900只，小家禽出栏12.1万羽。乡镇企业209户，其中规模以上企业3个。财税一般预算收入完成250.09万元，招商引资3500万元。有初中、小学共1所、幼儿园2所。村卫生室5个。农村最低生活保障644户644人，农村散居“五保”79人，敬老院集中居住五保户40人，城镇低保36户39人，优抚对象56人。

【雷音乡】 面积37.4平方公里，辖4个村、60个村民小组、1个社区。2014年年末总人口8236人，其中非农业人口245人。人口出生率0.82%，人口自然增长率4.29%。耕地面积1513.1公顷，粮食总产量5501吨，生猪出栏1.68万头，农民人均纯收入8783元。乡镇企业9户。社会消费品零售总额1275万元。财政收入422.9万元。有小学1所，有卫生院1所。有敬老院1个，集中供养12人，分散供养62人；农村低保户437户，低保对象525人；城市低保户23户，低保对象23人。参加新型农村合作医疗8153人。

【于佳乡】 面积20.56平方公里，辖6个村、60个村民小组、1个社区、3个居民小组。2014年年末总人口8127人，其中非农业人口513人；人口自然增长率负2.07‰。农民人均纯收入8025元。耕地面积451公顷，粮食总产5381吨。出栏生猪9723头，羊6623只，牛135头，家禽15.43万羽。水产品总产量510吨，渔业总产值850万元。乡镇企业6户。地方财政一般预算收入完成33.74万元。有幼儿园1所，小学1所。医疗卫生机构1个，村卫生室9个。城镇最低生活保障户数12户12人，城市医疗救助48人次，民政部门资助参加合作医疗816人次，城市生活无着人员救助58人次。年末城镇登记失业人数65人，参加城镇居民基本医疗保险465人。农村低保367户410人，“五保”供养户105人。

【金花乡】 面积42.7平方公里，辖5个村、63个村民小组、1个社区、1个居民小组。2014年年末总人总口6806人，其中农业人口6536人。耕地面积920公顷。建成年出栏土鸡8000羽的养鸡场1个，年出栏黑山羊100只的养殖场2个，生猪年出栏500头养殖户4户。一般预算税收收入完成10.4万元。固定资产投入1300万元。招商引资

3000万元。农民纯收入8500元。有小学1所，文化站1个，农家书屋5个。卫生院1个，敬老院1个，集中供养“五保”户23人。有农村低保498户631人，城市低保7户8人，农村“五保”供养70人，发放民政资金102.5万元。

（荣县地方志办）

富顺县

概　貌

【位置　面积　人口】　富顺县地处四川盆地南部、沱江下游，位于北纬28°55′—29°19′、东经104°40′—105°16′之间。东邻隆昌，南接泸州，西靠沿滩，东北与隆昌临界，西北与大安相连，西南接壤宜宾。县政府驻地富世镇，距省会成都200余千米。2014年年末，辖区面积1342平方公里。居民户数32.35万户，人口109.57万人。其中，农业人口83.17万人，常住人口82.85万人，城镇化率36.12%。

【建置沿革】　富顺县原为古代江阳县治域，北周天和二年（567年）划出富世盐井及周围地区，设雒原郡及所辖之富世县。隋开皇二年（582年），撤郡存县，隶于泸州，县域约1500平方公里。唐贞观二十三年（649年），更名富义县。北宋乾德四年（966年），升县为监，隶于梓州（潼川）府路，境域约3000平方千米。太平兴国元年（976年），改名富顺盐监。元世祖至元十二年（1275年），改富顺监为富顺安抚使司；至元二十年（1283年），升为州，隶于四川行中书省之叙州路。明洪武四年（1371年），降州为县，隶于叙州府。清代因之。民国前期，先后隶于川南道、永宁道。民国17年（1928年），裁道，隶属四川省。民国24年（1935年），隶于四川省第七行政督察区，县域2208平方千米。新中国成立后，先后隶于泸县、隆昌、泸州、宜宾专区。1983年3月，划归自贡市管辖。2001年4月，撤区并镇，全县辖27镇、4乡。2005年7月，自贡市区划调整，县域庙坝、牛佛、回龙镇划归大安区管辖，瓦市、仙市镇划归沿滩区管辖。全县辖22镇、4乡，辖区面积由1603平方千米减为1342平方千米。

【地质水文】　县境地势由北向南倾斜，地形以馒头状浅丘为主，占总面积90%以上。浅丘多由页岩和泥岩组成，相对高度20米—60米之间，坡缓土厚，宜耕种。河流属沱江水系，沱江由北向南纵贯县境，境内河段长94千米，年平均径流量每秒350立方米。另有大小溪河367条。其中：长度10千米以上，流域面积30平方千米以上25条；长度50千米以上，流域面积100平方千米以上3条。

【气候】　2014年，年初冬干，5月出现夏旱，6月阴雨寡照天气居多，7—8月部分镇乡再现轻度伏旱，汛期多暴雨但无明显洪涝天气。全年平均气温18.2℃，比常年平均气温高0.3℃。极端最高气温38.1℃，极端最低气温2.2℃。降水量1038.3毫米，比常年平均降水少10.3毫米。日照时数889.1小时，比历年平均日照时数少282小时。

【自然资源】　县境自然资源丰富，沱江富顺段可开发电能6.8万千瓦，建有装机容量1.4万千瓦、1.8万千瓦水电站各1座。有煤炭、石灰石、卵石、河沙、建筑石料等矿产资源14种，矿产地148处。野生植物有药材60余种，野生动物以鸟类、鱼类为主，以及龟、鳖、野兔等。2014年年末，森林面积2.77万公顷，森林覆盖率34.5%，主要树种有马尾松、杉树、大头茶桉、泡桐、笋竹等。实有耕地面积4.87万公顷，主要种植花生、油菜、大豆、芝麻、甘蔗、优质柑橘、茶叶、蚕桑等经济作物和水稻、小麦、玉米、高粱、红薯等粮食作物。禽畜养殖以生猪、肉牛、黑山羊、鸡、鸭、鹅、兔为主。

【旅游资源】　县城聚集有国家级文物保护单位富顺文庙、省级文物保护单位“戊戌六君子”之一的刘光第墓，有西湖、五府山、钟秀山、千佛寺、回澜塔、天然石佛、福源灏清代民居、后街——市中花园古城区等景区景点。县境沱江段因拦江发电，形成黄泥滩、黄葛灏2座人工湖；沿江有明清建筑风貌保存完好的四川省历史文化名镇——狮市古镇，中国历史文化名镇——赵化古镇，以及与合川钓鱼城齐名的虎头城古迹遗址等。青山岭山脉横贯县境东南，山中有传闻明朝建文皇帝隐居的金田寺遗址，有始建于明朝末年的普法寺，天池湖景区坐落其间；其尖山坡一带，具有独特的喀斯特地貌，有上、下仙鹅洞及仙女洞等溶洞。李桥镇五条沟景区方圆10平方千米，山高林密，风光秀美。年末，县境有森林公园2个、旅游景区5个。

政治建设

【重大决策】 1月2日，县委、县政府制订加快科技创新体系建设增强企业自主创新能力实施意见。《意见》提出，要通过加大投入、政策支持和奖励扶助等措施，搭建和提升科技创新平台，加快化工及新材料等技术攻关；促进科技成果转化和产业化发展，培育高新技术企业和科技创新人才。到2016年，建成产学研合作创新体系，科技与经济、金融结合创新试点县，技术创新示范县，国家级知识产权工程示范县，科技创新试点示范基地。到2020年，跨入全省丘陵地区创新体系建设先进县行列。4月4日，县委、县政府作出建设生态县决定。旨在通过产业结构调整、环境整治和发展循环经济等措施，控制农业、城乡生活污染，改善生态环境质量，保护和合理利用自然资源。2016年、2020年，分别达到省级、国家级生态县建设标准，空气环境、水环境、声环境全面达标，集中式饮用水源水质100%达标，城市生活污水集中处理率70%以上，乡镇建成区生活污水集中处理率50%以上；城镇生活垃圾无害化处理率80%；森林覆盖率35%以上。同时，明确投资与融资、环境容量控制、监督管理、考核奖惩等保障措施。4月10日，县委、县政府发出推进新型工业化工作通知。提出调整产业结构，发展化工及新材料、食品加工、机械机电、纺织服装等优势产业；加快项目建设，规划工业投资21亿元，开工项目40项，竣工投产项目10项；提升企业竞争力，培育主营业务收入超1亿元企业50家。10月16日，县政府印发大气污染防治行动实施方案。推进工业产业升级，淘汰落后产能，发展循环经济和节能环保产业，减排工业污染物；综合整治城市环境，控制餐饮油烟、施工场地与道路扬尘等污染源；推广新能源汽车，防治机动车污染；调整能源结构，利用天然气等清洁能源；以及健全监测预警和应急体系，加大环保宣传与执法等。到2017年，PM10（空气中小于10微米的微粒）浓度将比2013年下降5%以上，PM2.5年均浓度逐年下降，空气质量优良天数逐年增加。8月22日，县委、县政府印发加快推进新型城镇化建设工作要点。即加快交通、小城镇建设，改善城乡生态环境；发展农业特色产业，建设美丽乡村；培育旅游、商贸物流，发展现代服务业；深化农村户籍、住房综合改革，释放农村活力；完善公共服务，促进城镇化发展。11月3日，县委、县政府印发全面深化扩权强镇改革意见，旨在完善镇乡职责、厘清发展思路；创新镇乡行政管理体制，设置党政、经济发展、社会事务、社会治理、财政等综合办事机构5个，下放林业、水务、计划生育等服务站所管理职责，增强镇乡人事权、财政与事务权属；建立考核激励机制等。11月13日，县政府制订加快养老服务体系建设实施意见。通过财政、金融、税收和医疗等优惠政策，引导社会力量投资兴办老年公寓、居家养老及其他养老服务机构，为老年人提供生活、医疗、娱乐等服务；推行家庭为核心、社区为依托居家养老服务模式；培训养老护理员职业技能，发展志愿者队伍，提高养老服务水平。到“十二五”期末，实现90%老年人自我照料和社会化服务居家养老，7%老年人社区专业化服务养老，3%老年人养老机构集中养老。全县新增养老床位1968张，总床位5868张。

【县委工作】 2014年，召开县委常委会议12次、全委（扩大）会议3次，作出建设科技创新体系、推进工业化、新城镇建设、扩权强镇改革等重大决策，整治“庸懒散浮拖”等问题。举办春节送温暖，“情满富顺”科技、文化、卫生下乡，烈士公祭，“12·4”宪法宣传等活动。完善目标绩效考核体系，明确26个镇乡、50个县级部门、11个垂直部门目标任务、考评办法。开展机关工作作风、城乡环境整治、重大工程建设等专项督查，通报责任单位20余个。简文减会，编印《县委每月重点工作》《社情民意专题调研》《富顺信息》等资料100余期，编辑《中共富顺县委2013年执政实录》。2月17日，在县会务中心召开县委十一届代表大会第三次会议，表决通过县委、县纪委工作报告决议。7月1日，召开庆祝“七一”暨表彰大会，表彰富世镇、东湖镇卫国村等基层党组织39个，优秀党员61人。

【人大监督】 2014年，开展执法检查9次，监督义务教育法、环境保护法等10部法律法规贯彻执行情况。组织代表视察活动13次、工作调研32次，监督财政预算收支、工业、农业等国民经济和社会发展情况，视察住房保障、场镇生活垃圾收集与处理等惠民工程，走访群众8000余人次，接待群众信访103件次。召开县人大常委会议7次、主任会议15次，听取和审议县政府、县检察院、县法院工作报告，作出决议决定13项；补选市代表3人、县代表1人，罢免县代表2人；任命国家机关工作人员109人、免职19人。2月20—22日，在县会务中心召开第十五届人大三次会议，会议听取和审查县人大、县政府、县法院、县检察院工作报告，并通过相关决议，补选常委会委员8人。全年督办代表议案1件、建议意见107件。

【政府工作】 2014年，召开政府常务会议18次，研究招商引资、项目建设、机构改革、人事任免等事项90余项；召开城乡扬尘治理、农村工作等重要会议10余次。举办义务植树、军警民联合反恐演练、迎新年全民健身跑等重大活动。推动农村产权与户籍制度改革，扩权强镇。政务督查重大决策、重大项目落实情况，办理人大代表议案与建议108件、政协会员提案128件。推进依法行政，组织“会前讲法”活动1032场次，培训领导干部1.3万人次；清理行政审批事项232项，取消审批事项31项、收费项目16项；公开政府信息1930条，行政权力3764项。发展经济和社会事业，地区生产总值206.8亿元，比2013年增长7.8%。建成省级环境优美示范镇1个、美丽乡村10个。

【政治协商】 2014年，召开常委会议8次、主席会议8次，协商县政府、县检察院、县法院工作报告，以及财政预（决）算、招商项目等重点工作，提出产业发展、社会民生等意见建议92条；协商县委拟提拔任用科级干部人选55人。组织委员调研春耕生产、金融安全、旅游开发等情况，撰写调研报告和议案10余篇，反映棚户区改造、校园环境整治等社情民意39条。实施民主监督，测评64个党政和公共服务部门办事效率、履行职责及廉洁从政情况；参与群众工作大接访、重要案件庭审、民生工程听证和征求意见等活动。督促34个单位办理委员提案105件，委员满意率98%以上。开展文史宣传，编纂出版《才子之乡·富顺》文史丛书。

【纪检监察】 2014年，开办“廉政大讲堂”19期，党风廉政培训385人；开展警示教育，组织党员干部1000余人次旁听法庭审理贪污贿赂、失职渎职等案件。创建县地税局、琵琶镇金竹村等廉政文化示范点34个，发送廉政手机报22期6万余人次，播放廉政公益广告100余条（次）。党风廉政约谈镇乡、部门党政主要负责人17人，述责述廉109人；查处履行“一岗双责”不到位领导干部5人，目标考核“一票否决”单位3个。正风肃纪，纠正城乡低保中优亲厚友、中层干部“中梗阻”等问题654个，清退违规发放钱物820万余元；查处“四风”案件54起，党纪政纪处分54人，效能问责42人。预防腐败，公开县级机关行政权力4132项，诫勉谈话科局级领导干部7人、任前廉政约谈76人，廉洁情况审查拟评为优秀和先进单位391个、个人941人。全年受理群众检举控告类举报262起，立案119起，涉嫌犯罪移送司法机关12人。

【组织工作】 2014年，开展党的群众路线教育实践活动，领导干部走访群众1.38万人次，解决农村饮水、供电网络改造等问题1145个。公开遴选优秀年轻干部和人才100余人，培训干部6万人次。提拔科级领导干部54人，交流29人，免职31人。开展“三分类三升级”活动，评定先进党组织576个、一般党组织445个、后进党组织71个，帮助软弱涣散党组织培育主导产业17项，35个软弱涣散村（社区）党组织全部转化升级。评定五星级党员6838人、四星级党员1.33万人、三星级党员1万人、二星级党员2668人、一星级党员693人，责令不合格党员58人限期整改、劝退10人、除名14人。是年，发展党员302人。年末，全县有直属党委48个、党总支47个、基层党支部994个，党员总数3.44万人。有党政机关干部2286人。其中：县级领导干部32人，正科级干部213人，副科级干部396人。

【思想政治宣传】 2014年，建设学习型党组织，县委中心组组织党的十八大和十八届三中、四中全会精神专题学习14次，培训党员干部2500余人（次）。策划社会主义核心价值体系建设、依法治县等宣传专题10个，县广播电视台、《富顺报》等新闻媒体刊发稿件5000余篇，编发手机信息

1850余条，获新华网等中央级媒体采用23篇（次），四川电视台、《四川日报》《华西都市报》等省级媒体采用1200余篇（次）。发布网评文章和评论860余条，撰写经济文化体制改革调研报告600余篇。举办迎春晚会、“龙腾狮跃”闹元宵舞龙舞狮比赛、摄影作品比赛、第十届“西湖之韵”音乐会等活动100余场（次），发掘西湖二胡、童寺唢呐、福善镇牛儿灯等民俗文化。开展践行社会主义核心价值观实践活动，入选自贡市第三届十大道德模范4人；建成富世镇海棠村、古佛镇凤仪村幸福美丽新村，以及中央项目乡村学校少年宫3所、县级乡村学校少年宫2所。

【政法工作】 2014年，组建法律服务小分队13支、聘请法制副校长91人、义务法制宣传员375人，开展普法到学校、进企业、进社区等活动120余次。创新社会管理，全县划分网格225个，配备网格服务人员628人，采集人口信息72.4万条，解决群众申诉问题5214个，排查、调解矛盾纠纷2132起。维护社会稳定，确保银杏路、自隆高速公路等重大项目施工秩序，拆除违法违章建筑4.13万平方米，化解信访积案42起。打击违法犯罪，县公安局破获刑事案件487起，查处“黄赌毒”等治安案件177起、邪教活动案件5起；县检察院批准逮捕案件161起241人，移送法院起诉290起500人；县法院受理各类案件7758起，审结7581起；县司法局实施法律援助案件351起。

【统战工作】 2014年，发挥民主党派参政议政、民主监督作用，开展教育、城乡环境整治、基本农田保护等调研活动，参加县委、县政府情况通报会7次。成立党外知识分子联谊会，发展民主党派成员16人，培训党外后备干部28人。引导非公有制经济人士参与地方经济和社会事业建设，引进项目5项，总投资10亿元以上；资助贫困家庭学童19人、大学新生54人，赠送学校教学器材、学生餐具，捐建校园设施等。开展侨务、对台和海外统战工作，春节，慰问重点台胞台属和贫困台胞台属8户，赴台文化交流大学生1人，接待台北市友人18人参观怀德戎春酒厂。

【武装工作】 2014年，建设军营文化，宣传社会主义核心价值观。专业训练民兵骨干、情报信息员，以及专业救援队、综合应急连、独立步兵连民兵，整组点验26个镇乡应急民兵860人，组织应急民兵156人参加全县反恐维稳实兵演练。宣传兵役政策，发送短信30万余条、宣传单2万余份，圆满完成夏、秋季征兵任务。开展军地共建活动，慰问困难群众、军烈属52人，送物资、慰问金总值8.3万元。9月，县人武部整体搬迁至东湖镇南环路。该营区占地1.4公顷，建筑面积6517平方米（含民兵训练基地3712平方米），投资2000万元，历时4年建成。

【工会活动】 2014年，举办职工趣味运动会、桥牌比赛、篮球公开赛。开展“大培训、大练兵、大比武”活动，参与单位684个、职工4.94万人次，创建“工人先锋号”6个，评选第三届全县职工技能大赛技术能手30人；职工技术革新、发明创造235项，合理化建议1166条，创造经济价值1028万元。维护职工权益，追讨职工1020人工资650万元。建有镇乡、社区困难职工帮扶站44个，救助94人13.25万元；女职工大病互助保险参保4600余人，赔付17人26万元。“春送岗位”培训农民工400余人，下岗人员再就业450人；“夏送清凉”走访企业289家，赠送职工清凉消暑药品价值55.8万元；“秋送助学”资助困难职工家庭大学新生85人22万元；“冬送温暖”慰问275家企业困难职工3335人次，送慰问金240万元。是年，新建基层工会25个，入会职工600人。年末，全县建有基层工会1405个，会员33万人。已建工会企业工资集体合同签订率95%以上，女职工权益保护和劳动保护专项集体合同签订率100%。

【共青团工作】 2014年，弘扬社会主义核心价值观，举办“我的中国梦——奋斗的青春最美丽”教育实践和演讲比赛、文艺演出等。建有青年志愿者协会、“小红帽”“富顺义工”等社会志愿者组织5个，有青年志愿者4000余人，开展社区服务、应急救援等活动100余次。投资15万元，建成星级留守学生之家33所，慰问、陪护留守学生1200余人。开展周末剧场等文化体育活动，青少年宫开设素质拓展专业10余个，招生3.2万人次；舞蹈、美术、围棋等艺术课程培训乡村青少年500人；组织留守儿童114人参加自贡、成都等地公益夏令营。是年，新建非公有制企业团组织15个，发展团员3000余人，资助贫困大学新生200

人。年末，全县建有团组织 1841 个，团员 5.3 万人。

【妇联工作】 2014 年，培训农村妇女白鹅养殖、甜橙管理等技术，创建市级巾帼文明示范村 3 个，县级巾帼文明示范村 5 个、就业示范基地 1 个。展示巾帼风采，举办“三八”节“富益杯”运动会、女性摄影作品展等活动。评选绿色、卫生、低碳家庭 312 户，洁美家庭 26 户，创建平安家庭 100 户。关注儿童成长，赠送 8 所学校贫困留守儿童 14 人书包、书籍等，结对资助贫困学生 77 人 3.95 万元。关心贫困母亲，资助贫困母亲 89 人 4.36 万元；赠送飞龙镇贫困母亲 36 人保暖内衣、毯子等物品，东湖镇残疾贫困母亲 7 人轮椅。关注女性健康，“两癌”（乳腺癌、子宫癌）免费检查 2.4 万人，医疗救助 14 人 14 万元。年末，全县建有机关、企事业单位妇女组织 57 个，镇乡妇联 26 个，法律援助工作站 27 个。

【政务服务】 2014 年，清理行政审批前置条件，取消行政许可（审批）和管理服务事项 22 项，承接上级部门下放行政许可（审批）事项 10 项，下放镇乡行政许可（审批）事项 28 项。制订服务标准 32 项，政务服务中心办理服务事项 90.73 万项；组织实施公共资源交易 306 宗，招投标金额 6.12 亿元，节约资金 1 亿元；产权出让收入 9.85 亿元，增值 1.29 亿元。镇乡便民服务中心办理服务事项 9.5 万项、村和社区办理服务事项 17.86 万项，按时办结率 100%。惠民服务帮扶群众 98.26 万人次，资金 1.23 亿元。规范中介行为，办理划拨土地补办出让手续 825 宗、国有土地转让手续 1934 宗，收入 2164.34 万元；评估房地产 780 宗，收入 65.2 万元；办理房屋转移、抵押、登记、注销等事项 2.01 万项，收入 1191.02 万元。

【信访和群众工作】 2014 年，组织信访下乡活动 12 次，接待群众 4000 余人次，排查农村居民点建设、高速公路占地补偿等突出问题及矛盾纠纷 1236 件，化解 1193 件。完善信访登记、接待、答复、督办等工作程序，全年接待信访 1757 件次，比 2013 年下降 7.14%。其中：来访 470 起 1772 人次，来信 193 件，网上信访 942 件次，电话来访 152 件次。现场处置 674 件，交办相关单位办理 1083 件次。督办中央、省委巡视组交办信访 92 件。

经济建设

【主要经济指标】 2014 年，全社会固定资产投资 100.82 亿元，增长 25.6%。社会消费品零售总额 74.53 亿元，增长 13.6%。地区生产总值 206.8 亿元，按可比价计算，比 2013 年增长 7.8%。其中：第一产业增加值 37.69 亿元，增长 4%；第二产业增加值 111.43 亿元，增长 9.1%；第三产业增加值 57.69 亿元，增长 7.4%。三次产业比重由 2013 年 19∶53.5∶27.5 调整为 18.2∶53.9∶27.9。全年农业产值 60 亿元，增长 4.1%。工业增加值 90.55 亿元，增长 8.6%。非公有制经济增加值 114.76 亿元，增长 8.7%，民营经济对经济增长贡献率 62.6%，拉动经济增长 4.9 个百分点。

【种植业】 2014 年，实施重大项目 11 项，总投资 5.77 亿元。建高标准农田 533.33 公顷，推广测土配方施肥面积 6.57 万公顷，建成现代农业示范园区 10 个，培育再生稻高产核心示范片 3 个，建中稻—再生稻产业基地面积 2.68 万公顷、吨粮田工程面积 6693.33 公顷；高产示范种植高粱—再生高粱 5013.33 公顷，种植总面积 1 万公顷。生产技术培训农民 8.55 万人次，播种粮食面积 6.96 万公顷，产量 47.32 万吨，实现 8 年连续增长，获省政府粮食生产“丰收杯”奖。其他作物种植油菜 5133.33 公顷，产量 1.1 万吨；蔬菜 1.12 万公顷，产量 48.7 万吨，产值 6.3 亿元；水果产量 12.3 万吨，产值 3.4 亿元。

【农业机械】 2014 年，新建、改建机耕道 61 千米。1027 户农户投资 294.44 万元，购置农机具 1043 台，获财政补贴资金 126.08 万元。新增提灌机械 320 台，修复、改造提灌机械 1356 台 1.37 万千瓦。全县农业机械总动力 28.39 万千瓦，比 2013 年增加 4.1%。全年机耕作业面积 3.19 万公顷、播种面积 80 公顷、收割面积 1310 公顷、植保面积 5 万公顷，机械半机械脱粒量 36.1 万吨，加工农副产品 30 万吨；机电提水量 788 万立方米。

【林业】 2014 年，义务植树 114 万株，人工造林 880 公顷，改造低产低效林 1000 公顷；建花卉基地 133.33 公顷，油茶、核桃基地 466.67 公顷。管护天然林 2066.67 公顷、公益林 5215 公顷。25 家木竹制品加工企业年产竹笋 2 万吨、竹（木）

胶合板5万张、竹片1万吨。全年林业固定资产投资2.02亿元，产值17.49亿元。保护森林资源，有害生物防治面积133.33公顷，清除枯死树木3356株，皆伐松材线虫病害松林118.23公顷。投保森林面积7600公顷，发生森林火灾12起，过火面积2.08公顷。森林执法查处盗伐、滥伐林木案件4起，非法收购、运输木材案件19起，没收木材80.5立方米。年末，森林覆盖率34.5%，比2013年提升1个百分点。

【畜牧业】 2014年，预防猪瘟、猪高致病性蓝耳病、禽流感等畜禽疫病，免疫密度100%，圈舍消毒率100%。促进生猪规模养殖，扩建标准化养殖场4个，建成年出栏500头养殖小区8个，培育年出栏200头养殖户500户，生猪规模化养殖率60%，比2013年提高4个百分点。发展年存栏黑山羊母羊100只以上标准养殖场8个，有蛋鸡规模养殖场10个，年产鲜蛋8000余吨。全年出栏生猪68.45万头、肉牛1.07万头、肉羊44.68万只、肉兔1517.8万只、小家禽855.5万羽，肉类总产量8.75万吨，禽蛋产量1.27万吨。畜牧业增加值11.86亿元，比2013年增长5.42%。产地检疫动物201.7万头（只），检出并无害化处理2389头（只）；屠宰检疫动物118.23万头（只），无害化处理1560头（只），生猪定点屠宰检疫率100%；市场交易检查动物4.66万头（只）、动物产品406.85吨，无害化处理生猪4184头。无重大畜产品安全事故。

【水利】 2014年，投资3.7亿元，整治各类水利工程237处，新建渠道60.5千米，敷设管网39.5千米，新增、改善和恢复灌溉面积1566.67公顷，解决6.65万农村人口饮水安全问题，治理水土流失面积28.67平方千米。保护水资源环境，清理溪河、水库、堰、塘漂浮物3.15万吨，立案查处4起非法采砂案。推广水产养殖技术，引进“中科三号”鲫鱼、银鹭鲫、长丰鲢等名优品种，申报农业部水产健康养殖示范场1个、无公害水产品基地1个。开展春季禁渔及整治违规渔具行动，没收、放流江河渔获物279千克，销毁违法渔具370余件，向江河投放南方鲇、翘嘴鲌等鱼苗12万尾。全年水产品产量1.76万吨，产值3.43亿元。

【工业经济】 2014年，投资23亿元，开工建设机电摩托车配件、特种工程塑料等项目20项，竣工投产富戎化工、西艾氟、中实机电等项目15项，完成江阳磁材、万寿酒业、威力富戎等企业改造项目，淘汰古佛镇玉佛机砖厂等3家企业落后产能，关闭起凤煤矿。全年规模工业企业主营业务收入212.98亿元，增长8.99%；增加值72.31亿元，增长7.9%；利润13.71亿元，增长17.09%。年末，有规模以上工业企业111家。其中：煤炭开采和洗选业4家，非金属矿物采选业3家，农副产品加工业13家，食品制造业5家，饮料制造业7家，纺织业9家，皮革、毛皮、羽毛及制品业1家，木材加工及木、竹、藤、棕、草制业5家，造纸及纸制品业4家，化学原料及化学制品制造业15家，医药制造业1家，化学纤维制造业1家，橡胶制品业5家，塑料制品业3家，非金属矿物制品业13家，黑色金属冶炼及压延加工业1家，金属制品业2家，通用设备制造业10家，铁路船舶航空航天和其他运输设备制造业1家，电气机械及器材制造业5家，电力热力的生产和供应业1家，燃气生产和供应业1家，水的生产和供应业1家。

【商务流通】 2014年，投资5.82亿元，建成紫晶悦城千盛购物广场、四星级景豪大酒店、西城国际商贸风情特色街、瑞祥商贸城家具建材馆、天皓汽贸4S店等项目；改造县城区吉安庄、白杨湾、冬瓜山农贸市场。培育限额以上商贸企业15家，总数106家。维护市场秩序，检查生猪定点屠宰企业80家（次）、酒类流通经营户250余户；备案登记再生资源回收企业132家，回收废旧金属2.3万吨、其他废旧物资2.5万吨。组织县境企业参加“川货全国行”“西博会”“食博会”等商贸展销，以及迎春购物月、家纺产品联展等促销活动。全年社会消费品零售总额83.69亿元，比2013年增长12.3%。其中：批发业16.27亿元，增长12.7%；零售业55.36亿元，增长12.3%；住宿业1636万元，增长14.4%；餐饮业11.9亿元，增长12%。20家外贸企业出口总值3327万美元，2家企业合同利用外资240万美元。

【旅游】 2014年，举办第三届“餐饮美食大赛”和“变革图强，用生命唤醒国人——甲午战争120周年”刘光第研讨会；编辑出版《富顺旅游览胜》。建造东湖镇山林村景观、琵琶镇金竹渔村牌坊等乡村标示项目，新建、扩建农家乐5家，宝庆乡天池湖度假村、东湖镇天惠山庄分别评为四星级乡村酒店和三星级农家乐。全年景区景点接待游客240万余人次，旅游收入24.1亿元。

【供销合作】 2014年，实施四川省农村社会化服务体系示范县项目建设，新建农副产品收购站（点）24个、农产品直销店5个、农村社区综合服务社24个，新增再生资源回收站60个、流动回收点60个。发展桑蚕养殖、花卉苗木种植等专业合作组织4个，纳入服务体系农民专业合作社300家。投资168万元，新建33.33公顷花椒种植基地1个，在石道、长滩、永年、龙万等镇乡种植花椒1300公顷，建产业道路、蓄水池等设施。全年供应化肥5000吨，销售额6301.13万元，农副产品收购总额3.51亿元，利润720.24万元。

【财政税收】 2014年，地方公共财政收入5.97亿元，综合财力51.16亿元。其中：地税收入3.87亿元，国税收入3400万元。是年，科技园区、市政设施、水利工程等重大项目投资18.01亿元，教育、科技、文化、卫生等社会事业支出12.72亿元，住房保障、粮食与退耕还林补贴等支出4.4亿元，新农村建设支出7.73亿元，偿还本年到期政府性债务5.61亿元。全年财政总支出48.99亿元，地方财政支出31.3亿元。财政监管审批政府采购业务1276笔，节约资金2700万元；评审项目302项，节约资金1.12亿元；压缩“三公”经费1798万元。推行税制改革，企业减负1285万元，免征个体经营户税收274万元、小微企业营业税收及附加费606万元。

【金融保险】 2014年年末，县境银行业金融机构存款余额227亿元，比年初增长10.97%；贷款余额113.75亿元，比年初增长33.7%。保险业保费收入1.91亿元，增长3%；各类赔付支出1.75亿元，增长31%。

【国有资产管理】 2014年，斥资103.51万元，改制县化工轻工建材公司、物资开发公司、乡镇企业供销公司等3家破产、停产10余年国有企业，安置职工58人、托管退休人员9人。盘活国有资产，制订镇乡闲置资产处置方案31个，关闭立峰实业、富顺医药与自强贸易等3家公司；公开出租资产691处，经营收入139万元；公开拍卖原旧城区资产6宗，收益240.9万元。建立国有资产安全管理台账，排除童寺经营站、自贡火柴厂、丝厂等企业安全隐患9处。搭建融资平台，向金融机构申请晨光科技园区基础设施建设资金1.5亿元、滨江路棚户区改造资金8000万元，全年融资总额5.4亿元，偿还到期债务1.68亿元、利息3374万元。

【招商引资】 2014年，包装、推介产业发展、基础设施建设、民生工程等招商引资项目150余项。其中，1亿元以上项目44项。开展春节“归雁”招商，引进红运物流等企业4家，投资近35亿元。参加“携手灯城·龙聚盐都”“中外知名企业四川行”、西博会等招商引资活动，签订投资协议9项，资金55亿元。全年接待华商协会、川投等客商40余批（次），到位市外资金77亿元。其中，省外资金43亿元。

【科技推广】 2014年，实施国家、省级科普项目7项，播放影视科教片30余场（次），飞龙镇蚕桑协会、县水禽养殖协会评为全国科普惠民先进单位。实施科技项目44项，培育四川能之星燃料科技有限公司和县众城氟塑厂为高新技术企业，发展和才养殖有限公司、原野食用菌种植有限公司等民营科技企业10家。保护知识产权，发放资料2.56万份，专利技术培训210余人次，晨光科技园区评为全省知识产权示范园区。全县申请发明专利63件，实用新型专利76件，外观设计专利71件，四川能之星燃料科技有限公司“非金属基柴油添加剂”经省科技厅鉴定，技术领先国内水平。青少年参加省、市第二十九届科技创新大赛，获省级奖项26项、市级奖项76项。

【工商行政管理】 2014年，新开设公司401家、营业单位及分支机构17家；个人独资企业95家、合伙企业6家；新发展农民专业合作社39个，登记农村经纪人58人、家庭农场31个。企业融资动产抵押36件5.12亿元，股权出质19起1.05亿元，担保债权2.4亿元。实施商标品牌战略，注册商标7件，申报“佐餐君”“美乐”为省著名商标，“fx”“巴崖寨”为市知名商标。规范市场秩序，抽检农资18批次，查处不合格商品5个，处罚2.5万元。全年现场处罚违法违章经营行为4290起，立案查处252起，取缔无照经营户73户；清理民间融资中介机构78家，注销6户；巡查广告制作单位8家、印刷企业15家，查处违规广告66条。保护消费者权益，设“12315”联络站19个、消费维权服务站23个，受理消费投诉273起，为消费者挽回经济损失154.8万元。

【物价监管】 2014年，开展价格检查32次，监管商品9大类90个品种，发布价格动态信息20期，查处价格与收费投诉23起。价格鉴证涉案财物80件次，标的200万元。收费许可年度审验单位37个，收费项目110项。全年居民消费价格（CPI）比2013年上涨1.9%。其中：食品类上涨2.4%，非食品类上涨1.6%，服务项目上涨3.6%。工业生产者出厂价格（PPI）下降1.2%，购进价格下降0.1%。

【质量技术监督】 2014年，创建“蜀佳牌”香辣酱、“豆花蘸水”、“戎春牌”白酒等第十一届四川名牌产品；备案工业企业产品标准4项，实施机关优质服务标准34项，富顺县成为全省首批地理标志产品保护示范区。强化计量监督，检定、校准2家车辆检测单位计量器具，抽查12家定量包装生产企业；检定电子计价秤39台、台秤27台、加油机87台。特种设备安全监察锅炉、起重机械、压力容器、游乐设施及CNG（压缩天然气）等使用单位187家，检测率100%。

【审计管理】 2014年，财政预算、决算执行情况审计县财政局、地税局及东湖镇等单位6个，查出违纪违规金额9.75亿元。固定资产投资审计项目125项，投资额131.55亿元，核减投资1.06亿元。任期经济责任审计部门、镇乡领导6人，查出违纪违规金额247万元。专项审计水土保持、农村饮水安全等民生项目9项，无违纪违规行为。全年审计项目151项，提出审计建议133条，公告审计结果8项。查出违规金额8159万元、管理不规范金额9.41亿元。责令上缴财政8159万元，减少财政拨款或补贴1.06亿元，归还原渠道资金6.8亿元，调账处理1.52亿元。

【统计与调查】 2014年，在富世镇青岗山社区建立全县首个社区统计站，开通26个镇乡及园区统计系统局域网。实施工业、农业、服务业等专业统计30余套，抽查人口劳动力变动、进城农民工就医等情况。发布《2013年富顺县国民经济和社会发展统计公报》，编发《统计分析》14期、统计信息80余篇。全年地区生产总值206.8亿元，比2013年增长7.8%。城镇居民可支配收入2.28万元，增长9.7%；农民人均纯收入1.01万元，增长11.3%。国家统计局富顺调查队实施产粮大县监测、消费价格、畜禽监测等调查14项，完成第三次全国经济普查个体工商户抽样调查、畜禽产品价格下跌对农民增收影响等专项调查4项。撰写经济信息和分析报告83篇。其中：获省总队采用39篇（次），省委、省政府办公厅采用4篇，国家统计局及国务院办公厅、中央办公厅采用6篇。

城乡建设

【规划与建设】 2014年，编制县城南环路等区域规划5项、镇乡总体规划13项。新农村建设在童寺、永年、骑龙等镇建农家大院94个，代寺、骑龙等8个镇乡农户集中建房480套。市政设施黑化街道2.37千米，建成西湖影剧院广场，敷设县城区A区排水管网1.2千米。住房保障改造棚户1493户，发放2600余户廉租房租赁补贴358.9万元，配租廉租房250套。建设监理施工许可项目44项，建筑面积45.22万平方米；施工图和建筑节能审查备案建筑工程项目30项，面积34.8万平方米；设计方案审查建筑项目4项，面积12.6万平方米。人防工作建成釜江广场过街通道及童寺、安溪、福善镇疏散基地3个。全年实施重大项目27项，投资26.03亿元。房屋建筑施工面积111.6万平方米，下降5.21%；竣工面积30.2万平方米，增长56.16%。县境32家建筑承包企业、28家劳务分包企业实现产值44.03亿元。年末，县城建成区面积20.5平方千米，聚集人口22.75万人。

【新农村建设】 2014年，投资5.86亿元，新建小城镇居民点4个，新增住户230户；建成东湖镇千秋、富世镇海棠、万寿镇青山等农户集中居住点21个，聚居农户1220户；民居风貌改造农房1440户。基础设施投入1.39亿元，黑化乡村道路10.52千米、硬化47.8千米，新建产业道54.2千米、便民路35千米，建成石拱桥8座、码头2座；整修山坪塘110口、石河堰14道、提灌站11座、渠系41.3千米，治理水土流失面积6.54平方千米。公共设施建设投资1527万元，新建村级公共服务中心11个，文化体育广场21个，公厕10座，垃圾库12座，污水处理设施2座。

【交通运输】 2014年，公路交通投资9.48亿元，建成S207线一、三标段及泸富路、童踏路等干线公路109千米；改建乡道、村道484.7千米；安装护栏等设施113千米。水上交通投资388.2万元，修建乡村人行桥6座、候船亭6个，维修狮市渡口码头；购置机动船2艘、改造7艘。整治客、货运输秩序，收缴非法运营电动三轮车532辆。路政管理检查运输车辆2.82万辆（次），纠正超限车辆120辆（次），卸（转）货物1363.96吨。安全生产查处船舶违章行为20起、非法营运车辆446辆，违章出租汽车6辆、货车33辆。全年公路交通旅客周转量5.91亿人公里，货物周转量11.62亿吨公里。有民用船只410艘，旅客周转量412万人公里，货物周转量531万吨千米。发生道路运输安全事故6起，死亡5人、伤24人。

【邮政通信】 2014年，打造邮政便民服务站201个、村级邮站29个，开设辐射全县邮路4条602千米。订阅、零售报刊723万份，收寄包裹6254件、函件34万件，邮政业务收入8423万元，比2013年增长9.59%；邮政储蓄余额48.92亿元，比年初净增5.18亿元。电信富顺分公司投资2800万余元，敷设主干光缆360皮长千米，改造接入网络光纤系统（FTTX）500余项，建成宽带信息村268个。开通“4G”网络，拥有无线通信基站236个，固定电话用户6万户，宽带用户5.3万户，CDMA天翼、3G移动通讯用户10万余户。移动富顺分公司投资2000万余元，新建“4G”基站400余个、宽带村120个。有移动客户40万余户，家庭光纤宽带用户3万余户。联通富顺分公司投资1640万元，建“3G”基站30个、“4G”基站25个，发展用户2400余户。年末，全县有固定电话用户9.22万户、移动电话用户52.65万户、互联网宽带用户5.17万户。

【城市供水】 2014年，投资500万元，兴建晨光园区4万吨供水加压站；投资290万元，安装釜江大道、钟秀长街等路段供水管道2.9千米；投资1714万元，兴建城市生活污水处理二期工程。县城区新安装管径100毫米以上管道4.8千米，改造管径100毫米以上管道2.2千米，维修管道973处、改造管道98处，更换消防栓23个、闸门26个，城乡新增用户7358户。全年取水总量1300万立方米，销售水量946万立方米，经营收入2650万元，利润95万元。出厂水合格率100%，综合水质合格率98%。下属企业——安装公司产值2117万元，利润285万元；板桥供水公司售水收入244万元，利润39万元；城市生活污水处理厂处理污水477万立方米，收取污水处理费448万元，亏损359万元。

【电力供给】 2014年，投资4255万元，建成110千伏海棠输变电工程；完成2012—2013年农网升级改造，以及低电压整改项目50项。全年发电2.03亿千瓦时，售电4.72亿千瓦时，营业收入2.92亿元。年末，境内有装机容量4×3200千瓦、3×6000千瓦水力发电站各1座；110千伏枢纽变电所1座，35千伏降压变电所15座；110千伏输电线路1条13.08千米，35千伏线路22条197.96千米，10千伏线路66条1778.38千米。供电人口120万人，供电面积1350余平方千米。

【城市供气】 2014年，敷设中压管线160千米、低压管线230千米，建成调峰、配气、CNG（压缩天然气）加气站，新增民用气用户1.12万户、营业用户177户。维修燃气灶具、热水器等1943台（次），免费更换使用10年以上燃气表4823只，为用户检查燃气安全隐患1589起，维修抢险1046次。全年购进天然气2968万立方米，价值4111万元，输差率17.35%。经营收入1.16亿元，上缴税金1391万元。

【房地产管理】 2014年，房屋初始登记1333宗，转移登记4502宗，变更登记1221宗，他项权登记4754件，抵押权预告登记2442宗。累计登记房屋1.68万宗，发放房屋所有权证1.63万份、他项权证4754份，面积254.83万平方米。核发商品房预售许可证22份，预售面积57.51万平方米。其中，住房4906套49.55万平方米。预售备案商品房3751套，面积38.41万平方米。全年房地产开发投资20.19亿元，施工商品房屋面积111.6万平方米，竣工面积30.2万平方米，商品房销售面积34.65万平方米。住房公积金累计归集单位575个，职工2.42万人，公积金总额9.27亿元、余额

6.19亿元；向360个单位职工5496人发放个人住房贷款6.98亿元，贷款余额4.53亿元。其中，年内贷款1.5亿元，惠及300个单位职工687人。

【国土资源管理】 2014年，受理土地资源行政审批和服务事项1.46万项。其中：划拨土地7宗，出让土地2709宗，审批农户建房5436宗。发放国有、集体土地使用权证1.45万份。征收土地97.19公顷，拆迁农房678户17.99万平方米，补偿2.28亿元。挂牌招标拍卖国有建设用地28宗64.63公顷，收益11亿元；出让国有土地使用权875宗5.28公顷、转让1834宗2.56公顷，收取土地出让金1557.65万元。开展矿产资源及土地利用检查，查处违法行为140起，强制拆除违章建筑234处2.34万平方米。实施富世、东湖等6镇乡建设用地增减挂钩项目，节余周转用地指标46.26公顷；建成富世、东湖等11个镇乡高标准农田5216公顷，新增耕地166.81公顷。

【环境保护】 2014年，宣传环保知识，发放环保购物布袋500个、宣传资料2600余份。实施蓝天、清水、绿地等行动，每月监测沱江河、饮用水源高硐断面和镇乡集中饮用水源水质，监测县城4个功能区噪声，查禁焚烧垃圾、农作物秸秆等行为27起。县城区空气质量二级以上天数306天，达标率84.5%。环境保护审批建设项目72项，评估验收县电力金具有限公司等7家企业和11家中心卫生院。巡查工业企业80家，下发限期整改通知书37份，立案查处违法企业9家，处罚金14.91万元，征收排污费60万元。新建镇乡污水处理厂8家，整治畜禽养殖场12家，拆除童寺化工建材有限公司水泥立窑、东升纸业有限公司造纸生产线、古佛玉佛机砖厂设施。全年废水排放达标率92%、工业烟粉尘达标率90%、固体废物综合利用率95%，削减化学耗氧量157吨、氨氮16吨、氮氧化物327吨，完成总量减排任务。

【市政管理】 2014年，市政设施改造红旗大桥至东湖花园段人行道及排污管网1.11千米，安装廻澜大桥至东街十字口照明供电系统。投资1300万余元，整治东街片区环境卫生，规范东街、南环路等5条街道店招、店牌630块，拆除城乡违规设置、陈旧破烂招牌、户外广告等545块。维修城区路灯3400余盏（次），人行道及车行道2.3万平方米，清掏下水道1.8千米。维护市场秩序，规范坐商、游商及菜农占道经营行为2万余起，纠正乱摆乱放广告牌2000余张（次）。修建富洲大道、二环路口小型生活垃圾压缩式转运站，城区每天洒水除尘3次、路面清扫保洁2次。全年清运城区垃圾3.29万吨，无害化处理率93%。农村生活垃圾集中收集、统一处理，无害化处理率65%，东湖镇山林村、代寺镇巨浪村、富世镇槽店村等12个村被评为全省年度“美丽乡村”。

文化建设

【文化活动】 2014年，组织镇乡文艺采风活动，创作音乐、舞蹈、戏剧、曲艺等作品50余件，歌曲《湖边的百灵》获中国音乐家协会主办的第十五届中国民族歌曲演创大赛金奖。开设少儿音乐、文学、舞蹈、美术，以及中青年音乐欣赏、文学写作、声乐、舞蹈等培训班；创编“采绸舞”，培训富世镇社区文艺骨干150人（次）。开展文化下乡活动，县音乐舞蹈协会、二胡音乐协会、川剧协会、远达合唱艺术团等群众文艺团体，在釜江广场举办春节文艺专场演出。全年组织、承办、协办文化艺术活动120余场次，县文体广电和新闻出版局被人力资源和社会保障部、文化部表彰为全国文化系统先进集体。年末，全县开放公共图书馆1个，藏书7.2万册；文化馆1个，体育健身馆1座，镇乡综合文化站26个，农家书屋319个。有文化学会、协会13个，专业艺术表演团体5个。

【体育】 2014年，举办全民健身篮球赛、羽毛球赛、趣味运动会、农民运动会等县级综合运动会12场、棋牌活动12次，参赛人员1万余人。组队参加全省第十二届运动会，获男子篮球队第六名，县青少年羽毛球队获男子甲组团体第二及体育道德风尚奖。完善城乡体育设施，开工建设西城文体中心主体工程，建农民体育健身场地45处，配备健身器材24套。年末，全县建有村级标准篮球场114个、乒乓球场地12个、健身设施110处。有体育协会19个，会员5000余人。

【文物与非物质文化遗产保护】 2014年，启动国家文物保护单位——富顺文庙崇圣祠、大成门维修工程，安装古建筑雷电防护设施，改造文庙游客服务中心。实施省级文物保护单位——文光塔内部抢险加固。维修市级文物保护单位——赵化镇两湖会馆、虎头城遗址城门。邀请民俗专家到童寺、福善、赵化等镇乡开展非物质文化遗产（简称“非遗”）采风活动，整理玻璃吹塑技艺、汉氏婚礼等“非遗”项目近20项。举办富顺手工微刻技艺专题研讨会与“非遗”进校园等活动。年末，县境有国家文物保护单位1个，省级文物保护单位8个，市级文物保护单位20个，县级文物保护单位20个。馆藏文物975件。其中：一级文物4件，二级文物9件，三级文物216件。

【广播电视】 2014年，建成100瓦直放站6个、50瓦地面数字电视直放站2个。开办宽带上网、高清互动电视等全新业务，新建光节点200余个，新增网络用户4.7万户。敷设有线广播电视传输干线61千米，发展用户5000余户，总用户8.8万户。其中，数字电视用户6.8万户。有线电视入户率48.11%。县广播电台开播《富顺新闻》《可听可乐》《全球资讯榜》《天气预报》等新闻、时政、音乐类节目。电视节目播出《富顺新闻》250期，《龙门阵》和《关注》各24期，《西湖话吧》48期，《希望的田野》和《红绿灯》各24期，录播县境首届春节联欢晚会。组织电影放映队10支，下乡放映电影3828场，观众30.12万人次。全年广播电视总收入3259万元。年末，有线广播电视传输干线网络总长2203千米。广播综合覆盖人口106.93万人，覆盖率98.08%；电视综合覆盖人口105.75万人，覆盖率97%。

【档案管理】 2014年，数字化处理馆藏土地证、林权证等档案资料100万页，指导全县142个单位利用电子文档管理系统整理文书档案8678盒、会计档案1.87万卷。馆藏收集资料250册，接收单位档案5253卷1721盒。开展电子档案查询服务，接待档案查阅1.3万人次，利用档案4万余卷（次）、资料1000余册，出具各类档案证明3.5万件（次）。档案检查达省级标准单位30个，东湖、琵琶等5镇创建为全省新农村建设档案工作示范镇。

【地方志工作】 2014年，围绕基础设施建设、重大项目推进、民生工程等重点工作，汇集全县150余个单位年度资料，编辑出版《富顺年鉴（2014）》，同步发行年鉴电子书刊。全文约100万字，设大事记、专文、教育、乡镇等类目30项、条目2000余项。发挥地方志存史、资治功能，发行《自贡年鉴（2013）》80册、《富顺年鉴（2013）》500余册，赠阅各级领导年鉴、县志200余册。编辑上报《四川年鉴》《自贡年鉴》2014年资料，影印清代乾隆年间段玉裁修《富顺县志》，获全省第十六届地方志成果优秀奖。

社会建设

【教育】 2014年，实施义务教育学校标准化建设，投资1.44亿元，新建、改造中小学校舍8.81万平方米，建“数字资源”教学点107个，富顺二中、富顺一中分别创建为省一级、二级示范性普通高中。推行高效课堂教学改革，培训教师1.4万人次，开展课题调研380项，评选好文章407篇、好教案241篇。教师获全国教育电视优秀课例评比一等奖5人、二等奖10人，全国新媒体新技术教学应用课例评比一、二等奖6人，省、市技能比赛奖项800余项。学生获第二十九届四川省青少年科技创新大赛一等奖2项、二等奖3项；全国学科联赛国家级奖项20项、省级奖项140项；高考本科上线2266人，上线率41.1%。其中，重点本科233人，北京大学录取1人。教育惠民免除义务段学生19.73万人次学杂费和教科书本费，补助寄宿学生9250人生活费566.8万元；免除中等职业技术学校学生3092人学杂费524.94万元、普通高中贫困学生9625人次学费392.36万元；资助家庭贫困中小学生、大学新生1.9万人次1217.56万元；社会爱心捐助学生2745人次118.78万元。年末，全县有电大进修校1所、特殊教育学校1所、完全中学6所、职业中学1所、初级中学12所、九年制学校38所、小学84所、教学点105个、幼儿园63所，在校中小学生11.77万人、在园幼儿2.26万人。在职教职工6228人，评为省级特级教师3人，市优秀教师8人，县优秀教师100人。

【卫生】 2014年，实施县人民医院搬迁、代寺镇中心卫生院、张湾村卫生室等建设项目23项，总投资约2亿元，竣工建筑面积8万余平方米。开展公共卫生服务，建立城乡居民电子健康档案79.31万份，新型农村合作医疗参合农民79.35万人，参合率99.5%。农民人均筹资标准390元，合作医疗基金总收入3.21亿元。全年门诊统筹补偿91.64万人次5155.86万元，住院补偿12.52万人次2.29亿元，补偿比例65.18%。年末，全县有医疗卫生机构795个。其中：县级医疗卫生机构8个，镇乡（中心）卫生院26所，村卫生室673个，民营医院7所。开放床位2554张。县人民医院通过二级甲等综合医院复评，华英等4所民营医院通过一级甲等综合医院评审，评为甲等卫生院15所、村卫生室352个。有卫生技术人员2270人。其中，临床、医技、护理、公共卫生等学科带头人22人。

【人口和计划生育】 2014年，宣传计划生育政策和优生优育健康知识，孕前优生健康检查符合政策生育夫妇4490人。落实奖励政策，奖励2.18万户独生子女家庭父母201.17万元、计划生育扶助和特别扶助对象1.17万人1291.44万元，为独生子女2.6万人购买平安保险，发放独生子女大学助学金43.5万元。实施单独两孩政策，受理再生育申请911份，发放生育证明907份。是年，出生人数1.42万人，人口出生率12.97‰，符合政策生育率85.24%，人口自然增长率8.05‰。

【民政】 2014年，换届选举第九届村、社区委员会，培训新任成员712人，创建和谐城镇社区和农村示范单位34个。发展社会福利和慈善事业，改建、扩建农村敬老院9所，新增床位235张。供养农村“五保”人员6567人、收养孤儿104人，发放生活补助1874.5万元；建社区养老服务站3个、农村幸福院21个，通过政府购买服务方式，居家供养困难家庭失能老人及80周岁以上高龄老人1.13万人。医疗救助城镇居民1858人次254.6万元、农村居民8501人次736.8万元，下拨自然灾害生活救助资金651万元。完善城乡低保民主评议及公示制度，清退不符合条件城镇低保834人、农村低保1733人。纳入城镇低保1.51万人，农村低保3.54万人，发放城镇低保金3856.2万元、农村低保金3882.3万元。开展敬老活动，发放90岁以上高龄老人2608人高龄津贴312.68万元。优抚优待接收退役士兵438人，发放抚恤补助金3368万元、退役士兵自谋职业和自主择业金1176万元。社会事务登记结婚5105对、离婚1514对；54个彩票投注站销售福利彩票2268万元，“慈善一日捐”收到捐款26.8万元。富世镇金山社区创建为全国综合减灾示范社区。

【人事管理】 2014年，公开招考事业人员284人、考核聘用146人，公益性岗位考聘大学生65人；公开招录公务员（含参公管理人员）195人，公务员试用期满转正定级79人。公务员年度考核获嘉奖304人、记三等功88人，晋升主任科员29人、副主任科员57人。280个事业单位正常晋升岗位职务720人，核发专业技术人员中高级职务资格证76份、初级资格证书132份、工人技术等级证书125份。规范机关事业单位在职人员1.29万人、离退休人员6822人津补贴标准，核定事业单位人员奖励性绩效工资控制数8281万元。清退“吃空饷”资金240万余元，违规发放津补贴800万余元。办理机关事业单位293人退休手续。

【就业服务】 2014年，申报公益岗位1090个，发放岗位补贴1143.82万元。设置高校毕业生就业见习基地18个，创业补贴高校毕业生33人33万元。发布缝纫、建筑、财会、保安等66个工种5690余个就业岗位信息，城镇新增就业7122人，失业人员再就业1738人，城镇登记失业率4.01%。技能培训农村劳动力33.9万人次，登记劳动力个人信息和就业情况54.5万人，转移36.5万人，劳务收入45亿元。富世镇金山社区创建为省级充分就业社区，板桥社区、童寺社区、永年社区等55个社区创建为市级充分就业社区。督促用人单位规范劳动用工行为，企业与职工集体合同签订率92%、工资集体协商率97%。监察用人单位560余个，受理劳动监察投诉案件143起，为农民工1700余人追讨工资1300万余元。劳动争议仲裁案件224起，劳动者获赔偿557万元；庭外调解81起，为劳动者挽回经济损失174万元。

【社会保障】 2014年，财政补贴500万余元，资助村、社区干部参加养老保险；解决民办代课教师4730人养老保险历史遗留问题。全年机关事业单位参保1.22万人，征收养老基金1258万元；企业养老保险参保职工、个体工商从业人员4.9万人，征缴基金5.49亿元；工伤保险参保2.39万人，征缴工伤基金790万元；生育保险参保1.56万人，征缴生育基金306万元；失业保险参保1.58万人，征收失业基金679.4万元。支付企业离退休人员6万人养老金8.6亿元，机关事业单位退休人员991人养老金1584万元。

【食品药品监管】 2014年，监管辖区食品生产企业77家，食品流通企业2609家，餐饮服务企业1300家，药品生产企业3家、批发企业2家、零售药店557个，医疗器械经营单位5家，化妆品经营单位456家，发出责令改正通知书213份，当场处罚违规行为30起，立案查处违法案件129起。食品安全审批餐饮服务许可543份，食品流通许可1060份。分级量化管理餐饮经营单位380家，评为优秀2家、良好32家、一般348家。食品安全培训流通、餐饮企业从业人员2473人，登记农村厨师4261，检查农村群宴1228户1.6万桌。

【安全产生】 2014年，宣传安全生产，制作标语1800余幅、版报60期，发送短信1.6万条、传单2.5万份。组织北湖实验小学火灾逃生、四川西艾氟科技有限公司危险化学品泄漏演练。安全检查煤矿60余次，整改隐患215处，关闭非煤矿山企业3家。6—10月，安全生产大检查，整改安全隐患372处，责令金峰化工、中石油氯科加气站等13家企业停产整顿；整治危险化学品无证经营、运输等行为3起，以及消防设施缺失、安全出口疏散通道堵塞等问题14起。全年发生安全事故147起，死亡23人、伤115人，经济损失293.99万元。查处责任单位6个、责任人员20人。其中，移交司法机关追究刑事责任2人。

【残联工作】 2014年，康复治疗脑瘫儿童50人，康复训练智残儿童30人，配备重度听力残疾儿童11人人工耳蜗及助听器。实施贫困白内障患者复明手术360例，贫困股骨头坏死患者直换手术10例。捐赠残疾人轮椅200辆，免费配备助听器10台，安装假肢20例。医疗救助贫困精神病患者410人，居家托养精神智力残疾人330人，发放重度残疾人4015人护理补贴289万元。投入资金58万元，改造62户农村贫困残疾人家庭危房，无障碍环境改造贫困残疾人家庭104户。扶持残疾人发展生产，实用技术培训残疾人1100人次，投资30万元，资助1130户残疾人家庭生产物资及幼禽4.5万只。征收残疾就业保障金370万元，安置残疾人就业152人、居家灵活就业1.8万人。全年办理残疾人证5834份，信息化管理残疾人2.45万人。

乡镇概况

【富世镇】 地处沱江河下游西岸，属县政府驻地，辖区面积48.59平方千米。境内有国家重点文物保护单位——富顺文庙。2014年年末，辖14个村、17个社区。居民户数4.86万户，人口14.77万人。其中，非农业人口11.75万人。是年，招商引资10亿元，18家规模工业企业产值41.62亿元。发展优势农业，规范管护甜橙755.33公顷，产量1700吨；种植蔬菜673.4公顷，产量3.16万吨；培植花卉苗木146.67公顷。播种粮食面积1636公顷，产量1.11万吨。建有生猪规模养殖场18个、养牛场8个、蛋鸡养殖场2个，全镇出栏生猪3.78万头、羊1.66万只、家禽35.05万羽。引进云之滨景豪大酒店、北京联华超市等大型商贸企业，新发展商贸服务企业12家，社会消费品零售总额5.77亿元。实施城中村改造、市政道路等重大建设项目90项，全社会固定资产投资3.81亿元。全年地区生产总值60.07亿元，农民人均纯收入1.17万元，城镇居民可支配收入2.41万元。开放村、社区书屋31个，举办篮球公开赛、国庆文艺演出等文化体育活动286场（次），电影下乡放映264场（次）。社会保障纳入城乡低保6998户1.14万人，发放低保金2868万元。参加新型农村合作医疗3.02万人，城镇居民基本医疗保险4.65万人。年末，槽店、海棠获全省美丽乡村称号。

【东湖镇】 位于沱江东岸，辖区面积70.66平方千米。镇政府驻地东街，与县城隔沱江相望。2014年年末，辖22个村、3个社区。居民户数2.09万户，人口7.01万人。是年，招商引资31.14亿元，兴建豆花文化村、柑橘特色产业生态园、农产品加工等项目，流转土地，发展花卉、苗木、中药材等300余公顷。工业扩能改造投资3100万元，培育规模工业企业1家，75家工业企业产值54.86亿元。其中，19家规模企业产值53.18亿元。农业生产播种粮食面积3539公顷，产量2.4万吨。植树造林236.67公顷，发展花椒及果、桑66.67公顷。建标准化猪场4个，培育生猪规模养殖大户20户。全镇出栏生猪3.79万头、家禽35.61万羽。全年固定资产投资10.49亿元，地区生产总值24.52亿元，农民人均纯收入1.02万元，城镇居民可支配收入2.06万元。新建乡村文化广场2个，开放村、社区书屋25个，举办庆“七一”“重阳节”等文艺演出，以及趣味运动会等群众文体活动20次，电影下乡放映264场（次）。社会保障参加城乡居民养老保险2.12万人、新型农村合作医疗5.53万人，纳入城乡低保2422人。

【狮市镇】 位于县境东北部，辖区面积43.01平方千米。镇政府驻地狮子滩，距县城13千米。古镇属省级历史文化名镇，保留有天后宫、禹王宫、川主庙、文昌庙等明清建筑。2014年年末，辖12个村、2个社区。居民户数9575户，人口3.36万人。是年，整理梓林、皂角、复兴等3村土地，建竹米等村高标准农田292.86公顷。管护甜橙面积638.13公顷、投产桂圆面积66.67公顷，播种粮食面积2569公顷，产量1.61万吨。出栏生猪2.47万头、家禽32.54万羽、肉兔59.01万只。招商引资6320万元，发展川狮制衣、汇升燃气等企业。投资2.13亿元，完善农村道路、供电与供水网络等基础设施。全年地区生产总值4.36亿元，农民人均纯收入1.03万元，城镇居民可支配收入2.09万元。公共卫生服务免费健康体检60岁以上老人1493人，儿童免疫接种疫苗5612人次。参加新型农村合作医疗2.71万人，纳入城乡低保1013人，发放低保金133.92万元。

【代寺镇】 地处县境东部，辖区面积72.3平方千米。镇政府驻地代寺场镇，距县城13千米。2014年年末，辖18个村、2个社区。居民户数2.18万户，人口6.93万人。是年，招商引资4.9亿元，兴建服饰、包装、纺织、机械设备制造等工业企业6家，48家工业企业产值23.31亿元。投资2500万元，实施农业项目61项，改造中低产田309公顷，建成高标准农田120公顷。播种粮食面积5029公顷，产量3.61万吨。出栏生猪3.4万头、肉兔59.01万只、家禽34.87万羽。全年地区生产总值11.54亿元，农民人均纯收入1.08万元，城镇居民可支配收入2.21万元。文化事业开放村、社区书屋20个，举办篮球赛、职工趣味运动会等活动26场（次），电影下乡放映226场（次）。社会保障参加农村养老保险7119人，发放9569人养老金688万元；纳入城乡低保1751人，发放低保金212.7万元。建立居民健康档案5.54万份，参加新型农村合作医疗5.51万人。

【琵琶镇】 位于县境东南部，辖区面积55.11平方千米，有煤炭、石英砂、石灰石、沙石等矿产资源。镇政府驻地琵琶场，距县城23千米。2014年年末，辖13个村、1个社区。居民户数1.16万户，人口4.24万人。是年，种植蔬菜46.67公顷，产量750吨，产值75万元；栽植花卉苗木33.33公顷；管护甜橙460余公顷，产量500吨。推广粮食高产品种与栽培技术，播种粮食面积2990公顷，产量2.05万吨。发展生猪规模养殖大户6户，建智能化猪场2个。全镇出栏生猪3.47万头、肉羊1.57万只、家禽32.92万羽。投资2598万元，兴办碎石厂2家，有工业企业58家。其中，3家规模企业产值5.35亿元，利润9104万元。全年地区生产总值6.05亿元，农民人均纯收入9772元，城镇居民可支配收入2万元。开展广场健身舞、腰鼓表演等群众文化体育活动，建有村、社区文艺健身队伍16支。城乡居民参加养老保险1.64万人，参加新型农村合作医疗3.48万人，纳入城乡低保1498人，发放低保金196.02万元。

【骑龙镇】 位于县境东北部，辖区面积69.02平方千米。镇政府驻地骑龙场，距县城16千米。2014年年末，辖20个村、3个社区。居民户数1.65万户，人口6.1万人。是年，招商引资1.14亿元，新建民营企业2家，扩能改造企业1家。实施现代农业项目，示范种植中稻266.67公顷、花生400公顷，规范管护甜橙866.67公顷。播种粮食面积4657公顷，产量2.99万吨。出栏生猪2.63万头、肉羊1.81万只、家畜32.18万只。全年地区生产总值7.07亿元，农民人均纯收入9967元，城镇居民可支配收入2.1万元。举办群众文化体育活动3次，电影下乡放映60场（次）。社会保障参加农村养老保险3.32万人、新型农村合作医疗5.86万人；纳入城乡低保1829人，发放低保金220万余元。整治环境卫生，建镇污水处理厂，敷设供水管网，完善乡村道路、供电等设施，全年固定资产投资1.59亿元。

【中石镇】 位于县境东部，辖区面积30.54平方千米。镇政府驻地中兴场，距县城24千米。2014年，辖9个村、1个社区。居民户数7190户，人口2.38万人。是年，推广高粱—再生高粱175公顷、中稻—再生稻800公顷，播种粮食面积1893公顷，产量1.35万吨。培育畜禽养殖大户190户，建养鸡场3个、养鸭场2个，全镇出栏生猪2.59万头、家禽31.37万羽；有水产养殖面积78公顷，产量602吨。有工业企业5家，产值1.53亿元。实施天然气入户、农户集中建房、农田水利等项目建设，全社会固定资产投资9422万元。全年地区生产总值3.55亿元，农民人均纯收入9633元，城镇居民可支配收入2万元。开展群众文化体育活动，举办职工运动会、片区文艺汇演、篮球比赛等活动4次，电影下乡放映112场（次）。社会保障参加农村养老保险5520人，新型农村合作医疗2.13万人，纳入城乡低保551人，发放低保金65.61万元。

【龙万乡】 位于县境东部，辖区面积50.77平方千米。乡政府驻地万坳场，距县城13千米。2014年年末，辖14个村、2个社区。居民户数1.02户，人口3.51万人。是年，发展特色农业，投资2830万元，建100公顷花椒示范基地，种植总面积1000公顷；培育肉牛与肉鸭养殖产业，出栏生猪3.36万头、肉牛548头、家禽33.1万羽。播种粮食面积3124公顷，产量2.18万吨。投资8729万元，实施天然气入户、高标准农田建设、供电网络改造等项目。全年地区生产总值3.33亿元，农民人均纯收入8759元，城镇居民可支配收入1.87万元。文化事业开放农家书屋16个，电影下乡放映326场（次），举办文化活动4次。社会保障参加新型农村养老保险1.32万人，新型农村合作医疗3.04万人，纳入城乡低保1101人，发放低保金142万元。

【互助镇】 位于县境北部，辖区面积49.74平方千米。镇政府驻地古佛坎场，距县城8千米。2014年年末，辖13个村、1个社区。居民户数1.1万户，人口3.89万人。是年，引资2200万元，新建床垫厂1家，全境22家民营企业主营业务收入2.25亿元。农业生产播种粮食面积3085公顷，产量1.91万吨；蔬菜350公顷，产量1.33万吨；种植甜橙900.93公顷，产量9000吨。培育生猪养殖大户15户，建有现代化蛋鸡养殖场3个，出栏生猪2.46万头、家禽33.58万羽，禽蛋产量499吨。基础设施建成街道1条、污水处理厂1座，安装天然气用户2480户、自来水用户1331户，完成自隆高速公路征地拆迁、土地增减挂钩等重大项目，全社会固定资产投资1.51亿元。全年地区生产总值4.06亿元，农民人均纯收入1.06万元，城镇居民可支配收入2.02万元。发展文化事业，组建健身舞蹈队1支、腰鼓队1支，举办文艺演出、篮球比赛等活动10余次。社会保障参加新型农村养老保险1.61万人，发放养老金570.59万元；纳入城乡低保1756人，发放低保金232万余元；参加新型农村合作医疗3.4万人，住院、门诊补偿2.68万人次313万余元。

【童寺镇】 位于县境东部，辖区面积53.09平方千米。镇政府驻地童寺场，距县城27千米。境内有煤炭、石灰石、石英砂等矿产资源。2014年年末，辖12个村、2个社区。居民户数1.22万户，人口3.95万人。是年，引资1.55亿元，兴建墙面装饰材料等生产项目3项，全镇29家工业企业产值3.75亿元。其中，4家规模企业产值3.22亿元。农业生产示范种植高粱—再生稻高粱400公顷、中稻—再生稻1033.33公顷，播种粮食面积2680公顷，产量1.9万吨；出栏生猪2.44万头、肉羊1.12万只、家禽31.45万羽；植树造林13.33公顷、"四旁"植树3万余株。基础设施建成老寨村、民政村公共服务中心及文体广场，敷设邓湾村、东禅村移民安置点供水管网，硬化乡村道路6.6千米，修筑耕作道、便民道9.85千米。全年固定资产投资3.39亿元，地区生产总值8.68亿元，农民人均纯收入1.06万元，城镇居民可支配收入2.14万元。举办"大龙表演"、"唢呐吹奏"健身舞蹈、秧歌等群众文化体育活动，"童寺唢呐"、"高桌狮灯"列入市级非物质文化遗产保护名录，童寺镇评为四川省民间文化艺术之乡。社会保障参加农村养老保险2669人、新型农村合作医疗2.97万人，纳入城乡低保1587人。

【宝庆乡】 位于县境东南部，辖区面积31.49平方千米。乡政府驻地众兴场，距县城33千米。境内有煤炭、石灰石、页岩等矿产资源，天池湖景区是休闲旅游好去处。2014年年末，辖8个村、1个社区。居民户数6418户，人口2.25万人。是年，引资5000万元，建汽车配件生产销售基地。

有规模工业企业1家，产值3005万元，占全乡7家工业企业产值38.57%。示范种植中稻—再生稻13.33公顷、高粱—再生高粱433.33公顷，播种粮食面积1719公顷，产量1.33万吨；出栏生猪2.3万头、家禽31.35万羽；天池湖出产农业部认证无公害水产品7种，产量577吨。全年地区生产总值2.99亿元，农民人均纯收入9794元，城镇居民可支配收入1.97万元。社会事业开放村、社区书屋9个，组织文化下乡演出，放映电影96场（次）。建立城乡居民健康档案2.12万份，参加新型农村合作医疗1.88万人，住院、门诊补偿2.89万人（次）213.22万元。发放3652人养老金300万元，支付城乡居民624人低保金83.7万元。基础设施硬化村道22千米，建便民路3.4千米，整治山坪塘7口，全社会固定资产投资1.02亿元。

【古佛镇】 位于县境东部，辖区面积30.44平方千米，有煤炭、石英砂等矿藏。镇政府驻地古佛场，距县城36千米。2014年年末，辖8个村、1个社区。居民户数7296户，人口2.48万人。是年，改造英富鞭炮厂等企业，16家工业企业产值3.73亿元。其中，5家规模企业产值3.63亿元。高产示范种植中稻—再生稻666.67公顷，列为全省中稻—再生稻生产示范点，播种粮食总面积1942公顷，产量1.37万吨。发展生猪规模养殖和家禽林下养殖，出栏生猪2.26万头、家禽31.93万羽。基础设施敷设冯坪村、周家村自来水管道1.8千米，建造古佛镇污水处理厂，整修洪坪、车河田水库等，全社会固定资产投资2.39亿元。全年地区生产总值5.52亿元，农民人均纯收入8842元，城镇居民可支配收入2.09万元。社会保障参加农村养老保险2280人，新型农村合作医疗1.95万人，核准城乡低保763人，发放低保金104万元。

【赵化镇】 位于县境南部，辖区面积49.82平方千米。镇政府驻地赵化场，距县城40千米。境内有刘光第衣冠冢、培村门厅“两湖会馆”等文物保护单位，是中国历史文化名镇。2014年年末，辖11个村、1个社区。居民户数1.34万户，人口4.06万人。是年，投资454.15万元，建高标准农田37.54公顷，推广杂交水稻、玉米等高产品种2000公顷，播种粮食面积2895公顷，产量1.92万吨。出栏生猪2.83万头、家禽34.5万羽。出产甜橙1820吨、桂圆5000吨，产值624万元。全年地区生产总值5.87亿元，农民人均纯收入9995元，城镇居民可支配收入2.13万元。14家工业企业产值4.72亿元。其中，5家规模企业产值4.6亿元。实施古镇保护与开发，举办刘光第研讨会，编印《紫薇诗简——刘光第研究专辑》与《衔远庐诗稿墨存》等书稿，申报县级非物质文化遗产保护名录5项，开展文艺汇演、篮球赛等文体活动12场（次）。评为年度川南十大魅力乡镇之一，培村社区列入第一批中国传统村落名录。社会保障参加农村养老保险3350人、新型农村合作医疗2.63万人，纳入城乡低保1791人。

【万寿镇】 位于县境东南部，辖区面积49.02平方千米，有煤、高岭土等矿产资源，青山岭森林公园坐落境内。镇政府驻地万寿场，距县城28千米。2014年年末，辖9个村、1个社区。居民户数8828户，人口2.96万人。是年，培育特色农业，投资550万元，种植中药材——铁皮石斛140公顷、油茶93.33公顷。农业生产播种粮食面积1821公顷，产量1.3万吨；出栏生猪2.74万头、肉羊2.03万只、肉兔68.3万只。万寿白酒集中区连续两年投入1.98亿元，建生产车间2.5万平方米、酒库3000平方米，以及职工住房等生活设施。自贡现代秋收农机公司完成技术改造，年产脱粒机2万台，销售收入2000万元以上。全年工业总产值4亿元，地区生产总值4.02亿元，农民人均纯收入9954元，城镇居民可支配收入2.02万元。开展文化下乡活动，举办群众文体活动10余次，放映电影118场（次）。

【安溪镇】 位于县境南部，辖区面积75.12平方千米，煤炭、石英砂、料石、陶土等矿产资源丰富。镇政府驻地安溪场，距县城32千米。2014年年末，辖11个村、2个社区。居民户数1.34万户，人口4.47万人。是年，推广高淀粉甘薯133.33公顷，播种粮食总面积2788公顷，产量1.89万吨；培育年出栏生猪800头以上养殖户18户，全镇出栏生猪2.8万头、肉兔60.77万只、家禽33.03万羽。扩能改造富戎化工和安溪纸业，培育顺江建材有限公司为规模以上工业企业。全年农业产值2.78亿元、工业产值4.88亿元，地区生产总值8.82亿元，农民人均纯收入1.01万元，城镇居民可支配收入2.19万元。开放村、社区书屋13个，举办文艺调演、篮球赛等文体活动3次。建立居民健康电子档案3.33万份，农民参加新型农村合作医疗3.5万人，城镇居民参加医疗保险1360人。纳入城乡低保1509人，发放低保金173.49万元。

【飞龙镇】 位于县境东南部边界，与南溪、江安、泸县等3县交界，辖区面积50.2平方千米。镇政府驻地飞龙场，距县城52千米。2014年年末，辖11个村、2个社区。居民户数1.12万户，人口3.92万人。是年，引资1450万元，技术改造飞龙酒业有限公司，9家工业企业产值4.11亿元。推广泸糯12号、红糯1号等高粱新品种200公顷，播种粮食面积2912公顷，产量2.05万吨。发展蚕桑、白鹅等专业合作社，全镇出栏生猪2.56万头、家禽33.8万羽。维修水利设施12处，硬化公路16千米，修筑桥梁3座；完成土地整理、天然气入户、供电网络改造等项目建设。全年固定资产投资1.56亿元，地区生产总值3.96亿元，农民人均纯收入8514元，城镇居民可支配收入1.94万元。举办歌咏比赛、秧歌表演等群众文体活动10次，电影下乡放映132场（次）。纳入城乡低保1207人，发放低保金158.33万元。参加农村养老保险5140人，新型农村合作医疗3.55万人，住院、门诊补偿7242人（次）143.41万元。

【怀德镇】 地处县境东南边界，辖区面积46.37平方千米，属四川省小城镇综合改革试点镇。镇政府驻地怀德场，距县城37千米。2014年年末，辖13个村、2个社区。居民户数1.17万户，人口3.89万人。是年，种植再生高粱400公顷、桂圆600余公顷、花卉213.33公顷。推广水稻强化栽培、玉米地膜覆盖等高产技术17项，播种粮食面积2942公顷，产量2.07万吨。培育畜禽养殖大户60户，全镇出栏生猪2.26万头、家禽31.79万羽。投资4000万元，扩大西街酒厂、顺通鞭炮引线厂产能，镇境11家工业企业产值4.25亿元。全年固定资产投资9351万元，地区生产总值5.66亿元，农民人均纯收入9716元，城镇居民可支配收入2.13万元。开放村、社区书屋15个，举办群众文体活动10次，电影下乡放映95场（次）。社会保障参加农村养老保险1.27万人，纳入城乡低保1321人，发放低保金172.39万元。

【长滩镇】 位于县境东南部，镇域东北、东南、西南三面与泸县接壤，辖区面积26.27平方千米。镇政府驻地长滩坝，距县城64千米。2014年年末，辖8个村、1个社区。居民户数5262户，人口1.97万人。是年，引资6900万元，兴办祥泷农产品有限公司、泸易酒业销售公司等企业，实施戎春酒业技术改造项目，修建酒业集中区基础设施，全社会固定资产投资1.03亿元。农业生产种植无公害蔬菜660余公顷、优质水果333.33公顷，播种粮食面积1789公顷，产量1.22万吨；畜牧业出栏生猪1.7万头、家禽31.98万羽。全年地区生产总值3.52亿元，农民人均纯收入8256元，城镇居民可支配收入1.86万元。保护镇境传统村落与古镇文化，列为四川省连箫民间艺术之乡。社会保障参加农村养老保险6979人、新型农村合作医疗1.83万人，纳入城乡低保586人。

【石道乡】 位于县境东南部，辖区面积25.38平方千米。乡政府驻地石道场，距县城53千米。2014年年末，辖7个村、1个社区。居民户数5559户，人口2.07万人。是年，引资兴建志鸿搅拌站、扩建同安酒厂，培育旺江制面厂为规模工业企业。产业结构调整种植花椒600公顷、核桃230公顷，播种粮食面积1717公顷，产量1.13万吨。扶持龙滩村生猪、石河村肉鸭、塘冲村肉兔等产业发展，全乡出栏生猪1.78万头、肉兔54.31万只、家禽31.47万羽。基础设施兴修凉坨、谭家、滩子等村电排5座，沟渠20余千米，整治山坪塘5口；硬化村道4.25千米，铺筑碎石路3.6千米。全年固定资产投资8122万元，地区生产总值2.64亿元，农民人均纯收入8135元，城镇居民可支配收入1.8万元。社会保障纳入农村低保734人，发放低保金85.9万元；参加农村养老保险7590余人、新型农村合作医疗1.69万人。

【永年镇】 位于县境西部，辖区面积67.87平方千米，属省级小城镇建设和市级扩权强镇试点镇。镇政府驻地永年场，距县城12千米。2014年年末，辖15个村、1个社区。居民户数1.49万户，人口5.24万人。是年，引资3.73亿元，兴建现代观光农业、新区综合体、蛋鸡养殖等项目，改造华盛纸业生产线，镇境46家工业企业产值7.14亿元。其中，5家规模企业产值6.27亿元。特色产业种植草莓、葡萄、油桃、梨子等水果76.67公顷，花卉苗圃40公顷，花椒533.33公顷。播种粮食面积3398公顷，产量2.36万吨。建年出栏10万只白鹅养殖场1个，全镇出栏生猪2.36万头、黑山羊2.64万只、肉兔88.63万只、家禽31.53万羽。全年地区生产总值6.82亿元，农民人均纯收入1.04万元，城镇居民可支配收入2.17万元。促进乡村文化发展，组建连萧表演队1支、健身队5支，举办群众文体活动15场（次）。社会保障参加农村养老保险1.85万人，纳入城乡低保2095人，发放低保金330万余元；建立城乡居民健康档案4.76万份，参加新型农村合作医疗4.54万人，住院、门诊补偿3.39万人次585.4万元。

【彭庙镇】 地处县境西南部，辖区面积46.68平方千米。镇政府驻地彭庙场，距县城25千米。2014年年末，辖10个村、1个社区。居民户数7657户，人口2.8万人。是年，产业调整种植西瓜42.67公顷、核桃及花卉苗木200公顷。高产示范水稻强化栽培面积66.67公顷、推广优质高粱300公顷，播种粮食总面积2199公顷，产量1.51万吨。建年出栏生猪1000头养殖场1个，培育黑山羊养殖大户80户，家禽养殖大户103户。全镇出栏生猪2.45万头、肉羊2.15万只、家禽32.62万羽。有生产砖、竹胶合板规模工业企业2家，产值9481万元。实施新房、柏林、包坝等3村土地增减挂钩项目，农户集中建房308户；完成农村电网、D级危房改造和退耕还林基本口粮田建设等项目。全年固定资产投资9468万元，地区生产总值3.36亿元，农民人均纯收入9952元，城镇居民可支配收入1.96万元。开放村、社区书屋11个，举办片区文艺调演、篮球赛等群众文体活动9次。社会保障参加农村养老保险1.06万人、新型农村合作医疗2.2万人，纳入城乡低保880人，发放低保金113.83万元。

【兜山镇】 位于县境南部，辖区面积73.23平方千米，煤炭、石英砂等矿产资源丰富，有云峰寺、九龙湖等旅游景区。镇政府驻地猫儿山，距县城18千米。2014年年末，辖13个村、2个社区。居民户数1.2万户，人口4.29万人。是年，新建核桃及甜橙基地100公顷，示范种植中稻—再生稻333.33公顷，播种粮食面积2415公顷，产量1.63万吨。培育生猪养殖大户6户、蛋鸡养殖大户26户；发展林下养殖面积1.5公顷，养鸡14.7万只。全镇出栏生猪1.65万头、肉羊2.11万只、家禽33.1万羽，畜牧业产值1.28亿元，占农业产值51.5%。全年地区生产总值5.42亿元，农民人均纯收入9835元，城镇居民可支配收入2.03万元。文化事业举办歌咏比赛、演讲比赛等群众文体活动20次，开放村、社区书屋15个。社会保障参加农村养老保险1.52万人、新型农村合作医疗3.62万人，纳入城乡低保1906人。

【板桥镇】 位于县境西部，辖区面积57.15平方千米，境内有木桥沟水库，出产甜橙、黄花藤梨等优质水果。镇政府驻地板桥坝，距县城22千米。2014年年末，辖15个村、1个社区。居民户数1.24万户，人口4.24万人。是年，引资2.62亿元，兴建农业观光园、家具加工基地等项目，培育规模工业企业2家，24家工业企业产值3.06亿元。产业调整种植甜橙1220公顷、蔬菜282公顷、花卉苗木16.67公顷，播种粮食面积3209公顷，产量2.02万吨。培育年出栏生猪200头以上养殖户4户，全镇出栏生猪4.01万头、家禽35.13万羽。实施城乡建设用地增减挂钩项目，农户集中建房277户；新建天台综合农贸市场，建筑面积8000平方米；修筑张坝桥梁1座。全年固定资产投资3.86亿元，地区生产总值6.41亿元，农民人均纯收入1.05万元，城镇居民可支配收入2.2万元。组建龙灯、腰鼓等健身队伍，举办趣味运动会、篮球邀请赛等文体活动13次，电影下乡放映180场（次）。社会保障参加农村养老保险1.34万人、新型农村合作医疗3.33万人，纳入城乡低保1772人。城镇居民医疗保险参保2044人。

【李桥镇】 位于县境西南部，辖区面积71.33平方千米，五条沟自然景区坐落境内。镇政府驻地李桥场，距县城34千米。2014年年末，辖13个村、2个社区。居民户数9198户，人口3.34万人。是年，播种粮食面积2449公顷，产量1.66万吨。培育畜禽养殖大户18户，出栏生猪2.27万头、羊2.11万只、肉兔70.29万只、家禽33.28万羽。栽植工业原料林——巨桉10公顷，桂圆、柑橘等特色经果林5.33公顷，新造林16.67公顷。有工业企业8家，产值9410万元。投资1400万余元，实施场镇护河堤建设；投资203万元，建标准粮田项目；投资387万元，修建乡村桥梁2座、道路12.48千米。全年固定资产投资1.57亿元，地区生产总值3.28亿元，农村人均纯收入9571元，城镇居民可支配收入1.87万元。开放村、社区书屋15个，电影下乡放映156场（次）。宣传防治高血压、糖尿病等健康知识，农民参加新型农村合作医疗2.65万人。纳入城乡低保1360人。

【福善镇】 位于县境西南部，辖区面积68.51平方千米。镇政府驻地从善场，距县城34千米。2014年年末，辖13个村、1个社区。居民户数9999户，人口3.75万人。是年，实施蚕桑与金银花、油茶、茯苓种植等项目，推广水稻强化栽培面积733.33公顷，播种粮食面积2762公顷，产量1.81万吨；建生猪规模养殖场2个、肉兔养殖场1个，全镇出栏生猪2.3万头、肉羊2.2万只、肉兔74.54万只、家禽32.1万羽。基础设施硬化乡村公路20千米，修筑人行桥梁2座，整修山坪塘11口、干渠14.5千米，新建村级文化活动广场3个。全年固定资产投资1.32亿元，地区生产总值2.95亿元，农民人均纯收入9865元，城镇居民可支配收入1.8万元。社会保障参加农村养老保险1.27万人，发放养老金443.98万元；参加新型农村合作医疗3.71万人，门诊、住院补偿3.86万人次902.9万元；纳入城乡低保1666人。

【富和乡】 地处县境西部，辖区面积24.55平方千米，有天然气、石油、盐卤等矿产资源。乡政府驻地长石塔，距县城33千米。2014年年末，辖7个村、1个社区。居民户数4747户，人口1.69万人。是年，播种粮食面积1397公顷，产量9228吨。发展生猪规模养殖户5户、蛋鸡养殖户46个，全乡出栏生猪1.79万头、肉羊2.01万只、家禽31.47万羽，禽蛋产量435吨，畜牧业产值8883万元，占农业产值64%。基础设施修筑村组道路26千米，整治石河堰1道、山坪塘7口。全年固定资产投资8333万元，地区生产总值2.33亿元，农民人均纯收入9486元，城镇居民可支配收入1.89万元。社会事业开放农家书屋7个，开展文化下乡活动50余次。社会保障参加农村养老保险6796人，发放养老金196.7万元；纳入城乡低保656人，低保金支出84.3万元；参加新型农村合作医疗1.54万人，门诊、住院补偿2.47万人次77万元。

（富顺县地方志办）

自贡高新技术产业开发区

概　貌

【位置　面积　人口】 自贡高新技术产业开发区（以下简称“自贡高新区”或“高新区”）地处自贡市中心南侧，位于北纬28°55′37″—29°38′25″、东经104°02′49″—105°16′11″之间。隔釜溪河与老城区相望，东南与沿滩区，东北、西南与自流井区，西与大安区相邻。规划控制面积100平方公里，其中板仓工业园区40平方公里，城市宜居生活区30平方公里，南岸科技新区10平方公里，卧龙湖国际旅游区20平方公里。截至2014年年末，托管面积65.39平方公里，已开发面积34.15平方公里，辖丹桂街、学苑街、板仓街和红旗乡、高峰乡3街2乡，21个村、41个社区，总人口24万余人，其中户籍人口16.19万人（城镇14.27万人、农村1.92万人），总户数5.9万户（城镇5.11万户、农村7854户），男性7.78万人，女性8.4万人，少数民族357人。

【设置沿革】 自贡高新区于1992年5月经四川省人民政府批准成立。同年9月，四川省编制委员会批复成立自贡高新技术产业开发区管理委员会。1994年6月，市委、市政府决定大安区红旗乡从7月1日起纳入高新区管委会统一领导和管理。2006年1月，国家发改委公告确认自贡高新区为省级开发区，更名四川自贡高新技术产业园区。2007年3月，板仓工业园区移交高新区管委会管理。2011年6月，国务院批复自贡高新区升级为国家高新技术产业开发区。从2012年12月1日起，自流井区高峰乡移交高新区管委会管理。高新区已建成国家级新材料高新技术产业化基地、科技兴贸创新基地、新型工业化产业示范基地、知识产权试点园区、大学生科技创业见习基地，四川省“51025工程”重点园区、中小企业创业示范基地。节能环保装备制造、新材料等战略性新兴产业在全省乃至西部地区具有重要地位。

【自然环境与资源】 高新区属亚热带湿润季风气候，冬无严寒，夏无酷暑，无霜期长，年平均气温18℃。多年平均降雨量1000毫米，常年盛行风向4—6月东南风为主，其余时间西北风和北风为主。系四川盆地南部浅丘陵地形，地势西高东低，地貌属背斜构造低丘地带，地表山露多为砂岩和页岩，土壤多为紫红、深黄。主要文化旅游资源有一对山、妙观寺、玉川公祠、南湖公园、汇东公园、釜溪河复合绿道公园、卧龙湖。

【交通概况】 高新区是自贡市的城市新区和产业新区，城市道路里程70余公里。城区的汇东路、汇兴路、汇川路、紫薇路、南湖路、南环路贯穿东西，丹桂大街、兴川街、通达街、龙汇街、南苑街—南林街、西苑街—西林街贯通南北，“六纵六横”主干道立起新城道路骨架，文化路、春华路、华园街、学苑街等支道与主干道相接，将汇东新城与南湖生态城连成一体，并延伸卧龙湖国际旅游区。板仓工业园区内东西走向的板仓路、玉川路、金川路、龙乡大道和南北走向的荣川路、富川路、卫里路、锦里路、新源路、茂源路、东环路“七纵四横”构成园区道路骨架，并与南岸科技新区相连。自贡客运中心、南湖立交桥、渝昆高速收费站等重要交通设施建在区内，30余条公交线路通达全市。经内宜、成渝、成自泸高速公路至成都、重庆各200余公里，南下宜宾70公里即可达最近机场和长江港口。高新区距自贡火车客、货运站2公里，经内昆、成渝铁路和成自泸赤高速公路连接成都、重庆、昆明，通达全国。

【经济社会发展概况】 2014年，实现地区生产总值232.15亿元，比2013年下降8.08%，占全市比重21.63%；规模以上工业总产值364.27亿元，下降22.75%，占全市21.9%；规模以上工业增加值109.7亿元，下降24.04%，占全市22.8%；固定资产投资总额123.83亿元，增长18.23%，占全市20.7%；服务业增加值71.89亿元，增长13.66%，占全市23.1%；社会消费品零售总额54.21亿元，下降10.62%，占全市12.7%；财政总收入27.58亿元，下降28.95%，占全市21.8%，其中公共财政预算收入2.79亿元，增长23.45%，占全市6.6%；公共财政预算支出8.9亿元，增长27.86%。实现税收收入17.75亿元，增长15.3%，其中国税收入3.92亿元、增长24.86%，地税收入14..15亿元、增长13..38%。城镇居民可支配收入2.77万元，增加2100元，增长8.2%。各项社会事业稳步发展。

政治建设

【省领导考察高新区】 2014年，省委常委、省总工会主席李登菊，省委常委、宣传部部长吴靖平，副省长陈文华、刘捷，省人大常委会副主任曾省权，省政协副主席晏永和、高烽、罗布江村、陈放，省政协原主席、省老体协主席秦玉琴等省领导先后莅临高新区考察。

【党的群众路线教育实践活动】 2014年，按照党的群众路线教育实践活动主题和总要求，聚焦“四风”问题，抓好学习教育、听取意见，查摆问题、开展批评，整改落实、建章立制三个环节。各级党员干部研读中央规定3本书和阅读《践行党的群众路线的好干部》，党工委集中学习15次，各级党组织累计集中学习345次，召开学习交流会80余次。党员干部走访群众3400余人次，召开农村院坝会和社区座谈会170余次，发问卷调查7000余份，梳理“四风”问题和意见172条，列出问题清单，建立整改台账，党工委成员牵头领办9个突出问题。年末整改134个问题，1200余人次参加各级民主测评，整改满意和基本满意率90%以上。各级累计新建制度179个，修订制度164个，废止制度34个。

【深化改革】 2014年，成立高新区全面深化改革领导小组，下设经济、国有企业和科技、农业和农村、生态文明、民主法治、文化教育卫生、社会、党的建设、纪律检查9个专项组。制定《高新区全面深化改革2014年工作要点》，提出11个方面改革任务。年内，在权力运行制约监督、行政审批服务、城乡户籍一元化、科技创新、社会治理等方面取得新进展。

【纪检监察】 2014年，印发《2014年党风廉政建设和反腐败工作的意见》《关于落实党委主体责任和纪委监督责任的实施意见》，落实“两个责任”。印发反腐倡廉宣传资料8万余份，107名机关、事业副科级以上干部作出廉政承诺。推进廉政文化“八进”活动，创建市示范点3个、区示范点

6个，省、市主流媒体刊发高新区反腐倡廉建设文章7篇，自贡电台制播高新区党风廉政建设报道2期。推进纪检转职能、转方式、转作风，聚焦主责主业，退出议事协调机构26个，保留参与10个。开展正风肃纪和整治庸懒散浮拖活动，检查5次80个次单位，提出整改和工作建议30余条，发放监察建议书6份，责令书面检查2人，诫勉谈话5人，提醒谈话1人，通报批评6人，3个单位，13名党政干部退出企业兼职，8个单位清退23项违规发放奖金和补助10.88万元。新建作风建设制度10条，修改完善制度22条，继续保留制度8条。收到信访件46件，比2013年上升17.8%，党纪立案1件，政纪立案1件，撤职1人，开除党籍1人，移送司法2人。全市党风廉政建设年度考核高新区被评为优秀等次，区直属党组织党政领导班子党风廉政建设责任制年度考核优秀等次3个、良好等次12个、合格等次6个。

【组织工作】 2014年年末，高新区党工委所辖基层党组织243个，党员5853人，其中党委23个、党工委3个、党总支9个。新建党组织1个，发展党员100人，预备党员转正99人。开展基层党组织“三分类三升级”，转化软弱涣散党组织5个，引导一批“一般党组织”向“先进党组织”升级晋位。开展“走基层、解难题、办实事、惠民生”活动，领导干部下基层539次，帮助解决实际问题461个，25个机关党组织、377名党员到村、社区报到，参加志愿服务活动810人次。举办入党积极分子培训班1期，培训148人。开展互找、建家、关爱、回引、示范、督导六大行动，加强流动党员服务管理。慰问贫困党员、老党员586人次，发放慰问金、物品折合27.81万元。党员民主评议“差”9人，其中6人限期整改，取消预备党员资格3人。

【宣传工作】 2014年，组织宣讲团和邀请专家、学者到机关、乡、街、社区、学校、企业宣讲十八届四中全会精神、党的群众路线、社会主义核心价值观、省市委会议精神，广泛开展宣传活动，凝聚改革发展动力。重视舆论导向，扩大高新区影响力，编辑《高新快讯》83期、《手机报》249期、《高新舆情》80余期；门户网站政务信息公开240余条，市委、市政府采用上报信息90余条。市级新闻媒体发稿1260余条次，新华网、中国创新网、中国文明网、中国经济网、四川在线、四川经济网、网易等网络媒体刊发3100余篇次。利用户外大型广告、LED、政务微博等宣传平台，加强对外宣传报道。

【机构编制】 7月，启用机构新名称，中共四川自贡高新技术产业园区工作委员会更名为中共自贡高新技术产业开发区工作委员会（简称“自贡高新区党工委”），四川自贡高新技术产业园区管理委员会更名为自贡高新技术产业开发区管理委员会（简称“自贡高新区管委会”），中共四川自贡高新技术产业园区纪律检查工作委员会更名为中共自贡高新技术产业开发区纪律检查工作委员会（简称“自贡高新区纪工委”），四川自贡高新技术产业园区工业区管理办公室更名为自贡高新技术产业开发区工业区管理办公室（简称“工业区管理办公室”），下设党组织、行政机构等相应更名。新设浙江大学自贡创新中心、自贡高新区基础教育研究中心、自贡高新区丹桂幼儿园3个事业单位；完成32个事业单位分类，其中公益一类30个、公益二类2个，3个参照公务员管理事业单位暂缓分类。调增4个单位编制121人、3个单位领导职数4人。事业单位公开招聘109人，食品药品监督稽查执法大队遴选补充5人，签约引进高校毕业生36人，各单位择优选聘体制外职工78人。调入3人，接收自主择业军转干部5人，调出4人，辞职12人，退休11人，离岗待退2人。组织人民满意公务员评选，记一等功1人。管委会机关24人次参加省级以上培训，年度考核表彰优秀公务员7人、先进工作者13人、优秀服务能手27人。

【政务服务】 2014年，深化“两集中两到位”、并联审批和政务服务标准化、信息化建设，实行代办服务，启动“三并联”（并联评价、评审、审批）试点。进入审批系统审批事项32项，公共服务事项23项。全年受理办结政务服务事项2.61万件，其中行政审批1.99万件、公共服务6208件，办理提速100%，当日受理办结率99.08%，提前办结率、按时办结率和现场办结率100%，群众评议满意率100%。

【法制建设】 2014年，利用“12·4”法制宣传日、“三八”妇女维权周、“3·15”消费者权益保护日、“6·26”国际禁毒日等重要节点和各类法律颁布实施纪念日等平台，设置图片展板、赠送法律书籍、发放法制宣传单、放映法制影视，开展法制宣传教育活动。开展“法律七进”活动，法律进机关54次、进学校58次、进乡（街）村（社区）82次、进企业24次、进寺庙2次、进单位10次。制定《高新区依法治区工作意见》，推进社会矛盾化解、社会管理创新、公正廉洁执法三项重点工作。完善依法执政和依法行政机制，领导干部带头学法、会前学法，健全依法决策机制，公众参与、专家论证、风险评估、合法性审查和集体讨论作为重大决策必经程序，确保行政决策有法可依、实施可行。推进法治乡（街）、法治村（社区）创建，白果社区依法治理社区工作通过省依法治省督导组检查。全年接收社区服刑人员82人，做到一人一档，未成年档案单独存放，因人施教，专人负责，按期解矫71人，年末在册社区服刑人员111人，在矫期间无重新犯罪。

【维护社会稳定】 2014年，调整完善维稳领导机构和工作责任体系，38个责任单位签订维护稳定目标责任书，完善区、街（乡）和部门社会稳定风险评估机制，超前防范、源头治理风险，社会稳定风险评估事项15件。定期分析稳定形势，全区790名信息联络员及时报告涉稳信息，梳理信息475条，预警消除串联上访等不稳定苗头78件次，防范控制35件重大涉稳事件，妥善处置12件突发涉稳问题。邪教人员109人，重点管控13人，破获邪教案件2件，抓获8人，移送起诉1人，取保候审7人，收缴反宣品2135件。

【信访和群众工作】 2014年，接待群众来访328批912人次，其中初访214批541人次、重访114批371人次、集体访35批469人次，来信21件；上级交办39件，转办25件；受理省长信箱信134件，人民网留言35件，区县长信箱6件，国家信访局直转信访件11件，“12345”市长热线5件，来信来访全部按规定交办或办理回复。督办重点信访1件，列入领导包案信访积案16件，化解15件，涉法涉诉1件按规定移交。规范来访接待、登记、办理，及时办理初信初访，着重化解重复、疑难信访。开展重信重访专项治理，落实信访问题答复、复查、复核三级终结制，引导群众依理、依法表达诉求，劝返进京上访7人，告诫非正常上访2人。开展下访活动，各级干部1524人次下访551次，宣传政策法规61场（次），收集群众意见建议279条，解决苗头性问题75个，办理信访48件，解决民生问题103个，提供技术指导6次，落实帮扶资金71.88万元。

【公安工作】 2014年，推进“十项改革”，深化“三化建设”，构建“一纵三横”“六面”“九点”“六站”“八卡”全空间治安防控网。全年立各类刑事案件2349件，破获957件，破案率40.74%；抓获各类犯罪嫌疑人816人（其中提请逮捕181人、刑拘295人），追回网上逃犯142人，挽回经济损失600万余元。受理查处治安案件1029件，抓获各类违法人员376人，治安处罚364人，其中治安拘留278人。获取涉稳信息352条，处置涉稳事件283起，刑事打击处理1人次、治安处罚13人次。排查矛盾纠纷102件，化解57件，缓解37件，预防集体上访5件800余人。开展突出治安问题整治行动，破获毒品刑事案件18件、治安案件91件，捣毁涉毒窝点1个，抓获134人，缴获毒品46.67克；查处涉黄、涉赌30件，捣毁窝点12个，打击处理130人，治安拘留230人，收缴赌博机60台；破获抢劫抢夺24件、盗窃829件、诈骗10件，打掉盗抢团伙55个；收缴管制刀具48把，非法枪支8支。推进社区警务改革，开展社区“五大工程”（居民自治、视频监控覆盖、安装防爬设施、单元防盗门、“红袖章”巡逻）建设，试点安装视频监控探头66个，防爬刺145根、防盗网80余米。出动警力1000余人次，完成20余次重大活动安全保卫工作。

【消防工作】 2014年，接出警129起，出动车辆244辆次、警力1428人次，抢救被困13人，疏散被困150人，抢救财产价值47.95万元，保护财产价值近1000万元。辖区发生火灾30起，直接财产损失11.44万元，无人员伤亡，火灾件数上升23.33%，直接财产损失下降30.24%。开展“消防万警进万家”活动12次，消防志愿者宣传活动4次，发放防火宣传资料6万余份，接受咨询300余人。检查单位（场所）300余家，发现隐患201处，当场整改52处，发出责令限期改正通知书104份，复查意见书21份，整改率100%。高新消防大队实战演练120余次，其中大跨度大空间建筑灭火演练3次，高层建筑实战演练12次；参与抢险救援75次，营救被困28人，疏散153人，抢救物资价值120万余元，服务群众（送水、取钥匙、取蜂窝等）342次，被市消防支队评为“两节”“两会”“灯会”消防安保先进单位。

【道路交通管理】 2014年，属地化管理道路165.8公里、机动车约8万辆、驾驶人3.3万人。建立高新区道路交通安全综合整治领导小组，印发《高新区道路交通安全综合整治工作方案》。持续推进“文明交通行动计划”，开展交通安全进社区、进农村、进学校、进企业、进家庭“五进”活动48次，接受咨询1.2万人次，散发宣传资料5万份，投入警力8832人次维护学生上下学交通秩序。新增临时占道停车泊位1027个、地下停车位5780个、交通信号灯8套、监控1组、交通标志55套、施划交通标线4282.1平方米、农村道路护栏600米。接处警5893件，处警率100%。受理交通事故1464件，比2013年（下同）增加595件，上升68.47%；死亡5人，与2013年持平；受伤815人，增加197人，上升31.88%；直接经济损失104.99万元，增加31.89万元，上升43.63%。四项指数三升一平。查处各类交通违法行为9.51万件，增加3.95万件，其中货车超载180件，增加150件；酒驾65件，增加41件。侦破逃逸案件11件，其中致人死亡肇事逃逸4件，侦破率100%。刑事立案27件，其中交通肇事罪17件、危险驾驶罪10件；行政拘留90人，刑事拘留8人，取保候审21人。推出手机服务平台，集合交通动态、违法查询、便民服务，可查看11个主要路口交通实时视频。

【工会工作】 2014年年末，全区职工4.75万人，工会会员4.74万人，职工入会率99.67%，基层工会组织336个，涵盖法人单位3710个。是年，新建工会组织32个，发展会员4150人。304个工会实现“双亮”，占90.48%，各级培训工会干部127人次。新建48个职工维权帮扶服务点，受助职工300多人金额13万余元。开展服务企业、服务职工“双服务”活动，走访企业31家，撰写调研报告4篇。开展“企业工资集体协商集中要约行动”“企业工资集体协商提质增效”活动，签订工资集体协商要约285份，《开展行业工资集体协商，维护行业职工合法权益》选入《四川省企业工资集体协商典型经验》一书。承办第十一届自贡市职工技能大赛车工（高级工）决赛。建立困难职工档案，进入全国总工会帮扶管理系统386人，慰问、补助劳模、困难职工等1015人次，金额45.95万元。组织送文化进园区、进企业慰问演出，参加省、市总工会举办比赛4次，区工会获市总工会2014年度职工文艺工作竞赛一等奖、职工体育一等奖。新办1730人2024份女职工大病互助保险，累计参保8922人，11人获赔付保险金12万元。女职工生育补助20人5万元。获奖论文2篇，创建省劳动关系和谐园区1个、街道1个、企业4家，市和谐企业5家，省示范工会1家、市示范工会3家，区工会评出基层工会组织规范化建设合格单位130家，模范职工之家17家。

【共青团工作】 2014年，发展团员97人，19名团员列为入党积极分子，4名团员发展为中共预备党员。动员团员青年参加群众路线教育实践活动，宣讲7次，学习16次。开展植树造林种草、治理污染、保护水资源等青春筑绿行动10次；开展关爱志愿行动26次，服务760余人；开展青少年维权行动，293人次服务贫困留守儿童活动460人次，30名志愿者为78名农村留守儿童教习武术，春节、儿童节各级团组织慰问贫困、留守、残疾儿童187人。盐义仓社区服务站志愿者103人志愿活动35次，服务社区老年人等836人次。联系企业为健身群众捐赠600件文化衫。农村青年技能培训40人，选送团干部4人次到省团校培训，撰写调研文章1篇。

【外地代表团参观考察】 2014年，内江市、隆昌县、隆昌工业园区、眉山市文明办、雅安市荥经县、广汉市、遂宁市、湖南省常德市科技局、凉山州、巴中经经济开发、泸州高新区等考察团先后到高新区考察统筹城乡发展、工业园区、城市建设管理、孵化体系建设。市、区领导及相关部门负责人陪同考察，介绍高新区发展情况，相互学习交流。

经济建设

【工业】 2014年，全区企业总数160户，规模以上工业总产值实现364.27亿元，比2013年下降22.75%；规模以上工业增加值实现109.7亿元，比2013年下降24.04%。三大主导产业占工业总产值的89.96%，其中节能环保产业涵盖化工轻工环保技术研发设计、节能环保锅炉、CNG、超长距离运输机械制造、节能灯具制造、环保型化学处理剂、环评、城市和工业污水处理等领域，产值212.8亿元，占工业总产值的58.42%；机床、泵阀、运输机械等三大装备制造产业产值50.9亿元，占工业总产值的13.97%；有色金属新材料、新型炭材料、焊接新材料、高分子合成新材料等新材料产业实现产值64亿元，占工业总产值的17.57%。建设重大工业项目33个，完成投资36亿元，其中：续建18个，新开工15个。17个项目竣工投产，其中5个项目当年开工当年投产。实施省级重点工业及技改项目14个，年度完成投资19亿元。拥有研发机构企业占35%，创新型企业占41%，5家企业申报市级企业技术中心。板仓工业园区年内新开发0.5平方公里，累计开发面积9平方公里。

【商贸服务业】 2014年，全区服务业增加值71.89亿元、增长13.66%。较大规模餐饮住宿业14家，年营业额6.2亿元；限上个体餐饮业年营业额9400万元。专业市场14个，经营面积14.85万平方米，年成交额23.93亿元，其中交易额上10亿元专业市场有1个，上亿元2个。农贸市场7个，经营面积2.58万平方米，摊位1554个，经营户836户，年成交额约1亿元。汇兴路东段特色美食街全长300米，餐饮店65家，年营业额500万元，从业人员约700人。6家大型商贸企业参加迎春购物月等展销活动，销售总额近3亿元。110家宾馆录入四川旅游统计综合管理平台。1月“普润之星”时尚购物广场开业，9月大商集团南湖千盛购物广场开业。

【财政】 2014年，全区财政总收入27.58亿元，比2013年下降28.95%，其中地方一般公共财政预算收入2.79亿元，增加5303万元，增长23.45%（税收收入1.88亿元，增长16.77%；非税收入9129万元，增长40.45%）；基金收入8.97亿元，减少13.80亿元，下降60.61%；行政事业性收费238万元。公共财政预算支出8.9亿元，增长27.86%；基金支出9.37亿元，下降58.81%。压一般支出，保重点支出，加大社会事业和重点建设工程支出。产业扶持1.70亿元，下降58.84%；建设性支出25.91亿元，下降26.22%；教育9069万元，增长14.04%；城乡居民最低生活保障1520万元，增长2.41%；再就业341万元，增长5.51%；城乡医疗救助282.12万元，增长16.85%；征地拆迁14.36亿元（含安置房建设6.38亿元），下降32.14%；保障性住房1.15亿元、下降2.54%。政府采购560宗金额3890万元。

【国税】 2014年，全区国税入库收入3.92亿元，比2013年增收7807.17万元，增长24.86%。其中：地方级收入9466万元，比2013年增收2249万元，增长31.16%；区级收入1893万元，比2013年增收450万元，增长31.19%。增值税入库2.97亿元，占税收总量75.63%；通用设备制造业、批发零售业、房地产三大行业税收收入占国税总收入71.52%，下降9.32个百分点。7月1日设立板仓办税服务厅。管理服务前移，实行“一窗通办、内部流转、限时办结、窗口出件”，办理“免填单”业务7709笔、全市通办业务1578笔。办理各类税收优惠1.21亿元，其中调高起征点免征增值税359.5万元，西部大开发、高新技术、小型微利企业减免企业所得税2787.6万元，出口退（免）税5412.36万元，5家民政福利企业和1家软件企业退税409.38万元，暂免部分小微企业增值税106.8万元。

【地税】 2014年，全区地税入库收入14.15亿元，比2013年增收1.67亿元，增长13.38%。其中税收收入13.36亿元，比2013年增收1.52亿元，增长12.83%。税收100万元以上企业122家，占正常管户1.56%，入库税收10.07亿元，占总收入71.17%。板仓工业园区投入生产经营企业198家，入库税费1.38亿元，增长23.21%。466家企业所得税1246万元，年收入12万元以上262人申报个人所得税573.4万元，343户个体税收机打发票27万余份，金额9400万元。查补入库税款234.44万元，调增定额115.22万元，清理入库欠税455万元，减免253户税收2228.73万元。培训纳税人24期1300人，推进网上申报和“税库银”联网，纳入个税扣缴软件管理1400余户。

【审计工作】 2014年，审计政府投资工程项目136个，总金额6亿元，审减800万元。开展行政事业单位（部门）财务收支情况审计，审计客运站综合办公室等2013年度财务收支情况，规范财务收支行为。抓好政府投资项目全程跟踪审计，提出审计建议意见62条，出具监察审计建议书1份，监察审计通知书1份，督促改进和完善内部控制制度。

【招商引资】 2014年，全区累计到位市外资金125亿元，其中国内省外到位资金75.7亿元，固定资产类资金55.7亿元。签约项目21个，签约资金187.7亿元，其中工业项目15个，签约资金158.5亿元；服务业项目6个，签约资金29.2亿元。签约1亿元—5亿元项目10个，5亿元—10亿元项目8个，10亿元—30亿元项目2个，50亿元以上项目1个。省督办项目履约率、开工率100%、资金到位率70.87%；市督办项目履约率100%、开工率93.3%、资金到位率76.54%。调整制作《自贡高新区功能区控制性详细规划》《自贡高新区宣传册》《自贡国家高新区项目推介书》《自贡高新招商项目册》《卧龙湖国际旅游区项目策划方案》《卧龙湖康疗养生基地项目推介书》、BT项目册等一系列宣传画册及多媒体资料，在招商活动、项目对接、推介会上赠送客商2000余册。利用各类媒体宣传高新区发展规划、经济社会发展成就，介绍投资环境。"请进来"招商40余批次200余人，其中接待国内客商30批次140余人，接待海外10余批次60余人。"走出去"招商30余批次，招商小分队分别赴台州、深圳、成都、西安等多地考察对接项目，组团参加四川与全国知名民营企业投资合作洽谈会、第十五届西博会、第五届C21四川城市发展圆桌对话活动、中国西安丝绸之路国际旅游博览会、第五届中国西部国际资本论坛、首届中国智能汽车论坛等项目推介和招商引资活动。

【重大项目建设】 2014年，全区计划实施重大项目122个，计划总投资340.6亿元，年度计划投资91.7亿元，全年完成投资100.5亿元，占年计划109.3%，其中29个市级重大项目计划总投资268.2亿元，年度计划投资54.2亿元，完成投资65.5亿元，占年计划129.9%。47个产业项目年度计划投资57.2亿元，完成投资66.8亿元，占年计划116.9%，其中33个工业项目投资36亿元，占年计划117.5%，17个项目实现竣工投产，5个项目实现当年开工当年投产；14个第三产业项目投资30.8亿元，占年计划116.1%。41个基础设施项目年度计划投资18.9亿元，完成14.4亿元，占年计划76.4%，16个项目投入使用。34个民生及社会事业项目年度计划投资15.7亿元，完成投资19.3亿元，占年计划122.7%。

【科技创新】 2014年，全区投入科研经费3.9亿元，占生产总值的1.67%；财政科技创新支出2亿元，占本级财政支出11.2%。申报市以上科技项目立项37件，获资金扶持1608万元；申报国家、省、市重大成果转化、产业化项目8项。新认定高新技术企业5家，高新技术企业总数达33家；新增孵化企业12家，在孵企业75家。高新技术产业总产值278.96亿元，占工业总产值76.58%；实现利税25.6亿元。产值上亿高新技术企业21家。有5个省级产学研战略联盟，新增市级企业技术中心5家、中小企业研发机构7家，建立浙江大学自贡教育培训中心、浙江大学自贡技术转移中心。高新区企业（事业）获市科学技术进步奖15项，其中一等奖4项、二等奖6项、三等奖5项。

【知识产权试点园区建设】 2014年，调整高新区知识产权工作领导小组，举办知识产权试点园区建设暨培训会，设立高新区知识产权维权援助中心，1家律师事务所、2家知识产权代理机构签约入驻中心，开展知识产权援助服务。新增省级知识产权试点企业2家、市级知识产权试点企业6家。申请专利265件，增长19.91%，获授权专利208件，增长37.75%。专利技术转化40项，新增产值11.03亿元、利税1.46亿元，产值增长15.65%。知识产权质押融资2050万元。

【工商行政管理】 2014年，新设内资企业929家、私营企业923家、外资法人企业4家、个体工商户1239户。接受消费者咨询620人次，抽检儿童玩具、取暖器材、电线电缆、管材等商品26批次，披露不合格商品信息6条，发布《消费警示》60条次，受理消费者投诉364件，办结率97%，为消费者挽回经济损失13.6万元。立案查处违法案件57件，其中：融资中介机构违法宣传16件、网络违法4件、商标侵权3件、合同违法2件。新培育3枚著名商标，复审5枚著名、知名商标。守合同重信用企业国家级1家，省级2家。打造汇兴路消费维权示范街1条。

【质量技术监督管理】 2014年，成立名牌战略领导小组，出台《质量兴区实施办法》《关于对荣获中国（四川）名牌等产品企业进行奖励的办法》，开展质量大讲堂、专家“巡诊把脉”“质量监管、质量提升”活动，扶持名优企业，培育具有核心竞争能力产业链条。检定计量器具26台（件），加油机8台，加气机12台，完善45家企业计量台账。抽检工业产品110批次，合格107批次，合格率97.71%，比2013年提高0.4%；包材食品企业23家、30批次产品，合格率100%；小作坊10批次，合格9批次，合格率90%。分类分级监管20家特种设备制造企业，培训使用、维保105人，应急演练2次。2家企业获省级采用国际标准和国外先进标准证书，40家企业使用有效产品标准备案，3家企业参与制修订国家标准、行业标准4项。获全国质量管理先进企业1家、省名牌产品22件、省著名商标8件、省级质量管理先进单位5家、省级质量信用等级企业33家，市政府质量奖2家，5家企业获省第十一届名牌，4家企业纳入第十二届四川名牌争创计划，名牌产品对高新区工业贡献率50%以上。高新区被批准创建四川省知名品牌示范区。

【统计工作】 2014年，编辑《高新区统计信息月刊》《高新区经济预警通报》《高新区经济运行专报》，指导、帮助“三上”企业建立健全统计台账。开展火炬统计调查，撰写火炬统计分析报告和火炬统计工作报告。完成第三次全国经济普查，截至2013年12月底，高新区一、二、三产业法人和产业活动单位2295家，其中法人单位1860家，比第二次经济普查增加541家，增长41.02%；个体户7176户，比第二次经济普查增加1895户，增长35.88%；法人单位一、二、三产业期末从业人员9.05万人，比第二次经济普查增加4.08万人，增长82.09%；全年营业收入374.86亿元，比第二次经济普查增加253.09亿元，增长207.84%。

城乡建设

【城乡规划】 2014年，编制1个控制性详细规划、22个专项规划、4个规划维护。完成南湖生态城，板仓工业园区一期、二期控规维护，高新区公交站点优化方案；编制卧龙湖基础设施规划、卧龙湖湿地公园规划、高峰公园规划、卧龙大道景观规划、龙汇南街延伸段道路景观规划设计、卧龙大道二期道路设计、景苑支路道路设计、卧龙湖西区截污干管设计、东区邻里中心、西区邻里中心、孵化园设计、南岸科技新区行政公园等14个专项规划。完成天海苑、天伦苑优化设计，卧龙湖一期、景苑三期、汇园路、南湖三期、沙坪三期安置房，南湖保障性住房8个小区规划设计，南湖幼儿园装修和南湖社区卫生服务中心设计，启动南湖西区农贸市场设计。审查42个建筑设计方案，核发建设项目选址意见书8份，审查建设项目施工图78套。核发建设用地规划许可证15件，面积153.33万平方米；建设工程规划许可证32件，建筑面积162.79万平方米；建筑工程施工许可证45件，建筑面积22.81万平方米；城镇居民房屋买卖规划用地性质通知书129件；建设项目规划竣工核实通知书62件，核实竣工建筑面积122.58万平方米。

【统筹城乡发展】 2014年，推进户籍改革，涉及农村户籍改革8162户2.62万人。开展试点村组集体经济组织成员认定，完成4080户1.31万人户籍一元化改革。新开工建设安置房50万平方米，竣工安置房21.68万平方米。新办征地农民养老保险1600人、医疗保险1001人、失业保险2157人，创业就业培训1600余人。统筹集体土地1356.53公顷，征收集体土地117.6公顷。修建村道4千米、便道23.4千米，整治提灌站4座、山坪塘、囤水田41口，规划建设87公顷生态农业基地。

【城区建设】 2014年，汇东、南湖新城实施重大建设项目30个。房地产项目续建6个，完成投资14.04亿元；新开工5个，完成投资4.93亿元。城市基础设施项目续建9个，完成投资2.18亿元，建成投入使用5个；新开工2个，完成投资576万元，建成投入使用1个。社会民生项目续建4个，完成投资1.83亿元，竣工投入使用1个；新开工4个，完成投资946万元。安装直径800米水管1.8千米，天然气管线3千米，排查南湖、汇东112千米雨污水管资料，清淤、疏导管道1千米，修复道路2000平方米、港湾车站7个，改造4个老旧社区供电设施。

【卧龙湖旅游区建设】 2014年，实施项目13个，计划投资14.63亿元，其中基础设施投资7.63亿元，产业项目投资7亿元；实际投资18.83亿元，占计划128.71%，其中基础设施、安置房等配套工程投资8.48亿元，产业项目投资10.35亿元。实施卧龙大道1期、龙汇南街延伸段前1200米景观绿化工程，人行道铺设仿花岗石7200平方米，培植绿化隔离带1.6万平方米，栽植行道树1000株；景苑2期安置房竣工，景苑3期安置房完成土石方，卧龙湖1期安置房启动建设；盐泉生态城大众盐卤浴接待中心1期建成，泡池区及接待中心2期主体结构封顶；东西向景观大道通车，南北向景观大道形成土路床，完成湿地公园2期湖体周围景观。硬化道路7.4公里，新增通车里程6.8公里，承载能力达4平方公里。

【南岸科技新区建设】 2014年，基础设施项目续建6个，投资2.5亿元；新开工1个，投资1.84亿元，开发面积4.5平方公里。"一环两横三纵"路网路基土石方开挖166.1万立方米，回填236.7万立方米，形成路床10公里，北二路大部分黑化。釜溪河复合绿道（示范段）道路、园林绿化及水、电等完工，景观节点基本完工。完成孵化中心、科技成果交易中心、总部办公楼、金融双子座等项目概念方案。

【园林绿化】 2014年，投资2.03亿元，建设65个园林绿化项目，新增绿地面积50万平方米，栽植乔木2万株，灌木6.4万平方米，草坪3.3万平方米，补植补栽乔木3000余株、灌木6000余平方米，草花栽摆140万盆。全区建成绿地面积809.99万平方米，绿地率31.76%；绿化覆盖面积900.16万平方米，绿化覆盖率35.3%，其中公园绿地面积326.04万平方米，人居公园绿地面积14.82平方米。

【国土资源管理】 2014年，上报8个批次城市建设用地153.51公顷，省政府批准1个批次10.54公顷，7个批次142.97公顷通过省国土资源厅审核，下达新增建设用地年度计划指标，报省政府待批。签订《征收集体土地补偿安置协议》面积116.96公顷，农转城1106人，两补费4787.93万元，土地调整费45.41万元，审核办理被征地农民各类社会保险3728人次。拆迁房屋889户、面积10.3万平方米，拆迁人口4050人。安置房屋848户1437套、面积12.16万平方米，货币补偿安置41户932.04万元。供地15宗面积72.54公顷，收入6.91亿元，其中经营性用地4宗13.48公顷，工业用地5宗19.49公顷，划拨6宗39.57公顷。土地收储118.4公顷，融资3.5亿元。完成土地卫片293个、161.48公顷遥感卫片执法检查调查核实，查处违法用地5宗，面积5.26公顷。办理国有土地使用证1.69个，接收市地产交易中心移交档案2500宗，集体、国有档案查询、复印1300余份，归档1.72万宗。调查核实自然地质灾害隐患点22个，人类工程引发地质灾害隐患点9个，涉及民房110户、681人；治理5个地灾隐患点，完成治理4个，治理中1个；搬迁11个隐患点民房，6个隐患点纳入监测。

【城市管理】 2014年，投入环卫经费2164.07万元、城乡环境综合治理经费482.5万元。组织城管队员训练5期，配备76台执法记录仪。新增环卫车3辆，新建垃圾中转站1个、地埋式垃圾库4座、公厕4座，改建地埋式垃圾库2座，维修人行道5726平方米，修补花台、路沿石1709米，更换垃圾桶（箱）160个、路灯6200盏、电缆线6100米、窨井盖板733块，市政设施完好率、路灯亮灯率98%以上，清运垃圾4.5万余吨，洒水降尘及路面清洗用水15万余吨。数字化城市管理区域新增10平方公里，达到20平方公里，GIS二维平台升级实景三维平台，新安装28个高清视频监控摄像头，立案各类城市部件1万余件，处置结案率99.88%。成立特勤中队管理夜市，试点打造华园街无烟烧烤一条街。实施沙坪场镇环境提升工程。规范坐商越门占道经营1.35万家次，无证流动摊贩1.3万起，公共场所摆放拱门、站牌、灯箱广告264处，取缔流动摊点117个、乱搭棚伞153处，清理临街堆放物料60多吨，拆除乱搭棚亭5个，暂扣占道物品281件。高新区管委会获市城乡环境综合治理考核第一名，高新区城管执法大队获市城市管理行政执法责任制考核第一名。

【环境保护】 2014年，审批环评项目78个、登记表17份、报告表47份、报告书14份。清理104家投产企业，环评验收63家，提交验收申请待出报告15家，暂未验收26家。重点治理大气污染，扩大道路机械化清扫面，增加洒水降尘频率。办理渣土运输备案45件、扬尘污染备案25件，渣土倾倒审批备案16件，检查建筑工地和道路51次，督促工地硬化道路27条，修建围墙27处，治理施工现场扬尘污染2471处次，查处建筑渣土运输中洒落等14起、乱倒渣土5起。餐饮企业新安装油烟净化设备13家，纠正安装未使用8家，对10家未安装企业发出《限期整改通知书》，处理油烟污染投诉10件、焚烧垃圾、秸秆15起。推广使用低噪声机具和工艺，科学设置道路交通信号与标志、标线保畅降噪。清理33宗闲置土地进行绿化覆盖。

【信息化建设】 2014年，建设3G基站106个，新建4G基站188个，光纤建设2900皮公里，管道建设356.19孔公里。建成包括电信网、广播电视网、计算机网等在内较为完整的通信网络，实现高新区宽带化、数字化基本覆盖。开通59个村（社区）电子政务外网专线，保障社区服务管理综合信息系统安装及使用，实现电子政务外网全覆盖。“数字城管”视频监控系统完成28个点位；交警“慧眼”监控系统完成一期升级改造手动抓拍点位18个、高清闯红灯记录系统点位4个和监控指挥中心设备改造升级；公安“天网”升级改造通过验收，改造高清视频监控点位101个。汇东公园一期综合安防系统通过验收，完成卧龙湖湿地公园、汇东公园二期综合监控点位勘察和方案设计。举办“智慧高新”建设讲座，启动“智慧高新”社会公共服务平台建设，至年末，完成城市居民最低生活保障、流动人口婚育证明申办等19个业务子系统设计编程。

文化建设

【精神文明建设】 2014年，巩固创建省级文明城市成果，开展公民道德、社会主义核心价值观宣传教育、文化惠民活动，推进“文化高新”建设，通过省、市公共文明指数测评暗访。组织“学雷锋、树新风”、义诊、文明劝导、志愿服务、美化城乡环境等活动，学习评选“道德模范、中国好人、四川好人、身边好人”。开展文明执法、诚信纳税、文明行车、无假货示范店示范街活动，推进社会诚信建设。登记志愿者1.48万人，明珠社区被评为2014年度省十佳社区志愿服务组织。新命名市级“文明服务示范窗口”1个、文明社区3个。至年末，有省级文明单位1个、市级文明单位15个、区级文明单位7个、省级文明社区4个、市级文明社区7个、区级文明社区5个。

【文化体育设施建设】 2014年，新建社区书屋8个、农民工驿站1个、留守儿童之家1所、村级文化活动室9个，建设农村广播村村响工程10个，安装20户以下6个自然村组地面数字电视接受设备，编制玉川公祠保护性修缮方案报省文物局。乡街文化站、活动中心配有电视机、电脑、音响、笔记本电脑，添置农家、社区书屋书籍和报纸杂志，全区2个乡文化站、2个街道文化活动中心、32个社区文化活动室、22个农家书屋免费开放。开展全国第六次体育场馆普查，完成体育场馆信息登记录入。新安装健身路径15条，维修健身路径4处35件。

【文化市场管理】 2014年，调整高新区文化市场管理工作领导小组。组织文化市场综合执法法制教育宣传日活动，发放宣传资料、宣传册400册、解答文化市场执法管理咨询200余人次。开展“扫黄打非”、非法出版物治理、印刷品承印质量保证体系建设，收缴非法出版物800余本、音像制品600余张（盘）。出动110人次，车辆82台次，检查出版物、音像制品零售点190家次，处罚违规经营出版物1家，罚款200元；音像制品4家，罚款1400元；配合市文化新闻出版市场稽查支队处罚违规经营出版物1家，罚款1.1万元。建立上网实名登记制，出动368人次、车辆231台次，检查网吧243家次，处罚违规经营网吧1家，罚款3000元。出动5人次，车辆2台次检查电子游戏厅，取缔黑电玩1家。收缴校园周边书刊零售和文具店口袋书500余本，检查酒吧非法经营娱乐项目3次。办理群众举报8件、省长信箱2件、群众信访1件。

【文化产业】 2014年年末，全区文化娱乐场所236家，其中网吧21家，歌舞娱乐厅14家，电子游戏13家，音像制品出租零售13家，书刊零售23家，电子出版物4家，邮亭、政务亭54家，打字复印79家，印刷厂7家。是年，新增上档次、上规模文化经营项目3个。太平洋影城票房收入982.78万元，片数274场，排片1.28万场次，观影人数32.05万人次。文化产业收入比2013年增长12%。

【公共文化活动】 2014年，举办春节灯贸交易会彩灯公园文艺演出、龙腾狮跃闹元宵、“庆七一”社区文艺汇演、“文化进社区、欢乐到基层”文艺汇演、“我要上春晚”高新专场演出、全民读书活动“国学诵读”比赛、群众广场舞大赛等；放映公益电影192场；配合市文化局、文化馆送文化到乡（街）、村（社区）演出32场，参加演出8000余人次，观众10万人次。创作舞蹈《欢乐的爷爷奶奶》《中华风情》、架子鼓表演《西班牙斗牛士》、情景剧《劳动最光荣》等16件文艺作品。选送150余人次参加市文化馆合唱指挥、现代舞培训，听文学、漫画讲座。

【体育活动】 2014年，坚持开展全民健身活动，广场、院坝健身活动天天有，春华、妙观寺等广场每月组织1次广场交谊舞会，组队参加全市元旦迎春长跑，开展“迎春佳木斯快乐舞步”展演、全民健步走、健身球操展示、三人制篮球赛、华商·国际城川南越野车大赛、“远达杯”棋文化主题活动、亲子运动会，举办高新区首届中小学生运动会。组织13支队伍、174名教练和运动员参加全市第九届老年人运动会12个项目比赛，11个项目获优胜奖，桥牌获优秀奖，门球、健身球、健身秧歌、佳木斯快乐舞步获第一名，高新区老年人体育协会获最佳组织奖。

【档案工作】 2014年，收集1713件文书档案，立卷归档100卷，提供档案查阅300余人次。举办档案管理培训，加强重大建设项目、新农村建设及民生档案资料收集、整理、移交、归档、验收，检查指导乡（街）等单位档案整理、归档和管理。

【地方志工作】 2014年，宣传贯彻新修订的《四川省地方志工作条例》等法规，首次编辑《自贡高新区年鉴（2014）》50万字，收录照片150张。编辑七方面内容68条目2.5万字入编《自贡年鉴（2014）》、5条目5000字15张照片入编《四川年鉴（2014）》、8条目3000字15张照片入编《中国高新区年鉴（2014）》，《自贡国家高新技术产业开发区创建与发展》入编《回忆西部大开发》。

社会建设

【教育】 2014年年末，区直属中小学校9所，其中：完全小学5所，9年制学校3所，初中1所，辖区有幼儿园29所。是年，新设亦学堂培训学校、金苹果幼稚园，华景幼儿园美育教育中心迁址新加坡花园小区并增加附设幼儿园。直属学校小学毕业1375人，比2013年增加3人，毕业率100%；初中毕业1133人，增加102人，毕业率100%；小学、初中在校生辍学率为零。参加初中学业暨升学考试1133人，增加102人，考入示范高中305人，示范高中上线率26.92%。秋季小学招生2374人，增招265人；初中招生1609人，减少27人。教育投入9069万元，增长14.04%。年末，在校学生336个班1.54万人，增加34个班1800人，其中在校小学生240个班1.09万人，增加23个班1342人；初中生96个班4473人，增加11个班458人。入园幼儿5600人，学前三年毛入学率92%。中小学教职工1011人，其中新公招聘用教师100人；幼儿教师412人。49人参加北京师范大学高级研修班培训，23名教师参加心理健康辅导员认证培训，77批次2221人次教师参加各级各类培训，1600余教师参加40余次教研活动。区级课题上报22个，立项16个，评选高新区首届教育科研课题一等奖5个、二等奖5个，奖励9.4万元；申报省课题3项、市课题7项。表彰优秀教师51人、优秀教育工作者24人、优秀德育工作者14人，100余名教师晋升相应职务。市首届“梦之音杯”中小学生主持人大赛19人获奖，省第十届中小学生优秀艺术人才大赛147人次获奖，选送80件作品参加29届青少年科技创新大赛57件获奖，第十届自贡市青少年科技创新市长奖获一等奖1件、二等奖2件。市表彰三好学生51人，优秀学生干部19人，先进班集体14个；区表彰三好学生67人，优秀学生干部46人，先进班集体21个。统筹进城务工人员子女就近接受义务教育340人，补助贫困家庭学生住宿生生活费80人次5万元、学前儿童912人次45.6万元。

【社区建设】 2014年，完善网格化服务体系，建立网格化服务管理监管区中心、乡（街）分中心、社区工作站三级网络。全区社区划分177个网格，每个网格配备兼职网格员。网格建立人、事、地、物、情、组织等基础数据库，采集录入信息13.71万条，定期核查、动态掌握。1月15日，21个村、36个社区召开第九届村（居）民委员会选举大会，选举产生村民委员会成员63人，其中主任21人、副主任21人、委员21人；居民委员会成员199人，其中主任35人、副主任51人、委员113人；村（居）务监督委员会成员171人。4月举办新任村（居）委会成员、村（居）监督委员会成员培训班。创建廉政文化示范社区5个，新建桂湖、和景、国湖、盛景4个社区，新建住宅区6356户居民纳入社区管理。

【劳动就业】 2014年年末，区、乡（街）、村（社区）三级就业和社会保障服务平台65个，工作人员136人。是年，开展就业援助月、春风行动、返乡务工人员座谈会、大学生就业援助月（季）、民营企业招聘周等活动，发放宣传资料3000余份。就业培训1540人，其中：就业技能培训494人，岗位技能培训620人，农村劳动力品牌培训50人。城镇新增就业2218人，其中：失业人员再就业255人，就业困难人员就业110人，开发公益性岗位111个，补贴1394人次146万元，城镇登记失业率1.1%以内。高校毕业生见习基地6个，高校毕业生创业24人。审核办理小额担保贷款800万元。充分就业社区新申报1个、复核16个，累计31个，占社区75.61%。开展劳动力资源普查统计，全区劳动力资源9.11万人，其中城镇从业人员6.23万人，占68.39%；城镇失业人员1600人，占1.76%；农村劳动力1.29万人，占14.16%；外来劳动力1.43万人，占15.7%。

【社会保险】 2014年，城乡居民社会养老保险参保2095人，缴费30.69万元；被征地农民养老保险1598人，征缴基金8023.67万元。被征地农民失业保险2157人，征缴基金3937.56万元。城镇居民医疗保险参保续保5.53万人，征缴金额1000.21万元；被征地农民医疗保险补助1452人，征缴基金367.79万元。被征地农民失业保险2157人，征缴基金3937.56万元。小额人身意外保险1.07万人，保费38.51万元，赔付235件23.24万元。企业退休人员社会化服务2.63万人，实名登记认证2.60万人，认证率98.86%，创建市退管标准化社区9个。

【卫生】 2014年年末，全区有医疗机构117家，其中直属医疗卫生单位9家，病床496张，区内注册医生397人、护士311人。是年，各级医疗卫生机构门急诊诊疗42.2万人次，住院2.28万人次，上门服务6.73万人次。建立居民健康规范化电子档案14.80万份，免疫规划疫苗接种2.07万人次，高血压、糖尿病患者规范化管理1.14万人、4742人，中医药健康管理9058人，家庭医生签约2.86万户，65岁以上老年人健康体检1296人。区内注册医疗机构换证117家，校验医疗执业许可证90家，45名中医药临床人员参加全省“中医四部经典”考试。监督检查公共场所382家次，下发卫生监督意见书312份，审核266家公共场所经营单位卫生许可，其中新办证77家，换证129家，复验60家。出动执法人员310人次、车辆75台次。检查医疗机构、药店、市场，下达《卫生监督意见书》103份，取缔非法行医窝点2个、无证游医1起，没收医疗器械70余件（台）。报告法定传染病16种966例，发病率492.66/10万，发病数比2013年上升4.66%，无死亡。处置2起学校传染病疫情。健康宣传咨询活动288次，接受咨询服务5.14万人次，健康知识讲座192次1.14万人听讲。无偿献血67人8.76万毫升。区内有省级卫生先进单位24个，市级爱国卫生红旗单位36个，省级健康示范社区3个，市级健康教育示范社区2个，省级无吸烟单位13个，市级无吸烟单位28个。

【民政工作】 2014年，发放城乡居民最低生活保障金1520万元，比2013年增长4.7%，其中城市低保金1288.31万元，增长6.2%，人均月补差237.66元，增加26.76元；农村低保金231.69万元，下降3.5%，月人均补差95元，减少8.53元。年末，城乡低保对象4007户6107人，保障人数占全区户籍总人数3.77%。是年，优抚金、退役军人经费、慰问金等338.6万元。城乡医疗救助（补助）3174人次282.13万元，贫困救助408户22.57万元，大学生助学439人45.8万元，年满16周岁就读高中、中专（技校）农转城贫困学生105人助学补助7.84万元，冬春救济1169户58.45万元，补助72人殡葬费4.6万元。建成社区日间照料中心6个，新增卫坪敬老院床位20张，慰问老年人425人次4.3万元。建立3467名残疾人“量服”数据库，残疾人居家灵活就业424人，农村残疾人扶贫解困50人，捐赠辅助器具288人，救助贫困脑瘫儿童19人、重度听力残疾儿童3人、居家托养20人，免费白内障手术16人，残疾人家庭无障碍改造10户，慰问贫困残疾人449人15.14万元。

【人口与计划生育】 2014年，全区出生人口1350人，自然增长率2.91‰，符合政策生育率87.16%。发放独生子女父母奖励2.63万人41.44万元。持有计划生育家庭特别扶助证104户，每户一次性5000元慰问金；发放独生子女伤残、死亡家庭慰问金44.5万元。宣传单独二孩生育政策，发放宣传资料3万余份，举办计生干部单独二孩政策培训班，培训347人次。符合政策对象发放告知卡，做好政策解释及孕前优生健康检查。

【食品药品监督管理】 2014年，完善食品药品监管体制和网络，划转接收12人，公招执法人员9人，选聘59个村（社区）食品药品协管员。食品药品安全宣传制作展板30块，发材料5万份，播放宣传片2场，举办讲座6次。发放食品流通许可证608家，其中新办327家，换证281家，注销43家；发放餐饮服务许可证310家，其中新办223家，换证87家，注销23家。抽检药品76批次，合格率100%；抽检食品188批次，查处不合格食品9批次，合格率95.21%。食品药品安全整治120余次，办理投诉举报和转办件90件，查处无证经营35家，取缔“黑药店”1家，责令整改91家，查处违法案件33件，没收违法所得1.57万元，罚没11.06万元，移送立案调查1件，查扣食品药品1465件，销毁过期食品320千克。实行10桌以上包席餐前备案管理和重大活动餐饮服务保障，丹桂街20家企业试点电子监管，学苑街试点大中型餐饮服务“透明厨房”，创建33家餐饮食品安全示范店。

【安全管理】 2014年，发生安全事故64起，比2013年减少8起；死亡6人，增加3人；伤33人，减少9人；直接经济损失197.08万元，增加41万元。道路交通事故32起，减少5起；死亡3人，增加2人；伤32人，减少10人；直接经济损失4.67万元，减少8.47万元。火灾事故29起，伤1人，减少3起；直接经济损失12.41万元，减少10.7万元。建筑业事故3起死亡3人，增加1起1人；直接经济损失180万元，增加60万元。开展安全“五进”和宣传活动，发安全知识手册、宣传单4.8万余份，牵挂大型标语240余条，设展板128块，挂图95幅，制作警示标志牌400余张，安全法制讲座20余次，安全培训582人次，开展各类应急演练20次。重点开展道路交通、建筑施工、交通运输、危化物品、烟花爆竹、学校等行业领域安全生产专项整治行动，打击非法违法生产经营、治理纠正违规违章行为活动贯穿于日常监管中，排查安全隐患3892起，整治3697起，整改率95%。

街乡概况

【丹桂街】 辖区面积4平方公里，11个社区，226个居民小组，常住人口2.41万户8.79万人。2014年，发放低保金360.83万元，月均低保1243人，人均补差241.91元/月；发放救助金、优待金、慰问金、高龄补贴等159.28万元。新增就业446人。城市居民医疗保险新参保续保9790人，医保基金221.29万元。认证退休人员9815人。出生302人，出生率5.88‰，人口自然增长率1.54‰。城中村改造拆迁房屋84户7105.83平方米，安置住房100套，面积9689.42平方米。全国第三次经济普查登记限上企业74家、限下企业1216家、个体户3135家。

【学苑街】 辖区面积3.5平方公里，11个社区，230个居民小组，常住人口2.7万户、6.69万人。2014年，发放低保金531.15万元，月均低保1871人，人均补差236元/月。医疗、就学、临时困难和特殊救助336人次70.88万元。就业培训100人，新增就业390人。城镇居民参加医疗保险9585人，参保率95.5%。退休人员社会化管理认证3984人。出生人口255人。新安装健身路径2套。

【板仓街】 辖区面积35.26平方公里，12个村，4个社区，户籍人口1.29万户3.69万人，其中城镇2220户5148人，农村1.07万户3.17万人。2014年，实现农业增加值258万元，农民人均纯收入6674元。第三次全国经济普查登记法人单位271个、产业活动单位32个、个体经营户580个。全年发放城乡低保金 418.61 万元，月均低保对象 2517 人，各类救助、补助 684 人次 123.51 万元。城乡居民参加医疗保险 2.88 万人，参保率 97%。出生 372 人，人口自然增长率 3.5‰。签订《房屋拆迁安置补偿协议》789 户，拆除 484 户 7.33 万平方米，安置房屋 785 套 8.14 万平方米，兑现房屋拆迁补偿款 5000 万元。

【红旗乡】 辖区面积约 10 平方公里，3 个村，10 个社区，常住人口 4.1 万人，其中农村 1032 人。3 月起，划出 3 个村 15 个组和 2 个社区，面积约 5 平方公里归高峰乡管理。发放城乡低保金 173 万元，各类救助、补助、慰问 1541 人次 426.96 万元。城乡居民参加医疗保险 1.11 万人，参保率 99.22%。认证企业退休人员 3976 人。出生率 13.93‰，人口自然增长率 9.31‰。新流转土地 38.6 公顷，续流转土地 177.53 公顷。拆迁房屋 206 户 3.21 万平方米，安置 940 人房屋面积 4.01 万平方米，兑付资金 8800 万余元。

【高峰乡】 辖区面积 13 平方公里，5 个村，4 个社区，户籍人口 3352 户 1.08 万人，其中农业人口 2656 户 8131 人，城镇居民 696 户 2676 人。3 月起，接管红旗乡 3 个村 15 个组和 2 个社区，面积约 5 平方公里。2014 年，农业总产值 8183 万元，比 2013 年增长 5.5%；农民人均纯收入 8501 元，比 2013 年增长 10%。粮食农作物产量 2.03 万吨，比 2013 年减少 138 吨，肉类总产量 760.87 吨。第三次全国经济普查登记法人单位 16 个、产业活动单位 21 个、个体经营户 207 个，机关事业、社会团体 33 个。全年发放低保金 40.67 万元，月均低保 273 人。各类救助、补助、慰问 478 人次 43.07 万元。新增就业 378 人。企业退休人员认证 859 人。出生 121 人，人口自然增长率 4.31‰。流转土地 457.5 公顷。签订《房屋拆迁安置补偿协议》218 户，拆除 184 户 2.58 万平方米，安置 963 人面积 2.99 万平方米。

（高新区党政办公室）

REN WU

人　物

全国“五一劳动奖章”获奖者

东方电气集团东方锅炉股份有限公司用户服务部技术服务二组班组长　石　胜

全国“工人先锋号”获奖单位

自贡市商业银行股份有限公司汇东支行

四川省“五一劳动奖状”获奖单位

中昊晨光化工研究院有限公司

四川省“五一劳动奖章”获奖者

自贡市公交集团责任有限公司客车驾驶员　王　燕
自贡硬质合金有限责任公司总经理　谢康德

四川省“工人先锋号”获奖单位

四川省自贡运输机械集团股份有限公司板焊车间铆工一组
自贡市国家税务局稽查局检查科

（市总工会）

自贡市优秀乡镇（街道）、村（社区）党组织书记表彰名单

一、优秀乡镇（街道）党（工）委书记（7名）

每桂英（女）自流井区东兴寺街道党工委书记
李正荣　贡井区五宝镇党委代理书记
周　波　大安区大山铺镇党委书记
吕　俐　沿滩区富全镇党委书记
杨逢明　荣县高山镇党委书记
张胜涛　荣县东佳镇党委书记
谢泽兴　富顺县东湖镇党委书记

二、优秀村（社区）党组织书记（57名）

陆德银　自流井区舒坪镇白阳村党支部书记
卢长洪　自流井区农团乡红岩村党支部书记
张淑明（女）自流井区东兴寺街道解放桥社区党委书记、居委会主任
张道珍（女）自流井区郭家坳街道大来井社区党委书记、居委会主任
田逢月（女）自流井区五星街道磨子井社区党委书记、居委会主任
童海森　贡井区成佳镇天府社区党支部书记
何再平（女）贡井区长土镇长土街社区党支部书记、居委会主任
缪剑华（女）贡井区筱溪街道新马路社区党支部书记、居委会主任
罗文彬　贡井区龙潭镇中坝村党支部书记
兰玉康　贡井区五宝镇复兴村党支部书记
叶祥春　贡井区建设镇固胜村党支部书记、村委会主任
杨　霞　（女）贡井区贡井街道老街子社区党支部书记、居委会主任
李茂勇　大安区凤凰乡济公村（社区）党委书记
余万有　大安区新民镇董家村党委书记
杨泽华　大安区团结镇土柱村党总支书记
钟敬章　大安区三多寨镇三多寨社区党支部书记
王明德　大安区何市镇高庙村党总支书记
杨开江　大安区庙坝镇坪上村党总支书记
乔　剑　大安区马冲口街道沙鱼坝社区党委书记
黄德芳（女）大安区凉高山街道上田坝社区党总支书记
王　勇　沿滩区九洪乡张湾村党支部书记
李　强　沿滩区黄市镇霞光村党支部书记
廖礼明　沿滩区邓关镇新塘村党支部书记
钟春明　沿滩区刘山乡云丰村党支部书记

罗步前　沿滩区仙市镇箭口村党支部书记、村委会主任
桂声荣　沿滩区沿滩镇跃进村党支部书记
邱桂春（女）沿滩区瓦市镇合星村党支部书记
曾昭容（女）荣县过水镇柑柏场村党支部书记
冯新明　荣县新桥镇赶场冲村党支部书记
曾明财　荣县东兴镇炭洞子村党支部书记
颜平先　荣县墨林乡吕仙村党支部书记
林　凯　荣县度佳镇灯坡村党支部书记
李吉木　荣县东佳镇赵家桥村党支部书记
陈万洪　荣县鼎新镇西堰村党支部书记
余希成　荣县雷音乡圭山寺村党支部书记
朱力强　荣县双石镇蔡家堰村党委书记
王国英（女）荣县古文镇朱家湾村党支部书记
廖英才　荣县长山镇青龙村党总支书记
朱文华　荣县高山镇桐子坳村党支部书记
曹国艳（女）荣县旭阳镇南街社区党委书记
孙永康　富顺县富和乡和平村党支部书记
铁烈森　富顺县东湖镇山林村党支部书记
张义平　富顺县童寺镇凰凤村党支部书记
文光兰（女）富顺县代寺镇代家寺社区党支部书记
田贵银　富顺县赵化镇古木村党支部书记
易树科　富顺县怀德镇虎头村党支部书记
周　棋　富顺县飞龙镇促进村党支部书记
宗兴成　富顺县骑龙镇燕岩村党支部书记
伍　勇　富顺县狮市镇花园村党支部书记
王华松　富顺县板桥镇老顶寺村党支部书记
何爱培　富顺县万寿镇莲花村党支部书记
韦光珍（女）富顺县宝庆乡新华村党支部书记
吴本清　富顺县龙万乡协和村党支部书记
漆成华　富顺县兜山镇赵家村党支部书记
李金余（女）富顺县长滩镇天马村党支部书记、村委会主任
舒仕英（女）自贡高新区板仓街道糍粑坳社区党支部书记、居委会主任
张玉芳（女）自贡高新区学苑街道南苑社区党委书记、居委会主任

组织机构主要负责人名录

（截至2014年12月31日）

【中国共产党自贡市委员会】

市委书记：雷洪金
市委副书记：刘永湘、谭　豹
市委常委：向华全、王　猛、项晓峰
李　清、吴　丕、黄承伟
刘任远、李国贵、刘笑禹
杜彦坤
市委秘书长、办公室主任：吴　丕
市纪委书记：李　清
市委组织部部长：李国贵
市委宣传部部长：向华全
市委统战部部长：肖光俊
市委政法委书记：刘笑禹
市直机关工委书记：李绍彬
市委农工委主任：（空缺）
市委编办主任：陈　洪
市委群工局（市政府信访局）局长：陈显龙
市委政研究室主任：舒国兴
市精神文明办主任：（空缺）
市委老干局局长：张　刚
市委党校（市行政学院）校长（院长）：李国贵
市综治办主任：陈　巍
市维稳办主任：李雍麟
市委市政府目标督查办主任：赖　平
市委防邪办主任：郑向东
市委台办主任：李如海
市委党建办主任：陈金洪

市委外宣办（市政府新闻办）主任：李　林
市委党史研究室主任：魏家骏
自贡日报社总编辑、党组书记：刘建勇
市委保密办主任：（空缺）
市委机要局（密码管理局）局长：刘　勇

【自贡市人民代表大会常务委员会】

主　任：陈　华
副主任：王建威、罗毅平、何卫平、赵兴明、胡开洪
顾　问：高先敏
秘书长、办公室主任：刘贵君
人代工委主任：杨洪明
研究室主任：罗常明
预算工委主任：杨廷卫
内务司法委员会主任委员：李明杨
财政财经委员会主任委员：陈光跃
教科文卫委员会主任委员：罗　川
农业和农村委员会主任委员：曾桂林
城环资委员会主任委员：罗庆全

【自贡市人民政府】

市　长：刘永湘
副市长：项晓峰、石岷嘉、杨征宇、马　宏、唐　杰、未　也、张邦举
资　政：刘国庆
市政府秘书长、办公室主任：曾　嵘
市发展改革委员会（市物价局、市粮食局）主任、党组书记：杨立平
市经济信息化委员会主任、党组书记：张晓东
市教育局局长、党组书记：蒲定波
市科学技术和知识产权局局长、党组书记：杨洪春
市公安局局长、党委书记：马　宏
市监察局局长、党组书记：毛　碧
市民政局局长、党组书记：张宁波
市司法局局长、党委书记：梁　杰
市财政局局长、党组书记：官　勇
市人力资源和社会保障局（市公务员局）局长、党组书记：卢春艳
市城乡规划建设和住房保障局局长、党组书记：曾　健
市交通运输局局长、党组书记：杨万山
市水务局局长、党组书记：钟　杰
市农牧业局局长、党组书记：李　勇
市林业局局长、党组书记：陈　军
市商务局（市酒类监督管理局）局长、党组书记：杨玉康
市文化广电新闻出版局（市灯贸管理委员会）局长（主任）、党组书记：卓　越
市卫生和计划生育委员会主任、党组书记：周富民
市审计局局长、党组书记：何　忠
市环境保护局局长、党组书记：徐明远
市体育局局长：郭　连
市统计局局长、党组书记：兰　铀
市外事侨务和旅游局局长、党组书记：曹　影
市城乡管理行政执法局局长、党组书记：林元平
市安全生产监督管理局（市安全生产委员会办公室）局长（主任）、党组书记：陈建新
市国有资产监督管理委员会主任：卢德耀
市投资促进局局长、党组书记：杨大全
市政务服务中心主任、党组书记：赵颖红
市接待办主任、党组书记：邹　嫚
市人民防空办公室主任：周　颜
市食品药品监督管理局局长、党组书记：张松杨
市工商行政管理局局长、党组书记：余　忠
市质量技术监督局局长、党组书记：李泽贵
自贡高新技术产业园区管委会主任、党工委副书记：刘任远
市防震减灾局局长、党组书记：陈文康
市档案局（馆）局（馆）长、党组书记：李　伟
市供销社主任、党组书记：刘　利
市地方志办主任：陈思禄
自贡仲裁委主任：熊　超
市住房公积金管理中心主任、党组书记：李　琳
四川卫生康复职业学院党组书记：刘建辉，院长：曾晓奇

市政府研究室主任：江声全
市政府法制办主任：刘　剑
市政府民宗局局长：李续延
市统筹办主任：龚焕楷
市政府金融办主任：张周林

【中国人民政治协商会议自贡市委员会】
主　席：潘泽金
副主席：钟　莉、牟玉昆、王孝谦、叶智英
　　　　肖光俊、刘俊熙、常玉华、徐武斌
秘书长、办公室主任：徐玉华
研究室主任：丁世良
信访联络办公室主任：王炜伟
提案委委员会主任：陈世康
学习文史委员会主任：王　武
经济委员会主任：王茂春
教科文委员会主任：张　力
法制群团委员会主任：龚德明
外事联谊委员会主任：王亚男
人口资源环境委员会主任：刘　沙
农业委员会主任：（空缺）

【中国共产党自贡市纪律检查委员会】
书　记：李　清
副书记：毛　碧、曹友良、倪　勇
常　委：龚作真、黄永怀、刘崇君、曾德培
　　　　李雁梅

【自贡市中级人民法院】
院长、党组书记：马泽波

【自贡市中级人民检察院】
检察长、党组书记：田　丰

【民主党派和工商联】
民革自贡市委主委：叶智英
民盟自贡市委主委：石岷嘉
民建自贡市委主委：牟玉昆
农工党自贡市委主委：徐武斌
九三学社自贡市委主委：罗毅平
自贡市工商联（民间商会）主席（会长）：
　王孝谦

【社会团体】
自贡市总工会主席：王　猛
共青团自贡市委书记、党组书记：钟　科
自贡市妇联主席、党组书记：万春霞
自贡市科协主席：石岷嘉
自贡市文联主席、党组书记：陈　刚
自贡市侨联主席：（空缺）
自贡市社科联主席、党组书记：朱意明
自贡市残联主席：马　宏
自贡市贸促会会长：杨玉康

【区县】
自流井区委书记：龙腾鑫
自流井区人大常委会主任：（空缺）
自流井区区长：张　序
自流井区政协主席：刘茂常
贡井区委书记：鲜光鹏
贡井区人大常委会主任：林　勇
贡井区区长：黄　劲
贡井区政协主席：罗洪艳
大安区委书记：詹　勇
大安区人大常委会主任：邓国平
大安区区长：黄　麟
大安区政协主席：宋尔端
沿滩区委书记：刘笑禹
沿滩区人大常委会主任：黄翠梅
沿滩区区长：邹天才
沿滩区政协主席：王朝华
荣县县委书记：荣　全
荣县人大常委会主任：武役卫
荣县县长：韩明祝
荣县政协主席：王斌儒
富顺县委书记：（空缺）
富顺县人大常委会主任：卢文明
富顺县县长：邹登权
富顺县政协主席：胡晓波
注：市委部门、市政府部门所属的事业单位略

（市委组织部）

【省管部门】

市国土资源局党委书记、局长：曹　军

自贡气象局党组书记、局长：杨培勇

自贡国家税务局党组书记、局长：王小明

自贡地方税务局局长：向道明

自贡国安局党委书记、局长：李善根

自贡烟草专卖局局长：陈青川

自贡市邮政管理局党组书记、局长：黄贵明

成都海关驻自贡办事处主任：刘伟佳

国家统计局自贡调查队党组书记、队长：曹烈祥

FU LU

附　录

中共自贡市委2014年文件目录

1. 自委发〔2014〕1号　中共自贡市委自贡市人民政府关于深化农村改革加快发展现代农业的意见

2. 自委发〔2014〕2号　中共自贡市委印发《中共自贡市委2014年工作要点》的通知

3. 自委发〔2014〕3号　中共自贡市委关于深入开展党的群众路线教育实践活动的实施意见

4. 自委发〔2014〕4号　中共自贡市委自贡市人民政府关于加强偏远农村教育工作的意见

5. 自委发〔2014〕5号　中共自贡市委关于深入推进依法治市的意见

6. 自委发〔2014〕6号　中共自贡市委印发《市委常委会2014年工作重点》的通知

7. 自委发〔2014〕7号　中共自贡市委关于贯彻落实党的十八届三中全会精神全面深化改革的决定

8. 自委发〔2014〕8号　中共自贡市关于印发《2014—2018年自贡市干部教育培训规划》的通知

9. 自委发〔2014〕9号　中共自贡市委关于进一步加强领导班子和干部队伍建设的意见

10. 自委发〔2014〕10号　中共自贡市委自贡市人民政府关于加快建设区域人才集聚地的意见

11. 自委发〔2014〕11号　中共自贡市委自贡市人民政府关于2013年目标绩效考评结果的通报

12. 自委发〔2014〕12号　中共自贡市委关于表彰优秀乡镇（街道）、村（社区）党组织书记的通报

13. 自委发〔2014〕13号　中共自贡市委自贡市人民政府关于2014年党风廉政建设和反腐败工作的意见

14. 自委发〔2014〕14号　中共自贡市委关于印发《自贡市建立健全惩治和预防腐败体系2013—2017年实施方案》的通知

15. 自委发〔2014〕15号　中共自贡市委自贡市人民政府印发《自贡市各区县和市级部门单位2014年目标绩效综合考评方案》的通知

16. 自委发〔2014〕16号　中共自贡市委自贡市人民政府关于表彰自贡市优秀教师、优秀班主任和优秀校长的通报

17. 自委发〔2014〕17号　中共自贡市委关于认真执行党员干部直接联系群众制度全面加强党的群众工作的实施意见

18. 自委发〔2014〕18号　中共自贡市委关于认真贯彻“三严三实”要求进一步加强党员干部教育管理监督的实施意见

19. 自委发〔2014〕19号　中共自贡市委自贡市人民政府关于印发《自贡市人民政府机构改革方案的实施意见》的通知

20. 自委发〔2014〕20号　中共自贡市委自贡市人民政府关于命名自贡市最佳文明单位、文明单位、文明村镇、文明社区、文明行业的通报

21. 自委发〔2014〕22号　中共自贡市委关于建立健全作风建设长效机制的实施意见

附录二

自贡市人民政府2014年重要文件目录

1.《自贡市人民政府印发自贡市大气污染防治行动实施方案的通知》（自府发〔2014〕7号）

2.《自贡市人民政府关于加快推进养老服务体系建设的实施意见》（自府发〔2014〕9号）

3.《自贡市人民政府印发自贡市促进健康服务业发展实施方案的通知》（自府发〔2014〕15号）

4.《自贡市人民政府关于加强教师队伍建设的实施意见》（自府发〔2014〕16号）

5.《自贡市人民政府关于促进房地产业平稳健康发展的意见》（自府发〔2014〕18号）

6.《自贡市人民政府印发自贡市城乡居民基本养老保险实施办法的通知》（自府发〔2014〕19号）

7.《自贡市人民政府印发关于切实加强财政资金管理规定的通知》（自府发〔2014〕21号）

8.《自贡市人民政府关于加快服务业发展的指导意见》（自府发〔2014〕24号）

9.《自贡市人民政府办公室关于大力推进校企合作加快技能型人才培养的实施意见》（自府办发〔2014〕1号）

10.《自贡市人民政府办公室关于进一步深化政府信息公开工作的实施意见》（自府办发〔2014〕9号）

11.《自贡市人民政府办公室印发〈自贡市餐厨垃圾管理办法（试行）〉的通知》（自府办发〔2014〕14号）

12.《自贡市人民政府办公室印发自贡市促进当前经济稳增长的十七条措施的通知》（自府办发〔2014〕18号）

13.《自贡市人民政府办公室印发关于全面推进我市棚户区改造的议案办理实施方案的通知》（自府办发〔2014〕20号）

14.《自贡市人民政府办公室印发关于加快实施双溪小井沟饮用水源地生态功能区保护和建设控制规划的议案办理实施方案的通知》（自府办发〔2014〕21号）

15.《自贡市人民政府办公室印发自贡市国有企业负责人经营业绩考核办法的通知》（自府办发〔2014〕22号）

16.《自贡市人民政府办公室关于加快我市农村困难群众危房改造的实施意见》（自府办发〔2014〕23号）

17.《自贡市人民政府办公室印发自贡市城乡居民大病保险实施办法的通知》（自府办发〔2014〕25号）

18.《自贡市人民政府办公室关于进一步推进金融服务“三农”工作的实施意见》（自府办发〔2014〕28号）

19.《自贡市人民政府办公室关于加强农产品质量安全监管工作的意见》（自府办发〔2014〕31号）

文件选辑

自贡市人民政府办公室
关于大力推进校企合作加快技能型人才培养的实施意见

（自府办发〔2014〕1号）

各区、县人民政府，市级有关部门：

按照党的十八届三中全会关于加快现代职业教育体系建设，深化产教融合、校企合作，培养高素质劳动者和技能型人才的要求，经市政府同意，现结合我市实际，就深入推进校企合作加快职业技能人才培养提出以下实施意见。

一、工作要求

以科学发展观为指导，以加快发展现代职业教育为方向，以“打造区域教育高地，建设现代教育强市”为目标，切实推进现代职业教育办学和人才培养模式改革，努力提高职业教育质量，推动职业院校在基础能力建设、专业设置、课程开发、师资培养和就业导向等方面与企业密切合作，全面提高职业教育主动服务地方经济发展的水平，为地方经济和社会发展提供强有力的技能人才支撑，促进地方经济和社会发展。

二、工作措施

（一）积极推行订单培养，把职业院校办成支撑企业发展的人力资源基地。职业院校要主动对接市内企业，紧紧围绕企业需求开展办学育人活动，实行订单培养、定向就业，逐年扩大“订单学生”比例，为全市各类企业提供充足的技能人才支持。各相关单位要加强对企业的引导，促使企业主动对接职业院校，积极采用“订单式”培养模式培养员工，并以“订单式”培养模式为主录用员工，实现人才培养与岗位需求的有效对接。到2015年，在校学生人数2000人以上（含2000人）的职业院校要与10家以上市内规模以上企业建立合作关系，在校学生人数2000人以下的职业院校要与5家以上市内企业建立合作关系。

（二）开展校企“双挂”活动，加强职业院校领导干部和教师队伍建设。积极开展以职业院校领导干部、教师到企业挂职顶岗和聘请企业领导、技术骨干、能工巧匠到职业院校兼职为主要内容的校企“双挂”活动，推动高素质“双师型”教师队伍建设。建立和完善职业院校领导干部和教师到企业挂职锻炼、顶岗实习制度，各职业院校要定期选派管理干部、专业教师到合作企业参加企业管理和生产实践培训，学习企业的管理新理念和产业新技术，了解企业对人才培养的需求。职业院校到企业挂职的人员每年到合作企业锻炼实习时间累计不少于1个月。职业院校要强化与合作企业的沟通协调，引导其选派技术骨干到合作院校兼任专业实习指导教师，加强院校师资力量。

（三）合作共建实训产教基地，努力提升职业院校基础能力。按照“平等自愿、优势互补、互利共赢、共同发展”的原则，大力推行“把教室建在车间，把车间建在学校”的校企共建实训产教基地模式，深度推进产教结合。职业院校要积极争取合作企业的技术、资金、设备支持，吸引合作企业到学校共建集生产、实习、实训功能于一体的生产车间，或通过签订协议、挂牌等形式，在合作企业建立较为稳定的实习实训基地。各级、各相关单位要按照全市职业教育“十二五”规划，加大财政投入力度，积极争取国家、省政策性资金支持，加快职业教育实习实训基地建设。到2015年，各职业院校要在学校或合作企业内建成1个以上设施设备齐全的学生实习实训基地，全市力争建成5个与我市主导产业密切结合的实习实训基地。

（四）加强重点专业建设，增强职业院校服务地方经济的能力。市教育、人力资源主管部门要强化管理，推动各职业院校围绕机械装备制造、新材料、盐化工、彩灯制作、特色养殖等我市急需技术人才的主导产业设置专业，并作为重点专业加大投入和建设力度。各职业院校要高度重视重点专业的建设工作，做好重点专业的规划论证，并将我市经济发展规划，特别是园区建设、区域经济发展人才需求情况与本校实际情况相结合，加大特色专业建设力度。

（五）创新校企合作模式，积极组建职教集团。按照国家有关政策规定，通过协作、参股、转让、托管、租赁、捐赠等方式，引导企业参与建立职业教育集团，探索多方参与、专业引领、资源共享、合作共赢的职业教育发展机制。力争到2015年，建立多元一体的四川卫生康复职业学院、自贡职业技术学校、自贡职业培训学院、民办职业教育等4个市级职业教育集团。

（六）推进产学研结合，提升企业研发能力。鼓励校企合作建设研发基地，共同进行技术研发、承担科研项目，共同进行技术成果转化、培育企业经济实体，共同建设技术创新体系。市经济和信息化委、市农牧业局和市科技局等部门在安排技改项目和研究课题时，要将驻自贡高校和中职学校纳入其中，对与我市经济社会发展关系密切的项目和课题予以重点支持。职业院校要鼓励教师与企业、行业合作，确定应用开发项目，共同开展技术研究、技术革新与攻关。要引导企业将学校教学科研团队作为重要的技术创新力量，提供开发研究支持，共同开发有关项目，共同获取研发成果，实现互利共赢。

（七）引导建设学习型企业，提升企业竞争能力。相关部门要引导企业建立工学结合的文化教育和技术培训体系，主动引进职教资源，对员工开展学历、技术等培训，加快培养高级技工和技师，不断增强企业的自主创新能力。职业院校也要主动派遣教师并提供教学场所，帮助合作企业开展多种形式的职业教育培训。

三、优惠政策

（一）按照国家、省有关规定，各企业要足额提取并合理使用职工教育与培训经费，用于本企业职工培训与高技能人才培养。一般企业按照职工工资总额的1.5%足额提取教育培训经费，从业人员技术要求高、培训任务重、经济效益较好的企业，可按2.5%提取教育培训经费，列入成本开支。教育培训经费要专项用于职工特别是一线职工的教育和培训，严禁挪作他用。企业要充分利用市内职业院校的人才培养培训优势，依靠合作院校开展在职职工的培养培训。

（二）企业通过公益性社会团体或者县级以上人民政府及其部门，资助和捐赠职业院校用于教学和技能训练活动的资金和设备费用，符合公益性捐赠条件，不超过年度利润总额12%的部分，准予在计算应纳税所得额时扣除。个人通过社会团体、国家机关向职业院校的公益性捐赠支出，按现行税收法律法规及相关政策规定准予在所得税税前扣除。

（三）企业因雇用实习生所实际发生的费用，应区分为工资薪金支出和职工福利费支出，其中属于工资薪金支出的，可按《中华人民共和国企业所得税法实施条例》规定在企业所得税税前扣除。

（四）对校企合作开展的技术转让、技术开发和与之相关的技术咨询、技术服务按相关规定减免增值税；对符合条件的技术转让所得免征、减征企业所得税，在一个纳税年度内，所得不超过500万元的部分，免征企业所得税；超过500万元的部分，减半征收企业所得税；对新技术、新产品、新工艺研究开发的费用在计算应纳税所得额时加计扣除。

（五）企业职工教育与培训经费优先用于本企业职工培训与高技能人才培养。除国务院财政、税务主管部门另有规定外，企业发生的职工教育经费支出，不超过工资薪金总额2.5%的部分，准予扣除；超过部分，准予在以后纳税年度结转扣除。

四、保障措施

（一）加强专业人才支撑。按照省委编委《关于印发〈四川省中等职业学校机构编制管理暂行规定〉的通知》（川编发〔2012〕99 号）精神，市属公办中职学校可根据实训教学需要，以不超出中职学校人员总编制的 10% 聘用具有相应专业执业资格的专业技能人才作为实训指导教师，可实行定编不定人的管理方式，财政部门给予经费保障。各区县也要参照此办法，支持所属公办中职学校。

（二）加大经费保障力度。市财政局和市教育局每年在市教育专项资金中安排职教专项资金，用于支持开展有利于促进地方经济发展的学校专业建设和校企合作活动。

（三）加强组织领导。建立市级校企合作联席会议制度，定期召开联席会议，研究解决校企合作有关问题。联席会议召集人由分管教育的副市长担任，成员由市教育局、市人力资源社会保障局、市卫生局、市发改委、市经济和信息化委、市国资委、市委编办、市财政局、市国税局、市地税局、市农牧业局、市科技局、市商务局、市工商联等相关部门负责人和各职业院校及有关企事业单位的主要负责人组成。联席会议办公室设在市教育局，主要负责联席会议日常工作。办公室主任由市教育局局长兼任，副主任由市教育局分管职业教育、市人力资源社会保障局分管职业培训的副局长兼任。

（四）加强督促检查。市级相关部门要加强对职业院校满足企业人才需求情况、学校服务企业情况、校企共建实习实训基地情况等的督促检查。市督查办要定期不定期开展调研督查，以确保校企合作工作落到实处，取得实效。

各区县政府（含高新区管委会）要按照本文件要求并结合本地实际，制定本区县的具体实施意见。

2014 年 1 月 7 日

自贡市人民政府办公室
关于开展城区大气污染综合治理专项行动的通知

（自府办发〔2014〕11 号）

各区、县人民政府，市级有关部门：

为改善我市城区环境空气质量，切实解决人民群众反映强烈的城区环境空气污染问题，加快建设生态自贡，市政府决定开展城区大气污染综合治理专项行动。现就有关事项通知如下。

一、工作目标

确保我市全年空气质量优良天数不少于 146 天，PM10 年均浓度比上年下降 5% 以上，PM2.5 年均浓度逐年下降。

二、整治范围

四区的城区及高新区，包括北环路、南环路、东环线所包括的区域和自流井舒坪工业集中区、沿滩工业集中区，舒坪镇、成佳镇、大山铺镇、卫坪镇政府所在区域。

三、工作任务

（一）建筑、拆迁、市政工程施工工地扬尘污染治理。所有建筑、市政工程施工场地现场做到六个 100%：围挡率、进出道路硬化率、工地物料篷盖率、场地洒水清扫保洁率、密闭运输率、出入车辆清洗率均达到 100%。高空作业施工渣土应集中袋装运至地面，不得抛撒，风力四级以上不得从事产生扬尘的施工作业。所有拆迁施工工地采取围挡、洒水降尘等扬尘控制措施，拆迁垃圾及时清运，清运渣土废料实行密闭运输。全面完成建成区及城乡接合部所有渣土堆和建筑、拆迁垃圾的清理整治工作。对闲置或未开发的裸露土地，实施“黄土不露天”工程，由各产权单位或个人负责实施全面绿化，并采取围挡降尘措施，减少城区裸露地面。

（二）道路、交通运输扬尘污染治理。城区主干道（包括北环路、南环路、东环线、东盐都大道）清扫保洁全部实行机械化作业，晴天每天清扫 2 次、洒水 3 次，每周冲洗 2 次。城区其余道路符合机械化清扫条件的，晴天每天机械化清扫 1 次、洒水1次，每周冲洗1次。门前“三包”保洁采用湿法清扫方式。所有从事建筑渣土及其他散装物料运输的车辆实行密闭运输。完善路面硬化，杜绝车辆带泥上路，造成扬尘污染。城区道路上行驶的机动车辆应保持车容整洁，禁止不洁车辆（车身有明显污渍堆积，挡泥板有明显泥沙附着，轮胎钢圈及外侧有块状泥沙等）进城。

（三）料场堆场扬尘污染治理。存放煤炭、灰渣、砂石、灰土等散状物料的堆场、货场的道路和场地必须实施硬化或绿化，并采取自动喷淋或洒水降尘措施。在储存、堆放过程中采取固定的围挡、篷盖等全密闭措施。物料装卸过程实行封闭作业，并采取喷淋等防尘措施。进出车辆采取密闭运输措施。设置车辆冲洗设施，对进出车辆进行冲洗保洁。

（四）工业大气污染治理。加强环境监管，确保工业废气治理设施正常运行，对城区环境空气质量影响较大的工业企业实施搬迁。粉性物料采取库房式存放，临时性料场货场采取严格的篷盖和围挡措施。企业厂区道路、场地全部硬化或绿化，并定期清扫和洒水冲洗控制扬尘。加强加油站、储油库等油气回收治理。

（五）机动车尾气污染防治。加强对机动车环保合格标志分类发放的监督管理，严禁不达标车辆和无环保标志车辆上路行驶。对新注册和转入车辆严格执行环保标准，严禁低于国Ⅳ标准的车辆新注册和转入。加快淘汰黄标车，研究制定高排放黄标车和无环保标志车辆的限行措施。积极研究开展机动车尾气路检、抽检工作。

（六）生活污染防治。严格落实秸秆禁烧要求，加大监管力度，特别抓好夏秋季节的监管，严禁露天焚烧秸秆，禁止露天焚烧垃圾、树叶和杂物。禁止餐饮服务业和单位食堂散烧原煤，推广使用电、天然气、液化石油气等清洁燃料，督促安装油烟净化处理装置，杜绝油烟直排。取缔露天烧烤，烧烤摊点应实行坐店经营并完善环保设施。

四、责任分工

（一）各区政府、高新区管委会按照属地管理原则，全面负责辖区内城区大气污染综合治理工作，制定切实可行的大气污染综合治理方案并组织实施。负责辖区内空气自动监测站点周围大气污染源的监控和治理。在2014年7月底前，完成建成区及城乡接合部所有渣土堆和建筑、拆迁垃圾的清理整治，以及对闲置或未开发的裸露土地实施的“黄土不露天”工程；高新区管委会负责关闭自贡市华气化学制品有限公司、自贡市鸿康实业有限公司对大气污染较重的生产线。

（二）市委宣传部牵头负责大气污染综合治理宣传报道工作。在《自贡日报》、自贡广播电视台开设大气污染防治宣传专栏，每周报道两篇以上相关信息，前期每天曝光3个以上违法行为。

（三）市目督办牵头负责大气污染综合治理的督促检查工作。

（四）市监察局参与大气污染综合治理的督促检查工作，并负责检查各单位履行职责的情况。

（五）市发改委负责在2014年7月底前完成高污染燃料禁燃区划定工作。

（六）市经济和信息化委负责加油站等油气回收治理和工业企业的搬迁工作。在2014年7月底前完成城区10个加油站或储油库的油气回收治理。

（七）市教育局负责环保宣传进学校工作，在学校举办环保知识讲座、开办环保专栏等，每季度举办1次环保开放日活动。

（八）市公安局负责设定进城车辆清洗点，查处进城的不洁车辆。落实机动车尾气污染防治措施，在2014年7月底前出台高排放黄标车的限行措施。

（九）市财政局负责大气污染综合治理的财政资金保障工作。

（十）市城乡建设住房保障局负责建筑、拆迁、市政工程施工工地扬尘污染治理，确保在2014年底前做到六个100%。

（十一）市交通运输局负责北环路、S305线城区段道路清扫洒水保洁，负责公路建设工地施工扬尘污染治理，确保城区内现场做到六个100%。

（十二）市农牧业局负责抓好秸秆还田等综合利用技术推广工作，配合开展秸秆禁烧督查工作。

（十三）市环保局负责监督工业企业大气污染治理，加强原料、产品及固废堆放场的现场管理，确保废气治理设施正常运行，实现污染物达标排放。负责城区环境空气质量的监测和发布，对监测点位空气质量出现超标进行成因分析并提出对策建议。

负责机动车环保标志分类管理，确保新车环保标志发放率达100%。牵头开展秸秆禁烧督查工作，参与大气污染综合治理的督促检查。2014年新建两个含PM2.5、一氧化碳、臭氧的空气质量自动监测站。

（十四）市城乡管理执法局负责除市交通运输局负责整治范围外的道路清扫洒水保洁工作，对遗洒、飘散的货运车辆实施行政处罚。负责查处在城区内私拉乱倒建筑渣土、生活垃圾和露天燃烧垃圾、树叶和杂物的行为。负责取缔城区露天烧烤。负责餐饮服务企业和单位食堂的油烟治理和煤改气工作。

（十五）市气象局负责对气象条件进行分析预测，在可能出现连续10天以上无雨天气情况时，提前预警通知市环保局及时启动城区大气污染防治相关预案。必要时组织开展人工增雨作业，改善环境空气质量。

五、工作步骤

（一）安排部署阶段（2014年4月1日—2014年4月30日）。各区政府、高新区管委会和市级有关部门根据职能职责做好相应的摸底调查工作，制定实施方案，落实工作经费和人员，并将实施方案报市城区大气污染综合治理专项行动联席会议办公室备案。

（二）集中整治阶段（2014年5月1日—2014年7月31日）。开展城区大气污染综合治理集中整治，按要求完成城区大气污染综合治理任务。

（三）检查验收阶段（2014年8月1日—2014年8月20日）。各区政府、高新区管委会、市级有关部门开展自查，并于2014年8月10日前将自查情况报市城区大气污染综合治理专项行动联席会议办公室。由联席会议办公室组织相关部门对各单位开展大气污染综合治理工作进行检查验收。

（四）巩固提高阶段（2014年8月21日起）。各区政府、高新区管委会、市级有关部门要建立工作台账，制定长效措施，实行常态化管理，巩固综合治理成果。

六、保障措施

（一）加强领导，建立机构。建立自贡市城区大气污染综合治理专项行动联席会议制度（详见附件），负责研究城区大气污染综合治理专项行动重大事项，统筹协调城区大气污染综合治理专项行动中的重大问题，加强对城区大气污染综合治理专项行动的监督管理。各区政府、高新区管委会要成立相应机构，负责本辖区大气污染综合治理工作。

（二）加强宣传，提高认识。各级、各相关部门要加强大气污染综合治理的宣传教育，确保宣传工作“进社区、进学校、进单位”，全面提升群众环保意识，要通过新闻媒体大力宣传大气污染综合治理的重要意义、政策措施和工作要求，宣传有关部门和单位的责任和任务，宣传工作开展情况和典型经验，加大对大气污染违法行为的曝光力度。要充分发动群众开展投诉举报和监督，推动大气污染综合治理工作取得实效。

（三）制定方案，落实责任。各区政府、高新区管委会要结合工作实际，制定大气污染综合治理实施方案，明确目标，细化任务，层层签订责任书，将治理责任落实到具体单位。

（四）强化督查，及时整改。联席会议办公室要对各区政府、高新区管委会和市级有关部门工作推进情况进行现场督查，发现问题，及时提出整改要求，并每周通报1次督促检查情况。市目督办要会同市监察局、联席会议办公室每月对各区政府、高新区管委会及市级有关部门工作推进情况进行现场督查，将大气污染综合治理结果进行综合排名并公开曝光。

荣县、富顺县可参照本通知执行。

附件：自贡市城区大气污染综合治理专项行动联席会议制度

2014年4月16日

附件

自贡市城区大气污染综合治理专项行动联席会议制度

一、主要职责

研究城区大气污染综合治理专项行动重大事项，统筹协调城区大气污染综合治理专项行动中的重大问题，加强对城区大气污染综合治理专项行动的监督管理。

二、组成人员

召 集 人：唐　杰　市政府副市长
副召集人：樊勇毅　市政府副秘书长
　　　　　徐明远　市环保局局长
成　　员：杨立平　市发改委主任
　　　　　张晓东　市经济和信息化委主任
　　　　　蒲定波　市教育局局长
　　　　　刘孝勇　市公安局副局长
　　　　　官　勇　市财政局局长
　　　　　曾　健　市城乡建设住房保障局局长
　　　　　杨万山　市交通运输局局长
　　　　　李宗伟　市农牧业局局长
　　　　　林元平　市城乡管理执法局局长
　　　　　杨培勇　市气象局局长
　　　　　李　林　市政府新闻办主任
　　　　　曹爱民　市环保局副局长
　　　　　古荣华　自流井区政府副区长
　　　　　刘　亮　贡井区政府副区长
　　　　　罗旭东　大安区政府副区长
　　　　　张　杰　沿滩区政府副区长
　　　　　沈焰林　高新区管委会副主任

联席会议下设办公室（设在市环保局），徐明远兼任办公室主任，曹爱民兼任办公室副主任。联席会议办公室负责城区大气污染综合治理专项行动日常工作，协调落实联席会议议定的各项事项。

三、工作规则

联席会议由召集人或召集人委托副召集人主持，以会议纪要形式明确会议议定事项。联席会议成员因工作变动需要调整的，由所在单位提出，报召集人批准。根据工作需要，联席会议可邀请其他部门参加会议，研究相关工作。

四、工作要求

各成员单位要积极参加联席会议，认真落实联席会议部署的各项工作任务，相互配合支持，形成合力，切实做好城区大气污染综合治理工作。

自贡市人民政府办公室印发
自贡市促进当前经济稳增长的十七条措施的通知

（自府办发〔2014〕18号）

各区、县人民政府，市级各部门：

为贯彻落实省政府办公厅《关于印发促进当前经济稳增长的十六条措施的通知》（川办发〔2014〕34号）要求，保持我市经济稳定增长，经市政府同意，现将《自贡市促进当前经济稳增长的十七条措施》印发给你们，请认真组织实施。

自贡市人民政府办公室
2014年7月9日

自贡市促进当前经济稳增长的十七条措施

一、加大项目投资力度。认真贯彻落实《政府核准的投资项目目录（四川省2014年本）》（川府发〔2014〕29号文发布）和省政府《关于深化投融资体制改革的指导意见》（川府发〔2014〕22号）精神，做好审批项目的精减、承接、下放工作，减少审批事项，提高审批效率。按照《自贡市人民政府关于扎实做好2014年投资和重大项目推进工作的通知》（自府发〔2014〕8号）要求，坚定完成2014年目标任务的信心和决心，加大目标考核力度，力争全年固定资产投资增长20%。加快续建项目建设进度，力争万欣水电设备及环保清污设备生产线等50个项目投产投用，确保续建项目完成投资220亿元以上；千方百计新增一批开工项目，力争楼房湾水库等84个项目如期开工，确保开工项目完成投资80亿元以上；积极谋划储备项目，把握国家政策投向，扎实做好2015年投资项目的前期工作。（牵头单位：市发改委）

二、开展在建工业项目进度清理检查。对

2012、2013年财政预算专项资金支持的工业项目在2014年6月30日前未开工建设或停工超过6个月的，收回已拨付资金，用于支持新确定的重点项目。（牵头单位：市经济和信息化委）

三、推进“百万安居工程建设行动”。全力推进棚户区改造，做好国家开发银行棚户区改造专项贷款争取工作，加速推进东兴寺、西山路片区等棚户区改造项目，确保城镇危旧房棚户区改造在2014年6月底前开工80%以上，2014年计划建设的保障性住房建设项目和城镇危旧房棚户区改造项目在2014年9月底前全部开工并形成实物工作量。（牵头单位：市城乡建设住房保障局）

四、落实工业稳增长措施。全面贯彻落实《自贡市加强服务稳定工业发展的八条措施》（自委办〔2014〕29号文印发），为企业发展创造良好宽松环境。加快节能环保和高端制造等战略性新兴产业发展，力争2014年战略性新兴产业增加值占规模以上工业增加值的比重达28.5%。加快企业培育，力争2014年新增主营业务收入30亿元企业1户、10亿元企业2户、规模企业30户。着力推进61个重点工业项目和技术改造项目建设。县级以上财政及其他部门拨付给企业的专项资金，符合规定条件的，不作为征税收入。完善能源协调、供应、需求三方联动机制，提升要素保障能力，确保重点生产需要。（牵头单位：市经济和信息化委）

五、支持中小微企业创新发展。加强企业技术创新体系建设，对认定为企业技术中心和中小企业研发机构的给予一定补助。支持中小微企业关键技术开发和高新技术产品化，科技项目计划向中小微企业倾斜，市本级重点科技计划支持比例不低于50%以上；支持中小微企业以产学研相结合的方式建立研发机构，促进中小微企业产学研协同创新，并在科技应用开发资金中予以补助支持；支持科技型中小企业承担国家创新基金项目，加快企业高新技术产品产业化进程。加强小企业创业基地建设，开展市级小企业创业基地认定管理工作，组织申报省小企业创业示范基地；深入推进“小微企业金融服务提升工程”，改进和加强小微企业金融服务，拓宽首贷户范围。（牵头单位：市科技局、市经济和信息化委）

六、努力开拓消费市场。加强川南环线旅游精品推介，积极开展具有本地特色的节会消费活动。举办农产品应季商品展销会，做好农超双向对接。引导大型商场、卖场开展节庆促销活动。鼓励各类协（商）会、大型流通企业和展会策划企业组织餐饮、汽车、家居、家电等消费热点展会促销活动。严格落实宾馆饭店执行一般工商业用水、用电、用气同价的价格政策。引导和支持有条件的商贸流通企业积极应用电子商务、连锁经营等现代营销手段。抓好商品市场的建设和培育，做好限上消费企业的培育和统计工作。（牵头单位：市商务局）

七、推进服务业集聚区建设。推动现代服务业集聚区完善配套服务功能，创新运行管理模式，以商贸休闲、现代物流、科技创新、电子商务、盐和灯文化创意等为主，培育一批模式创新、产业集聚效应突出的现代服务业示范区。强化服务业投资活动，对当年投资额10亿元以上、带动性强的服务业重点项目按一定比例给予贷款贴息扶持。制造业主辅分离设立的服务企业符合小型微利企业条件的，可减按20%税率征收企业所得税，其中2014年1月1日至2016年12月31日，对年应纳税所得额低于10万元（含10万元）的小微企业，其所得减按50%计入应纳税所得额，按20%税率征收企业所得税。（牵头单位：市商务局、市国税局）

八、鼓励企业“走出去”。组织企业参加“万企出国门”活动，对出境参展的市内企业给予政策扶持。加快培育国家科技兴贸（新材料）创新基地、四川省级服务贸易特色基地（彩灯文化）、四川省外贸发展示范基地——华西能源节能环保锅炉基地。加快区域通关一体化改革进程，积极稳妥推进“属地申报、口岸验放”和“属地申报、属地放行”等通关模式。推进“一次申报、一次查验、一次放行”的监管模式，为企业提供更大的便利。调减出口工业制成品检验目录，执行出口产品检验检疫费减免政策。落实国家出口退税相关政策，细化管理办法。简化外汇相关业务审批流程，推进商业银行跨境人民币产品创新，鼓励辖区小微企业通过跨境人民币开展境外业务。支持小微企业开展短期出口信用保险，解决企业融资难问题。（牵头单位：市商务局）

九、加快发展电子商务。鼓励电子商务企业模式创新和融资创新，支持移动电子商务、行业垂直平台、线上到线下（OTO）本地消费平台建设，全面启动全企入网工程。支持互联网企业、电子商务企业通过高新技术企业认定，享受高新技术企业所得税优惠税率等政策。优化信息消费环境，拓展信息消费领域，提升通信运营商服务水平。积极推进信息消费和智慧城市建设，在大型公共场所提供免费WIFI服务。积极研究制定电子商务发展的政策措施，在全市选择业绩好、信誉高、有前景的电子商务企业进行重点培育，扶持其做大做强。（牵头单位：市商务局）

十、组织本地知名企业参加国内外知名展会活动，对参加国内外知名专业展会、构建境外营销网络的市内企业给予资金支持。支持市内企业参与市外、境外大型项目招投标，对中标企业按带动市内工业品销售金额从市级工业发展资金中给予一定奖励。（牵头单位：市经济和信息化委）

十一、做好市内产品采购工作。鼓励政府集中采购所需产品（服务）及医保类目录药物等，在同质同价条件下优先就近采购。对2014年采购使用市内产品（技术服务）比2013年净增500万元以上的市内企业，根据其实际采购金额一定比例，从市级工业发展资金中给予奖励。（牵头单位：市财政局）

十二、加强财政支出预算管理。加快专项预算的下达进度，对上级财政安排的转移支付预算，要确保在规定时限内分配下达；对本级财政安排的专项资金预算，要细化落实项目，尽快下达。加快财政资金拨付进度，在依法合规、确保财政资金安全的前提下，加快项目资金拨付进度，尽早形成实物工作量。（牵头单位：市财政局）

十三、加大信贷投放力度。提升金融机构创新金融产品和服务的能力，建立重点企业、重点项目信贷审批绿色通道，提高放贷效率。对进入《四川省重点培育的大企业集团名单》《四川省重点培育的“专精特新”中小企业名单》和自贡市“百家十亿”中小微企业融资培育库且生产经营正常的企业不抽贷，并继续加大信贷支持力度，实行优惠利率。做好我市主要融资平台债券发行申报工作，推进“区域集优”中小企业集合票据发行，支持企业利用其他银行间市场直接债务融资工具融资。积极搭建银企对接平台，加强银企对接合作，建立定期召开银企对接会制度，缓解企业融资难。（牵头单位：市政府金融办）

十四、加强重点领域用地保障。对重大产业项目用地予以重点倾斜，对保障性安居工程等民生项目用地在年度用地计划内应保尽保。我市项目列入50个省重大推进项目的，其所需年度用地计划省上配套70%、地方配套30%，列入100个省重点支持项目的，其所需年度用地计划省上配套30%、地方配套70%。（牵头单位：市国土资源局）

十五、用活用好电价政策。统筹利用丰水期水电弃水电量和外送电价差资金，加大实施丰水期富余电量消纳政策力度。2014年，丰水期市主网大工业用电量的增量部分可按外送电价水平执行。（牵头单位：市经济和信息化委）

十六、落实相关收费政策。执行国家取消、减免和降低的涉企收费政策，对公布取消、免征和降低的行政事业性收费，不得以任何理由拖延或拒绝执行，不得以其他名目变相继续收费。进一步治理和规范涉企收费，做好涉企收费和价格公示工作，提高涉企收费和价格的透明度。各项涉企产品质量监督检验收费在现行执行标准上降低10%，计量、安全检定检测收费降低10%，建筑活动综合技术服务费降低10%，建筑消防设施检测费降低20%。全面清理各类涉煤行政事业、中介服务及培训收费项目，暂停征收煤炭价格调节基金，取消省级以下设立的涉煤收费，规范各类涉煤培训并降低收费标准25%。取消白酒生产许可证年审收费。（牵头单位：市发改委）

十七、减轻企业负担。允许生产经营严重困难的企业缓缴养老、医疗、失业、工伤、生育保险费，缓缴期限原则上不超过6个月；参保企业人均工资低于上年度全省城镇非私营单位在岗职工平均工资60%的，单位缴纳养老保险费基数可按企业实际工资总额核定，但最低不能低于上年度全省城镇非私营单位在岗职工平均工资的40%。（牵头单位：市人力资源和社会保障局）

本措施自印发之日起施行，有效期一年。

自贡市人民政府关于加快推进养老服务体系建设的实施意见

（自府发〔2014〕9号）

各区、县人民政府，市级各部门：

为加快推进养老服务社会化进程，满足不断增长的社会养老服务需求，根据国务院《关于加快发展养老服务业的若干意见》（国发〔2013〕35号）和省政府《关于加快发展养老服务业的实施意见》（川府发〔2014〕8号）精神，结合我市实际，现就我市加快养老服务体系建设提出以下实施意见。

一、基本原则和总体目标

（一）基本原则。坚持“政府主导、政策扶持、多方参与、统筹发展”的原则，在政府“保基础、兜底线”的基础上，着力打造投资主体多元化、服务手段现代化、服务队伍专业化、服务理念人性化、服务方式多样化、运行机制市场化，资金保障和服务保障相匹配，基本服务和选择性服务相结合的覆盖城乡的多样化养老服务体系，促进养老服务与经济社会协调发展。

（二）总体目标。按照“运作机制良好、服务品质优良、监督管理到位”的要求，着力构建以公办养老福利机构为示范、以社会力量多元化投资为主体、以社区服务为依托、以居家养老为基础的社会化养老服务体系，逐步形成区县、乡镇（街道）、村（社区）三级养老服务网络，基本满足全社会老年人不同层次的养老服务需求。力争到“十二五”期末，初步形成“9073”养老格局：90%的老年人通过自我照料和社会化服务实现居家养老，7%的老年人通过社区组织提供的各种专业化服务实现社区照料养老，3%的老年人入住养老机构实现集中养老。全市新增养老床位3800张，总床位达到2.1万张，每千名老年人拥有养老床位32.6张。

二、加快养老服务机构建设，完善养老服务设施

（一）统筹安排养老服务机构建设。各区县政府要将养老服务机构及床位数作为社会发展的指导性指标，纳入经济和社会发展计划。按照《自贡市养老服务设施规划（2013—2030年）》的要求，积极鼓励和引导社会力量投资兴办老年公寓、居家养老服务机构和其他类型的养老服务机构，满足老年人不同层次的养老服务需求。

（二）提高养老服务设施规划设计和建设水平。养老服务设施应当按照国家有关规范、标准进行规划、设计和建设，优先安排在靠近社区、人口集中、交通便利、环境良好的区域。充分考虑老年人居住、生活的特点，严格执行国家建设质量标准，真正做到规划科学化、设计人性化、建设标准化。

（三）积极推行“以家庭为核心、以社区为依托”的居家养老服务模式。创新养老模式，重点发展居家养老。积极开展公办养老机构改制试点，有条件的地方可以积极稳妥地把专门面向社会提供经营性服务的公办养老机构转制成为企业。拓展老年服务项目，引导社会力量采取“成片辐射、连锁经营、统一管理”的模式发展居家养老服务机构。各区县、乡镇（街道）要配备居家养老服务管理力量。通过开展家政照料、医疗保健、护理康复、文化娱乐、精神慰藉、权益维护、应急救助等服务，提供助餐、助浴、助洁、助急、助医等上门服务，为居家老年人提供规范化、个性化服务。民政、人力资源和社会保障、文化、卫生、体育、残联等单位要主动为社区养老服务中心（站）、社区居家养老服务中心（站）、社区日间照料中心（托老所）和其他老年人服务场所的建设和运营提供资金、人才、政策支持以及文化、体育、康复、医疗保健等设施设备。

三、加大政策扶持力度，促进养老服务业发展

（一）积极鼓励新建养老服务设施。各区县要将专门为老年人提供生活照料、康复护理、文化娱乐等服务的养老服务设施（不包括以养老名义建设的酒店、宾馆、会所、商场、俱乐部等商业设施）建设用地纳入城镇土地利用总体规划和年度用地计划，合理安排用地需求，按照《自贡市养老服务设施规划（2013—2030年）》和《城市居住区规划设计规范（2002）》的相关要求，在控制性详细规划中予以落实，分区分级规划设置养老服务设施。凡新建城区和新建居住（小）区，要按照相关标准和要求配套建设养老服务设施，并与住宅同步规划、同步建设、同步验收、同步交付使用。老城区和已建成居住（小）区无养老服务设施或现有设施未达到规划和建设指标要求的，要通过购置、置换、租赁等方式增设养老服务设施，并不得挪作他用。民间资本举办的非营利性养老机构与政府举办的养老机构享有相同的土地使用政策，发展改革、民政部门要对申报条件进行审查和监管，对符合条件的可以依法使用国有划拨土地或者农民集体所有的土地。对营利性养老机构建设用地，按照国家对经营性用地依法办理有偿用地手续的规定，优先保障供应。严禁养老设施建设用地改变用途、容积率等土地使用条件实施房地产开发。乡镇、村公益性养老机构的建设用地，经依法批准可以使用集体所有土地。研发生产养老服务产品的生产性项目用地，实行与工业项目用地同等的供地方式。

（二）落实养老服务机构税费等优惠政策。对非营利性养老机构建设免征有关行政事业性收费，对营利性养老机构建设减半征收有关行政事业性收费。对养老机构提供养老服务，减半征收有关行政事业性收费。对新建非营利性养老服务设施，免交燃气、水、电增容费，教育费附加、残疾人保障金等费用按照国家有关规定执行。对敬老院、福利院等项目用地，在土地登记时免收土地权属调查费，其他收费按最低标准收取。对经批准新建的养老服务项目，优先办理立项和规划手续，优先完善周边道路、排水、绿化等基础设施，城建档案保管保护费给予一定幅度的减免，地籍测绘服务费按最低标准收取。养老机构使用水、电、燃气、有线（数字）电视、固定电话、宽带互联网及办理其他有关电信业务，按居民用户标准收取费用，初装费予以50 %以上减免。对养老机构提供的养老服务免征营业税；对符合条件的非营利性养老机构按规定免征企业所得税。对企事业单位、社会团体和个人向非营利性养老机构的捐赠，符合相关规定的，准予在计算其应纳税所得额时按税法规定比例扣除。对非营利性的养老机构自用房产、土地免征房产税和城镇土地使用税。

（三）落实养老服务财政扶持政策。各级政府要进一步增加财政投入，发挥财政资金的保障和引领作用。各级福利彩票公益金要将50%以上的资金用于发展养老服务业。制定政府向社会力量购买养老服务的政策措施。各区县政府是推进养老服务体系建设的责任主体，要按规定筹集建设资金。按照事权与财权相匹配的原则，养老服务体系建设经费以区县为主体承担，除中、省、市财政补助外，不足部分由各区县自行承担，市级财政按20%（除中省补助外的部分）补助区县（不含扩权县）；运营补贴经费由区县财政承担。

1. 着力支持机构养老服务。采取民办公助、公建民营等方式，加大对社会力量兴办的养老服务机构的扶持力度，鼓励民间资本对企业厂房、商业设施及其他可利用的社会资源进行整合或改造用于养老服务，推动社会力量成为发展养老服务业的主要力量。推动医养融合发展，探索医疗机构与养老机构合作新模式，扶持发展集医疗、康复、看护、临终关怀等功能于一体的专业化民办养老机构。促进养老服务与医疗、家政服务、保险、教育、健身、旅游等领域互动发展。对按照《养老机构管理办法》《养老机构设置许可办法》《老年人建筑设计规范》的规定和要求建立，经县级及以上民政部门认定，取得养老机构设立许可并到相关部门依法登记的养老服务机构的新增床位，原则上按每张1万元的标准给予一次性建设补助。对经审批登记、运转良好、管理规范且当年无事故、无投诉或经查投诉事项机构无过错的养老机构，按自贡籍入住老人数每人每月不低于30元的标准给予运营补贴。对养老机构免费接收供养自贡籍城市“三无”和农村“五保”老人的，通过政府购买服务的方式，对供养对象的基本生活保障经费按政策标准给予足额安排，并可对此类养老机构完善设施设备等给予补助。将政府举办的养老机构的基本建设、机构运转、人员经费和机构内集中供养对象的基本生活保障经费纳入同级财政公共预算安排，并建立动态保障机制。有关部门要充实和加强养老机构的工作力量，确保养老服务体系建设和养老服务工作有人抓、有人管。

2. 积极支持居家养老服务。通过政策引导和资金支持，鼓励社会力量开展多种形式的居家养老服务，为居家养老的老年人营造良好的生活环境。建立区县、乡镇（街道）、村（社区）居家养老服务网络。培育和扶持居家养老服务企业和社会组织，加快居家养老服务信息平台、老年人居家呼叫服务系统和应急救援服务网络建设。采用政府购买服务和开发公益性岗位等方式，建立居家养老服务支持机制，为困难家庭的失能老人和 80 周岁以上高龄老人提供助餐、助浴、助洁、助急、助医等居家服务，形成以居家养老为基础的社会养老服务体系。90 岁以上高龄老人长寿补贴按现行政策执行。

3. 大力支持社区养老服务。各社区要建立社区养老服务站，对社区新建的床位在 10 张及以上的老年人日间照料中心、托老所，经民政部门会同财政部门验收后，给予一次性建设补助（补助标准按省政府分年养老服务体系建设重点任务安排的通知执行）。对社区老年人日间照料中心、托老所开展高龄、独居、失能、特困老人低偿服务，财政部门可通过政府购买服务的方式给予补贴。积极开发社区养老服务公益性岗位，引导大中专毕业生、零就业家庭人员、城乡低保人员及其他就业困难人员从事养老服务工作。各社区要落实人员负责社区养老服务工作。

（四）落实养老服务机构融资政策。将国家促进服务业发展的金融政策落实到养老服务业，增加对养老服务机构及其建设项目的信贷投入，适当放宽贷款条件并提供优惠利率，协调担保机构解决养老服务机构的贷款抵押问题，鼓励市内金融机构对符合条件的养老服务机构和项目提供融资支持。对符合小额担保贷款条件的养老服务机构贷款，财政部门可通过贷款贴息方式予以支持。鼓励保险公司承保养老机构责任险，建立养老服务行业风险分担机制，降低养老机构运营风险。逐步放宽限制，鼓励和支持保险资金投资养老服务领域。按照上级的有关安排和规定开展老年人住房反向抵押养老保险试点。

（五）落实养老服务医疗政策。推动医养融合发展，促进医疗卫生资源进入养老机构、社区和居民家庭。医疗机构、社区卫生服务机构应当为老年人建立健康档案，支持社区医院与老年人建立家庭医疗契约服务关系，开展上门诊视、健康检查、保健咨询等服务，加快推进面向养老机构的远程医疗服务试点。积极支持养老机构根据实际设立医疗机构，并按相关规定纳入城镇职工（居民）基本医疗保险和新型农村合作医疗定点范围。入住养老机构的参保人员在定点医疗机构就医产生的医疗费用，按照城镇基本医疗保险和农村合作医疗的规定支付。进一步优化医疗保险报销程序和结算方式，做好老年人跨地区医疗保险支付结算。

四、加强领导和管理，提高养老服务质量和水平

（一）加强领导。各区县政府、市级相关部门要切实加强组织领导，定期研究解决促进养老服务业发展存在的问题。各区县政府要从本地人口老龄化和老年人养老服务的需求出发，科学制定本地养老服务业发展规划并组织实施；要把加快养老服务体系建设作为重要的民生工程，纳入年度重点目标计划和考核范围，强化社会管理和公共服务职能，整合社会资源，加大对养老服务业的扶持力度；要认真研究新情况、新问题，结合实际研究制定促进养老服务体系建设的具体办法。民政部门要进一步推动公办示范性养老机构建设，会同相关部门加强对养老服务机构的监督管理、行业规范和业务指导。发展改革、财政、人力资源和社会保障、国土资源、城乡建设和住房保障、卫生、体育、工商、税务、金融等部门要结合各自职能抓好相关政策的落实，大力支持养老服务体系建设。

（二）规范管理。严格执行涉老服务的建筑设施、膳食卫生、服务质量等行业标准，开展服务质量评估和服务行为监督，推进行业服务和监管规范化、标准化、制度化，全面提高社会养老服务质量和水平。建立健全居家和社区养老服务老年人的健康档案，完善“一键通”、服务热线、呼叫系统等便捷有效的求助和服务信息渠道。

（三）加强专业化队伍建设。加强养老服务从业人员职业技能培训，提高其职业道德、业务技能和服务水平。按照国家有关规定，对各类养老服务从业人员实行职业资格证书制度，按照国家职业技能标准，开展养老护理员职业技能培训和鉴定工作，建立养老机构院长资质培训和养老护理员持证上岗制度。积极发展志愿者队伍，探索建立义工服务时间储备制等互助机制，为志愿者和义工参与养老服务提供必要条件。

（四）强化服务。乡镇（街道）、村（社区）和各类养老服务机构要认真贯彻落实国家技术规范和标准，加强自身建设和服务人员的培训教育，建立健全管理制度，规范服务标准和流程，明确服务人员职责，做到设置有标准、服务有规范、监督有依据，不断增强服务意识，提高服务质量和水平。

2014 年 6 月 30 日

自贡市人民政府办公室印发
自贡市城乡居民大病保险实施办法的通知

（自府办发〔2014〕25 号）

各区、县人民政府，市级各部门：

《自贡市城乡居民大病保险实施办法》已经市政府同意，现印发给你们，请认真遵照执行。

自贡市人民政府办公室
2014 年 10 月 20 日

自贡市城乡居民大病保险实施办法

为进一步完善全市城乡居民医疗保险制度，健全多层次医疗保障体系，提高重特大疾病保障水平，根据省政府办公厅《关于全面开展城乡居民大病保险工作的通知》（川办发〔2014〕22 号）精神，结合我市实际，制定本办法。

一、总体要求和基本原则

开展大病保险要充分发挥基本医疗保险、大病保险和医疗救助等制度的协同互补作用，发挥商业保险机构在控制医疗费用方面的专业优势，形成政府、个人和保险机构共同分担大病风险的机制，实现基本医疗保障的可持续发展，减轻群众大病医疗费用负担，逐步解决广大群众因病致贫、因病返贫的问题。各区县政府和有关部门要进一步提高认识，统一思想，积极作为，确保 2014 年在全市范围内全面开展大病保险工作。

开展大病保险工作要坚持城乡统筹方向；以市为统筹单位，建立覆盖城乡居民的统一的大病保险制度，统一政策、统一招投标、统一运行管理；城镇居民、新型农村合作医疗（以下简称新农合）居民大病保险全市统一核算盈亏的基本原则。

城乡居民医疗保险统筹后，大病保险按调整后的政策执行。

二、筹资标准和资金来源

结合我市经济社会发展总体水平、医疗保险筹资能力、大病医疗费用情况、基本医疗保险补偿水平和大病保障水平等因素，2014 年城镇居民大病保险筹资标准为 25—30 元/人・年，新农合居民大病保险筹资标准为 17—22 元/人・年（具体筹资标准通过招标确定），以后年度由市人力资源社会保障局、市卫生局、市财政局根据医疗费用合理增长、医保政策调整和大病保险实际报销水平等因素进行测算，对筹资标准实行动态调整。

大病保险资金从城镇居民基本医疗保险基金和新农合基金中列支。城镇居民基本医疗保险基金和新农合基金有结余的区县，利用结余筹集大病保险基金；结余不足或没有结余的，在城镇居民基本医疗保险和新农合年度提高筹资标准时统筹解决。

三、保障内容

（一）保障对象。我市城镇居民基本医疗保险和新农合的参保（合）人。

（二）保障范围。在参保（合）人患大病发生高额医疗费用的情况下，对报销基本医疗保险医疗费用后需个人承担的合规医疗费用给予保障。

合规医疗费用是指实际发生的、合理的医疗费用。

城镇居民合规医疗费用包括：在定点医疗机构发生的、符合《四川省基本医疗保险、工伤保险和生育保险药品目录》《四川省基本医疗保险诊疗项目目录》和《四川省基本医疗保险医疗服务设施项目范围》规定的医疗费用。

新农合参合人员合规医疗费用包括：在定点医疗机构发生的、符合《四川省新型农村合作医疗用药目录》和《四川省新型农村合作医疗诊疗服务项目范围》规定的医疗费用；实施按病种付费的，在物价部门核定病种收费价格范围内的实际医疗费用；对部分重特大疾病，经省卫生部门确定的病种及其临床治疗必需的医疗费用。

城乡居民医疗保险统筹后，合规医疗费用按调整后的政策执行。

（三）起付标准。我市城乡居民大病保险起付标准为0.75万元。在1个保单年度内住院费用按基本医疗保险政策报销后，累计个人自付的合规医疗费用达到0.75万元以上的，由大病保险承办机构按分段支付标准支付；年内已享受大病保险政策再次住院发生的自付合规医疗费用，按累计个人自付费用的分段支付标准减去已支付金额后支付。

（四）支付比例。大病保险实行分段支付，支付比例为：按基本医疗保险政策报销后累计个人自付合规医疗费用0.75万元—2万元的部分按50%支付，2万元（含2万元）—5万元的部分按60%支付，5万元及以上的部分按70%支付。

四、承办方式

我市城乡居民大病保险通过公开招标由中标的商业保险机构承办。招标方案以市为单位统一制定，统一组织招标。由市人力资源社会保障局作为招标人，通过公开招标，选定1家商业保险机构承办全市城乡居民大病保险。中标商业保险机构以保险合同形式承办大病保险，承担经营风险。实行城乡居民医疗保险统筹前，由市人力资源社会保障部门、市卫生部门分别与中标商业保险机构签订大病保险合同。

（一）规范招标，公平竞争。

建立健全招投标机制，规范招投标程序。招标内容主要包括具体支付比例（或筹资标准）、净赔付率（净赔付率=理赔金额/总保费）、控制医疗费用措施、提供“一站式”结算服务以及配备的承办、管理、技术力量等，要合理确定各项招标内容的权重分值，其中具体支付比例（或筹资标准）、净赔付率等价格因素权重分值不低于60%。

（二）规范投标，严格准入。

商业保险机构依法自愿投标，并根据我市大病保险政策规定，严格按照招标文件要求进行精细测算、合理报价，制定承办大病保险的具体工作方案，确保投标材料真实、合法、有效。承办大病保险的商业保险机构必须达到国家、省规定的准入条件，其省级分公司具备我省大病保险经营资质，在我市设立分支机构；配备熟悉我市医保政策且具有医学等专业背景的专职服务队伍，能够提供驻点、巡查等大病保险专项服务，具有较强的医疗保险专业能力；近3年未受到监管部门或其他行政部门的重大处罚。

（三）规范合同，遵守约定。

中标商业保险机构以合同形式承办大病保险，承担经营风险。合作期限为3年，3年后须重新招标确定大病保险承办机构。大病保险合作期限内，保险合同一年一签，合同内容需调整的，应严格按规范程序调整，原则上不得上调起付标准，不得下调支付比例。

大病保险资金当年实际净赔付率低于90%时，下一年度原则上不得上调筹资标准；当年实际净赔付率达到90%及以上且合同约定内容有所调整时，方可调整下一年度筹资标准，下一年度筹资标准上调幅度不超过20%，合作期限内累计上调幅度不超过40%，确需超过上限的，需重新公开招标确定大病保险承办机构，重新签订保险合同。

（四）统一核算，盈亏分担。

遵循“收支平衡、保本微利、风险共担、自负盈亏”的原则，合理控制大病保险承办机构盈利率，对超额结余和亏损建立相应的风险调节机制。城镇居民和新农合大病保险实际净赔付率分别建账核算，保险公司对盈亏统一核算。大病保险承办机构净赔付率暂定在95%—100%之间，具体净赔付率通过招标确定。实际净赔付率低于中标净赔付率10%以内（含10%）的资金结余，按50%的比例返还城镇居民基本医疗保险基金或新农合基金；实际净赔付率低于中标净赔付率10%以上的资金结余，全部返还城镇居民基本医疗保险基金或新农合基金。实际净赔付率高于100%且大病保险亏损时，在100%—110%（含110%）之间的亏损额，由城镇居民基本医疗保险基金或新农合基金分担50%，高于110%以上的，城镇居民基本医疗保险基金或新农合基金不再分担。

市卫生局、市医保局与大病保险承办机构进行年度结算后，根据各区县参保（合）人数确定各区县分担或退还金额，各区县医保经办机构、新农合经办管理机构根据市级下达金额执行。

五、支付和结算

（一）资金支付和管理。各区县医保经办机构、新农合经办管理机构将大病保险资金按市级下达的筹资额度划转大病保险承办机构。大病保险承办机构要严格按照财政部门确定的财务列支和会计核算办法，加强大病保险资金管理。对承办大病保险获得的保费实行单独核算，确保资金安全，保证偿付能力。承办大病保险的保费收入按国家规定免征营业税。实行城乡居民医疗保险统筹前，对城镇居民医保和新农合的大病保险资金应分别建账进行明细核算。

（二）结算方式。城乡居民大病保险在全市统筹范围内与基本医疗保险同步即时结算。可由大病保险承办机构在定点医疗机构设立结算窗口即时结算，也可经协商由定点医疗机构先行垫支结算后，再与大病保险承办机构结算，大病保险承办机构每月底前将上月发生的大病医疗费用及时支付给定点医疗机构。异地就医和按住院待遇报销的特殊疾病或重大疾病门诊合规医疗费用，由大病保险承办机构在各区县设立窗口集中报销支付或安排专人到医保经办机构或新农合经办管理机构实行“一站式”结算，确保群众方便、及时获得大病保险服务。

六、监督管理

（一）加强对商业保险机构承办大病保险的监管。

各级人力资源社会保障、卫生部门要通过日常抽查、建立投诉受理渠道等方式对大病保险承办机构进行监督检查，杜绝少赔、漏赔、滥赔和赔付不及时等现象，督促、考核大病保险承办机构按合同约定提高服务质量和水平，依法保证参保（合）人信息安全，防止信息外泄和滥用，对违法违约行为及时查处。对违反合同约定或发生严重违规行为的大病保险承办机构，将在全市范围内通报，被通报的商业保险机构5年内不得在我市参与大病保险投标活动。各相关部门要各负其责，协同配合，切实保障参保（合）人的权益。

（二）强化对医疗机构的监督和医疗费用的控制。

1. 全面推进医保付费方式改革。按照《四川省“十二五”深化医药卫生体制改革规划暨实施方案》（川府发〔2012〕38号文印发）要求，在全市城乡医保统筹范围内各定点医疗机构逐步实施医保总额付费制度。同时积极推进按人头付费、按病种付费等付费方式改革，不断提高付费方式的科学性，提高医保基金使用绩效。

2. 加强对定点医疗机构及从业人员的监督管理。相关部门和机构要通过多种方式加强监督管理，防控不合理医疗行为和费用发生，保障医疗服务质量。卫生部门要加强对定点医疗机构、医疗服务行为和质量的监管，加强医疗机构从业人员管理，严格控制医疗费用。医保经办机构要严格服务协议管理，改进监管模式，加大住院资料抽审力度，通过采取实时监管、联动检查、专家会审、群众有奖举报、基金违规专项治理等措施，加强对定点医疗机构医药服务行为的全程监管。定点医疗机构要严格执行有关诊疗技术规范，根据参保（合）人的病情，合理选择诊疗项目，合理用药，严格控制目录外医疗费用，遵守医疗保险制度规定，严格执行逐级转诊制度，积极配合大病保险承办机构的巡查和监控，依法提供相关资料。

（三）建立信息公开、社会多方参与的监管制度。

相关部门要将与商业保险机构签订协议情况，以及大病保险筹资标准、待遇水平、支付流程、结算效率和年度收支情况等向社会公开，设立举报信箱，公开举报电话，畅通社会监督渠道，接受社会监督。

七、明确部门职责

市深化医药卫生体制改革领导小组办公室要发挥统筹协调和服务作用，将大病保险作为我市深化医药卫生体制改革的重要内容，确保大病保险与其他深化医药卫生体制改革任务协同推进。

人力资源社会保障部门是组织实施大病保险工作的牵头单位，要与卫生部门共同加强大病保险全程管控，通过日常抽查、合同约束、建立投诉受理渠道等方式督促、考核商业保险机构按合同约定提高服务质量和水平，保证参保（合）人信息安全；要建立联动机制，完善监管系统和监督方式，将大病保险管理纳入服务协议，加强对医疗机构的监管，促进医疗机构规范服务行为，合理施治、合理用药，控制医疗费用不合理增长；要加强对城镇居民基本医疗保险基金和大病保险基金的测算，科学制定城镇居民大病保险盈亏分担机制；逐步提高城镇居民统筹层次，提高基金抗风险能力。

卫生部门要加强对定点医疗机构医疗服务行为和质量的监管，强化医疗机构从业人员管理；要加强对新农合基金和大病保险基金的测算，科学制定新农合大病保险盈亏分担机制；逐步提高新农合统筹层次，提高基金抗风险能力。

财政部门要明确利用基本医疗保险基金向商业保险机构购买大病保险相应的财务列支和会计核算办法，加强基金管理。

民政部门要做好医疗救助与大病保险的衔接工作。

八、工作要求

（一）加强领导，精心组织。在自贡市深化医药卫生体制改革领导小组的领导下，建立由市人力资源社会保障部门牵头，发展改革、卫生、财政、民政等部门共同参与的大病保险协调推进工作机制，加强对大病保险工作的协调服务和督促指导。各区县政府要按照全市统一部署，抓好城乡居民大病保险各项工作的落实。

（二）加强衔接，统筹协调。各相关部门和单位要充分考虑大病保险保障的稳定性和可持续性，做好大病保险与基本医疗保险、医疗救助等政策衔接工作，及时调整医疗救助等政策标准。卫生、人力资源社会保障、财政等部门要按职责分工抓好落实，细化配套措施，加强沟通协作，形成合力。市深化医药卫生体制改革领导小组办公室要加强统筹协调，做好跟踪分析、监测评价等工作。

（三）强化宣传，营造氛围。各级、各部门要采取多种形式做好大病保险的宣传和政策解读，使群众真正理解政策，同时，合理引导社会预期，为全面开展大病保险工作营造良好的社会氛围。

本办法自2014年1月1日起施行。

自贡市人民政府办公室
关于进一步推进金融服务“三农”工作的实施意见

（自府办发〔2014〕28号）

各区、县人民政府，市级有关部门：

根据省政府办公厅《关于进一步提高农村金融服务水平的意见》（川办发〔2014〕37号）精神，结合自贡实际，经市政府同意，现就进一步推进我市金融服务“三农”工作提出如下实施意见。

一、指导思想

坚持发挥市场配置金融资源的基础性作用，坚持农村金融创新与风险防控并重，敢于先行先试，以有效解决农村金融服务需求为切入点，以推动农村金融组织和服务方式创新为着力点，积极构建与城乡一体化进程相适应的多元化、多层次的农村金融组织与服务体系，不断提升“三农”资源资本化水平，以金融创新支持农村生产方式二次变革，为我市统筹城乡发展提供金融保障。

二、工作措施

（一）强化涉农金融政策引导。充分运用支农再贷款、支小再贷款政策，增强县域法人金融机构信贷支持能力。积极实施涉农贷款差别化监管制度，有效利用存贷比计算口径调整后释放的信贷资金，不断加大“三农”、小微贷款投放力度，提升服务水平。支持符合条件的农村金融机构发行优先股、二级资本工具和专项用于“三农”的金融债。在强化涉农业务全面风险管理的基础上，鼓励商业银行单列涉农信贷计划，下放贷款审批权限，优化绩效考核机制，推行尽职免责制度，调动“三农”信贷投放的内在积极性。（责任单位：人行市中心支行、自贡银监分局、市政府金融办）

（二）深化农村金融机构改革。在稳定县域法人地位、维护体系完整、坚持服务“三农”的前提下，支持农村信用社改革，力争 2015 年内组建农村商业银行。鼓励各涉农金融机构进一步下沉服务重心，切实做到不脱农、多惠农。鼓励和支持农发行市分行进一步拓展农业综合开发和农村基础设施建设贷款业务。大力发展小额贷款等涉农零售贷款业务，利用“惠农通”增强农村金融服务能力。支持自贡中成村镇银行发展，帮助引进战略投资者，完成增资扩股，面向“三农”开展差异化、特色化服务。（责任单位：市政府金融办、自贡银监分局、人行市中心支行、市发改委、市财政局、市农牧业局）

（三）丰富农村金融服务主体。支持组建主要服务“三农”的金融租赁公司。规范发展小额贷款公司，鼓励小额贷款公司贷款更多地投向“三农”。鼓励涉农优质小额贷款公司通过引进战略投资者、增资扩股或探索定向发债、资产转让、证券化等方式做大做强。发展农村交易市场和土地评估、产业评估、资产评估等中介组织。加快建设农村综合产权交易体系，充分发挥市农村产权交易中心的作用，建立农村产权四级交易（流转）服务平台，稳妥有序推进农村产权依法、自愿、有偿流转。（责任单位：市财政局、市发改委、市政府金融办、人行市中心支行、市农牧业局、市林业局、市国土资源局）

（四）大力发展农村普惠金融。优先支持各类金融机构到县域及乡镇、农业产业化园区、农民聚居点布网设点，延伸服务半径。鼓励保险机构依托基层政府建立健全乡、村两级保险服务体系，提升涉农保险服务水平。落实对金融机构在金融服务空白乡镇新设网点、提供定时定点服务的费用补贴政策。全面推进行政村金融服务工作，进一步巩固“迅通工程”建设成果，积极推动“迅通工程”联网通用试点工作，切实改善农村支付服务环境。进一步落实农村支付结算环境建设补助政策，对在农村地区布放电子机具和发展银行卡助农取款服务点的金融机构给予相应标准的定额补助。落实扶贫贴息贷款政策，引导金融机构进一步加大对基础设施建设、就业创业、贫困农户脱贫致富、生态建设和环境保护等方面的金融扶贫惠农支持。（责任单位：人行市中心支行、自贡银监分局、市政府金融办、市财政局）

（五）推进农村金融产品和服务创新。推行“一次核定、随用随贷、余额控制、周转使用、动态调整”的农户信贷模式。支持金融机构根据农业生产经营流程，发展供应链金融服务新模式，提高农业金融服务集约化水平。探索农村土地承包经营权抵押融资，盘活农村闲置宅基地和房屋资源，稳妥开展农村土地流转收益保证贷款试点。鼓励金融机构采取专人包村服务和区域集中授信等方式，积极探索金融支持专业大户、家庭农场、农民合作社、龙头企业等新型农业经营主体的新模式。（责任单位：自贡银监分局、人行市中心支行、市政府金融办、市国土资源局、市农牧业局、市林业局）

（六）建立完善涉农担保机制。鼓励县级政府进一步补充国有及国有控股担保机构资本金，吸纳民营资本，组建混合所有制担保机构。支持商业性融资性担保机构为新型农业生产经营主体提供融资担保服务。鼓励担保机构通过再担保、联合担保以及与保险相结合等形式开展组合担保。健全银担合作的风险分担机制。（责任单位：市政府金融办、市财政局、自贡银监分局、市农牧业局、市林业局）

（七）探索发展新型农村合作金融。坚持社员制、封闭性、民主管理原则，在不对外吸储放贷、不支付固定回报的前提下，积极稳妥推进依托农民专业合作社的农村资金互助合作组织试点。抓紧研究制定管理办法，落实中央关于地方政府对农村资金互助合作组织的监管责任，在切实防范风险的前提下，探索改善农村金融服务的新途径。（责任单位：市政府农工办、市政府金融办、自贡银监分局、人行市中心支行、市财政局、市农牧业局、市林业局）

（八）提高“三农”保险服务保障水平。加大特色种养业保险支持力度，落实农业保险保费补贴政策，推动建立财政支持的农业保险大灾风险分散机制，稳步拓宽政策覆盖面，提高保险保障水平。鼓励探索开展蔬菜、生猪等价格指数保险，创新保险产品，满足不同层次的农业保险需求。大力发展健康保险、养老保险、意外伤害等各类农村小额人身保险产品。（责任单位：市保险行业协会、市财政局、市政府金融办、市农牧业局、市民政局、市卫生局）

（九）积极培育壮大农村资本市场。落实涉农企业上市融资奖励政策。支持优质涉农企业通过改制重组等方式上市或到全国股份转让系统、区域性股权交易场所挂牌融资。鼓励涉农企业引入私募股权投资基金、创业投资基金，以及利用债贷组合等新型模式融资。（责任单位：市政府金融办，人行市中心支行、市发改委、市农牧业局、市林业局）

（十）深入开展农村金融基础设施建设。以诚信为准则，不断优化农村金融环境。认真开展县域金融生态环境评价工作，深化农村信用体系建设，提高企业和个人信用信息基础数据库在农村的覆盖面和服务水平，探索将农村经济主体信用状况与行政管理、公共服务等有机结合。开展小额贷款公司和融资性担保公司信用评级试点，加快信用良好的两类机构接入征信系统步伐。推动建立健全守信激励与失信惩戒机制，坚决制止和打击逃废金融债务的违法行为，提高涉农金融案件执结率，依法维护金融机构合法权益。完善金融消费者投诉受理处理机制，妥善处理涉农金融消费纠纷。以建立健全“农户 + 征信 + 信贷”业务模式为重点，加大对农村地区金融风险知识的宣传教育力度。依法打击农村地区的非法集资和非法金融活动，切实维护农村金融稳定。（责任单位：人行市中心支行、自贡银监分局、市财政局、市发改委、市农牧业局、市政府金融办、市公安局、市工商局）

三、组织保障

（一）加强组织领导。建立自贡市推进农村金融服务改革创新工作联席会议制度，由市政府分管金融工作的领导任召集人，由市政府金融办、人行市中心支行、自贡银监分局、市财政局、市统筹办、市农牧业局、市林业局、市统计局等单位负责人为成员，负责推进农村金融服务改革创新工作，协调解决改革创新过程中出现的重大问题和困难。联席会议办公室设在市政府金融办，负责定期通报工作情况，指导、督促和检查改革创新工作及相关政策的贯彻落实。各成员单位要加强指导和协调配合，认真制定工作方案，积极抓好各项改革创新任务的落实，及时总结报告改革创新成效和经验。各区县要参照市上做法建立完善相关工作机制。

（二）加大财税扶持力度。进一步完善财政支持“三农”发展的政策机制，加强财政政策、金融政策和产业政策的协调配合，优化整合涉农资金使用管理，落实县域金融机构涉农贷款增量奖励、农村金融机构定向费用补贴、农村金融税收优惠、小额担保贷款贴息等政策。对符合西部大开发税收优惠条件的农村金融服务业，依法减按 15% 的税率征收企业所得税。（责任单位：市财政局、人行市中心支行、自贡银监分局、市国税局、市地税局、市经济和信息化委）

（三）完善农村金融统计监测制度。进一步完善涉农贷款统计制度。研究建立更加全面、详实、口径统一、科学合理的农村金融统计监测制度，建立常态化的信息共享机制，为相关部门和各级政府掌握情况、研究政策提供客观、全面的数据支持。（责任单位：人行市中心支行、自贡银监分局、市政府金融办、市统计局）

2014 年 10 月 15 日

自贡市人民政府办公室
关于加强农产品质量安全监管工作的意见

（自府办发〔2014〕31 号）

各区、县人民政府，市级有关部门：

为贯彻落实省政府办公厅《关于加强农产品质量安全监管工作的意见》（川办发〔2014〕28 号）精神，严格履行农产品质量安全监管职责，全面提升农产品质量安全水平，确保广大人民群众“舌尖上的安全”，经市政府同意，现提出如下意见。

一、严格落实责任，齐抓共管农产品质量安全

（一）严格落实各级政府责任。各级人民政府对本地区农产品质量安全负总责，严格实行地方政府一把手统筹、分管领导主抓、相关职能部门具体抓，把农产品质量安全监管列入各级政府的重要议事日程，纳入国民经济和社会发展规划。建立以公共财政投入为主的保障机制，确保农产品质量安全监管、执法、检验检测等工作顺利开展。2014 年底前，各区县要明确农产品质量安全监管机构、落实岗位人员及工作职责，乡镇要落实专（兼）职监管员并确保在岗履职。以政府购买服务方式，在重点村（社）设立兼职协管员和信息员，开展日常巡查、质量安全宣传和产地准出服务等工作。高标准、高质量推进农产品质量安全监管示范区县建设，鼓励开展农产品质量安全示范乡镇创建工作，并采取有效措施加以巩固。加强专业人才引进、培养和储备，落实职级职称晋升、有毒有害津贴等鼓励政策。建立健全绩效考核评价体系，将农产品质量安全纳入各级政府绩效考核范围。严格责任追究，建立完善农产品质量安全监管信息通报、问题报告和问题约谈制度，对监管不力、推诿扯皮、失职渎职、徇私枉法的，严格问责，依法依纪进行查处。

（二）严格落实部门监管责任。农业部门牵头负责农产品质量安全监管工作，具体负责农产品从种养殖环节到进入批发、零售市场或生产加工企业前的质量安全监管职责。市级主要做好协调、指导、督促和监管执法、交叉执法工作，督促落实开展食用农产品例行监测和产地准出监管措施，认证农产品组织申报和监管等工作；县级主要做好重点监管对象基础档案建立、安全技术推广，投入品和农产品监管执法、品牌培育和监管示范区县创建的具体工作；乡级做好农民培训、投入品使用指导、产地日常巡查、产地准出服务和产地农产品质量安全信息收集上报等工作。

食品药品监管部门负责农产品进入批发、零售市场或生产加工企业后的监管。商务、工商、交通运输、公安等部门配合做好收储运环节监管，尽快制定具体管理办法，形成食品药品安全和农产品质量安全监管工作无缝衔接机制。经济和信息化、公安、工商、质监等部门配合做好农业投入品监管。环境保护、国土资源部门配合做好产地环境监控工作。

（三）严格落实生产经营主体责任。全面落实农产品生产企业、农民专业合作社、家庭农场、专业大户、产地农产品经纪人、农产品收购、运输等农产品生产经营主体农产品质量安全第一责任人责任。农产品生产企业、农民专业合作社、家庭农场、专业大户等生产者要建立内控制度，配备质量管理人员，严格落实产地管理、生产管控、生产记录、包装标识等质量控制措施，设立质量安全检测室，配置检测设备，开展自律性检测，或委托有关检测机构开展质量检测；收购、储存、运输企业和营销经纪人要建立健全产品进货查验、质量追溯和召回等制度；分散农户要规范生产经营行为，自觉接受质量安全监督抽查。

二、采取有效措施，切实加强农产品质量安全监管

（一）推进农业品牌化建设。各区县要加强挖掘、整理和保护地方优势农产品工作，加快创建区域农产品品牌步伐。以农业项目资源支持为导向，以现代农业成熟技术规范为标准，大力发展精品农业、特色农业，坚持走农业产业化发展道路，实现优势品牌农业健康发展。实施以农产品质量安全为核心的农产品“三品一标”认证、登记和保护，强化证后监管，建立不合格农产品退出机制，增强政府主导的优质安全农产品品牌公信力。

（二）推进农业标准化生产。加快制定符合实际的农产品质量安全生产规范和农产品生产标准操作技术规程，支持绿色防控技术、测土配方和生物有机肥及有机肥施肥技术、生产过程标准化控制技术的普及和推广。加大标准化生产技术普及应用力度，形成按标准化种植、养殖的良好习惯，实现农产品生产过程安全可控。

（三）严格生产源头治理。加大农村资源保护和农业面源污染治理力度，采取有力措施，规范农业投入品的生产、经营、使用，大力推广使用生物农药、定时降解农药、低毒高效无残留农药、生物有机肥、有机肥和畜禽饲养、水产养殖安全投入品。严禁在生产过程使用高毒、高残留及重金属超标的农业投入品。严禁滥施、乱用农药、兽药、保鲜剂、防腐剂和动植物生长调节剂等，严格执行农药、兽药经营质量管理规范，严格落实限用农药定点销售、实名购买、经营档案管理和兽药 GPS 管理制度。严禁人药兽用和限用农药在其他作物中乱用。禁止违反规定向农产品产地排放倾倒废水、废气、固体废弃物或其他有毒有害物质。全面推进场镇生活小区和农民集中居住区生活污水无害化处理，禁止未经处理直接将生活污水排放到农田或水体。

（四）强化畜禽屠宰和奶站监管。按照机构改革要求，理顺生猪定点屠宰监管职能，确保各项工作有序衔接和顺利开展。规范畜禽屠宰厂（场）资质条件，严格畜禽屠宰厂（场）监管。动物卫生监督机构要加强检疫检验监管，监督企业做好畜禽收购、屠宰及产品销售台账记录，建立检验检疫登记、质量检测、病死畜禽无害化处理等制度。强化生鲜乳质量监管，严格规范奶站资质条件，落实生鲜乳生产、收储、运输记录和质量检测记录。严厉打击私屠滥宰、屠宰病死动物、注水及非法添加等行为，保证畜禽产品质量安全。

（五）落实食用农产品市场准入制度。大力推行食用农产品市场准入制度，各区县政府要根据市上公布的准入产品种类、市场类型，明确市场准入条件，落实部门责任。农业部门负责产地准出监督管理，加强监督抽查。乡镇负责核查产品质量、核实产地信息。生产主体对合格产品出具产地证明。动植物检疫机构要强化动植物产品产地检疫。食品药品监管部门负责市场准入监督管理，监督市场开办者和经营者落实入市管理、质量检测、信息公示、不合格产品退市等制度。相关部门建立农产品准出、储运、准入无缝衔接机制，以市场准入倒逼产地准出。确保农产品合格上市和顺畅流通。

（六）加强农产品质量监测。加大“菜篮子”和大宗粮油产品监测力度，构建覆盖主要生产基地，涵盖收、储、运环节的监测网络。重点做好农药兽药残留、重金属污染监测，积极开展保鲜剂、防腐剂、添加剂、“瘦肉精”、抗生素、致病性微生物、生物毒素监测。积极配合省上做好风险监测工作，及时收集和掌握农产品质量安全状况和风险因子。市级以例行监测为主，排查风险隐患；县级重点开展监督抽查，查处违法行为；乡级做好产地准出服务检测，监控生产活动。严格实行检测人员持证上岗制度。

（七）建立农产品质量安全追溯制度。建立统一权威的农产品质量安全追溯管理系统，加快完善市、区县追溯信息平台，优先将无公害农产品、绿色食品、有机农产品、地理标志农产品和生猪纳入追溯范围，鼓励农产品生产经营单位开展追溯试点，逐步实现农产品生产、收购、贮藏、运输各环节可监控、可查询、可追溯，提高监管工作有效性和便捷性。

（八）严厉打击违法犯罪行为。把农产品质量安全监管执法纳入农业综合执法范围。开展专项整治，建立联动机制，加强日常巡查，强化常态化监管，加大对违法违规生产经营行为的处罚力度，有效解决违法违规生产、经营、使用农业投入品、“瘦肉精”、三聚氰胺、抗生素和制假售假、非法添加等突出问题。加强行政执法与刑事司法的衔接，涉及犯罪的案件，及时依法移送司法机关，严惩犯罪行为。按照规定及时公开违法违规案件，保证公众知情权，实行违法违规“黑名单”制度。

三、动员社会参与，形成农产品质量安全监管工作良好氛围

（一）建立健全举报奖励制度。建立农产品质量安全违法违规行为举报奖励制度，经查证属实的，给予奖励。对农产品质量安全监管工作成绩突出的单位和个人，按照国家有关规定给予表彰奖励。

（二）加强宣传和科普教育。开展科普教育，加大农产品质量安全法律法规宣传和实用技术培训力度，培养和引导消费者树立质量安全意识，增强辨别假冒伪劣农产品能力。教育生产经营者诚实守信、克己守法。重视舆情反映，提高应急处置能力。要通过宣传教育，形成生产经营严格自律、监管者主动履职、消费者监督参与的良好社会氛围。

2014 年 11 月 3 日

自贡市人民政府关于促进房地产业平稳健康发展的意见

（自府发〔2014〕18号）

各区、县人民政府，市级相关部门：

根据国务院关于促进重点领域消费的精神，为切实满足广大群众合理的住房消费需求，结合我市实际，现就进一步促进房地产市场平稳健康发展提出以下实施意见。

一、加大房地产信贷支持服务力度

对贷款购买首套普通自住房的家庭，贷款最低首付款比例为30%，贷款利率下限为贷款基准利率的0.7倍，具体由银行业金融机构根据风险情况自主确定；对拥有1套住房并已结清购房贷款，为改善居住条件再次申请贷款购买普通商品住房的家庭，银行业金融机构执行首套房贷款政策；对拥有2套及2套以上并无贷款记录或贷款已结清的购房家庭，可参照执行首套房贷款政策。对异地购房户同样享受本地居民的贷款政策。

二、实施购房财政补贴

2014年11月21日至2015年11月20日，对家庭购买的首套普通商品住房，给予实际成交额0.5%的财政补贴（补贴支出由市、区县按财政体制共同承担）。

三、鼓励房地产项目按期开工

2014年11月21日至2015年2月17日，对一次性缴清城市基础设施配套费并按期开工的房地产开发建设项目，每平方米减免20元的城市基础设施配套费；在2015年6月30日前按期新开工建设的房地产开发建设项目，城市基础设施配套费可分期缴纳，即在办理《建设工程规划许可证》时缴纳50%，在办理《商品房预售许可证》前缴纳50%。

四、鼓励收购商品房作为保障房和棚户区改造安置房

各区县购置符合条件的普通商品住房用于保障房或棚户区改造安置房的，纳入全市保障性安居工程计划，享受国家、省、市保障性安居工程有关资金补助政策。房屋征收重点采用货币补偿方式，鼓励房屋被征收的居民购买商品房。

五、科学完善土地供应机制

按照“控制增量、节约集约”的要求，进一步完善土地供应机制。根据国家用地政策导向和商品房供求情况，科学编制年度土地供应计划，合理确定土地供应总量和规模，并根据房地产市场状况，合理控制土地供应节奏。加强房地产项目用地全过程管理和服务，及时协调解决项目建设中存在的问题和困难。

六、发展住房公积金个人住房贷款业务

认真执行住房公积金贷款最高贷款额度政策，即：双职工最高贷款金额为40万元，单职工最高贷款金额为30万元。将申请住房公积金贷款条件由连续足额缴存住房公积金12个月（含）以上，调整为连续足额缴存住房公积金6个月（含）以上。降低住房公积金贷款中间费用，取消住房公积金贷款公证收费项目，减轻贷款负担。

七、加强管理和服务

优化政务服务环境，公开土地供应、规划审批、预售许可、登记办证等环节，进一步简化程序、提升效率。坚决禁止乱收费、乱摊派等行为，为企业发展创造良好环境。加强房地产市场监管，严肃查处开发企业各类违法违规行为，加强商品房预售监管，切实保障消费者的合法权益。坚持正确的舆论导向，新闻媒体要加强对房地产市场调控政策的宣传，全面客观报道房地产市场情况，合理引导住房消费，促进房地产市场平稳健康发展。

八、本意见自印发之日起施行。实施期间，若国家、省有相关新政策出台，按国家、省新政策执行。

2014年11月19日

索　引

一、本索引采用内容分析索引法，按索引条目汉语拼音字母顺序排序。

二、年鉴中的“大事记”“党的群众路线教育实践活动专辑”“特载”“附录”均未作索引。

C

D

E

F

G

H

J

K

L

M

N

P

Q

R

S

T

Y

Z